JN294103

シップリー
英語語源
辞典

ジョーゼフ T. シップリー
〈著〉

梅田修・眞方忠道・穴吹章子
〈訳〉

Joseph T. Shipley DICTIONARY OF
WORD
ORIGINS

大修館書店

Dictionary of Word Origins
by
Joseph T. Shipley
Copyright © 1945 by Philosophical Library Inc.

Japanese translation rights arranged
with Philosophical Library Inc., New York
through Tuttle-Mori Agency Inc., Tokyo

Taishukan Publishing Company, 2009

はじめに
——言葉について一言——

　語源を知ることは，人々がどのような考え方をし，どのように文明を形成してきたかを知ることであり，言葉の歴史をたどることは人間と人間の交流の過程をたどり，心と心，国と国とのかけ橋をたどることである。
　私たちの言語はまことに多民族的であり，アメリカ人と同様，世界中の言葉が寄り集まっている。ブリテン島起源語彙は2パーセントにも達しない。私たちが使う言葉のほとんどは近東のどこかに発したとする説があり，いわばそれはアダムの「エデンの園」だったと言えよう。
　それらの言葉は，いくつかの経路で伝わった。その一群は，いろいろな河川をさすらい，ドナウ川をさかのぼってヨーロッパの中心部に入り，ゲルマン人とともに西に向かって放浪し，アングロサクソン人の言語と共にブリテン島にたどり着いた。一方また，大いなる内海を渡って旅をした一群があった。こちらは地中海の沿岸や島々を進み，ギリシアでゆっくりと過ごし，ローマの七つの丘にしっかりと立ち，ロマンス語を経てゲルマン系統の子孫と合流し，英語を形作っていった。英語の語彙は，25パーセントが内陸の川沿いにやって来たものであり，50パーセントが地中海を経たものである。その残りは落穂を拾うごとくにあちらこちらから，世界の果てからさえも言葉の活発な混合者たる兵士，商人，宣教師たちによってもたらされた。
　英語の語彙には，はるかな過去にさかのぼることができるものもあれば，つい昨日生まれたばかりのものもある。その多くは，有力な語派の諸言語から生まれ，伝承や歴史を織り込んでいる。また一方，*Uncle Tom's Cabin*：『アンクル・トムの小屋』(1852年) での奴隷少女トプシー (Topsy) のように「いつの間にか育った」("just growed") ものもある。ゆっくり変化した言葉，科学用語やスラングのように突然造られた新しい言葉，いろいろな言語から昔にまた新しく借入された言葉，それらが一緒になって，歴史上最も豊かで最も広く使われている英語に，柔軟性と力強さと美しさをもたらしている。このような英語の膨大な語彙の中から最も興味深く啓発的な語源を持つ言葉をここに集めた。
　言葉の歴史は民族の歴史である。その形成過程はまた基本的に民主的な

もので，誰もが「発言」できる。賢者はもちろん愚者も，悪徳貴族や百万長者も小作人やコソ泥も，豊かな貢献をしている。征服王ウィリアムとともに英国に渡った意気揚々たる貴族たちの生活は，古代ギリシアの「密告者たち」（sykophantes：〔原義〕イチジクを見せる者たち《密輸，脱税などを防ぐために告発をした一般市民》）と同じように，時代のホコリに埋もれてしまっている。しかし，その双方の逸話は，silly（愚かな）〈同項参照〉や sycophant（おべっか者）〈同項参照〉の語源によく捉えられている。

　人類の成長過程への洞察，言葉遣いの新鮮な色彩や生気の発見，そして現代語そのものの生き生きとした理解も語源探求の重要な副産物であり，本辞典はそのような分野への展望を拓くものでもある。

　本辞典にはごく最近のスラングは含まれていない。それらは時を経ずしてすたれると考えられるからである。しかし，言葉のたゆまない変遷を例示するような，あるいは重要な関連語の周辺部から生まれた個性に富む新語は含まれている。

　いろいろな示唆を与えてくれた友人に謝意を表すとともに，読者の皆さんのご教示をお願いするものである。

ジョーゼフ T. シップリー
Joseph T. Shipley

訳者はしがき

　本辞典は，著者自身も述べているようにのびのびと談話を楽しむような記述を特徴とする。その語源解説には，見出し語の語源や語史，語源的に関連する言葉だけではなく，類義語，話題的に関連する言葉，紛らわしい言葉などの語源も含まれていることが多い。このような語源探索は，一つの言葉の語源知識から複眼思考的にその言葉の意味理解を深め，イメージを膨らませ，読者の知識欲を高め，想像力を刺激してくれる。

　本辞典のまた一つの大きな特徴は，言葉の形成や意味の背景にある文化や発想を明らかにし，今日的語義への変化の道筋をわかりやすく解説していることである。それは，言葉の文化史と言えるもので，いにしえの人々の生活ぶりを思い起こさせ，歴史の過程で活躍した人々の顔や姿が浮かぶ。そのことは，たまたま経験した一例に縛られて硬直しがちな語彙理解から私たちを解放し，言葉の理解の深さや確かさを増し，運用に柔軟さを増してくれるものである。また，本辞典はしばしばよく似た綴りでありながら語源の異なる言葉に触れているが，それは語源解釈の間違った応用を防ぐのに役立つものであり，発想の異なる言葉への目を開かせてくれる。

　本辞典の原典の出版は1945年であり，すでに60年以上たっている。その間に語源学に新しい考え方が生まれ，新しい発見も数多くなされてきた。しかし，語源学が長足の発達を遂げた19世紀から20世紀前半の成果は『オックスフォード英語大辞典』(*OED*) に集約されており，その基盤は今日も揺らいでいない。本辞典ではその成果に基づいて，言葉と言葉の関連やその基盤にある発想，そしてその背景にある事実が生き生きと明快に解説されており，新鮮な発見を随所で楽しむことができる。

　著者ジョーゼフ T. シップリー先生は本辞典の原典やその後の労作 *The Origins of English Words*（1984年）などに見られる語源研究のみならず，広く文学や演劇に造詣が深い。本書にも広く深い研鑽の成果を随所に見ることができる。先生はニューヨークを中心に活躍されたが，イギリスが演劇シーズンとなる春にはロンドンでの生活を楽しまれた。

　本辞典の翻訳を思い立った訳者梅田は1993年の春，水仙が満開のころロ

ンドンのご自宅を訪れた。すでに90歳を越えるご高齢であり、脳梗塞の後遺症でお体がやや不自由なご様子であった。しかし、茶目っ気たっぷりな目で会話を楽しまれ、長旅の労を温かくねぎらってくださった。

　本辞典の記述にも先生のユーモアが随所に表れており、それをどう訳すかが訳者一同の楽しみでもあり、苦労の一つでもあった。訳に当たってはシップリー先生の「どうぞ自由にのびのびと翻訳してください」という温かいおことばに甘えて、訳者なりの解釈や解説を加えて訳した箇所が多くあることをお断りしておきたい。この過程で、先生の語源説の典拠をできる限り確認した上で、原典の記述とは異なるが今日の多くの語源辞典が一致している説については、一般読者の便宜を考慮して定説を一部加えた場合もある。もちろん定説でない場合も、そこには先生独自の研究成果が背景にあると思われる。それらの説については今後の語源学の成果をまたなければらない。

　本辞典は、一般向けの語源辞典であり、各項目を楽しんで読めるようになっている。翻訳に当たってもそのことを心がけた。読みやすくするために、専門用語や、語源辞典にありがちな省略記号は極力避けた。

　本辞典を企画に乗せていただいてからすでに20年余りが過ぎた。その間、阪神淡路大震災の混乱の中で、残念なことにシップリー先生からいただいた日本の読者へのメッセージを紛失してしまったことを心からお詫びしなければならない。

　なお、訳者以外に眞方陽子（神戸女学院大学非常勤講師）、中村真由美（プール学院大学教授）、坂本知宏（大阪電気通信大学准教授）の諸氏に一部の翻訳を分担していただいた。ただし、編集の過程で、全体の統一のために加筆・書き換えを行った。

　企画以来、常に温かく見守ってくださった川口昌男氏、そして最後まで私たちを励まし、丁寧に編集にかかわっていただいた飯塚利昭氏をはじめとする大修館書店の編集部の方々に、また、本辞典の翻訳を含めた語源研究に学部特別研究費という形で支援をいただいた流通科学大学に心からの謝辞をささげたい。

　　　平成21年8月

梅田　修
眞方忠道
穴吹章子

目　次

はじめに　i
訳者はしがき　iii
凡　例　vi
主な参考文献　viii

シップリー 英語語源辞典　1–692

Appendix I　　　頻出用語の解説　694
Appendix II　　 音推移　696
Appendix III　　言語の起源をめぐる理論　700
Appendix IV　　本書で使われている主な言語名と解説　701
Appendix V　　 二重語　708
Appendix VI　　固有名詞から生まれた言葉　722
Appendix VII　　人名の語源と意味　740

凡　例

1. 人名や地名の表記については，原則として現地・原語主義を採用したが，読みやすさを考慮して，一般に定着している表記についてはそれを採用した。
2. ギリシア語，ラテン語，アングロサクソン語等の諸言語についてはすべて通常のローマ字表記とし，長音記号やアクセント記号については原典に表記がある場合を除いて省略した。したがって，ギリシア語の長音である H（η）と Ω（ω）は原則として短音（e, o）で表記した。
3. ギリシア語の固有名詞は原則としてラテン語表記とした。
   例：'Αλεξανδρος → Alexandrus
4. 再構成語については，原典に従って，慣例となっている「*」をつけないことにした。
5. ラテン語動詞に関しては，原則として不定詞（infinitive form）と過去分詞語幹を並べて表記した。例：ラテン語 monere, monit-（警告する）
   ただし，原典に facere, feci, fact- のようにある場合はそのままにした。この場合 feci は過去形（ラテン語文法では完了形という）である。
6. ラテン語の名詞と形容詞については必要に応じて単数主格形と変化語幹を併記した。
   例：ラテン語 monens, monent-（動詞 monere の現在分詞形）
   　　ラテン語 omen, omin-（前兆）
7. 他の言語の動詞や名詞，形容詞等についても，ラテン語の表記に準じ，必要に応じて原形と変化語幹を並べた。
8. 合成語や複合語の場合は同じ言語の二つの言葉からなるのが原則であり，下記のように表記した。
   例：verdict（評決）は vere（真に，正しく，公正に）と dictum（言葉）からなる後期ラテン語 veredictum（公正に述べられたこと，評決）が語源で，…。
9. 合成語や複合語で構成要素の言語が異なる場合はそれぞれの言語を表記した。
10. 実在した人の名についてはカタカナ表記の後に原名を表記し，その後にできる限り生年・没年を記入した。
    例：英国の喜劇作家ギルバート（William S. Gilbert, 1836–1911）
11. 聖書の英訳は原則として欽定訳を，日本語訳は新共同訳を使用した。
12. かっこの使い方
    1) （　）基本的には直前の語句の語義，直前の原語の和訳を意味する。
    2) 〔　〕基本的には「または…」を意味する。
    　　　（　）中にさらにかっこが必要な場合も〔　〕を使う。

ほかに，直前の語の原義を示すとき〔原義〕と示す。
3) [　]　発音記号を示す。
4) 《　》　語義の補足説明など，訳者が加筆した部分を示す。
5) 『　』　小説・劇などの著作・書物のタイトルの日本語訳に用いる。(これに対応する英語タイトルはイタリック体)　例：*Romeo and Juliet*：『ロメオとジュリエット』
6) 「　」　詩・歌などのタイトルの訳に用いる。(これに対応する英語タイトルは" "で示す。)　例："The Rime of the Ancient Mariner"：「老水夫の歌」
7) 【　】　語の使用分野を示す。　例：【医学】【音楽】
8) (　)　語の使用域を示す。　例：(英)(英俗)(古語)
9) 〈　〉　参照を示す（ただし，参照には，語源関連情報，語形成や意味変化，発想の類似に関する情報も含まれる)。　例：〈同項参照〉〈book 参照〉

主な参考文献

翻訳に際しては多くの資料に当たったが，特に下記の辞典を常時手元において参考にした。編訳者一同深い感謝の念をもって書名を掲載させていただく。

池田廉他編『伊和中辞典』第2版（小学館，2001）
伊吹武彦他編『仏和大辞典』（白水社，1982）
国松孝二他編『独和大辞典』（小学館，1985）
桑名一博他編『西和中辞典』（小学館，1990）
田中秀央編『羅和辞典』増訂新版（研究社，1982）
寺澤芳雄 編集主幹『英語語源辞典』（研究社，1997）
デイヴィド・クリスタル 編集／金子雄司，富山太佳夫 日本語版編集主幹『岩波ケンブリッジ 世界人名辞典』（岩波書店，1997）

Bosworth, Joseph. *An Anglo-Saxon Dictionary*, edited and enlarged by T. Northcote Toller. Oxford : Oxford University Press, 1898.
De Vries, Jan. *Altnordisches Etymologishces Wörterbuch*. Leiden : E. J. Brill, 1977.
Frisk, Hjalmar. *Griechisches Etymologisches Wörterbuch*. Heidelberg : Carl Winter, 1963.
Glare, P. G. W., ed. *Oxford Latin Dictionary*. Oxford : Clarendon Press, 1978.
Hall, J. R. Clark. *A Concise Anglo-Saxon Dictionary*, 4th ed. Toronto : University of Toronto Press, 1960.
Klein, Earnest. *A Comprehensive Etymological Dictionary of the English Language*. Unabridged one-volume ed. Oxford : Elsevier Publishing Company, 1971.
Kluge, Friedrich. *Etymologisches Wörterbuch der Deutschen Sprache*, 22 Auflage. Berlin : W. de Gruyter, 1989.
Liddell, H. G., and Robert Scott., comp. *A Greek-English Lexicon*. Rev. and aug. by Henry Stuart Jones. Oxford : Clarendon Press, 1968.
Murray, James A. H. and others, ed. *The Oxford English Dictionary*. Oxford : Oxford University Press, 1933.
Skeat, Walter, W. *An Etymological Dictionary of the English Language*, new edition revised and enlarged. Oxford : Oxford University Press, 1978.
Stratmann, Francis Henry. *A Middle-English Dictionary*, a new ed. by Henry Bradley. Oxford : Oxford University Press, 1967.
Walde, Alois & Johann B. Hofmann. *Lateinisches Etymologisches Wörterbuch*. Heidelberg : Carl Winter, 1967.

シップリー 英語語源辞典
Dictionary of Word Origins

Joseph T. Shipley

A

A1 [éi wʎn] 最高級船；一流の，第一級の
　何かある物について語る時，A1 と言えば，その物がすべての点で「ずば抜けている」ということである。英国ロイド船級協会の船舶登録簿（Lloyd's Register）は，あらゆる時代の船舶の状態を登録したものである。船体の状態は文字によって示され，装備・装具の類は数字によって示す。このことから一般に，すべて行き届いた品質のことを A1 と言うようになった。

aard-vark [ɑ́ːrdvɑ̀ːrk] ツチブタ，アフリカ・アリクイ《長い耳と鼻を持ち，シロアリを常食とする。別名, ant bear, earth pig》
　南アフリカ産のこの動物ははるばる旅をしてきた名を持っている。この名はオランダ語 aarde（土）と vark（豚）からなる。vark は，古高地ドイツ語 farh にさかのぼる言葉で，古英語 fearh（小さな豚）と同系語であり，ラテン語 porcus（豚）と同族語である。すなわち aard-vark の原義は earth-pig（ツチブタ）ということになる。なお，pork（豚肉）はラテン語 porcus（豚）が語源である。南アフリカには aard-wolf（ツチオオカミ《死肉やシロアリを常食とするキツネ大の四足動物》）もいる。

abacinate [əbǽsənèit]《古語》真っ赤に焼けた鉄を目に当てて失明させる
　1944年のシーズン中にブロードウェイで上演されたものにパトリック・ハミルトン（Patrick Hamilton, 1904-62）作，フィリップ・メリヴェール（Philip Merivale, 1886-1946）主演の *The Duke in Darkness*：『暗黒の公爵』と題する演劇があった。abacinate は，この劇の主人公に対する脅迫の仕方を思い起こさせる。語源は単に ab（…から離れて）と bacinus（鉢：*basin*）からなる後期ラテン語 abacinare, abacinat-（盲目にする）であるが，この言葉にはさらに一段と陰険な行為が隠されている。中世には熱く焼けた鉄を目に当てて失明させるという懲罰があり，それには鉄の鉢などが使われた。〈basin については basinet 参照〉

abacus [ǽbəkəs] 計算盤，そろばん
　→ calculate

abaft [əbǽft] 船尾に，…の後ろに
　5つの文字からなるこの言葉は，語源的には4つの部分からなっている。語頭の a- は on（…の上に）とか at（…において）を意味する古英語の接頭辞あるいは前置詞 a が語源であり，2番目の文字 -b- は about（…について）を意味する古英語の前置詞 be, bi で，母音の前に来たために -e あるいは -i が脱落したものである。残り -aft は「後ろから」という意味を持つ古英語 aeftan で，af（…から離れて：*off*）と最上級語尾 -ta からなる。
　after（後に）は af の比較級で，原義は「もっと離れた」である。この古英語 af はラテン語 ab（…から離れて），ギリシア語 apo（…から離れて）やサンスクリット語 apa（…から離れて）と同族語である。ラテン語 ab やギリシア語 apo は英語に借入されて接頭辞として頻繁に使われている。

abandon [əbǽndən] 断念する，捨てる，放棄する
　→ ban

abash [əbǽʃ] 恥じ入らせる，きまり悪がらせる，まごつかせる
　"Baa, baa, black sheep"（メーメー黒いヒツジさん）で始まるわらべ歌がある。baa とはヒツジの鳴き声を真似た擬音語である。驚いたり，恥ずかしさのあまり口を大きくあけたりすると自然に ba! という声が出る。〈abeyance 参照〉

abate [əbéit] 減ずる，和らげる，静まる
　この語が今日の「減ずる」という意味を獲得するまでの過程は決して「平和的」なものではなかった。abate は後期ラテン語 abattere から古フランス語 abattre を経て

英語に借入されたもので，この後期ラテン語は ab（…から離れて，下へ）と，ラテン語 battuere（打ちつける）が変化した battere とからなる。切り倒した木で築いた昔の abatis, abattis（鹿砦(ろくさい)，逆茂木(さかもぎ)）とか，近代の abattoir（屠殺場）と同語源でもある。

また，同じラテン語 battuere からはフランス語 battre を経て英語 batter（乱打する，こきおろす）や battery（砲列，一式の装置，バッテリー）が派生した。battery の原義は beating（暴行：assault〈同項参照〉，殴打：battery）であったが，やがて攻撃を加える手段を意味するようになった。ニューヨーク市マンハッタンの南端にあるバタリー・パーク（Battery Park）は要塞跡であり，砲台があった。

battle（戦闘）や battlement（狭間胸壁，銃眼つき胸壁）は，同じラテン語 battuere（打ちつける）から派生した形容詞 battualis（戦闘の）が，古フランス語 bataille を経て英語に借入された。battalion（大勢，大部隊）は同じラテン語 battualis の中性複数形 battualia が，イタリア語 battaglia（戦い），その指小形〔あるいは増大形〕battaglione（大隊），さらにフランス語 bataillon（大隊）を経て英語に借入された。

説明がいささか「語句の退屈な反復」（battology）気味になったが，こちらはギリシア語 battologos（吃音者）から派生した battologia（吃音）が語源である。ヘロドトスは Historiae：『歴史』（IV, 155）で，吃音に生まれながらリビアの植民地で王位につくバットス（Battos）の物語を伝えている。battologos は，この人物の名前と logos（言葉）との合成語であり，ギリシア語 logos は動詞形 legein（話す）からの派生語である。May the battles abate!（戦争がおさまらんことを！）

abattis [ǽbətì:]【築城】鹿砦(ろくさい)，逆茂木(さかもぎ)，鉄条網
→ abate

abattoir [ǽbətwà:r] 屠殺場，ボクシング・リング，闘牛場
→ abate

abbot [ǽbət] 大修道院長，僧院長
abbot は遙かなる地から「旅」をしてきた言葉である。しかし，それは真っすぐな旅であり，アラム語 abba（父）から同義のギリシア語 abbas，後期ラテン語 abbas, abbat-（教団の長，大修道院長），アングロサクソン語 abbod を経て今日の abbot となった。さらにさかのぼると，その起源は幼児の呼び掛けである。

なお，babe や baby（赤ん坊）も幼児の発声を真似た擬声語であった。papa（おとうちゃん）や mamma（おかあちゃん）も同じであり，この mamma がラテン語 mamma（乳房）の語源でもあり，mammals（哺乳類）へと発展するのである。

pap（《幼児・病人用の》パンがゆ）とか，それに指小辞がついた papilla（【解剖学】乳頭，【植物学】突起毛）も元来「乳房」を意味する幼児語 pap に由来する。ラテン語と英語が同形の pabulum（食べ物）やラテン語 pascere, past-（《動物・子供に》食べ物を与える）も同じ起源と考えられ，その場合，英語 pasture（牧草地；放牧する）や，「羊飼い」からキリスト教の「牧師」という意味に使われるようになった pastor も同じ語源である。なお，アルゴンキン語から借入された papoose（北米インディアンの赤ん坊）も幼児語起源と考えられる。〈congress 参照〉

ところで，paschal lamb という言葉がある。これはユダヤの聖日《過ぎ越しの祭り：Pasch, Passover》を祝って食べる子羊のことである。paschal（【ユダヤ教】過ぎ越しの祭りの，【キリスト教】〈古・詩語〉復活祭の）は，ヘブライ語動詞 pasakh（he passed over：彼は通り過ぎた）の名詞 pesakh が語源で，ギリシア語 paskha を経て借入された。主の御使いがエジプト人たちの長子を殺した夜，ユダヤ人の家々は通り過ぎて災いをもたらさなかったことに由来する。ユダヤ人はこの後間もなくモーゼに導かれて紅海を渡り，解放されることになるのである《『出エジプト記』12-13章》。

なお papal（ローマ教皇の），papacy（ローマ教皇職），そして pope（ローマ教皇）は，教会ラテン語 papa（司教）から派生したものであり，これも幼児語 papa（パパ）にさかのぼる。

ダダイズム（dadaism）と呼ばれる文学・芸術運動が20世紀初頭にあった。この

語は，赤子の最初の情緒的発声が ma-ma であるのに対して，赤子の最初の知的表現は da-da であるとの考えから造語されたものである．

abbreviate [əbríːvièit] 短縮する，要約する，略して書く
　　→ abridge

abdicate [ǽbdikèit]《王位，権力などを》放棄する，捨てる，退位する
　　→ verdict

abdomen [ǽbdəmən]【解剖学】腹部，腹腔

　　abdomen の語源に関しては二通りが考えられる．その一つは，腹部が物を溜める「袋」(pouch, paunch) であることから，ab (…から離れた) と動詞 dare, dat- (与える，置く)〈dice 参照〉とからなるラテン語 abdere, abdit- (しまう，隠す) が語源だとする説である．古い英語 abdite (隠された) や abditive (身を隠す能力がある) もこのラテン語から派生した．

　　もう一つの説は，腹部 (abdomen) の最も顕著な特徴は丸く出っ張った外見であり，この語の最初の意味も「よく肥えた腹部」であったことから，ラテン語 adeps, adip- (脂肪，脂肪太り) が語源であるとするものである．英語 adipose (脂肪質の) はこのラテン語に接尾辞 -osus (いっぱいの) がついて派生した．ラテン語の語形のまま英語化した adeps は科学用語として「動物性脂肪，ラード」という意味に使われる．

　　adept (巧みな) は，語形はよく似ているが，ad (…へ) と apisci, apt- (獲得する) とからなるラテン語 adipisci, adept- (達する，達成する) が語源である．

　　今や abdite は廃語となり文字通り隠れてしまっている．〈recondite 参照〉

abduction [æbdʌ́kʃən] 誘拐，【生理学】《筋肉の》外転，【論理学】間接還元法
　　→ duke

abet [əbét]【法律】教唆する，扇動する
　　→ bait

abeyance [əbéiəns] 一時的停止，休止，【法律】帰属者未定状態

　　法律用語としての abeyance は，本来，のどから手が出るほど欲しいにもかかわらず，表向きには自制して，正式に自分の物となるのを待っている様子を生き生きと描写した言葉である．この語は a (…に向かって) と béer (口をぽかんとあける) とからなる古フランス語 abaence から借入されたが，béer は後期ラテン語 badare (《餌をもらおうとして》大きく口をあける) にさかのぼる．現代フランス語 aboyer (吠える) は同語源である．

　　abash (赤面させる) や bashful (恥ずかしがりの) は，上記と同系語の古フランス語 esbair, esbaiss- (大きく口をあける) から借入されたものであり，ラテン語 ex (強調) + 擬音語 bah! (《驚きの叫び》ワー！) が語源である．

　　bay (吠え声，窮地) も abash と同系語で，古フランス語 baée, bayer (大きく口をあける) から変化したフランス語 baie (壁の開口部) から借入されたごく普通の英語であるが，この語は二つの経路をたどることになる．一つは驚きの叫びを意味する擬音語 bah を語源とすることから，「《猟犬がいきり立って獲物を追う時の》吠え声」(the *baying* of hounds) という意味になり，stand at *bay* (《獲物が追い詰められて》必死に歯向かう) という表現が生まれ，さらに，「障害物」「堤防」「ダム」を意味するようにもなった．

　　他方，「大きく口をあける」の方の意味から「ギャップ」「開き」，さらに建築用語「柱間 (はしらま)」を意味するようになり，horse-*bay* (馬房), sick-*bay* (《船内の》病室), *bay*-window (張り出し窓) などのように奥まった所を表す言葉が生まれた．なお，この bay と bay (湾)〈同項参照〉は意味が混線し絡み合っている．

abhor [əbhɔ́ːr] 忌み嫌う，嫌悪している

　　身の毛がよだつような恐怖を避けたいと思うのはだれも同じである．英語ではそのような気持ちを表すのに abhor を使う．この語は ab (…から離れて) と horrere (《特に毛髪が》逆立つ) とからなるラテン語 abhorrere (立ちすくむ，憎む) が語源である．horror (恐怖，激しい憎しみ) はラテン語 horrere の名詞 horror (驚き) が直接借入された言葉であり，ラテン語 abhorrere の現在分詞 abhorrens, abhorrent- がそのまま借入されて英語 abhorrent (忌まわしい，いやでたまらない) となった．horrible (恐ろしい，身の毛がよだつような) とか horrid (恐ろしい，忌

まわしい）はそのような恐怖にみまわれた犠牲者について語る言葉であったが、両語とも次第に恐怖を感じさせる原因となるものを表す言葉へと意味が移転した。それは額に巻き毛をちょっと垂らしたかわいい女の子のようである《彼女たちは男たちの犠牲になりそうだが、男たちがうっかり近づくと、反対に身を滅ぼすもとになることがある》。

abide [əbáid] とどまる, 遵守する, 我慢する
→ bottle

abigail [ǽbigèil] 腰元, 侍女
この語は本来,『サムエル記上』第25章に出てくる傲慢で無骨な男ナバル (Nabal) の美しく賢明な妻アビガイル (Abigail——語源はヘブライ語で, 原義は「父の喜び」——）のことである。彼女はダビデを怒らせた夫を救おうとしてダビデに会い, 後に天罰によって夫が死に, ダビデに妻にと請われると,「婢女(はしため)」のように謙虚な妻となる。

この Abigail が「侍女」という一般的な意味に使われるようになるのは, いくつかの出来事に由来する。1611年に欽定訳聖書が発刊されて間もなく上演された喜劇 *The Scornful Lady*:『冷笑の貴婦人』(1616年) で, 共作者のボーモント (Francis Beaumont, 1584–1616) とフレッチャー (John Fletcher, 1579–1625) は, Abigail という名の侍女を登場させた。その後スウィフト (Jonathan Swift, 1667–1745) やフィールディング (Henry Fielding, 1707–54), その他の作家たちが同じような使い方をし, 加えてイギリスのアン女王 (在位 1702–14) の宮廷にアビゲイル・ヒル (Abigail Hill) という名の侍女がいたことなども手伝って, Abigail は普通名詞化し, abigail と書かれるようになるのである。

ability [əbíləti] 能力, 才能, 手腕
ability は, ラテン語 habilitas (熟練, 適性, 素質) が語源であり, このラテン語は形容詞 habilis, habile (扱いやすい, 便利な), 動詞 habere, habit- (保つ, 捕らえる) へとさかのぼる。したがって, この語の原義は「物を保持する力」であると言える。able (…ができる) や habile (《文語》上手な, 熟練した) も同語源である。

able は, 初め「扱いやすい」を意味し, やがて「物事を容易に取り扱える」という意味になった。16, 17世紀の多くの著述家たちは, 元のラテン語を意識して hability と綴ったが, 1700年までには ability が優勢となった。

英語 habiliment (服装, 衣装) は, 上記のラテン語 habilis (扱いやすい, 便利な) からフランス語 habiller (用意する, 正装する) を経て派生し, habit (習慣, 癖, 衣装) は habere, habit- (持つ) から派生したラテン語 habitus (状態, 習慣, 衣装) を経て借入された。〈customer 参照〉

habit が「保持するもの」から「衣装」や「習慣」を意味するようになり, habiliment が「用意」から「衣装」を指すに至る変化は, custom (慣習) と costume (服装) が二重語であることや, ことわざ「衣服が人を作る」を思い起こさせる。なお, habilitate (社会に適応できるように訓練する) とか rehabilitate (修復する, 社会復帰させる) もラテン語 habilitas (熟練, 適性, 素質) が語源であるが, これらには原義「適性, 素質」が今も生きている。

have (持つ) は古英語 habban, haefde (所有する) が語源であり, ここから古英語 haefen (《安全に》保持してくれる場所), さらに英語 haven (避難場所) が派生した。この語はゲルマン諸語に共通で, デンマーク語では havn である。Copenhagen (コペンハーゲン) の -hagen は havn の英語化された綴りである。

abject [ǽbdʒekt] みじめな, 軽蔑に値する
→ subject

ablative [ǽblətiv]【文法】奪格《分離・場所・道具などを表す格》; 奪格の
→ suffer

able [éibl] …することができる, …する能力がある, 有能な
→ ability

ablution [əblúːʃən] からだを清めること,【教会】《特に正餐式の後の手・聖器の》洗浄式, 清めの水
→ lotion

abode [əbóud] 住所, 居所, 居住

→ bottle

abolish [əbáliʃ] 廃止する，撤廃する

abolish は時代を経るとともに意味が強くなった数少ない言葉の一つである。ab（…から離れて）と olere（成長する，増加する）からなるラテン語 abolere, abolit-（滅ぼす，取り消す）の起動形 abolescere（消え失せる）が，フランス語 abolir, aboliss-（排除する）となり，英語に借入されて abolish となった。なお，原義から次第に意味が弱くなった例には debate（討論する）〈同項参照〉などがある。

adolescent（青年期の）や adult（成人した；大人）はラテン語 adolescere, adult-（成長する）から派生したものであるが，このラテン語は，上記 olere（成長する，増加する）の起動形 olescere に ad（…に向かって）がついたものである。〈world 参照〉

abominable [əbáminəbl] 嫌悪感を引き起こす，ひどい，いやな

omens（前兆）は普通，恐れるべきものであり，ほとんどが悪いしるしであった。そこから英語でも用いられるラテン語の表現 absit omen!（May the omen be away!：そんな前兆が実現しませんように，くわばらくわばら！）が生まれた。これが abominable（ラテン語 ab〔…から離れて〕+omen, omin-〔前兆〕）の由来であり，「忌み嫌われる」，一般化して「憎むべき」とか「いまいましい」という意味になった。

ところが14世紀には，英国における宗教改革の先駆者であり，ラテン語聖書を英訳したウィクリフ（John Wyclif, 1320?-84）が，フランス語にならって abhominable と綴り，ラテン語 homo, homin-（人間）から派生した言葉であるかのように「人間から離れた」「非人間的な」「獣のような，淫らな」という意味に使った。シェイクスピアはフォリオ版で18回もこの綴りを使っている（例，*As You Like It*：『お気に召すまま』IV, i, 6）。

abortion [əbɔ́ːrʃən] 妊娠中絶，不発の計画，【生物学】発育不全

an *abortive* effort（実りのない努力）は，太陽崇拝の時代にあっては，太陽が東から西に移動するまで太陽に向かって祈り続けても，願いが叶わないような努力〈『列王記上』（18：26-29）参照〉を指したと考えられる。〈orient 参照〉

abort（流産する，退化する，挫折する）は，ab（…から離れて）と oriri, ort-（現れる，起こる，生ずる）からなるラテン語 aboriri, abort-（消える，流産する）が直接の語源である。an *aborted* child（流産した子供）は発達異常が多かったことから，あたかも abortion の語源が abhor（ひどく嫌う）〈同項参照〉であるかのように，abhorsion という綴りが一時期使われた。

abound [əbáund] 満ちている，いっぱいいる

→ abundance

about [əbáut] …の周りに，およそ，…の近くに

この語は古英語では onbutan で，on（上に）と be（近くに：*by*）と utan（外側）とからなる言葉で，「…の外側の近くに」が原義である。その意味はやがて「そばに」（near *by*）となり，初めは場所および位置を表す言葉としてのみ使われた。それから間もなく比喩的に用法が多様化して，広く「おおよそ」とか「周りに」などの意味に使われるようになるのである。このように，いくつもの小さな言葉の合成によってできている例は，古英語から伝わる言葉には多く見られる。〈abaft 参照〉

aboveboard [əbʌ́vbɔ̀ːrd] 公明正大に〔な〕，りっぱに〔な〕，正直に〔な〕

aboveboard の第一要素 above〈第二要素については board 参照〉は，uf（上に：*up*）から be ufan（上の方に：*by upward*）が造られ，bufan を経て成立したアングロサクソン語 abufan（上に，辺りに，外側に）が語源で，今日の above になるまでの経過はかなりねじれている。これら全要素が集まって aboveboard となると謎言葉（charade）のようではあるが，「正直な」という意味になる。しかし，それが，カードをこっそりと差し込んだり変えたりするのを未然に防ぐために，テーブルの上で（*above the board*）トランプを切らなければならないという事実に関わる言葉であるとわかれば容易に察しがつく。

ところで，charade（謎言葉，見え透い

た言い訳）は，プロヴァンス語 charrar（子供のように片言を言う，ペチャクチャしゃべる）の名詞形 charrada が語源である。イタリア語 ciarlare（ペチャクチャしゃべる）から派生した英語 charlatan（大ぼら吹き，にせ医者）も同じ語源である。これと似た quacksalver（にせ医者）は，擬声語 quack（ペチャクチャしゃべる）と salves（膏薬）の複合語で，原義は「膏薬を長口上で売りつける医者」である。

abracadabra [ǽbrəkədǽbrə] アブラカダブラ《文字を逆三角形に並べて書いた魔除けの呪文》，呪文，ちんぷんかんぷん

　中世の呪文に使われたこの言葉は，呪術師がその呪力のくだることを祈り求めたペルシアの神話上の太陽神《ギリシア名アブラクサス》にさかのぼるとされる。さらにこの最高神《Abraxas》の名前のギリシア文字の表す数が数霊術で合計365になるので，1年365日と，それぞれの日の守護霊を支配下におさめると考えられた。なお，abracadabra をユダヤ人の神秘的な呪文，habraha dabar（願いごとに神の祝福あれ）が訛ったものとする説にはくみしない。

abrade [əbréid] すりむく，侵食する，摩滅させる

　（ラテン語 ab〔…から離れて〕+radere, ras-〔やすりをかける〕）
　→ rascal

abrasion [əbréiʒən] すり傷，侵食，摩滅
　→ rascal

abridge [əbrídʒ] 要約する，縮小する，短縮する

　この語の語源は，何かに橋（bridge）を架け，近道をすることとは関係がない。abridge は，ラテン語 brevis（短い──英語 brief〔短時間の，短い〕の語源──）から派生した abbreviare, abbreviat-（短くする）が同義の古フランス語 abrevier となり，その変化形 abregier から英語に借入された。

　abbreviate（短縮する，略書する）は，後にラテン語 abbreviare, abbreviat- から直接借入された言葉で，abridge の二重語である。

　なお，ギリシア語 brakhys（短い）や英語 break（折る）は，ラテン語 brevis と同族語であると考えられる。

abscess [ǽbses] 膿瘍，腫れ物：膿瘍ができる
　→ ancestor

abscond [əbskánd] 姿をくらます，逃亡する
　→ askance

absent [ǽbsənt] 不在の，欠席の，居合わせない

　この語は，ラテン語 abesse（離れている，不在である──一人称単数現在形は absum──）の現在分詞 absens, absent- が直接借入された。英語と同形のフランス語 absent の発音が，「アブサン[ト]」であることから，友人について，"Il s'absente trop."（彼はサボり過ぎだよ：He *absents* himself too much.）と言うと，相手が "Il s'absinthe trop."（彼はアブサン[ト]酒の飲み過ぎだ：He "absinthes" himself too much.）と返事をするフランス語のよく知られた駄じゃれが成立する。absinth, absinthe（アブサン）は，この酒の材料となった「ニガヨモギ」を意味するラテン語 absinthium が語源である。

absinth, absinthe [ǽbsinθ] ニガヨモギ，アブサン《苦味のある緑色の強い酒》
　→ absent

absolute [ǽbsəlùːt] 完全な，絶対的な，無条件の

　キリスト教の教会用語で absolved とは「罪を許された」という意味であり，ab（…から）と solvere, solut-（ゆるめる）とからなるラテン語 absolvere, absolut-（釈放する）が語源である。しかし，束縛から解放されると人はまったく自分勝手に振る舞うものであり，そこから *absolute* monarchy（専制君主政体）などの語句が生まれた。

　solution は「《問題の》解決」という意味に使われる。特にもつれた（knotty）問題の場合，solve（解決する）とは文字通り「解きほぐす」ことである。化学で用いる solution（溶解液）は，dissolution（分解，溶解──dis- はラテン語 dis-〔…から離れて〕──）の語頭音節消失によってできたものである。動詞形は元の形を留めており，dissolve（分解する，溶解する）である。

　さて，ラテン語 solvere（解き放す，解放する）は，ラテン語 se-（離れて）と

luere（支払う，償う，洗う）からなる言葉である。そして，この se- と結合した語に segregate（家畜を群れから離す）がある。この動詞の語幹 -greg- はラテン語 grex, greg-（家畜の群れ）が語源であり，同じ語幹を持つ言葉には aggregate（集合する，集める）や gregarious（群居した，群れをなした）などがある。aggregate の接頭辞 ag- は ad（…へ）が語幹に同化したものである。

　ところで一説によれば，ラテン語 luere（支払う，《借金を》清算する）は，さらにギリシア語 louein（洗う）から印欧語根 leu-（洗う）にさかのぼる。lather（石けんの泡）や，lye（《洗濯用の》灰汁──古英語 leag〔灰汁〕が語源──）などはこの語根から分出した。そして，同系の古英語 lafian（水を注ぐ）とラテン語 lavare, lavat-（洗う）が融合して lave（《詩語》洗う）が派生した。〈lotion 参照〉

absquatulate [ǽbskwátʃəlèit] 出奔する，逃げる，死亡する

　この語は，19世紀中ごろにアメリカで生まれたユーモラスな造語であるが，こうした造語は古くにさかのぼる。接頭辞 ab- はラテン語 ab（…から離れて）が語源である。語尾 -ulate は行動を表す動詞形成接尾辞で，ラテン語 ferre, lat-（運ぶ）から派生したものと考えられる。語幹 -squat- は squat（しゃがんだ姿勢，隠れ場）のことである。したがって，この言葉の原義は「隠れ場（squat）から運び出す」となる。

　ところで，squat（隠れ場）は，squash（押しつぶす）の語源でもある古フランス語 esquatir, esquatiss- から借入されたもので，es- はラテン語 ex（…から，…から外へ）が変化したものであり，-quatir は，後期ラテン語 quatere, quass-（押しつぶす，うずくまる）から，coatire を経てラテン語 cogere, coact-（追い込む──co-〔一緒に〕+agere〔追い立てる，行う〕──）にさかのぼる。このラテン語の現在分詞 cogens, cogent- から，英語 cogent が派生し，その意味は原義「押しつぶす」から「押しが強い，強力な」となった。一方，ラテン語 cogere の co- と agere が融合しない形は coagere であった。この動詞の反復形が coagulare, coagulat-（凝固する）であり，ここから英語 coagulate（凝固する）が派生した。この語は接頭辞 co-，語幹 -ag-，接尾辞 -ulate からなり，この項の最初に扱った absquatulate の造語法とよく似ている。

abstain [əbstéin] 控える，自制する，棄権する

　この語は，ラテン語 abstinere, abstent-（遠ざける──abs〔…から離れて〕+tenere〔保持する〕──）が語源で，古フランス語 astenir から元のラテン語により近づけたフランス語 abstenir を経て借入された。英語 tenant（借地人，借家人）は上記のラテン語 tenere, tent-（保持する）の現在分詞 tenans, tenant- から直接借入された言葉であり，原義は「保持している人」である。英語 tenacious（しっかりついて離れない，粘り強い）は，ラテン語形容詞 tenax, tenaci-（固持する）から派生した同系語である。〈lieutenant 参照〉

　なお，ラテン語動詞 abstinere（遠ざける）の現在分詞 abstinens, abstinent- から英語 abstinent（禁欲的な）が派生した。この語はよく似た言葉 abstemious（〔原義〕しらふの）〈同項参照〉に影響を与え，「控えめな，禁欲的な」という，より広い意味を持つ言葉に変えた。

abstemious [əbstíːmiəs] つつましい，控えめな，禁欲的な

　強い酒を飲むとよくむせるものである。実際にあったと想定される temum（強い酒）から派生したラテン語 temetum（酒）や temulentus（酔っ払った）は，サンスクリット語 tam（むせる，息を切らす）と同根語である。そして酔っ払うことを避ける人を abstemious（禁欲的）と言う。abs- はラテン語 ab, abs（…から離れて）が語源で，接尾辞 -ous はラテン語 -osus（…がいっぱいの）から派生したものであり，abstemious の原義は「強い酒から遠ざかることがいっぱいの」である。

abstinent [ǽbstənənt] 禁欲的な，絶対禁酒の
　→ abstain

abstract [ǽbstrækt] 抽象的な，空想的な；抽象
　→ attract

absurd [əbsə́ːrd] 非常識な，ばかげた，滑稽な

この語の語幹を形成するラテン語 surdus の原義は「耳が聞こえない」であるが、間もなく「沈黙した，音を出さない」をも意味するようになり，さらにいくつかの関連した語義を持つようになる。音声学で使う場合，英語 surd（無声音）は ［p］，［t］，［k］ のような無声子音を意味し，［b］，［d］，［g］ などの sonant（有声音）に対する術語である。sonant はラテン語 sonare, sonat-（音がする）の現在分詞 sonans, sonant- から直接派生した言葉で，同様の派生語には sound をはじめ，consonant（子音：〔原義〕一緒に響く）や sonata（ソナタ）などがある。

またラテン語 surdus は，ユークリッドの Elements of Geometry：『幾何学原理』第十巻におけるギリシア語 alogos（surd：無理数，〔原義〕不合理な，解釈不可能な）の訳語として使われたことから，「不合理な」という意味をも持つようになった。ちなみにこのギリシア語 alogos は，a（…から離れて）と logos（言葉，理性，比例）からなる言葉である。なお，geometry はギリシア語 geo-（土地）と metron（測量）からなり，元は土地測量の意味に使われた。geography（地理）は「土地についての記述」が原義である。〈graft, sarcophagus 参照〉

さらにラテン語 surdus は，耳をふさぎたくなるほど「聞くに耐えない」という意味に用いられた。これらの意味をそなえた surdus に強意の接頭辞 ab- が加わったラテン語 absurdus（調子はずれの，不合理な）が，英語 absurd（ばかげた）の語源である。

abuccinate [əbʌ́ksəneit] 高らかに宣言する

→ buccal

abundance [əbʌ́ndəns] 大量，豊富，余分

幸運や富が，波が押し寄せる（in wave）ように次々と転がり込むと（そんなことがしばしばありますように！），あり余るほど（in abundance）の贅沢を私たちは楽しめることになる。abundance（ラテン語 ab〔…から〕＋unda〔波〕）は「波打って…から溢れ出る」が原義で，中世の一時期に，この語は「豊富に所有すること」を意味すると考えられ，あたかもラテン語 habere（持つ，たくさん所有する）から派生したかのごとく habundance と綴られたことがあった。〈綴り間違いの似た例としては abominable 参照〉

abound（満ちている）も同じ語源である。また海が荒れると洪水や浸水（inundation）が起こることがあるが，この inundation は，ラテン語 in（…の中へ）と unda（波）から派生した。なお，波のようなヘビのくねくねした動きや，上り下りの多い田舎の地形を表す言葉として，ラテン語 unda からの比喩的表現に由来する派生語 undulation（波動，うねり）がある。

abuse [əbjúːz] 乱用する，悪用する；[əbjúːs] 乱用

→ usury, urn

この語の語源は，ab（…から離れて，去って；果てた）と uti, us-（使う）とからなるラテン語 abuti, abus- で，「使い果たす」（to use up）だったが，さらに「使用をやめる」（disuse），「酷使する，誤用する」（misuse）という意味になった。ちなみに disuse の接頭辞 dis- はラテン語 dis（…から離れて）が語源である。また misuse の接頭辞 mis- はラテン語 minus（より少ない）が語源で，古フランス語 mes（誤って）を経て借入された。《今日ではここにゲルマン語起源の mis-（誤って）の混在が考えられている。》同じ mis- を持つ言葉には mischance（不運，災難），miscarriage（失策，流産），mischief（損害，災害，悪戯）などがある。なお mischief の -chief は古フランス語 chef（頭）が動詞 chever（頂点に至る，終わる）となり，古い英語 cheve（目標に達する，うまくいく）として借入されたもので，mischief の原義は「不運な終わり」である。

abut [əbʌ́t] 境を接する，隣接する，寄りかからせる

→ butt

academy [əkǽdəmi] 高等教育機関，学士院，アカデミー

アカデミーは，よく知られているように，プラトン（Plato, 427-347B.C.）が学園を開いた古代アテネのアカデメイア（Academeia）と呼ばれる小さな森に由来する。しかし，その森の名前の由来についてはあまり知られていない。

ギリシア神話では，運命にもてあそばれ

た若い貴婦人ヘレネー（Helen）は，少女のころ，英雄テーセウス（Theseus）にスパルタからさらわれたことがある。そこで彼女の双子の兄弟カストール（Castor）とポリュクス（Pollux）が奪い返すべく探しに出かけた。そしてアッティカのアカデモス（Academus）という名の農夫に案内されて，首尾よく目的を果たした。それ以来，アカデモスの畑の鎮守の森は手厚く守られ，それを中心に町が生まれた。プラトンがシンポジウム（symposium）〈同項参照〉を催すためにテーブルを並べたのは，そのアカデモスの森だった。なお，カストールとポリュクスは今も星座の双子座（Gemini）となって空を飾っている。〈Platonic 参照〉

accent [ǽksent] アクセント，強勢；アクセントをつける

　この語はギリシア語 prosodia（楽器に合わせて歌う詩，歌の調子）の翻訳語として使われたラテン語 accentus（音調，アクセント）が語源である。prosodia は pros（…へ）と ode（歌）とからなり，ラテン語訳 accentus は ad（…へ，…に向かって）と cantus（歌，音楽，調子）からなる。重アクセント（grave *accent*）の音節は低い声で，鋭アクセント（acute *accent*）の音節は 5 度高い声で歌われた。また曲アクセント（circumflex *accent*）のついた音節は高音で始まり，途中で音程が 5 度下がった。circumflex は circum-（…の周り）と -flex（曲げること）とからなり，この -flex はラテン語 flectere, flex-（曲がる）にさかのぼる。flexible（曲げやすい，しなやかな）や reflect（反射する）も同語源である。長短（length）と高低（pitch）とからなるラテン語の韻律から，音量（volume）からなる英語の韻律への変化に伴って，accent は強弱（stress）を意味するようになり，さらには，すべてそうした種類の強調点を意味するようになるのである。

　ところで，ラテン語 cantus（歌曲，音楽，調子）からイタリア語 canto を経て英語に借入された canto は，「歌」および韻文の「篇」（例えばダンテ〔Alighieri Dante, 1265-1321〕の *Divine Comedy*：『神曲』（1309?-21?）のような長編詩の「第…歌」）に当たるものである。他方，ラテン語 cantus がフランス語経由で英語に借入されて chant（歌，聖歌）となった。〈saunter 参照〉

access [ǽkses] 接近方法，通路；…にアクセスする
　➔ ancestor

accident [ǽksədənt] 事故，不測の出来事，偶然
　➔ cheat

accolade [ǽkəlèid] 賞賛，栄誉のしるし，ナイト爵位授与
　➔ collar

accommodate [əkámədèit] 適応させる，順応させる，宿泊させる

　英語 mode（方法，様式）は，ラテン語 modus（尺度，規則）が語源であり，古代ローマにおいてはギリシア音楽の音階（scale）の一つを意味した。それが「旋律，歌い方」，さらには何事をするについてもその「仕方，方法」を意味するようになった。

　moderate（節度を守る，穏健な）も，同じラテン語 modus（尺度，規則）から派生した動詞 moderari, moderat-（中庸にする，節する）が語源である。よく似た意味の modulate（調節・調整する，加減する）はラテン語 modus の指小辞形 modulus（基準寸法）から派生した。この指小形からイタリア語 modello（模範），フランス語 modèle（模範，手本）を経て借入されたのが英語 model（模型，原型，規準）である。*modest* person（謙虚な人）とは何事をするにしても規準にかなった人のことである。

　物事がうまく調和している場合，英語で attuned とか accomodated と言う。accommodate（調和させる）は，ラテン語 accomodatus（適合した）が語源で，ad（…へ，…と共に）の同化形 ac- と com-（一緒に）＋modus（尺度，規則）とからなる言葉である。ad- に代えてラテン語 dis-（…から離れて）をつけると discommode（迷惑をかける，困らせる）となる。

　commode（引き出し付きの小型タンス，移動式洗面台）は初め形容詞で，「寸法の合った」「使い勝手のいい」を意味したが，17世紀から18世紀にかけて名詞になって，頭飾りから取り持ち役（売春宿の

女将)，化粧台からタンスまで，さまざまな重宝なものを指すようになった。それとともに強意のラテン語接尾辞 -osus（…がいっぱいの）から派生した英語の接尾辞 -ous を持つ commodious（広くて便利な，ゆったりとした間取りの）が使われるようになるのである。

　　commodity は，最初は「便利な物」であった。それが「好機」「有利」，さらに「儲けるための売り物」，すなわち「商品」という意味になった。謙虚 (modest) であっても，人が良すぎて (too *accommodating*) はいけない。

accomplice [əkámplis] 共犯者，共謀者，グル
　　→ plot

accord [əkɔ́:rd] 一致する，許容する；一致
　　→ prestige

accordion [əkɔ́:rdiən] アコーディオン
　　→ prestige

accost [əkɔ́(:)st] 近寄って言葉をかける，金をせびる，そでを引く

　　だれかに挨拶をする場合，その人の側に寄って声をかけるのが普通である。電話のない昔にあってはそれしか方法はなかった。この語はラテン語 ad（…へ）と，ラテン語 costa（肋骨，脇）からなる後期ラテン語 accostare（人の脇にある）が語源である。coast（沿岸）もラテン語 costa が語源で，借入されたころは一般に「横」という意味に使われたが，今日では「海の横」から「沿岸」という意味に使われるようになった。動詞としての coast は「海岸に沿って航行する」から「のんびりと航行する」という意味に使われている。

　　丘の斜面については今では coast は使われなくなっているが，「《ソリなどで》丘を滑り下りる」という意味が残り，さらに，駅で友達を迎えるために自転車でブレーキも掛けないで坂道を下って行く時のように，「惰力で走る」の意味も加わった。

account [əkáunt] 計算書，取引口座；釈明する
　　→ calculate

accoutrement, accouterment [əkú:tərmənt] 服装，【軍事】装具，用具
　　この語の語源は二通り考えられる。一つはラテン語 custos（保護者，番兵——cus-todian〔管理人〕の語源——）から古フランス語 cousteur（教会の聖具〔法衣〕室係），フランス語 accoustre（特別な身なりをさせる）を経て，英語に借入されたとするものである。他の一つは，ラテン語の動詞 consuere, consut-（縫って作る）から後期ラテン語 consutura（縫い目）を経て，フランス語 coudre（縫い合わせる）が派生し，それに ad（…へ）の同化形 ac- がついたとするものである。いずれにしても衣類・服装分野の言葉である。

accumulate [əkjú:mjəlèit] 蓄積する，たまる，積もる

　　この語は，ad（…へ）の同化形 ac- と，cumulus（小さな塊，塚）の動詞形 cumulare, cumulat-（積み上げる）とからなるラテン語 accumulare, accumulat-（盛り上げる，蓄える）が語源である。to *accumulate* a fortune（財を成す，身代を築く）は「大金を手に入れる」(to make a pile) のあらたまった表現である。

accurate [ǽkjərət] 間違いのない，的確な，精密な

　　「緻密で正確な」(*accurate*) 仕事をするには骨を折らなければならないのは当然である。まさにその通り，この語は ad（…へ）と，cura（苦労，心配）の動詞形 curare, curat-（世話する）とからなるラテン語 accurare（注意を集中する）が語源である。

　　curate（副牧師，代理牧師）も同じ語源で，「世話をゆだねられた人」すなわち「魂の救済をゆだねられた人」がその原義である。今日でも the *cure* of souls（魂の良薬）と言えば，「牧師職」を指す。治癒 (cure) は世話や用心の賜物であることは自明のことである。

　　curiously（興味深そうに）の原義は「入念に」である。しっかりと入念に作ると精巧で注目に値する物ができるのは当然である。その原義から，curious は「知りたがる」や「奇異な」をはじめ，いろいろな意味へと移転する。名詞形としては curiosity（好奇心）や，その短縮形 curio（骨董品）がある。curative は「治癒力を持つ物」という原義から「治療薬」を指すようになり，curator は「世話をする者」から，特に「《建物の》管理人」や「後見人」という意味になる。

このようにラテン語 cura（苦労，心配）1 語から，curate（代理牧師）や *curious person*（せんさく好きな人）のように動作の主体を表したり，cure（治療する）のように動作そのものを表したり，*curious object*（珍奇な物）や curio（骨董品）のように物（製品）を表したり，多様な用法が派生してきた。curiosity（好奇心，（古語）気難しさ）は人の性質を表す言葉でもあり，好奇心を起こさせる対象でもある。このような言葉の使用にあたっては特に正確で（*accurate*）なければならない。

procure（調達する）の接頭辞 pro- はラテン語 pro（…のために）で，この語の原義は「努力して手に入れる」であり，secure（《危険・攻撃などから》護る）の接頭辞 se- は，ラテン語 se-（…から離れて）が語源である。元は形容詞で，原義は「気がかりから遠い」であり，「安全な」という意味になった。procurator は古代ローマにおける皇帝の「財産管理人」であった。この語は歴史用語として今日でも使われているが，短縮されて身近な用語 proctor となり，その意味も低下して単なる「【法律】代理人」，「《米》試験監督官」となった。他人の代理として仕事をすることを意味した古語 procuracy（代理人の仕事）は，縮小・低下して日常語 proxy（代理人，委任状）となった。

acetic [əsíːtik] 酢の，酸味の，すっぱい
→ acetylene

acetylene [əsétəliːn] アセチレン；アセチレンの

それはすべてすっぱくなってしまったワインから始まった。vinegar（酢，酢酸）はフランス語 vin aigre（すっぱいワイン）から借入された言葉であり，酢のことをラテン語では acetum と言った。このラテン語は動詞 acere, acet-（すっぱい味がする）から派生した名詞である。科学用語 *acetic acid*（酢酸）も同語源である。英語 acetyl（【化学】アセチル基）は，上記ラテン語 acetum にギリシア語 hyle（質量，物質）をつけ加えてできた言葉であり，酸（*acid*）を成分とするさまざまな化学物質名に使われている。この acetyl に，父祖の名にちなんだ女の子であることを表すギリシア語語尾 -ene をつけたものが acetylene（アセチレン）である。アセチレンはすなわち，「弱い性」である女性から生まれた「もろい物質」と言える。事実，極めて化学反応性が高い物質で，アセチレンから種々の有機化合物が作られる。

acid（酸）やその派生語は，上記ラテン語 acere, acet-（すっぱい味がする）の形容詞 acidus（辛い，鋭い）が語源である。これらの語の印欧語根 ak- は，「すっぱい」ではなく元来「鋭い」を意味し，acme（絶頂，頂点）や acumen（鋭敏，尖鋭，明敏）〈同項参照〉は同根語である。思春期の「バラ色のしずく」（rosy drop），すなわち「にきび」を acne と言うが，acme の語源であるギリシア語 akme（尖った点，頂上）の誤記によって生まれた。

ache [éik] うずく，痛む；痛み

ache は，有名な *A Dictionary of the English Language*（1755年）を編纂したドクター・ジョンソン（Dr. Samuel Johnson, 1709-84）の影響で，いつも私たちを惑わす言葉となっている。この語はアングロサクソン語の動詞 acan（痛む）から派生した古英語の名詞 aece（痛み）が語源で，ake と綴られていた。しかし，彼は，この語はギリシア語 akhos（痛み，苦痛）が語源で，ache と綴るべきだと主張した。その影響で ake は廃れ，ache が生き残り，発音は ake が残り，中英語 ache [atʃə] が廃れた。しかし，この種の本来語では，動詞は綴り・発音ともに k [k] を保持し，名詞は綴り・発音ともに ch [tʃ] となっている。bake（《菓子などを》焼く）に対する batch（《パン・陶器などの》ひと釜分），break（壊す）に対する breach（違反，不履行），make（作る）に対する match（縁組，試合），speak（話す）に対する speech（話），stick（刺す）に対する stitch（ひと針），wake（目を覚ます）に対する watch（見張り）などがその例である。eat（食べる）と etch（腐食液；エッチングで描く）の対応もおそらく同種のものである。シェイクスピアは動詞 ake，名詞を ache と区別して綴っている。現在では動詞も名詞も -ch- と綴り，発音は [k] となった。ただ，もちろん，英語のアルファベットの8番目の文字 H の名 ache の発音は [éitʃ] である。

上に挙げたすべての動詞は，ゲルマン諸語に共通に見られ，それぞれアングロサク

ソン語が語源である。すなわち，bake は アングロサクソン語 bakan, break 〈discuss 参照〉は同 brecan, make は macian (過去形 made は makede が短縮されたもの), speak 〈unspeakable 参照〉は同 sprecan あるいは specan, stick 〈attack 参照〉は同 stican (指す), wake 〈vegetable 参照〉は，同 wacian がそれぞれ語源である。

batch の原義は「パンを焼くこと」(baking) である。match の原義は「作られた (made) ペアの一方」で，特に動物や人間の連れ合い（配偶者）という意味であった。「釣り合う，釣り合わせる，結婚させる」という語義はこれに由来する。なお，火をつけるのに使う match（マッチ）はギリシア語 myxa（どろどろの物，ロウソクの芯の燃えて黒くなった部分）が後期ラテン語 mysca となり，フランス語 mèche（ロウソクの芯）を経て英語に借入された。

ドクター・ジョンソンが ache の語源だと考えたギリシア語 akhos（痛み，苦痛）はラテン語 agere, axi, act-（する，追う，動かす）と近い関係にある。英語 axis（軸，軸線）や action（行動，活動）はこのラテン語が語源である〈exact 参照〉。またラテン語 cum（共に：com-, co-）とラテン語 agere から後期ラテン語 coagulare, coagulat-（団結させる：〔原義〕一緒に動かす）が派生し，さらに coagulate (《液体が》固まる，凝固させる）が派生した。

また，上記ギリシア語 myxa（どろどろの物）は，myxoma (【病理学】粘液腫) とか myxomycetes (【生物学】粘菌) のような術語の接頭辞 myxo- の語源でもある。

なお，mix（混ぜる）や promiscuous（入り交じった，ごたまぜの）の語源であるラテン語 miscere, mixt-（混ぜる）は，ギリシア語 mixo-（混合した）と同族語である。これらのギリシア語 mixo- やラテン語 mixt- を用いて，英語 mixolydian (【中世音楽】ミクソリディア旋法の）や mixogamous（雑婚の），mixtilinear（直・曲線混合の）などの専門用語が合成された。大変な交錯（mixture）と言うべきで，頭痛（headache）になりそうである。

achieve [ətʃíːv] 成し遂げる，完成する，獲得する

achieve は長い旅路の良い出発点 (headstart) となる言葉である。ラテン語 ad caput venire（頂点に達する，終わる）が語源で，原義は「頭に来る」である。同義の古フランス語 venir à chief の短縮形 achever（成し遂げる，完成する）を経て英語に借入された。「終わり」と言えば「死」ほどその意味を実感させるものはない。シェイクスピアは，"Bid them *achieve* me, and then sell my bones."（われを殺してから，わが骨を売れと伝えよ）(*Henry V*：『ヘンリー5世』IV, iii) とヘンリー5世に言わせている。atchieve は16世紀から19世紀にかけて存在した綴りである。シェイクスピアはまた単に「終わらせる」という意味にも atchieve を使っている。"He does *atchieve* as soon as draw his sword."（彼は剣を抜くやいなや終わらせる）(*Coriolanus*：『コリオレーナス』IV, vii) がその例である。しかし，最も良い終わりはハッピーエンドで，achieve には「獲得する」の用法もある。例えば "Some *achieve* greatness, some have greatness thrust upon them."（高貴な身分を自ら獲得する者もあり，高貴な身分を投げ与えられる者もいます）《*Twelfth Night*：『十二夜』II, v》である。シェイクスピアの時代には以上の三つの意味がすべて採用されていた。

中英語には bonchief という言葉があった。bon- はラテン語 bonus（良い）が語源であり，この言葉の意味は「良い終わり，幸運，繁栄」であった。ところが，より一般に使われていた反意語 mischief（損害，災害，悪戯）が生き残り，bonchief は今日では廃れてしまっている。mischief の mis- は，英語 amiss（誤った，不都合な）の語源でもあるラテン語 minus（より少ない，不十分な，良くない）から派生した。形容詞 mischievous（有害な，忌まわしい）はシェイクスピアの造語だという説がある。

chief（チーフ；最高の）は同義のフランス語 chef からそのままの語形で中英語に借入されて変化したものであり，語源はラテン語 caput（頭）である。chief は chieftain（指導者，首長）が短縮された

ものであるとも考えられるが，こちらはcaputから派生した後期ラテン語capitaneus（頭，首領）が語源であり，古形はchevetaineであった。同じcapitaneusが語源のcaptain（首領）とは二重語の関係にあり，captainの方がラテン語caputからより直接的に借入されたと言える。

ところでhead（頭）そのものはゲルマン諸語に広く分布する言葉で，例えばアングロサクソン語heafod，ドイツ語Haupt，古北欧語höfuth，ゴート語haubithなどがあり，これらはラテン語caput（頭）と同族語である。〈cad参照〉

ラテン語caput（頭）は，多くの言葉の語源となっている。capitalの原義は「頭に関する」で，*capital* punishment（死刑）とは本来断頭を意味するものであった。*capital* letter（大文字）の場合は「先頭に立つ」，*capital* city（首都）の場合はchief（首長）と同義であり，また「資本」としての *capital* propertyは「主要な，元となる」の意味である。capitalize（資本化する，利用する）やcapitalist（資本家）は，最後の意味「元となる」からの派生語である。

建築の分野ではcapitalは「円柱の頭」，すなわち「柱頭」を指す。Capitolはローマ時代のジュピターの神殿のことであった。それはローマの七つの丘の一つ，サトゥルヌスの丘の頂上（caput）にあった。その後，この丘は一般にカピトリヌスの丘（*capitoline* hill）として知られるようになった。今日capitolは「《国や州の》議事堂」を意味する言葉として使われている。

capitulate（降服する）は，降服条件として人質その他の品々を見出し（headings）をつけて整理することであった。ここからcapitulationとは協定の明記された「合意条件」，さらに「（条件付）降服」を意味するようになった。後期ラテン語capitulatio, capitulation-がすでにその意味に使われていた。

かつては男たちが，今でも少年たちが頭にかぶるのがcap（キャップ，帽子）である。この語は，中世では，7世紀に*Etymologiae*：『語源論』と題する一種の百科事典を著したセビリヤの大司教聖イシドール（St. Isidor, 560?-636）や11世紀のイタリア人辞書編集者パピアス（Papias）の影響で，ラテン語capere, capt-（取る，捕らえる）から派生したとされ，「全人類は教会という覆い（cap）の下に捕らえられた」という語句が伝えられている。これは民間語源説である。しかし，フランス人はcape（袖なしマント，ケープ）やchapel（礼拝堂）を，セビリヤの聖イシドールの言った"cape because it captures（ラテン語：capiat）the whole man"（ケープとはそれが全人類を捕らえるからそう呼ばれるのである）を根拠に，今もラテン語capereが語源と考えている。

「資本」としてのcapitalの系列では，ラテン語capitalis（頭の）から中英語chatelやcatelが派生し，そのchatelから *chattel*-mortgage（【法律】動産〔譲渡〕抵当）が，catelから長らく最も大切な財産であったcattle（畜牛）が生まれるのである。"How many head of *cattle*?"（何頭の家畜を所有していますか）という質問は，語源的には同義語を繰り返していることになる。

cap-à-pie（古・戯言）頭の先からつま先まで）は騎士が完全武装をしている様子を表す言葉であって，「全身寸分のすきもなく」という意味が派生したり，*applepie* order（《口語》整然としている状態）という表現が生まれたりした。なおフランス人は，今日ではde pied en cap（足から頭まで）と言う。ただcap-à-pieからこのapplepieが派生したとするのはまったくの民間語源である。

「《袖なし》マント」を意味するcapeは，元はフードが付いていて，ラテン語caput（頭）が語源である。このラテン語から，後期ラテン語caparo（年配の女性がまとう外套）を経てさらに英語caparison（馬の飾り衣装）が派生した。海に突き出た「岬」（headland）を意味するcapeは，もっと直接的にラテン語caputにさかのぼることができる。

biceps（【解剖学】二頭筋）は，ラテン語bis（2度）の結合形bi-とcaputから派生したものであり，骨に接着する所（頭）が一端に二つあるところからこの名を得たと考えられる。

caputが語源の後期ラテン語cappa（外

套）から、中世になって二つの指小語 cape-lina と cappella が生まれた。英語 capeline は中世の射手が頭蓋にかぶった鉄の小さな帽子のことであり、今日では医療の分野で外科医が頭蓋の傷や切断した手足の切り口にかぶせる帽子（cap）状の包帯を指す。一方 cappella は「外套」を意味したが、語形を変えながらさらに興味深い歴史をたどることになる。4世紀にフランス西部のツール（Tours）の司祭で、後にフランスの守護聖人になった聖マルタン（St. Martin, 316?-397）の外套（cappella）は聖遺物として保存され、それを保管する場所も cappella と呼ばれ、古フランス語 chapele、中英語 chapele を経て chapel（礼拝堂、チャペル）となった。また、それを保管する係の僧が chaplain（礼拝堂〔chapel〕付き牧師）と呼ばれた。

チャペルにはオルガンがなかったので、ここでは聖歌を伴奏なしで歌った。そのように伴奏無しで歌うことをイタリア語で a capella（チャペル風に）と呼ぶようになり、英語でも音楽用語 a capella（アカペラ；無伴奏で）として使われるようになるのである。

chaplet（頭飾り、花冠）も後期ラテン語 cappa（外套）から派生した指小語である。同じく後期ラテン語 cappa から派生した chaperon は、イギリスの最高勲章であるガーター勲章を受けた、女王を守護する役目の騎士たちがかぶった頭巾である。やがてその意味が一般化して、chaperon は「付き添い」や「保護者」にも適用されるようになった。

chapter は、ラテン語 caput の指小語 capitulum（小さな頭）から古フランス語を経て、中英語 chapiter として借入され、「表題、見出し」（heading）、ついで、大作の「巻」、やがて「章」を意味するようになる。さらに chapter はそのような「章」が読まれる修道院修士会の「総会」、さらに、その会に参集する「会員」を集合的に意味するようになる。なお、chapter は信徒団体や同業者団体（fraternity）などの「支部」とか「分会」という意味にも使われる。

この頭（head）をテーマにまだまだ語源探索ができるが、単調になることを避け

る（*escape*）ために話題を変えたいと思う。ところがこの escape も実は後期ラテン語 ex- と cappa（外套）からなる言葉である。古フランス語 escaper（フランス語では échapper〔逃れる〕）を経て英語に借入された。原義は「外套から外へ」で、外套をつかまれて、その外套を脱ぎ捨てて逃れる様子を表す言葉であった。本来この言葉は危険から逃れることを意味したもので、それ自体、成功（*achievement*）を意味するものであった。

Achilles' tendon [əkíli:z téndən],
Achilles' heel [əkíli:z hí:l] アキレス腱、急所

踵の骨とふくら脛の筋肉を繋ぐ太く強い腱のことを「アキレス腱」と呼ぶが、この背景にはギリシア神話が潜んでいる。英雄アキレウス（Achilles）が生まれると、母親の海の女神テティス（Nereid Thetis）は、彼を不死身にするために黄泉の国の川ステュクスに浸した。ところが彼女はアキレスの踵を持って川に浸したため、踵だけは不死とならなかった。トロイ戦争でアポロにその弱点を教えられたパリスは、弓でこの英雄の踵を射て殺すのである。そこで Achilles' heel は「急所」という意味に使われるようになった。

ちなみにゲルマン神話の英雄ジークフリートの場合は、竜を退治しその血を浴びた時に、菩提樹の葉が肩に落ち、その肩以外は不死身になった。彼を愛する妻が敵に騙されてその秘密を教えたために、ジークフリートはその急所を射られて死ぬのである。

また、旧約聖書のサムソン（Samson）の力の秘密は頭髪にあったが、妖婦デリラ（Delilah）に裏切られ、頭髪を剃られて力を失う（『士師記』16：4-22）。この話からサムソンは比喩的に「力を持つ人」、デリラは「裏切り女」を表す。

acid [ǽsid] すっぱい、酸性の；すっぱい物
　→ acumen

acme [ǽkmi] 絶頂、極致、最盛期
　→ acumen

acne [ǽkni] にきび
　→ acetylene

acorn [éikɔ:rn] ドングリ、ドングリ形の物

acornはゲルマン諸語に広く分布し，古英語ではaecern, ゴート語ではakran（野原や森の果実）である。このゴート語akranはakr（野——古英語aecer〔野原〕に対応——）から派生した言葉であり，ラテン語ager（野原，畑地），ギリシア語agros（野，耕地），サンスクリット語ajras（平野）などと同族語である。英語acre（エーカー）〈同項参照〉も同根語である。北ヨーロッパやイングランドで最も一般的な森の果実と言えばオーク（oak）の実であり，古英語aecernはオークと関連づけられてokecorne, okehorne, akern, accorneなどさまざまに呼ばれ，最終的にacornとなった。

ところで，ギリシア語agros（野，耕地）の原義は「原野」であり，その意味は同根のラテン語agrestis（田野の；農夫）やギリシア語agreus（猟師）にも表れている。peregrination（遍歴，旅行）は，per（…を通って）とager（野）から派生したラテン語動詞peragrare, peragrat-（さ迷う）から形容詞peregrinus（異国の，異なる）を経て派生した言葉である。〈belfry参照〉

文明の進歩とともに「野」は農業と関連づけられるようになった。agriculture（農業）は，上記ager, agri-（野原）とcolere, cult-（耕す）からなるラテン語agri cultura（耕作）が語源であり，cultivate（耕作する）はラテン語colere, cult-（耕す）から派生した。cult（崇拝，祭式）は，「神々の愛顧を耕し育てる」（*cultivating* the favor of the gods）ために，神々に仕え「崇拝する」ことから生まれた言葉である。

acoustics [əkúːstiks] 音響学《単数扱い》，音響効果《複数扱い》

acousticsはpolitics（政治），mathematics（数学），civics（市政学）などとの連想で生まれた複数形である。しかし，-icsは「…学」では単数扱いであり，その対象となる事象は複数扱いである。語源はギリシア語akouein（聞く）の形容詞akoustikos（聞くことに関する）で，フランス語acoustique（聴覚の，音を聞くための）を経て英語に借入された。

acoustics（音響効果）は，auditorium（講堂，音楽堂——ラテン語audire, audit-〔聞く〕と-orium〔…の場所〕からなる——）に関して用いられる。

今日では廃語になってはいるが，英語にacousmataがある。この言葉はギリシア語acousma（聞かれるもの）の複数形が語源で，ピタゴラスの弟子たちが，師の訓戒を無反省に受け入れたとされることにちなんで「権威をよりどころとして受け入れられたもの」という意味に使われた。今日ラジオなどの電波に乗った話をそのまま確かなものとして受け入れる姿勢にピッタリの言葉である。《なお今日，acousmataは精神医学で「要素幻聴」という意味に使われている。》

acquaint [əkwéint] 知らせる，熟知させる，知り合いにさせる
→ quaint

acquaintance [əkwéintəns] 知り合い，知人，面識
→ quaint

acquiesce [ækwiés] 黙認する，黙って従う，同意する
→ acquit

acquit [əkwít] 無罪を宣告する，解放する

動詞quit（やめる，立ち去る）の原義は「ある場所を静かな（*quiet*）状態におく」である。英語quietはラテン語quietus（静かな）を語源とする。

acquitは，ラテン語ad（…へ）の同化形ac-とquietare（鎮める）とからなる後期ラテン語acquietare（訴えを解決する）が語源であり，負債関係を清算し，以後いさかいなく過ごせるように取り決めをすることであった。今日acquitは「無罪を言いわたす」という意味に使われている。《陪審制度では》どのような罪に関しても一事不再理の原則があり，無罪決定は最終的なもので，以後は心配無用となるのである。acquiesce（黙認する）はadと，上記quietareの起動形quiescereからなるラテン語acquiescere（静かになる）から派生した。

acre [éikər] エーカー，私有地，地所

この語は，ラテン語ager（野原，耕地）が語源であり，さらにシュメール語agar（湿潤な土地——a-は「水」を指す——）にさかのぼる。

Potters' Field（共同墓地）は元来「陶器

職人の畑」である。『マタイ福音書』(27：7)によれば，銀貨30枚でイエスを売ったことを後悔したユダが首をくくって死ぬ前に，その銀貨を祭司長のいる神殿に投げ捨てる。祭司長らはその銀貨で陶器造りが土を取っていた畑を買い取り，旅人などの墓に当てた。その土が死体を早く腐敗・分解したからである。なお，「共同墓地」は後に God's acre (甦りを望んで死者の骨を撒く神の畑) と呼ばれるようになる。〈saunter, goodbye, acorn 参照〉

　wiseacre (知ったかぶりをする人) は，ドイツ語 Weissager (予言者：〔原義〕知見を語る者) と Wahrsager (占い者：〔原義〕真実を語る者) との合成によるものであり，上記のような「畑」(field, acre) とは関係がない。なお Weissager に関して言えば，-sager と同語源の古北欧語 saga から英語に借入されたものが saga (サガ，北欧英雄伝説) であり，また，wise-〔weis-〕と同系語の古英語 witig (知恵，認識力) から wit (機知) が生まれた。〈moot 参照〉

acrid [ǽkrid] ぴりっとする，刺すような，きつい
　→ acumen

acrobat [ǽkrəbæt] アクロバット，軽業師，大胆な人
　→ acumen

acrostic [əkrǽstik] アクロスティック《各行の初め〔または中間，終わり〕の文字を綴ると，ある語になるように作る遊戯詩・折句》；アクロスティックの
　ギリシアの詩には，一定数の韻文が数行集まって一種の連・節を構成する strophe (ストロペ) と，ほぼ同一韻律の詩行を書き連ねていく stichic (スティキック) と呼ばれる二つの形式があった。前者は主に劇において使われ，後者は叙事詩において使われた。strophe の語源はギリシア語 strephein (回る，回す) であり〈apostrophe 参照〉，stichic の語源はギリシア語 stikhos (隊列) である。
　acrostic (アクロスティック：〔原義〕最前列) 〈acumen 参照〉とは各行の行頭の文字を順番に並べると，ある言葉の綴りとなるように並べたものをいう。行末の文字を並べて造語することもあり，初めは telestich (テレスティック，行末語呂合わせ——ギリシア語 tele〔遠くに〕——) と呼ばれたが，今日では acrostic が，これら双方の意味に使われる。さらにまた，有意味になる文字がジグザグや十字形 (criss-cross) になるように配置されたり，中央に来るように並べられたりしたものも acrostic と呼ぶ。
　なお，めったに使われないが，副詞として acrostic (斜めに，はすに) を使うことがある。これは across (…を横切って) から直接派生した。〈criss-cross 参照〉

act [ǽkt] 行い，行動；行動する
　→ exact

actinium [æktíniəm] アクチニウム《放射性元素》
　→ element

action [ǽkʃən] 行動，行為，作用
　→ exact

active [ǽktiv] 活動的な，積極的な；能動態
　→ exact

actor [ǽktər] 俳優，行為者，関係者
　→ exact

actual [ǽktʃuəl] 実際の，現実に生じた；ドキュメンタリー映画
　→ exact

acumen [əkjúːmən] 鋭さ，鋭敏，洞察力
　ラテン語 acus (針) から動詞 acuere, acut- (尖らす) が派生し，さらに名詞 acumen (槍先，頂点，鋭敏) が派生した。acumen はこのラテン語が直接借入されたものである。英語では心的な鋭さ，すなわち「鋭敏，洞察力」など比喩的意味にのみ使われている。形容詞 acute (先のとがった) は比喩的に「《感覚，才知などが》鋭敏な」という意味にも使われ，また acute angle (鋭角), acute sound (鋭音, 高音), acute accent (鋭アクセント) のように本来的な意味にも使われる。よく使われる cute (《子供・品物などが》かわいい，りこうな) は，acute から頭音消失によって生まれた。
　ラテン語 acus (針) から派生したその他の言葉には科学用語として使われるものが多い。同ラテン語の指小語 aculeus (とげ) から派生した aculeate は，昆虫学では針を持った「有剣類」，植物学ではとげを持つ「有針類」を意味する形容詞である。二重の指小辞を持つラテン語 aculeolus の

原義は「小さなとげがある」であり，特にサボテンについて使われる。

　同語源の学問用語は，さらに，aculeiform（《ヒイラギの葉の先にあるような》葉状突起状の），acuminate（【植物学】鋭先形の），acupressure（【医学】挿針止血法），acupuncture（鍼，鍼療法），acutifoliate（針葉状の），acutonodose（《甲殻類などの》腹部節の両脇の突起）など，十指に余る。

　acme（絶頂，頂点，極致）は，ラテン語 acus（針）と同語根のギリシア語 akme（先端，絶頂）から派生した。acropolis（《古代ギリシアの》城塞）は，akro-（先端の）と polis（都市）とからなるギリシア語 akropolis が語源で，アテネでも最も高い地点にアクロポリスがある〈police 参照〉。acrobat（アクロバット，軽業師）は akros（つま先）と，bainein（行く）の動詞的形容詞 batos とからなるギリシア語 akrobatein（つま先で歩く）が語源である。

　英語 ague（悪寒）は「マラリア熱」（*ague* fever）のことであった。ラテン語 acutus（鋭い）が古フランス語 ague を経て借入されたものであり，acute（先の尖った，鋭い）と ague は二重語である。なお，ague は現代フランス語では aigu〔-uë〕（先端の尖った，激しい）となっている。

　edge（刃，へり）や，to *egg* on（おだてる，扇動する）の egg（そそのかす，励ます）は，古英語 ecg（鋭さ，刃，剣）が語源である。前記の古フランス語 ague，古英語 ecg，ドイツ語 Ecke（角）はそれぞれ同族語である。ちなみに，「卵」を意味する egg は別であり，中英語では ey，アングロサクソン語では aeg で，ゲルマン諸語一般に見られる言葉である。

　また eager（熱心な，熱望している）はギリシア語 akros（頂上）と同族語のラテン語 acer, acr-（苛烈な，激しい）が語源で，古フランス語 aigre（すっぱい，気難しい）を経て借入された。acid（すっぱい，気難しい），acrid（ぴりっとする），acrimonious（きつい，とげとげしい）も同語源である。

　言葉の意味について感覚を磨くのに熱心な（*eager*）ことは良いが，他人の言葉にきつい（*acrimonious*）態度をとることはよろしくない。

acute [əkjúːt] 先の尖った，鋭い，激しい
　→ acumen

adamant [ǽdəmənt] きわめて固い，不屈の；強固な物質
　→ diamond

Adam's apple [ǽdəmz ǽpl] のどぼとけ
　民間生理学によると，人類の始祖アダムの肉体は，彼の魂よりも知恵があった。アダムがイブから禁断の知恵の果実をもらって食べた時，その一かじりがのどに留まったからである。以来，のどの中間の隆起を Adam's apple と呼ぶようになった。Adam's ale とか Adam's wine はこの話にちなんで，ユーモラスに「水」を意味する言葉である。

add [ǽd] 加える，つけ足す，足し算をする

　subtract（引き算をする）を，"take away"（取り去る）と言い換えることはできるが，add（足し算をする）を "give to"（与える）と言い換えることはできない。しかし，add や名詞形 addition（追加）は，ad（…に）と dare, dat-（与える）とからなるラテン語 addere, addit-（添える，加える）から派生した言葉で，その原義は文字通り to give to（…に与える）である。〈dice 参照〉

　addendum（追加物，補遺）は，ラテン語 addere の動詞状形容詞（gerundive——「…されるのが当然な，…されるべき」を表す——）から直接借入されたものである。よく似た借入語に agendum（協議事項）やその複数形 agenda がある。これらは，ラテン語 agere, act-（導く，行う）の動詞状形容詞が直接借入されたものである。〈ache 参照〉

addendum [ədéndəm] 追加物，補遺，付録
　→ add

adder [ǽdər] クサリヘビ，アダー
　→ auction

　"mad as a hatter"（すっかり狂って，すごく怒って）は，「帽子屋」（hatter）に対する中傷ではなくヘビに関する表現で，adder（クサリヘビ——ドイツ語では Natter——）が訛ったものであった。

　ところで，hat（帽子）はアングロサク

ソン語では haett, 古北欧語では höttr（頭巾：*hood*）である。hood はアングロサクソン語で hōd, ドイツ語で Hut（帽子), hut（小屋）はドイツ語で Hütte で, また heed（心に留める；用心）はアングロサクソン語で hedan（注意する, 護る), ドイツ語で hüten（保護する）である。これら一連の言葉はすべてゲルマン諸語に共通の同系語で, その基本的概念は「頭（head）の保護」である。なお, head はアングロサクソン語で heafod, オランダ語で hoofd, ゴート語で haubith であり,《hat と同系語であるとする説がある一方で,》ラテン語 caput（頭）と同族語であるとする説がある。<achieve 参照>

addict [ədíkt] 中毒になる, …を常習している；中毒患者
→ verdict

addition [ədíʃən] 追加, 足し算, 追加分
→ add

addle [ǽdl] 腐敗させる, 混乱させる；腐った

この語は少し「混乱した」(*addled*) 歴史を持つ。古代ギリシアでは孵化しない卵を ourion oon（wind-egg：風卵）と呼んだ。このギリシア語はラテン語で ovum urinum（ラテン語 urinum〔風がいっぱいの〕はギリシア語 ourion の借入）と訳された。ところがそれが ovum urinae（尿の卵〔egg of urine〕, 腐った卵）と混同された。そして古英語では「尿」のことを adela と言ったことから, やがて addle-egg（腐った卵）が生まれるのである。この言葉は間もなく比喩的に人間に対しても使われるようになり, シェイクスピアも *Romeo and Juliet*：『ロミオとジュリエット』(III, i, 25) で, "Thy head hath been beaten as addle as an egg."（お前の頭は殴られて, 卵のように腐っているぜ）とマーキューシオに言わせている。addle-pate（ばか）とか, 同じ意味の addle-head はよく使われる複合語である。そこから addled（いかれた）が生まれ, その後に動詞 addle が造られた。今日でも, a bad egg（ろくでなし）とか a good egg（いいやつ）という表現がある。

fuddle（《酒で頭を》混乱させる；混乱——かつては fuzzle と綴られた——）は, fudder（大酒樽, 醸造桶）から addle を真似て, 今日の綴りができたのではないかと考えられる。

adept [ədépt] 熟達した, 精通した；名人

この語は, 錬金術で《鉛などの卑金属を金銀に変える力があると考えられた》賢者の石（philosophers' stone）の奥義に到達したと主張する人々の間でのラテン語の称号 adeptus（錬金術の《奥義への》到達者）から派生した。このラテン語は, 動詞 adipisci, adept-（届く, 達する, 手に入れる）の過去分詞で, この動詞は apere, apt-（つなぐ）の起動形 apisci, apt-（届く）に接頭辞 ad-（…へ）がついたものである。adeptist は17世紀, 名声のある熟練の錬金術師のことであった。<abdomen 参照>

adieu [əd(j)úː] さようなら, 御機嫌よう；いとまごい

旅立つ人に対しては, "Farewell."（よい道中を）と祈り <dollar 参照>, 旅立つ人は後に残る人たちに対して "A Dieu"（私は神にあなたを委ねます）と応答する習わしがあった。これは英語の goodbye〈同項参照〉に相当するフランス語 à dieu (to God) が, そのまま英語に借入されたものである。

adipose [ǽdipòus] 脂肪, 脂肪質；脂肪質の
→ abdomen

この語は, ほんの間接的ではあるが, avoirdupois（《重さの単位系》常衡,《米口語》体重）と関係がある。avoirdupois はフランス語 avoir（持つ）と de（…の；少し）と pois（重さ）とからなる言葉で, 中英語では avoirdepois であった。しかし, -de- は1650年ごろにフランス語の部分冠詞 du（少しの）と誤解されて間違った「訂正」をされてしまったのである。ところで, avoir は本来古フランス語の名詞 aveir（財産, 品物）だったので, avoirdupois は「重さで売買される品物」を意味した。-pois はラテン語 pensum, pesum（重さ）が語源で, 古フランス語 peis を経た言葉である。なおこの pensum は, ラテン語 pendere, pens-（吊り下げる, 重さを量る, 考える——英語 pendant〔ペンダント〕の語源——）から派生した言葉であり, 「考量, 考察」という意味にも使われた。英語 pensive（物思いに沈んだ）

の語源でもある。〈aggravate 参照〉

adjective [ǽdʒiktiv] 形容詞；形容詞の，隷属する
→ subject

adjourn [ədʒə́ːrn] 延期する，中断する，延期になる

この語は，ラテン語の ad (…へ) と diurnus, diurn- (1日ごとの) から派生した後期ラテン語 adjornare, adiurnare (日を設定する) が語源で，古フランス語 ajorner, ajourner を経て英語に借入された。最初は「出頭日を定める」という意味に使われたが，「後日に延期する」，そして単に「延期する」にも使われるようになった。英語 diurnal (毎日の，昼間の) やフランス語 jour (日) も同じ語源である。陪審 (jury) はしばしば延期される (*adjourned*) ことで知られているが，これらの2語は語源的には関係がない。〈jury 参照〉

adjudicate [ədʒúːdikèit] 裁く，判決を下す，決定する
→ just, verdict

adjure [ədʒúər] 懇願する，厳命する，真剣に忠告する

adjure は，ある目的に向かって誓いを立て，その誓いによって束縛することである。〈conjure 参照〉

adjutant [ǽdʒətənt] 《部隊付きの》副官，助手；助手の
→ youth

admiral [ǽdmərəl] 海軍大将，提督，商船隊長

英国海軍本部武官委員 (Sea-Lord) のきらびやかな制服を見ると，admire (賞賛する) が admiral の語源であるかのような錯覚を起こす。だがこの語は，ヘブライ語 amir (頭，頂上) が，アラビア語 amir (第一人者，王)，古フランス語 amirail を経て英語に借入されたものである。初めは陸，海に関係なく「《サラセンの》首長・隊長」という意味に使われていた。また，古フランス語では，ギリシア語 halmyros (海水の) の影響を受けて派生した専用の halmyrach (提督) があった。

なお，接尾辞 -al は，ゲルマン語起源の男子名 Reginald (レジナルド) などの第二要素 -ald が変化したものとの説がある。-ald はドイツ語 -wald (支配者) で，後期ラテン語形は -aldus である。〈emir 参照〉

admire [ədmáiər] 敬服する，感嘆する，ほめる
→ admiral, emir

admit [ədmít] 認める，許可する，余地がある
→ mess

admonition [ǽdməníʃən] 訓戒，忠告，助言
→ fee

adolescent [ǽdəlésnt] 青春期の，若々しい；青春期の人
→ abolish, world

Adonis [ədóunis] 【ギリシア神話】アドニス，美少年

「彼はアドニスだ」と言えば，「ヴィーナスに愛されるほど男前だ」と言うのと同じである。愛と美の女神ヴィーナスが恋をしたほど美しい若者アドニスにちなんでこの表現が生まれた。その彼は，ヴィーナスの忠告を無視して狩りに夢中になり，その最中にイノシシ (boar) に殺された。ギリシア詩の韻律アドニック (Adonic：アドニス格の詩《長短短に続けて，長長あるいは長短からなる詩行》) は彼の死を悼んで作られたものと考えられている。

ところで，boar (イノシシ) と bear (クマ) とはゲルマン諸語に共通に見られ，よく混同される言葉で，同系語ではないかと考えられる。同じ発音の動詞 bore (突き通す) もアングロサクソン語 borian (穴を開ける) が語源で，ゲルマン諸語に非常に一般的な言葉である。boredom (退屈) は *boring* the ears (奴隷のしるしに耳に穴をあける，隷従状態に置く) と同じ発想から派生した意味を持つと考えられる。ドイツ語 drillen (《錐などで》穴をあける) も「苦しめる」の意味を持つ。奴隷は主人のどんなに長ったらしい話も聞かなければならなかった。ヴィーナスのお説教を聞かされたアドニスの昔より，死ぬほど退屈な (*bored* to death) 思いを経験した男が何と多いことか。

なお，Adonis はヘブライ語 Adonai (神) と同系語のフェニキア語 adon (主) が語源である。

adopt [ədápt] 採用する，採択する，養子にする

adorable [ədɔ́:rəbl] 崇敬に値する，とてもかわいい
→ inexorable

adore [ədɔ́:r] 崇拝する，敬愛する，礼拝する

この語は，一般に ad（…に）と orare（祈る）からなるラテン語 adorare（…に祈る）が語源であるとされている。しかし，*adorable* one（かわいい子）のような表現から感じられる adore の意味は，「祈り」などよりはるかに強く，おそらくラテン語 ad（…へ）と os, or-（口）とから直接的に adorare が派生したと考える方がよい。その意味は，直接的に「…に口づけする」「崇拝して口づけする」である。〈inexorable 参照〉

adorn [ədɔ́:rn] 飾る，…に美観を添える
→ augment

adrogate [ǽdrəgèit]【ローマ法】《成年に達し，家父長権を有するものを》養子にとる
→ quaint

adroit [ədrɔ́it] 器用な，機敏な，巧妙な
→ dexterity

adulation [ædʒəléiʃən] お世辞，追従，へつらい
→ wheedle

adult [ədʌ́lt] 成人した，成人向きの；おとな
→ world

adulterate [ədʌ́ltərèit] 不純物で品質を落とす；不純な，不義を犯した
→ world

adumbrate [ǽdʌmbrèit] 輪郭を示す，予示する，暗くする

この語はラテン語 ad（…へ）と umbra（影）が語源で，原義は「影を投げかける」である。〈umbrage, overture 参照〉

advance [ədvǽns] 進める，前進する；前進

15, 16世紀の学者たちは，自分たちが語源と想定したラテン語の綴りに近づけるべく多くの語形を変えた。例えば adultery（姦通，不義）は，古フランス語 avouterie, avoutrie（姦通者）から借入された言葉で，中英語では avowtrie, avoutrie であったが，これがあたかもラテン語 adulterium（姦通）から直接借入された かのような綴りに変わった。〈world 参照〉

　　advance（進める，進む）とか advantage（有利な立場）は，古フランス語 avant（…より前に）から派生した言葉で，中英語では avance とか avantage であった。ところが学者たちは間違えて，語頭の a- は adventure（冒険）の ad-（…へ）と同じ接頭辞が変化したものと考えて -d- を加え，advance（先頭へ：to the van）や advantage（先頭に立つことから得られる利益，有利な立場）と綴った。しかし実際は，advance はラテン語の ab（…から離れて）と ante（…より前に）とからなる後期ラテン語 abante より派生した動詞 abantiare（離れて先に行く）が語源であり，フランス語 avancer（差し出す，進める）を経て借入されたもので，原義は「先頭に立つ」よりは「前進する」であった。したがって advance の本来の意味は変わらず，誤った綴りが保存されたことになる。なお上記の van そのものは，vanguard（先〔鋒〕），あるいはフランス語 avantgarde（前衛部隊，アバンギャルド）〈vamp 参照〉の短縮形であり，advance の語源である古フランス語 avant（…より前に）に戻ることになる。

adventure [ədvéntʃər] 冒険，珍しい経験，予期せぬ出来事
→ dollar

adversary [ǽdvərsèri] 敵対者，対抗者，魔王 (the Adversary)
→ advertise

adverse [ǽdvə́:rs] 反対の，逆方向の，不利な
→ advertise

advertise [ǽdvərtàiz] 宣伝する，広告を出す，正式に公表する

advert（注意を向ける，言及する）の語源は ad（…へ）と vertere, vers-（回す）とからなるラテン語 advertere, advers-（舵をとる）であり，原義は「…へ向ける」である。同語源の adverse（反対の，不利な）や adversary（敵，競争相手）の ad- は「警告」の意味を帯びている。事実，advertise（広告する）の原義は「警告する」であった。これはフランス語 avertir, avertiss-（あらかじめ知らせる，注意を求める）から借入されたものであり，

-d- はラテン語熱の影響で復活した。そしてこの語の現代的な用法にはその「警戒」がまさに必要となっている。

一方，avert（《目などを》そむける，避ける）や averse（ひどく嫌いな）は，ab（…から離れて）と vertere, vers-（回す）とからなるラテン語 avertere, avers-（そらす）が語源である。略字の vs. はラテン語 versus（…に対して）から直接借入された。〈conversion 参照〉

advice [ədváis] 忠告, 勧告, 通知
→ improvised

advise [ədváiz] 勧める, 忠告する, 助言を与える
→ improvised

aegis [íːdʒis]【ギリシア神話】ゼウスがアテナに授けた無敵の胸当てまたは盾, 保護, 後援
→ buck

Aeolus [íːləs]【ギリシア神話】アイオロス《風の神》
→ tycoon

aerial [éəriəl] 空気の, 空気のような, 航空機の
→ meteor

aerie, aery [éri]《猛禽の》高巣, 立派な家系の子；空中の
→ debonair

aeronaut [éərənɔːt] 気球や飛行船の操縦者, 飛行機の操縦士
→ debonair, nausea

aesthetics [esθétiks] 美学, 美の哲学
→ anaesthetic

aestivation [èstivéiʃən]【動物学】夏眠,【植物学】花芽
→ hibernate

affair [əféər] 仕事, 関心事, 事件
→ defeat

affect [əfékt] 影響を及ぼす, ふりをする；【心理学】情動

affect は二つの異なった意味を持つが, それは一つのラテン語から生まれた二つの合成語に由来する。

元のラテン語は, facere, fact-（作る, 為す）で, それ自体多産な言葉である。英語には faction（派閥：〔原義〕作ること, 製作）, fact（事実：〔原義〕なされたこと）, factitious（人工的な, わざとらしい：〔原義〕人の技によって作られた）, factor（要素, 要因：〔原義〕作るもの）, factotum（用務員：あらゆることをする人——totum はラテン語 totum〔すべて〕が語源——）などの派生語がある。

なお, fiction（フィクション, 作り事）はラテン語 fingere, fict-（こねて作る, 形作る）が語源で, fictive（想像上の）やその後に造語された fictitious（作り話の, 偽りの）も同語源である。〈faint 参照〉

さて, 上記のラテン語 facere（作る, 為す）は接頭辞によって母音が交替し, -ficere となり, 動詞 adficere, afficere, affect-（作用する, 影響を及ぼす）が生まれた。この動詞からさらに, 影響を与える行為とか影響されること, そして影響を受けて生まれる気持ちなどを表す affection が派生するのである。この名詞は単に心の状態を意味する「感情」から「好意」「愛情」「献身」などいろいろな情動のレベルを表す言葉として使われる〈本書「はじめに」参照〉。ラテン語 ex（外へ）がついて派生した effect（結果, 効果）は, 何かに対して行われた行為の結果を意味する言葉である。〈defeat 参照〉

他方, ラテン語 afficere, affect- の反復形 affectare, affectat-（《…しようと》努める, …を目指す）から, 同じ綴りの英語 affect が派生した。ただし, その意味は「…にあこがれる」とか「…が好きである」で, ここから「ふりをする, 気取る」, さらに「偽者になって欺く」という意味に使われるようになった。名詞形は affectation（わざとらしさ, 気取った態度）である。

言葉そのものがこのように複雑に絡み合っているので生徒たちが悩む（affected）のも無理はない。

affectation [æfektéiʃən] わざとらしさ, 気取った態度, 見せかけ
→ affect

affection [əfékʃən] 愛情, 好意, 献身
→ affect

affiance [əfáiəns] 信頼, 誓約；婚約する
→ fiancée

affidavit [æfidéivit]【法律】宣誓供述書
→ fiancée

affinity [əfínəti] 類似点, 親類, 密接な関係
→ finance, para

affirmative [əfə́ːrmətiv] 言い切った,

断定的な；肯定
→ infirmary

affirmative は元来，今日でも I affirm....（…と断言する）という厳粛な感じを与える表現があるように，原義は「人に保証を与える」という意味であった。

affix [əfíks] 貼る，添付する；付着物
→ fix

affliction [əflíkʃən] 苦痛，苦しみの種，病気

　逆境で気分が落ち込んでいる時にはまさに心身の苦悩にあえぐ感じになるものである。affliction は，動詞 afflict（苦しめる，悩ます）から派生した名詞であり，ad-（…へ，…の上に）の同化形 af- と fligere, flict-（激しく打つ）からなるラテン語 affligere, afflict-（悩ませる）が語源で，その原義は「《だれかを》激しく打ちつける」である。

　afflict は，古くは delight（大喜び）〈同項参照〉の綴りと同じような変化をしてかつては aflight と綴られたが，flight（飛行，逃走）とはまったく関係がない。flight の方は，その綴りと意味ともに，共通ゲルマン語に由来する互いに関係のない二つのアングロサクソン語 fleogan（飛ぶ：*fly*）と fleon（《急いで》逃げる：*flee*）が合流したものである〈fleet 参照〉。しかし，この二つの動詞はアングロサクソン語においてさえも混同されており，fleon は「飛ぶ」という意味にも使われていた。flea（ノミ）はこの fleon から，fly（ハエ）は古英語 fleugon（飛ぶ）から派生した〈lobster 参照〉。劇場における fly（舞台天井《通例は flies》）は，不要な時には見えないように引き上げてしまっておく（特に側面の）背景，あるいはそのような背景をしまうための前舞台の上にあるスペースのことである。他にも語源的に関係のない言葉が意味の上で結合することはよく見られることである。悩み（affliction）を逃れる（flee）のは容易ではない。

affluent [ǽfluənt] 豊富な，裕福な；裕福な人

　To him that hath shall be given,...（持っている人にはさらに与えられ，…）（『マルコ福音書』4：25）という言葉があるように，金持ちにはあふれ出る（overflow）まで金品が流れ込み，ますます裕福（*affluent*）になるというのはよくあることである。この語の語源は，ad-（…に向かって）と，fluere, flux-（流れる）の現在分詞 fluens, fluent- からなるラテン語 affluens, affluent- である。現在分詞 fluens から派生した語に，fluent（淀みのない：〔原義〕スムーズに流れる），その名詞形 fluency（流暢さ）がある。なお，fluid（流体；流動的の）や fluidity（流動性）はラテン語形容詞 fluidus（流れる）から派生した。

　ラテン語 fluere（流れる）の過去分詞 flux- は flux（流れ，流転），afflux（【病理学】充血），influx（流入）などにその形を留めている。また，同じ fluere の名詞 fluctus（潮流，波）から動詞 fluctuare, fluctuat-（波立つ，動揺する）を経て，英語 fluctuation（動揺，変動）が派生した。同じようにラテン語 fluere の別の名詞形 flumen（川）から，切り出した木材などを川に運び出すための flume（水路）が派生した。confluence とは二つの流れの「合流」とか「合流してできた川」という意味で，接頭辞 con- はラテン語 con, com（共に）が語源である。

　influence（影響；影響する）は，最初は占星術用語であった。星の発する霊気の「流入」によって決まる力のことで，その「影響」で人の運命や事物の変化が決定されると信じられていた。同じく accident（事故，偶然）は，占星天宮図のある特定の場所に星がおさまることで，その語源は，ad-（…へ）と cadere（落ちる）からなるラテン語 accidere（…へ落下する，偶然に起こる）の現在分詞 accidens, accident- である。accident は人力の及ばない不思議な必然だったが，ただそんなことを信じない人々が「偶然」（chance——語源はラテン語 cadere〔落ちる〕——）と考えたのである。〈cheat 参照〉

　fluorescent（蛍光性の）は間接的ではあるが，ラテン語 fluere から派生した言葉である。この語は元素としての fluorine（フッ素）と同じく fluorspar（ホタル石：*fluorite*）にちなむ。spar（スパー）は，古英語 spaeren（石膏：gypsum）が語源で，へげ石《結晶状で光沢があり，薄くはぎやすい鉱物》一般を指す。そしてそ

の一種が他の物質の融解点を下げる働きがあり，融剤(*flux*)として使われる。このことからその鉱石が fluorspar（流れ石：flow-stone）と呼ばれるようになったのである。その後，ある条件がそろうとこの物質が光りを放つことが観察され，その発光が fluorescence（蛍光発光，蛍光）と名づけられた（-esce は起動形語尾）。光を当てると，その光を取り去った後もなお発光する物質は phosphorescent（燐光性の）と呼ばれる。しかし燐光は，光るという共通点はあるものの，明けの明星（phosphorus）の光とは関係がない。〈focus 参照〉

なお，グリムの法則の一つ《p → f》によって，古英語 flowan（流れる）が語源の flow（流れる）は，ラテン語 fluere（流れる）とではなく，ラテン語 plorare（泣きわめく）と同族語であることがわかる。

ところで上記の spar には他に二つの同形異語がある。ゲルマン諸語に共通で，中英語 sparre（屋根のたる木）が語源の spar は，海事用語で「帆柱」とか「帆桁」を指す。また，古英語 spierran（速くたたく〔突く〕）が語源の spar は，古くは「戦斧」を指したが，今日ではボクシング用語で「実戦同様の練習試合をする」という意味である。この言葉は一説によれば古高地ドイツ語 sper（槍）から古英語 spere を経て変化したもので，spear（槍）と同語源である。

また，spare（惜しんで使わない；予備品）と sparse（まばらな）は互いに別語源である。前者はゲルマン諸語に共通で，古高地ドイツ語 spar（けちな）からアングロサクソン語 spaer（つつましい），sparian（倹約する）を経て今日の形になった。後者はラテン語 spargere, spars-（ばらまく）が語源である。一風変わった名詞 sparable（《靴底用の》楔形の無頭の釘）は，sparrow-bill（スズメのくちばし）が短くなったもので，その形状から名づけられた。身は貧しくとも（not *affluent*）元気よくチュンチュンとさえずるあの小鳥のくちばしである。

afflux [ǽflʌks] 流入，殺到，【病理学】充血
　→ affluent

affray [əfréi] 騒動，激しい口論，【法律】乱闘罪
　→ afraid

affront [əfrʌ́nt] 侮辱する，敢然と立ち向かう；侮辱
　→ effrontery

afraid [əfréid] 恐れて，怖がって，心配して

平和を乱したことに対する罰は厳しいものだったに違いなく，afraid の語源がそれを示している。この語は affray（騒動；《古語》おびえさせる）から派生した。affray やその短縮形 fray（乱闘；《古語》脅す）〈down 参照〉は，古フランス語 esfreier（脅す——フランス語 effrayer〔びっくりさせる〕——）から借入された。その語源はラテン語 ex（外へ）と古高地ドイツ語 frithu（平和）とからなる後期ラテン語 exfridare である。すなわち原義は文字通り「平和の破壊」であった。〈fear 参照〉

上記 fray の同音異義語 fray（《布のへりなどを》擦り切れさせる）はラテン語 fricare, fricat-（こする）が古フランス語 freier, フランス語 frayer を経て英語に借入されたものである。このフランス語 frayer の反復形 fricasser（細かく裂く）は，チキンなどの細切り肉をソースで煮込んだ料理 fricassee（フリカッセ）や frazzle（ぼろぼろに擦り減らす）として英語に生き残っている。なお後者はアングロサクソン語 frenge（へり，ふさ飾り）の影響を受けたと考えられる。

また friction（摩擦）はラテン語 fricare, fric(a)t-（こする）の名詞形 frictio, friction- が語源で，文字通り「こすること」がその意味である。

after [ǽftər] …の後に，…の次に，…を追って
　→ abaft

aftermath [ǽftərmæθ] 余波，結果，《牧草の》二番刈り

数学（math）は難しいには違いないが，この語は，出来の悪い生徒が数学の時間の後（after math）に感じるみじめな気持ちとは関係がない。語源は，after とアングロサクソン語 mawan（《草・麦などを》刈る）に名詞形成辞 -th がついた maeth とからなる言葉で，「刈り取り後」(*after mowing*) がその原義である。それが「二

度目の干草を集めること」、さらに戦争における殺戮や破壊の影響をはじめ、あらゆる種類の「余波, 影響」を意味するようになった。

again [əgén] 再び, もう一度, さらに
　一見単純そうな言葉の多くが複雑な背景を持っているものである。again には昔はいろいろな綴りがあった。その中でも ayen や agen がかつて最も頻繁に使われた。今日一般に通用している発音は agen に由来する。この語は, on (…の中に) と, gagn, gegn (真っすぐな, 真っすぐ前に) とからなる言葉で, その意味は「向かい合った」「出会う」「やって来る」「繰り返し来る」というように発展していった。gainly (端正な) とか ungainly (見苦しい) も同語源である。

　英語 against は, ドイツ語 gegen (…に対して) と同系・同義で, again に副詞的用法の属格語尾 -es がついて agains とか agens となり, さらに最上級の語尾 -st の影響を受けて, -t がつけ加えられたものである。これと同種の -st を持つものには amidst (…の真ん中に) や amongst (…に囲まれて) がある。なお, among はアングロサクソン語の on gemang (大勢の中で) が短くなったものである。〈mongrel 参照〉

　ところで, against の原義は「真向かいの」, あるいは壁などに「接して」であったが, 次第に「…に反対して」という意味に変わった。この語はしばしば 'gainst と綴ることがある。そしてこの語幹が接頭辞として使われることがある。gainsay (否定する, (古語) 反駁する) がその一例である。

　なお, よく似た綴りの言葉 gain (利益；獲得する) そのものは非常な回り道をしており, 直接的にはフランス語 gagner (得る, 儲ける, 勝つ) から借入されたものである。その語源は, 古フランス語 gaaignier (勝つ) から後期ラテン語 gwadaniare, さらに weida (牧草地；草をはむこと) から派生した古高地ドイツ語 weidinjin (群れをなして食物をあさる) にさかのぼることができる。そして「あさる」から「探していたものを手に入れる」へと移転するのである。手に入れる (gain) ことができなければ, 再び (again) 試みるがよい。

against [əgénst] …に反対して, …に対抗して, …に備えて
　→ again

agaric [ǽgərik] アガリクス, ハラタケ科のキノコの総称
　→ Appendix VI

agate [ǽgət] めのう, めのうのビー玉
　→ carnelian

agenda [ədʒéndə] 協議事項, 予定表, 覚え書き
　→ add, exact

agent [éidʒənt] 代理人, 行為者, 特約店
　→ add, exact

agglutinate [əglúːtənèit] 接着させる, 接着する；接着された
　→ clam

aggravate [ǽgrəvèit] さらに悪化させる, さらに重くする, 怒らせる
　ラテン語 gravis は「重い」という意味であり, ad (…へ) と動詞形 gravare (重荷を負わせる) とからラテン語 aggravare, aggravat- (重くする, 積む, 重荷を負わせる) が派生した。これが比喩的に使われて「悩みや苦しみを増す」, さらに「深刻に悩ませる」という意味になるのである。このラテン語 aggravare は古フランス語 agrever (悪化する, より難しくなる) を経て英語に借入されて aggrieve (悩ます, 苦しめる) となる。grievance (不平・不満の原因) や grievous (悲しい), そして grieve (深く悲しませる, 深く悲しむ) や grief (悲しみ, 悲嘆) もラテン語 gravis (重い) にさかのぼることができる。grieve は, ラテン語 gravare (重荷を負わせる) が後期ラテン語で grevare となり, さらに古フランス語 grever (苦しめる) となって, 英語に借入されてから次第に今日の綴りへと変化したものである。なお, gravamen (苦情, 告訴の主理由) は, ラテン語 gravare から派生した後期ラテン語名詞 gravamen (身体上の不自由) が直接借入されたものである。

　ラテン語形容詞 gravis (重い) から直接に借入された語に grave (重い, 厳粛な, 重要な, 重苦しい) (ponderous) がある。ちなみに, ponderous はラテン語 pondus, ponder- (重さ) の動詞形 ponderare (重さを量る) から派生した言葉で

あり，ponder（思案する，熟考する）や preponderance（《重さなどで》まさること，優位）も同語源である。英語 ponder はラテン語 ponderare を比喩的に発展させたものであり，preponderance の pre- はラテン語 prae（…より前に）が語源である。

gravity（重力）や gravitate（引力で引きつけられる，引き寄せる）も明らかにラテン語 gravis（重い）から派生した言葉である。gravity は比喩的には「厳粛」「危機」という意味である。なお，ラテン語 gravis から特殊な科学的専門用語が作られている。gravid（身重な，妊娠している），gravigrade（重歩動物——ゾウや，《160万年ほど前にアメリカ大陸で生息していた》オオナマケモノ〔megatherium〕など——），gravimeter（比重計），gravitation（重力）などがその例である。なお，grave には語源の異なる同音異語がある。〈grave 参照〉

ところで上記のラテン語 ponderare（重さを量る）と近い言葉にラテン語 pendere, pens-（吊るす，重さを量る）がある。後者は「価値を量る」，さらに「支払う」という意味を持つようになり，ここから pension（年金）が派生した。またこのラテン語 pendere の原義「吊るす」から派生した言葉に，pendant（ペンダント），pendulum（振り子——ラテン語 pendulus〔吊るされた〕が語源——），propensity（性質，性癖）などがある。ちなみに，propensity の pro- はラテン語 pro（前へ，…に向かって）が語源で，この語の原義は「…に向かって傾いていること」である。

なお，ラテン語 pendere, pens-（吊るす，重さを量る）の反復形は pensare（慎重に計量する）であり，それが「未決定である」「くどくど話す」，さらに一般的に「考える」という意味となった。これが英語 pensive（物思わしげな）とか pansy（三色スミレ）〈同項参照〉の語源である。

一方，ラテン語自動詞 pendere, pendet-（垂れ下がる）から，dependent（依存している：〔原義〕…の上に寄りかかる，…からぶら下がる），対義語 independent（独立した）およびその名詞形 independence（独立）が派生する。真剣に考える人こそ「独立」（independence）を勝ち取るものである。

aggregate [ǽgrigèit] 集める，積み上げる；集合した；集合体
→ absolute, caricature

aggression [əgréʃən] 攻撃，侵略，侵害
→ issue

aggrieve [əgríːv] 悩ます，苦しめる，権利を傷つける
→ aggravate

agitate [ǽdʒətèit] 揺り動かす，興奮させる，扇動する
→ exact

agnostic [ægnástik] 不可知論者，懐疑的な人；不可知論の

『使徒行伝』（17：23）で聖パウロは，アテナイ人たちの神霊に対する畏敬の念を示すものとして，"Agnosto Theo"（「知られざる神に」）と刻まれた祭壇について語っている。初期キリスト教にグノーシス派（the Gnostics）と呼ばれる一派があり，神は超自然的霊感によってのみ知りうるものであると主張した。トマス・ハクスレー（Thomas Henry Huxley, 1825-95）は，人間にはそのような神秘的知識を得る能力がないことを指摘して，1869年に agnostic（不可知論者）という言葉を造った。これは unbeliever（不信仰者，懐疑家）や miscreant（異端者，悪党）〈同項参照〉などに込められている「汚名，誹謗」（obloquy）を避けるための造語である。その意味は今日，古フランス語 mescreire（信じない）から借入された miscreant（悪漢，《古語》異教信者，異端者）が担っている。

obloquy は，ob（…に反して）とラテン語 loqui, locut-（話す）からなる言葉である。なお，このラテン語から派生した言葉には soliloquy（独り言，【演劇】独白），loquacious（多弁な），elocution（雄弁術），eloquent（雄弁な），circumlocution（婉曲な言い回し，言い逃れ）などがある。これらの語のうち，soli- はラテン語 solus（一人で）が，e- はラテン語 ex（外へ）が，circum- はラテン語 circum（周りに）がそれぞれ語源である。世の中には「婉曲な言い回し」が多過ぎる。

agony [ǽgəni] 激しい苦痛，死の苦しみ
この語は苦しみよりも楽しみを意図した

ものであった。語源はギリシア語 agein（導く）の名詞 agon（集会）から派生した agonia（競争, 葛藤, 苦悩）である。ギリシア語 agon は特にギリシア人が愛好した運動競技や演劇コンテストなどの大競技大会（agon Olympikos）に惹きつけられて来た人たちの「集まり」のことで,「観衆」を意味するようになり, さらに「戦い」「競争」という意味になるのである。

ところで, 多くの物語や劇には善玉（hero）と悪玉（villain）〈同項参照〉が登場する。しかし, 特に偉大な作品においては主人公（protagonist——ギリシア語 protos〔第一の〕+ agonistes〔闘技士〕——）の魂の葛藤が中心となる。ミルトン（John Milton, 1608-74）の詩, "Samson Agonistes":「闘技士サムソン」（1671年）はその一例である。そこで, agon から派生したギリシア語 agonia は,「競技, 格闘」から, 耐えなければならない「苦悶」にまでその意味が拡大するのである。なお, antagonist（反対者, 敵対者）の ant- はギリシア語 anti-（…に対して）が語源である。

なお, agonoclite（直立祈祷派）とは, 特に7世紀に登場した異端的一派の人を指す言葉で, 彼らはひざまずかずに立ったままお祈りをした。ギリシア語起源のこの言葉は a（否）と gony（膝）と, klinein（曲げる）から派生した klitos（曲がった）とからなっている〈climate 参照〉。特にローマ・カトリックでは礼拝のために膝を折ることを genuflection と言う。genu- はギリシア語 gony と同族語のラテン語 genu（膝）が語源であり, -flection はラテン語 flectere, flex-（曲げる）〈accent 参照〉から派生したものである。

agriculture [ǽgrikʌ̀ltʃər] 農業, 農耕, 農学
　　→ acorn, saunter

ague [éigju:] マラリア熱, 悪寒
　　→ acumen

aisle [áil]《教会・劇場・列車などの座席間の》通路,【建築】側廊
　　→ island

ajar [ədʒáːr] 少し開いて, 半開きで
　　"When is a door not a door?" "When it's ajar."（ドアがドアでないのはどんなとき？それが半開き〔a jar：つぼ〕のとき）という言葉遊びがある。ajar（半開きで）はアングロサクソン語 achar が語源で, a（…の上に）と, cierran（回す）の名詞 char（番：turn）とからなる言葉である。このアングロサクソン語 char を語源に持つ言葉には charwoman（日雇い雑役婦；〔原義〕one who has a turn to do〔一連の割当仕事を持つ人〕）や chore（《家庭の》雑用）などがある。なお charcoal（炭, 木炭）の原義もまた木が「炭化した（turned coal）物」である。ただしこの言葉は, ラテン語 carbo, carbon-（木炭—— carbon〔炭素〕の語源——）から派生したフランス語 charbon（木炭）の影響を受けた可能性がある。動詞 char（炭にする）は, charcoal からの逆成語である。

charivari（どんちゃんセレナーデ, お祭り騒ぎ）は, 元来, 不釣り合いな結婚などに反対を表すための騒々しい音楽に合わせた「踊り回るお祭り騒ぎ（turning about）」を表したが, 今日の raspberry（あざけり）とか Bronx cheer（《口唇を振動させる》野卑なあざけり）〈Dutch 参照〉に相当するこの語もまたフランス語の擬音語 charivari（調子はずれのやかましい音）のふざけた借入と考えられる。〈jar 参照〉

akimbo [əkímbou] 両手を腰に当てひじを張って
　　→ camp

Akropolis [əkrápəlis] アクロポリス,《古代ギリシアの》城塞
　　→ acumen〈police 参照〉

Alabama [æləbǽmə] アラバマ
　　→ States

alabamine [æləbǽmiːn]【化学】アラバミン《放射性元素》
　　→ element

alabaster [ǽləbæstər] 雪花石膏, 縞大理石；雪花石膏のように白い

この語は, ギリシア語 alabastros あるいは alabastos に由来するが, その名の起こりはエジプトの町の名であると考えられている。alabaster は香油や軟膏を入れる箱を作るのに使われたことから, 香油入れや計量単位を意味するようになった。

16世紀にはこの言葉は, arbalest（石弓）から派生した alblaster, arbalester,

arblaster（石弓の射手）との混同によって alablaster と綴られたことがあった。arbalest は，今日でもいろいろな綴りを持つが，ラテン語 arcus（弓——英語 arc〔弓形〕や arch〔アーチ〕の語源——）と ballista（投石器——ギリシア語 ballein〔投げる〕から派生——）とからなる言葉である。〈ballot 参照〉

　繊細な濃淡がある半透明の alabaster は，しばしば美しい乙女の頬の白さにたとえられる。

alack [əlǽk]（古語）ああ！
　→ alas

alarm [əlɑ́ːrm] 警報，警報装置；不安にさせる

　エリザベス朝演劇でしばしば使われていると書きに "alarums and excursions" がある。「軍勢の突撃と戦闘」の意味である。alarum は alarm の異形で，フランス語 à l'arme!（武器を取れ：〔原義〕To the arm!〔武器に向かえ〕）から借入され，英語では鬨（とき）の声や警報そのものを表す言葉となり，さらに，目覚まし時計のような，警告の音を出す物一般に使われるようになった。また，同じ意味のイタリア語形 all'arme! は，17世紀には All arm!（全員武器を取れ）という命令と間違えられた。なお，よくあるように alarm の用法は広がって，危険信号を聞いた時に感じる感情，危険の接近によって感じる「恐怖心」や「漠然とした恐れ」をも意味するようになった。

alas [əlǽs] ああ，悲しや

　Ah! woe is me.（ああ，悲しいかな）という意味の悲嘆の叫び alas は，英語の嘆息 ah とローマ人が疲労した時に使った lassum（くたびれた，惨めな）との合成によるものである。英語 lassitude（疲れ，倦怠）もこのラテン語 lassum が語源である。〈last, let 参照〉

　詩的な叫び "Alack and alas!"（ああ，悲しいかな）の alack は ah と lack（欠乏，欠点，恥かしさ）からなるもので，それは悲しみを込めた非難を表していた。またよく用いられる alack the day とか alack-a-day は，元は「（お前の生まれてきた）その日に恥あれ」という意味だったと考えられる。この表現が用いられるうちに，この言葉を浴びせられるような人は lackadaisical（活気のない，怠惰な）と呼ばれるようになった。まさに "A lass? Alas! A lassitude had crept upon me!"（あまっこ？　ああ，残念！　あー，すっかり疲れ果ててしまってたぁ！）と，早口で言う青白い詩人はその例である。

　lass という語の誕生は，lad（若者），girl（少女）〈同項参照〉，boy（少年）と同じようにはっきりしない。しかし，だからと言って，赤ん坊はコウノトリが運んで来るという話にはならない。

Alaska [əlǽskə] アラスカ
　→ States

albatross [ǽlbətrɑs] アホウドリ，心配のもと，【ゴルフ】アルバトロス

　サンフランシスコ湾内の，連邦刑務所があったことで知られる島アルカトラズ（Alcatraz）は，この空高く飛ぶ鳥に由来する名前である。ポルトガル語 alcatraz（ペリカン）が語源であるが，その特徴的な白い色のために，この語の第一要素がラテン語 alba（白い）と誤解されて今日のような綴りとなった。しかし元来，これはアホウドリではなくペリカンの別名であった。ペリカンはそのくちばしで雛に水を運ぶと考えられていたことから，アラビア語では al-qadus（水を運ぶもの）と呼ばれ，これがポルトガル語に借入されたのである。

albino [ælbáinou] 色素欠乏症，白子，白変種
　→ auburn

Albion [ǽlbiən]（詩語）アルビオン《Great Britain, 後に England の雅名》
　→ auburn
　Albion の起源は，ラテン語の他にアイルランド語が想定されている。

album [ǽlbəm] アルバム，レコードアルバム，文学作品〔名曲，名画〕選集
　→ auburn

albumen [ælbjúːmən] 卵の白身，アルブミン
　→ auburn

Alcatraz [ǽlkətræz] アルカトラズ《サンフランシスコ湾の小島》
　→ albatross

alchemist [ǽlkəmist] 錬金術師
　→ chemistry

alcohol [ǽlkəhɔ(ː)l] アルコール，アルコ

ール飲料，酒

陽気な酒飲みが，酒のことを eye wash（目薬）と呼ぶことがあるが，連中はこの表現が語源的に当たっていることは知らない。alcohol はアラビア語 al（定冠詞）と koh'l〔シミをつける，塗る——ヘブライ語で kakhal〔シミをつける，塗る〕——〕からなる言葉で，まぶたに塗る細かい粒子の黒い粉のことであった。それはラテン語では collyrium（眼薬，眼軟膏——英語では医学用語「洗眼剤」——）と呼ばれていた。なお，今日でも kohl は，アラビア婦人などがアイシャドウに用いる「コール墨」を指す。

やがて，alcohol は，あらゆる種類の精製された粉末を意味するようになり，さらには抽出，蒸留，いわゆる「精留」された液体，すなわち，物質の精分，エッセンスを意味するようになる。そして中でも最もなじみのある物がワインの精分であることから，酒類一般に含まれ，人を酔わせる酒精分を指すようになった。

1834年にフランス人化学者デュマ（J.B. Dumas, 1800-84）とペリゴ（E.M. Péligot, 1812-90）がワインから得たアルコールと木を乾留して得た木精（メタノール），すなわちメチル・アルコール（methyl alcohol〔CH_3-OH〕）との同族列関係を解明した。その後 alcohol は化学用語として，アルコール類，およびそれと同系の液体ばかりではなく多くの物質の総称に用いられるようになる。CH_3-（メチル基），C_2H_5-（エチル基），C_3H_7-（プロピル基）などのアルコール類，そしてCH_4（メタン），C_2H_6（エタン），C_3H_8（プロパン）などのパラフィン系炭化水素はその例である。

すでに見たように，alcohol はその歴史においてラテン語 collyrium（眼薬，眼軟膏）と一部絡み合っている。このラテン語はギリシア語 kollyra（生地の粗いパンのロール）の指小語 kollyrion（湿布剤，眼軟膏）が語源である。田舎では今日でもロールパンの内側の生地を丸めてボール状にして，腫れて痛む目に当てる人がいる。

劇作家ベン・ジョンソン（Ben Jonson, 1572?-1637）は, The Fortunate Isles：『幸運の島々』（1624年）において collyrium を alcohol，すなわち，まぶたに色をつける化粧品という意味に使っている。そしてこの用法は19世紀の終わりまで続いた。まことにアルコールは数知れぬ人々の目を染めてきたのである。

ところで，上記 kohl（コール墨）と kohl-rabi（球茎キャベツ）とはなんの関係もない。こちらはイタリア語 cavoli rape（カブラキャベツ）が，ドイツ語で混成されて kohl-rabi となり，それが借入されたものである。一方，cabbage（キャベツ）はラテン語 caput（頭）がイタリア語 capo となり，その増大形 capocchia（頭）からフランス語 caboche（頭，キャベツ）が派生し，さらに英語に借入されて次第に今日の語形になった〈achieve 参照〉。なお rape（カブ，セイヨウアブラナ）〈rape（強奪する），ravishing については rapture 参照〉はラテン語 rapum（かぶら）が語源である。〈turnip 参照〉

英語 cole やドイツ語 Kohl はアブラナやキャベツの総称で，スコットランド語 kale, kail と同系語である。"bonnie briar bush in our 'kail' yard"（わがキャベツ畑のきれいなイバラの茂み）（Robert Burns, 1759-96）と歌われる通りである。この cole はアングロサクソン語 cawel（キャベツ）が語源であり，それはまたラテン語 caulis（茎，キャベツの茎）やギリシア語 kaulos（茎）と同族語でもある。なじみ深い cole slaw〔slaugh〕（コールスロー《細かく刻んだキャベツをドレッシングであえたサラダ》）は，cole salade のアメリカ的短縮形である。

なお，salad は，ラテン語 sal（塩）から後期ラテン語動詞形 salare（塩をかける），過去分詞形容詞 salata（塩をかけた）が派生し，それがフランス語 salade（サラダ）を経て英語に借入された。サラダには昔も今も変わらず，キャベツの刻んだものが使われる。

alderman [ɔ́:ldərmən]《米国・カナダ・オーストラリアの》市会議員，市参事会員
→ world

ale [éil] エール《ビールの一種》
→ drink

alert [ələ́:rt] 油断のない；空襲警報；警報を出す

敵機を丘や高いビルにいて見張る人は，語源的にも現実的にも alert（油断がない）

と言える。この語は, e-（ex：…の外へ）と regere（支配する, 真っすぐにする）からなるラテン語 erigere, erect-（高める, 見張り塔などを建てる）が語源で, イタリア語 all'erta, alla erta（高所へ, 警戒して）, 古フランス語 à l'erte を経て英語に借入された。

ちなみに, erect（直立した；建てる）や erection（建設, 直立）は上記のラテン語 erigere, erect- が語源であり, 一方 regal（王者らしい）, regent（摂政）, royal（王室の）〈同項参照〉は, 上記のラテン語 regere（支配する, 真っすぐにする）の名詞 rex, reg-（王）から別の経路で英語に借入された。

なお, この alert が「見張り場の上に」という原義から,「油断なく見張っている」（vigilant）, さらに「活発な」とか「機敏な」という意味に移転したのは容易に理解できる。なお, alert そのものが "on the watch" という意味であるからして, "on the alert"（警戒体制で）は重複表現となる。

さて, 近代フランス語で alerte は, 軍隊で敵の襲来などを告げる叫び声や命令を指す。この用法が英語に借入され, alert は防空演習における警告合図, あるいは演習そのものを意味するようになった。

"Eternal vigilance is the price of liberty."（常なる寝ずの番こそ自由の代価である）という言葉がある。vigil（寝ずの番）は, ラテン語 vigil（眠らない, 油断のない）から借入されたものであり, alert の類義語である。この言葉は vigor（活気, 気力）とか vigorous（精力的な）の語源であるラテン語 vigere（生い茂る, 栄える）と同語源である。海図における「暗礁記号」を vigia という。この隠れた危険を警告する航海用語はスペイン語あるいはポルトガル語から借入された。実際に警戒を怠らず敏速な（alert）行動をする人は, 活気に満ち（vigorous）, 栄えることが多い。

Alexandrine [æ̀ligzǽndrain] アレクサンドル格の；アレクサンドル格の詩行
　　→ Appendix VI

alfresco [ælfréskou] 戸外で,【絵画】フレスコ画で描いた
　　→ fresco

algebra [ǽldʒəbrə] 代数, 代数学

すべての高校生になじみのある algebra が, 最初に英語として使われたころには「接骨」という意味であったことを知る生徒は少ない。この語は, アラビア語 jabara（再結合する）から派生した al-jebr（再結合）が語源である。16世紀に algebra が数学（mathematics）の一分野を表す言葉として使われだした時, この語は, アラビア語 al（定冠詞）とアラビア化学の父と言われる Geber（ゲベル, 721?-815?）とからなると考えられていた。しかし, 実際はこの人物とも gibber（わけのわからないことを早口にしゃべる）とも関係がない。数学用語としての algebra はアラビア語 ilm al-jebr wa'l-muqabalah（再結合・等式化の科学）の短縮形である。中世時代にはこの長い言葉を短縮して最後の部分を使う人もあれば, 最初の部分を使う著者もあった。そしてイタリア語で algebra となり, それが今日にまで残っているのである。

代数は難しいものであると考える人が多いが, 雑誌 *Blackwood's Magazine*（1841年）に, "When a child throws out his five fingers, he has *algebraized* before he can speak."（幼児が5本の指を広げれば, 話せなくてもすでに〔数を他のものに置き換える〕代数をしていることになる）という文もある。

この分野でのアラブの基本となる業績は Abu Ja'far Mohammed Ben Musa（800?-847?）による *Algebra*：『代数学』で, この9世紀の研究を通じてアラビア数字がローマ数字に代わって採用されるようになり, おかげで計算がより簡便になった。ここから, 算術（arithmetic）はこの数学者を記念して, algorism（アラビア数字計算法, アルゴリズム）とも呼ばれる。すなわち, 彼は, フワーラズム（Khwarazm：現在のヒーバ〔Khiva〕）という町の出身で, アル・フワーラズミ（al Khwarizmi）と呼ばれていた。この名が英語に18もの異なった綴りで借入され, 最終的には algorism に結晶したのである。

ところで arithmetic は, ルネサンス時代にはラテン語 ars metrica（測定術）が語源と誤解され arismetrik と呼ばれていた。しかし, 本当の語源はギリシア語で arithmein（数を数える）から派生した名

詞 arithmetike（計算術）である。

また geometry（幾何学）は，ギリシア語 geo（地）と metron（尺度）とからなる言葉である。〈calculus については calculate 参照〉

記憶（memory）〈amnesty 参照〉が技芸の母であるように，数学（mathematics）〈同項参照〉は科学の母と呼ばれてきたが，これをまったく苦手とする生徒がいるのも事実である。

algorism [ǽlgərìzm] アルゴリズム，アラビア式記数法，十進法による計算法
→ algebra

alias [éiliəs] 別名は…；別名，偽名

alibi [ǽləbài] アリバイ，現場不在証明；言い訳をする

Alias Jimmy Valentine（別名ジミー・ヴァレンタイン）や Alibi Ike（言い訳男アイク）という表現があるが，alias（他の時には）も alibi（どこか他の場所に）もラテン語のそのままの借入である。alibi は，犯罪が行われた時，自分が他の場所にいた証拠を示すことである。

《Alias Jimmy Valentine は，O. ヘンリーの短編小説『よみがえった改心』: *A Retrieved Reformation* を映画化した時のタイトル。金庫破りの主人公は牢獄から出た後再び金庫破りを始めるが，銀行家の娘と恋に落ち，ラルフ・スペンサーの偽名で本来の靴職人として成功する。ところがたまたま金庫に閉じ込められた少女を昔の業で救い出すはめになる。かつて自分を逮捕した刑事がそこまで追ってきているのを見つけたジミーは自首しようとするが，刑事はスペンサー氏として挨拶し，そ知らぬ顔をして去ってゆく。》

Alice blue [ǽlis blúː] 灰色がかったうすい青色
→ Appendix VI

aliment [ǽləmənt] 栄養物，食物，《心の》糧
→ alimony, world

alimentary [ælǝméntəri] 栄養の，扶養する，消化の
→ alimony, world

alimentiveness [æləméntivnəs] 食物摂取本能
→ alimony, world

alimony [ǽləmòuni] 別居手当て，扶養費

ラテン語で alere（養育する，滋養物を与える，助成する）から alimentum（食料品，糧食）が派生し，さらに後期ラテン語の alimentatio や alimonium が派生した。これらはすべて「栄養物」という意味であった。英語 *alimentary* canal（消化管）や alimentation（栄養，栄養作用）は，前の 2 語から派生したものである。また骨相学者がよく語る alimentiveness は，「食物を求める動物的衝動」を指す。

alimony は，上記後期ラテン語 alimonium から派生したが，法律用語として使われたことから，「生活維持」「扶養費」という意味に限って用いられるようになった。特に，離婚あるいは別居後生計を立てるために，一般的には夫から妻に支給される金銭を指す。〈world 参照〉

alkahest [ǽlkəhèst] 万物融化液《錬金術師が作ろうとした想像上の溶解液》

近代になってからは，新しい造語はそれほど多くはない。gas（ガス，気体）〈同項参照〉や，1890年ごろに《イーストマン・コダック社の》商品名 Kodak が普通名詞 kodak（小型カメラ；コダックで撮る）となったのはその一例である。ただし，新しい物質や製品を表すためにいくつかの単語の合成による造語は頻繁で，cellophane（セロファン）や phonograph（蓄音機，レコードープレーヤー）などはその一例である。〈Dora 参照〉

しかし，以前には著述家たちは自分たちの想像力をもっと自由に駆使した。例えば，医者にして錬金術師であったパラケルスス（Philippus Aureolus Paracelsus, 1493-1541）は錬金術師（alchemist）たちが求めてやまなかった万物融化液を指す言葉として，alkahest を造語した。この語の al- は，アラビア語の定冠詞 al である。最後の音節 -hest はゲルマン諸語に共通に見られる語形で，中英語 heste（呼び出し，召喚命令——古英語では haitan〔名前を呼ぶ，召喚する〕で，hight〔呼ばれた〕の語源——）をまねて造ったと考えられる。その液体を呼び出すことを，錬金術師たちは確かに熱烈に求めていたのである。なお，中英語 heste は，at your *behest*（君の切なる願いで）という表現にほそぼそながら生き残っている。

alkali [ǽlkəlài] ソーダ灰，【化学】アルカリ，アルカリ塩類

〈acid については acetylene 参照〉

《アルカリ性と酸性を見分ける》litmus（リトマス）は，古北欧語の litr（色）と mosi（苔：*moss*）とからなり，染色に使われた苔を意味する言葉であったと考えられる〈litmus 参照〉。moss（苔）はゲルマン諸語に共通に見られる言葉であり，ラテン語 muscus（苔）と同族語である。なお，アングロサクソン語 mos は苔（*moss*）の生える「沼地」のことであった。〈peat 参照〉

さて，かつてソーダは，海岸や塩湖のオカヒジキを焼いて得た灰から製造された。alkali はこの製造過程に由来する言葉で，qalay（揚げる，焼く）から派生したアラビア語 al-qaliy（灰）が語源である。〈element の項の potasssium 参照〉

all [ɔ́ːl] 全部の，ありったけの；すべての物

→ alone

allay [əléi]《恐怖・不安などを》和らげる，静める

→ legible 〈alligator 参照〉

allege [əlédʒ] 断言する，強く主張する

→ legible 〈alligator 参照〉

allegiance [əlíːdʒəns] 忠誠の義務，忠実さ，献身

→ legible 〈alligator 参照〉

alliance [əláiəns] 同盟，提携，同盟国

→ legible 〈alligator 参照〉

allegory [ǽləgɔ̀ːri] 諷喩，寓喩，寓話

→ amphigory

alligator [ǽləgèitər] アリゲーター《ミシシッピーワニ，ヨウスコウワニ》

ローマ人にとって，トカゲ（*lizard*）類の体形や大きさは人間の腕を連想させるものであった。lizard の語源となるラテン語 lacertus は「上腕，筋肉」とともに「トカゲ」を意味した。スペイン語 al lagarto（トカゲ：the *lizard*）はこのラテン語が語源である。スペイン人が新世界で見つけた同類の爬虫類にこの呼び名を当て，それが英語 alligator（アリゲーター，ワニ）となった。この語は，かつて alligarter と綴られ，また allegater と綴られたことさえあった。そこで "I deny the *allegation* and defy the *allegater*."（私はその主張を拒否し，その陳述者〔ワニ〕を非難します）といった表現が生まれた。

allegation（《十分な証拠のない》主張，陳述）は ad（…へ）の同化形 al- と lex, leg-(法律)とからなるラテン語 allegare, allegat-（誓いを立てて宣言する）から派生した言葉である。このラテン語は，古フランス語 alegier を経て英語に借入され allege（《はっきりした根拠なしに》断言する）となった。〈legible 参照〉

allocate [ǽləkèit] 割り当てる，配分する，配置する

→ couch, permit

allow [əláu] 許す，与える，認める

→ permit

alloy [ǽlɔi] 合金，不純物；合金にする

→ legible 〈alligator 参照〉

alluvial [əlúːviəl] 沖積物の，沖積世の；沖積土

→ lotion

ally [əlái] 同盟する，結びつく；同盟国，同盟者

→ legible

alma mater [ǽlmə máːtər] 恵みの母，母校，母校の校歌

→ volume

almanac [ɔ́ːlmənæ̀k] 暦，年鑑

この語は，13世紀にロジャー・ベーコン（Roger Bacon, 1220?-92）が初めて使っている。アラビア語 al と manakh（天候）とからなる言葉で，スペイン語を経て借入されたとする説があるが，manakh はアラビア語には存在しない。そこでこの語はまた，サクソン人が新月と満月の記録をつけていたことから，アングロサクソン語 al-mon-aght（全月の記録）であるとも考えられてきた。

なお，アングロサクソン語 mona（月：*moon*）やゴート語 mena（月）はギリシア語 mene（月）と同族語である。同じく month（《暦の》月，1か月），ゴート語 menoths（1か月）は，ラテン語 mensis（《暦の》月），ギリシア語 men, サンスクリット語 masa（月，《暦の》月）と同族語である。

almond [áːmənd] アーモンド；アーモンド風味のある

アーモンドの木（ハタンキョウ）の核果 almond は紆余曲折を経ている。ギリシア

語 amygdale（アーモンド）がラテン語に借入されて amygdala（アーモンド），後期ラテン語 amandola となり，古フランス語を経て英語に借入された。語頭の al- は，a- がアラビア語によくつく al（定冠詞）と混同されたものと考えられる。

スペイン産の優良種のジョーダン・アーモンド（*Jordan* almond：ハタンキョウ）もよく似た誤解から生まれた。この Jordan は聖書に登場する Jordan（ヨルダン）とは何の関係もなく，フランス語 jardin（庭）が語源である。元は野性種のアーモンドに対して，栽培されたアーモンドという意味であった。

almoner [ǽlmənər] 社会福祉係，ケースワーカー，《中世の修道院・王家などの》施物分配係
　　→ alms

alms [á:mz] 施し物，慈善

この語は興味深い訛りによって生まれた。ギリシア語 eleein（かわいそうに思う）から派生した名詞 eleemosynia（哀れみ，施し物：*alms*）は，ラテン語 eleemosyna（施し，布施）となり，古フランス語 almosnier を経て，訛りの半分段階というべき英語 almoner（施物分配係）が派生した。そしてこの古フランス語がまたアングロサクソン語に借入されて3音節語 aelmaesse となり，2音節語 almes，さらに短縮されて alms となったのである。

なお後に，ラテン語 eleemosyna から派生した後期ラテン語の形容詞 eleemosynarius が直接借入されて英語 eleemosynary（慈善の，寄付に依存する）が派生した。

alone [əlóun] ただ一人の，ただ…のみ；孤独で

"It's *all* one to me!" は "It makes no difference!"（違いがない，まったく同じこと）という意味であるが，同じ言い回しでも "You are *all one*." と言えば "You are *alone*."（君は一人ぽっちだ）という意味になる。この all と one からできた言葉が alone であり，その意味は *all* by *one's* self（まったく一人だけで）である。

alone の頭音消失によってできた言葉が lone（ただ一人の，孤独な）であり，これより lonely（孤独の，一人ぽっちの）が派生した。接尾辞 -ly はアングロサクソン語 lic（…の様子をした：*like*）が語源であり，元は「似姿」「からだ」の意味が含まれていた。そこで lonely とは「すべて一人だけのような」すなわち「自分自身だけのような」という意味である。

only も同じくアングロサクソン語 anlic（一つのような：*one like*）が語源で，原義は「それと似たものが一つだけ」である。

such（そのような）にも同じ接尾辞が隠れている。すなわちアングロサクソン語 swalic（そのような姿をした：*so like*）が swalich になり，swich を経て今日の語形となった。アングロサクソン語 swa（そのように：*so*）はゲルマン諸語に共通に見られる言葉であり，ゴート語では swa，ドイツ語では so である。

アングロサクソン語 eall-swa（すべてそのような：*all so*）が also となり，その短縮形が as（…のように）である。ドイツ語 also（かくのごとく，それゆえに）や als（として）も同語源である。だから皆さんも一人ぼっち（lonely）でも似た者同士，そんなに寂しがらなくてよいのです。

aloof [əlú:f] 遠く離れて；よそよそしい

この語は，オランダ語 te loef（風に向かって）から変化したもので，英語 luff（風上に向ける）と同語源である。元は船の進路を変える装置のことで，やがて船首を風上に向けることを意味するようになる。ちなみに同系語の古高地ドイツ語 laffa は「オールの水かき」という意味であった。このようなことから，aloof は，風に乗らず逆らって漕ぎ進むことを意味する言葉であった。

alphabet [ǽlfəbèt] アルファベット，字母，初歩
　　→ gamut

"from alpha to omega" と言えば「始めから終わりまで」という意味であり，イギリス風には "from soup to nuts"（《コース料理の》スープからナッツ《デザート》まで）と言ったりする。alpha と omega とはギリシア語アルファベットの最初と最後の文字である。同アルファベットには "o" の文字が二つある。長音の omega（オーメガ）と短音の omicron（オミクロン）である。omega は「大きな

"o"」という意味であり，-mega は mega-phone（メガフォン）の接頭辞 mega- と同じものである。omicron は「小さな "o"」という意味であり，-micron は microphone（マイクロフォン）の接頭辞 micro- と同じものである。

also [ɔ́ːlsou] …もまた，その上
→ alone

altar [ɔ́ːltər] 祭壇，聖餐台，供物台
敬虔な人は，to raise an altar unto the Lord（主に祭壇を築く）という言葉をよく口にする。ミルトン（John Milton, 1608-74）は *Paradise Lost*：『楽園の喪失』(1667年)において，アダムに "So many grateful altars I would *rear*."（感謝の祭壇をいくつも積み上げようと思います）(xi, 323) と言わせている。このように祭壇に関しては raise とか rear という言葉がよく使われるが，礼拝の中心としての祭壇は天に向かって高く築かれた場所である。altar の語源はラテン語 altus（高い）から派生した名詞 altare（高祭壇）であり，その由来をよく表している。
〈world 参照〉

alter [ɔ́ːltər] 作り変える，改める，変わる
→ world

altitude [ǽltət(j)ùːd] 高さ，標高，高所
→ world

alumnus [əlʌ́mnəs] 男子卒業生，同窓生，旧社員
→ world

altruism [ǽltruìzm] 愛他主義，【動物学】利他現象
フランス語に le bien d'autrui（他人の福祉）という表現があり，それが法律用語として短縮されて l'autrui となった。社会学の祖と言われる哲学者コント（Auguste Comte, 1798-1857）はこの短縮形を利用して altruisme（愛他主義）という言葉を造り，それが altruism（愛他主義，利他主義）として英語に借入された。ラテン語 alteri（他人に）から派生したイタリア語 altrui（他人の）を利用したと考えられている。コントは，ラテン語 ego（私は）から造られた egoism（利己主義）と対立させてこの言葉を使った。

egoism は一般に哲学的立場を表す言葉であるが，同じ言葉から二つの母音を分ける -t- を挿入して造った egotism はもっと個人的な「わがまま，自己本位」とか「自負心，自惚れ」という意味に使われる。すなわち "I"（私は）を頻発し過ぎる態度のことである。"Ay, ay, sir!"（アイ，アイ，サー）の ay は "I" と同じ発音で yes を意味するが，代名詞 "I"（私です，私がやります）の別綴ではないかと考えられる。これはあたかも点呼に際して，英下院などでの返答 ay（私は賛成！）によって応答するかのようである。なお上記の ay は aye と綴ることもある。一方，「常に，いつも」の意味に使われる aye は ay とも綴られることから，これが "O.K." のような強調的表現に使われ，yes の意味になったとも考えられる。なお，この aye（常に）はゲルマン諸語に共通に存在し，アングロサクソン語では a（いつも）で，さらにラテン語 aevum（永遠）と同族語である。

ちなみに，マダガスカル島に生息するキツネザルの一種 aye-aye（アイアイ，ユビザル）は，その鳴き声から名づけられたものである。

alum [ǽləm]【化学】ミョウバン
→ element

aluminum [əlúmíniəm] アルミニウム
→ element

amalgam [əmǽlgəm] アマルガム《水銀と他の金属との合金》，混合物
この語はさまざまな語源のアマルガムのようで，少なくとも三つの語源説があり，さらに第四の経路も考えられる。

第一は，ギリシア語 malagma（軟化剤，緩衝材）の中世時代の誤用によるとする説である。これはプリニウス（Gaius Plinius Secundus, 23-79）が『博物誌』(77年)（XX, 50）で，医者が鎮静用湿布として使うと述べているもので，ギリシア語 malassein（柔らかくする）の語幹 malak-（柔らかい）から派生した。ついでながら，英語 molasses（糖蜜）は，ラテン語 mel, mell-（蜂蜜）から派生した後期ラテン語 mellaceum（蜂蜜のような，ブドウの汁）が語源であるが，ギリシア語 malassein の影響を受けたとも考えられる。また，英語 mellifluous（《声・音楽などが》甘美な，流麗な）は，ラテン語 mell- と fluere（流れる）とからなる後期ラテン語 mellifluus（蜜が流れる）が語源

である。このラテン語 mell- はさらに英語 mellow（《果実が》熟した、柔らかで甘い）にも影響を与えたと思われる。mellow の語源は中英語 melwe（熟した）で、meal（粗びき粉）の語源アングロサクソン語 melo（粗びき粉、粉）も同系語である。

第二は、上記のギリシア語 malagma（軟化剤、緩衝材）が、アラビア語に借入されて、al（定冠詞）が接頭辞として加えられ、amalgam の形でヨーロッパに帰って来たのではないかと考えられる。〈alcohol, chemistry 参照〉

第三は、アラビア語 jamasa（結合する）から派生した al-jamsa（結合）が直接英語に借入されたとするものである。

第四の語源説は意外ながら、ギリシア語 hama（共に）と gamos（結婚——gamete〔【生物学】生殖細胞〕の語源——）とからなるとするものである〈monk 参照！〉。この最後の説から、今ではめったに使われない amalgamy（《種族などの》混合の過程）という言葉が生まれた。

amateur [ǽmətʃùər] しろうと、アマチュア；アマチュアの
　→ amethyst, ham

amatory [ǽmətɔ̀:ri] 恋愛の、愛欲的な
　→ amethyst, ham

amazon [ǽməzɑ̀n]【ギリシア神話】アマゾン族、アマゾン川、男まさり

ギリシア神話にアマゾン族（Amazons）と呼ばれる勇敢な女戦士族が登場する。彼女たちは、弓を引くのに邪魔にならないようにみんな右の乳房を切り取っていたので、ギリシア語 a-（無）と mazos（乳房）とからそのような名前を得たと信じられていた。ただしギリシア語 mazos は、東方で処女の守り神とされた月神 Mazu が訛って、女性のシンボルである乳房を意味するようになった可能性が極めて高い。

アマゾン族は北方の民族であったとする伝承がある。すなわち、フィン族（the Finns）は自分たちのことをかつて Qvoens〔Kvaens〕と呼んだが、その名が古英語 queans（女たち、あばずれ女たち）とかスウェーデン語 Quinns（女たち）と誤解されたことから、その民族はアマゾン族と結びつけられたというものであ

る。

ambage [æmbéidʒ] 曲がりくねった道、もってまわった言い方
　→ strategy

ambassador [æmbǽsədər] 大使、使節、特使

大使館（*embassy*）に頻繁に出入りする人物を指す ambassador の由来は、よくある大使の交渉のように紆余曲折がある。この語は、後期ラテン語に存在したと想定される動詞 ambactiare（使命を帯びて行く）の名詞形 ambaxiata, ambasciata（使節、使命）にさかのぼることができるが、それより以前の経路についてはいろいろと分かれている。ただし、そのほとんどはラテン語 ambactus（臣下）を経てゲルマン語かケルト語にさかのぼるという点では一致している。カエサル（Gaius Julius Caesar, 101/100-44 B.C.）は *Gallic War*：『ガリア戦記』(vi, 15) においてガリアの部族長の家臣のことを ambactus と呼んでいる。そこでこの ambactus は、古高地ドイツ語 and-（…に向かって）と bak（後ろへ：*back*）とからなる ambaht（行き来すること）が語源であるとか、and-（…に向かって）と、サンスクリット語 bhakta（献身的な）までさかのぼる baht とからなる言葉であろうとか、考えられている。またラテン語 ambo（双方の、行き来の）と agere, act-（動かす、行う）の後期ラテン語反復形 actiare とからなるものであるとの説もある。

さらに ambassador には、かつては embassador とか imbassador をはじめ、さまざまな綴りがあった。いずれにしても「大使」というのは一筋縄ではいかないようである。

amber [ǽmbər] こはく、こはく色
　→ electricity

ambergris [ǽmbərgrì:s] 龍涎香（りゅうぜんこう）《マッコウクジラから取る香料》
　→ electricity

ambidextrous [æ̀mbidékst(ə)rəs] 両手きく、非常に器用な、二枚舌を使う
　→ dexterity

ambiguous [æmbígjuəs] 両義にとれる、多義的な、あいまいな

文章や行動があなたの心を二つの方向に動かし、迷わせる場合、ambiguous と言

う。この語は，ラテン語 ambi-（周りに，両側に）と，agere（動かす）から派生した -iguus と，-osus（…で満ちている）から派生した -ous とからなる。ラテン語 ambi- と同語源のギリシア語 amphi- は，amphitheatre（円形劇場）や amphisbaena（《ギリシア神話に登場するからだの両端に頭がある》両頭のヘビ）などに使われている。このヘビは殺し屋で邪悪（bane）である。そのようなヘビはもちろん神話や陶酔的空想の中だけに存在するものである。

ambition [æmbíʃən] 大望, 功名心, 野心
　この語は, ローマで公職立候補者が票集めに歩き回った慣習に由来する。ラテン語 ambo-（周りに, 両方に）＋it-（行く——ラテン語 ire, it-——）から派生した。というわけで an *ambitious* man（野心家）とは語源的にも a "go-getter"（やり手《積極的に人を取り込む者》）であることがわかる。

amble [æmbl] ぶらぶら歩く, 馬がアンブル〔側対歩〕で歩む；【馬術】アンブル
　→ ambulance

ambrosia [æmbróuʒə] 【ギリシア・ローマ神話】アンブロシア, 美味なもの
　ギリシア・ローマの神々の食べ物 ambrosia に対して, nectar は神々の飲み物である。nectar が食べ物で ambrosia が飲み物であるとする人もいる。いずれにしても口に楽しく, 神々に不老不死の性質を与えた物である。ambrosia はギリシア語 a-（否）と brotos（死をまぬがれない）からなる言葉であり, nectar はギリシア語の語根 nek-（死）と tar-（打ち勝つ）とからなると考えられている。その美味しさ故に *nectarine* peach（ズバイモモ）と名づけられた果物は後には単に nectarine（ネクタリン）と呼ばれるようになった。なお上記のギリシア語 nek- から派生した nekros（死体）は necropolis（共同墓地）などの語源である。〈police 参照〉
　ギリシア語 brotos（死をまぬがれない, 人間の）は, mortos（死せる）が字位転換により mrotos となり, さらに mbrotos を経て派生した。英語 mortal（死すべき運命の, 人間の）や immortality（不死, 不滅）は, ギリシア語 mortos と同族語のラテン語 mors, mort-（死）から派生した。印欧語根は mor-（死ぬ）である。
　Dulce et decorum est pro patria mori.（国家のために死ぬことは甘美にして名誉なことである）とはホラティウス（Quintus Horatius Flaccus, 65-8 B.C.）の言葉である。

ambulance [ǽmbjələns] 救急車, 野戦病院, 病院船
　むかし, 戦場で負傷兵を治療するための野戦病院をフランス人は hospital *ambulant*（移動病院）と呼び, 傷兵を運ぶ馬車を ambulance（移動車）と呼んだ。これが英語に借入されて ambulance（救急車）となった。第二次世界大戦には ambucycle が発明された。これは motorcycle *ambulance*（救急単車）とでも言うべきものであった。
　ambulance の語源はラテン語 ambulare, ambulat-（歩く）であり, ambulatory（歩行の；遊歩場）や動詞 amble（ぶらぶら歩く）は同語源である。
　接頭辞 per-（…を通り抜けて）がついて perambulate が派生したが, 「視察のために歩いて通り抜ける, 巡回する」から, 単に「歩き回る」という意味に使われるようになった。perambulator は「巡視に歩き回る人」から, 大きな車輪の手押し車の「歩行距離測定器」となった。これは今日の pedometer（万歩計：〔原義〕foot measure）に当たる〈pedagogue 参照〉。そして perambulator は, さらに赤ちゃんを乗せて押して歩く「乳母車」を指すようになった。短縮して pram とも呼ばれる。〈hospital 参照〉
　なお, 英語 alley（小道, 横町）もラテン語 ambulare（歩く）が語源で, 古フランス語 ambler（行く）, フランス語 aller（歩く）の過去分詞からの allée（散歩道）を経て派生した。一方「おはじき, ビー玉」の alley は, 「石」を意味した東方の言葉が借入されて派生したギリシア語 alabastros（《主に雪花石膏でできた》香油つぼ）を語源とする alabaster（雪花石膏）〈同項参照〉が短縮されたものである。
　ところで alley とよく似た sally（出撃）は, ラテン語 ex（外へ）とフランス語 aller（歩く）とからなる言葉の語頭音消失ではない。こちらは, ラテン語 salire, salt-（跳ぶ）が語源で, フランス語 saillir

（ほとばしり出る，張り出す）の過去分詞からの saillie（噴出）が借入されたものであり，insult（侮辱する）や somersault（宙返り）は同語源である〈それぞれの項参照〉。しかし，あまり調子にのって宙返りなどをしていると救急車（ambulance）を呼ばなければならない羽目になる。

ambulatory [ǽmbjələtɔ̀:ri] 歩行の，遊歩用の；遊歩道
→ ambulance

ambuscade [æ̀mbəskèid] 待ち伏せて襲う
→ strategy

ambush [ǽmbuʃ] 待ち伏せ；待ち伏せて襲う
→ strategy

amen [èimén] アーメン《キリスト教で祈禱の終わりに唱える言葉》，よし！；賛成の声

　エジプトの太陽神アンモン（Ammon）に関係づける説があるが，amen は「確かさ」とか「真実，真理」を意味するヘブライ語がそのまま英語に用いられたものである。祈りの終わりにおいて，「かくあれかし」と願う時，自分の信仰が真実であるとの意味を込めて「しかとそうである」（amen）と言ったのであった。今日，俗語的に「そら，ほんとだろう」の意味で Amen!（アーメン）が使われることがある。

amenable [əmí:nəbl] 従順な，従う義務がある
→ mean

amenity [əménəti] 心地良さ，生活を楽しくするもの，感じの良さ
→ mean

America [əmérikə] アメリカ，アメリカ合衆国，アメリカ大陸
→ Appendix VI

Americanize [əmérikənàiz] アメリカ化する，アメリカ風にする
→ homo-

amethyst [ǽməθist] アメジスト，紫水晶，紫色

　この語は16世紀には amatist と綴られた。この宝石は恋人たちの石であるとされ，amatory（恋愛の，愛欲的な）とか amorous（色っぽい）と同じく，ラテン語 amor（愛），その動詞 amare，amat-（愛する）が語源であると考えられていた。amorous の -ous はラテン語 -osus（…に満ちた）が語源であり，語幹の am- は，おそらく赤ん坊言葉で喜びを表す yum-yum（おいしい）とか mmm!（まんま）と同じように感嘆表現を起源とするものと思われる。amateur（アマチュア：〔原義〕愛する人）はまさにこのような雰囲気を残しており，好きであるという理由だけで，その道に携わる人のことである。

　ところがアメジスト（amethyst）は，実際は，ギリシア人が amethystos と呼んで，酒酔いを防ぐためのお守りと考えていたものであり，a-（否）と，動詞 methyskein（酔わせる——methy〔ワイン〕から派生——）の形容詞形 methystos（酔った）とからなる言葉である。

　methyl（メチル）や接頭辞としての methyl- は，ギリシア語 methy（ワイン）と hyle（物質，木材，森）からの造語 methylene（メチレン）の逆成語である。ギリシア語 hyle が語源の言葉には英語 hylic（物質の，物質的な）や，接頭辞 hylo- を伴う hylobate（テナガザル：〔原義〕森の散歩者），hylophagous（木食性の），hylotheism（物神論《神と物質を同一とする教義》）など多くの言葉がある。
〈carnelian 参照〉

amicable [ǽmikəbl] 友好的な，平和的な
→ remnant

amical [ǽmikəl] 友人にふさわしい，好意的な
→ remnant

ammonia [əmóunjə] アンモニア，アンモニア水

　聖人の糞便までも聖遺物として秘蔵された，とは中世の習俗に対する風刺である。ところで，かつて錬金術などに用いられた鹵砂（ろしゃ）《塩化アンモニウムが主成分》はラテン語で sal ammoniacus（アンモンの塩：salt of Ammon）と呼ばれた。この名前はユピテル・アンモン（Jupiter Ammon）の神殿の近くに飼われていたラクダの糞から作られたことに由来する。この塩から得られた気体が後にアンモニア（NH_3）と名づけられた。アンモン（Ammon）は，エジプトではアムン（Amun）神の名で崇拝されていた。ギリシア人がゼウスと同一視したこの神とギリ

シア語 ammos（砂）にはなにがしかの語源的関係があるのではないかと考えられる。ローマ人は宗教には寛容な民族で、征服した全民族の神々を万神殿（パンテオン：pantheon）に迎え入れた。〈vitamin 参照〉

ammunition [ǽmjuníʃən] 弾薬、攻撃手段、防衛手段
→ avalanche

amnesia [æmníːʒə] 健忘症、記憶喪失
→ amnesty

amnesty [ǽmnəsti] 特赦、大赦；大赦を行う
　寛大な征服者は敵の行為を忘れようと言って、相手に amnesty を与えた。語源はギリシア語 amnestia（忘却）で、a-（否）と mnasthai（記憶する）とからなる。同じ語源から派生した言葉に、あまりありがたくない amnesia（健忘症）がある。
　mnemonic（記憶を助ける、記憶術の）は、ギリシア語動詞 mnasthai（記憶する）から形容詞 mnemon（覚えている）を経て派生した mnemonikos（記憶力のよい）が語源である。Mnemosyne（ムネモシュネ：*memory*）は、ギリシア神話の記憶の女神で、ゼウスとの間に9姉妹のミューズたち（the Muses：芸術・学問などを司る女神たち）を生んだ。ギリシアの賢人にとって（インドの賢人にとってもそうであったが）、智慧（wisdom）とは記憶（recollection）であったことがよくわかる。今日、喧嘩の後にしばしば "Let's forget it!"（もう忘れよう）と言うが、ばかなことは忘れた方が賢いのである。

amok [əmʌ́k] 怒り狂った；アモク《錯乱状態》
→ berserk

among [əmʌ́ŋ] …の間に〔を、で〕
→ mongrel

amongst [əmʌ́ŋst] …の間で、…中に
→ again

amorous [ǽmərəs] 多情な、恋をしている、なまめかしい
→ amethyst
　amorous は、a-（否）と moral（道徳の）からなる amoral（超道徳的な、道徳基準を持たない）とは無関係である。〈remorse 参照〉

amorphous [əmɔ́ːrfəs] 無定形の、組織のない、あいまいな
→ remorse

ampere [ǽmpiər] アンペア
→ moron, Appendix VI

ampersand [ǽmpərsænd] アンパサンド《&記号の呼び名》
　子供たちが練習する模写用のアルファベット表に、かつては Z の後に&（アンパサンド）が書かれていた。これは "and per se, and" と呼ばれ、"and by itself, and" すなわち「&はそれ自体 and のことである」という意味だった。これがくずれて ampussy and となり、さらに ampersand と変わって今日に生き残り、&の呼び名となった。

amphigory [ǽmfəgɔ̀ːri], **amphigoury** [ǽmfəguəri] ナンセンス詩〔散文〕、無意味な文、パロディ
　「くだらない長話」（rigmarole）〈同項参照〉の「ごたまぜ」（hodgepodge）、すなわち「まことしやかで内容空虚な話」（double-talk）を指すこの言葉には二重の起源が考えられる。一つはギリシア語 amphi（両方に、周りに）と agoreuein（話す）とからなるとする説で、他はギリシア語 amphi と gyros（円）とからなるとする説である。
　上記のギリシア語 agoreuein からの派生語には paregoric（鎮痛剤）〈同項参照〉や category（種類、範疇）〈verdict 参照〉、またギリシア語 gyros からの派生語には gyrate（旋回する）、autogyro（オートジャイロ、回転翼を持つ航空機《元は商品名》）などがある。なお、auto- はギリシア語 auto（それ自身で）が語源で、automobile（自動車）をはじめ、autocrat（専制君主）〈democracy 参照〉など、数多くの派生語を形成している。
　同じ double-talk でも allegory（【修辞学】アレゴリー、寓喩、寓話）は amphigory よりも意味のある形式である。この語はギリシア語 allos（他の）と agoreuein（話す）からなり、一つの話の中に他の話が隠されている修辞法を指す〈ambiguous 参照〉。ラテン語 ambi（両側に、周囲に）とギリシア語 amphi（両方に、周りに）は同族語である。
　ところで、hodgepodge は、元来 hotch-

potch（【料理】ホッチポッチ《肉と野菜を煮込んだシチュー》，ごった煮）で，語源はフランス語 hocher（揺さぶる）である。〈scurry 参照〉

amphitheatre [ǽmfəθíːətər] 円形闘技場，半円形のひな段式観客席
→ ambiguous

amplify [ǽmpləfài] 拡大する，誇張する，増幅する
→ defeat

amputation [æ̀mpjutéiʃən]《手足などの》切断
→ curfew

amuck [əmʌ́k] 殺気立って暴れ狂う；アモク《錯乱状態》
→ berserk

amulet [ǽmjələt]《首にかける》お守り，魔除け

これは特に，母親が悪霊を脅かして退散させるためにかわいい幼児の首にかけたものであった。中世時代には幼児の死亡率は今日と比べ物にならないほど高く，amulet が魔除けとして使われたのである。ラテン語 amolire letum（死を打ち払え）が訛ってできた amuletum（お守り札）が語源であり，元来「おまじない」（charm）であった。

魔除けとしてずっと古く，さらに一般的なものに swastika，すなわち，まんじ（卍）および逆まんじ（卐）がある。〈monk 参照〉

amuse [əmjúːz] 笑わせる，楽しく時間を過ごさせる

詩の女神たち（ミューズ：the Muses）は記憶（memory）〈同項参照〉の女神の娘たちである。だが英語 muse（熟考する，いぶかしむ）の原義は《ミューズの女神とは関係がなく》「熟視する」「鼻でかぐ」であった。ジッと一点を見つめたり鼻でかいだりするのは，深い考えにふけっているしるしであろう。この muse は，muzzle（鼻づら；口輪をはめる）と同語源である。muzzle は本来，頭をある位置にジッと固定している様子を表した。語源は古フランス語 muse の指小形 musel（動物の口）で，さらにラテン語 morsus（かむこと）にさかのぼると考えられる。

さて amuse は元来，びっくりして呆けたようにジッと見つめさせるという意味で

あった。しかし，次第に意味が弱まり，「注意を引きつける」，さらに「注意を逸らす」，特に軍事作戦においては「本当の意図を隠す」，そして「重要な目的から気を逸らす」すなわち「楽しませる」という今日の意味になった。なお，オーストリア継承戦争（1740-48）で名を上げたフランスのサクス元帥（Hermann Maurice Saxe, 1696-1750）は，18世紀の中ごろに amusette（玩具）と呼ばれる軽野砲を発明した。

ヴィクトリア女王（Alexandrina Victoria, 1819-1901，在位 1837-1901）は自分の礼儀感覚に合わないようなことに出会うとしばしば "The Queen is not *amused*."（女王は慰みませぬ）と言ったことで知られている。女王は *Alice's Adventures in Wonderland*：『不思議の国のアリス』（1865年）の著者ルイス・キャロル（Lewis Carroll, 1832-98）の他の本《数学論理学の本》も所望していたが，それらを受け取っていたら "The Queen is not amused." と言っていたかもしれない。

an [ən] 不定冠詞 = a
→ number

ana [ǽnə] 語録，逸話集，逸話
→ psychoanalysis

-ana [-ɑ́ːnə] 地名，人名等の後について「…に関する文献，知識」などの意の複数名詞を作る。《例：Americana, Shakespeariana》
→ psychoanalysis

anabaptist [æ̀nəbǽptist]【キリスト教】再洗礼主義者《成人後の再洗礼を主張する》
→ anacampserote

anacampserote [æ̀nəkǽmpsərout] 過去の愛を回復するとされたハーブの名

クセノフォン（Xenophon, 430?-354? B.C.）は，ペルシアの王子小キュロス（Cyrus the Younger）が行ったアジアへの遠征（401-400 B.C.）を *Anabasis*：『アナバシス』（379-371 B.C.）において描いた。これ以後 anabasis は「軍事的大遠征」一般を指すようになった。これは，ギリシア語の接頭辞 ana-（再び，越えて，後ろへ，上へ）〈psychoanalysis 参照〉と basis（歩み）とからなる言葉で，原義は「前進」であり，さらに「内陸遠征」を指

す言葉であった。〈bazooka 参照〉

同じ ana- を持つ anabaptist は，ギリシア語 baptein（浸す：*baptize*）から派生した言葉で，幼児洗礼では不十分とする「再洗礼主義者」のことである。anachronism（時代錯誤）は「昔のこと」とか「時代に合わない」を意味し，シェイクスピアの *Julius Caesar*：『ジュリアス・シーザー』(II, i, 129) に "clock"（時計）が出てくるのは一例である。

anacampserote は，今は廃語になっているが，かつてはある薬草を指した。すなわちギリシア語 ana（再び）と kamptein（曲げる，向きを変える）と eros, erot-（愛）からなる ana-kamps-eros が語源で，失った愛を取り戻す効能があるとされた煎じ薬のことであった。こんな言葉なら復活して欲しいと考える人もあるはずである。なお erotic（官能的な）はギリシア語 eros, erot- が語源である。

anachronism [ənǽkrənìzm] 時代錯誤，年代の誤り
→ anacampserote

anaesthetic [æ̀nəsθétik] 麻酔の，無感覚な；麻酔薬

感覚を通じて理解される物を指すのにギリシア人は語幹 aisthe-（感覚する）から派生した aistheta（感覚されたもの）を当てた。これはギリシア語 nous（ヌース，直感的知性）から派生した動詞 noein（直観する）が語源の言葉 noeta（思惟されたもの）の対義語である。

英語 noetic（知的で抽象的な，純粋理性的な）とか nous（心，知性）は哲学用語であるが，aesthetics（美学：〔原義〕感覚学）は，哲学者バウムガルテン (Alexander Gottlieb Baumgarten, 1714-62) が1750年にこの言葉を使って以後，広く芸術分野（「感覚によって取り入れられるもの」「感情，情緒」）に関する考察全般，すなわち「美学」を意味するようになった。anaesthetic（〔原義〕無感覚な）は，「感覚を取り去るための薬」すなわち「麻酔薬」を指す医学用語となった。local *anaesthesia* とは，ある狭い部分の感覚を取り除く「局部麻酔」のことである。

anagram [ǽnəgræ̀m] アナグラム，綴り換えゲーム
→ psychoanalysis

analysis [ənǽləsis] 分析，分解，検討
→ psychoanalysis

Ananias [æ̀nənáiəs] アナニア《神の前でうそをつき，妻 Sapphira とともに命を失った男》(『使徒行伝』5：1-10)，うそつき
→ Appendix VI

anapest [ǽnəpèst]【詩学】短短長格，弱弱強格〔の詩〕
→ helicopter

anarchist [ǽnɚkist] 無政府主義者，アナーキスト
→ annihilate

anathema [ənǽθəmə] 神罰を受けた人，【カトリック】破門

この語は，ギリシア語 ana（上へ）と tithenai（置く）からなる anathema が語源で，原義は「神への供物として聖別された物」であった。だが，神に捧げられる物とは生贄にされるのが通例であったことから，「運のつきた」とか「呪われた」に意味が移転し，特にカトリック教会でこの意味で用いられるようになった。

consecrate（聖別する）と desecrate（神聖さを汚す）とは，今日ではまったく反対を意味する言葉である。しかし，語源のラテン語では consecrare, consecrat-（捧げる——con, com〔共に〕+ sacer〔神聖な〕——）と desecrare, desecrat-（聖別する——de〔分離して〕+ sacer〔神聖な〕——）は類義語であった。consecrate が語源的意味を今日に引き継いでいるのに対して，desecrate は，anathema と同じように，正反対の意味となっている。*anathema maranatha*（彼は呪われてあれ，主は来たりたもう）(『I コリント書』16：22) は，時には非常に強い呪いとして使われる。maranatha の語源はシリア語 maran etha（主は来ませり）と考えられている。

anatomy [ənǽtəmi] 解剖学，解剖学的構造，分析

からだの解剖学的構造（anatomy）を知ろうと思えば，それを切り開くしか方法はない。そのことをこの言葉自体がよく示している。すなわち anatomy はギリシア語 ana（上へ，後ろへ，再び）と，temnein（切る）から派生した tome（切ること）とからなる言葉である。

電子の存在が提唱されるまでは，物質の

構成に関する理論は，原子（atom——ギリシア語 a-〔否〕+tome〔切ること〕——）が不可分にして最小の（*atomic*）構成物質であると考えられていた。この理論はすでに時代遅れになっているが，atom は今日も，天動説が信じられていた時代からの言葉 sunrise（日の出）や sunset（日の入り）などの言葉と同じように盛んに用いられている。

　語尾の -tomy あるいは -tome は近代ラテン語 -tomia から直接派生したものであり，医学の分野では切開用具とか手術を意味する語尾として使われる。appendectomy（虫垂切除〔術〕）などがその一例である。扁桃腺（tonsil）の摘出手術を指す語には，tonsillectomy, tonsillectome, tonsillotome, tonsillotomy, おまけに -l- を重ねないものが加わり，合計八つの綴りがある。しかし，この手術はそんなに複雑なものではない。

　epitome（要約，概要）は，ギリシア語 epi（…の上に接して）と tome（切ること）とからなり，原義は「物の本質まで短く切ること」である。tome（大著の分冊）の原義は「一つの書物の各巻（section）〈set 参照〉を切り離して別々に綴じられたもの」である。

ancestor [ǽnsestər] 祖先，先祖，祖型
　何かを押した時，それが動くとすれば場所を譲ることになる。そこでラテン語でも cedere, cess-（動く）はすぐに「譲る」という意味を持つようになった。英語 cede（譲渡する，割譲する）は，このラテン語が語源である。後ろへ動くことは recede（後退する），何かから離れることは secede（脱退する），二人の係争者の間を動くことは intercede（仲裁する），他人の意志にそって動くことを concede（譲歩する——ラテン語 con, com〔一緒に〕——）と言う。ラテン語 subcedere は，何かの下へ動くことを意味し，子音の同化によって succedere となり，これが英語の succeed となった。この言葉は最初「何かの後に続いて来る」という意味で借入され，それが「引き継ぐ，取って代わる」，そして「成功する，勝ち取る」を意味するようになるのである。success（成功）や recess（休憩）はラテン語 cedere（動く）の過去分詞語幹 cess- から派生した。

recess の原義は「退いた」であり，そこから退いていく「場所」，さらに「退いている時間」「休憩時間」となるのである。

　なお，ラテン語 cedere, cess-（譲る）の反復形 cessare, cessat-（ちゅうちょする）から cessation（中止，休止），またフランス語 cesser（終わる）を経て cease（終わる，止める）が派生した。

　ancestor（先祖，祖先）は，ラテン語 antecessor（先行者）が語源であり，古フランス語を経て借入された時は ancessour と綴られたが，後に同じラテン語から派生していた古フランス語 ancestre（先祖）の影響を受けて今日の綴りとなった。antecedent（先行の，先立つ）は，ancestor の語源であるラテン語 antecedere, antecess-（先行する）の現在分詞 antecedens, antecedent- から派生した。

　access（接近，接近方法）や accede（同意する，跡を継ぐ）の語源は，ad（…に向かって）と cedere, cess- からなるラテン語動詞 accedere, access-（ある物に向かって動いていく）である。

　ab, abs（…から離れて）と cedere（動く）からなるラテン語 abscedere, abscess-（立ち去る）は，英語の動詞形に生き残ることがなく，名詞形で，肉が無くなり，そこに膿を持つ凹みを指す abscess（膿瘍；膿瘍を生じる）だけが今日生き残っている。

　process（過程，手順）は the way of *proceeding*（進行方法——pro-〔前へ〕——）のことである。元来これは教会における processional（《ミサへの入堂などの》行列式書，行列聖歌）の手順に関する言葉であったと考えられる。ミサの後，牧師と聖歌隊の退場する儀式に関するものが recessional である。

　deceased（死亡した，故…）は，ラテン語 decedere, decess-（立ち去る）から派生した「去った者，先祖の仲間入りをした者」（decessuss）に由来する死者の婉曲表現であった。

　一般的に英語の -cede はラテン語から早い時代に直接，-ceed はフランス語を経て借入されたものであると言える。〈-sede については subside 参照〉

anchor [ǽŋkər] 錨，頼みの綱；錨で止める

→ monk
anchorite [ǽŋkəràit] 隠者，世捨て人
   → monk
ancient [éinʃənt] 古代の，大昔の；古代人，《古語》旗
   → antics, hold
androgynous [ændrádʒənəs] 【生物学】雌雄両性の，両性具有の
   → banshee
anecdote [ǽnikdòut] 逸話，秘話
   この語はギリシア語の否定接頭辞 an- と ekdidonai（放つ，公表する——ラテン語の ex〔外へ〕+donare, donat-〔与える〕に対応——）が語源で，本来は「秘密にされたもの」とか「公の歴史に現れない裏話」という意味であった。しかし，ほとんどの人にとって，人が秘密にしていることこそ一番知りたいことであり，間もなく現在の「興味ある出来事」という意味に変化した。なお，donation（寄付）は上記のラテン語 donare, donat- 語源である。
anemone [ənéməni] アネモネ，イソギンチャク
   → plant
angel [éindʒəl] 天使，天使のように純粋無垢な人
   → evangelist
angle [ǽŋgl] 角度，角，観点
   → monk
Anglo-Saxon [ǽŋglouSǽksn] アングロサクソン族；アングロサクソン族の
   Merry England（楽しきイングランド《昔からの呼称》）は，もちろん Angle-land, すなわち「アングル人の土地」のことである。だが，だれもが合意できるのはここまでである。私たちが長らく教えられてきたことによれば，Angles（アングル人）は Anglia（《ラテン語》アングル人の国）から移動して来た。この地は，アングロサクソン語で Angul, 古北欧語 Ongull であり，それはドイツ北部，ホルスタイン地方（Holstein）の釣り針状の地域を指し，言葉そのものの意味が「釣り針」である〈monk 参照〉。また，Saxon はドイツのエルベ川の河口近くのザクセン地方に住んでいた部族の名前に由来し，その言葉自体はアングロサクソン語 seax（斧）が語源で，古英語では Seaxan であった，と教わってきた。

すべてその通りであろうと思われるが，排独主義者ならずとも Angles はケルト語に由来すると指摘する人が多い。ゲルマン人がブリテン諸島に来た時，ゲール族（Gaels：ケルト族）が先住しているのを見つけ，現地のケルト語を取り入れ，彼らを an-gael（the Gael）と呼び，それがこの土地と言語の呼び名となり，Angles の由来となったと言うのである。

音楽の角度（*angle*）からはまた違った見方ができる。*English* horn（イングリッシュホルン）は「曲がった角型ホルン」を指すフランス語の誤訳である。すなわち，「曲がった」はフランス語で angle だが，発音が似ているフランス語 Anglais（English）と取り違えられて English horn となってしまった。〈同じような誤りについては bugle〔slughorn〕参照〉

ところで，フレンチホルン（French horn）が英語にありながら，イングリッシュホルン（English horn）がフランス語にないのはなぜだろうか。それはイングリッシュホルンの由来が民間語源であるからと考えられる。

anguish [ǽŋgwiʃ] 苦痛，非常な悲しみ；苦悶する
   → hangnail
animadversion [ænəmædvə́ːrʒən] 非難，論難
   → conversion
animal [ǽnəml] 動物；動物の
   → plant, totem
animosity [ænəmásəti] 憎しみ，反目
   → plant
animus [ǽnəməs] 憎しみ，意図，目的
   → plant
ankle [ǽŋkl] 足首，足関節
   → pylorus
annal [ǽnl] 年代記，１年間の記録
   → anniversary
annex [ənéks] 併合する；付加物，別館
   → nexus
Annie Oakley [ǽni óukli] 無料入場券，フリーパス
   → Appendix VI
annihilate [ənáiəlèit] 全滅させる，完敗させる，無効にする
   子供はしばしばプーと息を吹いて敵を消滅，あるいは全滅させる力を持っていると

空想することがある。annihilate は，この願望をよく捉えている。ラテン語 ad (…へ) の同化形 an- と nihil (無) からなるこの言葉の原義は「無に返す」である。

nihilist (虚無主義者) は基本的原理・原則をも信じない人のことであり，特に the Nihilists と言う場合は，19世紀におけるロシアの革命家たちのことを指す。

anarchist (無政府主義者) とは，いかなる統治者をも信じない人のことである。この言葉はギリシア語 an (否) と，arkhein (支配する) の名詞形 arkhos (首長) よりなっている。接頭辞 arch- (主たる，第一の) はこのギリシア語 arkhos が語源である。これらの言葉に隠された願望は私たちをも無 (*nil*) に帰してしまう。この nil は，nihil (無) の短縮形なので，言ってみれば「無以下」ということになる。

anniversary [ænəvə́:rsəri] …周年記念日，記念祭；…周年祭の

初期のキリスト教会では年々，信仰上大切な月日を注意深く記録に留めていった。そして特別な儀式を取り行うべき日をラテン語で anniversaria dies (毎年巡って来る日) と呼んだ。anniversaria は annus (年) と vertere, vers- (巡る) からなり，dies は「日」である。

anniversary はしばしば「結婚記念日」とか「誕生日」という意味に使われるが，結婚は天国の神の前で行う重要な宗教的行事であり，また誕生日は貴族の家庭においては重要な意味を持つ日だったので，このような記念日には毎年盛大な祝賀会が開かれた。

この語の前半の要素であるラテン語 annus から派生した言葉が英語には数多くある。例えば，semiannual (半年ごとの)，annual (毎年の)，biennial (隔年の)，perennial (多年生の，永続する)，sesquicentennial (150年ごとの，150周年) などである。なお，sesquicent- はラテン語 sesqui (一倍半——semis〔半分〕+-que〔そして，加えて〕——) と cent- (百) からなる。また，annals は「記録された年中行事」および「記録」である。その際 the year 1943 A.D. (紀元後1943年) などと言うがこれは重複した表現である。なぜならキリスト教世界で，A.D. はラテン語 anno Domini (in the year of the Lord：主の年で) の頭文字だからである。anniversary の第二要素 -vers- はさらに多くの派生語を持っている。〈conversion 参照〉

ところで，ラテン語 annus (年) が語源の annuity (年金) と，annul (無効にする) とは語源的には関係がない。「年金」が「無効」にされるようなことはだれも望まないものである。annul の語源は，ad (…へ) と nullus (無) からなるラテン語 annullare, annullat- (無に減らす) である。null and void (【法律】無効な) の null も，このラテン語 nullus が語源である〈annihilate 参照〉。ちなみに，よく似た語形の annular (環状の) の語源はラテン語 anus (輪：英語 *anus* 〔肛門〕) の指小形 anulus, annulus (指輪) である。

annoy [ənɔ́i] いらいらさせる；わずらわしい，やっかいである

何かに腹が立った時，ローマ人は in odio habui (私はそれを憎しみのうちに持った) と表現した。英語 odious (憎むべき，不愉快な) や odium (憎悪，悪評) はラテン語 odium (憎しみ) が語源である。ところで，ラテン語には in odio (憎しみのうちに) で始まる熟語がいくつかあった。この in odio が1語となって古フランス語 anoi となり，中英語に借入されて noi, anoien, anuien などさまざまに綴られた。noisome (有害な，不快な) は中英語 noi から派生したものであり，annoy (いらだたせる，悩ませる) は中英語 anoien が変化したものである。この流れで見ると，憎しみを感じる主体と，憎しみを起こす原因とが入れ替わってしまっている。すなわち，ローマ人らしい表現，I hate it. (大嫌いだ) から，回りくどい It annoys me. (むかつく) が生まれた，というわけである。

ところで，上記の古フランス語 anoi (嫌悪) から動詞 anuier, enuier (悩ます) が派生，それがフランス語 ennui (心配，嫌悪，退屈) を生み，英語に借入されて ennui (倦怠，退屈) となった。

annual [ǽnjuəl] 年1回の，毎年の；年報
→ anniversary

anoint [ənɔ́int] 塗る，聖油で清める
→ lotion

anomaly [ənáməli] 例外，変則
→ homo-

anonymous [ənánəməs] 無名の，匿名の
→ pseudo-

answer [ǽnsər] 答える，返事をする；答え

　この語は，今日では穏やかな意味で使われるが，かつては遙かに緊迫した場面を写す言葉であった。answer は，中英語 andswerien を経てアングロサクソン語 andswerian にさかのぼる。この語の and- はギリシア語 anti (…に対して) と同族語で，swerian は swear (宣誓する) の語源であり，裁判などで告発に対して「反対を誓う」意味であった。なお，この swerian (誓う) の印欧語根は swar- (ブンブンいう，ささやく) であり，これからサンスクリット語 svri- (音を立てる)，svara (声) やラテン語 susurrus (ささやき，ブンブンいう音) が分出した。英語 swarm (昆虫のブンブンいう群れ) も同根語である。

　ところで，siren (【ギリシア神話】セイレン，警報器，サイレン) は，ギリシア語 Seiren (セイレン《船人を美しい歌声で引きつけて海に飛び込ませ，殺してしまう半人半鳥のニンフたち》) がラテン語 Siren を経て英語に借入されたものである。この言葉も印欧語根 swar- (ささやく) から seir-, sur- を経て分出したと考えられている。なお，Seiren の語源をギリシア語 seira (コード，ロープ) とする説がある。この語源説はセイレンの歌声が船人たちの心をグイと引っぱった話と結びついたものであろう。

ant [ænt] アリ

　この小さな生き物は，かつて，正しくは emmet と呼ばれていた。この語はアングロサクソン語で aemette であり，語源は a- (離れて) + 古北欧語 meita (切る) と関連づけられ，アリが「ペンチ」のような口を持っていることに由来する。

　この ant と同音異語の aunt (おば) は，ラテン語 amita (父の姉妹) から古フランス語 ante を経て借入されたもので，amita は多くの言語に見られる幼児語 amma (母，祖母，乳母) から派生した。なお，古フランス語 ante は近代フランス語では tante (おば) となるが，これは ante に代名詞 ta (あなたの) を重ね合わせて生まれた加重音節語である。

ant- [ænt-] 反…，…に敵対する，…を防ぐ
→ ante-

Antaean, Antean [æntíːən]【ギリシア神話】《リビアに住んでいた巨人》アンタイオスの，きわめて巨大な
→ giant

antagonist [æntǽgənist] 敵対者，ライバル
→ agony

antarctic [æntáːrktik] 南極；南極の
→ arctic

ante- [ænti-] …の前

　英語の結合形 ante- は，ラテン語 ante (…の前に) が語源である。一般的には antecedent (先行の) のように接頭辞的に用いられるのであるが，9 a.m. (午前 9 時) における a.m. (ante meridiem：午前；午前の) のように離して書く場合もある。〈ancestor 参照〉

　同音異語の結合形 anti- (…に対して) は母音の前では ant- となる。antarctic (南極)〈arctic 参照〉，antichrist (反キリスト者)，antipathy (反感，嫌悪)〈osteopath 参照〉，antipodes (地球上で正反対側にある 2 地点)〈pedagogue 参照〉などがこの結合形を持つ語の例である。

　antediluvian (ノアの洪水以前の，古風な) は，17世紀の造語であり，ラテン語 ante (…の前に) と，diluere, dilut- (洗いさる——de〔…から離れて〕+ luere〔洗う，解き放つ〕——) の名詞 diluvium (洪水) とからなる。このラテン語 luere から派生した名詞 lues (疫病，伝染病) はそのまま英語に借入され，医学用語として膿などの分泌を伴う「疫病，《特に》梅毒」となった。deluge (大水，大雨) はラテン語 diluvium (洪水) がフランス語 déluge (《ノアの》大洪水，大雨) を経て借入された。

　antepast (アンテパスタ，前菜) の代わりに，今日ではよく，元のイタリア語 antipasto (前菜) がそのまま用いられる。語源はラテン語 ante + pascere, past- (食べさせる) で，原義は「食事の前の一口」である。〈congress 参照〉

antecedent [æntisíːdnt] 先立つ，先行する；前例
→ ancestor

antediluvian [æ̀ntidilúːviən] ノアの洪水以前の, 大昔の；ノアの洪水以前の人
→ ante-

antepenult [æ̀ntipíːnʌlt] 語尾から3番目の音節
→ penult

anthem [ǽnθəm] 交唱聖歌, 賛歌；賛歌を歌ってたたえる

anther (【植物学】雄しべの葯), chrysanthemum (菊——ギリシア語 khrysos〔金〕——), anthology (アンソロジー, 選集)〈Athens 参照〉, anthemy (房状の花) などは, ギリシア語 anthos (花) とか antheros (花の, 若い) が語源である。
これに対して anthem (交唱聖歌) は, anti (…に対して) と phone (音) からなるギリシア語 antiphona (応答) が語源である。原義は「…に応えて音を出すこと」で, これがラテン語 antiphona を経て古英語 antefne (応答頌歌) として借入された。やがて綴りが antevne, antemne, antemn, anthem となり, national *anthem* (国歌) の用法も生まれた。なお antiphon (応答頌歌) はラテン語 antiphona から直接借入された。

anthology [ænθálədʒi] アンソロジー, 詩選集, 名曲集
→ rosary, Athens

anthracite [ǽnθrəsàit] 無煙炭
→ uncle

anthrax [ǽnθræks] 炭疽(ᵈ)病
→ uncle

anthropoid [ǽnθrəpɔ̀id] 類人の, 猿に似た；類人猿
→ sarcophagus, philander

anthropology [æ̀nθrəpálədʒi] 文化人類学, 人間学
→ sarcophagus, philander

anthropophagi [æ̀nθrəpáfədʒai] 食人族, 人肉を食べる人々
→ sarcophagus, philander

anti- [ǽnti-] …に対して, 非…
→ ante-

anticipate [æntísəpèit] 予想する, 予期する
→ surrender

antics [ǽntiks] 滑稽なしぐさ, ふざけた行為
若者が「ふざけ散らす」(cut *capers*)

〈同項参照〉有様を見て, 私たちは「彼らの antics はおもしろい」と言うことがある。この antic は, 古代ローマ遺跡で見つかった動物, 花模様などの異様な形をした発掘物を意味したもので, ancient (古代の, 大昔の) と同じ系譜の言葉である。これらの発掘物が antique (古美術品) であるが, 中にはふざけたような物もあったことから, イタリア語 antico (大昔の) から借入された antic は今日の「風変わりな」を意味するようになった。ラテン語の古形 anticus (前方の) から変化した antiquus (古代の, 古風な) が語源で, フランス語では antique (古代の), イタリア語では antico (古くさい) である。また, grotesque (グロテスク, 怪奇主義)〈同項参照〉の語形変化も antique とよく似ている。
さて, ancient (古代の) は, 古フランス語 ancien から借入されたもので, かつては auncien と綴られた。語源は後期ラテン語 antianus (以前の) であり, ラテン語 anticus と同様, ante (…より前に) にさかのぼる。

antidote [ǽntidòut] 解毒剤, 解決方法
→ dote

antimacassar [æ̀ntiməkǽsər]《ソファーなどの背やひじ掛けの》カバー, 背おおい

商品名 Macassar という頭髪油は, インドネシア, セレベス島の Macassar (マカッサル——現地語で Mangkasara——) に産する植物を原料として作ったものであった。諸君のおじいさんたちは若かりしころ, このマカッサル油で頭をテカテカにしてきどって威勢よく歩いていた。そこで諸君のおばあさんたちのお母さんたちは髪油マカッサルの染みから, すてきなひじ掛けいすを護るために, 背もたれに上品なレースなどを施した布をかけた。この布が antimacassar で, anti- (反…, …を防ぐ——ラテン語 anti-〔…に対して〕——) と macassar からなる合成語である。そしてこの言葉は今日でも, 「いすカバー」の意味で使われている。
今日の整髪剤はあまり汚れにならなくなった。しかし, 口紅 (lipstick) はまだまだやっかいもので, 上等の anti-lipstick が必要である。

antimony [ǽntəmòuni]【化学】アンチモン《金属元素》
→ element, pretzel

antipasto [æntipáːstou] 前菜
→ ante-

antipathy [æntípəθi] 嫌悪，反感，虫の好かないもの
→ osteopath

antiphon [ǽntəfàn] 応答頌歌，交唱，応答
→ anthem

antipodes [æntípədìːz] 対蹠地《地球上で正反対側にある二つの地点》
→ pedagogue

antique [æntíːk] 古風な；骨董品
→ antics

antiseptic [æntiséptik] 防腐作用のある；防腐剤
→ creosote

antitoxin [æntitáksn] 抗毒素，特別の抗体を含む血清
→ intoxicate

antler [ǽntlər]《雄ジカの》枝角
雄ジカが夕方などに腹一杯水を飲もうとして水面に鼻をつけると，一番下の枝角はちょうど目の前に来る恰好になる。ローマ人たちはこの角を ramus ante ocularem（目の前の枝角）と呼んだ。そしてこのラテン語 ante ocular-（目の前の）が1語に融合して古フランス語 antoillier となり，英語に借入されて antolier, auntelere, そして最終的に antler となった。やがて antler がシカの「枝角」を意味するようになると，元来 antler が意味した「一番根元の枝角」は brow-antler（〔原義〕眉角）と呼ばれるようになった。

Antwerp [ǽntwəːp] アントワープ，アントヴェルペン《ベルギー北部の州，州都》
この都市の紋章盾には手首のところで切り取られた二つの手が描かれている。これはこの地に住んでいた巨人アンティゴノス（Antigonous）が通行料を払えない旅人の右手を切り落とし，川に投げ捨てたという伝説にちなむものである。地名 Antwerp は，この伝説に基づいて，フラマン語 handt（手）と werpen（投げること）からなると説明され，この町の紋章にこの話が織り込まれている。しかし，実際には Antwerp はオランダ語 aan（…に）と werf（波止場：*wharf*）からなる言葉であり，「波止場に発達した町」という意味である。

anus [éinəs] 肛門
→ anniversary

apathy [ǽpəθi] 無感動，無関心，冷淡
この語は，ギリシア語 pathos（身の上にふりかかってくること，苦悩）から派生した pathe（こうむること）に接頭辞 a-（否）をつけた apathes（感覚がない）が語源である〈osteopath 参照〉。ギリシア語からそのまま借入された pathos（ペーソス）に発音の似た単語の bathos（まやかしの感傷）が対比され，pathetic（哀愁に満ちた，痛ましい）対 bathetic（甘い感傷の，陳腐な）の構図ができあがった。
bathos のこうした使い方はポープ（Alexander Pope, 1688-1744）に由来するものである。彼の場合は，高揚した崇高な調子から急に卑俗で滑稽な調子へと転落する表現法を意味した。語源はギリシア語 bathos（深み，高み）であり，bath（入浴）や bathe（入浴する）と関係はない。こちらはむしろ浅い水で行われ，ゲルマン諸語に共通に存在する言葉である。英国には1399年に創設された the Order of the Bath（バース勲章）がある。この勲章の名前は，授与式の前に騎士たちが，当時としてはめったになかった入浴（bath）をしたことにちなむ。〈garter 参照〉
なお，上記のギリシア語 bathos は bathysphere（深海調査用潜水球）や bathukolpian（胸の谷間が深い）では科学的意味を保っている。最後になったがギリシア語 pathos（身の上にふりかかってくること，苦悩）が語源の pathology（病理学）の原義は「苦痛の研究」である。

ape [éip] サル，類人猿；もの真似をする
→ monkey

aperture [ǽpərtʃùər] 開き口，すきま，レンズの口径
→ overture, month の項の April

Aphrodite [æfrədáiti]【ギリシア神話】アフロディテ《愛と美の女神，ローマ神話では Venus》
ヘシオドス（Hesiodos, 700B.C.ごろ）は，愛の女神アフロディテは海の泡（ギリシア語で aphros）から生まれたと語っている。フェニキア人が自分たちの愛の女神

をアシュトレト（Ashtoreth）と呼んでいたが，それはギリシア語の発音ではアプトレテ（Aphtorethe）に近かった。これをギリシア人は「泡から生まれた」という伝説に合うようにアプロディテ（Aphrodite）と変形したのである。なお，Ashtoreth は，Astarte（アスタルテ《シリアの豊穣多産の女神》）や Ishtar（イシュタル《アッシリア・バビロニアの愛・戦争・豊穣の女神》）として生き残っている。

apiary [éipièri] 養蜂場
→ cell

apocalypse [əpákəlìps] 黙示，ヨハネの黙示録（the Apocalypse）
　この語は文字通り「ベールをはぐこと」で，apo（…から離れて）と kalyptein（覆う）からなるギリシア語 apokalypsis（啓示）が語源である。ホメロスの *Odysseia*（the *Odyssey*）：『オデュッセイア』に登場するニンフの Calypso（カリュプソー）も同語源である。原義は「隠す女」であり，彼女はオデュッセウスを7年間人の目から隠していた。

apocrypha [əpákrəfə] 聖書外典（the Apocrypha），典拠の不確かな書物
　聖書外典とは，典拠が疑わしいものとして，正典（canon books），すなわち『聖書』（バイブル：the Bible）からはずされた経典を指す。しかし，カトリックでは，ユダヤ人や新教徒が拒否するこれらの経典のいくつかを正典に認めている。apocrypha は，ギリシア語 apo（…から離れて）と kryptein（隠す）からなる言葉である。〈grotesque 参照〉

apostle [əpásl]【キリスト教】使徒，十二使徒（the Apostles），初期のキリスト教伝道者
　　　→ pseudo-

apostrophe [əpástrəfi] アポストロフィ，頓呼(ξ^)法
　この語には二つの形と二つの用法が溶け込んでいる。用法の一つは修辞学で，演説などの途中，突然向きを変え特定の人や物に語りかける表現法（頓呼法）を意味する。これは，ギリシア語 apo（…から離れて）と，strephein（回る）の名詞 strophe（旋回）とからなるこの語の字義通りの用法である。ギリシア悲劇のコーラス隊の旋回舞踊やこの時に歌う歌唱を指す英語 strophe は同語源である。
　第二の用法は省略記号'（アポストロフィ：apostrophe）で，ギリシア語 *he apostrophos prosodia*（省音：〔原義〕そらされた発音）が語源である。これはリズムを守るために音節が省略された部分を示したもので，後に apostrophos 1 語でその意味に用いられた。さらに省略を示す記号が使われるようになるとその記号の，また英語の所有格を示す記号の名称となった。この第二の用法の apostrophe はフランス語 apostrophe を経て借入されたもので，語末の -e は発音されずに3音節となるべきところ，先に後期ラテン語から直接借入されていた第一用法と混同されて4音節となった。

apothecary [əpáθəkèri] 薬屋，薬剤師
　ギリシア語 apo（離れて）と tithenai（置く）からなる apotheke（貯蔵所）が語源
　　　→ abaft

apparatus [æpərǽtəs] 器具一式，装置
　　　→ peep, sempiternal

apparel [əpǽrəl] きらびやかに装う；立派な衣服
　　　→ month の項の April

apparent [əpǽrənt] 明白な，見かけの
　　　→ month の項の April

apparition [æ̀pəríʃən] 亡霊，出現
　　　→ month の項の April

appear [əpíər] 現れる，姿を現す，…のように見える
　　　→ month の項の April

appease [əpíːz] なだめる，譲歩する，《空腹・欲求などを》満たす
　　　→ propaganda

appendectomy [æ̀pəndéktəmi] 虫垂切除〔術〕
　　　→ anatomy

appendicitis [əpèndəsáitis] 虫垂炎
　　　→ subjugate

appendix [əpéndiks] 付録；付加する
　　　→ penthouse

applaud [əplɔ́ːd] 拍手する，賞賛する
　　　→ explode

applause [əplɔ́ːz] 拍手，賞賛，《拍手による》承認
　　　→ explode

apple [ǽpl] リンゴ，リンゴに似た果実
→ peach

applepie [ǽplpài] アップルパイ
→ achieve

applepie bed (《いたずらで》シーツを半折りにして足を伸ばせないようにしたベッド）は，寄宿舎やキャンプなどで男の子ならだれもが知っていることである。このベッドのシーツの様子が，パイ生地の上に詰め物をのせて折り返したアップルパイを連想させることからその名が生まれたと考えられる。しかし，またフランス語 nappe pliée（折り返したシーツ）が訛った可能性も考えられる。

application [æ̀plikéiʃən] 申し込み，応用，適用

ある仕事に打ち込む（to *apply*）ということは，その仕事と密接に接触することである。apply が英語に借入されたころはまさに「接触する」の意味に使われていた。語源は ad（…へ）の同化形 ap- と plicare（折りたたむ）からなるラテン語 applicare, applicat-（近づける，結びつける）で，古フランス語 applier を経て借入された。このラテン語の名詞形から借入された application（申し込み）の原義は「物と物を結びつけること」である。complicate（複雑にする，紛糾させる）も同じくラテン語 plicare, plicat- が語源である。〈complexion 参照〉

また，ラテン語 plicare, plicat- が語源の supplication（嘆願），suppliant（嘆願の），supple（素直な，しなやかな）などの原義はひざまずく時，脚を折り曲げるように「下に折りたたむ」である。

supply（供給する）は，しかし，sub（…の下に）と plere, plet-（満たす）からなるラテン語 supplere, supplet-（補充する）が古フランス語 supplier, suppleier を経て借入された。supplement（付録，補足）は名詞形成接辞を supply につけたものである。

complete（完全な；完了する）や complement（お互いに補足しあう物）〈foil 参照〉も同じくラテン語 plere, plet-（満たす）からの派生語である。一方，compliment（賛辞，お世辞）も同じ語源であるが，「《宮廷で行われていたような》礼儀作法の必要を満たすもの」という意味に限って用いられた。

apply [əplái] 適用する，当てはまる，志願する
→ application

apprehend [æ̀prihénd] 捕まえる，懸念する，理解する
→ surrender

apprehensive [æ̀prihénsiv] 恐れる，気遣う，理解の早い
→ surrender

apprentice [əpréntis] 養成工，徒弟；弟子入りさせる
→ surprise

apricot [ǽprəkɑ̀t] アンズ；アンズ色の

この語は，多くの地を経由して英語に入ってきた。アラビア語 al-barquq（アプリコット）に由来するポルトガル語 albricoque またはスペイン語 albaricoque からの借入である。かつては apricock と綴られた。アラビア語 al は定冠詞で，フランス語 abricot（アンズ）の影響で a- に変化した。アラビア語 barquq はさらに，後期ギリシア語 praikokion（早熟種の桃）から，ラテン語 praecox（早熟の――prae〔…の前に〕+coquere, coct-〔料理する〕から派生した cox――）にさかのぼると考えられる。早熟な（*precocious*）子供は，よく apricot（《スラング》女性）に関心を抱くものである。

April [éiprəl] 4月；4月の
→ month

apron [éiprən] エプロン，エプロンに似た物，《空港の》エプロン
→ auction

apt [ǽpt] …する傾向がある，…しがちである
→ lasso

aptitude [ǽptət(j)ùːd] 適性，才能，傾向
→ lasso

aquarium [əkwéəriəm] 養魚タンク，水槽，水族館
→ cell, duke

aquatic [əkwátik] 水生の，水中にすむ；水生生物
→ duke

aqueduct [ǽkwədʌ̀kt] 送水路，導水管
→ duke

arachnean [ərǽkniən] クモの巣に似ている；小グモの巣

→ arachnid

arachnid [ərǽknid] クモ形類節足動物；クモ形類の

　Arachne（アラクネ：〔原義〕クモ）は織物が非常に上手な娘であった。その巧みさに慢心した彼女は，織物の女神としても知られたアテナ女神に織物競争を申し込む。彼女の技はアテナ女神の技にはかなわなかったが，あまりの巧みさにさすがのアテナもほめるほどであった。ところが敗北を悲しむあまりに，彼女は首を括って死のうとする。そこでアテナ女神はアラクネをクモに変えてしまったのである。この話から，クモはアラクネの子供とされ，茂みなどに掛かっている小グモの繊細で精巧な巣を arachnean と言う。

　arachnid（クモ形類の節足動物《クモ，サソリ，ダニなどを含む》）はギリシア語 Arakhne（アラクネ）と -ides（…の子供たち）が語源である。なお，これと同じ語尾の言葉に，Hesperides（ヘスペリデス：〔原義〕ヘスペロス〔Hesperos：夕べの星〕の娘たち），Atlantides（アトランティデス：アトラスの娘たち）〈atlas 参照〉などがある。

　ところで，ギリシア語の -ides（…の子）に類する接尾辞は，他の多くの言語にも見られる。例えば，英語 -son，ドイツ語 -sohn，スラヴ語 -vitz，-witz，-vich，-sky などである。また接頭辞で「…の子」を表すものもある。例えば，ヘブライ語やアラビア語の Ben，ゲール語の Mac や Mc などである。Benjamin は「ヤミンの息子」(son of Yamin) である。

arbiter [άːrbətər] 裁決者，仲裁人，調停者
　　→ compromise

arbitrate [άːrbətrèit] 仲裁する，仲裁に委ねる
　　→ compromise

arbitration [ὰːrbətréiʃən] 仲裁，調停，裁定
　　→ compromise

arbor, arbour [άːrbər] 木陰，あずまや
　　→ neighbor

arc [άːrk] 円弧，弓形，《電気の》アーク
　　→ alabaster

arch [άːrtʃ] アーチ；アーチ形に曲げる
　　→ alabaster

arch- [άːrtʃ] 首位の，主要な
　　→ annihilate

arctic [άːrktik] 北極の；北極地方

　arctic region（北極地方）というように使われる arctic は，地球の周囲に引かれた緯線・経線（arcs）とは関係なく，由来はそれらよりもずっと古い。この語は，ラテン語 arcticus（北の）から，ギリシア語 arktikos（クマの），さらにギリシア語 arktos（クマ）にさかのぼる。すなわち北の空に浮かぶおおぐま座にちなむ言葉である。

　Arthur's Wain（アーサーの馬車）は，おおぐま座のイギリスにおける古い呼び名である。wain は，同語源の wag(g)on（ワゴン，荷馬車），あるいは cart（荷馬車）のことである。Arthur（アーサー王──ラテン名 Arturus──）がおおぐま座の近くにある Arcturus（アルクトゥルス：クマの見張り）と混同された。さらに，アーサー王とシャルルマーニュ（Charlemagne：Carolus magnus：チャールズ大帝，742-814）を結びつける伝説から，同星座は Charles' Wain（チャールズの荷車）とも呼ばれる。スチュアート朝時代にはイギリス王チャールズ（Charles I, II）を指すと吹聴された。実際はおそらく churl's wain（農夫の荷馬車）が語源であろうと考えられる。

　Arthur's Host（アーサーの軍勢）とは「オーロラ」である。また「荷車」をギリシア語では hamaxa，ヘブライ語では as と言う。ヘブライ語 as には「棺架」という意味もある。

　arctic の反対側を指す言葉は，当然ながらラテン語 anti（…に対する）をつけた antarctic（南極）である。

area [έəriə] 面積，地域，空間
　　→ aureole

arena [əríːnə] 円形闘技場，リング，活動の領域

　つい最近まで肉屋は血を吸い取るのにお が屑を使っていたが，さらに昔は肉屋や調理場や円形競技場などでは砂を使った。arena（闘技場）はラテン語 harena（砂）が語源である。闘技場を覆っていた砂が，その場所を意味するようになったのである。

areopagus [æriápəgəs] アレオパゴス《アテネの丘の名，アテネの最高法廷》，最高法廷
→ Appendix VI

argent [ά:rdʒənt] 銀，紋章の銀白；銀の
→ argue

argon [ά:rgɑn] 【化学】アルゴン《不活性気体元素》
→ element

argonaut [ά:rgənɔ̀:t] 【ギリシア神話】アルゴー号の一行，冒険家
→ element の項 mercury, argosy

argosy [ά:rgəsi] 大型商船，宝庫
Argo（【ギリシア神話】アルゴー号）は，イアソンが金毛の羊皮を求めて，黒海の東端にあるコルキスの地に向けて航海に乗り出した船の名前で，語源はギリシア語 argos（輝く，速い）である。
イアソンの求めに応じてアルゴー号に乗り込んだ勇士たちは Argonauts（アルゴナウテース：アルゴー号の乗組員）と呼ばれる。これは Argo とギリシア語 nautes（水夫――nautical〔航海の〕の語源――）との複合語であり，普通名詞として今日「冒険家」という意味に使われる。〈nausea 参照〉
「大型商船」を意味する argosy は，Argo（アルゴー号）が直接の語源ではないが，その冒険談が影響していることは確かである。古くは ragusye とか ragosie と綴られ，Ragusa（ラグーサ：イタリア語 Ragusi）で建造された船を指した。ここはヴェニス湾の東にあるダルマチアの港で，15-16世紀に大型商船が建造された。
ところで，イアソンたちは帰国の途上，ヘスペリデス（Hesperides：夕べの娘たち）の園にたどり着く。彼女たちはニンフで，ヘスペロス（Hesperos：宵の明星）の娘とも言われ，私たちがオレンジと呼んでいる金のリンゴ〈peach 参照〉を，竜に助けられて守っている。Hesperos はラテン語で Vesperus であり，これが英語 Vesper（宵の明星），vespers（晩禱）などの語源である。ヘスペロスはまた「西の国の神」「日没の神」である。その夕焼けが金毛の羊皮と関係があったのではないかと想像される。なお「オレンジ類から採取される化学物質類」の hesperidene を始め，オレンジ類と関係のある科学用語で Hesperides から造られた。
ちなみに，アメリカのサイエンス・フィクション雑誌に *Argosy* があるが，これは発行者マンシー（Frank Argosy Munsey, 1854-1925）の Argosy にちなむタイトル名である。彼は自分の姓を使った10セント雑誌 *Munsey's Magazine* も発行した。

argot [ά:rgou] 《盗賊などの》隠語
→ slang

argue [ά:rgju:] 主張する，議論する，論争する
この語は，ラテン語 arguere, argut-（証明する，非難する，反駁する）がフランス語を経て借入されたものであり，初めは「証明する」という意味に使われていた。このラテン語の多様な意味はその基本的意味「白くする」，すなわち「明白にする，明らかにする」から発展したものである。ギリシア語 argos（輝く，白い）やラテン語 argentum（銀）はラテン語 arguere と同根語で，後者は英語 argent（銀；銀白の）の語源である。南アメリカの大国 Argentine（アルゼンチン）もラテン語 argentum が語源の国名である。なお銀の化学記号は Ag である。〈debate, discuss 参照〉

Argus-eyed [ά:rgəsáid] 油断のない，目を離さない
→ Appendix VI

aristocracy [æ̀ristάkrəsi] 貴族，上流階級，貴族政治
→ democracy

arithmetic [ərίθmətìk] 算数，算術；[æ̀riθmétik] 算数の
→ algebra

Arizona [æ̀rəzóunə] アリゾナ
→ States

Arkansas [ά:rkənsɔ̀:] アーカンソー，アーカンソー川
→ States

arm [ά:rm] 腕，武器
→ art

armadillo [à:rmədίlou] アルマジロ，ヨロイネズミ
→ art

army [ά:rmi] 軍隊，陸軍
→ art

armistice [ά:rməstis] 休戦，停戦
→ tank

arquebus [ɑ́ːrkwəbəs] 火縄銃
→ blunderbus

arrant [ǽrənt] この上ない、名うての
→ errand

arras [ǽrəs] アラス織り
→ Appendix VI

array [əréi] 整列させる、配備する；整列
→ turmeric

arrears [əríərz] 《未返済の》借金、《仕事・支払いの》滞り

　かつてラテン語 ad retro（後ろへ）から古フランス語 arere（後ろへ）を経て借入された動詞に arrear（後退する）があった。その形成過程は advance（前進する）〈同項参照〉とよく似ている。arrear は元来副詞であるにもかかわらず、副詞句 in arrear（《時間的に、場所的に、義務の遂行において》後ろ向きに）として使われた。arrear の名詞形 arrearage（滞り、《しばしば pl.》延滞金額）は、特に債務の履行における遅滞という意味である。今日ではより平易な形の arrears（借金、遅滞）が生き残り、in arrears（未払いで）というように使われる。複数形になるのは、負債はついつい増えてしまうという一般的な傾向によるものと思われる。

arrest [ərést] 逮捕する、抑える；逮捕
→ tank

arrive [əráiv] 着く、到達する
→ rival

arrogant [ǽrəgənt] 横柄な、尊大な、無礼な
→ quaint

arrogate [ǽrəgèit] 思いのままにする、横取りする、不当に…〔人〕のせいにする
→ quaint

arsenal [ɑ́ːrsənl] 兵器工場、兵器庫、備蓄

　この語の中身を見ると、ビックリしてもんどり打って尻餅をつく（to throw arsey-varsey）〈scurry 参照〉ほど恐ろしいものがある。しかし、語源は、ゲルマン共通語に由来する arse（尻）とは関係がない。この arse は印欧語根 ors-（臀部、尻尾）から分出したギリシア語 orros（臀部、尻尾）と同族語である。

　一方、arsenal はスペイン語では「作業場」という意味を保っているが、これこそこの言葉の原義である。語源はアラビア語 dar（家）+assin'ah（工業──sana'a〔作る〕から派生した al-sina'ah〔工業〕の同化形──）、すなわち dar assinah（匠の家）である。これが古ロマンス語で darcena とか taracena となり、フランス語では、語頭の d がおそらく前置詞 de（…の）の省略形 d' と誤解されて消滅し、名詞化語尾 -al を伴って英語に借入され、arsenal（工場、ドック）になったものと思われる。そして、このような場所がしばしば軍事に使われたことから、兵器を貯蔵しておく場所の意味に限られるようになったのである。

arsenic [ɑ́ːrsənik]【化学】ヒ素；ヒ素の
→ element

　この語の語源は、ギリシア人が黄色の顔料として使われる石黄（yellow orpiment──ラテン語 auripigmentum〔黄金色の顔料：golden *pigment*〕──）に与えた名前 arsenikon で、ギリシア語 arrenikon（雄の、強い）から派生した。猛毒であったことからこのような名を得たのである。*OED* はこの語源説にこだわっている。しかし、これを民間語源説であるとし、ペルシア語 zar（金）から派生した zarnikh（石黄）がアラビア語で al-zirnikh、さらにその同化形 azzirnikh が長い道のりを経て英語に借入されたとする説がある。

　pigment（顔料）はラテン語 pingere, pict-（描く）が語源であり、picture（絵画）, depict（描写する──ラテン語 de〔下へ〕──）も同語源である。paint（ペンキ；描く、ペンキを塗る）は同じラテン語 pingere が古フランス語 peindre を経て英語に借入されたものである。

　なお、arsenic（ヒ素）は過去にはさまざまに綴りが変わった。また多くの化合物を作る元素でもある。しかし、どのように色づけようと、毒（poison）であることに変わりはない。〈intoxicate 参照〉

arsis [ɑ́ːrsəs]【詩学】詩脚の強音部、《ギリシア古典詩の》弱音部
→ decay

art [ɑ́ːrt] 芸術、芸術作品、技術
→ inertia

　この語は印欧語根 ar-（合わせる、結合する）に由来し、harmony（調和、融和）の語源のギリシア語 harmos（継ぎ目）

や，arms（武器）の語源のラテン語 arma（武具，武器）も同根語である。からだの arm（腕）はゲルマン諸語に共通で，やはり ar- を語根とするアングロサクソン語 earm が語源である。〈pylorus 参照〉

　ラテン語動詞 armare, armat-（武装させる）より派生した言葉には，armor（甲冑），armament（軍備），armada（艦隊：〔原義〕装甲したもの），armadillo（アルマジロ：〔原義〕よろいを着けた小さなもの），army（軍隊，陸軍）などの他，多くの言葉がある。〈onion 参照〉

artery [áːrtəri] 動脈，幹線
→ pylorus

artesian well [ɑːrtíːʒən wél] 深掘り井戸，自噴井戸
→ Appendix VI

Arthur's Wain [áːrθərz wéin] おおぐま座
→ arctic

artichoke [áːrtitʃòuk] チョウセンアザミ，アーティチョーク

　この高級野菜はアラビア人たちには早くから知られており，al kharshuf と呼ばれていた（al は定冠詞 the に相当）。これがスペイン語では alkharsofa，そして alcachofa となり，さらに北イタリア地方の言語に借入され，外来の語尾もなじみ深いイタリア語 ciocco（切り株）に変わり，articiocco となった。これがフランス語 artichaut になり，英語に借入されて artichoke となるのである。

　なお，この植物は開花直前のつぼみや花托を食べるが，萼片を食べると苦味と息が詰まってむせるような感じがあるところから，英語では語尾が choke（窒息させる）となったのではないかとも考えられる。

　ただ，Jerusalem *artichoke*（エルサレム・アーティチョーク，キクイモ）は北アメリカが原産のヒマワリに似た花で，イタリア語 girasole（太陽と共に回る）が民間語源的変形を経て Jerusalem となったもので，聖地エルサレムとは関係がない。heliotrope（ヘリオトロープ）は，ギリシア語 helios（太陽）と，trepein（回る）より派生した tropos（回転）〈trophy 参照〉とからなる言葉で，上記のイタリア語 girasole とまったく同じ意味を持つ。〈almond 参照〉

artifice [áːrtifis] 工夫，巧妙さ，術策
→ defeat

Aryan [éəriən] アーリア語族《インド・ヨーロッパ〔印欧〕語族の古称》，アーリア人を祖先に持つ人々
→ Hibernia

as [əz] …する時に，…なので；…と同じくらい
→ alone

asbestos [æsbéstəs] 石綿，アスベスト

　生石灰に水をかければかけるほど，より多量の蒸気が発生する。生石灰はいわば「消し止められない」石である。ギリシア人は生石灰を表すのに，a（否）と形容詞 sbestos（消し止められる——sbennynai〔消す〕より派生——）とからなる asbestos（消されることのない《石膏》）を使った。これが asbestos（アスベスト）の語源である。ところが《プリニウスが「不燃性」と誤解したことから》この言葉は，不燃性と考えられていた亜麻の繊維を指すようになり，最終的には今日劇場のカーテンなどに使われる鉱物の石綿を意味するようになった。ホメロスは神々の笑いを asbestos（消すべくもない）《『イリアス』I, 599》と形容している。神々にとって人間世界は，終わりのない喜劇の源泉だったのである。

ascend [əsénd] 登る，《煙などが》立ち昇る
→ descend

　登り道（*ascent*）は，普通下り道（*descent*）よりきついものであるが，同意（assent）は一般に不同意（dissent）より易しい。このように書くと意見の不一致（dissention）が起こるかもしれない。dissent から派生した dissention（今日では dissension が普通）は，意見の相違がしばしば口論をもたらすことから特に「意見の衝突，悶着，紛争」という語義を持つようになった。

　consensus（意見のコンセンサス）は consent（同意）に至るものである。語源は，con, com（共に）と sentire, sens-（感じる）からなるラテン語 consentire, consens-（調和する，一致する）で，「いろいろな人の同意」という意味に使われる。しかし，19世紀の中ごろに英語として使われるようになったころは，生理学用語

で，からだの各器官が調和的に機能することを意味した。

assent（同意する；同意）はラテン語 ad（…に向かって）の同化形 as- が, dissent はラテン語 dis-（…から離れて）が，それぞれ sent-（感じる）についた言葉である。

presentiment（予感，虫の知らせ）を含め，感覚に関する言葉，すなわち，私たちが物事を感じる senses（五感）はもちろん，sentiment（情緒，心），sensation（感覚，センセーション），sensuous（感性に訴える：〔原義〕感覚に満ちている），sensual（官能的な：〔原義〕感覚を喜ばせる），sensible（分別のある：〔原義〕感じることができる），sensitive（敏感な：〔原義〕感覚ですぐに動かされる）などはすべて，ラテン語 sentire, sens-（感じる）が語源である。

sentence（文，判決，《古語》金言——sententious〔金言めいた，もったいぶった〕も同語源——）の原義は「感情や意見の短い表現」であった。この原義から「判決」とか文法上の「文」という現在の意味が派生したのである。

ただし，resentment（憤り，立腹）〈resent 参照〉は好ましい感情とは言えず，そんなものが頭をもたげないように心しなければならない。

ascetic [əsétik] 苦行の，禁欲的な；禁欲主義者

この語は，ギリシア語 asketes（隠遁者，《本来は「専門家，プロの闘技者」》）の形容詞形 asketikos（勤勉な，禁欲的な）が語源である。隠遁者の第一の務めは肉の欲望を追い出すことであったが，このギリシア語はさらに動詞 askeein（修練する，訓練する）にさかのぼり，運動競技者のように鍛えることを意味していた。

ascribe [əskráib] 原因を…に帰する，…のせいにする

→ shrine

Asia [éiʒə] アジア，アジア大陸

→ Europe

askance [əskǽns] 不信の念を持って，横目で

この語は，オランダ語 schuin（横向きの，斜めからの）から借入された中英語 askoyne（横目で）が語源ではないかと考えられている。しかしこの語はむしろ，ラテン語 abscondere, abscons-（隠し去る——abscond〔姿をくらます〕が派生——）が語源であり，過去分詞の一変化形 absconsa（隠された）が sconsa へと変化し，古フランス語 esconse（風除けつきランタン）を経て借入された sconce（《壁などに取り付けた》張り出し燭台）と関係があるのではないかと思われる。とすると askance は，abscond（姿をくらます）や sconce（張り出し燭台）とも同語源であり，この語には壁づたいに夜逃げしようとする銀行家を連想させるものがある。

aspersion [əspə́ːrʒən] 中傷，汚名，悪評

暑い夏の日に，冷ややかな「中傷」（aspersion：〔原義〕散水）の中に立ったことはおありだろうか。今日の使い方は比喩的である。この語は，ラテン語 aspergere, aspers-（ふりかける，はねかける）が語源で，ad（…の上に）と spargere, spars-（撒き散らす）〈affluent 参照〉からなる。「はねかける」と言えば一般にぬかるみの泥を連想させるところから，今日の中傷的な意味になった。

asphodel [ǽsfədèl] ツルボラン，【ギリシア神話】アスフォデロス《エリュシオン（極楽）に咲く花，スイセンとされる》

→ daffodil

aspic [ǽspik] 肉汁ゼリー，エジプトコブラ

クレオパトラが自殺に用いたとされるエジプトコブラは，英語では asp（ラテン名 aspis〔毒蛇〕が語源）と呼び，詩語では aspic, フランス語でも aspic と言う。

フランス語には "froid comme un aspic"（毒蛇のように冷たい）という表現がある。このよく使われる表現がユーモラスに，肉汁にトマトジュースとゼラチン（gelatin）を加え冷凍して固めたデザートの名前に用いられ，英語に借入されて aspic（肉汁ゼリー）となった。

ところで gelatin, gelatine（ゼラチン）は，ラテン語 gelu（氷結，霜）の動詞 gelare, gelat-（凍らせる）から派生したイタリア語 gelata（霜）が語源であり，それ自体「凍った」を意味していた。jelly（ゼリー）も，同じラテン語動詞がフランス語で geler（凍らせる）となり，その女性過去分詞形 gelée が英語に借入されたも

のである。

　aspic（肉汁ゼリー）はかつて猟で獲た鳥獣の肉や家畜の肉をゼリーと凍らせた美味しい料理だった。しかし、英国の小説家サッカレー（William Makepeace Thackeray, 1811-63）は *Vanity Fair*：『虚栄の市』（1847-48年）の第62章で、チドリの卵のアスピックで毒殺する場面を描いている。これは asp（毒蛇）のイメージを復活させるものである。

　写実主義の主唱者であり、アメリカの劇作家兼プロデューサーであったベラスコ（David Belasco, 1853-1931）は写実的舞台装置や新しい照明法で知られていたが、彼以前に、あるフランス人演出家が機械仕掛けの asp（エジプトコブラ）を作り、ヘビがクレオパトラにかみつく前に、鎌首をもたげ、シュッシュッ（hiss）と音をたてる演出をした。「ヘビに感心した」と書いた批評家がいたが、hiss をどう理解したのか興味がある《hiss には、to hiss off the actor（シッシッと言って役者を引っ込ませる、ブーイングをする）という意味がある》。

aspire [əspáiər] 熱望する、求める、大志を抱く
　→ trophy

assail [əséil] 襲撃する、決然と向かっていく
　→ insult

assassin [əsǽsən] 暗殺者、刺客、【歴史】アサシン派

　高い地位の人を殺す暗殺者を意味するこの語はもともと、11世紀にペルシアで組織されたイスラム教徒の暗殺秘密集団（the *Assassins*）の団員を指した。アラビア語 hashshashin（ハッシッシ《大麻から作る麻薬》を食べる者）が語源であり、元来、複数形である。彼らの指導者は「山の長老」（the Old Man of the Mountains）と呼ばれ、キリスト教徒の指揮者たちを殺すために団員を派遣した。キリスト教徒たちは、陰謀と暴力で敵を殺害することを意味する assassinate（暗殺する）、その実行者を指す assassin（暗殺者）という言葉を造り、彼らの汚名を残すことによって報復したのである。東洋の多くの地方で hashish を bhang（バング）と呼ぶが、これはサンスクリット語 bhanga（大麻）が語源である。

ある。

assault [əsɔ́ːlt] 激しい襲撃、非難；襲撃する
　→ insult

assent [əsént] 同意する；同意、賛同
　→ ascend

assets [ǽsets] 遺産、資産、強み

　この語は、はじめ死者が借金を清算するために残した金銭を意味した。1370年ごろに書かれた宗教寓意詩 *Piers Plowman*：『農夫ピアス』には aseth と綴られている。ゴート語 saths（満ちた）が語源で、このゴート語はラテン語 satis（十分な）〈satisfy 参照〉と同族語である。事実、古形 aseth は、ラテン語 ad（…へ）と satis（十分な）が語源のフランス語 assez（十分な）に強く影響されて今日の綴り assets となった。

　借金の返済に当てるべき資産（assets）が無い場合、liabilities（負債）となる。この語は、ラテン語 ligare, ligat-（縛りつける——ligament〔ひも、絆〕の語源——）から派生したフランス語 lier（縛る）の古い形容詞形 liable が借入されて名詞化したものである。〈legible 参照〉

assignation [æsignéiʃən] 割り当て、指定、任命
　→ resign

assimilate [əsíməlèit] 消化する、同化する、同化される

　からだは食べ物を吸収すると、ほとんどすべての物を血液、骨、組織、つめ、髪、その他からだのあらゆる部分のそれぞれに適した物質に変える。このように異なった物を似た物に変える過程をまさに assimilate という語は表す。ad（…へ）と simil-（似た）からなるラテン語 assimilare, assimilat-（似た物にする）が語源であり、同じ語源の言葉には、修辞法の一つである simile（直喩）や similar（よく似た）がある。

　ラテン語 simil-（似た）の異形 simul- から派生した動詞 simulare, simulat-（真似る、模写する）は英語 simulate（真似る）の語源であり、ラテン語の副詞 simul（同時に）は同根語で、simultaneous（同時に起こる）の語源である。

assist [əsíst] 助ける、手伝う；助力
　→ tank

associate [əsóuʃièit] 連想する，関係させる；仲間
→ sock

assort [əsɔ́ːrt] 類別する，釣り合う
→ sorcerer

assorted [əsɔ́ːrtid] 分類された，組み合わせた，調和した
→ sorcerer

assume [əs(j)úːm] 想定する，引き受ける，ふりをする
→ prompt

assumption [əsʌ́mpʃən] 想定，前提，引き受けること
→ prompt

Astarte [əstáːrti] アスタルテ《シリアの豊穣多産の女神》
→ Aphrodite

aster [ǽstər] アスター，アスターの花
→ flower

astonish [əstániʃ] 驚かす，びっくりさせる

　この語は古くは astone あるいは astun であった。語源については 2 通りが考えられる。その一つは，古フランス語 estoner（雷で打つ——フランス語 étonner——）から，ラテン語 ex（外へ）+tonare（雷が鳴る）にさかのぼるとし，雷に打たれたようにびっくりすることを意味するという説である。とするとこの語は，同語源の stun（気絶させる）と同義であり，後に身体的なものよりも心的なショックをより強く意味するようになったことになる。

　もう一つの語源説は，stone（石）に関係づけるもので，びっくりして石のようになるのである。したがって "I was *petrified* with *astonishment*!"（私は驚きのあまり呆然となった）のような表現は，誇張であるとともに同語反復である。なぜなら petrify（無感覚にする，硬直させる）は，ラテン語 petra（岩）と，フランス語 -fier（ラテン語 facere, fact-〔…にする〕から派生した -ficare, -ficat-〔…化する〕が語源）より借入された -fy とからなる言葉だからである。ここで連想するのは，カトリック教会設立の根拠とされるイエスの言葉「あなたはペトロ（Petros：〔原義〕岩男）。私はこの岩（petra）の上に私の教会を建てる」（『マタイ福音書』16：18）に出てくる語呂合わせである。

astrachan [ǽstrəkən] アストラカン，アストラカン織
→ Appendix VI

astrolabe [ǽstrəlèib] アストロラーベ《六分儀発明以前の天文観測儀》

　天文経緯度の観測装置の一種 astrolabe（アストロラーベ）は，ギリシア語 aster（星）と lambanein（取る，捕まえる）からなる。〈disaster 参照〉

astrology [əstrɑ́lədʒi] 占星術
→ disaster

astronomy [əstrɑ́nəmi] 天文学
→ disaster

asunder [əsʌ́ndər] 離れて，真っ二つに，ばらばらに
→ sundry

atavism [ǽtəvìzm] 隔世遺伝，先祖返り，隔世遺伝を示す個体
→ uncle

atheism [éiθiìzm] 無神論，不信心
→ monk

atheist [éiθiist] 無神論者，不信心者
→ theology

Athens [ǽθnz] アテネ，アテーナイ《ギリシアの首都》

　この都市は「ギリシアの華」と呼ばれるが，名前もまさにその通りの語源を持つ。すなわち《民間語源によれば》ath- という語根にさかのぼるが，この語根からギリシア語 anthos（花）が派生した。英語にはこの antho- で始まる言葉が数多くある。例えば anthology（選集，詞華集）は，anthos とギリシア語 legein（集める）からなり，原義は「花集め」である。

athletics [æθlétiks] 運動競技，体育理論

　試合に参加しない限り，皆さんを athlete（運動選手）とは呼べない。古代ギリシアのオリンピック競技会においては，徒競走，跳躍，ボクシング，レスリングなどの勝利者となった若者には athlon（賞品）が与えられた。ギリシア語 athlos（競技），athleein（競う），athletes（競技者）はいずれも賞を目指すものであった。英語 athletics（運動競技）はギリシア語形容詞 athletikos（競技の）が語源で，mathematics（数学）や politics（政治，政治学）などとの類似によって複数形語尾がつき，今日の語形となった。

　女性にはもっとやさしい callisthenics

（美容体操）がお勧めであるが，この語はギリシア語 kallos（美）と sthenos（体力）からなる。〈calibre 参照〉

Atlantic [ətlǽntik] 大西洋；大西洋の
→ atlas

atlantides [ætlǽntədìːz] アトラスの娘たち
→ atlas

atlas [ǽtləs]【ギリシア神話】アトラス，地図帳

　神々は，将来自分たちに匹敵するようになる力を人間に与える者がいれば，必ず戦いを挑んだ。神々のこのような行動や罰にちなむ言葉が英語にも数多く存在する。
　lucifer match（黄燐マッチ）は，ちょうどプロメテウスのように，人類に光と知識をもたらそうとした堕天使の王 Lucifer（サタン，大悪魔）にちなんで名づけられた。この名はラテン語 lux, luci-（光）と ferre, lat-（もたらす）からなるものである。
　Promethean（プロメテウスのような，創造的な）は，プロメテウス（Prometheus）が抱いたような壮大な願望とか彼が受けたような過酷な刑罰に用いられる。ゼウスは，火を人間に与えた罰としてプロメテウスをコーカサス山中の岩に鎖で繋ぎ，鷲に肝臓を食わせたが，彼が不死身のため刑罰は永久に続くことになった。
　シシュポス（Sisyphus）はコリントス王であった。彼は神々を騙したずる賢さのために重い石を山頂に押し上げるという罰を受けた。しかし，もう少しで頂上に届くという時にその石は転げ落ちてしまう。その故事から Sisyphean task（無駄骨折りの仕事）という表現が生まれたが，さしずめ映画の宣伝に奔走する人物の仕事はこれに当たる。
　大地の女神（Terra）の子供の巨人神（Titan）一族とその息子たちは，オリンポスの神々に反抗した。その一人のタンタロス（Tantalus）は，あごまで水につかりながら，のどの渇きを癒そうとからだをかがめて水を飲もうとするとその水は退き，空腹のため頭上にぶら下がっている果物を取ろうとすると，それらは手が届かぬ所まで上がってしまうという刑罰に処せられた。tantalize（《望んでやまない物を見せびらかしながら，それを与えずに》じらして苦しめる）は，タンタロスが受けた罰にちなむ言葉である。また他の一人アトラス（Atlas）は，罰として世界を支えるという重荷を与えられることになる。その姿は今日ニューヨークのラジオ・シティ（Radio City）の前のアトラス像に見ることができる。アトラスはまた，アフリカの北西部の古代リビアで天空を支えていると信じられていた山の名前にもなった。この巨人神アトラス（Atlas, Atlant-）に由来する英語 atlantes は，建築用語で特に古典的建築で建造物を支える柱の役割を持つ男性像のことである。これに対して atlantides（〔原義〕アトラスの娘たち）は同じ役割を持つ女性像である。Atlantic（〔原義〕アトラスの）は，古代リビア以西の大洋の名前になった。
　なお，atlas が「地図帳」を指すようになったのは，それまで地図帳の口絵（frontispiece）〈同項参照〉には世界を支えている巨人アトラスが描かれる習慣になっていたことにちなみ，1636年に出版されたメルカトル地図帳《メルカトル（Gerardus Mercator, 1512-94）の工夫した投影図法による世界地図が，その死後子息と協力者たちにより出版された》のタイトルを Atlas としたことに由来する。〈tycoon 参照〉
　ところで，最初に絹をもたらしたのは，東方からはるばるやって来た旅行者である。atlas はまた，東洋産の絹のサテンを意味する言葉でもあった。これは talasa（こすってスムーズにする）から派生したアラビア語 atlas（滑らかな）が語源である。初期の地図はこのような布に描かれた。《しかし，この意味での atlas は今日では廃語となっている。》

atmosphere [ǽtməsfìər] 大気，空気，雰囲気
→ trophy

atom [ǽtəm] 原子，微粒子
→ anatomy

atone [ətóun] あがなう，罪滅ぼしをする，償う

　邪悪な人はちょうど「内輪もめした家」（『マルコ福音書』3：25）のようなものである。そして罪の「償いをする」（atone）とは，家の場合と同様に内的統一を見つけ自己が再び一つになることである。すなわ

ち語源は at one である。ちなみに古フランス語でも「統一する」を aduner とか aüner（〔原義〕一つに：*at one*）と言った。

モルモン教は，1830年にジョセフ・スミス（Joseph Smith, 1805-44）がニューヨーク州マンチェスターで創立した宗派である。彼はこの宗派の教典，*the Book of Mormon*（『モルモン教典』）の Mormon とは英語 more（よりいっそうの）とエジプト語 mon（善）からなる名前であると言っている。この例のようにアメリカ産の複合語はしばしばスラング的あるいは口語的であり，ユーモラスなものが多い。例えば comeatable（近づきやすい）は come-at-able（近づく＋可能な）の融合である。

ところで atonement（償い）は，動詞形 atone（あがなう）よりも先に存在した言葉で，"to make an *onement* with God"（神と一体性を作り出す）という表現から生まれた。〈他の言葉の融合については Dora 参照〉

atrophy [ǽtrəfi]【病理学】《栄養不足などによる》萎縮；萎縮させる

→ trophy（ただし，atrophy と trophy は関係がない。）

atropine [ǽtrəpìːn]【化学】アトロピン《ナス科の植物に含まれるアルカロイドの一種》

→ trophy

attach [ətǽtʃ] はり付ける，愛情を持たせる，付着する

→ attack

attack [ətǽk] 攻撃する，着手する；攻撃

この語の原義は to stick a *tack* into（鋲を打ちこむ）である。ラテン語 ad（…に）とケルト語 tak（釘）からなり，古フランス語では attaquer, attacher, ataquer などと綴られていた。したがって attach（はり付ける）とは明らかに二重語である。また detach の原義は「釘を抜き去る」である。

なお，tack（鋲；鋲で留める）はゲルマン諸語に共通に見られる同族語であり，ゴート語では tekan（触れる）である。このゴート語とラテン語 tangere, tact-（触れる）は同族語で，このラテン語は tangent（【数学】接線；接する）や contact（接触，連絡）などの語源である。〈taste 参照〉

ところで，これらは印欧語根 stag-（突き刺す）の語頭音 s- が脱落して分出した言葉である。この印欧語根の s- が残っている語には，stigma（汚名，恥辱——ギリシア語 stigma〔入れ墨，斑点〕の借入——），instigate（扇動する——ギリシア語 stizein〔チクリと刺す〕が語源——），sting（針や刺などで刺す——アングロサクソン語 stician〔刺す〕が語源——），to stick a pig（豚を突き殺す）のように使う stick（突き刺す），さらにアイルランド語 stang（ピン）などがある。このように語源的には，力に頼った軍隊の攻撃（attacking）も，時代を通して見ると時間の脇腹にピンを突き刺した（pricking）ようなものである。〈etiquette, deck 参照〉

一説によれば，prick（チクリと刺す）も語頭の s- が脱落した例で，印欧語根 spark-, sperg-（撒き散らす）から分出した言葉である。この語根から sparcere を経て，ラテン語 spargere, spars-（ばら撒く，ふりかける）が分出し，同族語の中高地ドイツ語 sprengen（ばら撒く）から，中英語 sprengen, その反復形 sprenkle を経て sprinkle（撒く，ふりかける）が成立した。prick（刺し傷）は元来「しるし，点」を意味したが，やがて「針」「針で刺すこと」を意味するようになった。これらの語群は印欧語根 sparg-（バチバチ音をたてる，破裂する《そして物が散らばる》）に連なり，spark（火花），sparkle（火の粉，閃光），さらに spring（跳ぶ，跳ねる——ゲルマン語 sprak, sprank, アングロサクソン語 springan を経て成立——）とその過去形 sprang に連なっている。

なお，刺し傷（prick）をつける pin（ピン）はラテン語 penna（羽）から後期ラテン語 pinna を経て借入された言葉であり〈vogue 参照〉，この羽は蜜蠟にものを書く時の尖筆として使われた。

「泉」の spring は地中から水が勢いよく吹き出るものであり，「春」の spring には地中から芽が勢いよく顔を出す。さらに，厚板が裂けるとバシッと跳ねる（spring）。子供ははち切れそうになった母体から出てくることから offspring（子孫）と言う。鋲（*tack*）の上にうっかり座っ

たりすると跳び上がる（*spring* off）ことになる。

attain [ətéin] 達成する，成し遂げる，到達する

　attain は，後に派生した attach（取り付ける）や attack（攻撃する）〈同項参照，シェイクスピアには見られない〉と紆余曲折をたどれば同根であると考えられる。ad（…へ）と tangere, tact-（触れる）〈taste 参照〉からなるラテン語 attingere, attact-（触れる，達する）が語源であり，フランス語 atteindre, atteign-（到着する，届く，襲う）を経て借入された。法律用語 attainder（私権剥奪）は二重語である。

　しかし，ラテン語 tangere, tact-（触れる，つかむ）とラテン語 tingere, tinct-（浸す，染める）とは意味的に近い関係にある言葉であり，後者からは tincture（色，色合い，気味），taint（汚れ，色合い），tint（色合い，色調），tinge（染める；色合い）が派生した。なお taint はフランス語 teindre（染める）から teint（顔色）を経て借入された。動詞 taint（汚す）は，attaint（汚す，冒す）から語頭音消失によって生じたのではないかと考えられる。この attaint は最初 attain（つかむ，触れる）の過去，過去分詞として使われ，「触れた，触れられた」を意味した。しかし，ラテン語 attingere（触れる）の過去分詞 attactum（触れられた）が後期ラテン語 attinctum（汚された）と混同されたため，attaint は新たに「汚す，告発する」の意味を獲得した。attaint のこの二つの意味「触れる」と「汚す」が融合したのは，病気に触れて「感染する」（infect）ケースが念頭にあったと思われる。infection（感染）は in（…の中へ）と facere, fact-（する，作る）からなるラテン語 inficere, infect-（浸す，服従させる，さらす）が語源である。

　ちなみに，contagion（接触感染，伝染）は com, con（共に）と tangere, tact-（触れる）からなるラテン語 contingere, contact-（触れる）が語源で，現実に接触（*contact*）を必要とするものである〈deck 参照〉。他人に迷惑をかけて名誉を汚す（attaint）ようなことなく，目標としたものを獲得（attain）したいものである。

attaint [ətéint] 私権を剥奪する，汚す，《病気などが》襲う
　→ attain

attempt [ətémpt] 試みる，企てる；試み
　tender（柔らかい，壊れやすい）は，古フランス語 tendre からの借入語であるが，語源はラテン語 tener（柔らかい）で，-d- は古フランス語において挿入された。tenderloin（テンダーロイン）〈sirloin 参照〉，tenderfoot（《米国開拓地の》新参者，不慣れな者），tenderness（柔らかさ，もろさ）などはこの tender の派生語である。ラテン語 tener から直接派生した言葉には，蛹（さなぎ）からかえったばかりの昆虫の柔らかい状態を形容する teneral（the *teneral* state of insects）などがある。

　これらの言葉の語源と，ラテン語 tendere, tens-〔tent-〕（張る，伸ばす）を混同してはならない。このラテン語からは，tensile（伸張性のある——*tensile* strength〔張力〕——），tense（ぴんと張った），tendril（【植物学】巻きひげ——a *tendril* of hair〔巻き毛〕——）などのほか多くの言葉が派生した〈tennis 参照〉。なお，tense（時制——present *tense*〔現在時制〕，past *tense*〔過去時制〕——）はラテン語 tempus（時）が古フランス語 tens を経て借入された。

　tent（テント，天幕）は，同ラテン語 tendere, tent-（張る）から直接に借入された。しかし，外科医が傷口を開いておく目的で用いる吸収性のガーゼあるいは綿の tent（栓塞子）は，ラテン語 tendere の反復動詞 temptare, temptat-〔tentare, tentat-〕（つかむ，強さをためす）が語源である。この反復動詞に ad（…に向かって）を伴ったラテン語 attemptare〔attentare〕（ためす，悩ます）が，フランス語を経て英語に借入され，attempt（企てる，試みる；〔原義〕…を得ようと手を伸ばす）となった。なお，attend（出席する，世話をする），attentive（注意深い）や，古語の attent（注意深くして）は，ラテン語 ad（…に向かって）+ tendere（伸ばす）が語源である。

attend [əténd] 出席する，世話する，仕える
　→ tennis

attest [ətést] 証明する，証拠立てる，証拠となる
→ test

attic [ǽtik] 屋根裏，屋根裏部屋
　この語を Attica（アッティカ：アテネを中心都市とする周辺の地域）に結びつける説がある。華の都アテネの洗練された優雅さにちなんで，Attic は「アッティカ風の，アッティカ様式の」から「優雅な」を意味するようになった。これはアッティカの建築様式を指すのにも用いられる。その特色は，アテネのパルテノン神殿に見られるように，大きな列柱の上に小さな装飾柱と装飾壁面を並べたところにあり，このことから最上階あるいは最上階にある部屋のことを attic と呼ぶようになったと考えられる。しかし，サンスクリット語 attaka（インドの家の最上階の部屋）は atta（高い，堂々とした：lofty）から派生した言葉である。
　ところで，loft（屋根裏，さじき）とか lofty（非常に高い，堂々とした）は，ドイツ語 Luft（空気，空）に対応するアングロサクソン語 lyft（空気，空）が語源である。
　verandah（ベランダ）は，ヒンディー語 varanda（柱廊玄関）が語源である。storey（階層，階：story）は，story（話，物語）と元来同じ言葉である。語源はラテン語 historia（話，話の主題）で，古フランス語 estoire を経て借入された。建物の前面の各階の窓に聖書伝説を描いたことから storied windows（絵画で装飾をほどこした窓）という建築用語が生まれ，これから storied が独立して story あるいは storey となったと考えられている。ところで，この聖書伝説と *second-story* man（《米口語》《2階から忍び込む》夜盗）の話は別のものである。
　story とよく似た綴りの store（店，蓄え──本来は動詞 *store*〔蓄える〕──）は，ラテン語 instaurare, instaurat-（始める，修理する，補給する）から古フランス語 estorer を経て借入された。restore（元に戻す，復帰させる）は，古フランス語 restorer からラテン語 restaurare, restaurat-（回復する，再建する）にさかのぼる。この現在分詞 restaurans, restaurant- が restaurant（レストラン）の語源である。

attire [ətáiər] 盛装する；《豪華な・特別の》服装
→ tire

attorney [ətə́ːrni] 法廷代理人，弁護士
　物を回転させるという考えは非常に古いもので，turn（回転する）はアングロサクソン語 turnian（回転させる，回転する──さらに古くは tyrnan──）が語源である。この語はフランス語 tourner（回す，回転させる）に対応し，ラテン語 tornare, tornat-（ろくろで細工する），そして tornus（旋盤，さらにギリシア語 tornos（《大工が円を描くのに用いる》コンパス）にさかのぼることができる。tourney（馬上試合を行う）や tournament（トーナメント，《中世の騎士たちの》馬上試合）は，古フランス語 tournoi および tournoiement（くるりと回ること）から借入された。馬上試合で相対する騎士が，馬に乗って互いに背を向けて進み，一定の距離を取ってから向きを変え，互いに攻撃をしかけたことに由来する。
　私たちは困った問題が起きた時とか，起きそうな時に，自分の代理になってくれるだれか頼りにできる人に「助けを求める」（*turn to*──フランス語で á〔…へ〕+ tourner〔向きを変える〕──）ものである。このフランス語が attorney（法定代理人）の語源である。ちなみに power of *attorney*（委任権）とか letter of *attorney*（委任状）という法律用語が示すように，attorney の原義はまさに「委任」という意味であった。
　detour（迂回，迂回路）は，dé（…から）と tourner からなるフランス語 détourner からの借入語である。to take a *detour*（遠回りする）とはもちろん「本通りから曲がる」ことである。〈torch 参照〉

attract [ətrǽkt] 引き寄せる，引きつける，魅惑する
　魅力的な（*attractive*）提案とは人を引きつける力を持つものである。attract（引き寄せる）は，はじめは身体にかかわる言葉で，栄養分を身体の中に取り入れることであった。1550年ごろに使われるようになったが，この言葉は，その1世紀半も前からすでに英語で用いられていた contract（契約する）〈distraction 参照〉とか ab-

stract（抽出する）との類比によって生まれた。

　abstractの原義は「引き離す」で、ラテン語trahere, tract-（引く）に接頭辞ab-, abs-（…から離れて）がついたものである。そこでこの動詞はさらに、肉体的、物質的なものから引き離すことを意味するようになり、名詞abstraction（抽象）が派生した。attractはabstractにならい、ラテン語trahere, tract-（引く）に接頭辞ad-, at-（…へ）がついて形成された。

　concrete（具体的な）はcon, com（共に）とcrescere（成長する）からなるラテン語concrescere, concret-（合生する、濃縮する）が語源である。なお、crescent（三日月，新月）〈excrement参照〉や、古フランス語encrestre, encreiss-から借入されたincrease（増加する）も、ラテン語crescere, cret-（成長する）から派生した。

attribute [ətríbju:t] 帰する、せいにする；属性
　→ tribulation
attrition [ətríʃən] 摩擦、消耗、減少
　→ terse, tribulation
auburn [ɔ́:bərn]《毛髪が》赤褐色〔の〕
　この語は年月の経過とともに「変色」した。すなわち、語源はラテン語albus（白い）の派生語alburnus（白味を帯びた）である。このラテン語albusが語源の言葉には、album（アルバム——形容詞の中性形が名詞化されたalbum〔白板，名簿〕をそのまま英語に借入——）、albino（白子，【生物学】白変種）、albumen（卵白）、Albion（イングランドの雅名）などがある。Albionは、フランス人の反英感情を表してperfidious *Albion*（不実な英国）というように用いられるが、元来ドーバー地方の海岸に連なる白亜質の岩壁から英国の別名になったものである。

　ところが、auburnは15-16世紀ごろabronとも綴られ、ホール主教（Bishop Joseph Hall, 1574-1656）が1598年ごろに書いた風刺詩のabron locks（エイブロン色の頭髪）という表現では、abronが今日のbrown（褐色）と混同されている。後に綴りは元に戻ったが、その「色」は「褐色」のまま残った。

　dauber（左官、へぽ絵描き）やdaub（塗りつける）は、de（下へ）とalbare（白くする）からなるラテン語dealbare（真っ白にする、漆喰を塗る）がフランス語dauber（漆喰を塗る）を経て借入されたものである。

　なお、ラテン語albus（白い）はヒッタイト語alpash（雲）と同族語で、雲の色を意味するものであったと考えられる。

auction [ɔ́:kʃən] 競売、せり売り；競売する
　他の大勢の人たちの指し値に勝って望む物を持ち去る喜びを経験した人ならだれでも、競売のことをなぜauctionと言うのか容易に理解できるだろう。この語は、動詞augere, auxi-, auct-（増やす、加える）から派生したラテン語auctio, auction-（競売：〔原義〕増加）から直接借入された。auxiliary（補助の；補助的なもの）も同語源で、原義は「加えられた兵力、補助部隊」である。

　ところでラテン語auctor（創作者、著者）は、元来「何かを増し加える人、物の供給を増やす人」を意味し、これが古フランス語autorを経て古英語autorとして借入され、author（著者、作家）となった。

　augur（【ローマ史】卜占（ぼくせん）官）は古代ローマでは公事の吉凶を判断した神官であり、単なる易者とは異なって、国家に繁栄の増進を保障する役割を担っていた。形容詞august（威厳のある）やローマ帝国初代皇帝Augustus（アウグストゥス）、そしてこの皇帝の誕生月にちなんで名づけられたAugust（8月）も同様の気持ちが込められている。そこでaugurの語源はラテン語augere（増やす）であるとする説がある。しかし、この語はavis（鳥）とgerere（扱う）からなるラテン語auger（《鳥》占い師）がaugurと変化した可能性も考えられる。占い師は鳥の飛び方や犠牲獣の内臓を見て吉凶を占った。

　何か国家の重要な企画を始めるに当たってはaugur（卜占官）にお墨付きをもらうために伺いを立てる（ラテン語inaugurare, inaugurat-）のが習わしであった。これがinaugurate（就任式を行う、開始する）の語源であり、名詞inauguration（就任式）は本来、新体制の発足に当たっての重要な公的行事に限って行われた卜占の行

事であった。

auspicious（吉兆の，幸先の良い）は，avis（鳥）と specere, spect-（見る）からなるラテン語 auspex, auspic-（鳥占師，指揮者）が語源である。元来は中立的意味であるが，吉兆を願う気持ちの強さから，この言葉は単に「予兆（omen）に満ちた」ではなく「良い予兆に満ちた」という意味を持つようになる。そして同語源の auspices は「保護，援助，賛助」と向上した意味のみに使われるようになった。

なお，上記のラテン語 specere, spect-（見る）から，inspect（点検する：〔原義〕「…の中を見る」），respect（尊敬する：〔原義〕「再び見る」すなわち「心に留める」），speculate（熟考する——ラテン語 specula〔見張り台〕の動詞形 speculari, speculat-〔観察する，調べる〕が語源——），そして conspicuous（人目を引く，顕著な：〔原義〕皆の注目がいっぱいの）などが派生した。

耳は，どちらかと言えば夜役に立つ感覚である。そこで，人は見える物ほどには音を信頼しない。omen（前触れ）や ominous（不吉な）の語源ははっきりしないが，こうした縁起の悪い方へ意味の低下が起こったのは，ラテン語 audire（聞く）と関係があるからではないかとも考えられる。

ところで上記の augur（卜占官，占い師）とよく似た綴りの英語 auger（木工錐）の語源は，nafu（車輪の中軸：*nave*）と gar（錐，槍）からなる古英語 nafugar（車軸を通すこしきをくり抜く道具）である。語頭の n は，古英語 naddre（ヘビ）が a naddre から an addre と誤解されて adder（クサリヘビ）〈同項参照〉になったのと同じような経過で脱落した。よく知られた同様の例は，apron（エプロン）で，語源はラテン語 mappa（テーブルクロス）である。その変化形の古フランス語 nape, nappe の指小辞形 naperon が英語に借入されて napron となり，a napron, an apron となって n- が脱落した。なお，この古フランス語から，napery（食卓用リネン類）やその指小辞形 napkin（ナプキン）が派生するのである。また同系語の中オランダ語 noppen（毛布などの織りむらを取って仕上げる）は，nap（剛毛，け

ば）の語源である。そして nape（うなじ，えり首）はこの nap から派生したのではないかと考えられる。

umpire（審判員，アンパイア）も同じく語頭の n- が脱落した例である。語源はラテン語 non par（同等ではない）で，双方の意見が一致しない場合に呼ばれる第三者，すなわち決裁権を持つ人のことであった。これが後期ラテン語 non pair, 古フランス語 nomper, 中英語 noumpere を経て umpire となったのである。〈humble 参照〉

newt（イモリ）は逆の例である。すなわち，an ewt（イモリ）が a newt となって，現在の語形になった。同じ例に nickname（あだ名）がある。中英語では ekename（つけ加えられた名前——英語 eke〔補う〕はアングロサクソン語 ēcan〔増やす〕が語源で，ゲルマン諸語に共通——）であり，不定冠詞がついて an ekename, それが a nekename となり，a nickname となるのである。〈map 参照〉

audacious [ɔːdéiʃəs] 大胆不敵な，無謀な，無礼な

挑戦を「聞く」のと，それを受けて立つのとは決して同じではない。ところが古代ローマ人たちは挑戦をされるや直ちに受けて立った。「聞く」を意味するラテン語は audire, audit-〈audit 参照〉で，「恐れずに…する」を意味するラテン語は audere であり，非常に似通っている。このラテン語の動詞 audere から形容詞 audax, audaci-（大胆な）が派生し，これが audacious の語源となった。語尾の -ous はラテン語 -osus（…に満ちた）がフランス語経由で借入されたものである。したがって，この言葉の原義は「大胆さがいっぱいの」（full of *audacity*）ということになる。

audience [ɔ́ːdiəns] 聴衆，観衆，公式見会
→ audit

audit [ɔ́ːdət] 会計検査，監査；検査する

この語の語源はラテン語 audire, audit-（聞く）である。昔の会計監査は口頭で行われ，帳簿係の審問が，証人とか保証人たちから金銭の出し入れを聴取する形をとったことに由来する。このラテン語の現在分詞 audiens, audient- から audience（聴衆）が派生した。ラジオやテレ

ビの芸能番組の出演に応募した人はまず歌唱力や演技力のテストを受けなければならないが、このようなテストを「オーディション」(audition) と呼ぶ。正義の声は「聞き取れない」(inaudible) ことがしばしばありすぎるのに対して、他の諸々は声高に「聴衆席」(auditorium)、すなわち聴衆を要求するものである。

audition [ɔːdíʃən] 聴力, 聴覚, オーディション
→ audit

auditorium [ɔ̀ːdətɔ́ːriəm] 講堂, 公会堂
→ audit

auger [ɔ́ːgər] 木工用錐, オーガー《地面に穴をあける機械》
→ auction

aught [ɔ́ːt] 何か, 何でも
→ nausea

augment [ɔːgmént] 増大させる, 増加する

-ment は, ラテン語接尾辞 -mentum (ラテン語 mentum〔心〕と同系語か？) が語源であり, 元来は動詞につき, その動詞が表す行動, 結果, 手段などを表す名詞を形成する語尾であった。fragment (破片)〈discuss 参照〉や ornament (飾り) がその例である。すなわち fragment はラテン語 frangere, fract- (破砕する), ornament は, ラテン語 ornare, ornat- (飾る) から形成された。

ついでながら, ラテン語 ornare の過去分詞 ornat- から ornate (飾り立てた, 華麗な) が, ラテン語 ad (…へ) + ornare から adorn (飾る) が派生した。このラテン語 ornare は, ラテン語 ordinare, ordinat- (秩序正しくする) の短縮形とも考えられる。そしてこの動詞 ordinare は, 名詞 ordo, ordin- (秩序) から派生したものである〈orient 参照〉。英語 ordinance (法令, 条例:〔原義〕整理, 配列: arrangement in *order*), ordnance (兵器:〔原義〕軍事物資の整頓), ordonnance (《建物・絵画・文芸作品などの》構成:〔原義〕組織的な配置), ordinary (規則正しい, 通常の:〔原義〕順序正しい〔*orderly*〕), ordain (定める, 規定する──古フランス語 ordener, ordeiner を経て借入──) なども同じ語源の言葉である。

ただし, ordeal (試練, 苦しい体験, 【歴史】試罪法) の語源はまったく異なり, アングロサクソン語 ordel (審判, 試罪法──deal〔取り引き, 分配；処罰する〕と同系語──) である。この言葉は, ゲルマン人たちが行っていた試罪法, 例えば, 火の中に手を入れさせたり川に投げ込んだり, その他の方法で試験をして, 害を受けない者のみを無罪とする裁判法を指していた。そこから現在の意味が出てきたのである。

ところでラテン語 -mentum から派生した -ment に話を戻すと, この接尾辞はラテン語起源の言葉に限らず, 時には本来語にもつけられる。betterment (改良, 改善) や atonement (償い, 罪滅ぼし) などがその例である。

さて, augment は最初, 名詞としてのみ使われていたが, 動詞として, 語源のラテン語動詞 augere, auxi-, auct- (増やす) の意味で使われるようになった。〈auction 参照〉

augur [ɔ́ːgər] ト占(ぼく)官, 易者；占う
→ auction

august [ɔːgʌ́st] 威厳のある, 堂々たる
→ auction, month

aunt [ǽnt] おば
→ ant

aureole [ɔ́ːriòul], **aureola** [ɔːríːələ] 後光, 光輪, 光輝

この語はしばしば金の冠を指すと考えられている。詩人ジョン・ダン (John Donne, 1573-1631) は, この語がラテン語 aurum (金) から派生した aurea (金の環) の指小辞 aureola であり, 『出エジプト記』(25 : 25-6) にある coronam aureolam (小さな金の環) のことであると述べている。

だが, aureola は, 上述の背景から元の語形 areola (小孔, 小円形) に -u- が挿入されたものであり, 同義のフランス語 areole から, ラテン語 area (平坦な広場, 敷地──area〔地域, 範囲〕の語源──) の指小形 areola (小広場) にさかのぼる言葉である。

なお, ラテン語 area (平坦な広場) とギリシア語 halos (脱穀場) は同じような意味の変化を経てきた。元は「土地の小区画」であり, ついで「《円形の》脱穀場」,

そして「天体の周りの輪」となった。英語 area（地域，範囲）は最初の意味を引き継ぎ，英語 halo はその最後の意味を引き継ぎ，「《太陽・月の周囲に現れる》かさ」を，美術用語では「光輪，後光」を意味することになった。随筆家ド・クウィンシィ（Thomas de Quincey, 1785-1859）が聖人たちのことを「頭の周りに金色に柔らかく輝く areola（円板）を持って生まれた」と述べているのは areola の正しい使い方の例である。聖像の頭部には元来，単なる輪ではなく，平らな円板が取り付けられていた。その目的は神聖さを表すのではなく，ハトの糞から像を守るためのものであった。糞害は今日なお野外彫刻の止むことのない悩みの種である。

aurora [ərɔ́ːrə] オーロラ，【ローマ神話】アウロラ《夜明けの女神》

古代のギリシア人やローマ人の間では，事物を表す普通名詞がそのまま神々の名前として使われ，逆に神々の名前は普通名詞としても使われた。今日私たちは，語頭を大文字で書いて神々を表し，小文字で書いて普通名詞とする。ラテン語 aurora（夜明け——aurora〔オーロラ〕，auroral〔曙の，ばら色に輝く〕の語源——）は普通名詞であり，Aurora（暁の女神）は神の名である。Boreas（ボレアス）は「北風の神」であり，boreas（北風）は普通名詞である。

上記の 2 語を語源とする英語 aurora borealis は「北極光」と呼ばれる現象である。反対の南極に現れる同じ現象は aurora australis（南極光）と呼ぶ。australis はラテン語 auster, austr-（南）の形容詞であり，英語 austral（南の，南方の）の語源である。〈stern 参照〉

hyperborean（極北の；極北の人，【ギリシア神話】ヒュペルボレオス人）は，ギリシア語 hyper（…を超えて）と boreas（北風）からなる。《ギリシア神話には，極北に常春の理想郷があるという話がある。》

南半球の大陸 Australia（オーストラリア）は元来ラテン語で terra australis（南方の島）と呼ばれていた。これに対して，Austria（オーストリア）はドイツ語 Oesterreich（東方の王国）が語源である。

ちなみに austro-（南）は，austromancy（風占い）のように，合成語を形成する結合形である。〈necromancy 参照〉

auscultation [ɔ̀ːskəltéiʃən] 聴聞，【医学】聴診
→ scourge

auspices [ɔ́ːspəsìːz] 保護，援助，前兆
→ auction

auspicious [ɔːspíʃəs] 吉兆の，幸先の良い，幸運な
→ auction

austral [ɔ́ːstrəl] 南の，南方の，オーストラリアの
→ aurora

Australia [ɔ(ː)stréiljə] オーストラリア
→ aurora

Austria [ɔ́(ː)striə] オーストリア
→ aurora

authentic [ɔːθéntik] 本物の，真正の，認証された

ラテン語 esse（ある：to be）は，一人称単数現在形 sum（私はある），完了形 fui（私はあった），未来分詞形 futurus（まさにあらんとする）などの変化形を持つ。また古い現在分詞形に sons, sont-（存在している）があった。この現在分詞は，「存在するもの」とか「まさにそうであったもの」の意味に用いられていたが，やがて「罪人：〔原義〕当の人物」とか「有罪の」という意味になった。そしてこの分詞は不定形 esse の影響を受けて変化し，二つの新しい現在分詞が生まれた。その一つが essens, essent-（ある）であり，これが英語 essence（本質，真髄）や essential（不可欠の，本質的な）の語源となる。さらに essence をより強調した意味を持つ quintessence（真髄，精）〈同項参照〉なども派生した。もう一つの現在分詞が ens, ent-（行なう人）で，これは英語 entity（存在物，実在物，実体）や nonentity（取るに足らない人や物，架空の物，非実在）の語源である。一説によればこのラテン語はギリシア語 hentes（存在する）と同族語であり，この hentes とギリシア語 auto-（自分自身，それ自体）から名詞 authentes（自ら実行する人，仕事を上手にする人）や形容詞 authentikos（主役の，本物の）が作られ，この形容詞が英語 authentic（本物の，真正の，信ずべき）の語源となる。

なお authentic は，14世紀にはラテン語

auctor（創作者，権威者〔*author*〕）〈auction 参照〉と混同されたために auaentyke, autentyke などと綴られ，英語に借入されたころからすでに絶対的に服従しなければならない権威とか信ずべき権威を意味していた。

author [ɔ́:θər] 著者，作家，創造者
→ auction

autochthonous [ɔːtɑ́kθənəs] 土着の，原産の，原地性の
→ humble

autocrat [ɔ́ːtəkræt] 独裁君主，独裁者，横暴な人
→ amphigory

autograph [ɔ́ːtəɡræf] 自筆，自署；自筆の
→ graffito

autogyro [ɔ̀ːtoʊdʒáiərou] オートジャイロ
→ amphigory

auto-intoxication [ɔ̀ːtoʊintɑ̀ksikéiʃən] 自家中毒
→ intoxicate

automobile [ɔ́ːtəmoubìːl] 自動車
→ amphigory

autopsy [ɔ́ːtɑpsi] 検死，実地検証；検死解剖する
→ pessimist

autumn [ɔ́ːtəm] 秋，秋の収穫，初老
→ equinox

auxiliary [ɔːɡzíljəri] 補助の，予備の；助手
→ auction

avail [əvéil] 役に立つ；利益，効用
→ infirmary

avalanche [ǽvəlæntʃ] なだれ；殺到する
この語は，フランス語 aval（下へ，下流に向かって）や avaler（飲み込む）を経てラテン語 ad vallem（谷へ）にさかのぼると考えられてきた。ちょうどラテン語 ad montem（山へ）がフランス語 amont（上に向かって）を経て英語に借入され，amount（総計…に達する；総計）となったのと同じと考えたのである。たしかに，この avalanche の前半は上記のフランス語 aval（下に向かって）の影響で生まれた語形ではある。しかし，この語の語源は基本的には，ラテン語 labi, lapsu-（滑る）で，これから後期ラテン語 labina（地すべり）が派生し，プロヴァンス語 lavanca, フランス語 lavanche（なだれ）となり，これに定冠詞のついた la lavanche が l'avalanche と誤解され，英語に avalanche として借入されたものである。同じような誤解は，フランス語 la munition（軍需品）が ammunition となって，英語に ammunition（軍需品，弾薬）として借入された例がある。また，アラビア語から借入された英語には，アラビア語の定冠詞 al が語の一部になっている例が多数見られる〈alcohol 参照〉。英語には同様に，語頭の文字が残ったり，落ちたりして現在の語形になったものがいくつもある。〈auction 参照〉

なお，munition（軍需品）は，moenia（城壁）の動詞 moenire（壁をめぐらす）を経て成立したラテン語 munire, munit-（城壁を築く，護る）が語源である。同族語はさらにサンスクリット語根 mu-（縛る，護る）にまでさかのぼる。

avaricious [ævəríʃəs] 強欲な，貪欲な
→ harpoon
この語は，ラテン語 avere, avit-（渇望する）の形容詞 avarus（貪欲な）が語源で，avidity（貪欲，渇望）も同語源である。

avast [əvǽst]【海事】やめ，待て
海事に疎い語源学者は，この語の語源を求めてバラバラに離れた岸辺を探し回っている。ある者は，avast の語源はオランダ語 houd vast（しっかり捕まえる：hold fast）の転訛 hou' vast であると考えている。しかし，ポルトガル人も偉大な船乗りというべきで，ポルトガル語 abasta（十分だ——イタリア語 basta——）が語源と考えられる。そしてこの語は，さらに以前から航海に長けていたアラブ人からの借用ではないかと考えられる。〈bazooka 参照〉

これと同僚語と言うべき belay も「【海事】それでよし，（口語）やめろ」との意味に用いられるが，もっと正確には，帆綱を索止め栓に巻きつけて固定せよという命令である。古くは belage と綴られ，語源はオランダ語 beleggen（縛る，2本のピンにぐるぐると巻きつけてロープで縛る）である。〈legible 参照〉

英語で belage が使われていたころ，

belay は「攻撃する」や「待ち伏せする」という意味であった。この意味の belay は，強調を表す古英語 bi と lecgan (たたきのめす) からなる言葉である。やがて，ぞんざいに簡略化された言葉遣いによって，これらの二つの意味は belay において融合した。そして国際的な略奪行為を英国の国是としていた時代の終焉とともに，本来語の意味は廃れ，第一義的に海事用語として使われるようになったのである。よーしこれまで，皆の衆！ (Avast, my hearties!)

avenge [əvéndʒ] 復讐をする，仕返しをする
→ vengeance

average [ǽvəridʒ] 平均；普通の，平均をとる

12世紀に現れた古フランス語 averie が，1490年ごろに average として英語に借入された。その意味は，王の領地の小作人が代官に対して，特に役畜を使って果たさなければならない1日の農役のことであった。

この語はフランス語 avoir (所有する) の古形 aver を経てラテン語 habere (所有する) にさかのぼるのではないかと考えられている。中世の小作人は，財産の額に応じて戦時には役畜や食料を供出する義務を負っていた。その際，例えば，馬はロバより運搬量が大きいので頭数が少なくてよいというように，家畜の種類によって頭数は違ったが，分担する額 (average) は公平になるように定められていた。average が数学の「平均」という意味に使われるのは英語においてのみである。

Avernus [əvə́ːrnəs] アヴェルノ湖《ナポリ近くにある火口湖；地獄への入り口とされた》，冥府
→ tavern

averse [əvə́ːrs] 反対で，嫌って，葉などが茎から外の方を向いた
→ advertise

avert [əvə́ːrt] そむける，転ずる，避ける
→ advertise

aviary [éivièri] 鳥小屋，鳥類飼育場
→ cell

avidity [əvídəti] 貪欲，渇望，熱意
→ avaricious

avigation [ævəgéiʃən] 航空，航空学

→ nausea

avoid [əvɔ́id] 避ける，よける，無効にする
→ vacuum

avoirdupois [ævərdəpɔ́iz] 常衡，体重
→ adipose

avouch [əváutʃ] 白状する，保証する，公言する
→ vote

avow [əváu] 素直に認める，公言する
→ vote

avulsion [əvʌ́lʃən] 引き裂くこと，摘出

随筆家ラム (Charles Lamb, 1775-1834) は，《丸焼きの子豚の目について》「オイディプス王のようにえぐり取ることなく，やさしく自然に溶け出した」("come away kindly, with no Oedipean *avulsion*") と語っている (『書簡』1822年3月9日付，コールリッジあて)。この avulsion はラテン語 a- (ab：…から) + vellere, vuls- (引く，引き抜く) が語源である。なお，ラテン語 vellere, vuls- は，英語 revulsion (激変，急激な反動) の方でむしろなじみ深い。この語の原義は「ぐいと後ろに引くこと」である。

ところで，もっと優しく「後ろに引くこと」から revelation (啓示) が生まれた。すなわち語源は，velum (覆い) から派生したラテン語 revelare, revelat- で，原義は「ヴェールを後ろに取り去る」だからである。このラテン語 revelare がフランス語 révéler (隠れている事実を示す) を経て借入されて reveal (《知られていないことを》明らかにする) となる。〈cloth の項の voile 参照〉

一方 réveillé [revelly] (起床ラッパ，朝の点呼) は，ラテン語 vigilare, vigilat- (覚めている，警戒する) が，フランス語 veiller (眠らずにいる), se réveiller (眼が覚める，警戒する) となり，その命令形 réveillez (起きろ，警戒せよ) から借入されたものである〈alert 参照〉。このフランス語から派生した réveillon (クリスマス・イブや大晦日の真夜中の陽気なパーティー) と revel (お祭り騒ぎ，どんちゃん騒ぎ) を結びつける説がある。しかしこちらは，古フランス語 reveler を経て，re (後ろへ) と bellum (戦闘) からなるラテン語 rebellare, rebellat- (背く) にさ

かのぼるとも考えられる。つまり revel と rebel（謀叛を起こす）とは二重語である。

avuncular [əvʌ́ŋkjələr] おじのように優しい
→ uncle

awash [əwɔ́ʃ] 水面すれすれになって，あふれて
→ Washington, Appendix VII

away [əwéi] 離れて，去って，遠くへ
　この語は，前置詞と名詞からなるアングロサクソン語 onweg（向かってゆく道中に）が語源であるが，ofweg（道を離れて）と考えることもできる。というのは wayward（強情な，きまぐれな）は中英語 awayward（よそを向く）の語頭音消失によってできた言葉で，この away- の a- が off に当たると考えられるからである。
　down（下へ）も語頭音消失によってできた。この場合，さらに意外な意味の移転が見られる。イングランドで複数形の downs は高地，特に南部に見られる石灰岩の丘を指し，語源はアングロサクソン語 dun（丘——dune〔砂丘〕の語源——）である。したがって dune と downs は二重語である。この名詞に前置詞がついて，古英語 ofdune, adune, 中英語 adown となり，「丘を離れて」という意味であった。この語頭の a- の消失によって副詞 down ができたのである。この副詞は，前置詞が消えても，高みから運び去る意味を留めている。

awe [ɔ́ː] 畏敬，畏怖；畏敬の念を起こさせ
→ awry

awesome [ɔ́ːsəm] 畏敬の念を起こさせる，恐ろしい
→ awry

awry [ərái] 曲がった，ひがんだ，間違った
　awry は耳より眼から入ってしまう言葉である。子供時代に字面を見て発音を間違え，大失敗した経験を持つ私には，awry をまるで awe（畏敬）から派生したかのように [ɔːrái] と発音する人が多いように思えて仕方がない。しかし，awry は古英語では on wry（間違って）で，ヘボ役者に拍手を送るような態度を表す。
　awe（畏敬，畏怖）の形容詞は awe-some（恐ろしい，ものすごい）である。接尾辞 -some には，handsome（ハンサムな：〔原義〕手で触って心地よい）や toothsome（おいしい：〔原義〕食べ心地がよい）の例のように「好ましい」という意味がある。また，lonesome（人里離れた：〔原義〕寂しく感じさせる）にも見られるように，この接尾辞 -some は seem（…のように思われる，…のように見える）と同語源である。
　ところで wr- で始まる英語はすべてゲルマン系であって，そのほとんどが「よじる；よじれ」という意味を持っている。例えば，wrath（激怒：〔原義〕怒りでねじれる），wreath（花輪，花冠：〔原義〕より合わされた花輪）などである。wreath の語源は古英語 writhan（身もだえする：*writhe*）〈同項参照〉の名詞形 writh（ねじられたひも）である。〈pylorus の項の wrist 参照〉
　また，wry（ゆがんだ）は，中英語 wrien（ねじる）からアングロサクソン語 wrigian（横を向く）にさかのぼる。逆にこれから中英語 wriggen（ねじる），その反復形から wriggle（のたくる，うごめく，身もだえする）が派生した。
　wring（絞る）はアングロサクソン語 wringan（ねじる）が語源である。wrong（悪い，間違った；不正）の原義は「ねじられたもの」であり，古くは wrang と綴られ，wring と同語源である。wrist（手首）〈pylorus 参照〉は手を「ねじる」働きをする部分である。

ax. [ǽks] axiom（公理，原理）や axis（軸）の略語

axe, ax [ǽks] 斧，まさかり；斧で切る

axiom [ǽksiəm] 公理，原理
　これらの言葉はすべて，非常に古くから現在のように使われ，長い歴史の間に多くの比喩的表現によってその用法がさらに広がってきている。ax（軸）は古英語では ocs や acs と綴られたことがあり，古くは aex と綴った。axle-tree すなわち今日の axle（車軸棒）は，本来語の ax tree に取って代わった言葉であり，原始ゲルマン語 ahs-a（斧）の指小辞形 ahsula にまでさかのぼる。ただし axiom（公理，原理）は，ギリシア語 axios（価値のある）から派生した axioma（公理：〔原義〕評価さ

れるべきもの）が語源で，フランス語 axiome（公理）を経て借入された。axiomatic（公理の，自明の）の語源はこのギリシア語複数形 axiomata である。

　ax（斧）はギリシア語では axine（斧）であり，このギリシア語から，結晶が斧の頭のような形をした石が axinite（《鉱物》斧石）と名づけられた。axinomancy 〈necromancy 参照〉とは，熱した斧による「斧占い」である。

　axis（軸，枢軸）はラテン語 axis（車軸）から直接借入された。axiolite（【鉱物学】アキシオライト，楕円球顆）は軸線に沿って結晶を作る傾向のある石である。第二次世界大戦中，連合国の敵国は the *axis* powers（枢軸国）と呼ばれた。それは，彼らが世界を回す軸になるということではなく，地理上の位置を結ぶ線《ローマーベルリン枢軸，ローマーベルリン—東京枢軸》を指したに過ぎなかった。

axis [ǽksis] 軸，枢軸
　→ ache, ax
　axis とは何かがその回りを旋回する「軸」のことである。

axle [ǽksl] 心棒，車軸
　→ ache, ax

aye , ay [ái] はい，賛成
　→ altruism

aye-aye [áiài] アイアイ，ユビザル
　→ altruism

azimuth [ǽziməθ] 方位，方位角
　ラテン語 super（…を超えて，…の上に）は，比較級 superior，最上級 supmus だったが，この最上級は summus（最上——英語 sum〔合計，総計〕の語源——）に変わり，これが古フランス語 som，その指小形フランス語 sommet となり，英語に借入されて summit（頂点）となった。

　ところで，上記ラテン語 super の最上級とアラビア語 samt（道，方向）の複数形 sumut とは互いに語源的関係はない。こちらは al（定冠詞）を伴って al-summut, assumut（通路）となり天文学用語として使われ，英語に借入されて azimuth（【天文・海事】方位，方位角）が成立した。また，同じアラビア語 samt が samt al-ras, samt arras（上の方向）という句として使われ，中英語に借入されて senyth となり，これが zenith（天頂，頂点，絶頂）となった。

　zenith の対義語 nadir（天底，どん底）は，アラビア語 nazir（反対の）が nazir assamt（天頂の反対）という句として使われ，この nadir が英語に借入されたものである。

azote [ǽzout] nitrogen（窒素）の旧名
　→ element の項 nitrogen

azyme [ǽzaim] 種入れぬパン，種なしパン
　→ zymurgy

azymite [ǽzəmait] 種なしパンで聖餐式を行う者
　→ zymurgy

B

Baal [béiəl] バール神《古代セム人の豊穣神，フェニキア人の太陽神で民族最高の神》，邪神
→ Beelzebub

babbitt [bǽbit] バビット《米国中産階級の物欲にこり固まった平均的人間》
→ Appendix VI

babble [bǽbl] ぺちゃくちゃと話す，意味のないことを言う；無駄口
　babble は意味のないことをいつまでも話し続けることを軽蔑的に表す擬音語で，ba..ba.. と，tricle（ちょろちょろ流れる）や startle（ぎょっとさせる）などに見られる強調あるいは反復を表す語尾 -le とからなる言葉である．babel（《大勢の人が》ガヤガヤ話し合う声，摩天楼，架空の計画）もまた，babble に影響を与えた．babel は『創世記』（11：1-9）に登場するバベルの塔に由来するもので，ユダヤ人が天国への入り口として建てようとしたが神の怒りを招き，世界に多くの言語ができ，混乱の原因となった．ヘブライ語 Bab と el からなる babel の原義は「神の門」であり，ウラルアルタイ語族のトゥラン語 Ca-dimirra（神の門）の翻訳語であった．〈bavardage 参照〉

babe [béib] 赤ん坊，無邪気な人，女の子
→ abbot

babel [béibl] ガヤガヤ話し合う声，摩天楼，バベル《Babel：バベルの塔》
→ babble

baby [béibi] 赤ん坊，末っ子，赤ん坊みたいな人
→ abbot

baccalaureate [bæ̀kəlɔ́ːriət] 学士号，卒業式訓辞
→ bachelor

Bacchanals [bǽkənælz] 酒神バッコスの信徒，バッコスをたたえる歌舞，どんちゃん騒ぎの酒宴
→ Battersea

bachelor [bǽtʃələr] 独身の男子，学士，若い騎士
　この語の過去にはいくつかの興味深い話が隠されている．
　まず第一は，印欧語根 wak-（話す，うなる）から分出したラテン語 vacca（雌牛——サンスクリット語 vasa〔雌牛〕——），その変化形 bacca（モーと鳴く動物，雌牛）を経て成立した後期ラテン語 baccalia（牛の群れ）から派生した baccalarius（農場の奉公人）が語源だとする説である．これはヨーロッパの封建時代に banneret（自分の旗の下に一隊の臣下を従えて出陣できた騎士）から知行を受け，その騎士に忠誠を誓う領臣を意味する言葉であった．その従者 vassal（臣下，領臣，奴僕）もサンスクリット語 vasa と同根語ではないかと考えられる．bachelor の語源説としてはこの説が最も有力である．
　なお，vaccinate（種痘をする，ワクチン注射を打つ）は，1798年に種痘法の発明者ジェンナー（Edward Jenner, 1749-1823）が，ラテン語 vacca（雌牛）の形容詞 vaccinus から variolae vaccinae（牛痘）という言葉を造ったが，これが vaccine（痘苗，ワクチン）と英語化され，翌年に動詞として派生したものである．
　bachelor の語源説の第二は，騎士に率いられた一隊を古フランス語で bas chevaliers（下級武士）と呼んだが，訛って bacheliers となり，それが英語に借入されたとするものである．また彼らがいったん戦場で戦うと battalarius（剣戟（けんげき）経験者）という称号が与えられ，それが訛って後期ラテン語 baccalarius となったとする第三の説がある．
　なお，baccalaureate（学士〔bachelor〕の称号，卒業式訓辞）の語源は，後期ラテン語 baccalaureus であり，それは学問における月桂樹の果粒〔栄誉の真珠〕（bacca laureus）の受領者のことであっ

た。しかしこの baccalaureus はすでに存在していた上記の後期ラテン語 baccalarius（領臣，剣戟経験者）にならって造語された可能性が高い。
　bachelor の語源説の第四は，ウェールズ語の gwas（少年）から派生した bacher（騎士の下僕，若者）が語源であるとするものである。古フランス語 bachelette（若い女性）もこのウェールズ語から派生した。騎士に仕える若い従僕が独身だったということは当然考え得ることである。
　さらに第五は，アイルランド語 bachlarch（小作人，羊飼い）が語源であるとする。この言葉はアイルランド語 bachall（棒，杖）から派生したことから「棒を持った男」という意味でもあり，ラテン語 baculum（棒）と同族語である。〈bacteria 参照〉

bacillus [bəsíləs] バチルス，桿菌，細菌
　→ bacteria

bacteria [bæktíəriə] バクテリア，細菌，ばい菌
　bacteria がドイツの博物学者エレンベルク（C. G. Ehrenberg, 1795-1876）によって1874年ごろ初めて観察された時，顕微鏡ではまるで小さな棒あるいは小枝のように見えた。そこで彼は学問用語らしくギリシア語 baktron（棒）の指小形 bakterion をラテン語化して，bacterium と呼んだ。bacteria はその複数形である。
　bacillus（バチルス，桿菌）は1883年ごろに発見された新たな植物性細菌で，bacteria よりやや大きかったことから，後期ラテン語 baculus（細いまっすぐな棒）から派生した後期ラテン語 bacillus をそのまま借用して名づけられた。複数形 bacilli は俗用としては bacteria と同じ意味である。
　baculine（むち打ちの刑の）はラテン語 baculum（棒，杖）が語源で，棒による罰を表す言葉である。このような刑罰は今日ではまれとなり，廃語となっている。
〈imbecile 参照〉

badge [bædʒ] 記章，象徴；記章をつける
　badge の語源は，ラテン語 bacca（鎖の輪）から派生した後期ラテン語 bagea，baga（輪――フランス語 bague〔指輪〕――）であるとも，アングロサクソン語 beagh（冠，小環）であるとも考えられて

いる。そこでこの語は，奴隷であることを示すしるしを指すとも，高い名誉のしるしを指すとも考えられた。

badger [bǽdʒər] アナグマ，アナグマの毛皮；困らせる
　Utopia：『ユートピア』（1516年）の著者トマス・モア（Sir Thomas More, 1478-1535）はアナグマのことを bageard と呼んでいる。これは badge（紋章）と接尾辞 -ard からなるので，アナグマの額の白斑を badge（紋章）と見立てたものと考えられる。しかし，この呼び名は近代英語になって初めて現れており，古くから brock とか bawson として知られていたアナグマのニックネームと言うべきものである。badger はまた中英語 badger（コーンを扱う商人）が語源ではないかと考えられている。すなわち，ab（…から離れた）と動詞 ferre, tuli, lat-（運ぶ――印欧語根 tal-〔打ち上げる〕が古ラテン語 tlao, tlatus を経て古典ラテン語 ferre の過去分詞形として生き残った――）とからなるラテン語 abferre（運び去る）の過去分詞 ablatus が，畑から運び去られたコーンを意味した。この語が abladum（コーン），後期ラテン語 bladum（コーン）へと変化し，ここから bladger（コーンを扱う者）が派生し，中英語に借入されたと推測される。アナグマの習性がこの商人とそっくりであるとされていたところから，この動物の名前となった。ちなみにフランス語でアナグマは blaireau であるが，これも blé（小麦，コーン）から派生した。
　blade（葉，葉のようになった刀の平たい部分）は上記の後期ラテン語 bladum（コーン）と語形は似ているが，同語源ではない。こちらの語源はアングロサクソン語 blaed（葉）であり，古高地ドイツ語 blat（平たい：*flat*），ゲルマン語根 blo-（花が咲く〔*blow*〕，花〔*blossom*〕），印欧語根 bhel-（ふくらむ，咲く）へとさかのぼる。flower（花）や flourish（繁茂する，栄える）はラテン語 florere（花が開く）が語源であり，やはり同じ印欧語根に由来する。
　badger（アナグマ）はどこでも困り者である。ミシガン湖に面するウィスコンシン州のニックネームは the Badger State である。同州ではアナグマを樽の中に入れ

て犬をけしかける娯楽が生まれ、動詞としての badger（《アナグマを》犬で攻める、しつこくいじめ悩ます）や、badger-game（女をおとりに金をゆすり取ること）などの表現が生まれた。

　badger は今も地方によっては「穀物商人」とか「食品行商人」という意味に使われている。

bag [bǽg] 袋；ふくらむ、袋状にふくらます
　→ baggage

bagatelle [bæ̀gətél] つまらないもの、バガテル《ピアノの小曲、または玉突きの一種》
　→ baggage

baggage [bǽgidʒ] 手荷物、携帯装備、おてんば娘

　bag（袋、旅行かばん）は古北欧語 baggi（袋）から中英語 bagge を経た言葉であるとする説がある。しかし、この言葉は他のゲルマン語にはあまり見られない。

　したがって baggage（手荷物）はむしろ、ラテン語 impedimenta（荷物）に代わって使われるようになった後期ラテン語 baga（束）から、古フランス語 baguer（まとめて結ぶ）、bagues（束）、bagage（《運ぶために括られた》荷物、手荷物）を経て英語に借入されたと考えられる。

　英語 impedimenta（荷物《特に軍隊の移動時の物資》）は上記ラテン語から直接借入された言葉で、軍隊における持ち運び可能な装備のことである。impede（《運動・行進などを》妨げる）や impediment（障害、障害物）と同じく、in（中に、上に）の同化形 im- と ped-（足）からなるラテン語 impedire, impedit-（妨げる、邪魔する）から派生した。手荷物が行軍に際して大きな障害になったところからこのような言葉が生まれたのである。〈pedagogue 参照〉

　bagatelle（つまらない物、些細なこと）の原義は「小さい袋」である。baggage 自体、かつては「つまらない包み」という意味に使われたことがあり、さらに意味が低下して「くず」という意味に使われたこともあった。この意味を表すフランス語は bagasse で「安っぽい女」、特に野営軍隊についていく「売春婦」を指した。このフランス語はエリザベス朝の英語に影響を与え、当時 saucy *baggage* と言えば、「小生意気なばか娘」という意味だった。やがてこの baggage は悪い意味を次第になくし、「快活な娘」とか「旅行用具」の意味に用いられるようになる。ただし、シェイクスピアは *As You Like It*：『お気に召すまま』（III, ii, 70）などで baggage を使い、with *bag* and *baggage* という言い方をしているが、「武器その他一切をひっからげて」という意味である。彼の頭には旅行かばんに女連れといった考えはなかった。

bail [béil] 保釈金、保釈人、バケツ

　この語の語源であるラテン語 baiulare は、「荷物を担いで運ぶ」から「《子供の》世話をする」という意味に使われた。これが古フランス語 bailler（保護下に置く）を経て13世紀に英語に借入され bail となった。初めは、ある人物をいつでも指定された時と場所に出頭させるという保証を与えてくれる親しい人の保護監督の下に置くことを意味した。

　そこで保釈金（bail）を納める人物は、ラテン語 baiulus（荷物運搬者、支払いの重荷を背負う男）やギリシア語 baioulos（ポーター、トレーナー、小さな子供を運ぶ乳母——baios〔小さい〕——）になぞらえられる。英語としての bajulus は、同じような歴史を持つ pedagogue（《規律にうるさい》先生）〈同項参照〉の代わりに使われることがある。例えば the Grand *Bajulus* of the Greek Court（ギリシア宮廷の大家庭教師）というような場合である。〈villain 参照〉

　bail（《船から》水をかい出す）は17世紀に使われ始めた。しかし、名詞としての bail（《水をかい出すための》バケツ、ひしゃく）はそれよりも150年も前にすでに使われていた。これはラテン語 baca（飼い葉桶）の後期ラテン語における指小形 bacula からフランス語 baille（手桶、バケツ——ちなみに bailler は「あくびをする」という意味——）を経て英語に借入された。なお今日も造り酒屋の酒桶は bac あるいは back と呼ばれている。

bailiff [béilif] 執行吏、廷吏、土地管理人
　→ villain

bailiwick [béiliwìk] 土地管理人（bailiff）の管轄区域、得意の領域、縄張り
　→ villain

bait [béit] えさ；《釣り針・罠に》えさをつける

　bait は動詞として，人を悩ませたりいじめるために，犬ややくざ者を「けしかける」という意味とともに，to *bait* a horse（馬にまぐさをやる）のように「えさをやる」，さらに名詞として「えさ」，釣りにおける「ルアー，擬似餌」などの意味に使うことができる。これらの意味は，bite（かむ）の語源である古北欧語 bita（かむ）の原因動詞形 beita（かませる）と，女性名詞形 beita（えさ）の二つのルートを経て英語に借入されたために生じた。

　abet（扇動する，教唆する）は，ad（…へ）と，上記の古北欧語 beita から派生した古フランス語 beter とからなる古フランス語 abeter（刺激する）が語源である。to aid and *abet*（犯行を現場で幇助（ほうじょ）する）は，without let or hindrance（【法律】なんの障害もなく）と同じように対句表現である。

baize [béiz] ベーズ《フェルトに似た柔らかい毛織地》；ベーズを張る
　→ bay

bake [béik] 焼く，焼ける；パン焼き
　→ ache

bakelite [béikəlàit] ベークライト《合成樹脂》
　→ Appendix VI

balaam [béiləm] バラム《メソポタミアの占い師》，当てにならない預言者，埋め草

　旧約聖書の『民数記』（22：22-30）によると，メソポタミア生まれの予言者バラム（Balaam）はモアブ人の王に招かれてイスラエルを呪いに出かけたが，乗っていたロバに人間の声で戒められた。

　新聞社の編集室では，このような変わった出来事の記事を溜めておき，コラムの終わりに余白ができた時などに使うが，こうした「埋め草」をこの故事から balaam と呼んでいる。*balaam* box は，初めはそのような「埋め草を入れておく箱」，後に「屑かご」を意味するようになった。

bald [bɔ́:ld] はげた，味気ない；はげる
　→ pie

bale [béil] 災い
　→ bonfire

balk [bɔ́:k] たじろいで急に止まる，挫折させる；妨害
　→ bulk

ball [bɔ́:l] ボール，球，大舞踏会
　→ ballot

balloon [bəlú:n] 気球；ふくれる，ふくらませる
　→ blimp

ballot [bǽlət] 無記名投票，投票用紙；投票で決める

　この語は，イタリア語 balla（ボール：*ball*）の指小形 ballotta（小さなボール，小球：*bullet*）から借入された。後期ラテン語 bala, balla（球）を経てギリシア語 ballein（投げる）〈devil 参照〉にさかのぼるとする語源説があり，それは壺などに白あるいは黒の小さな玉を投げ入れる昔の秘密投票の方法を指した。今日でも何かを拒否すること，特にある人の入会を拒否することを blackball（反対票を投じる：〔原義〕黒玉）と言う。

　bullet（小球，弾丸）はフランス語 boule（球），その指小形 boulette を経て借入されたものである。なお，「舞踏会」の ball は，ラテン語 ballare（踊る）からギリシア語 ballein（投げる）〈devil 参照〉にさかのぼる。

　一方，投げ入れる ballot とは反対の方法を示す言葉が lottery（富くじ，宝くじ）である。ラテン語 sors（運命，くじ棒，神託，割当）が翻訳されてアングロサクソン語 hlot（割当），そして英語 lot（くじ，運命，分け前）となった。これがロマンス語に逆輸入されてフランス語 lot やイタリア語 lotto（英語ではビンゴに似た数合わせの子供向けのゲームの名前）となり，イタリア語 lotteria（宝くじ）を経て再び英語に借入され lottery となった。

　「くじを引く」はアングロサクソン語では，weorpan hlot であり，この weorpan（投げる）は warp（《木材や板など真っすぐな物を》たわませる）の語源である。名詞としての warp（そり，歪み）は元来は機織りで，横糸（weft, woof）に対して十字に横切っている縦糸のことで，織物（web）を織り上げていくと縦糸にそりやねじれ，歪みが生じることから warped は「歪められた，歪んだ」の意味になったのである。なお web（織物，クモの巣）と weave（織る）との関係は，アングロサクソン語 webb（織られた布）と wefan（織

る）との関係と同じであり，同語源である。

くじ引きと言えば，draft（徴兵）を連想するが，この語は draught（引くこと）の変形であり，語源はアングロサクソン語 dragan（引く）である。第二次世界大戦中の徴兵で，米国陸軍の徴兵番号の抽選（drawing）は balloting 形式，すなわち小さな球（ball）を使って行われた。ballots（無記名投票）と bullets（弾丸）は民主主義を守るための正反対の手段であるが，語源的には極めて親密な言葉である。

ballyhoo [bǽlihùː] 騒々しい低俗な宣伝，ばか騒ぎ；騒々しく宣伝する

1885年ごろ英国で，ののしりの言葉 Bloody!（べらぼうめ）に代わる婉曲語として，bally（とんでもない）が用いられるようになった〈goodbye 参照〉。また当時，"the whole bloody truth"（まったくもって本当さ）をアイルランド風にもじった "bloodyhooly truth" をリフレインに使った歌がミュージック・ホールなどではやっていた。ballyhoo（誇大宣伝）はこれらの二つの出来事に影響されて生まれたと考えられている。この語はまた，アイルランドの南部コーク州の村 Ballyhooly（バリーフーリー）に由来するとも考えられている。この近くにあるブラーニー城（Blarney Castle）の屋上から身を乗り出して，魔法の石ブラーニー石（Blarney Stone）にキッスをした者はだれでも甘言によって相手を説得することがとても上手になるとされ，アイルランド人はお世辞（blarney）が上手であるとの評判が高かった。そこで ballyhoo は，ここの評判にちなんで，見世物の客引きの口上を意味する言葉として使われ出したというのである。

baluster [bǽləstər] バラスター《手すりや欄干を支える柱》
　→ banister

balustrade [bǽləstrèid]《階段などの》手すり，欄干
　→ banister

ban [bǽn] 禁止令，破門；禁止する

この語の語根 ba- は，「言う」を意味するギリシア語の語根 pha- やラテン語の語根 fa- と同族語で，領主による布告，特に布告による領臣たちの兵役召集を意味した。フランス語 ban は兵役に召集される「兵役合格者」という意味でも使われる。ところが，領臣たちは兵役にいつも喜んで服したわけではなかったことから，ban は不服従者に対する「刑罰」を意味するようになったのである。

ban から派生した banish（追放する——フランス語 bannir, banniss-——）は「追放を宣言する」という意味であった。この語からイタリア語 bandito を経て bandit（強盗）が派生した。

また ban（禁止令）は，すべての領民に適用されるところから「だれにも共通な」という意味で，形容詞 banal（平凡な，陳腐な）が派生した。banal は19世紀ごろまでは bannal と綴られ，bannal mill とは，すべての農奴がそこで粉を引くことを義務づけられていた領主の水車場のことであった。なお，ban の原義「布告」を，marriage *banns*（結婚公告《結婚に先立って牧師が予告して，会衆に異議の有無を尋ねる儀式》）という表現は残している。

abandon（捨てる，見捨てる）はフランス語 mettre à bandon（他人の管理下に置く，あきらめる）の短縮形から英語に借入された。

contraband（不正取引，密輸）はスペイン語 contrabando（禁制品）から借入された言葉である。ban がまだ布告とか法令という意味に使われていたころに，ラテン語 contra（…に対して）との合成によって派生したイタリア語の形容詞 contrabando が，後に名詞として使われるようになった。

これらの他にペルシア語 ban（領主）から借入され，東欧諸国のうちハンガリー，スロヴェニア，クロアチアの地域の「総督」ないし「副王」を指す ban がある。

banal [bənǽl] 平凡な，ありふれた，つまらない
　→ ban

banana [bənǽnə] バナナ，バナナ色
　→ peach

band [bǽnd] ひも，一隊；縛る
　→ neighbor

bandit [bǽndit] 盗賊，追いはぎ
　→ ban

banish [bǽniʃ] 追放する，追い払う，払いのける
→ ban

bang [bǽŋ] ドシンとたたく；衝撃音；ごう音を伴って
→ bhang

banister [bǽnəstər]【建築】手すり子《手すりや欄干の支柱》，階段手すり

banister は baluster（欄干を支える小柱）から転訛したもので，人が落ちるのを防ぐという機能を持つことから，古英語 ban（止める，禁止する）の影響を受けて派生した言葉である。

baluster は曲折のある歴史を持ち，一般には，欄干（balustrade）と手すりの間の小さな柱がザクロの花に似ているところから生まれたとされている。語源はギリシア語 balaustion（ザクロの花）である。

しかし，次のような語源説もある。すなわち，中世のガレー船で射手のために，柱を挟んで開いている舷窓の列は後期ラテン語で balistraiae と呼ばれた。それがイタリア語 balesteriera（《石弓を射るための》城壁の狭間）となった。これは balla（ボール，弾丸）から派生した可能性があり，baluster の語形に影響を与えたことは疑いがない。手すり（banister）を滑り下りる時などにはこれを思い出してほしいものである。

banjo [bǽndʒou] バンジョー
→ pan

bank [bǽŋk] 土手，銀行；堤防を築く，銀行に預ける

この語は，よく似た語形の同系語が北と南から英語に入って来て一つになったと考えられる。すなわち，北はアングロサクソン語 benc（棚）から変化した中英語 banke（堤）で，南は後期ラテン語 bancus（長いす）から古フランス語 banc（ベンチ）を経て借入された中英語 baunk（ベンチ）である。原義は棚のような「平たい物」であった。それが土地に適用されて川の bank（土手）となり，embankment（築堤，堤防）が派生した。そして大工仕事に適用されて bench（ベンチ）となった。

ところで，イタリア北部のロンバルディア地方の両替商は，仕事をしていた聖堂から追い出されて，その前のベンチ（bench）に座って外貨を扱った。このことから bank は金を扱う場所，「銀行」を意味するようになった。

bankrupt（破産者）は，イタリア語 banca rotta（壊されたベンチ）からフランス語 banqueroutte（破産，倒産）を経て英語に借入された。無法者によるか，他の理由で両替屋のベンチが壊されて支払い不能に陥ることに由来する。bankrupt の -rupt の -p- は，語源であるラテン語 rumpere, rupt-（壊す）〈discuss 参照〉にならって復活した。このラテン語から派生した英語には rupture（破裂，断絶），rumpus（騒音，激論），interrupt（割り込む，中断する――inter- はラテン語 inter〔…の間〕が語源――），eruption（噴火，噴出――e- はラテン語 ex〔外へ〕の結合形 e-――），corruption（堕落，腐敗――cor- はラテン語 com〔一緒に〕の同化形 cor-――）などがある。corruption は本来は宗教用語として使われた。ラテン語 rumpere, rupt-（壊す，破裂する）の起源は擬音語で，英語の擬音語 rumble（ゴロゴロと鳴る）と同根語である。このラテン語の過去分詞 rupt- は，破壊が完了したことをその音でよく捕らえている。

banquet（宴会）は，後期ラテン語 bancus（ベンチ）からイタリア語の指小形 banchetta（小さなベンチ）が派生し，フランス語 banquette（宴会）を経て英語に借入された。宴会の時に小さなベンチが並べられたことからこのように呼ばれるようになった。

bantling（小僧，青二才）は，ドイツ語 Bank（ベンチ）から Bankling（私生児）〈coward 参照〉を経て借入された言葉で，原義は「ベンチで生まれた子」である。

banter（ひやかし；からかう）は，そのようなことになる前にベンチで女といちゃつく様子を表した言葉ではないかと考えられる。

mountebank（《大道の壇上で手品や口上を使って薬を売りつける》インチキ薬売り，にせ医者）は，イタリア語 monta in banco（ベンチに上がれ：mount on bench）が融音してできた montambanco から借入された。〈somersault 参照〉

bankrupt [bǽŋkrʌpt] 破産者；破産し

た；破産させる
→ bank

banns [bǽnz] 結婚予告《教会で結婚の予告を公示して異議の有無を問う儀式》
→ ban

banquet [bǽŋkwət] 宴会；宴会を開いてもてなす，宴会に出る
→ bank

banshee [bǽnʃi:]【アイルランド・スコットランド民話】バンシー《家族に死人が出る時，泣いて予告する女の妖精》

　当然ではあるが，印欧語族の言語には「女：woman」〈同項参照〉を表す言葉が広く分布している。例えば，古高地ドイツ語 quena，ゴート語 qino，ギリシア語 gyne，古アイルランド語 ben，ゲール語 bean，アングロサクソン語 cwene などである。quean（《古語》あばずれ女，売春婦）はアングロサクソン語 cwene が語源である。よく似たアングロサクソン語 cwēn（妻）は，queen（女王）という高貴な身分を表す言葉の語源である。

　ギリシア語 gyne（女）から，gynecology（婦人科学，婦人科医学），あるいは androgynous（雌雄同種の，男女両性具有の）の -gynous〈sarcophagus 参照〉などが派生した。banshee（バンシー）はアイルランド語 bean sidhe（女の妖精）を発音通りに綴ったものである。

banter [bǽntər] 冗談，ひやかし；ひやかす
→ bank

bantling [bǽntliŋ] 小僧，青二才
→ bank

baptize [bǽptàiz] 洗礼を施す，清浄にする
→ anacampserote, Whitsunday

barbarian [bɑːrbɛ́əriən] 野蛮人，異邦人；野蛮な

　この語は，ラテン語 barbatus（ひげをはやした）が語源で，ひげを剃らないやぼな田舎者を指す軽蔑的呼び名に由来するとの説が考えられる。ただし，ローマの保守派の政治家カトー（Marcus Porcius Cato, 234-149?B.C.）は，ひげを剃るローマの慣習は異国的であり，女々しいこととして攻撃した。アレキサンダー大王（Alexander the Great, 在位 336-323B.C.）は，ひげをつかまれて敵に捕われることのないようにギリシア兵にひげを剃らせたと言われている。

　しかしこの語は，外国人がわからぬ言葉で "bar-bar" としゃべるのをまねて造った蔑称で，ギリシア語 barbaroi（ギリシア人以外の人々）が語源であるとする説が有力である。同じことが Hottentot（ホッテントット族）や Tartar（タタール人）〈tatterdemalion 参照〉についても言える。これらの言葉は，征服された土着民が征服者の言葉を学ぶ際に，躊躇したり吃音になったりするその音や様子をまねたのが起源であると考えられる。barbarism（野蛮，蛮行，破格な言葉遣い）は，外国人にありがちな言葉の誤用や洗練されない話し方を指す。

　同語源の barbary（〔原義〕蛮人の地）は，中世には「異教世界」という意味であった。そこでエジプトの西から大西洋岸に至る北アフリカの海岸地方がバーバリー沿岸（the *Barbary* Coast）と呼ばれた。ただしこの Barbary は，アラビア語 Berber（ベルベル人《エジプト以西および以南の土着民》）の影響も受けており，さらにさかのぼれば，フェニキア人がその地方を指した呼び名であったと考えられる。

barbarism [bɑ́ːrbərìzm] 野蛮，蛮行，破格の言葉遣い
→ barbarian

barbecue [bɑ́ːrbikjù:] 丸焼き，バーベキュー；バーベキューにする

　野外の楽しい祝宴や，また動詞としてそこで料理の仕方を表すこの語の起源は，ネイティブ・アメリカンにある。すなわちこの語は，垂直に立てた2本の支柱の間に肉を焼くために動物を突き刺して渡した棒のことであった。スペイン人がこれをハイチで見つけ barbacoa と呼び，これが英語に借入され barbecue となったのである。フランス人はギアナで同じ物を見つけ babracot と綴った。

　バーベキューでは動物を丸ごと燻製にしたり，焼くことが多いことから，フランス人の中には，洒落っ気たっぷりに，この言葉を barbe à queue（ひげからしっぽまで）が語源であると考える人がいた。しかし，これは語呂合わせで，もちろんキュー違いである。

　ちなみに，cue が「おさげ」やビリヤ

ドの玉を突く「突き棒，キュー」を指す場合は，フランス語 queue（しっぽ）からラテン語 cauda（尾——caudal〔尾部の〕の語源——）にさかのぼる。〈bible, cue 参照〉

bargain [bá:ァɡən] 契約；契約する，交渉して決める

この語は，形の上では bar（売り場）と gain（お得）の二要素から合成されているように見えるが，そうではない。後期ラテン語 barcaniare（口うるさく値切る）が語源であり，それはさらに後期ラテン語 barca（小舟，商品）から派生したとする語源説がある。すなわち bargain の原義は，小型船（*bark*）や大型船で遠くの国々から自分の家の戸口まで持って来られた商品を指していたと考えられる。

barium [béəriəm] バリウム《金属元素》，《X 線造影用の》硫酸バリウム
→ element

bark [bá:ァk] バーク船，木の皮，吠え声
→ embargo

「樹皮」の bark は，birch（カバの木）と同系語で，アングロサクソン語 birce, beorc（樺の木）にさかのぼる可能性が高い。

「《犬やキツネなどの》吠え声」の bark は，古北欧語 barki（気管，のど笛）と同語源であるが，その突然の叫び声との連想で古英語 brecan（破る：*break*）の影響を受けた可能性が高い。

barley [bá:ァli] 大麦

この語は，ゲルマン語 bara（パン）と llys（植物）からなる言葉ではないかと考えられている。しかし，語尾についてはもっと頻繁に使われていたアングロサクソン語 lic（…のような：*like*）である可能性がある。元は *barely*corn（大麦の粒）のように用いられる形容詞であるが，ラテン語 far（小麦の一種，パン）と同族語である。上記のゲルマン語 bara からアングロサクソン語 bara-ern（大麦倉庫：*barley*-place）が造られ，さらに berern, bern と変化し，近代英語 barn（納屋）となる。beer（ビール）の語源であるアングロサクソン語 beor も同語源の可能性が考えられる。

corned beef（コーンビーフ）のように使う動詞 corn は，肉を大きな粒，すなわ

ち穀物の粒（*corn* kernels）状にし，「塩漬けにして保存する」ことである。

jerked beef（干し肉）の jerk（《牛肉を》干し肉にする）は，南アメリカの土着民が使っていた charqui（細長い片状に乾かした）がスペイン語を経てアメリカ英語に借入された。yerk（強くたたく）の変形 jerk（ぐいと動かす〔引く，押す，突く〕）とは関係がない。最初 *jerkin* beef と呼ばれ，まるで革製品であるかのような印象を与えた。ちなみに jerkin とは16-17世紀の男性用の短い皮製の上着である。

ところで corn（穀物，《英》麦，小麦，《米・加・豪》トウモロコシ）は，印欧語根 ger-, gr-（擦り減らす）から印欧語 grnom, 原始ゲルマン語 kurnom（粒：*grain*, 穀物：*corn*）を経て，古英語 corn となった。その原義は「擦りつぶされた粒」，例えば「砂の粒」である。ちなみに corn と grain は同族語で，後者はラテン語 granum（穀粒）からフランス語を経て借入された。

口語 corny（古くさい，感傷的な，うぶな）は，米国のコーンベルト地帯から出て来たうぶな田舎者の青二才に由来する可能性が考えられる。しかし，オクラホマ出のバートン・ラスコー（Burton Rascoe, 1892-1957）は，この言葉は少なくともイタリア語 carne（肉）から安物の肉という意味の影響を受けたものであると述べている。

barn [bá:ァn] 納屋，物置き
→ barley

barnacle [bá:nəkl] 馬の鼻ばさみ，メガネ，カオジロガン，フジツボ，ダニのように付きまとう人

barnacle には二つの異なった言葉が隠れている。後期ラテン語に男性名詞 bernac（くつわ）と女性名詞 bernaca（鳥）があり，それらの指小辞が中英語 bernacle，ついで barnacle となったこと以外，同形異語となる中世以前のことについては，双方とも不明である。

(1) 上記男性名詞からの barnacle は，「くつわ」ないしは，特に蹄鉄を打つ時などに，反抗的な馬の鼻を挟んで抑える「鼻ばさみ」のことであった。ただ，拷問に使う同じような道具があり，それはサラセン人の拷問方法に由来し，ペルシア語

baran-dan（締めつける）にさかのぼるとする推理もある。

同じ語源からもっと穏やかな成長をとげたものに barnacles（メガネ）がある。フランス語 pince-nez（鼻メガネ——文字通りには pinch-nose〔鼻ばさみ〕——）から借入された pince-nez（鼻メガネ）の別名として使われるようにもなり，口語的にメガネ一般を意味する言葉となったのである。

(2) barnacle（カオジロガン：*barnacle* goose）は，後期ラテン語の上記女性名詞 bernaca から派生した。この言葉の語源については語源学者が，まるで野性のガンを追うように懸命に追いかけ，次のようなことを発見した。すなわち浜辺の丸太や船の底に付着する貝フジツボ（barnacle）は，取っても取っても排除することができない厄介なしろものである。そこで barnacle は「《人に》ダニのように付きまとう人，旧弊，旧習」という意味にも使われるようになった。

さて，barnacle が「カオジロガン」という意味に使われるようになるのは，フジツボがその殻から長い羽毛状の付属肢を勢いよく出すので，中世はもちろんそれ以後も，フジツボが水鳥を生むと信じられていて，そこで barnacle はカオジロガンを意味するようになった。英国のイエズス会士で殉教者カンピオン（Edmund Campion, 1540-81）は，死後に出版された *History of Ireland*：『アイルランドの歴史』（1633年）の中で，また16世紀に伊英辞典を編纂したイタリア系イギリス人フローリオ（John Florio, 1553-1625?）もそのことに触れている。

barnacle（カオジロガン）について，19世紀に活躍した熱心な語源学者であったミュラー（Max Muller, 1823-1900）が，後期ラテン語の指小形 bernacula は perna（貝）の指小形 pernacula の変形であり，これがまた barnacle goose が見つかったヒベルニア（Hibernia《アイルランドの古名》）から名づけられた hibernicula（カオジロガンの子）と混同され，また結合されて形成されたと言っている。どうやらアイルランドが入ると話はややこしくなるようである。

barnard [bá:ɾnɑ:ɾd] バーナード，詐欺風のおとり，サクラ

この語は今日では，ニューヨークにあるコロンビア大学の姉妹校で女子教育の名門バーナード・カレッジ（Barnard College）のように固有名詞として残っているに過ぎない。が，かつては地下組織の重要な人物，すなわち，おとりの役（decoy）〈同項参照〉の別名であった。

barnard は bernard とも綴り，これは，ケルト語 brann（《穀類の》ふすま，ふすま飼料：*bran*）が語源の英語 berner（猟犬の飼い主，猟師）と，軽蔑を表す接尾辞 -ard〈coward 参照〉からなる言葉である。berner は，獲物が通ると思われる道に獲物を追い出すのとは別の犬を従えて待ち伏せする狩人のことで，そこからギャングが悪事を働くために使う待ち伏せ要員という意味にも使われていた。劇作家としてロンドンの暗黒面を描き，詐欺（cozenage）の手口にもよく通じていたグリーン（Robert Greene, 1558-92）は，詐欺団には誘いこみ役（taker up），信じ込ませ役（verser），サクラ（barnard），そして，逃がし役（rutter）が必要であると言っている。

ところで cozen（だます，欺く）は，イタリア語 cozzonare（馬の売買をする，馬の調教をする）が語源であり，語源学者フローリオ（John Florio, 1553?-1625?）は，これが「悪賢い下男のように振る舞う」という意味になったと言う。jockey が，「馬商人」「競馬騎手」「だます」と意味が移るのを見ると，この仕事の性格は今も昔もあまり変わっていないようである。ちなみに jockey は，Jack のスコットランド綴り Jock の指小形であり，田舎の若者という意味であった。〈jackanapes 参照〉

barnstormer [bá:ɾnstɔ:ɾməɾ]《米》旅回りの役者，曲芸飛行家，地方遊説者

19世紀の後半にはどさ回りの劇団が多く生まれ，その人気が高く，一般の劇場ではまかなえなくなった。そこで英国やアメリカでは大農園の大きな納屋（barn）が芝居小屋として使われた。少し時代が下ると夏の期間だけ郊外や行楽地などで上演する夏期劇場が盛んになり，また納屋の利用が復活した。それらの納屋には恒久的に使えるように改装した例が多かった。barnstormer は，このような納屋を改装した劇

場を使う旅回りの役者を指した。
　第一次世界大戦後にこの語は、平坦な牧草地の近くの納屋を借りて、観光客を空へと案内する飛行士という意味でも使われた。

baron [bǽrən] 男爵，直臣，大実業家
　この語は，後期ラテン語 baro（男）から借入されたが，その起源は不明である。それが「王の家来」「直臣」「王政庁大会議」，後に議会に召集された「大貴族」，そして「領主，貴族」を意味するようになった。
　baronet（准男爵《baron の下，knight の上であるが，貴族ではない》）は baron の指小語であり，原義は「若い男爵，位の低い男爵」である。元来彼らは，エドワード 3 世（Edward III，在位 1327-77）によって貴族院（the House of Lords）に召集された郷紳，すなわち，貴族の次男以下の子弟であった。フィールデング（Henry Fielding, 1707-54）は baronet を a baron of beef（《背骨のところで切り離さない》両側の腰肉）という意味に使っている。〈sirloin 参照〉

barricade [bǽrəkèid] 妨害するもの，バリケード；バリケードを築く
　→ embargo

bartlett [báːrtlət] バートレット種の洋梨
　→ Appendix VI

base [béis] 土台；基礎を置く；卑しい
　→ bazooka

baseball [béisbɔ̀ːl] 野球，野球用のボール
　→ bazooka
　baseball は，15世紀ごろの prisoners'-base（陣取りに似た子供のゲーム）から引き継がれたと考えられている。このゲームは，元は prisoners'-bars と呼ばれていたが，不注意な発音から -r- が脱落し -base となった。bass（【魚類】バス）も同様に，元は barse で，アングロサクソン語 baers（スズキ類パーチ科）が語源である。
　なお bass（バス，最低音部）は，イタリア語 basso（低い；卑しい〔*base*〕）の借入である。

bashful [bǽʃfl] 内気な，恥ずかしがり屋の，はにかんだ
　→ abeyance

basil [bǽzl] メボウキ，バジル《シソ科の一年草，葉は香辛料》
　→ bazooka, church

basilica [bəsílikə] バシリカ，バシリカ風の教会堂，バシリカ聖堂
　→ bazooka, church

basilisk [bǽsəlìsk] バシリスク《ひと息またはひとにらみで人を殺したとされるニワトリとヘビを合わせた伝説の動物》，セビトカゲ
　→ bazooka, church

basin [béisn] 水鉢，溜め池，盆地
　→ basinet

basinet, basnet, bassinet, bassinette
[bǽsənət] バシネット《14-15世紀の鉄かぶとの一種》，幌付き揺りかご
　今日では赤ん坊が泣き止まない時以外，平和の象徴とも言える bassinet（bassinette：幌付き揺りかご）は，好戦的な先祖を持っている。すなわち，古フランス語 bassinet は「ヘルメット」（basinet〔バシネット〕はこの借入）で，古フランス語 bassin（たらい，鉢）の指小形である。これがフランス語 berceau（揺りかご）の指小形 bercelonnette と混合し，訛って bassinette となり英語に借入されたのである。このフランス語 berceau は，フランス語 bercer（揺する：〔原義〕破城槌のように揺する）を経て，ラテン語 berbex，さらに元の vervex（破城槌）にさかのぼる。赤ん坊を揺りかごで揺らしながらねんねさせる（rockabye baby）のはいいが，自分の頭を壁にぶつけないように気をつけなければならない。
　赤ん坊の揺りかごはヘルメットから，ヘルメットはおわんから！ところで basin（水鉢，洗面器）そのものは，古フランス語 bacin（水入れ）を経て後期ラテン語 bacchinum（鉢），さらにラテン語 bacca, baca（《イチゴなどの》ベリー，《トマトなどの》液果，丸い果実）にさかのぼると考えられる。言葉は形を受け継ぐものである。

basis [béisis] 基礎，基本原理，主成分
　→ bazooka

bas-relief [bɑ̀ːrilíːf] 浅浮き彫り，その作品
　→ bazooka

bass [béis] バス《楽譜・楽器の最低音部》；[bǽs]【魚】バス，シュロ皮
　→ bazooka

bassinet, bassinette [bǽsinét] 幌付き揺りかご
　→ basinet
bassoon [bæsúːn] バスーン，ファゴット，バスーン奏者
　→ bazooka
bastard [bǽstərd] 私生児，にせ物；庶子の
　→ coward
baste [béist]《あぶりながら〔肉に〕》肉汁をかける，仮縫いする，強打する
　→ bazooka
bastille [bæstíːl]【フランス史】バスチーユ監獄，牢獄；牢獄に入れる
　→ bazooka
bastinado [bæstənéidou] こん棒，足の裏をむちで打つこと
　→ bazooka
bastion [bǽstʃən] 稜堡(りょう)，要塞，かなめ
　→ bazooka
bat [bǽt] バット，コウモリ
　→ bazooka
bate [béit]（古語）減らす
　→ bazooka
baton [bətán] 警棒，指揮棒，バトン
　→ bazooka
batch [bǽtʃ] 1釜分，1度分，1束
　→ ache
bath [bǽθ] 入浴，浴槽
　→ apathy
bathe [béið] 水に浸す，入浴させる；水浴
　→ apathy
bathetic [bəθétik] 頓降法《文体や口調を形式ばった調子からくだけた調子に急に変える表現法》の，陳腐な
　→ apathy
bathos [béiθas] 頓降法，過度の感傷
　→ apathy
bathysphere [bǽθisfìər] バチスフィア《深海用調査潜水球》
　→ apathy
battalion [bətǽljən] 大隊，軍勢，大軍
　→ abate
battle [bǽtl] 戦闘，闘争；戦う
　→ abate
battlement [bǽtlmənt] 銃丸付きの胸壁，胸壁で囲まれた平たい屋根
　→ abate

batter [bǽtər] 乱打する；バッター，打者
　→ abate
Battersea [bǽtərsi] バタシー《ロンドンの旧自治区》
　米国人のエッチング画家で，英国に在住したホィスラー（James McNeill Whistler, 1834-1903）が，テムズ川に架かるバタシー橋（Battersea Bridge）を描いた有名な絵がある。しかし，この橋は「海が打ちつける〔sea batters〕所」ではなく，ある島に通じるものである。この島は，ウエストミンスター寺院として知られる聖ペテロ修道院に隣接することから，Peter's Island（ピーターの島）とか Peter's Eye（ピーターの目）という呼び名で知られていたが，その Peter's Eye が訛って Battersea となったのである。このような，民間語源的転訛の例は数多くある。例えば，The Bag o'Nails という古い居酒屋の名は The Bacchanals（バッカスの信徒）が訛ったものである。
battery [bǽtəri] 電池，砲列，1組の装置
　→ abate
battology [bətálədʒi] 語句の退屈な繰り返し
　→ abate
bavardage [bǽvaːrdáːʒ] おしゃべり，雑談
　この語は，フランス語 bavardage（おしゃべり）から直接に借入された言葉である。ところで，このフランス語は，擬音語 bave（幼児の意味のない片言〔babble〕，そのような片言〔ba-ba-*babble*〕に伴うよだれ）から，古フランス語 baver（よだれを垂らす，片言を言う）を経て成立した動詞 bevarder（おしゃべりをする）から派生しており，遠い関係筋の言葉も多い。よだれを防ぐ bib（よだれ掛け）は，ラテン語 bibere（飲む）から古フランス語 biberon（哺乳びん）を経て英語に借入されたもので，英語 imbibe（《養分・空気などを》吸収する，吸入する）も同語源である。ところで「よだれ掛け」は，古フランス語では baviere で，英語 beaver（《かぶとの》あご当て）の語源である。*Hamlet*：『ハムレット』（I, ii, 230）で，ホレーショがハムレットに，自分の見た前国王に似た亡霊について，"he wore beaver

up"（その亡霊はあご当てを上げていました）と語っている。

bever（《方言》食事の間の軽食）や beverage（《水以外の》飲み物，茶，コーヒー，ミルク，酒など）は，ラテン語 bibere（飲む，酒宴を催す）から後期ラテン語 bibera や biberaticum などの名詞形が生まれ，古フランス語 beivre や buverage を経て英語に借入されたものである。

beaver（ビーバー）は，印欧語地域で最も一般的な動物である。例えば，古英語 befor（ビーバー），原始ゲルマン語 bebru（ビーバー），ラテン語 fiber（ビーバー）などの同族語があり，これらは印欧語根 bher-, bhru-（茶色：*brown*）の頭音重複によって派生した原始印欧語 bhebhru に由来する。したがって，beaver の原義は「茶色い動物」である。

bawl [bɔ́ːl] 大声でどなる，どなる；わめき声
→ brawl

bay [béi] 湾，月桂冠，《雄ジカの角の根元から出る》第2の枝角；鹿毛(鹿)色の

bay には，いくつかの同形異語がある。*bay*-tree（月桂樹），*bay*-rum（ベーラム《医薬・化粧品用香油》），*bay*berry（ヤマモモ）などの bay は，ラテン語 baca（小果実：*berry*）〈basinet 参照〉から古フランス語 baie を経て借入された言葉である。したがって *bay*berry は同義語の重複ということになる。月桂樹の実も bay と言うが，複数形 bays は勝利者に与えられる「月桂冠，栄誉，名声」（the *bays* of the laurel tree）を指す。

bay はまた，*bay*-antler（雄ジカの根元から出る2番目の枝角）〈antler 参照〉の省略語として用いられる。この bay はラテン語 bis（第二の；2度）が古フランス語 bes（第2の）を経て英語に借入されたものである。英語では Encore!（アンコール）と叫ぶのに対してフランス人やイタリア人は今日でも Bis! と言う。

bay horse（鹿毛色の馬）の bay はラテン語 badius（赤褐色）から古フランス語 bai を経て英語に借入された。baize（ベーズ《フェルトに似た，通例緑色の柔らかい毛織地》）は古フランス語 bai の女性複数形 baies が語源である。

bay（湾）は後期ラテン語 baia（海岸線の凹み）が語源である。マサチューセッツ州を the Bay State とも呼ぶ。bay window（張り出し窓，出窓）は，室内から見て外に湾のように張り出しているところから名づけられた。bay（湾）にはまた「開いた口」という意味も重なっている。
〈abeyance 参照〉

bayonet [béiənət] 銃剣；銃剣で突く
→ Appendix VI

bazooka [bəzúːkə] バズーカ《楽器の名》，バズーカ砲，対戦車砲

このロケット発射砲の名前は，楽器バズーカ（bazooka）に似ていることから，1943年に米国陸軍のゼブ・ヘイスティング少佐（Major Zeb Hastings）なる人物によって名づけられた。bazooka は，兵器も楽器も真っすぐな管であり，両端が開いている。私がもらった手紙の中で喜劇役者ボブ・バーンズ（Bob Burns, 1893–1956）は，bazooka は兵器，楽器ともにかなり圧倒的な効果があった，とつけ加えている。

楽器の方は，ボブ・バーンズが1905年にアーカンソー州で，一方が他方にピッタリと入り込むような2本のガス・パイプの切れ端を見つけ，それらを重ねてトロンボーンとして使ったことから発明したものであった。バーンズは，米語で "He blows his *bazoo* too much."（彼はほら吹きだよ）のように使う俗語 bazoo（口，大口，ほら吹き）に，男の子の名前らしくなるように語尾 -ka をつけて自分の楽器の名前とした。ちなみに，kazoo（カズー笛）は特に1880年代にはやった大きな音を発するおもちゃの楽器で，bazoo とも呼ばれた。

しかし，bazooka の名前は古くからある楽器 bassoon（バスーン）に形，音の深さともに比較的よく似ているとの連想が働いている可能性がある。この楽器の名は後期ラテン語 bassus（低い）に増大辞 -one がついたイタリア語 bassone（低い）から借入された。

ところで，base（土台，基底）や basset（バセット犬《背丈の低い猟犬の一種》）も，後期ラテン語 bassus（低い）から派生した言葉である。この後期ラテン語はさらに，英語 basis（基礎，根拠）や base（土台，基底）の語源であるラテン語・ギリシア語 basis（台座，足），そしてギリ

シア語 bainein（歩む）へとさかのぼることができる。base は底にあり，また踏まれる物であることから，baseboard（《壁の基部に回した》幅木），home base（ホーム・ベース，目標点），baseball（野球）〈同項参照〉などの合成語が造られた。

生物学では basicranial（頭蓋骨基部の，脳底部の），basirostral（くちばしの基部の）などのようにラテン語 basis が語源の basi-（基部の）を使った複合語が多い。ただし，basil（《香味野菜の》バジル，メボウキ）と basi- とは関係がない。この語はギリシア語 basileus（王）から派生した形容詞 basilikos（王族の）が語源で，「王侯の治療薬」の意味であった。basilica（バシリカ《古代ローマで裁判や公の集会に使われた長方形の公会堂，《バシリカ風建築の》初期キリスト教の教会，バシリカ聖堂）は，ギリシア語 basilike stoa（王宮風の柱廊つき広間），あるいは basilika oikia（王宮）の略である。またギリシア語 basileus（王）の指小形 basiliskos（小君主）は，爬虫類世界の想像上の王の名前となり，basilisk（バシリスク《想像上の怪物の名》，セビレトカゲ）の語源となった。この怪物はその息や眼光に触れるだけで人を殺したとされ，ニワトリの頭と体，龍の尾を持っており，その頭には王冠に似たとさかをいただいた姿で描かれている。

一方，後期ラテン語 bassus（低い）がフランス語 bas（低い）を経て英語に借入され，base（低い，卑しい）となる。原義は「場所が低い」であるが，後に「質が低い」に移転した。なおフランス語 bas はまた，bas-relief（【美術】低浮き彫り——イタリア語 basso〔低い〕＋relievo〔浮き彫り〕：relievare〔上げる〕から——）として借入されている。また bassalia（深海の動物生息域）は同じ後期ラテン語 bassus とギリシア語 halia（集会）の合成によって造られた言葉である。

しかし，魚の bass（ブラックバス属の総称）は，ゲルマン諸語に広く分布する言葉で，語根 bars-，bors-（鋭い）から，中英語 barse を経て今日の語形になったものである。なお同語根からアングロサクソン語 byrst（はけ）の指小形中英語 brustel を経て bristle（《動物の》剛毛）が派生した。

bass（シナノキ，シナノキの内皮，シュロ皮）は古英語 baest（樹木の内皮）が訛ったものである。この言葉もゲルマン諸語に広く分布しており，bast（靭皮繊維《ござ・かご・縄などの材料》）や baste（仮縫いする）などと同系語である。麻などの内皮繊維が荒い生地を縫う時などに使われた。

ところで，baste（仮縫いする）は古フランス語 bastir（組み立てる，建てる）につながる言葉で，ここから別の小道をたどることができる。すなわち，bastion（【築城】稜堡，要塞），bastiment（《廃語》軍事物資，城壁）や，bastillion（小城砦），それに bastille（牢獄）などの一連の言葉である。bastille の原義は「塔」で，そこに捕虜が入れられたことから「牢獄」の意味になった。中でも有名なのが，1789年7月14日に群衆に破壊されたパリの城砦兼牢獄バスティーユ（Bastille）であった。7月14日は，今日ではフランス革命記念日となっている。

しかし，同音の baste（激しく打つ，ののしる）は，おそらく，殴打する音，あるいは奮闘に伴う激しい息づかいをまねた擬音語として生まれたと思われる。この同根語は広く存在し，スウェーデン語 basa（棒で打つ），古フランス語 batre（たたく），スペイン語 bastonada（こん棒でたたくこと——英語 bastinado〔こん棒による刑罰〕として借入——），イタリア語 basta（もうたくさん！）などで，これらは後期ラテン語 batere（打つ）からラテン語 batuere（打つ）にさかのぼる。料理用語の baste（《肉などをあぶりながら》たれ・バターなどをつける）も，やはり同じようにして生まれた言葉と考えられる。これは古フランス語 basser（浸す：soak——soak には俗語では，それほど激しくはないが，「なぐる（sock）」という意味がある——）から英語に借入されたものである。lambaste（強くなぐる）は，古北欧語 lemja（足を不自由にする：to *lame*）から借入された古英語 lama（足の不自由な）が baste に加えられたものである。

類義語 beat（打つ，たたく）そのものは，ゲルマン諸語に共通な言葉であり，アングロサクソン語では beatan である。フランス語・英語 baston（武器となる杖）

やフランス語・英語 baton（こん棒，【音楽】《拍子をとるための》バトン），それにアングロサクソン語 batt（こん棒）を経て成立した baseball *bat*（野球用バット）は同語源である。

　ラテン語 battuere（打つ）から古フランス語 batre を経て英語に借入された語に，bate（打ち倒す，《タカが》羽ばたきをして飛び立とうとする）がある。そのタカを引き止めるところから，この語には，*bated* breath（息をこらして，かたずをのんで）の用法のように「止める」の意味があり，さらに「減ずる，差し引く」の意味を持つ。同語源の rebate（払い戻す，割り引く）も，原義は「撃退する」であり，それが，「たたいて鈍くする」，そして紋章の *rebated* spears（十字に組んで両端を折って卍形にした槍）における rebate のように「《刀の刃を》鈍くする」という意味に使われる。また abate〈同項参照〉も同語源で原義は「打ち倒す」で，ここからさらに「抑える，減らす」という意味に使われるようになる。バーンズがバズーカを使って打ち倒すようなことをすることは決してないことを，ファンは心得ている。

be [bi] …である，…がある，存在する
　→ fetus

be- [bi-]《他動詞につけて強意的に》全面的に，《自動詞につけて強意他動詞を作る》過度に，《形容詞・名詞につけて他動詞を作る》…にする
　→ rat

beachcomber [biːtʃkòumər]《浜辺で漂流物などを拾って売る》浮浪者，大波，浜辺の観光客
　→ inscrutable

bead [biːd] 数珠（じゅ）玉，ネックレス；玉で飾る
　この語は，古英語 gebed（祈り）から中英語 ibed となり，語頭音消失によって成立した。今日でも to tell one's *beads*（祈りを唱える）という表現がある。このような祈りには穴を開けてつないだ玉を繰りながら祈りの回数を数えたことから，bead は rosary（数珠，【カトリック】ロザリオ）という意味に移転した。〈forbid 参照〉

beam [biːm] 梁；光線を発する，輝く
　大昔の人々は，世界は木でできており，その木の内には火があると信じて信仰の対象としていた。したがって，『出エジプト記』(13：21)の「火の柱（a pillar of fire ——ラテン語 columna lucis——）」の訳語に，アングロサクソン語 beam（木）を当てたのはごく自然なことであった。これを語源とする英語 beam は「材木，梁」と同時に，*sunbeam* のように「光線」を指す。

　boom（【海事】ブーム《帆桁》）は，オランダ語 boom（木，さお）からの借入であり，ドイツ語 Baum（木），アングロサクソン語 beam と同語源で，beam（材木）と二重語である。

　同音語 boom（ドーンと鳴る音）は擬音語であり，boom（にわか景気，ブーム）や booming（にわか景気の）は，おそらく擬音語と to come *booming*（満帆に風受けて）のように使う海事用語との結合によってできたと考えられる。on the *beam*（まさに正しく，間違いなく）は，光誘導によって航空機が示された行路上に正確に着陸する場合に使った表現を，比喩的に用いたものである。

bear [béər] 運ぶ，産む；クマ
　→ berth

beast [biːst] 動物，けだもの，獣性
　『創世記』(2：19)によれば，神は空の鳥と野の獣（the beasts）を土から形作ったことになっている。今日では，beast は，植物や鉱物と区別される動物界で，特に鳥類，魚類，昆虫類，そして人類から区別される四本足の動物という意味に用いられている。しかし，この語にはいろいろと浮き沈みがあった。

　beast は，ラテン語 bestia（獣，動物，猛獣）から古フランス語 beste を経て英語に借入された言葉で，初めはラテン語 animal（生き物）の訳語として使われ，聖書の上記の箇所にこの用法が残っている。

　ところでそれ以前では，動物の総称語は deer で，語源はアングロサクソン語 deor（野獣）であった。ところが，beast が使われ始めて deer は今日のように「シカ」という限定的な意味を持つようになったのである。そして animal が動物全般を指す言葉として使われるようになって，beast は四本足の動物に限定され，さらにはもっ

と狭く，野性の獰猛な種類に限って用いられるようになった。

　bestial（非人間的な，畜生のような）も同じラテン語 bestia（動物，猛獣）が語源であり，初めは家畜全般を指す言葉であった。それが比喩的に人間についても使われるようになり，動物（beasts）の非難されるような行動を人間がする場合に当てはめたのである。

beat [bíːt] 打つ，続けざまにたたく；打つこと
　→ bazooka, beetle

Beauchamp [bouʃáːm, bíːtʃəm] ボーシャン《苗字》，ビーチャム
　→ Cambridge

beauty [bjúːti] 美しさ，美人，絶妙なもの

　beauty（美）と goodness（善――good はかつては God と綴られた――）とは結びついていると信じる人は，一般の辞書より先に進んでいると言える。それらによれば，beauty は中英語 bealte, beute からラテン語 bellus（美しい）までさかのぼる。そしてラテン語 bellus は，さらに benulus から benus の形を経てラテン語 bonus（良い）にさかのぼる。したがって beautiful（美しい）は beneficial（有益な）と同語源である。なおこのラテン語 bellus の中性形の同形異語に bellum（戦争）があることを記憶しておいていただきたい。

　ところで，good の語源はアングロサクソン語 god, gath（集める――gather〔集める〕は同根語――）である。すなわち，good とはふさわしいとして選ばれた物のことであった。皆さんが集める（gather）物は goods（財産，動産，商品）となる。

beaver [bíːvər] ビーバー，あご当て
　→ bavardage

bed [béd] ベッド，寝所；寝かす

　この語はゲルマン諸語に広く分布し，大昔から眠る場所を表す言葉だった。それはまた苗床（a garden bed）という意味にも使える。ラテン語 fodere（掘る）の語幹 fod- は bed と同族語であり，派生語には動物学の専門用語 fodient（穴居性の動物《キツネ，モグラなど》）などがある。このことは大昔の人々が寝床として丘陵の中腹などに掘った洞穴や隠れ場所をベッドにしていたことを示すものである。garden bed の bed は特にこの古い意味「掘る」と関係はないが，その利用の仕方とか形から比喩的に使われたものと思われる。なお，fodient に似た術語にラテン語 rodere（かじる）から派生した rodent（《ネズミ，リス，ビーバーなどの》齧歯（げっし）目の動物）がある。〈graze 参照〉

　bedstead（ベッドの骨組み）の原義は「ベッドにするのに安定した（steady）場所」で，-stead や steady はアングロサクソン語 stede（場）が語源である。かくして，instead of は in place of（その場所に）から「…の代わりに」，homestead は home place（家庭のある場所）から「農場，村」の意味となった。なお，この stead（場）はゲルマン諸語に共通に存在する言葉で，ドイツ語 Statt（場所）や Stadt（町），英語 stand（立つ）と同系語である〈tank 参照〉。steady（しっかりした，安定した）や steadfast（固定した，変化に動じない）の原義は「一か所にとどまる」である。

bedeck [bidék]《ごてごてと》飾られる
　→ deck

bedizen [bidáizn]《ごてごてと》飾り立てる
　→ distaff

bedlam [bédləm] 大騒ぎ，混乱の場所，精神病院

　この語は，17世紀以前はエルサレム近郊の町ベツレヘムのことで，Bethlehem が訛ったものであった。しかし，bedlam は特に，ロンドンに1247年に設立された病院 The Hospital of St. Mary of *Bethlehem*（ベツレヘム聖マリア病院）の略称として使われていた。そしてこの病院が1547年以来，国立の精神病院として使われたことから，bedlam は大勢の「…狂」と称される人々から連想される混乱や騒音を意味するようになった。

bedstead [bédstèd] 寝台の骨組み，寝台架
　→ bed

bee [bíː] ミツバチ，ハチ
　→ mealy-mouthed

beef [bíːf] 牛肉
　→ mutton

Beelzebub [bi(ː)élzəbÀb]【聖書】ベルゼ

ブブ，魔王，悪魔

ヘブライ語 Baal や Bel は神を意味した。旧約聖書『列王記下』(1:2) ではペリシテ人の神はバアル・ゼブブ (Baalzebub：ハエの神——ラテン語訳では Beelzebub——) と呼ばれている。これは Baalzebul (家長の神——『マタイ福音書』10:25 で用いられている——) を，偶像神に対する嘲笑をこめて意図的に変えた言葉である。英語 Beelzebub は上記ラテン語訳の借入である。

一方 Belial (ベリアル) は，sons of Belial (ならず者) という表現で用いられた (『サムエル記上』2:12)。ところがこの表現が「ベリアルの息子」と誤解され，Belial が独立して Beelzebub と同様に「悪魔，サタン」を指すようになった。しかし実は，この語は beli (…がない) と yaal (有益) とからなるヘブライ語 beliyaal (くだらないもの) が訛ったものである。

beer [bíər] ビール，ビール 1 杯，発泡飲料
→ barley, drink

beetle [bíːtl] カブトムシ，大づち

「大づち」を指す beetle は，古英語では bietel (槌) で，アングロサクソン語 beatan (打つ：to *beat*) ⟨baste 参照⟩ が語源である。一方，「カブトムシ」を意味する beetle は，古英語 bitela (かむ生き物：*biter*) で，古英語 bitan (かむ：*bite*) が語源である。

beetle-browed (ゲジゲジまゆ，しかめ面の) は単に「カブトムシのような眉をした」が原義で，特に額が目にかぶさるような骨相をし，太い眉を持つ人のことを言う。

befool [bifúːl] ばかにする，だます
→ rat

befoul [bifául] 汚す，中傷する，からみつく
→ rat

beg [bég] 請う，頼む，施しを請う

この動詞は名詞 beggar (乞食，物もらい) から逆成されたもので，動詞から名詞ができる一般的傾向とは反対である。

ベルギー出身の教会改革者，ランベール・ル・ベーグ (Lambert le Bègue, 1120/35-1170/77——Bègue はあだ名で，原義は「吃音者」——) は敬虔な修道士であった。12世紀に，彼を慕ってベルギー東部のリエージュ (Liège) に女子修道会が組織され，彼のあだ名にちなんで修道女はベギーヌ (beguine) と呼ばれた。その後まもなくこの女子修道会にならって同じような男子の修道会がオランダで創立され，やはり彼のあだ名から後期ラテン語で begardus，フランス語では bégard (ベギン修道会士) と呼ばれた。ところが，後に彼らの中に物乞い同様に托鉢して回った者がいたことから，このフランス語は軽蔑的に用いられるようになり，英語に借入されて beggar (乞食) となった。⟨bigot 参照⟩

begin [bigín] 始める，始まる
→ commence

begonia [bigóunjə] ベゴニア，シュウカイドウ
→ Appendix VI

beguine [bigíːn] ビギン《ダンス》，その曲
→ bigot

behalf [biháef] 味方，支持，利益
→ half

behave [bihéiv] 振る舞う，動く，作用する
→ carry

behavior [bihéivjər] 振る舞い，行儀，動き
→ carry

behemoth [bihíːməθ] ビヒモス《『ヨブ記』に出てくる巨獣》，巨大で力があり危険なもの
→ leviathan

behest [bihést] 命令，要請，懇請
→ alkahest

behold [bihóuld] 見守る，注視する；《間投詞》見よ！

この語は，きわめて能動的な意味から次第に受動的な意味に移転した。ゲルマン諸語に共通な言葉で，古英語では bihaldan (固執する [to *hold* by]，抑制する，保持する，しっかりつかまる) であった。これが，「注意深い，熟考する」という意味に使われるようになり，英語においてのみ「見る，見守る」という意味に発展し，最終的には今日一般的な「目を通じて取り入れる，見る」という意味に使われるようになった。なお beholden ((文語)) 恩義を

受けて）の原義は「人に恩義（obligation）によって結びついている」で，その原義のまま今日も使われている。

oblige（余儀なく…させる），obligatory（義務としてなすべき），obligation（義務）は，ラテン語 ob（…に向かって）と ligare, ligat-（縛る）からなる obligare, obligat-（誓いで縛る）が語源である。〈legible 参照〉

beholden [bihóuldn] 恩義を受けて，借りがあって
→ behold

belay [biléi]【海事】《綱止め栓などに》綱を巻き付ける，索止めをする
→ avast

beldam [béldəm]《古語》老婆，鬼婆，魔女

この語は次第に意味が低下した典型的な例である。語源はフランス語 belle dame で，文字通りには「美しい貴婦人」である。この言葉は，15世紀に借入されたころは grandmother（お祖母さん）の丁寧語として使われた。しかし，やがてその丁寧な意味合いは消滅し，老婆一般を指す言葉となり，さらに「醜い老婆」という意味に使われるようになった。

belfry [bélfri:] 鐘楼，鐘塔，鐘つき堂

この語は，語源的には bell（鐘）とまったく関係がなく，古高地ドイツ語 berg（城，護り——ルター作の賛美歌 Ein feste Berg ist unser Gott〔A mighty fortress is our Lord：神はわがやぐら〕の例がある——）と，frid（平和）とからなるものであり，古フランス語 berfrei, belfrei を経て英語に借入された。

中世時代には町を包囲すると，包囲する側も包囲される側も，見張りの安全を守るために移動可能な包囲塔を作り，城壁に近づいた。これが belfry と呼ばれたが，この戦法がすたれると，belfry は一般に「塔」という意味に使われるようになった。しかも，このような塔には警報用の鐘をつけるのが一般的であったことから belfry は「鐘楼」を指すようになったのである。古フランス語 berfrei の r が l と変わり belfrei となった背景には bell との連想が影響しているものと思われる。

なお r から l への変化の例は他にも見られ，異化（dissimilation）と呼ばれる。

例えば pilgrim（巡礼者）は，ラテン語 peregrinus（外国人）が語源で，フランス語・プロヴァンス語 pelegrin〈saunter 参照〉を経て借入された。ただしスペイン語 peregrino（巡礼者）や，英語 peregrination（遍歴，旅行）では，語源のラテン語 peregrinus の r が残っている。例えば，スコットランド生まれの作家スモレット（Tobias Smollett, 1721-71）の小説名 *Peregrine Pickle*：『ピックルの遍歴』(1751年) がある。

Belial [bí:liəl] ベリアル，悪魔，ビーリアル《ミルトンの *Paradise Lost*：『楽園の喪失』の中の堕落天使の一人》
→ Beelzebub

believe [bilí:v] 信じる，思う，信用する
→ furlough

bell [bél] 鐘，ベル
→ foolscap

bellarmine [bélɑ:rmì:n] ベラルミン《細首丸胴の大ジョッキ》
→ demijohn

belle [bél] 美人
→ foolscap

bellicose [bélikòus] 好戦的な，敵意に満ちた
→ supercilious

belligerent [bəlídʒərənt] 交戦中の，けんか腰の；交戦国
→ foolscap

bellows [bélouz] ふいご，じゃばら，肺
→ pylorus

belly [béli] 腹，胃
→ pylorus

bench [béntʃ] ベンチ，長いす，裁判官席
→ bank

benedick [bénədik] 新婚の男

benedick は，benedict の綴りの方がよく使われ，特に独身を貫き通すと思われながら結婚した男性を指す。この言葉はシェイクスピアの *Much Ado About Nothing*：『から騒ぎ』(1600年？) に登場するパドウアの貴族 Benedick（ベネディック）に由来する。彼は劇の始めに，自分は絶対に結婚などはしないと誓いながら，劇の進行とともに誇り高いベアトリス（Beatrice）に恋をし，結局は誓いを破り結婚する羽目になるのである。

男子名 Benedict は，bene（良く）と

dicere, dict-（語る）からなるラテン語が語源で「祝福された」が原義である。同語源の名詞に benediction（祝福）がある〈win, verdict 参照〉。ベネディクト修道会 (the Benedictine Order) は聖ベネディクト (St. Benedictus, 480?-543) が設立した。〈drink 参照〉

benedict [bénədikt] 新婚の男（Benedict：ベネディクト《男子名》）
→ benedick

Benedictine [bènədíktin] ベネディクト会修道士；ベネディクト派の
→ benedick

benediction [bènədíkʃən] 祝福，感謝の祈り
→ benedick

benefit [bénəfit] 利益，恩恵；利益を得る
→ defeat

benign [bənáin] 優しい，慈悲深い，幸運な
→ mal-

benison [bénəzn] 祝福〔の祈り〕
→ win

berate [biréit] 〔がみがみ〕叱る
→ rat

bereave [birí:v] 奪う，失わせる

この語は the *bereaved* family（遺族）のように普通は受動形で使われる。*bereaved* の原義は「強奪された」(be robbed) である。語源はアングロサクソン語 bereafian（奪う）で，他動詞を形成する接頭辞 be-(bi-) と，reave（奪う）の語源 reafian（強奪する）とからなる。この reafian はゲルマン諸語に共通する言葉であり，ゴート語では (bi) raubon（盗む）で，これは rob（強奪する，盗む）と同語源である。

rover（漂泊者，流浪の人）も rob と同系語であり，オランダ語 rooven（強盗を働く）から roover（強盗，泥棒）を経て 14世紀に借入されたもので，当時は海賊のことであった。やがて，海賊が少なくなるにつれて「漂泊者」という意味に移転するのであるが，これはまったく語源の異なる rove（うろつく）の影響を受けたものである。この rove は，《スカンディナヴィア語起源とも考えられるが》rotate（回転する，循環する）〈rodent 参照〉の語源でもあるラテン語 rotare, rotat-（回る）から古フランス語 rouer（《盗みのために》コソコソうろつく——フランス語 roué〔放蕩者〕——）を経て借入されたとする説もある。

rave（《廃語》さ迷う）もまた rover の現在の意味に影響を与えており，この語は今日も使われている rave（うわごとを言う）とも混同されることがある。〈outrage 参照〉

bergamask [bɔ́:rgəmæsk] ベルガマスク《ダンスの一つ》
→ Appendix VI

beriberi [béribéri] 脚気

この語は《スリランカの》シンハラ語 beri（弱いこと）が語源であり，同じ言葉を重ねることによって「きわめて弱っていること」を強調している。

berry [béri] ベリー，液果；ベリーを採る
→ peach

berserk [bərsɔ́:rk] 狂暴な，たけり狂った；狂暴に

この語は，北欧伝説の英雄 Berserk（ベルセルク）に由来する。Berserk は古北欧語 berserkr（クマの皮：*bear sark*）が語源である。sark と言えば，スコットランドの詩人バーンズ (Robert Burns, 1759-96) は *Tam O'Shanter*：『シャンター村のタム』(1790年) で，足の速い若い魔女が着ている cutty *sark*（short shirt：短いシュミーズのような着衣）について歌っている。

さて，ベルセルクには12人の息子 Berserkers があり，彼らの狂暴さは国々を恐怖に陥れた。そこで to go *berserk*（凶暴になる）という表現が生まれた。これに近い表現に to run amok〔amuck〕（逆上して暴れ回る，血に飢えて暴れ狂う）がある。この amok は，マレー語 amoq（猛烈に戦う）の借入で，かつては狂躁状態になっているマレー人を形容する言葉であった。

berth [bɔ́:rθ] 投錨地，操船余地；停泊する

この語は，かつては byrth とか birth と綴られたことからもわかるように，birth（誕生）や bear（運ぶ，産む）とは，同語源で，異なった時代に発達したものである。もちろん子供の誕生を意味する birth の方が早く発達した。

16世紀の末になり遠く海外へと盛んに通商に出かけるようになると，テムズ川沿岸は混み合うようになった。そこで船がお互いにぶつからないようにするためにも，さらに，突然に，引っ掛け錨を使って敵が乗りこんで来ることがないようにするためにも，互いに船を遠ざける（to *bear* off）必要が生まれてきた。このようにしてできる「操船余地」という意味の berth がまず bear から派生する。ついでこの berth は「積み荷の置き場所」「船乗りを収容する場所」「船室」など船上のより狭い空間にも適用され，さらにこの語は他の乗り物にも適用され，今日では「《船・列車の》寝台」という意味にも使われるようになった。

　bear（運ぶ，産む）はゲルマン諸語に共通で，ラテン語 ferre（運ぶ）と同族語である。bear の第一義は「荷物を運ぶ」(to *bear* a burden)，第二義は「子供を産む」(to *bear* a child) である。原則として過去分詞 borne は第一義の bear, born は第二義の bear に使われる。子供と荷物がごっちゃにされませんように。なお，ラテン語 ferre も同じ二つの意味を持っている。

　また bear には to *bear* down on（接近する），to *bear* toward（…に向かって風を受けて航行する），to *bear* off（遠ざかる）などの自動詞用法がある。*OED* には bear の意味が10コラムにもわたって説明してあるが，そこで行く先を見定めること (to get one's *bearings*) は難しい。

　ちなみに動物の bear（クマ）もゲルマン諸語に共通な言葉であり，その原義は「茶色」（brown）と考えられている。

beryl [bérəl]【鉱物】緑柱石《エメラルドなど》
　→ brilliant
beryllium [bəríliəm]【化学】ベリリウム
　→ element
besiege [bisíːdʒ]《町・要塞などを》包囲する，取り囲む，押し寄せる
　→ subsidy
bestial [béstʃəl] 野獣の，野獣のような，みだらな
　→ beast
beverage [bévərɪdʒ]《水以外の》飲み物
　→ bavardage
bewitching [biwítʃiŋ] 魔法をかける，魅了する，うっとりさせる
　→ trance
bhang [bǽŋ] インドアサ，大麻，バング
　→ assassin
　この語は bang とも綴られる。ただし同音異語の bang（バンとたたく）はゲルマン諸語に共通な言葉であり，擬音語である。リノタイプ印刷工の専門語では「感嘆符」を意味する。
bib [bíb] よだれ掛け，胸当て
　→ bavardage
bible [báibl] 聖書，聖典，権威ある書物
　the Bible（聖書）は the Book（書物）が原義である。書き物に使われる物品の名はその原材料を示すものがいくつかある。英語 bible はラテン語 biblia（書物）から借入されたが，それはギリシア語 biblos（パピルスの内皮）の指小形 biblion（書き物に使われる巻紙）の複数形 biblia にさかのぼる。初め bible は巻物・書物一般を指す言葉であったが，中世ヨーロッパの多くの人々にとっては「書物」と言えば聖書のことだったので「聖書」（the Bible）という意味に移転したのである。

　paper（紙）は，パピルス草そのものを表すギリシア語 papyros がラテン語 papyrus（パピルス草，パピルス写本），フランス語 papier（紙）を経て借入された。

　book（本）〈同項参照〉そのものはアングロサクソン語 bóc, boece（ブナの木：*beech* tree）が語源であり，それは書き物をする板のことであった。これと似た起源を持つ物に codex（古写本）や code（法典，規約，符号）がある。これらの言葉は，ラテン語 caudex（樹幹，材木）が「木製の書板」をも指し，さらにこれが変化してできた codex（書面，法典）が語源である。

　なお，イタリア語・英語 coda（【音楽】コーダ，終曲部），科学用語 caudal（【動物学】尾の，尾状の），caudate（【動物学】尾のある，【植物学】《葉先など》尾形の）などは，ラテン語 cauda（尾）が語源であるが，このラテン語に「切り端」の意味があり，ラテン語 caudex（樹幹）にさかのぼるとする説もある。〈liberty, volume 参照〉

biceps [báiseps] 二頭筋，筋肉のたくまし

さ，筋力
→ achieve

bid [bíd] 命ずる，値をつける；つけ値
→ forbid

biennial [baiéniəl] 2年ごとの，2年に1度の，【植物】二年生の
→ anniversary

bigamy [bígəmi] 重婚，結婚戒律違反
→ monk

bigot [bígət] 頑迷な人，偏狭な人
　この語は，感嘆句 By God! が訛ったもので，この感嘆句をよく口にする者を指すようになったと言われている。しかし，この言葉にはまた，その歴史において半俗修道のベギン女子修道会（the Beguines）やベギン男子修道会（the Beghards），またこれらの修道会の蔑称 the Bigutts が絡まっている。これらはすべて元は嘲笑語であった。
　ベギン女子修道会は正式な修道女とはならず，ベギン会修道院（béguinages）と呼ばれる館に住み，戒律を守った婦人たちであった。Beguine の語源は，beg（乞い求める）ではなく，おそらくはフランス語の方言 bégun（どもる）に女性語尾 -ne がついたものである。また男性語尾 -ard がついて Beghard（後期ラテン語 begardus）となったと考えられる。ここからこの修道会の会員は「田舎者」「ばか，あほう」などを意味するようになったのである。「《ダンスの》ビギンを始める」("begin the *beguine*") 時には，このことを思い出すとよろしい。<beg 参照>
　bigot についてはまた，スペイン語 bigote（ほおひげ）と関係があるとの説があり，ほおひげの与えるイメージから「熱烈な男」「熱狂者」という意味が生まれたのではないかとされる。<bizzare 参照>

bilious [bíljəs] 胆汁の，気難しい，不快な
→ complexion

billiards [bíljərd] 玉突き，ビリヤード
　これはかなり古いゲームで，16世紀に活躍したスペンサー（Edmund Spenser, 1552?-99）は，balls（ボール）から命名されたかのように balliards と綴っている《*Prosopopoia : or Mother Hubbard's Tale*：『マザー・フッバードの物語』1591, 803行》。しかし実際は，古フランス語 bille（棒，杖）の指小形 billard（先の曲がった棒）がこのゲームの名前となって借入されたものである。ところで，後期ラテン語 billard は，杖で打たれる玉 billa からラテン語 pila（鞠，鞠遊び）にさかのぼる。スペンサーの綴りも的はずれではなかったのである。

billingsgate [bíliŋzgèit] ビリングズゲート〔Billingsgate〕，乱暴な言葉，悪態
　テムズ川沿いのロンドンの市壁にビリングズゲート（Billingsgate）と呼ばれる門があった。そこに釣船の漁師たちが捕った魚を持ち寄るところから魚市場が発達し，今日ではその市場の名前となっている。これはブリテン島の王ベリン（Belin, 23代目??）にちなむ地名であるとの説があり，古くは Belin's gate と呼ばれていた。
　ビリングズゲートの女魚売りの言葉は荒っぽく口汚いことで有名で，口の悪いことでは人後に落ちないサミュエル・ジョンソン（Samuel Johnson, 1709-84）も顔負けだったほどである。そこで billingsgate は悪態を意味するようになった。この語はまた，古英語 bellan（吠える――bellow〔吠える〕の語源――）の影響を受けている可能性もある。

billion [bíljən] 10億
→ number

biology [baiálədʒi] 生物学，生態学，生活史
→ macrobian
　ギリシア語 logos は「言葉」から「整理された言論」を意味するようになった。よく使われる接尾辞 -logy はこのギリシア語が語源で，「体系化された研究」という意味である。

birch [bə́:rtʃ] カバの木，カバ材
→ bark

birth [bə́:rθ] 出生，生まれ
→ berth

biscuit [bískit] 薄焼きパン，ビスケット，薄茶色
　biscuit は英国ではクラッカーやクッキー類，米国ではスコーンを指す。語源はフランス語 bis-（2度）と，cuire（焼く）の過去分詞 cuit（焼かれた）である。また zwieback（ツヴィーバック《ドイツ風ラスク》）は，ドイツ語 zwie（2度）と backen（焼く）からなる。さらに biscuit をもじった Triscuit（〔原義〕3度焼かれ

た）という風味の良いクラッカーの商品名もある。〈cloth の項の drill と twill 参照〉

bismuth [bízməθ]【化学】ビスマス, 蒼鉛
　→ element

bison [báisn] バイソン, 野牛
　→ Appendix VI

bit [bít] 小片, はみ；はみをかませる
　→ sarcophagus

bite [báit] かむ, かみ切る；かみ傷
　→ beetle

bitter [bítər] 苦い, むごい；苦味
　この語はアングロサクソン語 biter（鋭い, 苦い）が語源で, 動詞 bitan（歯でかむ, 切りつける——bite〔かむ〕の語源——）の語幹から派生したと考えられている。すなわち, bitter（苦い）は bite（かむ, 刺す）の結果生じる味覚である。
　ところで, 成句 to the *bitter* end（最後まで, とことん）には別の起源がある。こちらは bitt【海事】係柱《錨綱などを巻きつけるために甲板の縁に立っている短く強い柱》に巻き取った綱の末端（bitter）に由来する。したがって to be at the *bitter* end（窮地に立っている）は, 文字通りには to be at the end of one's rope（命綱の末端にいる）であるが, 上記の形容詞 bitter（苦い）がこの表現を生きたものにしている。

bizzare [bizá:r] 風変わりな, 奇怪な, アンバランスな
　この語は, スペイン語・ポルトガル語 bizarro（ハンサムな, 勇気のある）からフランス語を経て借入された。語源はバスク語 bizarra（ひげ）で, 特に "bearded like the pard"（ヒョウにも似たひげはやし）（*As You Like It*：『お気に召すまま』II, vii, 150）とあるような空威張りをする人がよくはやすあごひげを指したと考えられる。スペイン語 hombre de bigote（口ひげをはやした男）は「威勢のよい男」を意味するが, その姿は外国人から見ると奇妙なもので, あざけりの言葉に変わってしまうのである。〈bigot 参照〉
　bizzare が「威勢のよい, 勇ましい」から, 今日の「途方もない, 奇怪な, 突拍子もない」という意味に変化した背景には, ロスタン（Edmond Rostand, 1868-1918）作 *Cyrano de Bergerac*：『シラノ・ド・ベルジュラック』（1897年）やデュマ（Alexandre Dumas, 1802-70）作 *Les Trois Mousquetaires*：『三銃士』（1844年）などに登場する, 低い身分から成り上がる人物の傍若無人な生き方がある。

black [blǽk] 黒い；黒；黒くする
　「黒（black）と白（white）のように異なる」と言うが, これらの2語がとてもよく似ていることに驚くであろう。双方とも昔の人々にとっては色がないことに関係する言葉で, アングロサクソン語では blaec が「黒」, blac が「白」であった。bleach（漂白する）は, blac から派生したアングロサクソン語 blaecan（白くする）にさかのぼり, bleak（吹きさらしの, 荒涼とした, 寒々した〔原義〕青白い, 薄い）も同語源である。
　blanch（漂白する）, blank（白紙の, 空白の）や blanket（毛布）も同語源で, blank はフランス語 blanc（白い）から, blanch はフランス語 blanchir（漂白する）から借入されたものである。
　なお, white（白い）はゲルマン諸語に共通で, アングロサクソン語 hwit（明るい, 輝かしい）を経て成立した。アングロサクソン語 hwaete（穀物）を経て成立した wheat（小麦）と同系語である。

blackball [blǽkbɔ̀:l] 反対投票；反対投票をする
　→ ballot

blackguard [blǽgɑ:rd] ごろつき, 悪党；ののしる
　貴族の随行員の行列は織り手や縫い取り師の後に, 焼串や鉄釜その他の台所用具を携えた black guard（炊事場下男）たちが続いた。この呼び名は, 台所用具や彼ら自身のうす汚れた皮膚の色などからつけられたが, もっときれいな仕事をする仲間はこの筋骨たくましい台所の下男たちの性質の悪さを言い触らした。テニソン（Alfred Tennyson, 1809-92）は *Idylls of the King*：『国王牧歌』（1859年）の中の "Gareth and Lynette"「ガレスとリネット」に登場するケイ卿（Sir Kay）にその傾向をうまく描いている。こうしたことからこの語は, 今日では「下司, ごろつき, 悪党」の意味に使われるようになった。なお, 元の2語は1語に短縮され [blǽgɑ:rd]

と発音される。

blackmail [blǽkmèil] ゆすり, 恐喝; ゆする
→ mail

bladder [blǽdər]【動物・解剖学】袋状組織, 膀胱, ほら吹き
→ blatherskite

blade [bléid] 葉, 刃, 平らな部分
→ badger

blame [bléim] 非難する, …の責任にする; 非難

　この語は, blapsis（害）と pheme（お告げ）からなるギリシア語 blasphemein（非難する）が, ラテン語 blasphemare（冒涜する）, 古フランス語 blasmer を経て英語に借入されたものである。借入された当初は「叱る」, 特にだれが悪いのかが判明する前にののしるような場合に用いられた。

　blaspheme（不敬の言葉を吐く）は blame の二重語であり, blame より後にラテン語訳聖書から宗教用語として直接的に英語に借入された。

blanch [blǽntʃ] 漂白する, ゆがく, 青ざめる
→ black

blank [blǽŋk] 白紙の; 空白; 見えなくする
→ black

blanket [blǽŋkət] 毛布
→ black

blaspheme [blæsfíːm] 冒涜する, ののしる, 不敬の言葉を発する
→ blame

blatherskite [blǽðərskàit] おしゃべり, ほら吹き, たわごと

　スコットランド起源のこの語は, 米国で bletherskate の綴りでも一般によく使われるようになっている。語源は, 古北欧語 blathr（たわごとを言う——アングロサクソン語では blaeddre〔空気袋, 膀胱: *bladder*〕——）と, skite（糞便）とからなる言葉である。blatherskite の blather-〔blether-, blither-〕（たわごとを言う）は, blast（吹き飛ばす; 突風）や blow（吹きつける,《息を》吹く）と同系語で, *blithering* idiot と言えば, ばかげたことをべらべらしゃべるような「底抜けのばか」という意味である。-skite は訛って

skate となり俗語で「老いぼれ馬, やつ」, cheap *skate* と言えば「つまらんやつ」という意味になる。

　なお, skate（【魚類】ガンギエイ）は古北欧語では skata で, カササギも意味するが, 両者とも長い尖った尾を持っている。

　氷の上を滑る skate（スケート）は古くは scates と綴った。古フランス語 escache（竹馬——フランス語 échasse〔竹馬, たかあし〕——）から借入された。英国の語源学者ウィークリー（Ernest Weekly, 1865-1954）は, 最初のスケートは「すねの骨」であったと言っている。そのようなわけでフランス語で「スケート」は, フランス語 patte（脚, かぎ爪）から派生した patin である。これが借入されて patten（パテン, 靴台《かつてぬかるみなどを歩くために木底やコルクなどをつけた靴》）となった。

bleach [blíːtʃ] 漂白する, 白くなる; 漂白剤
→ black

bleak [blíːk] 寒々とした, 吹きさらしの, 暗い
→ black

bless [blés] 神の加護を祈る, 恩恵を受ける, 聖別する

　これは意外に血なまぐさい（*bloody*）言葉である。アングロサクソン語 blōd（血: *blood*）から古英語 bledsian, bloedsian を経て成立し, 元来, 神々への犠牲式において神官が血（*blood*）で聖別することであった。ところが, 英国人がキリスト教を信じるようになるとともに, アングロサクソン語 bliths（喜び）を語源とする bliss（天上の喜び, 至福）との間違った連想によって, ラテン語 benedicere, benedict-（誉める, 祝福する）の訳語として使われた。そこで bless は今日の意味を得たのである。フランス語 blesser は今も「傷つける」という意味である。

blimp [blímp] 小型軟式飛行船, 気球, でぶ

　これは nonrigid dirigible（非硬式飛行船）すなわち limp dirigible（軟式飛行船）と呼ばれたもので, ツェッペリン伯爵（Graf von Zeppelin, 1838-1917）によって設計されたツェッペリン号（the Zeppelin) より小さなものであった。この dirigible は，それまでの気球が風のままに流されていたのに対し，操縦可能な *dirigible* balloon（可導飛行船）の略である。この方式の飛行船には A-limp と B-limp の 2 種類があったが，前者はうまくいかず，後者 B-limp だけが生き残ったので，飛行船のことを blimp と呼ぶようになった。

さて balloon（気球，風船）は，イタリア語 balla（球）の増大形 ballone から借入されたものである。

dirigible（操縦可能な）は，direction（方向）の語源であるラテン語 dirigere, direct-（方向づける）に接尾辞 -ible（可能な）がついて派生した〈royal 参照〉。なお *dirigible* balloon（操縦可能飛行船）には rigid（《気球の形状を軽金属で保つ》硬式）なものと limp（《熱気球のような》軟式）なものがあった。

米国の著述家メンケン（H.L. Mencken, 1880-1956）によれば，blimp は1914年にこの形の飛行船を設計した英国のショート（Horace Shortt, 1872-1917）のそばに立っていた一人の将校が造った言葉であるとしている。彼らが新しく完成した飛行船の名前を考えていた時，ショートが「blunch（ブランチ）を飲もう」と言った。それは「朝食（breakfast）と昼食（lunch）の間の休憩の飲み物」のつもりであった。それを聞いた将校は《blunch と limp（軟式）とを引っ掛けて》blimp と呼ぶことにしよう，と言ったというのである。ちなみに，朝食と昼食を兼ねた遅い朝の食事は brunch と言う。〈dismal 参照〉

blind [bláind] 目の見えない；見えなくする；ブラインド
→ sandblind

blindfold [bláindfòuld] 目隠しする；目隠し布；目隠しの
→ buff

blind-man's-buff [bláindmǽnzbʌ́f] 目隠し遊び，めくら鬼
→ buff

bliss [blís] 無上の幸福，至福
→ bless

blithering [blíðəriŋ] ばかげたことをしゃべる；（口語）底抜けの〔ばか〕，見下げ果てた
→ blatherskite

blitzkrieg [blítskrìːg] 電撃戦，大爆撃，電撃的集中攻撃

かつては，ゼウス（ジュピター）あるいは主なる神ヤーウェが投げる雷挺（稲妻の矢）が災いをもたらすと考えられていた。今日では雷はもっと科学的に説明されており，雷鳴（thunder）が聞こえただけでは身は安全であることがわかっている。しかし何かが空から急降下するような場合，「稲妻（lightning flash）のように」と言う。ドイツ人は自分たちの陸空からの爆撃機，落下傘部隊などを使った電光石火の攻撃を，Blitzkrieg（電撃戦〔原義〕稲妻戦：lightning-war）と名づけた。

ちなみにサンタ・クロースがクリスマスにもっと楽しい仕事で空を駆けて行く時，そのそりを引くトナカイの先頭の 2 頭の名前はドイツ語で Donner（ドンナー）と Blitzen（ブリッツェン）であり，英語にすれば Thunder（雷）と Lightning（稲妻）である。

bloat [blóut] ふくれる，慢心させる，燻製にする

bloated person と言えば私たちは慢心した傲慢な人を思い浮かべるが，17世紀には "herrings shrink in *bloating*"（ニシンは塩水につけることによってしまる）という表現があった。今日の bloat にはこれらの二つの意味が密接に絡み合っている。bloat の語源の中英語 blote（濡れて柔らかい）は動詞 bloten（濡らして柔らかくする）から派生したものであるが，別に中英語 blout, blowt（柔らかい，ゆるんだ，しまりがない）があった。ところが，ハムレットがクローディアスを the blowt king（ぶくぶく肥った王）と見下しており（*Hamlet*, III, iv），この blowt を編者たちは bloat と綴ってきた。それ以後，人々は bloat の意味を転換させて，「放縦でぶくぶく肥えている，慢心している」という意味に使うようになったのである。

ソフト燻製ニシン（*bloated* herring）における bloated は例外で，《燻製にする前に》「塩水に漬けた」（marinated）〈lapis lazuli 参照〉という意味が今も含まれる。

bloody [blʌ́di] 血だらけの；ひどく；血で

汚す
→ bless, goodbye

bloom [blúːm] 花, 開花; 咲く
→ flower

bloomers [blúːmərz] ブルーマー, ニッカーズ

これは当初, 足首のところでギャザーを寄せただぶだぶのズボン型の女性用の衣類であり, 男性用の trousers (ズボン) と同じく常に複数形である。bloomers は, 19世紀中葉の婦人参政権運動の指導者スーザン・アンソニー (Susan B. Anthony, 1820-1906) の熱心な支持者で, 自らも女権拡張運動に従事したブルーマー夫人 (Amelia Jenks Bloomer, 1818-94) が広めたものである。

彼女の名前 Bloomer は, おそらく blossom (《特に食用果樹の》花), bloom (《特に観賞用の》花), blowth (《廃語》花) と関係があり, これらはすべてゲルマン共通語根 blō- (開花する: to blow) にさかのぼることができる。開花中の花 (flowers in bloom) の美しさから, bloom はあらゆる物の最も新鮮で美しい状態を指すのに用いられる。

ところで trousers (ズボン) は, 後期ラテン語 tibraci から古フランス語 trebus, 古英語 trews, trouse を経て成立したと考えられる。この後期ラテン語 tibraci について7世紀に *Etymologiae*:『語源論』(600年?) を著した聖イシドール (Isidorus Hispalensis, 560?-636) は, ラテン語 tibia (向こうずね) と braccae (ゆったりしたズボン, 股引き [*breeches*]) からなると言っている。今日でもすね骨を解剖学では tibia と言う。

blot [blát] しみ; 汚す, にじむ
→ blotch

blotch [blátʃ] 大きなしみ, 汚点; しみで汚す

blot も blotch も英語にのみ存在し, 他のどの言語にも同語源の語はない。blot は14世紀に初めて使われ始めた言葉で, spot (地点, 斑点) から生まれたと考えられる。spot はゲルマン諸語に広く分布し, 直接的には古北欧語 spotti (小片, 小さなしみ) が語源であり, sputum (唾液, たん, 鼻汁——ラテン語 spuere, sput- 〔つばを吐く〕が語源——) とは同族語である

と考えられる。

blow (強打), blast (突風), blight (阻害する物, 損なう物——語源は不明——), blemish (きず, 汚点) などのように bl- で始まる英語の言葉には力, それもしばしば悪い力を意味するものが多い。

17世紀ごろに使われ始めた blotch は, patch (継ぎはぎ) あるいは botch (へたな継ぎはぎ, 欠点) と同系語の可能性がある。blotch (おでき, 腫れ物) は blot (しみ) より広い汚れとか欠点を意味する言葉である。動詞 botch (へたに繕う, やり損なう) は, 中英語 bocchen (継ぎはぎする) を経て成立した。なお名詞 botch (腫れ物, にきび) は, 後期ラテン語 bocia (球), スペイン語 bocha (《遊戯》木球), イタリア語 boccia (ビン, 水差し) などと共通のロマンス語根から古フランス語 boce (潰瘍) を経て英語に借入された言葉で,「継ぎはぎ」の botch と語源的には関係ないが, 後に影響し合っている。

boss (盾の中心部などの突起, 【建築】天井の梁の交差部の盛り上げ装飾) は, 上記の古フランス語 boce (潰瘍) が語源であり, 初めは「こぶ」という意味に使われた。

blow [blóu] 吹く; ひと吹き, 強打
→ flower

blue [blúː] 青い; 青; 青くする
→ red

Bluebeard [blúːbiərd] 青ひげ, 何人も妻を取り替えた男

この「青ひげ」は,《6人の妻を取り替え, そのうち2人を処刑した》イングランド王ヘンリー8世 (Henry VIII, 在位 1509-47) に由来するわけではなく, 6人の妻を殺した罪で1450年に死刑にされたブルターニュのジル・ド・レ (Gilles de Retz, 1404-40《ジャンヌ・ダルク〔Joan of Arc, 1412-31〕の護衛を勤めたとされる》) のあだ名「青ひげ」(フランス語 Barbe-Bleue, 英語 Bluebeard) に由来するのではないかと考えられる。この物語から,「青ひげ」は一般に「何人も妻を取り替える男」を指すようになった。なおこの物語にある, 妻が覗いてはならない密室は taboo (タブー) 〈同項参照〉の概念と同一線上にある。

bluestocking [blúːstàkiŋ] 文学趣味の女

性

　才色兼備の貴婦人が集ったことで有名なフランスの文学サロンは英国でも模倣された。特に，美貌の才人として知られた女流作家モンタギュー（Elizabeth Montagu, 1720-1800）のロンドンの邸宅はそのようなサロンとして有名であった。ところで1750年ごろ，男性会員スティリングフリート（Benjamin Stillingfleet, 1702-71）が盛装の黒の絹のストッキングではなく，家庭着のような青色（blue）の毛糸のストッキング（stockings）をはいて参加していた。するとすぐさまサロンの参加者，わけてもそこに集まって学をてらう婦人たちは，ブルーストッキング（bluestockings）と揶揄された。そして，女性の地位の変化の歴史とともにこの語の由来が忘れ去られ，次第にその意味が低下して，通例軽蔑的に「文学好きの女，インテリ女，才女」という意味に使われるようになった。

blunderbuss [blʌ́ndərbʌ̀s] らっぱ銃《17-18世紀ごろの筒先がらっぱ状になった短銃》，とんま

　この語の由来は，この銃がしばしば標的を外すことから blunder（へまをやる）という名がつけられたわけでもなく，より通説になっている Donner（雷）と Buchse（箱，銃身）からなるドイツ語 Donnerbuchse（らっぱ銃）でもないと考えられる。この blunderbuss の語源については，むしろ arquebus, harquebuss（火縄銃）が良い手掛かりを与えてくれる。こちらの語源は haken（かぎ，かぎの手〔hook〕）と buschse（箱，筒，銃）からなる中高地ドイツ語 hakenbüchse であり，発砲する時に重いので支え（hook）に固定することからそのように呼ばれた。arquebus の綴りは，arco（弓）と buso（穴，樽）からなるイタリア語 archibuso（火縄銃）の影響を受けたものである。blunderbuss は，古くは plantierbus と綴り，ラテン語 plantare（植える，固定する）から派生した言葉である。やはり発砲する前に銃架に固定したことに由来する。

blurb [blə́ːrb]《新刊書のカバーなどに印刷する，出版社の》宣伝文，つまらない宣伝資料；広告する

　この種の宣伝文はかつては puff と呼ばれていた。puff の本来の意味は「一陣の風」である。順風に帆を張って航海するのと同じように本の売れ行きを良くするためのもの，という意味であった。上手な誇大宣伝（puffery）によって売れ行きは一気に上がるものである。

　blurb は，ベストセラーを作り出そうと嵐のような宣伝がはやった1914年ごろ，米国のユーモア作家バージェス（Gelett Burgess, 1866-1951）が自著のカバージャケットに描いたグラマー美人に Miss Blinda Blurb という名前をつけたのが始まりである。彼はこの blurb には「出版社好みの響き」があると説明した。おそらく擬音語である。

blush [blʌ́ʃ] 顔を赤らめる，赤面する；赤面
　→ fourflusher

boar [bɔ́ːr] 雄豚，イノシシ
　→ Adonis

board [bɔ́ːrd] 板；乗り込む，食事付きで下宿する

　この語はゲルマン諸語に共通で，原義は「板」であり，そこから船の舷を意味するようになった。アングロサクソン語では bord で，これが後期ラテン語 bordura（縁）となり，中英語に借入されて border（へり，縁，境界線）となる。starboard（右舷），larboard（左舷），overboard（船外へ）なども同じ語源である。starboard は語源的には steer-board（舵側の舷）である《昔のゲルマン人の船は舵取りの櫂を右舷につけていた》。また larboard は中英語 lad(d)eborde を経て成立した。第一要素 lar- はスウェーデン語 ladda（積み荷：load）が語源ではないかとの説があり，「船荷を受け取る舷」がその原義であるとするのが一般的である。英語 lade（積む）はこのスウェーデン語 ladda から借入されたのではないかと考えられる。

　board（《船・飛行機・列車に》乗り込む）は，初め海戦において船を敵船に横づけし，引っ掛け錨でつなぎ，兵士たちが甲板の上に（on *board*）飛び乗ることであった。〈accost, cutlet 参照〉

　boarder（下宿人）はずっと後に派生した語で，宿泊するベッドと食事用テーブル（tableboard, board）を提供される人という意味である。やがて board はその上

に乗せる「食事」という意味に使われるようになった。

boarder [bɔ́:rdər] 下宿人，寄宿生，敵船斬り込み隊員
→ board

bob [báb] ひょいと動く；《女性の》ショートヘア；断髪にする

この語にはいくつかの同形異語がある。まずは「こぶ」や「かたまり」を意味するbobである。これはbob-tailed horse（切り尾の馬），bob-wig（《英国の宮廷で用いられる》後ろに結髪がついていて短く刈り込んだかつら），bob-haired-girl（おかっぱ〔ショートカット〕の少女）のように髪や尾を「短く束にした」とか「短くカールにした」という意味で使われる。

次に「ひょいと上下に動く」を意味するbobは，強打（blow）あるいはそれを避けるために上下に動く動作を意味した。この言葉の起こりは擬音語と考えられる。

bobbin（筒形の糸巻──フランス語bobineの借入，語源未詳──）は元は織物に使う一種のピンであったが，やがて筒形（シリンダー）を指した。このbobbinからbobbin-lace（ボビンレース《ボビンを使う一種の手編みレース》）やbobbinet（ボビネット《6角形の網目をもった機械織りレース》）が派生した。bobby pin（ボビーピン）はショートヘアー（bobbed hair）用のヘアピンである。

ところで名前のBob（ボブ）はRobert（ロバート）の短縮形Robから同化によって生まれた。〈Appendix VIのbobby参照〉

bob-sled（ボブスレー）は前後に一対ずつの短いエッジのついたそりである。鳥類のbob-white（コリンウズラ）や，Bob o'Lincolnとも呼ばれるbobolink（ボボリンク，コメクイドリ）という名前は，その鳴き声に由来する。

bodice [bádis]《婦人・子供服の》胴部，ボディス〔胴着〕，コルセット
→ bodkin

bodkin [bádkin] ひも通し，千枚通し，二人の間に挟まれた人

この語も二つの背景を持つ。一つは「ひも通し針，千枚通し」という意味のbodkinで，ウェールズ語biodog（短刀）の指小形bidogynが語源である。なおハムレットが，"When he himself might his quietus make / With a bare bodkin"（短剣のほんの一突きで自分自身が安らかになれるというのに）(*Hamlet*, III, i) と言う時のbodkinは「短剣」である。ただし，こちらの意味は今日では廃れてしまっている。

また他方でbodkinは, Odds *bodkins* という句で使われる。これはののしりの言葉 God's *bodikins*（こん畜生：God's little body：〔原義〕神の聖体にかけて）の婉曲表現である。今日でもイングランドのある地方では，食卓や馬車の席で二人の間に挟まれて小さくなっているやせた人はbodkinと呼ばれる。body（身体）はゲルマン諸語に共通な言葉で，アングロサクソン語ではbodigである。bodice（《婦人・子供服の》胴着）の原義はa pair of *bodies* であり，bodyが17世紀にはドレスのウェストラインから上のピッタリした部分を指したことに由来する。

body [bádi] 身体，死体，かたまり
→ bodkin

bogus [bóugəs] にせの，いんちきの
→ insect

bogy [bóugi] 悪魔，お化け，【ゴルフ】ボギー
→ insect

bohemian [bouhí:miən] ボヘミアの；自由奔放な因襲にとらわれない人，ボヘミア人
→ Appendix VI

boil [bɔ́il] 沸かす，煮る；沸騰
→ drink

bolshevik [bóulʃəvik] ボルシェビキ，ソ連共産党，共産党員

これはソビエト連邦（the Soviets）〈同項参照〉が誕生した時に権力を握った党の名前で，bolshe（…より多くの）から派生したロシア語bolshinstvo（多数派）が語源である。mensheviki は bolsheviki の反義語で，「少数派」という意味である。

bolster [bóulstər] 長枕，当て物；枕で支える
→ poltroon

bomb [bám] 爆弾；爆撃する，爆弾を投下する
→ bombardier

bombardier [bàmbərdíər]《爆撃機の》

爆撃手，砲兵下士官

　この語は飛行機乗りを指すようになったが，1560年ごろには，石の弾丸を射ち出す大砲（bombard）の砲手を意味した。ギリシア語 bombos（ドーン，低くうつろに響く音）からラテン語 bombus（うつろな音）を経て成立した bomb（爆弾――フランス語 bombe，イタリア語 bomba――）から派生したものであり，元は砲弾が飛び出す際に立てる音の擬音語である。

　bombilate と bombinate は「《ハチやハエなどが》ブンブンいう」という意味であるが，buzz（ブンブンいう）をもったいぶって長々しく表現するために，ラテン語 bombitare（ブンブンと鳴る）から造られた言葉である。bumblebee（マルハナバチ）や bump（ドンと当たる）もよく似た擬音語である。〈luncheon 参照〉

bombast [bámbæst] 大げさな言葉，大言壮語，豪語

　bombastic（大げさな）は，人物の話が「風でいっぱいにふくれた」を意味し，口語では「だぼら」という意味である。bombast は，ギリシア語 bombyx（カイコ）から，ラテン語 bombyx（カイコ，絹），これが誤用されて後期ラテン語 bombax（綿）となり，古フランス語 bombace（綿の詰物）を経て成立した言葉で，原義は「《見栄えが良い布にするために》綿をいっぱいに詰めた」である。

　bombast と同じく，fustian（大言壮語，ファスチャン織）も栄華・華麗を誇ったエリザベス女王（good Queen Bess）の時代（1533-1603）では普通に使われた言葉で，元々は「目の粗い綿や亜麻の布」だったが，後に《コーデュロイ風に厚みを持たせた》布を指すようになり，これが比喩的に「大言壮語」の意味で用いられるようになった。この語はその布の産地 Fostat（カイロ近郊の地名）から後期ラテン語 fustaneus（布），古フランス語 fustaigne を経て英語に借入された。

　ところで farce（笑劇，茶番狂言）は，後期ラテン語 farcire（食べ物を詰める）が語源であるが，「大げさにふくらませた話」からではなく，深刻な劇の幕と幕の間に詰められた幕間劇として演じられたことからその意味が生じた。

　なお burlesque（パロディ，滑稽な寸劇）は，bombast などと似た経過をたどった言葉で，ラテン語 burra（丸くふくれた羊毛）が比喩的に「つまらない無意味なもの」という意味に使われ，さらにイタリア語 burla（冗談，嘲笑のまと），形容詞 burlesco（こっけいな）を経て英語に借入された。

bombilate [bámbəlèit], **bombinate** [bámbənèit] ブンブンいう

→ bombardier

bonanza [bənǽnzə] 富鉱帯，大当たり；大もうけの

　この語は，スペイン語 bonanza（晴天――ラテン語 bonus〔良い〕が語源――）から借入され，米国の西部で困難な探索の後に金鉱を掘り当てたようなうれしい安らぎを意味するようになった。それは，イエスと弟子たちが乗った舟が嵐で大波に呑まれそうになるが，イエスが風と海を戒められるとたちまち大凪になる，という『マタイ福音書』（8:26）の場面にちなむ。その大凪をスペイン語で una grande *bonanza* と言う。証券取引所に行くと，ラテン語 bonus（良い）から直接借入された bonus は，「特別配当金」や「良い贈り物，ボーナス」を指すことになる。

bonbon [bánbàn] ボンボン《砂糖菓子の一種》，かんしゃく玉

→ bun

bond [bánd] きずな，農奴；くっつける，くっつく

→ neighbor

bondage [bándidʒ] 隷属の境遇，束縛，屈従

→ neighbor

bonfire [bánfàiər] 大かがり火，たき火

　この語は，消防法規によって規制される以前の選挙投票日のような祝日を祝ったり，ピクニックで切り身肉やフランクフルト・ソーセージを焼いたりするような，楽しい焚き火を指す。

　しかし，その起源においては，はるかに陰鬱な出来事を表す言葉であった。bonfire は bone-fire（骨の火）が穏やかになった言葉で，元は中世のヨーロッパ全土を襲った黒死病の犠牲者の骨を山のように積んで燃やす火とか，人を火刑にするための焚き火のことだった。田舎では bonfire に，未だに動物の骨を燃やす所がある。

この語はフランス語 bon（良い；愉快）が語源であるという説がある。また、デンマーク語 baum（かがり火）とか、ウェールズ語 ban（高い）とかが語源であるという説もある。

それはともかく、bonfire はアイスランド語 bal（炎）から bael を経て生まれたアングロサクソン語 bael（火、火葬の火）に取って代わった言葉である。なお bale（火葬の火・《比喩的に》災い）はこのアングロサクソン語が語源である。《ただし bale（害悪、災い）は別語源である》

bonus [bóunəs] ボーナス、特別手当、特別配当金
　→ bonanza

book [búk] 本、帳面；予約する
　→ bible

この語の語源が beech-tree（カバの木）であるとする説に対して、book の最古の記録では boks（書き板）であるという事実を根拠に、その語源説に異議を唱える学者もいる。

boom [bú:m] とどろき、うなり、ブーム
　→ beam

boondoggle [bú:ndɑ̀gl]《口語》簡単な手細工品、つまらない仕事；むだな仕事をする

この語は、元来は名詞だったようで、開拓時代には、gadget（ちょっとした機械装置、小道具）を指していたと考えられる。ところが、ニューヨーク州の予算委員会が1935年に義援金の用途を調査していた時、マーシャル（Robert C. Marshal）なる人物が、芸術家のプロジェクトはレザー・クラフト、ベニア板彫刻とか boondoggles（くだらない小物）ばかりである、と言って非難した。この boondoggles は、辺境開拓、特にケンタッキー開拓で有名なブーン（Daniel Boone, 1734-1820）が自分の愛犬に投げてじゃれさせた木片を指すと考えられてきた。おもしろい話であるが、動詞 boondoggle は子犬のように忙しく動き回りながら、結局はむだなことをするという意味であったことは確かである。だが、義援金は何の成果がなくても大いなる恵み（boon）であったことも確かである。

18世紀には動詞 boon は「公道を補修する」、また dogger は「釣り人」という意味であった。

boor [búər] 無作法者、粗野な人
　→ neighbor

boot [bú:t] 長靴、おまけ；蹴飛ばす、役立つ

"He's a rascal, and a good one to boot."（あいつは悪ガキだ、蹴っ飛ばしてやれ）の boot（《靴ばきのまま》蹴飛ばす）の語源ははっきりしない〈butt 参照〉。ところが、"one" の後にコンマを打ち "and a good one, to boot" とすると to boot は「その上に、おまけに」という意味になる。こちらの boot の語源はアングロサクソン語 bōt（利益、償い）であり、better（good の比較級）と同語源である。better そのものは印欧語根 bhad-（良い）にさかのぼることができ、原級であったが、good がそれに取って代わった。

handicap（ハンディキャップ、ハンディ、不利な条件）は hand in cap という英国の古いゲームに由来する言葉である。英国の日記作家として有名なピープス（Samuel Pepys, 1633-1703）は1660年9月19日にこのゲームを習ったと記している。それは、二者が物品の交換を提案し、第三者のアンパイアが安い方の物品に「足し前」（boot）を提案する。その第三者が供託金を帽子の中に入れたうえで、取り引きの当事者がそこに手を入れておき、同時に手を引き出してグーかパーでその取り引きを受けるか否かを表明する。「あいこ」の時はアンパイアが、一方が受ける意志を示した時はその者が「供託金」を獲得するゲームであった。双方あるいはアンパイアが勝負ごとに帽子に手を入れることから、このゲームの名前がついた。そして物品の価値の低い方につけられる「足し前」が、同時に物品の「弱み」も指すようになり、現在の意味「ハンディキャップ、不利な条件」となった。

bootless（むだな）も、アングロサクソン語 bōt（利益、得）が語源であり、*bootless* errands（むだな使い）のように使う〈sleeveless, bottle 参照〉。海賊などの利得（略奪品）のことを booty と言うが、これも bootless と同系語である。

bootee, bootie（幼児用の毛糸靴）は最初の boot（蹴飛ばす）と同語源である。かつて bottekin というかわいいブーツがあった。boot（長靴）はフランス語では

botte，英語でも古形は bute，botte であった。語源は後期ラテン語 botta（長靴）であり，この履物は butt（樽）と同系語の可能性がある。

上記 booty の発音については，海賊なら beauty [bjúːti]（美人）と混同するかもしれないが，どんな鈍感な兵隊でも cutie [kjúːti]（かわいこちゃん）を，cootie [kúːti]（シラミ）と発音することはないであろう。

duty（義務）を [dúːti]，New York を [nùː jɔ́ːrk] と誤って発音するのは不精や不注意によるものであり，できないからではない。New York の発音は特にイディッシュ語の Nu? [nuː] の影響を受けた可能性がある。この言葉は「それがどうしたんだ」とか「次はなんだ」という意味であり，誤った発音 [nùː jɔ́ːrk] には「それがどうしたんだ」という気分が表れている。

bootlegger [búːtlègər]【米国史】《禁酒法時代の》酒類密造人，密売人

この語は，禁酒法（1920-33）が骨折り損に終わるずっと以前の19世紀の中葉に，ケンタッキー州やその他の州で，酒の密造・密輸に精を出した業者を意味した。政府の役人の目を逃れるために，もぐりの酒売りは足（legs）と膝までのブーツ（boots）の間にバーボンを隠して運んだので，bootlegger の名前がついた。

なお，ジョイス（James Joyce, 1882-1941）が1922年に発表した大作 *Ulysses*：『ユリシーズ』は，その大胆な描写のために米国では1934年まで発売が禁止されていたが，裁判所が許可するまでの間，密かに出回って多くの人に読まれていた。当時発禁本の密売業者は上記の bootlegger にちなんで booklegger と呼ばれるようになった。

bootlicker [búːtlìkər] おべっか使い
 → sycophant

booty [búːti] 戦利品，略奪品，賞金
 → boot

borax [bɔ́ːræks] ホウ砂
 → element の項 boron

border [bɔ́ːrdər] へり，縁；隣接する
 → board

bore [bɔ́ːr] 退屈させる；退屈させる人；《錐などで》穴を開ける

 → Adonis

borealis [bɔ́ːriəlis] オーロラ
 → aurora

born [bɔ́ːrn] bear（産む）の過去分詞
 → berth

borne [bɔ́ːrn] bear（運ぶ）の過去分詞
 → berth

boron [bɔ́ːrɑn]【化学】ホウ素
 → element

borough [bɔ́ːrou]【英国史】自由都市，《行政単位としての》市
 → dollar

bosh [bɑ́ʃ] ボッシュ，たわごと；ばかな！

bosh には三つの同形異語がある。一つはドイツ語 böschen（傾斜させる）が語源と考えられ，溶鉱炉の最下部の炉が細くなる部分の「ボッシュ」を指す。

第二の bosh（輪郭，略図）は，to cut a *bosh*（頭角を現す）のように使われた言葉で，フランス語 ébauche（粗描）から借入された。

第三の bosh（たわごと，ばか話）は，ペルシア語 bosh（空虚な）から直接借入された。しばしば bosh!（ばかばかしい，ばか言え）のように感嘆詞的に使われる。

The Adventures of Hajji Baba of Ispahan：『ハジババの冒険』（1824年）で有名なモーリア（James Justinian Morier, 1780-1849）の東洋が舞台のロマンチックな小説 *Ayesha : the Maid of Kars*：『アーイシャ：カルスの乙女』（1834年）で使ったことから広まった言葉である。大方の語源などは，たわごと（bosh），ばかばかしい（fiddle-dee-dee）〈同項参照〉と考える人が世間にはいるものである。

bosky [bɑ́ski] 樹木のこんもり茂った，木蔭の多い，ほろ酔いの
 → strategy

Bosphorus [bɑ́spərəs] ボスポラス海峡

19世紀英国の歴史家にして政治家のマコーリー（Thomas Babington Macaulay, 1800-59）は，この海峡は Bosphorus ではなく Bosporus と綴るべきであると主張した。この語は，ギリシア語 bous（雄牛：ox）と poros（渡し：ford）からなり，「牛の渡し」（ox-ford）に当たると言うのである。神話の一つによれば，ここはゼウスがエウロペ（Europa）に聖なる雄牛に姿を変えて近づき，

彼女を乗せて泳いで渡った海峡であるとされる。Europe（ヨーロッパ）〈同項参照〉はこのテュロスの王女にちなむ名前である。《ただし，一般に流布している神話では，ゼウスに愛されながら雌牛に変えられたアルゴスの王女イオ（ヘラクレスの先祖）が，ヘラ女神の嫉妬によって世界中を追われ，ヨーロッパからエジプトに逃れる時に渡った海峡（雌牛の渡し）とされる。》

なお上記ギリシア語 poros（渡し，通路）は，ラテン語 portus（港：*port*），英語 firth（《スコットランド地方の》峡湾，入江），ford（浅瀬，渡り場）や forth（ford の変化形），ノルウェー語起源の fiord（フィヨルド）と同族語である。また，ギリシア語 bous（牛）は英語 bovine（ウシ属の，のっそりした）の語源である。

ちなみに Oxford（オックスフォード）は，かつて Oxenford と綴り，ford for oxen（牛の渡り場）が原義であると一般には考えられている。しかしおそらくは ox とはまったく関係なく，より古くはケルト語 uisge（水）と古英語 ford からなる Ousenford がより身近な言葉へと訛ったものと考えられる。〈drink の項の whiskey；dollar，port 参照〉

boss [bɔ́(:)s] 上司，装飾突起；指揮する
　　→ blot

boss にはいくつかの語源の異なる同形異語がある。仕事上の「上司」の boss はオランダ語 baas（主人）から借入されたもので，さらに古くは「おじ」という意味だった。同系語の古高地ドイツ語 basa は「おば」である。

botany [bátəni] 植物学，植物〔全体〕，―植物の生態
　　→ plant

botch [bátʃ] ぶざまな継ぎあて，へたな仕事；やり損なう
　　→ blot

bottle [bátl] びん，《わらの》束；びん詰めにする

びん（bottle）は今ではガラスでできているが，かつてはブーツ（boot――英国で用いられた後期ラテン語 bota〔皮革〕から借入――）と同じ材料でできていた。ところで bottle と同系語の butt（《ブドウ酒などの》大樽）〈同項参照〉は，後期ラテン語 butis, buttis（うつわ，貯蔵樽）からフランス語・イタリア語 botte（ワインの革袋，樽）を経て英語に借入された。buttery（酒貯蔵室，食料貯蔵室）は，butter（バター）〈同項参照〉ではなく，樽（butts）を貯蔵する所である。

さて bottle は，上記の後期ラテン語 buttis（樽）の指小形 butticula がイタリア語 bottiglia（びん），フランス語 bouteille（びん）を経て英語に借入され，当時はブドウ酒を入れる「革袋」のことだった。だから語源的には貴婦人の部屋ばきに酒を入れて飲む，といった男っ振りの良い飲み方とは関係がない。

bottle はこの他にも三つの同形異語がある。その一つは butt（固くて小さな塊り，《武器・道具の》大きい方の端）と同系語の可能性が高い bottle（《乾草・わらの》束）であり，古フランス語 botte（束）の指小形 botel から英語に借入された。16世紀には，「望みのない捜し物をする」を to look for a needle in a *bottle* of hay（〔原義〕乾草の束の中の針を探す）と言った。今では hunting in a haystack（〔原義〕乾草の山の中を探す）と言う。

bluebottle（ヤグルマギク）のような花の名前につく -bottle は，子房あるいは萼（がく）がびんの形に似ているのもその名の一因であるが，buddle（アラゲシュンギク）の語源の古英語 bothel が影響しているものと思われる。

Harbottle（ハーボットル）のように地名の末尾につく -bottle は，13世紀までは「住居」という意味で独立した言葉として使われていたが，今日では地名の中に残っているに過ぎない。古英語は botl で，アングロサクソン語 bodl から原始ゲルマン語根 bu-, bo-（住む）にまでさかのぼることができる。14世紀までは同語源の bold が「住居」という意味に使われていた。ただしこの古い語根 bo- は，abode（住居）とは関係がない。こちらは，古英語 abidan（…の上に留まる）が語源の動詞 abide（《文語》留まる，居住する）が名詞化したもので，意味は「休息所」から「住居」へと移転した。なお古英語 abidan（…の上に留まる）は，古英語 an（上に）と bide（待つ）の語源である bidan（《信頼して》待つ：――ゲルマン諸語に共通――）から

また廃語の abode（告知，発表）は，ゲルマン諸語に共通の bode（予告する，前兆となる）から派生した。古英語で bod, 古高地ドイツ語では gabot であり，原義は「命令する，人に…をするように告げる」であった。やがて，元の命令的な強さが次第に弱まり，「告げる」「知らせる」「予告する」となったが，その強さは foreboding（虫の知らせ，不吉な予感）という語に生き残ることになった。夫が酒びたりになる（take to the *bottle*）時に，妻が感じる不吉な予感が foreboding である。

boudoir [búːdwɑːr] 婦人の私室・寝室
　この語はフランス語 bouder（ふくれっ面をする：to *pout*）が語源であり，元来「すねたり，ふくれっ面をする部屋」という意味であった。奥方たちは，感情を害するとこの部屋に引っ込んで，その場を繕ったり鬱憤を晴らしていたのである。
　フランス語 bouder と英語 pout（ふくれっ面をする，唇を突き出す）は意味的に似ており，古英語はおそらく putian, スウェーデン語は puta で，どちらも「ふくれる」の意味であった。ここから pudding（腸，ブラッドソーセージ〔*blackpudding*〕──フランス語 boudin──）が派生した。この語は，「腸」（bowels）を意味したが，やがてソーセージの一種である「腸詰め」を指すようになり，今日ではデザートの pudding-pie（プディングパイ）の短縮語としても使われている。
　また，英語 purse（財布）が後期ラテン語 bursa（皮袋）〈budget 参照〉から派生したように，英語の p とロマンス語の b には音推移が見られる。従って pudding はラテン語 botulus（ソーセージ）にさかのぼる可能性がある。そして，このラテン語の指小形 botellus（小ソーセージ，小腸）から古フランス語 boel, bouel を経て bowel（腸）が成立した。ソーセージから腸に至るとは，遠回りをするものだ。

bough [báu] 大枝，《特に》主枝
　→ bow

bounce [báuns] はずむ，はずませる；はずみ
　この語は，古くは [búːnz] と発音され，古いドイツ語 bums（ドシン，ズシン──英語 boom〔ドーン〕──）と同じように，重たい物のたてる音を表すのに用いられた。そこから bounce は破裂する時の音や打撃を表すようになり，さらに「弾み」（*bounding* away）という意味が生まれた。
　なお，動詞 bound（跳ね飛ぶ）も同じように15世紀までは「鳴り響く」という意味しかなかったが，次第に「跳ね返る」「跳ぶ，跳ねる」を意味するようになった。この語はおそらくラテン語 bombus（ブンブンいう音）から派生した後期ラテン語 bombiare（ブンブンと鳴る）〈bombardier 参照〉が語源である。
　さらに上記 bounce は大きな衝撃音とともに突然に跳び上がるボールのように「跳ねる」（*bounce* または *bound*）とか，ダンスの時に女性が「はずむように踊る」（*bounce* it）動きを意味するようにもなるのである。
　俗語で to *bounce* a man は「警告もなく無造作に人を放り出す（首にする）」という意味である。また *bouncing* fellow と言えば，その人物が「でかい」「元気がいい」「たくましい」「大ぼらを吹く」など，とにかく大きいことを連想させる。
　ちなみに，たたいたり打ったりする動作を意味するさまざまな言葉にはこのような比喩的用法がある。例えば，*strapping* fellow（大柄な男──strap〔バンソウコウを貼る〕──），spanking（威勢のよい──spank〔ピシャリとたたく〕──），thumping（途方もない──thump〔激しくなぐる〕──），whopper（大うそ──whip〔むち打つ〕より激しい動作の whop〔たたきつける〕──），bounder（跳ね回る人，成り上がり──bound〔はずむ〕──）などである。これらの言葉の起源はすべて擬音語である。
　なお，boundary は自分の地所の「境界を示す」（bound）時に引く「境界線，境界」であり，古い言葉で bourn, bourne とも言った。例えばハムレットの独白の中に "death, the undiscovered country from whose *bourne* no traveler returns"（「死，その境界を越えた旅人のだれ一人として帰って来たためしがない見知らぬ国」*Hamlet*, III, i）とある。bourn も boundary も，古フランス語 bodne, bonne, bunde から後期ラテン語 bodina（境界）

にさかのぼる。それ以前の語源については不明であるが、ケルト語からローマ人が借入したと考えられる。なお、英語 bourne (境界) はフランス語 borne (境界標, 境界石) と同じように, 共通ゲルマン語 bord (ふち, 舷 : *border*) にさかのぼると考えられる。

bound [báund] はずむ；境界
　→ bounce

boundary [báund(ə)ri] 境界線, 接点, 限界
　→ bounce

bounder [báundər] 跳ね回る人,《俗語》ならず者, ごろつき
　→ bounce

bourgeois [buərʒwá:] 中産階級の市民, 資本家；中産階級の
　この語は、最初「都市の住人」とか「城市 (*burg*) の自由市民」を指し, gentleman (郷紳) や peasant (小作人) と区別する言葉で, フランス語 bourgeois (自由市民) から借入された。この言葉は、西ゲルマン語 burg (城砦市) から後期ラテン語 burgus, 古フランス語 burgeis を経て成立したものであり, 英語の burgess (自治都市の市民) と同語源である。〈dollar 参照〉
　bourgeois は, gentleman や peasant から区別して「中産階級の市民」, そこから「中産階級的な特徴を持つ人」を意味するようになった。そして, 使われ始めたころは特に urbane (都会風の, 洗練された)〈neighbor 参照〉との連想で, 好意的な敬意を表す言葉として用いられた。しかし, 視点が変わると「俗物根性の人」と悪い意味合いを帯びることがある。

bovine [bóuvain] ウシ属の,《頭の働き・動きの》のろい；ウシ属の動物
　→ Bosphorus

bow [bóu] 弓；[báu] おじぎ, 船首
　最も簡単そうな言葉に, 最も解きほぐしがたい歴史を持つものが多い。bow はそのすべての意味が古く, 共通ゲルマン語にすでに存在していたと考えられる。bow の第一義は古英語 boga や古高地ドイツ語 boug に見られる「曲げられた物」である。これがまず archway (アーチ道, 拱道(きょうどう)) という意味になり, そしてもちろん武器としての「弓」という意味に使われ

るようになった。
　出会いや別れの礼儀としての bow (おじぎ) も同語源で, 少し後に生まれた用法であるが, 発音は [bou] から [bau] に変化した。
　bow と同系語に bough (大枝) がある。原義は人間の「肩」であり, 首からひじ (*elbow*) に至る曲線を指し, bow とも綴られることがあった。アングロサクソン語 sculdor (肩) を語源とする shoulder (肩) が bough や bow に取って代わると, bough が最初比喩的に, 木の幹から分かれる曲線, そして「大枝」, bow [báu] は船の前部の湾曲から「船首」を意味するようになった。〈branch 参照〉

bowdlerize [báudləràiz]《著作物の》不穏当な部分を削除する
　スコットランドの牧師バウドラー (Thomas Bowdler, 1754-1825) は1818年に *The Family Shakespeare*:『家族で読むシェイクスピア』を出版した。それは彼が「婦人方が同席している場で紳士が読むのにふさわしくない」と判断した箇所を遠慮なく削除したものであった。彼の『シェイクスピア』の人気は高かったが, 学者からは攻撃された。ここから, 彼の名前は「淑女ぶって削除する」という意味の動詞を生むことになった。

bowel [báuəl] 腸, 内臓
　→ pylorus, boudoir

bower [báuər] 木陰, 主錨,【トランプ】ジャック
　→ neighbor

bowery [báuəri] 木蔭の多い；オランダ移民の農場, **Bowery** バワリー《ニューヨーク市の大通り》
　→ neighbor

bowie [bóui] さや付き猟刀
　→ Appendix VI

bowl [bóul] 鉢, 木球；球を転がす

bowling [bóuliŋ] ボウリング《球を転がして遊ぶゲームの総称》
　「鉢」を指す bowl の綴りはかつては boll であり, ゲルマン諸語に共通で, 古英語では bolla (つぼみ, 丸いさや) であった。しかしこの容器の形が丸いことから, フランス語 boule (球) から借入された bowl (ボウリングゲーム [bowling] のボウル) の影響を受けて, 今日の綴りと

なったと考えられる〈ball, ninepins 参照〉。これはギリシア語 bolbos（タマネギ，球根）が語源の bulbous（球根から生じる）や bulb（球根）と同様，印欧語根 bul-（ふくれる）にさかのぼる。古高地ドイツ語 bolon（転がる）は同族語で，「転がる」の意味が bowl に残っている。

なお古い綴り boll は，今日では cotton *boll*（綿花の丸いさや）や *boll*-weevil（《綿の実を食する害虫》ワタキバガ）に残っており，この害虫を一般に boll-worm と言う。ゲームは複数形 bowls を，スープを入れる丸型の器は単数形 bowl を使う。

box [báks] 箱，殴打，ツゲの木

box もまた簡単な言葉でありながら，複雑な歴史を持つ。その始まりはギリシア語 pyxos（ツゲの木）であると考えられ，ラテン語 buxus（ツゲ，ツゲ材）を経て借入され box（ツゲの木）となった。教会で用いる pyx（聖体容器）はギリシア語 pyxis（ツゲの木〔pyxos〕製の箱，箱）から借入された。箱の box は，初め薬その他の貴重品を入れる小さな容器のことで，その材料となるツゲの木（box）からその名を得た。そして後にその意味が拡大されて，材料や大小に関係なくどんな入れ物をも指すようになった。

boxing（ボクシング，拳闘）の box（殴打；拳でなぐる）は，顔をなぐる時に握る拳を箱に見立て，「耳に見舞う《贈り物の》箱」（a box on the ear：横っ面への一発）と表現したことに由来するのではないかと考えられる。あるいは，なぐる時の力や音を表す擬音語とする考え方もある。またボクシング・リングが box（箱）の形に似ていることにも注目すべきであろう。

boy [bói] 男の子，少年，息子

→ alas

古高地ドイツ語に個人名 Buobo（ドイツ語の普通名詞 Bube〔少年〕の語源）があった。この名はアングロサクソン語 Bofa に対応するもので，この個人名はまた英語 booby（ばか者）や baby（赤ちゃん，赤ん坊）と同語源ではないかと考えられる。〈abbot 参照〉

boycott [bɔ́ikət] のけものにする；排斥運動，ボイコット

領主や地主よりむしろ，その代理人の方が領民や小作人を苦しめることが多かった。フランス革命前の徴税人もその通りで，英国のボイコット大佐（Charles Cunningham Boycott, 1832-97）などは典型的な例である。彼はアイルランドにおける不在地主の代理人で，非常に不当な地代を要求したことから，1880年にアイルランドの農民たちはそのような代理人たちに対処するためにアイルランド土地同盟（the Irish Land League）を結成し，彼を槍玉に挙げたのである。そのせいで彼の名前は boycott（同盟排斥）という不名誉な言葉で後世に残ることになった。

イングランドではこれに似た意味で，send a person to Coventry（仲間はずれにする：〔原義〕人をコヴェントリーに送る）という表現がある。この由来についてはいくつかの説がある。一つは，《チャールズ1世（Charles I, 在位 1625-49）の王党派と議会派とが戦った大内乱（English Civil War, 1642-52）において，近くのバーミンガムで捕らえられて議会派の拠点 Coventry の町へ護送された》王党派の兵士たちにちなむとする説である。彼らは守備隊とも町の人とも一切の接触が許されなかった。なおこの Coventry はピーピング・トム（Peeping Tom：せんさく好きな人）の伝説がある所でもある。11世紀にこの町で，夫で冷酷なマーシア伯レオフリック（Earl Leofric of Marcia）が重税を課すのを止めさせるために，妻のゴディバ夫人は「けがれなき姿（裸）で」（clothed only with chastity）〈taboo 参照〉町中を馬に乗って回った。その時，町の人々はすべて目を閉じたが，仕立て屋トムだけはこっそりとそれを見ていたという。

もう一つの説は，Coventry が，ロンドンの有名な劇場コヴェント・ガーデン（Covent Garden）の Covent と同じく convent（修道院）に由来するという説である。就寝することを人々がふざけて go to Bedfordshire（ねんねする《bed の駄じゃれ》）と言うのと同じく，世間とは没交渉の修道院的隠遁生活に追いやる意味の駄じゃれで，send to Coventry と言ったとも考えられる。

brace [bréis] 元気づける；締め金，支柱

bracelet [bréislət] 腕輪，ブレスレット，手錠
→ brassiere

bracer [bréisər] 締める人〔物〕，元気づける物〔人〕，強壮剤
→ brassiere

brachial [bréikiəl] 腕の，上腕の，腕に似た
→ brassiere

brachiate [bréikiət] 交互対枝の；《サルなどが》腕渡りする
→ brassiere

brachy- [brǽki-] 短い
→ brassiere

braggadocio [brǽgədóuʃiòu] 自慢屋，ほら吹き

　brag（ほら，自慢）の由来は，トランペットの耳障りな大きな音である。そして braggart（ほら吹き，自慢屋）は，古フランス語 braguer（豪語する）の形容詞 bragard（《廃語》自慢たれの）から借入された。けれども，brag そのものはフランス語より先に英語に存在しており，起源は擬音語と考えられる。

　ところで，上記の braggart とイタリア語の増大辞 -occhio, -occio とを，英国の詩人スペンサー（Edmund Spenser, 1552?-99）が合成し，*The Faerie Queen*：『妖精の女王』（1590, 1596年）の中で自慢屋の人物 Braggadocchio（ブラガドウチォー）を登場させた（II, iii）ことから，普通名詞 braggadochio, braggadocio（自慢屋）が生まれた。

　こういうタイプの人物は，文学の世界に実によく登場する。ローマの喜劇作家プラウトゥス（Titus Maccius Plautus, 250?-184?B.C.）の *Miles Gloriosus*：『空威張り軍人』でのこの種の人物を始め，最近では例えばアメリカの劇作家ケリー（George Kelly, 1887-1974）の *The Show-Off*：『自慢屋』（1924年）における登場人物，あるいはコマ割り漫画（4コマ漫画など）のキャラクターなどはその典型である。

　しかし，物事は見かけによらぬもの。「ほら吹き，自慢屋」はギリシア喜劇で alazon と呼ばれるが，たいていの場合，小さく弱々しく負け犬を演じながら実際はずる賢く策略に富む相手役 eiron（とぼけ役）に出し抜かれる。そのとぼけ役が使った策略 eironeia（そらとぼけ）が irony（反語，皮肉）の語源である。ソクラテスは無知を装って対話を交わし，相手をわなに落として無知を暴露する問答法を駆使したが，そのやりかたは Socratic irony（ソクラテスのおとぼけ）と呼ばれた。

braille [bréil] ブライユ式点字法，点字
→ Appendix VI

bran [brǽn] もみ殻
→ barnard

branch [brǽntʃ] 枝；枝を広げる，分かれる

　bough（大枝）が元来，「肩，腕」を意味した〈bow 参照〉ように，branch（枝）も元来「《動物の》足」を意味し，後期ラテン語 branca（《動物の》足）からフランス語 branche（枝）を経て借入された。だから，bough（大枝——四肢に相当——）は trunk（幹，胴体）から張り出しているように，branch（枝——足に相当——）は bough から生えていることになる。さらに twigs（小枝，細枝）はその branch から生え出るものである。twig は複数形で用いることが多いが，それは語源のアングロサクソン語 twig が two（2）や twice（2回）と同系語で，枝から二股に分岐して出ていることに由来する。

　樹木の trunk（幹）は，truncare, truncat-（切り倒す）から派生したラテン語 truncus（枝を取り払った幹）が語源であり，建物には幹を切って使ったことからこの名ができた〈poltroon 参照〉。「胴体」という意味の trunk はこの原義を拡大したものである。

　旅行用の trunk（大かばん）はかつて木の幹（tree *trunk*）をくり抜いて作ったものであった。運動競技用の trunks（トランクス）は，まるで幹をくり抜いて2本の脚が通るようにしたような物，という比喩的な用例である。〈palliate の stocking 参照〉

　ゾウの鼻（trunk）は，かつて trump（《古・詩語》らっぱ——擬音が起源——）と呼ばれていたが，その形状から中をくり抜いた trunk（《廃語》管）との連想によって民間語源的に変わったものである。話が枝葉末節にわたり（branch out）過ぎな

いよう，この辺で止めるとしよう。
brandy [brǽndi] ブランディー
　→ drink
brass [brǽs] 真鍮(しんちゅう)
　→ brassiere
brassiere [brəzíər] ブラジャー
　18世紀，昔から元気をつけるために飲まれていたある種の飲み物は俗語で bracer（強壮剤）と呼ばれた。その意味はだれかに腕を借してくれるように頼むことであった。すなわち brace（元気づける；締め金，支柱）は，指小形 bracelet（ブレスレット，腕輪）からもわかる通り，元来は「腕」を指した。これは，ラテン語 brachium（腕）の複数形 brachia が古フランス語 brace, brase, brache（フランス語 bras〔腕，上腕〕）を経て英語に借入された言葉である。腕は2本あることから，brace は複数あるいは両数扱いされて，「つがい，一対」という意味にも使われる。
　embrace（抱き締める）の原義は「両腕の中に受け止める」である。brassard（腕，腕当て）は上腕部を保護するよろいの部分のことであった。
　brachial（腕の，腕に似た；腕，上腕）は，解剖学における専門用語で，ラテン語 brachium（腕）から派生した brachialis（腕の）から直接借入された。同じく brachiate（【植物学】交互対枝の，【動物学】腕のある，上腕のある）も同じラテン語起源の専門用語である。
　ところでラテン語 brachium は，ギリシア語 brakhys（短い）の比較級 brakhion（より短い；腕）の借入語との説がある。この brakhys は brachy- となり，多くの合成語に使われている。brachycephalic（【人類学】短頭の）の第二要素はギリシア語 kephale（頭）が語源である。1600年ごろ brachygraphy（〔原義〕短縮書法）は「速記」（shorthand）のことであった。
　さて，brassiere（ブラジャー）は，フランス語 brassières（《婦人や子供の》胴着）から複数形のまま借入され，原義は「支え」であり，元は乳房ではなく赤ん坊を支えるために着たシャツのことであった。今日でも，赤ん坊用ではないが，腕を回すようにして胸を支える点で「支え」という意味が生きている。それゆえ brassiere は，brass（真鍮）や breast（胸）と語源的関係はない。breast はゲルマン諸語に共通で，アングロサクソン語では breost であるが，他の印欧諸語には見当たらない。
　フランス語で「乳房」は sein であり，語源はラテン語 sinus（湾曲，カーブ）である。このラテン語と -osus（…でいっぱいの）とから英語 sinuous（曲がりくねった，しなやかな）が派生する。なお sinus（【解剖学】洞，副鼻腔）とか数学用語の sine（サイン，正弦）も同語源である。
　またギリシア語やラテン語では「乳房」は mamma で，幼児語が起源である。この幼児語は母親を指す mamma（ママ）を始め，いろいろな言語でいろいろな言葉がある。ラテン語 mamma の形容詞 mammalis（乳の）を語源として，広い範囲の「哺乳動物」を表す mammal が派生した。
　brass（真鍮）は古英語 braes（黄銅，青銅）から変化したが，古英語以外には見つかっておらず，語源も不明である。ただし，古英語 braes と同系語のアングロサクソン語 brazian（金属を鍛える）という語があり，これは brazen（真鍮色の，真鍮製の）の語源である。brazen-faced（鉄面皮な，厚かましい）という比喩的表現から brass が「厚かましさ，無遠慮」を意味するようになり，シェイクスピアの喜劇 *Love's Labour's Lost*：『恋の骨折り損』(V, ii, 395) で "Can any face of *brass* hold longer out?"（どんな鉄面皮でももうおしまいだ）というように使われている。この用法はデフォー（Daniel Defoe, 1660-1731）の街頭で80,000部も売れた風刺詩 "The True-Born Englishman"：「正真正銘のイギリス人」（1701年）によって多くの人々に知られるようになった。詩は次の書き出しで始まる。

　Whenever God erects a house of prayer
　The devil always builds a chapel there;
　And 'twill be found upon examination,
　The latter has the larger congregation.
　神が祈りの館を建てるといつも
　悪魔がそこにチャペルを建てる。
　気をつけて見ればわかることだが，
　会衆はいつも悪魔の方に多い。
この詩の中で行われる会衆のスピーチに，

brass が出てくる。
　A needful competence of English brass.
　《英国で生き抜くために》欠くべからざる能力の英国式鉄面皮。
　なお, brass (真鍮) が銅と錫あるいは亜鉛との合金であるところから, この語は金貨から錫貨まで含めて「貨幣, 現なま」を意味するようになった。

brat [brǽt] 子供, がき
　→ graft

brawl [brɔ́:l] 騒々しいけんか；騒々しくけんかする, 音をたてて流れる
　この語は, フランス語 braire (ロバがいななく, 泣きわめく) の反復形 brailler (どなる, わめく——bray〔ロバのいななき；耳ざわりな音をたてる〕の語源——) が語源ではないかと考えられる。brawl は, しかし, 昔は「騒音」という意味を伴っていなかったようで, シェイクスピアは単に「論争する」という意味で使っている《*Henry IV Part 2*：『ヘンリー四世第2部』(I, iii)》。to *brawl* in church は「不必要な雑談をする」という意味であった。
　論争や雑談のざわざわを思えば, brawl は英語固有の言葉ではないかとも考えられる。例えば, これに似た bawl (わめき声；叫ぶ) は本来語で, 擬音語である。これに相当する言葉が他の言語においても見られ, ドイツ語 bellen (吠える), 後期ラテン語 baulare (吠える), アイスランド語 baula (《牛が》モーと鳴く：to low) などはその例である。ところで low と言えば, brawl も low (品は低い) と言えるが, その騒音は高い (high)。

brazen [bréizn] 真鍮の, 鉄面皮の
　→ brassiere

breach [brí:tʃ] 違反, 割れ目；破る
　→ dollar
　この語は, ゲルマン諸語に共通で, 古英語 brekan (破る, 壊す：to *break*) が直接の語源であるが, フランス語 brèche (割れ目, 裂け目) の影響を受け, 中英語 breche を経て成立した。〈ache 参照〉

bread [bréd] 食パン, 食糧
　「生命の糧」は友好的な意図を示すための「折られた棒」(broken stick) から始まった。bread は古英語 bread や古高地ドイツ語 brot などゲルマン諸語に共通で, その意味は「小片, 一片」であった。客人をもてなすのに敵意のないことを示すために, 武器として使われる棒や槍を折る慣習をまねて, パンをちぎってふるまったところから, bread は「ちぎりとったパン」を指すようになった。
　それ以前にパンを表す言葉は古英語で hlaf と言い, これが loaf (ひと焼きのパン) の語源である〈lady 参照〉。しばらく bread と loaf は互換的に用いられていたが, 友好関係を表す bread が食糧そのものを指すようになると, 次第に loaf は, 焼き上がってかまどから出してきたばかりのパンに限って用いられるようになった。

break [bréik] こわす, こわれる；破壊
　→ ache, discuss, abridge, breach

breakfast [brékfəst] 朝食；朝食をとる
　→ jejune

breast [brést] 胸, 乳房, 胸中
　→ brassiere, nausea

breath [bréθ] 息, 呼吸, そよぎ
　→ inspiration

breech [brí:tʃ], **breeches** [brí:tʃiz] 半ズボン, ズボン
　でっぷりと肥えた男性がはくと半ズボンは大きく広がるが, これと同様にこの breech という言葉はきわめて広く行きわたっている。例えば, 古英語 brec, broec, ケルト語 bracca, ラテン語 braca, bracca などがあり, これらはすべて印欧語根 bhrag- (臭う) にさかのぼり, その意味は「臀部とふとももを隠すための覆い, 腰布」である。
　この腰布が次第に膝まで覆うに至り, breech は長い trousers (ズボン) に対して膝までの長さの衣類を指すようになった。一般には knee-*breeches* (膝のあたりで締まった半ズボン) のように複数形で用いる〈knickers 参照〉。なお, trousers も上記ラテン語 bracca (ゆったりしたズボン, もも引き——複数形 braccae——) が語源であるとする説がある。〈bloomers 参照〉
　"A woman wears the *breeches*." (女が幅をきかす, 亭主を尻に敷く) は女が一家の主になっていることの表現である。breeches part は演劇用語で女優が男性の服を着て演じる「男役」である。

breech は，16世紀ごろに半ズボンに包まれた身体の部分（尻）を指すようになり，それが "hinder part" of a gun（銃の後部）という意味に移転し，「尾筒部，銃尾」という意味にも使われるようになった。初期の銃は muzzle-loading（先込め式：〔原義〕鼻づら装填）であり，breech-loading（元込め式：〔原義〕尻装填）になったのは比較的新しいことであった。

ちなみに muzzle（鼻づら，銃口）は，古フランス語 muse（鼻づら）の指小形 musel から借入された言葉で，ラテン語 morsus（かむこと，食うこと）にさかのぼると考えられる。このラテン語 morsus の別の指小形である後期ラテン語 morsellum から morsel（《食べ物の》一口，一かじり）が派生した。〈remorse 参照〉〈bloomers, leprechaun 参照〉

brekecoax [brékəkouks] ブレケコークス《応援の叫び声》
→ coagulate

breviary [bríːvièri] 要約，抄本，【カトリック】聖務日課書
→ bull

briar [bráiər] イバラ，ブライヤ，ブライヤの根で作ったパイプ

喫煙家は，愛用するパイプの材料の briar（ブライヤ）が，briar（イバラ——古英語 braer〔イバラの茂み〕が語源——）とは関係がなく，後期ラテン語 brugaria, 古フランス語 bruyere, 古英語 bruyer を経て成立したことを知って興味を持たれるであろう。それは「《南欧原産の》ブライアの木」(heather) で，この木の根から良質のパイプが作られた。語源はケルト語ではないかと考えられる。ちなみに heathen（異教徒；異教を信じる）はヒース (heath) から派生した。〈pagan 参照〉

bribe [bráib] わいろ；わいろを贈る，わいろを使う

便宜を図ってもらうためのこの贈り物は，元来「施し物」であった。この語は，古フランス語 bribe（一片，パンくず，特に乞食に恵むパンのかけら——古フランス語 briber, brimber の意味は「《食・衣・金銭などの施しを》請い求める」——）から借入された。行為者を表す -er を付けた briber の意味が「盗人」，そして「ゆすり屋」へと意味が移転したように，bribe は「請われた贈り物」から「好意との引き換えに要求される贈り物」とか「損害を防ぐ代わりに要求された贈り物」，すなわち「不正な意図で授受される贈り物」へと意味が移転した。

bridal [bráidl] 花嫁の，結婚の；結婚式

bride（花嫁，新婦）の原義は「婚約者」や「誓った人」で，婚約はしているがまだ結婚していない人のことであった。語源はアングロサクソン語 bryd（所有された者，買われた者）で，ドイツ語 Braut（花嫁）と brauen（醸造する：to *brew*）は同系語である。bridal（結婚式）の語源はアングロサクソン語 brydealu（結婚の酒宴：*bride ale*）であるが，結婚の約束が一つの杯で酒を飲み交わすことによって固められたことに由来する。

bridegroom（花婿，新郎）は，上記の bryd と guma（男）とからなるアングロサクソン語 brydguma が bridegome となり，通俗的語源解釈によって第二要素が -grome（従僕）と混同され，やがて bridegroom となった。アングロサクソン語 guma（男）はラテン語 homo（男，人間）と同族語で，ギリシア語 gamos（結婚）や gametes（夫）と関係づける説がある。

brie [bríː] ブリーチーズ
→ Appendix VI

brief [bríːf] 短時間の；摘要；要約する
→ bull

Bright's disease [bráits dizíːz] ブライト病《腎臓に発する疾患の一種》
→ Appendix VI

brilliant [bríljənt] 輝く，りっぱな；ブリリアントカットの宝石

形容詞 brilliant（光り輝く）は，名詞としてはブリリアントカットの宝石，特に最高級のダイアモンド (diamond)〈同項参照〉を指す。しかし，語源的にはまったく異なった石，beryl（緑柱石《エメラルドなど》）のことで，ラテン語 berillus, beryllus（緑柱石），後期ラテン語 berillare（輝く），フランス語動詞 briller（輝く），形容詞 brilliant（輝いている）を経て英語に借入された。なお，beryl はギリシア語 beryllos（緑柱石）が語源で，今では消滅した東方の言語が起源である。

bristle [brísl] 剛毛，ブラシの毛；毛を逆

立てる
→ bazooka

Britain [brítn] グレートブリテン
→ Hibernia

British [brítiʃ] 英国の；英国人
→ Hibernia

broach [bróutʃ]《樽やびんなどの》口を開ける；先の尖った道具，穴開け錐
→ broker

brocade [broukéid] 錦；錦の；錦織にする
→ cloth

broccoli [brákəli] ブロッコリー
→ broker

brochure [brouʃúər] パンフレット，小冊子
→ pamphlet

brogan [bróugən] ブロガン《作業靴》
→ leprechaun

brogue [bróug] ふだんばきの短靴，地方訛り，アイルランド訛り
→ leprechaun

broil [brɔ́il]《焼き網・グリルを使って》焼く，焼ける；焼くこと
→ island

broker [bróukər] ブローカー，周旋屋，古物商

商談が成立すると、人々はワイン樽の口を開ける (*broach*) 習わしがあった。その際に「樽の口を開ける人」がブローカー (*broker*) だった。この語は、後期ラテン語 broccare (樽の口を切る) から中英語 brocour (樽の口を切る人) を経て、さらに意味が広がり、ワイン商人から pawn-broker (質屋) などのあらゆる小売業者、さらに取り引きにおける周旋人を指すようになるのである。

なお broach (《樽やびんなどの》口を開ける；先の尖った道具、穴開け錐──動詞として使われることが多い──) や brooch (ブローチ《飾り留針》) は broker と同語源である。

これらの言葉に含まれる「穴を開ける」という意味は、後期ラテン語 brocca (大釘) に由来する。broach はこの後期ラテン語からフランス語 brocher (縫う、錦織にする) を経て借入された。〈pamphlet 参照〉

ところで broccoli (ブロッコリー) は、後期ラテン語 brocca (大釘) の指小形 broccola (芽、茎) がイタリア語の複数形 broccoli (カブやキャベツの花芽、ブロッコリー) を経て借入された言葉である。

bromide [bróumaid]【化学】臭化物, 陳腐で平凡な話, 平凡な人

ギリシア語 bromos (カラス麦) から牧草の一種 brome (スズメノチャヒキ) が、ギリシア語 broma (食品) から医学用語 bromatology (食品学) が派生した。

しかし、もう一つのギリシア語 bromos (悪臭) から、有害で鼻をつくような臭気にちなむ bromine (【化学】臭素) や、bromide (臭化物《神経鎮静剤、写真用》)、その他の臭素元素を含む化合物・合成物を表す結合形 bromo- が造られた。

Bromo-seltzer (ブロモセルツァー) は、沈静作用のある頭痛薬 bromo (【薬学】ブローモ) の商品名である。また bromide の「平凡で退屈な人」の意味は、米国のジャーナリスト、メンケン (H.L. Mencken, 1880-1956) などが編集に当たった文芸誌 *Smart Set*:『最上流階級』(1906年4月1日号) が、鎮静剤のように人を眠くさせる陳腐な表現や平凡で退屈な人を bromide と呼んだことから一般化したものである。

bromine [bróumiːn]【化学】臭素
→ element

bronco [bráŋkou] ブロンコ《北米西部産の半野生馬》

合衆国南西部のカウボーイたちは、メキシコ人から多くのスペイン語を借入した。飼い慣らされていない野生の馬を bronco と呼んだのも一例で、スペイン語 bronco (でこぼこの、荒れた) から借入された。この野生馬の調教師を bronco-buster と呼ぶ。buster の bust (打つ) は burst (押し破る) の俗語で、さらにこれは break (砕く) の俗語である。野生馬の場合は「気力を挫く」(*break* the spirit of ...) という意味である。to go on a *bust* とは to *break* loose (手綱をゆるめる)、特に道徳的束縛を離れて放縦な生活をすることである。なお同音異語の bust (胸像、バスト) は、元来は人体の胴全体、トルソを指す。その起源は不明であるが、プロヴァンス語 bust (木の幹) と関係づける説があ

る。
　また mustang（ムスタング《小型の半野生馬》）は、スペイン語 mesta（牧畜業者組合）から派生した mestengo（《mesta から》迷い出た）が英語に借入されたもので、初めは「迷い馬」という意味であった。

Bronx cheer [bráŋks tʃíər]《舌を口唇の間で震わせる》ブルルルという音、やじ
→ Dutch

bronze [bránz] 青銅；ブロンズ製の；ブロンズ色にする
　この語は、ローマ時代の港町 Brundisium（ブルンディシウム《現代のブリンディジ》）から派生したイタリア語 bronzo（青銅）を経て英語に借入されたと、自信ありげに主張する説がある。しかし、他の起源と関連づける説もある。bronzo は初め古代の芸術作品を指すのに用いられたものであり、作品の出所であるブルンディシウム（Brundisium）か、作品の色に由来するのではないかと考えられる。そして、後に作品の素材を意味するようになった。色に由来する場合、イタリア語 bruno（褐色：*brown*）に結びつけられる。このイタリア語は多くの同族語を持っており、印欧語根 bhru-（輝く、茶色い）にさかのぼる〈beaver 参照〉。brown（褐色）は同語根で、ゲルマン諸語に共通である。burnish（つや、光沢）は、同じゲルマン語起源のフランス語 brun（褐色）から brunir, bruniss-（褐色にする、磨く）を経て英語に借入された。〈Appendix VI 参照〉

brooch [bróutʃ] ブローチ
→ broker

broom [brú:m] ほうき、エニシダ；ほうきで掃く
→ scrub

brougham [brú:əm] 1頭立て4輪馬車、ブルーム型自動車
→ Appendix VI

brow [bráu] まゆ毛、額、崖っぷち
→ effrontery

browbeat [bráubi:t] 威嚇する、脅して…させる
→ effrontery

brown [bráun] 茶色の；茶色；茶色になる
→ bronze, bavardage

Brownian movement [bráuniən mú:vmənt] ブラウン運動
→ Appendix VI

browse [bráuz] 新芽；若草を食べる、拾い読みをする
　この語は、今日では graze（草を食む、放牧する）〈同項参照〉と互換的に用いられる。フランス語 broust, brout（芽、若芽）から借入された言葉で、はじめは、草のまだ少ない早春に家畜がえさとする新芽を指した。家畜は樹木のわずかな新芽を少しずつ食べなければならなかったことから、browse は nibble（少しずつかじる）に近い意味をも持つに至った。browse は古くは braugh と綴ったことから、ゲール語 bragh（折る：to *break*）〈discuss 参照〉との関係が考えられる。家畜たちは小枝の先端をも折り取らなければならなかったのである。
　browser（拾い読みする人）は、元は冬の間、王室所有のシカを飼育する役目の男のことであったので、意味が物から動作へと移転したことが見て取れる。
　図書館での to browse（見てまわる、拾い読みする）は、あちらこちらで「少しずつかじる」（nibble）の原義を今に残している。なお、nibble は nib（小さな一かみ）の反復形であり、nipple（乳首）は nip（一ひねり、強い一かみ）の反復形である。〈knick-knack 参照〉

brummagem [brʌ́mədʒəm] 安物の、派手な；まがい物
　この語はイングランド中部の都市 Birmingham（バーミンガム）の訛り Bromwichamm, Brimidgeham の転訛である。バーミンガムは長らく安物の装身具類の産地として知られていた。

brunch [brʌ́ntʃ] 遅い朝食、早い昼食
→ dismal

brush [brʌ́ʃ] ブラシ；ブラシをかける、払いのける
→ scrub

bubble [bʌ́bl] 泡；泡立つ、沸き立つ
→ bull

buccal [bʌ́kl]【解剖学】頬の、口の
　buccal orifice（頬開口部）とは、食物が入ったり言葉が出てきたりする頬の間の開口部、すなわち口の衒学的な呼び名である。buccal（頬の）は、ラテン語 bucca

（頬，口）から派生した言葉で，解剖学で使う buccinator（頬筋）も同語源である。

　ヨーロッパの騎士が活躍した時代に，伝令が頬をいっぱいにふくらませてトランペットを大きく長く吹いたことから，abuccinate（《トランペットを吹くように》宣言する）という英語ができた。この語は a-〔ab〕（…から離れて）と，bucca（頬）から派生した buccina（トランペット）とからなるラテン語 abuccinare, abuccinat-（トランペットを吹く，宣言する）が語源である。

　また昔，かぶとは頬にそったひもでしっかり留めた。そこでこの締めつける物はラテン語で buccula（小さな頬，頬を覆うかぶとの部分）と呼ばれた。この語はラテン語 bucca（頬）の指小形で，フランス語 boucle（締め金）を経て英語に借入されて buckle（《ベルトなどの》バックル）となった。ただし今日ではたいていの場合，腰に締めるベルトについている留め金を指す。

buccaneer, buccanier [bʌ̀kənɪə*r*] バカニーア，海賊；海賊をはたらく

　ハイチに植民したフランス人は，焼き網で肉を燻製にする原住民たちの習慣を学んだ。その焼き網を指すカリブ人の言葉をフランス語化して boucan と呼んだ。1611年に仏英辞典を編纂したイギリスのコトグレイブ（Randle Cotgrave, 1634年没）はこの焼き網で「人食い人種たち（canibals）は人間や他の動物の切り肉をあぶり焼きにする」と述べている。そして初期の植民者の多くが海賊行為などを生業にしていたことから，焼き網（boucan）を伝えた人たち，buccaneer, buccanier は「海賊；あこぎな政治家や商人」を意味するようになった。〈cannibal 参照〉

buck [bʌ́k] 雄鹿；《馬が》背を曲げて跳ね上がる；《ポーカーで次の配り手を示すために置く》札

　「雄ジカ」を指す buck は，ゲルマン諸語に共通で，オランダ語 bok，ドイツ語 Bock（雄ヤギ，雄ジカ）などがある。なお bockbeer（buckbeer：ボック ビール《ドイツ産の強い黒ビール》）はドイツのアインベック（Einbeck）産のビール，Einbecker-bier を省略し，ドイツ語 Bock（雄ジカ）に掛けてこのように呼ばれるようになったのである。ただし buckwheat（ソバ，ソバの実）の buck は，アングロサクソン語 boc（ブナ：*beech*）〈bible 参照〉が語源である。

　「《馬が》背を曲げて跳ね上がる」という意味の buck の原義は「ヤギのように振る舞う」「垂直に跳ね上がる」である。この動詞のニュアンスは *Buck* up!（元気を出して！，しっかりしろ！）の表現に生きている。

　*buck*board（《板を車体にした》軽4輪馬車）の buck（車体）の語源はアングロサクソン語 buc（幹，胴）である。buck（ずぶ濡れにする，衣類を洗う）も同語源で，この場合のアングロサクソン語 buc の意味は（木製の？）「壺」であったと考えられる。なお中高地ドイツ語 buchen（洗う）やフランス語 buer（《古語》洗う），イタリア語 bucare（洗う）も同系語である。

　ところで，saw-buck（木びき台）は zaag（のこぎり：saw）と boc（雄ジカ）からなるオランダ語 zaag-bock から生まれた言葉で，saw-horse とも呼ばれ，X字形をした脚の上に丸太を固定して引くものである。もちろん buck-saw（《H型の枠にセットして両手で引く》のこぎり）も同じく動物に由来する言葉である。

　同じように動物との連想から造られた言葉がある。例えば，crane（起重機）はツル（crane）に由来するし，easel（画架，イーゼル）はオランダ語 ezel（ロバ）が語源で，17世紀のオランダの巨匠たちが使い始めたものである。donkey-engine（補助小型蒸気機関）は，船のボイラーに燃料を送り込んだり錨や荷物を釣り上げるのに用いられた。monkey-wrench（自在スパナ）は，monkey（サル）という語を伴う無数にある道具の一つで，それらには monkeywise（サルのように器用な）という意味が込められていると考えられる。

butcher（屠殺業者，肉屋）は，フランス語 bouc（雄ヤギ）から派生した boucher（ヤギを殺して《その肉を》売る人）を経て13世紀に英語に借入された。

tragedy（悲劇）は，ギリシア語 aix, aig-（雌ヤギ）に対する tragos（雄ヤギ）と ode（歌）とからなる言葉で，その起源は「贖罪のヤギ」（scapegoat）の犠牲式

にあったと考えられる。プラハ生まれのドイツの詩人・劇作家ヴェルフェル（Franz Werfel, 1890-1945）の *Bockgesang*：『ヤギの歌』(1921年) は，この語源を思い出させるものである。なおラテン語で「ヤギ」は caper, capr- である。〈taxi, Capri 参照〉

ところで，aegis（庇護，保護，後援）は，ギリシア神話でゼウスがアテナ女神に授けたヤギ皮の万能のよろい（アイギス：aigis）に由来する。

buckle [bʌ́kl] バックル；締め金で留める，曲がる

buckle は，元は頬に着けるかぶとの緒であった。〈buccal 参照〉

buckram [bʌ́krəm] バクラム；バクラムで固くする
→ cloth

bud [bʌ́d] 芽，つぼみ；芽を出す
→ puny

花が咲いて，実をつける以前の段階を表す bud（芽）は中英語では bodde で，それ以前の歴史は不明である。〈butt 参照〉

budge [bʌ́dʒ] ちょっと動く，身動きする，動かす
→ budget

budget [bʌ́dʒət] 予算，家計；予算を立てる

家計（budget）のやりくりに右往左往するように，この語はいろいろな言語の間をあちらこちらと渡り歩いてきた。語源はラテン語 bulga（革袋）であり，古フランス語 bouge，その指小形 bougette（小道具入れ）を経て英語に借入された。しかし，このラテン語はローマ人が，おそらくは毛皮をなめしていたケルト人から借入したものであり，古アイルランド語では bolg（袋：*bag*）である。なお，上記の古フランス語から budge（《防寒服の裏地などにする》小ヒツジの毛皮）が派生したが，17世紀にはもちろん「革袋」のことであった。なお，同形異語の動詞 budge（ちょっと動く，身動きする）は，ラテン語 bullire（沸騰する）の後期ラテン語反復形 bullicare（泡立つ）からフランス語 bouger（動く）を経て英語に借入された。

このように budget は，初め「小袋，財布」を指したが，やがて「財布の中身」，さらに「予算」という意味に用いられるようになった。当然「予算を立てる」に際しては「財布（purse）の中身」を整理することになる。

他方 purse（財布）も budget と似通った語源を持っている。この語は，後期ラテン語 bursa（財布）がアングロサクソン語に借入され，音韻変化で purs となり，次第に今日の綴りになったものである。bursar（《大学などの》出納係）やフランス語 bourse（銭入れ，奨学金）も，後期ラテン語 bursa が語源であり，さらにギリシア語 byrsa（なめし皮）にさかのぼる。purse は本来は口をひもで絞って締めるようになった小さな袋（キンチャク）であり，ここから唇を「すぼめる」という動詞も生まれた。〈Bursa 参照〉

buff [bʌ́f] 《牛などの》黄褐色のもみ皮，黄褐色，打つこと；磨く

buff と呼ばれる黄褐色は，buffalo（野牛）の色に由来する。buffalo はギリシア語 bous（雄牛）に由来すると想定されるギリシア語 boubalos（野生の牛）が語源で，ポルトガル語 bufalo（水牛），フランス語 buffle（水牛，水牛の皮）を経て借入された。最初は動物，次にその皮，そしてその色を指すようになった。金属を「磨く」(*buff*) のに昔は野牛の皮を使った。

blind-man's-*buff*（《目隠しされた子が押したり突いたりする他の子を捕まえてその名を当てる》目隠し遊び）は，かつては blindman buff と呼ばれた。この buff は「打つこと」であり，そのような動作を表す擬音語の古フランス語 buffe（ドイツ語 puffen〔パチッと平手打ちする〕に相当）の指小形 buffet から，英語に借入された buffet（一撃）より派生した。

英語 puff（プッと吹くこと），フランス語 pouf（ドスン《という音》）や bouffer（頬をふくらませる）は，元は頬をふくらませてプッと息を吹く時の擬音語であった。buffet（一撃），buffer（緩衝装置──衝撃を受け止める物──），rebuff（拒絶──衝撃を跳ね返すこと──）も同語源であるが，一撃によって生じる音がその意味の底にある。

フランス語や英語の buffet（《軽食などを置く》カウンター，ビュッフェ，食器棚）にも，やはり「ふくらませる」という意味がつきまとっている。すなわち一説に

よれば，中世の城や修道院の入口のそばには食べ物を載せたテーブルが置いてあり，巡礼たちはその心づくしにあずかり腹をふくらますことができた。そこでそのような場所を「ふくらませる所」という意味でbuffetと呼ぶようになった，というのである。しかし，この説には疑問が残る。

また第二の説は，buffetが脚付台の上に置く貴重な物を入れるチェストを指し，そこが自慢げに（puffed out）思われるところからbuffetと呼ばれたとするものである。第三の説は，buffetが誇りでふくれあがった（puffed out）テーブル，すなわち，陳列台（showtable）を意味するスラングであったとするものである。

blindfold（目隠しをする）の語源は，「目を布で包む（fold）」ではなく，むしろ，blindと中英語fellen（打ち倒す――fell〔倒す，打ち倒す〕の古形――）の過去分詞felled（feld）からなるblindfeld（目をなぐって見えないようにする）であった。この語と眼を布で包む連想から，feldがfold（折り重ねる，包む）に変わったのである。

ちなみに，イギリスの歴史家・評論家カーライル（Thomas Carlyle, 1795-1881）は，*The French Revolution*：『フランス革命史』（I, vi, iii, 278）（1837年）で"government by blind-man's buff"（行き当たりばったりの政府：〔原義〕目隠し遊びの政治）という表現を使っている。＜bugle, fell 参照＞

buffalo [bʌ́fəlòu] 水牛，バファロー；脅す
　　→ bugle
buffer [bʌ́fər] 緩衝器；衝撃を和らげる；磨き棒
　　→ buff
buffet [bʌ́fət] 一撃，不幸；打つ
　　→ buff
bug [bʌ́g] 虫，南京虫；悩ます
　　→ insect
bugaboo [bʌ́gəbù:] 恐怖の種
　　→ insect
bugbear [bʌ́gbèər] 怖いもの，嫌いなもの
　　→ insect
bugle [bjú:gl] らっぱ；らっぱを吹く，指揮する

この語は，ラテン語 bos, bovi-（雄牛――bovine〔牛のような，辛抱強い〕の語源――）の指小形 buculus が古フランス語 bugle を経て借入されたもので，原義は「野牛」（*buffalo*）である。今日の意味は，人が吹き鳴らすのに用いた *bugle*-horn（雄牛の角）の省略から生まれた。

buffalo は，ギリシア語 bous（雄牛――ラテン語 bos の同族語――）に由来すると想定される boubalos（野生の雄牛）が，後期ラテン語を経てポルトガル語 bufalo となり英語に借入された。水牛はフランス語では buffle で，英語 buff（黄褐色のもみ皮）の語源である。この buff は動物の名前から，その皮，その色を指すようになった。

ところで horn（角，らっぱ）は，ゲルマン諸語に共通な言葉であり，ラテン語 cornu（角）と同族語である。このラテン語から cornicle（【昆虫学】《アリマキが身を守るため蠟質液を分泌する》角状管），cornify（角質化する），cornute（角のある）などの科学用語が派生した。もっと一般的な言葉に cornucopia（角から花・果実・穀物があふれ出るようにした飾り物，【ギリシア神話】《ゼウスに乳を与えたヤギの》豊穣の角）がある。なお -copia はラテン語 copiae（財産，豊富）が語源である。

slughorn（トランペット）という語は，英国の詩人チャタトン（Thomas Chatterton, 1752-70）が "Battle of Hastings"：「ヘイスティングズの戦い」（1770年）の中で，ゲール人の「ときの声」を sluaghghairm（sluagh〔軍隊〕と gairm〔叫び〕から合成）とするべきところを slughorn と間違えたことから生まれた。slaughghairm（軍隊のときの声）から英語 slogan（スローガン）が派生した。製造業者などが自分の製品を自画自賛をする（blow one's own *horn*：自分の角笛を吹く）ために掲げるのがスローガン（slogan）であるが，語源的には horn と関係がない。しかし，ブラウニング（Robert Browning, 1812-89）は，"Men and Women"：「男と女」（1855年）の中の一篇 "Childe Roland to the Dark Tower Came"：「騎士ローランが黒い塔までや

って来た」の末尾で，チャタトンの間違いをまねて Dauntless the *slug-horn* to my lips I set, And blew（勇敢に進軍らっぱをわが唇に当て，吹けり）と使った。言葉はこのようにして発展することもある。
〈catchword 参照〉

bulb [bʌ́lb] 球根，電球；球根をなす
→ bowl

bulbous [bʌ́lbəs] 球根の，球根状の，ふくらんだ
→ bowl

bulk [bʌ́lk] 容積，積荷；大きくなる

　この語の語源は，古北欧語 bulki（積み重ね物，積荷）であり，その原義は海事用語 to break *bulk*（積荷を下ろす）という表現に今日も残っている。それがまたアングロサクソン語 buc（胴，腹）との連想によって「胴体」を意味するようになった。この二つの意味が今日の意味に融合している。

　ただし，bulkhead（《船内を仕切る》隔壁）の第一要素はアングロサクソン語 balca（梁，棟）から中英語 balk を経て成立した言葉であり，元来は積荷を仕切る壁ではない。ちなみにこの中英語から派生した語に balk（障害，妨害；ためらう）がある。to *balk* someone の原義は「人の進む道に梁を置く」ことであり，そこから今日の意味，「妨害する」が生まれたのである。

bull [búl] 雄牛，ローマ法王の教書，とんちんかんな話

　この語も，長年の旅をして来た間に多様な意味を獲得した。しかし大きく分けると，それらの意味の基本となる二つの起源が考えられる。

　第一は古英語 bole, bulle（雄牛）であり，この古英語は bull（《去勢していない成熟した》雄牛）や bullock（去勢牛，《4歳以下の》雄牛）の語源である。bulldog（ブルドッグ）は bull-baiting（牛攻め《犬をけしかけて雄牛をいじめる，英国の昔の見世物》）に使われたところから，あるいは，この種の犬の頭が牛の頭に似ていることから名づけられた。雄牛の精力の強さから bull は動物の「雄，牡」一般を指すようになり，強さを象徴する言葉となった。証券業界では株価の値上がりを期待した「強気の買方」，さらには「株価値上りをねらう強気筋」を bull と呼ぶ。

　第二は，ラテン語 bulla（球，水泡）である。この語は bulla（【病理・医学】水疱，膿疱）として英語に直接借入された。ローマ教皇の bull（大勅書，教書）も同語源である。ラテン語 bulla は球形の細工物や，祭服などのベルトの飾り鋲，扉の浮き彫り装飾，魔除けのペンダント，さらに教皇の勅書につけられた蜜蠟の封印を指した。この語が借入されて bull は教皇の印章，そして教皇の勅書そのものを意味するようになったのである。ちなみに bull ほど形式ばらず簡素な「ローマ教皇の小勅書」を brief と言う。語源はラテン語 brevis, breve（短い，簡潔な——brief〔短い〕の語源——）である。brief はさらに法的書面，今日では法律用語として「訴訟事件摘要書」やその他の同類の書類まで意味が広がっている。

　「とんちんかんな話，ほら」の bull は，アイルランド人が矛盾したこっけいな話をするとして，それを揶揄するのに bull（雄牛）にたとえて使われたものと一時は考えられた。しかし，この語は古くから使われており，古フランス語 bole, boule（インチキ）を経て英語に借入されたもので，ラテン語 bulla（水泡）の変形の一つと考えられる。気がつけば多くの投資家が文無しになってしまって，あぶく（bubble）は，一気にはじけて無に帰してしまうものである。

　bubble（あぶく，泡）そのものは，動詞としては *bubble* up（ブクブク泡立つ）のように使う。かつては burble（《川などが》ブクブク音を立てる）であり，gurgle（ゴボゴボと流れる，ゴクゴクとのどを鳴らす）や giggle（クスクス笑う）〈同項参照〉と同じく擬音語である。

　ところで breviary（【カトリック・英国教会】聖務日課書）は brevis（短い）から派生したラテン語 breviarium（概略，概要）が語源であり，毎日規定の時刻に一定の形式で行われる聖務日課（Divine Office）で捧げられる祈禱の意味に使われている。カトリック教会の1日は聖務日課の8時間に要約される。すなわち，(1) 朝課（matins），(2) 賛課（lauds），(3) 一時課（prime）〈同項参照〉，(4) 三時課（terce, tierce），(5) 六時課（sext），(6)

九時課 (none, nones), (7) 晩課 (vespers), (8) 終禱 (compline) である。

　matins (朝課) はラテン語 matutinus (朝早い) が語源で, matutinae vigiliae (〔原義〕早暁の見張り) に由来する。

　lauds (賛課) の語源はラテン語 laus, laud- (賛美——laudatory〔賛美する；賛美の〕が派生——) である。〈laudanum 参照〉

　prime (一時課) の語源はラテン語 prima hora (第一時) で, 日の出ないしは午前 6 時に行われたものである。

　terce または tierce (三時課) は, フランス語 tiers (第三の) の女性形が英語に借入されたもので, ラテン語 tertia hora (聖務日課の第三時) にさかのぼる。この務めは午前 9 時に終わる。

　sext (六時課) はラテン語 sexta hora (六時) に由来し, 古代ローマ計時法で日の出後第六時, 今日の正午にあたり, この時刻に祈りが捧げられる。

　none または nones (九時課) の語源はラテン語 nonus (第九の) で, ローマの計時法では日の出後第九時, 今日の午後 3 時に当たる。しかし九時課の祈りを午後 3 時ではなく, 12 時に行うようになったことから, 同語源の noon は今日では「正午」を意味するようになった。〈luncheon 参照〉

　vespers (晩課) の語源はギリシア語 hesperos (宵の明星, 夕方) で, ラテン語 vesperas (宵の明星) を経て成立した。〈argosy 参照〉

　compline (終課) は, ラテン語 completa hora (完了する時間), すなわち「1 日の祈りを完了する (*complete*) 時間」に由来する。これが古フランス語を経て借入され, 昔は complin と呼ばれた。もちろん complete (完成する) は同語源である。〈foil 参照〉

bullet [búlət] 弾丸, 小球,【トランプ】エース
　→ ballot

bullock [búlək] 去勢牛, 雄牛
　→ bull

bumblebee [bʌ́mblbìː] マルハナバチ
　→ bombardier

bump [bʌ́mp] ドシンと当たる；打撃；ドスン
　→ bombardier

bun [bʌ́n] ロールパン, バン《小さい丸い菓子パン》, 束髪

　おいしい scone (スコーン) は, 中オランダ語 schoonbrot (上質のパン) を省略して借入した語で, schoon- はドイツ語では schön (美しい, 上質の) である。bun (ロールパン) も似た由来を持ち, フランス語 bon (良い——bonbon〔ボンボン〕の語源——) から借入された言葉と考えられる。bun の語源を古フランス語 bugne (腫れ) に求める通説は, 受け入れがたい。ちなみに, bunion (【医学】腱膜瘤) はこの古フランス語が語源である。

bunch [bʌ́ntʃ]《ブドウなどの》房, 束；束にする
　→ luncheon

Bund [búnd] 連盟, 同盟, 政治団体
　→ neighbor

bunion [bʌ́njən]【医学】腱膜瘤, 底豆
　→ bun

bunsen (burner) [bʌ́nsn (bəːrnər)] ブンゼンバーナー
　→ Appendix VI

bureaucracy [bjuərákrəsi] 官僚, 官僚政治, 官僚主義
　→ democracy

burg [báːrg] 市, 町
　→ dollar

burgess [báːrdʒis] 自治都市の市民, 選出議員
　→ bourgeois

burglar [báːrglər] 強盗, 夜盗

　野ネズミとは異なる町ネズミがいるように, 野盗と町の盗人は区別されてきた。highwayman (追いはぎ) は, その呼び名に彼らの出没した場所 (highway：街道) がうかがえるのに対し, burglar は町専門の泥棒である。

　荘園領主の邸宅を表す言葉はゲルマン諸語に共通で, アングロサクソン語では burg (要塞——beorgan〔護る〕と同語源——) と呼ばれた。この語から borough (自治都市) や burg (【歴史】城市) が派生し, 地名の接尾辞として, また口語的に「市」とか「町」という意味に使われるようになった。

　一方, アングロサクソン語 burg (要塞) は, 後期ラテン語に借入されロマンス諸語

にも広がって「村，町」を指すようになるが，こちらにも窃盗は起こるもので，後期ラテン語 burgaria（住居侵入：*burglary*）が派生した。-l- がついて burglar になったのは，《burg とラテン語 latro（泥棒）からなるアングロラテン語 burglator（〔原義〕都市の泥棒）から》-l- を残してラテン語 latro が消えたという説がある。ちなみに法律の専門用語 larceny（窃盗）は，上記の latro（泥棒）からラテン語 latrocinium（盗み），フランス語 larcin（盗み）を経て英語に借入された。〈dollar 参照〉

burgomaster [bə́ːrgəmæstər] 市長
　→ dollar

burlesque [bəːrlésk] パロディ；おどけた；茶化す
　→ bombast

burnish [bə́ːrniʃ] 磨く，磨きがかかる；磨き
　→ bronze

Bursa [bə́ːrsə] 古代都市カルタゴのギリシア語名

この語は元々カルタゴのギリシア名で，ギリシア語 byrsa（皮革）が語源である。伝説によるとカルタゴの創設者とされるディードーがフェニキアのテュロスからその地に着いた時，土着の人々から，牛1頭分の皮で囲めるだけの土地を領土にすることを認められた。そこで，彼女は牛皮を細いひも（thong）に切って城市となるべき土地を囲んだ。イギリスのケント州のソング城（Thong Castle：〔原義〕細ひも城）の名前にも，ヘンギスト（Hengist《449年ごろにブリテン島に侵攻し，アングロサクソン王国を建てたと伝えられる》）にまつわるそっくりの伝説がある。

Bourse（パリの証券取引所），reimburse（《費用を》返済する），purse（財布）〈budget 参照〉などは後期ラテン語 bursa（皮革，小道具袋）が語源である。reimburse はラテン語 re-（元に，再び）＋im-〔in〕（の中に）＋bursa（財布）からなる言葉で，原義は「財布に入れ戻す」である。ちなみにパリのブルス（Bourse）は，ベニスの商業中心地リアルト（Rialto）やニューヨークの金融街ウォール・ストリート（Wall Street）に相当する。

ところで pursy（肥えた，ふくれた）は「いっぱい詰まった財布」とは関係がなく，ラテン語 pulsare, pulsat-（打つ，たたく）から古フランス語 poulsif, pourcif を経て借入された言葉で，原義は「息が切れた」である。〈pelt 参照〉

burst [bə́ːrst] 爆発する，爆発させる；爆発
　→ nausea

bush [búʃ] 灌木，茂み；灌木で囲む
　→ strategy

bust [bʌ́st] こわす，破裂する；胸像
　→ bronco

but [bət] しかし；…を除いて
　→ butt

butcher [bútʃər] 肉屋，虐殺者；屠殺する
　→ buck

butt [bʌ́t] 太い方の端，標的，大酒樽，カレイ

But me no buts.（しかし，しかししかしは御免だよ）はシェイクスピアにありそうな表現であるが，アメリカの評論家・言語学者メンケン（Henly Louis Mencken, 1880-1956）は *A New Dictionary of Quotations on Historical Principles*：『史実にもとづく新引用句辞典』(1942年) において，英国の小説家フィールディング（Henry Fielding, 1707-54）の喜劇 *Rape Upon Rape*：『お嬢さん危機一髪』(1730年) (II, ii) が出典であるとしている。しかし，英国の女流劇作家セントリヴァー（Susannah Centlivre, 1667?-1723）の喜劇 *The Busybody*：『でしゃばり』(1708年) でも同じ表現が見られるので，おそらくそれ以前から流布していたものと思われる。

OED は but について9コラムも割いているが，「しかしそれぐらいは仕方がない」(*but* let that pass)（シェイクスピア，*Merry Wives of Windsor*：『ウィンザーの陽気な女房たち』[I, vi, 14]）。

butt の用法についても *OED* は6コラム以上を割いている。そしてそのほとんどが butt の基本的な意味「切り株，塊り，ふくらみのある取っ手，端」に関係づけられる。

例えば butt（カレイ，ヒラメの類）およびその合成語，halibut（オヒョウ）〈holy 参照〉，turbot（《ヨーロッパ産の》

大ヒラメ）などは，そのずんぐりした頭部の形から名づけられたものと思われる。なお turbot の語源は不明であるが，後期ラテン語 turbo（こま）から借入されたのではないかと考えられ，形状が平たいこまに似ていることにちなむと推測される。あるいはもしかしたら，ラテン語 turbo, turbin-（渦巻き，旋風）にまでさかのぼるのかもしれない。その場合，目が魚の片側から頭部に「回る」ように見えるからというのである。もしそうだとすれば，turbine（タービン）〈trouble 参照〉も同語源である。

ブドウ酒などを入れる「大樽」の butt は，後期ラテン語 butta（樽，ワインを入れる皮袋）にさかのぼり，イタリア語では botte である。また「《道具や武器の》手元の太い部分，《銃の》台尻」の butt の原義は「ふくらみのある端」である。

「境界のしるし，標的」の butt の語源はフランス語 bout（端）とフランス語 but（標的）とで混線しているが，その基本的意味は同じである。この語は，「標的」から比喩的に「嘲笑の矛先」という意味にも使われるようになった。ついでながら abut（隣接する）にも，フランス語 abouter（端が接する）とフランス語 abuter（的に届く）とのよく似た融合が見られる。ここでの a- はラテン語 ad（…に，…へ）が語源である。また début（初舞台，デビュー）の原義は「的を下に置く」で，フランス語 débuter（玉突きなどで最初の一打を突く）から比喩的に，何か事を「始める」，そして舞台とか社交界に「初登場・デビューする」という意味に使われるようになった。そのような女性を指す debutante（初舞台の女優，初めて社交界に出る娘）はフランス語 débuter の現在分詞女性形が借入された。

さらに「小山，土手」を指す butt がある。この語をアメリカでは一般にフランス語 butte の形で用いて，「ビュート」《西部で見られる山頂は平らでまわりは絶壁の孤立した丘》を指す。また「皮革の厚みのある部分」すなわち「皮革の後部」を指す butt もアメリカでは buttocks（しり，臀部）を意味する。

ちなみに，bottom（底）や bottle（びん）〈同項参照〉も同系語である。bottom の語源は古英語 botm（最下部）である。同じく button（ボタン，押しボタン）は，元は「小さな節，丸い握り」あるいは「つぼみ」（bud）であった。bud の語源は不明とされるが，button の語源と結びつける説がある。フランス語には bout（《物体の》端）やその古い動詞 bouter（ぐいと押す）があり，英語 buttress（控え壁，支え）は上記のフランス語 bouter と同語源の古フランス語 bouterez（支え）を経て借入された。〈parrot 参照〉

さて，日常よく使う but（しかし）は，古英語 be-utan（外側で〔by the outen〕）から古英語 buta, bout, bute を経て成立した。英語では古英語の元々の意味を失ってしまったが，しかし（but），スコットランド方言にはそれが残っている。この語はその際，「外側で」から「…の外で」「…を除いては」以下さまざまな意味が発展した。ただしドイツ人がよく言うように，「この事例には例外がつきものである」（"This case has a *but* in it."）。〈boot, bottle 参照〉

なお，butt の同系語と考えられるものに bat（バット，こん棒）がある。これは古英語 botte（重たい端の棒）が語源である。また飛ぶ哺乳類の bat（コウモリ）は，アイスランド語 blacka（パタパタする）がスカンジナヴィア語を経て借入されて中英語 back となり，それが訛って今日の語形となったものである。〈bazooka 参照〉

butte [bjúːt] ビュート《山頂は平らでまわりは絶壁の孤立した丘》，小山
→ butt

butter [bʌ́tər] バター，バター状の物；バターを塗る

バターはゲルマン人が知らなかったぜいたく品だったと思われる。彼らはこの語を南ヨーロッパから借入したからである。butter の語源は，bous（牛）と tyros（チーズ）からなるギリシア語 boutyron（バター）で，ラテン語 butyrum（バター）を経てゲルマン諸語に借入されたからである。ちなみにギリシア語 tyros（チーズ）はラテン語 turba（旋回）と同族語であり，このラテン語からは disturb（かき乱す）や turbulence（大荒れ）が派生した。また bossy（子牛，雌牛）はギリ

シア語 bous（牛）が語源かもしれない。なお buttery（酒貯蔵室）はバターと関係がなく，butt（ブドウ酒の大樽）を貯蔵する場所のことである。〈bottle 参照〉

buttock [bʌ́tək] しり，臀部，腰投げ
→ butt

button [bʌ́tn] ボタン，押しボタン；ボタンをかける
→ butt

buttonhole [bʌ́tnhòul] ボタン穴，飾り花；引きとめて長話する

　かつては buttonhold（ボタンによる抑え）と呼ばれたが，衣服などをしっかりと固定するには，ボタンを穴にかける方法が一般的になったため，これが訛って buttonhole（ボタン穴）となった。しかし服を留めるのには，ひもを使った loop（ループ，輪穴）などの方法もあることを考えると，buttonhold の方がその目的により合っていると言える。

buttress [bʌ́trəs] 控え壁，支え；支える
→ parrot, butt

buxom [bʌ́ksəm] 肉づきのよい，胸が豊かな，ピチピチした

　"Handsome is as handsome does."（見目より心：〔原義〕行いの立派な人は美しい）という古い格言が元か，言われた通りに従順にする子はいろいろなおいしい物を与えられ，丸々と太ることによるのか，この語の原義は「従順な」である。アングロサクソン語 bugan（腰をかがめる：bow）から中英語 buhsam を経て19世紀には bucksome と綴った。それが「好ましい」から，「楽しい」「ふっくらした」「見目の良い」へと意味が発展したのである。

bycorne [báikɔ̀ːrn] ビコーン《善良で辛抱強い夫に取りついて太る伝説上の怪物》，二角獣
→ chichevache

　bycorne の語源はラテン語 bi-cornu（2本の角のある）であるが，古い絵には角のない獣として描かれている。この怪物の本性を考えると，まことに不思議なことである。

by-law [báilɔ̀ː] 条例，内規

　この古い言葉は，うまくやっていく（get by）ための法とは語源的にはまったく関係がない。第一要素 by- は，アングロサクソン語 baer（村，農場）から byr- を経て中英語 bi-，そして by- へと変化したもので，boor（無作法者）と同語源である〈neighbor 参照〉。第二要素 -law はアングロサクソン語では lagu（法律）が語源である。すなわち bylaw の原義は「地域の法律」である。なお，by- は語根 bu-（住む）を介して，byre（牛小屋）と同族語の可能性がある。この -by はまた Derby（ダービー）のような地名の語尾として残っている。ちなみに山高帽を derby と呼ぶのは，このダービーの競馬で紳士がかぶる帽子に由来する。

C

cab [kǽb] タクシー，馬車；タクシーで行く
→ taxi

cabal [kəbǽl] 陰謀団，チャールズ2世時代の閣僚；徒党を組む

cabal の二重語 cabbala（秘義，ユダヤ教の神秘思想）やその形容詞 cabbalistic（不可思議な）を見ると，この語に本来，神秘的あるいは秘法的要素があることがかがえる。ヘブライ語 qabal（受け取る）から派生した qabbalah（受け継がれた教え，伝承）が後期ラテン語を経て英語に借入されたもので，旧約聖書の神秘的解釈を仲間の徒だけに代々伝えたユダヤ教の秘密の教義のことであった。

cabal が一般に使われるようになったのは，清教徒革命後の王政復古で王となったチャールズ2世（Charles II, 在位 1660-85）時代である。反動的性格を強め，議会との対立を深めた王は，1671年に政治顧問団を組織した。その委員に Clifford, Arlington, Buckingham, Ashley, Lauderdale で，そのイニシャルを集めると CABAL となったことから，密室政治に参画する少人数のグループを cabal と呼ぶようになった。そしてこの国務に関わる国王の顧問団がやがて近代的な「内閣」(cabinet) へと発展するのである。

なおこの cabinet は，ラテン語 cavus（空洞の）から派生した cavea（檻〔*cage*〕，ほら穴〔*cave*〕）を経て成立したイタリア語 gabbia（檻）の指小形 gabinetto（小部屋，内閣）がフランス語を経て英語に借入された。したがって cavity（窪み，虫歯），cavern（洞窟），excavated（発掘された）なども同語源である。〈calf 参照〉

ところで cajole（甘言をもって説得する，おだてて…させる）は，古フランス語 cageoler（籠の中の鳥のようにペチャクチャ鳴く）の借入語で，特に野性の鳥を誘き寄せて捕らえるために，籠（*cage*）の

鳥のような鳴き真似をすることに由来する言葉である。gaol（《英国公用語》牢屋）も古フランス語 cageoler と同語源である。13世紀に同語源の古北部フランス語 gaiole から借入された jail（刑務所）が普通用いられる。

ちなみに「キャビネット・ケース，陳列ケース，たんす」の cabinet は，cabin（キャビン，小屋）の指小形で，この cabin はフランス語 caban（頭巾のついた厚手の外套）からではなく，同じ綴りのウェールズ語 caban（小屋）から直接，中英語 caban を経て生まれたと考えられる。だが，gaberdine（《中世ユダヤ人が着た》ゆるやかな外套；《主に英》ゆるやかな労働着）を cabin と関係づける説もある。スペイン語 cabaña（小屋，シェルター）から派生した gabán（大きな外套）の指小形の借入ではないかというのである。〈cloth 参照〉

cabbage [kǽbidʒ] キャベツ，ぐうたら；ごまかす

野菜のキャベツ類一般は，フランス語で choux《単数形は chou》である。choux cabus は「球状のキャベツ」で，英語 cabbage はこれが短縮された cabus が借入されて成立した言葉である。古フランス語 cabuce から，イタリア語 capuccio（小さな頭），ラテン語 caput, capit-（頭）にさかのぼる。capital（首都）〈achieve 参照〉や，その他多くの言葉と同語源である。したがって a head of cabbage（キャベツ 1 個）は，実際には同じことを繰り返して言っていることになる。

また，caboshed（【紋章】《シカ・牛・ヤギなどの》頭だけが高く正面を向いた）も同語源と考えられる。すなわちフランス語 cabocher（シカの頭を角の後ろから切り離す，殺す）の過去分詞 caboché の借入語である。

ところで，「ごまかす，ちょろまかす」

のcabbageも同語源で，比喩的に使われたと考えられる。キャベツを摘んで袋に入れると頭のようにふくれるが，こそ泥が目当ての物を入れてこっそり立ち去る時の袋と形が似ているからである。古フランス語cabas（籠，盗み）から派生した古フランス語cabasser（籠に入れる，盗む）が語源であるとの説があるが，このcabasも上記のcabus（キャベツ）と同語源の可能性が考えられる。

cabin [kǽbin] 小屋；小屋に住む，閉じこめる
→ cabal

cabinet [kǽbənət] 部屋，内閣，小陳列室
→ cabal

caboose [kəbúːs]《貨物列車の》後部の乗務員用車，《商船の甲板上にある》調理室

cabooseはcab（タクシー）〈taxi参照〉とは関係がない。しかし，cabin（船室）と同系語の可能性がある。中低地ドイツ語kabhūse（小部屋，《船の》調理室）からオランダ語cabūseを経て英語に借入されたが，《第1要素はcabin，第2要素はhouse（家）に対応すると考えられる。》1760年ごろは「商船の甲板上の炊事室」の意味であった。それが1880年ごろにアメリカで「《列車の》乗務員用の最後尾の車両」の意味で使われるようになった。

cabooseの語尾は，vamoose（ずらかる，急いで逃げる）〈同項参照〉やhoosegow（ムショ，刑務所）に似せて作られたと考えられる。hoosegowはメキシコ系スペイン語juzgar（判断する，裁く）の過去分詞juzgado, huzgadoの借入である。その意味は「裁かれた，刑に処せられた」で，それゆえ「投獄された」である。

cacao [kəkáːou] カカオの実
→ vanilla

cackle [kǽkl] コッコッと鳴く，ペチャクチャしゃべる；コッコッと鳴くこと
→ laugh

cad [kǽd] 下劣な男，育ちの悪い男

cadet（士官候補生）は，プロヴァンス語cap（《古語》かしら，頭）のガスコーニュ方言の指小形capdetがフランス語cadet（次男）を経て英語に借入された。原義は「弟」である〈achieve参照〉。《15-16世紀のフランス軍の将校にはフランス南西部ガスゴーニュ出身の次男や三男が多かった。》caddieも同語源で，フランス語cadetからスコットランド方言に「走り使い」の意味で借入されたが，今日ではゴルフ・コースで，プレイヤーのクラブを運ぶ「キャディー」に意味が限られている。

caddieの略語がcad（《英》《学生と区別して》町の少年，下劣な男）であり，イギリスの大学生が，走り使いの少年に対してどのような感情を持っていたかを示している。後に，エリート意識が強かった学生が，好ましくないと思う人物を指すようになった。

caddie [kǽdi] キャディー，若者；キャディーとして働く
→ cad

cadence [kéidns] 拍子，声の調子を下げること，終止
→ decay

cadenza [kədénzə] カデンツァ
→ decay

cadet [kədét] 士官学校生徒，息子，見習生
→ cad

cadmium [kǽdmiəm] カドミウム
→ element

caduceus [kəd(j)úːsiəs] 神々の使者マーキュリーの杖，医術の象徴としての杖

ギリシア神話の神々の使者ヘルメス（Hermes：ローマ神話のメルクリウス〔Mercury〕）は伝令の杖を持っていた。その杖caduceusはギリシア語でkarykionあるいはkerykeionが語源で，keryx, keryk-（伝令）から派生した言葉である。ラテン語dux, duc-（指導者）やその動詞ducere（導く）〈duke参照〉と同族語ではないかとする説がある。

その杖はオリーブの枝に2匹のヘビが巻きついたものであったが，後に医神アスクレピオス（Asklepius：ローマ神話のアエスクラピウス）の，節のある棒に1匹のヘビが巻きついた杖となり，医術のシンボルとなった。神話によると，冥界に棲む1匹のヘビがアスクレピオスに死者をも生き返らせるような治癒力があるハーブをもたらした。そこで冥界の王プルートは怒り，ゼウスにアスクレピオスを殺させた。なお，ヘビは神々にとってはともかく，人間にとっては邪悪なものではなく，むしろ自分の皮を脱いで再生することから，治癒の象

徴となったのである。〈totem 参照〉

また、医神アスクレピオスの娘ヒュゲイア (Hygeia) の名は、ギリシア語 hygies (健康な) が語源で、英語 hygiene (衛生、衛生学、衛生状態) をもたらした。

なお、caducity (はかなさ、老衰) は、ラテン語 cadere (落ちる) の派生語 caducus (虚弱な) が語源であり、caduceus (伝令の杖) の語源と混同してはならない。〈cheat 参照〉

Caesarean [sizéəriən] カエサル〔シーザー〕の、帝王の、帝王切開の
→ shed

cage [kéidʒ] 鳥籠、箱；籠に入れる
→ cabal

caitiff [kéitəf] 卑劣な人、臆病者
→ manoeuvre

cajole [kədʒóul] 甘言でだます、〜に…させる
→ cabal

cake [kéik] ケーキ、固まり；固める
→ cheesecake

calamity [kəlæməti] 大災害、災難、不幸

19世紀末のイギリスには一種の「カラマス崇拝」(cult of the *Calamus*) と言うべきものがあった。詩人スウィンバーン (A. C. Swinburne, 1837-1909) やクリスティーナ・ロセッティの兄 W. M. Rossetti (1829-1919) などがその中心的存在で、ホイットマン (Walt Whitman, 1819-92) に対する熱烈な賞賛から始めたものだった。彼の有名な詩集 *Leaves of Grass*：『草の葉』《1855年の初版から1891-92年の第9版まで次第に加えられた詩集》の1860年版に初めて「カラマス」篇が収録された。この菖蒲(ショウブ)や葦などの草類を意味する calamus は、ギリシア語 kalamos (葦) が語源で、同義のラテン語 calamus を経て借入された。

ところで、古代人はながらく、大災害は、雹(ひょう)やうどん粉病(べと病)などで麦の茎が被害を受けて収穫が無くなることに由来すると考え、calamity の語源であるラテン語 calamitas, calamitat- (不作、禍) は calamus から派生したと考えていた。ベーコン (Francis Bacon, 1561-1626) も、旱魃(かんばつ)に襲われると茎 (calamus) から穀類が育たず不作 (calamitas) になると言っている《*Sylva sylvarum ; or a Naturall Historie in ten Centuries*：『森の森』1627年》。

しかし、今日語源学者たちは、ラテン語 incolumis (無傷の、安全な) の語源と想定される古いラテン語 calamis (傷ついた——この語は消滅し語源は不明——) に由来するのではないかとする説に傾いている。

ところで calamine (菱亜鉛鉱、【薬学】カラミン《酸化亜鉛と酸化第二鉄からなるピンク色の軟膏あるいは外用水薬》) もまた、ラテン語 calamus (葦) から派生した。亜鉛を精錬する時に炉の煙突にツララのように付いた酸化亜鉛が葦のように見えたことからそのような名を得たものと考えられる。しかし、ギリシア語 kadmeia (《医療用の》ガドミア土——酸化亜鉛——) からのラテン語 cadmia が、錬金術師に使われているうちに訛って今日の語形ができた可能性もある。

calamint (ヨーロッパ産シソ科ハッカ類の植物) は、おそらくは後期ラテン語 calamentum (【植物】フウリンカ) が語源である。-mentum は名詞語尾であるが、民間語源説によって、ギリシア語 kalos (美しい) と minthe (ミント：*mint*) の合成語であるかのように訛って成立した。〈fee 参照〉〈「美しい」を意味するギリシア語起源の接頭辞 calli- については calibre 参照〉

calcedony [kælsédəni] 玉髄
→ cell

calcium [kælsiəm] カルシウム
→ element

calculate [kælkjəlèit] 計算する、決める、当てにする

数取り (counting〈下記参照〉) 用の abacus (そろばん) は17世紀以降、木枠に小さい玉の列を並べたものとなった。だが、元来この語はギリシア語 abax, abak- (《石・板・金属などの》幅の広い板) からラテン語を経て借入されたもので、図形などを描いたり消したりするために使った砂を敷いた板のことであった。後には石板が使われるようになった。

一方、計算 (calculating) には、ギリシア人やローマ人はひもに通した滑らかな小さな石 (calculus) を数取りに使った。この calculus はラテン語 calx, calc- (石

灰，石灰石）の指小形で，calculate（計算する）の語源である。ところで，このラテン語 calx, calc- は calcium（カルシウム）など，calci- の合成語を数多くもたらした。英語 calculus は医用用語で「結石」であり，数学では「微積分」である。したがって，綴りがよく似た callus（仮骨），callous（《皮膚が》硬く肥厚した），callosity（【医学】皮膚肥厚）は同根語であると考えられる。

　calculate の類義語 count（数える）は，com（一緒に）と putare（考える）からなるラテン語 computare, computat-（計算する，数え上げる）が語源である。それが古フランス語 cunter, conter（計算する，語る――フランス語 conte〔コント，短編〕の語源――）を経て中英語 counten として借入された。

　ちなみに count は，14世紀にラテン語綴りの復活に伴って compte と綴られたことがあった。この綴りから1500年ごろに controller（監査官，経理部長）を誤って comptroller（《会計の》検査官）と綴ったことがあり，今日双方ともに用いられている。controller はラテン語 contra（…に対して）と rotulus（巻紙，登録，名簿――roll〔巻物，軸，目録，記録〕の語源――）からなる言葉で，原義は「目録（roll）をチェックする人」だった〈rote 参照〉。control（支配，管理）は controller からの逆成によってできた。

　account（勘定，計算），accountable（説明する義務がある，説明できる），recount（数え上げる，詳説する），discount（割引き）なども同じ count から派生した。

　countess（伯爵夫人）はずっと以前から使われていたが，肩書きとしての count（伯爵）は16世紀に英語に借入された。最初は英国以外の伯爵，フランス語 comte, イタリア語 conte を表す称号であった。語源は con（一緒に）と ire, it-（行く）からなるラテン語 comes, comit-（お供，仲間）で，特に「王の付き添い」（the companion of a king）という意味から「貴族」を指すようになった。county（州，郡）は，元は伯爵領のことであった。

　companion（仲間，相手）や company（交際，同席，友達）は，ラテン語 com（一緒に）と panis（パン）からなる言葉であり，原義は「パンを分け合う人」である。類義語 comrade（仲間，同志）は，ラテン語 camera（箱，部屋）からスペイン語 camarada（部屋仲間），フランス語 camarade（仲間，同志）を経て英語に借入された。そして，ラテン語 com（一緒に）の影響で最初の二つの音節が一つの音節に縮まって今日のような綴りになった。なお camera（カメラ）はラテン語 camera obscura（暗い箱・部屋）が短縮されて派生した。chum（仲良し，親友）も comrade と同じような起こりの言葉で，17世紀末に chamber-mate（同室の友）が省略されて派生した。

　counteract（逆らう，妨害する），countermand（《前の命令を》取り消す，撤回する），counterpart（《一対の》片方）などの counter- はラテン語 contra（…に対して）からフランス語 contre, 中英語 countre を経て成立したもので，counter（数える者，計算器）と区別しなければならない。また，country（国，田舎）はラテン語 contra（…に対して）が語源で，後期ラテン語 contrata, フランス語 contre から中英語 countre を経て成立した。原義は「向かい，あるいは眼の前に広がる地域」で，都市の向こうに広がる地域のことであった。漠然と限定された「地域」「地方」「近隣」の意味を持つドイツ語 Gegend の語源も gegen（…に対して）である。

　このように見ると，実に数え切れない（countless）ほどの関連語があることがわかる。

calculus [kǽlkjələs] 結石, 微積分学
　→ calculate
caldron [kɔ́:ldrən] 大釜, 大鍋
　→ chauffeur
calendar [kǽləndər] カレンダー, 日程表；日程表に記入する
　→ dickey
calender [kǽləndər] カレンダー〔つや出し機〕, 托鉢僧
　→ dickey
calendula [kəléndʒələ] キンセンカ, その乾燥花
　→ flower
calf [kǽf] 子牛《特に1歳以下の雌の子

牛》，ふくらはぎ

「子牛」のcalfは，ゲルマン諸語に共通に見られ，アングロサクソン語ではcealf（子牛）である。「ふくらはぎ」（*calf* of the leg）の *calf* は，《古北欧語kalfr（こむら）かゲール語calpa（足，こむら）が語源であると推測されているが》その意味は，雌牛から子牛（calf）が産まれるまでの腹の形との連想から生まれた言葉である。

cave-in（落盤，陥没）は，元はcalve-inであった。すなわち，地盤の落盤と，雌牛から子牛が生まれ落ちた後の雌牛の腹の様子が似ていることからこの語が生まれたとされる。〈cabal参照〉

calibre, caliber [kǽləbər]《銃の》口径，能力，力量

この語はアラビア語qalib（鋳型）が語源であると考えられるが，ラテン語qua libra（どれほどの重さ？）が語源の可能性もある。かつてはqualibreと綴ったこともあったからである。初めは比喩的に人の社会的地位とか才能を表す言葉として使われた。それがやがて物についても用いられ，砲丸の直径を表し，さらに銃口の直径を表すようになった。

caliberの変形caliverは，16世紀に使われた銃の型の「カリバー銃《マスケット銃とカービン銃の間の火縄式銃》」であり，calliper, caliper（カリパス〔*calipers*〕，測径器；カリパスで測る）はその異形である。初め *calliper* compassesのように形容詞として使われたが，後に単独で，口径などを計るのに用いる道具の「カリパス」「測径両脚器」として使われるようになった。

よく似た綴りを持つcalligraphy（書道，装飾書法）などのcalli-で始まる言葉は上記とは異なり，ギリシア語kallos（美しさ）とopos（声の）からなる言葉Calliope（カリオペ《ミューズの女神の一人で叙事詩を司る》）は美しい声を持つ女神である。米国の興行師で1871年にサーカスを確立したことで知られるバーナム（Phineas Taylor Barnum, 1810-91）は彼一流の愉快な誇張で，サーカスの蒸気オルガンをCalliopeと名づけた。

callisthenicsは特に「美容体操」のことであり，Venus Callipygeは「形のよいき

れいなおしりをしたヴィーナス像《ネロ帝がローマの大火災の後に建てた大宮殿ドムス・アウレア（Domus Aurea）で見つかった女神像は有名》」を指し，形容詞callipygianは「《ヴィーナスのように》形のよいおしりをした」である。

calico [kǽlikòu] キャラコ，さらさ
→ cloth

California [kæləfɔ́ːrnjə] カリフォルニア
→ States

caliper [kǽləpər] カリパス；カリパスで測る
→ calibre

calligraphy [kəlígrəfi] 能書き，書道
→ calibre

Calliope [kəláiəpi] カリオペ，蒸気オルガン
→ calibre

Callipyge [kǽləpídʒi] 美しく均整のとれたおしりをしていること
→ calibre

callisthenics [kælisθéniks] 美容体操，柔軟体操
→ calibre

calix [kéiliks] 杯，聖餐杯
→ eucalyptus

call [kɔ́ːl] 呼ぶ；呼び声
→ council

callous [kǽləs] 硬くなった；硬くする，硬くなる
→ calculate

callus [kǽləs] 皮膚硬結，たこ，癒合組織
→ calculate

calm [kάːm] 穏やかな；静けさ；静める

caustic（焼灼的な，苛性の）は化学用語で，*caustic* potash（苛性カリ），*caustic* lime（石灰）のように使われ，人の態度を表す言葉として「痛烈な，辛辣な」という意味に使われる。語源はギリシア語kaiein（燃やす，燃える）から派生したkaustos（燃えた，こげた）であり，ラテン語causticus（腐食性の，苛性の）を経て英語に借入された。cauterize（《良心などを》麻痺させる，【医学】焼灼する）は，ギリシア語kauterion（熱い鉄，焼きごて）から後期ラテン語cauterizare（燃やす，焼印する）を経て英語に借入された。なお，よく似た綴りのcaution（注意）はラテン語cavere, caut-（警戒する，注意

する）が語源であり，商業用語 *caveat emptor*（買手危険負担）の原義は「買手に注意させよ」である。

　calefaction（熱を起こすこと，引熱，熱汚染）は，上記のギリシア語 kaiein（燃やす，燃える）と同族語のラテン語 calere, calit-（赤々と燃える，熱くなる）と facere, fact-（作る，為す）からなる言葉である。calefacient（温感剤《カラシなど》）や calefactory（加温の），calefy（暖める）なども同じ語源である。

　さて，calm（《天候・海などが》穏やかな，《気質・態度などが》落ち着いた）は，ギリシア語 kauma（熱）から後期ラテン語 calma を経て英語に借入されたものではないかと考えられる。原義は「真昼の暑さ」である。ギリシア語 kauma の -u- がラテン語 calor（熱）の影響で -l- に変化したと考えられるが，このラテン語は calorie（カロリー）や caloric（カロリーの）の語源でもある。熱帯地方では真昼の暑さのために仕事は中断を余儀なくされる。真昼はローマ時代の計時法によれば第六時に当たることから，ラテン語 sexta（第六の――sixth の同族語――）からスペイン語 siesta（昼寝）が派生し，そのまま英語に借入されている。ちなみにフランス語 chômer（休業する，失業する）もギリシア語 kauma（熱）が語源の後期ラテン語 caumare（気温が高い時に休息する）から派生したのではないかと考えられる。「熱さ」は「暑い盛りの休息」「休息」の概念へと変わり，さらに「静止」「静けさ」（*calm*）へと変化したのである。

calomel [kǽləmèl]【化学】甘汞（かんこう），塩化第一水銀（Hg_2C_{12}）の旧称《電極，下剤などに使う》

　calomel は，元来は白く，光が当たると黒く変色する粉である。この化学物質の名前はその特性からつけられたものであり，語源は kalos（美しい）〔kallos：美しさ〕と melas（黒い）からなるギリシア語である。

calorie [kǽləri] カロリー
　→ chauffeur
　この語の語源はラテン語 calor, calori-（熱）である。〈calm 参照〉

calumny [kǽləmni] 悪口，罪人呼ばわり，中傷

　→ challenge

Calvary [kǽlvəri] カルバリ《キリストのはりつけの地》，キリストはりつけの像，強烈な苦しみ

　山はしばしばその形状から名づけられる。例えば，窯だしのパンのような形の山を Breadloaf と名づけるようなものである。

　イエス・キリストが十字架にかけられたエルサレムの近くの丘を，ユダヤ人は gulgolep（頭骸骨）と呼んでいた。これをギリシア人は Golgotha（ゴルゴタ）と音訳し，さらにローマ人がラテン語 calvaria（骸骨）に翻訳した。これが Mount Calvary（カルバリの丘）の語源である。なお，古英語では Headpanstow（聖なる頭骸の地）と翻訳された。《-stow は古くは「聖なる地」という意味で，今日，地名などに残っている。》

　ちなみに calvaria（頭蓋冠）は解剖学用語で使われている。

calyx [kéiliks] 萼（がく）
　→ eucalyptus

cam [kǽm]【工学】カム
　→ camp

cambric [kéimbrik] 上質かなきん
　→ cloth

Cambridge [kéimbridʒ] ケンブリッジ

　この名の起こりが，今日では，ケンブリッジを貫流しているカム川（the Cam）に架かる橋であると考えられているとしても，明快で不思議ではない。しかし，橋が架かる前は蛇行する川には歩いて渡れる浅瀬があった。そこでこの地名はケルト語 cam（曲がった，歪んだ）と rhyd（浅瀬，渡し場）からなると考えられている。Cameron（カメロン：〔原義〕鼻曲がり）とか Campbell（キャンベル：〔原義〕口曲がり）などの姓も同じ cam を持つ。Campbell は，後にフランス語の姓 Beauchamp（ボーシャン：〔原義〕美しい野原）に影響されたのか，ラテン語 campus bellus（美しい野原）が語源であるかのように解釈されるようになった。

camel [kǽml] ラクダ，淡黄褐色
　→ monk, dromedary

camel(l)ia [kəmíːliə] ツバキ
　→ Appendix VI

camembert [kǽməmbèər] カマンベール

→ Appendix VI
camera [kǽmərə] カメラ，判事の私室
→ calculate
Cameron [kǽmərən] カメロン，カメロン派《スコットランド長老派の一派》
→ Cambridge
camouflage [kǽməflɑ̀ːӡ] カムフラージュ，偽装

この語は，フランス語 camoufler（変装する）から派生した名詞である。フランス語 camouflage（変装，カムフラージュ）の -age は行為を表す名詞語尾で，ラテン語名詞語尾-ationem が語源の英語-tion に相当する。

軍事用語としては最初 camouflet（《地表を破壊せず，地下にガスなどを充満させた》ガス地雷）が用いられ，この語から camouflage（偽装工作）が派生した。ちなみに camouflet は元来「煙を人の顔に吹きかける悪戯」を意味し，muffle（《毛布・スカーフなどに》包む）と同語源である。

なお muffle は，フランス語 moufler（覆う）からフランス語 moufle（ミトン《親指だけ離れた手袋》），さらに後期ラテン語 muffula にさかのぼる。この後期ラテン語はドイツ語 Muff（マフ：*muff*《円筒状の毛皮で，女性が両端から手を入れて温める》）の指小形で，古高地ドイツ語 mouwe（袖）が語源である。中世のラテン語にゲルマン語からの借入語が見られる一つの例である。ただし，muffula はドイツ語 Muff の指小形ではない可能性もあり，中低地ドイツ語 mol（柔らかい）と vel（皮──英語 fell〔獣皮〕の語源で，pelt〔毛皮〕〈同項参照〉は同族語──）とからなる語に由来するとも考えられる。

上記の防寒用のマフ（muff）は，かつては，婦人用のセパレートのゆったりとした袖に由来する。なお，中世の貴婦人は自分が愛する騎士が栄誉を求めて戦場に赴く時にそのような袖を与えた。〈copse, sleeveless 参照〉

球技場で選手がする muff（落球，エラー）は，別語源の「《口の中で》ムニャムニャ言う」（to *muff*）を意味する古英語の擬音語にさかのぼると考えられ，言うべきこともはっきり言えない人とか，ばか者，ブキッチョ（butter-fingers）な人のことだった。人を表していた言葉がその人のしでかすような行為を表すこととなった。

camp [kǽmp] 野営地；キャンプする，野営する

camp（キャンプ）は，最初は軍隊が野営することができるような野原の「駐屯地」であった。語源はラテン語 campus（野）であり，一説によればギリシア語 kepos（庭）にさかのぼる。

戦争自体はラテン語で campania（平野）と呼ばれるもっと広い野で行われた。このラテン語から派生した campaign は，初め「平原」を，ついで「戦争」を，さらに election *campaign*（選挙戦）のような普通は流血を伴わない「戦い」を意味するようになった。中英語 camp は常に「戦闘」という意味に使われた。これはラテン語 campus が語源のドイツ語 Kampf が「戦闘」を意味するのと似ている。ちなみにヒットラー（Adolf Hitler, 1889-1945）の主著に *Mein Kampf*：『わが闘争』（1925-27年）がある。なお英語 campus は「大学の構内，キャンパス」である。

Campania（カンパーニア）はナポリ周辺の平野を指し，フランス語では Champagne（シャンパーニュ）となり，フランス北東部，セーヌ川上流の平野地方の名前である。なお champagne（シャンペン）は，この地方特産の発泡性高級ワインである。

シェイクスピアは *King Lear*：『リア王』（I, i）で champaign を「広い平原」という意味で使っている。〈champion 参照〉

なお，cam（カム，歯車の歯，山の背）はゲルマン諸語に共通な言葉であり，オランダ語 ham（歯車の歯，くし），ウェールズ語 cam（曲がった），そして英語 comb（くし）と同根語である〈quaint 参照〉。arms *akimbo*（両手を腰に当ててひじを張った）の語源の古ケルト語 cambo（後ろに曲がった，歪んだ）も同根語である可能性が高い。

campaign [kæmpéin] 運動，軍事行動；従軍する
→ camp
campanula [kæmpǽnjələ] ツリガネソウ
→ flower
Campbell [kǽmbl]《姓》キャンベル

→ Cambridge
canal [kənǽl] 運河, 入り江; 運河を切り開く
　→ canon
canary [kənéəri] カナリア, カナリア色, カナリーワイン

　鮮やかな黄色の「カナリア色」は, アフリカ北西部の大西洋上に点在するカナリア諸島 (*Canary* Islands) に産する鳥の「カナリア」に由来する。

　また, 16世紀にはやった活発な宮廷ダンスのカナリー (canary) は, カナリア諸島の原住民の踊りに由来すると言われている。シェイクスピアは canary を, *All's Well That Ends Well*:『終わり良ければすべて良し』(II, i) で「ドンちゃん踊り」の意味で, また *Merry Wives of Windsor*:『ウィンザーの陽気な女房たち』(III, ii) では, 酒好きで陽気なフォールスタッフと飲む「カナリー諸島産のワイン」の意味で使っている。

　ところで, この島の語源はラテン語 Canaria Insula (犬の島) で, そこに多くの犬が生息していたことから名づけられたとされる。ラテン語 canaria (犬に関する) は canis (犬) から派生した形容詞である。また, ラテン語 canis (犬) の別の形容詞 caninus (犬のような性質の) から canine (犬に関する, 犬のような) が派生した。

　さらに, cynic (皮肉屋, 冷笑家) や cynosure (注目の的, 指針) にも「犬」が隠れている。どちらも語源はギリシア語 kyne, kyn- (犬) で, cynosure はギリシア語 kynos (犬の) と oura (尾) からなる言葉で, こぐま座の尻尾につけられた名前である。その尻尾の先の星は北極星であり, すべての水夫がその星を頼りに航海したことから「目標」という意味に使われた。

　cannibal (人食い人種) はしばしばラテン語 canis (犬) が語源のように言われたが, 間違いである。元来の語源は, 西インド諸島の住人カリブ人を意味するスペイン語 Caribes (その異形 Canibales) である。英国の地理学者・航海史家ハクルート (Richard Hakluyt, 1552?-1616) はその著書 *Voyages*:『航海』(1598年) で, 「カリブ人〔*Caribes*〕は人食い人種〔*canibals*〕であると教えられた」と言っており, *Robinson Crusoe*:『ロビンソン・クルーソー』(1719年) でデフォー (Daniel Defoe, 1660-1731) もそれを踏襲している。人食い人種はまるで犬のように食べるという連想から, Caribbeans (カリブ諸島) の住民 Caribal が, ラテン語 canis (犬) と結びつけられて Canibal と変形し, cannibals が派生したのである。

　ナポリ湾に浮かぶカプリ (Capri) 島は, 多くのヤギが生息していたことからこの名前がついた。⟨buck, taxi 参照⟩

　ニューヨークのコニーアイランド (*Coney* Island) ⟨同項参照⟩ は, かつては島で, coney (アナウサギ) が多く生息していた。その皮は今も多くのご婦人たちに毛皮を提供している。

cancan [kǽnkæn] カンカン踊り

　足を高く蹴り上げるこの踊りは, パリのカフェーなどで流行した。その名前の由来ははっきりとはわからないが, dunce (のろま, 劣等生) ⟨同項参照⟩ と同じように, 大学の学者先生が学識を見せびらかす例の討論の仕方にちなんで名づけられた可能性がある。いろいろと議論を始める時によく使われた婉曲表現のラテン語 quamquam (…とは言え) から, 転訛した cancan が, やがてはまとまりがなく意味がない「無駄口」を意味するようになった。そして酒場で飲んで騒ぐ学生たちが, この語の発音 (フランス語では [kɔ̃kɔ̃] と発音された) とカモの鳴き声 [kǽnkæn] との連想から, フランス語 canard (雌ガモ, かわいこちゃん) の小児語 (cancan) をかけて造ったちょっと卑猥なかけ言葉が, このスカートを跳ね上げるダンスの名前になったと考えられる。

cancel [kǽnsl]《予約・注文などを》取り消す, 相殺される; 取り消し

　ラテン語 cancer (〔複数形〕cancri) は「格子」のことで, carcer (牢屋) から異化によって派生した⟨quarter 参照⟩。そして, 格子と10本の脚を広げたカニとの連想からラテン語 cancer は「カニ」を意味するようになった。このラテン語 cancer から, 黄道十二宮の第四宮 Cancer (かに座), Tropic of *Cancer* (北回帰線, 夏至点《かに座の第一点が北回帰線に接してい

ることからつけられた名称》)、cancer（癌）、これと似た病気のcanker（潰瘍、【植物学】癌腫病——古英語cancer, cancor——）が借入された。

また、cancel（横線を引いて消す、取り消す）は、ラテン語cancer（格子）の指小形cancelli（かんぬき、横木）から派生したラテン語cancellare, cancellat-（格子を取りつける）がフランス語canceller（《無効の書類に×印を多数書いて》抹消する）を経て借入されたものである。なお、ラテン語cancelliは英語に直接借入され、教会で聖職者や合唱隊と一般信者との間を仕切る「聖堂内陣格子」を指すようになった。このラテン語cancelliから派生した言葉には、chancel（《教会堂の》内陣）、chancery（《英》大法官庁〔Chancery〕、《米》衡平法裁判所）、また、ラテン語cancellarius（裁判所の廷吏、書記官）から、古フランス語chancelier（大法官）を経て借入されたchancellor（《英》大法官、《ヨーロッパ諸国の》首相）などがある。

フランス語cancelerは「揺れる、それる」であるが、英語canceleer, cancelierは鷹狩用語で、「《獲物を攻撃する前に》突然方向を変え、態勢を整える」ことであり、このことから「それる」という意味も生まれた。

ところで、crab（カニ）の語源は古英語crabba（カニ）であり、同系語には、低地ドイツ語krabben（つめを立てる、引っ掻く）、英語crawl（這う、腹這いになって動く）やcrawfish（ザリガニ）がある。

カニ（crab）の横歩きから生まれたcrabbedは心の曲がった人との連想から「意地の悪い、つむじ曲がり」の意味になった。*crab* apple（小粒で酸味が強い野性のリンゴ）のcrabは、スカンディナヴィア語scrab（野生のリンゴの実）が語源と考えられるが、ねじれた木の形や、この実のすっぱさで口がゆがむことからcrabbed（意地の悪い）の影響を受けたものである。

cancer [kǽnsər] 癌、害悪、かに座
　→ cancel

candid [kǽndid] 率直な、ポーズをとらない、公平な

　→ candidate

candidate [kǽndədèit] 立候補者、学位取得希望者

古代ローマでは公職に野心のある者は、選挙が近づくと身辺の潔白さを象徴する白いトガをまとった。candidはラテン語candidus（白い、清い）から、candidateはラテン語candidatus（白衣をまとった）から派生した。白が誠実さや率直さを象徴することは今日も変わりがないが、政治的野心に燃える立候補者の言行にはしばしば表裏があることについても古今東西大差はないようである。

ラテン語candidus（白い、清い）は動詞candere（光る、輝く）から派生したが、この動詞の指小名詞形candela（小さな輝き）からcandle（ろうそく）が派生した。しかし、*The Merchant of Venice*：『ベニスの商人』（V, i, 90）における、"How far that little candle throws its beam! So shines a good deed in a naughty world."（あの小さなろうそくがこんなに遠くまで光線を放つとは！　きっと良い行為もあのように悪い世の中を照らすものだわ）という、ポーシャの言葉にもあるように、「小さな輝き」も闇を照らす驚くほど強い光になりうるものである。

ラテン語candereの起動形candescereの現在分詞candescens, candescent-からは、candescent（白熱の、キラキラと輝く）や、強意のin-をつけたincandescent（白熱を発する、まばゆいほどの）が生まれた。

candle [kǽndl] ろうそく；明かりにすかして調べる
　→ candidate

candlewoodとは、初期のアメリカの入植者たちが照明用に使った各種の多脂材木で、特に松の木のこぶのことであった。

candy [kǽndi] キャンディー、氷砂糖；砂糖で煮込む

甘党を見ると、昔から人間というものがほとんど変わっていないということがわかる。candyは、最初は「砂糖で煮て（果物などを）保存する」という動詞で、過去形はまるでラテン語candidus（白い）から派生したかのようにcandideと綴られた。〈candid参照〉

しかし、candyはもっと遠くから旅し

てきた言葉である。氷砂糖を英語では sugar-*candy* と言い，イタリア人は zucchero candi と言うが，これは同じ言葉の繰り返しである。candy はペルシア語 qand（氷砂糖）や，アラビア語 qandi（砂糖を入れた，砂糖でできた）の派生語 qandat（氷砂糖）が語源であり，同族語はサンスクリット語 khanda（砂糖の固まり)，そして khand-（砕く）にたどり着く。すなわち結晶化した砂糖が，ぼろぼろに砕ける様子からそう名づけたのである。
「サトウキビ」の cane は，アラビア語 qanah（葦）がギリシア語 kanna，ラテン語 canna，古フランス語 canne を経て借入された。

 sugar（砂糖）は，アラビア語 sukkar（砂糖）から後期ラテン語 succarum，古フランス語 sucre を経て借入された。さらにたどればサンスクリット語 sakkara（小石）にまでたどり着くと考えられている。砂入りの砂糖をなめるような苦い経験もあったのではないかと思われる。

cane [kéin] サトウキビ，茎；むちで打つ
 → candy, canon
canine [kéinain] 犬の，イヌ科の；犬
 → canary
canker [kǽŋkər] 潰瘍；潰瘍にかからせる，潰瘍になる
 → cancel
cannibal [kǽnəbl] 人食い人種，鬼；人食い人種の
 → canary
cannon [kǽnən] 大砲；大砲を打つ，砲撃する
 → canon
canon [kǽnən] 戒律，規範，大聖堂参事会員
　校長は生徒にむち（*cane*）で規則（*canon*）を守らせたが，国と国との紛争では大砲（*cannon*）を使う。この3語は，元は同じ言葉だった。起こりはおそらくは東洋で，ギリシア語 kanna, kanne（葦）はアラビア語 qanah（葦，槍）やヘブライ語 qaneh（葦）から借入されたと考えられる。cannon（大砲）は，このギリシア語からラテン語 canna（葦の管），イタリア語 cannone（大きな管），フランス語 canon を経て英語に借入されたが，その意味は「真っすぐな空洞の管」であった。

canon（規則）は，ギリシア語 kanna（葦）から派生したと考えられる kanon（棒，さお），ラテン語 canon（棒）が語源である。これらは「真っすぐな棒」から特に大工が使う「物差し」に，さらに「法律」「規則」という意味にも使われるようになった。また cane（茎，むち）は，ラテン語 canna（葦の管）から古フランス語 cane, canne を経て中英語 canne, cane として借入された言葉で，当時は2音節語であった。このように cane, canon, cannon は三重語である。

 また，同じくギリシア語 kanna（葦，管）からラテン語 canalis（円管）を経て成立した英語 kennel（溝），channel（水路，海峡），canal（運河）も三重語である。これらの言葉は印欧語根 ska-（切る）から skan- を経て分出したサンスクリット語 khan-（掘る），khani（鉱山，坑道）にまでさかのぼることができる。

 なお「犬小屋」の kennel はラテン語 canis（犬）が語源であり，古フランス語 chen（犬）の指小形 chenil（犬小屋）を経て中英語 kenel として借入された。

cant [kǽnt] ふまじめな話；専門語で話す；斜面
 → saunter
cantaloup [kǽntəlòup] カンタロープ，マスクメロン
 → peach
　cantaloup は cantalope とも綴る。"We're too young, dear, we *can't elope*." （私たちは駆け落ちするには若すぎるわ）は聖バレンタイン・デーに恋人に送るカードに書かれる言葉だが，この果物とは無関係であろう。〈elope については subjugate 参照〉

cantankerous [kæntǽŋkərəs] 怒りっぽい，けんか好きな，つきあいにくい
　この語は，cant（偽善的言葉遣い，空念仏）あるいは canker（潰瘍，害毒）と rancorous（悪意を抱いている）とを入れ子式にした造語のような響きがある。しかし，これは正当な歴史を持つ言葉で，contest（論争，競争）と同語源の古フランス語 contet から古英語 contekous（けんか好きの）として借入され，contekour（けんかする人）を経て成立した。

 contest（論争する；競争）は，ラテン

語 contestari, contestat-（証人として呼ぶ）〈test 参照〉がフランス語 contester（異議を申し立てる）を経て英語に借入された。原告側と被告側の証人たちが向かい合うと論争（*contest*）になるのは当然である。

cantata [kəntɑ́:tə] カンタータ
→ incentive

canteen [kæntí:n]《学校・工場などの》売店,《軍隊の》酒保, 水筒

昔この種の店と言えば, 室の片隅とか貯蔵室の一角に設けられた売り場にすぎなかった。語源はイタリア語 canto（片隅, 奥まった所）の指小形 cantina（穴蔵, 物置き）である。はじめは兵隊に飲食物を売る店のことであったが, 意味が広がり, びんを運ぶための輸送箱, そして水筒を意味するようにもなった。

winkel（《南アフリカの》雑貨店）はオランダ語 winkel（商店）からの借入語で, 原義は同じく「片隅」である。

canter [kǽntər] 駆け足《馬のゆるい駆け足》; キャンターで駆ける
→ saunter

canto [kǽntou]《長詩の》篇, 巻, 主旋律
→ accent, saunter

canvas [kǽnvəs] キャンバス地, カンバス, 台布
→ filter

canvass [kǽnvəs] 回る, 投票を頼む; 勧誘
→ filter

caoutchouc [káutʃuk] 天然ゴム
→ latex

cap [kǽp] 帽子; 帽子をかぶせる; 大文字
→ scourge, vamp

capacity [kəpǽsəti] 能力, 受け入れる能力, 資格
→ discuss

cap-a-pie [kǽpəpí:] 頭のてっぺんからつま先まで
→ achieve

caparison [kəpǽrisn] 馬飾り, 盛装; 着飾る
→ achieve

cape [kéip] 岬
→ achieve

cape [kéip] ケープ, 肩マント
→ copse

Capeline [kǽpəli:n] 柔らかい幅広のつばのある婦人用帽子, 帽子状包帯
→ achieve

caper [kéipər] ケーパー, 跳ね回り, 悪ふざけ; 跳ね回る
→ taxi

caper には他に二つの異なる意味と語源がある。一つは「私掠船《戦時中, 敵船攻撃の免許を得た武装民有船》, 私掠船の船長」で, 語源はオランダ語 kapen（奪う）から派生した kaper（私掠船〔の船員〕）である。しかし, この語は今日では廃語と考えられる。

もう一つは地中海地方原産の低木の「セイヨウフウチョウボク《学名 *Capparis spinosa*》, ケーパー」で, そのつぼみを酢漬けにして料理の味付けや薬味に用いる。語源はラテン語 capparis（フウチョウ草）で, 語尾の -s を複数形と考えたことから, 英語では -s が脱落した。

capital [kǽpətl] 首都, 大文字; 大文字の
→ achieve

capitalist [kǽpətəlist] 資本家, 資産家; 資本を有する
→ achieve

capitalize [kǽpətəlàiz] 大文字で書く, 資本として使う, 利用する
→ achieve

capitol [kǽpətl] 国会議事堂, カピトリヌス丘, 米国議会
→ achieve

capitulate [kəpítʃəlèit] 降伏する, 屈服する
→ achieve

Capri [kɑ́:pri:] カプリ島
→ canary

caprice [kəprí:s] 気まぐれ, 気まぐれな性格
→ taxi

capricious [kəpríʃəs] 気まぐれな, 衝動的な, 信用できない
→ taxi

capsize [kǽpsaiz] 転覆させる, 転覆する
→ capstan

capstan [kǽpstən]【海事】巻き上げ機, キャプスタン《錨などを巻き上げる装置》

この船用語にはいくつかの語源が考えられ, それらが密接に絡み合っている。まず, ラテン語 capere, capt-（つかむ）の

反復動詞 capitrare から変化した後期ラテン語 capistrare, capistrat-（しっかり結びつける）の現在分詞形 capistrans, capistrant- が語源で、ポルトガル語 cabestran, cabestan を経て英語に借入されたとする語源説がある。また、原義が「真っさかさまに落ちる」の capsize（転覆する）と同じく、ラテン語 caput（頭）と同系語の可能性も考えられる。〈achieve, manoeuvre 参照〉

さらに、capstan の cap- は、ラテン語 caper（雄ヤギ）や capra（雌ヤギ）の語幹 cap- である可能性もある〈taxi 参照〉。buck（雄ジカ,《ノコギリの》引き台）〈同項参照〉やその他の動物がいろいろな機械の名前に使われているからである。

こう考えると後半部 -stan についての説明も必要になる。capstan の綴りは、かつては capstand, capstone, capstern などいろいろあった。このような綴りは語源の説明のために生まれたと考えられる。すなわち、stand（台）, stone（石）, stern（船尾）などと関係づける語源説である。さらに、装置の仕組みと、それに巻きつけて錨を引き上げるロープが capstring とも呼ばれてきたことから、第2要素が string（ひも）である可能性もある。まったく「よいと巻け」(Heave-ho!)である。

captain [kǽptn] 長, 船長；統率する
  → achieve
captivate [kǽptəvèit] 魅惑する, うっとりさせる
  → manoeuvre
captive [kǽptiv] 捕虜, とりこ；捕虜になった
  → manoeuvre
capture [kǽptʃər] 捕まえる；捕獲すること, 捕獲物
  → manoeuvre, purchase, achieve
car [kɑ́ːr] 自動車, 電車, 車両
  → carouse

この語は、ラテン語 currere, curs-（走る）の派生語 currus（戦車：*chariot*）から、carrus（ワゴン、荷馬車）を経て成立したものであり、同族語はサンスクリット語 char-, kar-（動く）にまでさかのぼることができる。cart（《2または4輪の》荷車）は、ラテン語 carrus の指小形に相当する後期ラテン語 carreta を経て成立

したとする説が有力である。cargo（積荷, 貨物）は後期ラテン語 carricare（荷車に荷を積む）から carga（荷, 重荷）を経て英語に借入された。原義は「荷車に載せる物」で、借入当時は「船の積荷」を指していた。

career は、ラテン語 carrus（荷馬車）からフランス語 carrière（道路, 競馬場）を経て借入されたが、「道, 走路」から、やがて「人の進む道, 経歴（キャリア）」という意味に使われるようになった。〈cutlet, hussar 参照〉

carat [kǽrət] カラット《宝石類の重さの単位で、200mg》
ダイアモンドの重さは豆粒によって量った。小さな豆はサイズも重さもほぼ一定しており、古代では計量の便利な基準となっていた。carat はアラビア語 qaura（豆）の変化形 qirat から、ギリシア語、イタリア語、フランス語を旅して借入された。

なお、校正で用いる caret（脱字記号, 挿入記号）は、ラテン語 carere, carit-（欠けている）の三人称単数現在形 caret（欠けたものがある）から直接借入された。

caravan [kǽrəvæn] 隊商, 荷物運搬車；キャラバンを組んで旅行する
  → pan-
carbon [kɑ́ːrbən] 炭素, 炭素棒
  → ajar, element
carboniferous [kɑ̀ːrbənífərəs] 石炭を生じる, 炭素を生じる；【地質学】石炭紀 (the Carboniferous)
  → suffer
carbuncle [kɑ́ːrbʌŋkl] ざくろ石, 【病理学】よう
  → uncle
card [kɑ́ːrd] カード；カードに記入する；ボール紙製の
  → map
cardigan [kɑ́ːrdigən] カーディガン
  → Appendix VI
cardinal [kɑ́ːrdnl] 非常に重要な；深紅色, 枢機卿, 【鳥類】カーディナル

この語は、ギリシア語 kradan（振り回す）の同族語であるラテン語 cardo, cardin-（蝶番, かなめ）、その形容詞 cardinalis（必須の, 主要な）を経て借入された。*cardinal* virtues（【哲学・神学】基本徳目, 枢要徳）の原義は《救済か否かが

揺れる》蝶番のような徳《正義・思慮・節制・堅忍》」である。

　　cardinal（《カトリックの》枢機卿）はローマ教皇の最高顧問である。「緋色」は彼らの法衣の色に由来し，鮮紅色の鳥（ただし雌は茶色）「カーディナル《アメリカ産アトリ科の鳴き鳥》」は，その色にちなんで名づけられた。

care [kέər] 心配；気づかう，気にする
　→ chary

career [kəríər] 経歴，生活手段；疾走する
　→ car

caress [kərés] 愛撫，キス；愛撫する
　→ charity

caret [kǽrit]《校正用の》挿入記号
　→ carat

cargo [ká:rgou] 船荷，積荷，荷
　→ car

caricature [kǽrikətʃùər] 風刺もの，風刺画化；漫画化する

　　この語は，ラテン語 carrus（車：car〈同項参照〉）から派生した後期ラテン語 carricare（荷車に荷を積む）がイタリア語に借入されて caricare（積み込む）となり，これから派生したイタリア語 caricatura（積み過ぎ，風刺漫画）がフランス語を経て借入されたものである。風刺画は「荷を積み過ぎた車」のように，ゆがんで「誇張されている」（exaggerated）ことからその意味を得たという説がある。しかしイギリスでガイ・フォークス祭（Guy Fawkes Day，11月5日）の人形（ひとがた）のように，祝日に荷車（cart）に乗せて引っぱり回される有名人の肖像・画像（effigy）に由来する可能性がより高い。なお，ちなみに exaggerated の語源は，ad-（…へ）と gerere, gest-（運ぶ──形容詞語尾 -igerous, -gerous〔…を生じる〕の語源──）からなる agger（土手，築山）に接頭辞 ex-（外に）がついて派生したラテン語 exaggerare, exaggerat-（積み上げる）である。

caries [kέəris] カリエス
　→ sincere

carnage [ká:rnidʒ] 大虐殺，殺戮，死体
　→ sarcophagus

carnal [ká:nl] 性欲の，物欲的な，快楽好みの
　→ sarcophagus

carnation [ka:rnéiʃən] カーネーション，淡紅色
　→ sarcophagus

carnelian [ka:rní:liən] カーネリアン，赤めのう，紅玉髄

　　この宝石は肉色であることから，語源はラテン語 caro, carn-（肉）であると考えられがちである。しかし，かつては，cornelian とも綴ったこの言葉は，角のように半透明であるところからその名がつけられたもので，ラテン語 cornu（角）から派生したフランス語 cornaline（紅色玉髄）から借入された。

　　onyx（オニックス，縞（しま）めのう）も同じように名づけられたもので，ピンクの地に白い直線的な縞が入っていることから，ギリシア語 onyx（指のつめ）が語源となった。nacre（真珠層，真珠貝）は，イタリア語 naccaro（カスタネット）を経て借入された言葉で，サンスクリット語 nakhara（つめ）までさかのぼると考えられる。

　　agate（めのう）は，この石が見つかったシチリア島の川，ギリシア名 Akhates（アカテス）に由来するのではないかと考えられている。

　　chrysolite（貴橄欖石（きかんらんせき）《黄緑色透明で，トパーズなどと混同される》）はギリシア語 khrysos（金）と lithos（石）からなる言葉である。ちなみに，lithography（石版印刷）の litho- はこのギリシア語 lithos が語源である。

　　emerald（エメラルド）は，古い言葉で，ギリシア語 smaragdos（エメラルド：《古語》*smaragd*〔*us*〕），古フランス語 esmeralde を経て借入された言葉であり，同族語はサンスクリット語 marakata（エメラルド）までさかのぼることができる。smaragdite（緑閃石）も同じ語源である。

　　jacinth（ヒアシンス石《濃いオレンジ色の透明な宝石用のジルコン》）は，ラテン語 hyacinthus（ヒアシンス）に由来するが，美少年ヒュアキントス（Hyacinthus）の血の色にちなんでいる。ヒュアキントスは西風の神ゼピュロスの求愛を拒み，アポロン神の愛にこたえた。嫉妬したゼピュロスは，アポロンとヒュアキントスが円盤投

げをしていた時，西風を吹かせアポロンの投げた円盤がヒュアキントスに当たるように仕組んで殺す。少年の頭から流れた血のしずくがヒアシンス（hyacinth）の花に変わった。その花弁には彼の名前の頭文字が現れているとされる。

jade（翡翠(ひすい)）は，ラテン語 ilia（脇腹）からスペイン語（piedra de）ijada（疝痛の石），古フランス語 ejade を経て英語に借入されたものである。横腹の痛み《特に腎臓痛》に効くとされ，薬として用いられた。

jasper（碧玉）は，ヘブライ語では yashpeh，アラビア語では yashb で，ギリシア語 iaspis を経て英語に借入された。

moonstone（月長石，ムーンストーン）は，ギリシア語 selenites lithos（月の女神セレネの石）の翻訳語である。seleniteとも言う。

pearl（真珠）はラテン語 perna（《豚の腿の形をした》海の二枚貝）が語源で，シチリア島で一般的に使われた perna（イガイ）に由来する言葉と考えられる。

sapphire（サファイア）は，原義が「土星にとって大事な」ではないかと考えられるサンスクリット語 sanipriya からヘブライ語 sappir，ギリシア語 sappheiros を経て英語に借入された古い言葉である。

sardonyx（サードニックス，紅縞めのう）は，onyx of Sardis，小アジアにあった古代リュディア（Lydia）の首都「サルディス産のオニックス（縞めのう）」という意味である。sard（紅玉髄）もこの地名が語源と考えられている。

topaz（黄玉，トパーズ）は古い言葉で，サンスクリット語 tapas（熱）までさかのぼるのではないかと考えられる。

zircon（ジルコン）は，ペルシア語 zar（金）から形容詞 zargun（金色の），アラビア語 zarqun，フランス語 zircone を経て英語に借入された。

jewel（宝石）は語源的にはあまり高価ではなかった。ラテン語 jocus（娯楽，遊び，些細な物）の指小形，後期ラテン語 jocale（楽しみをもたらす物，おもちゃ）から古フランス語 joel, joiel を経て英語に借入された言葉で，joke（冗談）や jocular（こっけいな）と同語源である。

precious stone（貴石）の precious（貴重な，《宝石などが》高価な）は，ラテン語 pretium（価格）から派生した形容詞 pretiosus（価値がある）がフランス語 précieux（高価な）を経て英語に借入された。precious の「《言葉遣いなどが》いやに気取った」という用法は，モリエール（Jean Baptiste Poquelin Molière, 1622-73）の Les précieuses ridicules：『才女気取り』（1659年）に由来する。17世紀にパリで文学サロンを作り，洗練された言葉遣いを広めようと集った女性たちを，précieux（高価な）の女性形を用いて Les précieuses（才女たち）と皮肉を込めて呼んだ。

stone（石）はゲルマン諸語に共通に見られる言葉で，アングロサクソン語 stan（石）が語源である。

carnival [káːrnəvl] 謝肉祭，カーニバル，ばか騒ぎ

謝肉祭は，キリスト教の祝祭の慣習に由来し，断食をする四旬節（Lent）の前日（週）のことである。語源はラテン語 carnem levare（肉を除く）で，後期ラテン語 carnelevarium，イタリア語 carnevale を経て英語に借入された。しかし，通俗語源ではラテン語 carnem vale（肉よさらば）であるとされる。

ところで，このキリスト教の祭礼は，古代ギリシアで行われた「舟形の山車」（ship-cart）を引いて行進するディオニュソスの祭礼などを取り入れたものである。この「舟形の山車」を北方の人々はラテン語で carrus navalis と呼んだが，これが英国に伝わり，次第に変化して carnival になったとする説もある。なおラテン語 carrus（車）は古いケルト語に由来する。
<sarcophagus 参照>

carnivorous [kɑːrnívərəs] 肉食性の，食虫性の
→ sarcophagus

carom, carrom [kǽrəm]【ビリヤード】キャロム《手玉が続けて二つの的玉に当たるショット》，バウンド；衝突してはねかえる

このビリヤード用語は訛って cannon とも綴られる<canon 参照>が，carambole（【ビリヤード】ゲームの開始点に置かれた赤いボール）の短縮されたものである。この carambole は東南アジア原産の黄緑色

の実およびその木 carambola（ゴレンシ，スターフルーツ）に由来する可能性が高い。こちらは，ヒンディー語 karmal（黄金色の実——マレー語では karambil〔ココナッツ〕——）からポルトガル語 carambola を経て，近代植物学の創始者リンネ（Linneus: Carl von Linné, 1707-78）によって造られたラテン語式の学名である。リンネが特にビリヤードに関係があったわけではない。

carotid [kərátid] 頚動脈；頚動脈の
「頚動脈」は頚に沿って血液を頭に運ぶ2本の動脈である。ここを押さえて血液を止めると人はすぐに気を失ってしまう。このことからギリシア人は，動詞 karoun（麻痺させる）から複数形名詞 karotides（頸動脈）を造った。これが carotid の語源である。頚動脈を押さえると人事不省になることは，十字軍に対して暗殺を行ったアサシン派（assassins）〈同項参照〉にも知られていた。

carouse [kəráuz] 大酒盛りをして楽しむ；大酒盛り
古代ローマにはライオンがうずくまった姿をした酒杯があり，出っぱった腹がその器（bowl）になっていた。したがってその酒杯で酒を飲むと飲み干すまで下に置けないのであった。中世のドイツ人は酒杯を挙げ，ドイツ語 gar（完全に）と aus（空に）を組み合わせて，"Gar aus!"（おしまいまで）と叫んだ。また，タバコもたしなんでいたイングランドの文人で探検家のローリー卿（Sir Walter Raleigh, 1552-1618）は船長たちのことに触れて，"...*garoused* of his wine till they were reasonably pleasant."（彼らは結構陽気になるまで彼のワインを飲み乾した）《*The Discoverie of the Empyre of Guiana*：『ギアナ発見』第3部，1596年》と書いている。かくして carouse（大酒を飲む，痛飲をする）なる語が生まれるのである。

ところで，carousal（にぎやかな宴会——carouse の名詞形——）と carousel（馬上試合）とは歴史的に切り離せないものだった。しかし，carousel（アクセントは最後の音節）は，イタリア語 gara（争い）から，garoso（けんかっ早い），指小形 garosello（馬上試合），その変化形 carosello（粘土の塊り，粘土の塊りを投げ合う馬上試合）を経て，「騎馬演技大会（カラセル）」の意味で英語に借入され，今日では「回転木馬」も指すようになった。イタリア語 gara（争い）はまたラテン語 garrire（ペチャクチャしゃべる——garrulous〔くどくどしゃべる，多弁な〕の語源——）か，古高地ドイツ語 werra（混乱，戦い——war〔戦争〕の語源——）から借入された後期ラテン語 guerra（戦争）にさかのぼる可能性がある。なお g- から c- への転換は，ショーとしての騎馬演技大会に小戦車（イタリア語 carricello——carro〔荷車：car〕の指小形——）も参加したことに影響されたものである。〈car 参照〉

carp [káːrp] コイ；とがめだてする
→ crop

carpenter [káːrpəntər] 大工；大工仕事で作る，工作する
→ harmony
木工仕事（carpentry）は，ギリシア人にとっては，絵画や音楽と同じように「芸術」であった。

carpet [káːrpit] カーペット，じゅうたん；じゅうたんを敷く
かつて床と壁を覆っていた carpet は，その由来が示す通り粗末なものであった。語源は，ラテン語 carpere, carpt-（刈る，むしりとる）で，後期ラテン語 carpita（厚手の布），古フランス語 carpite を経て英語に借入された。初めは，繊維をほぐさずに作った厚手の衣類や，布地の切れ端を縫い合わせて作った修道僧の長いゆったりした外衣を指していたが，やがて部屋の壁掛けの類を意味するようになった。

Hamlet：『ハムレット』（III, iv）で，王クローディアスと間違えられて殺されるポローニアスが隠れていたような上等な壁掛けは，「アラス織」（arras）と言い，最高のものであり，フランス北部のアラス（Arras）産の美しい絵模様を織り込んだものであった。

carp（揚げ足取りをする：to *carp* at ...）は，古北欧語 karpa（ペチャクチャしゃべる）から直接借入されたが，ラテン語 carpere（刈る）の影響を受けて今日の意味になった。

carriage [kǽridʒ] 馬車，客車，砲架
この語は，carry（運ぶ）〈同項，および car 参照〉の語源でもある古ノルマンフラ

ンス語 carier（車で運ぶ：to bear in a cart）から派生した cariage（車で運ぶこと）が借入されて成立した。その意味は「運搬費」（a charge for *carrying*），「要塞の攻略」（the *carrying* of a fort），「運び方」（the manner for *carrying*），転じて「身のこなしや行い」（one's *carriage*），「運ばれる物」（things that are *carried*），「かばん」など一連の変化を遂げた。そのいくつかの意味は残っているが，今日のように物や特に人を運ぶ「乗り物」という意味が定着した。

carrion [kǽriən] 腐肉，腐敗；死肉

　この語は，古フランス語 caronie, charoigne（腐った死骸，人間の死骸——フランス語 charogne——）から中英語 caroine, caronye（死骸，屠殺体）として借入された。ちなみに，ボードレール（Charles-Pierre Baudelaire, 1821-67）には "Une Charogne"「腐肉」《*Les Fleurs du Mal*：『悪の華』1857年》と題する陰鬱な詩がある。このフランス語 charogne は，ラテン語 caro, carn-（肉）から後期ラテン語 caronia を経て変化したものとも考えられる〈sarcophagus 参照〉。北部フランス語形 carogne は比喩的に「女の死体」という意味に使われ，crone（しわくちゃ婆さん）として英語に借入された。

carry [kǽri] 運ぶ，届く；射程
　→ carriage

　carry の特殊な用法に to *carry* the day（勝利を得る），to *carry* the election（選挙で勝利する）という表現がある。その原義は「敵対者から勝利を運ぶ」である。また議会などでは to *carry* a motion（動議を可決する）という表現がある。

　かつて carry は 1 語で，今日の *carried* away（われを忘れる）とか，to *carry* on（がんばって続ける，経営する：——to *carry* on a business〔商売を営む〕——）の意味に用いられた。ところで to *carry* on はさらに，臨終に際してなお仲間に熱心に説教している男のように，がんばって「一連の行為を守り続ける」から，misbehaviour（無作法）という悪い意味を含めた「振る舞う」（to behave）という意味に用いられるようになった。

　ちなみに behave は，have の強調形として生まれた言葉で，Behave yourself.（行儀よくしなさい）という助言は Have yourself.（自分自身をしっかり保ちなさい，冷静であれ〔be self-possessed〕）のことであった。behavior（振る舞い，行動）は，中英語では behave を名詞化した behaver, behavor であったが，フランス語 avoir（持つ）の影響で今日の綴りになった。自分の行為を守り続けるのは大切であるが，その度が過ぎて「われを忘れてはいけません」（Don't be *carried away*.）。

cart [káːrt] 荷馬車，1 頭立て軽装馬車；運ぶ
　→ car, carouse

carton [káːrtn] カートン，運送用のボール紙箱，標的の白星
　→ map

cartoon [kɑːrtúːn] 時事風刺漫画，実物大下絵；漫画化する
　→ map

carve [káːrv] 彫る，彫刻する，肉を切り分ける

　この語は，古英語 ceorfan（切る）が語源であり，ゲルマン諸語に共通である。アイスランド語は kyrfa（彫る）であり，ギリシア語 graphein（刻みを入れる〔to score〕，書く）〈score については同項参照〉などの graph- と同族語であることを示している〈graft 参照〉。かつて文字は，物に刻んだり彫りつけたりして記したものであった。〈read 参照〉

caryatid [kæriǽtəd] 女人像柱
　→ Appendix VI

cascara [kæskéərə] カスカラ，その樹皮から作る下剤
　→ discuss

case [kéis] 箱；箱に入れる；場合
　→ discuss, casement

casein [kéisiːn] カゼイン，カゼイン膠(にかわ)
　→ cheesecake

casement [kéismənt] 開き窓，窓，枠組

　encasement（箱に入れること，入れ物）は，ラテン語 en（…の中に）と，capere, capt-（取る，握る，保持する）から派生した名詞 capsa（箱）が語源で，この語の頭音消失によって派生したのが casement である。英語 case（箱）もこのラテン語 capsa（箱）から派生した言葉であり，ま

たこのラテン語からは，古フランス語 chasse（枠組み）を経てフランス語 chassis（枠，身体）が派生し，英語には chassis, shasis（《自動車の》台車，シャーシー）が，また，chassis の異形 shashes から sash（サッシ，窓枠）が借入された。

casement はまた，英語では廃れた casemate（銃眼，窓）と混じり合った。この casemate はラブレー（François Rabelais, 1494?-1553）が用いた同義のフランス語 chasmate によってギリシア語 khasma（裂け目，隙間――chasm〔深い淵〕の語源――）の複数形 khasmata（開口部）にさかのぼるとされる。しかし，casemate は，イタリア語 casamatta（屠殺場，砲台）が借入されて敵を狙い撃ちするための「銃眼」を指すようになったと思われる。このイタリア語は，casa（家――スペイン語 casa――）と，ラテン語 mactare, mactat-（虐殺する）起源のイタリア語 mazzare（屠殺する――スペイン語 matar――）とから成立した。フランス語 meurtrière（殺人者，銃眼）やドイツ語 Mordkeller（屠殺場，銃眼）なども同じく二つの意味に使われる。

ラテン語 capsa やイタリア語 casa は，箱や小屋など入れ物一般を意味し，英語でも book *case*（本箱），cigarette *case*（タバコ入れ），stair *case*（階段）のように広く使われる。casino（カジノ）は，イタリア語 casa（家）の指小形 casino から借入され，最初は「夏の小さな別荘」，やがて「公共の集会所」，さらにそこで楽しまれる「《トランプゲームの》カジノ」という意味に使われるようになった。〈cheat 参照〉

cash [kǽʃ] 現金，即金；現金に換える
→ discuss

cashier [kæʃíər] 勘定係，レジ係，会計係
→ discuss

cashmere [kǽʒmiər] カシミヤ毛〔織物〕
→ cloth

cask [kǽsk] 貯蔵
→ discuss

casket [kǽskət] 小箱，ひつぎ
→ discuss

casque [kǽsk] かぶと
→ discuss

Cassandra [kəsǽndrə] カサンドラ，凶事の予言者
→ Appendix VI

castanet [kæstənét] カスタネット
この楽器は，特にフラメンコ・ダンスなどでスペインの踊り子たちが用いるもので，二枚貝のような楽器であることから，普通は複数形で用いられる。castanet は，ラテン語 castanea（クリの実：*chestnut*）が語源のスペイン語 castaña（クリ）の指小形 castañeta（指をパチンとはじく音，カスタネット），あるいはそのフランス語形 castagnette から英語に借入された。*castaneous* hue とは「栗色」に焼けた若い女性の健康的な肌の色を表す表現であるが，castanet は楽器の色ではなく，形がクリに似ていることから生まれた名前である。

marron（クリ）は，おいしいマロングラッセ（*marrons glacés*）を指す言葉としてフランス語から借入された。この marron（クリ）は古代ローマの叙事詩（epic）詩人ウェルギリウス（Publius Vergilius Maro, 70-19B.C.）の姓 Maro と関係づけられてきたが，実際は chestnut（クリ）と訳されたヘブライ語 harmon（スズカケの木）が語源ではないかと考えられる。

epic（叙事詩）の語源は，ギリシア語 epos（物語：〔原義〕語，言葉）の形容詞 epikos である。一つの言葉は他の言葉と連なって，やがて長い物語を形作ることから「物語」という意味になり，「長い物語詩」という意味になった。叙事詩と言えば，古代ローマの風刺詩人マルティアリス（Marcus Valerius Martialis, 40?-104?）が，叙事詩を書いてその気骨を示すように言われた時，「なに！私が六脚韻の戦争叙事詩を書くだって！学者先生に私のあら捜しをして論じさせ，それを暗誦させられる麗しい少年少女に私の名前を忌み嫌わせるためにかね」と言ったとされるが，この強烈な言葉は世代を超えて古典語が苦手な人々の慰めとなっている。

ところで chestnut（クリ）は，上記のラテン語 castanea（クリ）が語源で，古フランス語 chastaigne を経て英語に借入された。かつては chesteine-nut と綴った。しかし，ラテン語 castanea は，ギリシア語 kastanea（クリ）の借入語で，このギリシア語は karyon kastanaikon（カスタニ

アのナッツ：*Castanian* nut）が短縮されたものとされる。そしてこのギリシア語 kastanea には次の三つの由来が考えられる。すなわち，(1) 小アジアの黒海に臨んだ古代の国ポントスの都市 Kastanaia，(2) ギリシアの東北部テッサリア地方の町 Castana，(3) クリの木を意味するアルメニア語 kasteni である。

old chestnut には口語で「古臭い陳腐なしゃれ」という意味がある。これは明らかにアメリカ的で，古くなってひからびたクリの実をかんでみると，その意味の起こりがよく理解できる。いくつかの説明が可能であるが，いちばん好まれているのはある旅芸人にまつわる話である。「突然コルクガシの木から――」と芸人が言い始めると，「クリの木だよ，大将」と聞き手がさえぎった。芸人は話を続けようとしたが，その男は「クリの木です，クリ。私はその話をすでに20回も聞いたんだから」と，言い張った。こういうわけで，クリの木からクリが落ちて繰り言になったというのである。

caste [kǽst] 身分制度，社会的階級，社会的地位
　→ test

castigate [kǽstigèit] 懲戒する，酷評する
　→ purchase

castrate [kǽstreit] 去勢する，気力をそぐ，骨抜きにする
　→ purchase

casual [kǽʒuəl] 偶然の，おざなりの，カジュアルな
　→ cheat

casualties [kǽʒuəltiːz] 死傷者数，人的損害
　→ cheat

cat [kǽt] ネコ，ネコの毛；揚げる
　→ incinerator, catgut, cat-o'-nine-tails

catalogue [kǽtəlɔ̀(ː)g] カタログ，大学要覧；カタログに入れる
　→ catapult

catapult [kǽtəpʌ̀lt] 石弓；カタパルトで射出する，勢いよく動く
　→ paragraph

ギリシア語 pallein（投げつける）は，ballein（投げる）の強調語と考えられる。pallein の第1音が b- より強い破裂音になっているからである。〈ball 参照〉

cataract [kǽtərækt]《断崖から落ちる》大滝，【医学】白内障

cataract には気をつけなければならない。語源はギリシア語 kataraktes で，kata（下へ）と rassein（突進する）とからなるこの言葉は急速に落下する水の流れ，すなわち滝という意味に用いられた。ところで，古代においても城塞などには，突然の敵襲に際して門の上から敵の眼前に落として侵入を防ぐための扉が取り付けられており，ギリシア語 kataraktes は「落とし格子」（portcullis）という意味に使われるようになった。cataract が英語に借入された当初はこの意味に使われた。

cataract（白内障，そこひ）は，「《城門の》落とし格子」が目の前に落ちて視界を妨げる動きに見たてて名づけた病名である。しかし，白内障はもちろん，急激に襲う病気ではなく，突然に眼前に落ちるという意味合いはとっくに失われている。

一方 portcullis（落とし格子）はより単純で，フランス語 porte（城門，扉）と，ラテン語 colare（滑る，引っ張る）が語源のフランス語 couler（滑る）の現在分詞 coulissant（引っ張ること）とから成立した。〈dickey 参照〉

ところでギリシア語起源の接頭辞 cata-（下へ，後ろへ，…に対して）を持つ言葉が英語には数多くある。catachresis（【修辞学】単語や比喩の誤用――ギリシア語 khresthai〔使う〕――），cataclysm（大洪水，地殻の激変――ギリシア語 klyzein〔激しくぶつかる，氾濫させる〕――），cataglottism（舌を使うキス――ギリシア語 glotta〔舌〕――），catalogue（目録）〈paragraph 参照〉，catalysis（【化学】触媒作業――ギリシア語 lyein〔ゆるめる〕――）〈lysol 参照〉，catalepsy（【医学】カタレプシー，強硬症――ギリシア語 kataleptos〔捕まる〕は動詞 lambanein〔取る〕から――）などがその例である。ところで，cataglottism におけるギリシア語 glossa（舌）とその異形 glotta は「舌」から「言葉」の意味に用いられ，英語 gloss（注解，解説），glossary（用語辞典，語彙辞典），glottis（【解剖学】声門），epiglottis（【解剖学】喉頭蓋）などの語源

となった。ただし、gloss（うわべを飾る、うまく言い逃れる）は、中高地ドイツ語 glos（輝き）が語源で、glass（ガラス）も同語源である。〈electricity 参照〉
　cata- を持つが catamaran（双胴船、いかだ《丸太を2，3本くくって作られる》）は、タミール語 katta-maram（結ばれた木）が語源である。catamite（男色相手の少年、稚児）は、ゼウスの酒の給仕役となったトロイの美少年 Ganymedes（ガニュメデス）がラテン語風に訛った Catamitus から生まれた。catamount（ピューマ、オオヤマネコ）は cat of the mountain がつづまった言葉である。

catarrh [kətάːr] カタル、かぜ
　→ paragraph

catastrophe [kətǽstrəfi] 大異変、不幸、破局
　→ paragraph

catch [kǽtʃ] 捕まえる、ひっかける；捕えること
　→ purchase

catchpenny [kǽtʃpèni] きわもの的な；きわもの商品、安物
　　catchpenny（〔原義〕ペニーかせぎ）、potboiler（金目当ての粗製乱造文学〔美術〕作品：〔原義〕釜代かせぎ）、claptrap（場当たりの言動：〔原義〕拍手ねらい）などはそれぞれの言葉の構成要素を切り離してみるとその語源が浮かび上がってくる。catchpenny は一般的な言葉で、potboiler は文学に使われる。claptrap は演劇から来た用語で、今日ではしばしば単に喝采を得るための「たわごと」という意味で使われる。

catchword [kǽtʃwə̀ːrd] 標語、欄外見出し語、せりふのきっかけ
　　古い本には、ページの最後の行の下に次ページの最初の行の最初の言葉が印刷されているが、これを catchword と呼び、読者の注意を引き止めるためのものであった。この語はやがて、前の俳優の台詞の最後で、次の俳優の台詞のきっかけ（cue）となる言葉を指すようになり、さらに一般的に、注意を引く表現という意味になった。
　　大衆が情報に通じて、からくりがわかるようになると、政治家や広告主が使うような表現を疑いの目で見るようになった。そこで彼らは catchword に代えて、より目新しく疑心を招きそうもない言葉を求め、slogan（スローガン）〈同項参照〉などを使うようになる。同様に、propaganda（宣伝）〈同項参照〉を使っていた人たちは政治的色彩の強いこの言葉を避けるために、indoctrination（教化）の必要性を話題としている。〈bugle 参照〉

category [kǽtəgɔ̀ːri] 範疇、種類、区分
　→ verdict

caterer [kéitərər] 仕出し屋、宴会業者、支配人
　→ incinerator

caterpillar [kǽtərpilər] イモムシ、キャタピラー、他人を食いものにする人
　　古い英語《1440年ころの英羅小辞典》で "wyrm among frute"（実につく毛虫）と呼んだ caterpillar は、古フランス語 chatte peleuse（〔原義〕毛がむくむくしたネコ：cat）からその名を得た。しかしその語形と意味は二つの古い英語によって強化された。すなわち、「大食漢」を意味した cater〈incinerate 参照〉と、「盗賊」を意味した piller（pillage〔略奪〕の語源）に影響されて cater-piller（貪欲な略奪者）となった。毛虫は今もまさにその通りである。ちなみに、異端者として処刑された英国の宗教改革者ラティマー（Bishop Hugh Latimer, 1485?-1555）は "extortioners, caterpillars, usurers"（強奪者、貪欲な略奪者、金貸し）と並べて使っている。
　　なお、pillage（略奪）は、ラテン語 pilus（毛髪）の動詞 pilare（毛髪が生じる、毛髪を奪う、強奪する）から古フランス語 piller（略奪する）、pillage（強奪）を経て借入された。plush（ブラシ天《ビロードの一種》）や pile（ビロードなどのけば、パイル）も同語源である。〈cloth 参照〉

catgut [kǽtgʌ̀t] ガット
　　今日、バイオリンの弦は金属製で、テニスのラケットはナイロンで張る。なのになぜその弦を catgut と言うのかが疑問となる。それに本来それらはヒツジの腸だった。
　　cat- の由来についてはいくつかの似た言葉で説明することができる。弦楽器の catlings（弦）と chitterlings（食用小腸）の

混成によるものと考えるのがその一つである。シェイクスピアは, *Troilus and Cressida*：『トロイラスとクレシダ』(III, iii)で, サーサイティーズ (Thersites：〔ギリシア名〕テルシテス) に "Unless the fiddler Apollo get his sinews to make catlings on." (音楽の神アポロがやつのからだ中の腱でバイオリンの弦を作るならまだしも) と言わせている。あるいは catlings が kitgut (小ネコの腸) であったとも考えられる。kit は, kitten (子ネコ) の短縮形であるが, また昔のダンス教師用小型バイオリンをも指したからである。ちなみに, ドイツ語 Kitt は「リュート《楽器》」で, ドイツ語 Kitze は「子ヤギ, 子ヒツジ」である。

catholic [kǽθəlik] カトリックの, 旧教の；カトリック教徒

a man of *catholic* taste とは「趣味が広い人」とか, 「なんでも最高級品を好む人」のことである。ちなみに米国の画家ホイッスラー (James Abott Whistler, 1834-1903) によれば, 彼らは趣味の洗練された人ではなく, 競売人にすぎない。

catholic は, kata-(…に関わる) と holos (全体の) からなるギリシア語 katholikos (全体的な) からラテン語 catholicus (アクセントは第2音節), フランス語 catholique (アクセントは第1音節に移った) を経て英語に借入された。

ところで holocaust (大虐殺, ホロコースト) は, ギリシア語 holos (全体の) と, kaiein (燃やす) の動形容詞 kaustos (燃やされた) とからなる。この kaustos が語源となった言葉には encaustic (焼き付けの；焼き付け画法), cauterize (焼灼する,《良心などを》麻痺させる), caustic (【化学】腐食性の, 辛辣な) などがある。caustic は文字通りには *caustic* lime (消石灰) とか *caustic* potash (苛性カリ) などのように使われたが, 犠牲となった人の心をズキズキと痛ませるような「辛辣な」言葉も比喩的に意味するようになった。なお, caution (用心, 慎重) はラテン語 cavere, caut- (用心する) が語源なので, 上記の cauterize (焼灼する) とは関係がない。

大文字で始まる Catholic は, 元は「普遍教会」(church universal) のことで, 個々の信徒集団に対して「全キリスト教徒」を指した。それが広く (universally) 受け入れられる正統派教義を, さらに東西に分裂後のローマ「カトリック教会」(Catholic Church) を意味するようになった。

cat-o'-nine-tails [kǽtənáintèilz] 九尾の猫鞭(ねこむち)

cat-o'-nine-tails は, こぶ結びのついた9本のひもを取りつけたむちのことである。語源は, ギリシア語 kat'omous (《むち打ちの時》肩の上へ——《後期ラテン語 catomus》——) の誤解から生まれた後期ラテン語 catonus (鉛で重くしたむち) ではないかとする説がある。このむちで打たれる肩とむちとを取り違えたのである。しかし, 語源の説明としては十分ではなく, 次の話も加えておきたい。

エジプト神話で冥界の神オシリスが手に持つむちのように, 当初はネコ (cat) の皮をひもにしたものであった。エジプト人はネコを聖なる動物と考え, 猫皮のむちで打たれると, むちから徳・力が打たれた人に伝わると信じていたのである。ネコは特に動きが軽快で, 九つの命を持つと信じられていた。同じく騎士の授任式に君主が剣で受任者の肩を軽打する伝統も, 剣を通じて君主の徳や権限が騎士に委譲されるという信心に基づいていた。

実際の信仰は衰退したが, 慣習として今も生き残っている例もある。祭りやカーニバルで人の顔や襟などをくすぐるために使われる tickler (くすぐり羽根) は, 中世の祝祭日の縁日で売られたもので, 多産を願う儀式的むち打ちの遺物である。この風習は, tickle (くすぐる, 喜ばせる) が, ギリシア語 tiktein (産む) とラテン語 titillare, titillat- (くすぐる——titillate〔刺激する, くすぐる〕の語源——) から合成されたかのような想像をかきたてる。なお, この tickle は kittle (くすぐる) の字位転換によって生まれた言葉で, かつて互換的に使われた。同音異語に kittle (子ネコを産む) があり, これは kitten (子ネコ, おてんば娘), kid (子ヤギ, 子供), ドイツ語 Kitze (幼獣) と同語源である。Kitze は Kitzler (くすぐるもの：tickler) を連想させる。そして時を経るに従って次の諺が生まれた。

A spaniel, a woman, a walnut tree,
The more they're beaten, the better they be ...
スパニエル犬と女とクルミの木は，たたけばたたくほど良くなる《クルミの木は棒でたたくと見事な実を結ぶとされる》そして，ついにこのむち打ちにこめられた意味の変遷は校長先生の訓言にまで低下していくのである。
Spare the rod and spoil the child.（むちを惜しむと子供はだめになる）

catsup [kǽtsəp] ケチャップ，ケチャップ色
→ ketchup

cattle [kǽtl] 畜牛，家畜，畜生ども
→ achieve

caudal [kɔ́:dl] 尾の，尾状の，後端にある
→ bible

caudate [kɔ́:deit] 尾がある
→ bible

cauldron [kɔ́:ldrən] 大釜，大鍋
→ chauffeur

causeway [kɔ́:zwèi] 土手道，歩道
causeway は元来，causey（《古語》《低湿地に土を盛り上げて通した》土手）に敷設された「道」だったが，今日ではほとんど causey と同じ意味に使われるようになった。その causey は，本来は踏み固めて作った盛り土，すなわち路床のことであった。この語は，ラテン語 calx, calc-（踵）から後期ラテン語 calciare, calciat-（踏みつける），さらに via *calciata*（踏み固めた道）のように使う後期ラテン語 calceata, calciata, 古フランス語 chaucíee（土手道，盛り土をした道――フランス語 chausée〔堤防，土手道〕――）を経て英語に借入された。〈recalcitrant 参照〉

caustic [kɔ́:stik] 苛性の，辛辣な；焼灼剤
→ catholic

cauterize [kɔ́:təràiz] 焼灼する，電気メスで切る
→ catholic

caution [kɔ́:ʃən] 用心，警告を与える；注意深い
→ catholic

cavalier [kæ̀vəlíər] 騎士道精神の持ち主，騎士；騎士気取りの
この語は，後期ラテン語 caballus（馬）が語源で，スペイン語 caballo（馬），caballero（騎士）が派生し，イタリア語 cavaliero, cavaliere（騎手，騎士――英語でも cavallero, cavalliers が用いられることがある――），同義のフランス語 cavalier を経て英語に借入された。中世に馬にまたがる男と言えば一般には貴族であった。彼らは高い所から見下ろす立場にあったので，横柄で傲慢な（haughty）態度をとる人が多かった。ちなみに haughty は，ラテン語 altum（高い）が語源で，フランス語 haut（高い）を経て派生した。なお，フランス語 hauteur は「高さ」「誇り」という意味に使われている。
このようなわけで名詞 cavalier は「騎士」を意味するが，形容詞 cavalier は「尊大な」とか「人を眼下に見下ろす」(supercilious)〈同項参照〉を意味する。ちなみに supercilious は，ラテン語 super（…の上）と cilium（眉毛）からなる言葉である。
ところで chevalier（勲爵士，《古語》騎士）は cavalier と同語源であり，フランス語 cheval（馬），chevalier（騎士）を経て英語に借入された。この語から中英語で chivalrous（騎士道の，騎士制度の）が派生していたが，1600年ごろにはいったん廃語となり，19世紀ごろにロマン主義精神の影響下で復活した。chivalry（騎士道，騎士制度）は，長らく church の ch- のように発音されていたが，最近ではフランス語の sh- のように発音されるようになっている。

cave [kéiv] 洞窟；ほら穴を作る
→ cabal

cave-in [kéivìn] 落盤，堕落，失敗
→ calf

caveat [kǽvià:t] 手続き停止申請，ただし書き，警告
→ show

caveat emptor [kǽvià:t émptɔ:r] 買手危険負担
→ quaint

cavern [kǽvərn] 大洞窟，空洞；洞窟に閉じこめる
→ cabal

cavity [kǽvəti] 空洞，腔，虫歯
→ cabal

cease [sí:s] 終わる，止める；終止
→ ancestor

cedar [síːdər] シーダー，ヒマラヤスギ
→ citron
cede [síːd] 譲渡する，割譲する
→ ancestor
ceiling, cieling [síːliŋ] 天井，内装板，上昇限度

ceiling（天井）は言わば「部屋の空」であり，あたかもラテン語 caelum, coelum（空，天）が語源のフランス語 ciel（空）から派生したかのように，しばしば cieling と綴ることがある。またそれはラテン語 caelare, caelat-（彫る，飾る）から派生した古フランス語 cieller の影響を受けている。しかし，古くは，ラテン語 celare, celat（隠す）から同義のフランス語 celer を経たと考えられる seel（板で閉ざす）から派生したかのように seeling としばしば綴られた。なお，前者と後者が合わさったような siel が，ハケット司教（John Hacket, 1592-1670）の説教集（1675年）の一節 "Dost thou permit us to live in *sieled* houses?"（主よ，われわれが板張りの《立派な》家に住むことをお許しになられるのか）（『ハガイ書』1:4参照）に見られる。

celandine [séləndàin] クサノオ，キンポウゲ
→ cell
celidony [sélidouni]《廃語》ツバメ石
→ cell
cell [sél] 基本組織，電池，小部屋

この語はラテン語 celare, celat-（隠す）〈helmet参照〉から派生した名詞 cella（小室，貯蔵室）が語源である。ハチの巣室，貯蔵室，奴隷部屋，独房などのように，「小さく仕切られた部屋」という意味で英語でも使われている。

「いくつかの *cells* の集まり」という意味でラテン語 cellarium（食糧貯蔵室）が生まれ，英語 cellar（地下貯蔵庫，ワインの蓄え）が成立した。同じ語形成による言葉は多く，ラテン語の aqua（水）から aquarium（水族館），sol（太陽）から solarium（日時計，テラス），apis（ミツバチ）から apiarium を経て英語 apiary（養蜂場），avis（鳥）から aviarium を経て英語 aviary（鳥小屋，鳥類舎）などが派生した。

ラテン語 cella（小室，貯蔵室）の指小形 cellula（小部屋）から造られた接頭辞 cellulo-（細胞の）は科学用語にしばしば使われる。cellulose（【化学】セルロース：〔原義〕（小さな cell がいっぱいの）はその一例である。

ところで，同じ接頭辞を持つように見えるが celandine（クサノオウ《ケシ科の多年草》）の語源はギリシア語 khelidon（ツバメ）である。ツバメがとどまる間，この花は咲いていると考えられた。また，ツバメは雛の視力を良くするためにその花の液を使うという話から，かつて視力を良くする目薬として使われた。celidony（《廃語》ツバメ石）はギリシア語 khelidonios lithos（ツバメの石）が語源で，ツバメの腹にあると考えられ，狂気を治す薬とされた。ちなみにギリシア語 lithos（石）からは lithography（石版印刷）が派生した。〈carnelian参照〉

chalcedony, calcedony【鉱物】王髄，めのう）は，ギリシア語 khalkedon を音訳したラテン語 chalcedonius から英語に借入された。この語は『黙示録』(21:19) では，聖なる都，新しいエルサレムの城壁の第三の土台石となる宝石で「めのう」と考えられている。しかし，これは「ツバメ石」を指すとか，小アジアの古都カルケドン（Chalcedon）の石であるとか，carchedonia や carcedonia などの異形もあることからギリシア語 Karkhedon（古代国家カルタゴ――英語 Carthage――）産の石を指すなどの諸説がある。

ギリシア語 khalkos（銅，真鍮，青銅）から派生した接頭辞 chalco- も，英語で科学用語を多く構成し，chalcopyrite（黄銅鉱――書物：copy〔写し，コピー〕とは無関係――）や chalcographer（銅板彫刻師）などがある。

Chaldaic language（カルデア語）とは Chaldea（カルデア《バビロニア南部の古名》）の言語で，バビロン捕囚後のユダヤ人が話したアラム語のことだった。なお Chaldean（カルデア人）は，天文学と占星術に長けていたことから，「占い師」「占星術師」という意味もある。昨今では，占い師が「真実」と称するものの代金を請求すると，その占い師（Chaldean）が独房（cell）に入れられることもある地域があ

る。

cellar [sélər] 地下貯蔵室，ワインの蓄え；地下倉庫に貯蔵する
→ cell

cellophane [séləfèin] セロファン
→ focus

cellulose [séljulòus]【化学】繊維素，セルロース
→ cell

cement [səmént] セメント；セメントで接着する，セメントで結合する
→ shed

cemetery [sémətèri] 共同墓地
→ necromancy

cent [sént] セント，セント銅貨，100
→ dollar

centaury [séntɔːri] シマセンブリの一種《リンドウ科シマセンブリ属の草木の総称》
→ flower

centigrade [séntəgrèid] 百分度，摂氏度；百分度の
→ congress

cephalic [səfǽlik] 頭の
→ lent

cephalo- [séflou-] 頭の
→ lent

ceramic [sərǽmik] 窯業の；陶磁器，セラミック
→ crater

cereal [síəriəl] 穀物，穀類加工食品，シリアル

朝食に食べるシリアルは，ローマ神話の農耕の神サトゥルヌスと，炉と家庭の女神ウェスタとの娘である豊穣の女神ケレス (*Ceres*) にちなんで名づけられた。古代ギリシアの町エレウシスで秋に行われた大密儀祭は，冥界の神プルートがケレスの娘プロセルピナを掠奪したことを記念するものであった。母の祈りによって，プロセルピナは冥界を離れ，春から秋までケレスと共に地上で暮らすことをユピテルに許されたが，この神話は種蒔きと穀物の成長を象徴するものであった。

cerebellum [sèrəbéləm] 小脳
→ crater

cerebrum [sərí:brəm] 大脳，脳
→ crater

cerecloth [síərklɔ̀(:)θ]《死体などを包む》蠟(ろう)引布

→ crater

cerement [síərmənt] 蠟引布，経帷子(かたびら)
→ crater

ceremony [sérəmòuni] 儀式，礼儀，堅苦しさ

考え抜いた手順に従って振る舞うのは良いことである。因果応報 (karma) の原理によると，必ず未来において報いがあるからである。ceremony は，ラテン語 caerimonia (畏敬，神聖なこと，儀式) からフランス語を経て借入された。cere- は，サンスクリット語 karma (行い，仕事) と同族語で，この karma はヒンズー教や仏教では倫理的「業」や「因縁」という意味に発展した。-mony は matri*mony* (結婚，結婚生活) や har*mony* (調和) に見られる名詞語尾である。

また，ラテン語 caerimonia が古代エトルリア最大の都市国家 Caere (カエレ――現在のチェルヴェーテリ〔Cerveteri〕――) が語源であるとする説もある。古代ローマ人はこの町から多くの慣習や儀式を学んだからである。

cerium [síəriəm] セリウム
→ element

cesium [sí:ziəm] セシウム
→ element

cessation [seséiʃən] 停止，休止，中断
→ ancestor

chafe [tʃéif] こすって暖める，いらだつ；すり傷
→ chauffeur

chagrin [ʃəgrín] 無念，くやしさ；くやしく思う

chagrin はトルコ語 saghri (馬の臀部) が語源で，フランス語 chagrin (粒起なめし革) を経た借入された。初め「皮，ざらざらした革」という意味だった。今日この意味では shagreen (シャグリーン革，粒起革《研磨用》) が使われる。さらに，フランス語 chagrin には比喩的に鳥肌 (gooseflesh) が立つような感じ，すなわち身体をそのような皮でこすられる時の「不快さ」，そして「不機嫌」の意味が生まれ，それが影響して今日の意味になった。

chain [tʃéin] 鎖，束縛；鎖でつなぐ
→ chignon

chalcedony [kælsédəni] 玉髄
→ cell, Appendix VI

Chaldea [kældíːə] カルデア《バビロニア南部の古名》
→ cell

chalco- [kǽlkou-] 「銅」「真鍮」「青銅」の意の連結形
→ cell

chalice [tʃǽlis] グラス，聖餐杯，杯状花
→ eucalyptus

challenge [tʃǽlindʒ] 挑戦，課題；挑む
challenge は，ラテン語 calumnia（難癖，策略）が語源で，古スペイン語 caloña，古フランス語 calonge を旅して中英語 chalenge, calenge として借入された。元の意味は同語源の calumny（誹謗，中傷）に残っている。語形の変化とともに語義も変わっていったが，英語での最初の意味は「非難」であった。昔は非難に対する返答が決闘であることが多かったことから「決闘の申し込み」（challenge）の意味になった。

chameleon [kəmíːliən] カメレオン，無節操な人，日和見主義者
chameleon の chame- はギリシア語 khamai（地表の，ちっぽけな）が語源であるというのはわかりやすいが，どういうわけでギリシア語 leon（ライオン：lion——leonine〔ライオンのような，堂々とした〕が派生——）が語源の -leon がこの動物につけられたかはわかりにくい。lion（ライオン）はギリシア語 leon（ライオン）からラテン語 leo, leon-，フランス語 lion を経て英語に借入されたが，このギリシア語はさらにエジプト語にさかのぼると考えられる。
カメレオンは目をそれぞれ別々に動かすことができ，その体色も環境や気分によって変わる。このような特徴から chameleon は「気まぐれな人」にも用いるようになった。

champ [tʃǽmp] かむ，かみつく；優勝者
→ champion

champagne [ʃæmpéin] シャンパン，シャンパン色
→ camp, drink

champignon [ʃæmpínjən] 食用キノコ，シャンピニオン
→ champion

champion [tʃǽmpiən] 優勝者；擁護する；優勝した

騎士道時代には，貴婦人が侮辱されるようなことがあると騎士たる者はただちに彼女の名誉を守るために戦いを挑んだ。その擁護者としての闘士を，フランス語や英語で champion と呼んだ。この語は，ラテン語 campus（広場〔field〕，試合場）から後期ラテン語 campio, campion-（闘技場で戦う戦士），古フランス語 champion を経て英語に借入された。そして戦いに勝った場合にのみ広場・闘技場に留まったことから現在の「勝利者」の意味が生まれた。「戦う広場」を表す field は，field artillery（野戦砲，野戦砲兵）などの用法に残っている。〈camp 参照〉
champ はしばしば champion の短縮形として用いられるが，この語は，「ムシャムシャかむ」とか《歯ぎしりして》くやしがる」の意味もある。この意味の champ は古くは cham で，-p は音便で加わったものであり，本来は擬音語の可能性がある。しかし，khan（中央アジア地方の王族や大官などの尊称）の古形 cham とは関係がない。こちらの語源はチュルク語やタタール語 khan（君主）である。ちなみにドクター・ジョンソン（Samuel Johnson, 1709-84）は the great *Cham* of literature（文学の大御所）と呼ばれた。
なお，フランス語や英語の champignon（食用キノコの総称）は，後期ラテン語 campinion-（野の）が語源である。
〈chivalry については cavalier 参照〉

chance [tʃǽns] 偶然；偶然の；たまたま…する
→ cheat

chancel [tʃǽnsl] 内陣
→ cancel

chancellor [tʃǽnsələr] 長官，学長，衡平法裁判所判事
→ cancel

chancery [tʃǽnsəri] 衡平法裁判所，大法官庁，公文書保管庁
→ cancel

changeling [tʃéindʒliŋ] 取り替え子，すり替えられた子，（古語）移り気の人
この語にはその発音にぴったり合うように作られた話がくっついている。チョーサー（Geoffrey Chaucer, 1343?-1400）の時代に迷信深い人は知恵遅れの子供を見ると，「この子はきっと妖精に取り替えら

れた（changed）のだ。妖精が自分の子を替わりに置いていったのだ」と言ったとされる。妖精の子たちは、生まれながら言葉が遅れていて、賢くないとだれもが考えていたのである。

-lingはもちろん指小辞である〈gossip参照〉。しかし、changelingにおけるこの指小辞は、change（交換）ではなく、古英語change, chang（ばか）についたものである。このchangeは *Ancren Riwle*：『女隠者のための規則』（1225年ごろ）に数回出てくるが、その後は忘れられた。やがてchangelingが、ラテン語cambire（交換する）から古フランス語changerを経て借入されたchange（交換）の指小形と考えられて、もっともらしい話が考え出されたのである。わが子が少し愚かだとわかった時に、本当の子供は妖精が取り替えたのだと、親ばかの母親（*fond* mother）は考えてあきらめた。〈Thames, fond参照〉

channel [tʃǽnl] 海峡、水路；水路を開く
　　→ canon

chant [tʃǽnt] 詠唱；詠唱する、シュプレヒコールする
　　→ canto, saunter
　　enchant（魔法にかける、うっとりさせる）の原義は「歌って人を魔法にかける」とも「人に対して歌う」であるとも考えられる。〈trance参照〉
　　oscine（スズメ類の鳥、鳴禽類）は、今は総称的に鳴鳥を指す専門用語だが、語源はob-（…に向かって）とcanere（歌う）からなるラテン語oscen, oscin-（占いの鳥）で、かつては古代ローマで鳴き方から前兆を判断する鳥占いの鳥を指した。

chaos [kéias] 無秩序、天地創造以前、カオス
　　→ gas

chap [tʃǽp]（口語）やつ、ひび割れ；あかぎれになる
　　chapにはいくつかの同音異語があるが、主としてchop（たたき切る）〈color参照〉を弱勢化したものである。一方、古い言葉にchop（《廃》交換する）がある。語源はアングロサクソン語ceapian（取り引きする）であり、これもcheap（安い）やchapman（行商人）の語源でもある。chap（《口語》やつ、男）はchapmanの

短縮形で、Be a good *chap*.（意地悪するなよ）などと、軽口をたたく時によく使われる。

なお、chip（削る；切れはし）や *chapped* lips（荒れた唇）は、chop（たたき切る）の異形である。またchopfallen（しょげた、あごをだした）はchapfallenの異形だったが、食べ物を食いちぎる（chop）器官のchap（下あご）から合成された。

chaps（《米》チャップス、カウボーイの皮ズボン）はスペイン語chaparejos（革のズボン）の短縮語である。

chapel [tʃǽpl] 簡易礼拝堂、教会堂、礼拝
　　→ achieve

chaperon [ʃǽpəròun] 介添役中年女性、お目付役；介添する
　　→ achieve

chaplain [tʃǽplin] 司祭、牧師、施設付き司祭
　　→ achieve

chaplet [tʃǽplət] 頭飾り、小数珠、ロザリオの祈り
　　→ achieve

chapter [tʃǽptər] 章、区切り、支部
　　→ achieve

char [tʃɑ́ːr] 炭にする；木炭；雑役婦をする
　　→ ajar

character [kǽrəktər] 個性、徳性、登場人物
　　この語の原義は「特徴的なしるしとか形」であり、ギリシア語kharakter（彫る道具、その道具で刻まれたしるし）からラテン語character（しるし、特徴）、古フランス語caracterを経て中英語caracterとして借入された。ch-が復活するのはラテン語にならってのことである。やがて人柄の特徴を、さらに全人格的特徴を表す言葉として使われるようになる。

characteristic（特有の；特性）は、語源がギリシア語形容詞kharakteristikos（特性の）で、人や物の本質的な「特徴・特性を示す」言葉である。*character* actor（性格俳優）は、登場人物の包括的な全人像を演じるよりも、人物に特徴的で特異な側面を強調して演じる役者のことである。

なお、類義reputation（評判、名声、徳望）は、re-（再び）とputare, putat-（考える）からなるラテン語reputare, reputat-

（熟考する）が語源である。putative（うわさの，推定上の）は同じラテン語 putare, putat- から派生した。〈curfew 参照〉

charade [ʃəréid] シャレード，謎言葉，みせかけ
→ aboveboard

charcoal [tʃá:rkòul] 木炭，炭
→ ajar

charivari [ʃìvərí:] どんちゃん騒ぎ
→ ajar

charity [tʃǽrəti] 慈善，慈善施設，慈悲心
→ whole

元来 charity は，心の内に感じる愛を意味したが，後にその内的愛のしるし，愛に基づく行動や行為を意味するようになった。語源は，ラテン語 carus（高価な，愛すべき）の名詞 caritas（高価，愛情）である。また，同じラテン語 carus から後期ラテン語 caritia，イタリア語 carezza（愛撫），フランス語 caresse（愛撫）を経て，caress（愛撫；抱擁する）が借入された。

ところで，eucharist（感謝，感謝の祈り——the Eucharist【キリスト教】聖餐式，聖体——）の語源は，eu（美しい，良く）と kharis（感謝）からなるギリシア語 eukharistia（感謝）である。

charlatan [ʃá:rlətn] 香具師，ペテン師，にせ医者
→ aboveboard

Charles's wain [tʃá:rlz(əz) wéin] チャールズの荷車，北斗七星
→ arctic

charm [tʃá:rm] 魅力；魅了する
→ trance

charwoman [tʃá:rwùmən] 日雇い雑役婦
→ ajar

chary [tʃéəri] 用心深い，気難しい，えり好みをする

古英語の名詞 caru（気がかり，悲しみ）から care（気がかり，不安）が，同語源の古英語形容詞 cearig（悲しい）から chary（細心な，用心深い）が生まれた。この2語の原義は「悲しみ」と「悲しい」であるが，「悲しみ」から「悩み，苦悩」へと意味が移転し，さらに「自分を悩ますこと」「骨折ること」「気をつけること（taking *care*）」「用心深くすること（being *care-*

ful）」へと意味が発展した。同様の意味の移転は今日 feeling *pains* in the side（横腹に痛みを感じる）と taking *pains*（骨折る）の間にも見ることができる。

ところで pain（苦痛，苦悩）は，さまざまな労苦が罪（sin）の結果だという昔の信仰を示している。だから we pay *penalty*（罪をあがなう）と言う。pain は penalty と同語源で，ラテン語 poena（罰：*penalty*）から古フランス語 peine（苦しみ，罰）を経て中英語に借入された。pine（恋わずらう，思いわずらう，やつれる）は，同ラテン語からアングロサクソン語 pinian（苦しめる，拷問にかける）を経て成立した。そして，同ラテン語の形容詞形 penalis（罰に値する）から penal（刑罰の，刑事上の）や penalty（罰）がもたらされた。

なお，これらと密接に関係する言葉に penitent（後悔している；悔悟者）や penitentiary（【カトリック】告解室，《米》《重罪犯の》刑務所）がある。語源は，ラテン語 paenitere, poenitere（後悔する）の現在分詞形 paenitens, paenitent-（後悔している——re-（再び）がついて repent〔悔い改める〕が派生——）である。なお paenitens の名詞形 paenitentia（悔恨，痛悔）から古フランス語 penance を経て中英語に借入された語に penance（懺悔；罰する）がある。刑務所とは本来は「悔い改める（*repent*）場所」であった。〈trouble も参照。しかし，トラブルにはご用心（Be *chary*.）〉

chase [tʃéis] 追跡する，走り回る；追跡
→ purchase

chasm [kǽzm] 大きな裂け目，とぎれ，亀裂（きっ）
→ casement

chassis [ʃǽsi] 車台，シャシー
→ casement, purchase

chaste [tʃéist] 汚れのない，洗練された，簡素な
→ purchase, test

chasten [tʃéisn] 懲らしめる，鍛える，洗練されたものにする
→ purchase, test

chastise [tʃæstáiz] 折檻する，非難する
→ purchase, test

chat [tʃǽt] おしゃべりをする，チャット

をする；おしゃべり
→ chatter

chatter [tʃǽtər] 鳴く，ペチャクチャしゃべる；鳴き声

この語は，twitter（さえずる，さえずるように言う）や jabber（わけのわからないことを早口にしゃべる）などと同じく擬音語である。chatter の短縮語は chat（おしゃべりをする；おしゃべり）で，反復語尾 -er がない分だけ穏やかな表現である。chit-chat（むだ話；雑談する）は chat から反復（reduplication）によって造られた言葉で，さらに軽いむだ話（chatting）を意味する。

chattel [tʃǽtl] 動産，家財，奴隷
→ achieve

chauffeur [ʃóufər] お抱え運転手；お抱え運転手として働く

フランス語で「釜たき」を意味するこの語は，特に初期の蒸気エンジンで動く自動車の「運転手」を指した。由来は calere（熱くなる）と facere（する，作る）からなるラテン語 calefacere, caleficare（熱する）から古フランス語 chaufer（熱する）を経て派生したものである。chafe（こすって暖める；摩擦）の意味は元来「温める」であった。*chafing* dish（加熱装置付き卓上鍋）はこの意味に使われた例である。語源は同じくラテン語 calefacere で，やがて手などを「擦り合わせて暖める」の意味が生まれ，擦りすぎると痛くなったりすることから，to *chafe* the skin（皮膚をヒリヒリさせる，イライラさせる）という表現も生まれるのである。よく似た発想で，Don't get hot.（興奮するなよ，怒るなよ）などと忠告することがある。

caldron, cauldron（大釜，激しい動揺）は同語源で，ラテン語 calere（熱くなる）の形容詞 calidus, caldus（熱い）の派生語 caldarium（鍋）から，古フランス語 chaudron, caudron を経て中英語 caudron として借入された。calorie, calory（カロリー）はラテン語 calor（熱）が語源である。大鍋にいろいろな物を入れて温める時はカロリーに気をつけなければいけない。

chauvinism [ʃóuvənìzm] 熱狂的愛国主義，狂信的身びいき，同族偏愛思想

この語はナポレオン軍の伝説的老兵 Nicolas Chauvin（1780?-?）に由来する。彼はナポレオンを神のように崇拝して愛国主義を示したことで，仲間にさえばかにされたと言われる。この話をコニャール兄弟（Charles Theodore & Jean Hippolyte Cogniard）が *La Cocarde Tricolore*：『三色帽章』（1831年）という軽喜劇に仕上げ，人気を博した。おかげでショーヴァンの名はフランス語のみならず英語にすべり込むことになった。《*La Cocarde Tricolore* とはフランス革命当時および19世紀初めに用いられた共和派の標章である。》

chauvinism と同じく jingoism も「狂信的愛国主義」とか「感情的国威宣揚主義」を指す。jingo（狂信的愛国主義者）は，露土戦争（1877-78）勃発時にロシアの南下を阻止したい英国の好戦機運の中で，ミュージックホールなどで生まれた流行歌（1878年）のリフレーンに由来する。

　We don't want to fight,
　Yet by Jingo! if we do,
　We've got the ships and we've got the men,
　And got the money too.
　　われらは戦いたくはないけれど，
　　まったくもって（by Jingo），戦うとしたら，
　　われらには戦艦も兵隊も
　　金もあるんだ。

《by Jingo は by God!（神かけて，きっと）の婉曲的な変形 by golly（おや）とか by gosh（まあ）に近い表現である。》Hey Jingo! や High Jingo! は16世紀以降，手品師が何かを取り出す時の叫びで，それは Hey presto!（そーれ《消えろ》！）と対になっていた。バスク語 jinko, jainko（神）から船乗りたちによって英語にもたらされたという語源説がある。

chaw [tʃɔ́:] 一かみ分のかみタバコ；かむ
→ pylorus

cheap [tʃíːp] 安い；安く；廉価本
→ chap

cheat [tʃíːt] 欺く；詐欺師

英国の封建法では，領臣が死亡してしかるべき相続人が無い場合，封土を国王か領主に返却しなければならなかった。この譲渡を escheat（不動産復帰）と呼んだ。語源はラテン語 ex（外へ）と cadere, cas-

（落ちる）からなる後期ラテン語 excadere（外側へ落ちる，…の結果となる）で，古フランス語 escheoite（偶然起こること）を経て借入された。この escheat から語頭音節消失によって成立した cheat（欺く）は，権利主張者が，嘆願にもかかわらず土地を没収された時に感じる，だまし取られたような失望を反映している。

　同じラテン語 cadere, cas- から後期ラテン語 cadentia（落ちること，倒れること），古フランス語 cheance（可能性）を経て英語 chance（偶然）が借入された。この後期ラテン語 cadentia は，古代ローマ時代は「サイコロを投げること」という意味にも使われた。cheat と chance の語義の違いは，サイコロの目の偶然は領主の法律顧問よりも正直であったことを反映しているようである。

　投げられたサイコロの目にまかせておけるほど，たいして気にかける必要もないものには casual（偶然の，何気ない，軽い）を用いる。しかし，サイコロより深刻な戦闘で倒れた「死傷病兵」も casualty という。借入された15世紀の初めには「偶然」という意味だったが，やがて「死傷者，災難」を指すようになった。casual も casualty もラテン語 cadere, cas-（落ちる）が語源である。

　occasion（場合，出来事）は行く手に落ちるものであり，語源はラテン語 occidere, occas-（落ちる，倒れる）の名詞形 occasio, occasion-（機会，好機）で，接頭辞 oc- はラテン語 ob（前に，…に向かって）が語幹に同化して変化したものである。この動詞の現在分詞 occidens, occident- を用いて，夜になると日が落ちる地方を the occident（西方）と呼ぶ。

　複数の惑星が地球から見て重なる位置に来るのに呼応して起こると考えられたことが accident（偶然，事故）で，語源はラテン語 accidere（…へ落下する，起こる）の現在分詞 accidens, accident- である。ac- はラテン語 ad（…の上へ）の語幹への同化である〈affluent 参照〉。詐欺師（cheat）というのは，運任せ（taking chances）を避けるが，幸運の星（lucky stars）に感謝するものである。

check [tʃék] 止める，調べる；停止
　　→ exchequer

checkers [tʃékərz] チェッカー
　　→ exchequer
checkmate [tʃékmèit] 行き詰まり，【チェス】チェックメイト；打ち負かす
　　→ exchequer
cheese [tʃíːz] チーズ，チーズに似た物
　　→ cheesecake

　ただし，He thinks he is a big *cheese*.（あいつは自分を重要人物だと考えている）と言う時の cheese は，ヒンドゥスターニー語 chiz（物）が語源で，インド居住の英国人によって広がった言葉と考えられる。

cheesecake [tʃíːzkèik] チーズケーキ，性的魅力のある女性

　cake（ケーキ）は原始ゲルマン語にさかのぼり，古北欧語では kaka，オランダ語では koek で，英語 cookie（クッキー）はその指小形 koekje からの借入語である。しかし，おいしいクッキーはイギリス人が創り出した。〈Dutch 参照〉

　cheese は cake よりさらに古い言葉で，ラテン語 caseus（チーズ）からアングロサクソン語 ciese を経て成立した。casein（【生化学】カゼイン《チーズの主成分》）も同語源である。

　ところで，劇場の多いニューヨークのブロードウェイのレストランで，照明で明るいショーウィンドウに大きなチーズケーキを飾ることが1930年代に流行った。このことから cheesecake は映画，新聞，演劇の分野で宣伝の目玉という意味に使われるようになった。そしてその目玉とは，女優のしなやかでピチピチした脚線美などであった。

　ロザモンド・ギルダー（Rosamond Gilder）という劇評論家が，雑誌 *Theatre Library Association Broadside*：『演劇ライブラリー協会会報』で，チーズケーキは，かわいい女の子のようなもので「砂糖とスパイス，いいものぜんぶ」《伝承童謡集『マザーグース』の一節》でできていると述べ，さらにある悲劇《John Dryden の *Tyrannick Love or the Royal Martyr*：『悲劇』(1669年)》の最終幕が，《チャールズ2世（Charles II，在位1660-85）の愛人の》女優ネル・グウィン（Nell Gwynne, 1650-87）の「いえ，ひどいわ，復活祭の最高の時季，タル

トとチーズケーキの時（Tart and Cheesecake time）に私を殺すとは」と，抗議する場面で終わっていることを指摘している。Tart and Cheesecake time は，ケーキなどの菓子類を食べる楽しい「復活祭の時」と，女性の「もっとも華やかな時」をねらった一石二鳥の表現となっている。ただし，石に当たって落ちてきた2羽の鳥は伝承童謡に歌われた「焼かれたパイの中で歌うブラックバード」《"Sing a song of sixpense"》ではない。

cheesecake の「女性美を強調したセミヌード写真」の意味は，マーシランド（Joe Marshland）なる記者が，脚をクロスさせて船の手すりに腰掛けている有名女優について使ったのが初めだと言われている。

なお，tart には三つの意味がある。まずケーキとしての tart はフランス語 tarte（果物・ジャム・クリームなどをのせたパイ）の借入である〈torch 参照〉。形容詞 tart（すっぱい，苦い，痛烈な）は古英語 teart（鋭い，すっぱい）が語源である。スラング tart（評判の悪い女）は形容詞 tart（苦い）と，sweetheart（恋人）の短縮形 tart（ガールフレンド）が結合したものである。スラングでは「そっけない恋人は tart である」と言う。

chemise [ʃəmíːz] シフトドレス，シュミーズ
　→ shimmy
　　chemisette（シュミゼット《婦人服の大きく開いた襟ぐりの部分を隠すためにヴィクトリア時代に流行したレースなどの胴衣》）という指小形もある。

chemistry [kémistri] 化学，化学的性質，不思議な反応

今日の化学者（*chemist*）は，自分たちが科学的で，中世の錬金術師（*alchemist*）の秘儀的魔術や見せかけの儀式と絶縁したことを誇りにしている。だが切り捨てたとはいえ，黄金熱にとりつかれた錬金術師の痕跡を引きずっている。

chemist（化学者）は，アラビア語 al kimiya（錬金術）から後期ラテン語 alchimista（錬金術師）を経て，語頭音節消失によって成立した。アラビア語 al は alcohol（アルコール）や algebra（代数学）などの al- と同じく英語の定冠詞 the

に相当する。アラビア語 kimiya は，Kym（エジプトのナイル川の神），あるいは khem（黒い土——ちなみにナイル川を司る神は Khnum——）から派生したギリシア語 Khemia（ケムの地《古代エジプト人が自分たちの土地につけた名》）に由来すると考えられる。またこのアラビア語は，少なくともギリシア語 khein（注ぐ）が語源の khymeia（金属の変質）の影響も受けている。錬金術師が目指した金属の変質は化学者によって達成された。

chenille [ʃəníːl] シェニール，毛虫糸，シェニール織物
　→ cloth

cherry [tʃéri] サクランボ，サクランボ色；サクラ材の
　→ peach

cherrystone (clams) [tʃéristòun (klǽmz)]【貝類】ホンビノスガイ，チェリーストーン《食用》
　→ Appendix VI

chess [tʃés] チェス，西洋将棋
　→ exchequer

chestnut [tʃésnʌ̀t] クリ，クリ材；栗色の
　→ castanet

cheviot [ʃéviət] チェビオット種のヒツジ
　→ cloth

chew [tʃúː] かんで食べる，かむ；かむこと
　→ pylorus

Chianti [kiɑ́ːnti] キャンティ
　→ drink

chiaroscuro [kiɑ̀ːrəskúərou]《絵の》明暗の配合，明暗法，単色の明暗で描く絵

イタリア語からの借入語で，ch- は [k] と発音される。

美術では暗い影を背景に明るい光を浮かび上がらせる画法を意味し，文芸では激しい喜びと突然の悲しみを対比させて劇的効果を高める文章法を指す。この語はイタリア語 chiaro（明るい）と oscuro（暗い）とからなる言葉であるが，それぞれラテン語 clarus（明るい）と obscurus（暗い）にさかのぼる。ラテン語 clarus からは clarity（明快さ，平明さ）がもたらされ，また古フランス語 cler を経て clear（澄んだ）が借入された。ラテン語 obscurus は obscurity（暗さ，不明瞭）の語源である。

イタリア語 chiaro（明るい）の指小形

chiaretto（キアレット《イタリア北部産の薄赤ワイン》）は，フランス語 clair（明るい）の指小形 claret（クラレット《ボルドー産の赤ワイン》）になった。この指小形はどちらも赤でもなく白でもなく黄色がかった，あるいは薄い赤みのあるワイン（フランス語は vin claret）を指していた。ところが17世紀ごろから，claret は「《ボルドー地方産の》赤ワイン」を指すようになり，今日では「赤紫色の」という意味にも使われる。〈red 参照〉

chichevache [tʃíːtʃəvàːʃ] チチェバーシュ，やせ牛獣

中世のフランスで信じられていたこの伝説上の怪物は，やせこけた牛であるとか醜い牛であると考えられた。dodo（ドード一鳥，（口語）時代遅れの人）と同じく文明社会が絶滅させたが，かつては見せ物（menagerie figure）として人気のあったオスの bycorne（ビコーン，二角獣）と連れ合いであり，いたずらっ子を脅かしておとなしくさせたと伝えられる。フランス語 chincheface（やせこけた顔，醜い顔）から同義の中英語 chichefache として借入された後に，民間語源によって -fache が -vache（雌牛——ラテン語 vacca〔雌牛〕が語源——）に変わり，今日の語形 chichevache となった。

チョーサー（Geoffrey Chaucer, 1343?-1400）の The Canterbury Tales：『カンタベリー物語』（1387?-1400年）の "Clerk's Tale"：「学僧の話」や，詩人リドゲイト（John Lydgate, 1370?-1451?）の詩 "Bycorne and Chichevache"：「ビコーンとチチェバーシュ」（1430年ごろ）で，これらの怪獣の物語が語られる。ビコーンは，辛抱強い男を餌食にするのでいつも肥えている。これに対し妻のチチェバーシュは辛抱強い貞節な婦人を餌食としているので常に飢えている，というのである。

ところで，英国の劇作家ヘイウッド（John Heywood, 1497?-1580?）の短い喜劇 The Four P's：『四人のP氏』（1545年）では，パーマー（the Palmer：聖地へ巡礼した証としてヤシの葉を身につけている巡礼者）が，辛抱強くない女性の話など巡礼中に聞いたこともないと断言し，この大ぼらを吹いて賞金を獲得する。

時代はなんと変わったことか！

ちなみに，dodo（ドード一鳥）はポルトガル語 doudo（ばか者）が語源である。《モーリシャス島などに生息していたこの鳥は，動作が鈍く飛ぶことができなかったので食用にされて18世紀に絶滅した。》menagerie（《見せ物用》動物，動物園）の原義は「家畜の管理（management）」だった。ラテン語 manus（手）が語源の manage は「扱う」を意味していたが，menage（家庭，家事）の影響を受けて「管理する」も意味するようになった。なおこの menage は，後期ラテン語 mansionaticum（大邸宅の管理）〈remnant 参照〉から古フランス語 mesnage を経たフランス語 ménage（家事）の借入である。チチェバーシュにご用心！

chide [tʃáid] しかる，小言を言う
  → child

chief [tʃíːf] 長，ボス；最高の
  → achieve

chieftain [tʃíːftən] 首領，族長，指揮者
  → achieve

chiffon [ʃifán] シフォン，ドレスの飾りレース；軽くてふんわりした
  → chiffonier

chiffonier [ʃifəníər]《米》西洋だんす，《英》《低い》食器棚

chiffonier は，フランス語 chiffonnier（縦長のたんす）から直接借入された言葉で，女性が針道具や布の切れ端などを入れておく引き出し付き家具を指していた。chiffon も，フランス語 chiffe（《古語》ぼろ）の指小形 chiffon（ぼろ切れ）の借入語である。特にドレスのフリルなどの飾りに使われる「布切れ」を指したことから，今日の透き通った柔らかい「シフォン生地」という意味になった。〈cloth 参照〉

chignon [ʃíːnjɑn] シニヨン

この髪型は1780年，1870年，1944年などいろいろな時代に流行ったもので，奥方ちがうなじに渦巻き状に結った髪型である。実はこの髪型は13世紀にもあり，フランス語で chaaignon と呼ばれた。chignon は，古フランス語 chaine（鎖，首飾り——ラテン語 catena〔鎖〕が語源——）から造られたフランス語 chaînon（鎖の環）の異形が英語に借入されたものである。ちなみに，chain（鎖）の語源も

同じラテン語 catena で，古フランス語を経て借入された。ただし，「シニョン」は髪型に由来する名で，男たちをつないでおくための鎖 (*chain*) に由来するものではない。

child [tʃáild] 子供，赤子，子

child は英語にのみ存在し，他のゲルマン諸語ではドイツ語 Kind（子供）系の言葉が使われている〈racy 参照〉。子供は「子宮の実り」と言うべきもので，直接の語源は古英語 cild（胎児，子）で，同系語にはゴート語 kilpei（子宮）や inkilpo（妊娠した女性）がある。このようにして childbirth（分娩，出産——babybirth ではない——）が派生した。child-wife は「おさな妻」であるが，childwife は「子供を生んだばかりの妻」である。

ちなみに，子供たち (children) は関係のないことだと考えるかもしれないが，興味深いことに chide（大声で口論する，しかる）も英語にしか存在しない。

chill [tʃíl] 冷たさ；冷たい；冷やす

chill は古英語では cele, ciele で，9世紀から14世紀にかけては cold（寒い，冷たい）の意味で普通に使われていた。ところがその後200年間は使われなくなり，cold が取って代わった。再び使われるようになった時の意味は，体内の寒け，気のめいるような寒さを指した。ただ冶金の専門用語の to *chill* cast-iron「鋳鉄を冷やす」における chill の意味は「金属を冷やす」である。他方，液体の場合は温めて「飲みごろにする」という意味にも使われる。ディケンズ（Charles Dickens, 1812-70）は *Sketches by 'Boz'*『ボズのスケッチ集』(1836年) で，ビールを暖炉で温める意味で *chilling* beer という表現を使っている。

chill（冷たい），cool（涼しい），cold（寒い）はゲルマン語幹 kal-（冷たい）に由来する三重語と言うべきものである。chill は古英語 ciele を経て，cold は古英語 cald から cauld を経て，cool は変音したゲルマン語幹 kol- から古英語 col を経て成立した。同ゲルマン語幹はラテン語の語幹 gel- と同族語で，こちらからは英語 gelid（氷のような，冷淡な）が派生した。〈aspic 参照〉

魚や爬虫類のような *cold*-blooded creature（変温動物）は環境に応じて体温が変化する。人間に使われると，人間らしい温かい感情に動かされず「冷酷に」(in *cold* blood) 行動する人を指す。逆に怒っている人については血が煮えたぎっている (boil) と言うが，実際そう信じられていたのである。

chimerical [kaimérik(l)] 怪物のような，想像上の，奇想天外な

胴体と頭はライオン，尾は竜，背中にヤギの頭が生え，それぞれの口から火炎を吹くキマイラ（Chimera：ギリシア語 khimaira〔雌ヤギ〕）はギリシア神話の怪物である。今日ではこの怪物が与えた恐怖感は消えたが，その想像上の姿に由来する形容詞が残った。

chimney [tʃímni] 煙突，煙突状の物，ほや

「炉」や「かまど」はラテン語で caminus であり，それがある部屋は camera caminata であった。それが，短縮されて後期ラテン語 caminata（炉のある部屋）となり，古フランス語 cheminee を経て借入され，chimney となった。そして建築様式の発達とともに，部屋の特徴的な造りによって「暖炉」へ，さらに暖炉の上の「煙突」へと意味が移転した。

chin [tʃín] 下あご；あごでおさえる，おしゃべりする

chin は，広く分布する言葉で，古英語 cin, ギリシア語 genys, サンスクリット語 hanus などは「下あご」を指す。chin-ning（あごをしきりに動かすこと）は，米口語で「おしゃべり，雑談」という意味となった。ただし chin-chin（こんにちは，さようなら，乾杯）は，中国語の挨拶「請請：ts'ing ts'ing」（どうぞどうぞ，ありがとう，さようなら）から借入されたものである。

Chinaman's chance [tʃáinəmænz tʃǽns] わずかな可能性，かすかな望み

この表現は間接的ではあるが Chinese（中国の；中国人）と関係がある。chinaman とは「陶磁器商人」のことである。chinaware（陶磁器）の china- は，産地の中国 (China) のことであり，ペルシア語 chini を経て英語に借入された。関係する表現の a bull in a *chinashop* は「《陶器屋で暴れる牛のように》はた迷惑な

乱暴者」を指す。陶器屋がそんな人を雇うことは文字通り Chinaman's chance（ほとんど可能性がないこと）である。

chink [tʃíŋk] 裂け目，チリンとなる音；割れ目をふさぐ，チャリンと鳴る
　この語は16世紀以前には見当たらない。「細い裂け目」の chink は，ゲルマン語根 ki-（張り裂ける）から古英語 cinu（裂け目）を経て派生した中英語 chine（細い裂け目）に代わって使われるようになった。他方，「チリン，カチン」の chink は金属などが触れ合う音を表す擬音語だが，擬音語 crack（パチンと鳴る；ヒビ）が音との結果としての割れ目を表すようになったのと同様に，上記の「裂け目」を意味する chink と何らかの関係があると考えられる。〈crunch, finance 参照〉

chintz [tʃínts] チンツ
　→ cloth

chip [tʃíp] 切れ端；削る，欠ける
　→ color

Chippendale [tʃípəndèil] チッペンデール風の；チッペンデール風の家具
　→ Appendix VI

chiropodist [kərápədist] 足治療医
　→ pedagogue

chisel [tʃízl] のみで彫る，だます，不正をする
　→ shed

chit-chat [tʃíttʃæt] 雑談，うわさ話；雑談をする
　→ chatter, 反復語については scurry 参照。

chivalry [ʃívlri] 騎士道，騎士道制度，丁寧な態度
　→ cavalier

chlorine [klɔ́:ri:n] 塩素
　→ element, yellow

chlorophyll [klɔ́(:)rəfil] 葉緑素，クロロフィル
　→ element, yellow

chocolate [tʃɔ́(:)kələt] チョコレート，チョコレート飲料，チョコレート色
　→ vanilla

choir [kwáiər] 聖歌隊，合唱団；合唱する
　→ exquisite

choleric [kálərik] かんしゃく持ちの，怒りっぽい，怒った

　→ complexion

choose [tʃú:z] 選ぶ，選択する，欲する
　→ Valkyrie

chop [tʃáp] たたき切る；一撃，あご
　→ color

chord [kɔ́:rd] 琴線，弦，和音
　→ prestige

chore [tʃɔ́:r] 雑用，きまりきった仕事，つらい仕事
　→ ajar

chorea [kərí:ə] 舞踏病
　→ exquisite

choreography [kɔ̀(:)riágrəfi] 振り付け，舞踏術，バレエ
　→ exquisite

chortle [tʃɔ́:rtl] 満足げに笑う；うれしげな笑い
　→ dismal

chorus [kɔ́:rəs] 合唱団，合唱；合唱する
　→ exquisite

chowder [tʃáudər] チャウダー《はまぐりなど魚介類を煮込んだスープ》
　→ clam

Christ [kráist] イエス・キリスト，キリストの姿
　→ cream

christen [krísn] キリスト教徒にする，洗礼を施して…と命名する，ニックネームをつける
　→ cream

Christian [krístʃən] キリストの，キリスト教を信じる；キリスト教徒
　→ cream

Christmas [krísməs] クリスマス，クリスマスの装飾用のときわ木の枝，給料日
　→ cream

chromatic [kroumǽtik] 色彩の，染色体の，半音階の
　→ element の項 chromium

chromium [króumiəm] クロム
　→ element の項

chronometer [krənámətər] クロノメーター，高精度腕時計
　→ crony

chrysanthemum [krəsǽnθəməm] キク，キクの花
　→ anthem

chrysolite [krísəlàit] 貴橄欖石（きかんらんせき）
　→ carnelian

chuckle [tʃʌkl] くすくす笑い，ほくそ笑み；くすくす笑う
→ laugh

chum [tʃʌm] 仲良し；親しくする；寄せ餌
→ calculate

church [tʃə́ːrtʃ] 教会；教会の；教会へ連れて行く

ギリシア人は「教会」を指す言葉を ekklesia, basilike, kyriakon doma など，少なくとも三つ持っていて，それぞれが今日の英語に影響を残している。

ekklesia（アテネの民会，《後に》教会）から，フランス語では église（教会）となったが，英語ではギリシア語により近い語形 ecclesiastic（《キリスト教の》聖職者；教会の）〈同項参照〉を留めている。

次の basilike は元は「列柱を持つ広間」を意味し，basilica（バシリカ，バシリカ聖堂）がもたらされた。〈bazooka 参照〉

最後の kyriakon doma は「主の家，キリストの家」という意味である。kyrios（主）から派生した kyriakon が，どのような経路をたどったか必ずしも明確ではないが，おそらくヨーロッパのゲルマン社会に借入され，スコットランド語 kirk や英語 church となったものと考えられる。ちなみにロマンス諸語やケルト語にはギリシア語 ekklesia が受け入れられた。

ギリシア語 doma（家）からラテン語 domum（家，邸宅）となり，古フランス語を経て domestic（家庭内の）など多くの語彙が派生した。〈dome 参照〉

church は，古くは chirche とか circe と綴ったことからラテン語 circus（輪，円形競演場）が語源であるとする説もある。その説を採るとすれば，最初は集会の「広場」「建物」で，後にギリシア語 ekklesia の翻訳語としての「教会」，さらに「会衆」などの意味へと移転したと考えられる。

churlish [tʃə́ːrliʃ] 不作法な，けちな，手に負えない
→ neighbor

churn [tʃə́ːrn] 攪乳器；かき回す，激しく揺れ動く
→ cream

chyle [káil]【生理学】乳糜(びゅう)《腸から吸収乳化された脂質を含むリンパ液》
→ chyme

chyme [káim]【生理学】糜汁(びじゅう)《食物が胃液と攪拌されてできる粥状の液》

科学用語 chyle, chyme はそれぞれ，語根 khy-（注ぐ）から派生したギリシア語 khylos（液体，汁），khymos（液体，汁）から直接借入された。2世紀のギリシアの医者ガレノス（Claudius Galenus, 130?-200?）は未加工の液体を khymos と呼び，消化によってできた液を khylos と呼んだことから，その用法が今日それぞれ chyme と chyle に残された。

cicerone [sìsəróuni]《名所旧跡などの》案内人

この「プロの観光案内人」を表す語は，古代ローマの雄弁家のキケロ（Marcus Tullius Cicero, 106-43B.C.）に由来する。そのよどみ無い説明がキケロの雄弁を連想させたのであるが，風刺の意味合いも含むものと考えられる。キケロは雄弁ゆえに三頭政治家の権力者カエサルと不和になり，さらにカエサル暗殺後の紀元前43年にアントニウスの手下に暗殺された。

cider [sáidər] リンゴ酒，リンゴジュース

かわいい女の子に会い，座って1本のストローから一緒にサイダーを飲んでうっとりとした若者の話はよく知られている。その結果は厄介な義母も背負い込むことになってしまった。

Pretty soon the straw did slip;
I sucked sweet cider from her lip.
That's how I got me a mother-in-law,
From sucking cider through a straw.

いつのまにかストローが唇から滑り落ち彼女の唇から甘いリンゴ酒を飲んじまった。

そんなわけでばあさんも引き受けることになっちまったよ。

ストローからリンゴ酒を飲んだばっかりに。

他のやり方で同じことになる若者もいる。そこで強い酒をどうしても飲みたくなると必然的に cider にかえりつくことになる。というのは，この語の語源はヘブライ語 shekar（強い酒）で，ギリシア語 sikera, ラテン語 sicera, 後期ラテン語 cisera, イタリア語 sidro, cidro, 古スペイン語 sizra, 中英語 sither, sidre となり，今日の英語 cider となった。なお，ラテン語訳聖書ウルガタ（Vulgate：405年完訳）ではラテン語 sicera（強い酒）が使

われたことから，古い英語では sicer（強い酒——《俗語》shicker〔酒；酔っ払った〕は同語源——）が一般的な語形となった。しかし，英語ではごく早い時期に sicer は，リンゴ果汁を発酵させた軽い発泡酒の「リンゴ酒」（米語の cider）へと軟化した。ところで英語に借入されて shicker（《酔っ払うまで》酒を飲む）となったヘブライ語 shickor（酔った）は，ヘブライ語 shekar（強い酒）ばかりではなく同 shagah（迷う，酔っ払う）とも同系語であり，このヘブライ語 shagah は俗語 meshuga（狂った，ばかな）として英語に借入された。

cigar [sigáːr] 葉巻，シガー
→ nicotine

cigarette [sígərèt] 巻きタバコ
→ nicotine

cilia [síliə] まつげ，繊毛
→ supercilious

ciliary [síliəri] まつげの，繊毛状の
→ supercilious

cinch [síntʃ] くら帯，しっかりつかむこと；堅く締める
→ precinct

cinder [síndər] 燃え殻，灰，噴石
→ incinerator

Cinderella [sìndərélə] シンデレラ，不幸な境遇に埋もれた美女，一躍有名になった人
→ incinerator

cinnamon [sínəmən] シナモン，シナモン色；シナモンの
→ salary

cipher [sáifər] 暗号，ゼロ；暗号で記す
この語の語源はアラビア語 sifr（空の；ゼロ）である。アラビア数字がヨーロッパで使われるようになったころ，アラビア語 sifr はまずスペイン語 cifra となり，フランス語 chiffre を経て英語に借入されて cipher（アラビア数字で計算する）になった。decipher（解読する，判読する）の語源も同アラビア語 sifr である。
ところで，記数法での偉大なる貢献はまさしくゼロ（cipher：0）を加えたことであった。zero（ゼロ）も，アラビア語 sifr から，後期ラテン語 zephirum，スペイン語 cero，イタリア語 zero，フランス語 zéro を経て英語に借入された。したがっ

て cipher と zero とは二重語である。
ちなみによく似た綴りの zephyr（西から吹くそよ風）は，ギリシア語 zephyros（やわらかな西風）からラテン語，フランス語を経て英語に借入された。この語には「軽い織物，ゼファー」という意味も生まれた。

circle [sə́ːrkl] 円，仲間；旋回する
→ circus

circuit [sə́ːrkət] 周囲，回路，1周
→ circus

circumlocution [sə̀ːrkəmloukjúːʃən] 遠回し，回りくどい表現，逃げ口上
→ agnostic, refrain

circumstance [sə́ːrkəmstæns] 事情，生活状況，儀式ばったこと
→ state, tank

circumvent [sə̀ːrkəmvént] 回る，妨げる，罠にかける
→ prevent

circus [sə́ːrkəs] サーカス，曲芸，興業場
circus は，古代ローマ人にとっては戦車競技などが行われた大競技場（*Circus Maximus*：〔原義〕最大のリング）を指したが，元来ヒナ壇式の座席に囲まれた楕円形の建造物のことだった。それがやがて古代ギリシアの劇場のような「野外闘技場」になり，さらに「競技者の一座」を意味するようになった。英語 circus はギリシア語 kirkos, krikos（輪）からラテン語 circus（輪，円形競演場）を経て借入された。したがって "three-ring-circus"（同時に三つのリングでショーをするサーカス，目まぐるしいもの）は同義語の繰り返しということになる。

このラテン語 circus の対格形 circum からできた接頭辞 circum-（周りに）は，英語 circumference（円周，周辺；〔原義〕何かの周りを運ぶこと）などをもたらした。語幹 -fer- はラテン語 ferre, lat-（運ぶ）から派生した。同族語に，古英語 faran（行く，旅する）が語源の fare（《乗物の》運賃）やアングロサクソン語 ferian（運ぶ）が語源の ferry（船で渡す）がある。〈dollar 参照〉

ギリシア語 kirkos, krikos（輪）から派生した言葉には -eides（形）との合成によって派生した専門用語 cricoid（【解剖学】環状の；環状軟骨）がある。

ラテン語 circus（輪）の指小形 circulus（小さな輪）からは初期天文学用語の古英語 circul（黄道帯，獣帯，十二宮）が借入された。また同じラテン語 circulus からフランス語 cercle を経て借入された中英語 sergle, cercle は，ルネッサンス期のラテン語熱に影響されて i が復活して今日の circle（円，丸，円周）となった。この過程はいささか回りくどい（*circuitous*）が，この語 circuitous や circuit（周囲，サーキット）は，ラテン語 circum（輪）と ire, it-（行く）からなる言葉である。〈obituary 参照〉

ギリシア語 kyklos〔kuklos〕（円環）は cycle（周期）の語源である。南北戦争後の1867年に黒人や北部人を威圧するためにテネシー州で結成された秘密結社，Ku Klux Klan（クー・クラックス・クラン）の Ku Klux はこのギリシア語 kuklos に由来すると考えられている。Klan は clan（氏族，一家）の変形で，語源はゲール語 clann（家族）である。ただし，同じくケルト語派のウェールズ語では plant で，語源は共にラテン語 planta（新芽，苗，子孫）である《ゲール語ではラテン語の p は一般的に c に変わった》。もちろん，ラテン語 planta は英語 plant（植物；植える）〈同項参照〉の語源でもある。

ちなみに，秘密サークルの特徴をよく示している clandestine（秘密の，不法の）は，clan と関係なく，その語源はラテン語 clam（秘密裏に）から派生した clandestinus（秘密の，隠れた）である。逆に同ラテン語は，ぴったり口を閉じた clam（二枚貝，《米口語》無口な人）〈同項参照〉と関係がない。いずれにせよそんなことはサーカス（circus）ほど楽しいことではない。

cirrus [sírəs] 絹雲
→ cloud
citation [saitéiʃən] 引用文，引用
→ exact
cite [sáit] 引用する
→ exact
citron [sítrən] シトロンの木，その実，淡黄色
→ peach

この語はラテン語 citrus（シトロンの木）から借入されたもので，語源はギリシア語 kitron（シトロンの果実）である。このギリシア語はおそらくギリシア語 kedros（ヒマラヤスギ〔*cedar*〕の類──元来種々の樹木を含んでいた──）と同系語であると考えられる。シトロンの木もヒマラヤ杉も原産は東洋の可能性が高い。シトロンの木はカスピ海南西部にあった古代王国メディアを経て西洋に入ったと考えられる。

civet [sívit] ジャコウネコ，ジャ香（シベット）

シェイクスピアの *As You Like It*：『お気に召すまま』（III, ii, 69）で道化タッチストーンは羊飼いのコリンをからかって "civet is of a baser birth than tar, the very uncleanly flux of a cat"（シベットはタールよりも下賤の生まれで，ネコの汚い液体ですわ）と言う。知ったかぶりをするこの道化もタールが香料の材料としてシベットに取って代わるなどと思いもしなかった。

ジャコウネコを *civet* cat と呼ぶのは，おそらくこの種のネコが肛門嚢（?）から出す分泌物に由来する。civet は，アラビア語 zabad, zubad（ジャ香）から後期ギリシア語 zapetion, 後期ラテン語 zibethum, フランス語 civette（ジャコウネコ）を経て英語に借入された。アラビア語 zubd（泡）や zubbard（クリーム）と同根語である。ネコだけでなく，浴びるほど香水をふりかけている人も *civet*-cat（ジャコウネコ）と呼ばれた。

civil [sívl] 一般人の，国内の，礼儀正しい
→ police
civilian [sivíljən] 民間の，一般市民の，非軍事的な
→ police
civility [səvíləti] 丁寧，親切，丁寧な言葉
→ police
clack [klǽk] カタッ，カチッという音，ペチャクチャ早口のおしゃべり
→ cliché
claim [kléim] 求める，権利を主張する；要求

自分の取り分を得ようとすれば，声高く要求するといちばん効果がある。このことは語源が示す通りで，claim はラテン語 clamare, clamat-（叫ぶ，声を出して宣

言する）から古フランス語 claimer を経て英語に借入された。同ラテン語の名詞 clamor（叫び，歓呼）は clamor（ざわめき，叫び声；叫ぶ）の語源である。接頭辞 ex-（外へ）がついて，exclaim（《驚きなどで》叫ぶ）や exclamation（叫び，感嘆）が派生したが，その原義は「大声で叫ぶ」である。

要求すること（*claiming*）から要求される対象（*claimed*）に拡大されて名詞 claim（要求する権利）が派生した。to stake a *claim*（自分の権利を主張する）は，特に鉱夫が金鉱などを見つけると杭を打ってその土地を囲むことであった。

clairvoyant [kleərvɔ́iənt] 千里眼の，透視力の；千里眼の人
→ improvised

clam [klǽm] 二枚貝；二枚貝を採る

貝に指を挟まれた経験がある人なら，shellfish *clamp* の clamp が，ゲルマン語幹 klam-, klamb-（ギューと挟む）にさかのぼるのはよく理解できるはずである。clam（貝）の語源も同じであり，原義はひもやかせのような「きつく絞める物」であり，後に「二枚貝」，さらにクラムチャウダー（*clam* chowder）に使うハマグリなどに形や締めつける力が似ている「留め具，万力」を意味するようになった。

地面に打ちつける音を表す擬音語に clamp（ドシン，重い足音），clump（ドスン，重い足音）や stamp（ドタドタ，地団太）などがある。この clump は木々が密生した一種の塊のようになった「木立，茂み」も表し，語源は古北欧語 klumba, klubba（厚みのある重い棒）から古オランダ語 clompe（塊り）を経た言葉である。形の定まらない「塊り」を意味する lump も同じ語源の可能性が高い。英語 club（こん棒，クラブ）も同じ古北欧語が語源である。

動詞 clump の意味は，重々しくぎこちなく（*clumsily*）「ドシンドシンと歩く」である。この clump の語源であるアングロサクソン語の語幹 clum- は上記 clam（二枚貝，留め具，万力）と同語源であるが，clumsy（ぎこちない）の場合は中英語 clumsen（かじかむ）の過去分詞 clumsed の影響を受けている。ちなみにオランダ語 klomp（ひと塊りの木で作った木靴）は clog（木靴）と同系語である。

また stamp（踏みつける）の語源はアングロサクソン語 stempan（ドシンドシンと打つ）である。より穏やかな動作の step（歩む）も同語源である。なおゲルマン語起源の stempan はロマンス語に借入され，イタリア語 stampare，スペイン語 estampar を経てスペイン語 estampida（踏みつけること：*stamping*）が派生，そのメキシコにおける特別の用法「集団暴走」から英語 stampede（《家畜の群れなどが》驚いて暴走すること）が借入された。

「切手を貼る」の stamp は，フランス語 estamper（押印する）から借入されたと考えられるが，これも元来ゲルマン語起源の言葉が里帰りして，本来の意味が変化した例である。今日の郵便切手（postage *stamp*）は，私たちが証紙（*stamp*）に消印を押すように，元は「しるしを押された文書」のことであった。

ところで，「二枚貝」（clam）を連想させる古英語 clam（泥）と，古い動詞 clamm（塗りつける――cleam〔塗る，塗油する〕と同じく古英語 claeman〔塗りつける〕から派生――）が語形上相互に影響して，clammy（冷たくてねっとりした）が派生した。これは緊張している時，手などに感じる感触を表す言葉で，原始ゲルマン語根 kli-（くっつく）に由来する。同語根 kli- から古英語 clam（泥）や claeg（ネバネバするもの）が派生し，それぞれ cloam（土，陶器）と clay（粘土）となった。これに似た関係は loam（ローム《砂と粘土が適度に混ざった砕けやすい肥沃な土》）と lime（石灰）に見ることができる。これらはラテン語 limus（泥）と同族語で共にラテン語動詞 linere（塗りつける――liniment（【薬学】塗布薬）の語源――）にさかのぼる。〈police 参照〉

原始ゲルマン語幹 kli-（くっつける）や klaija-（貼りつける）は，ギリシア語 glia（ネバネバするもの）や kolla（にかわ）〈crystal 参照〉，ラテン語 glus, glut-（にかわ，鳥もち：birdlime）と同族語である。ちなみに同ラテン語から glue（にかわ），gluten（グルテン），agglutinate（接着する――語源はラテン語 agglutinare, agglutinat-〔貼りつける〕で，ag- は

ラテン語ad〔…に〕の同化形——）など が派生した。agglutination（膠着，接合） は，pickpocket（スリ；スリを働く）の ように言葉をくっつけて複合語を造る語形 成法である。〈clench, cleave参照〉

上記のギリシア語glia（ネバネバする もの）は，「蜂蜜」を意味した可能性があ り，ギリシア語glykys（甘い）と同語源 とも考えられる。そしてこのglykysから 英語glucose（グルコース，ブドウ糖： 〔原義〕甘さがいっぱいの），glycerine （グリセリン），glycol（グリコール—— glycerineとalcoholの複合語——），その 他glyco-, glycero-などの結合形が派生 した。

chowder（チャウダー）はフランス語 chaudiere（大鍋：cauldron）〈chauffeur 参照〉が語源であり，クラムチャウダー （*clam chowder*）は大鍋で煮込んであつ あつを食べる。

clamber [klǽmbər] よじ登る；よじ登る こと
→ climate

clammy [klǽmi] 冷たく湿った，ネバネ バする
→ clam

clamp [klǽmp] 留め金で留める；留め 金，ジャガイモの山
→ clam

clamor [klǽmər] やかましい人の声，や かましい音；大きな声を出す
→ claim

clan [klǽn] 氏族，一家，大家族
→ circus

clandestine [klændéstin] 秘密の，不法 の
→ circus

clang [klǽŋ] カランと鳴る，カランと鳴 らす；カランと鳴る音
→ clench

clank [klǽŋk] カチャンと鳴る，カチャ ンと鳴らす；カチャンと鳴る音
→ clench

clap [klǽp] パチパチという音；ポンとた たく，拍手する
→ clasp

claptrap [klǽptræp] 場当たりの言動， はったり；はったりの
→ catchpenny

claque [klǽk] さくら，へつらう人
→ cliché

claret [klǽrət] クラレット，赤ワイン， 赤紫色
→ chiaroscuro

clarity [klǽrəti] 清澄，明快さ
→ chiaroscuro

clash [klǽʃ] ガチャンと音をたてる，ジャ ンジャン鳴らす；ガチャンという音
→ clasp

clasp [klǽsp] 留め金；留め金で留める， 握りしめる

中英語clapseが訛ったこの語の起源は， clap（拍手，パチパチという音），clash （衝突，ガチャンという音），smack（舌 鼓，ピシャリと打つ音），smash（粉砕， パシッと打つ音），splash（《泥などの》は ね，パチャンとかパシャンという音）と同 じく擬音語と考えられる。claspは，腕輪 （bracelet）や武具などの留め金のように 特に金属がカチッと合う音としてよく使わ れる。そしてbraceletの連想からembrace の意味「抱擁」も生まれた。〈brassiere参 照〉

class [klǽs] クラス，授業；分類する
→ classic

classic [klǽsik] 最高級の；一流の作者， 古典

classicの意味は何回も変化し，いろい ろな説明がなされてきた。*OED*は，語源 はラテン語形容詞classicus（階級の：of a *class*）で，意味は「最上級の：of the highest *class*」だと説明している。後に classの意味に「学校の授業」が生まれた 影響を受けて，classicは教室で教えられ るギリシア・ラテン文芸から「古典（作 品）の」を意味するようになった。ルネッ サンス期には圧倒的にこの意味であった。 classicはさらに，階級や分類を代表する 物（人）に使われ「典型的な」，そしてそ の際普遍的なものの表れを指す「標準的 な」となった。

元来ラテン語では，ローマ人を財産に応 じて6階級にわけたその「区分」をclas-sis（ギリシア語kalein〔召集する〕から 派生した名詞klesis〔召集された人々の〕 区分〕からの借入）と呼び，その形容詞 classicusは「…の階級に属する」という 意味であった。英語classはこのラテン語

classis が語源で，その意味は，学校の教室（classroom）や一般的な部類・範疇のような「区分，集まり」となった。そしてローマの著述家ゲリウス（Aulus Gellius, 123?-165?）は scriptor classicus（最上流階級の作家：*classical* writer）を scriptor proletarius（最下層階級の作家）〈world 参照〉の反対の意味で使った。ここからラテン語 classicus は「貴族の」という意味にもなった。それが後に「教室で教えられる内容」（taught in the *classroom*）の影響を受け，ルネサンス期の人文主義者が教室で学ぶ価値があるのはギリシアやローマの作品だけだと考えたことから，classics（古典）が生まれた。

classification [klæsəfikéiʃən] 分類，類，図書分類法
　　→ defeat

clause [klɔ́ːz] 条項，節
　　→ close

claustrophobia [klɔ̀ːstrəfóubiə] 閉所恐怖症
　　→ claw

clavicle [klǽvikl] 鎖骨
　　→ claw

claw [klɔ́ː] かぎつめ：つめでつかむ，つめでつかもうとする
　　→ pylorus

ラテン語 clavis（鍵）は，動詞 claudere, claus-（閉じる）と同系語である。ラテン語 conclave（鍵のかかる部屋，秘密の部屋）は，カトリック教でローマ教皇を指名する時に集まる枢機卿のように，「鍵をかけた部屋に集まる人」も指した。英語 conclave（ローマ教皇選挙秘密会議，秘密会議）はその借入である。〈close 参照〉

clay [kléi] 粘土，土，肉体
　　→ clam

clear [klíər] 澄んだ；はっきりと；片づける
　　→ chiaroscuro

cleave [klíːv] 裂く，割れる，くっつく
　　cleave は1語のように考えられているが，「裂く」と「付着する」という相反する意味があり，それぞれが異なる語源を持つ。前者は cleave, clove, cloven (cleft) と不規則変化をし，後者は cleave, cleaved, cleaved と規則変化をする。

前者の cleave（裂く）は，木を木目に沿ってたたき割る時などに使った原始ゲルマン語 kleuth-（一撃で切る）から古英語 cleofan（裂く，分ける）を経て成立した。ギリシア語 glyphein（切る，削る）は同族語である。〈hieroglyphics 参照〉

後者の cleave（付着する，くっつく）は原始ゲルマン語根 kli-（くっつく）に由来する古英語 clifan, clifian（くっつく）が語源である〈clam 参照〉。同語根 kli- から原始ゲルマン語 klimban（よじ登る）を経て climb（よじ登る）が派生した。また，原始ゲルマン語 klimban のゲルマン諸語における名詞形に klith, cleofu, clifu などがあり，これが英語 cliff（崖——cleave〔裂く〕の過去分詞 cleft の影響で clift とも綴る——）の語源となった。ただし，climax（クライマックス；達する）や climate（気候）〈同項参照〉は同族語であるがゲルマン語系ではない。

cleft [kléft] 裂け目，裂片
　　→ cleave

clench [kléntʃ] くいしばる，しっかりつかむ；握りしめること

原始ゲルマン語根 kli-（くっつく）〈clam 参照〉は，多産である。同語根から派生した古英語 clinkan から，北イングランドやスコットランドの方言 clink（釘やびょうで留める）がもたらされた。また同 clinkan の異形 clingan（くっつく）を経て，より一般的に使われる cling（ぴったりくっつく；粘着）が成立した。

同じ語根 kli-（くっつく）から派生した原因動詞形 klankjen から古高地ドイツ語 chlankhan を経て英語 clench（くいしばる）が成立し，その異形 clinch（《打ち込んだ釘を》打ち曲げる，しっかりと締める）が生まれた。歯には clench を，釘には clinch を使う。だが，ボクシングではこぶしを握り締め（clench）て，「クリンチする」（get in a *clinch*）すなわち「相手に組みつく」ことができる。

clang（ガラン），clank（カチャン），clink（チリン）は擬音語である。clink に「刑務所」という意味があるが，ロンドンのデムズ川南岸のクリンク・ストリート（*Clink* Street）にあった有名なクリンク刑務所に由来する。後に，刑務所の「独房」を意味するようになった。これにはまた囚人を鎖でつなぐこと（clinking）と鎖

の留め具の金属音（clinking）が結びついていると考えられる。

clepsydra [klépsidrə] 水時計
→ drip

clergy [klə́ːrdʒi] 聖職者，牧師
→ shark

clerk [klə́ːrk] 事務員，牧師；店員を務める
→ shark

clever [klévər] 利口な，器用な，巧妙な
　この語の語源として，まず中英語 cliver（つめ）とする説がある。「つかむのに長けている，手先の器用な」から今日の意味が派生したとするものである。しかし，これに当たる英語として古くは，後期ラテン語 deliberate（…から自由にされた，妨げられない，熟達した）から借入された deliver（敏速な），deliverly（敏捷に，器用に）が一般に使われていた。そこで deliverly の発音が d'liverly, gliverly, cleverly（手際よく）と変化して，今日の語形 clever になったのではないかという説もある。ただこの説は学問的というよりもむしろ言葉遊びと言えなくはない。語源をたどるにはまことに clever でなければならない。〈liberty 参照〉

clew [klúː] 糸玉，横帆；糸玉にする
→ Europe

cliché [kliːʃéi] 陳腐な決まり文句，ありきたりの筋
　cliché の意味は「陳腐な（stereotyped）物」〈stern 参照〉であるが，この語には回りまわった話がある。次の三つの英語 cliché（陳腐な決まり文句），claque（さくら，へつらう人）や clique（派閥）は元来フランス語からの借入である。claque は，フランス語の擬音語 claquer（パチパチ拍手する）の名詞形 claque（平手打ち，雇われ拍手屋）が語源で，劇場で「さくら」として雇われて声援する連中を指したが，意味の移転によって「取り巻き連中」も指すようになった。
　clique（派閥）は，claque より短い音を表すフランス語 cliquer（カチッと鳴る）の名詞形 clique（カチッと鳴る音）が語源で，元来 claque と同じく劇場の「さくら」を指したが，後に陰謀者の集まりの「派閥，徒党」を意味するようになった。なおこれらのフランス語に対応する英

語 click（カチッという音；カチッと鳴る）と clack（カタッという音；カタッと鳴る）はもっぱら音を表すために使われる。
　ところで，擬音語からのフランス語 cliquer（カチッと鳴る）の二重語 clicher（ステロ版にする，製版する）は，あたかも印刷が手の平でパチッとたたいて行われるかのような，金属のステロ版（stereotype）からの印刷過程を指した。そして過去分詞 cliché が名詞となり，意味が「ステロ版」から「型にはまった表現」に広がり，さらに英語に借入されて「繰り返し使われた表現」「陳腐な物」となるのである。

click [klík] カチッという音；カチッと音がする，カチリと鳴らす
→ cliché
　擬音語 clickety-clack（《列車の車輪などの》ガタンゴトンという音；カタカタ，カタンカタン，ゴトンゴトンなどの音を立てる）は連続音を表す。

cliff [klíf] 絶壁，岸壁
→ cleave

climate [kláimət] 気候，風潮，地方
　古英語 climban（よじ登る）が語源の climb（よじ登る）は，cleave（付着する）〈同項参照〉や clamber（よじ登る）と同根語で，古北欧語 klifa（よじ登る）から原始ゲルマン語根 kli-（くっつく）にさかのぼる。これと同語族のギリシア語に klinein（傾く）があり，その名詞形 klima, klimat-（傾斜）から climate（気候，風潮）が派生した。ギリシア人は，大地は赤道から北極に向かって太陽から遠ざかるように傾き，この傾斜によっていろいろな地域の気候が影響を受けると考えていた。ただし，語根を同じくするだけで，意味の連関は見えにくい。
　また，同じギリシア語 klinein（傾く）から名詞 klimax（はしご）が派生し，climax（漸層法《似た言い回しを次第に強くなるように重ねながら，最後に最大の効果を生むようにする修辞法》）として英語に借入された。その後，この語は「高まりゆく一連のもの」という意味で用いられたが，今日ではその「最上段」ないし「最高点」に限って用いられることが多い。ギリシア語 klinein からは，さらにラテン語 clinare, clinat-（傾く）を経て，incline（傾斜する，心が傾く），decline（傾く，

断る)，recline（もたれる）が派生した。また，pro（…に向かって）と klinein からなるギリシア語 proklitikos から，proclitic（後接語《例えば a job to do の a や to など，それ自体にアクセントがない単音節の語で，後続の語に密接に結びついて発音される言葉》）や，またラテン語 clivus（傾斜）を経て，比喩的用法 proclivity（《通例は悪い》傾向：*inclination*）が派生した。declivity（下り坂）は本来の意味が残る例である。

climax [kláimæks] 頂点，クライマックス；最高点に到達する
→ cleave, climate

climb [kláim] よじ登る，登る，上り坂になる
→ cleave, climate

clinch [klíntʃ]《釘を》打ち曲げる，固定する，【ボクシング】クリンチする
→ clench

cling [klíŋ] くっつく，すがりつく；粘着
→ clench

clinic [klínik] 診療所，診療；臨床の
元来「寝たきりの病人」を意味したこの語の語源は，ギリシア語 klinein（傾く，もたれかかる）から名詞 kline（ベッド）を経て派生した形容詞 klinikos で，17世紀にラテン語を経て英語に借入された。incline（傾ける），recline（もたれる），decline（拒否する：〔原義〕わきへ曲げる）も同語源である。*clinic* baptism（臨終の際の洗礼）から，clinic は「死の床まで洗礼を延期する人」という意味にも使われた。著者と同姓のシップリー（Orby Shipley）なる人物は *A Glossary of Ecclesiastical Terms*：『教会用語集』（1872年）で "Aspersion was allowed of old in *clinic* baptism."（臨終の洗礼では，昔から聖水散布が許されていた）とコメントしている。〈aspersion 参照〉

clinic が初めて医学用語として使われたのは，患者の枕元で医療技術の模範などを見せる *clinic* teaching（臨床教授）としてであり，ここから今日の意味が生まれた。

monoclinic crystal（単斜晶系結晶）とは，例えば，雲母，石こう，ホウ砂，ショ糖などの結晶のことで，対称面を一つ持つ．傾斜を測る clinometer（クリノメーター，傾斜計）の clino- は接頭辞で「傾斜している」を意味する．しかし，clinoid（【解剖学】頭蓋骨にある蝶形骨の四つの突起）は，「ベッドの形をした（骨）」を命名するためのギリシア語 kline（ベッド）と eidos（形）からなる造語である。

皆さんのベッドでは，蝶形骨を支える「枕さんがあとずさりし，いつもの角度を保つのを丁重に辞退する」ようなことで，不眠症になりませんように。《Sir W. S. Gilbert (1836-1911) & Sir Arthur Sullivan (1842-1900), "Next your pillow resigns and politely declines to remain at its usual angle", *Iolanthe*』：『イオランテ』(Act II. 1885年) のもじり。》〈climate 参照〉

clink [klíŋk] カチンと鳴る；カチンと鳴る音，刑務所
→ clench

clipper [klípər] 快速帆船，切る人，はさみ
帆船の clipper はゲルマン諸語に共通する clip（切る）と同語源で，船の切っ先が水を切って進む姿に由来すると考えられ，今は「長距離飛行艇」も指す。

一方，この船がクレオパトラ（Cleopatra, 69-30 B.C.）に関係あるとするおもしろい説がある。かつてフランスで建造されたこの型の船に Cleopatra-cum-Antonio（クレオパトラとアントニオ）と命名されたものがあった。しかし，名前がぎょうぎょうしく長かったために船乗りたちはすぐに Clipster と短縮し，やがて Clipper となり，その型の船を clipper と呼ぶようになったと言うのである。

clique [klí:k] 派閥，徒党；派閥を作る
→ cliché

cloak [klóuk] マント，覆い隠す物；覆い隠す
→ palliate

clock [klák] 時計，速度計；タイムを計る
→ palliate

clod [klád] 塊り，ばか
→ cloud

clog [klág] 動きを妨害する，詰まる；木底靴
→ clam, log

cloister [klɔ́istər] 回廊，修道院；ひきこもらせる
→ close

close [klóuz] 閉じる，[klóus] 囲い地；接近した；近くに

　名詞，形容詞，副詞，動詞として使われる close は，すべてラテン語 claudere, claus- (閉じる：to close) が語源であり，形容詞の語尾 -se が [s] 音を保っているのは，-e の有無にかかわらず常に語末音として発音されたからである。一方，動詞の語尾 -se が [z] 音となったのは，ラテン語 claudere の過去分詞 clusa- から後期ラテン語 clusa (閉ざされた場所) を経て古英語 clusan, clysan (閉じる) が成立した時に [s] 音が [z] 音に変わったからである。なおこの古英語は後に古フランス語 clore (閉める) の過去分詞 clos (閉ざされた) の影響を受けて close となった。名詞 close [klóus] (閉ざされた場所，囲い地) の指小形は closet (小室) である。

　上記ラテン語からの派生語には closure (閉鎖)，enclose (囲む)，enclosure (囲い込み) などがある。また include (含む) の語源は in (中へ) と claudere (閉じる) からなるラテン語 includere, in-clus- (閉じ込める) であり，preclude (はばむ，締め出す) の語源は prae (…の前に) と claudere からなるラテン語 praecludere, praeclus- (閉ざす，防ぐ) である。

　形容詞 close の最初の意味は「閉められた」で，やがて dungeon close (地下牢に閉じ込められた) のように「監禁された」にも使われ，さらに「隔離した，隠遁した」(*secluded*)，「秘密の」「けちな」(*close*-fisted) という意味に使われるようになった。なお，secluded は se- (…から離れた) と claudere からなるラテン語 secludere, seclus- (閉じこめる) が語源である。また，空間がすべてふさがれる (*closed* up) と，互いに接近し密集状態になることから，密集隊形を組んで戦う *close* combat (密集戦) や，cling *close* (くっつく，執着する)，to give one's *close* attention (よく気をつける) などの用法が生まれた。

　recluse (隠遁者，世捨て人) の原義は「締め出された人」(one *closed* away) であり，re (後ろへ) と claudere からなるラテン語 recludere, reclus- (閉ざす) から古フランス語 reclus (幽閉，監禁) を経て英語に借入された。conclude (終える，終結する) の con- はラテン語 con, com (一緒に) が強調の意味に使われたものである〈commence 参照〉。conclude でこの項を終わりたいところであるが，考え直してもう少し同語源の言葉を見てみよう。

　cloister (《修道院・大学などの中庭を囲む》回廊) は，ラテン語 claudere, claus- から派生した後期ラテン語 claustrium (囲い，修道院の一部) が語源である。

　exclude (締め出す) や exclusive (排他的な) はラテン語 excludere, exclus- (締め出す) が語源で，また同ラテン語から古フランス語 escluse (遮断する物) を経て sluice (水門；水門を開いて放水する) が借入された。

　なお，clove (クローブ，チョウジ《香辛料》) は，物を締めつける (close) ためのラテン語 clavus (釘) が語源で，つぼみの形が釘に似ているところから名づけられた。ラテン語 clavus (釘) から派生した後期ラテン語 inclavare (釘を打ち込む) がフランス語 enclouer (《馬に蹄鉄の》釘を打つ)，《鉄砲を使用不能にするために》火門に釘を打つ) を経て，accloy (《廃・古語》《蹄鉄を打つ時に馬の》足に釘を刺してしまう) が借入されたが，何かをいっぱい詰め込み過ぎると値打ちを下げることから「うんざりさせる」という比喩的意味も生まれ，頭音消失によって cloy (満腹させる) が成立した。

　clause (《条約・法律などの》条項，【文法】節) の原義は，文の「閉じられた部分」(*closed* section) である。〈claustrophobia 参照〉

closet [klázət] 物置き；秘密の；小部屋に閉じ込める
　→ close

closure [klóuʒər] 閉めること，終結；討論終結に付する
　→ close

cloth [klɔ́(ː)θ] 布，布切れ，帆布
　この語は古いゲルマン語にさかのぼり，アングロサクソン語 cláth (衣類，帆，覆い) が直接の語源である。母音変化についてはローマ神話の，人間の運命を織る三女神パルカたち (Parcae《ギリシア神話では

モイライ》：Clotho, Lachesis, Atropos）のうち Clotho（クロートー）の影響を受けていると考えられる。クロートーは人間の生命の糸を紡ぐ糸巻き棒を持っている。その名の語源はギリシア語 klothein（紡ぐ）である。なお，Lachesis（ラケシス）は人間の一生の長さや運を決定する。語源はギリシア語 lankhanein（くじによって与える）である。Atropos（アトロポス）は運命の糸を切り，人生を終わらせる女神で，語源はギリシア語 a（否）と tropos（回転）からなる言葉であり，意味は「向きを変えない者，譲らない者」である。

さて布地の名称はさまざまな起源を持つが，多いのは cloth の前に産地の名前がつき，その後 cloth が落ちたものである。

calico（キャラコ，サラサ）は，*Calicut cloth* から cloth が落ち，さらに Calicut（カリカット《インド南西部のケララ州の港町で，最初ここからイギリスに輸出された》）が訛って成立した。

cambric（キャンブリック，上質かなきん《薄地の白い麻・綿布で主にハンカチ用》）は，フランダース地方のカンブレー（Cambray）で16世紀に初めて生産された。白横糸と色つき縦糸で織った chambray（シャンブレー《なめらかで光沢のある綿・麻などの織物》）もこの都市にちなむ。

cashmere（カシミヤ，カシミヤ製ショールなど）はインド北部カシミール（Kashmir）が原産である。

cheviot（チェビオット《毛の堅いチェビオット種の羊毛織物でコート用のツイード》）はイングランドとスコットランドの境にあるチェビオット丘陵（*Cheviot Hills*）に由来する。

cretonne（クレトン更紗《カーテンなどに用い，大きな花柄などをプリントした綿織物》）はフランス西北部ノルマンディー地方のクレトン（Creton）が原産地であった。

damask（ダマスク織《紋織物で食卓布などに用いる》）は，シリアのダマスカス（Damascus）が産地である。damascene, damaskeen（ダマスク象眼細工《波状模様》の鋼や刀剣）も同都市にちなむ。後者の綴り -keen は keen（鋭利な）の影響による。

denim（デニム《厚地綿布で作業着などに用いる》）は cloth de Nîmes の省略形で，フランス南部の都市ニーム（Nîmes）で最初に作られた。

duffel（ダッフル《厚い粗織のラシャ》）はアントワープ近くのダッフル（Duffel）が原産である。*Duffel* bag（ダッフルバッグ）は兵隊やキャンパーが使う大きなズック製の円筒型の雑嚢である。

frieze（フリーズ《片面を起毛した厚地の粗紡毛織物》）はオランダ北部のフリースラント（Friesland）が原産である。ただし建築用語の frieze（フリーズ）は小アジアの古王国フリギア（Phrygia）の刺繍にちなむ。この地方は刺繍で名高く，それをラテン語で Phrygium opus（フリギア細工）と呼び，後期ラテン語 frisium（刺繍，縁飾り），フランス語 frise（【建築】フリーズ）を経て英語に借入された。

gauze（ガーゼ）はパレスチナのガザ（Gaza）にちなむと考えられている。

伸縮性のある服地やスポーツウェアなどを指す jersey（ジャージー）はイギリス海峡のジャージー（Jersey）島にちなむ。

lawn（ローン《薄地のリンネル・綿布》）はフランス北部の古都ラン（Laon）にちなむ。

lisle（ライル糸，レース糸）はフランス北東部のリール（Lille）の旧名 Lisle にちなむ。

madras（マドラス木綿《通例，縞模様》）は，ベンガル湾に臨むインドのマドラス（Madras）が原産である。

melton（メルトン《厚地の毛織物》）は，ハンターが着るメルトンジャケットなどに使われる毛織物で，イングランド東中部レスターシャの狩猟地として有名なメルトン・モーブレー（Melton Mowbray）にちなむ。

muslin（モスリン《平織の柔らかい綿織物》）は，メソポタミア，今日のイラク北部のモスル（Mosul）が産地で，イタリア語の指小形 mussolina（モスリン）を経て英語に借入された。

nankeen（ナンキン木綿）は，中国の南京（Nanking）産の淡黄色の強い綿布である。

silk（絹）は，ギリシア語 Seres（東洋の民，中国人？）がラテン語に借入され，

形容詞 sericus（絹の），古スラヴ語 shelku を経て古英語 sioloc として借入された。すなわち，古代のヨーロッパ人に絹をもたらした人を表す言葉が絹そのものを意味するようになった。-r- から -l- への変化はラテン語がスラヴ語に借入される間に起こり，バルト海沿岸地方との通商によってゲルマン語に借入されて，古英語に伝わったと考えられる。serge（サージ《綾織物》）は silk と二重語である。ラテン語 sericus（絹の）が serica lana（絹の衣服）のように使われ，上記の音変化が起こらず，古フランス語 sarge を経て英語に借入された。

silesia（シレジア織《裏地用など》：縮約形 sleazy）は，東ヨーロッパのオーデル（Oder）川上流のシレジア（Silesia）に由来する。

worsted（梳毛糸，ウステッド）は，イングランド東部のノーフォーク州の一教会区ウーステッド（Worsted）産の《サージなどの》原糸であった。

poplin（ポプリン《柔らかいうね織物》）はフランスのアビニョン原産である。アビニョンが1309年から1791年まで教皇庁所在地になったことから，この地の織物がイタリア語で papalino（教皇の：papal）と呼ばれたことに由来すると言われる。

tulle（チュール《ベール用などの薄い網状の布地》）は，原産地であるフランス中南部のチュール（Tulle）にちなむ。

多くの布・織物に原産地に由来する名前がついているので，原産地が由来でない織物の名も，地名が語源と理解されているものもある。buckram（バックラム《洋服の襟芯や製本用など》）は，中央アジアのブハラ（Bokhara, Bukhara）原産と考えられた。しかし，語源はイタリア語 bucherare（穴を開ける——フランス語 bouche〔口，入り口〕——）から変化したイタリア語 bucherame（バックラム）で，フランス語 bougran を経て英語に借入されたと考えるのが妥当であろう。その生地の粗い目から名づけられたと考えられる。

satin（サテン，繻子（しゅす））は，マルコ・ポーロ（Marco Polo, 1254-1324）が Zaitun（ザイトン）と呼んだ中国の大港湾都市の名前 Tzu-t'ing（刺桐：現在の福建省の泉州〔Chuanchow〕）がアラビア語 zaytuni，古フランス語 satin を経て英語に借入されたと考えられてきた。しかし，satin はラテン語 saeta（剛毛）からイタリア語 setino panno（剛毛の布）を経て英語に借入された。

gingham（ギンガム《チェックまたはストライプの平織綿布》）の語源はマレー語 gingan（縞模様の）である。フランスのブルターニュ地方のガンガン（Guingamp）に由来する言葉ではない。

dimity（ディミティー《うね織綿布で，カーテン用などに使う》）の語源はエジプトのダミエッタ（Damietta）ではなく，di-（2）と mitos（糸）からなるギリシア語 dimitos（2本糸の）で，後期ラテン語 dimitum，イタリア語 dimiti（きめの粗い布）を経て英語に借入された。

twill（綾織，綾織ラシャ：古くは twilly）は，bi-（2）と licium（糸）からなるラテン語 bilix（2本糸の）をアングロサクソン語 twi-（2）を用いて翻訳したものである。

tweed（ツイード《スコットランド織の一種》）は，前記 twill のスコットランド読み tweel が，その産地の近くのツイード（Tweed）川と混同されて生まれた。

drill（ドリル《丈夫な綾織綿布・亜麻布，かつらぎ織》）はかつて drilling とも言った。語源はドイツ語 Drillich（ドリル織）で，ラテン語 trilix（3本糸の）の翻訳語である。〈biscuit 参照〉

豪華な刺繍がほどこされた baldachin, baldaquin（錦，錦織，《主にカトリックで祭壇や貴人の席の上の》天蓋）は，後期ラテン語では baldakinus であり，バグダッド（Baghdad）のイタリア語名 Baldacco に由来するという説がある。しかし，baudekin という綴りもあったことから，この布は，少なくとも bauderie（《廃語》生き生きしていること，快活）や bawdry（《廃語》美服，華美），さらに bawd（《文語》男女間の取り持ち役）から派生した bawdry（だらしない振る舞い）とも関係があると考えられる。

原産地以外に由来する名もある。

alpaca（アルパカ毛織）は元来，原料となる毛を提供する南米産のラマ科の動物の名前である。スペイン語 alpaco からの借入語であるが，アラビア語の定冠詞 al 由来のスペイン語接頭辞 al- とペルーのイ

ンディオの言葉 paco（赤い）からなる言葉ではないかと考えられている。

brocade（錦，ブロケード《綾地に模様を浮織した紋織物》）は，中世ラテン語 brocare（突く，刺す）からスペイン語 brocado（錦，ブロケード）を経て英語に借入された。

chenille（毛虫糸《ビロード状にけば立てた飾り糸》，シュニール織《敷物用など》）は，フランス語からの直接の借入で，フランス語の意味は小さな「毛虫」（caterpillar）〈同項参照〉で，語源はラテン語 canis（犬）の指小形 canicula（子犬）である。

chintz（チンツ，インド更紗《光沢のある平織綿布，カーテン用など》）は，サンスクリット語 citra（色とりどりの：pied）〈pie 参照〉からヒンディー語 chint（斑点のある布）の複数形 chints を経て借入された。

cotton（綿，綿布）はこの原材料の名であるアラビア語 qutun, qutn（綿）からスペイン語 qoton を経て中英語 coton として借入された。

crape, crepe（クレープ，ちりめん）は，古高地ドイツ語 rispen（曲がる）と同族語のラテン語 crispus（縮れた：crisp）から古フランス語 crespe を経て借入された。

georgette（ジョーゼット《薄地の絹またはレーヨンのクレープ》）は，19世紀フランスの婦人流行服仕立師マダム・ジョルジェット（Mme Georgette de la Plante）の名に由来する。

pile（けばのある織物，パイル織物）は，ラテン語 pilus（毛）から中英語に借入された。一方，plush（フラシ天《ビロードの一種で，長目のけばがある》）は，上記ラテン語 pilus の形容詞 pilosus（毛深い）からフランス語 peluché（毛の長い）を経て借入された。

velvet（ビロード，ベルベット）は，ラテン語 villus（けば，起毛）から，古プロヴァンス語 velu（毛深い，毛むくじゃらの），この指小語 veluet（起毛した布）を経て英語に借入された。velours（ベロア《ビロード状の布地》）は，同じラテン語の形容詞 villosus（けばがいっぱいの，毛が多い）から古フランス語 velous, フランス語 velours（ベルベット）を経て借入された。

crinoline（クリノリン《馬毛などで織った芯地》，クリノリンのペチコート）は，ラテン語 crinus（たてがみ）と linum（亜麻——linen〔リネン〕の語源——）とからなる言葉である。

khaki（カーキ色服地，カーキ色）の語源はヒンディー語 khākī（ほこりっぽい）である。1850年ごろインドでイギリス軍の偵察隊が白い軍服を土で汚して迷彩服にした「黄土色の軍服」が始まりで，次第に「カーキ色」を意味するようにもなった。

mohair（モヘア《アンゴラヤギの毛》，モヘア織）の語源は，アラビア語 khayyara（選ぶ）の過去分詞形 mukhayyar（選り抜きの物）で，「《優良な》ヤギの毛の布」の意味に使われた。英語への借入はいくつかのルートを経ているが，-hair は hair（毛）との連想による。同アラビア語 mukhayyar からはまた，古フランス語 mouaire を経て moire（モアール，《絹などの》波紋織）が借入された。

pongee（ポンジー，絹紬《絹織物の一種》）は高級品であるが，語源は中国語 pun-chī, běnzhī（自分の織機，自家織）である。

taffeta（タフタ，こはく織《光沢のある平織絹》）は，ペルシア語 taftan（ねじる，織る）の過去分詞 taftah（織られた）から古フランス語 taffetas（タフタ）を経て借入された。

voile（ボイル《木綿などの薄織物，ブラウスなどに用いる》）は，フランス語 voile（ベール）から19世紀に借入された。語源はラテン語 velum（帆，カーテン，覆い）である。ちなみに veil（ベール）とは二重語であり，reveal（明らかにする）の語源も re（後ろへ）と，velum から派生した動詞 velare（覆う）からなるラテン語 revelare（覆いを取る）である。

比喩的に名づけられた布地もある。

gabardine（ギャバジン《目のつんだ綾織ラシャ》）は，gaberdine（巡礼の外套）の異形で，中高地ドイツ語 wallevart から，古フランス語 galvardine を経て借入された。同中高地ドイツ語からドイツ語 Wallfahrt（聖地めぐり）が成立したが，このドイツ語は wallen（放浪する）と，

fahren（行く，旅する：to *fare*）の名詞形 Fahrt（旅）からなる言葉である。巡礼はしばしば単なる放浪乞食とみなされていた。〈cabal 参照〉

nainsook（ネーンスック《薄地の柔らかい綿織物》）は，nain（目）と sukh（サンスクリット語 sukha〔喜び〕が語源）からなるヒンディー語 nainsukh（目の喜び）が語源である。

seersucker（サッカー，シアーサッカー《通例，青と白の縞模様の薄織リンネル》）は，ペルシア語 shir u sukkar（ミルクと砂糖）が語源で，縞模様の布地を指した。

corduroy（コールテン，コーデュロイ）の語源については諸説がある。フランス語 corde du roi（王の布）を語源とする説があるが，この布はフランスよりも前にイギリスにあったようである。中英語期の姓 Corderoy（〔原義〕：王の心）に由来するという説もあり，さらにフランス語 couleur du roi（王の色）を縮めた colourderoy が訛ったという説もある。いずれにしても古くは王者にふさわしい布地と考えられていたようである。

皮革にも名前にその出所が示されているものがある。morocco（モロッコ革《ヤギのなめし革，本の表紙用など》）はモロッコ（*Morocco*）が原産であり，cordovan（コルドバ革《馬の臀部をなめした革で，靴などに使われる》）は，スペインのコルドバ（*Cordova*）に由来するが，双方ともそれらの地でアラブ人が栄えていた時の特産品であった。

イベリア半島に至る帝国を築いた大ウマイア朝の王アッタブ（Attab，在位 634-44）は，その名をバグダッドのアッタブ地区（al-Attabiya）に残しているが，その地区はアッタビ織（アラビア語 attabi）の原産地である。この attabi はフランス語 tabis を経て英語 tabby（タビー織《まだら模様の絹・綿織物》）として借入されたが，今日では *tabby* cat（とらネコ，ぶちネコ）にしか使われない。〈tabby 参照〉

cloud [kláud] 雲；曇らせる，曇る

空に浮かぶ蒸気の塊りは，最も頻繁に生じるとか，いちばん楽しい形（綿雲，積雲）にちなんで cumulus と名づけられた〈accumulate 参照〉。一方，cloud の語源は古英語 clud（岩，丘）で，基本的には「一塊の土」を意味し，clod（土の塊り）も同語源である。そして cloud が比喩的に空にある塊りを意味する術語 cumulus（ラテン語 cumulus〔塊り〕が語源）に適用されると，その用法が一般化し，cloud は原義にあった「土の…」を失った。

cirrus cloud（巻雲）の cirrus はラテン語 cirrus（巻き毛，ふさ）が語源で，生物学の分野でも「つる」とか「触毛」の意味に使われ，連結形 cirr-，cirrh-（巻雲，巻きひげ，巻き毛）も生み出した。なお cirrh- は，ラテン語ではなくギリシア語《ギリシア語 ρ はラテン語 rh に相当する》と誤解されたことから生まれた綴りである。しかし calends（《ローマ古暦の》月の第1日）と同じく，この言葉はギリシア語には存在しない。〈dicky 参照〉

nimbus（乱雲，雨雲）は，ラテン語 imber（雨）と nebula（雲）とが縮まって1語になったものと考えられる。ラテン語 nebula からは英語 nebula（星雲），nebular（星雲のような，ぼんやりした），nebulous（漠然とした）が派生した。〈stratus については trophy 参照〉

clove [klóuv] チョウジ《香辛料》，チョウジノキ

→ salary, close

cloven [klóuvn] 二つに裂けている，割れている

→ cleave

牛などのひづめは割れているので *cloven* foot（偶蹄）と言う。ギリシア神話のパーンやサチュロスなどヤギの足を持つ半人半獣の姿をした神々は，キリスト教では悪魔とされたことから，*cloven* foot は「悪魔の目印」とされ，the devil betrayed by his *cloven* feet（うっかりと本性を表した悪魔）という表現も生まれた。

clover [klóuvər] クローバー，シロツメクサ

英国の詩人・劇作家ゲイ（John Gay, 1685-1732）は，clover を "the *clover* grass"（クローバー草よ）《"Monday, Or, the Squabble", *The Shepherd's Week*：「月曜日，口論」『羊飼いの1週間』（1714年）》と陽気に唄っている。しかし，言葉の背景は田園よりむしろ屋内にある。clover は，古英語 claver からアングロサクソン語 claefre（三つ葉）にさかのぼるが，

元来トランプの三つ葉模様のクラブ札 (club) を指していた。したがって in *clover* (安楽に，贅沢に) は，《クローバーの野で肥える家畜よりも》クラブ札をうまくそろえて勝負に勝つ人にぴったりの表現である。

cloy [klɔ́i] 満腹させる，飽き飽きさせる，堪能する
→ close

club [klʌ́b] クラブ，こん棒；こん棒で打つ
→ clam

cluck [klʌ́k] コッコッと鳴く，舌打ちする；コッコッという鳴き声
→ laugh

clue [klú:] 手がかり，糸口；手がかりで示す
→ Europe

clump [klʌ́mp] 木立ち，重い足音；ドシンドシン歩く
→ clam

clumsy [klʌ́mzi] 不器用な，気のきかない，人を傷つけるような
→ clam

coach [kóutʃ] バス，コーチ；指導する
→ vanilla

coach の語源はハンガリー語 Kocsi (コッチの〔馬車〕) で，ドイツ語 Kutsche を経て借入された。この種の「大型4輪馬車」は，ハンガリーの町コッチ (Kocs) で15世紀の後半に開発された。また，勉強や運動競技などの「指導者，コーチ」の意味は目標へ「運んでくれる人」であるが，乗客を目的地まで運ぶ stage-*coach* (駅馬車，乗合馬車) からの比喩的用法として19世紀に生まれた。

coagulate [kouǽgjəlèit] 凝固させる，凝固する
→ absquatulate

ラテン語 coagulare (凝固させる) の過去形 coaxi や過去分詞 coactus などは，大学の対抗試合などで応援団がしばしば一斉にあげる Brekecoax, coax, coax! (ブレケコアクス，コアクス，コアクス) とは関係はない。この声援は，アリストパネス (Aristophanes, 448?-388B.C.) の喜劇 *Frogs*：『蛙』(405B.C.) で，三途の河にいる蛙の合唱に由来する。悲劇詩人エウリピデス (Euripides, 480?-406B.C.) を冥界から連れ戻しに行くディオニュソスは，三途の河を渡る時，蛙に負けずに Brekekekex coax coax (ブレケケケクス，コアクス，コアクス) と叫ぶ。声援の coax は2音節で発音するが，自分のチームを元気づけて試合に勝たせようとする coax (うまく説得する) は1音節語である。なお，この動詞 coax は元来名詞で，古形は cokes (ばか者) であったが，動詞として「…をからかう」to make a *cokes* of の意味で使われるようになった。この cokes は中英語 cokeney (雄鶏の卵)〈cockney 参照〉の短縮形か，あるいは，擬音語 coq (コッコ，雄鶏)〈coquette 参照〉から派生したフランス語 cocasse (こっけいな，ばかな) が語源と考えられている。

「豚もおだてりゃ木に登る」とよく言うが，諺の A watched pot never boils. (鍋を見つめているとなかなか沸かない；待つ身は長い) に倣って，You can't *coax* a fluid to *coagulate*. (液体をおだててもなかなか固まらない) と言うこともできる。〈ache 参照〉

coalesce [kòuəlés] 合体する，合同する，共生する
→ world

coalition [kòuəlíʃən] 連合，合体，提携
→ world

coast [kóust] 沿岸；滑降する，惰走する
→ accost

coax [kóuks] 説得する，なだめる，甘言を使う
→ coagulate

cobalt [kóubɔ:lt] コバルト，コバルト色，コバルト絵の具
→ element

cobble [kábl] 丸石；丸石を敷く，修繕する
→ vamp

cobra [kóubrə] コブラ，コブラの皮革

この語はラテン語 coluber (ヘビ) からポルトガル語 cobra de capello (ズキンヘビ)〈achieve 参照〉を経て借入された。英語 coluber は動物学用語として無毒の「ムチヘビ属」を表す。英国の詩人クーパー (William Cowper, 1731-1800) には "The Colubriad"：『蛇の叙事詩』(1782年) という詩がある。

colubrine (ヘビのような，ナミヘビ亜

科)）はヘビのような物や人に使われるが、人の場合は特に「ずるがしこい、狡猾な」という意味である。この語のフランス語形 couleuvrine から英語に借入された culverin は、筒の長い大砲に比喩的に使われるようになり、「カルバリン銃《中世末期の大型火縄銃》、カルバリン砲《15-17世紀の長距離砲》」となった。culvert (《道路・鉄道の築堤などの下を横切る》排水溝、暗渠）も、やはりヘビの比喩から使われたと考えられる。

　ところで culvert とは語形が似ている culver（ハト）の語源はアングロサクソン語 culfre（ハト）で、それ以上さかのぼる語源情報はない。もっとも、ヘビはハトの卵を飲み込むという事実はある。

cobweb [kɑ́bwèb] クモの巣、薄物の織物；クモの巣で覆う

　この語は、中英語 coppe（クモ）から変化した cob と web（織物）〈ballot 参照〉からなる。クモの巣は attercop とも呼ばれたこともあるが、それは移転による意味の変化によるもので、実はクモのフルネームであった。atter- は古英語 attor（毒）が、-cop は古英語 cop（てっぺん、丸頭）か、cop（コップ：*cup*）が語源である。

　copperhead（アメリカマムシ）は、体の赤銅色（*copper*）から名づけられたが、上記の attercop の影響を受けた可能性がある。このヘビは、ガラガラヘビ（rattler）とは異なり警告もなく攻撃することから、「不意打ち」を象徴するようになり、また、南北戦争当時は南部びいきの北部人を Copperhead と呼んだ。〈copse 参照〉

cock [kɑ́k] 雄鶏、《ガス・水道などの》コック；ピンと立つ
　　→ coquette

cockade [kɑkéid] 花形の黒皮帽章
　　→ coquette

cockatrice [kɑ́kətris] コカトリス《ヘビとニワトリが合体した伝説上の怪物》
　　→ crocodile

cockboat [kɑ́kbòut] 小ボート、伝馬船
　　→ vanilla

cockney [kɑ́kni] ロンドン子、ロンドン訛り；ロンドン子の
　自分の都会人ぶりに自己満足している気取った都会っ子（ロンドン子）を意味する

この語の語源についてはいくつかの説がある。その一つはフランス語 coquin（悪党）から派生した acoquiner（誘惑する）の過去分詞 acoquiné (《悪い仲間と》つき合っている）から派生したとする説である。他には、田舎の人が町の人の無知をからかった言葉が起源であるとする説もある。町の若者が馬の声を聞いて "The horse is barking."（馬が吠える）と言ったが "A horse neighs."（馬はいななくものだ）と教えられた。その後すぐ若者は "Oh! the *cock neighs*."（雄鶏がいななくよ）と言った。この The *cock neighs*. が cockney の語源であるというのである。

　ところで *OED* は、中英語 cockeney（雄鶏の卵：cock's egg）が語源であるとする。この語は奇形の小さな卵を意味したが、やがてこの語が「甘やかされた子」から、19世紀に「ロンドン子」を意味するようになったとする説を採用している。

cocksure [kɑ́kʃùər] 信じきっている、自信たっぷりの、きっと起こる

　この語にはいくつかの語源説がある。英国の語源学者ウィークリー（Ernest Weekley, 1885-1954）は、God sure!（あったりめえよ!）の婉曲表現に限らないのではないかと考える。例えば、アイルランド語 coc（明白な）を語源とする説がある。まことにアイルランド人は感情などをはっきりと表すことが多い。さらに英語 cog (《角材などを組み合わせるための》ほぞ）に対応するウェールズ語 coc 説も有力である。このことから原義は「ほぞがしっかりと食い込んでいるように確かである」ではないかと考えられる。

　だが cog（ほぞ）よりも古い cog（歯、歯車）説もある。こちらはフランス語 coche（しるし、刻み目──より古くは石弓の弦を張った時に弦を止める筈(筈)──）からの借入だが、今日は「銃の打ち金の位置」（*cock* of a gun）のように使われる。飛び道具は定まった位置にセットしさえすれば、確実に（cocksure）標的に命中するものである。ただし、今日の cocksure の意味合いは、ビアス（Ambrose Gwinnett Bierce, 1842-1914?）の *The Devil's Dictionary*：『悪魔の辞書』（1906年）における positive（明確な、疑いのない、絶対的な）の定義、"mistaken at the top of one's voice"（声を限りに叫んで間違った）を彷彿させる。

cocktail [kǽktèil] カクテル，カクテルパーティー，切り尾の馬

　酒を愛好する人は，この語が気分を高揚させる効果を，競走馬がスタートの直前になると尻尾をピンと上げる（*cock* up the *tail*）姿に重ね合わせて造られたと主張する。すなわち，1806年ごろ，酒の「カクテル」を指すようになったcocktailは，アメリカ語で，競馬場から生まれたのではないかとの説がある。《俗語cocktail（断尾した馬，雑種の競走馬）からの意味の移転によると考えるのである。》

　だが，18世紀のニューオーリンズでペイショー（Antoine Peychaud）というフランス系薬酒商が，いろいろと混ぜ合わせた酒をフランス語でcoquetier（エッグカップ，エッグスタンド）と呼ばれる底の広いカップに入れて客に出した。そして，容器のcoquetier（コクチェ）が英語cocktay（コクテ）を経てcocktailとなり，意味の移転によって，その中身を指すようになったとする語源説もある。cocktailはさらなる移転によって，その種の酒を飲むような「成り上がり人」「一見紳士風の人」を指すようにもなった。《ヨーロッパ人はかつて，アメリカには良い酒が無いのでカクテルでごまかしていると軽蔑していた。》

　また，cocktailがアステカ時代のメキシコ女性ホックトル（Xockitl）の名に由来するという説もある。彼女の父親は酒をいろいろと混ぜて調合したものを王に捧げるべく娘を使いに出した。王は飲んで気に入り，娘も気に入って結婚し，その酒を彼女にちなんで「コクトル」と名づけたというのである。

cocoa [kóukou] ココア，カカオの木，ココア色
　→ vanilla

cocoanut, coconut [kóukənʌ̀t] ヤシの実，ヤシの果肉，頭
　→ vanilla

coda [kóudə] コーダ，終結部，しめくくり
　→ bible

code [kóud] 法典，符号；暗号にする
　→ bible

codex [kóudeks] 古写本，公定処方集
　→ bible

coel- [síːl-], **coeli-** [síːli-], **coelo-** [síːlou-]「腔」の意

　科学用語に多く見られるこれらの接頭辞は二つの異なった語源を持つ。そのうち，より頻繁に使われるのはギリシア語koilos（空洞の）が語源の接頭辞である。例えばcoeliac, celiac（【解剖学】腹腔の；【病理学】セリアック病患者）やcoelenterata（【動物学】腔腸動物門）などがある。

　他方，ラテン語caelum（空――長らくcoelumと綴った――）が語源の接頭辞は，航空・航海用語coelometer（航海用天測計）やcoelonavigation（天文導航，天測航法）のように使われる。この場合coelo-は「空中の」ではなく「星によって」という意味で用いられている。

coffee [kɔ́(ː)fi] コーヒー，コーヒーの木，コーヒー色
　→ drink

coffer [kɔ́ːfər] 貴重品，金庫；箱に入れる
　→ suffer

coffin [kɔ́ːfn] 棺，ひつぎ；納棺する
　→ suffer

cogent [kóudʒənt] 適切な，説得力のある，強制力がある
　→ absquatulate

cogitation [kàdʒitéiʃən] 思考，熟考，着想
　→ exact

cognate [kǽgneit] 同祖先の，同起源の；同系の人
　→ exact

cognition [kɑgníʃən] 認識，認識されたもの，知識
　→ quaint, science, knick-knack, scourge

cognizance [kǽgnəzəns] 認識，裁判所の認知，記章
　→ quaint, science, knick-knack, scourge

cognoscenti [kànjəʃénti] 鑑定家，目きき
　→ quaint, science, knick-knack, scourge

cohort [kóuhɔːrt] 歩兵隊，軍隊，群
　→ court

coign [kɔ́in] 突角

→ coin

coin [kɔ́in] 硬貨；鋳造する，造り出す
　　coin は，ラテン語 cuneum（くさび，くさび形のもの）からフランス語 coin を経て英語に借入された。元来，フランス語の意味は「くさび」で，coin の異形 quoin は特にアーチの頂上の「くさび石」，coign は壁などのくさび形の「隅石」という意味に使われる。そしてフランス語 coin は，その形状から硬貨に刻印するための「打抜型」，さらにこれが「刻印された図案」「刻印された地金」「硬貨」という意味に使われるようになり，英語に借入された。
〈sterling 参照〉

colander [kʌ́ləndər] 水切りボール
　→ dickey

cold [kóuld] 寒い；寒さ；冷たい状態で
　→ chill

cold-blooded [kóuldblʌ́did] 冷酷な，寒さに敏感な，冷血の
　→ chill

cole [kóul] キャベツ類《キャベツ，ブロッコリー，カリフラワーなど》
　→ alcohol

coliseum [kɑ̀ləsíːəm] 大競技場，大演芸場
　→ colossal

collage [kəlɑ́ːʒ] コラージュ，寄せ集め
　→ remorse

collar [kɑ́lər] 襟，襟飾り；襟首をつかむ
　　ラテン語 collum（首）から collare，collar-《装飾用》首輪）が派生し，古フランス語 collier（首当て）を経て英語 collar として借入された。
　　ところで，騎士の爵位授与式においては国王が授爵者の肩（首）を剣の背で軽く打つのが慣例である。英語 accolade（ナイト爵位授与式）は，ラテン語 collum に，ad（…へ）の同化形 ac- がついた後期ラテン語 accollare，accollat-（首の周りに腕を回して抱く）から派生した。〈cat-o'-nine-tails 参照〉
　　ちなみに collate（つき合わせる，照合する）は，ラテン語 com（一緒に）から変化した con-, col- と ferre, lat-（もたらす）からなるラテン語 conferre，collat-（合わせる）が語源である。このラテン語から派生した名詞に collation（対照）があるが，修道院で朗読された Colla-tiones Patrum：『教父たちの伝記集』も collations と呼ばれた。のちにこの語はこの朗読の後に許された「軽食」，さらに食事時以外の「軽食」を指すようになった。
　　collateral（平行する，付随する）は，com と latus, later-（横腹）からなるラテン語が語源である。ラテン語 latus, later- からは lateral（横の，側面の）が派生した。なお，latitude（緯度）の語源はラテン語形容詞 latus（幅広い）であり，ラテン語 latus（横腹）とは別語である。

collate [kəléit] 対照する，ページを順にそろえる，聖職を授ける
　→ collar

collateral [kəlǽtərəl] 相並んだ，付随する；傍系親族
　→ collar

collation [kəléiʃən] 対照，聖職叙任，軽い食事
　→ collar

colleague [kɑ́liːg] 同僚，仲間
　→ college

collection [kəlékʃən] 収集，収集物，堆積
　→ legible

college [kɑ́lidʒ] 大学，単科大学，専修学校
　　アングロサクソン語 wis（賢明な）は，wise（賢い，賢明な）や wisdom（智恵）の語源である。wisdom の -dom は，kingdom（王国）や halidom（《古語》聖域，神聖なもの）の -dom と同じく抽象名詞接尾辞で，do-（する）と，古い抽象名詞語尾 -moz から変化した -m（stream〔流れ〕の -m は同じ）とからなる古英語 dom（審判，法，権威）が語源である。
　　また，intelligence（知性，情報）や intellect（知力，知識人）は，inter-, intel-（…の間に）と legere（選び出す）からなるラテン語 intelligere〔intellegere〕，intellect-（区別する，識別する）から派生した言葉で，前者はこのラテン語動詞の現在分詞 intelligens, intelligent- から，後者は過去分詞 intellect- から派生した。〈legible 参照〉
　　ところで college（大学）は，「知恵」(wisdom) や知性（intellect）とは関係が深いはずであるが，本来は必ずしもそうではない。この語は，com, col-（共に）と legere（選び出す）から派生したラテン語

collega（同僚であること，団体——英語 colleague〔同僚〕の語源——）から，ラテン語 collegium（共同体，協力関係），古フランス語 college を経て借入された。初めは，特別の権利や特権を持ち共通の職能・職業を持つ人たちの団体・ギルドを意味する言葉として，特に「使徒団」(the Apostolic *college*)，「枢機卿会」(the *college* of cardinals)，「紋章院」(the *College* of Heralds《1484年に設立されてイングランド，ウェールズおよび北アイルランドの紋章と家系図の記録保管などの事務を統括する》)，「選挙人団」(the electoral *college*) のように使われた。そしてその後，大学 (university) において，特定の学問分野を協力して進めたり，より良い下宿を提供したり，貧しくて学業の継続が困難な学生を支えるために組織された教師たちと学生たちの「自治組合」を意味するようになった。したがって，university（総合大学）は，かつていくつかのカレッジ (college) を持つのが普通であったが，他のカレッジの消滅などによってただ一つのカレッジしか持たない university も生まれたことから，college と university は同義に使われるようになったと考えられる。今日では一般に college は学部生に学士号を授ける教育・研究機関に限定し，他方 university は，種々の学問分野の専門教育機関，特に修士号や博士号を授与する権限を有する大学を指す傾向にある。〈degree, graduate については issue 参照〉

university は，unum（一つ）と vertere, vers-（回す，向ける）からなるラテン語 universus（一つのものに向けられた，一つに統合された）から派生したラテン語 universitas, universitat-（全体，宇宙，共同体）が語源で，フランス語 université を経て借入された〈conversion 参照〉。初めは「一つの仕事に関連したグループ全体」を意味したが，法律用語として「団体，会社，組合」を意味するようになり，やがて「教師と学生が一体となった組織」(universitas magistrorum et scholarium) のように使われた。universe（宇宙：〔原義〕一体として回るもの）はラテン語 universus の名詞 universum（全世界，宇宙）が語源である。

university の短縮形 versity は17世紀の発音から varsity と綴られ，*varsity* team（大学の代表チーム）のように使われるようになった。この綴りの変化は，名前の Clark（クラーク）が clerk（書記）から派生したのと同じである〈shark 参照〉。*varsity*-team と言えば大学代表チームを応援するチアリーダーを連想する。しかし，チアリーダーのおどけた応援合戦以外には，varsity と arsey-varsey（さかさまに；ひっくり返した）〈scurry 参照〉を結びつけるものは何もない。

collodion [kəlóudiən] コロジオン
→ remorse

colloid [kálɔid] コロイド，膠(う)状質
→ remorse

collyrium [kəlíriəm] 洗眼剤
→ alcohol

cologne [kəlóun] ケルン，オーデコロン
→ colonel

Colombia [kəlʌ́mbiə] コロンビア
→ Appendix VI

colonel [kə́:rnl] 大佐，閣下，土地の顔役
この語の原義は「兵士の一縦隊 (*column*) の責任者」で，英語 column（円柱，縦隊）の語源でもあるラテン語 columna（円柱）から colonna，イタリア語 colonello（縦隊の長，連隊長），フランス語 colonel を経て英語に借入された。ただし発音は，イタリア語 colonello から -l- → -r- の異化によって生まれたフランス語やスペイン語 coronel（大佐）を経て借入された古い英語 coronel の影響により [kə́:rnl] である。

なお，colony（植民地）は，大佐 (colonel) が獲得した土地という意味ではない。語源はラテン語 colere, cult-（耕す）から派生した colonus（農夫）を経て派生した colonia（地所）である。なお，ラテン語 colere, cult- は，cult（儀式，新興宗教），culture（教養，文化），cultivate（耕す）などの語源でもある。ただ，大佐 (*colonel*) が教養人 (a man of *culture*) ということはありうる。

ところで Cologne（ケルン：Köln）はラテン語 colonia（植民地：*colony*）が語源で，ローマがゲルマニアとの国境となったライン川の左岸に築いた屯営地であった。普通名詞 cologne（コロン）は，その

地の特産品 eau de *Cologne*（オーデコロン：〔原義〕ケルンの水）に由来する。今日でも化粧水のことをコロンと言う。

colony [káləni] 植民，植民地，居留地
→ colonel

colophon [káləfɑ̀n]《古書の》奥付，出版社の社章
→ Appendix VI

color [kʌ́lər] 色；色をつける，顔を赤らめる

　この語は，ラテン語 color（色，色彩，顔色）からフランス語 couleur を経て英語 colour として借入された。米国綴り color は語源に返ったものである。本来，何かに色づけることと，それを覆い隠すこととは関係があり，ラテン語 color と celare（隠す──conceal〔隠す〕の語源──）は同語源である。〈cell 参照〉

　color が14世紀ごろに借入される以前は hue〔色〕の語源のアングロサクソン語 hiw（外見，顔色）が使われていた。この語の原義は「形状」である。ゴート語 hiwi（形状）と同系語で，同族語はサンスクリット語 chavi（肌，肌色）までさかのぼることができる。その意味は「形状」，「外観」，「色」へと移転していった。今日では hue は，原色よりも微妙な色合いを表す言葉として使われている。

　同じ発音の hew（たたき切る）はゲルマン諸語に共通に存在する言葉で，アングロサクソン語 heawan（切る，打ちのめす）が語源で，ラテン語 curtus（短縮された）と同族語である。〈cutlet, hay 参照〉

　ところで，Let the chips fall where they may!（結果がどうなろうとも！）と言うが，chip（かけら）は chop（ぶった切り）の小さいものである。両語の起源は擬音語で，本来は「木っ端」を指した。《ヒツジ・豚などのあばら骨付きの厚切り》「肉片」も chop と言う。1650年ごろにはチェスの駒を chip と称していた。その2世紀後にポーカーで現金の代わりに使う round *chips*（丸いチップ）が生まれた。ちなみに hue and cry（罪人逮捕布告，騒がしい非難）の hue《追跡の》叫び）も擬音語である。〈chap 参照〉

Colorado [kɑ̀lərǽdou] コロラド
→ States

colossal [kəlásl] 巨大な，膨大な，すばらしい
→ colossus

colosseum [kὰləsíːəm] コロセウム，大競技場，大演芸場
→ colossus

colossus [kəlásəs] 巨像，巨人，大国
　ヘロドトス（Herodotus，484?-425?B.C.）が，エジプトにあった像を表すのにギリシア語 kolossos（巨像）を使い，ここから colossus（巨像），colossal（巨大な）が派生した。また，紀元75年にウェスパシアヌス皇帝（Vespasianus，在位69-79）が起工した闘技場を，その巨大さゆえにローマ人は Colosseum（コロセウム）と呼んだ。ここから普通名詞 colosseum, coliseum（大競技場，大演芸場）が派生した。

colt [kóult] 雄の子馬，未熟者，コルト式自動拳銃
　この語は古英語で初めて使われ，「若いロバ」という意味であった。スウェーデン語方言 kult は「力強い男の子」という意味である。欽定訳聖書の『創世記』（32：15）では「子ラクダ」という意味にも使われている。しかし，語源は定かではない。〈*colt* revolver については Appendix VI 参照〉

colubrine [kál(j)əbràin] ヘビの，ヘビのような，ナミヘビ亜科の
→ cobra

Columbia [kəlʌ́mbiə] コロンビア
→ States

columbine [káləmbàin] オダマキ，コロンビーナ；ハトの
→ nasturtium

columbium [kəlʌ́mbiəm] コロンビウム
→ element

column [káləm] 円柱，柱，《新聞・雑誌などの》縦の欄
→ colonel

comb [kóum] くし，とさか；くしですく
→ quaint

combat [kámbæt] 戦闘，論争；戦う
→ debate

combustible [kəmbʌ́stəbl] 燃えやすい，興奮しやすい；可燃物
→ urn

combustion [kəmbʌ́stʃən] 燃焼，酸化，

激動
→ urn

combust（燃焼させる）は com（一緒に）と urere, ust-（燃やす，焦がす）からなるラテン語 comburere, combust-（焼失する）が語源であるが，-b- は発音を容易にするためにつけ加えられたものである。

come [kʌ́m] 来る，着く，役を演ずる
→ welcome

come-at-able [kʌ̀mǽtəbl] 近づきやすい，手に入りやすい
→ atone

comedy [kámədi] 喜劇，喜劇的場面，人間劇
→ encomium

comic [kámik] 喜劇の，人を笑わせるための；喜劇役者
→ encomium

comely [kʌ́mli] 顔立ちの良い，美しい
comely lass は「顔立ちの整った見目麗しい娘」であるが，おおよそ「ふくよか」（buxom）〈同項参照〉とは縁遠い。事実，同系語の古高地ドイツ語 chumig（弱い，病弱な），ドイツ語 kaum（ほとんど…しない，かろうじて…である）には「美しい」という意味はない。しかし英語 comely には早くから「弱い」より「繊細な」「洗練された」という意味が発達し，さらに魅力的なというニュアンスを含むに至ったのである。

comfit [kʌ́mfit] 糖菓
→ confectionery

comfort [kʌ́mfərt] 快適さ，慰め；慰める
→ confectionery

comma [kámə] コンマ，小音程
→ paragraph

command [kəmǽnd] 命ずる，命令する；命令

この語は，何かを人の手に渡すこと，字義通りには書かれた命令を手渡すこと，比喩的には何かについて責任を委ねることを意味する。語幹 -mand は manus（手）と dare, dat-（与える）〈date 参照〉とからなるラテン語 mandare, mandat-（委託する，命じる）が語源である。the *mandated* islands（委任統治群島）のように使う mandate（《領土などの》統治を委任する）も同語源である。

強意の com（一緒に）〈commence 参照〉が上記の mandare についてラテン語 commendare, commendat-（委託する，推薦する）が形成され，ここから英語 commend（推奨する，ほめる）や commendation（推奨，賞賛）が派生し，さらに強意の意味を持つラテン語 re-（再び）がついて recommend（推薦する，勧告する）が派生した。commend の原義は「委託する」で，そこから自己の魂を神に「委ねる」という意味に使われた。それは受容される値打ちのあるものとして「捧げる」ことを意味し，次第に「ほめる」という意味に用いられるようになったのである。

demand（要求する：〔原義〕手から取る——de- はラテン語 de〔…から〕が語源——），remand（送還する；返送——re- はラテン語 re〔後ろへ〕が語源——）と並んで，command（命ずる——com- は強意——）などは後に形成された。

reprimand（厳しくしかる）はフランス語 réprimander（しかる，譴責（けんせき）する）から借入された言葉で，上記の demand, remand, command などの語形の影響を受けている。しかし，語源はラテン語 reprimere, repress-（押し戻す：to *press back*）《動詞状形容詞 reprimenda（抑制すべき）が語源》で，英語 repress（抑制する，抑圧する）と同語源である。また，ラテン語 premere, press-（押さえる）は press（圧する，押しつける）や express（言い表す，表現する）〈plot 参照〉の語源である。さらに，同ラテン語から，古フランス語 preindre の過去分詞 preinte を経て，print（印刷する；印刷）が派生した。imprint（刻印する；しるし）は，古フランス語 empreindre を経て派生した。cold *compress*（冷湿布）や *compressed air*（圧縮空気）の compress（圧縮する），clothes-*press*（アイロン）の press（プレス）も同語源である。

commence [kəméns] 開始する，始まる，始める

人は一緒に行動すると，より大きな力が生まれる。このことからラテン語 com（一緒に）はしばしば強意の接頭辞として使われる〈command 参照〉。例えば，commence は，ラテン語 initiare, initiat-（始める）から，com がついて派

生した後期ラテン語 cominitiare（開始する）が語源で、イタリア語 cominciare、古フランス語 cumencer を経て中英語 comence として借入された。-m- を加えて -mm- としたのは拍子を良くするためである。同ラテン語 initiare, initiat- は initiate（始める）の語源でもある。また、initial は同ラテン語の形容詞 initialis（最初の）が語源で、「最初の」から特に「頭文字」という意味に使われるようになった。

ところで commence と類義の begin はゲルマン諸語に共通で、直接にはアングロサクソン語 beginnan（始める、企てる）が語源である。この語は強調の接頭辞 be- と ginnan（始める）とからなると考えることができるが、この ginnan の存在は実際には確認されていない。しかし、後には古詩などで begin の第1音節が失われた短縮形 gin、その過去形 gan などが実際に使われた。その場合、語頭にアポストロフィ（'）がつく場合もあればつかない場合もある。

もう一つの類義語 start（一歩を踏み出す、始める）は古英語 styrtan が語源であり、原義は「前へ飛ぶ」である。そして、その反復形 steartlian（蹴る、奮闘する）から startle（びっくりさせる、びっくりする）がもたらされた。

さて学業の終わりは commencement（卒業式）であるが、それは生計を立てる日々の「始まり」(the *commencement* of one's livelihood days) のことである。

commend [kəménd] ほめる、推薦する、委ねる
→ command

commissary [kámǝsèri] 代理人、人民委員、警察部長
→ comission

commission [kəmíʃən] 委任、任務；権限を与える
→ mess

commission は、「《所定の目的のために協同で働くように委託された》権限」「権限を委託された委員会」「委任状」あるいは軍隊で使われる「将校就任辞令」「委託事項」「《委託事項に対応する》手数料」のように次々と意味が発展した。commissary（職務代行者、司教代理）は、ラテン語 commissus（一緒に送られた）から後期ラテン語 commissarius（委託された者）を経て借入された。

commit [kəmít] 犯す、委託する、委員会に付託する
→ comission

commode [kəmóud] 整理ダンス、移動式洗面台、便所
→ accommodate

commodious [kəmóudiəs] ゆったりして便利な、手ごろな
→ accommodate

commodity [kəmádəti] 産物、日用品、便利な物
→ accommodate

common [kámən] 共通の、公共の；共有地
→ immunity

commotion [kəmóuʃən] 激動、動揺、騒動
→ mute

community [kəmjúːnəti] 地域社会、社会、一般社会
→ immunity

commute [kəmjúːt] 取り替える、代える、通勤する
→ immunity

compact [kámpækt] ぎっしり詰まった；凝縮する；合意
→ propaganda

companion [kəmpǽnjən] 仲間、天窓；付き添う
→ calculate

company [kʌ́mpəni] 同席すること；付き合う、同行する
→ calculate

compel [kəmpél] 無理やり…させる、強いる、服従させる
→ pelt

competent [kámpətnt] 能力のある、十分な、資格のある
→ irrelevant

complain [kəmpléin] 不満を言う、ぶつぶつ言う、訴える
→ saxophone

complement [kámpləmənt] 補完物、全数；完全にする
→ foil

complete [kəmplíːt] 全部の、完備した；

完全にする
→ foil

complex [kəmpléks] 多くの部分からなる；複合体；複雑にする
→ complexion, plot

complexion [kəmplékʃən] 肌の色，様子，心構え

この語は文字通り複雑な (*complex*) 歴史を持つ。語源は com (一緒に) と plectere, plex- (織る) からなるラテン語 complecti, complex- (巻きつける，把握する) である。ちなみに，ラテン語 plexus (織られた) はそのまま plexus (【解剖学】《血管・神経などの》叢，網状組織) となった。solar *plexus* (【解剖学】太陽神経叢，みぞおち) は胃の後部にある大きな神経叢で，放射状の網状神経組織であることからついた名である。

同語源のラテン語 plicare, plicat- (折りたたむ，折り曲げる) は，complicate (複雑にする，紛糾させる) や implicate (巻き込む，連座させる) の語幹 -plicat- の語源である。同ラテン語から派生した implicare, implicat- (巻き込む，含む) から古フランス語 emplier を経て中英語に借入されたのが imply (暗に意味する) と employ (使用する，雇う) の二重語で，原義は共に「包む，巻き込む」である。simplicity (平易，単純) はラテン語 sine (…なく，…なしに) と plica (折り目) からなる言葉である。

さて，complexion は人柄の中に一人の人のいろいろな特徴を織り込むという意味に使われた。中世までそれらの特徴とは下記のようなものだった。

第一は，自然には熱・冷・乾・湿の質があり，これらの4要素の混合具合によって，人の「気性」(temper) や「気質」(temperament)〈tattoo 参照〉も変化を受ける，とする考え方である。temper はラテン語 temperare, temperat- (しかるべき割合に混ぜる) が語源で，言葉の意味は次第に一方の極端に向かう傾向があるため，現在では「短気」とか「気難しさ」(bad *temper*) を意味するようになった。なお，事物の熱い・冷たいには temperature (温度，気温) を用いる。ラテン語 temperare は tempus (時) と同語源であり，英語 tempest (嵐) の語源はラテン語 tempestas (天気，嵐) である。

第二は，四つの体液 (humors, humours —— 血液 [blood]，粘液 [phlegm]，黄胆汁 [choler, yellow bile]，黒胆汁 [melancholy, black bile] ——) の混合のあり方によって人の気質・特質が変わるとする考え方である。この humor, humour (気質，《古語》体液) は，ラテン語 (h)umidus (湿っている —— humid [湿気のある] の語源 ——) の名詞形 (h)umor (湿り気) からフランス語を経て借入された。またラテン語 (h)umidus の抽象名詞 humiditas (湿気) から humidity (湿気) が派生した。ちなみに humor は，temper の尺度の端とは反対の極「ユーモア」(good *humor*) を指すようになった。

さて，sanguine (快活な，楽天的な) は，ラテン語 sanguis (血液) の形容詞 sanguineus (血の気の多い，赤みがかった) が語源である。phlegmatic (粘液質の，冷淡な) は，ギリシア語 phlegein (燃やす) の名詞 phlegma (燃焼，熱，粘液) が語源である。bilious (気難しい，不機嫌な) は，胆汁 (bile) が原因で，ラテン語 bilis (胆汁) の形容詞 biliosus (胆汁の多い) が語源である。choleric (かんしゃく持ちの) は黄胆汁 (choler —— ギリシア語 khole [胆汁] が語源 ——) の影響下にある気質を表す言葉であり，この気質はさらに melancholic (憂鬱な) から melancholy (憂鬱) や melancholia (うつ病) にまでなることがある。これらは黒胆汁が関係する気質や精神状態を表すもので，ギリシア語 melan- (黒い) と khole (胆汁 —— choler [かんしゃく，短気] や cholera [コレラ] が派生 ——) からなる言葉である。

ところで，ドイツの宗教改革者メランヒトン (Philipp Melanchthon, 1497-1560) の本名は Philipp Schwartzerde ([原義] 黒い土) だったので，名字をギリシア語 (melan [黒い] + khthon [土]) に翻訳したのである。一方，モーツァルト (Wolfgang Mozart, 1756-91) は，ギリシア風のミドル・ネーム Theophilus (神が愛する) を同義のラテン語風 Amadeus やドイツ語風 Gottlieb に変えた。

人の性質は顔色 (complexion) に表れると考えられたことから complexion は

「気質」「性格」の意味に使われるようになった。原義は、人それぞれにおける上記の 4 要素の「混ざり具合」である。〈element の項の bismuth 参照〉

また、上記のラテン語 plicare, plicat- (折りたたむ) から、explicit (明示的な、明瞭な)、implicit (言わず語らずの、暗黙の)、duplicity (二枚舌、不誠実) 〈diploma 参照〉などの、語幹 -plicit- を持つ言葉が多く派生した。pliant (柔軟な) や pliable (曲げやすい、従順な) も同ラテン語 plicare が語源で、古フランス語 plier を経て借入された。

replica (複製) はラテン語 replicare (折り返す) からイタリア語を経て借入された。reply (応答する) は同ラテン語からフランス語 replier (《元通りに》折りたたむ) を経て、比喩的に「返答する、応答する」という意味に使われるようになった。なお、類義の retort (仕返しする、言い返す) の原義は「ねじり返す」である。〈torch 参照〉

なお、simple (単純な) や simplicity (平易、質朴) の語源であるラテン語 simplus (単一の、単純の) が、ラテン語 simul (似ている；同時に) や singuli (一人ひとりの、個々の ── singular 〔まれな、奇妙な〕、singularity〔風変わり、単一〕の語源──) と同系語であるとする説もある。simple にユーモラスな語尾 -ton がつくと simpleton (ばか、阿呆) になる。

complicate [kámpləkèit] 面倒にする、込み入る；複雑な
→ complexion, plot

compliment [kámpləmənt] 賛辞、あいさつ；讚辞を述べる
→ application

compline [kámplin] 終禱、終禱の祈り
→ bull

complot [kámplɑt] 凶暴、共同謀議；共謀する
→ plot

compose [kəmpóuz] 構成する、鎮める、詩を書く
→ pose

composition [kàmpəzíʃən] 構成、構成物、配合
→ pose

compound [kámpaund] 合成の；混合物；構成する
→ pose

壁などで囲まれた compound (構内、《インドなどの》白人屋敷) は、マレー語 kampung (囲い地、小村落) が語源で、ラテン語 campus (野原) が語源のポルトガル語 campo (野原) や英語 campaign (《廃語》田舎) などの影響を受けていると推測されている。〈camp 参照〉

comprehend [kàmprihénd] 理解する、包む、及ぶ
→ surrender

comprehensive [kàmprihénsiv] 多くのものを含む、幅広い；総合中等学校
→ surrender

compress [kəmprés] 押しつける、縮める；圧迫包帯
→ command

compromise [kámprəmàiz] 妥協；妥協する、《名声、信用などを》危うくする

人々や集団や国々などが意見の相違を解決できない場合、自分たちの代理人を派遣して話し合わせることがある。compromise の語源は、com (一緒に)、pro (前方に、…のために)、mittere, miss- (送る) からなるラテン語 compromittere, compromiss- (和合する、《ある事件の決定を仲裁者の意見にゆだねることに》意見が一致する) である。

ちなみに pro- は pro-Ally (《第一次・第二次世界大戦で》連合国側を支援する) のように使われる。ラテン語 mittere, miss- (投げる、送る) からは missive (書状、信書)、mission (使節団、任務)、missile (ミサイル──ラテン語 missilis 〔投げるに適した；投げる武器〕の借入──) などが派生した。ラテン語 missio, mission- は、送る行為「派遣、発送」から、送られる人「使節」、その組織や仕事「伝道、使命」と意味が拡大した。missionary (宣教師、宣教団、宣教) は、後期ラテン語 missivum (送られたもの) から派生した missionarius (宣教師：〔原義〕送られた者) の借入である。

ところで compromise が借入された当時の意味は、仲裁人の「調停」(arbitration) によってなされた合意を、係争者の双方が守るという「約束」(*promise*) で

あった。だが間もなく「合意」そのものを表すようになる。ところが歩み寄って生まれた合意は希望通りにはいかないのが常なので，動詞として自分や相手の「名誉を傷つける」「信用を危うくする」「不利な譲歩を行う」の意味で使われるようになるのである。

　実行する旨を伝えるために前もって「送られる言葉」が promise（約束）で，語源はラテン語 promittere, promiss-（前に送る，約束する）である。

　arbiter（仲裁人，権威者）とは，自分に何ができるかを見に行く人ということができる。語源は ad（…へ）と bitere, bitit-〔betere, betit-〕(行く，求める）からなるラテン語 arbiter（目撃者，仲裁者，裁判者）である。同ラテン語から動詞 arbitrari, arbitrat-（仲裁裁定する）が派生し，英語 arbitrate（調停する）となった。

comptroller [kəntróulər] 統制する人，発着係，制御装置
　　→ calculate, curfew
compute [kəmpjúːt] 計算する，コンピュータを操作する
　　→ calculate, curfew
comrade [kámræd] 仲間，組合員，共産党員
　　→ calculate, curfew
conceal [kənsíːl] 隠す，秘密にする，隠しておく
　　→ helmet
concede [kənsíːd] 認める，許す，譲歩する
　　→ ancestor
conceit [kənsíːt] うぬぼれ，奇抜な考え；想像する
　　→ recipe
conceive [kənsíːv] 思いつく，想像する，妊娠する
　　→ recipe
concept [kánsept] 概念，観念，コンセプト
　　→ recipe
conception [kənsépʃən] 概念，着想，妊娠
　　→ recipe
conch [kɑ́ŋk] 巻き貝，トリトンのほら貝，後陣の円屋根

ギリシア語 kogkhe（イガイ，ムラサキガイ）は発音しにくい言葉であった。このギリシア語はザルガイ（*cockle*shells）すべてを意味する言葉として英語に入ってきた。しかしギリシア語 kogkhe の -g- が実際には [ŋ] と発音されたことから，ラテン語で concha（貝，カタツムリ）となり，古フランス語 conche, conque を経て中英語 conche として借入され，conch が成立した。特に，軟体動物の大きな「巻き貝」や，海神の老トリトンが波を鎮めるために吹き鳴らしたとされる「ほら貝」の意味で使われた。そしてその形状との連想から，「頭——イングランドでは鼻——」，あるいは頭や鼻に加えられる「一撃」を指すスラング conk が生まれた。〈vanilla 参照〉

　トリトン（Triton）の名は，父の海神ポセイドンが常に持つ trident（三叉槍）に由来するものと考えられる。この trident は，tri-（3 の）と don, dont-（歯）からなるギリシア語と同族語の，tri-（3）と dens, dent-（歯）からなるラテン語 tridens, trident-（三叉の）〈east 参照〉が語源である。

　conch-, concho- は結合形で，conchiferous（【動物】貝殻を有する）とか conchilion（【生化学】貝殻質）などの合成語をもたらした。〈mussel については muscle 参照〉

　トリトンのほら貝ならぬ車のクラクションや雁の鳴き声などを表す honk-honk は擬音語である。

conclave [kánkleiv] ローマ法王選挙秘密会議，枢機卿，秘密会議
　　→ claustrophobia
conclude [kənklúːd] 終える，結論を下す，結びとする
　　→ close
concoct [kɑnkákt] 作る，調理する，でっち上げる

　この語は元来「消化する」を意味し，ラテン語 con, com（一緒に）と coquere, coct-（料理する，分解する：to *cook*）とからなる言葉である。cook（料理する；料理人）は，同ラテン語の名詞 coquus（料理人）からゲルマン語に借入された名詞で，アングロサクソン語は coc であった。

concoction（調合，でっち上げ）も初め「消化」を意味した。中世の生理学では消化には3段階があると考えられていた。第1は食べ物から液を抽出する段階，第2は液状のキームス（糜汁（びじゅう）（chyme）〈同項参照〉）を血に変える段階，第3は分泌段階である。ところが，そのような考え方の衰退とともに concoction の意味に変化が起こった。すなわち，シチューや薬剤のように多くの材料を混ぜ合わせる「調整，調合」，さらに比喩的に「入念だがわざと作り上げられた計画や劇」となり，でっち上げた（*cooked* up）「策謀，陰謀」になるのである。

concord [kánkɔːrd] 一致，協調，コンコード
→ prestige

concrete [kánkriːt] 具体的な；コンクリート；コンクリートで固める

あらゆる生物を意味する creature は，ラテン語 creare, creat-（生み出す，創造する：to *create*）〈creole 参照〉から派生した。このラテン語の起動形は crescere, cret-（成長する，生じる）〈excrement 参照〉である。英語 concrete は，con, com（一緒に）とこの起動形からなるラテン語 concrescere, concret-（合成する，凝固する）が語源で，原義「成長して結合した」から，「連続的な——対義語 discrete（分離した，バラバラの）の dis- はラテン語 dis（…から離れた）が語源——」を経て今日の意味となった。小石，砂利，砂などと石灰あるいはセメント（cement）〈shed 参照〉との混合材をコンクリート（concrete）〈attract 参照〉と呼ぶのは，それらが結合して一つの塊になるからである。

論理学では concrete は，現実に事物と一緒に生じていると考えられる性質について使われた。すなわち「赤毛の頭」は「赤さ」に対して「具体的な」ものである。一方，具体的な赤毛の頭から引き出される「赤さ」は「抽象的な」（abstract）〈attract 参照〉ものである。

concussion [kənkʌ́ʃən] 衝撃，激動，脳震とう
→ discuss

condemn [kəndém] 攻める，宣告する，非難のもととなる
→ damage

condiment [kándəmənt] 香辛料，薬味
→ recondite

condition [kəndíʃən] 状態，状況；良い状態にする
→ verdict

conductor [kəndʌ́ktər] 車掌，指揮者，案内人
→ duke

cone [kóun] 円錐；円錐形にする，球果をつける
→ sterling

Coney Island [kóuni áilənd] コニーアイランド
→ canary

Coney Island を coney（アナウサギ）と関係づけるのは民間語源で，古くは人名に由来する Conyn's Island であったとする説がある。

confectionery [kənfékʃənèri] 菓子類，菓子製造，菓子店

confection（菓子，《菓子・糖剤などの》調合）の基本的な意味は「特別に調理された物」で，語源は，con, com（一緒に）と facere, fact-（作る）からなるラテン語 conficere, confect-（作り上げる，準備する）である。同ラテン語から派生したフランス語 confire, confiss- は「保存する」「砂糖などに漬けて煮込む」の意味に使われた。confection に職業，製造所，店などを表す語尾 -ery がついて confectionery（菓子店）が派生したが，上品好みの菓子店主の場合はフランス語 confiseur（菓子屋）を使うことがある。

comfit（コンフィット《ナッツや干し果物入り糖菓》）は，上記ラテン語 conficere, confect-（一緒にする，準備する）の過去分詞が名詞化された confectum から，古フランス語 confit を経て借入された，より古い言葉である。comfit が comfort（慰める；慰め）と関係づけられることもある。しかし，こちらの語源は，com と fortis（強い）からなるラテン語 confortare, confortat-（強化する）である。〈defeat 参照〉

conference [kánfərəns] 会議，相談，競技連盟
→ suffer

confine [kənfáin] 制限する，閉じ込め

る；境界
→ finance
confirm [kənfə́ːrm] 確かめる，承認する，固める
→ infirmary
conflagration [kὰnfləgréiʃən] 大火，突発
→ flamingo
confluence [kάnfluəns] 合流，合流した川，集まり
→ affluent
conform [kənfɔ́ːrm] 従う，順応する，一致する
→ like
confound [kənfáund] 混同する，当惑させる，呪う
→ dumb, futile
confront [kənfrʌ́nt] 向かい合う，立ちはだかる，対決させる
→ effrontery
confuse [kənfjúːz] 混同する，困惑させる，あいまいにする
→ dumb, futile
confusion [kənfjúːʒən] 混乱，混同；大変！
→ dumb
congenial [kəndʒíːniəl] 同じ趣味の，愛想のよい，性分にあった
→ racy
conglomeration [kənglὰməréiʃən] 固まり，寄せ集め，複合企業の形成
→ globe
congregation [kὰŋgrəgéiʃən] 集合，会衆，イスラエル人
→ congress
congress [káŋgrəs] 議会，会議；会合する

漸進的な前進（*gradual* progress）が民主主義の手法であり，それは議会（*congress*）によって実行される。gradual（漸進的な，ゆるやかな）の語源は，ラテン語 gradus（歩み，段──*centigrade*：百分度目盛で──）から派生した後期ラテン語形容詞 gradualis（段階の，段階を追って）である。congress の語源は con（一緒に）と gradi（進む）からなるラテン語 congredi, congress-（一緒に来る，会合する，衝突する）である。
con（一緒に）と grex, greg-（群れ）からなるラテン語 congregatio, congregation-（群居性，会）の原義は「一緒に歩む集団」であり，今日，教会などでの「会衆」（flock）の意味で使われる congregation の語源となった。

教会との関係で言えば，ラテン語 pascere, past-（草を食べさせる）は，田園と結びつく pastoral（牧歌的な，牧羊者の）と，宗教的に使われる pastor（牧師，霊的指導者）をもたらした。ミルトン（John Milton, 1608-74）が友人エドワード・キングの死を悼んで書いた牧歌詩（*pastoral* poem）"Lycidas"：「リシダス」（1637年）では，この二つの意味がうまく融合されている。《牧歌的（pastoral）風景の中に描かれているリシダスは，若い羊飼いで笛の名手であり，人々の魂の導き手（pastor）でもある。》

ちなみに，pastor はギリシア神話の牧人の神，家畜や野原などの守り神，すなわち全自然の神 Pan（パーン）と同族語である。〈diapason, pan 参照〉

ところで flock には二通りの語源が考えられる。まず「一房の羊毛」を意味する flock の語源はラテン語 floccus（一房の羊毛）で，古フランス語では floc, 古北欧語では floke, 古高地ドイツ語では floccho であり，snowflake（雪片）などの flake（一片，薄片）と同族語である。そしてこの flake と同系語 flake（魚干し棚，すのこ）は，ゲルマン諸語に共通で古英語 flean（皮を剥ぐ）が直接の語源の flay（《獣などの》皮を剥ぐ）や，オランダ語 vlak（平たい：*flat*）と同系語でもある。同オランダ語は「平たい場所」から，「床」「住居」の意味にも使われる。

次に羊飼い（pastor）が番をするヒツジなどの「群れ」を意味する flock は，古北欧語 flokkr, スウェーデン語 flock やデンマーク語 flok など，スカンディナヴィア系の言語にのみ見られ，古英語では flocc である。なお，これらの言語での原義は「人々の集まり」であり，字位転換によって folk（人々）が成立したとする説がある。連邦議会議事録（*Congressional* Record）は，*folk*-ways【社会学】習俗《同一の社会集団に共通な生活などの様式》）を観察するのに最適なものである。〈issue 参照〉

conject [kəndʒékt] 推測する，計画する
→ subject

conjecture [kəndʒéktʃər] 推定，推測；推測する
→ subject

conjugal [kándʒəgl] 結婚の，夫婦の
→ subjugate, yokel

conjunction [kəndʒʌ́ŋkʃən] 結合すること，合同，接続詞
→ subjugate, yokel

conjunctivitis [kəndʒʌ̀ŋktəváitis] 結膜炎
→ subjugate, yokel

conjure [kándʒər] 呪文で呼び出す，手品を使って…を出す，[kəndʒúər] 懇願する

　この語の原義は「一緒に誓う」で，語源は con, com（一緒に）と jurare（誓う）〈jury 参照〉からなるラテン語 conjurare, conjurat-（共同宣誓する，共謀する）である。名詞 conjuration は数名間の「厳粛で拘束力のある誓い」のことで，やがて「共謀」「陰謀」の意味で使われた。しかし同時に，conjuration は「聖なるものにかけて誓うこと」，さらに「願いごとを実現するために霊や超自然的な力を呼び出すこと」の意味にも使われた。そして，降霊術への信仰が衰えるにつれてこの語は手品師（*conjurer*）が行う「手品」を意味するようになった。かつてはどちらの意味でも conjure の発音は [kándʒər] が好まれた。しかし「奇術を行う」の意味が強くなるにつれて，「誓いによって縛る」「強く懇願する」（*adjure*）の意味では [kəndʒúər] の発音が使われるようになった。

　敬虔なキリスト教徒は，闇の力に対抗するのに指で十字を作ったものだった《例えば，中指を人指し指の上にからませるように》。十字サインが悪霊を防ぐ力があると信じたからである。この十字にはうそをつく時などに「本気ではありません。主が悪魔を遠ざけてくださるように」という意味が込められていた。

conk [káŋk] 頭，一撃，コンク
→ vanilla

connect [kənékt] つなぐ，つながる，接続する
→ nexus

connection, connexion [kənékʃən] つなぐこと，関係，コネ
→ nexus

Connecticut [kənétikət] コネチカット
→ States

conscience [kánʃəns] 良心，分別，誠実さ
→ remorse

conscript [kánskript] 徴集兵；徴集された
→ shrine

consecrate [kánsəkrèit] 捧げる，神聖にする，あがめる
→ anathema

consecutive [kənsékjətiv] 連続した，一貫した，結果を表す
→ pursue, set

consensus [kənsénsəs] 一致，総体的合意，統一見解
→ ascend

consent [kənsént] 同意する，賛成する；承諾
→ ascend

consequence [kánsəkwèns] 結果，重要さ，結論
→ pursue, set

consequential [kànsəkwénʃəl] 結果として起こる，重大な，もったいぶった
→ pursue, set

consider [kənsídər] よく考える，みなす，熟慮する

　人の誕生時の星の巡り合わせが示している将来を見極めるために，占星術師は星をたえず観察したものだった。consider の語源は con, com（一緒に）と sidus, sider-（星，星座）からなるラテン語 considerare, considerat-（注意深く観察する，考慮する）である。このラテン語が語源の形容詞 considerate は，初め「じっくりとよく考えた」「思慮深い」という意味に使われたが，後に特に「他人によく配慮をする」「思いやりのある」の意味で使われるようになった。またラテン語 sidus, sider-（星，星座）からは天文学用語 sidereal（星の，恒星の）も派生した。〈disaster 参照〉

consist [kənsíst] 成り立つ，ある，一致する
→ tank

consolation [kànsəléiʃən] 慰め，慰めと

なるもの；敗者復活の
→ insolent

console [kənsóul] 慰める；演奏台，コンソール型
→ insolent

consommé [kɑ̀nsəméi] コンソメ《スープ》
→ prompt

consonant [kɑ́nsənənt] 子音；一致する，協和音の
→ absurd

conspire [kənspáiər] 共謀する，重なって…する，たくらむ
→ inspiration

constable [kɑ́nstəbl] 巡査，保安官，城守
→ marshal

constant [kɑ́nstənt] 不変の，誠実な；一定不変のもの
→ tank

constellation [kɑ̀nstəléiʃən] 星座，美しいものの集まり，配置
→ disaster

consternation [kɑ̀nstərnéiʃən] 非常な驚き，仰天
→ disaster

constituent [kənstítʃuənt] 構成する，選挙権のある；構成物質
→ season

constitute [kɑ́nstət(j)ùːt] 構成する，制定する，任命する
→ season

constrain [kənstréin] 強いる，阻止する，押し込める
→ prestige

constrict [kənstríkt] 締めつける，押さえる，狭める
→ prestige

construct [kənstrʌ́kt] 組み立てる，構成する；構成物
→ destroy

construe [kənstrúː] 解釈する，文法的に分析する；逐語訳
→ destroy

consul [kɑ́nsl] 領事，執政官，執政
→ council

consult [kənsʌ́lt] 意見を求める，調べる，相談する
→ council

consume [kəns(j)úːm] 消費する，消滅させる，消費される
→ prompt

consummate [kɑ́nsəmèit] 完成する，頂点に高める；完全な
→ prompt

consummation [kɑ̀nsəméiʃən] 完成，達成，極致
→ prompt

consumption [kənsʌ́mpʃən] 消費，食べること，消耗
→ prompt

contact [kɑ́ntækt] 接触；触発性の；接触させる
→ attain, deck

contagion [kəntéidʒən] 接触感染，伝染病，影響
→ attain, deck

contain [kəntéin] 含む，許容できる，相当する
→ tennis

contamination [kəntæ̀minéiʃən] 汚すこと，汚染物，混成
→ attain, deck

contemplate [kɑ́ntəmplèit] じっと見つめる，じっくり考える，熟考する
→ temple

contemporary [kəntémpərèri] 同時代に存在する，現代の；同時代の人（ラテン語 con, com〔一緒に〕）
→ pylorus

contend [kənténd] 戦う，議論する，主張する
→ temple, tennis

content [kɑ́ntent] 中身，[kəntént] 満足して；満足させる
→ tennis

contention [kənténʃən] 争い，主張，競争
→ tennis

contentious [kənténʃəs] 争い好きの，議論を起こす，訴訟の
→ tennis

contentment [kənténtmənt] 満足，安らぎ
→ tennis

contest [kɑ́ntest] 競争；得ようと争う，議論する
→ cantankerous

context [kɑ́ntekst] 前後関係，文脈，背

景
→ text

contiguous [kəntíɡjuəs] 接触している，切れ目のない，連続した
→ deck

continent [kάntənənt] 大陸，ヨーロッパ大陸；自制の
→ tennis

contingency [kəntíndʒənsi] 偶然，偶然のこと，不慮の出来事
→ deck

contingent [kəntíndʒənt] 依存する，偶発的な；分遣隊
→ deck

　contingent の原義は「《巡り合わせで》一緒になる」で，後に「偶然起こる」になり，さらに名詞として戦利品などを分ける時の「割り当て，分け前」，さらに「分担」，特に「分遣隊」にも用いられるようになった。

contort [kəntɔ́ːrt] ねじる，曲解する，ゆがむ
→ torch

contraband [kάntrəbænd] 密輸，北軍へ逃げた黒人奴隷；禁制の
→ ban

contract [kάntrækt] 契約；[kəntrǽkt] 契約する，縮まる
→ distraction

contradiction [kὰntrədíkʃən] 否定，反対の主張，矛盾
→ verdict

contrast [kάntræst] 対照；[kəntrǽst] 対照させる，よい対照となる
→ tank
　後期ラテン語 contrastare（…に対抗する）が語源。

contribute [kəntríbjuːt] 与える，寄稿する，寄付する
→ tribulation

contrite [kəntráit] 悔恨の
→ terse

controller [kəntróulər] 統制する人，発着係，制御装置
→ calculate

convalescent [kὰnvəlésnt] 回復期の，回復患者のための；回復期の患者
　con- の語源はラテン語 con, com（一緒に）で，ここでは強意の接頭辞として使われている。語尾 -escent の語源はラテン語動詞の起動形語尾 -escere（成長する，なる）の現在分詞語尾である。したがって convalescent の原義は「再び健全（*valid*）になりつつある」である。〈infirmary, verdict 参照〉

convene [kənvíːn] 召集する，召喚する，開かれる
→ council, prevent

convenient [kənvíːniənt] 便利な，都合のよい，近くて便利がよい
→ council, prevent

convent [kάnvent] 修道団，修道院
→ council, prevent

convention [kənvénʃən] 代表者会議，しきたり，協定
→ council, prevent

converge [kənvə́ːrdʒ] 集まる，集中する，収束する
→ conversion

conversant [kənvə́ːrsənt] 精通している，親交がある
→ conversion

conversation [kὰnvərséiʃən] 会話，非公式会談，交際
→ conversion

converse [kənvə́ːrs] 談話する，[kάnvəːrs] 談話，正反対
→ advertise, conversion

　動詞 converse（話す，談話を交わす）は，ラテン語 conversari, conversat-（談話する：〔原義〕一緒に回る）が語源である。この converse から名詞 conversation（会話）が派生した。形容詞 converse（逆の，正反対の）は，同語源のラテン語 convertere（向きを変える，裏返す）の過去分詞 conversus（さかさまの）から直接借入された。

conversion [kənvə́ːrʒən] 転換，改宗，転化

　ラテン語 vertere, vers-（回る）とその派生語から多くの英語が生まれた。その一例 conversion は，この動詞にラテン語 con（一緒に，…の中に〔among〕）を伴った convertere, convers-（完全に向きを変える）が語源で，宗教用語「転向」「キリスト教への改宗」や化学用語「《物質の性状が》変換すること」となった。

　同ラテン語 vertere から convert（転向

者，改宗者）や pervert（堕落者，変質者）も派生した。後者の接頭辞 per- の語源はラテン語 per（通して，まったく，完全に，悪用して）で，perdition（【カトリック】永遠の滅び，破滅）や perish（死ぬ）〈同項参照〉の per- も同語源である。

conversation（会話，談話）の原義は「ある場所で生きる，動き回ること」だが，身体的な親密さを表す「性交」も意味するようになった。今日でも法律用語に criminal *conversation*（姦通罪）がある。17世紀になって初めて converse は「会話する」を意味するようになるのである。

ところで verse（韻文：〔原義〕転回されたもの）は，アングロサクソン語 fers（韻文）や古フランス語 vers（詩，詩行）の影響を受けたが，語源はラテン語 vertere, vers-（回す）の過去分詞からの名詞 versus（列，行，詩句）で，行末の折り返しを示す言葉であった。かつて散文は言葉と言葉の間に空間を入れず紙の端から端まで書き綴られたのに対して，詩，韻文は，特定の数の詩脚を満たすと行を変えて次の行を書いた。

今は *convertible* sedan（コンバーティブル《幌がたためる乗用車》）〈sedan 参照〉における convertible（転用できる）は，19世紀まで conversible と共に使われた綴りである。

本の右側のページは recto で，語源はラテン語 recto（正しく，右側に）であり，ページをめくると verso（左ページ，裏ページ）になる。語源はラテン語 verso（めくられたページ）である。

vertebra（【解剖学】脊柱，背骨）は，「身体が回る軸」と考えられたことから名づけられた。語源は vertere（回る）から派生したラテン語 vertebra（椎骨）である。

「天空の軸」，さらに「【天文学】天頂」は vertex で，語源はラテン語 vertex, vertic-（渦巻，つむじ，頂点）である。ある点から天頂（*vertex*）に向かって引かれた線は *vertical* line（垂線）である。

デカルト（René Descartes, 1596-1650）は，地球はもちろん宇宙のあらゆる物質がこの線を軸に回転すると考えた。そして vertex, vortex は「渦巻き運動」を意味するようになった。語源はラテン語 vertex,

その古形 vortex（渦，天の旋回点）である。また，ここから1910年代のイギリスの前衛芸術運動の一派 vorticists（渦巻き派）の名が生まれた。《この運動の中心人物ルイス（Percy Wyndham Lewis, 1884-1957）が刊行した機関紙 *Blast*：『疾風』の副題 Vortex（渦巻き）に由来する言葉である。》

ところで，渦巻きのような急な回転をすると感じる不快感を vertigo（【医学】めまい）と言う。語源はラテン語 vertigo（旋回，めまい）である。これは高所から下を見た時に感じるめまいにも使い，そのような高さを *vertiginous* height「めまいを感じさせる高さ」と言う。

ラテン語 vertere（回る）の異形に後期ラテン語 vergere, vers-（傾く，曲がる）があり，これが diverge（分岐する），diversion（わきへそらすこと，気晴らし），converge（集中する）の語源となった。また同語源の verge（権杖）は，ラテン語 virga（小枝，杖——ラテン語 virgo〔若い女〕とも関係があるのではないかと考えられる——）と混じり，「無脊椎動物の雄性交尾器官」の意味で使われる。この「杖」は，おそらくは男根（phallus）崇拝に根差すもので，権威の象徴としての「権杖」として携えられた。「端」という意味に移転したのは，「杖の内」（within the *verge*）が，王宮から半径12マイル以内で起こった犯罪に対して司法権を持っていた「宮内大臣管轄区」で，「宮廷の周囲12マイル」を指したのが，次第に verge だけで「司法権限内」としての「範囲，限界」という意味に使われるようになったことによる。そして on the *verge* of は，場所や行為の「寸前である」という意味になった。

また，ラテン語 vertere, vers-（回る）の反復形 versare, versat- の形容詞 versatilis（動きやすい，多才な）から派生した言葉も多い。versatile（多才な，多方面な）は，「素早く変われる」から「変化する環境に適応できる」という意味に使われるようになった。versed（精通した，熟達した）や conversant（精通している）も同語源である。

これ以外にも派生語は多い。diverse（別種の，異なった），diversion（わきへそらすこと，娯楽），divertissement（娯

楽，間奏曲），diversified（変化に富む，多角的な），advert（注意を向ける）〈advertise 参照〉，animadversion（批評，非難——ラテン語 anima〔心〕と合成——）などがその一例である。これ以上続けると，そのリストは余りに長くなり，本書の流れから逸脱する（divert——di- はラテン語 dis〔二股の，離れた〕から——）であろう。

convertible [kənvə́ːrtəbl] 変えられる，幌がたたみこめる；転換可能な事物
　→ conversion

convex [kɑnvéks] 中高の，凸面の；凸面
　→ vehicle

convict [kənvíkt] 有罪を判決する，悟らせる；[kɑ́nvikt] 罪人
　→ victoria

convince [kənvíns] 納得させる，確信させる，説得して…させる
　→ victoria

convolution [kɑ̀nvəlúːʃən] 回旋，まわりくどさ，【解剖学】脳回
　→ volume

cook [kúk] 料理する，でっちあげる；コック
　→ concoct

cool [kúːl] 涼しい；冷静に；涼味
　→ chill

cop [kɑ́p] 捕まえる，盗む；警官，頂
　→ copse, element

copper [kɑ́pər] 銅，銅貨；銅で覆う
　→ copse, element

copperhead [kɑ́pərhèd] アメリカマムシ，南北戦争時南部に同情した北部人
　→ cobweb

copse [kɑ́ps] 雑木林
　この語は，シェイクスピアの *Macbeth*：『マクベス』第5幕で，敵兵たちが木の枝を頭上にかざしてダンシネーンの砦に迫って来るのを，バーナムの森が動いていると錯覚して番兵が発した準古典的な言い方 "Cheese it, the *copse*!"（逃げろ，森が！）によって親しみのあるものとなった。ちなみに，この場面はカモフラージュという戦術の古い例を示すものでもある。
　copse は古形 copys の短縮形であり，この copys は今日でも使われている coppice（雑木林）の異形である。copse も coppice も元は伐採用に育てられた低木の林を意味した。語源はギリシア語 kolaphos（殴打，平手打ち）で，後期ラテン語 colapus, colaphus から colpus となり，さらに後期ラテン語 colpare, colpat-（ぶった切る），colpaticium（切ることのできる物），古フランス語 copeiz, coupiez を経て借入された。
　また古い英語に cops, copse（足かせ，留め金）があり，こちらからグリムの法則による -p から -f への変化と民間語源によって，hand*cuffs*（手錠）がもたらされたと考えられる。ただワイシャツなどの「袖口，カフス」の cuff は，《ラテン語 caput（頭）が語源の》後期ラテン語 cappa（帽子〔*cap*〕，外套つき頭巾〔*cape*〕）の変化形 cuphia（頭飾り）を経て借入され，中英語 coffe, cuffe（手ぶくろ）と変化して成立したとも考えられる。
　ところで，cup（カップ）の古形に cop があり，さらに古くは copp とか cuppe であった。cop はその形から「頂，頂上」を意味するようになった。
　街角に立っている cop（《俗語》警官）は，巡査をからかう次のような言葉があるところから，copper（銅）の省略形と間違えられることもある。
　Brass button, blue coat,
　Couldn't catch a nanny-goat!
　真鍮ボタンにブルーの制服着ていても，
　雌ヤギ1匹も捕まえられなかった。
しかし，copper（警官）は cop（《俗語》逮捕する）から成立した可能性が高い。語源はラテン語 capere, capt-（捕まえる：to take *captive*）で，古フランス語 caper（捕まえる）を経て，動詞 cap（《廃語》逮捕する）として借入され，それが変化して cop となり，動作主を表す語尾 -er がついて成立したと考えられる〈achieve, manoeuvre 参照〉。なお，capias（拘引令状）は，ローマ時代の法律用語 capias（逮捕令状——上記のラテン語 capere の接続法二人称単数現在形〔捕まえてよろしい〕——）の直接の借入である。
　copper（銅）は産地として有名であったキプロス（Cyprus）にちなむ言葉である。後期ラテン語 cuprum から借入されたが，301年に物価高騰を防ぐために布告

された「ディオクレティアヌスの最高価格条例」で初めて Cyprium aes（キプロスの金属）として使われた。〈cobweb 参照〉

copulate [kápjəlèit] 交接する，交尾する；結合した
　→ copulative

copulative [kápjələtiv] 連結的な，交尾の；連結詞
　ラテン語 copula（結合）は，co-（com：一緒に）と apere, apt-（つなぐ――apt〔…する傾向がある〕の語源――）からなる動詞 copulare, copulat-（結合する）から派生した〈lasso 参照〉。このラテン語動詞は，copulate（交接する，交尾する）や copulative（連結的な；連結詞――*copulative* verb〔連結動詞《be 動詞など》〕は一用例――）の語源である。また上記ラテン語 copula から古フランス語 couple（1組の男女）を経て英語 couple（一対，男女1組；つなぐ）や鉄道の coupling（連結器，連結）が派生した。

coquette [koukét] なまめかしい女，浮気女；こびを見せる
　rooster（雄鶏，雄鳥）は「止まり木に止まる」（roost）ところからこのような名を得たのであり，語源はアングロサクソン語 hrost（止まり木）で，ゲルマン諸語に共通に見られる言葉である。
　雄鶏は cock とも言うが，語源はコッコッと鳴く声の擬音語から成立した古英語 cocc, coc, cok（雄鶏）である。この鳴き声は後期ラテン語では coccus であった。
　とさか（comb）がついた雄鶏の頭の形から生まれた語は多い。銃の cock（撃鉄），cockade（《英国王室の従僕の》花形帽章），coxcomb（おろか者，だて男）などがその例である。coxcomb は，とさか（*cock's comb*）状の赤い帽子をかぶった中世の道化師に由来する。
　cocker-spaniel（コッカースパニエル）は，野鳥，特にヤマシギ（wood*cock*）の狩猟用に訓練されたことから名づけられた。言うまでもないがヤマシギは鳥であって，woodchuck（ウッドチャック《マーモット》）ではない。こちらはアメリカ・インディアンの言葉 wejack が訛って成立した言葉である。
　また，フランス語 coq（雄鶏：*cock*）の指小形 coquet（色気がある），またその女性形 coquette（なまめかしい女，浮気女）は，それぞれ英語に「こびを売る」，気取って歩く雄鶏のように魅力を振りまく「なまめかしい女」の意味で借入された。人間以外の動物では，身づくろいをし「ヒラヒラ飛び回る」（flirt）のはオスの方である。

　flirt（浮気女〔男〕；恋をもてあそぶ）は16-17世紀には，扇などをヒラヒラ動かす（to *flirt* a fan）ような微かな動きに使われた。語源はアングロサクソン語 fleardian（もてあそぶ）で，fleard（ふざけ）はその名詞で，それはまた fleer（あざ笑う）の語源ではないかと考えられている。しかし，flirt は，flurt と綴ることも多かったので，フランス語 fleur（花）から，fleureter（ミツバチのように花から花へとヒラヒラ飛ぶ）を経て英語に借入されたとする説も有力である。詩人は flirt をミツバチのたとえを使って描くことも多い。例えばベン・ジョンソン（Ben Jonson, 1572-1637）も《'Begging Another, On Colour of Mending the Former'：「もう1度願いたい，やり直しの口実で」で》，次のように用いている。

　I'll taste as lightly as the Bee
　That doth but touch his flower,
and flies away.
　　わたしはミツバチのように軽く味わおう
　　ちょっと花に触れただけで飛び去るような。

cord [kɔ́ːrd] 綱，コード；ひもで縛る
　→ prestige

cordial [kɔ́ːrdʒəl] 心からの，強心性の；元気をつける飲食物
　→ prestige, drink

Cordovan [kɔ́ːrdəvn] コルドバの，コードバン皮の；コルドバ生まれの人
　→ cloth

corduroy [kɔ́ːrdərɔ̀i] コールテン，コールテンのズボン
　→ cloth

core [kɔ́ːr] 芯，中心；芯を抜く
　→ scourge

corn [kɔ́ːrn] トウモロコシ，穀物；粒状にする
　→ barley

古英語 corn（穀粒，種）の指小語 cyrnel（〔原義〕小さい穀物）は，kernel（【植物学】仁(ﾆﾝ)《種子から種皮を取った中身，胚と胚乳》）の語源である。

cornelian [kɔːrníːliən] カーネリアン，赤めのう，紅玉髄
→ carnelian

corporal [kɔ́ːrpərəl] 肉体の；伍長，聖体布
→ leprechaun

corporeal [kɔːrpɔ́ːriəl] 肉体の，形をもった，有体の
→ leprechaun

corps [kɔ́ːr] 軍団，団体，学友会
→ leprechaun

corpse [kɔ́ːrps] 死体，死骸，生命を失ったもの
→ leprechaun

corpulent [kɔ́ːrpjələnt] 太った，肥満の
→ leprechaun

corpuscle [kɔ́ːrpəsl] 小体，血球，微粒子
→ leprechaun

correct [kərékt] 正しい，正式な；訂正する
→ royal

correspond [kɔ̀ːrəspánd] 一致する，相当する，文通する
→ spouse

corrode [kəróud] 腐食させる，むしばむ，さびつく
→ rodent

corrosion [kəróuʒən] 腐食，衰退，腐食物
→ rodent

corruption [kərʌ́pʃən] 堕落，買収，腐敗
→ rote

corsair [kɔ́ːrseər] 私奪船，海賊船，海賊
→ hussar

corset [kɔ́ːrsət] コルセット；コルセットをつける，厳しく規制する
→ leprechaun

corslet [kɔ́ːrslət] 胴鎧，コースレット
→ leprechaun
　body は17世紀にはドレスについても使い，ゆったりとしたスカート部分に対して特にぴったりとした「胴部，胴着」を指した〈bodkin 参照〉。

corvette [kɔːrvét] 帆装艦，コルベット艦
→ curb

corybantes [kɔ̀ːrəbǽntiːz] コリュバース《ギリシア神話で女神キュベレの踊り狂う従者》
→ exquisite

corymb [kɔ́ːrimb] 【植物学】散房花序
→ exquisite

coryphée [kɔ̀ːrəféi] 【バレエ】コリフェ《小群舞の主役》
→ exquisite

cosmetics [kɑzmétiks] 化粧品，ごまかし
→ police

cosmic [kɑ́zmik] 宇宙の，広大無辺な，宇宙飛行の
→ police

cosmopolitan [kɑ̀zməpálətn] 全世界的な，世界主義的な；コスモポリタン
→ police

costume [kást(j)uːm] 服装，衣装；衣装を着せる
→ customer

cotangent [kòutǽndʒənt] 【数学】コタンジェント，余接
→ deck

cotton [kátn] 綿，綿の木；仲良くやっていく
→ cloth

couch [káutʃ] 寝いす；体を横たえる，横になる
　この語は初め他動詞で，to couch a lance（槍を下段に構える）のように「据える」とか「横たえる」の意味で使われた。ところが14世紀ごろまでには自動詞的に「横たわる」の意味に使われるようになった。古フランス語 colchier から coucher を経て中英語に借入された言葉で，語源は，強意の接頭辞 com, col-（一緒に）〈commence 参照〉と locare, locat-（置く）からなるラテン語 collocare, colocat-（特定の場所に置く）である。同ラテン語 locare, locat- からは，また，location（置くこと，位置）〈lieutenant 参照〉，allocate（割り当てる――al- はラテン語 ad〔…へ〕より――），dislocate（位置をずらす）などが派生した。to couch one's remarks in no uncertain language（はっきりした言葉で所見を述べる）の couch（表す）は比喩的に使われた例であるが，その背景に本来の意味を感じ取ることができる。名詞 couch（寝

いす）は，フランス語 couche（《古・詩語》寝台，しとね）から借入された。

cough [kɔ́(ː)f] せきをする，吐かせる；せき

　この語は，laugh（笑う）〈同項参照〉と同じく擬音語が起源の古英語 cohhian（コホンコホンせきをする）にさかのぼる。hoot（ホーホーと鳴く声；はやし立てる），whoop（叫び声；オーイと叫ぶ）なども起源は擬音語である。whoop は古くは hoop で，犬や馬をけしかける声に由来する古フランス語 houper（馬や犬に呼びかける）からの借入である。また，*whooping*-cough（百日咳）は，かつては *hooping*-cough と綴った。

　hoopoe（【鳥類】ヤツガシラ）は，かつては hoop であったが，up-up と聞こえる鳴き声からできたラテン名 upupa（ヤツガシラ，つるはし）の影響を受けて今日の語形になった。

　小さな女の子が転がす hoop（輪）や，その姉たちがはく hoopskirt（はり骨で広がったフープスカート）の hoop-（輪）は，ゲルマン諸語に共通で，古英語では hop であった。〈ドレスに使う hoop の種についてはfurbelow 参照〉

council [káunsl] 会議，評議会，地方自治体

　この語は長い間 counsel（勧告，協議）と混同されて互換的に使われていた。今日の違いは法律の分野で意図的に作り出されたことによるものである。この council の語源は con, com（一緒に）と calare, calat-（呼び集める）からなるラテン語 concilium（集会）である。ちなみにラテン語 calare とよく似た call（呼ぶ，叫ぶ）はゲルマン諸語に共通で，中英語 kallen（大きな声で叫ぶ，おしゃべりする）から印欧語根 gar-（ペチャクチャしゃべる）にさかのぼることができる。

　一方，counsel（忠告する）はラテン語 consulere, consult-（相談する，熟慮する）が語源である。同ラテン語から con-sul（領事）や consult（相談する；相談）も派生した。また，同ラテン語動詞から派生した consilium（忠告，相談）は名詞 counsel（勧告，協議）の語源である。このラテン語 consulere, consult- は com（一緒に）と salire, salt-（跳ぶ，はねる）からなる言葉で，さらに古くは「群がる，密談する」という意味であったと考えられる〈somersault 参照〉。このラテン語 salire, salt- は印欧語根 gar-（行く）にさかのぼる可能性があり，同語根に由来する gadabout（とび回る人，広め屋）は「おしゃべりな人」であることが多い。この意味でも counsel（相談，協議）と councils（会議）は，紛らわしくまた実際によく混同される言葉である。

　一緒に飛び出した人が最終的にうまく出会う場合を，ラテン語で convenire, convent-（出会う，集まる，一致する——con, com〔一緒に〕+venire〔来る〕——）と言う。この出会いが適切な仕方で実現することを，同ラテン語 convenire の現在分詞 conveniens, convenient- から派生した英語で convenient（好都合な，便利な）と言う。こうして集まる（*convene*——ラテン語 convenire が語源——）人々の間で，願望と実現手段が一致するような場合，covenant（契約——古形 convenant——）が結ばれることになる。例えば，ユダヤ教とキリスト教では主なる神が人間と結んだ旧・新二つの「契約」（covenant）がある。ちなみに古形 convenant は消滅したが，エマソン（Ralph Waldo Emerson, 1803-82）は1840年ころの詩 "The Visit"：「訪れ」で convenance（習わし）の形で復活させた。しかし定着はしなかった。なお同語源の convent（修道団）は初め教会などの「集会」を指した。この語も上記のように -n- が消滅し，有名な劇場がある *Covent Garden*（コベント・ガーデン《ロンドン中央部の地区》）の地名となって残っている。《これは Convent of Westminster（ウエストミンスター修道院）の庭であったことから生まれた名である。》その後 -n- が復活した convent は厳粛な目的を持つ「集まり」に限定されて用いられるようになった。

counsel [káunsl] 忠告；忠告する，協議する

→ council

count [káunt] 計算する；数えること，伯爵

→ calculate

counter [káuntər] 勘定台，数える人；反

対の
→ calculate

counterfeit [káuntərfit] 偽造の；偽造する；偽造品
→ defeat

countess [káuntəs] 伯爵夫人，女伯爵
→ calculate

country [kʌ́ntri] 土地，国；田舎の
→ calculate

county [káunti] 郡，郡民；旧家の
→ calculate

courageous [kəréidʒəs] 勇気のある，勇ましい，耐える
→ supercilious

course [kɔ́ːrs] 進行；走り去る，針路をとる
→ cutlet

court [kɔ́ːrt] 法廷；歓心を得ようとする，求愛する

　宮廷（court）の若い貴婦人は「ひなどり」とは言いがたいが，court は元来「家禽用の庭」を意味した。co（一緒に）と hors, hort-（庭）からなるラテン語 co-hors, cohort-（囲い，家禽用の庭——horticulture〔園芸，園芸学〕が派生——）が語源で，その異形 cors, cort- から古フランス語 court を経て英語に借入された。また，英語 cohort（歩兵隊《軍団〔legion〕を10隊に分けたうちの300〜600人からなる一隊》，軍隊）は，元来「一つの庭や野原で訓練を受ける一隊」のことで，ラテン語 cohors, cohort- の借入語である。

　囲いのある地域は支配者のものである。そのため，court は徐々に「王座」「王が刑を科したり免除したりする場所」「裁判所」を指すようになった。また，「court の女性」すなわち宮廷に仕える女房は courtesan（王侯・貴族の愛妾）であるが，彼女たちはしばしば王の寝所にはべったことから「売春婦」へと意味が変化した。

　ところで court plaster（絆創膏）の plaster（しっくい，膏剤）はギリシア語 plassein（型に入れて作る）〈plant 参照〉から派生した emplassein（塗りつける），emplastron（塗剤）が，後期ラテン語 plastrum を経て英語に借入された。court plaster は，17-18世紀に宮廷の貴婦人が色の白さを目立たせるために顔や肩などにつけた黒い絹の切れ端のことで，いわゆる付けボクロであった。装飾的模様であったり，家門や政党を表したりしたものもあった。courtesy（礼儀正しいこと，厚意）はもちろん，宮廷（court）を優雅にするような，丁重な（courteous）振る舞いのことである。

courtesan [kɔ́ːrtəzn] 高級売春婦
→ court

courtesy [kə́ːrtəsi] 礼儀正しいこと，寛大；儀礼上の
→ court

couvert [kuvéːr] 一人分の食器
→ overture

covenant [kʌ́vənənt] 契約；約束する，契約する
→ council

Covent Garden [kʌ́vnt gɑ́ːrdn] コベントガーデン，コベントガーデン劇場
→ council

Coventry (to send to) [kʌ́vntri] 仲間はずれにする，無視する《昔コベントリーに派遣された兵士たちが住民に嫌われたことから》
→ boycott

　coventrized は，1940年11月15日にドイツの空爆によって破壊されたコベントリー（Coventry）のように「壊滅的被害を受けた」という意味に使われた。

cover [kʌ́vər] 覆う，代理をする；覆う物
→ curfew, overture

covert [kóuvəːrt] 覆われた，隠された；覆い
→ overture

cow [káu] 雌牛，雌，女

　この語は，ゲルマン諸語においては非常に一般的なもので，古英語では cu であった。この古英語の中英語複数形 kun, kyn から kine が成立し，雌雄の区別なく「畜牛」一般の意味で使われた。ゲルマン語派以外の言語，例えばサンスクリット語 gav-，ギリシア語 bous，ラテン語 bos, bov- も，雌雄を問わず畜牛を指す。〈Bosphorus 参照〉

　ところで，cow の古英語 cu と近代英語 cud（食い戻し《反芻動物が胃から口に戻してかむ食物》）には語源的な関係はない。cud はアングロサクソン語 cwudu（かまれたもの）が語源で，原始ゲルマン語根

kli-（くっつく）やギリシア語 glia（ねばねばする）と同根語である。〈clam, mutton 参照〉

coward [káuərd] 臆病者；勇気のない、臆病な

この語は「尻尾を巻いて逃げるもの」のことである。接尾辞 -ard は古フランス語 -ard, -art, ドイツ語 -hart（大胆な）に対応し、元来は「無謀さ」を意味したが、「過度」とか「不評」を意味するようになった。同じ接尾辞を持つ言葉に drunkard（飲んだくれ）、laggard（のろま）、bastard（私生児、ろくでなし）などがある。ちなみに、bastard の bast- は後期ラテン語 bastum（馬の荷鞍）から古フランス語 bast を経て借入された。荷鞍はベッドにも使われたことから、bastard の原義は「荷鞍の子」であり、俗語表現 son of a gun（悪党、悪たれ：〔原義〕砲列甲板ではらまれた子）とよく似た表現である。今日、ヒッチハイクをする女の子（*hitch-hiking* girls）は、こういう連中に気をつけなければならない。

ところで hitch（引っ掛ける）は、古くは hatch や hotch でもあり、フランス語 hocher la tête（頭を左右に振る）のように、元の意味は「グラグラ動かす」であった。"Hitch your chair over a little."（君のいすをちょっとこちらに引き寄せてください）における hitch の意味「グイと動かす」から、「足を引きずる」になり、さらに馬などの脚を「縄で縛る」「つなぐ」、最終的に何かに「引っ掛ける」となった。英国の作家ミットフォード女史（Mary Russell Mitford, 1787-1855）も随筆集 *Our Village*：『わが村』で "hitching our shawls in a bramble"（イバラにショールを引っ掛けて）と書いている通りである。to ask for a *hitch*（ヒッチハイクを頼む）における hitch には古い意味と新しい意味が結合されている。エマソン（Ralph Waldo Emerson, 1803-82）は "to hitch his wagon to a star"（星に荷車をつなぐ、宇宙の理法に従う、高邁な志を抱く）の表現によって、坂を下って行く時に働く「引力」のような宇宙の力に農夫が自分を結びつけていることを表現した。

hike（ハイキングする）の元の意味は「踏みつける」であった。そしてハイカー（hiker）のだれもが実際によくやる「テクテク歩く」の意味になった。hike は hitch と同系語なので、hitch-hike は反復語（reduplicated word）〈同項参照〉と言える。

再び coward に戻るが、語幹 cow- は、「牛」の cow とは語源的関係はなく、ラテン語 cauda（尻尾）から古フランス語 coe を経て借入されたものである。同語源のラテン語 caudex, codex（木の幹）から codex（《聖書・古典の》古写本、【薬学】公定処方集）や code（法典、規約）〈bible 参照〉が派生した。このことから、言ってみれば、臆病者（coward）とは、「法、慣習」（*code*）を守らない輩のことでもある。中世の動物物語 *Reynard the Fox*：『狐物語』では、気の小さい野ウサギの名前は Coart（コアール《古フランス語で「臆病者」》）である。〈monkey 参照〉

coxcomb [kákskòum] 愚か者、だて男、【植物】ケイトウ
→ coquette

coy [kɔ́i] 内気な、恥ずかしがりの、隠しだてをする
→ decoy

coy は古フランス語 quei からフランス語 coite, coi（じっとしている）を経て英語に借入されたが、語源はラテン語 quiescere, quiet-（休む、静かになる）の過去分詞が形容詞化した quietus（静かな──quiet〔静かな〕の語源──）である。また同ラテン語動詞の現在分詞 quiescens, quiescent- は、quiescent（静止した、穏やかな）の語源である。

cozen [kʎzn] だます、だましとる
→ barnard

crab [kræb] カニ、野生リンゴ；口汚く言う
→ cancel, penthouse

crabbed [kræbid] 気難しい、判読しにくい、難解な
→ cancel, penthouse

crack [kræk] 鋭い音、割れ目；パンと音をたてる
→ chink, crunch, swivel

crackle [krækl] パチパチ音をたてる；パチパチという音、細かいひび模様
→ swivel

craft [kræft] 仕事、同業組合；精巧に作

る

力強さを表すこの語はゲルマン諸語に共通で，直接の語源であるアングロサクソン語 craeft（力，強さ）とドイツ語 Kraft（力，強さ）とは同系語である。ところが英語においてのみ《「知的力」という意味が生まれ》craftsman（職人）や woodcraft（木彫）の例に見るように「技術」，熟練した「職業，仕事」「道具」などの意味に使われるようになった。また crafty も「器用な」から「抜け目がない，ずるい」を意味するようになった。

漁師たちが使う道具としての boat of small *craft*（小さい力の船）は，small *craft* だけで「小さな船」，さらに craft だけで「小型船舶」を指すようになった。《今日では「飛行機」「宇宙船」の意味にも使われている。》

cram [krǽm] ぎっしり詰める，詰め込み勉強をする；詰め込み勉強

crumb（くず，小片，パンくず）は19世紀になるまでは crum と綴った。「こする」という意味の動詞から生まれた綴りと考えられる。何かをこすると屑となってはがれる。その意味で crumb は「こすり落とされた小片」なのである。

一方，古英語の強変化動詞 crimman（差し込む，詰め込む——過去形 cram，過去分詞形 crummen——）があり，現代英語 cram はこの過去形から派生した。特に空腹時に食べ物を口に詰め込む動作などを表す時に使う。同系語に古高地ドイツ語 krimman（押す，引っ掻く）や古北欧語 kremja（締めつける）がある。

上記古英語 cram はまた，胃などの「狭苦しい部屋」〔*cramped* quarters（湾底部）〕や，胃などで起こる cramp（けいれん；けいれんする）の語源でもある〈luncheon 参照〉。cramp には基本的に「引っ掻く，締めつける，引き締める」などの意味があるので，「【建築】かすがい」や，同様の締め具・引っ掛け道具も指す。このことから clamp（留め金，かすがい）や clench（しっかりつかむ）〈同項参照〉と関係し，他にも crimp（縮ませる，ひだ）や crump（ポリポリとかむ，ポリポリという音），そしてその原因動詞 crumple（しわくちゃにする）などとも関係する言葉である。擬音語から生まれた crump と crumple の関係は，tramp（のしのし歩く）と trample（踏みつける，ドシンドシンと歩く）の関係と同じものである。

ちなみに crump は，元は何かを強打する時の擬音語「バリバリ」であったが，「殴打」そのものを，さらに打撃によるような「折れ」とか「曲がり」を意味するようになった。そこから with the *crampled* horn（角のねじれた）牛という表現も生まれた。また crump は豚や馬がえさを食う（munching）音も表す。なお munch（ムシャムシャ食べる）や crunch（バリバリかむ）も擬音語である。

cramp [krǽmp] けいれん；窮屈な；けいれんを起こす

→ cram, luncheon

crane [kréin] ツル，クレーン；持ち上げる

→ buck

crank [krǽŋk] クランク，変人；クランク状に曲げる

かつて車のエンジンを始動する（crank a car）時，曲がった鉄の棒のクランク（crank）を回した。そしてこの語 crank の一つ一つの用法の背景には何か曲がったものがある。

ほとんどは廃語になっている古い英語に crankle（曲がりくねる）があり，この異形 crinckle（波立つ，しわが寄る）は今日も使われている。crank は1600年ごろには「言葉のひねり」の意味で使われた。ミルトン（John Milton, 1608-74）の "L'Allegro"：「快活なる人」（1631年？）における "Quips, and cranks, and wanton wiles"（しゃれやひねり，気紛れなまやかし）がその一例である。1850年ごろには「風変わりな考えや奇矯な行い」，1880年ごろになると「奇癖を持つ人，奇人」の意味に用いられるようになり，この用法は今日でも生きている。

crank の意味のうち「ねじれた」「病弱な」などはドイツ語 krank（病気の，かげんが悪い——おそらく crank と同語源——）の影響を受けている。痛さで身体を曲げなければならないというのは病気の一つの兆候である。

crash [krǽʃ]《こわれるときの》すさまじい音，ガチャン；衝突する

→ crunch

crass [krǽs] 愚かな，粗野な，ひどい
→ hard

crater [kréitər] 噴火口，穴，クレーター
火山 (volcano)〈同項参照〉の概念の一つに，神々の鍛冶場というものがある。例えばローマ神話のウルカヌス (Vulcanus：英語 Vulcan) はその炉で仕事をしている。また一つには悪魔の肉汁・粥を炊く火というものもあるが，それは crater (噴火口) に反映されている。語源は，印欧語根 kerə-, kra- (混ぜる) から分出したギリシア語 krater (鉢，混酒器) で，各自のカップに注ぐ前に水とワインを混ぜる器のことであった。鉢や混酒器と密接に関係するのがギリシア語 keramos (陶器用の粘土，土器――ceramic〔陶磁器〕の語源――) である。《ただしこの語は印欧語根 kerə- (まぜる) ではなく，ker- (火，熱) から分出した。》

ところで，よく似た綴りのギリシア語 keros (蠟) から同義のラテン語 cera を経て，cerement (経帷子) や死体を包むのに用いた cerecloth (蠟引き布) が派生した。しかし，この cere- と ceremony (儀式)〈同項参照〉の cere-, cerebrum (大脳)，その指小形 cerebellum (小脳) の cere- などと語源的関係はない。cerebrum はギリシア語 kara (頭) が語源である。大脳と小脳は，私たちの内なる同類 (*tweedledum* and *tweedledee*) と呼ばれてきた。

ちなみに tweedledum and tweedledee (トウィードルダムとトウィードルディー) は，*Alice's Adventures in Wonderland*：『不思議の国のアリス』(1865年) や *Through the Looking-Glass*：『鏡の国のアリス』(1871年) でルイス・キャロル (Lewis Carroll, 1832-98) がうり二つの二人の男につけた名前として以来，よく知られるようになった。しかし初めは英国の詩人バイロム (John Byrom, 1692-1763) が1725年に，二人の音楽家ボノンチーニ (Giovanni Bononcini, 1670-1747) とヘンデル (George Frederick Handel, 1685-1759) のライバル関係を，高音と低音のフルートの関係にたとえ，ユーモアを込めて擬音語「トウィードゥルダム」「トウィードルディー」で表したことに由来する。

cratometer [krətámitər] 倍率計
→ hard

cravat [krəvǽt] 首巻き，クラバット，ネクタイ
→ Appendix VI

craven [kréivn] 臆病な，意気地のない；臆病者
この語についても二つの語源説がある。その一つは crave (懇願する――アングロサクソン語 crafian〔自分の権利として要求する〕が語源――) と関係づける説である。しかし，元は creaunt あるいは cravant であり，ラテン語 crepare (ガタガタと音を立てる，壊す) の現在分詞 crepans, crepant- から古フランス語 cravante を経て中英語 cravant (敗者) として借入されたとするのがもう一つの説である。すなわち craven は，敵兵に命乞いをした人ではなく，打ち負かされた人というわけである。*Ancren Riwle* (*Rules for Anchoresses*)：『女隠者の掟』(1225年ごろ) では，打ち負かされた者が屈服する時に "craven, craven" (降参, 降参) と叫ぶ姿が描かれている。

crayfish [kréifiʃ] ザリガニ，その肉
→ penthouse

cream [krí:m] クリーム；クリームで作った；クリームを採る
この語は，元は雌牛やミルクと関係がなかった。語源についてはいくつかの説があり，第一の説は，ギリシア語 khriein (塗油する) から派生した khrisma (塗油) が語源で，ラテン語 chrisma (塗油に用いる聖油)，古フランス語 cresme を経てアングロサクソン語 crisma として借入されたとするものである。「聖油」の意味での cream は今日では廃語となり，その意味には chrism が一般に用いられている。Christ (キリスト) はギリシア語 Khristos (塗油された者) が語源である。christen (洗礼を施す，命名する)，Christian (キリスト教徒)，Christmas (クリスマス) も同語源である。Christmas の -mas は mass (ミサ) のことで，ミサの終わりに司祭が言うラテン語 Ite, missa est (行け，典礼は終われり：〔原義〕解散された：*dismissed*) が変化したものである。

第二の説は，ラテン語 cremare, cremat- (燃やす――cremation〔火葬〕

が派生——）から派生した cremor（煮立てた小麦のとろみのある液汁，粘液）が語源であるとするものである。このラテン語は後期ラテン語で cremum, crema となり，cremor lactis, crema lactis（乳酪——*cream* of milk〔ミルクのクリーム〕——）のように使われ，さらに古フランス語 cresme，フランス語 crême を経て中英語 creme として借入されて cream となった。すなわち，近代英語 cream には第一と第二の流れが発達の途上で融合している。

ところで，cream（乳脂，クリーム）をバターにする churn（撹乳器）はアングロサクソン語 cyrin（攪乳器）を経て，クリームを意味する共通ゲルマン語 cirn, ciern にさかのぼる。この原義はドイツ語方言 Kern（牛乳の皮，クリーム）に残っている。

よく似た綴りの言葉にギリシア語語幹 krema-（吊るす）がある。この派生語 kremaster（吊るすもの）から直接借入された語に cremasters（【解剖学】精巣挙筋）があり，またフランス語を経て借入された軍事用語 crémaillère（《城の》歯状堡）も同語源と考えられる。

crease [krí:s] しわ，折り目；折り目をつける

この語は，ラテン語 crista（とさか，隆起部）から古フランス語 creste を経て中英語 creaste として借入された crest（とさか）と二重語である。「折り目」という意味は，元は尾根，屋根の棟，波頭 (*crest*) などのような突起部分に関して使われたことに由来する。

create [kriéit] 創造する，作成する，引き起こす
→ creole

creature [krí:tʃər] 生き物，人，被造物
→ creole

credit [krédit] 信用，クレジット；信じる
→ miscreant

cremation [kriméiʃən] 火葬
→ cream

creole [krí:oul] クレオール人，クレオール語；クレオールの

この語は初め，白人を父に持つ西インド諸島の住民すべてに使われた。彼らは普通，家事奉公ができるように育てられ，生粋の原住民より良い待遇を受けた。語源はラテン語 creare, creat-（生む）で，スペイン語 criado（里子）の指小形 criollo（地方生まれの人）を経て英語に借入された。したがって creole は，create（創造する）や creature（被造物，創造されたもの）と同語源である。またある意味では父親の認知を示す言葉であった。

creosote [krí:əsòut] クレオソート；クレオソートで処理する

ドイツの工業家ライヘンバハ（Ludwig von Reichenbach, 1788-1869）は1833年に木のタール中に強い防腐力（antiseptic powers）を持つ液体を発見した。そして，この防腐性にちなんで，ギリシア語 kreas（肉，肉体）の結合形 kreo- と，sozein（救う，保存する）の派生語 soter（救う物，保存する物）とを合わせて（非文法的ではあるが），その液体を Kreosot と名づけた。ちなみに救済の教理は，たまに soteriology（救済論，救世論）と呼ばれることがある。語源はギリシア語 soteria（救い，保存，安全）である。

septic tank（腐敗タンク，汚水浄化槽）はバクテリアを利用して腐敗させるタンクのことで，septic（敗血症の，腐敗性の）の語源はギリシア語 sepein（腐らす）から派生した septikos（腐敗の——antiseptics〔消毒剤〕の語源——）である。ところでよく似た綴りの September（9月）はラテン語 septem（7）が語源で，septic とは語源的関係はない〈month 参照〉。また，主にアイルランドの「氏族」を意味する sept とも関係がない。後者はラテン語 secta（踏みならされた道，主義，分派）が語源の sect（分派）の異形である。sect から sept（氏族）への変化はラテン語 septum（動物を入れる囲い地）の影響によるハイカラぶった綴りと考えられる。〈set 参照〉

crescent [krésnt] 三日月，三日月形の物；三日月形の
→ excrement

crest [krést] とさか，山頂；羽飾りを付ける
→ crease

cretin [krí:tn] クレチン病患者，ばか，間抜け

→ nincompoop
cretonne [krí:tɑn] クレトンさらさ
→ cloth
crib [kríb] ベビーベッド；無断使用する，とらの巻を使う
→ garble
cribbage [kríbidʒ]【トランプ】クリベッジ
→ garble
crime [kráim] 罪，罪悪，良くない行為
→ garble
cricket [kríkət] コオロギ，クリケット，低い三脚いす

cricket（コオロギ）の -et は指小辞であり，この昆虫の名の起源は擬音語 krik- である。一方，競技の cricket（クリケット）は，使用されるバットに由来する。それは木球を転がすホッケーのスティックのように先が曲がったものであった。その起源ははっきりしないが，同系語の crutch（松葉杖）〈criss-cross 参照〉が起源ではなく，フランス語 croc（かぎ，羊飼いの杖——英語 crook〔曲がった物，かぎ〕に対応——）の指小形 criquet がオランダ語 krick を経て英語に借入されたとも考えられる。なお croquet（クロッケー《芝生で木球を木槌でたたいていくつかの逆U字型のアーチをくぐらせる競技》）も上記のフランス語 croc から派生した。

これらすべてがゲルマン語根 kr-（曲がる，ねじる；曲がった）にさかのぼり，crooked（曲がった）や crook（悪党：〔原義〕真っすぐ暮らさない者）はこの語幹に由来する。起源は，棒やシカの角などが石などに当たる乾いた音を表す擬音語であった可能性が高い。例えば，フランス語 croquer（カリカリとかむ，歯をカチッと鳴らす）からカリカリに揚げる croquette（コロッケ）が派生した。この語の -ette は指小辞である。

ところで，イギリスの競技クリケットと最も強く結びつけられるスポーツマンシップから，It's not *cricket*.（フェアではない，公明正大ではない）という口語的表現が生まれた。ペテン師（crook）がこの非難を聞けば自分のことだと感じるはずだ。

cricoid [kráikɔid] 輪状の，環状の；輪状軟骨
→ circus

crimp [krímp] ひだ；ひだをつける
→ cram, luncheon
crinkle [kríŋkl] しわを寄せる，カサカサ鳴る；しわ
→ crank
crinoline [krínəlìːn] クリノリンのペチコート，張り入りスカート
→ cloth
crisis [kráisis] 危機，重大な分かれ目，危期
→ garble
crisp [krísp] カリカリした，パリッとした，縮れた
→ cloth の項 crepe
criss-cross [krískrɔ(ː)s] 十字形；十文字の；十文字を書く

中世の小児用教本ホーンブック（hornbook：角本《アルファベット・数字などを書いた紙を透明の角質の薄片で被膜を施し，柄のついた板に張ったもの》）では，十字架（*cross*）の次にアルファベットが書かれていた。このことからアルファベットを Christ-cross row（キリスト十字架列）と言った。この Christ-cross が反復による造語の影響で変化して criss-cross となり，今日では十字架の宗教的意味は薄れ，「十字形」の意味に使われている〈conjure 参照〉。

ところで Christ（キリスト）は，ギリシア語 Khristos（塗油された者）からラテン語を経て借入された〈cream 参照〉。同じく Messiah（メシヤ）はヘブライ語 māshah（塗油する）から māshīah（塗油された），アラム語 mshīhā, ギリシア語，後期ラテン語を経て中英語に借入された。

cross（十字架）は，ラテン語 crux, cruc-（十字架）が語源で，アングロサクソン語では cros となった。crucify（はりつけの刑に処する）も同語源である。形容詞 cross（反対の）は，交差した2本の棒が指す「相容れない（方向の）」から生じ，across（横切って，十字に交差して）はアングロサクソン語 a（…の上に）と cross とから派生した。さらに *cross*-purpose（相反する目的）や，be at *cross*-purposes（互いに誤解している，食い違うことを言っている），cross（腹を立てた）なども同語源である。

ところで上記ラテン語 crux, cruc- から

は，アングロサクソン語 cryce を経て中英語 crutch（十字架）が派生した。中世イギリスの *Crutched* 〔*Crouched*, *Crossed*〕*Friars*（托鉢修道会，十字架修道会）における crutched も同語源で，この宗教団体の修道士は十字架を持っていたり，身につけていたりした。同じく十字軍戦士（Crusaders）も十字を身につけたが，crusade（十字軍）はラテン語 crux が語源のプロヴァンス語 crozada（交差した，十字を運ぶ: *crossed*），フランス語 croisade（十字軍）を経て派生した。

critical [krítikl] 批評の，あら探しする，危機の
 → garble
criticism [krítəsìzm] 批評，非難，本文批評
 → garble
crocodile [krάkədàil] クロコダイル，ワニ，ワニ皮

この語はギリシア語 krokodeilos（ワニ:〔原義〕砂礫の虫，トカゲ）が語源である。このギリシア語は，ヘロドトス（Herodotus, 484?-425?B.C.）以来，ナイル川に棲む巨大な爬虫類に使われるようになった。彼の *Historiae*:『歴史』（II, 69）には，自国の石垣の間にいるトカゲに似ているところからイオニア人がそう名づけた，とある。crocodile にはいろいろな綴りがあり，その一つ cockadrill は，ワニの天敵とされたコカトリス（cockatrice）と混同されたこともある。

ところで，ワニは生き残ったが，コカトリスは中世の博物誌が衰退するとともに死に絶えた。cockatrice は，ギリシア語 ikhnos（歩み，足跡）から動詞 ikhneuein（追跡する，足跡を追う）を経て成立した ikhneumon（エジプトマングース——ichneumon〔エジプトマングース〕として英語に借入——）の訳語としてのラテン語 calcatrix が語源であり，原義は「狩猟者」「追跡者」であった。この動物は砂の中のワニの卵を探し出して食べるとエジプト人に信じられていた。ラテン語 calcatrix は calx, calc-（踵）から派生した動詞 calcare（追跡する）からの造語である〈recalcitrant 参照〉。《プリニウス（Gaius Pliny, 23-79）の『博物誌』（VIII, 37）では，ワニが気持ち良く口を開けて寝ている間にコカトリスはのどから腹に飛び込み，内蔵をかみ裂くとある。》

また，コカトリスはナイルチドリ（trochilus）と混同された。こちらの語源は trekhein（走る）から派生したギリシア語 trokhilos（小型シギ類）がラテン語化した言葉で，原義は「素早く走り回るもの」である〈troche 参照〉。*crocodile* bird（ワニチドリ）とも呼ばれるこの鳥には，ワニの歯の間の肉片や食べ物のかすを突くという言い伝えがある。コカトリス（cockatrice）は想像上では鳥，獣，そして最後には爬虫類とされ，ミズヘビとして描かれる際には，英語の cock（ニワトリ）との類推からニワトリの卵から生まれた怪物バシリスク（basilisk）〈bazooka 参照〉と同じと見なされた。これはニワトリのとさかと体に，ヘビの尾を持ち，吐く息やひとにらみで人を殺すとされた。

ひとにらみで殺すというバシリスク（basilisk）は，比喩表現では，女性，特に浮気な女性に使われ，このことから cockatrice にも同じく比喩表現が生まれた。例えば，イギリスの劇作家デッカー（Thomas Dekker, 1572?-1632）の *The Guls Hornebooke*:『しゃれ者の入門書』（1609年）における一章「劇場における当世風紳士の振る舞い方」に，「（負債を取り立てる）執行吏を避けるためにも，朝早く妖婦（cockatrice）を舟で帰すためにも」いっそう便利な水辺の家がお勧め，とある。かくして，この生き物を水に返したことになるが，当の女性はそら涙（*crocodile* tears: ワニの涙）を流すだろう。女の「そら涙」にほだされると，「餌食」になってしまうこともある。

見せかけの悲しみを表す *crocodile* tears は，ワニが餌食を誘い寄せるために悲しげに呻くとか，餌食を飲み込みながら涙を流すと考えられたところから生まれた表現である。

crone [króun] 老婆，婆(ばば)
 → carrion
crone は crony（悪友，級友）〈同項参照〉と語源的関係はない。
crony [króuni] 悪友，級友，昔なじみ

この語は17世紀の学生のスラングであった。ピープス（Samuel Pepys, 1633-1703）は，1665年5月30日付の日記で "Jack

Cole, my old school-fellow... who was a great *chrony* of mine."（ジャック・コール，かつて私の学友で，…私の大の親友）と記し，自分の悪友（crony）について語っている。語源はギリシア語 khronos（時）から派生した khronios（長年続いている）である。

　　chronometer（クロノメーター）も同語源であり，原義は「時間測定計」で，腕時計を指すハイカラな言葉，また高級時計を指す言葉としても使われる。

crook [krúk] 曲げる；曲がった物；ひどい
　→ cricket

crooked [krúkid] 曲がった，ひねくれた，丁字形の
　→ cricket

crop [kráp] 作物，全収穫高；先端を刈る
　この語はゲルマン諸語に共通に見られ，基本的な意味は「膨張，塊り，束」である。古英語 cropp には，鳥ののどのふくらみ，すなわち「嗉囊（そのう）」と，「植物の穂，先端」の二つの意味があり，後者の意味が発展し，収穫時に集める「収穫物，穀物」（crops）となった。「むちの柄」すなわち太い持ち手のところを *crop* of a whip と言う。名詞 crop（収穫物）には，また動物が草などを食う（crop）時のカリカリ（crop crop）という擬音語的感覚が含まれている。

　　動詞の crop は，名詞から機能転換によって生じた。その意味は「crops を刈り取る」である。また，頭髪を「刈り込む」のように意味が拡大し，さらに，皆さんにはそういうことはないでしょうが，come a *cropper*（どうと倒れる，大失敗する）という表現も生まれた。

　　ところで harvest（収穫，収穫物）は，アングロサクソン語 haerfest（秋，刈り取る時期）が語源で，ラテン語 carpere（刈る）やギリシア語 karpos（果実）と同族語である。なお carp（あら探しをする，ガミガミ言う）の語源は，古北欧語 karpa（大声で話す，豪語する）から借入された中英語 karpen（話す）であったが，ラテン語 carpere（刈る）の影響によって意味が「人のあらを刈る」に変化したと考えられる。豪語する者は，揚げ足を取られてしばしば大失敗するものである（The boaster often comes a *cropper*.)。

croquet [kroukéi] クローケー，その玉
　→ cricket

croquette [krouként] コロッケ
　→ cricket

cross [kró(:)s] 十字架；横切る，交わる
　→ criss-cross

crouton [krú:tɑn] クルトン
　→ crust

crowd [kráud] 群がる，押しかける；群衆，バイオリンに似た古い弦楽器
　この語は古英語 crudan（押しつける）を経て成立したが，古い他のゲルマン諸語には見られない。初めは動詞で，Don't *crowd* me!（押さないでくれ）などは古い意味を引き継いでいる。今日，crowd はパレードなどの「群衆」を意味するが，この用法は押し合いをする様子から派生した。

　　バイオリンに似た中世の楽器に，クラウド（crowd）またはロウト（rote）と呼ばれるものがある《日本では「クルース」と呼ばれている》。いずれもケルト語起源で，rote は古フランス語 rote の借入で，アイルランド語では cruit，ウェールズ語では crwth であった。時々この楽器は英語でも crwd, crwth（クルース）と呼ばれる。-w- が母音という珍しい例である。

crozier [króuʒər] 笏杖（しゃく），牧杖（ぼくじょう），巻いた若芽
　→ lacrosse

crucifix [krú:səfiks] キリスト受難の像，十字架
　→ fix

crucify [krú:sifài] はりつけにする，苦しめる，酷評する
　→ criss-cross

cruise [krú:z] 巡遊する，漫遊する；巡航
　オランダ人（Dutch）〈同項参照〉は偉大な航海者で，国はイギリスに対抗する海洋国として栄え，しばしば海を渡った。cross（渡る）〈criss-cross 参照〉に相当するオランダ語は kruis である。これが英語 cruise の語源となった。

crumb [krʌ́m] くず，ほんの少し；パン粉をまぶす
　→ cram

crump [krʌ́mp] 強打；ボリボリかむ，バリバリと音をたてる

→ cram

crumpet [krʌ́mpit] クランペット《パンの一種》, セクシーな女, 頭
→ luncheon

crumple [krʌ́mpl] しわくちゃにする, 肉体的にまいる；しわくちゃ
→ luncheon

crunch [krʌ́ntʃ] ポリポリかむ；砕ける音
この語は擬音語であり, crash（木っ端微塵に砕ける）が鼻音化し, craunch, cranch を経て成立した。鋭く割れる音を表す crack（パチン）よりも柔らかい音を表す。〈cram, knick-knack 参照〉

crusade [kruːséid] 十字軍, 改革運動；十字軍に参加する
→ criss-cross

crust [krʌ́st] パンの皮；固い外皮で覆う, 表面が固くなる
「パンの固い外皮」を意味する crust は, 壊れやすい crumb（パンくず, パンの柔らかい中身）〈cram 参照〉に対する言葉であり, ラテン語 crusta（固い殻）から古フランス語 croute, crouste を経て英語に借入された。同古フランス語 croute の指小形は, 英語に借入されてスープに入れる crouton（クルトン）となった。ラテン語 crusta から派生したラテン語 crustaceus（固い殻をした）は, crustacean（甲殻類動物）の語源である。

crustacean [krʌstéiʃən] 甲殻類動物；甲殻類動物の
→ crust

crutch [krʌ́tʃ] 松葉杖, 支え,《古語》十字架；松葉杖で支える
→ cricket, criss-cross

crwth [krúːθ] クルース《バイオリンに似た楽器》
→ crowd

crypt [krípt] 地下聖堂,【解剖学】眼窩
→ element : krypton, grotesque

cryptography [kriptágrəfi] 暗号書記法, 暗号
→ element の項 krypton, grotesque

crysanthemum [krəsǽnθəməm] キク, キクの花
→ flower

crystal [krístl] 水晶, 結晶；水晶の
古代人は水晶（crystal）〈clinic 参照〉の結晶構造についてはほとんど分からなかったが, その透明さに強い印象を受けていた。さまざまな石の構造がわかってくるにつれて似た構造の石を crystal と呼ぶようになるが, 初めこの語は「雪, 霜」という意味にも使われていた。そしてギリシア語 kryos（霜）から cryolite（氷晶石）におけるような結合形 cryo- が生まれた。また同ギリシア語から派生した krystallos（透明な氷）は, crystal の語源となった。
このギリシア語 krystallos（透明な氷）と対照的な言葉に, kryptein（隠す）から派生したギリシア語 kryptos（隠された）がある。こちらは cryptic（秘密の, 謎のような）や結合形 crypto-（隠れた, 秘密の, 神秘的な）の語源となった。〈grotesque 参照〉
crystalloid（結晶状の；【化学】晶質）の対義語は colloid（コロイド, 膠質）で, この語はギリシア語 kolla（糊）と -eides（形）からなる言葉である。〈remorse 参照〉
しかしよく似た綴りの collogue（密談する）は, com（一緒に）と loqui（話す）からなるラテン語 colloqui（会話する）が語源であり, 古フランス語 colloque（対話）が訛って成立した。colloquy（会談, 対話）も同語源である。〈agnostic 参照〉

cucking-stool [kʌ́kiŋ stùːl] 懲罰いす《中世の責め具》
→ ducking-stool

cud [kʌ́d] 食い戻し
→ cow

cue [kjúː] きっかけ, 突き棒, おさげ
queue（おさげ, 弁髪）は, ラテン語 cauda, coda（尾）〈bible 参照〉が語源で, 古フランス語 coe, keue, cue, フランス語 queue（尾, 豚の尻尾, 編んだ長い髪）を経てそのまま英語に借入された。今日では cue とも綴る。
「きっかけ, ヒント」の cue は元演劇用語で, 一つの台詞の終わり（tail）の言葉であり, 次の役者の登場や台詞の切っかけとなるもので, 古フランス語 cue の借入であると考えられた。ところがそのような用法はフランス語には見られない。一方, 17世紀の初めごろから芝居のプロンプター用台本に Q と書かれるようになった。この Q（キュー）がいわゆる cue（合図）

を示す記号で，ラテン語 quando（いつ？，…する時）の略語が語源であると説明されてきた。すなわち酒を注ぐ時などに Say when.（ころあいを言ってくれ）と言って相手の返事 When.（いいよ）を待つのに相当する。

玉突き（billiards）〈同項参照〉で使う「キュー」（cue）は，元はフランス語の借用語で，billard と呼ばれた。そして突き棒の細くなった末端，すなわち尾（tail）が queue, cue であった。今日ではその棒全体を cue と呼ぶようになっている。〈barbecue 参照〉

culpable [kʌ́lpəbl] 非難に値する，とがめるべき，有罪の
→ culprit

culprit [kʌ́lprit] 罪人，容疑者，刑事被告人

この語は法廷の書記たちの口を通して伝わってきたが，奇妙な変化をとげた。中世の英国法廷では，刑事被告人が無罪を主張すると，告発側は "Culpable : prest."（有罪，証明の準備は整っている）と応じた。これが法廷の記録では省略されて cul. pret. などと記された。後にこの2語が1語 culprit になり，裁判を受ける「被告人」を指すようになったのである。ちなみに，culpable（過失のある）はラテン語 culpa（落ち度）が語源である。また古語 prest, pret はラテン語 prae（前に）と esse（ある，いる）からなる後期ラテン語 praestus（用意ができている）が語源である。

cult [kʌ́lt] 儀式，礼賛，にせ宗教
→ acorn, colonel, cutlet

cultivate [kʌ́ltəvèit] 耕す，栽培する，磨く
→ acorn, colonel, cutlet

culture [kʌ́ltʃər] 文化，教養；栽培する
→ acorn, colonel, cutlet

culverin [kʌ́lvərin] カルバリン砲，カルバリン銃，長砲
→ cobra

culvert [kʌ́lvərt] 排水溝，埋没溝；排水溝に導く
→ cobra

cumulus [kjúːmjuləs] 積雲，積み重ね，堆積
→ accumulate, cloud

cunning [kʌ́niŋ] 悪賢い，巧みな；狡猾さ
→ king

cup [kʌ́p] 茶わん，茶わん1杯分；杯状にする
→ scourge

cupidity [kjuːpídəti] 金銭欲，貪欲
→ psychoanalysis

curate [kjúərət] 補助司祭，代理牧師；《美術館などの》館長をつとめる
→ accurate

curative [kjúərətiv] 病気を治す；治療薬，治癒力
→ accurate

curator [kjuəréitər] 管理者，学芸員，理事
→ accurate

curb [kə́ːrb]《歩道の》縁；くつわ鎖をかける，抑制する

curbstone（《歩道の》縁石）は，第一義的には馬にくつわ鎖をかける（to curb a horse）ためのものではないが，curbstone の curb- と curb の語源は結果的には同じで，ラテン語 curvus（曲がった）からフランス語 courbe を経て借入された。さらに，同語源のラテン語動詞 curvare, curvat-（曲げる）からは curve（曲げる，曲線）や指小語 curvet（《馬が》騰躍（とうやく）する，【馬術】クルベット）が，そしてイタリア語経由で corvetto（騰躍，クルベット）が派生した。ちなみに corvette（《古代の》帆装戦艦，コルベット艦《輸送船護衛用小砲艦》）は形からその名称を得たもので，語源はラテン語 corbis（枝編み籠）である。

ところで，to curb a horse は，くつわと手綱を使って馬の首を「曲げる――廃語 curb――」ことであった。curb は今日では一般に「はばむ，食い止める」という意味に使われる。curbstone は英国では kerb とか kerbstone とも綴るが，その上部が「曲がって」（curved）いて，道路から歩道へ水が流れるのを「食い止める」役割を果たしていた。古代ローマ街道の道は中央が高くなっていたからである。上記以外の curb の意味もこれらの意味から派生したものであり，to curb one's impatience（イライラを抑える）などのように用いる。

cure [kjúər] 治療する，病気が治る；治療
→ quarry, accurate

curfew [kə́ːrfjuː] 夜間外出禁止令，外出禁止時刻，晩鐘

《米女流詩人ソープ（Rose Hartwick Thorpe, 1850-1939）の詩 "Curfew Must Not Ring Tonight!"「今宵，晩鐘を鳴らすなかれ」(1887年) の》詩行 'Curfew shall not ring tonight'（今宵は晩鐘を鳴らすべからず）は，第二次世界大戦中の灯火管制を彷彿させる。中世の灯火は晩鐘，すなわち Cover fire!（火を隠せ！）の命令とともに消されねばならなかった。同義の古フランス語 couvre-feu（消灯の時を告げる鐘——フランス語 couvre-feu——）が，ノルマン人によってイングランドにもたらされ，curfew となった《最初の目的は家庭の残火による大火を防ぐために始まったと考えられている》。ちなみにフランス語 couvrir（覆う）の語源は，強意の co-（com：一緒に）と operire, opert-（かぶせる）からなるラテン語 cooperire, coopert-（完全に覆いかぶせる）である。

なお，fire（火，灯火）は，アングロサクソン語 fyr が語源で，いずれも「火」を意味するドイツ語 Feuer，フランス語 feu (?)，ギリシア語 pyr などと同根語である。同ギリシア語からは，英語 pyromaniac（放火狂の；放火魔）が派生した。火などで浄化されるように「清められた」という意味のラテン語 purus（清い）から英語 pure（純粋な）が派生した。

しかし purity（清浄，純粋）は複雑で，変わった道に通じている。上記ラテン語 purus は手段がどうであれ結果としての「清い」を意味するようになった。ブドウの木などは余分なものを切り取る（prune〔刈り込む，剪定する〕）〈propaganda 参照〉ことですっきりときれいになる。しかし，ただ単に余分な物を刈り取るだけではだめで，残った物を整えなければならず，刈り込み・剪定は計画的にしなければならない。このことからラテン語 putare, putat-（剪定する，清める）は「数える」「考える」とか「見積もる」を意味するようになり，英語 compute（一緒に考える，計算する），putative（推定上の，うわさの），imputation（非難，汚名），reputation（評判）が派生した。しかし元来の意味が失われたわけではない。ラテン語 ambi-, ambo-（両方の）の短縮形 am- と結合し，比喩的に，壊疽（ $\frac{え}{そ}$ ）などに冒された患部を切り取って他の身体部分を健全・清潔にしておくのに必要な amputation（切断手術）が派生した。清潔さは，神聖さに近いが不潔・腐敗にも近いことが多い。

なお清める方法には，火以外には水による洗浄がある。ラテン語 purgare, purgat-（洗浄する）から英語 purge（清める）が派生した。一方，ラテン語 puteus は「穴」である。穴に溜まった水に長く物を浸していると，その物は腐る。これを表すのにラテン語 putidus（臭い，腐った）とか puter, putrid-（臭い，腐っている——英語 putrid〔腐敗した〕の語源——）がある〈polecat 参照〉。英語 putrefy（腐らせる，腐敗する）は同ラテン語形容詞 puter と動詞 facere（…をなす）からなる putrefacere, putrefact-（腐らせる）が語源である。またラテン語動詞 putrere, putrit-（腐っている）の起動形 putrescere, putrui-（腐敗する）は putrescent（腐敗した，腐りかかった）の語源である。まじりけなく純粋な（pure）物にするには，火と水による浄化が必要のようである。

curio [kjúəriòu] 骨董品，珍しい美術品，風変わりな人
→ accurate

curiosity [kjùəriásəti] 好奇心，珍奇，珍奇な物
→ accurate

curious [kjúəriəs] 好奇心が強い，奇妙な，入念な
→ accurate

curmudgeon [kərmʌ́dʒən] 気難し屋，怒りん坊，けち

この語の語源は今日では不明とされているが，フランス語 coeur（心）と méchant（意地悪な）とから造語された可能性がある。少なくともジョンソン博士（Dr. Samuel Johnson, 1709-84）はそのように教えられたようで，「匿名の情報提供者」によれば語源はフランス語 coeur méchant（悪意を抱いた心）であると記している。しかし，1775年に出版された John Ash なる人物による辞書《John Ash, *A New and Complete Dictionary*》では誤

解して，coeur を「匿名の」，méchant を「情報提供者」としてしまった。このような間違った語源説は枚挙に暇がなく，見つけ出すのもたやすくないが，今でも生きている。

currant [kə́:rənt] 小粒の種なし干ブドウ
→ Appendix VI, current

current [kə́:rənt] 今の，通用している；流れ

　この語は，cursive（筆記体の）や discourse（講演；語る）〈hussar, cutlet 参照〉と同じくラテン語 currere, curs-（走る）が語源で，古フランス語 curant, courant（流れるような；流れ）を経て借入された。同ラテン語の現在分詞 currens, current- は the *current* of a stream（川の流れ）や the electric *current*（電流）の current の語源で，*current* events（今日の出来事）とは，見たり聞いたり読んだりするその時に起こっている出来事を意味する表現である。currency は，かつては「流れ」を意味したが，今日では目下（*currently*）採用されている「交換の形態《流通通貨など》」という意味に使われる。

　ところで古い英語 cursen は Christen（洗礼を施す）の異形であるが，よく似た綴りの言葉 curse（呪い；呪う）と cross（十字架；横切る）とは語源的の関係はない。curse の語源はゲルマン語，ケルト語，ロマンス語のいずれにも見つからない。ただ語形は古フランス語 curuz, coroz（怒り——フランス語 courroux〔激怒〕——）にいちばん近いが，こちらはラテン語 com（一緒に）と rumpere, rupt-（破る）からなる後期ラテン語 corruptiare から古フランス語 corocier（怒りをぶちまける）を経て成立したと考えられる。ラテン語 rumpere, rupt- は rupture（破裂；破る）の語源である。〈bank, rote 参照〉

　なお，currant（カラント，種なし干しブドウ）は，古代ギリシアの都市コリント（*Corinth*）に由来する古フランス語 raisin de Corinthe（コリントのブドウ）の省略形である。〈peach 参照〉

curriculum [kəríkjələm] 全教科課程，カリキュラム，履修課程
→ cutlet

curry (sauce) [kə́:ri (sɔ́:s)] カレーソース
→ turmeric

curry favor [kə́:ri féivər] ごまをする，機嫌をとる
→ turmeric

curse [kə́:rs] 呪い，呪われたもの；呪う
→ current

cursive [kə́:rsiv] 筆記体の；筆記体活字
→ current

curt [kə́:rt] ぶっきらぼうな，そっけない，簡潔な
→ cutlet

curtail [kərtéil] 短くする，減ずる，抑える
→ cutlet

custodian [kʌstóudiən] 管理人，保管銀行，後見人
→ accoutrement

customer [kʌ́stəmər] 顧客，銀行の口座主，人

　店主であれば，「顧客」（*customers*）を自分だけのものにしたいと願うものである。それがまさに customer である。語源は com（一緒に）から変化した con と suus（自分自身の）からなるラテン語 consuescere, consuet-（自分自身のものにする，慣れさせる）から派生した consuetudo（習慣，習俗）で，古フランス語 coustume（慣習）を経て中英語に借入された。

　同じく custom（習慣，風習）の原義も，行動様式であれ身につける物であれ，「自分のものにしたもの」である。costume（衣装）は，イタリア語 costume（習慣，風俗，衣装）から18世紀にフランス語 costume（服装）を経て英語に借入されたもので，custom の二重語である。

　ところで，ラテン語 habere, habit-（持つ）が語源の habit（癖，習慣）も上記と同じ二重の意味を持ち，英語として使われ始めた13世紀には「装い方，服装」を意味した。

cut [kʌ́t] 切る；切ること；切った
→ cutlet

cutaneous [kjutéiniəs] 皮膚の
→ hide

cute [kjú:t] かわいい，気取った，気のきいた
→ acumen

cuticle [kjú:tikl] 表皮，細長い皮，あま皮

cutler [kʌ́tlər] 刃物師, 刃物研ぎ師
→ cutlet

cutlet [kʌ́tlət] 一人分の薄い切り身, カツレツ, 平たいコロッケ

　cutlet は, 普通の一人前の肉と比べると小さい肉片（cut）に思えるので, cut に指小辞 -let がついたと考えられがちである。しかし, 実際は英語 coast（沿岸）の語源でもあるラテン語 costa（脇, 肋骨）から, 古フランス語 coste を経て変化したフランス語 côte（側, 脇腹）に指小辞がついた côtelette（骨付き背肉, 【料理】コートレット）が借用された。この -lette は, 指小辞 -el- と -ette との二重の指小辞で, フランス語 côtelette は18世紀に cut の影響を受けて cutlet と綴られるようになった。

　cutler（刃物師）も, 単に「切る人」(one that cuts)ではない。語源は, ラテン語 culter（鋤〈すき〉の刃, 屠殺用ナイフ）の指小形 cultellus（小刀）から派生した後期ラテン語 cutellarius（ナイフで武装した兵士）で, 古フランス語 cotelier, フランス語 coutelier（刃物屋）を経て借入された。なお, ラテン語 cultellus からは cutlass（主に船乗りが持っていたカトラス, そり身の短剣）が, ラテン語 culter からはアングロサクソン語 culter を経て coulter, colter（鋤先《鋤の先端の刃》）が派生した。ちなみに, ラテン語 culter はラテン語 colere, cultus（耕す）と同系語であると考えられ, 後者は cultivate（耕す）や culture（文化, 教養）の語源である。〈colonel 参照〉

　ところで, cut（切る, 刈る）は, ラテン語 curtus（短い, 切り詰めた——英語 curt〔ぶっきらぼうな, 簡略な〕——）が語源のフランス語 court（短い）から派生した écourter（短くする）を経て借入されたとする説がある。フランス語 écourté（短くされた）から, *cutty* sark（短い婦人用着衣）などにおける cutty（短い；短いスプーン）が成立したと考えられる。スコットランドの詩人バーンズ（Robert Burns, 1759-96）の物語詩 "Tam O'Shanter"：「シャンター村のタム」(1790年)ではタムが短いシュミーズのようなもの（*cutty* sark）を着た魔女カティーサーク（ナニー）が踊るのを見てしまう《英国の大型快速帆船 Cutty Sark（カティーサーク）の名前はこの詩の一節にちなむものである》。

　curtail（短くする, 削減する）は古くは形容詞 curtal（短い, 断尾した）であり, ラテン語 curtus（短い）が語源の古フランス語 court（短い）から派生した古フランス語 courtauld（《馬などが》断尾された, ずんぐりした）を経て借入された。

　なお, course は「走路」, あるいは勉学の「課程」のように「走り抜けていくもの」を指す。curriculum（教科課程）はその指小語で, ラテン語 currus（古代の戦車, 走路）に指小辞 -culum がついた curriculum（古代の戦車, 競争, 履歴）が17世紀にそのまま英語に借入され, 特に大学や学校の「勉強や訓練の課程」という意味に使われた。〈car, hussar 参照〉

cutty [kʌ́ti] 短く切った, 短い；短いスプーン
→ cutlet

cyanide [sáiənàid] シアン化物, 青酸塩；シアンで処理する

　この語はギリシア語 kyaneos（藍色の）から派生したものであり, 結合形 cyan-, cyano-（藍色, シアン基）も同語源である。この結合形を持つ言葉には, 単に色に関係する cyanotype（青写真）, cyanosis（【病理学】チアノーゼ）などの他に, cyanogen（シアン）に関する多くの専門用語がある。cyanogen は, フランスの物理・化学者ゲイリュサック（Joseph Louis Gay-Lussac, 1778-1850）が1815年にシアンの分離に成功し, それが顔料のプルシャンブルー（Prussian blue：紺青）の原料となったことからそのように命名した。-gen の語源はラテン語 generare, generat-（産む, 生ずる）で, generate（発生させる, 起こす）や engender（生じる, 発生させる）と同語源である。

　cyanide の接尾辞 -ide は, 一つの元素と他の元素, あるいは基との単純化合物を表す。例えば oxygen（酸素）を含む化合物は oxide（酸化物, 酸化…）である〈racy 参照〉。したがって cyanide はシアン（cyanogen）と金属が化合した「シアン化物」である。ちなみに, シアンを CN と書くがこれは carbon（炭素）と nitro-

gen（窒素）の化合物だからで，Cyとも書く。俗に青酸カリと呼ばれるpotassium cyanide（KCy, KCN：カリウム〔ポリタミウム〕のシアン化物）は猛毒であり，犯罪劇や推理小説で使われることが多い。
　oxide（酸化物）はフランス語の借入で，oxygène（酸素）とacide（酸）とが縮まって成立した言葉である。

cyanogen [saiǽnədʒən] シアン，シアン基
　→ cyanide
cycle [sáikl] 周期，一連；循環する
　→ circus
cylinder [sílindər] 円筒，円柱，シリンダー
　→ dickey
cynic [sínik] 犬儒学派，冷笑家；犬儒派の
　→ canary
cynosure [sáinəʃùər] 注目の的，指針，こぐま座
　→ canary
Czar [zá:r] 皇帝，専制君主，親玉
　→ shed

D

dactyl [dǽktil]【詩学】強弱弱格，長短短格
→ date

dadaism [dáːdɑːìzm] ダダイズム《1910年代の，伝統的形式美を否定した芸術運動》
→ abbot

daedal [díːdl] 複雑な，多彩な；才能ある発明家

　daedal hand とは，「ダイダロス(Daedalus)のように巧みな腕前の持ち主」である。名工ダイダロスは，クレタ島の迷宮を建設した人物で，のこぎりと斧を発明したとされる。ギリシア神話では，王の娘アリアドネを奪ったテーセウスを助けたことで王の怒りに触れ，息子イカロス(Icarus)と共に迷宮に幽閉されたが，翼を作って息子と共に空から脱出した。

　ところが，イカロスは父の忠告にもかかわらず自信にあふれて高く飛んで太陽に近づき過ぎた。そのために翼を接着していた蠟が溶け，海に墜落して死ぬ。これにちなんで，彼が墜落した海は *Icarian* Sea（イカリア海《エーゲ海南部の海域》）というようになり，イカロスがしたような「向こう見ずな冒険」は *Icarian* venture と言う。

daemon [díːmən]【ギリシア神話】ダイモン，半神半人，守護霊
→ demon

daffodil [dǽfədil] ラッパズイセン，スイセン；淡黄色の

　ギリシア神話にはアスポデロス(asphodelos: *asphodel*)という花があり，神々に祝福された者が死後に住む楽園エリューシオン(*Elysian* fields)一面にいつも咲いていた。この花を指すギリシア語 asphodelos は，後期ラテン語 affodillus を経て中英語 affodill として借入された。しかし今は廃語となり，異形 daffodil が残った。

リンゴのような「斑点がある」は英語で appled と言い，後に dappled（まだらの）が派生した。ドイツ語 apfelgrau(《馬の》灰色の丸い斑点のある)は英語で dapple-grey である。これと同じく花の affodill が daffodil となったと言う。詩人の花冠などに使うラッパズイセンに，daffodil の詩語・方言 daffodilly から遊び心で作った変形 daffydowndilly〔daffadowndilly〕を用いることがある。

daguerreotype [dəgérətàip] 銀板写真〔法〕，ダゲレオタイプ
→ Appendix VI

dahlia [dǽljə] ダリア
→ tuberose

dainty [déinti] 上品な，好みのやかましい，きゃしゃな；ごちそう

　この語は，ラテン語 dignitas, dignitat-（価値, 壮美）から古フランス語 dainté, deintié（喜び，優美）を経て中英語 deinte として借入された。dignity（威厳，尊厳，品位）は二重語である〈supercilious 参照〉。ところで，しかるべき品格の人は好みや趣味がうるさく「潔癖すぎる」ものである。dainty は，初めはその意味で人について使ったが，やがてそういう人の好みの対象について使われるようになり，今日に至っている。なお，nice（快い，結構な）〈同項参照〉は dainty と反対方向の旅をしてきた。

dairy [déəri] 乳製品工場, 酪農, 乳製品
→ lady

daisy [déizi] ヒナギク
→ flower

dale [déil]《詩語》谷, 谷間
→ dollar

Daltonian [dɔːltóuniən] 色盲の人；色盲の

　化学者が Daltonian を使う時は，「ドルトンの原子論に関する」という意味である。イギリスの物理・化学者ドルトン

(John Dalton, 1766-1849) は近代原子論の基礎を築いた人物である。一方, 医者は Daltonian を「色盲の」という意味に使う。特に「赤緑色盲」を Daltonism と呼ぶが, ドルトンが赤緑色盲であり, 色盲についての詳しい記録を発表したことに由来する。

damage [dǽmidʒ] 損害, 損傷；損害を与える

「損失を与える」「損害を引き起こす」「傷つける」は, ラテン語で damnare, dampnare であり, 英語 damn (強く非難する, 呪う) や damnation (ののしり, 天罰) は同ラテン語動詞から派生した。またラテン語 damnum (損失, 損害) から後期ラテン語 damnatricum, 古フランス語 damage, dommage (損害——フランス語 dommage〔損失, 残念なこと〕——) を経て damage が借入された。

condemn (非難する) は, 元来 damn と同じ意味であり, 語源は, 強意の接頭辞 com- (まったく) 〈commence 参照〉と damnare とからなるラテン語 condemnare, condemnat- (有罪判決を下す, 非難する) である。その後 condemn は次第に法律用語や教会用語としての性格を強めていった。また「損害を弁償する」は indemnify (弁償する, 補償する) であり, ラテン語 in (否) と damn- と, facere (作る)〈defeat 参照〉の変形 -ficere とからなる。

ところで danger (危険)〈同項参照〉は, ラテン語 damnum (損失, 損害) から派生した後期ラテン語 damnarium を経て成立したとする説をフランス人は支持している。

Damascus [dəmǽskəs] ダマスカス《シリアの首都》

この有名な都市に由来する言葉はいくつかある〈cloth 参照〉。地名の背景には故事がある。ダマスカスはカインがアベルを殺したとされる所で, ヘブライ語 dam (血) から地名が生まれ, 原義は「血の野原」であると考えられている。しかし, 他の多くの地名と同じように, まず名があり, 地名にこじつけられて物語が生まれるものである。

damask [dǽməsk] ダマスク織〔の絹・麻布〕

→ cloth

dame [déim] … 婦人, 女主人, デイム《尊称》

→ damsel

damn [dǽm] 強く非難する, 呪う；ちくしょう！ (Damn!)

→ damage

damnation [dæmnéiʃən] ののしり, 非難, 天罰

→ damage

流れをせき止める dam (ダム, 堰 (せき)) は, ゲルマン諸語に共通に見られる言葉である。無関心の表現としての dam は, ののしりの言葉 (damn) ではなく, 「私はちっとも気にかけない」という意味で, "I don't give a *dam*." や "I don't give a tinker's *dam*." などと使われる。この tinker's *dam* は古い表現である。はんだが固まるまで流れないように練り物で小さな障壁 (*dam* of dough) を作り, 固まると無用として拭き取った。これが tinker's *dam* (鋳掛け屋のダム) であった。このことから「無いに等しいもの」という意味が生まれた。dam はまたインドの小額銅貨である。tinker's *dam* (なんの値打ちもない) は, インド英語 (Anglo-Indian) として独自に生まれた表現とも考えられる。いずれにしてもこれらの無関心を表す言葉 dam は, ののしりの言葉 damn の, 民間で使う婉曲語と考えられる。

Damoclean [dæ̀məklíːn] ダモクレスの, 身に迫る危険の

ダモクレス (Damocles) は, シラクサの僭主ディオニュシオス1世 (Dionysius I, 在位 405-367B.C.) の廷臣であった。故事によると, おべっか使いの彼はディオニュシオスの幸運を絶賛していた。そこで王はある時贅沢を尽くした宴席をもうけて, ダモクレスを王座に座らせた。だが, 頭上には天井から馬の毛1本で抜き身の剣を吊るしていて, 君主には常に危険が差し迫っていることを悟らせた。この故事にちなんで, the sword of Damocles (ダモクレスの剣) は「差し迫った危険」の象徴的表現となり, Damoclean は形容詞として「身近にある危険の」となった。《キケロ (Marcus Tullius Cicero, 106-43B.C.) はこの故事を *Tusculanae Disputationes*：『トゥスクルム荘対談集』(5, 21, 6) で用

いている。》

damoiselle [dǽməzèl]（古・詩語）おとめ,（古語）貴族の娘
→ damsel

damp [dǽmp] 湿気のある；落胆；湿らす
→ dump, wet blanket

dampen [dǽmpn] 湿らせる, ガッカリさせる, 湿る
→ dump, wet blanket

damper [dǽmpər] 勢いをそぐもの, 空気調節器, ダンパー
→ dump, wet blanket

damsel [dǽmzl]（古・詩語）おとめ,（古語）貴族の娘

古代ローマの家長は dominus, その奥方は domina（女主人）〈dome 参照〉であり, ラテン語 domina が古フランス語で縮まって damna, damme, dame となった。そしてこの dame に指小接尾辞がついた dameisele, danzele, damaiselle, damoiselle が「若い貴婦人」を表した。これらが英語に借入されていろいろな綴りが生まれるが, damoiselle, damosel, damozel, damsel が頻繁に使われた。

また madame（…夫人, 奥様）は文字通りには "my lady" であり, ラテン語 mea domina（私の奥方様）から古フランス語 ma dame を経て英語に借入された。madame の指小語 madamoiselle, mademoiselle は, 元来は貴族の娘を指したが, 現在では若い未婚女性を指す。

なお damson（ドメスチカスモモ, インシチチアスモモ）はプラムの一種である。この言葉は, 地名 Damascus（ダマスカス）〈同項参照〉から派生したラテン語 Damascenum（ダマスカス産のもの）から中英語 Damascene（ダマスカス産のもの《プラム》）として借入され, 普通名詞 damascene となり, damasen を経て成立した。Stick in your thumb and pull out a plum.（親指を突っ込んで, プラム〔予期しないもうけもの〕を取り出す）という一節が "Little Jack Horner" という伝承童謡にあるが, パイに親指を突っ込んでプラム（damson）ならぬ令嬢（damsel）さえ手に入れるやからがいる。

damson [dǽmzn] ドメスチカスモモ, 暗紫色
→ damsel

dance [dǽns] ダンスをする, 飛び跳ねる；ダンス
Hey ding a ding ding
Fair maids in a ring.
ヘイ, ディンガディン, ディンかわいい娘さん, 輪になってなどと, 輪になって踊るダンスに誘うはやし言葉があるが, dance の起源は円舞とか輪舞だったようである。語源は古高地ドイツ語 danson（引っ張る, 伸ばす）で, 踊る時に両手を伸ばし, 互いに手をつないで輪を作る動作を表したと考えられている。これがロマンス諸語に借入されて「踊る」の意味になり, イタリア語 danzare, 古フランス語 danser を経て再借入され, ドイツ語 tanzen（踊る）, 楽しい英語 dance となった。

dances [dǽnsiz] ダンス
→ Appendix VI

dandelion [dǽndəlàiən] タンポポ
→ flower, indenture

danger [déindʒər] 危険, 危険物
→ dangerous

dangerous [déindʒərəs] 危険な, 危険を伴う

ダンジュローズ（Dangerose）という名の魅力的な貴婦人が, かつてパリ北西郊外の都市アニエールの領主ダマーズ（Damase）にしつこく言い寄られて不倫を犯した。二人はル・マン（Mans）のティグ（Thigh）という名の第37代大司教の破門にもかかわらず同棲した。ある日, この領主が川を渡っていると, 激しい嵐が起こった。稲妻に打たれ, 水に飲まれ半焼死・半溺死の状態で地獄に落ちた。ダンジュローズは嘆き悲しんで大司教の足元に身を投げて許しを請い, その後, 厳しい隠遁生活をおくった。しかし, 彼女の話は広く伝わってしまった。それでフランス人は危機に瀕すると, "Ceci sent la Dangerose."（ダンジュローズのようだ）と言った。フランス語 dangereux, dangereuse（危険な）はこれに由来し, 英語 dangerous（危険な）が派生したとされる。

この訓戒話は, danger（危険）の一般に認められている語源説と比べると信憑性に欠ける。danger は, dominion（支配権）と同語源で, ラテン語 dominium（支配, 所有）から, 後期ラテン語 dominiarium（支配，権力），古フランス語 dongier（権力，支配）を経て中英語に借入された。in *danger* of と言えば，当時の意味は「権力や支配権の思いのままにされる」であった。そうとすれば今日の「危険」の意味は，領主に対して領民がいかに恐れを抱いていたかを示している。権力者はまさに被支配者に「危険」をもたらすものだった。〈damage, dome 参照〉

dapper [dǽpər] 身なりのきちんとした，きびきびした

この語は「知力」が「腕力」に勝利したことを示す良い例である。dapper はゲルマン諸語に共通で，元来の意味は「重い」「力のある」であった。ちなみに同系語のドイツ語 tapfer には今も「好戦的な」という意味がある。ところが勝利をもたらす力が腕力から知力に移るとともに，この言葉の意味は「頭の良い」「賢い」「手際の良い」からついに「見かけが良い」へと変化した。

dappled [dǽpld] まだらの，ぶちの
→ daffodil

dark [dɑ́ːrk] 暗い，濃い；暗がり
→ swivel

darken [dɑ́ːrkn] 暗くする，薄暗くする，暗くなる
→ swivel

darkle [dɑ́ːrkl] 薄暗くなる，ぼんやりと見える，憂うつになる
→ swivel

darling [dɑ́ːliŋ] 愛しい人，最愛の人
→ gossip, Viking

Darwinian [dɑːrwíniən] ダーウィンの；ダーウィン説の信奉者

この語は世代を越えて生き残った。元来 Darwinian は，エラズマス・ダーウィン (Erasmus Darwin, 1731-1802) の詩風を指していた。しかし孫のチャールズ (Charles Darwin, 1809-82) の進化論が普及するにつれて，祖父エラズマスの名声は急激に衰え，今日 Darwinian は，ほとんどの場合 *The Origin of Species*：『種の起源』(1859年) や *The Decent of Man*：『人間の由来』(1871年) などで確立されたチャールズ・ダーウィンの進化論に関係するものである。

dash [dǽʃ] 投げつける，突進する；突撃
→ flash

data [déitə] データ，資料
→ date, sequin

date [déit] 日付，デート；日付を書く

だれかとデート (date) をする時は日時を指定する。この指定された日時が date である。語源はラテン語 dare, dat- (与える) で，英語 data（データ）も同語源である。

古代ローマ人は手紙を発信の場所と日付から書き始めた。例えば，*Data* Romae〔pridie Kalendas Maias〕(given at Rome a day before the first of May：5月1日の前日〔4月30日〕ローマにて与えられた) とあった。この冒頭の data が文書の作成された日付を表す言葉として使われるようになり，古フランス語 date (日付) を経て英語に借入された。

一方「ナツメヤシの実」の date は，ギリシア語 daktylos (指) からラテン語 dactylus (指，ヤシの実)，古フランス語 dacte, date を経て中英語に借入された。実の形が指に似ているところからつけられた名である。なおラテン語 dactylus の -l- はゲルマン語の指小辞と間違えられて消滅した。

詩における詩脚の dactyl (長短短格，強弱弱格) にも「指」の意味がある。語源はギリシア語 daktylos (指) で，指のように一つの長い関節と二つの短い関節からなっていることから得られた名である。

ちなみに date (ナツメヤシの実) に当たるアングロサクソン語は fingeraepla (指のような実：finger-apple) である。なお，ギリシア語 daktylos (指) が「ナツメヤシの実」を意味し，この date の語源となったとする説は，本来の語源のアラビア語 dagal，アラム語 dagla (ヤシ) になじみがないためにつくり出された民間語源説であるとする主張もある。〈helicopter 参照〉

daub [dɔ́ːb]《塗料などを》塗りつける
→ auburn

dauber [dɔ́ːbər] 塗る人，壁塗り工
→ auburn

daughter [dɔ́ːtər] 娘
→ son

dauphin [doufǽn]【歴史】王太子

この語はフランス語 dauphin (フランス王太子) の借入で，かつてフランスの貴

族の称号として《Dauphin of the Viennois（ヴィエノア伯）などと》用いた。フランス中南部ドーフィネ（Dauphiné）地方を治めた最後のヴィエノア伯のアンベール2世（Humbert II, 在位1333-49）が財政的に困窮し, Dauphin（ドーファン）を歴代の王太子の称号として用いるという条件で, 1349年にこの地方を, バロア朝のフィリップ6世（Philip of Valois, 在位1328-50《百年戦争を始めた王として知られる》）に売却した。ところで, 上記の地名に由来するdauphinの語源はギリシア語delphis, delphin（イルカ）から派生したラテン語delphinus（イルカ）で, 英語dolphin（イルカ）は同語源である。

delphinはdauphinの形容詞で, 意味は「フランス王太子ご使用の」であるが, またdelphic（デルポイ〔Delphi〕の, アポロの神託の）の異形でもある。

なお, Delphi（デルポイ）はギリシアのパルナッソス山（Mt. Parnassus《標高2,457m》）の南麓にあり, 神託を下すアポロの神殿がこの町にあった。ミューズの女神たち（Muses）の指導者がアポロであったことから, パルナッソス山がミューズたちに捧げられた。このことにちなむ形容詞Parnassian（パルナッソス山の, 詩の）がある。なお, ミューズの母はムネモシュネ（Mnemosyne: 記憶の女神）〈amnesty参照〉である。

→ Appendix VI

dawdle [dɔ́:dl] ぶらぶらして時を過ごす, のろのろ歩く；時間の空費

→ dude

dawdleはdaddle（よちよち歩く）の異形と考えられる。遠慮がちにこっくりこっくりするさまを表す擬態語dodder（震える, よろよろする）やその異形dither（震える, おろおろする）と同根語である。なお, ditherは古くはdidderとも綴られた。

day [déi] 日, 昼間, 時代

→ week

deal [dí:l] 分配する；量, モミ

→ dole, augment

deal（厚板, モミ材）とdeal（分け前, 配分）のどちらもゲルマン諸語に共通な言葉である。動詞dealは「分け前を与える」(to give a lot) である。ちなみに, lot（分け前, くじ）もゲルマン諸語に共通で, 古英語ではhlot（分け前）である。a lotで「たくさん, どっさり」の意味にも使われる。この意味の変化は願望がもたらしたものと考えられる。a fair deal（公平な扱い）とかa square deal（公正な待遇）は, トランプゲームで札を配る（deal）時などのごまかしや, 運命のひどい仕打ち（fate's foul dealing）に対する不満などから生まれた願望を内包する表現である。

dear [díər] 親愛な, かわいい

この語は, ゴート語では確認されていないがゲルマン諸語に共通な言葉であり, 古英語ではdeore, diore, 古高地ドイツ語ではtiuriで, 意味は「栄光ある, 価値ある, 高価な」である。これらの意味から「望ましい」さらに「最愛の」という意味が生まれた。そしてweal（繁栄, 幸福）からwealth（富）〈同項参照〉が派生したのと同様に, dear（貴重な, 高価な）からdearth（欠乏, 飢饉）が派生した。dearthの原義は「高価, 高値」である。

dearth [dɔ́:rθ] 欠乏, 飢饉

→ dear

debate [dibéit] 討論する, 熟慮する；討論

この語は, ラテン語de（下へ）と, ラテン語battuere（たたく）から変化したロマンス語battere（打つ）とからなる古フランス語debatre（戦う, 打ち負かす）が語源である。この語源を見ると議論の目的は古来, 真実を探求することよりも相手を打ち負かすことにあると考えられていたことになる。しかし, 社会が礼儀を重んじるようになるにつれて, その意味は今日の「討論する」になった。これに対して本来の戦闘の意味は, com, con（…と共に, …に対して）とbattuereからなるcombat（戦闘）やnoncombatant（《従軍の牧師・医師・輸送員などの》非戦闘員）に残っている。〈argue, discuss参照〉

debauch [dibɔ́:tʃ] 堕落させる, 放蕩する；乱痴気騒ぎ

→ strategy

debonair [dèbənéər] 丁重で愛想の良い, 愉快な

フランス語を少し知っている人ならdebonairの語源はde bon air（良い空気の, 見かけの良い）ではないかと誤解しが

ちである。家柄や家系の良い人物は見ばえがするものである。本来この言葉は鷹狩で使われた用語で「良い高巣でかえった雛鷹」(a bird *de bon aire*) を指した。*de bon aire* は of good *aery*（良い高巣の，良い育ちの）のことである。aery（鷹の巣）は空中高くにあり，aerie, aery, eyrie, eyry とも綴った。後期ラテン語 aeria（空き地——area〔地域，空き地〕が派生——）〈aureole 参照〉とギリシア語 aer（空気：*air*）との合成による言葉と考えられる。したがって最初の推測は必ずしも的外れというわけではない。

ちなみに aeronaut（気球搭乗者，飛行機の操縦士）は，ギリシア語 aer, aero-（空気，大気）と nautes（船乗り）から造られた。〈nausea 参照〉

debouch [dibáutʃ] 《川が》流出する，進出させる；進出口
→ strategy

debunk [di:báŋk] 正体を暴露する，仮面をはぐ

この語は，1927年に米国作家ウッドワード（William E. Woodward, 1874-1950）がラテン語 de（…から）を bunk（でたらめ，詐欺）につけて造り，to knock the *bunk* out of（ごまかしを暴く）の意味で用いた。

また bunk は buncombe, bunkum（《政治家の》人気取り演説，くだらないこと）の短縮形で，ノースカロライナ州バンコム郡（*Buncombe* County）の地名に由来する。同郡選出の下院議員ウォーカー（Felix Walker）はミズーリ協定（the Missouri Compromise）に関する討議の時（1820年2月25日）に，「自分は議会に対して演説しているのではなく，バンコム選挙民に向かって演説しているのだ」と言って，長々と投票を引き延ばした。

debut [deibjú:] デビュー，最初；デビューする
→ butt

debutante [débjutà:nt] 初舞台の女優，新参者
→ butt

decade [dékeid] 10年間
→ decay, number の項 ten

decadence [dékədəns] 衰微，デカダンス
→ decay, number の項 ten

decalogue [dékəlɔ̀(:)g]【旧約聖書】十戒
→ decay, number の項 ten

Decameron [dikǽmərən]『十日物語』
《ボッカチオ (Giovanni Boccaccio, 1313-75) 作，1353年》
→ decay, number の項 ten

decay [dikéi] 腐敗する，衰える；腐敗

ギリシア人は足で拍子を取り，アクセントのない音にはギリシア語 airein（上げる）の名詞形 arsis（足を上げること——arsis〔【詩学】強音節〕の語源——）を使い，強い音には tithenai（置く）の名詞形 thesis（足を下げること——thesis〔【詩学】弱音節〕の語源——）〈Spoonerism 参照〉を使った。ローマ人はギリシア語 arsis を詩脚の第1音節で声を高めること，という意味に使った。すなわち同じ arsis がギリシア人には「アクセントのない」，ローマ人には「アクセントのある」を意味した。だがやがてローマ人はこの arsis を自分たちの言葉に置き換え，ラテン語 cadere（落ちる）から派生した後期ラテン語 cadentia（落下）を使うようになった。それがイタリア語 cadenza（【音楽】カデンツァ）となり，英語でもそのまま使われるようになった。またこのイタリア語はフランス語を経て英語に借入されて cadence（拍子，抑揚，【音楽】終止）となった。シェイクスピアの *Twelfth Night*：『十二夜』の冒頭で恋に悩む侯爵オーシーノの台詞 "that strain again; it had a dying *fall*."（今のメロディーをもう1度，消え入るような曲の終わりであった）における fall は，言葉は異なっていても，cadence と同じ意味である。ラテン語 cadere に接頭辞 de（下へ，…から離れて）がついてできた言葉が decadence（衰退，頽廃）で，さらに同じ組み合わせの後期ラテン語 decadere から古フランス語 decair を経て英語 decay となった。

ところで，よく似た綴りの decade（10年間）は，ギリシア語 deka（10）から派生したギリシア語 dekas, dekad-（10人一組のグループ）が語源で，ラテン語，フランス語を経て借入された。ギリシア語の結合形 deka-（10）やラテン語の結合形 deca-（10）はいろいろな言葉を生み出している。decalogue はモーセの「十戒」のことである。*Decameron*：『十日物語』

(1353年)はギリシア語 deka- (10) とギリシア語 hemera (日) からなるタイトルで，イタリア語の原題は *Decamerone*，英語では *Decameron* である。1348年にイタリアのフィレンツェでペストが流行した。ボッカチオ (Giovanni Boccaccio, 1313-75) が10年間をかけたこの作品は，7人の貴婦人と3人の貴公子が郊外へ逃れ，そこで10日間交互に語った百話が集められた形になっている。『十日物語』は10年間 (*decade*) をはるかに超えてその人気を維持していて，未だにまったく朽ちる (*decay*) ことがない。

なお，昆虫の「カゲロウ」(ephemera) のように，生まれても1日のうちに過ぎ去って行くものを ephemeral (1日の命の，はかない) と言う。ギリシア語 epi (…の上に) と hemera (日) からなる言葉である。

deceased [disíːst] 死去した；故人
→ ancestor

deceit [disíːt] 欺くこと，虚偽
→ recipe

deceive [disíːv] だます
→ recipe

December [disémbər] 12月
→ month

deception [disépʃən] ごまかし，詐欺
→ recipe

decide [disáid] 決心する，決定する
優柔不断 (*indecision*) が終わり，考えを行動に移さねばならない時，「決意する」(*decide*) と言う。元来 decide は，対立する意見の一方を切り捨て，他方を採用して行動することを意味する力強い言葉であった。この語源は，de (下へ，…から離れて) と caedere (切る) からなるラテン語 decidere, decis- (切り離す，決定する) である。また，このラテン語 decidere の過去分詞 decis- からは，障害を一撃のもとに切り倒すという意味を持つ decisive (決定的な，断固とした) が派生した。〈shed 参照〉

decipher [disáifər] 判読する，解読する
→ cipher

decisive [disáisiv] 決定的な，断固とした
→ decide

deck [dék]《船の》甲板，デッキ；飾る
deck は，古くは名詞としても動詞としても使われた。オランダ語 dek (覆い) や dekken (覆う) は同系語で，ゲルマン語幹 thek-, thak- に由来する。したがって，古英語 thaec (覆い，屋根) を経た thatch (草葺き屋根) は同系語である。

動詞 deck (飾る) やその強調形 bedeck (きらびやかに飾る) は「覆う」という意味から「衣服を身に着ける」「装飾する」という意味になった。

船などの deck (甲板) は，船の部分的な覆い，初めは船尾の覆いであった。トランプのカードを次々と積み重ねた束のことを deck (《52枚の》一組，デッキ) と言う。deck の指小語 deckle (デックル，定型器) は，製紙においてパルプを覆う枠，すなわち，紙の幅を定めるための木枠のことである。この木枠で漉(す)いた紙にできるぎざぎざの「へり」は deckle-edge と言う。しかし，"All hands on *deck*!" はトランプでごまかしを防ごうとする男が言いそうな「手をデッキの上に」ではなく，海軍などの命令「全員甲板へ集合」である。

ゲルマン語幹 thek- と同族語のラテン語 tegere, tect- (覆う) から，tegument (《動植物の》外被) や integument (《動植物や種子などの》外皮，殻) が派生した。そして，このラテン語 tegere, tect- と同根のラテン語 tangere, tact- (触れる) からは，intact (無傷の) が，またフランス語 tacher (つなぐ) を経て英語 detach (分離する) や attach (貼り付ける) が派生した。〈ゲルマン語幹 thek- については attack を，またラテン語 texere, text- (織る) については text 参照〉

integer (【数学】整数，完全体) と integrity (正直さ，完全) の語形はラテン語 tegere (保護する) の影響を受けているが，語源はそれぞれ in (否) と tangere, tact- (触れる) からなるラテン語形容詞 integer (触れられない，完全な) と名詞 integritas (傷つけられぬこと，高潔) である。したがって，intact (無傷の) と integral (不可欠な，【数学】整数の；積分) は二重語である。また entire (全体の，無傷の) の語源もラテン語 integer (完全な，全体の) であり，同義の古フランス語 entier を経て中英語 enter として借入された。したがって entire と integer (整数) は二重語である。

contact (接触) の語源は，con, com

（一緒に）と tangere, tact-（触れる）からなるラテン語 contingere, contact-（接する）である。同じく con と tangere から派生したラテン語の名詞 contagium（接触，汚染）を経て成立したラテン語 contaminare, contaminat-（汚す）から contaminate（汚染する）が派生した。したがって contamination（汚染）と contagion（接触感染，伝染）とは二重語である。また，ラテン語形容詞 contiguus（接した）は，contiguous（接触している）や contiguity（接触，一続き）の語源である。

さらにラテン語 contingere（触れる）の現在分詞 contingens, contingent- は，contingent（起こりうる，偶然の）と cotangent（【数学】コタンジェント，余接）の語源である。ちなみに contingency（偶発性，不測の事故）は，自動車と歩行者が接触するような事故のことである。ラテン語 attingere, attact-（触れる，達する）は attain（達成する，到達する）〈同項参照〉の語源である。

また，ラテン語 tangere, tact-（触れる）の反復形には tactare（扱う）とその変化形 taxare（強く触れる，評価する）がある。前者 tactare はギリシア語 tassein（並べる，配列する）と同族語である可能性があり，同ギリシア語から派生した名詞 taktika（用兵術）は英語 tactics（作戦）〈同項参照〉の語源である。後者 taxare から古フランス語 tasche を経て task が成立し，「義務として課された仕事，職務」という意味に使われるようになった。また，ラテン語 taxare は「扱う」から「扱う物を査定する」，さらに「それに査定額をつける」と意味が変化しながらフランス語 taxer を経て中英語 taxen（通行料・罰金などの額を査定する）として借入されて，tax（税；課税する）が成立した。〈taxi, taste 参照〉

なお，上記のラテン語 tegere, tect-（覆う）から直接もたらされた英語はないが，de-（…から離れて）がついたラテン語 detegere, detect-（覆いをのける）は detect（看破する，犯罪捜査に当たる）の語源である。その形容詞形は detective（探知する，探偵の）であるが，名詞としては「探偵」である。ちなみに，最初の架空の detective（探偵）はポー（E. A. Poe, 1809-49）の作品中のデュパン（Chevalier Auguste Dupin）であるが，さらに英国の作家テイラー（Tom Taylor, 1817-80）のホークショー（Hawkshaw），ドイル（Arthur Conan Doyle, 1859-1930）のシャーロック・ホームズ（Sherlock Holmes）などの多くの子孫が生まれている。

deckle-edge [dékledʒ]《特に手漉き紙の未裁断のぎざぎざの》へり
→ deck

decline [dikláin] 断る，傾く；衰え
→ climate

declivity [diklívəti] 下り坂
→ climate

decoy [dikɔ́i] おびき寄せる；[díːkɔi]《カモなどをおびき寄せるための》デコイ，おとり

この語の語源についてはいくつかの説があり，今も論争が続いている。一つの説は，ラテン語 quietus（平静な――quiet〔静かな，控えめな〕の語源――）から派生した coy（恥ずかしそうな，引っ込みがちな）に，ラテン語 de（…から離れて）がついたもので，「静かにしているものから（獲物を）手に入れる」ことを表したとするものである。同じ語源の言葉に，現在は廃語であるが acoie, acoy（静かな）がある。

一方 decoy の -coy が，オランダ語 kooi（《野鳥を捕らえるための》籠）から借入されたとする説も有力である。こちらの語源はラテン語 cavea（空洞，籠）〈cabal 参照〉である。その場合，de- は，オランダ語の冠詞 de であるか，duck-kooi（カモの籠）の duck が変化したと考えられる。前者の説を採る学者は，acoy は quack-kooi（生きたカモ）の省略形であろうと主張する。野性のカモをおびき寄せるために訓練されたカモを使う地域もあり，それは a *coy* duck と言う。

「自分に関心を引くために物静かに振る舞うかわい子ちゃん」（a *coy* darling）のことを話題にするが，decoy はまさに「罠」である。

dedicate [dédikèit] 捧げる，献呈する
→ verdict

deduction [didʌ́kʃən] 差引き，推理，【論理学】演繹法

→ duke

deem [díːm] 考える，思う
　この語はゲルマン諸語に共通で，古英語では doeman, deman（判断する，裁決する），古高地ドイツ語では tuomen で，同系語に doom（運命）がある〈dome 参照〉。deem の原義は「判決を出す」であり，「見積もる」「判断する」「意見を形成する」と意味が変化した。しかし doom には恐ろしい「破滅，罪の宣告」の意味が今も残っている。

deep [díːp] 深い，難解な；深み
　→ turtle

deer [díə*r*] シカ
　→ treacle, beast

defalcate [difǽlkeit]【法律】公金を使い込む，横領する
　科学用語 falculate（【生物学】鎌状の）は，ラテン語 falx, falc-（大鎌）の指小形 falculus（小鎌の）から派生し，原義を今日も維持している。だが defalcate の語源は，ラテン語接頭辞 de（…から下へ，…から離れて）と falcare, falcat-（切る）からなる後期ラテン語 defalcare, defalcat-（鎌で切り取る）である。比喩的に，主人の財産を「減らす」不誠実な召使いに用いられるようになり，その意味が一般化して他人の金を「着服する」となった。

defeat [difíːt] 負かす，破る；敗北
　この語の語源は，ラテン語 dis（…から離れて，反対に）と facere, fact-（なす，作る）からなる後期ラテン語 diffacere, diffeci, diffect- であり，古フランス語 defaire（バラバラにする）の過去分詞 defeit, defait（壊れた）を経て，文字通り「損なう，壊す」の意味で中英語に借入された。
　ところでラテン語 facere, fact- は最も多産な言葉の一つである。このラテン語の過去分詞 fact- から派生した fact（事実）の原義は「なされたこと」である。名詞形 factio, faction-（すること，党派）が語源の faction（派閥）は，初めは「行為，活動」を意味したが，ローマ時代の戦車競争のための「請負団」，さらに意味が拡大し「一団，党派」を意味するようになった。いずれも当初から目的を達成するために無節操な手段を用いるという意味合いを含んでいた。〈fiction については faint 参照〉

同じ動詞から派生したラテン語形容詞 facilis（容易な）は，facile（容易な：〔原義〕実行可能な〔*feasible*〕）の語源である。またラテン語 facilis から派生した名詞 facilitas, facilitat-（容易）は facility（容易さ，設備）の語源である。
　factor（要素）は動詞 facere, fact-（なす，作る）から派生したラテン語 factor（作る人，行為者）が語源で，ビジネスにおいては他人に代わって「実務，業務（*affairs*）をする人，代理業者」「何かをなすのに役立つことがら，因子」「権力の座に押し上げる要因」，数学では「因数」などの意味に使われる。
　faculty は，上記のラテン語 facilis（容易）から派生した facultas, facultat- が語源で，原義の「何かをする力」から意味が拡大して，「できること，能力」「専門分野，学部」「学部の教授陣」の意味で使われる。
　またラテン語 facere, feci, fact-（なす，作る）は多くの合成語を作る。例えば，affect（影響する）〈同項参照〉の原義は「…に対してする」や，effect（結果）は強調的で原義は「なされたこと，結果」である。また confectionery（菓子類）〈同項参照〉，defect（欠陥），disinfect（消毒する），efficient（効率的な：〔原義〕うまく作り出すもの——ラテン語現在分詞 efficiens, efficient- から派生——），infect（伝染する），perfect（完全な：〔原義〕やりぬく），prefect（長官，《学寮の》風紀委員），refection（気晴らし，軽い食事：〔原義〕作り直す，元に返す）などもある。
　suffice（満足させる），profit（利益），affair（仕事：〔原義〕…に対してなされたこと），benefit（利益，利得：〔原義〕うまくなされた），counterfeit（偽造の），fit（ピタリの：〔原義〕うまく作られた），forfeit（没収）などはラテン語 facere からフランス語 faire, fait（作る）を経て派生した。satisfaction（満足）の satis- はラテン語 satis（十分に）が語源で，rarefaction（希薄）の rare- はラテン語 rarus（薄い）が語源であるが，このような合成語は他にも数多く見られる。さらに fashion（流儀，流行）はラテン語 factio, faction-

（行為，作ること）が語源で，faction（派閥）の二重語である。英語 factotum（雑働き）はラテン語 fac（facere の命令形）と totum（すべて）とからなる言葉で，意味は「何でも屋」（Jack-of-all-trades）である。malfeasance（背任行為）は，聖職者の場合はローマ教皇（pontiff）〈同項参照〉の裁定を仰ぐことになるが，語源は古フランス語 malfaire（悪事をする）の現在分詞 malfaisant で，mal- の語源はラテン語 malus（悪い）である。

なお，fabric（織物，構造）や fabricate（製作する）は，ラテン語 fabrica（仕事場，工場）が語源であるが，このラテン語は faber, fabr-（職人，鍛冶屋）にさかのぼり，さらに古くは facber（作ることができる人）であったと考えられる。古フランス語 fabrica, faurca を経て借入されたのが forge（鍛冶場）である。なお，to *forge* ahead（漸進する）における forge（徐々に進む，急にスピードを上げる）は force（押し進める）の訛ったもので，語源はラテン語 fortis（強い）から派生した後期ラテン語 fortia（力）である。〈saxophone 参照〉

ラテン語 facere（なす，作る）に接頭辞がつくと，-ficare とか -ficere となる。英語の -fication で終わる言葉はすべてここから派生したものである。classification（分類，分類すること）〈class 参照〉や vitrification（ガラス化）などがその例である。また上記の -ficare からフランス語 -fier を経て生まれた動詞形成接尾辞 -fy（…化する）によって amplify（【電気】増幅する）や vivify（生き生きさせる），pacify（静める――ラテン語 pax, paci-〔平安〕より派生――）〈propaganda 参照〉などが成立した。さらに，同ラテン語 -ficere, -fic-（…化する――フランス語の語尾 -fique――）から派生した英語の語尾 -fice, -fic- を持つ言葉には，artifice（技巧）や orifice（開口部――ラテン語 or-〔口〕――）〈inexorable 参照〉，soporific（催眠の――ラテン語 sopor〔眠り〕――），honorific（栄誉ある），office（任務，事務所――ラテン語 opus〔仕事〕が語源――）などがある。ちなみに office の原義は，the *office of sheriff*（保安官の地位・任務）のように「なすべき仕事」であるが，sheriff's *office*（保安官事務所）のように「仕事場」を意味するようになった。なお，ラテン語 opus の複数形 opera は英語 opera（オペラ，歌劇）の語源である。

ラテン語 facere, fact-（なす，作る）が語源の言葉は他にも何百もあるが，それらの例をあげることは十分（*sufficient*）というよりも飽食（*surfeit*）と言うべきである。

ところで，defeat（征服，敗北）は，feature（形，容貌――ラテン語 factura〔作られるべきもの〕から，古フランス語 faiture を経て借入――）ではないとしても，feat（功績，偉業――ラテン語 factum〔なされたこと〕が語源――）の一つであることは確かである。

defect [difékt] 欠点，短所；離脱する
　→ defeat
defence [diféns] 防御，防衛
　→ plot
defer [difə́:r] 延期する，延びる
　→ suffer
defile [difáil] 汚す，神聖さを汚す；峡谷
　→ fylfot
define [difáin] 定義する，定める，明らかにする
　→ finance
deflate [difléit] 空気を抜く，【経済学】デフレにする
　→ flamingo
deform [difɔ́:rm] 変形させる，損なう，デフォルメする
　→ formula
defunct [difʌ́ŋkt] 消滅した，廃止された；故人
　→ sponge
degauss [di:gáus] 消磁する
　→ gauss
degenerate [didʒénərèit] 退歩する，堕落する；退化した
　→ racy
degrade [digréid] 格下げする，減らす，堕落する
　→ issue
degree [digrí:] 程度，等級，段階
　→ issue
deign [déin] 快く…する，もったいなくも…する，賜る
　→ supercilious

deist [díːst] 理神論者《神を創造者と認めるが，自然現象における神の介在や奇跡などを否定する思想家》
→ theology

dejected [didʒéktid] 落胆した，しょげている
→ wasp

Delaware [déləwèər] デラウェア
→ States

delay [diléi] 延ばす，ぐずぐずする；延期
→ suffer

delectable [diléktəbl] 非常においしい，楽しい；おいしい食べ物
→ delight

deliberate [dilíbərət] 慎重な，故意の；熟慮する
→ liberty

delicacy [délikəsi] 優美さ，繊細さ，か弱さ
→ delight

delicious [dilíʃəs] 実においしい，とても気持ちの良い
→ delight

delight [diláit] 大喜び，楽しみ；大喜びさせる

この語の語源はラテン語 delicere, delect-(誘惑する，引きつける)の反復形 delectare, delectat-(味わう，楽しむ)であり，古フランス語 deliter, delitier (喜ばす)を経て中英語 deliten として借入された。今日の綴り delight の -gh- は，中英語 deliten の -i- が長音であり，またおそらく輝くような楽しさをもたらす光(light)との連想から誤って加えられた。

delectable (非常においしい) の語源は，上記のラテン語 delectare, delectat-から派生したラテン語形容詞 delectabilis (楽しむべき)であり，また delicious (おいしい)は，ラテン語 deliciae (快楽)からフランス語 délice (喜び : *delicacy*)を経て借入された。

ところでラテン語 delicere, delect-(誘惑する，引きつける)の語源については2通りが考えられる。その一つはラテン語 de (下へ) と lacere (罠にかける，おびき寄せる)からなるとする説である。ちなみにラテン語 lacere から派生した名詞 laqueus (罠)が，後期ラテン語 laceus, スペイン語 lazo を経て借入されて lasso (投げなわ)となった。また，この後期ラテン語 laceus から派生した後期ラテン語 lacium から，古フランス語 laz, lac を経て中英語 las, lace (罠，ひも)として借入されたのが lace (レース)である。したがって lasso と lace は二重語である。

他の一つは，de と lingere, li(n)ct- (なめる : *lick*)からラテン語 delicere が成立し，「なめ尽す」から「味わう」「楽しむ」と意味が移転したとする説である。だれもが生まれて初めて味わう *lacteal* fluid (乳汁)や，*lactic* acid (乳酸) も同語源ではないかと考えられる。

ところで「天の川」を英語で the *lacteous* circle と言うが，言い換えると the Milky Way, the Galaxy である。Galaxy の語源は，gala, galakt- (ミルク)から派生したギリシア語 galaxias (乳白色の川)で，このギリシア語はラテン語 lac, lact- (ミルク)と同族語である。なお，ラテン語 delicere, delect- (誘惑する)と，legere, lect- (選び出す)から派生したラテン語 deligere, delect- (採集する)と混同してはならない。〈legible 参照〉

最後に，*latch*-key (掛け金の鍵)は最近ではバネ式になっているが，latch は元来「輪なわ」であった。指小形 latchet (《古語》靴ひも)は，上記のラテン語 lacere (罠にかける)から後期ラテン語 laciare (誘う，おびき寄せる)，古フランス語 lachet を経て借入された。

Delilah [diláilə] 【旧約聖書】デリラ《恋人サムソンを欺いてペリシテ人に引き渡した》
→ Achilles tendon

delirium [dilíəriəm] 一時的錯乱，うわごと，ひどい興奮状態

変わったものは恐れられ，憎まれ，さもなくば狂っていると思われることが多い。スペイン語 novedad (珍しさ，新しさ〔novelty〕)は，一般に英語 danger (危険)と類義である。人が軌道やしきたりから外れると，正気を失ったに違いないと少なくともローマ人は考えた。そこで彼らは de (…から離れて) と lira (あぜ，畝)からラテン語 delirium (錯乱，狂気)を造った。このような考え方にこそ世界平和に対する最大の障害の一因がある。

ところで，このラテン語 delirium にラ

テン語 tremere（震える）の現在分詞 tremens をつけて，アルコール中毒患者の症状である震えや幻覚を delirium tremens（【医学】振顫(ﾚﾝｾﾝ)譫妄(ｾﾝﾓｳ)）と言う。なお，同ラテン語 tremere の動詞状形容詞 tremendus（びくびくした）から借入された tremendous（すさまじい，巨大な）は，恐怖心から，恐怖心を引き起こすものについて語る言葉になった。またラテン語 tremere から派生した形容詞 tremulus（震えている）が直接借入されて tremulous（震える）が，イタリア語 tremolo（【音楽】トレモロ）を経て tremolo（トレモロ）が，さらに同ラテン語動詞から派生した名詞 tremor（震動）が借入されて tremor（揺れ，震動）となった。ラテン語形容詞 tremulus から派生した後期ラテン語 tremulare（震える）からは，フランス語 trembler（震える），さらに英語 tremble（震える）が成立した。

人は喜びによって有頂天（*delirious*）になるものであるが，delirious と delight（大喜び）〈同項参照〉には語源的関係はない。

delphic [délfik] デルポイの，アポロの，あいまいな
 → dauphin

deluge [délu:dʒ] 大洪水，殺到；水浸しになる
 → ante-, lotion

demagogue [déməgàg] 扇動政治家；大衆を扇動する
 → pedagogue

demand [dimǽnd] 要求する，尋ねる；要求
 → command

demean [dimí:n] 品位を下げる，身を落とす，振る舞う
 → mean

demeanor [dimí:nər] 振る舞い，行い，態度
 → mean

demesne [diméin]【法律】占有，私有地，領土
 → mean

demi- [démi-] 半，小，部分的 …
 → semi-

demijohn [démidʒàn] デミジョン《5 から45リットル入りの籠入り細首大びん》この語は，half a johnny（ジョニー〔John の愛称〕の半分）とは関係なく，フランス語 dame-jeanne（Lady Jane：ジェイン奥様）が変化したものである。これに相当するスペイン語は damajuana，イタリア語は damigiana であるが，その発祥がどの言語なのかはわからない。ガラス容器の生産で有名なペルシアの町 Damaghan（ダマガン）が訛って成立した可能性もある。だが，酒やその入れ物について多くの名前を作り出した船乗りたちが，その形からふくよかな貴婦人の姿をイメージし，ユーモアを込めて Dame Jeanne と呼んだのが始まりであろうと考えられる。

また17世紀に家庭でよく使われた bellarmine（ベラルミン）は，ひげ面の顔がついた，細首の大型のジョッキであり，イタリアの枢機卿ベラルミーノ（Roberto Cardinal Bellarmino, 1542-1621）に由来する。オランダのプロテスタントたちが，ベラルミーノの俗物性を風刺して作ったジョッキが始まりである。

船乗りの飲み物として知られるグロッグ（grog）は，水または湯で割ったラムやリキュールのことで，絹と毛の交織の布（grogram）で作った外套を着ていた英国海軍大将ヴァーノン（Edward Vernon, 1684-1757）のニックネーム Old Grog に由来する。彼は1740年8月にラム酒を水で割って飲むべしとの命令を部下に出したので，この水割りラム酒に grog の名がついた。しかし，このように薄めたグロッグ（grog）から，酒に酔ったことを意味する groggy（グロッキー）が生まれた。今日この語は，疲労などのために人や馬の足元がふらつくさまを表す。

なお grogram（絹毛混紡の織物，グログラム）は古くは grograin と綴り，語源はフランス語 gros grain（グログラン，荒い繊維〔coarse grain〕）である。

democracy [dimákrəsi] 民主主義，民主制，民主政治

接尾辞 -cracy は，kratos（強さ）から kratein（治める）を経て派生したギリシア語 kratia（権力，支配）が語源であり，「…による政治」という意味に使われる。この kratia にギリシア語 aristos（最善の）をつけた aristokratia から aristocracy（貴族政治），ギリシア語 ploutos（富）をつけた plutokratia から plutocracy（金権政治）が派生した。なお bureaucracy（官僚政治）の bureau- はフランス語 bureau（事務机）から借入されたもので，このフランス語はギリシア語 pyrros（緋色：*purple*）から，ラテン語 burrus（赤色），古フランス語 bure（赤褐色の粗紡毛織），その指小語 burel を経て成立した。昔の事務机にはそのような布がかけてあった。ちなみに red tape（官僚的形式主義；お役所的）は，英国で官庁の公文書を赤いひもで結んだことから生まれた表現で，*bureaucratic* red tape（官庁の煩雑な手続き）とか形容詞として *red-tape* system（複雑な官庁の組織や慣行）というように使われるが，上記ギリシア語 pyrros とは語源的に関係がない。

また democracy の demo- の語源はギリシア語 demos（地方，民衆）である。同ギリシア語の同族語はサンスクリット語 de-（分ける）にまでさかのぼることができ，本来は古代ギリシアの地方や部族の区域・区分を意味する言葉として使われた。
〈pedagogue 参照〉

Demogorgon [dìːmougɔ́ːrgn] 魔王
→ demon

demon [díːmən] 悪魔，悪魔のような人，精力家

　この語の語源は，ギリシア語 daimon（神霊）ないしはその指小語 daimonion（守護霊）である。最初，故人となったギリシアの英雄の霊を含む，神と人間の間に位する「半神」という意味に使われた。唯一絶対神を信じるユダヤ人，また後にキリスト教徒にとっては，それらがすべて demons（悪霊，悪魔）とされたことから，ギリシアの英雄の霊は，人を苦しめる悪霊と区別して daemon とか daimon と綴ることがよくある。

　demon は多くの複合語を持つ。demonology（悪魔学），demonomachy（悪魔との戦い——ギリシア語 makhia〔戦闘〕——），demonifuge（魔除け）がその一例である。ちなみに，ここの -fuge の語源はラテン語 fugere（逃亡する）で，英語 febrifuge（解熱剤）とか fugitive（逃亡者）〈devil 参照〉などは同語源である。

　ところで怪物の Demogorgon（デモゴルゴン，魔王《冥府の鬼神あるいは原始の創造神》）の語源は，demon, daemon の demo- と関係づける説もあるが，むしろギリシア語 demos（人々）と gorgos（恐ろしい）から造られたと考えられる。Demogorgon は魔術的儀式によって冥府から呼び出される霊であり，ボッカチオ（Giovanni Boccaccio, 1313-75）の *Genealogia Deorum*：『異教神の系譜』(1350-75 年) によって一般に知られるようになった。ちなみに Gorgons（ゴルゴン）は，ヘビの頭髪を持つギリシア神話の怪物姉妹である。その中のメドゥーサ（Medusa）の頭はアテナ女神の胸鎧（アイギス：aegis）を飾ることになった。

demonstrate [démənstrèit] 論証する，示威行為をする；論証
→ monster

den [dén] 巣穴，洞穴，《書斎などの》こじんまりした私室

　denizen（居留者）は巣穴（den）に住む人ではない。大昔は囲われている土地の外はすべて森であったが，ラテン語 foris は「外に」を意味する言葉であり，これが forest（森）の語源となった。またラテン語 foris に形容詞形成語尾 -aneus（フランス語 -ain）がついて，foreign（外国の）が派生した。そして，囲いの内なる住人を意味する上記の denizen はラテン語 de intus（中に，中から）に -aneus がついて foreign と同じように変化したものである。〈door 参照〉

　さて，den の語源は古英語 denn（巣，洞穴）であり，それは「野獣の巣穴」のことであり，denizen's home（居住者の住まい）の反意語と言える。今日ではあまり使われない dean, dene（《幅が狭く樹木が茂る》谷）は，den と同語源である。

　大学や教会の dean（学部長，主席司祭）は，かつては軍隊の「10人部隊長」をも指し，語源はラテン語 decem (10)〈decay 参照〉から派生した decanum（10人の長，司祭長）で，古フランス語 deien（フランス語 doyen〔最年長者，首席司祭〕）を経て，中英語 deen, dene として借入された。ちなみに deacon（《カトリックの》助祭，《英国国教会の》執事）の語源はギリシア語 diakonos（召使い，神のしもべ）である。

dent [dént] へこみ，くぼみ；へこませる
→ indenture
dentist [déntəst] 歯科医，歯医者
→ east
dependent [dipéndənt] 頼っている，依存している；従属要素
→ aggravate
depict [dipíkt] 描く，描写する
→ arsenic, painter
depilatory [dipílətɔ̀ːri] 脱毛効果のある；脱毛剤
→ pluck
deponent [dipóunənt]【法律】供述人，証人
→ posthumous
deportment [dipɔ́ːrtmənt] 態度，振舞い，品行
→ port
deprive [dipráiv] 奪う，剥奪する
→ private
derby [dáːrbi] ダービー，大競馬，かかとの低いスポーツ靴
→ by-law
deride [diráid] あざける，あざ笑う

　私たちが笑うことができる対象を risible（笑わせる，ばかげた）という。語源はラテン語 ridere, ris-（笑う）から派生した形容詞 risibilis（笑うべき，おかしい）である。risibility（笑い性，笑い）は同ラテン語から派生した後期ラテン語 risibilitas（笑い性，笑う能力）が借入されたものである。

　だが「見下して笑う」場合は deride（あざ笑う）という。語源は，de（下へ）と ridere からなるラテン語 deridere, deris-（笑いものにする）である。同ラテン語の過去分詞から derisive（嘲笑に値する，嘲笑的な）が派生し，動作主を表す derisor（嘲笑者）から derisory（ばかにしたくなる，嘲笑的な）が派生した。また同ラテン語 ridere（笑う）から派生した指小語 ridiculus（笑うべき）を経た形容詞 ridiculosus（滑稽な）は，ridiculous（ばかげた）の語源である。

　なお，スラングの to *ride* someone（だれかに乗る，性交する）はラテン語 ridere（笑う）とは関係なく，ロバを乗り回すことから生まれた比喩的表現である。〈riding 参照〉

derivation [dèrivéiʃən] 誘導，由来，派生
→ rival
derive [diráiv] 引き出す，由来する
→ rival
derogatory [dirágətɔ̀ːri] 傷つけるような，軽蔑的な

　語源は，de（下へ）と rogare（求める）からなるラテン語 derogare, derogat-（取り下げる：〔原義〕より少なく請求する）から派生した形容詞で，「軽んじる」，比喩的に「評価などを減らす」の意味に用いられるようになった。〈quaint 参照〉

derrick [dérik] デリック《船などへ貨物を吊り上げる起重機》；吊り上げる

　物を高く巻き上げるこの道具は，初め人間を吊り上げるのに使われた。17世紀の初め，オランダ人（Dutch）〈同項参照〉に対する軽蔑の意識がまだ残っていたころ，タイバーン刑務所（今日のハイド・パーク北東角のマーブルアーチ〔Marble Arch〕近く）の首吊り役人に Derrick（デリック）と呼ばれる者がいた。その名はオランダ人の典型的な名前であった。彼は特に多くの囚人の死刑を執行したか，あるいはひときわ体格の大きな人物であったと思われる。いずれにせよ，その名は「死刑執行用の道具」，さらに「物を吊り上げる機械一般」を指すようになった。

　ちなみに Derrick の短縮形 Dirk（ダーク）は，彼の犠牲者のこそ泥や錠前破りなどを指し，さらに，その類の連中が持ち歩くような「短剣，ナイフ」も dirk と呼ばれるようになった。

descend [disénd] 下る，下りになる，伝来する

　この語の原義は文字通り「はい降りる」である。語源は de（下へ）と scandere, scans-（よじ登る）からなるラテン語 descendere, descens-（下る，降りて来る）で，比喩的に「系統を引く，由来する」の意味となった。同ラテン語の現在分詞 descendans, descentant- は，descendant（子孫）の語源である。〈echelon 参照〉

　ascend（上がる，登る）は，ad〔as-〕（…に向かって）が scandere についたラテン語 ascendere, ascens-（上る，登る）が語源である。

　ウェルギリウス（Publius Vergilius

Maro, 70-19B.C.) の叙事詩 *Aeneis*：『アエネイス』(VI, 126) に Facilis descensus Averni. (Easy is the road to hell：冥界へ降りる道は容易なり) という有名な句があり、「悪へ通じる道は容易である」という意味の諺となっている。〈tavern 参照〉

describe [diskráib] 描写する；記述
→ shrine

desecrate [désikrèit] 冒瀆する, 神聖を汚す
→ anathema

desert [dézərt] 砂漠, [dizə́ːrt] 当然の報い；見捨てる
→ family

deserve [dizə́ːrv] 値する, 受けるに値する
→ family

desiderate [disídərèit] 熱望する
→ desire

desire [dizáiər] 強く望む；願望, 欲望
俳優願望の若者がむなしくスターを夢見ている (to *moon* upon a star) 姿を, desire の語源はよく捉えている。この語は, ラテン語 de (…から離れて) と sidus, sider- (星, 星座) とからなるからである。ラテン語 desiderare, desiderat- (こがれる, 欠乏を嘆く) は「幸運の星から離れている」の意味に使われた。このラテン語から直接借入された desiderate (熱望する) は, 今日では堅苦しい言葉となっているが, スターへの夢に取りつかれた若者の姿をほうふつとさせる。一方, 上記ラテン語 desiderare, desiderat- は古フランス語 desidrer, desirrer (——フランス語 desirer〔望む〕——) を経て借入され, desire (強く望む) となった。〈consider 参照〉

したがって "the *desire* of the moth for the star"「星を求める蛾のあこがれ」《シェリー (Percy Bysshe Shelley, 1792-1822) の1821年の詩 "To—"：「ある人に」の一節》における desire には, 光に誘引されること以上に「たとえ身を焼き破滅につながろうとも, 不可能なことを希求せずにはいられない情熱」の比喩に使われる。

なお, moon を上記のように「夢見心地で考える」の意味で使うのは, honeymoon (蜜月) や moonstruck (ぽうっとなった, 気が狂った) などの用法が重なり合ったことによる〈pants 参照〉。moon (月) はゲルマン諸語に共通な言葉で, アングロサクソン語では mona である。〈month 参照〉

despair [dispéər] 絶望, 絶望の種；する
→ desperado

despatch [dispǽtʃ] 急送する；派遣, 速達便
→ dispatch

desperado [dèspəráːdou]《特に米国開拓時代の》無法者, ならず者
追い詰められたネズミ (窮鼠) は, 逃げ出せないとわかると戦う。ここには絶望 (*despair*) の持つ激烈さがある。desperado は, 古スペイン語 desperar (絶望する) の過去分詞から借入された。語源は de (…から離れて, …が無い) と, spes, sper- (希望) の動詞 sperare, sperat- (希望する) とからなるラテン語 desperare, desperat- (希望がない) である。過去分詞 desperat- は desperate (絶望的な) の語源である。「希望」を意味するラテン語 spes がすべてこのように否定的言葉となって今日に伝わっているのは人間の希望の悲しい側面を反映したものである。

ところで hope (希望) は比較的新しい言葉で, 語源は古英語 hopian (希望する) であり, それ以前にさかのぼることは難しい。なお, forlorn *hope* (はかない望み, 暴挙,《古語》決死隊) における hope は, 元来「希望」の hope とは語源的には関係がない。この表現は, 死ぬ覚悟で突破口を開く部隊を表すオランダ語 verloren hoop (先遣襲撃隊, 斥候：〔原義〕失われた部隊：lost *heap*) からの借入で, オランダ語 hoop と英語 hope が混同されたと考えられる。

despondent [dispándənt] 元気のない, 意気消沈した
→ spouse

despot [déspət] 専制君主, 暴君
→ husband

dessert [dizə́ːrt] デザート
→ family

destine [déstin] 運命にある, …行きである, 充当する
→ season

destiny [déstəni] 運命, 宿命
→ season

destitute [déstit(j)ùːt] 極貧の, 欠いてい

destroy [distrói] 破壊する，滅ぼす

ラテン語 struere, struct- の意味は「積み上げる」である。この語はゲルマン諸語に共通の strew（まき散らす）と正反対の意味である。strew の語源であるアングロサクソン語 strewian（まき散らす）は，馬小屋などにまき散らされる streow, streaw（わら，干草――straw〔わら〕の語源――）と同根語である。

いろいろな物を一緒に集めてまとめて積み上げる時には，construct（組み立てる，建設する）を使い，2 と 2 を足すように特にあれこれ考え合わせるような場合には construe（結びつける，解釈する）を用いる。両語とも語源はラテン語 contruere, contruct-（積み重ねる）である。

「積み上げる」と逆の過程を表すラテン語は，de（下へ，…から離れて）と struere, struct-（積み上げる）からなる destruere, destruct-（取り壊す）であり，これから派生した後期ラテン語 destrugere, 古フランス語 destruire を経て借入されたのが destroy（破壊する）である。古代の都トロイに降りかかったような建物の破壊の過程と結果が destruction（破壊，滅亡）である。

私たちの社会の「構造」などを意味する structure 以外に，同ラテン語 struere, struct-（積み上げる）から instruct（教える），obstruct（妨害する：〔原義〕邪魔するために積む），instrument（道具，器具――語源はラテン語 instrumentum〔築くためのもの〕――），industry（勤勉）なども派生した。ちなみに industry の語源は，indu-（内に――in- の古形――）と，動詞 struere（積み重ねる）から派生した struua, stria からなるラテン語 industria（勤勉）で，原義は「内側に築くこと」である。industry から industrialism（産業主義，工業主義）が派生したが，産業主義はもちろん不滅（*indestructible*）ではない。

ところで，instruction（教えること）の原義は「内に積むこと」であるが，この言葉は education（教育）と反対の教育理論に立脚すると言える。education の語源は，e-（ex：外へ）と ducere, duct-（導く）とからなるラテン語 educare, educat-（引き出す，育てる）から派生した名詞 educatio, education-（養育，教育）である〈duke, doctor 参照〉。すなわち，instruction が「内に情報を詰め込む」のに対して education は「才能を外へ導き出す」という考えである。前者はむちを使うことを惜しまず，後者（education）を台無しにする（*destroy*）可能性がある。

destruction [distrʌ́kʃən] 破壊，破壊手段
→ destroy

desuetude [déswit(j)ùːd] 廃止，廃絶
→ mastiff

desultory [désəltɔ̀ːri] とりとめのない，散漫な
→ somersault

detach [ditǽtʃ] 引き離す，分離する
→ attack, deck

detect [ditékt] 見つける，犯罪捜査に当たる
→ deck

detective [ditéktiv] 探偵，刑事；探偵の
→ deck

deter [ditə́ːr] 思いとどまらせる，防ぐ
→ terse

detergent [ditə́ːrdʒənt] 洗剤；洗浄性の
→ terse

determine [ditə́ːrmin] 決心する，定める，決定する

termination は「終了，終結」を意味し，term は必ず終わりがある「期間」を意味する。terminal（最後の；終点）は，元来形容詞で，今もどちらかと言えば形容詞として使われることが多い。英語 terminus（終点，末端）は，ラテン語名詞 terminus（境界，限界）から直接に借入された言葉であり，このラテン語の動詞は terminare, terminat-（境界を定める，終える）である。

また，term（期間，用語）は，上記ラテン語 terminus の対格形 terminum から古フランス語 terme（期限，限界）を経て借入された。「限界」という意味から，*term* of office（任期），*term* of imprisonment（刑期）のような用法が生まれ，また条件を「限定」することから the *terms* of agreement（合意条件）のような用法が生まれた。さらに *a term* of reproach（非

難の言葉）のように「見解の明確化」（the defining of the idea）の意味に用いられ、ここから terminology（専門用語）も派生した。ちなみに define（定義する）における -fine の語源は、ラテン語 finis（領土の境界、終わり）である。〈finance 参照〉

さて determine の語源は、de（…から離れて、はっきり）と terminus（限界、結末）とからなるラテン語 determinare, determinat-（境界を定める）であり、原義は「何かの範囲や限界を定める」である。例えば、私たちが何かをしようと決意する時に determine を用い、運命の力に対する人間の自由意志の力の限界を主張する説を determinism（【哲学】決定論）と言う。predetermined（あらかじめ決められた、予定された）は determine の原義を踏襲している。extermination（根絶、死滅）は後期ラテン語 exterminare, exterminat-（境界の外に追い出す）から派生した。生まれたものに必ず起こる。死滅がなければ存在は限りなく続き（interminable）、退屈なものになるだろう。

detest [ditést] ひどく嫌う、憎む
→ test

detour [díːtuər] 遠回り、迂回；回り道をする
→ attorney

detract [ditrǽkt]《注意を》そらす、損なう、減じる
→ distraction

detriment [détrəmənt] 損害、損失、損害の原因
→ terse

detritus [ditráitəs]【地学】岩屑(がんせつ)、岩石の破片
→ terse

deuce [d(j)úːs]《トランプの》2の札、《テニスなどの》デュース、悪運

この言葉はしばしば不運を表すのに使われる。2個投げのさいころで2は一番低い数である。『創世記』（1：6-8）で、2日目の仕事を他の日のように「見て、よしとされた」となっていない。多くの民族や宗派、例えば古代ギリシアのピタゴラス派の場合、1、すなわち unit（一つの物、1個）を善の原理とし、2、すなわち duad（一対、2個1組）を悪の原理と考えた。

したがって、ラテン語 duo（2）の対格形 duos、古フランス語 deus、フランス語 deux を経て借入された deuce は、「悪魔」の婉曲表現として用いられるようになった。これと似た発音のノルマンフランス語 deus は「神」と「悪魔」の双方を意味した。

ところで、テニスなどにおける deuce（デュース）は、審判が「連続2ポイントでゲーム終了」の意味で告げるフランス語 à *deux* de jeu（two to play：あと2ポイント）の deux からの借入である。

devastate [dévəstèit] 荒らす、打ちのめす
→ waist

develop [divéləp] 発達させる、展開する、開発する

develop の語幹 -velop は、ラテン語 volvere, volut-（《巻物などを》ころがす——英語 revolve〔回転させる〕が派生——）〈volume 参照〉と同語源ではないかと考えられる。このラテン語から変化した古フランス語 veloper（包む：to wrap）に、ラテン語 dis-, des-（…から離れて）から変化した des-, de- を加えて develop（〔原義〕解く、ほどく）が派生したというわけである。今日では主に比喩的に「《物事の可能性を》開く」という意味に用いられる。

また、en（…の中に）と veloper（包む）から派生した古フランス語 envelope（巻き込む、くるむ）を経て成立した envelop(e)（封筒）は、物を「包み込む、くるむ」ためのものである。ところで wrap（包む）は、古くは wlap であり究極的な語源は不明であるが、この wlap が上記のラテン語 volvere から古フランス語 veloper への展開（*development*）に影響を与えた可能性が考えられる。

deviate [díːvièit] それる、はずれる、逸脱させる
→ vacuum

device [diváis] 装置、仕掛け、工夫
→ improvised

devil [dévl] 悪魔、極悪人；いじめる

昔の最大の罪悪はどうも中傷だったらしい。devil は古英語で dēofol であり、ギリシア語 diaballein（中傷する：〔原義〕投げつける）から派生した diabolos（中傷者——diabolic〔悪魔のような〕が派生

——）が語源である。

diabolifuge（魔除け）は，ラテン語 fugare, fugat-（追い出す）が語源の febrifuge（解熱剤）に似せて，米国詩人ホームズ（Oliver Wendell Holmes, 1809-94）が造語した。ちなみに refuge（避難——re- はラテン語 re〔後ろへ，逆らって〕——）や fugitive（逃亡者）は，同根のラテン語 fugere, fugit-（逃亡する）から派生した。また同ラテン語 fugere からフランス語 réfugié を経て借入された refugee（逃亡者，難民）は，初めは新教徒に信仰上・政治上の自由を一部認めた「ナントの勅令」（Edict of Nantes, 1598 年）の廃棄（1685年）によってイングランドに逃れたフランス新教徒ユグノーを指した。彼らにはその廃棄は悪魔（devil）が解き放たれたような出来事だった。それは亡命者にありがちな見解でもあり，亡命者たちは devil とは do-evil（悪事をなす）の短縮形であるとする民間語源説を好むものである。〈demon, Satan 参照〉

devolve [divάlv] 譲り渡す，委譲する，移る
→ volume

devote [divóut] 捧げる，奉納する
→ vote

devour [divάuər] むさぼり食う，がつがつ食う，滅ぼす
→ sarcophagus

dew [d(j)ú:] 露，しずく；湿らす

この語はゲルマン諸語に共通で，アングロサクソン語では deaw（露）である。原始ゲルマン語根は dauwo- で，同族語はサンスクリット語 dhav-（流れる）にまでさかのぼることができる。この言葉はしばしば，同じくゲルマン諸語に共通に存在する do（する）〈dome 参照〉との語呂合わせとして使われる。道路わきの宿屋の看板 "Dew Drop Inn"（「旅籠露のしずく」——《do drop in：立ち寄ってね》——）はその例である。〈inn 参照〉

dexterity [dekstérəti] 器用さ，巧妙さ，機敏さ

右手が好ましい意味を持つ理由はいろいろ考えられる。原始時代から人は左手で盾を持ち心臓を守ったのに対して，右手で武器や道具を使ったことがその理由の一つと考えられる。頼りになる右手の方が好ましいと思われるようになり，「器用な」（*dextrous, dexterous*）人物と言えば，右手をうまく使える人物である。dextrous はラテン語 dexter, dextr-（右の——ラテン語 dextra〔右手〕——）から派生し，dexterity は名詞形 dexteritas（容易，巧みなこと，繁栄）が語源である。その結果として左手は不吉な意味を持つことが多い。例えば，sinister（邪悪な，不吉な）はラテン語 sinister, sinistr-（左の，不吉な）が語源である。

ラテン語 dextr- は，dextrin（デキストリン，糊精《切手などの糊として使う》）や dextrose（ブドウ糖）のように，科学用語の結合形として使われる。それらは偏光波を右に回す性質から名づけられた。

dextrous と類義の adroit（器用な，機敏な）は，フランス語 à droit（右手で——《droit はラテン語 directum〔真っすぐな〕が語源》——）から借入された。フランス語 le droit の原義は「右」であり，「法律」という意味もある。一方，gauche（非社交的な，未熟な），gawk（気のきかない人），gawky（ぎこちない）などは，フランス語 gauche（左）から借入された。

英語でも *righthand* man（右腕，最も頼りになる人）とか *left-handed* compliment（うわべだけのお世辞）と言う。

ambidextrous（両手がきく，非常に器用な——ラテン語 ambi-〔両方の〕——）は，二つの右手，すなわち二つの利き手を持つ人を指す言葉である。野球で左投手をサウスポー（south-paw）と言うが，打者の目先を変える器用さから the *dexterity of a south-paw*（左利きの器用さ）という表現が使われることもある。

ところで，dexter（右の）は印欧語根 de-（指す）に由来し，left（左の）は，盾を持つ腕のような曲がりを表す印欧語根 le-（曲がった——ギリシャ語 laios〔左の〕，ラテン語 laevus〔左の〕は同語根から分出——）に由来するとする説がある。

さらに，左・右を意味する言葉としては，ヘブライ語 yamin（右），smoul（左），サンスクリット語 dakshina（右），savya（左），アイルランド語 deas（右），tuaidh（左）などがある。また右は「南」を，左は「北」を意味するが，太陽に向

かって，すなわち東に向いて祈ったことから生まれた意味ではないかと考えられる。ちなみにギリシア人は神々の住処は北にあると考えたので，その右側は東で，左は西であった。

dextrose [dékstrous] ブドウ糖
→ dexterity

dextrous [dékstrəs] 器用な，巧妙な
→ dexterity

di- [dai-] 二重の，**dia-** [dáiə-] …を通じて，…からなる，…を横切って
→ diabetes

diabetes [dàiəbíːtiːz] 糖尿病

diabetes は元は「サイフォン，吸い上げ管」という意味に用いられたが，多量の尿の排泄を伴う病名として古代においてすでに転用されていた。語源は，dia (…を通して) と bainein (行く，流れる) からなるギリシア語 diabainein (通り過ぎる，またぐ) の名詞 diabetes (通過するもの，コンパス，サイフォン) である。ちなみに，止むことのない大雨を celestial *diabetes* と言う。〈糖尿病の治療薬 (antidote) については island 参照〉

ギリシア語接頭辞 dia- (…を通して) は英語でも接頭辞として頻繁に使われる。dialect (方言) は dia- と legein, lekt- (話す) からなるギリシア語の名詞 dialektos (会話) が語源で，「特定の地方の言葉で話すこと」という意味であった。

dialogue (対話) も同じ dia- と logos (話) からなるギリシア語 dialogos (会話，対話) が語源であり，「話の交互のやりとり」という意味に使われた。diameter (直径) の語源はギリシア語 diametros (円を横切って測った) である。diapason (【音楽】和声，全音域) の -pason の語源は，ギリシア語 pan, pas- (すべて) の複数属格女性形 pason である。したがって原義は「音階の端から端まで」である。diaphragm (横隔膜) の -phragm は，ギリシア語 phrassein (柵をめぐらす) の名詞 phragma (柵) が語源である。横隔膜は身体の中央に張り渡された「フェンス」であり，意味が拡大してそのような仕切り一般の「隔膜，隔壁」についても使われる。

diathermy (【医学】ジアテルミー《高周波利用の温熱療法》) の原義は「熱を送る療法」で，-thermy は，ギリシア語 thermon (熱) が語源である。〈season 参照〉

心臓の systole (【生理学】心収縮——ギリシア語 sy- [syn-：共に] と，stellein [置く，送る] から派生した stole [置くこと] とからなる——) は，diastole (【生理学】心拡張) によってバランスが保たれている。

ギリシア語由来の dia- と混同されやすい接頭辞が二つある。一つはギリシア語 dis (2度，二重) から派生した di- で，disyllable (2音節語) や dichloride (二塩化物)，diploma (卒業[修了]証書) 〈同項参照〉などがある。この di- はラテン語起源の bi- (二重の) に対応し，bi- を持つ言葉に biceps (【解剖学】二頭筋) などがある〈achieve 参照〉。他の一つは，ラテン語 dis- (…から離れて) から派生した dis- とその短縮形 di- で，disappear (消える)，diminish (減らす)，dissection (切開，解剖) などがある。dissection は disection と綴られることがあり，-section はラテン語 secare, sect- (切る) が語源である。

なお，dichotomy (二分法) は，dikho- (二つに分けて——ギリシア語 di- [2度，二重] と同語源のギリシア語 dikha の結合形——) と，ギリシア語 tomos (切断——temnein [切る] から派生——) とからなる dikhotomia (二分すること) が語源である。〈anatomy 参照〉

diabolic [dàiəbálik] 悪魔の，魔性の
→ devil

dial [dáiəl] 《時計の》文字盤，ダイアル；電話をかける

この語は水時計 (water-*dial*) や日時計 (sun-*dial*) のように，1日の時刻を記すもので，ラテン語 dies (日) から diurnalis (毎日の)，後期ラテン語 dialis (毎日の) を経て借入された。

日時計については次のような，楽しいラテン語のモットーがしばしば引用される。

Non numero horas nisi serenas (私は晴れた時間だけを数える)

日時計について言えば文字通り真実を述べたものであるが，比喩的には，私たち自身の願望を表す。〈jury 参照〉

dialect [dáiəlèkt] 方言；方言の
→ diabetes

dialogue [dáiəlɔ̀(ː)g] 対話，話し合い；対話する
→ diabetes

diameter [daiǽmətər] 直径
→ diabetes

diamond [dáimənd] ダイアモンド；ダイアの；ダイアモンドのように輝く
　この宝石はその硬さから名づけられた。語源は，ラテン語 adamas（鋼鉄，鉄のような心――adamant〔非常に硬い，一徹な〕の語源――）が訛った後期ラテン語 diamas, diamant-（非常に硬い；ダイアモンド）である。ラテン語 adamas はギリシア語の否定接頭辞 a- と damaein（飼い馴らす：to tame）から派生した。
　スペンサー（Edmund Spenser, 1552-99）の *Faerie Queene*：『妖精の女王』(1, 6, 4)（1590, 96年）やミルトン（John Milton, 1608-74）の *Paradise Lost*：『楽園の喪失』(VI, 364)（1667年）に，"rock of diamond"（金剛石の岩）という表現があり，強固なもの（気持ち，敵など）を表すために diamond が使われた。
　ところで tame はゴート語 tamjan にさかのぼり，ラテン語 domare, domit-（支配する，馴らす――indomitable〔不屈の〕の語源――）や，ギリシア語 damazein（馴らす，支配する）と同族語である。したがって diamond の原義は「支配できない石」（stone *untamed*）ということになる。〈dome 参照〉

dianthus [daiǽnθəs] ナデシコ，ダイアンサス
→ flower

diapason [dàiəpéizn]【音楽】和声，旋律，全音域
→ diabetes

diaphanous [daiǽfənəs]《生地などが》半透明な，かすんだ，非現実的な
→ focus

diaphragm [dáiəfræm]【解剖学】横隔膜，隔壁；隔壁を取りつける
→ diabetes

diastole [daiǽstəliː]【生理学】心臓拡張〔期〕，音節延長
→ diabetes

diathermy [dàiəθə́ːrmi] 透熱療法〔装置〕，ジアテルミー
→ diabetes

dice [dáis] さいころ，さいころ遊び；さいころで遊ぶ
→ ninepins
　dice は die（さいころ）の複数形である。語源は，ラテン語 dare, dat-（与える）から派生した名詞 datum（与えられた物，贈り物）で，「運によって与えられた物」という意味に使われ，古フランス語 de を経て中英語 de, dee, dey として借入され，人気のあるゲームであった。〈sequin 参照〉

dichotomy [daikátəmi]【論理学】二分法，【生物学】二叉分枝
→ diabetes

dicker [díkər] 物々交換の取引をする，商談する；商談
　「商談する」という意味で dicker を用いるのは今日では俗語のような響きがある。しかし，「10, 10個一組，10枚の毛皮」の意味で dicker はかつて広く用いられていた。語源は，decem (10) から派生したラテン語 decuria（10の数，10人組）で，古代ローマ人は辺境の部族との商売における物々交換にあたって毛皮10枚を単位として品物の値段を決めた。この decuria は北ヨーロッパ諸言語に借入され，白人が新大陸に移住した時に，かつてのローマ人のようにインディアンの毛皮と物々交換をしたことから dicker は今日アメリカ的口語として「商談する」の意味に使われている。

dickey, dicky [díki] ディッキー《ワイシャツの代用で正装用》
　語源学者は人名がいかにして物の名前になったかを説明するのに苦労する。jack が「《俗語》金，ぜに」を意味するようになったような場合がその一例である。
　ところで dick（長い言葉）は，人名が起源ではなく，dictionary（辞書）の短縮形で，また "to make one's *dick*"（宣言する）の dick は declaration（宣言）の短縮形とされている。この他に dick に関しては由来を説明できない用法が正式な言葉やスラングを含めて1ダースほどある。ちなみに johnny はもちろん，jack については dick 以上に複雑である。
　さて dickey（飾り胸当て）は，ウエイターを金銭をかけずに正装らしい胸飾りをつけて立派に見せるためのものであるが，*dickey* bird（《幼児語》小鳥ちゃん）とは

関係がない。この礼装用の胸当ては，古くは tommy と呼ばれていて，大学生のスラングだった可能性があり，ギリシア語 tome（切断された部分，切り株）が語源ではないかと考えられる。〈insect 参照〉

また "in the reign of Queen Dick"（〔原義〕ディック女王の御世に）や "at the Greek Calends"（〔原義〕ギリシア暦の1日〔ついたち〕に）は「決して起こらない」"Never" という意味である。Dick は男の名前なので，Queen Dick はそもそも存在しないし，またラテン語 calendae（新月の日）が語源の calends（ついたち）は古代ローマ暦のものなので，Greek Calends はそもそも存在しなかったのである。

ところでラテン語 calare（呼ぶ，宣言する）は，マルクス（Karl Marx, 1818-83）の，経済は人の行動の基礎にある，という理論に力を与えるものである。同ラテン語 calare から calendae（新月の日——calends〔1日（ついたち）〕の語源——）が派生した。この日はその月の祝祭や行事の日程を厳粛に布告する日であり，また取引上の貸借を精算する日でもあった。calendar（カレンダー）の語源はラテン語 calendarium（暦）であるが，原義は「勘定帳」である。

intercalate（うるう日として暦に入れる，挿入する）の語源は，inter-（間に）と calare（布告する）とからなるラテン語 intercalare, intercalat-（挿入する，延ばす）が語源で「月と月の間に1日（または1月）を挿入する」が原義である。アウグストゥス帝（Augustus Caesar, 在位 27 B.C.-14 A.D.）が，August（8月）に1日を追加した例があるが，今日ではうるう年の2月に1日を追加する。

calendar と混同しやすい語が三つあり，その二つが calender（【機械】カレンダー《紙や布などの光沢機》）と calender（《トルコなどの》托鉢修道僧）で，もう一つは colander（水切りボウル）である。機械の calender の語源は，cylinder（シリンダー，円筒）の語源でもあるギリシア語 kylindros（軸，ろくろ——kylindrein〔回転する〕から派生——）であり，後期ラテン語 calundra を経て借入された。托鉢僧の calender の語源はペルシア語 qalander（物請いをする修道者）である。また，水切りボウルの colander, cullender の語源は，ラテン語 colare（濾過する：to strain）から派生した後期ラテン語 colatorium（濾過器，ストレーナー〔strainer〕）である。ところで，暦（calendar）にたえず気を使うというのはストレス（strain）がつのるものである。

Dictaphone [díktəfòun]【商標】ディクタフォン《速記用口述録音機》
→ verdict

dictate [díkteit] 書き取らせる，口述する；命令
→ verdict

diction [díkʃən] 用語の選択配列，言葉遣い，言い回し
→ jury, verdict

dictionary [díkʃənèri] 辞書，辞典
→ verdict

diddle [dídl] だます，《時間を》浪費する；詐欺
→ Appendix VI

die [dái] 死ぬ，枯死する；さいころ
→ sequin

differ [dífər] 違う，異なる
→ suffer

diffuse [difjúːz] 散らす，広める；広がった
→ futile

digest [daidʒést] 消化する，こなれる；[dáidʒest] 要約

digest は，di-（dis：…から離れて）と gerere, gest-（運ぶ）からなるラテン語 digerere, digest-（分配する，割り当てる）が語源で，ラテン語から直接借入された。最初は二つの意味「散らばす」と「仕分ける」に使われたが，後者の意味が有力となり，15世紀の中ごろには，「心の中で考えを仕分ける」の意味に，その後，消化吸収のために胃の中で「価値ある栄養物を仕分ける」の意味に使われるようになった。〈knick-knack, joke 参照〉

digit [dídʒit]《人の》指，アラビア数字
→ flower, prestige

digitalis [dìdʒitǽlis] ジギタリス，ジギタリス製剤《強心剤・利尿剤》
→ flower, prestige

dignity [dígnəti] 威厳，品位，高位
→ supercilious, under

digress [daigrés]《話や話題が》わき道にそれる
→ issue

dilapidated [dilǽpidèitid] 荒廃した，くずれかかった
→ lampoon

dilate [dailéit] 広げる，拡張する
→ suffer

dilatory [dílətɔ̀:ri] のろい，時間かせぎの
→ suffer

dilemma [dilémə] ジレンマ，窮地
→ diploma

diligent [dílidʒənt] 勤勉な，入念な
→ sacrifice

dim [dím] ほの暗い，かすんだ；曇らす
→ meticulous

dime [dáim]《米国・カナダの》10セント硬貨，ダイム
→ nickel

diminish [dimíniʃ] 減らす，少なくする，小さくなる
→ meticulous

dimity [díməti] 畝織綿布《ベッド・カーテン用など》
→ cloth

dine [dáin] 正餐をとる，ごちそうする
→ jejune

dinner [dínər] 正餐，ディナー，晩餐会
→ jejune

dinosaur [dáinəsɔ̀:r] 恐竜，時代遅れのもの

有史以前の生命の秘密を解き明かすものがいろいろと発掘されたころ，化石の骨から次第に明らかになりつつあった巨大な怪獣を目の当たりにした時の人々の興奮を，科学者はなんとかうまく表そうと努力した。イギリスの古生物学者オーエン卿 (Sir Richard Owen, 1804-92) は，そのいくつかの怪獣の名前を考え，1841年にその一つを，ギリシア語 deinos（恐ろしい）と sauros（トカゲ）から造った dinosaur（〔原義〕恐ろしいトカゲ）と命名した。また数年後，巨大な無翼鳥を dinornis（オオモア属の鳥：〔原義〕恐鳥）と命名したが，これはギリシア語 deinos と ornis（鳥——ornithology〔鳥類学〕の語源——）〈tavern 参照〉とからなる言葉である。しかし，それより10年前に古生物の総称語 dinothere, deinothere（恐獣）が，ギリシア語 deinos（恐ろしい）と therion（野獣）から造られていた。〈mastodon については indenture 参照〉

dip [díp] ちょっと浸す，浸る；ひと浴び
→ turtle

diphtheria [difθíəriə]【病理学】ジフテリア

この言葉は，患者ののどに皮革のような粘膜ができることから，フランスの内科医ブルトノー（Pierre Bretonneau, 1778-1862）がギリシア語 diphthera（皮革，皮膚）から造った病名である。ギリシア・ローマ神話によると，イダの山でヤギのアマルティア（Amalthea）が赤子のゼウスに乳を与えたが，ゼウスはそのヤギの皮 (diphthera) に人間の運命を書きつけた。

diploma [diplóumə] 資格免許状，卒業証書，公文書

今日大学卒業生は，1枚の紙（羊皮紙の場合もある）に書かれた卒業証書を受け取るが，初めは二つ折りにしたものであった。diploma は，diplous（二重の）から派生したギリシア語 diploma（二重になった物，二つに折った紙）が語源で，ラテン語 diploma（推薦状，旅券，特許状）を経て借入された。このような diploma を公務で携えている者が diplomat（外交官）であった。

ギリシア語 di-（二つの）と同族語の duo（二つの）と plicare, plicat-（たたむ）とからなるラテン語 duplicare, duplicat-（二つに重ねる，曲げる）は，duplicate（複製する；複製の），duplex（二重の，2倍の——*duplex* apartment〔上下2階で1世帯分をなすようにつくられているアパート〕のように使う——），duplicity（裏表があること，二枚舌）などの語源である。

double（2倍の）は，duo（二つの）と plere, plu-（満たす）からなるラテン語 duplus（二重の，2倍の）が語源で，古フランス語 doble, duble（フランス語 double）を経て借入された。また，doubt（疑う）の語源のラテン語 dubium（疑念）もラテン語 duo から派生した言葉で，二つの選択肢の間で決めかねていることを表しており，これはギリシア人が

dilemma（両義的命題）と呼びならわした事態である。こちらはギリシア語 di（二つの）と, lambanein（取る）から派生した lemma（命題, 前提）からなり, 英語 dilemma（ジレンマ, 両刀論法）の語源である。外交官（diplomat）が二枚舌（duplicity）を使うのは, ジレンマ（dilemma）に陥っている場合である。

なお, dupe（だまされやすい人；だます）はまったく異なった起源の言葉で, 擬音語起源のラテン語 upupa（ヤツガシラ：*hoopoe*）が語源で, 古英語 huppe（ヤツガシラ）を経て成立した。この鳥は間抜けであると考えられていた。

diplomat [díplərmæt] 外交官
→ diploma

dipsomania [dìpsəméiniə] 飲酒癖, アルコール中毒
→ drink, mania

direct [dərékt] 監督する；真っすぐな；直接に
→ royal

direction [dərékʃən] 指導, 方向, 使用法
→ royal

directoire [dìrektwá:*r*]【フランス史】総裁政府《フランス革命期（1795-99年）に存続》
→ royal

directory [dəréktəri] 住所氏名録, 訓令集；指揮の
→ royal

dirge [dá:*r*dʒ] 葬送歌, 哀歌, 葬儀
→ remnant

dirk [dá:*r*k]《スコットランド高地人の》短刀；短剣で刺す
→ derrick

dirt [dá:*r*t] 不潔なもの, 泥, 軽蔑すべき人

dirty（汚い）と soiled（汚れた）は類義語で, 異なった経路で一つの意味になった。

dirt は古北欧語 drit（糞便）から中英語 drit として借入された。糞便は「肥料」に使われることから「堆肥」「泥」, さらに「土」へと意味の変化が起こった。そこで今日では "good clean *dirt*"（《石ころ, 虫, 雑草などのない》良いきれいな土）という表現がある。

soil には二つ同音異語がある。第一の soil（土, 土壌）は, dirt（堆肥）を取り除くと現れる。ラテン語 solum（土台, 土）が語源で, 古フランス語 soul, suel, アングロフランス語 soil, soyl を経て借入された。第二の soil（汚す；汚れ）は古フランス語 suillier, soiller を経て中英語に借入された言葉である。イノシシなどが土の上で転げ回って体に土をつける様子を表したが,「汚れる」の意味になった。語源はラテン語 sus（豚）の指小辞形 suculus（子豚）から派生した後期ラテン語 suculare（汚す）で, 古フランス語 souiller（汚す）からアングロサクソン語 sylian（《泥, 砂, ぬかるみで》転げ回る, 汚す）として借入されて sully（汚す, 汚れ）となり, アングロサクソン語 sol（動物が転げ回る所, 泥溜まり）を経て soil（汚す；汚れ）となった。

disabuse [dìsəbjú:z]《人の》迷いを解く
→ urn

disaster [dizǽstə*r*] 災害, 大惨事, 完全な失敗

ラテン語 com, con（一緒に）と sidus, sider-（星）とからなる英語 consider（考える）からは, 星の合（ゴウ）《地球から見てある惑星が太陽と同じ方向に来ること》がどれほど大きな影響を人の運命に及ぼすと考えられていたかが想像できる。幸運をもたらす惑星が身近にない時, 災難（*disaster*）に遭うと考えられた。こちらはラテン語 dis（…から離れて）と aster, astr-（天体, 星座——ギリシア語 astron〔星〕から借入——）からなる言葉である。

また, 星状形の花の aster（アスター）はラテン語 aster（星）からついた名前である。asterisk（アステリスク, 星印）は, ギリシア語 aster（星）の指小形 asteriskos からラテン語 asteriscus（星点, 星印〔*〕）を経て借入された。

ところで, シェイクスピアの *Julius Caesar*：『ジュリアス・シーザー』（I, ii）でキャシアスがブルータスに言う台詞 "The fault, dear Brutus, is *not in our stars, but in ourselves*,"（罪は, 親愛なるブルータス, 運勢の星にあるのではなく, われわれ自身にあるんだよ）は, 運命が星ではなく, 私たち次第であることを思い出させてくれる。これがスコットランドの劇作家・小説家バリー（Sir James

Matthew Barrie, 1860-1937) の *Dear Brutus*：『親愛なるブルータス』(1917年) の中心テーマとなった。

星に関する科学 astronomy（天文学）は，astron（星）と nomos（割り当て，法）からなるギリシア語 astronomia（天文学）が語源である。ところで天文学は最初，ギリシア語で astrologia (aster〔星〕と logos〔言葉，理法〕から派生）と呼ばれていたが，古代人にとって星に未来を読むことが最も大切なことであったところから，この astrologia は占星術（*astrology*）を指すようになった。もちろん今日では，それは科学というより迷信と考えられるようになっている。

ローマ人も天体に並々ならぬ注意を払った。「星」を意味するラテン語には sidus と aster 以外に stella がある。この言葉から，女性の名前 Stella（ステラ），英語 stellar（星の，主要な），stellio（ハルダンアガマ《とげのある星状うろこが輪状に並ぶ尾を持つアガマトカゲ属のトカゲ》），constellation（星座：〔原義〕星の集まり），stellify（星に変える，スターにする）などが派生した。人間を「星に変える」（stellify）と言えば，《ゼウスが人間のレダに生ませた》双生児のカストル（Castor）とポリュデウケス（Pollux）の死後，ゼウスが二人を双子座（Gemini——ラテン語 geminus〔双生児〕が語源——）にしたのがその一例である。

star（星）はゲルマン諸語に共通で，古英語では steorra である。ドイツ語 Stern（星）と同系語であり，ラテン語 stella（星——古形 sterla から変化——）やギリシア語 aster と同族語である。ラテン語 aster は同ギリシア語からの借入で，さらにサンスクリット語 star- にさかのぼることができる。

ところで，consternation（仰天）は，star と語源的関係はなく，原義は「口もきけないほどの驚愕と恐怖」であり，強意の接頭辞 con- と sternere, strat-（投げ倒す，ばらまく：to *strew*）からなるラテン語 consternare, consternat-（驚かす，怖がらせる）が語源である。強いて言えばこの consternation は，見分けがつかないほど無数にまき散らされた星（*strewn* stars）を見た時に覚えるおののきでもあろうと考えられる。なお，英語 star（星）とドイツ語 starr（こわばった），英語 stern（厳しい）〈同項参照〉とドイツ語 Stern（星）は，互いに語形は似ているが，英語 star とドイツ語 Stern，英語 stern とドイツ語 starr がそれぞれ同系語である。〈consider 参照〉

disc [dísk] 円盤，ディスク
→ discus

discern [disə́ːrn] 識別する，見分ける
→ garble

disciple [disáipl] 門弟，弟子，キリストの十二使徒
→ discipline

discipline [dísəplin] 訓練，規律；訓練する

指導者や教師は，弟子たち（*disciples*）に教訓（*precepts*）を与えるものである。precept は prae（…の前に）と capere, capt-（取る）〈manoeuver 参照〉からなるラテン語 praecipere, praecept-（先に取る，指図する）から派生した名詞 praeceptum（命令，規則，教え）が語源である。弟子たちはこのような教訓を受け取り広める。disciple は，dis（…から離れて）と capere, capt-（取る）からなるラテン語 discipere（取り去る，持っていく）に指小辞がついて派生した名詞 discipulus（生徒，弟子）〈pupil 参照〉が語源である。また discipline（訓練）は，ラテン語 discipulina（弟子への教え）の縮約形 disciplina（教えること）が借入されたものである。ちなみに形容詞 discipular（弟子の，門弟らしい）はラテン語 discipulus の変化語尾を除き，これに形容詞語尾 -ar（…のような）がついて派生した。

discommode [dìskəmóud] 不便にする，困らせる，悩ませる
→ accommodate

discord [dískɔːrd] 不一致，騒音；一致しない
→ prestige

discount [dískaunt] 割引する，割引して売る；割引
→ calculate

discourse [dískɔːrs] 講演，談話；話す
→ hussar

discreet [diskríːt] 思慮深い，慎重な，控えめな

discrete [diskríːt] 分離した，不連続の，離散的な
→ garble

discriminate [diskrímənèit] 区別する，差別待遇する；識別された
→ garble

discursive [diskə́ːrsiv] 散漫な，取り止めのない，推論的な
→ hussar

discus [dískəs] 《競技用の》円盤，円盤投げ

　古代ギリシアの競技で空中に投擲（とうてき）されたこの平たく円い石か金属を意味したこの語は，やがてさまざまな円盤状の物にも広く使われるようになった。語源はギリシア語 diskos（円盤）で，英語 disk（円盤，ディスク）はその直接の借入語である。

　同ギリシア語 diskos からラテン語 discus（円盤，盆）を経て借入された語には，discus（円形の石）や，主に英国で用いられる disc（円盤，レコード）がある。また，ラテン語 discus から古英語 disc（皿，お椀――ドイツ語 Tisch――）を経て立派な皿としての dish が借入された。desk（机）は，同ラテン語 discus から，イタリア語 desco（板，テーブル）を経て中英語 deske として借入された。

　なお dais（《大広間などの貴賓用》高座，演壇）は，ラテン語 discus（テーブル）から古フランス語 deis, dois（テーブル――フランス語 dais〔机，天蓋〕――）を経て中英語 deis, deys として借入された。競技で投げられた（heaved）円盤がまったくもって高み（heave）に上がったものである。

discuss [diskʌ́s] 話し合う，取り扱う；討議

　debate（討論する；討議）〈同項参照〉と同じく discuss は，ギリシアの僭主やローマの皇帝が登場して世界の情勢について行う協議の効力を弱めるまでは，暴力的な意味合いを持っていた。語源は dis（…から離れて）と quatere, quass-（振るわせる，打ち砕く）とからなるラテン語 discutere, discuss-（粉砕する）であり，後期ラテン語で「議論する」とか「調査する」の意味になった。このラテン語 quatere, quass- の反復形 quassare（激しく揺り動

かす，粉砕する）は英語 quash（鎮圧する）の語源である。

　ところで，兵士はたとえ激しく攻撃されても，打ち砕かれることがないようにヘルメットをかぶる。casque（ヘルメット，かぶと）も，「攻撃などをくじく」（to break the blow）という意味に使われた同ラテン語 quassare（激しく打ち振る，粉砕する）が語源で，イタリア語 casco（ヘルメット，かぶと）からの借入語である。

　このイタリア語 casco はまた，私たちをいくつかの旅へといざなってくれる。「ヘルメット，覆い」の意味からポルトガル語 casca（樹皮）やスペイン語 cascara（殻，皮）が派生し，*cascara* amarga（カスカラアマルガ《苦味強壮剤，かつては梅毒や皮膚病の治療薬》：〔スペイン語の原義〕苦い樹皮）や，クロウメモドキ属の低木の樹皮を乾燥して作る *cascara* sagrada（カスカラサグラダ《緩下剤》：〔スペイン語の原義〕聖なる樹皮）などの薬を指す cascara（カスカラ）がもたらされた。

　なお，上記 casque（ヘルメット，かぶと）は cask（桶，樽）と二重語であるが，その指小形 casket（小箱）となるとまた別の語源説がある。この casket は，古い英語 cask（収納箱――シェイクスピアの *II Henry VI*：『ヘンリー六世，第二部』(III, ii) では「宝石箱，胸の小箱」として使われている――）を経て成立したと考えられる。語源は capere, capt-（捕らえる，つかむ）から派生したラテン語の名詞 capsa（箱）で，フランス語 cassette（小箱）を経て借入された。英語 capacity（収容力）も同語源である。

　この cask（桶，樽）には他に二つの異形 case（箱，容器），cash（現金）があり，これらは三重語である。また case（箱，容器）から動詞 encase（箱に入れる，包む）が派生した。しかし，in *case*（…の場合には）の case（場合，事例）は，ラテン語 cadere, cas-（落ちる）の過去分詞から派生した名詞 casus（落下，出来事）が語源である〈cheat 参照〉。cash は初め「現金を入れる箱」を意味した。また cashier（出納係）は「現金（*cash*）を扱う人」のことである。ところが，動詞 cashier（罷免する）は，ラテン

dismal 221

語 quassare, quat-（揺り動かす，粉砕する）からフランス語 casser（割る，砕く）を経て直接借入された言葉である。
　ところで英語 break（壊す，ポキンと折る）も，上記ラテン語 quassare（粉砕する，攻撃をくじく）と同じく二つの意味に使われている。しかし，ヘルメット（casque）ならぬ現金（cash）があれば打ち砕かれることもなく，また文無し（broke）になることもない。この break はゲルマン諸語に共通な言葉で，アングロサクソン語 brecan（壊す）が語源である。ゲール語 bragh（破裂）やラテン語 fragor（衝突，騒ぎ——動詞 frangere, fract-〔壊す〕から派生——）などは同族語である。そしてこのラテン語 frangere, fract- は，fracture（骨折，裂け目），fragile（壊れやすい），refraction（屈折），fraction（断片，分数），irrefragable（争う余地がない，反論できない），fragment（破片——ラテン語 fragmentum〔壊すこと，破片〕を経由——）などをもたらした。〈casement 参照〉
　discussion の語幹 -cus- を持つ言葉には，他に concussion（衝撃，脳震盪），percussion（衝撃，打楽器），repercussion（余波，反響）などがある。con- はラテン語 com, con（一緒に）が，per- はラテン語 per（…を通じて）が語源であり，reper- はラテン語 re（後ろへ，再び）と per からなる。
　ところで，analyze（分析する）は ana（離れて）と lyein（緩める）からなるギリシア語 analyein（解きほぐす，要素に分ける）が語源である。すなわち analysis（分析，分解）と discussion（議論）の意味の成立過程はよく似ていると言える。
　また，quake（震える；震え）は古英語 cwacian（振る）が語源であるが，同古英語は上記のラテン語 quatere（振る）と同族語である。フレンド教会（the Society of Friends《キリスト友会》）の別称 Quaker（クエーカー：〔原義〕震える人）は霊感を感じた信者が身体を振るわすことから蔑称的につけられた名前であるとも，「神の言葉に震える」という教祖フォックス（George Fox, 1624-91）の教えによるとも考えられている。
　良い議論（discussion）は効果的なパンチをもって（with a punch）終わらなければならない。議論ではいろいろな論点を振り分けてパンチを効かせるが，飲み物（drink）〈同項参照〉のパンチ（punch）はアルコール，水，レモン，砂糖，香料を一緒に振って作る。

disdain [disdéin] 軽蔑する，見下す；軽蔑
→ supercilious

disease [dizíːz] 病気，変質；病気にする
→ ease
disease は本来単に「安楽の不足」（lack of ease），すなわち「不快」という意味であった。しかし，この感覚は普通もっと深い原因に根ざすことが多いことから，次第に「病気」という意味へと変化した。

disect [disékt] 切断する
→ diabetes, sext

disinfect [dìsənfékt] 消毒する
→ defeat

dislocate [dísloukèit] 位置をずらす，脱臼させる，混乱させる
→ couch

dismal [dízml] 陰惨な，もの寂しい；憂うつ
　この語は，二つの言葉が一つに縮められ（telescoped）ている。語源はラテン語 dies mali（不運な日々）で，古フランス語 dis mal（不運な日，厄日）を経て中英語 dismal として借入され，中世のカレンダーでは Egyptian days（毎月 2 回訪れる厄日）とも呼ばれた。Egyptian days は，元来は聖書に出てくるエジプトでのユダヤ人迫害に由来する。チョーサーは in the dismal を「災難の時に」（*The Book of the Duchess*：『公爵夫人の書』〔1206行〕1368年ごろ）という意味に使っている。
　ところで短縮法（telescoping）とは dismal のような造語法を言う。それは手で扱える長い筒状の望遠鏡が入れ子式に短くなるように，言葉と言葉が滑り込んで一つになるからである。telescope の語源は，ギリシア語 tele（遠い）と skopein（見る——scope〔範囲〕の語源——）とからなる言葉である。このような造語法によって造られたものはノンセンス作品によく使われる。ルイス・キャロル（Lewis Carroll, 1832-98）の *Through the Looking Glass*：『鏡の国のアリス』（1871年）の中の詩 "The Jabberwocky"：「ジャバー

ウオックの歌」の jabberwocky（ちんぷんかんぷん）はそのような造語の一例である。chortle（得意気に笑う）も chuckle（クスクス笑う）と snort（鼻をならす）を短縮した彼の造語である。近年の生活用語 brunch（朝昼兼用食事，ブランチ）は breakfast と lunch が短縮された民間造語である。〈blimp 参照〉

dismissed [dismíst] 解雇された，追放された，【法律】却下された
→ cream, mess

disparage [dispǽridʒ] 見くびる，けなす，評判を落とす
→ peep

disparate [dísparət] まったく異なる，共通点のない；本質的に異なるもの
→ peep

disparity [dispǽrəti] 不同，不等，相違
→ peep

dispatch [dispǽtʃ] 急送する，急ぐ；派遣　この語は文字通り非常に急いでいたので，別の言葉を飲み込んでしまった。dispatch を意味する言葉として古くは depeach（フランス語 dépêcher〔急派する〕）が存在した。語源は de-（…から離れて）と，pes, ped-（足：*foot*）からラテン語 pedica（足かせ）を経て派生した後期ラテン語 pedicare（罠にかける，つまずかせる）とからなる後期ラテン語 dispedicare（放つ：〔原義〕《奴隷の足かせを外して》速く歩けるようにする）である。impede（妨げる：〔原義〕足かせをはめる，妨げる）〈baggage 参照〉や古い英語 impeach（妨害する）も同語源である。

　ところで, dispatch, despatch（急送する）が上記の depeach と同じ意味合いに使われ始め，やがて取って代わることになった。こちらの言葉は，ラテン語 dis-（…から離れて）と，ラテン語 pangere, pact-（固定する，約束する――pact〔約束，契約〕〈propaganda 参照〉などの語源――）とから派生した後期ラテン語反復形 depactare（縛る，固定する）が語源と考えられるイタリア語 dispacciare（包装を解く，急がす）からスペイン語 despachar（処理する，派遣する）を経て借入された。

　しばしば，派遣とか出張（dispatch）は「官僚的な面倒な手続き」（red tape）〈red 参照〉に巻きこまれ，阻まれてしまうものである。dispatch はその絡まりをはずして自由にすることなので，「促進する，手早く済ませる」（expedite）の意味にも使われるようになった。《expedite の語源はラテン語 expedire, expedit-（足かせをはずす）である。》逆にこの流れとちょうど反対方向をたどって，「足かせをはめる」が原義の上記 impeach は「…に固定する」（ラテン語 im-〔in：…に対して〕），さらに現在の「弾劾する」の意味を持つに至った。

disperse [dispə́ːrs] 分散させる，散らばる；分散した
→ aspersion

　disperse の dis- はラテン語 dis-（…から離れて）が語源である。"Disperse, ye rebels!"（解散せよ，逆賊ども！）は断固とした雄叫びであったが，これが世界中に響きわたった銃声の前触れとなった。《アメリカ独立戦争時の有名なエピソード》

disport [dispɔ́ːrt] 楽しむ，浮かれ騒ぐ；遊び
→ plot

disrespect [dìsrispékt] 失礼，無礼；無礼をする
→ scourge

dissect [disékt] 切り裂く，解剖する，詳細に分析する
→ diabetes

disseminate [disémənèit] ばらまく，広める，広まる
→ semi-

dissent [disént] 意見が違う，宗教上の意見を異にする；意見の相違
→ ascend

dissention [disénʃən] 意見の相違，口論，紛争
→ ascend

dissociate [disóuʃièit] 引き離す，交際をやめる
→ sock

dissolution [dìsəlúːʃən] 溶解，解消，死
→ absolute

dissolve [dizálv] 溶かす，解散する，分解する
→ absolute

distaff [dístæf] 糸巻棒，女性の仕事；母方の

"on the *distaff* side"（母方の）は母方の親戚について語る場合に使う表現である。distaff はアングロサクソン語 distaef（亜麻の束）が語源で、この第一要素は低地ドイツ語 diesse（亜麻の束）と同語源であり、第二要素は古英語 staef（棒、支え：*staff*）が語源である。ところで、英語の接頭辞 be- はしばしば「…をする」を表す。besmirch（汚す）や belittle（見くびる）における be- がその例である。bedizen の原義は「棒（staff）の先に亜麻の束（低地ドイツ語 diesse）をつける」であるが、「派手にごてごてと飾り立てる」という意味に使われるようになった。

なお staff（杖）の同族語はサンスクリット語 stha-（立つ：to *stand*）〈tank 参照〉までさかのぼることができる。staff の複数形 staves から、さらに別の単数形 stave（おけ板、棒；《たるに》穴を開ける）が生まれた。この stave は We *stave* in the *staves* of a barrel.（たる板に穴を開ける）や、We *stave* off an attack with a *staff*.（杖で攻撃をかわす）のように動詞としても使われる。

staff は古くから武器としての「棒」という意味に使われ、士官の詰所を表す「職杖」として立てられたことから、意味が一般化し「大将を補佐する将校の一団」「職員、社員」となった。

distant [dístənt] 遠い、かすかな、よそよそしい
　➡ tank

distemper [distémpər]【獣医学】ジステンパー；調子を狂わせる；テンペラ画法
　➡ tattoo

distil [distíl] 蒸留する、抽出する、滴る
　➡ instil

distinct [distíŋkt] まったく異なった、はっきりした、目立った
　イギリスのカレッジ（学寮）では、礼拝に参加すると礼拝堂の入り口で、名札の横にピンでしるしをつけられる。これは古い慣行に根ざすと考えられる。すなわち distinct（他と区別された）の原義は「刺して区別する」で、語源はラテン語 distinguere, distinct-（刺して区別する、区分する――distinguish〔見分ける〕の語源――）の過去分詞 distinct-（適当に区分された、切り離された）である。接頭辞 dis- はラテン語 dis-（…から離れた）、語幹はギリシア語 stizein（針で刺す、刺青を入れる）と同族語のラテン語動詞 stinguere, stinct-（刺す、消す）が語源である。〈attack 参照〉

同ラテン語動詞からまた、ラテン語 extinguere, extinct-（消す、殺害する――extinguish〔消す〕の語源――）や in-stinguere, instinct-（押しやる、刺激する）が派生した。さらに前者の過去分詞 extinct- から extinct（消えた：〔原義〕刺して出された）、後者の過去分詞 instinct-（刺激された：〔原義〕内から刺された）の名詞 instinctus（刺激）から instinct（本能）が派生した。なお instigate（煽動する）は同根のラテン語 instigare, instigat-（あおる：〔原義〕ちくりと刺す）が語源である。

distort [distɔ́ːrt] ゆがめる、ひずませる、曲解する
　➡ torch

distraction [distrǽkʃən] 気を散らすこと、気晴らし、邪魔
　日常の心配事や憂さから自分を「そらす」ものはまさに「気晴らし」（distraction）で、この語の語源は、dis-（…から離れて）と trahere, tract-（引く）からなるラテン語 distrahere, distract-（引き離す、力で分ける）である。

ところでラテン語 trahere には、draw（引く）の語源のアングロサクソン語 dragan（引く、グイと引く：to *drag*）やドイツ語 tragen（引く）などゲルマン諸語に共通の同族語がある。ちなみに draw との関連で言えば、*drawn* game（引き分け、ドロー）とは勝敗が決まらず賭けが「引っ込められた」（*withdrawn*）ゲームであり、drawingroom（客間〈同項参照〉）とは画家とは関係がなく、ディナーのあと客たちが休憩するために「退出する部屋」（*withdrawing* room）のことである。

またラテン語 trahere, tract-（引く）を語幹とする派生語が多数ある。extract（抜粋する）の原義は「引き抜く」で、男の子は歯医者から「歯を抜く」という意味でこの言葉を学ぶ。contract（契約する；契約）の原義は「一緒に引き寄せる」で、「縮ませる」「狭める」、そして「合意に至

る」の意味に使われる。detract（《注意などを》そらす）の原義は「引っ張り下ろす，引っ張って離す」で，「信用を減じる」「けなす」の意味にも使われる。subtract（引く，引き算をする）の原義は「引き離す，引き下げる」である。

なお陸などの tract（広がり）はラテン語 tractus（引き伸ばすこと，延長）が語源で，原義は「引かれた」とか「引き伸ばされた」である。だが，文書の tract（小冊子）は tractate（論文）の短縮形で，語源はラテン語 trahere, tract-（引く）の反復形，tractare, tractat-（引き回す，熟考する）である。tractor（トラクター；牽引式の）の原義は「引く物」である。〈attract 参照〉

　retract（収縮させる）の原義「引き戻す」（to *retract* one's words〔前言を撤回する〕）はほとんど忘れられているが，As they rise, airplanes *retract* their landing wheels.（上昇すると飛行機は車輪を引っ込める）という表現に生き返っている。

distrain [distréin] 差し押さえる
→ prestige, plot

distress [distrés] 悩み，苦痛；悩ませる
→ prestige

distribute [distríbjət] 分配する，散布する，区分する
→ tribulation

district [dístrikt] 地区，区域，地方
→ prestige

disturb [distə́ːrb] かき乱す，妨げる，不安にする
→ butter, trouble

disuse [disjúːz] 使用をやめる；[disjúːs] 不使用，廃止
→ abuse

dither [díðər] 躊躇する，うろたえる；震え
→ dawdle

ditto [dítou] 同上；前述のように；写す
→ verdict

diurnal [daiə́ːrnl] 毎日起こる，昼間の，【動物学】昼行性の
→ jury

dive [dáiv] 飛び込む，急降下させる；飛び込み
→ turtle

diverge [dəvə́ːrdʒ] 分岐する，異なる，そらす
→ conversion

divers [dáivərz] いくつかの，種々の；数個
→ conversion

diverse [dəvə́ːrs] 異なった，多様な
→ conversion

diversified [dəvə́ːrsəfàid] 変化に富む，多角的な，多角経営の
→ conversion

diversion [dəvə́ːrʒən] わきへそらすこと，分水路，気晴らし
→ conversion

divert [dəvə́ːrt] わきへそらす，楽しむ，進路を変える
→ conversion

divertissement [divə́ːrtəsmənt] 娯楽，幕間の出し物，間奏曲
→ conversion

divide [diváid] 分ける，分類する，分かれる
→ improvised

divine [diváin] 神の；神学者；占う
→ witchhazel

division [divíʒən] 分割，相違，割算
→ improvised

dizzy [dízi] めまいがする，困惑させるような；めまいを起こさせる

　この語の原義は「人の頭をクラクラさせる」で，アングロサクソン語 dysig（愚か な）が語源である。意味的には giddy（めまいがする）〈enthusiasm 参照〉とよく似ており，giddy や enthusiasm と同じく，神が乗り移った状態を意味したとも考えられる。すなわち dizzy は印欧語根 dhwes-（神）から分出した言葉であり，ギリシア語 theos（神）と同語根である。dizziness（フラフラするめまい）に対し vertigo（回転性のめまい）〈conversion 参照〉となれば，頭の中はまさにグルグル回る。

do [dúː] する，終える，遂行する
→ dome

Dobbin [dɑ́bin] 男子名《Robert の愛称》；《普通名詞》馬，農耕馬
→ donkey

docile [dɑ́sl] 素直な，従順な，御しやすい
→ doctor

doctor [dɑ́ktər] 医者，博士，先生
　この語は，ラテン語 docere, doct-（導

く，教える）から派生した名詞 doctor（先生，学問を修めた人）の借入である。同じ docere から派生したラテン語の形容詞 docilis（教えやすい）は docile（教えやすい，従順な）の語源である。また，doctrine（教義，理論）は「教えられる内容」が原義であり，indoctrination（教化：〔原義〕教義を教え込む）は education（教育：〔原義〕引き出すこと）〈destroy 参照〉とまったく正反対の指導法であると言える。〈induction については duke 参照〉

ラテン語 doctor（教える人）は中世の大学において指導者のタイトルを表す言葉として用いられ，それが今日にも通用している。医師は M.D.（*doctor* of medicine：医学博士）と言う。歯科医は D.D.S.（*doctor* of dental surgery：歯科学博士）である。この他 doctor はいろいろなタイトルに使われている。

ところで physician（内科医）は，英語 be（存在する，ある）と同族語のギリシア語 phyein（生む）〈onion 参照〉から，physis（自然，本性），physike（自然についての知識），ラテン語 physica（自然学），同義の古フランス語 fisique を経て派生した。-ian は mathematician（数学者）や politician（政治家）などとの類推によって生まれたもので，ラテン語の語尾 -ica の後につき，特に「…に熟練した者」という意味を持つ。

また medicine（医学，医薬）はラテン語 mederi（癒す）から medicus（治療者）を経て派生したラテン語 medicina（治療術）が語源である。イタリア語で医者を medico と言う。

doctrine [dáktrin] 教義，教え，規則
  → doctor
dodder [dádər] よろよろ歩く，震える
  → dawdle
dodo [dóudou] ドードー《18世紀に絶滅したマスカリン諸島に生息していた飛べない大型の鳥の総称》
  → chichevache
dog [dɔ́(:)g] 犬；つけ回す
  → greyhound
doggerel [dɔ́(:)gərəl] へぼ詩，たわごと；こっけいな，まずい
  → greyhound

カウボーイの歌にある "Git along, little dogie!"（さあ行こうぜ，子牛ちゃん！）の dogie は子犬（doggie）ではなく「迷い子牛」である。したがって「栄養不良の子牛」という意味もある。そのような栄養失調の子牛のふくれた腹は，次に焼くために袋に入れてある一釜分の生のパン種（"a batch of sourdough in a sack"）のように見えるので，迷い子牛は dough-bellies（生パン腹）とか dough-guts（生パン腸）と呼ばれ，しだいに dogie となったのである。この一節はカウボーイが迷い牛を群れに引き戻す時の掛け声である。

dogma [dɔ́(:)gmə] 教義，教条，独断
  断固としているが根拠がない主張を意味するこの語の起こりは，謙虚なものであった。dokein（良いように思える）から派生したギリシア語 dogma, dogmat-（そう思えるもの，教え）が語源である。しかし，昔から多くの人が "It seems to me"（私にはこう思えるのだが）と言いながら自分の考えを強く主張したことから，積極的な響きを持つようになり，さらに確かさを強調する言葉となった。ビアス（Ambrose Bierce, 1842-1914?）は *Devil's Dictionary*：『悪魔の辞典』（1906, 1911年）で "positive"（疑いのない，明白な）を "mistaken at the top of one's voice"（目いっぱい声を張り上げて間違っている）と定義しているが，物事は必ずしも自分の理解通りではないということを心すべきで，独断的な（*dogmatic*）人には要注意である。ところで，上記の dokein から派生したギリシア語 doxa（意見）は，dogma の異形で，意味が強調され上昇して「名声」，さらに「栄光，栄誉」という意味に使われ，英語 doxology（《キリスト教の神をたたえる》頌栄）が派生した。
〈paradox 参照〉

doily [dɔ́ili] 小型装飾ナプキン《ケーキ・食器などの下に敷く円形レース状敷紙〔布〕》，小型ナプキン
  → Appendix VI
dole [dóul] 施し，悲しみ；分配する
  この語においては二つの言葉が一つのように響きあっている。その第一は古英語 dael（《財産などの》分け前――deal〔量，程度，額〕の語源――）の変化形 dal（分けられた部分）であり，第二はラ

テン語 dolor（悲しみ）が語源の dole（悲しみ，心痛）〈indolent 参照〉である。最初，古英語 dal の意味は，今日の deal と同じく「分け前」であった。そこからこの deal は「人生において与えられるもの」(what is *dealt* out to one in life) から，「運命」へと意味が移転した。

ところが dole がよく使われるようになるにつれて，deal の「運命」という意味が弱まり，それとともに dole（悲しみ，心痛）が《特に貧しい人に対する》分与，施しをすること」（*dealing* out）という意味に使われるようになった。そしてそのような慈善活動の特徴から「慈善的分配；ほんの少しを与える」の意味が派生した。しかし，a *doleful* person（憂いに沈んだ人）は施しを受けている（on the *dole*）というわけではない。

doleful [dóulfl] 悲しげな，悲しい，陰鬱な
→ dole, indolent

dolichocephalic [dàlikousəfǽlik] 長頭の；長頭蓋の人
→ lent

dollar [dálər] ドル
1519年に，ボヘミア地方のヨアヒムスタール（Joachimsthal：〔原義〕ヨアヒムの谷―― -thal はドイツ語 Tal〔谷〕，英語 dale〔谷〕に対応――）で銀貨が鋳造された。このコインはヨアヒムターラー（Joachimthaler）と呼ばれたが，シュリック伯（the count of Schlick）が鋳造したことからシュリッケンターラー（Schlickenthaler）と呼ばれることもあった。このコインがドイツの各州で流通し，やがて Joachimthaler や Schlickenthaler を省略して Thaler と呼ばれ，それが音韻変化して英語 dollar（ドル）となった。

ところで，Joachimthaler や Schlickenthaler の命名法は，フランクフルト（Frankfurt）から生まれた frankfurter（フランクフルトソーセージ）や「ハンブルク（Hamburg）スタイルの肉」の hamburger（ハンバーグステーキ）などと似たものである。Wienerwurst（ウィンナソーセージ：*vienna* sausage）はドイツ語 Wurst（ソーセージ）と地名 Wien（ウィーン）から生まれた。このように hamburger（ハンバーガー）は ham（ハム）とは関係がない。ただ beefburger（ビーフバーガー）や cheeseburger（チーズバーガー）がホットドッグ（hot dog）売場で売られるようになったことからこれらが犬の肉から出来ているのではないかと冗談で考えたりする。英語のスラングではソーセージは mystery bag（怪しげな袋）である。

さて，cent（セント）はラテン語 centum（100）が語源で，「100分の1ドル」であり，mill（ミル《米国通貨の計算単位》）もラテン語 mille（1000）が語源で，「1000分の1ドル」である。〈nickel 参照〉

pound（ポンド）は，ラテン語 pendere, pens-（ぶら下げる，計る）から派生した名詞 pondus（重さ）の変化した pondo（ポンド：〔原義〕重さによって――libra pondo〔重さでリーブラ，約327g〕の省略――）が語源で，アングロサクソン語 pund（ポンド）として借入された。

ノルマン人のイングランド征服から1971年まで続いた英国の貨幣単位 shilling（シリング）は「20分の1ポンド」で，語源はアングロサクソン語 scylling（シリング）であり，ゲルマン語 skel-（分ける）と，-ling と同じく，二重の指小辞 -l- と -ing（darling〔愛しい人〕や duckling〔子ガモ〕など）とからなる〈gossip 参照〉。したがって，原義は「小さな小さな分割」，すなわち「1ポンドの金属の薄切り」であった。なお古い動詞 skill は shilling と同語源である。原義は「分ける」で，さらに「違いを生じる」("What skills it?"〔どこが違うのだ〕のように使う）の意味となり，そこから「理解する」「やり方を知る」という意味に使われるようになった。この意味は名詞 skill（熟練，技術）に生き残っている。

「12分の1シリング」の penny, pence（ペニー，ペンス）は，835年にすでに使われていたアングロサクソン語 pending から変化した pening が語源で，中英語 peni, その複数形 penies や pens を経て成立した。このアングロサクソン語 pend-ing は指小辞 -ing と，ラテン語 pannum（布）〈pane 参照〉が語源のアングロサクソン語 pand（誓約，担保：*pawn*）とからなる。

「4分の1ペニー」の farthing（ファージング銅貨《1961年に廃貨となった英国の

最小貨幣単位》）は fourth（4 分の 1）と指小辞 -ing からなる言葉で，原義は「小さな 4 分の 1」である。

franc（フラン《フランス・スイス・ベルギーなどの貨幣単位》）は，フランス民族，すなわち Franks（フランク族）に由来する言葉であり，その民族名は後期ラテン語 francus（自由な：free〈同項参照〉）を経て成立した。ちなみに都市名フランクフルト（Frankfurt, Frankfort）の原義は「フランク人の渡し場」（Frank ford）である。ford は，印欧語根 per-（…を通って）からゲルマン語 far-, fur-（行く——英語 fare〔暮らす；運賃〕やドイツ語 Fahrt〔進行，旅行〕の語源——）を経て派生した言葉である。fare の原義は thoroughfare（通り抜けられる道）に見られるように「行くこと，通行」であり，やがて「旅行のために支払う金額」の意味に使われるようになった。

地名のフランクフルト・アム・マイン（Frankfort-am-Main）は，原義が「マイン川にあるフランク人の渡し場」あるいは「フランク人の出撃（forth）場所」である。ford〈Bosphorus 参照〉は，古英語では forth（fore〔…の前に〕や forth〔外へ，前へ〕の語源）であった。

Hamburg（ハンブルク）は古高地ドイツ語 haim（故郷）と burg（城砦）が語源であるとする説があり，その場合，原義は「故郷の砦」（home fort）である。

この古高地ドイツ語 haim はゲルマン諸語に共通で，古英語 ham（home〔家庭，故郷〕の語源）に対応している。同古英語は，Hampstead（ハムステッド），Hempstead（ヘンプステッド），Oakham（オーカム）などの地名の構成要素でもある。古英語 ham に指小辞 -el がついた hamel（小邑）は今日では廃語になっているが，これに指小辞 -et がついた hamlet（小村落）が生き残っている。

古高地ドイツ語 Burg（城，城砦）は，城壁をめぐらした都市のことである。ルター（Martin Luther, 1483-1546）には"Ein' feste Burg ist unser Gott" と始まる有名な賛美歌があるが，これは A mighty fortress is our Lord（われらが神は大いなる城砦なり）と訳される。口語英語で burg は「市，町」である。なお burgh（自治都市——古英語 burg, burh が語源——）は，borough（市，区）の異形である。これは through（…を通して）と thorough（完全な）とが同語源で，互いに異形であるのに似ている。この両語は古英語では thurh とその異形 thuruh であった。

さて，burgomaster（《ドイツ・オランダなどの》市長）はオランダ語 burgemeester から借入された。また burgrave（城主，【ドイツ史】軍事司令官）は Burg とドイツ語 Graf（伯爵）とからなる。

burglar（強盗，夜盗）〈同項参照〉の原義は「都市の泥棒」である。しかし一説にあるように burg（町）と，ラテン語 latro, latron-（泥棒）からイタリア語 ladrone（山賊）を経た -lar とからなる言葉ではない。この語はアングロラテン語 burglator, burgulator から変化したもので，これらは初期の英語 burg-breche（夜盗，町の侵害者）がラテン語 ferre, lat-（運ぶ，運び去る）の影響を受けて生まれた。-breche は今日の breach（違反；破る）や breacher（違反者，平和破壊者）の語源で，それこそまさに強盗がすることである。burgle（強盗をはたらく）は，最初はユーモアを込めて，burglar から逆成された。英国の劇作家ギルバート（Sir William S. Gilbert, 1836-1911）と作曲家サリヴァン（Sir Arthur Sullivan, 1842-1900）による喜歌劇 The Pirates of Penzance：『ペンザンスの海賊』（1879年）の警官の歌にそのユーモアはよく表れている。

ところで前述の vienna sausage の由来となった Vienna（ウィーン：Wien）は中世には Vindobono と呼ばれ，ラテン語は Vindobona で，ラテン語 ventus bonus（よい風）を意味する地名とする説がある。この都市の明るく楽しいワルツや生き生きした雰囲気が早くから知られていたことを示す語源説である。この説はまた私たちを最も複雑な語群へといざなうことになる。このラテン語 ventus（風）は，究極的にはラテン語 venire, vent-（来る）の過去分詞と関係づけられる〈prevent 参照〉。to give vent to one's feelings（感情を爆発させる）における vent（孔，はけ口：〔原義〕風，空気）はラテン語 ventus（風）と同じ語源の言葉であるが，他の意

味合いも含んでいる。この vent は，同じくラテン語 venire, vent-（来る）と関係づけられることがあるラテン語 venter（腹，胃，子宮）から，フランス語 ventre（腹，腹部）を経て成立した venter（腹）の影響も受けている。ventose（《古語》空虚な，虚言の），ventral（腹の；腹部），ventriloquist（腹話術者）〈necromancy 参照〉なども影響下にある。ventilation（風通し，換気）の語源はラテン語 ventilare, ventilat-（振る，あおぐ：*ventilate*）であり，最初はどのように換気が行われたかがわかって興味深い。

event（結果，出来事）は二つの経路からの言葉が混合したものと考えられる。すなわち，ラテン語 ex（外へ）と venter（腹，子宮）からの「子宮から外へ」を原義とする言葉と，ラテン語 ex（外へ）と venire, vent-（来る）からの「出て来る」を原義とする言葉を経て成立した古フランス語 esventer（フランス語 éventer〔扇ぐ，外気にさらす〕）との混合である。

英語 vent には「販売」の意味がある。こちらはラテン語 vendire, vendit-（売る）が語源で，スペイン語 venta（販売）を経て借入された。

venture（冒険，投機）は adventure（冒険）の語頭音消失形で，語源はラテン語 ad（…へ）と venire, vent-（来る）からなる言葉である。

最後に，上記の最初の vent（孔，口）と意味的に関連する vent（パンツ，スリット）とか fent（《衣服の》あき，《布の》端切れ）がある。この言葉はラテン語 findere, fiss-（割る，裂く）が語源で，フランス語 fendre（割る，裂く）を経て借入された。英語 fissure（裂け目）〈finance 参照〉も同語源である。遠回りをしたが，「金融，資金」の finance は圧倒的な力を持つドル（dollar）へと私たちを引き戻す。

dolor [dóulər] 悲しみ，嘆き
→ indolent

dolorous [dóulərəs] 悲しみに沈んだ，悲しみを引き起こす
→ indolent

dolphin [dálfin] イルカ
→ dauphin

Dom [dám] ドン《カトリックのベネディクト会などの修道僧の敬称》
→ dome

domain [douméin] 領地，領域
→ dome

dome [dóum] ドーム，丸天井；ドームをつける

この語は2本の経路が混じり合って派生した言葉であるが，その足跡を分離することはもはや不可能である。その結合は *Domesday*〔*Doomsday*〕*Book*（ドゥームズデイ・ブック《1085-86年に征服王ウィリアム1世が作らせたイングランドの土地台帳》）に一番よく表れている。この名前は，すべての人が徹底的に調査されたことから逃れようのない「最後の審判の日の本」(the Book of the Day of *Doom*) という意味でつけられた。しかしここには同時に「運命の審判」とならんで「家」の意味が込められていたと考えられる。

ちなみに，この二つの概念を表すギリシア語には themis（掟——印欧語根 dhe-〔据える〕——）と domos（家——印欧語根 dem-〔家〕；ラテン語 domus〔家〕——）がある。英語 doom（運命）は前者と同族語である。後者の系統を見ると，ラテン語 domus は何世紀にもわたって頻繁に domus Dei（神の家）のように使われたことから，domus が独立して「神の家，教会」という意味に使われた。教会建築の最も大きな特徴となった丸天井から，「大聖堂」を英語で dome と呼ぶようになった。なお，ラテン語 domus から dominus（家の主人，主〔the Lord〕）が派生した。domain（領地，領域）は，ラテン語 dominus の形容詞 dominicus（主人に属する）を名詞化した dominicum（主人の所有物）が，古フランス語 demaine，フランス語 domaine（領地，領域）を経て借入されたものである。demesne（保有，領土）は domain と二重語である。また称号として使われるスペイン語やポルトガル語 Dom あるいは Don（…様，…殿）は，元はベネディクト会の修道士を指したもので，ラテン語 dominus（主人）が語源である。domestic（家庭の），domesticate（家畜化する，家庭的にする），domicile（居住地；住所を定める）などはいずれもラテン語 domus（家）から派生した。そして，主人のような行いという意味を含む言葉もある。dominant（支配的な，そ

びえたつ），dominate（支配する，優位を占める——ラテン語動詞 dominari, dominat-〔支配する，統治する〕が語源——），domineer（いばりちらす，権勢を振るう），dominical（主の，主の日の），主にスコットランドで使われる dominie（教師——don〔《オックスフォード大やケンブリッジ大での》学寮の学監〕——），dominion（支配権，領土）などがその例である。

また，領主の権力や塔を指す言葉として，後期ラテン語 dominio, dominion-（威圧する塔：*dominating* tower），フランス語 donjon（城砦の主塔）を経て，donjon（本丸，天守閣）や dungeon（土牢，天守閣）が借入された。dungeon は初め，「丸天井のある主塔」（*dungeon* vault），すなわち「塔の丸天井のある部屋」という意味であった。

domino は，主のしもべである聖職者が着た「頭巾つき法衣」のことであったが，フードが覆うように顔の上半分を隠す仮装舞踏会などの「ドミノ仮面」も意味するようになった。ちなみに hoodwink は，そのような頭巾から生まれた言葉で，「フードやマスクなどで目を覆う」から「目隠しする，だます」の意味で使われる。ゲームの名前の domino（《28枚の牌で点合わせをする》ドミノ）は，最後の勝利の牌を置いた時に言うフランス語の表現 "Faire domino"（あがり！：〔原義〕ドミノ頭巾をかぶる）に由来する。

さて，ギリシア語 themis と同族語の doom（運命）は古くから使われているゲルマン語で，don（置く——do〔する〕の語源——）と，抽象名詞語尾 -moz（古英語では -m，ドイツ語では -tum）とからなる。この語尾は kingdom（王国），wisdom（知恵）などの名詞語尾 -dom と同じもので，また by my *halidom*（神に誓って）の halidom は，古英語 hálig（神聖な）に -dom がついたものである。

do（する）そのものは古英語 don（作る，行う）が語源である。最も広く存在する印欧語根の一つに由来する言葉で，サンスクリット語 dha-，古ペルシア語 da-，ギリシア語 the-，ラテン語 condere（組み立てる）や dedere（委ねる）における第三活用動詞原形語尾 -dere などは同根語である。

る。

Domesday Book [dú:mzdèi bùk] ドゥームズデイ・ブック
→ dome

domestic [dəméstik] 家庭；家庭的な
→ dome

domesticate [dəméstikèit] 家畜化する，家庭的にする
→ dome

domicile [dáməsàil] 居住地，本拠；住所を定める
→ dome

dominant [dámənənt] 支配的な，優勢な，そびえたつ
→ dome

dominate [dámənèit] 支配する，優位に立つ，見下ろす
→ dome

domineer [dàməníər] 威張り散らす，権勢を振るう
→ dome

dominie [dáməni] 《スコットランドで》教師
→ dome

dominion [dəmínjən] 支配権，領土，自治領
→ dangerous, dome

domino [dámənòu] ドミノ《28枚の牌で点合わせをする遊び》
→ dome

don [dán] …様，…殿
→ dome

donation [dounéiʃən] 寄付，寄贈，寄付金
→ anecdote

donkey [dáŋki] ロバ，ばか者，頑固者
　この語は比較的最近の18世紀後半ごろの造語で，"Dicky, or an ass"（雄ロバのディッキー）に由来すると説明されるが，固有名詞 Duncan（ダンカン）が由来である可能性も高い。一般に使われるようにはならなかったが，同じような例として「辛抱強い老馬」を指す Dobbin は，Robert（ロバート）から Robin（ロビン）を経て派生した愛称形である。ちなみに Dickybird（《幼児語》小鳥）における Dicky- は Richard の愛称形，Jenny wren（《幼児語》ミソサザイ）における Jenny は Jennifer（ジェニファー），Jane（ジェイ

ン），あるいは Jean（ジーン）の愛称形であるが，私たちは身近な動物などにそのような固有名詞を再三使う。

ところで，Robin や Rob（ロブ）の変化形には他に Hobin（ホビン）や Hob（ホブ）などがある。Hob は「道化師，田舎者」の普通名詞 hob として使われ，いたずら好きの小鬼や小悪魔である Robin Goodfellow（《英国民話の》ロビン・グッドフェロー）や hobgoblin（いたずらな小鬼）にも使われた〈insect 参照〉。そして hob の指小語 hobby は「小馬」の意味に使われた。hobby-horse は棒の先に馬の頭をつけたおもちゃの「棒馬」で，それに乗ってどこかに行くということもないところから，単に楽しいということで没頭している活動を指して，hobby（趣味）というようになった。

donkey-engine [dáŋkièndʒən] 補助エンジン，小型の機関車

→ buck

doom [dúːm] 《通例》悪い運命，悲運；運命づける

→ deem, dome

door [dɔ́ːr] ドア，戸口，扉

door は「ドア，門」の意味で広く行きわたっている。古英語では dor で，印欧語根 dhwer-（入り口）に由来し，同義の古高地ドイツ語 tor，サンスクリット語 dvar，ギリシア語 thyra，ラテン語 foris は同族語である。ちなみに英語 therapeutic（治療法の，健康によい）は，theraps, therap-（門番，しもべ）から therapeuein（仕える，治療する）を経て派生したギリシア語 therapeutikos（治療できる，医療の）が語源ではないかと考えられる。

また foreign（外国の，異質の）や forest（森林）は，ラテン語 foris（門，入口，戸外で）から派生した。foreign は，ラテン語 foris, fores（扉）から foras（戸外へ），古フランス語 forain を経て中英語 foreine として借入された。今日の綴り foreign は reign（治世）との誤った連想によって生まれたものである。英語でも初めは「戸外の」の意味であったが，「外の」，「宮廷から締め出された」を経て「異質の，外国の」の意味に使われるようになった。

一方 forest は，上記のラテン語 foris（戸外で）から後期ラテン語形容詞が派生，*forestem* silvam（外側の森，すなわち「囲われていない森」）のように用いられ，この forestem が独立し，古フランス語 forest を経て借入された。

ラテン語 foris（戸外で）はフランス語化して hors（…の外に）となり，英語に hors de combat（戦闘能力がない，負傷して：〔原義〕戦闘外）や，hors d'oeuvre（通常のコース外の；オードブル：〔原義〕仕事外の）の表現として借入された。

なお，doornail は扉に打ち付けられた鋲釘であるが，"dead as a *doornail*"（完全に死んだ，作動しない，壊れた）という表現はすでに14世紀には使われていた。

Dora [dɔ́ːrə] ドーラ《女子名》

女子名 Dora（ドーラ）はギリシア語名 Theodora（テオドラ：〔原義〕神の贈り物）の短縮形か，単にフランス語 d'or（金の）であるとも考えられる。しかし1914年の8月に英国が宣戦布告した時の DORA はまったく別もので，the Defence of the Realm Act（国土防衛法）の頭文字であった。

頭文字は近年，政党，官庁の部局，その他の官職を示す命名法として非常に好まれている。そしてその言葉が形成されると，普通語となることがある。例えば，Waac（陸軍婦人補助部隊員）は，1942年に米国で結成された Women's Auxiliary Army Corps の頭文字からなるものである。この部隊が正規軍隊に編入された時，Auxiliary の A が抹消され Wac（陸軍婦人部隊員）となった。この言葉の形成は擬音語 whack（パシッと打つこと）やヨークシャ地方の方言 whacky（ばか者）の影響を受けている。

1943年から1944年にかけて軍務についた兵士の間で俗語 snafu（へま）が非常にはやった。この語は "situation normal, all fouled up"（状況はいつも通り，すべてが大混乱状態——こちらはおだやかな言い方で，本当は "situation normal, all fucked up"〔状況はいつも通り，すべてがむちゃくちゃ〕——）の頭文字を集めたもので，娯楽と情報提供を目的とする『陸海軍スクリーン・マガジン』（Army-Navy Screen Magazine）の政府製作短編映画シリーズ *Private Snafu*：「二等兵スナフ」におけるいろいろな大失敗を表す言葉とし

て広まった。
　flak（高射砲）はドイツ語 Flieger-abwehrkanone（対空防衛砲）の構成要素の頭文字を寄せたものである。
　いくつかの音節を集めて言葉を造る場合もある。例えば，Nazi（ナチ）はドイツ語 Nationalsozialistiche（国家社会主義の）の二つの音節を寄せたものである。商標名 Nabisco（ナビスコ《米国の総合食品会社》）は National Biscuit Company の語頭音節を三つ集めたもので，同じく商標名 Socony（ソコーニ）は Standard Oil Company of New York の頭文字と音節を集めたものである。
　もちろん，すでに存在する言葉が集まって新しい言葉が生まれる場合も多い。killjoy（興をそぐもの），happy-go-lucky（のんきな），daredevil（向こう見ずな，恐れを知らぬ人），windbag（《バグパイプの》空気袋，無駄口をたたく人），sobstuff（お涙ちょうだいの感傷的話），close-up（《写真などの》接写，クローズアップ），blackout（灯火管制，暗転，停電），airplane（飛行機），loudspeaker（拡声器，スピーカー），sawbones（《米略式》医者，外科医），jawbreaker（早口言葉），makeshift（間に合わせ），windbreaker（ウィンドブレーカー《防風防寒スポーツ用ジャケット》），icebox（《氷で食品を冷やす》アイスボックス），bathtub（浴槽），skyscraper（摩天楼）などがその例であるが，これらの複合語の新しい意味は容易に見て取ることができる。

dormant [dɔ́:rmənt] 眠っているような，休止状態の，潜在している
　→ dormouse

dormer [dɔ́:rmər] 屋根窓，屋根窓付きの切り妻
　→ dormouse

dormitory [dɔ́:rmətɔ̀:ri] 寄宿舎，寮，共同寝室
　→ dormouse

dormouse [dɔ́:rmàus]【動物】ヤマネ，眠たげな人
　この語はラテン語 dormire, dormit-（眠る）が語源で，これはこの「眠たげなネズミ」の特徴をよく表している。mouse は印欧諸語に共通で，アングロサクソン語 mus，ラテン語 mus, mur-，サンスクリット語 mus である。〈muscle 参照〉
　ラテン語 dormitorium（寝室，寮）は dormitory（共同寝室，寮）の語源であり，そのような部屋の窓が *dormer* window（寝室の窓）である。この dormer は古フランス語 dormeor（寝室）を経て借入されたが，dormer だけで《傾斜した屋根から突き出ている明かり採り用の》「屋根窓」を意味するようになった。dormant（睡眠状態の，休止状態になる）はラテン語 dormire, dormit-（眠る）が古フランス語 dormir の現在分詞 dormans, dormant- を経て借入されたもので，多くの可能性が潜在している状態を指す。

dorsal [dɔ́:rsl]【動物・魚類】背部の，背面の；背びれ
　→ tergiversation

dose [dóus]《薬の》服用量；投薬する，薬を飲む
　薬を飲む患者にとって，「服用量」は dose であり，それを研究する医者にとって投薬量とは posology（【医学】薬量学）になる。患者の立場からすると，dose は didonai（与える）から派生したギリシア語 dosis（贈り物）が語源なので，受け取らなければならない物ということになる。posology はギリシア語 posos（いかほどの量か）が語源で，医者の立場から見た言葉である。

dotage [dóutidʒ] もうろく，老いぼれ，溺愛
　→ dote

dotard [dóutərd] もうろくした人，老いぼれ
　→ dote

dote [dóut] 老いぼれる，もうろくする，溺愛する
　to *dote* on someone（…を溺愛する）とか to be in one's *dotage*（《おどけて》もうろくしている）という表現がある。この二つは基本的には同じとは言えないが，同じ現象を表すもので，その様子から生まれた表現である。dote の語源は中英語 doten, dotien で，意味は「愚かである」であった。中オランダ語 doten は，中高地ドイツ語 totzen（うたた寝する）と同じく，原義は「半分寝ているかのように振る舞う」であった。この様子は，老いぼれてもうろくした人（*dotard*）にも当てはま

り，若い恋人の場合は夢うつつ（trance）になった状態にも近いものである。

ところで，なつかしの片想いと言えば，アメリカの作曲家ド・コーヴン（Reginald de Koven, 1859-1920）のオペレッタ *Robin Hood*：『ロビン・フッド』（1890年）で，シェリフが "I dote on you."（わしはお前に首ったけだ）と言ったのに対して，アナベルが "Give me an antidote."（解毒剤をちょうだい）と答えている。antidote はギリシア語 anti（…に対抗して）と，didonai（与える）の動詞的形容詞 doton（与えられた）とからなる言葉で，原義はまさに「…に対抗して与えられたもの」である。〈anecdote, dose 参照〉

double [dʌ́bl] 二重の；2倍に；2倍
→ diploma

doubt [dáut] 疑う；疑い
→ diploma

dough [dóu] 練り粉，パン生地，生パン
→ lady

dough が俗語で「金，現ナマ」の意味になったのは，女性はだれもが生活の糧としての「現ナマ」をうまくこねくり出すという事実によるものである。

doughboy [dóubɔ̀i] 米軍歩兵，ゆで団子，《米俗語》一発くらわすこと

boy（少年）は元来アングロサクソン語にはないが，ゲルマン諸語に共通に存在する言葉で，オランダ語 boef（悪漢，《古語》《使い走りなどの》男の子），古高地ドイツ語の固有名詞 Buobo（〔原義〕若い下男）に対応する。

第一次世界大戦中，米軍「歩兵」の意味で使われた doughboy 〈dough については lady 参照〉は，喫煙用陶製パイプを作るのに用いるパイプ白色粘土に直接由来すると考えられる。それはユニフォームを白くするためのものでもあったが，そのような軍服は雨が降るとベトベトになった。

しかし，doughboy が大きな真鍮のボタンの形に由来するとする説もある。そのボタンは doughboys という昔なつかしい揚げ団子に似ていたことからそう呼ばれ，やがてそのようなボタンがついた軍服を着ている兵士がそう呼ばれるようになったとするものである。

また一つには，ウェリントン公指揮の英国軍が，スペイン・ポルトガル軍と連合してイベリア半島からナポレオンのフランス軍を1812年に撃退した半島戦争（Peninsular War, 1808-14）での英国正規軍の軽師団に由来するとする説もある。そこでは兵士自らが麦を粉に挽いたからである。

dove [dʌ́v] ハト
→ turtle

down [dáun] 下へ，下って；下への
→ away

doxology [dɑksɑ́lədʒi]【キリスト教】栄唱，頌栄《神をたたえる歌》
→ dogma

doxy [dɑ́ksi] 見解，教義
→ paradox

dragon [drǽgn] 竜《翼とつめを持ち，口から火を吹く伝説の怪獣》
→ dragoon

dragoon [drəgúːn] 竜騎兵，騎兵連隊の兵，恐ろしく乱暴な人

道具から道具を使う人を意味するようになったこの語は，伝説上の怪獣を指すラテン語 draco, dracon-（竜）に由来する英語 dragon（竜）から変化したものである。すなわち16世紀に用いられ始めた歩兵銃のマスケット銃（musket《ライフルの前身》）が火を吹くことから，dragon になぞって dragoon と名づけられ，さらに，そのような銃を持つ兵隊を意味するようになった。

ちなみに怪獣 dragon の語源は，drakein（見る）から派生したギリシア語 drakon（大蛇，竜）で，原義は「鋭い目を持つもの」「邪眼を持つ怪獣」である。これこそイングランドの守護聖人，聖ゲオルギオス（St. George）が見た怪物だったに違いない。

drat [drǽt]《俗語》呪う；あらっ，チェッ
→ rat

draw [drɔ́ː] 引く，引っ張る，描く
→ distraction

drawingroom [drɔ́ːiŋrùːm] 客間，応接間

この語は，もっと格式が重んじられた時代の堂々とした感じを想起させる。かつては the *withdrawing room* と呼ばれたが，それが "thdrawingroom" となり，今日のように drawingroom となった。ディナーの後，ご婦人が退席して行く部屋のことであった。一方，男性はその場に留まり，政

治など男だけの話題に花を咲かせていた。上流社会の客間が舞台の「客間喜劇」(*drawingroom* comedy)の中ではいつも、しかるべき時に葉巻をわきに置いて「さて、ご婦人方と合流しませんか」と尋ねる紳士が登場する。〈distraction 参照〉

dream [drí:m] 夢、幻想；夢を見る

古英語に「喜び、吟遊楽人の芸」を意味する dream があったが、この語は14世紀に廃れた。同じころ使われるようになった別の dream（夢）は、古高地ドイツ語 traum（夢）と同系語であり、またゲルマン語 draugm-（だます）、このゲルマン語に由来する古北欧語 draugr（幽霊）と同系語の可能性が高い。これこそ、ぼんやりしていれば昼間でも白昼夢（daydream）を見る数多くの人々は言うまでもなく、今日でも夜中に多くの人々を訪れるものである。

dreary [drí∂ri] もの寂しい、退屈な、悲しい

この語は時代とともに次第に意味が弱まった。古英語 dreor（血のり、滴る血）から派生した形容詞が語源で、「血まみれの」から「恐ろしい、忌まわしい」へと変化し、さらに今日の「物憂い、退屈な」へと弱まった。

drench [drént∫] びしょ濡れにする；びしょ濡れ
→ drink

dribble [dríbl] ポタポタ落ちる、ドリブルする；滴り
→ drivel

drift [drift] 漂う；押し流されること、漂流
→ drive

drill [dríl] きり、ドリル、ドリル織
→ nostril, cloth

drink [drínk] 飲む、酒を飲む；飲み物

この語はゲルマン諸語に共通で、アングロサクソン語は drincan（飲み込む）である。飲み物はいろいろ選択次第であるが、それぞれの由来は以下の通りである。

water（水）は drink と同じく広く分布していて、アングロサクソン語は waeter、オランダ語は water、ドイツ語は Wasser、古スラブ語は voda である。

他方、wine（ワイン）はゲルマン諸語に共通（アングロサクソン語 wīn）であ

るが、ラテン語 vinum（ブドウ、ワイン）から借入された言葉である。

vinum（ブドウ）と demere（取り去る——de〔…から〕と emere, empt-〔取る〕の合成——）とからなるラテン語 vindemia（ブドウの収穫、ブドウの実）から、さらにフランス語 vendange（《ワイン用の》ブドウの収穫）を経て、vendage, vintage（ブドウの収穫、ビンテージワイン）が借入された。ちなみに、pre-empt（先取する、先買権によって獲得する）は上記ラテン語 emere, empt- が語源である。〈quaint 参照〉

ワインの味がピリッとすっぱくなると vinegar（酢）になるが、-egar はラテン語 acer, acr-（鋭い）が語源で、フランス語 aigre（すっぱい）を経たものである。このラテン語は acid（酸、すっぱい物）、acrid（ピリッとする、きつい）、acrimonious（辛辣な）などの語源でもある。

ale（エール）や beer（ビール）〈barley 参照〉は、ゲルマン諸語に共通な言葉である。一方 mead（蜂蜜酒）は古くは meth であり、ゲルマン諸語に広がっていて、ゴート語は midus で、同族語はギリシア語 methy（蜂蜜酒、ワイン）、さらにサンスクリット語 madhu（蜂蜜）までさかのぼることができる。hydromel はギリシア語 hydro-（水）と meli（蜂蜜）からなる言葉で、蜂蜜酒（mead）になる前の発酵しない「蜂蜜水液」である。ちなみにウェールズの metheglin（メテグリン、香料入り蜂蜜酒）は、ラテン語 medicus（治療の）から借入された meddyg（治療の）と llyn（火酒）からなるウェールズ語 meddyglyn（薬酒、薬）を経て成立した。

benedictine（ベネディクティン酒《フランス産》）〈benedick 参照〉は、聖ベネディクト（Benedict）修道会の修道士が作っていたリキュールである。同じく chartreuse（シャルトルーズ酒）は、フランスのグルノーブルの近くのカルトジオ会本院（La Grande Chartreuse）で製造する緑と黄の2種類の最高級リキュールである。

brandy（ブランデー）はかつて使われた brandewine の短縮形で、オランダ語 brandewijn（燃やしたワイン、蒸留したワイン）が語源である。

champagne（シャンパン）はフランスの地方名シャンパーニュ（Champagne）に由来する発泡性白ワインである〈camp参照〉。chianti（キャンティ）はイタリア・トスカーナ地方産の辛口赤ワインで，キャンティ山脈の名前に由来する。

cordial〔cordial drink〕（強壮飲料）は，cor, cord-（心臓）から派生した後期ラテン語形容詞 cordialis が語源である。

gin（ジン）は geneva の短縮形で，ラテン語 juniperus（【植物学】トショウ，ネズ〔杜松樹〕）が語源で，フランス語 genièvre（ネズの実，ジン）を経て借入された。英語 juniper はジンの香りづけに使う「ネズの実」である。

julep（ジューレップ《ウイスキーなどに砂糖・ハッカを入れた酒》）は，ペルシア語 gulab（バラ香水）が語源で，アラビア語 julab を経て借入された。

punch（パンチ，ポンチ）は，この飲み物に混ぜ合わせるアルコール，水，レモン，砂糖，スパイスの「5」を意味するヒンディー語 pānch が語源である。〈vermouth（ベルモット）については wormwood 参照〉

rum（ラム酒）は rumbullion（ラム酒）の短縮形であるが，この語についてはいろいろと話がある。-bullion はラテン語 bullire, bullit-（泡立つ，沸騰する）が語源で，フランス語 bouillon（《沸騰による》泡，ブイヨン）を経て借入された。ちなみにこのラテン語が，フランス語 bouillir（沸騰する）を経て借入された語に boil（沸騰する）がある。なお boil（腫れ物）は，ゲルマン語根 bul-（ふくれ上がった）から成立した古英語 byl が語源である。また「奇妙な，変な，（古語）すばらしい」を意味する rum は二つの由来を持つスラングから一般語になったと考えられる。その一つはロマニー語すなわちジプシー語 rom（男）からの借入で，"He's a rum'un."（彼はヘンな奴だね——rum'un の 'un は one をくずした訛り——）のように使われる。もう一つは Rome（ローマ）と語源的関係があるとする説である。たとえどこともわからない地（Nipeekesaukee）で作られていても，ご婦人が使う "That's a Paris gown!"（あれはパリ・デザインのガウンね）と同じく，Rome も形容詞的に「すばらしい」の意味で使われた。ちなみに，ドイツ語 Ruhm の意味は「名声」であり，ささやき・つぶやきの擬音語に由来し，rumor（うわさ）と同語源であるが，ひょっとしたら形容詞用法の Rome（すばらしい）が同語源ということもありうる。パートリッジ（Eric Partridge, 1894-1979）の *Dictionary of Slang*：『俗語辞典』（1938年）には rum で始まる言葉が5コラムも書かれているが，主として良い意味である。かくて「熱い良い飲み物」の rumbullion からラム酒（rum）が成立した。

sack（【歴史】サック酒《16-17世紀にスペインやカナリア諸島から英国に輸入されたシェリーや白ワインなど》）は，袋（sack）で漉した飲み物に由来する言葉ではない。スペイン語 Xeres seco（辛口セレスワイン，ドライシェリー酒）が語源であり，フランス語 vin sec（辛口ワイン——甘口でない——）を経て成立した「辛口の」という意味の sack であった。ちなみに Xeres（セレス——今は Jerez〔ヘレス〕——）はシェリー製造で有名なスペインの都市である。sack（大袋）で漉したワインの hippocras（ヒポクラス《中世ヨーロッパの薬味入り強壮酒》）は，医学の父と呼ばれる古代ギリシアの医師ヒポクラテス（Hippocrates, 460?-377?B.C.）の名から変化した。なお，「袋」の sack はヘブライ語 saq（袋用麻布）が語源で，ギリシア語 sakkos，ラテン語 saccus を経てアングロサクソン語 sacc として借入された。「略奪する」の sack は略奪品を「袋に入れる」から生じた。

seltzer（セルツァ水，炭酸水）は，ドイツ語 Selterser, Seltwasser（ゼルター水）が短縮された言葉で，ドイツ南部のライン川沿いの村ゼルテルス（Selters）の鉱泉にちなむ。

sherbet（シャーベット水《果汁に砂糖・氷を加えた清涼飲料》，シャーベット）は，アラビア語 shariba（飲む）から派生した名詞 sharbat（飲み物，砂糖水）が語源で，sorbet（《主に英》ソルベ，シャーベット）とは二重語の関係にある。syrup（シロップ）も同語源で，後期ラテン語 sirupus，フランス語 sirop を経て借入された。

sherry（シェリー酒）は古くは sherris で、スペイン語 vino de Xeres（セレス産ワイン，シェリー酒）が語源である。Xeres はラテン語 Urbs *Caesaris*（カエサルの都市）の Caesaris が語源で、今日では Jeres（ヘレス）となっている。

soda（ソーダ水，ソーダ）は *soda water*（ソーダ水）の短縮形で、後期ラテン語 soda（炭酸ソーダ）の借入である。水に重曹（sodium bicarbonate）を入れたが、今日では一般的に「炭酸ガス」を入れたものである。後期ラテン語 soda の語源はアラビア語 suda（頭痛）で、炭酸ソーダは頭痛薬として使われていた。

toddy（トディ《ウイスキーなどの湯割りに砂糖・スパイスなどを加えた飲み物》）は古くは tarrie と綴り、tar（ヤシの木の一種）から派生したヒンディー語 tari が語源である。

whiskey（ウイスキー）はケルト語 usquebaugh（命の水）が短縮された usque（水）が語源である。「水」から酒類を意味するようになった言葉には他に、錬金術用語で「アルコール」を指したラテン語 aqua vitae（命の水）から「ブランデー」を指すようになったフランス語 eau-de-vie やロシア語 voda（水）の指小形の vodka（ウォッカ）などがある。

ところで dipsomania（アルコール中毒，飲酒癖）は、ギリシア語 dipsa（渇き）と mania（狂気）からなる。人によっては狂犬にかまれなくとも hydrophobia（恐水症，狂犬病）になる人がいる。hydrophobia はギリシア語 hydor（水）の結合形 hydro- と phobia（憎悪）からなる。またギリシア語 hydor（水）は、hydra（水蛇），hydrant（水道栓，消火栓），hydraulic（水力学の：〔原義〕水道管に関する──-aulic はギリシア語 aulos〔管、笛〕が語源──），hydrogen（水素：〔原義〕水を作る）などの語源である。

coffee（コーヒー）は、今もコーヒーの木が自生しているエチオピアの一地方 Kaffa が語源で、アラビア語 qahwah，トルコ語 kahveh を経て借入された。

tea（茶）は古くは［tei］と発音され、中国語の北京方言 ch'a が語源である。アラビア語は shay，ペルシア語は chā，ロシア語は chai，ポルトガル語は cha である。英語の語形は中国語のアモイ方言 t'e，マレー語 teh，オランダ語 thee を経て借入された。

It's a long time between *drinks*.（飲み物の話は長くかかっているね。《のどがかわいたでしょう》という言い方もある〈intoxicate 参照〉。ここまで drinks について語ってくると、もう「酔っ払って」(drenched) しまったかな。drink の使役動詞形 drench（びしょ濡れにする，飲ませる）は、原始ゲルマン語 drankjan（飲ませる）が語源である。

drip［drípドリップ］滴る，ポタポタ落とす

drop（落ちる；しずく），drip（滴る），droop（垂れる）は、広く分布する擬音語的ゲルマン語根に由来する言葉である。〈drivel 参照〉

ところで、dropsy（【医学】水症，水腫）は水に関係している以外に上記と語源的関係はなく、hydor, hydr-（水）から派生したギリシア語 hydrops（水腫）から借入された hydropsy（水腫，水症）の語頭音消失形である。hydraulic（水力学の）〈drink 参照〉も同語源である。

clepsydra（水時計）〈dial 参照〉は、ギリシア語 kleps-（kleptein〔盗む〕の結合形）と hydor（水）からなる。kleps- は英語 kleptomaniac（盗癖のある人，泥棒）〈mania 参照〉の語源でもあり、水時計は、水も時間もこっそりと立ち去ってゆくさまを彷彿させる。

さて drop（しずく）に相当するラテン語 gutta（しずく）も擬音語であり、今日でも医者の処方箋で gutta（点滴薬）として使われている。同ラテン語は古フランス語 goute を経て gout（血の滴り）として借入された。シェイクスピアは *Macbeth*：『マクベス』(II, i) で、マクベスに刃や柄に付いた「血のり」(*gouts* of blood) と言わせている。中世では、痛風は体液の滴り (*dripping* away of body humors) によって発症すると考えられたので、gout は裕福な男がかかりやすい「痛風」を意味するようになった。

なお gutta-percha（【植物学】グッタペルカ《マレー産のゴム状物質で歯科治療などに用いる》）は、樹液がしずく（drops）となって滴り落ちるが、まったく異なる起

源で，マレー語 getah percha（グッタペルカ）が語源である。

drive [dráiv] 追う；ドライブ，流れ

　　drive は広く分布しているが，ゲルマン諸語にしか見つかっていない語で，古英語は drifan（追いたてる，駆りたてる）である。また drift（漂う；押し流されること）は，古英語 drifan に名詞形成語尾 -t が付いて生まれた中英語 drift が語源で，原義は「追いたてられるもの」であり，snow *drift*（雪の吹き寄せ）とか，*drift* of one's argument（議論の趣旨：〔原義〕議論の流れの向き）のように使う。

drivel [drívl] よだれを垂らす，たわいなく話す；よだれ

　　shrivel（しわがよる）と shrive（告解を聴く）〈同項参照〉が関係がないのと同じく，drivel（よだれを垂らす）と drive（追いたてる）も語源的関係はない。

　　drivel は古くは drevel であり，アングロサクソン語 dreflian（よだれを垂らす）が語源で，「無意味な音を発する」という意味にも使われた。drivel の変化形 dribble（滴る）は，drip（滴り落ちる）〈同項参照〉や drop（落ちる）に近い擬音語で，古い英語 drib（滴る）の反復形である。

　　ところで shovel（シャベル，スコップ）と同語源の shove（押す）は，ゲルマン諸語に共通で，アングロサクソン語は scufan（押す，押しのける）である。同語源の古い英語 scuff（手ではく，足でこする）から，反復形 scuffle（あわてふためく，乱闘する）や shuffle（足をひきずって歩く，シャッフルする）が派生した。昔のゲーム shove-board（円盤突き，銭はじき）は shovel-board となり，今では shuffle-board（シャッフル ボード）という主に船上でするゲームとなっている。to *shuffle* cards（役割・政策を変える）は「トランプのカードを上下に切り続ける」が原義である。

dromedary [drάmədèri]【動物学】ヒトコブラクダ

　　足の速いラクダである dromedary は，dramein（走る）から派生したギリシア語 dromas, dromad-（走ること）が語源で，後期ラテン語 dromedarius camelus（ラクダの一種：〔原義〕走るラクダ），古フランス語 dromedaire を経て借入された。

hippodrome（《ギリシア・ローマ時代の競馬・戦車競争用の》競技場）は，ギリシア語 hippos（馬）と dromos（競走）からなるギリシア語 hippodromos（競馬場）が語源で，ラテン語，フランス語を経て借入された。

　　hippopotamus（カバ）はギリシア語 hippopotamos（河の馬）が語源で，hippos（馬）と potamos（河）からなる。〈pot, intoxicate 参照〉

　　そして例えば "Madam, I'm Adam!"（奥様，私はアダムです）などの palindrome《回文《前後どちらから読んでも同じ語句》》は，palin（再び，後ろへ）と dromos（競争）からなるギリシア語 palindromos（折り返して走ること）が語源である。

　　palimpsest（パリムプセスト《書かれた字句を消してその上に字句を書いた羊皮紙》）は，ギリシア語 palin と，psen（こすって滑らかにする）の動詞的形容詞 psestos とからなるギリシア語 palimpsestos（再び削り落とされた）が語源である。

droop [drú:p] 垂れる，しおれる；うなだれ
　　→ drip

drop [drάp] しずく；滴る，滴らす
　　→ drip

dropsy [drάpsi]【医学】水症，水腫
　　→ drip

drosophila [drousάfələ]【昆虫学】ショウジョウバエ
　　→ philander

druid [drú:id] ドルイド僧《キリスト教伝来以前の古代ゴールおよびケルト族の僧》
　　→ pay

drunkard [drʌ́ŋkərd] 大酒飲み
　　→ coward

ducat [dʌ́kət]《昔欧州大陸で使用された》ダカット金貨・銀貨，硬貨
　　→ duke

duchess [dʌ́tʃis] 公爵夫人，公妃，おかみさん
　　→ duke

duchy [dʌ́tʃi] 公国，公爵領，英国の王族公領
　　→ duke

duck [dʌ́k] アヒル，カモ；ひょいとかがむ

→ ducking-stool
ducking-stool [dʌ́kiŋstùːl]《刑罰用の》水責めいす

17-18世紀ごろのガミガミ女ややっかいな女は，井戸から水をくむ桶を吊るすような棒の先に吊るしたいすに座らされ，人前で見せしめとして水に沈められた（*ducked*）。この刑具が ducking-stool で，古くは cucking-stool と呼ばれ，いすの形は寝室用便器や便座のようなものであった。この cuck（糞をする）は今日では廃語であるがゲルマン語起源で，古北欧語では kuka であり，ラテン語 cacare, cacat-（排便をする）は同族語である。いずれにせよたいへんな恥辱となったことであろう。

J. W. スパーゴ（J. W. Spargo, 1896-1956）は *Juridical Folklore*：『裁判民俗誌』(1944年) で，ducking-stool の他の語源説や，この慣習の歴史をたどっている。この刑罰はほとんど女性だけに科されたものであり，七つの大罪のうちの三つ（偶像崇拝，冒瀆，偽証）は舌，すなわち口による罪である点を指摘している。新約聖書の *The Epistle of St. James*：『ヤコブ書』(3：6) における "the tongue is a fire."（舌は火である）という文から，そのような火を消すために，舌の犯す罪には水責め（ducking）が行われるようになったという。

鳥の duck（カモ）は，古英語 ducan（もぐる）から派生した古英語 duce（もぐるもの）が語源である。また布の duck（ズック，帆布）は，オランダ語 doek（亜麻布）から借入された言葉であり，対応するドイツ語は Tuch（布地）である。

duckling [dʌ́kliŋ] 子ガモ，カモの肉
→ gossip

duct [dʌ́kt] 送管，ダクト；導管で伝える
→ duke

ductless [dʌ́ktləs] 導管のない
→ duke

dude [d(j)úːd] 気取り屋，野郎，都会人

この語は，どこに行くというわけでもなく，行く理由も，そこにいる理由さえないのに，頭から足の先までめかしこんだ人のことである。語源は，英語 dawdle（ブラブラして過ごす）の語源でもある dudden から派生した低地ドイツ語 duden-kop（眠ったような頭）ではないかと考えられる。西部のカウボーイの生活を見せる dude-ranch（観光牧場）は，都会のめかしこんだ観光客のために考えられたものである。

duffel [dʌ́fl] ダッフル《けば立てた厚地粗製毛布》
→ cloth

dugs [dʌ́gz]《牛などの》乳房
→ son

duke [d(j)úːk] 公爵，大公；こぶしで殴り合いをする

この語が指す貴族の階級は元来「軍勢の指揮者」で，ducere, duct-（導く）から派生したラテン語 dux, duc-（指導者）が語源である。俗語の dukes（ゲンコツ）が19世紀に使われるようになったが，これは forks（フォーク）から押韻スラング Duke of Yorks（フォーク）が生れ，さらにフォークを持つ「手」そして「ゲンコツ」を意味するようになったとする説がある。また，プロボクシング界で生まれたとする説もあり，この方がもっともらしい。ボクサーはゲンコツで戦って試合を導く（*leading* with their fists）からである。

上記ラテン語 ducere, duct-（導く）から派生した英語の言葉は多い。conductor（車掌，案内者——ラテン語 com, con〔一緒に〕——），viaduct（陸橋，高架橋——ラテン語 via〔道〕——），aqueduct（送水路，水道——ラテン語 aqua〔水〕が語源，英語 aquarium〔水族館〕や aquatic〔水の，水生の〕が派生——），induction（誘導，【論理学】帰納法——ラテン語 in〔…の中へ〕——），deduction（差引き，【論理学】演繹——ラテン語 de〔…から〕——），reduction（減少，削減——ラテン語 re〔後ろへ〕——），production（製造——ラテン語 pro〔前へ〕——），abduction（誘拐——ラテン語 ab〔…から離れて〕——），introduction（紹介，導入——ラテン語 intra〔…の中へ〕——）などがその例である。また ducts（送水管，【解剖学】導管），ductless glands（【解剖学】内分泌腺）もある。

ラテン語 ducere, duct-（導く）の同族語には，アングロサクソン語 togian（引く）が語源の tow（綱で引っ張る），アン

グロサクソン語 tigan（結ぶ）が語源で古北欧語 taug（ロープ）と同系語の tie（結ぶ，結ぶもの），アングロサクソン語 teon（引く）から中英語 toggen を経て成立した tug（グイと引っ張る），同じく teon から中英語 toght を経て成立した taut（ピンと張った）などがある。

ところで duchess（公爵夫人）は，duc-（公爵）に女性名詞語尾 -ess がついてできた後期ラテン語 ducissa（公爵の妻）が語源である。duchy（公国，公爵領）も同じくラテン語 duc-, duct-（導く）から派生した後期ラテン語 ducatus（公爵の領地）が語源で，イタリア語 ducato（公国，公爵の称号），フランス語 duché（公国，公爵の地位）を経て借入された。

The Merchant of Venice：『ベニスの商人』においてアントニオにとって重要なイタリアのコインは，ルッジェーロ2世（シチリア伯，在位1105-30，シチリア王，在位1130-54）が1127年に統合したアプリア公国（*ducato* of Apulia）で，1140年に初めて鋳造させたことから ducat（ダカット金貨・銀貨）と呼ばれるようになった。同作品では，多額の借金をした人ですら時にはうまく逃げ（duck）おおせて，シャイロックは貸し倒れを味わうことになった。

dum-dum (bullet) [dʌ́mdʌ̀m (búlit)] ダムダム弾《命中すると拡大して傷口を広げる》
→ Appendix VI

dumb [dʌ́m] 口がきけない；無口；沈黙させる

この語が，物事をまともに話す能力がないことを意味することを知っている人は，「愚かな」という用法は口語的であると考えがちである。しかし「愚かな」がより古い用法である。

物事がわからない人はどうしたらよいかわからず，じっと沈黙していることがよくある。そこで辛抱のない人は「お前は聞こえないのか！」とか「舌をなくしてしまったのか！」などと叫ぶことがある。このようなことから「愚かな」の意味の dumb が「口がきけない」の意味で使われるようになったのである。時には，古高地ドイツ語 tumb と同じく「耳が聞こえない」（deaf）の意味にすらなった。

dumb show（無言劇）は，エリザベス朝時代の舞台用語が起こりで，パントマイムのことである。*dumb*waiter（《食器や料理運搬用》小型エレベーター）は機械のため，話しかけてこない給仕という意味でついた名前である。*dumb*-bell（《木製・鉄製の》亜鈴，ダンベル）の起こりは，音を出さずに教会の鐘を鳴らす練習をするための装置であった。それが鐘の奏で方を覚えることや，運動にも使われ，さらに後に運動用のダンベル（*dumb*-bell）が生まれるのである。もちろん，*dumb*-belle（おばか美人）がまったく違うことは，女好きの若者ならだれでも知っていることである。

dumbfound（物も言えないほどびっくりさせる）は，to strike *dumb*（口もきけなくさせる）と同じ意味である。*dumb*found は dumb と confound（当惑させる）の混成によって生まれた。-found はラテン語 fundere, fus-（溶かす，注ぐ）が語源で，フランス語 -fondre（溶かす）を経て成立したもので，同じく con-, com-（一緒に）と fundere からなるラテン語 confundere, confus-（一緒に注ぐ，混同する）から confuse（混同する）や confusion（混同）が派生した。

トランプなどで物を言わないパートナー，すなわち想像上のパートナーは dumby（ダミー——今日の綴りは例外なく dummy——）と言うが，腹話術師の相手の物言わぬ人形（*dummy*）と同じである。

dumb-bell [dʌ́mbèl]《木製・鉄製の》亜鈴，ダンベル
→ dumb

dumbfound [dʌmfáund] 物が言えないほどびっくりさせる
→ dumb

dumbwaiter [dʌ́mwèitər]《食器や料理運搬用》小型エレベーター
→ dumb

dummy [dʌ́mi] マネキン人形，模造品，ダミー
→ dumb

dump [dʌ́mp] どさっと落とす，どさっと落ちる；ごみ捨て場
→ plunge

この言葉の音の響きから，「どさっと落

とす」という行為を表すようになり，さらに町の「ごみ捨て場」のように場所も表すようになった。
　in the *dumps*（すっかり意気消沈している）の dump（憂うつ）は異なった言葉で，オランダ語 damp（靄，霧）やドイツ語 dumpf（重苦しい，うっとうしい，陰うつな）と同系語である〈wet blanket 参照〉。意気消沈して（dampened）はいけない。

dunce [dʌ́ns] ばか者，のろま，劣等生
　"A fool unless he knows Latin is never a great fool."「ばかもラテン語を知らねば大したばかではなし」は，元はルネッサンス時代になって生まれたスペイン語の諺で，重箱の隅をほじくるようなことばかりをしている中世の学者に対する軽蔑を言い表したものである。dunce は，スコットランドの神学者ドゥンス・スコトゥス（John Duns Scotus, 1266-1308）の学徒に対してあざけって使われたのがその起こりとされている。また，ライバル関係にあったイタリアの神学者トマス・アクィナス（Thomas Aquinas, 1225?-74）の学徒は，彼らを Dunsmen とか Dunses とあざけり，それを一般化して dunce と言ったとされる。ちなみにトマス・アクィナス自身は同僚から "the dumb ox"（だんまり雄牛）と呼ばれていた。〈can-can 参照〉
　ところで Duns Scotus の名前 Duns は地名で，バークシャーの Dunse かノースハンバランドの Dunston に由来すると考えられる。いずれにせよ，教養のないのろま（dunce）は彼の名 Duns に由来する。

Dundreary [dʌndríəri] ダンドリアリー卿《Tom Taylor の *Our American Cousin*：『アメリカ人のいとこ』（1858年）の登場人物で怠惰で愚かな英国貴族》
　→ Appendix VI

dune [d(j)ú:n]《風で吹きだまった》砂の小山，砂丘
　→ away

dungarees [dʌ̀ŋgərí:z] ダンガリー布の作業服，胸当てズボン
　この衣服の語源はヒンディー語 dungri（目の粗い綿布）である。

dungeon [dʌ́ndʒən] 土牢，地下牢，天守閣
　→ dome

duodenum [d(j)ù:ədí:nəm]【解剖学】十二指腸
　→ pylorus

dupe [d(j)ú:p] だまされやすい人，間抜け；だます
　→ diploma

duplex [d(j)ú:pleks] 重複の，二重の；高級複式アパート
　→ diploma

duplicate [d(j)ú:plikət] 複製の；写し；複写する
　→ diploma

duplicity [d(j)u:plísəti] 二枚舌，二心あること，不誠実
　→ diploma

durable [d(j)úərəbl] 長持ちする，耐久性のある，永続性のある
　→ suffer

dust [dʌ́st] ちり，ほこり；ほこりを取る
　→ February

Dutch [dʌ́tʃ] オランダの，（古語）ドイツの；オランダ人
　この語はかつて，今日のオランダ語 Duits（ドイツの）やドイツ語 deutsch（ドイツの）と同じく，全ドイツを指していたが，今日ではオランダのみを指す。語源は古高地ドイツ語 diutisc（民衆の，民族の）である。
　ところで，「栄光」という意味の民族名 Slav（スラヴ）が外国で「奴隷」（*slave*）の意味になったのと同じように，本国で好ましい言葉であっても，Dutch は海峡を渡ったイギリスでは好かれなかった。16世紀から17世紀にはイギリス人はオランダ（Dutch）船のマストの先についた「ほうき」（broom）が嫌いになった。その船がほうきのように「海を一掃する」（"sweep the seas"）ことを示し，またイギリスが七つの海を制覇した後も，オランダは植民地獲得競争の覇権争いで最大の敵になったからである。
　かつて「性病」を，イギリス人がフランス病と呼び，フランス人がイタリア病と呼んだのと同じく，多数の軽蔑的表現がオランダ人に向けられ，今日でも残っている。競売人が高い言い値からせり下げて落とす「逆ぜり，せり下げ競売」の *Dutch* auction. 錨を忘れて船を失ってしまったオランダ人船長の話から「大切な忘れ物」の

Dutch anchor。オランダ人の半ズボン（breeches）しか作れない大きさの「嵐の合間の小さな青空」を意味する *Dutchman's* breeches がその例である。

さらに *Dutch* bargain（一杯やりながら結ぶ売買契約）。*Dutch* comfort（あまりありがたくない慰め）。*Dutch* concert（《口語》てんでんばらばらの合唱、がやがや）。オランダ産のジンから生まれる（？）*Dutch* courage（から元気）。*Dutch* defence（オランダ流防戦、退却）。*Dutch* feast（《客よりももてなす方が酔っぱらう》ぶざまな宴会）。銅と亜鉛の合金で金箔の安い代用の *Dutch* gold（オランダ金箔）。*Dutch* luck（本当はそれに値しない幸運）。*Dutch* nightingale（蛙）。*Dutch* praise（ほめ言葉のように聞こえる非難）。普通は一つ一つ勘定した場合より合計額が高い *Dutch* reckoning（どんぶり勘定）。*Dutch* treat（割り勘）。*Dutch* uncle（ずけずけと厳しく非難する人）。特に熱帯の植民地で現地の女と寝ない男の *Dutch* wife（枕、抱き籠）。"If that's the truth, I'm a *Dutchman*."（そんなことなんか絶対あるものか：それが本当なら私などはオランダ人である）という表現。いわゆる double talk（でたらめな言葉を並べて人を煙に巻く話）と同じ double *Dutch*（到底理解できない話、ちんぷんかんぷん）などがある。

これ以上続けると I'll be in *Dutch*!（嫌われる）になるので、このぐらいでよすとしよう。

ところで、アメリカ合衆国モンタナ州のコーンウォル人鉱夫は、分け前ではなく、罰金（assessment）を Irish dividend と言った。ちなみに、Ireland の Ire- は ire（《古・詩語》怒り）とは関係がなく古いケルト語に由来するもので、この地名の原義は「怒りの島」ではない。また「外国人嫌い」には、ギリシア語 xeno-（外人）と phobia（恐れ）とからなる xenophobia を使うが、この感情は多くの国や地方にあり、さらに町の一般人対大学・聖職者関係者、都会人対田舎の住人などに見られる〈pagan 参照〉。例えば、ローマ人にとって、カルタゴの地は Punica で、ラテン語 *Punica* fides（背信：*Punic* faith）が生まれた。イギリス人は "French leave"（ずる休み、無断欠勤）と言うが、同じ意味でフランス人は "filer à l'Anglaise"（こっそり立ち去る：〔原義〕イギリス人のように立ち去る）と言う。お互いさまである。vandal（野蛮な）は、ローマが445年にゲンセリック（Genseric, 在位 428-477）の率いるヴァンダル人（Vandals）に掠奪されたことに由来する言葉である。

アングロサクソン語 wealh（外人）はサクソン人ではないという意味であり、先住民を意味した。この wealh から Waelisc を経て Welsh（ウェールズ人）が派生し、さらに借金などについて語る時の welsh（踏み倒す）が派生した。ちなみに walnut（クルミ）はアングロサクソン語 wealhhnutu が語源で、原義は「異人のナッツ」つまり「ウェールズ人のナッツ」である。

今日、ニューヨークのマンハッタンに住む人には "art is the quickest way out of the Bronx;"（芸術がブロンクス《マンハッタン島の北東》を抜け出す一番の早道だ）という言葉がある。また、人をばかにしたように舌を唇の間で震わせて出す pppht（プューッ！）という音は Bronx cheer（ブロンクス風かっさい）と呼ばれている。よそ者に冷たいこのような態度はロンドンっ子（コクニー）にはおなじみの次のような会話に集約される：

"Who's that?"（あれはだれだい）
"Dunno."（知るもんか）
"'Eave 'arf a brick at 'im!"（レンガのかけらでも投げてやれ！）

dwell [dwél] 住む、居住する、暮らす

この語は今日では主として詩的で楽しい意味を持つが、その歴史はいささか陰うつなものである。原義は「気絶させる」で、「目をくらませる」を経て、さらに「迷わせる」へと意味が変化した。同族語のサンスクリット語 dhwr- も「迷わせる、欺く」であった。この語は古高地ドイツ語 twellan（遅らせる）で第2段階を迎えた。すなわち、だれかを気絶させることは、その人を否応なしに「遅らせる」ことになる。それが自動詞として使われ、「遅れる」「ぐずぐず長居する」さらに「とどまる」「一か所に住む」を意味するようになったのである。

dye [dái] 染料、色素；染める

→ sequin

dynamic [dainǽmik] 動力の，活動的な；原動力
→ dynamo

dynamo [dáinəmòu] 発電機，ダイナモ，活動家

この語は，dynasthai（できる）から派生したギリシア語名詞 dynamis（力）から近年になって造語された。同ギリシア語から派生した dynastes（君主の地位，支配者）は dynasty（王朝）の語源である。他にも，同語源から近年，dynamic（動力の，ダイナミックな），dynamism（活力，ダイナミズム），dyne（【物理】ダイン《力の単位で 1 g の物体を毎秒 1 cm 動かす力》）を始め，結合形 dynamo-（力）を持つ多数の造語ができている。

dynasty [dáinəsti] 王朝，その統治期間，支配者群
→ dynamo

dysentery [dísəntèri]【医学】赤痢

ギリシア語 dys-（悪い，不良の，病気の）は eu-（良い）の反対を表し，頻繁に使われる接頭辞である。eulogistic（賞賛の）に対する dyslogistic（口汚い），evangelical（福音の）〈evangelist 参照〉に対する dysangelical（非福音の）はその例である。

dyspepsia（消化不良症）は上記の dys- と，pessein, pept-（柔らかくする，料理する，消化する）から派生したギリシア語 dyspepsia（消化不良）の借入である。このギリシア語動詞からの形容詞 peptos（料理された，消化された）から pepsin（【生化学】ペプシン《胃液中のタンパク質分解酵素》），同じく形容詞 peptikos（消化できる）から peptic（消化の，ペプシンの）が造られた。また「内臓」，特に「腸」はギリシア語で entera であり，これに dys-（不良の）がついて「腹ないし腸の不調」を表すギリシア語 dysenteria が成立，これが dysentery（赤痢）の語源となった。

dyspepsia [dispépʃə]【医学】消化不良
→ dysentery

dysprosium [dispróuziəm]【化学】ジスプロシウム
→ element

E

eager [íːgər] 熱望している，…したいと思う，熱心な
→ acumen

ease [íːz] くつろぎ，気楽さ；和らげる

質問に答えられないと goose（《雌の》ガチョウ，とんま）と呼ばれることがある。かつてなら anserine（ガチョウの，ばかな）と呼ばれたかもしれない。anserine はラテン語 anser（ガチョウ）が語源で，ガチョウが持つ「愚鈍」な感じからその意味が生まれた。

ちなみに ansate cross（アンサタ十字，アンク）はガチョウとは別物である。先端に輪のついた十字架で，鳥やヘビの頭がついている場合がある。ansate は，ラテン語 ansatus（柄のある）が語源で，後期ラテン語の変化形 ansata（crux *ansata*〔【エジプト芸術】アンサタ十字〕のように使う）から借入された。より広くはカギ十字（swastika）として知られている。〈monk 参照〉

ラテン語 ansatus（柄のある）は，人が「腰に手を当ててひじを張った」の意味にも使われる。言わば「柄のついた」人を思わせるもので，何かを扱っているふうではない。この静止状態を表す言葉が後期ラテン語 asia となり，フランス語 aise（快適さ；満足している：〔原義〕人の傍のひじが張れる程度にあいた場所）を経て英語 ease（気楽さ）となったとする説がある。〈answer 参照〉

ところで goose（ガチョウ，グース）は印欧諸語に共通に見られ，アングロサクソン語では gos である。tailor's *goose*（仕立屋の大型のアイロン）は，アイロンのハンドルが雁首のように曲がっていることからついた名である。"Be the tailor *ever* so poor, he'll still have a *goose* at the fire."（仕立屋はどんなに貧しくとも，火にはグースがあるものだ）という言い方もある。

また，goose にはいくつかのスラング的な意味がある。to goose は「劇をやじる」である。このことからがっくりした役者が "The *goose* is in the house."（やられたよ，劇場にはガチョウがいる）と言うことがある。さらに，"get the big bird"（ブーブーやじられる），同じく "give him the bird"（やじをとばす，ブーイングする）などの表現が生まれた。劇場においてやじる音は，*goose* hiss（シーッというガチョウの怒りの声）よりも *goose* honk（ガチョウがグヮグヮという音：Bronx cheer〔舌を唇の間でふるわせてブルブルという軽蔑や嫌悪を表す音〕）〈Dutch 参照〉である。

金の卵を産むガチョウを殺した男の話から "to cook one's *goose*"（ヘマをする，チャンスをつぶす）という表現が生まれた。イライラせずに，不快さを払拭してください（Don't be *uneasy*; and keep clear of *disease*.）。

easel [íːzl] 画架，イーゼル
→ buck

east [íːst] 東；東の；東へ

太陽が昇る場所としての east は，パンなどをふくらまし立ちあがらせる yeast（イースト；発酵する）と関係づけられてきた。*Easter* is the season when the Lord ariseth.（イースターは，主がよみがえる季節である）はこの関係を連想させる。しかし，east は印欧語根 aus-（燃える）に由来し，サンスクリット語 vas-（輝く）と同族語である。

同じく west（西）は，the place where the sun *wasteth*（太陽が衰えるところ）と呼ばれてきた。語源的にはサンスクリット語 vasta（家）とか vasati（夜を過すところ）と同族語で，原義は「太陽が夜に留まるところ」であると考えられる。

また south（南）は，「日にさらされる地域」（*sunned* quarter）で，古高地ドイ

ツ語 sunth が語源である。この sunth から -n- が脱落して south となる過程は、tooth（歯）が古サクソン語 tand から変化した過程と似ている。ちなみに tooth はサンスクリット語 danta（歯）やラテン語 dens, dent-（歯——dentist〔歯医者〕の語源——）と同族語である。

そして north（北）は、where the sun's course *narroweth*（太陽の軌道が狭くなるところ）と考えられてきたが、それは一説にすぎない。《実際は印欧語根 ner-（左、下）に由来すると考えられており、太陽が昇る東を向くと北は左側である。》方角を表すこれらの言葉は非常に古くから使われている。

Easter [í:stər] 復活祭、イースター

この語はアングロサクソン語 Eostre, Eastre が語源で、元来、異教の女神「春の女神」「暁の女神」のことであった。春分の日に行われたこの女神の祝祭は、Eastron（Eastre の複数形）と呼ばれた。ちなみにほとんどのヨーロッパ言語では、キリストの復活を祝うイースターを、ユダヤ人の「過ぎ越しの祭り」（Passover）から名づけている。フランス語 Pacques やイタリア語 Pasqua がその例である。これらはヘブライ語 pesach が語源で、ギリシア語 paskha、ラテン語 pascha を経て変化した。英語にも *Paschal* lamb（過ぎ越しの祝いの子羊、神の子羊）があるが、復活祭を表す言葉としてはキリスト教以前の女神の名前がそのまま残った。

ヘブライ語 pesach の意味を英語で表すと "pass over"（過ぎ越す）である。隷属の身分にあったイスラエルの民をモーセが導いてエジプトを脱出する以前、エジプトで生まれたすべての長子を王の手下が殺して回った時、主（the Lord）の天使がイスラエルの民の家は過ぎ越すように計らった。これにちなんで、出エジプトを記念する祝祭は Passover（過ぎ越しの祭り）と呼ばれるようになった。

eat [í:t] 食べる、侵食する；食べ物
→ indenture

ecclesiastic [iklì:ziǽstik] 聖職者、牧師；教会の
→ church

古代の集会にはいろいろな祭儀の要素があった。今日でも集会を祈りによって始めることが多い。ecclesiastic は、ギリシア語 ekklesia が語源で、教会を意味するようになる前はアテネ市民の民会を指した。さらにこの語はギリシア語 ekkalein（呼び出す）にさかのぼる。呼び出すと言えばラテン語に ecce（ほら！ 見よ！）があり、『ヨハネ福音書』(19：5)ではピラトがイバラの冠をかぶせられたイエスを指して「見よ、この男だ」(Ecce Homo：Behold the Man) と言っている。

echelon [éʃəlɑ̀n]【軍事】梯形編成、段階；梯形編成に並べる

少しずつずらして平行に配列する軍隊の編成方式は飛行機の三角編成飛行（echelon）へと発展した。echelon はラテン語 scala（階梯（きざはし））が語源で、古フランス語 eschiele、フランス語 échelle（はしご）から、その指小形 échelon（《はしごの》横木、梯隊）を経て借入された。ちなみに、はしごの横棒のような目盛りで「測る」「よじ登る」を意味する scale もラテン語 scala（階梯）が語源である。to *scale* a wall（壁をよじ登る）のようにも使う。

しかし、「てんびん」の scale はゲルマン諸語に共通な言葉で、アングロサクソン語は scealu（鉢、貝殻——shale〔頁岩、泥板岩〕の語源——）である。scale（鱗）も同語源であり、古高地ドイツ語では scala（かけら、殻）である。

ラテン語 scala（階梯）と同語源のラテン語 scandere, scans-（上がる、よじ登る）は、scan（細かく調べる、ざっと目を通す、《詩の》韻律を調べる）の語源であり、原義は、敵の行動などを「監視するために登る」「詩脚を上がる」である。

ところでよく似た綴りの scandal（スキャンダル、恥辱）はギリシア語 skandalon（つまずかせるもの）が語源で、元は、もがいても跳ね上がっても起き上がれなくするバネ装置付きの「わな」のようなものだった。

echo [ékou] 反響、エコー；反響させる
→ nuptials

éclat [eiklɑ́:] はなばなしい成功、名声、喝采
→ slate

ecstasy [ékstəsi] 無我夢中、狂喜、エクスタシー
→ element の最終段落、tank

ectoplasm [éktəplæzm]【生物学】外質,【心霊】《霊媒の体から発する》心霊体
→ element の最終段落

edge [édʒ] 刃, へり；刃をつける
→ acumen

edible [édəbl] 食べられる；食用となるもの
→ indenture

edict [íːdikt] 布告, 命令, 勅令
→ verdict

education [èdʒəkéiʃən] 教育, 教養, 教育学
→ destroy

effect [ifékt] 結果, 効果；もたらす
→ affect, defeat

effete [ifíːt] 時代遅れの, 精力のない, 生産力のない
→ fetus

efficient [ifíʃənt] 有能な, 能率的な, 原因として働く
→ defeat

effigy [éfidʒi] 肖像, 彫像, 偶像
→ faint

effloresce [èfləɾés] 花が咲く, 開化する,【化学】風化する
→ flower

effrontery [ifrʌ́ntəri] 厚かましさ, 厚かましい行為

かつて, 内気な男の子は伏し目がちに立っていたものである。この姿勢は顔を赤らめることにも通じる。ラテン語では顔を赤らめることもない厚かましい態度を「《感情などが表れる》額がない」と表現し, ex (外へ, 外の) と frons, front- (額, 眉) とからなる effrons, effront- (恥知らずの) を用いた。これが effrontery の語源である。古くは, 女の子の微笑が勇気づけてくれる場合などに使う effront (はにかみから解き放つ, 大胆にする) もあった。

ラテン語 frons, front- (額, 眉) が物の「先端部」も意味するようになったことから, 英語 front (額, 前部), frontier (国境, 辺境), frontispiece (《本の》口絵) 〈同項参照〉などが生まれた。また, ad (…へ) の結合形 af- と front (額) からなる affront は, 原義が「額への一撃」で, 比喩的に「侮辱；侮辱する」の意味になった。confront (向かい合う) の con- はラテン語 con (共に, …に対して) が語源であり, 原義は「顔と顔を向かい合わす」である。

ちなみに, これらの言葉は, ゲルマン語 frogna (鼻孔) からと考えられる古フランス語 froignier, frongnier (鼻を鳴らす, しかめつらをする) を経て借入された frown (しかめつらをする) の語形に影響を与えた可能性がある。しかめつら (*frown*) とは鼻を眉の方へ引き上げてできる表情である。

ところで, brow (眉, 額) はゲルマン諸語に共通に存在する言葉であり, アングロサクソン語は bru で, サンスクリット語 bhru (眉) は同族語である。browbeat (威嚇する, 脅して…させる) は厳しく傲慢な眉をして相手を威圧することであった。highbrow (知識人；インテリ向きの) や lowbrow (無教養な；低俗趣味の人) は, highbrowed (額の広い) からの逆成であるが, 額の広さが中に詰まっている脳味噌を表しているのだろうという素朴な想像から生まれた言葉である。インテリ (highbrow) は人を見下ろすような (supercilious 〈同項参照〉) 態度をとることがある。

effusion [ifjúːʒən] 流出, ほとばしり, 噴出
→ futile

egg [ég] 卵；そそのかす
→ acumen

eggnog, eggnogg [égnàg] エッグノッグ《鶏卵・砂糖・ミルクをかき混ぜ, ラム酒などを加えた飲料》
→ nugget

egoism [íːgouìzm] 利己主義, うぬぼれ, エゴイズム
→ altruism

egotism [íːgətìzm] 自己中心癖, 自己本位, うぬぼれ
→ altruism

egregious [igríːdʒəs] 実にひどい, 目にあまる, とんでもない

この語は初め「顕著な」を意味し, e- (ex：…の外に) と grex, greg- (群れ, ヒツジの群れ) からなるラテン語 egregius (卓越した, 優秀な) が語源で, 文字通りには「群れの中から選ばれた」であった〈absolute 参照〉。しかし, 人の冷笑的

egress [íːgres] 退出, 出口；姿を現す
→ issue

eight [éit] 8, 八つ, 8時
→ number

either [íːðər] どちらかの, 両方の；いずれか
→ weather

ejaculation [idʒækjəléiʃən] 不意に叫ぶこと, 射精
→ wasp

eject [idʒékt] 追い出す, 噴出する, 取り出す
→ subject

eke [íːk] 補う, 節約してやりくりする；また（also）
→ auction

-el [-el] …の小さなもの
→ swivel

elastic [ilǽstik] 弾性のある, 融通性のある；ゴム入り生地

　物理学を勉強したことのない者は, この語から「伸び縮みする輪ゴム」（*elastic rubber band*）を考える。だが, かつては elastical であり, 気体などの性質として「膨張する」の意味で使われていた。そして今日の科学的用法としても, 伸縮後に元の大きさに戻る力を指す「伸縮自在の」の意味となっている。このような *elastical* force（瞬間伸縮力）は, ギリシア語 elaunein（駆り立てる, 動かす）の形容詞 elastikos からの造語である新ラテン語 elasticus（衝動的な,【力学】瞬間力の）を経て17世紀に名づけられた。同時にこの種の「弾性」は elater と呼ばれたが, やがて elatery, さらに elasticity が取って代わった。ちなみに elater は今日ではスウェーデンの博物学者リンネ（Carl von Linné, 1707-78）が, 1740年ごろに確立したリンネ式分類法で「コメツキムシ科の昆虫の総称」として使われている。この昆虫類は, 背を下にしていてもヒョイと跳ね返って足から着地できる。これを見ると子供は「大いに喜ぶ」（elated）ものである。だが elated と elation（大喜び）はラテン語 ef-（ex：…の外へ）と ferre, lat-（運ぶ）からなる efferre, elat-（運び出す, 高める）が語源である。〈port 参照〉

elation [iléiʃən] 大喜び, 意気揚々
→ elastic

elbow [élbou] ひじ, ひじ状の物；ひじで突く
→ pylorus

elder [éldər] 年上の, 年長の；年上の人
→ world

elected [iléktid] 選出された；選ばれた者, 選民
→ legible

electricity [ilèktrísəti] 電気, 電気学, 極度の緊張

　ある種の木の樹脂が, 時に昆虫を中に閉じ込めてそのまま何世紀もの時の経過を経て固く石化すると amber（琥珀）と呼ばれるものになり, 大昔から装飾品として使われてきた。琥珀は海底から発見されることが多い。その琥珀をギリシア人は elektron と呼んだ。彼らは, 琥珀には奇妙な性質があることを発見した。琥珀をこすると,《綿ぼこりのような》フワッとしたものが揺れるとか, 物が引き合ったり跳ね返ったりするのである。これは稲妻以外では人間が電気と関係を持った最初の例であり, 琥珀を意味する electron が electricity の語源となった。人間は電気をいろいろ使ってきたが, その一つが「電気処刑」（*electro*cution）である。この英語は execution（処刑, 死刑執行）を模した造語である。

　科学者は, 電荷（*electric* energy）を持っていてただ旋回するだけの物がすべての物質に存在することを発見した。この基本的な旋回物体を, 元のギリシア語から electron（電子）と名づけた。今日では琥珀の装飾品はプラスチック製の物が多くなったが, 電気（electricity）は変わることなく残っている。

　ギリシア語 elektron（琥珀）は, elektor（太陽のギラギラする光）にさかのぼる。古代人は太陽のギラギラする光が海に当たって固くなった物が琥珀であると考えたのであろう。この語源説を知っていた大プリニウス（Pliny the Elder, 23-79）も『博物誌』（紀元77年ごろ）で, ゲルマン人は琥珀を glaesum（輝く物）と呼ぶと記している。この言葉は古高地ドイツ語に由来し, glass（ガラス）や glaze（光沢を出す, うわ薬をかける）の語源でもある。

ところで，アラビア語 'anbar（竜涎香《マッコウクジラから採れる香水の原料》）が語源の amber と呼ばれる物質には2種類あり，双方とも海に浮かんでいるのが発見された。その一方は，フランス語で ambre gris（灰色アンバー：gray *amber*）と呼ばれ，英語では ambergris（竜涎香）である。他方はフランス語 ambre jaune（黄色アンバー，琥珀：yellow *amber*）と呼ばれ，こちらが英語の amber（琥珀）である。

electrocution [ilèktrəkjú:ʃən] 電気処刑，感電死
→ electricity, refrain

electrolysis [ilèktrálǝsis] 電気分解，電解
→ lysol

electron [iléktrɑn] 電子，エレクトロン
→ electricity

electuary [iléktʃuǝri] なめ薬
→ licorice

eleemosynary [èləmásənèri]《文語》慈善の，慈善行為を受けた，無料の
→ alms

elegance [éləgəns(i)] 優雅，優雅なこと，正確さ
→ legible

elegant [éləgənt] 上品な，的確な，見事な
→ legible

element [éləmənt] 元素，構成要素
この語は，ラテン語 elementum（最も基本的な物質の形，元素）からの直接借入語である。長い間，宇宙には土，水，風，火の四元素があると考えられていた。近代化学は92《執筆時》の元素を区別するが，isotope（同位元素，アイソトープ——ギリシア語 isos〔等しい〕と topos〔場所〕が語源——）は，元素の周期表では同位を占める。
以下は元素の周期表における92の元素名と，元素記号，原子番号を記したものである。

actinium [æktíniəm] アクチニウム Ac 89
1899年にフランスの化学者ドビエルヌ（André-Louis Debierne, 1874-1949）によって発見された。この放射性元素はギリシア語 aktis, aktin-（光線）から命名された。

alabamine [ǽləbǽmì:n] アラバミン Ab 85
この元素はアラバマ科学技術研究所（the Alabama Polytechnic Institute）の化学者たちによって1931年に発見され，州名アラバマにちなんで名づけられた。その一人はアリソン（Fred Allison, 1882-1974）であった〈virginium 参照〉。《現在は，アスタチン（astatine），元素記号 At，原子番号85。元素名は，ギリシア語 astanos（不安定）が語源》

aluminium [æləmíniəm] アルミニウム Al 3
この元素ははじめ alumium（アルミウム）と呼ばれ，今日でもそう呼ばれることがある。語源は収斂物質のラテン語 alumen（ミョウバン）で，英語 alum（ミョウバン）と同語源である。しかし，アルミニウムは地球上で最も豊富に存在する金属であるにもかかわらず，19世紀まで同定・分離されなかった。

antimony [ǽntəmòuni] アンチモン Sb 51
ギリシア語 stimmi〔stigm-〕（しるし，黒色顔料——stigma〔汚名，恥辱〕の語源——）は，ラテン語 stibium（輝安鉱，アンチモン）となった。同鉱石（stibnite）の粉末を古代人は顔料や，アイシャドーとして使った。東方のアラブ人たちが用いたコール墨（kohl〈同項参照〉）と同じ物である。11世紀にこの金属は antimonia（アンチモニア）と呼ばれるようになった。それはアラビア語 al-ithmid（アンチモン）からラテン語形に変化したものと考えられる。ギリシア語 anti monos（1と対立する）が語源とする説もあり，民間語源説では，この物質の性質は多すぎて一人では描写できないからだとされている。〈pretzel 参照〉

argon [á:rgɑn] アルゴン Ar 18
この気体は1894年に大気中で発見された。argon は，この元素が他の元素とは容易に化合しないことから，ギリシア語 a-（否）と ergon（仕事）から造語された元素名（〔原義〕怠け者）である。また，ギリシア語 ergon からは，英語 erg

(【理学】エルグ《仕事量の単位》) や energy (力, エネルギー) が派生した。アルゴンの発見者である英国の化学者ラムゼー (Sir William Ramsay, 1852-1916) とトラヴァーズ (Morris William Travers, 1872-1961) は, アルゴンの他に希ガスのヘリウム (helium), クリプトン (krypton), ネオン (neon), キセノン (xenon〈同項参照〉) も発見した。

arsenic [ɑ́:rsənik] ヒ素　As　33
　この石黄鉱はアラビア語で az-zirnikh (金色: the golden) と呼ばれていたが, それはペルシア語 zar (金) から派生した zarnikh (金色の) の借入だった〈zirconium 参照〉。またギリシア人もこの黄色の顔料を使い, その薬効成分も知っていて, アラビア語名を民間語源説によってギリシア語 arsen (男らしい, 力強い) から派生した arsenikon (石黄, ヒ素) に変えた。

barium [béəriəm] バリウム　Ba　56
　1779年にスウェーデンの化学者シェーレ (Karl Wilhelm Scheele, 1742-86) が発見した土から分離されたこの金属は, ギリシア語 barys (重い) から baryta (バリタ《酸化バリウム》) と名づけられた。元素名バリウム (barium) はこの元素がバリタの成分であることに由来し, ギリシア語 barys から近代ラテン語 barium として造語された。

beryllium [bəríliəm] ベリリウム　Be　4
　この元素は1828年に分離されたが, それが最初に見つかった緑柱石 (*beryl*) のギリシア語 beryllos にちなんで beryllium と呼ばれるようになった。この元素はグルシヌム (glucinum: 化学記号 Gl) と呼ばれることもある。語源はギリシア語 glykeros (甘い) で, 緑柱石から分離した「塩」《例えば塩化ベリリウム》に甘味があることから名づけられた。〈glucose, glycerin 参照〉

bismuth [bízməθ] ビスマス　Bi　83
　この元素は, 当初はドイツ語で Wismut と呼ばれたが, 後に民間語源説によって Weissmuth (白い物質) と呼ばれるようになった。そしてドイツの鉱山学者アグリコラ (Georgius Agricola, 1494-1555) が用いたラテン語形 bisemutum から今日のビスマス (bismuth) が生まれた。
　アグリコラは *De Re Metallica*: 『デ・レ・メタリカ: 金属について』(1556年) で多くの用語をラテン語化した。ちなみに, アグリコラとは彼の本名 Georg Bauer の Bauer (ドイツ語で「農夫」の意味) のラテン語訳 agricola である。
　同じく, ドイツの人文学者メランヒトン (Philipp Melanchthon, 1497-1560) の Melanchthon はドイツ語名 Schwartzerd (〔原義〕黒い土) をギリシア語訳したものである。オランダの人文学者エラスムス (Desiderius Erasmus, 1466?-1536) のファーストネーム Desiderius と姓 Erasmus は, ドイツ語名 Gerhard Gerhards (ゲアハルト・ゲアハルズ——Gerhard の原義は「愛において強い」——) のラテン語訳とギリシア語訳である。スイスの医師・神学者エラストス (Thomas Erastus, 1524-83) の本当の姓はドイツ語名 Lieber (愛する人) であった。当時は多くの学者たちが名前を同じように翻訳してそれを用いた。〈complexion 参照〉

boron [bɔ́:ran] ホウ素　B　5
　米国製のホウ砂 (【商標】20 Mule Team Borax) が製造されるずっと前から, アジアからヨーロッパに輸入されていたホウ砂 (borax) があった。borax の語源はペルシア語 burah (白い) で, アラビア語 buraq (ソーダ石) を経て借入された。この元素は英国の化学者デイヴィ (Sir Humphry Davy, 1778-1829) がホウ酸 (*boric*〔*boracic*〕acid) から抽出し, boracium と命名されたが, 後に boron (ホウ素) となった。

bromine [bróumi:n] 臭素　Br　35
　1826年に分離され, ギリシア語 bromos (悪臭) から造語された。

cadmium [kǽdmiəm] カドミウム　Cd　48
　この元素名は古代ギリシアの都市国家テーバイ (Thebes) を建国したとされるカドモス (Cadmus) にちなむものであるが, 元は, テーバイの近くの鋳造工場の真鍮 (しんちゅう) の粉末を意味したと考えられる。ちなみにカドモスはアルファ

ベットをギリシアにもたらしたとされる人物でもある。この元素は1817年にドイツの化学者シュトロマイアー（Friedrich Stromeyer, 1776-1835）が発見した。

calcium [kǽlsiəm] カルシウム Ca 20

この金属は石灰から発見されたもので、元素名はラテン語 calx, calc-（石灰）から造られた。calculate（計算する）〈同項参照〉も同語源である。

carbon [kάːrbən] 炭素 C 6

木炭はラテン語で carbo, carbon-で、元素名は同ラテン語が語源である。この元素はダイアモンド（diamond〈同項参照〉）としても存在する。

cerium [síəriəm] セリウム Ce 58

この元素は，1803年にスウェーデンの化学者ベルセーリウス（Baron Jöns Jakob Berzelius, 1779-1848）とヒージンガー（Wilhelm Hisinger, 1766-1852）が発見し、元素名を，イタリアの天文学者ピアッツィ（Giuseppe Piazzi, 1746-1826）が1801年に発見した小惑星セレス（Ceres《ローマ神話で実りの女神ケレス》）にちなんでセレリウム（cererium）と名づけた。だが、間もなくより簡単な cerium となった。〈uranium 参照〉

cesium [síːziəm] セシウム Cs 55

1860年に分光器によって発見されたこの金属は，分光分析で呈する青灰色（ラテン語で caesius）にちなんで名づけられた。〈rubidium, thallium 参照〉

chlorine [klɔ́ːriːn] 塩素 Cl 17

気体が黄緑色であることから、1811年に英国の化学者デイヴィ（Sir Humphry Davy, 1778-1829）が名づけた。語源はギリシア語 khloros（黄緑）である。

chromium [króumiəm] クロム Cr 24

英語 chrome yellow（黄鉛，クロムイエロー）とか chromatic（色彩の，着色の）などの語源はギリシア語 khroma（色）である。クロムの化合物にあざやかな色を示すものが多いことから、元素名がつけられた。

cobalt [kóubɔːlt] コバルト Co 27

中世の鉱夫は鉱石から金属を取り出すのを邪魔する小鬼がいると考え、それをコボルド（Kobold：鉱山の小鬼）と呼んだ。この名は古高地ドイツ語 Godbald（神のように大胆な）が語源であり、1735年にスウェーデンの化学者ブラント（Georg Brandt, 1694-1768）がこの元素を分離した時に、元素名とした。

columbium [kəlʌ́mbiəm] コロンビウム Cb 41

この元素は，英国の化学者ハチェット（Charles Hatchett, 1765-1847）が，コネティカットの総督ジョン・ウィンスロップ2世（John Winthrop, Jr, 1606-76）から英国に送られてきた鉱石を研究している時に発見し、大英博物館に納めたものである。ハチェットはアメリカを記念してコロンビウムと名づけた。だが元素タンタル（tantalum）と同一元素であることがわかったので、タンタロス（Tantalus）の娘ニオベ（Niobe）にちなんで，現在はニオブ（niobium）と呼ばれ、元素記号は Nb である。

copper [kάpər] 銅 Cu 29

この元素名は，産地キプロス（Cyprus）にちなむラテン語 aes Cyprium（キプロス産金属，銅）に由来する。

dysprosium [dispróuziəm] ジスプロシウム Dy 66

ギリシア語の接頭辞 dys-（悪い，厳しい）は，eugenics（優生学）に見られる接頭辞 eu-（良く）の反対で、言葉の持つ良い語義を消してしまう。この語とギリシア語 pros（…へ）が結合された dysprositos（近づき難い，得にくい）から、この「得にくい」元素は名づけられた。1886年に困難の末にホルミウム（holmium）化合物から分離された。

erbium [ə́ːrbiəm] エルビウム Er 68

1843年にスウェーデンのイッテルビー（Ytterby）の近くの鉱山で見つかった鉱石から、モサンデル（Carl Gustar Mosander, 1797-1858）がいくつかの希土類を分離し，それぞれを町の名にちなんで erbia（エルビア），terbia（テルビア），yttria（イットリア）と名づけ，それらが元素名 erbium（エルビウム），terbium（デルビウム），ytterium

（イットリウム）となった。その後，二つの元素イッテルビウム（ytterbium）とルテチウム（lutecium）〈同項参照〉も分離された。さらに，これらの希土類元素とともにガドリニウム（gadolinium），ホルミウム（holmium），スカンジウム（scandium），ツリウム（thulium），トリウム（thorium）も発見された。

europium [juəróupiəm] ユウロピウム Eu 63

鉱物サマルスカイト（samarskite《放射能鉱物》）は，ロシアの鉱山技師サマルスキー（Samarski, 1870年没）にちなむ名称であるが，1900年ごろ，この鉱物に二つの元素が含まれていることが発見された。その一つをフランスの物理学者ボワボードラン（Paul-Émile Lecoq de Boisbaudran, 1838-1912）がサマリウム（samarium）と，他方をフランスの化学者ドマルセー（Eugène-Anatole Demarçay, 1852-1904）がヨーロッパ大陸にちなんでユウロピウム（europium）と名づけた。

fluorine [flúəri:n] フッ素 F 9

フッ素は融点が低く容易に液化するので金属の融剤（*flux*）として使われ，元素名はラテン語 fluere（流れる）から造語された。フッ素の含有物質を扱った人の多くは死亡したが，ついに1886年にフランスの化学者モワサン（Ferdinand-Frédéric-Henri Moissan, 1852-1907）が分離に成功した。

gadolinium [gædəlíniəm] ガドリニウム Gd 64

1794年にフィンランドの化学者ガドリン（Johan Gadolin, 1760-1852）が発見した鉱石ガドリン石（gadolinite）《単斜晶系の結晶体》からは，エルビウム（erbium〈同項参照〉）など数種の新元素が分離された。その一つのガドリニウム（gadolinium）はその発見者にちなんで命名された。

gallium [gǽliəm] ガリウム Ga 31

フランスの物理学者ボワボードラン（Paul-Émile Lecoq de Boisbaudran, 1838-1912）は1875年に新元素を発見し，フランスのラテン語名 Gallia（ガリア）にちなんで命名した。化学にもナショナリズムが感じられる命名である。〈germanium, scandium 参照〉

germanium [dʒərméiniəm] ゲルマニウム Ge 32

1886年にドイツの化学者ヴィンクラー（Clemens Alexander Winkler, 1838-1904）が発見したこの元素は，彼の祖国ドイツ（*Germany*）にちなんで命名された。〈gallium, scandium 参照〉

gold [góuld] 金 Au 79

元素記号 Au は，Aurora（暁の女神）と同語源のラテン語 aurum（金）による。元素名 gold はゲルマン諸語に共通な言葉で，英語 yellow（黄色い）やドイツ語 Geld（金）や gelb（黄色い）と同系語である。

hafnium [hǽfniəm] ハフニウム Hf 72

元素名はコペンハーゲンのラテン語名ハフニア（Hafnia）にちなんで名づけられた。1923年にデンマーク学派のオランダの物理学者コステル（Dirk Coster, 1889-1950）とハンガリーの化学者ヘヴェシー（Georg Karl von Hevesy, 1885-1966）が発見した。それまではジルコニウム（zirconium）と酷似しているために新元素と識別されていなかった。

helium [hí:liəm] ヘリウム He 2

1868年にインドで観測された皆既日食において太陽紅炎の分光観測が行われた。その時，スペクトル中にこの元素が初めて発見された。ギリシア語 helios（太陽）からの命名である。

holmium [hóulmiəm] ホルミウム Ho 67

この元素は，1879年にスウェーデンの化学者クレーヴェ（Per Teodor Cleve, 1840-1905）がエルビア石（erbia）の中に発見し，彼の故郷ストックホルムのラテン語名ホルミア（Holmia）から命名した。そして1911年に化学者ホルムベルク（O. Holmberg）が分離した。

hydrogen [háidrədʒən] 水素 H 1

この元素は水を生じることから，元素名はギリシア語 hydor, hydro-（水）と gen-（生み出す）から造語された。元素として認識したフランスの化学者ラヴォワジエ（Antoine Laurent Lavoisier, 1743-94）がフランス語で hydrogène

(〔原義〕水の素)と命名した。

illinium [ilíniəm] イリニウム Il 61
　この元素は,1926年にイリノイ州立大学の化学者たちが発見し,州名イリノイ(Illinois)にちなんで命名された。《現在は,プロメチウム(Promethium) Pm 61。この元素名は,ギリシア神話で人間に火をもたらしたプロメテウス(Prometheus)に由来する。》

indium [índiəm] インジウム In 49
　元素名は,濃い藍色(*indigo*)がスペクトル線を発することにちなむ命名である。この元素は1863年に発見された。ちなみに indigo はラテン語 Indicum (インドの: of *India*)が語源である。〈cesium 参照〉

iodine [áiədàin] ヨウ素 I 53
　1811年にフランスの化学者クルトア(Bernard Courtois, 1777-1838)が発見したこの元素は,その蒸気の色にちなみ,ion(スミレ)から派生したギリシア語 iodes(スミレ色)から命名された。

iridium [irídiəm] イリジウム Ir 77
　その塩類の水溶液がさまざまな色を呈するので,1803年にこの元素を発見した英国の化学者テナント(Smithson Tennant, 1761-1815)が,ギリシア語 iris, irid-(虹)から命名した。

iron [áiərn] 鉄 Fe 26
　元素記号 Fe はラテン語 ferrum (鉄)に由来する。同ラテン語は ferric (鉄の,第二鉄の)や ferrous (鉄の,第一鉄の)の語源でもある。
　元素名 iron はゲルマン諸語に共通であるが,ゲルマン人より先に鉄を使っていたケルト人から借入された可能性も考えられる。アングロサクソン語は isern, iren, アイルランド語は iarann, ウェールズ語は haearn である。

krypton [kríptən] クリプトン Kr 36
　1898年に大量の液体空気を蒸発させた後にやっと見つかったこの元素は,ギリシア語 kryptos (隠された,隠れた)から命名された。同ギリシア語は cryptography (暗号書記〔解読〕法)の語源である。

lanthanum [lǽnθənəm] ランタン

La 57
　1839年に,スウェーデンの化学者モサンデル(Carl Gustav Mosander, 1797-1858)が他の物質を調べている時にこの元素を発見し,ギリシア語 lanthanein(隠れている)から命名した。
　4年後モサンデルは同じ物質からまた別の元素を抽出し,ギリシア語 didymos(ふたご)から didymium (ジジミウム)と名づけた。
　しかし,1885年にオーストリアの化学者ヴェルスバッハ(Carl Auer, Freiherr von Welsbach, 1858-1929)は,この元素は neodidymia (ネオジジミア——ギリシア語 neo-〔新〕より——)と praseodidymia (プラセオジジミア——ギリシア語 prasios〔緑〕より——)の二つの元素からなっていることを発見した。これらの元素名は後に短縮されて neodymium (ネオジム Nd 60)と praseodymium (プラセオジム Pr 59)となった。

lead [léd] 鉛 Pb 82
　元素名 lead はアングロサクソン語 lead, オランダ語 lood, ドイツ語 Lot であり,意味は「おもり」(plummet)である。plummet の語源はラテン語 plumbum (鉛)で,元素記号は同ラテン語に由来する。

lithium [líθiəm] リチウム Li 3
　元素名は,lithography (石版印刷)の語源のギリシア語 lithos (石)にちなむ。1817年にスウェーデンの化学者アルフェドソン(Johan August Arfvedson, 1792-1841)が発見した時,この元素は鉱石にのみ存在すると考えられたからである。

lutecium [lu:tí:ʃəm] ルテチウム Lu 71
　元素名は,フランスの化学者ユルバン(Georges Urbain, 1872-1938)が,自分の故郷であるパリの古名 Lutetia (ルテティア)にちなんで名づけた。この元素は,イッテルビア(ytterbia: イッテルビウムの酸化物)の中から発見された。〈erbium 参照〉

magnesium [mægní:ziəm] マグネシウム Mg 12
　18世紀にギリシアのテッサリア地方マ

グネシア（Magnesia）で，二つの物質 magnesia alba（マグネシアアルバ）と magnesia nigra（マグネシアニグラ）が発見された。ラテン語 alba の意味は「白」，nigra は「黒」である。二つの元素を区別するために，前者をマグネシウム（magnesium），後者をマンガン（manganese）と呼んでいる。同地域からは今日 magnetic（磁性物質，磁石）として知られている酸化鉄も発見された。

manganese [mǽŋgənìːz] マンガン Mn 25
→ magnesium

masurium [məzúriəm] マスリウム Ma 43
1925年に発見されたこの元素は，プロシア東部のマズーリ（Masuria）にちなんで名づけられた。この地方で白金鉱（platinum ore）が採掘され，同鉱石からこの元素が抽出されたのである。発見者はドイツの化学者ノダック（Walter Karl Friedrich Noddack, 1893-1960）と，後の妻タッケ（Ida Tacke, 1896-1978）である。夫妻は同時にレニウム（rhenium〈同項参照〉）も発見した。《現在は，テクネチウム（technetium）Tc 43。名前は最初の人工元素であることからギリシア語 tekhnetos（人工）に由来。》

mercury [mə́ːrkjəri] 水銀 Hg 80
元素記号はギリシア語 hydor argyros（水銀：〔原義〕液体の銀）に由来する。ちなみにギリシア語 hydor, hydr-（水）は hydrant（消火栓，水道栓）や hydraulic（水圧式の）の語源であり，ギリシア語 argyros（銀）はギリシア語 argos（白い，輝く，速い）と同語源で，argent（銀の；銀）や argonaut（アルゴー船乗組員，冒険家）の語源である。
ローマ人は，商売（と泥棒）の神で，神々の使者をつとめるメルクリウス（Mercury）の名を，惑星の名前《水星》とし，さらに水銀の持つ特質《蒸発や玉になってすばやく転がることなど》からこの神の変幻自在さにちなんでその金属の名前とした。

molybdenum [məlíbdənəm] モリブデン Mo 42
ギリシア語 molybdos（鉛，黒鉛）は石墨（graphite）と同じく，擦ると書〔画〕いた跡が残る物質を指した。元素モリブデンはこれらの物質の一つから抽出された。

neodymium [nìːoudímiəm] ネオジム Nd 60
→ lanthanum

neon [níːɑn] ネオン Ne 10
1898年に発見された時，この元素は「新しい」気体元素だったので，ギリシア語 neos（新しい）から命名された。

nickel [níkl] ニッケル Ni 28
鉱夫たちはこの金属を Kupfernickel（〔原義〕小鬼の銅）と呼んでいた。この鉱石からは銅を単離することができず，小鬼の仕業であると考えたからである〈cobalt 参照〉。ちなみにドイツ語 Nickel（小鬼）は，人名 Niklaus（ニクラウス）や Nicholas（ニコラス）の変化形である。1751年にスウェーデンの化学者クロンステット（Axel Fredrik Cronstedt, 1722-65）が，それが元素であると宣言し，ニッケル（nickel）と呼んだ。

nitrogen [náitrədʒən] 窒素 N 7
英語 natron（ナトロン，ソーダ石）はアラビア語 natrun から借入されたが，このアラビア語はさらに，ギリシア語 nitron にさかのぼることができる。英語 nitre（硝酸カリウム，硝石）はこのギリシア語が語源である。そして"*nitre*-born"（硝石から生まれた）の意味で，元素名の nitrogen（窒素）が生まれた。ところで，かつてこの元素は mephitic air（毒気ある空気）と呼ばれ，さらにラヴォワジエ（Antoine Laurent Lavoisier, 1743-94）はギリシア語 a-（否）と zoon（生命）から azote（窒素：〔原義〕生命が存在しえない物質）と呼んだ。

osmium [ázmiəm] オスミウム Os 76
この元素を含む蒸気の刺激臭から，ギリシア語 osme（臭気）から造られた元素名である。この元素は1803年に英国の化学者テナント（Smithson Tennant, 1761-1815）によって発見された。ちな

みに同ギリシア語は, 英語 osmosis (【物理・化学】浸透) の語源であるギリシア語 osmos (衝撃) と同語源ではないかと考えられる。

oxygen [ɑ́ksidʒən] 酸素　O　8
　ギリシア語 oxys (酸味のある) と gen- (生み出す) にちなむ元素名である。ラヴォワジエ (Antoine Laurent Lavoisier, 1743-94) によって命名されたが, 分離したのはスウェーデンの化学者シェーレ (Karl Wilhelm Scheele, 1742-86) と英国の化学者プリーストリ (Joseph Priestley, 1733-1804) で, シェーレは1771年に分離し1777年に発表したが, プリーストリは1774年に分離に成功していた。

palladium [pəléidiəm] パラジウム　Pd　46
　1802年に小惑星パラス (Pallas——アテネの守護神パラス・アテナ (Pallas Athene) にちなむ——) をドイツの天文学者オルバース (Wilhelm Olbers, 1758-1840) が発見した。1803年に英国の化学者・物理学者ウォラストン (William Hyde Wollaston, 1766-1828) は, 自分が発見した新元素をその惑星を記念してパラジウムと命名した。

phosphorus [fɑ́sfərəs] リン　P　15
　ギリシア語 phos (光) と phoros (運ぶもの) からなる元素名である。1669年にスウェーデンの化学者ブラント (H. Brandt) によって発見されたが, およそ100年後に他の方法でリンを得る方法が発表されるまで暗所に保存されていた。リンは暗所で光を放つ。

platinum [plǽtinəm] 白金　Pt　78
　この元素名は, かつてはスペイン語 plata (銀) の指小形 platina (プラチナ) であった。貴金属の plate (大皿) は同語源である。

polonium [pəlóuniəm] ポロニウム　Po　84
　1898年にキュリー夫人 (Marie Curie, 1867-1934) がこの放射性元素を初めて分離し, 祖国ポーランド (Poland) にちなんで命名した。

potassium [pətǽsiəm] カリウム　K　19
元素記号 K は, alkali (アルカリ) の語源であるアラビア語 al qali (灰) から変化したラテン語 kalium の頭文字である。「海洋植物の灰」からは炭酸ナトリウム (sodium carbonate) が得られていた。これは, 「陸上植物の灰」から得られる炭酸カリウム (potassium carbonate) と長い間同一視されていた。どちらの植物もつぼや鉢 (pot) の中で燃やされたことから, 両者は pot ashes (つぼの灰) と呼ばれ, 今日の potash (灰汁, カリ《炭酸カリウムの通称》) となった。そして, 1807年に英国の化学者デイヴィ (Sir Humphry Davy, 1778-1829) がカリウムを水酸化カリウム (potash) から分離した時, それにちなんで potassium と命名した。

praseodymium [prèiziouḍímiəm] プラセオジム　Pr　59
　→ lanthanum

protoactinium [pròutouæktíniəm] プロトアクチニウム　Pa　91
　この元素は α 粒子 (alpha particle, ヘリウム原子核) を放出すると, アクチニウム (actinium〈同項参照〉) になることからその名前を得た。ギリシア語 protos の意味は「第1の, 元の」である。この元素は1917年に分離された。

radium [réidiəm] ラジウム　Ra　88
　この元素は1898年にキュリー夫妻 (Pierre Curie, 1859-1906, Marie Curie, 1867-1934) によって発見された。放射線を発する力を持つことにちなんで, ラテン語 radius (光線) から命名された。

radon [réidɑn] ラドン　Rn　86
　この元素は1900年にドイツの化学者ドルン (Friedrich Ernst Dorn, 1848-1916) に発見され, ラジウム (*radium*) から放出されることから命名された。今日知られている最も重い気体である。

rhenium [ríːniəm] レニウム　Re　75
　この元素は1925年にドイツ (Rhenish Prussia: ライン川沿いのプロシア) で発見され, ライン川 (ラテン語名 Rhenus) から命名された。〈masurium 参照〉

rhodium [róudiəm] ロジウム　Rh

45

英国の化学者ウォラストン（William Hyde Wollaston, 1766-1828）が1803年に発見したこの元素は，その塩類溶液の多くがバラ色をしていることから，ギリシア語 rhodon（バラ）から名づけられた。英語 rhododendron（シャクナゲ）も同語源である。〈同項参照〉

rubidium [ru(:)bídiəm] ルビジウム Rb 37

この元素は赤いスペクトル線を発することから命名された。語源はラテン語 ruber, rubidus（赤い）で，英語 rubescent（赤くなる，紅潮する）は同語源である。1861年に分光器を使って発見された。〈cesium 参照〉

ruthenium [ru:θíniəm] ルテニウム Ru 44

Ruthene（ルテニア人）は，《帝政時代は主にウクライナ人，すなわち》小ロシア人を指した。ロシア人（Russi）を意味する後期ラテン語 Rutheni が語源である。1828年にドイツの化学者オサン（Gottfried Wilhelm Osann）が，ロシアのウラル山脈から掘り出された鉱石から発見した新元素を後期ラテン語 Rutheni からルテニウムと命名した。

samarium [səméəriəm] サマリウム Sm 62

→ europium

scandium [skǽndiəm] スカンジウム Sc 21

この元素名は，発見された地スカンディナヴィア（Scandinavia）のラテン語名 Scandia に由来する。この元素は1879年にスウェーデンの化学者ニルソン（Lars Fredrik Nilson, 1840-99）によって，エルビア（erbia）土類の中から発見された。〈erbium, gallium 参照〉

selenium [səlí:niəm] セレン Se 34

この元素は1817年にスウェーデンの化学者ベルセーリウス（Baron Jöns Jakob Berzelius, 1779-1848）が発見した。だが当初は，18世紀に発見された元素テルル（tellurium Te 52——ラテン語 tellus, tellur-〔大地，土〕からの造語——）と同族と考えられていた。しかし，土類元素テルルとは別物であることがわかったので，新元素は地ではなく月を意味するギリシア語 selene にちなんで命名された。

silicon [sílikn] ケイ素 Si 14

ラテン語 silex, silic-（火打石，フリント）は英語 silica（シリカ，二酸化ケイ素）の語源であり，元素名 silicon をもたらした。1810年にスウェーデンの化学者ベルセーリウス（Baron Jöns Jakob Berzelius, 1779-1848）が発見し，silicium と命名した。だが当時は金属元素であると考えられていた。

silver [sílvər] 銀 Ag 47

この語はゲルマン諸語に共通であり，アングロサクソン語では seolfor で，非常に古くからあった。元素記号はギリシア語の形容詞 argyros（輝く）に由来する。〈mercury 参照〉

sodium [sóudiəm] ナトリウム Na 11

元素記号は，ギリシア語 nitron（炭酸ソーダ）が語源で，アラビア語，スペイン語を経て派生した英語 natron（ナトロン，ソーダ石）から，造語されたラテン語 natrium（ナトリウム）による。〈nitrogen 参照〉

元素名 sodium（ソジウム，ナトリウム）は，soda（ナトリウム酸化物）のラテン語形で，1808年に苛性ソーダ（caustic soda）を使って同元素を分離することに成功したイギリスの化学者デイヴィ（Sir Humphry Davy, 1778-1829）の造語による。なお，英語 soda やフランス語 soude（酸化ナトリウム）は，ラテン語 solida（固い：*solid*）が語源の可能性もある。

strontium [stránʃiəm] ストロンチウム Sr 38

1808年にイギリスの化学者デイヴィ（Sir Humphry Davy, 1778-1829）によって，スコットランド西部のアーガイルのストロンチアン（Strontian）鉱山で採掘された鉱石から単体として分離され，その鉱山にちなんで命名された。

sulfur, sulphur [sálfər] 硫黄 S 16

これは古くから使われていた言葉で，ラテン語 sulfur, sulpur（硫黄）は一般に「燃える物質」を意味した。

tantalum [tǽntələm] タンタル Ta 73

この元素は，1802年にスウェーデンの化学者エーケベリ（Anders Gustav Ekebery, 1767-1813）によって発見されたが，その存在を確認するのが難しく，また突きとめるのもじれったい仕事（*tantalizing* task）〈tantalize 参照〉だったことから，彼は《ギリシア神話タンタロス（*Tantalus*）の劫罰にちなんで》タンタル（tantalum）と名づけた。この元素は columbium（コロンビウム）〈同項参照〉と共に発見された。

tellurium [telúəriəm] テルル Te 52

→ selenium

terbium [tə́ːrbiəm] テルビウム Tb 65

→ erbium

thallium [θǽliəm] タリウム Tl 81

この元素は，1861年に英国の化学者・物理学者クルックス（Sir William Crookes, 1832-1919）によって発見され，美しい緑色のスペクトル線を示すことにちなんで，ギリシア語 thallein（新芽を出す）の名詞 thallos（緑の若枝）から命名された。ギリシア神話のミューズで喜劇をつかさどる女神タレイア（*Thalia*：〔原義〕花の盛り）も同語源である。〈cesium 参照〉

thorium [θɔ́ːriəm] トリウム Th 90

スウェーデンの化学者ベルセーリウス（Baron Jöns Jakob Berzelius, 1779-1848）が1815年にエルビウム（erbium 〈同項参照〉）などの土類元素と共に，自分が新元素と考えた物を発見し，スカンディナヴィアの雷神トール（Thor）にちなんでトリウム（Thorium）と名づけた。しかし1825年に自説の間違いを認め，1828年に発見した新元素にその名を与えた。

thulium [θ(j)úːliəm] ツリウム Tm 69

1879年に，エルビウム（erbium）〈同項参照〉と共に発見された諸元素の一つで，この元素も発見された地方にちなんで命名された。スカンディナヴィアなど極北の地方をローマ人は Ultima Thule（最も遠いトゥーレ〔欧州極北の島〕）と呼んでいたことに由来する造語である。

tin [tín] スズ Sn 50

この金属名にゲルマン語 tin が使われるのは当然である。というのは，古代ローマ人はブリテン島の鉱山からスズを安定的に得たからである。元素記号はラテン語 stannum（スズ，銀と鉛との合金）による。

titanium [taitéiniəm] チタン Ti 22

ドイツの化学者クラプロート（Martin Heinrich Klaproth, 1743-1817）が1789年にピッチブレンド（pitchblende：閃ウラン鉱）の中から一つの元素を発見し，ギリシア神話の天の神ウラノス（Uranus），直接的には1781年にドイツ生まれの英国の天文学者ハーシェル（Sir William Herschel, 1738-1822）が発見した天王星（Uranus）にちなんでウラン（uranium）と命名した。またこのピッチブレンドからの放射物が後にラジウム（radium）の発見につながった。

6年後クラプロートはまた別の元素を，ギリシア神話のウラノスと大地の女神ガイア（Gaea）の子供たちティタン神族（Titans）にちなんでチタン（titanium）と名づけた。この元素は英国の化学者グレガー（William Gregor, 1761-1817）がイングランドのコーンウォル地方メナカン（Menachan）で発見していたことから，メナカナイト（menachanite）と呼ばれていたものである。

tungsten [tʌ́ŋstən] タングステン W 74

この元素はスウェーデンの化学者シェーレ（Karl Wilhelm Scheele, 1742-86）が命名したもので，スウェーデン語 tung（重い）と sten（石）からなる。元素記号はドイツ語名 Wolframium（ウォルフラム）によるが，ドイツの鉱山学者アグリコラ（Georgius Agricola, 1494-1555）は，オオカミ（ドイツ語 Wolf）がヒツジ（ドイツ語 Ramm）を食うように，これを含む鉱石はスズを食べてしまう《多量のスズをスラグ化する》と言っている。

uranium [juəréiniəm] ウラン U 92
→ titanium

vanadium [vənéidiəm] バナジウム V 23
　北欧神話の愛と美の女神フレヤ (Freya) はバナディス (Vanadis) とも呼ばれた。この元素は，発見者のスウェーデンの化学者セフストレーム (Nils Gabriel Sefström, 1787-1845) とベルセーリウス (Baron Jöns Jakob Berzelius, 1779-1848) によって1831年にこの女神にちなんで命名された。

virginium [vərdʒíniəm] ヴァージニウム Vi 87
　アメリカ合衆国ヴァージニア州生まれの物理学者アリソン (Fred Allison, 1882-1974) が，1930年にこの元素を発見し，故郷のヴァージニア (Virginia) にちなんで命名した。《しかし1939年にフランスのペレー (Marguerite Peley, 1909-75) によってアリソンの発見が間違いであることが証明された。そして新しい発見者の国名にちなんでフランシウム (francium) (元素記号 Fr，原子番号87) となった。》

xenon [zí:nɑn] キセノン Xe 54
　この元素は，1898年に英国の化学者ラムジー (Sir William Ramsay, 1852-1916) とトラヴァース (Morris William Travers, 1872-1961) が大量の液体空気を分留することによって発見した。命名はギリシア語 xenos (異邦人，客) による。

ytterbium [itə́:rbiəm] イッテルビウム Yb 70
→ erbium

yttrium [ítriəm] イットリウム Y 39
→ erbium

zinc [zíŋk] 亜鉛 Zn 30
　この元素名は，ドイツの鉱山学者アグリコラ (Georgius Agricola, 1494-1555) が用いていた近代ラテン語 zincum (亜鉛) が変化したものであるが，語源は不明である。

zirconium [zə:rkóuniəm] ジルコニウム Zr 40
　1789年にドイツの化学者クラプロート (Martin Heinrich Klaproth, 1743-1817) が準宝石ジルコン (*zircon*) から分離したものを新元素とし，元素名を zircon から造った。ちなみに zircon はペルシア語 zar (金) からアラビア語 zarqun を経た言葉である〈arsenic 参照〉。また，スウェーデンのベルセーリウス (Baron Jöns Jakob Berzelius, 1779-1848) が1824年に初めてジルコニウム金属を単離したが，1914年にやっと純粋なジルコニウム金属が得られた。

　元素によっては，最初に発見された時や，抽出された元の物質にちなんだり，あるいは実際に発見される前の予測によって引き出される物質にちなんだりして間に合わせに命名されたものがある。例えば，ガリウム (gallium) はエカアルミニウム (eka-aluminum) と呼ばれていた。同じく，アラバミン (alabamine——現在はアスタチン〔astatine〕——) はかつてはエカヨー素 (eka-iodine) と呼ばれ，ゲルマニウム (germanium) はエカケイ素 (eka-silicon)，プロトアクチニウム (protoactinium) はエカタンタル (eka-tantalum)，スカンジウム (scandium) はエカホウ素 (eka-boron)，ヴァージニウム (virginium：現在はフランシウム〔francium〕) はエカセシウム (eka-cesium) と呼ばれ，未発見元素として予測されていた。これらのペアの前者はかつて未発見元素で，エカ (eka-) に続く既知元素と性質が似ている同じ元素族に属し，その既知元素より《メンデレーエフ (Dmitrij Ivanovich Mendelejev, 1834-1907) の周期表では》2周期高位《現在広く用いられている長周期型周期表では1周期高位》の空位に入るものと予測されていた。

　ところで，ギリシア語の接頭辞 ek, eks (ラテン語 ex〔外へ〕に相当)，ekto- は「…から，…の外へ」を意味する。例えば，英語 ectoplasm (【生物学】外原形質) は，plassein (形づくる) から派生したギリシア語 plasma (形づくられた物——plasma〔原形質〕として借入——) と ekto とからなる言葉で，原義は「形作られたものの外にある」である。ecstasy (エクスタシー，恍惚) は，ek (外へ) と histanai (立たせる) からなるギリシア語が語源で,

意味は文字通り「自分が自身の外にいる状態」である。ちなみにギリシア語 histanai の印欧語根は sta-（立つ）で，ラテン語・英語の status（地歩，状態）や英語 state（状態，ありさま），温度を一定に「立たせて」おくための thermostat（サーモスタット）も同根語である。〈tank 参照〉

elephant [éləfənt] ゾウ，巨大なもの
→ focus

eleven [ilévn] 11；11の
→ number

elf [élf] エルフ，小妖精，わんぱく小僧
→ incinerator

eligible [élidʒəbl] 選ばれるのにふさわしい，適格の；適任者
→ legible

eliminate [ilímənèit] 除去する，削除する，排便する
→ limen

elixir [ilíksər] 錬金薬，不老不死の霊薬，万能薬
→ world

elocution [èləkjúːʃən] 演説法，雄弁術，誇張した弁論
→ agnostic

elope [ilóup] 駆け落ちする，出奔する
→ subjugate

eloquent [éləkwənt] 雄弁の
→ agnostic

Elysian [ilíʒən] エリュシオンの，至福の，喜びに満ちた
→ daffodil

emancipate [imǽnsəpèit] 解放する，自由にする
→ manoeuvre

embankment [embǽŋkmənt] 堤を築くこと，築堤，堤防
→ bank

embarcation [èmbɑːrkéiʃən] 乗船，搭乗，門出
→ embargo

embargo [embɑ́ːrgou] 出入港禁止，通商禁止；出入港を禁止する

この語は，元は戦争になりそうな時などに，入港中の船は港からは出港させず，他の船は入港禁止という命令のことであった。bar（閉じる；かんぬき）は，フランス語 barre（障害物：*barrier*）からの借入語であり，かんぬきのような棒は bar，壁に取りつけられたバレエの練習用の手すりは barre，ビールが飲めるカウンターを持つ酒場は bar と言う。ラテン語 in（強調辞）が語源の接頭辞 em- を持つフランス語 embarrer（てこを入れる）からは，embar（閉じ込める，抑制する）が借入された。さらに，後期ラテン語 imbarricare, imbarricat-（妨げる）から，スペイン語 embargar（差し押さえる）を経て，スペイン語や英語で使われる embargo（差し押さえ，出入国禁止）が派生した。barricade（バリケード，障害物）は，泥や石をつめた樽をばらまいて作ることから，フランス語 barrique（大樽：*barrel*）から直接借入された。

なお，in（…の中へ）と barca（船——bark〔バーク船《通例は3本マスト》〕の語源——）とからなる後期ラテン語 imbarcare, imbarcat-（乗船する——embarcation〔乗船〕の語源——）からスペイン語・ポルトガル語 embarcar（乗船させる）を経て embark（船出する）が借入された。embargo（出港禁止）がない時にはじめて可能になるのが embark（乗船する）である。

embark [embɑ́ːrk] 船に乗り込む，船出する，開始する
→ embargo

embassy [émbəsi] 大使館，大使と大使館員，大使の地位
→ ambassador

emblem [émbləm] 象徴，典型；象徴する

emblem は何か別の概念を表す絵のことで，そこに描かれた物はシンボルである。この比喩的用法は字義的意味が元にあって生まれたものである。語源は en-（…の中に）と ballein（投げる）からなるギリシア語 emballein（投げ入れる）の名詞形 emblema（投げ込まれたもの，象眼）である〈ballot 参照〉。例えば，天秤は正義（justice）の象徴（*emblem*）になった。正義の女神は，貧しい者にも富める者にも，えこひいきなく等しく振る舞えるよう目隠しをしている。〈parlor 参照〉

同じくゼウスは，富の神プルトス（Plutus）についても，雨が善人にも悪人にも等しく降るように，また功罪に関係なくその贈り物が分配されるように彼を盲目にした。この Plutus は pleos（より多く）

から派生したギリシア語 ploutos（富）が語源であり，英語 plus（プラスして；プラスの）はギリシア語 pleos からラテン語 plus（より多く，より大きく）〈foil 参照〉を経て借入された。また英語 plutocracy（金権政治）はギリシア語 ploutos と kratein（支配する）とからなる言葉である。

embolism [émbəlìzm] うるう日〔うるう月〕の挿入，【カトリック】挿入祈禱
→ parlor

embrace [embréis] 抱擁する，含む；抱擁
→ brassiere

embroil [embrɔ́il] 巻き込む，混乱させる
→ island

emcee [émsíː] 司会者；司会する
→ refrain

emerald [émərəld] エメラルド，翠玉
→ carnelian

emigrate [émigrèit] 移住する，移民させる
→ immunity

emir [əmíər]《主にアラブの》君主，首長，軍司令官

この語は，amara（命令する）からアラビア語 amir（王，指揮者）を経て借入された。同語源で，もっと一般的な言葉に admiral（提督）〈同項参照〉がある。

綴りは似ているが admire（賞賛する）は，ad（…に，…へ）と mirari（驚く，凝視する）とからなるラテン語 admirari, admirat-（驚嘆する，驚いて見る）が語源である。初めは「感嘆する」，後に「うれしい驚きをもって見る，喜んで見る」の意味で使われるようになった。上記ラテン語 mirari は mirator（賞嘆者），古フランス語 mireor（鏡）を経て mirror（鏡）として借入された。鏡とは奥さまが自分の姿を賞嘆に値する（*admirable*）ようにすべく見るものである。

ところで admiral の語尾 -al についてのもっともらしい説は，アラビア語によく見られる結合形 amir-al-umara（王の中の王）や amir-al-muminin（信仰深い人々の指揮者）の -al- が保持されているとするものである。

emolument [imáljəmənt] 給与，報酬
→ salary

emotion [imóuʃən] 感情，感動，興奮
→ mute

emperor [émpərər] 皇帝，天皇
→ empire

emphasis [émfəsis] 強調，強勢，明確さ
→ focus

empire [émpaiər] 帝国，帝王の統治，大企業

emperor（皇帝）は，imperare, imperat-（命令する）から派生したラテン語 imperator（命令者，皇帝——ローマ皇帝に与えられた名誉称号「総司令官」——）が語源で，古フランス語 emperere を経て借入された。empire は，ラテン語 imperium（命令，権力）からフランス語を経て借入されたものであり，imperial（皇帝の，帝国の）はラテン語 imperium の形容詞 imperialis（皇帝の）が直接借入されたものである。ただし empiric（経験的な；経験に頼る人）や empirical（経験的な）は，en（…の中に）と peira（試み）からなるギリシア語 empeiros（熟練した）から借入された。

昔は「試みること」と「研究」とは反対のこととと考えられていて，empiric は「手探りのやぶ医者」の意味に使われた。だがその意味が上昇して哲学的姿勢を表す empiricism（経験主義）が生まれた。

pragmatist（プラグマティスト，実用主義者）は，prattein（行う）から派生したギリシア語 pragma, pragmat-（行為，物事）から派生した。実際に事物を試してみた人のことである。

empiric [empírik] 経験主義者，経験だけに頼る人，《古語》やぶ医者
→ empire

empirical [empírikl] 経験による，経験上の，経験的な
→ empire

empiricism [empírəsìzm] 経験主義，経験論
→ empire

employ [emplɔ́i] 雇用する，利用する；雇用
→ complexion

emporium [empɔ́ːriəm] 商業の中心地，大商店，デパート

商人たちが集まる所が emporium である。語源は，emporos（旅人，商人）か

ら派生したギリシア語 emporion（市場）である。当時の商人は，今日の巡回セールスマンや行商人と似ていた。ギリシア語 emporos（商人）は，en（…の中に）と語根 por-, per-（旅をする――ラテン語 per〔…を通じて〕と同族語であり，ギリシア語 pod〔足〕とは同系語ではないかと考えられる――）からなる言葉である。〈pedagogue 参照〉

　　perhaps（ことによると，あるいは）は混成語で，ラテン語 per（…を通じて）とアングロサクソン語 hap（偶然，運）とからなる言葉である。同じ per- を持つ言葉に perchance（偶然に）〈cheat 参照〉がある。アングロサクソン語 hap は happen（《出来事などが》起こる）や happy（幸福な）の語源である。ちなみに happy の原義は「幸運な」であり，運が良ければ幸せになるものである。

empyrean [èmpərí:ən]《古代宇宙論の》最高天，天空，大空
　→ pyre

enamel [inǽml] エナメル，エナメルを塗った物；エナメルを塗る
　→ omelette

encase [enkéis]《容器など》に入れる，包む
　→ casement

encaustic [enkɔ́:stik] 焼き付けの；焼き付け画法
　→ catholic

enchant [entʃǽnt] 魔法にかける，うっとりさせる，魅力的にする
　→ chant, trance

enclose [enklóuz] 囲む，同封する，含む
　→ close, pylorus, inclose〔enclose〕

enclosure [enklóuʒər] 包囲，囲われた土地，囲うもの
　→ close, pylorus, inclose〔enclose〕

encomium [enkóumiəm]《大げさな》賛辞

　　喜劇的精神（*comic* spirit）が，バッカス神を称える村のお祭りから生まれたのではないとしても，少なくとも村で広められた。kome（村）から派生したギリシア語 komos（村祭り，歓楽）が，comedy（喜劇，コメディー）の語源である。en-comium（熱烈な賛辞）は，元来この祭りで歌われた歌であり，en（…の中に，…

の中へ）と komos からなるギリシア語 enkomion（喜びの神バッカス賛歌，頌歌）からラテン語 encomium（賛辞）を経て借入された。

endocrine [éndəkràin]【解剖・生理学】内分泌の，ホルモンの
　→ garble

endorse [endɔ́:rs] 裏書する，支持する，注記を書き入れる
　→ tergiversation

endure [end(j)úər] 耐える，持ちこたえる，持続する
　→ suffer

energy [énərdʒi] エネルギー，活動力，力強さ
　→ element の項の argon, organ, zymurgy
　ギリシア語の強調を込めた en（中に）と ergon, -ourgia（働くこと）とからなる。

enfranchise [enfrǽntʃaiz] 選挙権を与える，自由にする
　→ free

engender [endʒéndər] 生じる，発生させる，生まれる
　→ cyanide, racy

engine [éndʒən] エンジン，蒸気機関
　　この語は，力がそれが産み出した物へと移転したことを示している。ラテン語 in-genium（生まれつきの能力，才能――-i- は17世紀の中ごろまでは長音でアクセントをつけて発音された――）が語源で「母なる知恵」の意味に使われていた。このラテン語は英語 ingenious（頭のよい，器用な）の語源でもある。〈racy 参照〉

England [íŋglənd] イングランド
　→ Anglo-Saxon

English [íŋgliʃ] 英語，イングランド人
　→ Anglo-Saxon
　English は，Angle-ish（アングル人の）から Anglish を経て音韻推移によって成立した。

engrave [engréiv] 彫る，深く刻む，版画で印刷する
　→ grave

enjoy [endʒɔ́i] 楽しむ，享受する
　→ joy

enmity [énməti] 敵意，悪意，敵対感情
　→ remnant

ensign [énsain] 旗, 海軍少尉, バッジ
→ sign

ensilage [énsəlidʒ] エンシレージ, サイロ貯蔵法；サイロに貯蔵する
→ psilo-

enslave [ensléiv] 奴隷にする, とりこにする
→ free

enter [éntər] 入る, 加わる,《考えなどが》浮かぶ
→ trance

enterprise [éntərpràiz] 事業, 冒険心, 企業
→ surprise

entertain [èntərtéin] もてなす, 楽しませる, 心に抱く

この語が現在の意味になるまでに長い経過があった。ラテン語 inter-（…の間に）と tenere, tent-（持っている）〈tennis 参照〉からなる古フランス語 entretenir（保つ）が語源である。原義は「絡み合わせておく」で、人に適用されて「保つ、維持する」という意味になった。また、この意味は考えや事物にも適用され、to *entertain an opinion*（ある意味を持っている）のように用いられる。さらに、「良い状態に保つ」、また人に使われ「従事している」から、「ずっと忙しくしている」とか「ずっと楽しくしている」の意味にもなった。そしてこの意味が一般に好まれて今日の entertainment の意味が「もてなし、歓待」になったのである。

enthrall [enθrɔ́ːl] 魅了する, とりこにする
→ trance

enthusiasm [enθ(j)úːziæzm] 熱中, 熱狂, 宗教的狂信

人が非常に興奮すると、大昔の人々は神（あるいは悪霊）がその人にとりついたと考えた。このような憑依（ひょうい）、すなわち強烈な霊感を受けて恍惚となった状態を、ギリシア人は、enthousiasmos（神の霊感を受けた――en（中に）と theos（神）〈month の項の February 参照〉からなる entheos〔内なる神；神霊を感じた〕から派生――）と言ったが、これが enthusiasm の語源である。

ちなみにローマ人も同じく神殿を満たす神霊を信じていた〈fanatic 参照〉。またアングロサクソン人は神の霊が乗り移った人を gydig と言ったが、これは今日 giddy（目がくらむ）となって残っている。

entice [entáis] 誘う, 誘惑する, そそのかして…させる

女性とか日没のような美しいものが心を捉えて離さないとか、突然心を燃え立たせるということがある。これはまさしく enticed（心を引かれてしまっている）ということである。entice は、titio（燃えている木）から派生した後期ラテン語 intitiare（火をつける）が語源で、古フランス語 enticier を経て借入された。

同じような意味を持つ provoke（引き起こす、刺激して…させる）は、pro（前へ）と vocare, vocat-（呼ぶ）からなるラテン語 provocare（呼び出す）が語源である。英語 vocation（職業）の語源であるラテン語 vocare, vocat- は vox, voc-（声）から派生した。同ラテン語 vox は英語 vocal（声の）や vocable（語；発声できる）の語源であり、さらに vox から派生した後期ラテン語 vocabularium（語のリスト）から英語 vocabulary（語彙）が借入された。voice（声）はラテン語 vox, voc- からフランス語 vois を経て借入された。

entice の類義語 lure（誘惑する；魅力）は、古高地ドイツ語 luoder（餌）が語源で、フランス語 leurre（ルアー、わな）を経て借入された。ギリシア神話のセイレンの歌声は船乗りたちを誘う（entice）ためのおとり（lure）であった。

entire [entáiər] 全体の, 全部の, 完全な
→ deck

entity [éntəti] 存在物, 存在, 実在
→ authentic

entomology [èntəmάlədʒi] 昆虫学
→ insect

entrance [éntrəns] 入口, 入ること, 入場許可；有頂天にさせる
→ trance

entrepreneur [à:ntrəprənə́ːr] 起業家, 事業主, 興行人
→ surprise

entropy [éntrəpi] エントロピー《【物理学】熱力学における状態関数の一つ》

この語は熱力学における用語である。熱力学の第２法則では、一般に宇宙は不可逆

的に次第にその活動を停止する均質状態に近づきつつあると解釈されており，その不可逆性を数量的に表す entropy（エントロピー）は，energy（エネルギー）〈同項参照〉にならって1865年にドイツの物理学者・数学者クラウジウス（Rudolf J. E. Clausius, 1822-88）が造語したものである。それはある物質と場から構成される体系の状態変化を記述する量で，ギリシア語 en（内の）と，ギリシア語 trepein（変える，向かわせる）から派生した trope（変形，変換）とからなる。〈trophy 参照〉

entwine [entwáin] からみ合わせる，からませる
→ prestige

enumerate [in(j)úːmərèit] 列挙する，数え上げる
→ number

envelop [envéləp] 包む，覆う，包囲する
→ develop

envisage [envízidʒ] 心に描く，考察する，予知する
→ improvised

envy [énvi] ねたみ，羨望の的；うらやましく思う
→ improvised

eohippus [ìːouhípəs]【古生物】エオヒップス《始新世の最も原始的な小型の化石馬》
eohippus はギリシア語 eos（あけぼの）と hippos（馬）からなる言葉であり，この馬は dawn-horse（始新馬：〔原義〕あけぼのの馬）とも呼ばれる。〈dromedary 参照〉

ephebic (oath) [ifíːbik (óuθ)]【古代ギリシア】青年市民の〔誓い〕《特に市民としての義務を果たすとの誓い》
ニューヨーク市立大学の学生は，成人した時に，自分たちの市に対する献身の誓い（ephebic oath）を立てる。英語 ephebe, ephebus（青年）は特に18歳から20歳までのアテネ市民のことであった。語源は epi（上に）と hebe（青春時代）からなるギリシア語 ephebos（青年）である。ギリシア神話のヘーベー（Hebe）は青春の女神であり，英語 hebetic の意味は「思春期の」である。

ephemeral [ifémərəl] 1日限りの，短命な；短命な動植物
→ decay

epic [épik] 叙事詩，長編英雄小説；叙事詩の
→ castanet

epicurean [èpikjuəríːən] 快楽主義の，エピキュリアンの；快楽主義者
→ Appendix VI

epidermis [èpidə́ːrmis]【解剖学，動・植物学】表皮
→ propaganda

epiglottis [èpiglátis]【解剖学】喉頭蓋
→ laugh
ギリシア語 epi- は「…の上に，…を超えて」，glotta は「舌」。

epitome [ipítəmi] 抜粋，要約，大意
→ anatomy

equable [ékwəbl] 変化のない，安定した，落ちついた
ラテン語 aequus（等しい，公正な）から別の形容詞 aequalis（等しい，同等の）が派生し，equal（等しい，同等の）の語源となった。またラテン語動詞 aequare, aequat-（等しくする，平らにする）から equation（等しくすること，【数学】方程式）が派生した。さらにラテン語形容詞 aequabilis（等しくできる，滑らかな）が，equable の語源である。
よく似た綴りのラテン語に equus（馬）があり，英語 equine（馬の；馬）の語源となった。そしてラテン語 eques（騎手）から派生した形容詞 equester, equestr-（騎手の）が equestrian（馬術の；乗馬者）の語源である。
ところで英語 equerry（御馬番，《英王室の》侍従）は，古高地ドイツ語 scur（納屋，小屋）が中高地ドイツ語 schiure（納屋），後期ラテン語 scuria（馬小屋）を経て借入された言葉であるが，語形はラテン語 equus（馬）と間違って関係づけられて生まれたものである。同じく esquire（郷士）も，ラテン語 equus（馬）の影響を受けて語形変化した。この言葉はラテン語 scutum（盾）から派生した scutarius（盾持ち）が語源で，古フランス語 es-cuyer を経た借入語である。同語源の squire（大地主，従者）は esquire の語頭音消失形である。
scutum【動物学】《昆虫などの》盾板やその指小語 scutellum【動・植物学】

小盾板,《イネ科植物の》胚盤）や scutulum（【動物学】小盾板：〔原義〕小さい盾）は，生物学用語である。scutellum は科学者たちの間違いによるもので，ラテン語 scutum（盾）の指小語は正しくは scutella（大皿）である。またラテン語 scutum（盾）から後期ラテン語 escutionem を経て escutcheon（紋章入りの盾，盾の紋地，盾形のもの）が借入された。the blot on the 'scutcheon（不名誉，名声についた汚点）のように scutcheon と綴ることもある。

equal [íːkwəl] 等しい，平等な，匹敵する
→ equable

equation [ikwéiʒən] 等しくすること，方程式，等式
→ equable

equestrian [ikwéstriən] 馬術の，馬上の；騎手
→ equable

equinox [íːkwənɑ̀ks] 春分，秋分，【天文学】昼夜平分点

3月20日と9月22日に太陽の軌道は天の赤道と交差する。これが *equinoctial* point（昼夜平分点）であり，昼と夜との長さが同じとなる。equinoctial（春分の，秋分の）はラテン語 aequus（等しい）と nox, noct-（夜）からなる言葉である。*vernal* equinox（春分）の vernal はラテン語 ver（春）の形容詞 vernalis（春の）が語源である。またラテン語 viridare, viridat-（緑になる）は ver（春）と同語源で，viridis（緑——verdant〔新緑の〕や verdure〔新緑〕の語源——）から派生した。〈month, week 参照〉

autumn（秋）や *autumnal* equinox（秋分）は，auctumnus（増える時期，豊穣の季節）から変化したのではないかと考えられているラテン語 autumnus（秋）が語源である。〈auction 参照〉

eradicate [irǽdikèit] 根こそぎにする，撲滅する，消去する
→ rascal

erase [iréis] 消す，削除する，ぬぐい去る
→ rascal

Erasmus [irǽzməs] エラスムス《Desiderius Erasmus, 1466?–1536, オランダの人文主義者》
→ complexion, element の項 bismuth

erbium [ə́ːrbiəm] 【化学】エルビウム《元素記号 Er, 原子番号 68》
→ element

erect [irékt] 直立した，逆立った；建てる
→ alert, royal

erection [irékʃən] 直立，起立，建造物
→ alert, royal

erg [ə́ːrg] 【理学】エルグ《仕事量の単位》
→ element の項の argon, organ

ermine [ə́ːrmin] 【動物学】エゾイタチ，裁判官の職
→ Appendix VI

erosion [iróuʒ(ə)n] 腐食，びらん，低下
→ rodent

erotic [irátik] 性愛の，エロティックな；好色な人
→ anacampserote

ギリシア神話の若いエロス神（Eros）はキューピッド（Cupid）にあたる。〈psychoanalysis, Appendix VI 参照〉

err [ə́ːr] 誤る，間違いをする，《道徳的に》罪を犯す
→ errant

errand [érənd] 使い，使い走り，使いの用向き
→ errant

errant [érənt] 誤った，遍歴する，道に迷った

中世の武者修行者（knights-*errant*）は特定の用向き（*errand*）を持っている場合もあれば，地方を放浪するだけの場合もあった。そのことは errant と errand の歴史によく表れている。

errant はラテン語 iterare, iterat-（旅をする）から派生したフランス語 erer（さまよう，ぶらつく）の現在分詞 errant が語源とも〈obituary 参照〉，ラテン語 errare, errat-（放浪する，迷い歩く）が語源とも考えられる言葉である。errata（誤字，正誤表），err（誤る），erratic（軌道を外れた，とっぴな）などはこのラテン語 errare が語源である。

ところで武者修行者（knights-*errant*）がそれなりに威厳を保ったのに対して，errant と二重語の arrant（まったくの，途方もない）は，しばしば浮浪者やならず者などと関係づけられて用いられたことから，今日では *arrant* fool（大ばか者）のように単に強調的に使われるようになっ

た。なお, errand はゲルマン諸語に共通に存在し, アングロサクソン語では aerend (使命) であった。アングロサクソン語ār は「伝令」のことである。〈knight については lady 参照〉

errata [irá:tə] 正誤表
　→ errand

erratic [irǽtik] とっぴな, 一定しない;変人
　→ errand

ersatz [éərzɑ:ts] 代用品, 模造品;代用の
　→ oleomargarine

eruption [irʌ́pʃən] 爆発, 発生, 勃発
　→ rote

escape [iskéip] 逃げる, もれる;逃亡
　→ achieve

escarpment [iskɑ́:rpmənt] 急斜面, 崖
　→ scarf

escutcheon [iskʌ́tʃən] 紋章入りの盾, 飾り座金, 船名板
　→ equable

Eskimo [éskəmòu] エスキモー人, エスキモー語;エスキモー人の
　→ Hebrew

especial [ispéʃl] 特別な, 特有の, きわだった
　→ salary

espouse [ispáuz] 支持する, 妻にする, 嫁にやる
　→ spouse

espy [ispái] 見つける, 見出す
　→ scourge

esquire [eskwáiər] …様, 郷士, 騎士志願者
　→ equable

essence [ésns] 本質, エキス, エッセンス
　→ authentic

essential [isénʃl] 不可欠の, 本質的な, エキスの
　→ authentic

establish [istǽbliʃ] 設立する, 制定する, 確立する
　→ tank

estate [istéit] 地所, 財産, 地区
　→ season

政治上では estate は「階級」を意味し, 封建国家には the First *Estate* は「第一身分:聖職者 (the body of Lords Spiritual)」, the Second *Estate* は「第二身分:貴族 (Lords Temporal)」, the Third *Estate* は「第三身分:平民 (the commons)」の三階級があった。今日では the press (報道機関, マスコミ) は議会における代表権はないものの, 国家において大きな力を持つことから the fourth *estate* (第四身分:言論界) と呼ばれるようになった。

estivation [èstəvéiʃən]【動物学】夏眠,【植物学】花芽肉形態
　→ hibernate

estuary [éstʃuèri] 河口, 入り江
　→ hibernate

etch [étʃ] エッチングする;表面に刻まれている;腐食液
　→ indenture

Ethiopia [i:θióupiə] エチオピア

Ethiopia はギリシア語では Aithiopia であり, この地名はギリシア語 aithein (燃える) が語源で, 原義が「日焼けした人の住む地」であると解釈された。しかし, それは原住エジプト人が自分たちの土地に名づけた Ethaush (辺境) の字訳である。

etiquette [étikət] 礼儀, 作法, エチケット

この語はゲルマン語起源であることからも, エチケットは古代人にとっては一般にごく自然なことだったと考えられる。例えば次のような話がある。ギリシアの野外劇場で一人の老人が一団のアテネ人の観衆を通り抜けて歩いて行った。その彼がスパルタ人の一団にさしかかると男たちは一斉に立ち上がり, 席を提供しようとした。するとアテネ人が一斉に拍手した。その場がおさまるとそれを眺めていたテッサリア人が, 「アテネ人は美徳がわかっているが, スパルタ人は実践している」と評した《プルタルコス『スパルタ人名言集』235C, キケロ『老年について』18 など》。

etiquette (エチケット) は, 古フランス語 estiquete (札, 宮廷での作法規定を書いた札——ticket〔切符〕の語源——) の借入であるが, 同古フランス語は, ドイツ語 stechen (刺す) の原同動詞 stecken (さし込む, 置く——stitch〔一針;縫う〕と同語源——) からの派生語である〈attack

参照〉。すなわち，etiquette の原義は柱に打ちつけられた「貼り札」のことで，軍隊や宮廷の手順などを知らせるための当時の規則であり，今日の「礼儀作法」の意味につながっている。

17世紀の用法の to purchase things on *tick*（掛けで買う）の tick は ticket（切符）の短縮形である〈mob 参照〉。船乗りは pay-*tickets*（給料支払い票）を credit slips（預金入金票）として使う。なお，a *ticket-of-leave* man（仮出獄者）は刑期が終わる前に一定の条件下で釈放された囚人のことである。その出獄許可条件は ticket に明記されていた。

ところで，昆虫の *tick*（ダニ）はゲルマン語で，ドイツ語 Ziege（ヤギ，モリヤギ）と同系語である。bed *tick* は枕などに羽毛などの中身を入れる「かわ」を指すが，これはギリシア語 theke（入れ物）が語源で，ラテン語 theca, teca を経てゲルマン諸語に借入された。軽くたたくとか，時を刻む時計の音 tick（コツコツ，カチカチ）は擬音語である。

いずれにしてもエチケットは大切で，われわれの世代にとっての相談役として，警戒を怠らない兵士のように，エチケットの権威のエミリー女史（Emily Post, 1872/73-1960）を見張りにつけておくことが必要である。

eucalyptus [jùːkəlíptəs] ユーカリの木，ユーカリ油

ラテン語 calix（杯：*calix*）やその複数形 calices から，生物学用語として英語 calicular（小杯状部の），caliculate（杯状組織を有する），その指小語 calicle（小杯状部）などが生れた。また同ラテン語から古フランス語を経て chalice（聖杯，【植物学】杯状花）が借入された。しかし，上記ラテン語 calix, calices に由来すると混同されているものに，英語で植物学用語として使われるラテン語 calyx（萼，【解剖学】杯——複数形 calyxes——）がある。このラテン語の語源はギリシア語 kalyptein（覆う）から派生した名詞 kalyx（果実や花の外皮）である。植物学で使われる英語 calycular（小杯状部〔副萼〕），calyculate（杯状組織を有する），calycle（【植物学】副萼）もこのギリシア語から派生した。このように一方のグループがコップのような形をした物を指すのに対して，他方のグループは頭巾，サヤ，貝などのような物で覆われた物を指す。ユーカリの木（eucalyptus）は開花前の花が頭巾のような物で覆われていることから，ギリシア語 eu-（よく）と kalyptos（覆われた）からその名称を得た。〈evangelist 参照〉

eucharist [júːkərist]【カトリック】聖体，【プロテスタント】聖餐〔式〕
　→ charity

eugenics [juːdʒéniks] 優生学
　→ evangelist

eulogistic [jùːlədʒístik] 称賛の，ほめ称える
　→ dysentery
　ギリシア語 logos の意味は「言語，言葉」。〈logistics 参照〉

euphemism [júːfəmìzm] 婉曲語法，婉曲語
　→ evangelist

Euphrates [juːfréitiːz] ユーフラテス川
　ユーフラテス川は，あたかもギリシア語 euphrainein（喜ばせる）から派生した euphrasia（大喜び）にちなんで名づけられているようである。しかし実際はヘブライ語 parah（肥沃にする）が語源で，pharath（さわやかである）から派生した Ephrath（香りのよい谷）の影響を受けた可能性が考えられる。

euphuism [júːfjuːìzm] ユーフュイズム《16-17世紀英国で流行した文体》，美辞麗句

エリザベス朝の貴婦人向けに，話法や文体において華麗なスタイルが発達した。その傑出した例が劇作家リリー（John Lyly, 1554?-1606）の二部作 *Euphues*：『ユーフューズ』（1578年，1580年）である。ギリシア語 euphues（良く育った，良い素質の）にちなむこの書名が，華麗な文体である *euphuistic* style（誇飾体）という名称の由来である。しかし，この言葉を，ギリシア語 euphemizein（美しく話す）が語源の euphemism（婉曲語法）と混同してはならない。〈evangelist 参照〉

eureka [juəríːkə] わかった，やった！
　古代シラクサの王ヒエロン2世（Hieron II, 216/215B.C.没）は自分に与えられた金の冠が純金かどうかを知りたいと思った。その問題の解決を依頼されたアルキメ

デス (Archimedes, 287-212B.C.) は, 入浴中に自分の身体と同体積の湯があふれ, そのあふれた湯の重量分だけ自分の体重も軽くなるに違いないと思いつき, これが王冠を調べる一つの方法になりうると考えた。そして衣服を着るのも待ちきれず, Eureka! (見つけた) と叫びながら, 家に走り帰りながら身体を乾かした。ギリシア語 eureka の正しい綴りは heureka (私は見つけた) で, heuriskein (見つける) の完了形である。英語 heuretic は「発見の論理的技術, 発見の技術の論理」のことであり, そして生徒が自分で事物を発見するように訓練される近代教育は heuristic (発見的教授法, 学習者の自得を助ける論法) と言う。

Europe [júərəp] ヨーロッパ, 欧州

アッシリアの碑文に Asu (日が昇る地方) とか Ereb (日が没する地方) という言葉が見られる。「アポロンに捧げるホメロス讃歌」に見られるように, ギリシア人はこれらの言葉から Asia (アジア) とか Europe (ヨーロッパ) を派生させた。

やがて Europe は伝説のフェニキアの王女の名エウロペ (Europa) として使われた。彼女は雄牛に姿を変えたゼウスにクレタに連れ去られ, クレタ王ミノス (Minos) を生む〈Bosphorus 参照〉。そしてミノスの子 Minotaur (ミノタウロス: 〔原義〕ミノスの雄牛) が生まれた。-taur はラテン語 taurus (雄牛——スペイン語や英語の toreador 〔〔騎馬〕闘牛士〕の語源——) が語源である。

そのミノタウロスは迷宮ラビリントス 〔Labyrinth: 〔原義〕両刃の斧の宮殿——ギリシア語 labrys〔両刃の斧〕が語源——〕に潜んでいた。ちなみにこの入り組んだ Labyrinth から英語 labyrinthine (迷宮のような, 入り組んだ) が派生した。

英雄テセウス (Theseus) は, ミノタウロスを殺すための手がかり (clue) を必要としていたが, テセウスに恋をしたミノス王の娘アリアドネ (Ariadne) が「糸玉」を彼に与えた。clue はアングロサクソン語 cliwen (糸玉) が語源で, clew (糸玉) と同語源である。

Europe は, ギリシア語 euros (黒い鋳型) と, op- (見える) の派生語 ops (顔, 目立つ) からなる「肥沃な土地」を意味する言葉であるとする語源説がある。しかしこの説は, ゼウスとエウロペ (Europa) の神話から生まれたとする説よりもさらに不自然なものである。

europium [juəróupiəm] ユーロピウム 《元素記号 Eu, 原子番号 63》
→ element

evade [ivéid] 逃れる, 回避する, はぐらかす
→ wade

evangelist [ivǽndʒəlist] 福音書の著者, 福音伝道者, 熱烈な支持者

天使 (angel) は主 (the Lord) の「伝令」である。angel はギリシア語 angellein (知らせる, 告知する) から派生した言葉で, 文字通りには「言葉をもたらす者」である。便り (tidings) で特に良いものは evangel (福音——ev- はギリシア語 eys〔良い〕から派生した接頭辞 eu- の変化形——) によってもたらされた。このことから良い知らせを歓呼して伝える人を evangelist (福音者) と呼ぶのである。

ところで接頭辞 eu- は, 多くの英語の言葉に見られる。例えば euphemism (婉曲語法) の語源はギリシア語形容詞 eupheme (ほめる) で, eugenics (優生学) はギリシア語 eu- と gen- (産む) からなる言葉である。トーマス・モア (Sir Thomas More, 1478-1535) の有名な作品 *Utopia*: 『ユートピア』(1516年) のタイトルから utopian (ユートピア的な, 空想的な) が派生した。このタイトルは, ギリシア語 eu- (良く) とギリシア語 ou- (非) をかけた u- と topos (所, 場所) とからなる言葉で, 意味は「どこにもない良い所」である。またギリシア語 topos (場所) と graphein (書く) とから topography (地形学, 地誌学) が, ギリシア語 ta topika (アリストテレス〔Aristotle, 384-322B.C.〕の著作『トピカ』《種々の命題の置かれている場についての考察》) から topic (話題, 話の種) が派生した。〈dysentery 参照〉

event [ivént] 出来事, 結果, イベント
→ prevent, dollar

eventuate [ivéntʃuèit] 結局…に終わる, 起こる, 生じる
→ prevent, dollar

evident [évidənt] 明白な, 明らかな, は

っきりわかる
→ improvised, vehicle

ewe [júː]《成長した》雌羊
→ mutton

exact [igzǽkt] 正確な, 厳密な；取り立てる

exact の原義は動詞の意味「要求して手に入れる」に残っている。語源は, ex (外へ) と agere, act- (駆り立てる) からなるラテン語 exigere, exact- (追い出す, 要求する) である。「望む方向に駆り立てる」とか「…を主張する」から, やがて形容詞として「逸脱を許さない」の意味に使われるようになった。英語 exigent (緊急の, 法外な) は同ラテン語 exigere の現在分詞 exigens, exigent- から直接借入された。

上記のラテン語動詞 agere の現在分詞 agens, agent- から派生した言葉に agent (代理人, 代理店；〔原義〕行う人) がある。また, 同ラテン語の動詞状名詞 agendum (行うべきこと) から agenda (計画表, 会議事項；〔原義〕なされるべきこと) が借入された。さらに, 同ラテン語の過去分詞 act- から act (行為；上演する：〔原義〕行われること) も派生した。同語源の言葉に active (活動的な), actor (俳優), action (活動) などもある。actual (現実の, 事実上の) は「行われた, 完成した」から「今存在している」の意味になった。

active の対義語 passive (受動的な) は, ラテン語 pati, pass-(《行為〔action〕》を受ける) から派生した言葉である。そして, patient (忍耐強い；患者) は agent (行為者) の対義語である。ただし, agent が「救急処置者」となる場合, その行為を受ける人は victim (犠牲者) となる場合がある。〈trance 参照〉

また, ラテン語 agere (駆り立てる) の反復形 agitare, agitat-(不断に動かす) は, agitate (激しく動かす) の語源である。*agitated* stir (揺れ動かされた動き) は「興奮」(excitement) の意味となった。

excite (興奮させる) は, ex (外へ) と ciere, cit-(呼ぶ, 動かす) からなるラテン語 exciere, excit-(呼び出す) の反復形 excitare, excitat-(呼び続ける, 駆り立てる——excitation〔刺激〕が派生——) が語源で, フランス語 exciter (搔き立てる) から借入された。

上記のラテン語動詞 ciere, cit- の反復形 citare, citat-(駆り立てる, 呼び立てる) は citation (引用, 引用文) の語源であり, またフランス語 citer (引用する) を経て, cite (引用する) が借入された。

ところで「いろいろなものを集め, あちらこちらを動き回る」のは, 精神的には「じっくり考える」ことである。かくしてラテン語 com, co-(一緒に) と agitare からなるラテン語 cogitare, cogitat-(考える) は, cogitation (思考) の語源となった。また excogitate (熟考する) の原義は「考えぬく」である。なお, よく似た綴りの cognate (同血族の, 同語源の) は, co-(共に) と gnatus (生まれた——後には natus——) からなるラテン語 cognatus (血縁関係のある) が語源である。英語 natal (出生の) は, ラテン語形容詞 natalis (誕生の, 出産の) が語源である。〈cognition 参照〉

ちなみに上記のラテン語 exigere, exact-(追い出す, 逸脱を許さない) から派生した名詞 exagmen〔examen〕(天秤の指針) は examine (調査する) の語源であり, さらに派生したラテン語動詞 examinare, examinat-(測る) は学生が嫌う examination (試験) の語源である。

exaggerated [igzǽdʒərèitid] 誇張された, 誇大な, 肥大した
→ caricature

exalt [igzɔ́ːlt] 昇進させる, 賛美する, 大いに喜ばせる
→ world

examine [igzǽmin] 調査する, 診察する, 試験する
→ exact

example [igzǽmpl] 例, 見本, 模範
→ quaint

exchequer [ékstʃekər] 財務省, 国庫, 資力

chess (チェス) は昔から広く人気のあるゲームであるが, 語源はペルシア語 shah (王) で, アラビア語, 古フランス語 eschès を経て借入された。チェスで言う Check!（チェック) は, 相手のキングに王手をかける時の警告である。それは古フランス語 eschec からの借入で, 原義は

「相手をはばむ」(holding someone in check) であった。
　ところで銀行の小切手 (bank check) は，元は取り引きを照合確認 (check) するための注文書のカーボン・コピーであった。チェスを楽しむ台やテーブルは古フランス語 éschequier (チェス盤——checkers 〔ゲームのチェッカー，チェス盤〕の語源——) であった。しかし，王の重臣たちがそのようなゲーム盤を得点計算用の色付きの点棒と共に，国庫の歳入の計算に使ったことからこの古フランス語は「王室財産」を意味するようになり，さらに英語に借入されて exchequer (国庫，財務省) となった。
　最後に checkmate (チェックメイト，詰み) は，アラビア語 shah mat (王は死せり) が語源である。

excitation [èksaitéiʃən] 刺激 (作用)
→ exact

excite [iksáit] 刺激する，興奮させる，興奮する
→ exact

excitement [iksáitmənt] 興奮，同様，興奮させるもの
→ exact

exclaim [ikskléim] 叫ぶ，非難する，大声を出して言う
→ claim

exclamation [èkskləméiʃən] 叫ぶこと，絶叫，感嘆文
→ claim

exclude [iksklú:d] 締め出す，考慮に入れない，不可能にする
→ close

exclusive [iksklú:siv] 排他的な，独占的な，矛盾する
→ close

excogitate [ekskádʒitèit] 熟考する，考え出す
→ exact

excoriate [ikskɔ́:rièit] 皮膚を擦りむく，皮をはぐ，激しく非難する
→ scourge

excrement [ékskrəmənt] 排泄物，糞便
　「悪貨は良貨を駆逐する」と社会学者が言うように，あまり愉快ではないこの言葉が無邪気な仲間を打ち負かした。古くは，excrement は髪やつめのように体から「伸び出るもの」を意味し，ex (外へ) と crescere, cret- (育つ——この現在分詞から crescent 〔三日月〕が派生——) とからなるラテン語 excrescere, excret- (成長する，伸張する) が語源である。シェイクスピアは Comedy of Errors：『間違いの喜劇』(II, ii, 79) で "Why is time such a niggard of hair, being, as it is, so plentiful an excrement?" (時はなぜそんなに髪の毛をケチるんだ，自然にいくらでも生えてくるものを) と，叫んでいる。しかしこの excrement が，ex (外へ) と cernere, cret- (選り分ける) からなるラテン語 excernere, excret- (分離する) が語源の excrete (排泄する) の名詞 excrement (排出物) に取って代わられたのである。ちなみに形容詞 excrescent (異常増殖した，余分な) には古い意味が残っている。〈concrete 参照〉

excrescent [ikskrésnt] 異常増殖した，余分な
→ excrement

excursion [ikskə́:rʒən] 小旅行，遠足の一団，逸脱
→ hussar

execute [éksəkjù:t] 実行する，死刑にする，製作する
→ refrain

executive [igzékjətiv] 実行する，高官のための；幹部
→ refrain

execution [èksəkjú:ʃən] 執行，実行，処刑
→ refrain

exemplary [igzémpləri] 模範的な，みせしめの，典型的な
→ prompt

exempt [igzémpt] 免除する；免除された；免除された人
→ quaint

exercise [éksərsàiz] 運動，練習；運動する
　exorcise の意味は「聖なる言葉によって悪霊などを追い払う」で，ex (…へ) と horkos (誓い) からなるギリシア語 exorkizein (誓いによって縛る，悪霊を追放する) から派生した。
　しかし，exercise は，ex (外へ) と arcere, arct- (閉じ込める) からなるラテン

語 exercere, exercit-（囲いの外に連れ出す）が語源で, 原義は「家畜を外に連れ出す」, さらに「家畜を働かせ続ける」であった。この原義は "Don't exercise yourself." や "Don't get exercised." に残り, どちらも意味は「無理をしてはいけない, くよくよしてはいけない」である。最初は他動詞としていつも「《だれか》を働かせる」の意味で使われた。だが次第にもっと楽しいことに使われ, 「運動」の意味も持つようになった。

exhibit [igzíbit] 展示する, 見せる；展示
→ expose

exhibition [èksəbíʃən] 展覧会,《スポーツなどの》エキシビジョン, 発揮
→ expose

exhume [igz(j)úːm]《特に死体を》掘り出す, 明るみに出す
→ humble

exigent [éksidʒənt] 差し迫った, 法外な, しきりに要求する
→ exact

exit [égzit] 出口, 出て行くこと；【演劇】退場する
→ issue

exorcise [éksɔːrsàiz]《悪霊などを》追い払う
→ exercise

expatriate [ekspéitrièit] 国外に追放する, 国籍を捨てる, 故国と絶縁する
→ zipper

expect [ikspékt] 予期する, 期待する,《女性が》おめでたである
→ auction

expel [ikspél] 排出する, 強制退去させる, 追い出す
→ pelt

expend [ikspénd]《金銭・時間・労力などを》費やす, 使い果たす

この語は「支払う」から, エネルギーなどを「使い果たす」の意味に使われるようになった。〈aggravate 参照〉

expendable（消耗用の）は, たとえ勝利が「高くつく」(*expensive*) としてもある利益を得るために犠牲にしてもよい「消耗品」や「兵員」を意味する。ちなみに expensive は「支払う」から「費用のかかる, 高価な」の意味になった。

spend（《金や時間を》使う）は expend の語頭音消失形か, あるいはラテン語 dispendere, dispens-（計り分ける）から古フランス語 despendre（金を使う）を経た借入とも考えられる。すなわち「支出する」(pay out) の ex-か, 「支払う」(pay down) の de-のどちらかが消失したものである。

experience [ikspíəriəns] 経験, 体験したこと；経験する
→ parlor

experiment [ikspérəmənt] 実験, 試験, 実験結果
→ parlor

expert [ékspəːrt] 熟練した人；熟達した；専門とする
→ parlor

expire [ikspáiər] 終了する, 息を吐く, 息絶える
→ inspiration

explain [ikspléin] 説明する, 弁明する, 説明となる
→ saxophone

explanation [èksplənéiʃən] 説明, 真相, 了解
→ saxophone

explicit [iksplísit] 明確な, 明示的な, あからさまな
→ complexion

explode [iksplóud] 爆発させる, 論破する, 爆発する

この語は, もっと楽しい場所である劇場での用語が新しい概念に使われた例である。語源は, plaudere, plaus-（拍手する, 喝采をおくる）から派生したラテン語 explodere, explos-（拍手して追い払う, 拍手が突然起こる──explosion〔爆発〕が派生──）である。

applaud は, ラテン語 ad（…に）の同化形 ap-と plaudere, plaus-とからなる言葉で, 意味は「拍手を送る, 拍手喝采する」である。plausible（もっともらしい, まことしやかな）の原義は「拍手 (*applause*) に値する」である。それに値しようがすまいが, 拍手の意味は理解されていた。

なおラテン語 plaudere は, 突然の音を表す擬音語が起源である。

explosion [iksplóuʒən] 爆発, 突発, 激増
→ explode

export [ikspɔ́:rt] 輸出する；輸出, 広まり
→ port

expose [ikspóuz] さらす, 暴露する, 陳列する
→ pose

exposition [èkspəzíʃən] 博覧会, 展示すること, 論評
→ pose

exhibit（提示する）の語源は ex（外へ）と habere, habit-（持つ, 保つ）からなるラテン語 exhibere, exhibit-（差し出す,【法律】証明する, 実証する）である。精神分析学者は exhibitionism（露出症）や inhibitions（抑制）などの用語を使う。

expound [ikspáund] 詳細に説明する, 解釈する
→ pose

express [iksprés] 表現する；明白な；急行列車
→ plot

exquisite [ikskwízit] この上なくすぐれた, 強烈な, 鋭敏な

すばらしい（*exquisite*）ものは求められるべきであり, 実際に求められている。この語は, ex（外へ）と quaerere, quaesit-（尋ねる, 求める）からなるラテン語 exquirere, exquisit-（探し出す, 吟味する）が語源である。その意味は「探し出された」から「注意深く作られた」「優美になされた」, さらに「強い賞賛の気持ちを引き起こす」へと変化した。

inquire〔enquire〕（尋ねる, 調べる）は, 物事の「中へと捜し求める」ことであり, ラテン語 inquirere, inquisit-（ある物を捜し求める, 調査する）が語源で, 古フランス語 enquerre を経て enquire として借入された。また, inquisition（調査, 尋問——-ion は名詞語尾——）や形容詞 inquisitive（好奇心の強い）も同語源である。

ところで inquest（《陪審の》審理）は Inquisition（《特にスペインで行われたカトリックの異端審理の》宗教裁判）の後に一般的に使われるようになった。当初はいろいろな法的「審問」（legal *inquest*）を指す言葉であったが, 次第に特に「検死, 検死陪審」（coroner's *inquest*）の意味で使われるようになった。17世紀までは第2音節にアクセントがあったことから, 語頭音 in- の消失による二重語 quest（探求；捜し回る）が派生し, さらに question（質問, 疑問）も派生した。

紙の quire（1帖：a *quire* of paper）は, 疑問（questions）に答えるために用いられるけれども, quattuor（4；4の）から派生したラテン語 quaterni（4つ1組の, 4つずつの）が語源で, 古フランス語 quaier（フランス語 cahier〔ノート, 折丁〕）を経て借入された。今日では24枚1組を表す。それは便箋を折る時のように六つ折にして, それを4組にした枚数ではないかと考えられる。

choir（聖歌隊）は時には quire と綴ることがあるが, 昔の宗教的祝祭における合唱舞踊団を指すギリシア語 khoros（コロス）が語源で, ラテン語 chorus（輪舞, 歌舞隊）, 古フランス語 cuer（聖歌隊——フランス語 choeur〔コーラス, 聖歌隊〕——）を経て, 中英語 quer として借入された。英語 chorus（合唱）や choreography（《バレエなどの》振り付け, バレエ：〔原義〕舞踏の型を書くこと）も同語源である。ちなみに古代ギリシアの宗教的祝祭から, 演劇（drama）が生じた。

chorea（【医学】舞踏病, ヒョレア）はラテン語 chorea Sancti Viti（〔原義〕聖ウィトウスの舞踏）の短縮で, St. Vitus' dance（舞踏病）とも言う。《聖ウィトウスは4世紀初頭のキリスト教の少年殉教者で, 舞踏病にかかった人が同聖人に祈った。》

ところで小さな *choir* organ（クワイアオーガン, 合唱オルガン）は, おそらく17世紀か18世紀ごろに, オルガン奏者の席の後部に取り付けられた *chair* organ が訛って生まれた言葉である。

coryphée（【バレエ】コリフェ《群舞ダンサーの先導役》）はより直接的にギリシア語からもたらされた。koryphe（頭, 頂上）から派生したギリシア語 koryphaios（コロスのリーダー）が語源のフランス語 coryphée（コリフェ,《古代ギリシア劇の》コロスのリーダー）の借入である。語根は, corybantes（飲み騒ぐ人, コリュバース僧《キュベレー女神の神官で, 狂騒的な酒宴と乱舞で儀式を行った》）にある

ように，熱狂したダンサーの「一団」か，あるいはギリシア語 korymbos（頭，ふさ）から派生した植物学用語 corymb（散房花序）にあるように，「群れ，頭」を指している。残念なことだが，コリフェ (coryphére) がいつもすばらしい (exquisite) とは限らない。

extant [ékstənt] 現存している，突き出た，目立つ
　→ tank

extemporaneous [ikstèmpəréiniəs] 即座の，原稿や暗記なしでの，即席の話し好きな
　→ improvised

extermination [ikstə̀ːrmənéiʃən] 根絶，絶滅，駆除
　→ determine

extinct [ikstíŋkt] 消えた，絶えた，すたれた
　→ distinct

extinguish [ikstíŋgwiʃ] 消す，絶滅させる，凌駕する
　→ distinct

extirpate [ékstərpèit] 根こそぎ引き抜く，根絶する，摘出する
　→ stipulate

extort [ikstɔ́ːrt] ゆすり取る，強引に引き出す，不当に要求する
　→ torch

extract [ikstrǽkt] 抜粋する，引き抜く；抽出した物
　→ distraction

extraneous [ikstréiniəs] 外来種の，異質の，無関係な
　→ uncouth

extricate [ékstrikèit] 解放する，救い出す，逃れる
　→ intrigue

eyrie, eyry [áiəri]《猛禽類の》高巣，高所の家，《猛禽の》巣びな
　→ debonair

F

fabian [féibiən] フェビアン協会の，持久策の；フェビアン協会会員
→ Appendix VI

fable [féibl] 寓話，作り話，伝説
→ fib, fate

fabric [fǽbrik] 布地，構造
→ defeat

fabricate [fǽbrikèit] 作り上げる，でっち上げる
→ defeat

face [féis] 顔，顔つき；面する

　この語は，ラテン語 facies（顔，容姿）が語源で，プロバンス語 fassa（顔），フランス語 face を経て借入された。ラテン語 facies は，元来「外見，うわべ」を意味していたが，のちに「顔，容姿」を意味するようになった。この語の語源についてははっきりしないが，ラテン語 fax, fac-（たいまつ）から派生したとする説があり「輝く」という意味を内包していると考えられる。"shining morning *face*"「輝く朝日を受けた顔」（*As You Like It*：『お気に召すまま』II, vii）をしている小学生の face は，まさしくこの本来の意味を表している。face はまた，それによって自らを表すので，*facing* an enemy（敵に立ち向かう）から lose *face*（メンツを失う）のような他の意味が派生した。

　ダイヤモンドなどのカットの善し悪しにかかわる facet（切り子面）の原義は「小さな face」である。ただし facetious（こっけいな）は，「facets でいっぱい」〈supercilious 参照〉という意味ではない。この語は，ラテン語 facetus（優雅な，楽しい）が語源で，「ユーモアがあって楽しい」という意味であり，facetus はラテン語 facere（なす，作る）から派生したのではないかと考えられる。

　なお，faucet（じゃ口）の語源は，ラテン語 fauces（のど，狭道）と考えられ，液体が流れる管へと広がるまでの隙間を塞ぐ栓を意味していたようである。

facet [fǽsit] 面；切り子面を作る
→ face

facetious [fəsíːʃəs] こっけいな，おどけた
→ face

facile [fǽsl] 容易な，軽薄な，皮相的な
→ defeat

facility [fəsíləti] 容易さ，設備
→ defeat

fact [fǽkt] 事実，実際，現実
→ affect, defeat

faction [fǽkʃən] 派閥，派閥争い
→ affect, defeat

factitious [fæktíʃəs] 人為的な，わざとらしい
→ affect, defeat

factor [fǽktər] 要因，因数
→ affect, defeat

factotum [fæktóutəm] 雑役夫
→ affect, defeat

faculty [fǽkəlti] 才能，機能，学部
→ defeat

fade [féid] しぼむ，あせる，衰える
→ wade

Fahrenheit [fǽrənhàit]《温度計》華氏(の)
→ Appendix VI

faience [faiάːns] ファイアンス焼き
→ Appendix VI

fail [féil] 失敗する，不足する；失敗
→ insult

fain [féin] 喜んで，いとわない
→ turmeric, wheedle

faint [féint] かすかな，弱々しい；気を失う

　この語は，feint（見せかけ）と二重語であり，faint にも「本当らしく見せかける」という意味が含まれていた。つまり，どちらも語源はラテン語 fingere, fict-（形作る，ふりをする：*feign*）で，古フラ

ンス語では faindre, feindre, faint, feint などの綴りがある。
　「見せかけ」の次に現れた意味は「臆病」である。臆病だから、やむにやまれず偽ったり、ヴィクトリア朝の女たちのように失神したり (faint) してしまう人がいるものである。こうして臆病者から「弱虫」という意味が出てきた。"Faint heart ne'er won fair lady."（小心者が美しいお方の心を得たためしがない）《スコットランド民謡 "Jock o' the Side"：「味方のジョック」》。
　ところで、上記ラテン語 fingere, fict- の語根は fig- である。この語根から、figment（作り事、空想事）や、figure（形づくられたもの、図形）、effigy（肖像、偶像）などが派生する。〈caricature, fiction 参照〉

fair [féər] 公正な、規則にかなった、かなりの；縁日；掃除する
　→ profane

fair maid [féər méid] 燻製ニシン、タイ科の食用魚
　→ month の項 February

fairy [féəri] 妖精；妖精の
　→ incinerator

fake [féik] でっち上げる；にせ物
　→ profane

fall [fɔ́ːl] 落ちる、垂れ下がる；秋
　→ fell

Fallopian [fəlóupiən] フェロピオ管、卵管
　　→ Appendix VI

fallow [fǽlou] 淡黄褐色の、休閑中の；休閑地
　→ turmeric

falsehood [fɔ́ːlshud] うそ、欺瞞、虚偽
　→ livelihood

fame [féim] 名声、評判
　→ fate

family [fǽməli] 家族、子供たち、一族
　この語には隠された歴史がある。語源は、ラテン語 familia（一家、家族）で、famulus（召使い）にさかのぼる。かつて、男は一家の主人であった。敵を征服した時には女を捕まえてきて自分の召使い (servant) にし、女とその子供たちすべてを自分の家来にした。
　servant（召使い）は、最初は「守られるもの」を意味し、ラテン語 servare, servat-（守る、監視する──preserve〔保護する〕の語源──）から派生した言葉である。servant は、すなわち、征服された部族が殺戮から守られるかわりに、その征服者のために働く者だった。シェイクスピアの時代には、familiar が今で言う servant（召使い）や *serving* spirit（使い魔、霊媒）を意味した。
　頻繁に食事をする習慣が生まれてから、service は「食卓用食器類」「食卓の支度」や「食事の準備をする」を意味することが多くなった。dessert（デザート、果物、ナッツ類）は、フランス語 servir（食事を供する）から派生した desservir（テーブルを片づける）を経て借入された。同音語の deserts（当然の報い）の語源はラテン語 deservire（よく仕える：to *serve* well）から、古フランス語 deservir を経て借入された言葉である。動詞 deserve（賞罰や感謝などに値する）も同語源である。なお「砂漠」や「見捨てる」を意味する desert の語源は、ラテン語 deserere, desert-（捨てる、解放する）で、フランス語 désert（人の住まない）、déserter（捨てる）を経て借入された。

fan [fǽn] 扇、ファン；風を送る
　→ fanatic

fanatic [fənǽtik] 狂信者、マニア；熱狂的な
　神殿の近くでは、宗教的な衝動にかられて非常に興奮している人によく出会う。信仰復興伝導集会にはそのような人がよくいる。英語 fane（〈古・詩語〉神殿）はラテン語 fanum（神殿、聖所）が語源である。形容詞 fanaticus（熱狂した、興奮した）はそのような場所で興奮した人を指す言葉で、これが英語 fanatic の語源である。野球用語では fan（ファン）に短縮された。
　なお、暑さを払うのに使う fan（扇）は、ラテン語 vannus（《小麦のもみがらをあおぎ飛ばすための》箕）から、同義のアングロサクソン語 fann として借入された。〈profane 参照〉

fancy [fǽnsi] 空想；装飾的な、心に描く
　→ focus

fane [féin] 神殿
　→ fanatic

fang [fǽŋ] きば、毒牙；きばでかみつく

fantasy [fǽntəsi] 空想，心象，きまぐれ
→ focus

faquir [fəkíər] 托鉢僧，苦行僧
→ profane

farce [fáːrs] 笑劇，茶番
→ bombast

fare [féər] 運賃；やっていく，事が運ぶ
→ circus, dollar

farm [fáːrm] 農場，養殖場；耕作する
　この語は，経済決定論に説得力を与えるのに役立つ可能性がある。中世でも，今日と同じように，借地人は特定の賃借料を払う契約をした。この賃借料を，後期ラテン語で firma（固定された誓約，年貢）と呼んだ。この firma はラテン語 firmus（固定した：*firm*）から動詞 firmare（固定させる）を経て派生した言葉である。ところが，この単純な意味に移転が起こり，「賃借料」から賃借料を支払うべき対象である「土地」を意味するようになるのである。この後期ラテン語 firma が farm の語源である。他方，接尾辞 -er のついた farmer は元来「賃借料を徴収する取り立て人」で，15世紀になって土地を耕作する「小作人」，さらに「農夫」を意味するようになった。

farthing [fáːrðiŋ] ファージング銅貨《英国の旧硬貨，4分の1ペニー》
→ dollar, furbelow

farthingale [fáːrðiŋgèil] ファージンゲール《スカートを広げるために，16-17世紀英国で用いられたクジラ骨製の輪》
→ furbelow

fasces [fǽsiːz] 束桿(そっかん)，権威
→ Fascist

fascinate [fǽsənèit] 魅惑する，うっとりさせる
→ Fascist

Fascist [fǽʃist] ファシスト党員，ファシズム支持者；極右の
　ローマの建設者はしばしば棒を束ね，その真ん中に斧を縛って仕事に出かけた。斧を結んでおくための「ひも，結び」を意味するラテン語 fascia から，その「束」を意味する fasces が派生し，やがてこの fasces は地方執政官の権力の象徴としての「束桿(そっかん)」となった。
　ラテン語 fasces は fascis（束）の複数形で，その指小語は fascina（一束，魅力，妖術）である。このラテン語 fascina から動詞 fascinare, fascinat-（束ねる，呪縛する）を経て，英語 fascinate（魔法にかけておく，魅了する）が派生する。容易に連想できることだが，fasces（束桿）が，団結や連合を暗示するようになった。臨終の床で父が息子たちに棒の束を折ってみせるよう求める寓話を思い出していただきたい。そこで，20世紀のイタリアのファシスト（Fascist）は，連合の意味を含むこの Fasces から党名を作った。だが，彼らが人々を魅惑すること（fascinating）には成功しなかった。
　ラテン語動詞 fascinare, fascinat-（束ねる，呪縛する）から，ローマ人は名詞 fascinum（陰茎，魅惑）や，oculus *fascinus*（《にらまれると災難がふりかかる》邪眼：evil eye）を派生させた。こんなにこわい目ではなく，もっと楽しい魅惑的な目のことを考えたいものだ。

fashion [fǽʃən] 流行，やり方；形造る
→ defeat

fate [féit] 運命の力，運命，死
　古代の人々は，いったん神が口に出した宣告はだれも逃れることができないと信じていた。これが fate（運命）であり，この語と，fari, fat-（語る）から派生したラテン語名詞 fas（神の言葉，神聖な掟）は同語源である。nefarious（不敬な――ne はラテン語の否定辞――）は「神の言葉と一致しない」が原義である。
　fame（名声）も同系語で，ある人物について広められたうわさである。悪口ばかり言われたりすれば，その人は infamous（悪名高い，不名誉な）となる。かつて infamous は第2シラブルにアクセントがあった（例，スペンサー〔Edmund Spenser, 1552?-99〕作 *Faerie Queen*：『妖精の女王』I, xii, 27）。
　なお fable（寓話，伝説）は動詞 fari, fat-（話す）と同語根のラテン語 fabula（うわさ，談話，物語）が語源で，かつては「たわいない話」のことだった。ラテン語 fari（語る）はまた，ギリシア語 phemi（私は語る）やサンスクリット語 bhash-（語る）や bhan-（鳴り響く）と同族語であり，英語 ban（禁止する；禁止，公示）〈同項参照〉とも同族語である。〈inciner-

ator 参照〉

fathom [fǽðəm] ファゾム《6 フィート》；推測する，水深を測る

　この水深測定単位は，初め土地を測るのに用いられていた。ゲルマン諸語に共通に存在し，アングロサクソン語では faethm（両腕を広げた長さ）である。この語は，例えば "Full fathom five thy father lies, / Of his bones are coral made"：（そなたの父は海底 5 ファゾム下に眠り，サンゴはそなたの父の骨でできている）《*The Tempest*：『テンペスト』II, ii》のように，特に深さを測るために用いられた。それがやがて動詞として「水深を測る」「神秘をさぐる」という意味に用いられ，さらに「なにか曖昧なものの意味を推しはかる」という意味が生じた。

faucet [fɔ́:sət] じゃ口，注ぎ口
　→ face

fault [fɔ́:lt] 欠陥，誤り；批判する
　→ insult

fawn [fɔ́:n] 子鹿，淡黄褐色；じゃれつく
　→ turmeric, wheedle

fay [féi] 妖精；気取った
　→ incinerator

fear [fíər] おびえ，不安；恐れる

　この語は古サクソン語 far（待ち伏せ）から古英語 faer（突然の危険）を経て成立したもので，感情を引き起こす原因から感情そのものに移転した。サンスクリット語 per（通り抜ける）と同族語であり，英語 fare（運賃；やっていく）とも同系語である〈dollar 参照〉。最初は *Beowulf*：『ベーオウルフ』(1068年) にあるように「災難」を意味したが，災難そのものからその恐ろしさを表す語へと変化した。かつては，現在この語 fear が表すよりも大きな感情を表すために用い，terror（恐怖）と同義語であった〈terse 参照〉。かつておびえた（affeared, afeard——afear〔おびえさせる〕から派生——）人たちは，今日では「心配している」(afraid)〈同項参照〉に過ぎないと言えるが，afraid はまったく異なる語源の言葉である。

feat [fí:t] 功績
　→ defeat

feature [fí:tʃər] 特徴，顔立ち；呼び物にする
　→ defeat

feather [féðər] 羽，鳥類；羽飾りをつける
　→ vogue

febrifuge [fébrəfjù:dʒ] 解熱〔剤〕〔の〕
　→ devil

February [fébjuèri] 2月
　→ month

fee [fí:] 謝礼，料金；謝礼を払う

　最も古い英語に属する fee はかつて家畜 (cattle)〈achieve 参照〉を意味した。家畜は共同生活の原始的な必須物で，物々交換の原初の手段であり，したがって金銭 (money)〈下記参照〉でもあった。fee の語源であるアングロサクソン語 feoh は，家畜と金銭の両方を意味する言葉で，ゴート語 faihu, 原始ゲルマン語 fehu, ラテン語 pecus（家畜——これからラテン語 pecunia〔お金〕を経て英語 pecuniary〔金銭上の〕が派生——），サンスクリット語 pasu（家畜）は同根語である。また，中英語 *fee*-house は，家畜小屋と宝物庫の両方を意味した。同じく同根語である古フランス語 fiu（家畜）は，fief（封土）の語源である。後期ラテン語 feodum, feudum は同語源の feu（家畜）と古高地ドイツ語 od（富）とからなる言葉で，封建制度 (*feudal* system) における feud（封土）の語源となった。peculiar（独特の）もラテン語の語幹 pecu-（家畜）にさかのぼり，初め「私有の，私有財産の」を意味していた。peculate（着服する）は，ラテン語 peculari, peculat-（横領する，個人的財産とする）にさかのぼる。ただし，よく似た綴りを持つ speculate（推測する）〈同項参照〉は語源的には関係がなく，こちらは，specula（見張り塔）から派生したラテン語 speculari, speculat-（ひそかに見張る）が語源である。

　不断の敵意を意味する feud（不和，宿恨）は，綴りは上記 feud（封土）の影響を受けているが，アングロサクソン語 fah（敵意のある）の名詞 faehth（敵意，憎悪）は同系語で，古高地ドイツ語では fehida, 古フランス語では faide であった。アングロサクソン語 fah は foe（敵）の語源でもある。アングロサクソン語 feogan（憎む）の現在分詞から feond（憎いもの，敵——ドイツ語 Feind〔敵〕——），英語 fiend（悪魔——中英語では「敵」〔*foe*

の意——）が派生した。

　ところで，money（金銭）と悪魔は直接かかわっているわけではない。この語は，ラテン語 monere, monet-（警告する）から派生した moneta（貨幣——Moneta〔警告を与える女神ユーノーの称号〕——）が語源で，古フランス語 moneie を経て借入された。同じ語源を持つ語には admonition（訓戒），monitor（監視する），monetary（貨幣の）がある。ユーノーの神殿には，ローマ最初の貨幣鋳造所（*mint*）が築かれた。この語 mint はラテン語 moneta から古英語 mynet として借入された言葉であり，元来は「1枚の貨幣」であった。のちに金銭一般を，それから，貨幣が鋳造される造幣所を意味するようになるのである。したがって，古い表現の "to hold in *fee* simple"（無条件相続地として保有する）は，複雑な道を通ってきたことになる。〈coin 参照〉

　ちなみに香草の mint（ハッカ）は，ギリシア語 minthe（ハッカ）からラテン語 menta, mentha（ハッカ——menthol〔メントール〕の語源——）を経て古英語 minte として借入された。

feed [fíːd] えさを与える，物を食う；飼料
→ fodder

feign [féin] ふりをする，装う
→ faint

feint [féint] フェイント攻撃；フェイントをかける
→ faint

felicity [fəlísəti] 至福，適切さ
→ turmeric

felicitation [fəlìsitéiʃən] 祝賀，祝辞
→ turmeric

fell [fél] 打ち倒す；fall の過去形；残忍な
→ buff

　この語は他の原因動詞と同じく本来は単純動詞の過去形である。fall（下降する）の過去形が fell（下降させる，倒す），同じく lie（横たわる）の過去形が lay（横たえる）であるというように。sit（座る）と set（すえる）〈同項参照〉も同様である。fall はゲルマン諸語に共通に見られる言葉で，アングロサクソン語では feallan である。lie（横たわる）は印欧諸語に共通に見られ，アングロサクソン語では licgan で，ギリシア語 lekhos（ベッド）は同族語である。なお，これは lexicographer（辞書編集者）とは関係がない。ちなみに，アングロサクソン語 lēogan（うそをつく，裏切る）が語源の lie（うそをつく）は，lie（横たわる）より一般的な言葉である。〈felon 参照〉

fellow [félou] 人，仲間

　Fellow-Workers!（労働者諸君！）という言葉をよく聞く。しかし，元来 fellows は資本家のことで，封建時代でも同様だった。語源は古英語 feolaga で，feoh（家畜，財産——fee〔謝礼〕〈同項参照〉の同系語——）と lag-（古英語 lagjan〔置く〕から派生）とからなる言葉であり，協同事業に金を出資する人を意味した。そしてこの用法が拡張されて，同じ一行やグループの一員を意味するようになるのである。例えば，大学では，scholar（奨学金受領者）に対して，fellow は研究費を支給されその大学の教授などもかねる特別研究員に限定されて用いられるに至った。合衆国では今日，fellow は honorary *fellow*（名誉校友）の略である。さらに広く人間同士や同胞の意味で *fellow*-men を使う。

felon [félən] 重罪犯人，【医学】瘭疽(ひょうそ)

　この語は二つの道を旅することになった。おそらく，ラテン語の fel, fell-（胆汁，怒り）から同義の後期ラテン語 fellonem（胆汁，ひどくいやなもの——*fell chance*〔非常に危険な賭け〕のように使われる英語 fell〔危険な，恐ろしい〕が派生——）を経て借入された言葉で，一つは，疼痛を伴う炎症を起こした傷（瘭疽）を意味した。他方は，初めは形容詞，のちに名詞として，世間への敵意に満ちた人を指し，ここから「残酷な」「反撃する」意味に使われるようになった。世の中に対し残酷で凶悪なことをすると「重罪犯人」とみなされてしまう。これが現在の意味である。felony（重罪），felonious（重罪の）も同語源である。

felt [félt] フェルト〔製品〕
→ filter

feminine [fémənin] 女性の，柔弱な；女性
→ marshal

fence [féns] 囲い，柵；囲いをめぐらす
→ plot

　fend（打ち払う，身を守る）は，

defend（打ち払う，防御する）の頭音節消失語である。offend（立腹させる）の原義は「打ちつける」であり，すなわち「攻勢に出る」(to take the *offensive*) という意味である。比喩的に「不快にさせる」(to be *offensive*) という意味に使われるようになった。「囲い」と「機嫌を損ねる」という二つの意味を，米国詩人フロスト（Robert Frost, 1874-1963）が（気づかずに）fence と offence の語呂合わせをして結びつけている。

　Before I built a wall I'd want to know
What I was walling in and walling out
And to whom I was like to give *offence*
　　塀を作る前に知りたいものだ，
　　なにを囲い込み，なにを締め出して
　　だれの機嫌を損ねたいのかを
　　　("Mending Wall"：「塀直し」)

fens [fénz] いやだよ《子供がゲームでいやな役目を免れるのに用いる決まり文句》
→ tag

fent [fént] 裂け目,《衣服の》スリット；裂く
→ dollar

ferocious [fəróuʃəs] 獰猛(ぎう)な，すごい
→ painter, treacle

ferris (wheel) [féris (hwíːl)] 大観覧車
→ Appendix VI

ferry [féri] フェリー，渡し場；船で渡す
→ circus, port

fertile [fáːrtl] 肥沃な，多産の
→ suffer, usury

fertilize [fáːrtəlàiz] 肥沃にする，施肥する
→ suffer, usury

ferule [férl] 鞭；鞭で打ち懲らす
→ interfere
　　もちろんこの意味は，rule（規則）ないし ruler（長さを測る定規）の影響をこうむっている。

festival [féstəvl] 祭り，浮かれ騒ぎ；祝祭の
→ profane

festive [féstiv] 祝祭の，お祭り気分の
→ profane

fetich [fétiʃ] 物神，迷信の対象，フェティシズムの対象

ギニア沿岸を旅したポルトガル人が，原住民から小さなお守りを買い，それを feitiço（ラテン語 facticius〔人造の，模擬の〕が語源）と呼んだ。この魔除けは，ポルトガル語から英語に直接借入され fetisso と呼ばれていた。現在の綴りは，フランス語 fétiche（呪物，物神）に由来する。こうした原住民の魔除け崇拝から「物神，盲目的崇拝物」を指すことになった。

fetus [fíːtəs] 胎児
→ turmeric
　　この語の語根 fe-（子孫を生む）は，印欧祖語 bheu-, bhwe-（生成する）に由来するもので，be（ある，存在する）と同族語である。かつて仔を産んだがもう産めない動物は，effete（不毛の）と呼ばれた。effete は，ラテン語 ef-（ex：外の）と fetus（胎児）とからなる言葉である。現今は比喩的にのみ用いられ，人間や社会など「活力を失ったり時代遅れになったりしたもの」を指す。

feud [fjúːd] 確執；反目する
→ fee

feudal [fjúːdl] 封建制度の，封土の
→ fee

fez [féz] トルコ帽
→ Appendix VI

fiancée [fìaːnséi] 婚約者，婚約中の女性
　　婚約の時になされる（または意味されている）貞節の約束の意味が，fiancé（婚約中の男性）や fiancée（婚約中の女性）に含まれている。ラテン語 fides（信頼）から，形容詞 fidelis（忠実な），名詞 fidelitas, fidelitat-（信頼すべきこと——fidelity〔忠誠〕の語源——），動詞 fidare（信頼する——fiduciary〔受託者の〕も派生——）が派生した。
　　ad（…へ）と fidare（委ねる，頼みにする）とからなる後期ラテン語 affidare の変化形 affidavit（彼は誓いをたてた）は，英語では「宣誓供述書」を意味するようになった。また，この後期ラテン語動詞から古フランス語 afier を経て名詞 afiance, affiance（信用・信頼すること，婚約）が派生し，このまま英語になり，さらにこの名詞が動詞化され，affiance は「誓約する，結婚の約束をする」を意味するようになった。そして，ラテン語の単純動詞

fidere（信頼する），後期ラテン語 fidare を経て変化したフランス語 fier（信頼する）の過去分詞 fiancé, fiancée が名詞として使われ，「誓いをたてた者」「婚約者」という意味に使われるようになるのである．

fiasco [fiǽskou] 完全な失敗，フラスコ
ワインなどを入れるびんを意味する flask（フラスコ，《携帯用の》酒びん）は，多くの言語に見られる言葉である．アングロサクソン語 flasce（びん）は中英語 flakon を経て flagon（細口びん，大型ブドウ酒びん）となった．イタリア語 fiasco（びん）は後期ラテン語 flasco にさかのぼる．このようなびんは，ありふれて安いものだった．ヴェニスのガラス職人はすばらしいガラス製品を作るので有名だったが，吹きガラスに傷をつけてしまった時は，それを，びんにするために（far fiasco）わきに取り除けた．こういうわけで fiasco は失敗を意味するようになったのである．

fiat [fíːət] 命令，認可，決定
→ spouse

fib [fíb] たわいないうそ；ごまかす
子供がつくささいなうそを意味する fib の語源は，古くてはっきりしていない．おそらく，fable（寓話，作り話）からの逆成語で，fible-fable（ナンセンス）を経たものと考えられる．ちなみに，fable の語源は動詞 fari（語る）から派生したラテン語 fabula（うわさ，談話，物語）である．また，fib は古くは fob（だます）であったとも考えられる．シェイクスピアは *fob off*（ごまかす）を用いており《2 Henry 1V：『ヘンリー4世第2部』II, i, 37》，今日ではこの形が一般によく使われる．fob は古フランス語 forbe にさかのぼり，この語から英語 fourbe（だます）も派生したが，今日では廃語である．

fiction [fíkʃən] 小説，作り事
→ faint, affect

fictitous [fiktíʃəs] 架空の，偽りの
→ affect

fiddle-de-dee [fídldidíː] ばかばかしい！；ばかげたこと
「ばかな！」を意味する Bosh! は，ジプシーの楽器 bosh（バイオリン：fiddle）とは関係がない．軽蔑をこめた叫びとして，bosh はまったく自然に発せられ，ドイツ語 Possen（くだらないこと）と同じである．fiddle-de-dee も同じく，だれか他の人が言ったことを軽蔑して退ける時に発する言葉だが，bosh より意味深い話がある．fiddle-de-dee は「ばかな！」と同義であり，イタリア語 Fedidio〔Fe di Dio〕（神に誓って：by the faith of God）が語源である．なお fiddle-sticks（ナンセンス！）は，fiddle-de-dee の最初の言葉を使ってさらに訛ったものである．

fidelity [fidéləti] 忠誠，貞節，そっくりなこと
→ fiancée

fiduciary [fəd(j)úːʃièri] 信用上の，信用発行の；受託者
→ fiancée

fiend [fíːnd] 悪霊，鬼のようなやつ
→ fee

fierce [fíərs] 荒々しい，激しい
→ treacle

fife [fáif] 横笛；横笛を吹く
→ pipe

fifth column [fífθ káləm] 第五列《スパイ行為によって内部の攪乱をはかる部隊》
fifth columnists（第五列の隊員）は時には最も物騒な兵士となる．この表現はスペイン内乱（1936-39）に初めて用いられた．フランコ軍の一将軍《モラ（Emilio Mola Vidal, 1887-1937）》が four columns（四縦隊）をマドリッドに進撃させており，他に fifth column（スパイ，宣撫班，破壊工作員）がすでに市中にいると公表したことに由来する．〈column については colonel 参照〉

fig [fíg] イチジク，つまらない事物
→ rap

fight [fáit] 戦う，格闘する；戦い
→ fit

figment [fígmənt] 作り事，空想事
→ faint

figure [fígjər] 人の姿，図形；計算する
→ faint

file [fáil] ファイル；綴じ込みにする；やすり
→ fylfot

filial [fíliəl] 子としての，第…世代の
→ marshal

filibuster [fíləbʌ̀stər] 不法戦士，議事妨

害；議事の進行を妨害する

　今では議会でよく行われる「議事妨害」を意味するこの語には，カリブ海の思い出が秘められている。英語 flyboat（快速小型船）は軽量の高速船で，イギリスでは privateer（私掠船），スペインでは pirata（海賊船）と呼ばれたものである。この flyboat がスペイン語 flibote，さらに filibote となり，その船員が filibustero（海賊）で，英語 filibuster の語源となった。意味は「人」から「行為」へ，そして海賊行為（piracy）から議会での海賊行為（congressional privateering）に移転した。英語の綴り free booty（略奪品）を探すやからを意味するオランダ語 vrijbuiter（略奪者，海賊）からの借入語 freebooter（奪略者）に影響された可能性が高い。

filter [fíltər] 濾過器；濾過する，しみ出る

　この語は濾過に用いた布に由来する。語源は古フランス語 filtrer（フェルトでふるいにかける：to sift through *felt*）から後期ラテン語 filtrum, feltrum（フェルト：felt）にさかのぼる。そこから浸透（*infiltration*）の過程を意味するようになった。

　"to *canvass* a neighborhood"（《勧誘に》近所を回る）における canvass も同様であり，元々は to sift through *canvas*（麻布でこす）という意味だった。この canvas（麻布）は，ギリシア語 kannabis（麻布，キャンバス地）からラテン語 cannabis, 後期ラテン語 canabacius を経て中英語 canevas として借入された。

final [fáinl] 最後の，決定的な
　→ finance

finance [fənǽns] 財政，財源；融資する

　この語は，問題を解決し利害関係を終わらせ，清算するための「支払い」が原義で，ラテン語 finis（頂点，結末，和解金）から後期ラテン語の動詞 finare, finat-（終える，罰金を支払う：to pay a *fine*）を経て派生した後期ラテン語 financia（終わり，支払い，お金）が語源である。fine（罰金，礼金）や final（最後の）にそのような意味の名残がある。fine（見事な，すばらしい）もラテン語 finis（頂点；すばらしい）が語源であり，finite（限りのある）はラテン語 finitus（終わった，よく均整のとれた）が語源である。finish（終わる）はラテン語 finire, finit-（終える）からフランス語 finir, finiss- を経て派生した。finical（《食べ物・着物などに》いやにやかましい）は，*King Lear*：『リア王』(II, ii) に "super-serviceable *finical* rogue"（おせっかいで，気難しいやつ）とあるように，シェイクスピアの造語と考えられる。confine（制限する），define（終わりや限界を記す，限定する），refine（精錬する），affinity（くっつけた両端，親近性），infinite（無限の）も同語源である。

　なお，上記のラテン語 finis は，元は fidnis（境界，終わり）で，語幹は fid- である。この語根からラテン語 findere, fiss-（切り裂く）が派生し，英語 fissure（裂け目）の語源となる。この語根 fid- はサンスクリット語 bhid（貫く，割る）と同族語であり，bite（かむ）〈sarcophagus 参照〉とも同族語である。

fine [fáin] 立派な，細かい；罰金
　→ finance

finger [fíŋgər] 指；指で触れる
　→ pylorus

finical [fínikl] 気難しい，凝り性の
　→ finance

finish [fíniʃ] 終える，終わる；終わり
　→ finance

finite [fáinait] 有限の，限定された
　→ finance

fire [fáiər] 火；発射する，火をつける

　この語はだれもが知っているゲルマン語である。〈curfew 参照〉

firm [fə́ːrm] 堅い；固める；商会
　→ farm, infirmary

fissure [fíʃər] 割れ目；裂く
　→ finance, dollar

fit [fít] ぴったりの；合う；ぴったり合うこと，発作
　→ defeat

　なお，"When you have a *fit*, you *fight* against yourself."（発作を起こしている時は，自分と戦っているのである）での fit（発作）はアングロサクソン語 fitt（争い）が語源であり，fight（戦い）と同系語である。

five [fáiv] 5；5つの
　→ number

fix [fíks] 固定する，留める，修繕する；

板ばさみ

ラテン語 fingere, fict-(形成する)の語根は fig- で, figment(作り事, 絵空事)や figure(図形)は同系語である〈faint 参照〉。これに対して, 同語源のラテン語 figere, fix-(しっかり固定する)は fix(しっかりとさせる, 安定させる)の語源となり,「修繕する」という意味にも使われるようになった。このラテン語 figere, fix- からの派生語には他に affix(添付する──ラテン語 af-〔ad : …へ〕──), prefix(前に付ける──ラテン語 pre〔…の前に〕──), suffix(末尾に追加する──ラテン語 suf-〔sub : …の下に〕──)などがある。化学者は fixative(固定剤)を使い, 心理学者は fixation(固着)を探し出す。crucifix(キリスト受難の像)は聖書のおかげでなじみ深い。なお, cruci- はラテン語 crux, cruci-(十字架 : *cross*)が語源である。〈criss-cross 参照〉

fixation [fikséiʃən] 固定, 凝固, 固着
 → fix

fixative [fíksətiv] 固定性の；固定剤
 → fix

flagellation [flædʒəléiʃən] 鞭打ち, 鞭打ちの苦行
 → flamingo

flageolet [flædʒəlét] フラジオレット《リコーダーの類の高音の縦笛》
 → flamingo

flagon [flǽgən] 細口びん, 大型ブドウ酒びん
 → fiasco

flagrant [fléigrənt] 目にあまる, 悪名高い
 → flamingo

flak [flǽk] 対空射撃, 激論
 → Dora

flake [fléik] 薄片；はげ落ちる, はがす
 → congress

flamboyant [flæmbɔ́iənt] けばけばしい, 燃えるような
 → flamingo

flame [fléim] 炎；炎をあげて燃える, 燃やす
 → flamingo

flamingo [fləmíŋgou] フラミンゴ
 火から舞い上がる flame(炎)はラテン語 flamma(炎, たいまつ)が語源である。このラテン語は動詞 flare, flat-(吹く)から派生したか, あるいは同語源のラテン語 flagrare, flagrat-(燃え立つ)から派生したより古いラテン語 flagma から変化したものである。ラテン語 flamma が語源の言葉には inflame(興奮させる, あおる), inflammation(発火, 激怒), flamboyant(燃えるような)などがある。flamboyant は「火炎形の曲線」から,「けばけばしい」という意味になった。

上記のラテン語 flare, flat-(吹く)からさらに英語 flare(ギラギラ輝く), inflation(膨張, インフレ──これは「吹き込むこと」から「ふくらむこと」「増大」を意味するようになった──), deflate(しぼむ, 空気を抜く)などが派生した。また, 楽器の flageolet(フラジオレット)は, 同ラテン語 flare, flat- からプロバンス語 flaujol を経て派生した古フランス語 flageol, flajol に指小辞がついた言葉である。さらに古フランス語 flaute を経て flute(フルート)や flautist(フルート奏者)が派生した。

他方, 上記のラテン語 flagrare, flagrat-(燃え立つ)は, conflagration(大火──ラテン語 con〔…と共に〕が強調として使われた──)や flagrant(目にあまる──「燃える」から「ギラギラ光る」「けしからぬ」となった──)の語源である。この flagrant は, flagrum(【動物学】甲殻類の顎脚 : ラテン語は〔鞭〕)や, これに指小辞がついた flagellum(【植物学】鞭毛, 鞭), そして flagellation(鞭打ち)と同系語の可能性がある。羽の色が赤々と燃えているような鳥を, スペイン語では flamenco(「フラメンコダンス」の意味もある), ポルトガル語と英語では flamingo という。しかし, ポルトガル語 flamingo はフランドル人(Fleming)を意味する言葉でもあった。この鳥の名は, フランドル人が着る明るい色の服をからかってつけられたとも考えられる。〈Dutch 参照〉

flapper [flǽpər] パタパタ音をたてる物, ひれ足, お転婆
 これは擬音語で, 動詞 flap(羽ばたきする──flip〔パッとめくる〕と flop〔バタバタ〕の中間の音──)から派生した。アザラシのヒレ状の前脚も flapper であ

る。Gulliver's Travels:『ガリバー旅行記』(1762年) においてラピュータ島では, flapper は「ぼんやりした人をピシャッとたたく (flap)」装置である。若い野生のカモやウズラは上手にはばたけずに翼をパタパタする様子から flapper と言われたが, これが自然に人間の「青二才」を意味するようになった。同系の擬声語で, *flip* behavior（軽薄な振る舞い）は,「責任を問われないやり損ない」を意味するのに対し, もっと重い音の flop は「完全な失敗(作)」で, 真剣な意味合いが加わることになる。

flare [fléər] ゆらめく, ぱっと燃え立たせる；ゆらめく炎
　　→ flamingo

flash [flǽʃ] きらめき, ひらめき；ピカッと光る
　　この語は, 本来は擬音語で, 水がバシャッと打ちつける音 (dash) を表していた。splash（ザブンという音；はねかける）, smash（ガチャンという音；こなごなにする）, bash（ガンという音；強打する）も擬音語である〈knick-knack 参照〉。flash は後に,「剣の突然の一振り」と「稲妻」, それから, 何であれ一瞬にして (in a *flash*) やってくる不意の動きに使われた。形容詞 flashy（閃光のような）も同じような変化をし, 今日ではつかの間だけ輝いて現れるものについて使われる。
　　dash to pieces（こなごなに打ち砕く）における dash も擬音語で, 急激な動きを表している。

flask [flǽsk] フラスコ, びん
　　→ fiasco

flat [flǽt] 平らな；平らな部分；平らに；平らにする
　　→ flatter
　　flatter は, 語形的には flat の比較級でもありうるが, そうであるとすれば, より flat なものを表している。しかし, 厳密に言えば, このような比較級はありえない。物は平らであるか平らでないかのどちらかだからである。nearly *flat*（おおよそ平ら）とか more nearly *flat*（さらに平らに近い）ということはありうる。しかし, どんなに平らにしよう (*flatten* down) としても, 厳密に言って, flatter（より平ら）になるということはありえない。同じ

ことは correct「正しい」やその他多くの語にあてはまる。〈badger, congress 参照〉

flatter [flǽtər] へつらう, 得意がらせる, 実物以上によく見せる
　　flitter（ヒラヒラ飛び回る）, flatter（パタパタたたく）, flutter（バタバタ羽ばたく）などは英語に多くある擬音語の一例である〈fleet 参照〉。flatter の意味は, *flit* about（あちこち飛び回る）であった。しかし, この動きの軽やかさは, 同綴異義語 flatter（(古語) 慰める, (古語) うっとりさせる）に影響を与えた。語源ははっきりしないが, 原義は「平らにする」で,「撫でる」「愛撫する」そして比喩的に「調子のよい言葉でなだめる」と解釈されるようになった。なうての flatterer（おべっか使い）はこれにたけている。ちなみに, flat（平らな）はゲルマン諸語に共通に存在する言葉であるが, ギリシア語 platys（平らな：*flat*——platypus〔カモノハシ〕の語源——）と同族語であり, したがってフランス語 plat（平らな）とも同族語である。〈vessel 参照〉

flautist [flɔ́ːtist] フルート奏者
　　→ flamingo

flea [flíː] ノミ
　　→ affliction, lobster

fleece [flíːs] 羊毛；毛を刈る, だまし取る
　　この語は西ゲルマン諸語に共通で, 中高地ドイツ語では vlus（羊皮）である。毛を刈られているヒツジ（sheep being *fleeced*）は, 我慢強く動かないでいることから, fleece は動詞として,「人から持ち物を奪って丸裸にしてしまう」「だまし取る」の意味が生じた。またラテン語 pluma（羽, 羽毛——英語 plume〔羽毛, 羽飾り〕の語源——）の語幹 plu- は fleece と同族語である。to *plume* oneself on ...（…を自慢する, …に得意になる）は,「羽を広げる」すなわち「気取る」という意味である。

fleer [flíər] あざ笑う；あざ笑い
　　→ coquette

fleet [flíːt] 艦隊；速い；飛び過ぎて行く
　　この語には, 諺の Still waters run deep.（静かな水は深く流れる——「能あるタカはつめを隠す」——）と正反対の意味が内包されている。同じ語根の二つの言葉

に由来するもので，その一つは古英語 fleat（水，入り江——古くは flaut——）であり，その中核的な意味は「浅い」で，農夫は今でも to plow *fleet*（浅く耕す）と言う。他方は古北欧語 fliotr（速い）で，同系語である古英語 flyht（飛ぶこと，飛行）は同義の英語 flight の語源である。

　動詞 fleet は，Time *fleets* by.（時はいつしか過ぎる）のように詩語として残っている。これは，float（浮く）の語源の古英語 fleotan にさかのぼり，元来「水面にとどまる」の意味であった。それがやがて，to *float* along（滑るように過ぎ去る）を意味するようになった。名詞 fleet は，水の上に浮くもの（that which *floats*）を意味したが，早い時期に「ボート」から「一人の指揮下にある船団」(fleet) まで意味が広がった。スペイン語 flota は「艦隊：*fleet*」を意味し，より頻繁に使われる指小語 flotilla は英語でも「小艦隊」の意味で使われている。

　古英語 fleotan（水面に浮かぶ）の弱形 fliotan は flit（スイスイ飛ぶ）の語源である。ここから，flitter（ヒラヒラ飛び回る）が派生した。そして fleotan からの古い反復動詞であるアングロサクソン語 floterian から flutter（ヒラヒラ飛ぶ）が派生した。類似の反復動詞に，軽い音を伴う突然の動きを意味する flick（はじく，ピシッと打つ）から派生した flicker（明滅する）がある。より騒がしい音をたてる動きの場合は flacker（パタパタはためく）であるが，今はあまり使われない。これらの語はすべて擬音語である。形容詞 flighty（とっぴな，気まぐれな）は初め「速い」を意味し，ついで飛行（flights）について使われ，「速く飛ぶ」となり，その後比喩的に，with a *flash* of fancy（空想のひらめきで）〈flash 参照〉のような意味となった。

　上記の諸語は印欧語根 pleu-（流れる）に由来するが，同語根から plu-（雨が降る）を経て Jupiter Pluvius（雨神ユピテル）や英語 pluvial（雨の，雨の多い）が分出した。そして同じ印欧語根 pleu- から plo-（漂う）を経て flow（流れる）や，古高地ドイツ語 fluot，古英語 flod を経て flood（洪水；水浸しにする）が分出した。さて，これだけ水があれば1本の根 (root) には十分である。

flexible [fléksəbl] 曲げやすい，融通のきく，素直な
→ accent

flick [flík] 軽くひと打ちすること；ピシッと打つ，ヒラヒラ飛ぶ
→ fleet

flicker [flíkər] 明滅する，揺れる；ゆらめき
→ fleet

flies [fláiz] 舞台天井
→ affliction

flight [fláit] 飛ぶこと，定期航空便；飛ぶ
→ affliction, fleet

flighty [fláiti] 気まぐれな，興奮しやすい，頭のおかしい
→ affliction, fleet

flim-flam [flímflæm] たわごと，ごまかし；ぺてんにかける
→ whimsy

flimsy [flímzi] 軽くて薄い，薄弱な；薄紙
→ whimsy

flip [flíp] ピンとはじく，パッとめくる；軽く打つこと
→ flapper

flirt [flə́:rt] いちゃつく，パタパタ動かす；浮気女
→ coquette

flit [flít] スイスイ飛ぶ，去来する；飛び去ること
→ fleet

flitter [flítər] ヒラヒラ飛び回る
→ fleet

float [flóut] 浮かぶ，漂う；浮かぶ物
→ subject, fleet

flock [flák] 群れ；群がる；一房の羊毛
→ congress

flood [flʌ́d] 洪水，多数；氾濫させる
→ subject, fleet

flop [fláp] バタバタ動く，ドスンと倒れる；ドスンと倒れる音
→ flapper

Florida [fló(:)ridə] フロリダ
→ States

flotilla [floutílə] 小艦隊，小型船隊
→ subject, fleet

flotsam [flátsəm] 浮き荷，浮浪者

→ subject, fleet
flour [fláuər] 小麦粉；粉にまぶす, 粉にする
  → flower
flourish [fláːriʃ] 繁茂する, 振り回す；振り回すこと
  → flower
flow [flóu] 流れる, 流れるように動く；流れ
  → affluent, fleet
flower [fláuər] 花；咲く, 花で飾る

　動詞 flower（花が咲く, 盛りに達する）はこの語の語源をたどるのに役立つ。この語の二重語 flourish（繁茂する）は, ラテン語 flos, flor-（花）から動詞 florere（花ざかりである), 古フランス語 florir, floriss- を経て借入された。これらは印欧語根 bhlo-（吹く, 膨らむ, 咲く）から分出した言葉で, 同語根からアングロサクソン語 blowan, blawan を経て英語 blow（風がプーと吹く, 咲く）が分出し, 古北欧語 blom（花）を経て bloom（花；咲く）が分出した。名詞 blow（強打）は突風の動きに由来する。flour（小麦粉）は, 元は flower の異綴りで, 穀粒の flower（最良の部分, 精華）と考えられた。なお, flow（流れる；流れ）と flower とは同語源ではない。〈affluent 参照〉

　花には, 現実的であれ空想であれ, その効能から名前がついたものがある。sage（セージ）は古フランス語 sauge を経て, ラテン語 salvus（健康な, 害を受けない）にさかのぼる。peony（シャクヤク）は, 神々の治療者である Paeon（ギリシア語 Paieon：パイエオン）に由来する。centaury（ヤグルマギク）は, ケンタウロス（Centaurus：英語 Centaur）族の Cheiron（ギリシア語 Kheiron：ケイロン《医術, 音楽, 狩り, 予言などの術に優れていた》）に発見された。hyacinth（ヒアシンス）は, Apollo Paeon（ギリシア語 Apollon Paieon：アポロン・パイエオン《神々の医者》）に愛された Hyacinthus（ヒュアキントス）の血から生じた。dianthus（セキチク, ナデシコ）は, 原義が「ゼウス（Zeus）の花」で, ギリシア語 dios（ゼウスの, 神の）と anthos, anthus, anthemon（花）とからなる言葉である。

aster（アスター《シオン属アスターに似たキク科の草木の総称》）はギリシア語 aster（星）が語源である。calendula（キンセンカ）は, おそらく古代ローマ暦の1日〔ついたち：英語 calends〕〈dickey 参照〉（あるいは「小さなルリハコベ」（weatherglass）を意味した言葉か）に咲くと考えられたものと考えられる。campanula（ツリガネソウ）は, ラテン語で「小さなベル」であり, chrysanthemum（キク）はギリシア語 khrysos（金, 金色）が語源で, 原義は「黄金色の花」である。daisy（デイジー, ヒナギク）は, アングロサクソン語 daeges-eage（太陽：day's eye）が語源である。dandelion（タンポポ）はフランス語 dent de lion（ライオンの歯）に由来する。digitalis（ジギタリス）は, 指状の花冠にちなんで名づけられた。ちなみに, digit（アラビア数字の1から9までの一つ）の原義は「指」である。同じくジギタリスを意味する foxglove（キツネノテブクロ）は, おそらく二重の転訛を経て成立したのであろう。すなわち, folk（小さな人々, 妖精：*little folk*）からの fox と, gloche（鐘）からの glofe からなる言葉で, 原義は「妖精の鐘」である。geranium（ゼラニウム）の種子は, ツルのくちばし状で, ギリシア語 geranos（ツル）から派生した。gladiolus（グラジオラス）は, ラテン語で「小さな剣」を意味し, gladiator（剣闘士）も同語源である。helianthus は, ギリシア語 helios（光, 太陽）と anthos（花）とからなる言葉で「ヒマワリ」（sunflower）である。同様に, heliotrope（ヘリオトロープ）は, ギリシア語 trope（回転）〈trophy 参照〉に由来し, 太陽に向かう花である。iris（アイリス《アヤメ, カキツバタなど》）は, ギリシア語, ラテン語共に「虹」を意味する言葉である。phlox（フロックス——芝桜はこの一種——）は, ギリシア語で「炎」という意味である〈nasturtium 参照〉。どうぞ, 植物園にお出かけあれ。

　ラテン語 florere（花ざかりである：to *flower*）からフランス語 florir, floriss- を経て動詞 flourish（繁茂する, 振り回す）が派生し, 起動形 florescere, floruit- を経て形容詞 florescent（開花した,

盛りの）が派生した。ラテン語 ef-（ex：…から外へ）と同じ起動形から、effloresce（開花する、満開になる）が派生した。ただし、deflower（花をもぎ取る、美を奪う）と effloresce を混同してはいけない。

fluctuation [flʌ́ktʃuéiʃən] 変動、波動
→ fourflusher

fluent [flúːənt] 流暢な、なだらかで美しい、流動性の
→ fourflusher

fluid [flúːid] 流体；流動体の、流動的な
→ affluent

fluidity [fluːídəti] 変わりやすいこと、流動性
→ affluent

flume [flúːm] 深くて狭い渓谷；水路で引く、水路を作る
→ affluent

fluorescent [fluərésnt] 蛍光を発する、蛍光性の
→ affluent, element の項 fluorine

fluorine [flúəriːn] フッ素
→ affluent, element

fluorspar [flúərspɑːr] ホタル石
→ affluent, element

flush [flʌ́ʃ] 赤く染まる、紅潮する；赤面
→ fourflusher

flux [flʌ́ks] 流れ、流転；溶かす
→ fourflusher

flute [flúːt] フルート；フルートを吹く
→ flamingo

flutter [flʌ́tər] 羽ばたきする、パタパタさせる；羽ばたき
→ fleet

fly [flái] 飛ぶ；舞台天井、ハエ
→ affliction, lobster

focus [fóukəs] 焦点、中心；焦点を合せる
家庭には心 (heart) があり、家庭生活の中心は炉 (hearth) であった。focus の語源はラテン語 focus（炉、炉の火）であるが、それはまた「家庭」を意味する言葉であり、「中心」そして「物事が収斂する点」を意味するに至った。
ラテン語 focus は、さらに phainein（見せる、現れる）から派生したギリシア語 phaos [phos]（光）と同根語ではないかと考えられる。英語にはこのギリシア語 phainein から派生した言葉が多い。cello-phane（セロファン）は近年に造語された商標である。diaphanous（透明な、かすんだ──ギリシア語 dia〔…を通して〕との合成──）、phosphorus（リン──ギリシア語 phos〔光〕と、pherein〔運ぶ〕から派生した phoros〔運ぶこと〕との合成──）、何かが立ち現れることを示す phantom（幻）、fantasy（空想）、fancy（幻想）、hierophant（〔聖なる秘儀を見せる〕秘儀の祭司──ギリシア語 hieros〔神聖な〕──）もその一例である。〈hieroglyphics 参照〉

また phase（外に現れた姿、相、面──初めは the *phases* of the moon〔月相、満月・新月など〕として使われていた──）や emphasis（強調──ギリシア語 em-〔en：…の中に〕──）、phaeton（2頭立て馬車──太陽の2輪馬車を乗り回した Phaeton〔パエトン〕に由来──）、photograph（写真：〔原義〕光の記録）も、ギリシア語 phainein（見せる、現れる）から派生した。なお、telegraph（電信、電報──ギリシア語 tele-〔遠くに〕──）の原義は「遠くに向かって書く道具」であり、telephone（電話）の原義は「遠くからの音」、phonograph（蓄音機）の原義は「音の記録」である。また、elephant（ゾウ）は、原義は「牙を見せるもの」であると解釈し、第1要素は、コプト語 ebou からラテン語 ebur（象牙）を経て変化したとする説がある。

ところで phenomenon（現象、驚くべきもの）は、ギリシア語受動動詞 phainesthai（表される、現れる）の現在分詞から派生した言葉で、かつては phaenomenon と綴られ、元来何であれ五感で知覚できるものを意味していた。この対義語は noumenon（物自体、不可知なもの）で、精神によって感知されるものである。一般的に通常の語用が極端に流れる傾向が見られる〈complexion 参照〉が、この phenomenon も、異常なものや奇妙なものを意味するようになった。

fodder [fádər] 家畜の飼料、素材；飼い葉を与える
この語は初め食物 (*food*) 一般を意味した。やがて古英語の中性名詞 fodor が fodder に、男性名詞 foda が food になり、前者が次第に家畜のえさに、後者が人

間の食べ物に使われるようになった。これらは，原始ゲルマン語 fothro- から印欧語根 pat-（えさを与える，養う）にさかのぼることができる。food という語形は，他のゲルマン諸言語には類似語がないが，原始ゲルマン語 fodjan にさかのぼる語があり，feed（食べさせる，餌を与える）はこれに由来するものである。なお同族語のラテン語 pascere, past-（飼育する）は，pasture（牧草地，牧草）の語源である。〈abbot, pester 参照〉

fodient [fóudiənt]《モグラなど》穴を掘る動物
→ bed

foe [fóu] 敵，相手，障害
→ fee

foetus [fíːtəs] 胎児
→ turmeric, fetus

foil [fóil] 挫折させる；金属の薄片，【フェンシング】フルーレ

この語には二つの語源がある。その一つはラテン語 fullo（洗い張り屋：*fuller*）である。このラテン語から古フランス語 fuler（フランス語 fouler〔圧搾する〕）を経て，布を踏みつけたり踏み込んだりするという意味の full（織り目を密にする，洗い張りをする）が派生した。そしてこの full が，フランス語 fol（ばか者：*fool*〈同項参照〉）から派生した affoler（怖がらせる，逆上させる）の影響を受けて，踏みつけて敗北させたり妨害するという意味での foil（挫折させる）が派生したのである。布の洗浄剤 *fuller's* earth（フラー土，漂布土）という名は，その物質を洗い張屋たちが使って布を洗浄・漂白したことに由来するものである。

他方はラテン語 folium（葉）が語源である。このラテン語は古フランス語 foil, foille（フランス語 feuille〔葉〕）を経て借入されて foil（葉）となった。このラテン語 folium は，全紙を二つ折りにして作った本を意味する folio（フォリオ版）の語源でもある。その後，foil は紋章の葉模様を表し，また木の葉のように平らな物（例えばアルミホイル：tin*foil*）を表すようになった。さらに宝石を引き立たせるように宝石の下に敷く「金属箔」という意味に使われるようになり，ここから，対比によって他のものを引き立たせる「引き立て役」を意味するようになった。フェンシングの foil（フルーレ）は，フランス語では fleuret（《先に危険を防ぐためのたんぽを付けた》フェンシング用の》剣，フルーレ：〔原義〕小さな花：floweret）である。しかしこの英語は foin（《剣先などで》突く）の変形とも考えられる。foin は古フランス語 foinne, foisne, fouisne から，ラテン語 fuscina（釣り用の三ツ又のやす）にさかのぼる。なおこの fuscina は，ラテン語 piscis（魚——piscatory〔魚の，漁業に従事する〕の語源——）から派生した piscina（養魚池）と同系語である。

上記の動詞 full（織目を密にする）は，広く使われている形容詞 full（満ちた）とは無関係である。こちらは，古英語 full から原始ゲルマン語 fullo- にさかのぼる言葉で，同根語にはサンスクリット語 puru（多くの），ギリシア語 polys（多数の，多量の——英語 poly-：例，polysyllabic〔多音節の〕——），同じくギリシア語 plethos, plethor-（いっぱいの——plethora〔過多，多血症〕の語源——），ギリシア語 pleres（満ちた）から派生したラテン語 plere, plet-（満たす——complete〔完全にする；全部の〕，complement〔補足する；補完物〕，replete〔満腹した，満ちた〕などが派生——），ラテン語 plenus（いっぱいの——plenitude〔豊富，充満〕の語源——），ラテン語 plus, plur-（より多い——plus〔プラスの〕，plural〔複数〕，plurality〔多数〕の語源——）などがある。〈police 参照〉

full（満ちた）は容易に fulsome（鼻につく，しつこい）になりうる。この fulsome は，「豊富な，多くの」を意味したが，後に「まるまると太った」，そこから「太った，粗野な，いやな」の意味となった。今では，主として，不快なわざとらしい愛情表現について使われる。

foin [fóin]（古語）突き入れ，突き；突きを入れる
→ foil

foliage [fóuliidʒ] 葉，群葉，葉飾り
→ necromancy

folio [fóuliðu] 二つ折りの版；フォリオ版の；通しページを付ける
→ foil, necromancy

folk [fóuk] 人々，家族，国民

→ congress
ゲルマン諸言語に共通に存在する言葉。

fond [fάnd] 好きである，ばかな，優しい
　何かを好きになる（to be *fond* of ...）と，少し分別がなくなりがちになる。これがまさに fond の意味に内包されている。この語は，fon（ばか者）から派生した中英語 fonnen（ばかになる，夢中になる）の過去分詞 fonned（愚かな）にさかのぼる。しかし中英語 fonnen は元来「味や風味のない」ことであり，ウィクリフ（John Wyclif, 1330?-84）は，風味を失った塩を指して fonnen を用いた。fon をさかのぼると，初めは「おとめ，処女」を意味していた。これが「素朴な少女」や「愚かな少女」になったのは，少女たちを手伝いとして使っていた主婦たちの日ごろの意見に由来するものであるが，短気な若者たちのことをそう考えたことは言うまでもない。ここから「ばか者」(fool) という意味になった。動詞 fon（ばかにする——今日では fun——）は名詞の fon から派生した。しばしば，私たちが何かを溺愛すれば，fond の二次的意味「ばかな」姿を見せてしまうものである。座ってそれを後生大事に抱きかかえている間抜けな癖を意味した反復動詞 fondle は，現在は「かわいがる，愛撫する」という意味に推移した。

fondle [fάndl] かわいがる，愛撫する，いちゃつく
　→ fond, swivel

food [fúːd] 食物，えさ，糧
　→ fodder

fool [fúːl] ばか者，道化師；ばかなまねをする
　ラテン語 follis は，文字通りには「ふいご」，比喩的には「空気袋」を意味し，フランス語 fol, fou（気の狂った）を経て英語 fool となった。しかし，このラテン語 follis の俗語の意味「陰嚢」が間接的に影響を与えている。これと同じ意味を持つシチリア起源のラテン語 gerro（きんたま）やイタリア語 coglione（きんたま）も「道化師，ばか者」(fool) の意味に使われる。同じく，今日では "Aw, nuts!"（おー，ばかな，真っ平だ）と叫んで，ばかげているとしてなにかを退ける。nuts（ばか者，(卑語)きんたま）とその語形については，パートリッジ（Eric Partridge, 1894-1979）は *Dictionary of Slang*：『俗語辞典』(1938年) で2段半のスペースを使っている。nuts の意味は「正気でない」から「楽しい」まで様々である。*nuts* to you は「くそくらえ」，be *nuts* about は「首ったけである」となる。演劇で nut（割らなければならない固い殻）と言えば，芝居をプロデュースするのに必要な頭金のことである。〈dunce 参照〉

foolscap [fúːlzkæp] フールスキャップ版の紙［印刷用紙］，道化師帽
　この大きな用紙（約43×34cm）の名は，かつてこの紙についていた fool's cap（道化師帽）のマークに由来する。同類の用紙には，イングランドのチャールズ1世（Charles I, 在位1625-49）の紋章がついていたが，1642年にクロムウェル（Oliver Cromwell, 1599-1658）がこの紋章を道化師の鈴つき帽子（cap and belles）に換えたのである。bells を belles としてしまった植字工の間違いを見て，クロムウェルが，チャールズ王党員は bells（鈴）の代わりに belles（美人）を連れているとからかったので，その間違いはぴったりだということになり，訂正されなかった。しかし，実を言えば，bell（鈴）は古英語では belle である。古英語 bellan（大きな音をたてる，大声で鳴く：to *bellow*）から共通低地ドイツ語にさかのぼる可能性が高く，bellows（ふいご）と同系語と考えられる。〈pylorus 参照〉
　一方，belle（美人）と beau（しゃれ男）は，ラテン語 bellus, bella（美しい）より派生したフランス語 belle, beau（美しい）からの借入語である。中世には，戦争は決して美しくないことを忘れぬようにするために，ラテン語 bellum（戦闘）は bellus（美しい）から派生したと考えられていた。belligerent（好戦的な，交戦中の）はこのラテン語 bellum と，ラテン語 gerere（実行する，戦争する）の分詞 gerens, gerent- からなる言葉である。

foot [fút] 足，歩行；歩く
　→ pylorus

forbid [fərbíd] 禁ずる，許さない
　この語は，bead（じゅず玉，じゅず）〈同項参照〉と同語源の bid（命ずる，述べる）に由来する。bid は，二つの古い語

が結合したものである。すなわち，アングロサクソン語 beodan（公表する，申し出る，命ずる）と biddan（頼む，強要する——ドイツ語 bitte〔どうぞ〕は同系語——）である。接頭辞 for- は「反対」や「過多」を表した。そこから，forbid は「禁止する」(prohibit)〈indenture 参照〉の意味となる。

なお，prohibit は，ラテン語 pro（正面に，前方に）と habere, habit-（持っている，持つ）の結合したものである。意味は，prevent（妨げる，防ぐ）〈同項参照〉と同じ経過をたどって「禁じる」となった。

force [fɔ́:rs] 力，影響力；強制する
→ defeat

forceps [fɔ́:rsəps] 物をはさむ器具，鉗子状器官
→ manoeuver

ford [fɔ́:rd] 浅瀬；渡る
→ port, dollar

fore [fɔ́:r] 前方の；前方に；船首
→ indenture, dollar

foreboding [fɔ:rbóudiŋ] 凶事の前兆，虫の知らせ
→ bottle

foreign [fárən] 外国の，異質の，司法権が及ばない
→ den, door

forest [fárəst] 森林，山林；植林する
→ den, door

forfeit [fɔ́:rfət] 剥奪；失う；没収された
→ defeat

forge [fɔ́:rdʒ] 鍛冶炉；鍛えて作る，偽造する
→ defeat

forgive [fərgív] 許す，免除する
→ indenture

forgo [fɔ:rgóu] 差し控える，なしで済ませる，やめる
→ indenture

forlorn [fərlɔ́:rn] あわれな，わびしい，見捨てられた
→ indenture

form [fɔ́:rm] 形，型；形作る
→ formula

formal [fɔ́:rml] 形式的な，格式ばった；正装しなければならない行事
→ formula

formaldehyde [fɔ:rmǽldəhàid] ホルムアルデヒド《防腐剤・消毒剤》
→ formula

formality [fɔ:rmǽləti] 形式にこだわること，形式ばった行為，正規の手続き
→ formula

formication [fɔ̀:rməkéiʃən] 蟻走感，蟻痒《アリが皮膚をはうような感じ》
→ formula

formidable [fɔ́:rmidəbl] 恐ろしい，手に負えない，恐ろしくたくさんの
→ formula

formula [fɔ́:rmjələ] 決まり文句，公式，製法

何かを作るのに必要な決まった手順を意味する formula は，ラテン語 forma（形——英語 form〔形〕の直接の語源——）の指小形が語源である。イブニングドレスを着るような，formal（正式の；正装しなければならない行事）や formality（形式ばった行為，正規の手続き）もまた，このラテン語 forma から派生した。

これに対して，化学の formaldehyde（ホルムアルデヒド）は，*formic* alcohol dehydrogenatum を短くしたもので，水素原子（*hydrogen*）2個を取り除いたアルコール（alcohol）が原義である。

なお formic（アリの，蟻酸の）は，ラテン語 formica（アリ）が語源で，蟻酸は，アリの分泌する毒液である。〈同系語の他の語形（*forms*）については，warm 参照〉

書籍の体裁を意味する format（判型）は，ラテン語 formare, format-（形作る）にさかのぼる。なお formidable（恐ろしい）はラテン語 formido（恐怖）が語源である。一方，ラテン語 formosa（形のよい，均整のとれた）は例えば島を形容する言葉として使われ，Formosa（台湾）の語源となった。さらに form の派生語には，deform（形を損なう，醜くする）や reformation（矯正，改良）などがある。

forsaken [fərséikn] 見捨てられた，forsake（見捨てる）の過去分詞形
→ indenture

forsythia [fɔ:rsíθiə] レンギョウ
→ Appendix VI

fort [fɔ́:rt] とりで，常設駐屯地，交易所
→ saxophone

forth [fɔ́:rθ] 外へ，先へ，離れて
→ dollar

fortify [fɔ́:rtəfài] 要塞化する，強化する，要塞を築く
→ saxophone

fortitude [fɔ́:rtət(j)ù:d] 不屈の精神，剛毅，堅忍
→ saxophone

fortnight [fɔ́:rtnàit] 2週間
→ remnant

forty [fɔ́:rti] 40；40の
→ number

fortuitous [fɔ:rt(j)ú:ətəs] 偶発的な，思いがけない，幸運な
→ fortune

fortunate [fɔ́:rtʃənət] 運の良い，しあわせな，さい先の良い
→ fortune

fortune [fɔ́:rtʃən] 財産，運，幸運

ラテン語 fors, fort- は「偶然」や「くじ」を意味し，英語 fortune の語源である。ラテン語動詞 ferre（運ぶ，耐える）や形容詞 fortis（強い，耐えることができる）も同系語である。fort（とりで，常設駐屯地）はラテン語形容詞 fortis から派生した。〈saxophone 参照〉

ローマ人の運命の女神は Fortuna である。もし，この幸運の女神が自分に味方してくれればそれは fortunate（幸運な）であるが，自分以外の人に目をかけた時は，fortuitous（思いがけない）という気持ちになるものである。なお -ous は「…でいっぱい」の意味である。〈supercilious 参照〉

forward [fɔ́:rwərd] 前方の；前へ；転送する
→ indenture

fosse [fás] 堀，溝，《骨の》窩 (か)
→ fossil

fossil [fásl] 化石，時代遅れの人；化石化した

築城学では，fosse は「溝」や「切り通し」の意味に使われる。この語はラテン語 fodere, foss-（掘る）から派生した fossa（堀）が語源である。ラテン語形容詞 fossilis（掘り出された）が fossil の語源である。かつては fossil は，なんであれ地中から掘り出された物に使われた。例えば，"that Irish *fossil*, the potato"（アイルランド人が掘り出す例の物，ジャガイモ）というように。しかし，考古学への関心が広がった17世紀には，fossil は過去の動植物の化石に限られるようになった。人に対しては軽蔑的に，過去の考えを後生大事にしている人物という意味に用いられる。他にも広く比喩的に使われ，エマソン（Ralph Waldo Emerson, 1803-82）は，"the government has been a *fossil* ; it should be a plant"（政府は化石となっている。生き生きとした植物でなければいけないのに）と不平を述べている。また "language is *fossil* poetry"（言葉は詩の化石である）《"The Poet", *Essays. Second Series* (1844年)》とも言っている。彼の言う通りなら，本書はさしずめ言葉の過去を掘り返すパワーシャベルである。

foul [fául] 不潔な，不正な，悪い
→ fylfot, polecat

found [fáund] 設立する，建てる；find の過去・過去分詞形
→ futile

foundation [faundéiʃən] 建設，基本金，土台
→ futile

founder [fáundər] 創設者；沼地にはまり込む
→ futile

foundry [fáundri] 鋳造，鋳造所
→ futile

four [fɔ́:r] 4；4の
→ number

fourflusher [fɔ́:rflʌ́ʃər] 虚勢を張る人，はったり屋

flush の意味のいくつかについては，その語源から明らかである。例えば，*flush* of blood to cheeks（頬に血がのぼること——blysa〔たいまつ，火〕から派生したアングロサクソン語 blyscan〔輝く〕が語源の blush〔顔を赤らめる〕の影響を受けている——）や *flush* of victory（勝利の感激——fleshing one's sword〔剣の切れ味を試す，剣を肉に突き刺す〕の発想に影響されている——），*flush* of fund（資金が豊かな），a *flush* of cards（フラッシュ《ポーカーなどで同種の》）などの flush は，fluere, fluxi, fluct-（流れる）から派生したラテン語 fluxus（流れ）が語源で，フランス語 flux（多量，満潮，流量）を経て

借入された。英語 flux（流れ，流転），fluent（流暢な，流動性の），fluctuation（変動，波動）などは同語源である。〈affluent 参照〉

　ポーカーで flush（フラッシュ）にするには，同組札のカードが5枚連続（a flow of five cards of the same suit）とならなければならない。4枚連続札でフラッシュに見せかける fourflusher（はったり屋）は，自分はできると装っているがうまくいかない人のことを意味する。

fowl [fául] 鳥，鶏，家禽
　この語はゲルマン諸語に共通に見られるもので，語根 flug-（飛ぶ：*fly*）から fluglo-（飛ぶもの）を経て異化によって派生した古英語 fugol, fugel（鳥）が語源である。〈lobster 参照〉

fox [fάks] キツネ；だます，ずるく振る舞う
　fox はゲルマン地域に共通に見られる獣で，中高地ドイツ語では vuhs であり，ラテン語では vulpes（キツネ）である〈vulpine 参照〉。初期ゲルマン語根は puk- で，サンスクリット語 puccha（尾，しっぽ）と同族語の可能性が高い。fox は，その流れるように長いしっぽから名づけられたことになる〈squirrel 参照〉。しかし，キツネは，昔からペテンや計略で知られていた。古北欧語では fox は「詐欺，欺瞞」を意味し，ここから英語 fox（だます），foxy（狡猾な）が派生した。

foxglove [fάksglλv] ジギタリス
　→ flower

fraction [frǽkʃən] 一部，破片，分数
　→ discuss

fracture [frǽktʃər] 骨折，裂け目；砕く
　→ discuss

fragile [frǽdʒəl] 壊れやすい，もろい，はかない
　→ discuss

fragment [frǽgmənt] 破片，断片；ばらばらになる
　→ discuss

franc [frǽŋk] フラン《フランス・ベルギーなどの貨幣単位》
　→ dollar

France [frǽns] フランス
　→ free

franchise [frǽntʃaiz] 公民権，特権；特権を与える
　→ free

frank [frǽŋk] 率直な，あからさまな；無料郵送する
　→ free

Frankenstein [frǽŋkənstàin] フランケンシュタイン《Mary Shelley (1797-1851) の小説の主人公》
　→ leviathan

frankfurter [frǽŋkfərtər] フランクフルト・ソーセージ
　→ dollar

frankincense [frǽŋkinsèns] 乳香《一種の樹脂で，燃やすと芳香を放つ》
　→ free

fraternity [frətə́:rnəti] 兄弟関係，社交クラブ，協同団体
　→ shed

fratricide [frǽtrisàid] 兄弟〔姉妹〕殺し〔の罪〕，その犯人
　→ shed

fray [fréi] すり切れさせる，すり減らす，すり切れる
　→ afraid

frazzle [frǽzl] すり減らす，すり減る；すり減った状態
　→ afraid

freak [frí:k] 奇形；異常な；幻覚体験をする
　→ inn

free [frí:] 自由な，無料の；解放する
　自分は heart-*free*（恋をしていない，未練のない）と思う人物は語源に反した言葉遣いをしている。free は古英語 frēon（自由にする，愛する——サンスクリット語 priya〔愛しい〕と同族語——）が語源で，この動詞の現在分詞 frēond は friend（友）の語源となる。この語の元来の意味は「愛された，最愛の」である。昔の家は，愛する者たちと奴隷からなっていたので，free は「奴隷にされていない」を意味するようになった。なお，slave（奴隷——フランス語では esclave, 後期ラテン語 Sclavus が語源——）は，中央ヨーロッパのスラヴ民族（Slav, Slavic）を指し，彼らの言語では「栄光」を意味する言葉であった。しかし，この民族は征服され，ローマ人ばかりではなくフランク人（Franks）も，彼らを奴隷として入手した。フランク

人は6世紀にガリアを征服し、フランス(France)にその名前を残したが、この地域で自由を享受した民族の名Frankが普通語として「自由な」から「率直な、公然の」の意味になった。ここからfranchise (特権を与える；公民権)、enfranchise (選挙権を与える、解放する——フランス語affranchir〔自由にする〕——)が派生する。またfrankには、無料郵送(*free mailing*)の特権を表す用法がある。

　　frankincense(乳香)は、古フランス語franc encens(フランクの高貴な香)が語源である。incense(香；香をたきこめる)は、ラテン語incendere, incens-(照り輝く、燃やす——強調のin+candere〔輝く〕の合成語——)が語源である。このラテン語の起動動詞incandescereからincandescent(白熱光を発する、まばゆいほどの)が生まれた。なお動詞incenseは、人の気性を燃え上がらせることから、「激怒させる」という意味に使われる。

French leave [fréntʃ líːv] 許可なしに仕事を中断、退出すること
→ Dutch

fresco [fréskou] フレスコ画法、フレスコ壁画；フレスコ画を描く
　　この語はfresh(新鮮な)〈inn参照〉に相当するイタリア語in fresco(しっくいの塗り立て：in the *fresh*〔plaster〕)の省略語として用いられたものである。ここからfrescoは生乾きのしっくいの上に水彩絵の具で描く絵の技法を意味するようになった。しかし、英語でも使われるイタリア語al frescoはin the *fresh* air(戸外で)という意味である。

fresh [fréʃ] 新しい；初期；新しくする
→ inn

fret [frét] やきもきする、いらいらさせる；いらだち
→ indenture

fricassee [frìkəsíː] フリカッセ《切り肉の煮込み》；フリカッセ料理にする
→ afraid

friction [fríkʃən] 摩擦、不和、いさかい
→ afraid

Friday [fráidei] 金曜日
→ week

friend [frénd] 友達、支持者、仲間
→ free

frieze [fríːz] フリーズ、装飾帯
→ cloth

frisky [fríski] 活発な、よくじゃれる
→ inn

front [fránt] 前部；前の；面する
→ effrontery

frontier [frʌntíər] 国境、辺境、限界
→ effrontery

frontispiece [frántəspìːs] 口絵、正面、装飾壁
　　この語の後半部の-pieceは様々な連想を喚起する典型的な言葉である。しかし、piece(一片)とは関係がない。こちらは、フランス語pièce(一片)と同じであるが、おそらく「小片」を意味するケルト語起源の可能性が高く、フランス語petit(少し、小さい)と同系語であろうと考えられる。一方、frontispieceの語源は、フランス語frontispice(《大建築物の》主正面)から後期ラテン語frontispiciumにさかのぼり、ラテン語frons, front-(額)とspicium(ながめ——ラテン語specere〔見る〕から派生——)の合成語で、原義は「額を見ること」である。英語frontispieceは初め、建物のfront(正面)、特に装飾された入口、扉の上の装飾を意味していた。ここから、本の最初のページ、「標題」という意味に使われるようになるのである。この語はまた、章の冒頭の飾り模様、序文にも使われる。ミルトン(John Milton, 1608-74)は、*Paradise Lost*：『失楽園』(III, 506)で《サタンの前に現れた天国の門について》次のように歌っている。"The work as of a Kingly Palace Gate / With *frontispice* of Diamond and Gold."(国王の宮殿の門のような／ダイヤモンドと黄金を散りばめた正面がある建物)

frown [fráun] しかめつらをする、まゆをひそめる；しかめつら
→ effrontery

frugal [frúːgl] つましい、倹約する、簡素な
→ peach

fruit [frúːt] 果物、果実；実を結ぶ
→ peach

fuddle [fʌ́dl] 酔わせる、ぽーっとさせる；泥酔
→ addle

fugitive [fjúːdʒətiv] 逃亡者，亡命者；逃亡中の
→ devil

full [fúl] いっぱいの；満たす，縮絨(しゅくじゅう)する
→ foil

fuller's earth [fúlərz ə́ːrθ] フラー土《布の清浄剤，今は主に油の脱色用》
→ foil

fulsome [fúlsəm] あきあきさせる，鼻につく，完全な
→ foil

fume [fjúːm] ガス，蒸気，怒気
→ month の項の February

fumigate [fjúːməɡèit] 燻蒸消毒する
→ month の項の February

fun [fʌ́n] 楽しみ；愉快な；ふざける
→ changeling, fond

funambulist [fjunǽmbjəlist] 綱渡り芸人

綱渡り芸人のそばにいくと，楽しい(fun)ものである。というのは，彼が綱にとどまれるかぎり，彼が活躍するのはサーカスだからである。この語は，ラテン語 funis（綱）と ambulare（歩く）の複合語で，もっと身近な言葉としては tightrope-walker（綱渡り芸人）がある〈ambulance 参照〉。なお fun（楽しみ；愉快な）と funny（おかしい，奇妙な）は，中英語 fon（道化）と同語源である〈fond 参照〉。funiculus は「小さい綱」であるが，英語では動植物学で「神経束」などさまざまな意味に用いられる。funicular railway（ケーブル鉄道）は，山を登る時に車両がケーブルによって引き上げられる鉄道のことである。

function [fʌ́ŋkʃən] 機能；機能を果たす，作動する
→ sponge

fund [fʌ́nd] 基金，所持金；基金を出す
→ funeral

fundament [fʌ́ndəmənt] 基礎，土台，原景観
→ funeral, futile

fundamental [fʌ̀ndəméntl] 基本的な，重要な；基本
→ funeral, futile

funeral [fjúːnərəl] 葬式，いやなこと；葬式の

ラテン語 fundus は「基底」を意味する言葉で，英語 fundus は，解剖学で眼底などの種々の組織の器官の基部という意味に使われる。かつては fund とも言った。しかし，このラテン語からフランス語 fond, fonds（土台）を経て借入された fund は，「頼りとすべき基盤」「供給源」という比喩的な用法を発展させ，今日の「基金，資金」という意味に使われるようになった。同ラテン語の名詞形 fundamentum（基礎）から英語 fundament（基礎）や形容詞 fundamental（基本的な）が派生した。
ところで，ラテン語 funus, funer-（埋葬地）は上記のラテン語 fundus と同じ語根から分出したのではないかと考えられる。その形容詞 funeralis（葬儀の）が，フランス語 funerailles（葬式）を経て，英語 funeral（葬式）となった。形容詞 funereal（葬送の，しめやかな），また今は滅多に使われない funest（不吉な），funestation（屍体に触れることによる穢れ）も同語源の言葉である。ちなみに insurance（保険）は，葬儀（*funeral*）のための資金（fund）を確保する（ensure）ものである。〈futile 参照〉

fungus [fʌ́ŋɡəs] 菌類，ポリープ
→ sponge

funicular [fjuːníkjələr] ロープの，ロープによって動く；ケーブル鉄道
→ funambulist

funny-bone [fʌ́niboun] 尺骨の端，ユーモアを解する心

ひじの骨の神経が交差するところをぶつけると，ひどくジンジンする。それがなぜ funny（おもしろい）なのかはわかりにくい。しかし，この骨の名は humerus（上腕骨）というので，無理のないだじゃれで humorous（こっけいな）となって，humorous bone となり，さらに funny-bone となるのである。語源のラテン語 humerus（肩）は，ギリシア語では omos（肩）で，ここから英語 omoplate（肩甲骨）や omosternum（肩鎖骨）などが派生した。前者の -plate の語源はギリシア語 plate（広い面：*blade*）で，英語 plateau（台地）と同語源である。〈humorous については complexion 参照〉

fur [fə́ːr] 毛皮，毛皮製品；毛皮をつける

これは，物の名が使用目的に由来する

ケースの一例である。fur は，古フランス語 forre, fuerre（さや，はこ）の直接の借入語で，起源はゲルマン語と考えられ，古高地ドイツ語 fuotar（さや）や古北欧語 fothr（裏張り，裏地）に対応する。初め，fur は衣服の裏張りを意味し，後にその裏張りに使う動物の毛皮を意味するようになった。ただし，furacious（泥棒のような，こそこそした），furbearing（値うちのある毛皮をもった動物の）の意味ではなく，ラテン語 furax, furac-（盗人の）を経て，furari（盗む）にさかのぼる言葉である。また，furious（ひどく立腹した，激しい）は「憤怒（*fury*）でいっぱいの」という意味で，ラテン語 furere（発狂している，荒れ狂っている）から派生した furia（狂乱，復讐の女神: Furia）が語源である。最初 fury は，狂気に近いような激しい心の動きを意味し，今日でもそれは生きている。ただし，比喩的には the *fury* of the gale（荒れ狂う嵐）のように用いる。

furbelow [fə́ːrbəlòu]《スカート・ペチコートの》凝ったひだ飾り，すそひだ

あの楽しくなつかしい新聞 *The Spectator*：『スペクテイター』は，「farthingale（ファージンゲール）は，安さ（farthing：ファージング銅貨《4分の1ペニー》）のため，またはすそひだ（*furbelow*）についている毛皮（fur）の温かさのために身につける」（No. 478, 1712年）ことに由来するとした語源学者たちを非難した。ふち飾りとひだ飾りよ！今はなき衣装たち！この気をそそる目立つひだ飾りの furbelow は，昔は falbala（ふち飾り）と言った。その語源は fal-lal-la（ファラッラ）のようなちょっと陽気な叫び声である。

一方，ひいおばあちゃんの farthingale（鯨骨のペチコート）には長い歴史がある。かつてはフランス語 vertugalle, vertugadin（ヴァルチュダン《婦人用スカートを円く張る輪》）からの借入語 vardingale であった。イタリア語は guardinfante（服装）フープ，輪骨）である。こうした語形から，これはフランス語 vertu gardien（美徳の番人：guardian of virtue）に由来するとの比喩的解釈が出された。そのスカートは堅くて大きく，腕を伸ばしても抱きつくことができないからである。フラー（Thomas Fuller, 1608-61）は *The History of the Worthies of England*：『イギリスの名士たちの伝記』（1662年）で，浮気な女性は恥を大きなペチコートで覆うとするもので，vardingale は vertu（美しさ）と gall（悩みの種）に由来するとの説を提案している。しかし実際は，verde（緑の小枝）から verdugo（棒，若い細枝）を経て派生したスペイン語 verdugado（スカートをふくらませるために着用した下着，フープ・ペチコート）から直接借入された言葉である。ペチコートにクジラの骨が使われるまでは，緑の弾力性のある小枝が最良の支えであった。

furious [fjúəriəs] ひどく立腹した，激しい，荒れ狂う
→ fur

furlong [fə́ːrlɔ(ː)ŋ] ファーロング，ハロン《長さの単位，約201m》

この術語は農業に由来し，long as a furrow（耕地の両畝の間の谷の長さ）が原義である。その長さはどれくらいなのか。答えは測地棒40本の長さである。この1本は，谷と谷の間の幅で，5.5ヤード（約5 m）である。この数字の由来は，法律に基づく1エーカーが，縦が測地棒40本，横が4本だったからである。つまり1エーカーの畑の一辺の長さが，ちょうど220ヤード，すなわち8分の1マイルだった。昔の農夫にとっては，測地棒を使う方が計算しやすかったのである。〈acre については saunter 参照〉

furlough [fə́ːrlou] 賜暇（き），休暇許可証；休暇を与える

賜暇が認められる（to be granted a *furlough*）のは兵卒であり，将校の場合は take a *leave*（休暇をとる）と言い，それらを注意深く区別する。しかし，両者は同じ言葉であり，furlough はかつて furloff で，オランダ語 ver lof（休暇で：for leave）から借入された。ちなみに，このオランダ語 lof は古英語では leaf（許可）であり，英語 by your *leave*（あなたの許しを得て，失礼ですが）にその用法が残っている。ただし，春の樹木の場合の leave（葉を出す）は，lef（木の葉：*leaf*）から中英語 leve を経て成立した言葉である。古英語 leaf（許可）は，lief（（古語）愛し

い）と同系語で、アングロサクソン語 lief, leof（親愛な）が語源である。この語はゲルマン諸語に共通に存在するもので、ゴート語では liufs である。それはまたラテン語 lubet（気に入る）、アングロサクソン語 lufu（愛——love〔愛、恋人〕の語源——）、サンスクリット語 lubh-（強く望む）と同根語である。ところで、人は自分が好きなものはそのまま受け入れるものである。古高地ドイツ語 gilouban はまさにその意味を表す言葉であり、同系語であるアングロサクソン語 geliefan から、中英語 bileven を経て、believe（信じる、思う）へと変化した。私たちは愛するものを信じるのである。なおラテン語 lubet の異形 libet（気に入る）から、libido, libidin-（強い欲望）が派生し、英語 libidinous（好色な、リビドーの）やフロイト的な libido（リビドー、性的衝動）が派生した。

一方、動詞 leave（去る、残す）は、古英語 laefan（置いて立ち去る、遺言で譲る：*leave* behind——belifan〔とどまる、残っている〕の原因動詞——）にさかのぼる。だが、*leave* something behind（何かを後に残す）と言う時は、「立ち去る」時である。それゆえこの動詞には二つの意味がある。将校の leave（休暇）が終わると、将校は「家族を置いて去って行き」（leave）、家族に財産を「残す」（leave）。かくして古くからの言い回し love 'em and leave 'em（愛しているからこそ別れるんだよ）が生まれるのである。

fuse [fjúːz] 融かす；ヒューズ；導火線をつける
　→ futile

fusel [fjúːzl] フーゼル油
　→ futile

fuselage [fjúːsəlàːʒ]《飛行機などの》胴体、機体
　→ futile

fusil [fjúːzl] 火打ち石銃
　→ futile

fustian [fʌ́stʃən] ファスチャン織、大げさな言い回し；大げさな
　→ bombast

futile [fjúːtl] むだな、つまらない
　"The mouth of fools poureth forth folly." （愚者の口からは愚劣なことしか流れ出てこない）。ベーコン（Francis Bacon, 1561-1626）は「第六エッセー」で "As for talkers and *futile* persons, they are commonly vain." （空論家と無能な者は、いずれも中身がない）と述べている。futile は初め「流れ出る」という意味だった。後に、最もよくおしゃべりをする人は最も価値のないことしか話さないという観察が重みを加えた。語源は、ラテン語 fundere, fudi, fus-（注ぐ、流れ出る）から派生した futilis（流出する）である。もっとも、ラテン語でさえ、futilis は「もれる、秘密などをもらしやすい、おしゃべりな」を意味するようになっていた。このことから、ふるいのように水漏れのする老朽船に乗って船出した船乗りは、その努力の空しい（futile）ことがわかるのである。また語幹 fud-, fus-（注ぐ）から派生したラテン語 fusilis（注ぐことができる、熱で溶けた）からは、fuse（溶かす、溶ける）、confuse（いっしょに注ぐ、混同する、困惑させる）、profuse（あふれるような、物惜しみしない——ラテン語 pro〔前へ〕と合成——）、infuse（注入する、吹き込む）、effusion（流出、ほとばしり）、diffuse（発散する——ラテン語 dis-, dif-〔分離して〕との合成——）、血液の transfusion（輸血、注射——ラテン語 trans〔横切って〕との合成——）などが派生した。

同じく語幹 fud-（注ぐ）から派生したラテン語 fundere（注ぐ）は foundry（鋳造、鋳造場）、confound（混同する、当惑させる）、refund（注ぎ戻す、返済する——これは空しい〔futile〕約束になりがちである——）の語源となる。ちなみに、find（見つける）の過去形 found は、古高地ドイツ語 finden, fand, funden（見つける：〔原義〕出くわす）にさかのぼる。

なお、found（設立する、基礎を築く：to lay *foundation*）は、fundus（土台）から派生したラテン語動詞 fundare, fundat-（土台を備える）が語源で、古フランス語 founder からの借入語である。ラテン語 fundus からは、その他 fundamental（基本的な；根本）、profound（深い、深みのある）、founder（底までいく、浸水して沈む）が派生した。

装填した火薬を爆発させるための「導火

線」を意味する fuse は，古形 fusee, fusel の短縮形で，後期ラテン語 focile（点火のための火打ち金）からラテン語 focus（炉床）にさかのぼる〈focus 参照〉。この fuse は最初，火打ち石銃（flint-lock gun）の火打ち金だった。当時 fusil（火打ち金）が銃そのものを指し，fuse（信管）は点火装置の意味で使われていたのである。ここから fusillade（一斉射撃）が派生した。なおこの fuse は，fusee, fuzee（円錐滑車）の影響を受けており，こちらは紡錘形のもの，例えば，「火打装置」から「耐風マッチ」や，時計の時間を正確に保つための「円錐形で螺旋状の溝のついた滑車」（円錐滑車）の意味が生まれた。ちなみに fusee, fuzee は，古フランス語 fusee（紡錘一巻き分の糸），後期ラテン語 fusare, fusat-（スピンドルを使う）を経て，ラテン語 fusus（紡錘）にさかのぼることができ，おそらくギリシア語 sphendone（投石機）や，spand（鼓動する）から派生したサンスクリット語 spandana（震動，鼓動）と同族語である。飛行機の紡錘形（葉巻形）の「機体」を意味する fuselage は，chauffeur（お抱え運転手）〈同項参照〉や garage（ガレージ）と同じくフランス語から直接借入された。fusel（フーゼル油）は，十分蒸留されていない酒から得られるもので，ドイツ語 fusel（粗悪な酒，安酒）が語源である。

fylfot [fílfɑt] 卍形

卍（gammadion）や逆さ卍（swastika, 卐）〈monk 参照〉を意味するこの語は，かつて，彩色ガラス窓の下の部分を満たすのに用いた模様に由来し，to *fill* the *foot* of a painted window の fill と foot の結合だった可能性がある。しかし file-foot（足並みをそろえた行進）や the foot *files* by（足並みをそろえて行進する）から派生したのではないかとも考えられる。例えば，ギリシア語の tri（3：three）と skelos（脚）とからなる triskele, triskelion（三脚ともえ紋）の語形成と同様である。

なお，file には語源が二つあるが，その一つはさらに英語に二重語をもたらしている。一つは古英語 feol（やすり）に由来し，他の物の表面を滑らかにする file（やすり）のことである。他の一つは，ラテン語 filum（糸）が同義のフランス語 fil になり，後に記録を順序よく綴じるための「ひも」，その後，「鉄の伝票刺し」の意味になり，そして *filing* cabinet（書類整理棚）のように使われた。ラテン語 filum（糸）はまた，フランス語 file（連続）を経て借入され，in single *file*（一列縦隊で）のように使われる。

ところで defile（汚す，冒瀆する）や foul（不潔な，不正な）は，古英語 fylon, fulian（汚れる――さらに古くは fulo――）が語源である。この defile を一列縦隊で，進まなければならない defile（狭い道，峡谷――ラテン語 de〔下へ〕＋ filum〔糸〕――）と混同してはならない。defile（物を汚す）は「踏みつけにする」という概念に結びついており，この意味を持つ中英語 defoilen から古フランス語 defouler にさかのぼることができる〈foil 参照〉。ただし，この「踏みつけにする」という意味と fylfot は無関係である。

G

gabble [gǽbl] 早口でしゃべりまくる, 騒々しく鳴き続ける；早口でのおしゃべり
→ gibberish

gadget [gǽdʒit] ちょっとした機械装置, 気のきいた小道具, 付属品
　この語はほぼ1世紀前には知られていたが（記録は1886年, 話し言葉はそれ以前）, 近年広く用いられるようになった。突然顕著に使われるようになった理由は不明で, 語源もよくわからない。gauge（尺度；正確に計る）の一つの異形であるスコットランド語 gadge か, フランス語 gachette（小さなカギ）が語源ではないかと考えられる。この2語は明らかに, さまざまな便利な装置を指す語として使われた。

gadolinium [gæ̀dəlíniəm] ガドリニウム
→ element

gaga [gáːgɑː] 愚かな, いかれた, 熱狂的な
　この語は新俗語のようだが, 古い言葉で, ノルウェー語 gagga は, 鳥が首をねじる時のように「後ろに曲げる」という意味である。アイスランド語 ga（行く：go）の反復語 gagr（後ろに曲がった）から派生した gaga は, 動き回り続けて（going about）コースから外れることを意味した可能性が高い。なお, 海事用語 yaw（進路よりそれる；船首揺れ）も同語源である。

gage [géidʒ] 質ぐさ, 挑戦；賭ける
→ mortgage

gain [géin] 得る, 増す；利益
→ again

gainly [géinli]《態度・動作などが》優美な, 上品な, 端正な
→ again

gainsay [gèinséi] 否定する, 反論する；反論
→ again

gait [géit] 足どり, 足並み；足並み訓練をする

→ runagate

gala [géilə] お祭り, にぎやかな催し物, 運動競技会
→ valentine

Galahad [gǽləhæ̀d] ガラハド《アーサー王伝説で最も高潔な円卓の騎士》, 高潔な人
→ sangrail

galaxy [gǽləksi] 星雲, 銀河系, きら星
→ delight

gallant [gǽlənt] 勇敢な；勇敢な人；言い寄る
→ valentine

gallery [gǽləri] 画廊, 柱廊, 天井桟敷
→ galligaskins

galley [gǽli] ガレー船, 軍船, 調理室
→ galligaskins

galligaskins [gæ̀ligǽskinz] ゆるい半ズボン
　galley（ガレー船, 軍船）と gallery（画廊, 柱廊, 桟敷）はからみ合っている。フランス語 galère（ガレー船）, イタリア語 galera（ガレー船）, イタリア語 galleria（ギャラリー, 柱廊）, 後期ラテン語 galeria（ギャラリー, 柱廊）はたがいに関係していると考えられる。これらの語源はギリシア語 kalon（木）の可能性が高い。なお, balcony（バルコニー, 桟敷）はゲルマン語起源で, イタリア語 balco（足場, 絞首台）の増大辞形 balcone から借入されたが, 古高地ドイツ語 balcho（はり材：balk）にさかのぼることができる。〈bulk 参照〉
　gallipot（陶製の小つぼ, 薬つぼ）は, ガレー船でイタリアから運ばれたことからついた名である。gaskins（《16-17世紀の》半ズボン）やその古形 gascoynes は「ガスコーニュ（Gascogne）風のズボン・タイツ」のことだった。ところが, このような半ズボンを大きなガレー船であるガレアス船（galleas）の乗組員やガレー船（gal-

ley) の船乗りがはいていたことから galligaskins として知られるようになったのである。

gallium [gǽliəm] ガリウム
→ element

gallon [gǽlən] ガロン《液量単位，乾量単位》，ガロン容器
→ quarter

gallop [gǽləp] ギャロップ，速い速度；ギャロップで駆ける

この語にまつわる話には，フォールスタッフ（Falstaff）がいまわの際にうわごとで言った"green fields"（緑なす野原）(*King Henry V*：『ヘンリー五世』II, iii) を思い出させるものがある。gallop は，古フランス語 galoper〔waloper〕から借入された walopen として中英語に現れる。語源は，wall（野原）と hopp（跳ぶ）とからなる古北欧語 wall-hopp（ギャロップ）ではないかとする考え方がある。この場合 wall は，アングロサクソン語 weald（森）より中英語 wald を経て成立した wold（森，野原，広い原野）と同系語であり，同じく hopp は英語 hop（ひょいと跳ぶ）の語源である。したがって，gallop の原義は「野原で跳躍すること (field-hopping)；跳ね回る」ということになる。動詞 gallop（ギャロップで駆ける）は名詞から派生した。

しかし，gallop は，その起源において，馬の蹄がたてる clop-clop（パカパカ）や glop-glop（ポックリポックリ）の音を模倣したものであるとも考えられる。また，中高地ドイツ語形 walop の存在は，語源の可能性として古フランク語 wala hlaupan（上手に跳ぶ）を考えさせるものがある。〈lobster 参照〉

gallows [gǽlouz] 絞首台，吊るし台，絞首刑

この語はゲルマン諸語に共通に見られるもので，中英語では galwes だった。また単数形でも用いられ，アングロサクソン語では gealga である。絞首台はフランスでも使用され，その用語は，フランス語 gibe（棒）の指小語 gibet（柄が十字に交差した棒，十字架）だった。棒の形状が意味の移転を促し，英語 gibbet（絞首台）が借入された。帆船の jib（ジブ，船首三角帆）は gibbet の短縮形で，マストの先から吊り下げられていたことからついた名である。もっとも，これはコースを変える時に揺れるので，gybe（【海事】コースを変える，ジャイブする）との関連を指摘する説もある。絞首台の吊り環（*gallows-pendant*）が風で動くように。

galore [gəlɔ́:r] たくさんの，豊富な

"Enough is as good as a feast"（満腹はご馳走も同様）はアイルランドの諺のような響きがある。アイルランド語 go leor（十分に，豊富に）を1語にすれば galore となる。

galvanize [gǽlvənàiz] 電気を通す，亜鉛メッキをする，衝撃を与える
→ Appendix VI

gamb [gǽm*b*] 【紋章】猛獣の脚
→ monk

gams [gǽmz]（俗語）《特に女性のすらりとした》脚，おみ足
→ monk

gambit [gǽmbit]【チェス】開戦の差し手，口火となる言葉，策略
→ monk

gamble [gǽmbl] 賭け事をする，賭ける；一か八かの冒険
→ monk

gambol [gǽmbl] 跳ね回ること，ふざけること；飛び回る
→ monk

game [géim] 遊び，試合；狩猟の
→ monk

gammadion [gəméidiàn] ギリシア文字 Γ（ガンマ）の組み合わせによる装飾的図形，卍（卐）
→ monk

かぎ十字（卍）や逆かぎ十字（卐）を gammadion と言う。ギリシア文字 Γ（ガンマ）を4回使ってできるからである。〈fylfot 参照〉

gammon [gǽmən]《後脚部・腹下部のベーコン用豚肉》ガモン，燻製ハム
→ monk

gamut [gǽmət]【音楽】ガンマウト，全音域，全音階，全領域

この語は，alphabet（アルファベット――ギリシア文字 α〔a〕+ β〔b〕――）のように，gam-(gamma) と ut の二つの記号からなっている。gamma（ガンマ，γ）は中世の音階の A 音（ラ）の下の G

音（ソ）を，ut は基音のC（ド）を表していた。元々gamut は今の低音部譜表の最下線のG音（ソ）を表していた。しかし，11世紀には全音階を表すようになり，その後，可能な音の全領域，また何であれ全範囲を表すようになった。音階の階名は，グイド・ダレッツォ（Guido d'Arezzo, 991?-1050?）が，次の賛美歌のアクセントのある音節から採ったと言われている。

Ut queant laxis *re*sonare fibris
*Mi*ra gestorum *fa*muli tuorum
*Sol*ve polluti *la*bii reatum,
*S*ancte *I*ohannes.
しもべらがあなたの奇跡の御業を
声高らかに歌うことができますよう
けがれた唇の罪咎を解き放ちたまえ
聖ヨハネよ

なお，1オクターブ上の音は第1音の繰り返しなので，ditto（同上，同前）の短縮形do が使われ，耳障りな ut（ウト）に取って代わった。かくしてド・レ・ミ・ファ・ソ・ラ・シ・ドが成立した。

gang [gǽŋ] 群れ，一団；集まる
　→ yacht
gangster [gǽŋstər] ギャング，やくざ，暴力団員
　gang（群れ，一団）は，「一緒に行く（*going* together）グループ」のことで，古英語 gangan（行く：*go*）にさかのぼる。初め「労働者の一団」，後に「《屋外労働のために》囚人の一団（chain *gang*：1本の鎖につながれた囚人たち）」，さらに「悪い目的のために集まる一団」に用いられるようになった。〈語尾 -ster については spinster 参照〉
gantlet [gǽntlət]《よろいの》籠手（ミ），長手袋，鞭打ちの刑
　→ subjugate
gaol [dʒéil] 刑務所，拘置；拘置する
　→ cabal
garble [gáːrbl] 取り違える，歪曲する；歪曲
　かつてこの語は単に「ふるいにかける」，特に「スパイスをふるい分ける」を意味していた。スペイン語 garbillo は「ふるい」であり，ラテン語 cernere, cret-（区別する，選り分ける）と同語源の後期ラテン語 cribrum（ふるい）の指小語 cribelum か

ら，アラビア語 ghirbal（ふるい），その派生語 gharbala（ふるいにかける）を経てスペイン語に借入されたと思われる。ちなみに，ラテン語 cernere, cret-（区別する，選り分ける）から英語 discern（見分ける，識別する——ラテン語 dis-〔分離した〕——）が派生した。また discrete（分離した，相互に区別された）と discreet（思慮のある，控え目な）は二重語である。discreet は意味が受身から能動へと変わり，「分かれた」ではなく「分離・区別することができる」だった。

　ゲルマン諸語に共通に見られる crib（箱，小屋）は，当初，動物にえさを与えるための「飼い葉桶」のことで，同根語ではないかと考えられ，元は「ふるい分けられた穀物を入れるところ」という意味であった。しかし，この crib が「ふるいにかけること」「部分を選ぶこと」から「自分の目的にかなう部分を選び出すこと」，そして「《口語》こそ泥をする，カンニングをする；盗用，無断使用」になったのは，その選別が恣意的で，公正でなく，代表的でもないものが選ばれることがしばしばあったことによる。

　また，中世の宗教劇で，羊飼が盗んだ子羊を幼子イエスの入れられていた飼い葉桶（Jesus' *crib*）に隠したことから，ここからも crib に「だます，盗む」の意味が派生した。また，トランプの「積み札に隠された札」の意から，クリベッジ（cribbage）ゲーム《2〜4人で行い，得点となる1組の番号札を取り合うゲーム》の名が生まれた。

　ラテン語 cernere, cret-（区別する，選り分ける）の同族語であるギリシア語 krinein（判断する）から派生した名詞 krisis（決定的瞬間）が英語 crisis（危機，重大局面）として借入され，さらに *critical* illness（危機の病，重病），*critical* remark（酷評），criticism（批評，非難）などが派生した。

　英語 crime（犯罪）は，ラテン語 cernere, cret-（区別する，選り分ける）が「判決を下す，評決を言い渡す」という意味に使われたことから派生した名詞 crimen（帰罪，とがめ）が語源である。また接頭辞 dis-（分離する）がついた discriminate（区別する，差別する）も派生

した。歪曲されて (garbled) いるものを識別する (discern) よう努めることは大切である。
　上記のギリシア語 krinein（ふるいにかける，分ける，裁判する）は，英語 *endocrine* glands（内分泌腺，内分泌物——ギリシア語 endon〔内部に〕——）の中にも隠れている。gland は，ラテン語 glans, gland-（ドングリ）の指小語 glandula（腺）から古フランス語 glandre を経て借入されたと考えられるが，英語 glanders（《馬の伝染病》鼻疽病）もこの古フランス語から借入された。*pituitary* gland（下垂体）は，ラテン語 pituita（粘液）からの借入である。また hormone（ホルモン）は，刺激を与えるその効果から名づけられたもので，ギリシア語 horman（せきたてる）の現在分詞の hormon から直接借入された。

gardenia [ɡɑːrdíːnjə] クチナシ，クチナシの花
→ Appendix VI

gargantuan [ɡɑːrɡǽntʃuən] 巨大な，ものすごい量の
　フランス・ルネッサンス期の代表的作家ラブレー（François Rabelais, 1484?-1553?）は *The Horrific Life of the Great Gargantua*：『第一之書ガルガンチュア物語』（1534年）を，*Pantagruel*：『第二之書パンタグリュエル』（1532年）より前に置くべきものとして書いた。ガルガンチュアの父の名 Grandgousier（グラングジェ）は「大きなのど」（great gullet）という意味である。Gargantua は，gargle（うがい薬，がらがら声）や gargoyle（ガーゴイル，奇怪な形の彫像）と同語源だと考えられる〈giggle 参照〉。ガルガンチュアは，元来フランス民話で人助けをする巨人のことだった。

gargle [ɡɑ́ːrɡl] うがいをする，がらがら声で言う；うがい薬
→ gorge, slang, giggle

gargoyle [ɡɑ́ːrɡɔil] 《ゴシック建築の屋根などに作った怪獣などの形をした雨水の落とし口》ガーゴイル，奇怪な形の彫像
→ giggle

garlic [ɡɑ́ːrlik] ニンニク〔の球根〕
→ onion

garnet [ɡɑ́ːrnit] ザクロ石，ガーネット，深紅色
→ pommel

garnish [ɡɑ́ːrniʃ] 装飾する，つまを添える；装飾
　初め「要塞を築く」あるいは「警告を与える」を意味したこの語は，古英語 warnian（他山の石とする，戒めとする：take *warning*）から古フランス語 warnir〔guarnir, garnir〕garniss- を経て借入されたもので，warn（警告する）は古英語 warnian から中英語 wernen を経て成立した。garnish は，その後「武装すること」の意味に用いられ，さらに，特に「手がこんで装飾的な甲冑」という意味に使われたことから「装う，飾る」の意味が派生した。garniture（装飾，付属品）は今でも気取った言葉である。
　「警告する」という意味での動詞 garnish は，貸し金の取り立てを「通告する」という意味に移転し，その取り立ての犠牲者が garnishee（《債権差し押さえ通知を受けた》第三債務者）だった。この garnishee は動詞になり，to *garnishee* one's salary（…の給料を差し押さえる）のように使われる。みなさんにそういうことがありませんように。

garret [ɡǽrət] 屋根裏，屋根裏部屋
　建物の監視塔は，しばしば最上階の単なる窓となった。garret はゲルマン語起源で，古高地ドイツ語 warjan（守る，監視する：to *guard*）〈warrior 参照〉から古フランス語動詞 guarir, warir（じっと見る，見張る），そして名詞 guerite（物見やぐら，監視塔）が派生し，その変化形 garite（物見やぐら，硝舎）を経て借入された。英語 garrison（守備隊；守備隊を置く）は同じ古高地ドイツ語 warjan（守る，監視する）から古フランス語 warison, guerison, garison を経て借入された。

garrison [ɡǽrisn] 守備隊，要塞；守備隊を置く
→ garret

garrulous [ɡǽrjələs] おしゃべりな，冗長な，サラサラ流れる
→ carouse

garter [ɡɑ́ːrtər] ガーター，ガーター勲章；靴下留めでとめる
　この語は元来「膝，すね」を意味し，gamb（【紋章】猛獣の脚：ham）〈同項参

照〉と同系語である。ケルト語系ウェールズ語 garan（すね）が，フランス語に借入されて指小語 jaret, garet（膝窩，膝の裏）が生じ，その膝の曲がるところにつける「バンド」が，古フランス語 jartier となり，英語に借入されて garter となった。

伝えられるところでは，1344年，イングランド王エドワード3世（Edward III, 在位1327-77）は，ソールズベリー伯爵夫人（Countess of Salisbury）とダンスをしていた時，伯爵夫人の靴下留め（garter）がはずれた。国王はそれを拾い上げ自分の足にはめて，Honi soit qui mal y pense (Shame upon who so thinks ill of this：これを悪く思う者は恥を知れ）と言い，英国ナイト爵位の最高位として the Order of the Garter（ガーター勲位）を設けたということになっている。〈apathy の項の Order of the Bath 参照〉

gas [gǽs] 気体，ガス，ガソリン；ガソリンを入れる

この語は，どこからともなく（out of thin air：希薄な空気から）造語された英語だけにある言葉のようだが，実はオランダ人化学者ヘルモント（Jan Baptista van Helmont, 1579-1644）の造語である。彼の念頭には，秩序（ギリシア語 kosmos〔秩序，装飾〕）が作り出される基にあった chaos（混沌——ギリシア語 khaos〔深淵〕——），すなわち「始原の空虚」があったと考えられる。〈police 参照〉

gasconade [gæskənéid] 自慢話，大ぼら；大ぼらを吹く
→ Appendix VI

gastric [gǽstrik] 胃の，胃部の
→ gastronomy, necromancy

gastronomy [gæstrʌ́nəmi] 美食術，料理学，料理法

ギリシア語 nomos〈number 参照〉は「秩序」や「法」を意味し，astronomy（天文学）は星の配列や法則を意味する〈disaster 参照〉。ギリシア語 aster（星）に g-をつけると，gaster, gastr-（腹，胴）になることから，astronomy に似せて gastronomy（美食学）が作られた。原義は「腹の法」である。この語は，フランス語では gastronomie で，1801年にベルシュー（Joseph Berchoux, 1765-1839）が最初に自分の詩の題 "La gastronomie"：

「ガストロノミー」として用いた。だが，これよりはるかに古い語に *gastric* fever（胃熱，腸熱，腸チフス）や「大食，暴食」を意味する英語 gastrimargy（暴飲暴食：〔原義〕腹の狂気——ギリシア語 margos〔荒れ狂った〕——）がある。ラブレー（François Rabelais, 1484?-1553?）は，gastrolaters（大食礼賛者——モットゥー〔Peter Anthony Motteux, 1663-1718〕の訳語〔1694年〕——）について述べている。〈necromancy 参照〉

gastrocnemius（腓腹筋）は，脚の腹，つまり，ふくらはぎの大きな筋肉の学術用語で，ギリシア語 gastr- と kneme（脛，脚）からなる言葉である。ちなみに，knee（膝）はギリシア語 kneme と無関係で，アングロサクソン語 cneow（膝）が語源であり，その動詞 cneolian は kneel（ひざまずく）の語源である。この同族語に，ギリシア語 gony（角，膝），サンスクリット語 janu（膝），ラテン語 genu（膝——genuflection〔ひざまずくこと，追従〕の語源——）がある〈accent 参照〉。しかし，ラテン語 genu（膝）とよく似た綴りの gnu（ヌー：南アフリカ原産の大カモシカ）はカフィル語 qnu が語源である。

gate [géit] 門，門戸，ゲート
→ runagate

gauche [góuʃ] いたらない，未熟な，気がきかない
→ dexterity

gaudeamus [gàudiá:mus] お祭り騒ぎ，酒盛り
→ young

gaudy [gɔ́:di] 派手な，けばけばしい，飾りすぎた
→ young

gauntlet [gɔ́:ntlət] 籠手（ﾞ），長手袋，鞭打ちの刑
→ subjugate

gauss [gáus]【電気】ガウス
→ Appendix VI

degauss（船体・テレビ受像機などを消磁する）は，特に第二次世界大戦時には「磁気機雷を防ぐための装置を船に装備する」ことだった。

gauze [gɔ́:z] 紗，ガーゼ，金網
→ cloth

gavotte [gəvát] ガボット《18世紀にフラ

ンスで流行した4拍子の快活なダンス》，その舞曲
→ Appendix VI

gawk [gɔ́:k] ぽけっと見る；気のきかない人，間抜け
→ dexterity

ばかみたいに「見つめる」ことを意味する gawk は，古英語 géac（カッコウ）にさかのぼる gowk（《スコットランド語》ばか）が転訛した言葉で，カッコウはばかな鳥と思われていた。

gawky [gɔ́:ki] ぎこちない，不格好な，はにかみやの
→ dexterity

gay [géi] 同性愛の，陽気な，はでな
→ yacht

gazabo [gəzéibou] 男，やつ
→ gazebo

gaze [géiz] じっと見つめる，凝視する；注視
→ gazebo

gazebo [gəzéibou] 見晴らし台，やつ，野郎

英国18世紀の屋敷の gazebo（物見やぐら）は，gaze（じっと見つめる）から造った偽ラテン語で「私は見る」が原義であると解釈された。gaze はゲルマン諸語に共通に見られる言葉で，スウェーデン語では gasa（大きく口を開ける，ぽかんとして見る）である。米国俗語 gazabo（男）はメキシコ語 gazapo（抜け目のない男，気取り屋）に由来する可能性が高い。

gazette [gəzét] 新聞，定期刊行物；官報に掲載する

使える硬貨を民衆が初めて手にし始めたころ，まるで空を歩いているような感じがしたに違いない。彼らはその硬貨に鳥の名をつけた。例えば，eagle（ワシ；米国旧10ドル金貨）や raven（大ガラス——ドイツ語 Rabe——，大ガラス紋章のついたドイツ貨幣）〈rap 参照〉などがあり，イタリアの少額硬貨は，gazetta（カササギ）という。新聞が初めて印刷された時，1ガゼッタ（gazetta：16世紀ヴェネスの品質の悪い硬貨）で読めたようで，その語は「新聞」という意味に移転した。今は，*N. Y. Police Gazette*（「ニューヨーク警察新聞」）にその名が残っている。ディケンズ（Charles Dickens, 1812-70）は，半ペニー硬貨を magpie（カササギ）と言っている《*Bleak House*：『荒涼館』（1852年），第23章》が，18-19世紀の俗語では mag と呼ばれた。

gelatin, gelatine [dʒélətn] ゼラチン，ゼリー製品，爆発性ゼラチン
→ aspic

gem [dʒém] 宝石，逸品；宝石で飾る

この語は，ラテン語 gemma（つぼみ）が語源であるが，宝石を見ると，この語が，見た印象を表す言葉であったことがわかる。元の「つぼみ」の意味は植物学で，gemma（無性生殖体，芽），gemmation（発芽，無性芽繁殖），gemmiferous（無性芽を生じる——ラテン語 ferre〔生じる，生む〕——）などに残っている。

general [dʒénərəl] 全体的な，一般的な；大将
→ racy

generous [dʒénərəs] 気前のよい，豊富な，豊かな
→ racy

genius [dʒí:njəs] 才能，天才，特質
→ racy

genteel [dʒentí:l] 気取った，上品ぶった，上流階級の
→ racy

gentile [dʒéntail] 非ユダヤ人〔の〕，キリスト教徒〔の〕，異教徒〔の〕
→ racy

gentle [dʒéntl] 優しい，穏やかな；なだめる
→ racy

genuflection [dʒènjəflékʃən] 片膝をつくこと，ひざまずくこと，卑屈な態度
→ gastronomy

genus [dʒí:nəs] 属，部類，類
→ racy

geography [dʒiágrəfi] 地理学，地理，土地の様子
→ sarcophagus, absurd, algebra

geometry [dʒiámətri] 幾何学，幾何学書，幾何学様式
→ sarcophagus, absurd, algebra

geophagy [dʒiáfədʒi] 土を食べる習慣
→ sarcophagus, absurd, algebra

georgette [dʒɔ:rdʒét] ジョーゼット《薄地の絹またはレーヨンのクレープ》
→ cloth

Georgia [dʒɔ́:rdʒə] ジョージア
→ States

geranium [dʒəréiniəm] ゼラニウム，テンジクアオイ，鮮赤色
→ flower

germanium [dʒərméiniəm] ゲルマニウム
→ element

gerrymander [dʒérimændər] 自党に有利なように勝手に改変する；ゲリマンダー《勝手な選挙区改変》，その選挙区

選挙に勝つ方法の一つは，自分の党が住民の大多数を支持者にできるように，選挙区の境界を取り決めることである。この策略を合衆国マサチューセッツ州の州知事ゲリー（Elbridge Gerry, 1744-1814）が1812年ごろにまんまとやり遂げ，この方法は今も活用されている。地図上では一つの選挙区がひどく曲がりくねって，伝説の salamander（火とかげ）のように見えたことから gerrymander という的を射た言葉が造られた。

Gestapo [gəstɑ́:pou] ゲシュタポ《ナチスドイツの秘密国家警察》

ドイツ語 Geheime Staatspolizei (Secret State Police：秘密国家警察) の短縮形。〈Dora 参照〉

gesture [dʒéstʃər] 身振り，意思表示；身振りをする
→ joke

ghastly [gǽstli] 青ざめた，身の毛のよだつほど恐ろしい，ぞっとする
→ ghost

ghost [góust] 幽霊，影；幽霊のように歩き回る

かつてこの語は人の「霊」の意味で用いられた。今も give up the *ghost*（死ぬ，やる気をなくす）にこの用法が残っている。霊魂が肉体を離れると，影のような幽霊・亡霊の姿（*ghostly* form）を取って，現世にやり残したことがあれば戻ってきた。その時流水を渡らないとか，12時ちょうどに去るとか，その他幽霊に定められたもろもろの掟があった。

幽霊が危険なものと一般に思われていることが語源からわかる。古英語 gast, gaest（息，霊，魂，命）は，原始ゲルマン語 gaistjan（引き裂く，恐怖でいっぱいにする）の語幹にさかのぼることができ，恐怖でいっぱいにするものを表現するのに形容詞 ghastly（身の毛がよだつほど恐ろしい，ぞっとする）を使う。だが，幽霊に似て（in *ghostly* wise），haunt（幽霊が出る，出没する）の語源は闇の中に隠れている。なお，ghost の -h- は最初の印刷業者カクストン（William Caxton, 1422?-91?）が加えたのだが，この綴りは1600年ごろまで固定しなかった。この -h- は「グイとつかむ」という意味を持つ語根から派生したアラビア語 ghul を経て借入された ghoul（墓を暴き死肉を食う悪霊，墓場荒らし）があり，この語の影響も考えられる。

ghoul [gú:l] 墓を暴き死肉を食う悪霊，墓場荒らし，残虐趣味の人
→ ghost

giant [dʒáiənt] 巨人，才能・知力などを備えた人；巨大な

ギリシア神話の大地の女神ガイア（Gaea）と天の神ウラノス（Uranus）〈uranium 参照〉には，ギリシア語で gigantes（ギガンテス——単数形 gigas〔ギガース〕——）と呼ばれる息子たちがいた。彼らは，オリュンポス山で地位を固めたゼウス（Zeus——ローマ神話名 Jupiter〔ユピテル〕——）を中心とする神々と戦ったが，最後には倒された。

巨人アンタイオス（*giant* Antaeus）は，母である大地から絶えず力を得ていた。そのアンタイオスを倒すために，ヘラクレス（Hercules）は彼を大地から引き離して空中に持ち上げておかねばならなかった。one with *Antaean*〔*Antean*〕power（巨大な力，大力を持つ者）はこの神話に由来する表現である。その戦いの後，巨人たち（giants）はさまざまな罰を受けた。〈atlas 参照〉

ギリシア語 gigas, gigant- からラテン語を経て英語 gigantic（巨人のような，巨大な）が派生したが，さらに古フランス語 gaiant, geant を経て短縮された語が giant（巨人）である。聖書はこのギリシア・ローマ神話の言葉をラテン語で借用し，「非常に大きな身体と強い力を持つ人間」という意味に使った。これが広く使われるようになって，民話 *Jack the Giant Killer*：『巨人退治のジャック』《英国コーンウォール地方の伝説》のタイトルと

もなり，今日ではその他の地方でも用いられている。

gibberish [dʒíbəriʃ] 早口で訳のわからないおしゃべり，理解できないチンプンカンプンの言葉

　この語は，動詞 gibber（訳のわからないことを早口にしゃべる）よりも古く，たわごとのような響きのある擬音語的な言葉であるが，8世紀のアラビア人錬金術師ジャーベル（Abu Musa Jabir Ibn Hayyan Geber, 721?-815）の名も影響している。彼は悪魔と取り引きをした罪による死刑を避けるために，あきらかにナンセンスな論文を書いた。同じような気持ちを表す一般的な擬音語に，jabber（早口にぺちゃくちゃしゃべる；早口のおしゃべり），gabble（早口でしゃべりまくる；早口でのおしゃべり），giggle（クスクス笑い；クスクス笑う）がある。

Gibraltar [dʒibrɔ́:ltər] ジブラルタル，ジブラルタル海峡，難攻不落の地

　地中海への入口のこの突出部の地名は，711年にこの地に上陸し，スペインを征服したアラビア人武将タリク（Tariq ibn Ziyad, 720年没）の名に由来するものである。Jabalu't Tariq（タリクの山）から Jibal Tariq となり，さらに Gibraltar となった。語尾 -ar は，今日では英語的に [ər] と発音される。イタリア語 Gibilterra（ジブラルタル）の -terra はラテン語 terra（陸，土地）が語源である。

gibus [dʒáibəs] オペラハット《折りたたみ式シルクハット》
　→ Appendix VI

giddy [gídi] 目まいを起こさせるような；目まいがする
　→ enthusiasm

giggle [gígl] クスクス笑い；クスクス笑う
　→ gibberish

　gargle（うがいをする，がらがら声で言う）や gurgle（ゴボゴボ〔ドクドク〕流れる）は言うまでもなく，gaggle（ガアガア鳴く；ガアガア鳴く声）も古い擬音語である。英語 gargle と同じ意味のフランス語 gargouiller は，ラテン語 gurgulio（咽喉，気管）が語源である。英語 gargoyle（ガーゴイル，怪物像，醜い顔の人）は，うがいをする時の音とゆがんだ顔つきに由来する言葉で，ゴシック建築のガーゴイルの口は，雨水を屋根から落とす吐き出し口として用いられた。

Gilbertian [gilbə́:rtiən] ギルバート喜劇風の，こっけいな，とんちんかんの
　→ Appendix VI

gin [dʒín] ジン《穀物・麦芽を原料とし杜松(ねず)で香りをつけた無色透明の蒸留酒》
　→ drink

ginger [dʒíndʒər] ショウガ，元気；ショウガで味付けをする

　この語はその根の形に由来し，語源はアングロサクソン語 gingiber（ショウガ）である。そして同語はギリシア語 zingiberis からサンスクリット語 srngavera（雄鹿の枝角形の物）にさかのぼることができる。

　gingerly（非常に慎重な；極めて用心深く）は別の言葉で，婦人の足どりに由来し，語源は古フランス語 gent（優美な）の比較級 gensour で，ラテン語 gens（種族，氏族）の派生語 genitus（貴族の家柄；名門に生まれた）にさかのぼる。〈racy 参照〉

gipsy [dʒípsi] ジプシー，ジプシー語；ジプシー風に暮らす
　→ gyp

girl [gə́:rl] 女の子，女性，恋人

　この語についてはいろいろな推測がなりたつ。*Brewer's Dictionary of Phrase and Fable*：『ブルーワー英語故事成語大辞典』(1870年) の編纂者ブルーワー（Ebenezer Cobham Brewer, 1810-97）は選択肢をいくつか挙げていて，そのリストにラテン語 garrire（しゃべる）の派生語 garrula（おしゃべりな人）がある。なかなか的を射た説である。また，ラテン語 gerula（乳母）が語源であるとか，アングロサクソン語 ceorl（最下層の自由民：churl）が語源であるとする説もある。ブルーワー自身は，乙女が締め，結婚の時に解く girdle（ガードル，帯）ではないかと考えている。さらに，ぶしつけにも，gull（だまされやすい人，間抜け）が語源とする説もある。少なくとも指小語であり，ギリシア語 koure（少女，小娘）の指小語か，アングロサクソン語 deorling が語源の darling（最愛の人，かわいらしい人）の転訛語の可能性もある。まことに少年にとって少女を推測する種はつきないもので

ある。

glabrous [gléibrəs] 無毛の
→ glad

glacier [gléiʃər] 氷河
→ graze

glad [glǽd] うれしく思う，喜んでいる，うれしそうな

　ラテン語 glaber, glabr- の意味は「滑らかな」である。この語から派生した glabrous は「毛がない」という意味で「滑らか」である。この指小語 glabella（【解剖学】グラベラ）は両まゆ毛の間の「眉間」である。同ラテン語 glaber, glabr- の同族語の古高地ドイツ語 glat（滑らかな）は，glad（輝いた，光った）として古英語になった。はげ頭を見てもわかるように，滑らかなものはよく光るものである。そして，この意味が次第に前者の意味「滑らかな」に取って代わり，比喩的に用いられて「輝くような性質の人，性格の明るい人」，そして今日の意味「うれしい」（glad）へと変化した。Peace Mission Movement（平和伝道運動《1910年代に設立》）を指導した米国の黒人宗教指導者ファーザー・ディヴァイン（Father Divine, 1877–1965：本名 George Baker）が弁舌を中断して，事態の一般的状態を指してタイミングよく"Aren't you *glad*!"（うれしくないか）と，叫ぶ時のように。

gladiator [glǽdièitər] 剣闘士，論争者，プロボクサー
→ flower

gladiolus [glædióuləs] グラジオラス，胸骨体
→ flower

gladstone (bag) [glǽdstòun (bæg)] 旅行かばん
→ Appendix VI

glamour [glǽmər] うっとりとさせる魅力，魔法；魅了する

　この語の綴りは，l'amour（愛人，情事）との関連でいつも -u- がつくが，近ごろの魅惑的な女性（*glamour* girl）は，効き目の強い「魔法」を用いる。それは当然なことである。それがまさしくこの語の意味なのだから。しかし，2番目の文字が変わり grammar（文法——ギリシア語 grammatike〔文法〕が語源——）になる，子供たちは学校でいやいや勉強することになる。ギリシア語 gramma（文字）は，中世には gramarye（魔法の技，魔術）と関係づけられた。ちなみにギリシア語動詞 graphein（書く）の語根 gra- から名詞 gramma（文字）が派生したが，telegram と telegraph はどちらも「電信，電報」の意味である〈focus 参照〉。そして古い英語 gramarye の異化によって glamour（魅惑的な）が派生したが，grammar（文法）は退屈な散文的領域を出ることができなかった。前者があれば，後者はほとんど必要ない。

gland [glǽnd] 腺
→ garble

glass [glǽs] ガラス，グラス；ガラスをはめる
→ electricity

glaze [gléiz] ガラスをはめる；光沢のある表面，うわ薬
→ electricity

gloaming [glóumiŋ] 薄明かり，たそがれ，薄暮
→ globe

globe [glóub] 球，地球；球状になる

　ラテン語 globus の意味は「球」で，ラテン語 glomus は「糸毬，ボール」だった。この2語は共に英語に借入されて globe（球，球体），glome（球，糸口）になり，指小語 globule（小球体，小滴），glomerule（【植物学】団散花序，【解剖学】糸球体）が派生した。しかし，後者 glomerule は，科学的な複合語としてのみ用いられる。例外は conglomeration（固まり，寄せ集め）のような合成語で，この語には，一緒に丸められて密着した固まりという感じがある。*conglomerate* gland（結合腺，細葉状腺）は，薄膜の中にできたいくつかの球状腺（*conglobate* gland）からなっている。

　一方 globigerinae（グロビゲリナ）は，その太古の骨の組織が英国の白亜の絶壁を形成した小生物のことである。英国の生物学者ハクスリー（Thomas Henry Huxley, 1825–95）〈agnostic 参照〉は，その有名な講義「白亜について」（'On a Piece of Chalk', 1868年）で白亜はその小生物が主成分であるとした。これは，いわゆる terrestrial *globe*（地球）というこの大いなる丸い球の微小動物であるが，重要な成

分であるということである。
　ところで glome（球，糸口）の同音異語 gloam（薄暗くなる，たそがれる）は gleam（光る）と類義の言葉である。これら gloam と gleam は同語源で，アングロサクソン語 glom（朝の薄明かり）と glaem（明るさ）にさかのぼる。アングロサクソン語 glomung（薄明，薄暮）より gloaming（薄明かり，たそがれ）が生じたが，この語はアングロサクソン語 glowan（石炭の火のように光る）から変化した glow（ほてる，輝く）と同語源である。
　なお, gloom（陰気になる）は glum（むっつりする，ふさぐ）の異形であり，今日のように形容詞「憂うつな」や名詞「憂うつ」として用いられる前はどちらも動詞だった。よく似た綴りの形容詞 glumpy は grumpy（機嫌の悪い，気難しい）の古形である。語源は, grumble（不平を言う，ゴロゴロ鳴る），grunt（ブウブウ言う，ブウブウ鳴く）や，間投詞の humph（ふん，ふふん），hrrmp（ふん，えへん）と同じく擬音語だった。
　globe（世界）を扱うにはあらゆることが必要となる。

globigerinae [gloubìdʒəráini:] グロビゲリナ《タウマキガイ科グロビゲリナ属》
　→ globe
globule [glábju:l] 小球体, 小滴, 血球
　→ globe
glome [glám] 糸球
　→ globe
gloom [glú:m] 薄暗がり, 陰気；暗くなる
　→ globe
glossary [glásəri] 用語解説, 語彙集
　中高地ドイツ語 glos（輝き，光沢）は，英語 glare（ギラギラする光；まぶしく輝く）や glass（ガラス，グラス）〈electricity 参照〉と同系語で, gloss（光沢）や *gloss* over（うわべを飾る）の語源である。しかし，ギリシア語 glossa（舌）〈laugh 参照〉は，「言葉，言語」の意味で使われるようになった。a *gloss* to a text は「テキストの注釈，説明」で, glossary（用語解説, 語彙集）はこのギリシア語にさかのぼる。
glow [glóu] 白熱；白熱して輝く, 光を放つ

　→ globe
glucose [glú:kous] ブドウ糖
　→ clam
glue [glú:] 接着剤, にかわ；接着剤でつける
　→ clam
glum [glám] つまらなさそうな, 憂うつな
　→ globe
glut [glát] 満腹させる, あきあきさせる；十分な供給
　→ laugh
glutton [glátn] 大食漢, 熱中する人, クズリ
　→ laugh
glycerine [glísərin] グリセリン
　→ clam
glycero- [glísərou-] グリセロールの
　→ clam
glyco- [gláiko(u)-] glycerin（グリセリン），glycerol（グリセロール），glycogen（グリコーゲン）などの連結形
　→ clam
glycol [gláikɔ:l]【化学】グリコール
　→ clam
gnarled [ná:rld] ふしくれだった, ねじれた, ごつごつした
　→ knick-knack
gnash [nǽʃ] 歯ぎしりする, かむ；歯ぎしり
　→ knick-knack
gnaw [nɔ́:] かじる, かじってつくる；かじること
　→ pylorus, knick-knack
gnu [nú:] ヌー《南アフリカ産の大カモシカ》
　→ gastronomy
go [góu] 行く, 動く；進行
　→ yacht
Gobelin [gábəlin] ゴブラン織り
　→ Appendix VI
goblin [gáblin] 小人, 小妖精, 幽霊
　→ incinerator
God [gád] 神, 至高の存在
　→ goodbye
　なお中英語では, God ではなく god だった。
God's acre [gádz éikər] 教会の墓地
　→ acre
goffer [gáfər] ひだをつける, 飾り模様

を押す；ひだ
→ gopher

go-getter [góugètər] やり手
→ whippersnapper

goiter, goitre [gɔ́itər] 甲状腺腫
→ gorge

golf [gálf] ゴルフ；ゴルフをする
　このゲームはオランダの球戯より古いが，この語は，オランダ語 kolf（棒：club）〈clam 参照〉から借入されたとする説がある。ラテン語 globus（球，塊—— globe〔球；球状になる〕〈同項参照〉——）から，ゴルフクラブのヘッドにちなんで名づけられたとも考えられる。

gold [góuld] 金，金製品，金色
→ element

gongorism [gáŋgərìzm] 手の込んだバロック風文体
→ Appendix VI

good [gúd] よい；役に立つこと；上手に
→ goodbye, beauty

goodbye [gùdbái] さようなら，別れのあいさつ，いとまごい
　この語は God be with you（神が共にありますように）の短縮形で，中間の段階の God buy you（神が救ってくださいますように，ではごきげんよう）は，シェイクスピア（Shakespeare）の *Twelfth Night*：『十二夜』（IV, ii）に現れる。
　宗教的な言葉はしばしば，あまり神聖でないものへと変化する。例えば，By our Lady（聖母マリアにかけて）から，ののしり言葉の bloody（ちくしょう）が生じた。
　gospel（福音；福音の）については，これと逆に good（よい）と spell（話）から神聖化が起こったとも考えられるが，アングロサクソン語 god（神：God）と spell（言葉，話）からの直接の語源である可能性の方が高い。spell は，魔法の「呪文」（spell）と正書法の「綴り」（spelling）の両方の語源である。god と good は共に古い言葉だが，それぞれ語源的には無関係のゲルマン語である。god（神——ゴート語 guth——）は，前原始ゲルマン語 ghuto-（懇願する）に由来する ghut-（神）を経て分出したものと考えられる。神（god）に私たちは祈り，懇願するのだから。

goof [gú:f] 間抜け；へまをする，台なしにする
→ yokel

googol [gú:gɑl] グーゴル《1 の後に 0 を 100個つけて得られる数，すなわち10の100乗》
　カスナー（Edward Kasner, 1878-1955）とニューマン（James Newman, 1907-66）の *Mathematics and the Imagination*：『数学と想像力』（1940年）によれば，この語はカスナー博士の9歳の甥の造語で，非常に大きな数を表す語を造るように頼まれて造ったものである。それは，1 の後に 0 を100個つけて得られる数，すなわち，10の100乗のことである。その本の脚注の説明では，グーゴルはおおよそロシア人作家の名ゴーゴリー（Nikolaj Vasil'jevich Gogol', 1809-52）とは関係なく，coo（楽しく滑らかな音）と ooh（楽しい驚きを表す音）との擬音語と，子供がとてもほしがる goo（甘くべとつく飴）とからなるもので，漫画の *Barney Google*：『バーニー・グーグル』（デベック〔Billy DeBeck, 1890-1942〕作，1919年初出）の主人公 Barney *Google* の名に似せて，その子が造ったというのがもっともらしい。
　また，その子は googolplex（グーゴルプレックス）も造ったらしい。それは，1 の後にグーゴル個の 0 がついた10の10乗の100乗のことである。この数は非常に大きいので，「たとえ，すべての星雲をめぐり最果ての星まで行って，その途上に1インチごとに0を置いても，この数を記す空間は十分ないだろう」とカスナーとニューマン両博士は書いている。しかし，この数も有限の数なので，単なる7が無限大でないのと同じように，決して無限大には達しない。ちなみに，チェス1試合でコマを動かす可能性の全体が，10の10乗の50乗である。また，全宇宙は空虚な空間がなく，陽子と電子で満ちているが，それでも10の110乗個しか入らない。無限大の（infinite）〈同項参照〉数に達するには，別世界に旅しなければならない。グーゴルは数学でまじめに用いられている。〈myriad 参照〉

gooseberry [gú:sbèri] グズベリー，セイヨウスグリ
→ yellow

gopher [góufər] イトスギの木，【動物】ジネズミ

「イトスギの木」の gopher は，*Genesis*:『創世記』(6:14) に書かれたヘブライ語 gopher が語源で，ノアの箱船を造った木，おそらくイトスギかマツのことである。

「ジネズミ」の gopher は，フランス語 gaufre（ミツバチの巣）から借入され，ジネズミが掘っていく穴のパターンに由来する。同フランス語は，ハチの巣状の型を押した薄いお菓子の gaufre（ゴーフル）としても使われ，さらに，ドレスにつけるひだのデザインと関係して，英語 goffer（ひだ；ひだをつける，フリルをつける）が派生した。フランス語 gaufre の北部方言 waufre [wafre] から，英語 wafer（ウェハース）が，また中低地ドイツ語 wafel やオランダ語 waefel から英語 waffle（ワッフル）がそれぞれ派生した。このお菓子にはメープルシロップをかけて食べるとよい。

Gordian (knot) [gɔ́ːrdiən (nɑ́t)] ゴルディオス王の結んだ結び目，複雑な問題
→ knot

gorge [gɔ́ːrdʒ] 峡谷，胃；腹いっぱいに詰め込む

gargle（うがいをする；うがい）と gurgle（ゴボゴボ流れるのどを鳴らす音）は擬音語で，似た語が他言語にもある。例えば，フランス語には gargouiller（ゴボゴボ音をたてる，ゴロゴロと鳴る）があり，フランス・ルネッサンス期の作家ラブレー（François Rabelais, 1494?-1553?）が創り出した大食漢の巨人王の名 Gargantua（ガルガンチュア）は，古フランス語 gargate（のど）から連想した可能性が高い。〈gargantuan 参照〉

後期ラテン語 gorga（のど）はラテン語 gargulio（気管）から変化したものであるが，「咽喉」を表す語として古典ラテン語 guttur があり，これが guttural（のどの；喉音）の語源である。後期ラテン語 gorga（のど）はまた首全体を表す言葉としても用いられ，古フランス語 gorge を経て英語 gorge（のど，食道）となった。この英語は，初め首に用いられたが，後には「首の形状のもの」に用いられ，「峡谷」の意味を生じ，さらに，「のどに詰め込む」「食物を詰め込む，腹いっぱい詰め込む」(to *gorge* oneself) となった。gorge の指小語に gorgelet（のどの斑色），gorgeret（砕石術用有溝導子），gorget（のどの斑点，頚甲）などがある。最初の2語は医学用語で，最後の語は動物学用語や軍隊用語として用いられる。また，古フランス語 gorgias（首当て）はふつう豪華なもので，その名残りが，形容詞 gorgeous（豪華な，華美な）に残っている。

後期ラテン語 gutturiosum は文字通りには「首いっぱい」という意味で，明らかに，のどの隆起やこぶに由来する言葉であり，これが goitre, goiter（甲状腺腫）の語源である。

gorgeous [gɔ́ːrdʒəs] 豪華な，華美な，見事な
→ gorge

gorgon [gɔ́ːrɡən] ゴルゴーン，恐ろしい女
→ demon

gospel [gɑ́spl] 福音，福音書；福音の
→ goodbye

gossamer [gɑ́səmər] 子グモの巣，軽く繊細なもの；クモの糸のような

晩秋の好天気の期間を指す Indian Summer（小春日和）は，英国では goose summer（ガチョウの夏）と言い，中英語では gossomer と言った。それは，太らせたガチョウを食べる季節だった。その時季はまた，天気がよく心地よい朝などには繊細なクモの巣がキラキラと光ることがあった。ドイツ語 Sommer（夏）は，summer-film（夏のクモの細い糸）の意味にも用いられる。さらに gossamer は「非常に薄く繊細なもの」という意味に用いられるようになったが，かつて語源は God-summer だと推測された〈goodbye 参照〉。また，God's seam（神の縫い目，糸）だとする説もあった。伝説によれば，この薄膜のようなものは，聖母マリアが昇天する時に，地上までたなびいた経帷子のほつれた糸のことだった。さらに，ラテン語 gossipium, gossipin-（綿）についての言及もある。gossamer の糸をほどくのはこれぐらいにしておこう。

gossip [gɑ́səp] うわさ話，うわさ話の好きな人；うわさ話をする

年寄りはおしゃべり好きなものである。

gossipは元来Godsipで，アングロサクソン語God（神）とsibb（関係，家族）からなり，「神によって関係を持つ」が原義で，godmother（名付け親，代母）やgodfather（名付け親，代父）も同じく「神による父親・母親」という意味だった。sib, sibb（血縁の）と指小辞-lingからなるsiblings（兄弟）は，社会学用語で「同じ親から生まれた子供」という意味に使われるようになった。-lingがついた語には，他にdarling（最愛の人；最愛の）やduckling（子ガモ，カモの肉）などがある。

さて，gossipは，よき昔のことを話したり，近所の悪い若者のことを辛辣に話したりする「おしゃべりな人」であることが多いことから，「おしゃべり」そのものにも用いられようになった。同様の変化は他言語でも起こった。例えば，gossipに当たるスコットランド語cummer（ゴシップ）は，フランス語commère（代母，名付け親）から借入された。英語compeer（仲間，同輩）は，フランス語com（共に）とpair（一対——ラテン語par〔等しい，同等の：on a *par*〕が語源——）とからなり，フランス語compère（代父，名付け親）の影響を受けた。まことに，年寄りはおしゃべりが好きである。

gothite [góuθàit] 針鉄鉱
→ Appendix VI

gout [gáut] 痛風，血の滴り
→ drip

govern [gʌ́vərn] 治める，管理する，左右する

国の支配を船の舵取りにたとえる比喩は古くからある。governは，ギリシア語kybernan（舵をとる）からラテン語gubernare, gubernat-（舵をとる——gubernatorial〔州知事の，総督の〕の語源——），フランス語gouverner（統治する）を経て借入された。しかし，もう一歩さかのぼればその比喩は陸に戻る。例えば，サンスクリット語kubaraの意味は「車の轅（ながえ）」である。その太古の流れの中に，リンカーン（Abraham Lincoln, 1809-65）が現状維持について，馬を取り替えないという比喩を用いた"it was not best to swap horses in mid-stream"（流れを渡っている時に途中で馬を取り替えないことが

最善である）という1864年6月9日の演説がある。

grade [gréid] 等級，学年；等級に分ける
→ issue

gradual [grǽdʒuəl] 徐々の，ゆるやかな；昇階
→ issue

graduated [grǽdʒuèitid] 目盛りをした，等級別にした，累進的な
→ issue

graffito [grəfíːtou]【考古学】掻き文字〔絵〕，落書き

壁に引っ掻いて書いた字や絵は，しばしば社会的迷惑行為になることがあるが，ときにその落書きが士気を高める要因になる時代もある。例えば，第二次世界大戦中にヨーロッパ中の壁にV（戦勝）を表す「・・・—（トン・トン・トン・ツー）」が登場した時のように。このようなやり方は少なくともポンペイや古代ローマと同じくらい古く，それを表す語もあった。graffitoは，ギリシア語graphein（引っ掻く，書く）からラテン語graffio（引っ掻き跡）を経て派生した言葉である。-graph（書くもの，書かれたもの）を要素に持つ語には，ギリシア語auto（自己）との合成語autograph（自筆；自筆で書く）から，ギリシア語zyme（酵母，発酵）との合成語zymograph（ザイモグラフ，酵素の量比を記録する装置，および酵素図）まで，数多くある。〈pasquinade参照〉

graft [grǽft] 接ぎ木する，移植する；接ぎ穂，汚職，労働

接ぎ木する（graft）時に切って使う若芽は，古代人には字を書く時に使う尖筆やペンに見えた。この語は，ギリシア語graphein（書く）から，名詞graphion（尖筆），ラテン語graphium，古フランス語greffe, graffe（尖筆，接ぎ木用の若芽）を経て中英語graffeとして借入された。graph（図式，グラフで示す）や，書きものをする鉛筆の芯の材料として使うgraphite（黒鉛，石墨）も同語源である。またgraphを接頭辞，接尾辞にする語は多い。

一方，俗語graft（汚職，収賄）はgraft（仕事，労働）から派生したもので，廃語になった動詞grave（掘る）から変化した。ところが，grafter（汚職者，詐欺師）

は労働を避けるものである。この用法は他方の意味、すなわち「接ぎ木する」が拡大されたもので「外からつけ加えられて元のものを横取りする」から派生したと考えられる。〈carve 参照〉

ところで、imp（小悪魔、いたずら小僧）はアングロサクソン語 impian（接ぎ木する）にさかのぼり、後に、「産出物、子孫、子供」を意味するようになった。scion（相続人、子孫）は別のアングロサクソン語 scion（若枝、接ぎ穂）が語源で、同じく意味変化が起こった。しかし、imp は、impious（不信心な、不敬な）や improper（ふさわしくない、不道徳な）の語頭音 imp- や、このように破裂音を伴って始まるその他の多くの言葉の不快な意味に影響されたためか、*imp* of Satan（悪魔の子）のような句で最もよく用いられる。

imp の類義語 brat（ちび、小僧）は、初め「布」を意味していたようで、後に「エプロン」「捨てられた物」「がらくた」と変化し、さらに、軽蔑的に「子供」を指すようになった。urchin（腕白小僧）は、ラテン語 ericium（ハリネズミ）から古ノルマン・フランス語 herichun を経て中英語 irchoun として借入された言葉で、厄介者ハリネズミから、後に「小鬼」、そして「いたずら好きな少年」を意味するようになった。

grain [gréin] 粒、穀物；粒状にする
→ barley, pommel

Gramercy (Square, New York City)
[grəmə́ːrsi (skwéər, n(j)úː jɔ́ːrk síti)] ニューヨーク市グラマシー広場

この場所は、ニューヨーク市で唯一の私有庭園で、かつてそこにあった曲がった湖（De Kromme Zee）にちなんでこの名がつけられた。ちなみに、Canal Street（カナルストリート）には canal（運河）があり、マンハッタンの道路南端にある Wall Street（ウォール街）には市の外壁があった。ところで、シェイクスピアは、フランス語 grand merci（どうもありがとう）の意味で gramercy を用いている。"Be it so, Titus, and gramercy too."（そうしてくれ、タイタス、ありがたい）(*Titus Andronicus*：『タイタス・アンドロニカス』I, i), "Gramercies, Tranio, well dost thou advise."「ありがとう、トラニオー、よく言ってくれた」(*Taming of the Shrew*：『じゃじゃ馬ならし』I, i) などと。

graminivorous [græmínivərəs] 牧草を食する、草食の、穀類を食うのに適した
→ grass

grammar [grǽmər] 文法、文法書、初歩
ギリシア語 graphein（書く）の語根 gra- より、ギリシア語 gramma（文字）〈graft 参照〉が派生し、「書く技術」のことを grammatike tekhne と言った。そして、このギリシア語から古フランス語 gramaire を経て grammar が派生した。この語は初めあらゆる「書き物の研究」という意味に使われたが、後に言語学的な側面だけに限定され、さらに今日のように構造的な要素の側面に限って用いられるようになった。そして、中世から19世紀まで、grammar は特に「ラテン語の研究」を意味したことから、*grammar* school（グラマースクール、古典文法学校）という用語が生まれた。また、ラテン語との結合によって、grammar は学問一般と結びつけられ、「知識は力なり」("Knowledge is power") と考える大衆にとって、「秘学」や「秘技」と結びつけられた。〈glamour 参照〉

granary [grǽnəri] 穀倉、穀類を多量に産する地方
→ pommel

grangerize [gréindʒəràiz] 他の本から切り取った挿絵を差し込む、挿絵などを切り抜く

bowdlerize（不穏当な箇所を削除する）〈同項参照〉は、書物から官能的な要素を取り除くことだが、grangerize は感傷的な要素をつけ加えることである。英国人グレインジャー師（James Granger, 1723-76）はその著書 *Biographical History of England*：『英国人物伝』(1769年) に、彼が集めた批評や手紙や絵、その他その作品および作家に関係するものをはさみ込んだ。そして、彼の名がこのような行いを意味する言葉となっていった。

grape [gréip] ブドウ、ブドウの木、ブドウ酒
→ peach

graph [grǽf] 図式、グラフ；グラフで示

す
→ graft

graphite [grǽfait] 黒鉛, 石墨
→ graft

grass [grǽs] 草, 草地；草を生やす
"The *grass* grows green."（芝生が青々と生えている）は, 同語源の言葉を三つ使っていることになる。grass（草）, grow（成長する）, green（緑の；緑）は, 印欧語根 ghra-（成長する）からゲルマン語根 grô- を経て分出した。ラテン語 gramen, gramin-（草：*grass*）も同じ語根に由来し, いくつかの語, 例えば graminivorous（草食の, 穀類を食うのに適した：*grass*-eating）の語源となった。〈graze 参照〉

ちなみに *grass* widow（夫が不在の妻, 留守がちの夫を持つ妻）は, 新しい活躍の場（new pastures）で自由に跳ね回っている人のことではなく, フランス語 veuve de grâce（教皇の特免により〔by *grace*〕配偶者との離婚を認められた女性）に由来する *grace* widow が訛ったものである。今日離婚は簡単で, 女性はネヴァダ州に気晴らし旅行に行き,「離婚して」(Renovated) 戻ってくる。この語 Renovated は, 米国のジャーナリスト, ウィンチェル（Walter Winchell, 1897-1972）が, ネヴァダ州の離婚産業の中心地である Reno（リノ市）と renovation（元気回復）を混ぜて造ったものである。

ところがインドで *grass* widow は, 離婚によって自由になった女のことではなく, 夫がほこりまみれの平原の仕事で汗だくになっているのに,「草の繁る涼しい丘陵地で暮らす妻」を指す。

grate [gréit] 火床；格子をつける, 不快感を与える, おろし金でおろす
→ great, knick-knack

gravamen [grəvéimən] 告訴の要点, 苦情, 不平
→ aggravate

grave [gréiv] 墓穴；彫る, 付着物を落として塗料を塗る

grave（墓穴；彫る）の語源は, 古英語 graef（彫刻道具）や grafan（掘る, 彫る）である。原始ゲルマン語では ghrabh-（掘る——ギリシア語 graphein〔書く〕とは語源的に無関係——）であったと考えられ, この語源より「死体が横たえられる場所, 墓」という意味が派生し, また engrave（彫る, 刻む）や groove（溝）が派生した。また, *graven* image（彫像）も当然同語源である。

廃語 grave（伯爵）は異なった語源の言葉で, 中オランダ語 grave（《ドイツ, オーストリア, スウェーデンの》伯爵）やドイツ語 Graf（伯爵）と同系語である。英語では Landgrave（ランドグラーフ, 方伯《1806年までのドイツの官職；1806年以降はドイツの君主の称号》）という称号に残っている。

海事用語の grave（付着物を落として塗料を塗る）と graving-dock（船底を掃除するために船を引き上げる場所, 乾ドック）は, フランス語 grève（岸, 砂浜）から借入された。この語の指小形は海岸の「荒砂」に用いられたが, ケルト語を経て英語 gravel（砂利, バラス）となった。

なお, grave（厳粛な, 重大な）はラテン語 gravis（重い）が語源である。〈aggravate 参照〉

gravel [grǽvl] 砂利；砂利を敷く；耳ざわりな
→ grave

graven [gréivn] 彫られた, 感銘を与えた
→ grave

gravid [grǽvid] 妊娠した, 身重の
→ aggravate

gravitate [grǽvəteit] 引きつけられる, 沈下する, 引き寄せられる
→ aggravate

gravitation [grǽvətéiʃən] 引き寄せられること, 沈下, 引力
→ aggravate

gravity [grǽvəti] 厳粛さ, 重大さ, 重力
→ aggravate

graze [gréiz] 牧草を食む, 生草を食わせる, かすめる

この語には数語がからみ合っている。家畜が「牧草を食む」という意味で使う graze は,「草を食べる」(to feed on *grass*) ということで, graze と grass（家畜を放牧する）とはアングロサクソン語 grasian（草を食む）が語源の二重語である。しかし, この grass は, また古フランス語 graissier（太らせる）の影響も受けてきた。この古フランス語からは名詞形 graisse を経て英語 grease（獣脂, 油脂）

が派生したが,この語は後期ラテン語 crassia からラテン語 crassus (太い) の中性複数形 crassa (脂肪) にまでさかのぼる。

graze (かすめる,かする) は,もっとからみ合っていて, glacier (氷河) の語源であるラテン語 gracies (氷) から後期ラテン語 glaciare (氷の上で滑る),古フランス語 glacier を経て中英語 glacen として借入された。-l- から -r- への変化は,ラテン語 radere, ras- (こする) が語源のフランス語 raser (こする——英語 raze〔削る〕や razor〔カミソリ〕はこの語から派生——) が影響したものである。しかし,ラテン語 radere (こする) がラテン語 rodere (かじる——rodent〔齧歯(げっ)類の動物〕の語源——) と語源的に関係があるように,後者の graze (かすめる,かする) は,家畜が草をかじるが根っこの土には触れないという意味で,前者 graze (牧草を食む) の影響も受けた。razor (カミソリ) も同じように,皮膚でなく毛を剃るものだと,私たちが普通は信頼しているように。

grease [gríːs] 獣脂, 油脂；油を塗る
→ graze

great [gréit] 偉大な, 大きな；要人
→ grit

great と同音異語の grate (格子) は,ラテン語 crates (障害物) から後期ラテン語 grata (格子) を経て借入された言葉である。〈grate については knick-knack 参照〉

ラテン語 crates (障害物) の指小語 craticula (あぶり器) から同じように c- が g- に変化して griddle (焼き板) や grill (焼き網) が派生した。griddle は古くは gredile で, 異形 gredire は, 民間語源説によって gridiron (焼き網, 鉄灸) に変わった。その材料が鉄 (iron) であるというわけである。また, グラウンドに5ヤードごとに焼き網のように白線が印づけられることから, この語は「アメリカンフットボール競技場」という意味に用いられる。grid (鉄格子, 《地図の》碁盤目) は gridiron が短縮されて派生した言葉である。

ところで, 同音異語の混同を風刺作家スウィフト (Jonathan Swift, 1667-1745) が, *Etymology in Earnest*:『まじめな語源』で用いている。彼は,古典語 (ギリシア語,ラテン語) は英語から造られたとの証明に着手し, いくつかの有名な名前の由来を示すことによって説明する。例えば, トラブルメーカーを killjoy (興をそぐ人) とか, トロイ人はギリシア人の英雄を *a kill-case* (殺し屋) と呼んだことから Achilles (アキレス) という名が生まれたとか, また, あるギリシア人支配者は炭であぶった卵が好きで, 毎朝彼が目覚めるやいなや, 寝室奴隷は台所奴隷に "*All eggs under the grate! All eggs under the grate!*" (卵はすべて火格子の下!) と叫んだ。毎朝のそのような告知から, その彼は Alexander the Great (アレクサンダー大王) として知られるようになった, というものである。本格的な語源学もこれと似た方法を用いる時がある。

greedy [gríːdi] 食い意地のはった, 貪欲である, 切望する
→ issue

green [gríːn] 緑の；緑；緑色にする
→ grass

greengage [gríːngèidʒ] セイヨウスモモの一種
→ peach, Appendix VI

greenhorn [gríːnhɔ̀ːrn] 世間知らず, 青二才, 初心者
→ yellow

Greenwich Village [grénitʃ vílidʒ] グレニッチビレジ《ニューヨーク市》

ニューヨーク市のこの地名は, いわゆる芸術家が集まる地区であるところから, 偽芸術家を意味する形容詞として用いられ, パリのカルチェラタン (Latin Quarter) と同じく, 放埓な夜の生活という意味合いが重なっている。ところで, イギリスのグリニッジは世界標準時が始まる中心地点である。かつては Grenawic であり, アングロサクソン語 grian-wic (太陽の村) に由来する。アングロサクソン語 wic と village は同じ意味である。〈villain 参照〉

gregarious [grigéəriəs] 群居する, 群生する, 社交的な
→ absolute

Gregorian [grigɔ́ːriən] ローマ教皇グレゴリウスの
→ Appendix VI

gremlin [grémlin] グレムリン《飛行機・

機械などに突発的故障をもたらすという目に見えない小悪魔》

　この語は，有名ビールの銘柄 Flemlin（フレムリン）の影響を受けたもので，酔っ払ったパイロットが最初に用いたものと考えられる。彼の飛行機が海へ墜落したことをグレムリン（gremlins）のせいにしたのである。語源は古英語 greme（いらだたせる）に指小形名詞語尾がついたものではないかと考えられるが，アイルランド語 gruaimin（怒りっぽい人）と英語 goblin（小鬼）の複合語の可能性がより高い。さらに，Kremlin（クレムリン宮殿，旧ソ連政府）の監獄の戦慄を通ってきた可能性が考えられないこともない。そうしたものは遠ざけておきたいものである。

grenade [grənéid] 手榴弾，催涙弾
→ pommel

grenadier [grènədíər] 選抜歩兵，手榴弾兵
→ pommel

grenadine [grènədí:n] グレナディン《ザクロのシロップ，羊毛・絹・綿・レーヨンなどの薄い織物》
→ pommel

greyhound [gréihàund] グレイハウンド犬，快速船

　この犬種は足が非常に速いので，その語源を追い越してしまった。hound（猟犬，犬）は，ゲルマン諸語に共通で，アングロサクソン語では hund（犬）であり，アングロサクソン語 huntian（狩る）が語源の hunt（狩る，捜す）と同系語である。grey は灰色とは関係がなく，語源には二説ある。一つはアングロサクソン語 grīg（雌犬，雌）が語源であるとする説で，もう一つはラテン語 canis grae（ギリシア犬）の翻訳語であるとする説である。消防士のマスコット犬で fire dog ともいう dalmatian（ダルマシアン犬：〔原義〕ダルマチア地方に由来），spaniel（スパニエル犬：〔原義〕スペインに由来），pekinese（ペキニーズ犬：〔原義〕北京に由来）なども地名に由来する犬種名である。

　dog（犬）は11世紀に珍しいアングロサクソン語 docga の形であらわれる。これは大型の犬種を指した。大陸では大型犬マスチフ（mastiff）が English dog と呼ばれていた。hound が広く狩猟用の犬種に用いられ，その意味が限定されるにつれて，dog はさまざまな犬種の名に使われるようになり，徐々に血統に関係なく一般的な犬を指すようになった。さらに一般的に軽蔑を込めて，dog-Latin（変則ラテン語，偽ラテン語），dog-rhymes（へぼ詩歌）のように用いられるようになった。doggerel（へぼ詩）は，その指小形ではないかと考えられる。

grief [grí:f] 深い悲しみ，悲嘆，嘆きの種
→ aggravate

grievance [grí:vns] 不平，苦情，不満
→ aggravate

grieve [grí:v] 深く悲しむ，深く後悔する，深く悲しませる
→ aggravate

grievous [grí:vəs] 悲しませる，重大な，耐えがたい
→ aggravate

grind [gráind] ひく，砕ける；骨の折れる退屈な仕事
→ ground

gringo [gríŋgou] 白人の外国人《中南米では特に英米人を指す》
→ Yankee

grist [gríst] 製粉用の穀物，興味ある事柄
→ ground

grit [grít] 砂，根性，粗挽きカラスムギ
　grit（砂）と grits（粗挽きカラスムギ）とは，互いに影響しあってきた二つの同音異語である。前者は，前原始ゲルマン語根 ghreus-（すりつぶす，押しつぶす）に由来する古英語 greot（砂，土）が語源で，ホウレンソウに付いてなかなか取れないのが grit である。後者は古英語 grytt（ほこり，粗挽き粉）が語源で，ゲルマン語根 greut-, graut-（もみがら；粗い）に由来する言葉である。現在は複数形 grits あるいは groats（ひき割り，脱殻した穀粒）として用いられている。初めは粗挽きのカラスムギを意味していたが，今はその他さまざまな穀物についても使われる。前者の grit は，all one *grit*（一様な石質），hard *grit*（堅い石質），clear *grit*（傷のない石質）のように，「石の肌ざわり」に用いられるようになった。ここから人について，clear *grit* は「堅実でよい性質」を意味するようになり，例えば，"He showed his *grit*."（彼は気概を示した）のように使わ

れる。

　英語 great（大きい，偉大な）は，前記と同じゲルマン語根 graut-（粗い，大きい）から古英語 great（大きい，分厚い，背が高い，頑丈な）を経て成立した可能性が高い。初めこの語は，アングロサクソン語 smael（細長い，か細い）が語源の small（小さい）と反対の意味で「巨大な，頑丈な」を意味し，「勇気に満ちた」という意味もあった。比喩的にもいろいろと使われるが，"The day of our victory will be a *great* day."（われらが勝利の日は偉大な記念日となるだろう）はその一例である。

groats [gróuts] ひき割り，脱穀した穀粒
→ grit

grocer [gróusər] 食料雑貨店主，食料雑貨商人
→ record

grog [grág] グロッグ，強い酒；グロッグを飲む
→ demijohn

groggy [grági] 足下がふらつく，ぐらぐらする，酒に酔った
→ demijohn

groove [grúːv] 溝；溝を彫る，大いに楽しむ
→ grave

gross [gróus] 総計の；総計；総収益をあげる
→ record

grotesque [groutésk] 怪奇な；怪奇なもの，グロテスク模様

　この語の意味は，後世の批判力のある人の目には奇妙に思えるが，「*grotto*（ほら穴，貝殻などで美しく飾った避暑用の岩屋，ほら穴の形をした神殿）の壁の絵姿のような」である。英語 grotto や grotta，そしてその詩語 grot は，イタリア語 gotta, grotto から借入されたが，これはギリシア語 kryptein（隠す），kryptos（隠された），krypte（アーチ形の天井），後期ラテン語 grupta を経た言葉で，crypt（地下聖堂）とは二重語である。cryptography（暗号書記法，暗号文）の原義は「隠された秘密の書き物」である。*OED* は，接頭辞 crypt-, crypto- で始まる語を cryptaesthesia（超感覚的認識，霊知）から cryptozygous（頭蓋が顔幅より大きい）まで約120をあげている。

grotto [grátou] ほら穴，ほら穴状建物，ほら穴の形をした神殿
→ grotesque

ground [gráund] 運動場，地面；置く

　この語は，古英語では grund（底）で，やがて天空の底と考えられる「大地」を意味するようになった。この語にまつわる他のすべての意味はこの基本に（on this *ground*）にもとづくものである。ゲルマン地域では広く存在する語だが，他の地域での同族語は知られていない。

　逆に英語 grind（ひく，研ぐ）は他のゲルマン語にはない。ただ，古英語 grindan, grond, grundon はラテン語 frendere（歯ぎしりする）と同族語ではないかと考えられる。最初の意味は「二つの面にはさんで押しつぶす」で，grindstone（回転砥石，研磨機）は上下の面で押しつぶすものである。All is *grist* that comes to the mill.（製粉場に来るものはすべて製粉用の穀物である〔彼は何事でも必ず利用する〕）という諺もある。この名詞 grist（製粉用穀物）は，原始ゲルマン語に存在したと想定される grinst- から変化した古英語 grist（すり潰すこと）が語源である。

grouse [gráus] ライチョウ，不平；不平を言う
→ penguin, pedigree

grovel [grávl] ひれ伏す，腹ばいになる，ふける

　この動詞は，副詞を現在分詞と間違えて造られた言葉の一つである。中英語 -ling は後に，-ly とか -long となった。この語尾を持つ語には，例えば，headily（向こう見ずに，浮き浮きして）とか headlong（まっさかさまに）などがある。古い語形が長く残った場合は逆成語の動詞が生じた。darkling（暗がりで）から darkle（暗くなる，黒ずんで見える），sidling（斜めに）から sidle（横に歩く，にじり寄る），groveling（ひれ伏して）から grovel という具合である。ただし形容詞 groveling（下卑た，卑しい）は，アングロサクソン語 groofling（うつ伏せの，ひれ伏した：along the *groof*〔腹〕）が語源である。

grow [gróu] 成長する，生える，栽培する
→ grass

grumble [grʌ́mbl] 不平を言う, 不満そうに言う; 苦情
→ globe
grumpy [grʌ́mpi] 機嫌の悪い, 気難しい
→ globe
grunt [grʌ́nt] ブウブウ音をたてる, ブウブウ言う; ブウブウいう声
→ globe
guarantee [gæ̀rəntíː] 保証, 保証書; 保証する
→ warrior
guard [gáːrd] 守る, 用心する; 護衛者
→ warrior
guide [gáid] 案内する; 案内者, 案内書
　　この語は, 結局は語源そのものに帰った一つの例である。guide は, ラテン語 guidare (導く) が語源であるが, このラテン語からは, 古フランス語 guie を経て, 英語 guy (指導者, 案内者)〈同音異語 guy については同項参照〉が派生していた。船の *guy* rope (支え綱, 張り綱) にその用法が残っている。しかし, 14世紀に古い語形が再び自己主張し始め, 1500年ごろに guide が guy に取って代わった。
guile [gáil] 狡猾, 策略, たくらみ
→ warrior
guillotine [gílətìːn] ギロチン, 扁桃腺切除器; ギロチンで斬首する
→ Appendix VI
guinea-fowl [gínifàul] ホロホロチョウ, ホロホロチョウ科の鳥の総称
→ turkey
gull [gʌ́l] カモメ, ばか者, だまされやすい人; だます
→ yellow
　　gull の「ばか者」という意味は, この鳥が投げられたものはなんでも飲み込むことに由来するという説もある。この鳥 gull (カモメ) はゲルマン諸語に共通で, gullible (だまされやすい) も同語源である。
gun [gʌ́n] 銃; 銃を撃つ, 撃ち落とす
　　船には名前があり, 列車にも名前がある。機関車, 飛行機や, 銃もそれらを使う人間が名前をつけた。1330年のウィンザー城の軍需品リストに, "large ballista called *Lady Gunhilda*" (ガンヒルダ夫人の大投石器) がある。gun は, その音の反響よりもこの女性の名に由来する。Big Bertha (ビッグ・バーサ, 42センチ砲 ——ドイツ語 die dicke Bertha〔太っちょベルタ〕——) は, 第一次世界大戦中最も有名な大砲だったが, それを製造したクルップ社の女社長ベルタ・クルップ (Bertha Krupp) に由来する。ちなみに彼女の夫グスタフ (Gustav, 1870-1950) は結婚によってエッセンの軍需製鋼・軍需工場を所有することになった。
gurgle [gə́ːrgl] ゴボゴボ流れる, ゴロゴロ声で言う; ゴボゴボいう音
→ giggle, gorge, slang
guts [gʌ́ts] 内臓, 大食漢, 根性
→ pluck
gutta-percha [gʌ̀təpə́ːrtʃə] グッタペルカ, ガッタパーチャ《マライ産のゴム状の物質》
→ drip, gutter
gutter [gʌ́tər] 溝, どん底生活; 溝を掘る, 溝になって流れる
　　この語は, ラテン語 gutta (しずく, 一滴) から古フランス語 goutte (しずく), goutiere (《屋根の》樋: フランス語 gouttière) を経て派生した。gutta-percha (グッタペルカ, ガッタパーチャ《マレー産のゴム状の物質》) は, マレー語 getah percha (ゴムの木) に由来するが, ゴムの樹液は一滴一滴しみ出てくることからラテン語 gutta (しずく, 一滴) に似せて語形が変化したものである。〈drip 参照〉
　　gutter は, 道路わきに沿った「小さい排水溝」を意味する言葉として使われたことから, 泥, ぬかるみ, 汚物を連想させるようになり, 小さい排水溝のわずかな食べ物をつつく鳥 *gutter* snipe (タシギ) は, 人間に使うと軽蔑的で, どん底生活 (*gutter*) で生涯が終わるような人を意味するようになった。
guttural [gʌ́tərəl] のどの, のど音の; 喉(ど)音
→ gorge
guy [gái] 男, ガイ人形; からかう
　　バルト海地域のスラヴ人は, スヴァントウィッド (Svanto-Vid) 神を, 今の時代の宗教復興 (revivals) につきものの舞踏のように狂乱状態で踊りながらあがめた。キリスト教の普及とともに, その神の名はその他の異教の神々と同じくキリストの聖

人へと変化し，Sanctus Vitus（聖ウィトゥス：英語 St. Vitus）へと変化し，その聖人にちなんで St. Vitus' dance（聖ウィトゥスの舞踏, 舞踏病）が造られた。ドイツ語 Veit（ファイト），イタリア語 Guido（グイード），フランス語 Guy（ギュイ）や英語 Guy（ガイ）の名も，この神に由来する。

　この Guy の名を持つ一人，ガイ・フォークス（Guy Fawkes, 1570–1606）は，議事堂を爆破しようとした Gunpowder Plot（火薬陰謀事件）で1605年11月5日に捕まった。その記念日に彼の人形がロンドン中を引き回された。このことから guy は「奇妙な風体の男」を意味するようになったのである。そして時とともにその記憶がやわらぐにつれて，一般に「男」を意味するようになった。動詞の意味は「からかう，ばかにする」である。〈guide 参照〉

gymnasium［dʒimnéiziəm］体育館，ジム，ギムナジウム

　体操（gym）のために服を脱いだら，105ポンド（約47.5キロ）だった，と言ってスリムになった女子大学生が両親を心配させることがあるが，ギリシア語 gymnos（裸の）が語源の gymnast（体操選手，体操教師）は，文字通り「裸の人」のことであった。ギリシア語 gymnazein（教育する）の名詞 gymnasion を経て派生した gymnasium（体育館，ギムナジウム）は「運動する場所」のことである。すべての運動は裸で行われていた。海水浴場での今時のファッションは，ギリシア風に近いものであると言える。

　gymn- や gymno-（裸の）は，科学用語を造る結合語形である。例えば，gymnite（ジムナイト）は，マグネシウムの含水ケイ酸化合物なる鉱物で，メリーランド州のベアヒル（Bare Hills：〔原義〕裸の丘）で見つかったことからついた名である。ギリシア語 noton（背中）と結合した gymnotus（ジムノティ）は「電気ウナギ」で，背びれがなくいわば裸である。このように gymn- を持つ多数の語が大辞典（*OED*）に載っている。また，gymnosophist（裸行者）は，古代ヒンズー教の哲学者のことで，禁欲的な習慣を保ち，衣服をほとんど身につけなかった。

gynecology［gàinəkɑ́lədʒi］婦人科医学
→ banshee

gyp［dʒíp］詐欺，男の用務員；だます

　アラビア風マント jubbah（ジッバ）が西洋に入った時，jibbah（ジッバ）と言った。フランス語 jupe, jupon（スカート）から借入された古形 jump から変化した英語 jumper（ジャンパー，簡易上着）も同語源である。ところでイギリスのケンブリッジ大学の用務員が着る短い上着は gippo（短上着）と言い，短縮して gyp と言った。この語が，gipsy, gypsy（ジプシー）の影響を受けて「召使い，下働き」の意味になった可能性がある。なお gypsy は，古くは gypcian で，ジプシーの故郷と思われていたエジプト（Egypt）の派生語 Egyptian の語頭音消失語であった。哀しいことだが，gyp が「ごまかし」「ペテン」を意味するようになったのは容易にわかる。また，男子大学生が，自分たちにはチンプンカンプンのギリシア語 gyps（ハゲワシ）を考えたのではないかとする説もある。地方によっては，gyp には「手荒に扱う，ぶつ」という別の意味があるが，馬に命令する時の gee-up（はいはい，どうどう）と同系語である可能性がある。gee-up は，本当は gee-hup! で，「前進せよ」という命令である。

gypsy［dʒípsi］ジプシー，ジプシー語；ジプシー風に暮らす
→ gyp, tatterdemalion, island

gyrate［dʒáiəreit］旋回する；渦巻き状の
→ amphigory

H

haberdasher [hǽbərdæ̀ʃər] 服飾小間物商人，裁縫用品小売商，服飾小間物店
　この語は，フランス語 avoirdupois（量り売り商品，常衡《英米で商品に用いる重さの単位，16オンスを1ポンドとする》）と結びつくとする学問的典拠があり，中英語では haberdupois と綴ったことがある。しかし，私たちの自由に関係する言葉である可能性がより高い。すなわち，自由を保障した最初の偉大な公文書「大憲章」(Magna Carta, 1215年) によって規定された品目の一つに hapertas と呼ばれる布幅があり，この布から男性の衣服が作られた。haberdasher は，hapertas という布を扱う商人を意味する hapertaser が語源で，より言いやすかったことから生まれた綴りである。

habile [hǽbiːl] 上手な，器用な，適した
　→ ability

habiliment [həbílimənt] 服装，衣服
　→ ability

habilitate [həbíliteit] 服を着せる
　→ ability

habit [hǽbit] 習慣，気質，習性
　→ customer

hack [hǽk] たたき切る；ぶち切ること，つるはし，貸し馬，おいぼれ馬
　→ heckle

Hades [héidiːz] ハデス，死者の国，地獄
　→ tatterdemalion

hadj [hǽdʒi] メッカへの巡礼
　→ hegira

hafnium [hǽfniəm]【化学】ハフニウム
　→ element

hag [hǽg] 醜い老婆，器量の悪い娘，魔女
　→ hedge

haggard [hǽgərd] 目の落ちくぼんだ，野生の；野生のタカ
　→ hedge

hail [héil] 歓呼して迎える；あいさつ；万歳
　→ whole

halcyon [hǽlsiən] カワセミ，ハルシオン；カワセミの
　風の神アイオロスの娘ハルキュオネ (Halcyone) が夫の死を知って海に身を投げ，カワセミになったというよく知られた神話の影響で，ギリシア語 alkyon（カワセミ）がギリシア語 hals（塩）と kyon（妊娠している）とからなるとの民間語源により halkyon に変わった。しかし，このギリシア語 alkyon は，ラテン語 alcedo（カワセミ）や古北欧語 alka（英語 auk〔ウミスズメ〕の語源）と同族語である。ギリシア神話によると，その鳥の巣は波に漂うが，ゼウスのはからいにより，親鳥が卵をかえす間，天気は晴れて波も穏やかになるという。the *halcyon* days は「冬至前後の天気の穏やかな2週間」とか「平和な良き時代」という意味である。

hale [héil] 頑健な；引き出す，引き立てる
　→ wealth, wassail, whole

half [hǽf] 半分；半分の，半分だけ
　かつて男性が自分の女房（better *half*）のことを話す時は，アダムの肋骨《イブ》のことを考えていた。と言うのは，half の語源となるアングロサクソン語 healf は，ゲルマン諸語に共通で，その原義は「脇腹」だったからである。だれかのために (in *behalf* of) 働く時は，そのそばで (by his side) 働くことだった。普通に考えると，私たちの身体には二つの脇腹があるので，half は片側（one *half*）であり，それが現在の意味となった。

halibut [hǽləbət]《カレイ科》オヒョウ，その肉
　→ holy, butt

halo [héilou] 円光，後光；後光で取り巻く
　→ aureole

halogen [hǽlədʒən] ハロゲン，造塩元素

→ necromancy

ham [hǽm] ハム，ももの裏側；大げさに演じる

　この語は原始ゲルマン語 ham（曲がった）が語源で，初めは脚の曲がる部分《ひざ》のことだった。だが ham actor（へぼ役者，大根役者）の ham は，ロンドンのコックニー訛りの hamateur（アマチュア：*amateur*）と Hamlet（ハムレット）とが結合した言葉である。ハムレットは最も頻繁に演じられた役柄であり，また下手な役者も多かった。amateur は，ラテン語 amare, amat-（愛する）から派生した amatorem（恋人）が語源で，フランス語を経て借入された。amatory（恋愛の，愛欲的な）も同語源である。

　古英語 hamm（曲がったところ）から，膝の曲がるところを意味した ham は，その用法が広がり，ももの裏側をも意味するようになった。〈garter, monk 参照〉

hamburger [hǽmbə̀ːrɡər] ハンバーグステーキ，ハンバーガー
→ dollar

hamlet [hǽmlət] 小村，小部落，村
→ dollar

hamper [hǽmpər] 邪魔をする；邪魔になる船具，大型バスケット
→ harangue

hand [hǽnd] 手，所有；手渡す
→ pylorus

handicap [hǽndikæ̀p] ハンディキャップ，不利な条件；ハンディキャップをつける
→ boot

handkerchief [hǽŋkərtʃif] ハンカチ，ネッカチーフ

　この語は，古フランス語 couvre-chef（〔原義〕頭を巻く）から借入されたもので，初めは頭を巻くのに使うバンダナ（bandanna）のことであった。英語 kerchief（カチーフ：〔原義〕*cover* head）〈achieve 参照〉はこの古フランス語から借入された。したがって，pocket-handkerchief（ハンカチ，小さな物）は，本来「手で持ったりポケットに入れて携帯する頭を覆う布」という意味であった。ちなみに，bandanna はヒンディー語 bāndhnū（絞り染め，ろうけつ染めの布）から借入された言葉で，語源はサンスクリット語 bandhana（縛ること）である。

handle [hǽndl] 取っ手；手を触れる，扱う
→ thimble

handsome [hǽnsəm] ハンサムな，均整のとれた，かなりの
→ awry

hangnail [hǽŋnèil] さかむけ，ささくれ

　たいていの人は，指のつめから，時には垂れ下がる（hang）ように見える，皮膚の小さな「さかむけ」に困った経験がある。しかし，hangnail はアングロサクソン語 hangian（ぶら下がる）から h- だけを引っぱり出しただけで，この語の本当の語源は，ange（痛み）から派生したアングロサクソン語 angnaegl（さかむけ：〔原義〕痛いつめ）である。すなわち，もっと痛みの要素が含まれる言葉であったと言える。agnail（さかむけ，瘭疽（ひょうそ））はこのアングロサクソン語が語源であり，ラテン語 angere（狭くする，激痛を与える）から派生した anguish（激痛，苦悶，苦悩）も同根語である。こう見ると「痛み」がよくわかる。〈nail 参照〉

happen [hǽpn] 起こる，偶然…する，ふりかかる
→ emporium

happy [hǽpi] うれしい，幸福な，幸運な
→ emporium

hara kiri [hɑ́ːrəkíri] 切腹

　「顔をつぶさない」ための日本的な自殺を意味する語で，happy dispatch（死による幸福な解決）（たぶん日本人訳）と翻訳されている。実際には，腹切り（belly cut）を意味する。OED は「昔のしきたり」と言っているが，最近復活しているようにも思われる。

harangue [hərǽŋ] 大演説；演説をする，熱弁をふるう

　ドイツ語の h（または ch）は，ロマンス語ではその後に別の子音があると特に発音が難しかった。したがって，古高地ドイツ語 hnapt（コップ——アングロサクソン語 hnaepp——）は，古フランス語では hanaps（ゴブレット）となった。この hanaps からそれを入れるケース hanapier（編み籠）が派生し，英語に借入されて hamper（つめ籠，大型バスケット）となった。英語 ring（リング）は古

高地ドイツ語では hring で，この語は，観客が立つことも座ることもある「円形広場，観客の輪」を意味したが，この高地ドイツ語から英語 harangue が派生し，その意味は，その中にいる集団から「演説」に移転した。古高地ドイツ語 hring は古フランス語では，より単純に h- が落ちて renc となり，ranc を経て英語 rank（【軍事】《兵隊の》横列）が派生した。元は兵士の円陣を意味したが，後に，兵隊は整列して行進したり攻撃したりするようになったことから今日の意味が生まれたのである。そしてこの古フランス語からスペイン語 rancho（兵隊が並ぶ場所），後に「兵舎の並び」を経て英語 ranch（牧場，農場）が派生した。

harass [hərǽs] 困らせる，悩ませる，攻撃する
→ harum-scarum

harbinger [háːrbindʒər] 先触れ，前兆；先触れをする
→ harum-scarum

harbor [háːrbər] 港；隠れ場所を与える，避難する
→ harum-scarum

hard [háːrd] 固い，難しい；熱心に
ラテン語 crassus（太った，粗野な，固い；固まった脂肪）は，フランス語 cras となり，gras へと変化したが，その中心的意味は「脂肪」である。例えばフランス語 Mardi Gras（懺悔火曜日《灰の水曜日に始まるキリストの受難を偲ぶ四旬節に入る前日で，カーニバルの最終日》）の原義は「脂ものの火曜日」で，肉を食べおさめる日のことであった。しかし，英語には，ラテン語の「粗野」の意が強調されて伝わり，*crass* impudence（ひどい無礼）という用法がある。なお，英語で懺悔火曜日は Shrove Tuesday と呼ばれ，祝日である。
ところで，hard はギリシア語 kratos（力），kratys（強い）と同族語であり，原始ゲルマン語 kartus, hardus（固い，堅い）が語源である。英語 harsh（不快な，厳しい：disagreeably *hard*）は，中低ドイツ語 harsch を経て成立した言葉であるが，古くは hardsk, hardsch であったと考えられる。ちなみに cratometer（力を測定する道具）はギリシア語 kratos（強さ，力）と metron（はかり）からなる言葉である。

harem [héərəm] ハーレム，ハーレムの女たち，女の群れ
→ seraglio

harlequinade [hàːrləkwinéid] 喜劇，茶番，道化
Harlequin（ハーレキン）がイタリアの即興喜劇や英国の無言劇の道化役から，普通名詞の「道化」の意味になる前は，親しい従者たち（meinie）を連れた地獄の使者のことだった。ちなみに meinie は古フランス語 moynie, mesnie から，ラテン語 mansio, mansion-（家，家庭，家族──mansion〔大邸宅，マンション〕の語源──）にさかのぼる言葉である。〈remnant 参照〉

Harlequin は古フランス語では Hennequin, Hierlequin, Hellequin（夜鬼の頭）であり，ダンテ（Dante Alighieri, 1265-1321）の *Inferno*：『地獄篇』での，Alichino（アリキーノ）《地獄の第八圏の悪魔》はこの名に由来するものである。英国の語源学者たちは，この名はフラマン人の Han（ジョン：John）のような名前の指小形であるとの説を唱えている。

フランス人はもっと創造力に富む国民である。彼らは，中世のイタリア人喜劇役者の一人がパリでよく訪れたアルレー（Harley）判事なる人物を思い出し，この役者を "little Harley"（小アルレー）という意味で Harlequino（アルレキノ）と呼び，これがその役者のニックネームとなって定着したという。フランス人はまた，古高地ドイツ語 Erle（妖精，小鬼）と König（王：*king*）とからなる harlequin（妖精王）が語源であるとも考える。さらに，地獄（hell）の支配者を意味するドイツ語 Hel（ヘル）に由来するとの説がある。その場合 -quin はイタリア語の指小語尾 -quino を受け入れたことになる。そして，これらすべてから，harlequinade（ハーレキンの出るパントマイムの一幕，茶番）という楽しいドタバタ笑劇が生まれたのである。

harlot [háːrlət] 売春婦；みだらな
どの戦争を見てもわかるように，休暇の兵士たちは報酬を受け取って羽目を外すものであり，それを狙った多数の「非戦闘従軍者」が存在する。harlot は，古高地ド

イツ語 hari（軍隊）とアングロサクソン語 loddere（こじき）とからなり，初めは witch（魔女）〈wicked 参照〉と同じように男女の区別なく用いられた。ところがその非戦闘従軍者は主として女性だったことから，それに応じて性別も意味も限定されるようになった。

harmony [háːrməni] 調和，和声，ハーモニー

この語は元来，音楽ではなく大工職用語で，ギリシア語 harmozein（はめ込む）にさかのぼる。harmony（調和）は，ギリシア哲学や東洋哲学では基本的原理である。ギリシア人やインド人には，「大工の神」なるものが存在した。キリスト教の神は石工だが，その御子は大工だった。carpenter（大工）は，ラテン語 carpentum（荷車）から carpentarius（二輪馬車を作る人，車大工：*cartwright*），古フランス語 carpentier（荷馬車）を経て借入されたが，このラテン語の語源はケルト語で，古アイルランド語 carpat（二輪馬車――ゲール語 carbad――）を経て派生した。

「万物が造られる」基本的素材《古代ギリシアの自然学などが求めたもの》が木材であるという事実は，神が大工とされているのは歴史的偶然ではなく神話的必然であることを示している。

harp [háːrp] ハープ，こと座；ハープを弾く

→ harpoon

harpsichord（ハープシコード，チェンバロ）は，harp の一種で，鍵盤をたたくと弦（*chords*）がかき鳴らされる仕組みの楽器で，ピアノ（pianoforte）が生まれる以前の16世紀から18世紀にかけて使われていた。後期ラテン語 harpichordium に挿入された -s- には語源的理由はないが，この語の音調を良くしている。

Harpocrates [hɑːrpákrətiːz] ハルポクラテス《エジプトの太陽神のギリシア・ローマ名》

今日ではこの神への祭儀は忘れられてしまっているが，ギリシア神話では「沈黙の神」である。「沈黙の神」の存在そのものは，ギリシア人の誤解による。彼らはエジプトで Har-(p)-chrot（曙の神《イシス女神の子で日の神ホルスのとる姿の一つ》）の像が，唇に指をあてた幼児の姿をしているのを見て，沈黙の神と考えたのである。だが実は，曙が日の誕生なので，まだ話すことのできない幼児（infant）の姿で表されたのである。infant は，in（否）と，fari（話す）の現在分詞 fans, fant- とからなるラテン語 infans, infant-（子供）が語源である。〈infantry 参照〉

harpoon [hɑːrpúːn] 銛（もり）；銛でしとめる

ハルピュイア（harpy）《上半身が女で，鳥の翼とかぎつめを持つ貪欲な怪物》は，古代ギリシア・ローマ人が地獄に堕ちた亡霊たちを苦しめるために創造したものの一つで，タルタロス（Tartarus）で亡霊たちが食べ物を口に入れる直前にそれを強奪した。harpy の語源であるギリシア語 harpyiai（ひったくる者たち）は，ギリシア語 harpe（鉤づめ，小鎌）と同根であり，このギリシア語が harpoon の語源である。モリエール（Molière：本名 Jean-Baptiste Poquelin, 1622-73）の *L'Avare*：『守銭奴』（1668年，英語題 *The Miser* 1668年）の守銭奴は，Harpagon（アルパゴン）という名で，この名はギリシア語で「引っかけ鉤」がその意味である。*L'Avare* のフランス語 avare（欲深い）は英語 avaricious（強欲な）と同語源である。

harp（ハープ）はゲルマン人が大好きな楽器で，古英語では hearpe と言った。この語をローマ人が借用して後期ラテン語で harpa とした。その後 harp は「繰り返し続ける，繰り返し言う」という比喩的用法が生じた。この意味で，ポローニアスがハムレットのことを "still harping on my daughter"（「まだ私の娘のことを言い続けている」）（*Hamlet*：『ハムレット』II, ii）と使っている。また，次のような話も伝わっている。中世のある書物にいわく，ネロ皇帝（Nero, 在位 54-68）はローマの炎上を頭から振り払えずに，「いつもそのことを繰り返し言っていた」（he was constantly *harping* on it）。翻訳者はその harping の比喩的用法を知らなかったが，古代ローマにハープがなかったことは知っていた。それで，楽器の方を「訂正」して，「見よ，ローマが炎上する間，ネロはフィドルを弾いていた（Nero fiddled；ネロは安逸をむさぼっていた）」とした。

harpsichord [háːrpsikɔ̀ːrd] ハープシ

コード，チェンバロ
→ harp

harpy [háːrpi] ハルピュイア，ハーピー，強欲な人
→ harpoon

harry [hǽri] 繰り返し攻撃する，苦しめる，略奪する
→ harum-scarum

harsh [háːrʃ] 厳しい，不快な，ざらざらした
→ hard

harum-scarum [héərəmskéərəm] 無鉄砲な，そそっかしい；そこつ者

　この反復語〈scurry 参照〉は「向こう見ずな，ちゃらんぽらんな」やつという意味で，hare'em, scare'em と解釈されることがある。この語が言おうとしていることは，「よく人を脅したやつ」ではないかと考えられる。前半の語 harum は，古フランス語 harer（犬をけしかける）から古い英語 hare（犬をけしかける，悩ます）を経て変化したものである。また，この語は harass（困らせる，攻撃する——アクセントは第1シラブル——）の語源で，harass は古フランス語 harer（犬をけしかける）の反復形 harasser（疲れ果てさせる）から借入された。

　harass は，語源的にははっきりしないが，harry（責め立てる，襲う）と同系語ではないかと考えられる。この harry は，ゲルマン諸語に共通で，アングロサクソン語 herian（戦争する）から変化した言葉であり，古い英語 here（軍隊）も同語源である。harbor（港，隠れ場所）は，この here（軍隊——古高地ドイツ語は hari——）と berg（避難所）とからなる古英語 herebeorg が語源で，原義は「軍隊の避難場所」である。また，harbinger（先触れ；先触れをする）は，その潜伏所を用意する人のことで，中英語では herbergere と言った。古英語 berg（丘，守り，避難所）は，bergan（守る）と同語源で，その意味は burg（都市）〈dollar 参照〉とよく似たものである。

　harum-scarum の後半部分の scarum は scare（おびえさせる；恐れ）から変化したものである。scare は，かつては自動詞で，「おびえる」という感情から，後にその感情を起こさせることへと意味が移転した。動詞 scare は古北欧語 skiarr（臆病な）から中英語 skerre（《戦争などの風説に》ビクビクすること）を経て成立した。脅してはおびえるという一般的な事実から，harum-scarum に「そこつ者」という意味が生まれたのである。

harvest [háːrvist] 収穫，収穫期；収穫する
→ crop

hashish [hǽʃiʃ] ハシッシュ《大麻から作る麻薬》
→ assassin

hat [hǽt] 帽子，地位；帽子をかぶせる
→ adder

hatchet [hǽtʃit] 手斧，いくさ斧；やせてとがった
→ heckle

hatter (mad as a) [hǽtər (mǽd əz ə)] まったく気が狂った
→ adder

haul [hɔ́ːl] グイと引っぱる，引っぱっていく；引っぱること
→ whole

haunt [hɔ́ːnt] しばしば行く，出没する；人がよく行く場所

　ウィクリフ（John Wyclif, 1320?-84）訳聖書には，"*Haunt* thyself to pity"（信心のために自分を鍛錬せよ）（『I テモテ書』4.7）とあるが，この haunt の意味は私たちには prevent（妨げる）〈同項参照〉の古い意味と同じく奇妙である。

　フランス語 hanter（しばしば行く）から借入された haunt は，初め「しばしば何かを行う」ことを意味し，後に，例えば，one's favorite *haunts*（行きつけの酒場）のように「しばしばどこかへ行くこと」を意味するようになった。シェイクスピアが，例えば，"Some haunted by the ghosts they have deposed"（退位させた者の亡霊にとりつかれた者がいる）（*King Richard II*：『リチャード二世』III, ii）のように「幽霊が何度もある場所に現れる」という意味に haunt を使ってから，その用法が広がった。

have [hǽv] 持っている，受ける，食べる
→ ability

havelock [hǽvlɑk] 軍帽の日覆い
→ Appendix VI

haven [héivn] 港，避難所；停泊させる

→ ability

havoc [hǽvək] 大破壊, 大損害, 大荒れ
　Cry "*Havoc*" and let slip the dogs of war (「大破壊だ」の号令を下し, 戦争の犬たちを解き放て) (*Julius Caesar*:『ジュリアス・シーザー』III, i). 私たちにとって, havoc はまず「虐殺」が起こることを思わせるが, シェイクスピアやそれ以前の人にとっては,「略奪」を意味した。havoc の叫び声は戦いに勝ったことを意味し, 兵士たちは虐殺から略奪品の獲得に向かえたのである。この語はゲルマン語起源で, 古フランス語 havot（略奪）を経て借入された。同語源の古フランス語 havet（鉤, フック）は, ドイツ語 Haft（留め金）と同系語である。ドイツ語の喉音 h や ch は, k のようになるので, Haft はラテン語 capere, capt-（つかむ, 捕らえる）と同族語でもある。〈manoeuvre 参照〉
　また havoc は, 鷹狩りにおいて「襲いかかれ, 捕らえよ」という掛け声として用いられた言葉であるが, hawk（タカ）は havoc と同系語で, アングロサクソン語では hafoc（襲うもの, 捕らえるもの）だった。

Hawaii [həwáii:] ハワイ, ハワイ島
　→ States

hawk [hɔ́:k] タカ；鷹狩りをする, タカのように襲う
　→ havoc

hawthorn [hɔ́:θɔ̀:rn] サンザシ, セイヨウサンザシ
　→ hedge

hay [héi] 干し草
　to strew straw（わらを撒き散らす）〈destroy 参照〉とか to hew hay（干し草を刈る）という表現がある。hay は原始ゲルマン語語幹 hauw-（刈り取る）にさかのぼることができ, アングロサクソン語では hieg（刈られた草）である。hew（切り倒す）もこの原始ゲルマン語幹にさかのぼることができ, 当然のことながらゲルマン諸語に共通に見られる言葉である。〈color 参照〉
　hay を使った多くの表現がある。"to look for a needle in a bottle of *hay*"（《一束の干し草の中に針を探すように》望みのない探し物をする, むだ骨を折る）〈bottle 参照〉, "to make *hay* while the sun shines"（日が照っているうちに干し草を作る, 好機を生かす）, "to carry *hay* in one's horns"（角で干し草を運ぶ）などがその例である。この最後の表現はホラティウス（Quintus Horatius Flaccus, 65-8B.C.）のラテン語から翻訳されたもので「不機嫌である」「危険である」という意味である。角で突き刺すような雄牛は, その角を干し草（hay）で巻いたことに由来する。Hey nonny nonny（ヘイ, ノニー, ノニー《有名なのはオフィーリアの歌の中のリフレイン, *Hamlet*:『ハムレット』IV, v》）の Hey は, hay とは無関係で, リズムや韻を合わせるためにつけ加える楽しい言い回しである。今も注意を喚起するためのかけ声として使う Hey!（おい）に由来している。ちなみに, 南北戦争中, 読み書きができない兵士たちは, 干し草とわらをブーツに差し込んで行進するように教えられた。"Hay foot, Straw foot!"（干し草足, わら足！右足, 左足！）

hazard [hǽzərd] 危険, 偶然；危険にさらす
　古代ローマ兵たちは, 磔刑になったイエス（キリスト）の衣を争って, サイコロを投げた。そのサイコロ投げの習わしは続き, 中世パレスチナの歴史を書いたテュロスのグリエルムス（William of Tyre, 1130?-85）によれば, 十字軍の時代に, スペイン人が azar と呼ぶ運任せの勝負事が行われた。そのゲームの名は, Ain Zarba または Asart というパレスチナの城に由来するものであった。hazard はそのゲームの名から生まれた言葉で, 何であれ, 危険な（*hazardous*）ものに用いられるようになった。〈hold 参照〉

head [héd] 頭, 頭脳；先頭に立つ
　→ adder

heal [hí:l] 治す, 救う, 癒(い)える
　→ wealth, whole

health [hélθ] 健康, 健康状態, 健全な状態
　→ wealth, whole

hearse [hə́:rs] 霊柩車, 棺, 多枝燭台
　霊柩車を呼ぶ時は, 痛ましく胸が張り裂けそうな（harrowing）場合が多い。事実, hearse はラテン語 hirpex（鉄歯の大熊手, まぐわ〔harrow〕）から古フランス

語 herse（まぐわ）を経て借入された。まぐわの形から，hearse は教会で使う，ろうそくを差し込むための鉄の針のついた枠を指すのに使われ，さらにそれがお棺の上に置かれるので，棺の天蓋形の覆いにも hearse という語を借用した。後には，棺台や墓も指すようになり，17世紀ごろ，棺を墓地に運ぶ乗り物に限定して使われるようになった。rehearse（下稽古する，リハーサルをする）は同語源であり，普通，葬式ほど厳粛ではないことについて使われる。字義的には「再び熊手でかきならす」（rake over again）である。

heart [hɑːrt] 心臓，心，中心

この語はゲルマン諸語に共通で，ラテン語 cor（心臓，心）やギリシア語 kardia（心臓，心）と同族語である。*cardiac* conditions（心臓の調子，心臓病）の cardiac はギリシア語が語源で，ラテン語を経て借入された。ラテン語 cor は，英語 core（芯，中心）や cordial（心からの；元気づける飲食物）〈prestige 参照〉の語源である。

ポンプ機能を果たす器官としての心臓（heart）は，情念，特に愛情と関係づけられる。sweetheart は「恋人」のことである。このことから，一般的に感情とも関係づけられ，例えば，My *heart* smote me.（良心の呵責が私を打ちのめした）という表現も生まれた。さらに，理解力とも関係づけられ，learn *by rote*（機械的に丸暗記する）〈rote 参照〉に対する表現として learn *by heart*（十分に理解する，理解して暗記する）がある。

何かが怖いと，心臓が口から飛び出そうになるので，"His *heart*'s in his mouth."（ぎょっとする）と言う。だが，シェイクスピアは，"His heart's his mouth: What his breast forges, that his tongue must vent."（「彼の心はそのまま口である，胸でつくったものを舌がぶちまける」）（*Coriolanus*：『コリオレーナス』III, i, 256）と言っている。

身体における心臓の位置とその重要性から，heart は，the *heart* of the city（町の中心）のように，事物の中心，中核（core）として使われるようになった。Take *heart*.（元気を出そう）

heath [hiːθ] ヒース，ヒースの荒野
→ briar, pagan

heathen [híːðən] 異教徒たち，無宗教の人；異教の
→ briar, pagan

heather [héðər] ヘザー，ヒースの荒野，ヒース色
→ briar, pagan

Heaviside (layer) [hévisaid (léiər)] E層，ヘビサイド層，電離層
→ Appendix VI

Hebe [híːbi] ヘベ，酒場の女，【ギリシア神話】ヘラクレスの妻，青春の女神
→ ephebic

hebetic [hebétik] 思春期の，思春期に起こる
→ ephebic

Hebrew [híːbruː] ヘブライ人，古代ヘブライ語；ユダヤ人の

ヘブライ語，アラム語，ギリシア語，ラテン語，フランス語を経由した Hebrew は，アブラハム（Abraham）を指す言葉で，ヘブライ語 eber（向こうの土地）から変化したもので，アラム語では ibri（川の向こう岸から来た〔者〕）である。聖書の名前はすべて，実際すべての名前と同じように，元来具体的な意味を有していた。Israelites（イスラエル人）は Israel（イスラエル）から派生した言葉で，ヘブライ語 isra（彼は組み討ちをした）と el（神）からなり，原義は「神と組み討ちをした者」であるが，天使と取っ組み合いをした後のヤコブ（Jacob）《『創世記』32：28》のことを評してつけられた名だった。Jew（ユダヤ人）はユダの民（Judah, Yehudah）の一人を意味し，ユダは，父ヤコブに「ライオン」と呼ばれていた《『創世記』49：9》。この Yehudah が，Yud（ユダヤ人に対する蔑称）や Yiddish（イディッシュ語）の語源である。〈Christian については cream 参照〉

名前の生まれ方はさまざまであるが，種族の名そのものが一般語になることがある。例えば，「栄光」が原義の Slav（スラヴ人，スラヴ民族）は，征服されて奴隷となったことから，slave（奴隷）という語が派生した〈free の項 Frank 参照〉。カナダインディアン（アルゴンキン族）は，北方の民を「生肉を食べる人」，すなわち Eskimos（エスキモー）と呼んだ。

heckle [hékl] やじる，じゃまする，梳(す)く

heckle は元来アサ (hemp) を梳くための「梳き具」を意味し，hack (切る，たたき切る) の指小辞 hackle (梳き櫛) の異形だった。名詞 hack (つるはし，鍬) は，たたき切る道具を意味した。hack の指小形は hatchet (手斧) であるが，この語はフランス語 hache (斧) の指小語 hachette を経て借入された。動詞 heckle (《麻などを》さばく，梳き分ける) は，「切りつける，荒っぽく切る」を意味していた。

同様に，tease (《羊毛・麻などを》梳く，細かくちぎる) も元来「羊毛の繊維を引っ張ってバラバラにする」という意味で，ゲルマン諸語に共通に存在するこの言葉は，古高地ドイツ語では zeisan (羊毛を梳く) だった。teasel, teazle (チーズル，ラシャカキグサ，起毛具) はその目的で用いられ，後には布を引っ張って，けばを立てるために用いたアザミ (thistle) のことだった。このことから，heckle, tease ともに早くから比喩的に使われて今日の意味になった。シェリダン (Richard Brinsley Sheridan, 1751-1816) は *The School for Scandal*：『悪口学校』(1777年) で，いつも夫人を悩ませていた (teasing) 人物をピーター・ティーズル卿 (Sir Peter Teazle) と名づけている。

古い英語 touse (引っ張る，手荒く扱う) は，tease の同系語で，犬の名 Towser (タウザー《引っ張る力の強い大型犬》) は touse から派生したものである。反復形は tousle (乱れる；乱れ髪)，tousled (乱れた) で，かつて私の髪の毛はしばしばそうだった。人を手荒く扱うこと (tousling) は，しばしば「取っ組み合いすること」(*tussling*) に通じる。tussle (組み打ち；取っ組み合いをする) は tousle の異形である。邪魔をしようとする試み (an attempt to *heckle*) も，結果的にしばしば乱闘 (*tussle*) に終わることになる。

上記の hack (つるはし) とは同音異語の hack は，元は「貸し馬」を意味する言葉で，hackney (乗用馬；賃貸しの) の短縮形である。この語は古フランス語 haquenée (貸し馬) から借入されたもので，特に女性でもやさしく乗馬できる馬のことだった。このことから動詞 hackney は「(古語) 馴らす，貸し馬として使う，こき使う」を，また hackneyed は「陳腐な，紋切り型の，使いやすい，すり切れた」を意味するようになった。

hectic [héktik] たいへん忙しい，消耗性の，紅潮した

この語の原義は「習慣，癖」で，ギリシア語 ekhein (持つ，保持する) から hexis (習慣) を経て派生した hektikos (習慣的な) にさかのぼる。この英語 hectic は，後に「いつもの様子」という意味から，特に結核患者の常習的な「消耗熱」の意味に使われるようになった。ギリシア語 ekhein からは，「支える，保持する」の意味で，この語からヘカベー (Hecuba) とプリアモス (Priam) の息子，「トロイの支柱であり支え」("the prop and stay of Troy") となった Hector (ヘクトル，ヘクター) の名前が生まれた。また中世後期の劇では，傲慢でいばり散らす人物として描かれたことから，動詞 hector (いじめる，いばる) が生まれた。scheme (計画，たくらみ) は，動詞 ekhein の語根 skh- から派生したギリシア語 skhema (姿，形：〔原義〕物の本質) が語源である。

hector [héktər] いじめる，脅す；弱い者いじめ

→ hectic

hedge [hédʒ] 生け垣，教会；生け垣で囲う

この語はゲルマン諸語に共通で，アングロサクソン語では hecg (囲い，生け垣) である。畑を守るために生け垣 (*hedge*) を育てることから，to *hedge* on a bet (賭金を分散して損失を防ぐ，両掛けする) は，その賭けにおける損を減殺効果があるもので囲むことを意味する。

hawthorn (サンザシ，セイヨウサンザシ) は中英語では hagathorn で，*hedge*-thorn (垣根のイバラ) のことだった。魔女は *hedge*-rider (垣根を飛び越える者) とも呼ばれるが，古高地ドイツ語では zunrita (垣根を飛び越える者) 〈villain 参照〉だった。これが hag (醜い老婆，魔女) の語源であるアングロサクソン語 haegtesse (魔女――haeg〔垣根〕+tesse〔妖精，片足が不自由な女〕――) の由来

である。この意味の hag は，垣根の近くで待ち構えていて家禽に襲いかかる野生のタカ（haggard, *hedge*-bird）の鋭い目と結びつき，形容詞 haggard（目つきが荒々しい，とげとげしい顔をした）が派生した。

　hedge の背後には，原始ゲルマン語幹 hagja-（囲われた場所）があり，古英語 haja を経て hay（生け垣，柵）が成立した。この語幹はまた，hatch（門，扉）や船の hatchway（甲板の昇降口，ハッチ）の語源となった西ゲルマン語 hakja と同系語である。ただし，*hatching* birds（卵を抱く鳥）の語源は不明である。〈heckle 参照〉

hedonism [híːdənìzm] 快楽主義
　→ sweet

heed [híːd] 注意を払う，心に留める；注意
　→ adder

hegira [hidʒáiərə] ヘジラ，イスラム紀元，脱出
　　hijrah とか hejira とも綴るこの語は，アラビア語 hijrah（逃走）の借入で，特に，マホメット（Mahommed, 570?-632）のメッカ（Mecca）からメジナ（Medina）への脱出を意味する言葉である。ところで，メッカに向かってすべてのイスラム教徒が祈る。このことから，メッカはイスラム教徒のだれもが努力して行くあこがれの地を意味するようになり，*Mecca* of one's striving（努力して求めるあこがれの所）という表現も生まれた。イスラム暦は，その聖遷（ヘジラ）の年である紀元622年に始まる。

　　すべてのイスラム教徒は毎年，さもなくば少なくとも生涯に1度はメッカに巡礼しようとする。この巡礼のことを英語で hadj（メッカ巡礼，メッカ巡礼をしたイスラム教徒）といい，同義のアラビア語 hajji の借入である。ちなみに，ヘブライ人（ユダヤ人）のエルサレム巡礼は，ヘブライ語 hag を使う。

heifer [héfər] 若い雌牛，雌の子牛，小娘
　　bounding main（波おどる大海）は船乗りの歌によく使われる比喩的表現である。テニソン（Alfred Tennyson, 1809-92）の "Calm is the Morn"「静かなる朝」（1850年）における bounding main がその一例である。だが，bounding kids and calves（飛び跳ねる子ヤギと子牛）は，この動物の語源の意味を彷彿させる。たとえば，ラテン語 vitulus（子牛）は vitulari（祝う，跳ね回る）と結びつけられる。また，ラテン語 caper（ヤギ），ギリシア語 kapros（野生のイノシシ），アングロサクソン語 haefer, heafer（雄ヤギ）は，サンスクリット語 cap, kamp（行く，跳ねる）と同族語である。なお，ラテン語 caper から英語 cut *capers*（《口語》興奮して踊り回る，飛び回る）という表現が生まれた。

　　heifer（若い雌牛）の語源は，アングロサクソン語 haefer（雄ヤギ）で，heahfore を経て成立した。この語は，heah（高い）と，faran（行く）から変化した fore とからなり，原義は「足を高く上げて進むもの」である。アングロサクソン語 faran（行く）は fare（運賃；やっていく）の語源でもある。〈taxi 参照〉

　　ではこれにて，*Fare*well!（さようなら，よき旅を！）

hejira [hidʒáiərə] ヘジラ，イスラム紀元，脱出
　→ hegira

helianthus [hìːliǽnθəs] キク科ヒマワリ属の植物の総称
　→ flower

helicopter [hélək̀ɑptər] ヘリコプター；ヘリコプターで行く
　　この語は，英語 helix（らせん）としても使われているギリシア語 helix, helico-（らせんの）と pteron（翼）とからなり，名前がこの種の航空機そのものをよく表している。ちなみに，反射した日光で書く heliography（日光写真法，ニエプス式写真法）や，heliotrope（ヘリオトロープ，向日性植物）〈同項参照〉などの helio- は，ギリシア語 helios（太陽）の結合形で，語源的関係はない。ptero-（羽，翼）もしばしば使われる結合形で，例えば，pterodactyl（【古生物】プテロダクティルス，翼竜：〔原義〕翼，指）がある。〈詩脚の dactyl については date 参照〉

　　ついでながら，長短短脚を逆にすれば，「短短長脚，弱弱強脚」となり，これを anapest と言う。こちらの語源は，ギリシア語 ana（背，裏）と paiein（打つ，打

ち鳴らす) からなる anapaistos (逆にした) である。iamb, iambus すなわち *iambic* foot (短長脚, 弱強格) は, iaptein (襲撃する) から変化した可能性が高いギリシア語 iambikos, iambos の借用であるが, この詩格はアルキロコス (Archilocus《650B.C. ごろのギリシアの詩人》)が激しい非難をこめた風刺詩で使ったものである。しかし, iambus は酒神ディオニュソスへの熱狂的合唱賛歌ディテュラムボス (dithyramb) の終末部で足をゆっくり進める時の, ギリシア語 ienai (行く) から変化した可能性もある。trochee (長短脚, 強弱格)〈troche 参照〉は, 走る時にパタパタという足音からその名がついた。

heliotrope [híːliətròup] ヘリオトロープ, 薄紫色, 向日性植物
→ artichoke, flower, trophy

helix [híːliks] らせん, らせん飾り, 耳輪
→ helicopter

helium [híːliəm] ヘリウム
→ element

hell [hél] 地獄, 生き地獄; くそっ!
→ helmet

Hellespont [héləspànt] ヘレスポント海峡《ダーダネルス海峡の古代名》
この語は比喩的に使われると, 恋人たちの間にあるどうしようもない障害のことを表す。地名はギリシア語 hellespontos (ヘレ〔Helle〕の海) に由来する。ヘレはアタマス (Athamas《古代アテネの北西地方ボイオティアの王》) の娘で, 継母のイノ (Ino) の怒り (ああ, 当時でもそうだったのだ!) から金色の雄羊に乗って逃れる時に, その海に落ちて死んだ。しかし比喩的用法は, むしろギリシア神話のレアンドロス (Leandros, 《英語》Leander) の溺死に由来する。その男は夜な夜なヘレスポント海峡を泳いでヴィーナスの女祭司だった恋人ヘーロー (Hero) に会いに行っていた。後年, 詩人バイロン (George Gordon Byron, 1788-1824) もその海を泳いだ。

helmet [hélmət] ヘルメット, かぶと, かぶと状の物
英語 conceal (隠す, 秘密にしておく)〈cell 参照〉は, celare (覆う, 隠す) と強調的意味を持つ con-, com- (一緒に, 完全に)〈commence 参照〉とからなるラテン語 concelare, concelat- (隠す) が語源である。しかし, この語の印欧語根 kel- (覆う, 隠す) からは, ゲルマン語 kelmos, helmos (大きなかぶり物) が分出し, これが英語 helm, heaume (かぶと, かぶと雲) の語源となった。その指小語が helmet である。古い英語の動詞に hele (覆う, 隠す) があるが, この語から最終的に隠れ場所を意味する hell が派生し, 初め, 「死者たちの住まい」「地下の世界」の意味で使われていた。ここには, ギリシア神話における, 神々に祝福された者のためのエーリュシオンの野 (Elysian Field: 極楽浄土) と, 呪われた者が閉じ込められるタルタロス (Tartarus: 無間地獄) に相当する世界が含まれていた。ところが, ギリシア語新約聖書における gehenna (罪人が劫罰を受けるところ〔マタイ: 5,22〕) を hell と翻訳したことから, 悪鬼や悪魔の溜まり場というおぞましい「地獄」(hell) となったのである。

helot [hélət] 古代スパルタの奴隷, 農奴, 奴隷
→ Appendix VI

helpmate [hélpmèit] 協力者, 仲間, 配偶者
この語は helpmeet の転訛で, 誤解の産物である。主なる神は言った, 「人が独りでいるのは良くない, 彼に合う助ける者を造ろう」("It is not good that the man should be alone; I will make him an *help meet* for him." 欽定訳聖書『創世記』2:18) と。この meet (ふさわしい) は最初, ハイフンで help についていたが, 後に1語になった。そして, 約半世紀後 (1715年ごろ) に, これがどこか間違っていると感じられるようになって, helpmate という語が造り出されたのである。

helpmeet [hélpmìːt] 援助者, 仲間, 妻
→ helpmate

hemisphere [hémisfìər] 半球, 脳半球, 領域
→ semi-

hen [hén] めんどり, 雌の鳥, 女
→ incentive

henchman [hén*t*ʃmən] 取り巻き, 子分
スコット卿 (Sir Walter Scott, 1771-1832) は, 古い英語を多く復活させた。

古語に対し鋭敏な感覚があった彼は，古語を使うことを喜んだ。しかし，時には間違うことがあった。例えば，henchman（腹心の部下）を haunchman（〔原義〕人の尻に従う者）と間違ったことから「下僕」という意味になった。実は，henchman は中英語では henxtman で，古英語 hengest man（《貴人に従う》騎手，馬丁，小姓）にさかのぼる。hengest（種馬）は固有名詞にもなる言葉でヘンギスト（Hengist, 紀元488年?没）は弟ホルサ（Horsa〔紀元455年?没〕──《英語》horse〔馬〕──）と共に，ケント（Kent）王国を征服したと伝えられるジュート族の首長である。

heptagon [héptəgàn] 七角形
　→ number
英国の詩人・評論家スウィンバーン（Algernon Charles Swinburne, 1837-1909）は七篇のパロディ詩に，"Heptalogia ; or The Seven against Sense"：「七つの言：分別に反する七篇」（1880年）という題をつけた。その最良の詩は自分のパロディ《'Nephelidia'：「小さい雲」》である。

herb [ə́:rb] 草，ハーブ
　→ sarcophagus, neighbor

herbarium [hə:rbéəriəm] 植物標本集
　→ sarcophagus, neighbor

herbivorous [hə:rbívərəs] 草食性の
　→ sarcophagus, neighbor

herculean [hə:rkjəlí:ən] きわめて困難な，怪力無双の，ヘラクレスの
この形容詞は，ヘラクレス（Hercules）が女神ヘラ（Hera）のために成し遂げた12の功業，すなわち，ものすごい苦行に由来する。彼のギリシア語名 Herakles は，女神の名 Hera と kleos（誉れ）からなる。その12の功業は，ネメアのライオン，レルネーのヒュドラ（水蛇），エリュマントスのイノシシ，ステュムパリス湖の人食い鳥をそれぞれ殺すこと，アルカディアの雄鹿，クレタの雄牛，ディオメデスの馬，ゲリュオンの牛をそれぞれ生け捕りにすること，アマゾン族の女王ヒッポリュテスの帯，ヘスペリデスのリンゴをそれぞれ取ってくること，三つの頭を持つケルベロス犬を冥界から連れてくること，アウゲイアス王の家畜小屋を掃除すること，であった。

heresy [hérəsi] 異端，反論，異端信仰
この恐ろしい罪は，実は自分で考えることにある。語源はギリシア語 hairein（取る）の名詞 hairesis（選択）である。異端者（*heretic*）とは，与えられた道をたどらないで，自分で道を選択した人のことである。

hermaphrodite [hə:rmǽfrədàit] 両性具有者，正反対の性質を持った人；両性具有の
　→ hermetically

hermeneutics [hə:rmənjú:tiks] 解釈学，聖書解釈学
　→ hermetically

hermetically [hə:rmétikəli] 密閉して
ギリシア神話のヘルメス（Hermes）は，ローマ神話のメルクリウス（Mercury）に相当し，学問，商売，窃盗，雄弁の神だった。神々の使者として，この神は caduceus（杖）を携え，talaria（有翼のサンダル）をはいていた。ギリシア語 eremia（砂漠）の派生語 eremites（砂漠に住むこと）が語源の hermit（隠遁者）は，この神とは語源の関係はないと考えられる。しかし，ヘルメス・トリスメギストス（Hermes Trismegistus）は，エジプト神話のトート（Thoth）と同一視され，錬金術の創始者とされた。この神の名の由来は，ギリシア語 Hermes tris megistos（三重に偉大なヘルメス）である。

金属を溶かすことが，錬金術者たちが求めてやまなかった金を作り出す主要な方法だったので，hermetic sealing（溶接密閉）は，溶融による密閉を意味するようになり，hermetically（密閉して，錬金術風に）が生まれた。hermeneutics（解釈学）は，神々の言葉を伝える使者としてのヘルメスに由来する言葉であり，ギリシア語 hermeneus（解釈者）から派生した。ヘルメスとアフロディテ（Aphrodite）〈同項参照〉の息子ヘルマフロディトス（Hermaphroditus）は，hermaphrodite（両性具有者；両性具有の）をもたらした。カリア《小アジア南西部のエーゲ海に臨む地域》の泉のニンフ，サルマキス（Salmacis）は，一緒に成長した美少年ヘルマフロディトスを愛するあまり，彼と一つの肉体になれるようにと祈り，それが聞き入

れられたことから両性具有者となったのである。〈caduceus 参照〉

hermit [hə́ːrmit] 隠遁者，世捨て人，ハーミット
→ hermetically

hero [híːrou] 英雄，ヒーロー，主人公
この語はギリシア語 heros（神人，英雄：*hero*）が語源であり，英語の単数形 hero はギリシア語 heros の -s が複数形と間違えられたことから脱落した語形である〈pea 参照〉。このギリシア語の女性形は 4 音節語 he-ro-i-ne（半神女，ヒロイン）で，英語 heroine（英雄的女性，ヒロイン）の語源である。麻薬のヘロイン（*heroin*）は，モルヒネ（morphine）〈remorse 参照〉の古名 morphium との関連を隠すためにつけられた名であり，この麻薬は飲む人に壮大感を与え，自分はヒーロー（*hero*）だと思わせてくれる。

hesperides [hespéridìːz] ヘスペリデス，ヘスペリデスの園，極楽島
→ argosy

hetero- [hétərou-] 「他の，異なった」を表す連結形
→ homo-

heterodox [hétərədɑ̀ks] 異端の，異質の，異説を奉ずる
→ paradox

heterogeneous [hètəroudʒíːniəs] 異種の，異質の，混成の
→ paradox, racy

heuristic [hjuərístik] 発見に役立つ，生徒が自分で解法を発見する，発見的な
→ eureka

hew [hjúː] たたき切る，切り取る，切る
→ color, hay

hexagon [héksəgɑ̀n] 六角形
→ number

hey [héi] おい，ちょっと，おや
→ hay

hibernate [háibərnèit] 冬眠する，暖かい所で冬を過ごす，活動しないでいる
ある種の動物が冬眠するという習慣は，ヒベルニアン（Hibernian）と呼ばれるアイルランド人とはまったく関係はないと考えられる〈Hibernia 参照〉。この語は，ラテン語 hiems（冬）から形容詞 hibernus（冬の），動詞 hibernare, hibernat-（冬を過ごす，越冬する）を経て派生した。同様に「夏を過ごすこと，【動物】夏眠」を英語で aestivation, estivation と言うが，この語はラテン語 aestivare, aestivat-（夏を過ごす，避暑する）から aestivus（暑い），aestus（熱，沸騰，満潮）にさかのぼる。英語 estuary（河口，入り江）も同語源である。ベーコン（Francis Bacon, 1561-1626）は，小洞窟で夏を過ごす人（*estivating* humans）について，「そこを小洞窟に，つまり，日陰の場所，夏の住まいにしましょう」"Let it be turned to a Grotta, or a Place of Shade, or Estiuation." (*Essays*：『随想集』xlv, 552 〔1625年〕) と語ったが，この語は生物にも使われる。熱帯の乾期に眠る肺魚がその一例である。ラテン語 aestus（熱，満潮）は aestas（夏）と同語源の言葉であるが，これらもギリシア語 aithein（燃える，燃やす）と同族語である。〈torrent 参照〉

Hibernia [haibə́ːrniə] ヒベルニア《Ireland のラテン語名》
アイルランドの民（*Hibernian* race）は，ローマ人にとって冬の民だった。彼らはこの語を，ラテン語 hibernus（冬の，嵐の国からの）から変化したものと考えた。しかし，実際は ibh（国）と er（高貴な）からなるアイルランド語 Ibh-erna から変化したのではないかと考えられる。この er は Erin（アイルランドの旧名，エリン）の構成要素でもあり，Aryan（高貴な民，アーリア人）の語源であるサンスクリット語 arya（高貴な）と同族語である。同じ言葉 er, yr（高貴な）は，Ireland（アイルランド）や Irish（アイルランド人）の第 1 音節を形成する。British（英国人）や Britain（ブリテン島）は，ケルト人の別の特徴を意味する言葉で，さらに古いケルト語 brython（入れ墨をした）に由来するものである。

hiddenite [hídənàit] 緑色の勁(ﾘ)輝石
→ Appendix VI

hide [háid] 《獣の》皮，ハイド《地積の単位で約120エーカー》；隠す
ゲルマン諸語に共通の 3 語が，この語に収束している。まず，hide（皮）は，語頭 h- をせき払いをするように発音する古英語 hyd にさかのぼり，ギリシア語 kytos（容れ物，皮袋）が語源のラテン語 cutis（皮）と同族語である。このラテン

語からは cuticle（表皮，《つめの付け根の》あま皮）や cutaneous（皮膚の，皮膚を冒す）が派生した。

　次に，土地の広さの単位を意味する hide（ハイド《昔英国で一家族を養うのに必要とされた地積》）は，カルタゴの建設者ディードー（Dido）の物語に関係づけられる。彼女は，雄牛の皮（hide）で覆うことができる広さの土地を与えると言われた。そこで彼女は雄牛の皮を細いひも状に切り，そのひもを繋いでカルタゴの敷地を画したのである。しかし実際は，この単位は，アングロサクソン語 higid（ハイド《土地の広さの単位》）の短縮形 hid にさかのぼる言葉であり，アングロサクソン語幹 hig-，hiw-（家族，家庭）が語源で，ドイツ語 Heirat（結婚）や Heimat（家庭）と同系語である。

　hide（隠す）の語源はアングロサクソン語 hydan（隠す）である。この語からは，昔の変装の一つが動物の皮を使ったことを思い出す。ラテン語 hispidus（剛毛質の皮，毛皮）は同族語で，このラテン語から古フランス語 hisdos，hidos（恐ろしい），フランス語 hideux（ひどく醜い）を経て hideous（恐ろしい，忌まわしい）が派生した。

hideaway [háidəwèi] 隠れ場所，人目につかない小さなレストラン；人目につかない
　→ oubliette

hideous [hídiəs] 恐ろしい，忌まわしい，とてつもなく大きな
　→ hide

hieroglyphics [hàiərəglífiks] ヒエログリフ，象形文字の書き物，判読しにくい書き物

　古代エジプトの神官たちが刻んだ「聖刻文字」（*hieroglyphics*）は，ギリシア語 hieros（神聖な）と glyphein（彫る）からなる hieroglaphikos（神聖な書き物に関する）が語源である。1798年にエジプトのロゼッタ（Rosetta）近くで発見されたロゼッタ石（Rossetta Stone）には，象形文字とエジプト民用（民衆）文字とギリシア文字の3種が刻まれていた。それは，紀元前195年に聖職者の税を免除したプトレマイオス５世（Ptolemy Epiphanes, 205-180B.C.）に敬意を表して刻まれたもの

で，この石によって，hieroglyphics の意味のなぞが解明された。〈focus 参照〉

highbrow [háibràu] 知識人，インテリぶる人；知的な
　→ effrontery

hight [háit]（古・詩語）名づけられた，呼ばれた，保証された
　→ alkahest
　　height（高さ，高度）は，ゲルマン諸語に共通で，アングロサクソン語 heah（高い：*high*）から派生した hiehthu（高さ）が語源である。

hijack [háidʒæk] 強奪する，ハイジャックする；ハイジャック
　→ jackanapes

hike [háik] ハイキングをする，引き上げる；ハイキング
　→ coward

hiker [háikər] ハイカー，徒歩旅行者
　→ coward

hippodrome [hípədròum] 競技場，馬術競技場，曲馬場
　→ dromedary, mess

hippopotamus [hìpəpátəməs] カバ
　→ dromedary, mess

hireling [háiərliŋ] 金目当ての人，雇われ人；金銭ずくの
　→ Viking
　　アングロサクソン語 hyr（給料）が語源の hire（借り賃；雇う）は，ほとんどのゲルマン諸語では知られていない。大部分の仕事が給料制ではなかったからである。

history [hístəri] 歴史，履歴，過去のこと
　→ plot

histrionics [hìstriániks] 演劇，演芸，演技
　→ plot

hitch [hítʃ] 引っ掛ける，ヒッチハイクする；グイと引くこと
　→ coward

hitch-hike [hítʃhàik] ヒッチハイク；ヒッチハイクする
　→ coward

hither [híðər] ここへ，こちらへ；ここの
　→ weather

Hitlerism [hítlərìzm] ヒトラー主義《ドイツ国家社会主義》
　→ Appendix VI

hoax [hóuks] 人をかつぐこと，いたずら；一杯食わせる
→ hocus-pocus

hobby [hábi] 趣味，子馬，初期の二輪車
→ donkey

hobgoblin [hábgàblin] いたずらな小鬼，お化け，妖怪
→ donkey

hobnob [hábnàb] 親しくつき合う，酒を酌み交わす；懇談

互いに酒を酌み交わす時，人はよく "Come what may." (どんなことがあろうとも) と言って友情を確かめ合ったものである。hob and nob (親しく；親しい)，hob a nob (代わる代わる飲んで，酌み交わして)，hobnob などは，昔からある同じ発想の表現である。アングロサクソン語 haebbe (持つ: *have*) と，ne (否) + haebbe とからなる habbe + nabbe が中英語 habnab を経て hobnob となった。その意味は "Have and have not!" (あってもなくても，持ちつ持たれつ) である。こうして，動詞 hobnob の意味が「親しく交際する」となった。この語がより不快な装いで復活したのが "the haves and the have-nots" (持てる者と持たざる者，有産者と無産者) であるが，この人たちは互いにめったに酒を酌み交わすことがない。

Hobson's choice [hábsnz tʃɔ́is] えり好みできない選択
→ Appendix VI

hocus-pocus [hóukəspóukəs] 呪文，手品；だます

早変わりする前に奇術師が訳のわからないラテン語まがいの言葉をブツブツ口走るのは，だまし (hocus-pocus) をしているのである。ちなみに，これは学問的に響くだけのでたらめな言葉 ("double talk") である。「ごまかし」の意味は，手品師が言うことになっている言葉に由来するが，元はカトリック教におけるパンを神の御子の肉体に変える秘跡 Hoc est corpus filli. (これは御子の肉体である) をパロディ化したものである。その決まり文句を言い終えると，Presto-Change O! (そーれ，変われ，オー！) と言って，早変わりが告げられる。⟨prestige 参照⟩

呪文のこの決まり文句が hocus pocus filiocus (あーら不思議) となることもある。これが短縮された hocus を早く言えば，私たちが今日知っている hoax (いたずら，人をかつぐこと) になるのである。⟨patter, scurry 参照⟩

hodge-podge [hádʒpàdʒ] 肉と野菜のシチュー，…の寄せ集め
→ amphigory

hold (of a ship) [hóuld (əv ə ʃíp)] 船倉，貨物室

船荷を入れる (*hold*) 場所である「船倉」は，そこで働いていた人には地獄 (hell) のように思えたものだった。hold は，かつては hole であり，ゲルマン諸語に共通で，オランダ語 hol (うつろの；くぼみ) の借入であるが，アングロサクソン語 helan (隠す，隠れる) にさかのぼる hell (地獄) と同系語である。

英語では特定の語に -d や -t を加える傾向がある。"He was almost *drownded*." (彼はもう少しで溺れ死ぬところだった) や "You *varmint*." (いやなやつめ！——vermin (害鳥，害虫，害獣)——) などは日常会話からの一例である。それが張り付いてしまった言葉も多い。例えば，スペイン語 azar (運任せの勝負ごと) からは hazard (危険；賭け)，フランス語 paysan (農民，百姓) からは peasant (小作農，いなか者)，ensign (旗，旗手) が転訛した ancient (《古語》旗《シェイクスピアの *2 Henry IV*：『ヘンリー四世第2部』II, iv などで使われている》)，フランス語 tyran (《古代ギリシアの》僭主) からの tyrant (暴君，僭主) などがその例である。

hole [hóul] 穴，苦境；穴を掘る
→ hold

holiday [hálədèi] 休日；休日の；休暇を過ごす
→ holy

hollyhock [hálihàk] タチアオイ
→ holy

holmium [hóulmiəm] ホルミウム
→ element

holocaust [háləkɔ̀ːst] 全燔(はん)祭の供え物，ユダヤ大虐殺，大破壊
→ catholic

holy [hóuli] 神聖な，信心深い；神聖な場所
→ wealth

「秀でた」の観念から「完全な」を経て、そのようなものは「神のご加護があるに違いない」という考えが生まれた。厳粛な holyday（宗教上の祝祭日，聖日）と，楽しむための holiday（休日，休み）は二重語である。hollyhock（タチアオイ）は holyhock から変化した。この植物は古英語 hoc（アオイ）が語源であるが，*Holy Land*（聖地パレスチナ）からもたらされたので名づけられたという説がある。halibut（オヒョウ，カレイ）は中英語では holibutte で，「祝日（*holy*）に食べるカレイ（butte）」が原義である。〈butt 参照〉

holystone [hóulistòun]《船の》甲板砥石
水夫たちが甲板を磨きあげるのに使う普通の砂岩は柔らかくて，穴（holes）がいっぱいあり，このことから *holey* stone（穴がいっぱいの石）と言った。-e- が落ちて holy となったのは，この石を使う人が安楽を知らず，水夫はほとんどいつもこの石を持って，祈る時のようにひざまずいて働かなければならなかったからではないかとされる。

homage [hámidʒ] 尊敬，臣従の誓い，主従の関係
　　pay *homage* to（…に敬意を表する）はかつて文字通りの意味だった。主人の保護に対して家臣であることのしるしとして払う費用のことであった。語源はラテン語 homo（人，男，奴隷）から派生した後期ラテン語 homoticum（臣下であること，家臣の勤め）である。なお，ギリシア語 homos の意味は「同じ」である。〈homo-, racy 参照〉

home [hóum] 家庭；家庭の；わが家に
→ dollar
　　home は，容易に想像できるように，ゲルマン諸語に共通で，古英語は ham（村，家庭）だった。

homeo- [hóumiə-] 類似の，同種の
→ homo-

homestead [hóumstèd] 家屋敷，農場；入植する
→ bed

homicide [háməsàid] 殺人，殺人行為，殺人者
→ shed

homio- [hóumiou-] 類似の，同種の
→ homo-

homo- [hóumə-] 同一の
　　多くの人にとって，大文字 I（私）が最も重要であろう。小文字 i は，かつてカトリック教の教義で非常に重要であった。325年小アジアのニカイア（Nice）でコンスタンチヌス大帝の下に召集された第1回宗教会議（oecumenical council）は，アリウス説を異端と宣告したからである。ちなみに，oecumenical（世界的な）は，ギリシア語 oikos（住まい）から，oikoumene（住まわれる大地，全世界）を経て派生した言葉である。4世紀のアレクサンドリアの長老アリウス（Arius, 250?-336）は，御子イエスは父なる神と似た本質，実体を備えるが，同一ではないと主張した。そこでアリウス派的異端を，ギリシア語 homoios（似ている）と ousia（実体，本質）を用いて homoiousian（類質論者《子と神は似ているが本質的に同じではないと説く》）と呼ぶようになった。これに対して公認の教義を信じる人を，ギリシア語 homos（同じの）と ousia を用いて homoousian（同質論者《子と神は本質的に同一であると説く》）と呼ぶ。このように，-i- の有無は重要な違いを表したのである。

　　これらの接頭辞は，ギリシア語 heteros（他の）からの借入語 hetero-（異なった）と共に，多くの言葉を造り出した。heterogeneous（異種の，異成分から成る）〈racy 参照〉，homologous（一致する，相同の――ギリシア語 logos〔秩序〕――），homoeopathy（ホメオパシー，同毒療法――like cures like〔毒を以て毒を制す〕という諺もある――）〈apathy 参照〉，homonym（同音異語，同名異人）〈pseud- 参照〉などがその例である。anomaly（例外，近点離角）は，ギリシア語 an（否）と，homos（同じ）から派生した homalos（平ら，でこぼこのない）とからなる語が語源である。

　　ニューヨークが法令によってミルクの品質を一つに統一し，"Grade A"（等級 A）の牛乳の割増料金を撤廃すると，牛乳会社は別のより高価な種類を作り出した。それはホモミルク（*homogenized* milk）と呼ばれるもので，原義は牛乳が「すべて同じ性質にされる」で，クリームをミルク

全体に等質に拡散したものである。この言葉は，homo- と genus（種）と -ize とからなるものである。
　-ize はギリシア語 -izein（する，作る）から後期ラテン語 -izare を経て英語化し，よく使われる接尾辞となった。この語尾を持つ語には，monopolize（独占する，独占権を持つ——ギリシア語 monos（ただ一つの）と polein（売る）から派生——），colonize（植民地を建設する）〈colonel 参照〉，oxidize（酸化させる，さびさせる），jeopardize（危険にさらす）〈jeopardy 参照〉，Americanize（アメリカ風にする，米国に帰化させる），Bowdlerize（不穏当な箇所を削除する）〈同項参照〉などがある。-ize は今も生きた語尾であり，「…のように振る舞う」や「…のように扱う」の意味で固有名詞につけられることがある。
　ただし，ラテン語 homo, homin- の意味は「人間」である。

homoeo- [hóumio*u*-] 類似の，同種の
→ homo-

homogeneous [hòumədʒíːniəs] 同質の，同種の，均質の
→ homo-, racy

homunculus [houmʌ́nkjələs] 小人（こびと），《精子にいるとされた》ホムンクルス，胎児
→ uncle

honey [hʌ́ni] ハチミツ；ハチミツで甘くする，お世辞を言う
→ mealy-mouthed

honk-honk [hɑ́ːŋkhɑ́ːŋk] ガン〔アヒル〕の鳴き声, honk《ガンの鳴き声》の音節重ねによる擬音語
→ conch

honorific [ὰnərífik] 敬意を表する；敬称，敬語
→ defeat

hood [húd] ずきん，ずきん状の物；覆う
→ adder

-hood [-hud]「性質・状態・集団」などを表す名詞を作る
→ shipshape

hoop [húːp] 輪，輪状の物；たがをかける
→ cough

hoopoe [húːpuː] ヤツガシラ
→ cough

hoosegow [húːsgau] 刑務所，屋外便所
→ caboose

hop [hάp] ぴょんぴょん跳ぶ，ぴょんと飛び越す；片足跳び
→ gallop

hope [hóup] 希望，見込み；望む
→ desperado

hopscotch [hάpskɑ̀tʃ] 石けり遊び
　この遊びは，かつては Scotch-hoppers と呼ばれたが，キルトをはいたスコットランド人とは無関係である。子供たちが線を飛び越えて行く遊びであることから，単に line-leapers（線跳び）とも呼ばれる。この scotch は石けり遊びのために地面に刻み込まれる「線」のことで，古フランス語 coche（刻み目，切刻み）からアングロフランス語 escoche を経て成立した。英語の動詞 scotch の意味は「傷つける，滅ぼす」である。

hormone [hɔ́ːrmoun] ホルモン
→ garble

horn [hɔ́ːrn] 角，警笛；角で突く
→ bugle

horrible [hɔ́(ː)rəbl] 恐ろしい，ひどくいやな
→ abhor

horrid [hɔ́(ː)rəd] 恐ろしい，たいへんひどい，粗毛の生えた
→ abhor

hors de combat [ɔ́ːr də koumbάː] 戦闘能力がない
→ door

hors d'oeuvre [ɔ̀ːrdə́ːrv] オードブル，前菜
→ door

horse [hɔ́ːrs] 馬；馬の
→ henchman

horticulture [hɔ́ːrtəkʌ̀ltʃər] 園芸，園芸学，園芸術
→ court

hose [hóuz] 靴下類，ホース；ホースで水をまく
→ husk

hospital [hάspitl] 病院，修理店，慈善施設
　ラテン語 hospitalis（客を厚遇する，客扱いが良い）から，古フランス語を経て英語に借入されたこの語は，元来「休息と娯楽の場」を意味し，後に，特にホスピタル

騎士団（Knights *Hospitallers*）の施設を指すようになった。この騎士団は修道士軍団で，その修道会は1048年頃にエルサレムに設立され，聖地へ向かう貧しい巡礼者の世話をした。当初，彼らはエルサレム聖ヨハネ救護騎士団（the Knights of the *Hospital* of St. John of Jerusarem）として知られていたが，後にその本拠をマルタ（Malta）島に移したことから，マルタ騎士団（the Knights of Malta）と呼ばれるようになった。現在の「病院」の意味は，この騎士団が使った用法に由来する。

また，ラテン語 hospitare（客人として受け入れる）は，host（主人；主催する）の語源である。hospitaller, hospitaler（病院付き牧師），hosteler（《宿屋の》世話係，ホステル利用客），ostler（《馬屋・宿屋の》馬丁）は，四重語である。客人をもてなしたり，受け入れたりする人は，しばしばその馬も世話しなければならず，hosteler と ostler はもっぱら宿屋の「馬丁」を指した。

しかし，ラテン語 hospitare（客人として受け入れる）の受動態 hospitari, hospitati- の意味は「客人となる」である。host は一時期，「もてなす主人」または「もてなされる客人」の両方の意味で用いられた。より世俗的なもてなしの慣行に由来する hostelry（宿屋，《おどけて》パブ，バー）は今日も使われている。このフランス語形 ostelerie は今日では hôtellerie（《昔の》宿屋，田舎風ホテル，レストラン）であり，このフランス語からフランス語 hôtel と英語 hotel（ホテル）が派生した。hospice（ホスピス，貧困者収容所）も同語源であるが，「宿泊所」の意味では今はあまり使われない。

また hospital は，語頭音消失によって spital（《特にハンセン病患者の》病院，《幹線道路沿いの旅行者用》避難所）になった。しかし，英語には -le とか -el で終わる語が多くあったことから，spittle と綴られることもあった。そのことから，spital は，古英語 spitu（唾を吐くこと——ドイツ語 spitzen〔唇をとがらす〕，本来は擬音語——）が語源の spit（唾；唾を吐く）から派生した spittle（唾液の固まり，唾）との連想によって，「貧しい病人の収容施設」に用いられ，さらに比喩的に，「気分の悪くなるような忌むべき場所」という意味も持つようになった。

hostage（人質，人質の状態）は，元来「客人のもてなし」を意味したが，古フランス語 ôtage（人質の状態）とからみ合って意味が変化した。この古フランス語は，ob-（前に，…に対して，…を邪魔して）と sidere（座る）からなるラテン語 obsidere, obsess-（座っている，囲む）から obses, obsid-（人質，抵当），後期ラテン語 obsidatus（人質であること）を経て成立した。このラテン語 obsidere, obsess- は obsess（取りつかれる，たえず心配している）や obsession（執念，固定観念が絶えず悩ます強迫観念）の語源であり，原義はそれぞれ「包囲する，攻める」「包囲」であった。hostage は降伏の条件としての約束を果たすための「抵当」，後にそのような保障として拘束される「人質」を指すようになったのである。

obsidional（攻略の，攻囲の）は今も「包囲攻撃」に関して用いられる軍事用語である。また，*obsidional* crown（包囲攻撃冠）は，「包囲攻撃」を解いたローマ人将校に与えられた花冠のことである。なお，火山岩の obsidian（黒曜石）は，プリニウス（Gaius Plinius Secundus, 23-79A.D.）が『博物誌』（77年，第36巻196-197）で，その石がエチオピアでオブシウス（Obsius）という人物が見つけた石に似ていたので obsianus と名付けたのを後の出版者が間違って obsidianus と綴ったことから生まれた言葉である。

英語 host にはいくつかの意味がある。まずラテン語 hospes, hospit-（主人，客人）から古フランス語 hoste（来客をもてなす人，客——フランス語 hôte——）を経て借入された host は，語源からして「もてなす人」である。またラテン語 hostis（よそ者，敵——二つの意味を1語で表している——）から古フランス語 host, oost（軍隊）を経た host は「武装した集団」，後に「大勢」を意味するようになった。hostile（敵意のある，敵の）も同語源である。さらにラテン語 hostia（犠牲，いけにえ）も同語源で，ここから古フランス語 oiste を経て借入された host は，犠牲のための「いけにえ」，後にその意味での「キリスト」，さらに，聖餐式におけ

る「パン」や「水」を意味するようになった。この host は hostie（ホスティア，聖体）として残っている。かくして，敵であれ客であれ hospitality（親切なもてなし）をこのような意味を持つ host（大勢）にまで広げて施す人は「汝の敵を愛せよ」というキリストの指し示すところからそれほど遠くはないと言える。

hospitaler, hospitaller [hɔ́spitələr] ホスピタル騎士団，病院付き牧師
　→ hospital, inn

host [hóust] 主人；主催する；大勢
　→ hospital, inn

hostage [hástidʒ] 人質，人質の状態，抵当
　→ hospital, inn

hosteler [hástlər] ホステル利用客，寮生
　→ hospital, inn

hostelry [hástlri] 宿屋
　→ hospital, inn

hostie [hóusti] ホスチア，聖体
　→ hospital, inn

hostile [hástl] 敵の，敵意のある；敵意を持った人
　→ hospital, inn

hotel [houtél] ホテル，大邸宅，酒場
　→ hospital, inn

Hottentot [hátntàt] ホッテントット，ホッテントット語；ホッテントットの
　→ tatterdemalion

hound [háund] 猟犬，卑劣漢；猟犬で狩る
　→ greyhound

hue [hjúː] 色，色調，喚声
　→ color

huff [hʌ́f] ハーハーと呼吸する，憤慨する；憤慨
　→ of

huguenot [hjúːgənàt] ユグノー教徒《16-17世紀のフランスの新教徒》
　この語は初め政治用語で，1518年のスイス連邦の成員を，その後フランスの1560年の改革指導者たち《カルヴァン派プロテスタント》を指すようになった。ドイツ語 Eid（誓い）と Genoss（仲間）からなる Eidgenoss（誓約を結んだ友人，同盟者）のフランス語方言 eiguenot の転訛で，その語形はジュネーブの宗教改革者ユーグ（Hugues de Besançon, ?-1532）の個人名 Hugues の二重指小辞形で古いフランス語名である Huguenot との連想によって変化したと考えられる。

hum [hʌ́m] ブンブン音をたてる；ブンブン，ふーむ
　→ ink

human [hjúːmən] 人間の，人間らしい；人
　→ uncle

humane [hjuːméin] 思いやりのある，苦痛を与えない，人文科学の
　→ uncle

humanity [hjuːmǽnəti] 人間であること，博愛，人間
　→ uncle

　human と humane は18世紀までは互換的に使われていたが，後に humane は次第に人間となるのに必要な特質に制限されて使われるようになった。したがって今日でも humanity は，human と関係づけられて「人類」という意味に使われることがあれば，humane と関係づけられると，「親切」「思いやり」「礼儀」「慈悲」（仲間への愛）などを表す言葉として使われる。

humble [hʌ́mbl] つつましやかな，卑しい，卑下する

　園芸に関する近年の本に *A Sense of Humus*：『腐葉土の意味』がある。humus はラテン語 humus（地面，土）からの借入で，英語 autochthonous（土着の，原地性の）などの -chthon- の語源であるギリシア語 khthon（大地，地面）と同族語である。exhume は，「発掘する」である。ラテン語形容詞 humilis（地面の上の，低い）は，フランス語 humble（低い，下層の，謙遜な）を経て，英語に借入され，主として比喩的に「謙虚な，つつましい」という意味を持つようになった。humiliate（恥をかかせる，屈辱を与える）は動詞形である。

　なお，"to eat *humble-pie*"（甘んじて屈辱を受ける，素直に謝る）は「屈辱，不面目（*humiliation*）を甘受する」である。この humble-pie は，元は numbles（食用臓物，その異形 umbles（シカの臓物）でできたパイを意味する umble-pie から，発音の類似によって変化した。numbles は古フランス語 nombles から借入された言葉であるが，この語は，ラテン語 lumbus（腰，腰肉）の指小語 lumbulus（小さな腰，腎臓）から lombles（腎臓）を経て変化した。ちなみにラテン語 lumbus は lumbar（腰部の，腰椎の）や lumbago（腰痛）の語源である。〈n- が消失する過程については，auction 参照〉

humbug [hʌ́mbʌ̀g] ぺてん師，ごまかし；ぺてんにかける

いくつかの言語では，擬音語 humming（ブンブンいう；ブンブンいう音）の概念は，戯れと関係している。スペイン語 zumbar（ブンブンいう，からかう）やフランス語 bourde（ぺてん師：*humbug*），*bourdon*（バグパイプの長く持続する低音，ミツバチの雄）などにその例が見られる。

humbug の意味の由来については次のような話がある。バッタの脚，カブト虫の胴体とアリの頭とを注意深く寄せ集めた学生たちが，「これは何の昆虫（bug）でしょうか」と，教授に質問した。すると教授は「これを生きたまま捕まえたのかね」と問い返した。「そうです」「ブンブン（hum）いっていたかね？」「はい，そうです」「そうだね，humbug（ぺてん虫）だったに違いないね」と。また，普仏戦争（1870-71）の時，ドイツ側の宣伝機関の中心地ハンブルク（Hamburg）が訛ってできた言葉だという説もある。

しかし，別の面から意味の移転が生じた可能性が高く，アイルランド語 uim bog（柔らかい銅）が語源であるとする説がある。すなわち，英国王ジェイムズ 2 世（James II，在位 1685-88）がダブリンの造幣所からアイルランドにあふれさせた価値のない悪貨に関係があるという説である。その銅貨を Bug（虫）と言い，それが俗語で「だます」を意味するようになった。その貨幣は，昆虫のように刺し（sting），また，刺された人はヒリヒリ痛み苦しんだ。〈attack 参照〉

humdrum [hʌ́mdrʌ̀m] 単調な，平凡な；単調

この語は漠然とではあるが humming（ブンブン音を立てる）と drumming（ドンドン打つ）の記憶をとどめている。この語の反復的音は boredom（退屈）を真似たものである。〈knick-knack 参照〉

humid [hjúːmid] 湿気の多い，多湿の，湿っぽい
→ complexion

humidity [hjuːmídəti] 湿気，湿度
→ complexion

humiliate [hju(ː)mílièit] 恥をかかせる，屈辱を与える
→ humble

humor [hjúːmɚ] ユーモア，気分；調子を合わせる
→ complexion

hump [hʌ́mp] こぶ；丸くする，丸く盛り上がる
→ luncheon

humph [m̩m̩] ふん，ふふん；ふんと言う
→ globe

humus [hjúːməs] 腐植，腐葉土
→ humble, posthumous

hunch [hʌ́ntʃ] こぶ；丸くする，身をかがめる
→ luncheon

hundred [hʌ́ndrəd] 100，100 個；100 個の
→ number

hunt [hʌ́nt] 狩る，狩りをする；狩り
→ greyhound

hurry [hɚ́ːri] 急ぐこと；急ぐ，急がせる
→ scurry

husband [hʌ́zbənd] 夫，節約家；節約する

奥様方（*wives*），少しお聞きあれ。夫は「一家の主」なのである。husband の語源がアングロサクソン語 hūs（家：*house*）と bōnda（自由土地保有者）〈neighbor 参照〉からなる語で，後にその人物には wife（妻）がいるという観念がつけ加えられ，結婚した男としての「夫」となった。ちなみに wife（妻──アングロサクソン語 wīf──）は初め，「女」（woman）を意味するだけだった。しばらくの間，husband は「土地を耕す人」も意味したが，この農夫の意味は husbandman（one that *husbands*：作物，質素にやりくりする人）にとって代わられた。

despot（専制君主，独裁者）もまた「一家の主」を意味したが，こちらは，dems-（一家の，一族の）と pot-（主人，力）からなる印欧祖語 demspot-（一族の長）から分出したギリシア語 despotes（主人）が語源である。この印欧語根 pot- からラテン語 potis（可能な）が分出，さ

らにラテン語 esse（…がある，…である）と合成されて posse（できる）となり，このラテン語の現在分詞 potens, potent- を経て英語 potent（力強い，効力のある）や potentate（有力者，主権者）が派生した。ギリシア語 demein（建てる）やラテン語 domus（家）は上記の印欧語根 dem- から分出した。なお，despot と democracy（民主主義，民主国家）〈同項参照〉の関係には注意が必要である。「人民の政府」であっても「人民による政府」ではないということがある。

husk [hʌ́sk] 殻，無価値な外皮；皮をむく
麦の穂（ear of corn）が出る前の様子を，小さな家にぬくぬくと納まっていると考えると愉快である。この語はまさにその様子を表すもので，husk は house（家）の指小語であり，オランダ語 huisken（小さな家，物が隠されている箱）から変化した。この huisken の短縮には，初め「靴下」，後に「曲げやすい管，ホース」を意味するようになった hose の語源のアングロサクソン語 hosa（箱）が影響を与えた。
　犬の husky（エスキモー犬，ハスキー犬）は，Eskimo（エスキモー人，エスキモー語）の単なる短縮形 Eski のことであると考えられる。また，*husky* throat（ハスキーなのど）は，まるで麦を脱穀した（*husking* corn）後のような，埃っぽい「渇いたのど，かすれ声」のことである。耳まで赤くした女の子にキスをした後にそうなることもあるけれど。近所の人たちが手伝いに集まってトウモロコシの皮むきをする会を *husking* bee というが，最もよく殻を取った者は *husky* fellow（たくましい仲間）と呼ばれることがある。

hussar [huzɑ́ːr] 軽騎兵，騎兵隊
　　この語は，ラテン語 currere, curs-（走る）から cursus（走ること，襲撃）を経て派生した後期ラテン語 cursarius が語源で，後期ギリシア語 koursarios，さらにハンガリー語 huszar（追いはぎ，盗賊）を経て東欧語から借入されて成立した。また，後期ラテン語 cursarius からロマンス語経由で，イタリア語 corsaro, corsare（海賊），フランス語 corsaire（私掠船）を経て，英語 corsair（私奪船，海賊）が借入された。
　　excursion（小旅行，遠足の一団）の語源は ex-（外へ）と上記 currere からなるラテン語 excurrere, excurs-（出撃する，遠征する）の名詞 excursio, excursion- で，原義は「遠征」だった。ラテン語 discurrere, discurs- が語源の discourse（講演；講演する）の原義は，「あちこち走り回る」で，後に「推論の過程，論述」を意味するようになり，さらに「推論の伝達，論説」も意味するようになった。この原義は discursive（散漫な，広範囲にわたる）や scurry（あわてて走る；小走り）〈同項参照〉にまだ残っているが，名詞 scour（突進）から意味が移転した scour（《田舎を》駆けめぐる，捜し回る）も同語源と考えられる。〈car, cutlet, quarry, scourge 参照〉

hut [hʌ́t] 小屋，仮兵舎；小屋に宿泊する
　→ adder

hyacinth [háiəsinθ] ヒヤシンス，青紫色，ヒヤシンス石
　→ flower, carnelian

hybrid [háibrid] 交配種，混成語；雑種の
　→ otter

hydra [háidrə] ヒュドラ，根絶しにくい災害，ウミヘビ
　→ drink, otter, wash, element の項 mercury

hydrant [háidrənt] 水道栓，消火栓
　→ drink, otter, wash, element の項 mercury

hydraulic [haidrɔ́ːlik] 水力の，水圧の，水硬性の
　→ drink, otter, wash, element の項 mercury

hydrogen [háidrədʒən] 水素
　→ element, racy

hydrophobia [hàidrəfóubiə] 狂犬病，恐水病，恐水症
　→ drink

hygiene [háidʒiːn] 衛生学，健康法，衛生
　→ caduceus

hyper- [háipər-] 超，過度の
　→ overture

hyperbole [haipə́ːrbəli] 誇張，誇張法
　→ parlor, overture

hyperborean [hàipərbɔ́ːriən] ヒュペルボレオス人の；ヒュペルボレオス人，北国人

→ aurora
hypnosis [hipnóusis] 催眠状態
　　→ psychoanalysis
hypochondria [hàipoukǽndriə] 心気症の；心気症の患者
　　→ overture
hypocrite [hípəkrìt] 偽善者
　　→ overture, garble
　私たちは自分に反論する人は不誠実だと考えがちである。だが反対者が本当に自分の言っていることを信じているとは信じがたい。そこに本当の心と発言とが異なっている人，すなわち「偽善者」が生まれるのである。
hypothesis [haipǽθəsis] 仮説，前提，仮定
　　→ Spoonerism
hysteria [histíəriə] ヒステリー，病的興奮

　医学で hysteria と名付けられる一般の病状について知らなくても，少なくとも私たちが知っている「ヒステリーの発作」(hysterics) は，男性より女性の方によく起こる。この発作はかつて mother-sickness と言われていた。ギリシア人も同じ発想をしていて，hystera（子宮）から hysterikos（子宮の《不調》）を経て，hysterics が派生した。なお，英語 uterus（子宮）は，ギリシア語 hystera からラテン語 uterus を経て借入された。

I

iambic [aiǽmbik] 弱強格；弱強格の；弱強格の詩
→ helicopter

Icarian [ikéəriən] イカロスの，向こう見ずの，冒険的な
→ daedal

Icarian は，フランスの空想的社会主義者カベー (Étienne Cabet, 1788-1856) の信奉者たちによって築かれた共産主義的共同体にも使われている。カベーの *Voyage en Icarie*：『イカリア旅行記』(1840年) はそのような共同体を描いたものである。

ice [áis] 氷；氷で冷やす，氷のように冷たくなる
→ iron

ichneumon [ikn(j)úːmən] エジプトマングース，ネコイタチ，ヒメバチ
→ crocodile

Idaho [áidəhòu] アイダホ
→ States

-ide [-àid] 「…化物」を表す名詞化接尾辞
→ cyanide

idea [aidíːə] 考え，思いつき，観念

この語は，ギリシア語 idein (見る) の派生語 idea (外観) からラテン語を経た借入語である。現在のほとんどの意味は，肩幅が広かったことからプラトン (Platon：(英語) Plato)〈vessel 参照〉と呼ばれるようになったギリシアの哲学者アリストクレス (Aristocles, 427-347B.C.) によるものである。「見ること」から「見渡して思い描くこと」「将来起こることについての考え」の意味が生じた。そしてそこから「心に描いた原型」「空想的で，現実的でない像」の意味が生まれるのである。この ideal (空想的な像) は，普通現実より良いもので，私たちがそれに向かって奮闘する「理想」(*ideal*) へとその意味が発展した。〈Platonic 参照〉

ideal [aidíːəl] 理想，空想；理想的な
→ idea

idiom [ídiəm] 慣用語句，語法，作風
→ idiot

idiosyncrasy [ìdiəsíŋkrəsi] 特異性，特有の表現法，特異体
→ idiot

idiot [ídiət] ばか，間抜け

英国国教会の主教テイラー (Jeremy Taylor, 1613-67) が "Humility is a duty in great ones, as well as in *idiots*." 「謙遜は平信徒 (*idiots*) にもお偉方にも義務である」と述べた時，昔の意味で *idiots* が使われた。この語の語源はギリシア語 idios (自分自身の，固有の) から派生した idiotes (私人) で，英語にはその意味で借入された。実は，peculiar は，今日では「奇妙な，変な」を意味するが，古くは「個人の，独特の」という意味であった。

「私人」とは公職に就かない人のことだったが，次第に公職に就くにはふさわしくないとか，公職に就けない人を指すようになった。このことから，「精神遅滞者」の意味が生まれたのである。ギリシア語 idios (自分自身の，固有の) は，また，ある言語に固有の表現を意味する idiom (慣用語句，語法) の語源でもある。

idio- は，多くの語で結合語形や接頭辞として使われる。そのうち，最も一般的な語が idiosyncrasy (特異性，特異体質) で，この語はギリシア語 idio- (独自の) と syn (一緒に) と krasis (混合，結合) からなっている。《すなわち，熱・冷・湿・乾のその人独特の混合によって生まれる特異性のことである。》

if [if] もし…ならば，…とすると；条件

数学の授業の問題はしばしば Given (…が与えられると，…を仮定すれば) から始まる。この語を使うと，If で始まるよりも格式ばって聞こえる。しかし，この2語は元来同じものである。if はアングロサ

クソン語 gif (*given*：…だとすると，…と想定すると) の語頭音消失で生じた。さらに given がなくとも, the beggars on horseback (馬の背に乗る乞食) という仮定的表現が生まれた。《*A beggar on horseback*, he'll ride to the devil. (乞食を馬に乗せたら悪魔の所へ行く：にわか大臣は有頂天になり，まもなく身を滅ぼす) に由来。》

ignite [ignáit] 火をつける，奮起させる，火がつく
  → meteor

ignoramus [ìgnəréiməs] 無知な人，無学な人，証拠不十分で不起訴の時に大陪審が起訴状に書いた裏書

  ignoramus は *ignorant* person (無知な人物) のことである。ignorant は, in (否) の結合形 ig- と gnorare (知る) とからなるラテン語 ignorare (知らない) の現在分詞 ignorans, ignorant- が借入されたものである。また，見出し語 ignoramus は, 同じラテン語動詞の現在時制一人称複数形が直接借入されたもので，原義は「私たちは知らない」である。この言葉は，大陪審 (Grand Jury) が証拠不十分で不起訴を決定した時に, 起訴状の裏に書かれた。しかし，大陪審が「イグノラムス大陪審殿」(*ignoramus* jury) と不名誉な名で呼ばれるようになると，"No true bill"(真の起訴状に非ず) と書かれるようになった。英語 ignore (無視する) は初め「知らない」を意味した。ところが，ある人物を知らない (知りたいとも思わない) 場合, 社会的にはその人を「無視する」ことになることから今日の意味に使われるようになった。

ignorant [ígnərənt] 無知の，無学の，知らない
  → ignoramus, knick-knack

ignore [ignɔ́:r] 無視する，怠る，証拠不十分として却下する
  → ignoramus, knick-knack

illinium [ilíniəm] 【化学】イリニウム
  → element

Illinois [ìlənɔ́i] イリノイ，イリノイ川
  → States

illuminate [ilú:mənèit] 照らす，明らかにする，イルミネーションを施す
  → limn

illustrate [íləstrèit] 説明する，挿絵を入れる，例証する
  → limn

illustration [ìləstréiʃən] 例，説明，挿絵
  → limn

illustrious [ilʌ́striəs] 有名な，著名な，すばらしい
  → limn

imbecile [ímbəsl] 知的障害のある，愚かな，ばかな；ばか

  この語の語源は, in (否) の結合形 im- と, baculus (棒，杖) から派生した bacillum (ステッキ, 散歩用杖) とからなるラテン語 imbecillus (虚弱な) である。しかし, Sparing the rod and spoiling the child. (鞭を惜しむと子供をだめにする；かわいい子には旅をさせよ) の諺とは関係がない。初め，体力に関して，自分を支えるための杖を必要とするような「弱い」人を意味していた。そして，補佐役 (staff) がいなければ無力な人は「ばか」というわけである。

imbibe [imbáib] 飲む，吸収する，吸い込む
  → bavardage

imbroglio [imbróuljou] もつれ，複雑な誤解，複雑な筋
  → island

immaculate [imǽkjələt] 少しも汚れていない，欠点のない，けがれのない
  → mail, trammel

immaterial [ìmətíəriəl] 重要でない，非物質的な，精神上の
  → irrelevant

immediate [imí:diət] 即座の，直接の，直観の
  → immunity

immigrate [ímigrèit] 移住する，移住させる
  → immunity

immolate [íməlèit] いけにえとして捧げる，犠牲にする

  かみ砕く歯は molar (大臼歯, 奥歯) であり，この語の語源は, ラテン語 mola (石臼：*millstone*) から派生した molaris (ひき臼) である。印欧語根 mal- (砕く) は，狩猟民族が農耕を始めるにつれて，広範に広がった。ギリシア語 myle (石臼：*mill*)，アングロサクソン語 melo (砕かれ

る物——meal〔粗びき粉〕の語源——），オランダ語 maal（食事），ラテン語 molere, molit-（ひく）は同族語である。mill（水車場）はアングロサクソン語 myln（水車場）が語源であり，ラテン語 molina, molinum（粉ひき場）は同族語である。しばしば穀物はドシンドシンと打ち砕いて粉にしたことから，mill は拳闘の場合のように「連打を浴びせる」という意味にも使われることがある。maelstrom（《ノルウェー北西岸沖で起きる》大渦巻，大混乱）の語源は，malen（すりつぶす）と stroom（流れ）からなるオランダ語 maalstroom（渦巻）である。

また，immolate（犠牲にする，いけにえにする）は，ラテン語 immolare, immolat-（供える，犠牲を捧げる）の借入で，このラテン語の原義は「犠牲の準備のために，あらびき粉（*meal*）を振りかける」だった。

immoral [imɔ́(ː)rəl] 道徳に反する，ふしだらな，わいせつな
　→ remorse

immortal [imɔ́ːrtl] 不死の，不滅の；不死の人
　→ remorse

immortelle [ìmɔːrtél] 永久花
　→ remorse

immunity [imjúːnəti] 免疫，免れていること，免除

昔，公務は求めて得るものではなく，義務として与えられたものだった。しかし後に，ある特定の人物や階級に公務免除（*immunity*）が認められ，このことから immunity は一般に「免除」とか「免責」「免疫」という意味に使われるようになった。語源は，in, im-（否）と，munus, muner-（贈り物，奉仕）の複数形 munia（奉仕，贈与，公職）とからなるラテン語である。ラテン語 munus, muner- は動詞 munerare, munerat-（職務を与える，職務を解除する）から派生した言葉で，「職務を与える」の意味に使われたこのラテン語動詞に接頭辞 re-（後ろへ，お返しに）をつけたラテン語 remunerari, remunerat-（贈り物に返報する，報酬を与える）が英語 remunerate（報酬を与える，償いをする）の語源である。その基本的な考え方は相互交換である。

community（地域社会，共同体）は相互奉仕によって結びつけられている集団のことである。語源はラテン語 communis（共有の，共通の，共同の）で，このラテン語は common（共通の，公共の）の語源でもある。類義の mean（並みの，劣った）〈同項参照〉は，アングロサクソン語 gemaene（共通の）が語源で，「一般の」（*common*）の意味から，「下品な，卑しい」（vulgar）を，さらに，「卑劣な，さもしい」を意味するようになった（vulgar の語源であるラテン語 vulgus〔庶民〕も同様に軽蔑的な意味を持つ）。mean のこのような意味の低下は，少なくとも，印欧語根 mi-（減らす，けなす）から分出したアイスランド語 meinn（さもしい，有害な）の影響によると考えられる。英語 minish（《古語》少なくする），diminish（小さくする，けなす）はこの語根に由来する言葉である。〈meticulous 参照〉

ところで，mean（意味する，つもりである）は，ゲルマン諸語に共通な言葉で，古英語では maenan（意味する，意図する）で，古高地ドイツ語 meina（思考，考え）や古高地ドイツ語 minni（記憶——mind〔心，知力〕の語源——）も同系語である。

golden *mean*（中庸，中道）における mean（中間；平均の）は，ラテン語 medius（真ん中の；真ん中）から派生した medianus（中央にある，中の）が語源で，英語 median（中央の；中央値）は二重語である。また，英語 mediate（調停する；仲介の）も同じ語源で，immediate（即座の，直接の）の原義は「間に何もない」である。さらに「自分を間に（in the *middle*）突っ込む」ことが meddle（干渉する）である。しかし，この meddle は，ラテン語 miscere, mixt-（混ぜる，混ざる：*mix*）から後期ラテン語 misculare を経て派生した古フランス語 mesler（混ぜる，混ざる）の影響を受けている。promiscuous（乱交の，ごたまぜの）もラテン語 miscere, mixt-（混ぜる，混ざる）から派生した。

さて元に返って，municipal（地方自治の，内政の）は，ラテン語 municeps, municip-（自由人，公職者）から派生した municipalis（ローマの市民権を認められた町〔ラテン語 municipium〕に属する）

が語源である。このラテン語 municeps は前述の munia（奉仕，贈与，公職）と capere, capt-（得る，就く——英語 capture〔捕える，獲得する〕の語源——）〈manoeuvre 参照〉とからなり，munificent（気前のよい，寛大な）は，同じラテン語 muni-（贈り物）と，facere（作る）の弱形 ficare とからなる言葉である。

ところで，immunity は印欧語根 mei（交換する，行く，動く）にさかのぼることができ，サンスクリット語 mayate（彼は交換する）やラテン語 meare, meat-（行く）は同根語である。そしてこのラテン語は英語 permeate（通り抜ける，しみ透る——ラテン語 per〔抜けて〕——）の語源である。ハムレットが母親のことを "if it be made of penetrable stuff"（もしあなたの心が言葉の入り込める材料でできているなら）（*Hamlet*：『ハムレット』III, iv）と言っているように，"if she is made of *permeable* stuff"（もし彼女が透過性のある材料でできているなら——道理や感情がわかるなら——）という言い方がある。ラテン語 meare（行く）の反復形は migrare, migrat（歩き回る，移住する）で，英語 migrate（移住する，移動する），emigration（出国移住，移民），immigration（入国移住，移民団）の語源となった。

ラテン語 mutare, mutat-（変える，変わる）もまた同根語であり，このラテン語は，英語 mutable（変わりやすい，無常の），commute（取り替える，通勤する），permutation（順列，並べ替え），transmutation（変形，変質）などの語源である。commute は初め，厳しい罰から軽い罰へと変える時のように，exchange（換える）を意味していた。歴史家・政治家マコーリー（Thomas Babington Macaulay, 1800-59）は，"her sentence was commuted from burning to beheading."（彼女の判決は火あぶりの刑から打ち首の刑に変えられた）（*The History of England*：『英国史』，1848-61）と言っている。後に「少額の金額の代わりに一括払いを許す，切り替える」という意味になった。そのような一括払いによって，commuter（通勤者）は通勤する（*commute*）時に，都市と郊外との間の毎日の行き来に使うような定期券，回数券（*commutation* ticket）を買う。また，卑金属から貴金属への「変質」（transmutation）は中世の錬金術師たちが最終目標とし，近年やっと一部の元素の「変換」（*transmutation* of the elements）が可能になったばかりである。人類の発展において私たちがなお暗黒時代にいると信じる理由は他にもある。

leisure（余暇；余暇の）も immunity と同じような意味の変化を経た言葉である。leisure は，ラテン語 licere（許される，職務・兵役を免除される）から，古フランス語 leisir，フランス語 loisir（時間的余裕，暇）を経て借入された。したがって，職務や兵役をやめる人は怠惰（*lazy*）であるということは大いにありうることである。lazy の語源は不明であるが，leisurely（ゆっくりした，ゆっくりと）の古形 layserly の短縮形ではないかと考える説がある。

license（許可，免許，自由）は，同じラテン語 licere の現在分詞 licens, licent- から派生した名詞 licentia（自由，無拘束）から借入された。許可されたり自由を与えられたりするとしばしば度を越しがちになることから形容詞 licentious に「みだらな，不道徳な」という意味が含まれることになった。licentiate（免許状所有者，修士号取得者）は，告白を聞く権限を与えられた修道士のことだったが，やがて大学から専門職を開業する許可（*license*）を与えられた人を意味するようになるのである。

しかしながら，lycée（リセ《フランスの3年制高等学校》）はフランス語で，ラテン語 lyceum（リュケウム《アリストテレスが開いたアテナイの学園リュケイオン〔Lykeion〕のラテン語名》）から変化した言葉である。〈Platonic 参照〉

imp [ímp] 小悪魔，鬼の子，いたずら小僧
　→ graft

impact [ímpækt] 衝撃；窮屈にする，衝突する
　→ propaganda

impair [impéər] 減じる，悪くする，害する
　→ pessimist

impale [impéil] 突き刺す，身動きできな

くする，合わせ紋にする
→ palace

impassable [impǽsəbl] 通行不能の，通れない
→ pass

impassible [impǽsəbl] 無感覚な，平気な，苦痛を感じない
→ pass

impeach [impíːtʃ] 告発する，非難する，疑う
→ dispatch

impeccable [impékəbl] 欠点のない，きちんとした，罪を犯すことのない

　今日，肯定形 peccable（罪を犯しやすい）はほとんど使われず，否定形 impeccable が主に使われている。人は罪を犯す (sinning) ものなので，sinful（罪深い）が頻繁に使われる。ごく普通のゲルマン語 sin（罪を犯す）は印欧語根 es-（存在する：to be）の古い現在分詞 sont- から分出した言葉である。存在することは sinner（罪人）になることなのである。《*The New England Primer*：『ニューイングランドの初歩読本』(1690年) の冒頭には》"In Adam's fall, We sinned all."（アダムの転落によって，私たちすべては罪を犯した）とある。しかも，罪 (*sin*) から免れることは非常にまれなことから，in（否）と peccare（誤る，犯す）からなる否定形の難しいラテン語 impeccabilis（罪を犯すことのない）から借入された impeccable を用いる。なお反対に罪を軽く受け流すような peccadillo（微罪，ちょっとした過ち）は，同じラテン語 peccare（誤る，犯す）から名詞 peccatum（過ち），イタリア語ないしスペイン語 pecado（罪）の指小形を経て借入されたと考えられる。

impede [impíːd] 遅らせる，邪魔する
→ baggage

impediment [impédəmənt] 障害，身体障害，婚姻制限
→ baggage

impel [impél] 強いる，押し進める，促す
→ pelt

imperial [impíəriəl] 帝国の，皇帝の；皇帝ひげ
→ empire

implicate [ímplikèit] 巻き込む，暗に示す；包含されたもの
→ plagiarism

implicit [implísit] 暗黙の，絶対的な，陰関数表示の
→ complexion

imply [implái] 暗に意味する，含意する，ほのめかす
→ complexion

import [impɔ́ːrt] 輸入する，重要である；[ímpɔːrt] 輸入
→ port

important [impɔ́ːrtənt] 重要な，有力な，尊大な
→ port

importunate [impɔ́ːrtʃənət] しつこい，せがんで，急を要する
→ port

importune [ìmpərt(j)úːn] うるさくせがむ，うるさがらせる，客を誘う
→ port

imposition [ìmpəzíʃən] 課すこと，賦課物，つけこむこと
→ pose

impost [ímpoust] 賦課金，関税，【建築】迫元(せりもと)《アーチの起点》
→ imposter

imposter [impástər] 他人の名をかたる人，詐称者，ぺてん師

　impost, imposter の語源は，ラテン語 imponere, imposit-（…の上に置く，…に対して置く）から派生した後期ラテン語 impostum（賦課金，関税）で，字義通りの意味にも比喩的にも使われるようになった〈pose 参照〉。impost は一般に字義通り，アーチが置かれる柱の「迫元(せりもと)」や「商品に課した税の徴収」の意味に使われ，imposter は比喩的意味が支配し，「人の忍耐力に負担をかける者」であると考えることができる。

imprecation [ìmprəkéiʃən] 呪うこと，呪い，呪いの言葉
→ precarious

imprimatur [ìmprimáːtər] 出版許可，許可，承認
→ spouse

imprint [ímprint] 印；押す，刻み込む
→ command

impromptu [imprámpt(j)uː] 即座の；即興詩，即興演説
→ improvised

improvised [ímprəvàizd] 即席に作った，即興の

スピーチをするように求められるとは思っていなかったと言いながら，4頁ものメモをポケットから出す人の話は，決して即興の（impromptu）話でも，用意なしの（extemporaneous）話でも，即席の（*improvised*）話でもない。impromptu は in-（中に：in）と，promere, prompt-（前に置く――pro〔前へ〕＋emere, empt-〔取る，買う〕――）から派生した promptus（準備）とからなるラテン語 in promptu（即座に：〔原義〕準備万端整って）が語源である。ただし，in- を否定辞ととり，「準備なしに」とする俗語源がある。pre-empt（先手を打つ，機先を制する）の原義は「先に買い取る」である〈ransom 参照〉。extemporaneous は，ラテン語 ex（外へ）と tempus, tempor-（時）からなる言葉で，原義は「時のはずみで」である。temporary（つかの間の，一時的な）も同語源である〈pylorus 参照〉。improvised は，ラテン語 im（否）と pro（前もって）と videre, visu-（見る）とからなる言葉で，「前もって見えない」が原義である。

ラテン語 videre, visu- からはいろいろな言葉が派生している。「私が見るところでは」("The way I see it.")と言って人に忠告する（advise）ことがよくあるが，advise は ad（…に対して，…に）と videre, visu-（見る）からなる後期ラテン語 advisum（見解，意見）が語源で，この決まり文句は advise の原義そのものであると言える。advice（忠告，勧告）における -s- から -c- への綴りの変化は，prophesy（予言する）と prophecy（予言），devise（工夫する）と device（装置，工夫）の変化と同じく，人為的である。

ところで，device の語源はラテン語 dividere, divis-（分ける――divide の語源――）で，最初の意味は「《分けられた》細部」であるが，「…の下に（de-）見えるもの」とも解することができ，ラテン語 videre（見る）の影響も考えられる。同様に「区別する」ことは別々に見ることでもあり，英語 divide（分ける――ラテン語 dis-, di-〔分離して〕が語源――）や名詞 division にもラテン語 videre（見る）の影響を見ることができる。そしてもっと直接的に見られたものが vision（視覚，光景）である。分割されない（not *divided*）まとまりは，individual（個々の；個人）と言う。

また provide（供給する，提供する）や provident（先見の明のある，倹約する）は，ラテン語 providere, provis-（前もって見る）から派生した。revise（訂正する，改正する）の原義は「見直す」である。evident の原義は「外に見える，はっきり見える」である。envy（ねたみ；うらやましく思う）は，ラテン語 invidere（覗き込む，悪意をもって見据える）の名詞 invidia（ねたみ）が語源で，フランス語 envie を経て借入された。うらやましく思う時は相手をじっと見るものである。形容詞 envious（うらやんで，ねたんで）もやはりフランス語から借入された。envious の二重語 invidious（しゃくにさわる，不公平な）は，ラテン語から直接に借入された。〈supercilious 参照〉

visual（視覚の，目に見える），visible（目に見える，明らかな），invisible（見えない；目に見えないもの）も，ラテン語名詞 visus（現象，外観）あるいは同語源の動詞 videre, visu-（見る）から派生した言葉である。〈widow 参照〉

さらに，いろいろな派生語がフランス語を経て借入されている。英語・フランス語 visage（顔，外観）や英語 envisage（心に描く，予想する）は，ラテン語 visus（現象，外観）から古フランス語 vis を経て派生した。この古フランス語は vis-à-vis（向かい合って）に今も残っている。visit（訪問する，行く）は，語幹 vis- から派生したラテン語の反復動詞 visere, visit-（会いに行く）の二重反復形 visitare, visitat-（しばしば見る）が語源である。

ラテン語動詞 videre（見る）から，古フランス語 veoer〔veier〕，フランス語 voir（見る），vu（見ること），その現在分詞 voyant を経て clairvoyant（千里眼の；千里眼の人――フランス語 clair〔明確な：*clear*〕――）が派生した。view（眺め；眺める），interview（会見；面談する――フランス語は entrevue――），revue（時事風刺劇，レビュー：〔原義〕

風刺的に見直すこと)，review（再調査；復習する）も同じように派生した。ラテン語 providere（予見する）の現在分詞 providens, provident- は短縮されて prudens, prudent-（前もって見ること）となり，この語から英語 prudent（用心深い，打算的な）や英語・フランス語 prude（お堅い人，すまし屋：〔原義〕賢い）〈同項参照〉が派生した。法律の英知は juris-prudence（法学，法体系——ラテン語 jus, jur-〔法，法律〕——）に結晶されている。

観客は試演（*preview*）でまっさきに劇を見ることを好む。しかし，きわどい内容のレビュー（revue）の役者は，警察が巡視（a visit）に来る時だけは即興で演じる（*improvise*）ことになる。

impugn [impjúːn] 攻撃する，非難する，論駁する
→ pygmy

impulse [ímpʌls] 衝動，推進力，衝撃
→ pelt

imputation [ìmpjətéiʃən] 転嫁，非難，責め
→ curfew

in [in] …の中に，中へ，中の
→ inn

inaudible [inɔ́ːdəbl] 聞こえない，聞き取れない
→ audit

inauguration [inɔ̀ːgjəréiʃən] 就任，開業，開始
→ auction

incandescent [ìnkəndésnt] 白熱光を発する，まばゆいほどの，熱烈な
→ candid, free

incantation [ìnkæntéiʃən] 呪文，魔法，繰り返しの多い言葉
→ trance

incarcerate [inkɑ́ːrsəreit] 投獄する，監禁する，取り囲む
→ cancel, quarter

incarnation [ìnkɑːrnéiʃən] 肉体化，化身，権化
→ sarcophagus

incense [ínsens] 香；香をたきこめる，激怒させる
→ free

incentive [inséntiv] 刺激，報奨金；刺激的な

歌にはいろいろな調子や気分がある。この世に何の憂いもなく歌を口ずさむ人や，水夫のように仕事をやりやすくするためにはやし歌，舟歌（shanty）を歌う人や，あたかもトキの声のように，戦争への召喚として歌（*chant*）を叫ぶ人もいる。もしだれかのために歌い始めた場合，その人をその曲によって刺激していることになり，方向をも指し示していることもありうる。incentive とはそのような「刺激」を意味する言葉である。語源はラテン語形容詞 incentivus（調子を定める）であり，動詞 canere, cant-（歌う）から incinere, incent-（《音楽》を始める）を経て派生した。cantata（カンタータ）の語源はラテン語 canere, cant- の反復形 cantare, cantat- である。またこの反復形がフランス語 chanter（歌う）を経て英語 chant（詠唱；詠唱する）や shanty（労働歌，はやし歌）となった。なお，「掘立小屋，家畜小屋」の shanty は，フランス語 chantier（掘立小屋，作業場）から借入された言葉で，ギリシア語 kanthelios（荷運びロバ）までさかのぼる可能性もあるが，仕事のときに「歌う」を意味するラテン語 canere にさかのぼる可能性の方が高いと考えられる。ところで，chant と，ゲルマン語根 ham-, chan-（歌う）を経て派出したアングロサクソン語 hana（雄鳥）や hen（雌鳥：*hen*）は，《印欧語根 kan-（歌う）に由来する》同族語である。〈saunter 参照〉

inceptive [inséptiv] 初めの，起動の；起動相
→ manoeuver

inch [intʃ] インチ；少しずつ動かす，少しずつ苦労して進む
→ uncle

incinerator [insínəreitər] 焼却炉，火葬炉

この近代的廃棄物処理方法を表す語は，戦争や死に関連すると古めかしい言葉である。語源は，ラテン語 in（…の中に）と cinis, ciner-（灰）からなる後期ラテン語 incinerare, incinerat-（灰にする）である。英語 cinder（燃え殻，灰）は，同じラテン語 cinis, ciner- から変化したフランス語 cendre（灰）の影響を受けているが，語源はアングロサクソン語 sinder

（鉄くず，燃え殻）である。また，童話のCinderella（シンデレラ）は，フランス語cendreの指小語cendrillon（こき使われる娘，灰かぶり）が語源である。

さて，シンデレラの物語は忘れられた語の運命を例証していて，その運命を知るとそれらが親しみのある語に変わる。シンデレラが，履いていて無くしたのはune petite pantoufle de vair（小さな皮靴の片方）だった。このフランス語vair（クロテンの皮）は英語に，vair（貴族たちの衣服のふち飾りにするリスの毛皮——地方によってはfairy〔イタチ〕に転訛——）として借入された。しかし，写生生か翻訳者が当時廃語になりつつあったvairを知らなかったので，代わりに同じ発音のフランス語verreを用いた。そして，その語verreが「ガラス」を意味する言葉でもあったことからチャーミング王子（Prince Charming）にとっての片方だけの小さいガラスの靴が生まれたのである。ちなみにクロテンの毛皮（sable）も，Hamlet:『ハムレット』（III, ii）に "Nay then, let the devil wear black, for I'll have a suit of sables."（いや，それでは喪服は悪魔に着てもらおう，私〔ハムレット〕がクロテンの毛皮を着るからだ）にあるように，王侯貴族が着たものである。

同じような例として，ロンドンの大商人で通称ディック・ホイッティントン（Richard〔Dick〕Whittington, 1358?-1423）の話がある。彼は1401年にヘンリー4世（Henry IV, 在位1399-1413）の娘への婚礼用に金の布を用意した御用達業者（acatour——今日のcaterer〔仕出し屋〕はこの語の語頭消失形——）だった。古い動詞acat（買う，用意する）は古フランス語achat（買入れ）からの借入語で，フランス語acheter（買う）もこの語に由来する。acatは今では廃語であるが，ネコ1匹で（with a cat）巨万の富を得る少年ディック（Dick）の伝説的物語を残した。

また，He will never set the Thames on fire（大したことをしない，目立たない：〔原義〕彼はテムズを燃やすようなやつではない）という表現には二つの廃語が含まれている。男性語temsと女性語temseである。temsは，例えば，アルフレッド大王（Alfred the Great, 在位871-899）

が，国事が気にかかっている時に焦がしてしまったような，ふるった粉で焼いた菓子のことである。だからHe'll never set the tems on fire.の意味は「彼は真剣に物事を考えることなどないであろう」であった。またtemseは，昔の紡ぎ車のピストンが中で上下に動く木製の管のことだった。一生懸命に働くと，この管が煙を出すこともあった。それでShe'll never set the temse on fire.の意味は「彼女は勤勉ではない」である。この2語は廃語となり，テムズ川（the Thames）が火事になるという表現だけを残した。テムズ川が火事になることはありえないが，ブルックリンのどぶ川で知られるガウアナス運河（Gowanus Canal）が燃えるのを私は見たことがある。おそらく民間語源だろうが，他にも多くの川について同じ表現がある。

ところでイタチではない方のfairy（妖精，フェアリー）は，初め「妖精（fay）の国」を意味した。語源はラテン語fata（運命の女神：Fates）で，古フランス語fae（妖精），faerie（フランス語féerie〔妖精の国〕）を経て借入された。elf（エルフ，小妖精）は，フェアリーの下位に属し，少々悪意を持つ。語源はアングロサクソン語aelf（エルフ）から古高地ドイツ語alp（悪夢）にさかのぼることができる〈marshal参照〉。kobold（小鬼，地の精）はかつて固有名詞で，語源は古高地ドイツ語Godbald（神のように大胆な：Godbold）であり，その変化形Gobelの指小語がgoblin（小人，幽霊）である。だがgoblin誕生の最も直接的な原因は，パリの染色家ゴブラン（Jean Gobelin, ?-1467）によるゴブラン織り（Gobelin）であるとする説もある。その染色は非常にすばらしい緋色だったので，人々は彼が悪魔と結託しているに違いないと考えたのである。〈insect参照〉

incipient [insípiənt] 始まりの，初期の
→ manoeuver

incision [insíʒən] 切り込み，切り口，切開
→ shed

incisive [insáisiv] 鋭利な，鋭敏な，的を射た
→ shed

incisor [insáizər] 切歯，門歯

incline [inkláin] 気持ちにさせる，心が傾く；傾斜
→ climate

inclose [inklóuz] 囲む，同封する，含む
→ pylorus

enclose はフランス語経由で借入された言葉であり，inclose はラテン語との結びつきがより強い。

include [inklú:d] 含む，算入する，部類に入れる
→ close

この語は inclose (囲む) の二重語である。

incompetent [inkάmpətənt] 能力のない，無資格の；無能力者
→ irrelevant

incorrigible [ink5(:)ridʒəbl] 矯正できない，根強い；手に負えないやつ
→ royal

increase [inkrí:s] 増える，増やす；増加
→ attract

incubate [íŋkjəbèit] 孵化する，企てる，培養する
→ marshal

incubation [ìŋkjəbéiʃən] 孵化，もくろみ，潜伏
→ marshal

incubator [íŋkjəbèitər] 人工孵化器，保育器，培養器
→ marshal

incubus [íŋkjəbəs] 夢魔，悪夢，心の重荷
→ marshal

indemnify [indémnəfài] 償う，保護する，免ずる
→ damage

indent [indént] のこぎりの波状の刻みをつける，注文する；刻み目
→ indenture

indenture [indéntʃər] 契約書，年季証文；年季奉公させる

植民地時代のアメリカにやって来た年季奉公の召使い (*indentured* servant) は，主人となる人との契約書を携えていたが，それは数年分の労働と交換に，船賃，新世界での生計費やその後の自由を得ることを約束するものだった。ごまかしを防ぐために，2部作成して両方にジグザグの切れ込みをつけたり (*dent*)，単に1枚の紙に書いて破ったりして，後に双方を合わせて証明したのであった。indent (インデントする，割符にする) は，ラテン語 in (中に) と dens, dent- (歯) からなる言葉で，ラテン語 dens, dent- は dentist (歯科医，歯医者) の語源である。dandelion (タンポポ：〔原義〕ライオンの歯) はフランス語 dent [dā] (歯) を経て成立した。〈flower 参照〉

なお, tooth (歯) はアングロサクソン語 toth から古高地ドイツ語 zand までさかのぼり，ギリシア語 odon, odont- (歯) やラテン語 dens, dent- は近しい同族語である。odontology (歯科学，歯科医術) や mastodon (《古生物》マストドン，巨人) は，このギリシア語 odon, odont- が語源である。mastodon の mast- は，ギリシア語 mastos (乳房) が語源で，大臼歯に乳首のような小瘤があることからつけられた名である。trident (三つ又の道具；三つ又の) は，ラテン語 tri (3) と dens, dent- (歯) からなる。admi (私は食べる：I *eat*) の語根 ad- から派生したサンスクリット語 danta (歯：*tooth*) や adana (食べ物)，ギリシア語 edein (食べる)，このギリシア語由来のラテン語 edere (食べる)，アングロサクソン語 etan (食べる——*eat*〔食べる〕の語源——) は同根語である。edible (食べられる；食用となるもの) はラテン語 edere から後期ラテン語 edibilis (食べられる) を経て直接借入された。etch (酸で腐食する〔to *eat* with acid〕，エッチングする) は，古高地ドイツ語 ezzen (食べる) から中高地ドイツ語 etzen (食べる——ドイツ語 essen——) を経て借入された。英語 fret (やきもきする；苛立ち) は，古高地ドイツ語の強意語形 frezzan (食べ尽くす) からアングロサクソン語 fretan を経て成立した言葉で，原義は文字通り「むさぼる」(to *eat* away) であり，「心配にさいなまれる」という意味になった。

obese (肥満の，肥えた) は，ob- (強調の接頭辞) と edere (食べる) からなるラテン語 obedere, obes- (むさぼる) が語源であるが，このラテン語は二つの意味に働いた。すなわち，初め食べ尽くされた

(eaten away) ように大変痩せた人に使われたが，後に，ありったけをむさぼり食い非常に太った人に使われるようになった。そしてこの語の「太った」意味が，「痩せた」を飲み込んだのである。〈ache 参照〉

　上記のアングロサクソン語 fretan に見られる強意接辞 fr- は，ドイツ語で頻繁に使われる接頭辞 ver- に対応するものである。例えば，lassen（去る）に対する verlassenn（見捨てる）；leben（生きる）に対する verlebt（古くさい，老いぼれの）などがある。ドイツ語 ver- はまたラテン語 per-（通り抜けて，徹底的に）と同族語で，強調の接頭辞である。〈Appendix II の「グリムの法則」，perjure, forswear 参照〉

　ドイツ語 ver- やラテン語 per- は，英語では接頭辞 for- となり，今は廃語になった言葉に多く使われた。fordone（疲れ果てた），fordrunken（酔って，酔いつぶれて），forwandered（さまよい疲れて），forfrighted（非常に怖がって），fordread（ひどく恐れる）などがその例である。この意味の接頭辞はもう生きた接頭辞とは言えず新しい語は作られていない。しかし，forbid（禁ずる），forgo（差し控える，やめる），forgive（許す，免除する），forlorn（あわれな，見捨てられた），forsaken（見捨てられた）などに残っている。

　なお，forward（前方の；前方へ）は，より古くは fore（前）と ward（…の方へ）とからなる言葉であり，その原義は「前に向かって」で，上記の for- と混同してはならない。fore（前の：*before*）はまた，forebear（先祖——forbear〔自粛する，自制する〕ではない——）に見られるように頻繁に使われる接頭辞でもある。それはまた，before（以前に，…の前に）の語源のアングロサクソン語 fore（前に），ラテン語 pre, prae, pro（前に，前の）やギリシア語 pro（前の），para（…に近い，…の横から），peri（…の回りに，…の方へ）と同根語である〈Appendix II の「グリムの法則」，predict, forecast 参照〉。諺に "*Forewarned* is *forearmed*."（事前の警戒は事前の武装，備えあれば憂いなし）がある。

independence [ìndipéndəns] 独立，自活，自立できるだけの収入
　→ aggravate

independent [ìndipéndənt] 頼らない，独立した；独立した人
　→ aggravate

indestructible [ìndistrʌ́ktəbl] 破壊できない，不滅の
　→ destroy

index [índeks] 索引，指標，指針
　この語は，ラテン語 indicare, indict-（知らせる，指摘する）から派生した index, indic-（指示，印，通報者）から直接に借入された名詞で，indicate（指す，指摘する）は同語源である〈verdict 参照〉。初めの意味は「人差し指，指すもの」だった。本の目次のように，本の中にあるものを指す場合，英語では複数形 indexes を使う。しかし，その他の言語ではほとんどの場合，ラテン語の複数形 indices がそのまま使われている。

　in-（…に対して）と dicere, dict-（示す，語る）とからなるラテン語 indicare, indict-（知らせる，選び出す：〔原義〕…に反対して話す，特定する）から，古フランス語 enditer（指図する，教える，命令する）を経て中英語 enditen として借入され，indict（起訴する）や indictment（起訴）が派生した。今日の発音 [indáit]，[indáitmənt]はこのような借入に由来している。

Indiana [ìndiǽnə] インディアナ
　→ States

indicate [índikèit] 指し示す，徴候である，方向指示器で合図する
　→ teach, index, verdict

indifferent [indífərnt] 無関心な，公平な；無関心な人
　→ suffer

indigenous [indídʒənəs] 固有の，原産の，生まれつきの
　→ racy

indignant [indígnənt] 憤慨した，怒った，立腹した
　→ supercilious

indigo [índigòu] 藍，インジゴ，インドアイ
　→ red

indium [índiəm]【化学】インジウム
　→ element

individual [ìndəvídʒuəl] 個々の，個人

の；個人
→ improvised

indoctrination [indɑ̀ktrənéiʃən] 教化
→ doctor

indolent [índələnt] 怠惰な，なまけた，無痛性の
　doleful（悲しみに満ちた，憂うつな）は混成語（hybrid）で，アングロサクソン語の接尾辞 -ful（…でいっぱいの）を，古フランス語 dol, doel（悲しみ――フランス語 deuil〔悲嘆，悲しみ〕――）につけたものである。この古フランス語は，ラテン語 dolere（苦痛を感じる，深く悲しむ）から派生した dolor（悲嘆，嘆きの種）から変化したもので，印欧語根 dar-（引き裂く）から分出したのではないかと考えられる。full of...（…でいっぱい）に相当するラテン語の接尾辞 -osus から，フランス語 -eux, 英語 -ous が生じ，dolorous（悲しみに満ちた，悲しみを引き起こす）〈supercilious 参照〉が派生した。dolour, dolor（悲しみ，嘆き）は，ラテン語名詞の直接の借入語である。ところで，悲嘆にくれない人物は「くつろいでいる」可能性が高い。そういうわけで indolent（ラテン語 in〔否〕）が現在の「怠惰な，なまけた」という意味になったのである。〈dole 参照〉

indomitable [indɑ́mətəbl] 不屈の，負けん気の強い，断固とした
→ diamond

induction [indʌ́kʃən] 誘導，帰納，帰納法
→ duke

indulgent [indʌ́ldʒənt] 甘い，気ままにさせる，寛大な
→ lent

industry [índəstri] 産業，産業界，勤勉
→ destroy

inebriate [iníːbrièit] 酔わせる；[iníːbriət] 酔った；大酒飲み
→ intoxicate

ineffable [inéfəbl] 言葉で言い表せない，言うに言われぬ，口にするのをはばかられる
→ nefarious

inept [inépt] 不適当な，ばかげた，不向きな
→ lasso

inertia [inə́ːrʃə] 不活発，無力，慣性
　この語はラテン語 in（否）と ars, art-（技術：*art*）からなり，原義は「技術や力がない」であった。それがやがて，そのような欠如に特徴的な「鈍さ，停滞した状態」を意味するようになり，科学用語として変化に対する抵抗を表す「慣性，慣性力」の意味で使われるようになった。

inevitable [inévətəbl] 避けられない，迫真の；避けられないもの
→ vacuum

inexorable [inéksərəbl] 情け容赦のない，変えられない，防げない
　oration（演説，話法）は口から発せられるものであり，ラテン語 os, or-（口）から動詞 orare, orat-（話す，祈る），名詞 oratio, oration-（話，発話）を経て借入された。oral（口頭の；口頭試験），orator（演説者，雄弁家），oratorio（オラトリオ《宗教的題材を扱い，独唱，合唱，管弦楽からなる曲》）も同語源である。oratorio は元来「小礼拝堂での礼拝」という意味で，ラテン語 oratorium（礼拝室〔*oratory*〕での礼拝）にさかのぼる。祈るべき対象は adorable（崇敬に値する）ものである。動詞 adore（崇拝する，敬愛する）の語源はラテン語 ad（…に対して）と orare（祈る）からなる言葉である。oracle（神託，神命）の語源はラテン語 oraculum（神託：〔原義〕小さな口）であり，その口は「静かにささやく声」（"a still small voice"）《『列王記上』19：12》で運命を語る。神託と言えば次の台詞を思い出す。"I am Sir Oracle, And when I open my lips let no dogs bark."（「我こそ神託なり，我が唇を開く時は犬どもも吠えず聞くがよい」《*The Merchant of Venice*：『ヴェニスの商人』I, i》
　ところで inexorable は，ラテン語 in（否）と ex（…から外へ）がついて派生した言葉で，自らを祈りによって解放することができないようなものについて用いる。

infamous [ínfəməs] 不名誉な，悪名の高い，ひどい
→ fate

infant [ínfənt] 幼児，児童；幼児の
→ infantry

infantry [ínfəntri] 歩兵，歩兵隊；歩兵の

infant（幼児）がしゃべれないのはまったく当たり前のことである。この語は, ラテン語 in（否）と, fari（話す）の現在分詞 fans, fant- とからなる infans, infant-（しゃべらない）が語源で, 元々「しゃべれない子供」という意味であった。

また, 英語 nefarious（極悪な, 不埒な）は, ラテン語 nefas（神の法〔fas〕に反したこと, 邪悪：〔原義〕不正に語られた）が語源である。また, multifarious（種々の, 雑多の）は「多くの言語を話す」が原義だった。さて, イタリア語 infante（子供, 若者）から, 騎兵になるには「あまりにも未熟な者」か「無資格者」という意味で infanteria（歩兵隊）が生まれ, このイタリア語が借入されて英語 infantry（歩兵, 歩兵隊）となった。また, Infante はスペイン王位継承者でない「王子, 親王」, Infanta は「王女, 内親王」のことである。

infect [infékt] 伝染する, うつす, 汚す
　→ attain, defeat

infection [infékʃən] 伝染, 伝染病, 悪影響
　→ attain, defeat

infer [infə́ːr] 推察する, 暗示する, 推測する
　→ suffer

inferior [infíəriər] 下級の, 劣った；目下の者
　→ under

infernal [infə́ːrnl] 黄泉の国の, 地獄の, 悪魔のような
　→ under

Inferno [infə́ːrnou] 地獄, 大火, 地獄編 (the Inferno)
　→ under

infinite [ínfənət] 無限の, 不定の；無限のもの, ∞
　→ finance

infinite の in- の意味はもちろん「否」である。しかし, finite（有限の）と, この infinite との違いは, 無限の (infinite) 領域では全体がその部分より大きくないという点である。(∞＋任意の数)＋∞であれ, (∞＋任意の数)×∞であれ, (∞＋任意の数)−∞であれ, その答えは常に∞（無限大：infinity）である。〈googol 参照〉

infirmary [infə́ːrməri] 診察室, 保健室, 病院

infirmary とは, 元のしっかりした状態にしてもらう所だが, 文字通りには頑丈でない人のための場所である。語源はラテン語 in（否）と firmus（頑丈な）〈farm 参照〉と -arium（場所を意味する語尾）とからなる中世ラテン語 infirmaria（病院）である。-arium を語尾に持つ言葉には, 例えば aquarium（水槽, 水族館）がある。

confirm（確かめる, 確認する）は強調の接頭辞 con-〈commence 参照〉と動詞 firmare, firmat-（堅くする, 確かめる）からなるラテン語 confirmare, confirmat-（確認する, 確かめる）が語源であり, 同じラテン語 firmare から派生した言葉に firm（商会, 会社）がある。firm は, いつも「しっかりしている」ことではなく, 初めは「確認」(*confirmation*) を意味していた。そこから「署名」, 会社の「社名」, さらに「会社」へと意味が移転した。ラテン語 ad〔af-〕(…に対して, …へ) がつくと, 確認の答えは「肯定」(*affirmative*) となる。

ラテン語 firmus の類義語に, 動詞 valere, valid-（強い, 価値を持つ）から派生したラテン語 validus（強い, 価値のある）があり, このラテン語から派生した英語に valid（妥当な, 有効な）や value（価値, 評価する）に加えて, valor（勇気, 武勇）, invalid [invǽləd]（何の価値もない, 無効の）, invalid [ínvələd]（病人——アクセントはフランス語に由来——）などや, to no *avail*（無益で, 甲斐なく）という表現も生まれた。

inflame [infléim] 憤激させる, あおる, 興奮する
　→ flamingo

inflammation [ìnfləméiʃən] 炎症
　→ flamingo

inflation [infléiʃən] 膨張, 慢心, インフレーション
　→ flamingo

influence [ínfluəns] 影響, 勢力；影響を及ぼす
　→ affluent

influx [ínflʌks] 流入, 到来, 合流点
　→ affluent

infra- [ínfrə-] 下に, …の内の, …以後の

→ under

infrared [ìnfrəréd] 赤外線の；赤外線
→ under

infuse [infjúːz] 注ぐ，吹き込む，煎じ出される
→ futile

ingenious [indʒíːnjəs] 工夫に富む，利口な，独創的な
→ racy, engine

ingot [íŋgət] 鋳塊，インゴット，鋳型
→ nugget

inhibition [ìnhəbíʃən] 抑制，禁止，職務執行停止命令
→ exposition

inimical [iními̇kl] 敵意のある，反目している，不利な
→ remnant

initial [iníʃl] 初めの；頭文字；頭文字を書く
→ commence

initiate [iníʃièit] 始める；初期の；手ほどきを受けた人
→ commence

ラテン語 initium（開始，加入）は in-（…の中へ）と ire, it-（行く）からなるので，initiation は，特別の集団や会への「入会式，入門式」という意味に使われる。

injection [indʒékʃən] 注入，充血，投与
→ subject

ink [íŋk] インク；インクをつける

ink は，ギリシア語 enkaustos（焼きつけられた，焼き込んだ《絵の具の色》）からラテン語 encaustum, 古フランス語 enque を経て借入された。ラテン語 encaustum は，後期ローマ帝国皇帝が公式文書に署名する深紅色の液体の名称だった。ちなみに，英語 ink はアクセントが第1音節に置かれたギリシア語から，そしてイタリア語 inchiostro（インク）は第2音節に置かれたラテン語から派生した。

caustic（苛性の，焼灼剤）や encaustic（焼き付けの；焼き付け画法）は元のギリシア語の意味を引き継ぐものである。

ほんの少しのインク（ink）しか使わないと，主題をほのめかすだけに終わる。inkling（ほのめかし）はそのような意味を表す。しかし，この語はより古い動詞 inkle（ほのめかす）から派生したもので，imt（もぐもぐ言う，ぶつぶつ言う）から派生したアングロサクソン語の語根 ink-と同語源ではないかと考えられる。この語根は，原始ゲルマン語 um-（英語 hum〔ブンブン音をたてる，もぐもぐ言う〕などの語源）と似た意味を持っている。なお，この擬音語 hum は，俗語 humbug（ぺてん；詐欺をする）にあるように，かつては「冗談を言う，だます」の意味でも使われていた。humbug は古英語 hum（冗談を言う）と bug（幽霊，影）からなる言葉であり，bug は bugaboo（恐ろしい化け物，恐怖の種）のように使われている。〈insect 参照〉

inkling [íŋkliŋ] うすうす感づくこと，暗示，ほのめかし
→ ink

inmost [ínmòust] 最も奥の，内奥の，心の奥の
→ inn

inn [ín] 宿屋，酒場，ホテル

おなじみの Dew Drop Inn という楽しい宿屋の看板は，語源を味方につけている。この名は，dewdrop（《さわやかな》露）と，drop in（いらっしゃい）とのもじり言葉からなり，inn は，単純に inne（…の内部に〔within〕，の中へ〔inside〕）から変化したアングロサクソン語 inn（住処，泊まり場）が語源である。この古語 inne は in（…の中に），inner（内側の；内圏），inmost（最も奥の，心の奥の）の語源でもある。すなわち，Inn は「屋内での休息と軽い飲食物（refreshment）」を指すのに使われる看板だった。

refreshment は，re-（再び）と，アングロサクソン語 fersc（塩気を含まない）が語源の fresh とからなるが，この fresh は，もっと一般的な意味を持つフランス語 frais（涼しい，さわやかな）や同系語である古高地ドイツ語 frisc（frisky〔活発な，よくじゃれる〕の語源）の影響を受けている。また fresh にはひっぱたきたくなるような「生意気な〔者〕」という意味があるが，この語はもう一つの同系語である古高地ドイツ語 frech（野生の，飼い慣らされていない）が語源で，この古高地ドイツ語はアングロサクソン語 frec（貪欲な，厚かましい）を経て，freak（気まぐれ，奇形；異常な）となった。生意気になる（get fresh）ということは「気まぐれ」

（*freakish*）になることでもあり、「貪欲になる」ことでもある。アングロサクソン語 frec「貪欲な、厚かましい」は古北欧語の frekr（食い意地のはった、貪欲である）と同系語であり、また essen（食べる）から派生したドイツ語 fressen（がつがつ食べる）とも同系語である。

　refreshment（元気回復、気分一新）は、ラテン語 creare, creat-（創造する、生む）〈creole 参照〉から派生した re-creation（再創造）と類義語である。しかし、諺にある All work and no play makes Jack a dull boy.（よく遊びよく学べ；勉強ばかりで遊ばないと子供はだめになる）〈jackanapes 参照〉という事実から、re-creation は recreation（元気回復、気晴らし）という意味にも使われるようになった。そして元の「再創造」の意味を示す語はハイフンが必要となるのである。

　restaurant（レストラン、料理店）は、refreshment と同様の意味を持つ言葉であり、語源は、rest au errant（放浪者への休息）であるかのように思えるが、ラテン語 re-（元へ）とギリシア語 stauros（杭、棒）からなるラテン語 restaurare（垣根を修理する）から古フランス語 restaurer（修復する、回復する）の現在分詞を経て派生した。古フランス語の語形には restorer もあり、この古フランス語から restore（戻す、回復する）や restoration（返還、復活）が派生した。〈errand, attic 参照〉

　hotel（ホテル、大邸宅、酒場）は、古フランス語 hostel からフランス語 hôtel（ホテル）を経て借入された言葉であり、主人（*host*）と客人（*guest*）の両方を意味するラテン語 hospes にさかのぼる。そこは文字通り主人と客人が会う所である。〈hospital 参照〉

　tavern（酒場、宿屋）はラテン語 taberna（小屋、飲食店）が語源である。このラテン語の指小形 tabernaculum（小さく仕切った部屋、屋台の店）が tabernacle（仮の住まい、【聖書】幕屋）の語源であり、この指小形はラテン語 tabula（厚板、書き板——table〔テーブル〕が派生——）と同語源である。tablet（錠剤、銘板）は同じラテン語から派生したフランス語の指小形 tablette（銘板）を経て借入された。

tabula rasa（何も書いていない書き板、タブラ ラサ：scraped *table*、こすられた石板）はフランス語でいう carte blanche（白紙）のことである。その書き板上では、やり直そうと思えば初めからやり直すことができる。

inner [ínər] 内側の、内密の；内圏
→ inn

innocent [ínəsənt] 無邪気な、無罪の；無邪気な子供
→ nuisance

innocuous [inákjuəs] 無毒の、害のない、退屈な
→ nuisance

inoculate [inákjəlèit] 予防接種をする、植えつける、混入する
→ nuisance

inquest [ínkwest] 査問、審問委員、調査
→ exquisite

inquire [inkwáiər] 聞く、尋ねる、調査する
→ exquisite

inquisition [ìnkwəzíʃən] 調査、尋問、宗教裁判
→ exquisite

inscription [inskrípʃən] 刻むこと、銘、題字
→ shrine

inscrutable [inskrú:təbl] 計り知れない、不可解な、なぞめいた

　夏に多くの人が訪れる浜辺（beach）で、人々が去った晩秋か初冬、掘り出し物を求めて、熱心に探し物をしている（combing）人たちを見ることがある。彼らを beach-*comber*（浜辺で漂流物などを拾う人）と言う。この語はまた、町のゴミ捨て場やゴミ入れを漁る人も意味する。こういう行動は昔からあるもので、英語 scrutiny（綿密な調査、じろじろ見ること）は、scruta（ゴミ、くず、がらくた）から動詞 scrutari（調べる、調査する）を経て派生したラテン語名詞 scrutinium（調査）が語源である。inscrutable は「その中を覗けない〔もの〕」という意味である。

insect [ínsekt] 昆虫、虫けらのようなやつ；昆虫の

　なん匹かの昆虫（bugs）を見ると、まず、昆虫はすべて中央近くで刻み目がつい

ていたり，切り込みがあったりすることに気づく。insect はラテン語 animal insectum（切り込みのある生き物）を短縮した語である。ラテン語 insectum は動詞 insecare, insect-（切り刻む，裂く）から派生した名詞で，entos（…の中で）と temnein（切る）とからなるギリシア語 entomon（切り込みのある物）の翻訳語である。entomology（昆虫学）はこのギリシア語が語源である。〈anatomy 参照〉

しかし，bug（昆虫）の語源は不明である。ただ bugbear（《いわれのない》怖いもの，嫌いなもの）や bugaboo（お化け，恐怖の種——Boo!〔バアー!，お化けだぞー〕——）の bug- は，ウェールズ語の bwg（幽霊）が語源である。hobgoblin（いたずらな小鬼，お化け）の綴りは，bogy, bogie, bogey, 英国北部の bogle などとさまざまである。そのようなお化けが存在するかのように見せかけることが，米国生まれの bogus（にせの，いんちきの）の語源であるとする説につながった。

insidious [insídiəs] こっそり企む，油断のならない，潜行性の
　　　→ strategy

insipid [insípid] 味のない，面白味のない，覇気のない
　　　→ sap

insolent [ínsələnt] 横柄な，生意気な；横柄な人

他人が自分になじみのないことをすると，失礼なとか無礼なとか思いがちである〈uncouth 参照〉。もしだれかが近づいて来て鼻を自分の鼻にこすりつけ始めたら，ともかくだれもがその人のことを無礼（*insolent*）だと考えるはずである。insolent は文字通りそのようなとっぴな行いを表し，in-（否）と solere（慣れている）からなるラテン語 insolere（慣れていない）の現在分詞 insolens, insolent- が語源である。

なお，solace（慰め）や console（慰める）は，ラテン語 solari（なだめる，気持ちを落ち着かせる）が語源で，上記のラテン語 solere（慣れている）と直接関係はないが，慣れた手に触れたり，触れられたりすると慰められる気持ちになるものである。console の con- はラテン語 com（一緒に）が語源であり，仲間（*company*）は慰め（*consolation*）をもたらしてくれる。しかし，よく似た綴りの solecism（文法違反，不作法）は，「言い間違い」のことで，小アジアの南東部の地中海沿岸にあった古代の国キリキア（Cilicia）の町ソロイ（Soloi）でアテネの植民者が話す俗アッティカ方言を意味していた。

inspect [inspékt] 詳しく調べる，調査する，閲兵する
　　　→ auction, scourge

inspiration [ìnspəréiʃən] 霊感，激励，吸気

プラトン（Plato, 427-347B.C.）は，詩人がまっとうにその職務を果たす時は，霊感を受けて（*inspired*），神に支配されていると言っている〈enthusiasm 参照〉。すなわち，神によって「霊気を吹き込まれている」ということである。この語は in-（…の中へ）と spirare, spirat-（呼吸する，吹く）とからなるラテン語 inspirare, inspirit-（吹き込む）から派生した。息をするとか息を吹きかけるということ（breathing）は普通に行われることであり，言葉の中にもしばしば使われている。conspire（共謀する，企む）の原義は「一緒に呼吸する」である。respiration（呼吸）は生き物がするように呼吸を繰り返すことである。perspire（発汗する，分泌する）の原義は「何かを通して呼吸する」（breathe through）ことで，transpire（《植物・体などが皮膚粘膜を通して》水分を発散する）の原義は「何かを越えて呼吸する」（breathe across）で，「《秘密などが》漏れる，知れわたる」をも意味するようになった。aspire（熱望する）の原義は「何かに向かって吹きかける」で，expire（終了する，息を吐き出す）は「最期の息を吐き出す」が原義である。

breath（息）は印欧語根 bhre-（燃える，燃やす）に由来する古い語で，初め，熱せられた物の湯気や蒸気，または寒い天気の時にあがる水蒸気のように目に見える空気を意味していた。この語根に由来する古い英語に brede（ローストにする，トーストにする，ブロイルする）があり，語源の古英語 braede（熱する）は「肉をローストにする」という意味であった。食用の sweet*bread*（子牛・子ヒツジの膵臓）は，この古英語に由来する。

instantaneous [ìnstəntéiniəs] 即座の, 瞬間の, 同時の
→ tank

instep [ínstèp] 足の甲, 後ろ足, すねの部分
→ pylorus

instigate [ínstigèit] 開始する, 扇動する, そそのかす
→ attack, distinct

instil [instíl] 徐々に教え込む, 染み込ませる, 一滴ずつたらす

　教育とは本来, 古代人が熟知していた通り, 少しずつ進むものである。彼らはそのことを instil という語に込めた。この語の語源は, in-(…の中へ) と stillare, stillat-(滴る, 滴らせる) からなるラテン語 instillare, instillat-(…の中にしずくを滴らせる) である。同様に, distil (蒸留する, 滴る) は, de-(下へ) と stillare からなるラテン語 destillare〔distillare〕, destillat- が語源で, 蒸留酒製造器 (*still*) のようなものに, 一滴ずつ下に流すことである。この名詞 still は distil の頭音消失によって生じた。

　なお, the "*still*, small voice" (静かにささやく声)《『列王記上』19:12》のように使う形容詞 still は, ゲルマン語諸語に共通で, 家畜をつないで置く場所 (*standing*-place) を意味する stall (馬房, 牛房) は同語源である。〈tank 参照〉

instinct [ínstiŋkt] 本能, 天性;《生気などが》満ちあふれた
→ distinct

institution [ìnstət(j)úːʃən] 制度, 慣習, 機構
→ season

instruct [instrʌ́kt] 教える, 指示する, 知らせる
→ destroy

instrument [ínstrəmənt] 道具, 楽器; 器械を取り付ける
→ destroy

insulate [ínsəlèit] 隔離する, 絶縁体で覆う, 島にする
→ island

insulin [ínsələn] インシュリン
→ island

insult [insʌ́lt] 侮辱する, 尊大に振る舞う; [ínsʌlt] 侮辱

　"Sticks and stones may break my bones / But words will never hurt me..." (棒や石じゃなし, 口でなんと言われようとへっちゃらだい) という威勢のいいけんか文句を口にする子たちも, insult と assault (激しい襲撃; 激しく襲撃する) が元来同じ意味だったことにおそらく気づいていないだろう。ラテン語 salire, salt-(跳ぶ) から insilire, insult-(飛び込む, 飛びかかる) やその反復形 insultare (飛びかかる) を経て, 英語 insult が派生した。したがって insult は, 元来肉体的に攻撃することを意味していたが, 比喩的な意味「侮辱する」が徐々に一般化したのである。また, assail (襲撃する) は, ラテン語の ad (…に対して) と salire とからなる後期ラテン語 adsalire (飛びかかる) が, 古フランス語 asalir, asaillir を経て中英語 asaile (襲撃) として借入され, 15世紀に -s- が加わって成立した。ところで, フランス語でも英語でもラテン語形への逆成が生まれたが, 古フランス語 asalir (襲撃する) から古フランス語 asaut を経て借入された中英語 asaut に -l- が復活して, assault (攻撃, 非難) となった。同様に古フランス語 faute (過ち) から借入された中英語 faut に, ラテン語 fallere (落ちる) の後期ラテン語過去分詞からの名詞 fallita (達しないこと, 不足) の -l- が復活して, fault (欠陥, 誤り) となった。なお, fail (失敗する, だます) は, 同じラテン語 fallere から後期ラテン語 fallire (期待を裏切る, 不足している), 古フランス語 faillir を経て借入された。〈somersault 参照〉

insurance [inʃúərəns] 保険, 保護手段, 保証
→ funeral

insurrection [ìnsərékʃən] 暴動, 反乱, 謀反
→ sorcerer

intact [intǽkt] 損なわれないで, 健全な, 無傷な
→ deck

intangible [intǽndʒəbl] 触れることのできない, 不可解な; つかみどころのないもの
→ taste

integer [íntidʒər] 整数, 完全体, 完全な

もの
→ deck

integral [íntəgrəl] 不可欠な，完全な；全体
→ deck

integrity [intégrəti] 正直さ，高潔，完全
→ deck

integument [intégjəmənt] 外皮，皮膚，覆い
→ deck

intellectual [ìntəlékt∫uəl] 知性の，聡明な；知識人
→ legible

intelligence [intélidʒəns] 知能，知性的存在，情報
→ legible

intelligentsia [intèlidʒéntsiə] 知識階級，知識人，インテリ
→ legible

intend [inténd] 意図する，させるつもりである，目的を持つ
→ tennis

intense [inténs] 強烈な，激しい，感情的な
→ tennis

intensify [inténsəfài] 強める，増感する，強くなる
→ tennis

intentional [inténʃənl] 意図的な，計画的な，故意の
→ tennis

inter- [íntər-] …の間，相互関係；科学用語で between の意味の形容詞を作る
→ under

intercalate [intə́ːrkəlèit] 余分の日を入れる，挿入する，差し込む
→ dickey

intercede [ìntərsíːd] 仲裁する，取りなす，拒否権を発動する
→ ancestor, under

interest [íntərəst] 関心；興味を持たせる
→ ancestor, under

interfere [ìntərfíər] さまたげる，干渉する，調停する
　名詞 interference（邪魔，不正妨害）は，あたかも conference（会議，相談）や difference（相違，違い）〈suffer 参照〉と同じくラテン語 ferre（運ぶ，支える）から派生したと考えられがちである。事実，この言葉は「…の間に持ってくる，…の間に運んでくる」ことを指す（*refer*）ことがある。しかし，differ（異なる，違う）や suffer などのラテン語 ferre から派生した語と違って，動詞 interfere の語尾が -e であることに注意する必要がある。実際，この語はラテン語 inter（…の間）と ferire（打つ）からなり，古フランス語 s'entreferir（互いに当たる）から借入された。この古フランス語は初め，馬の一方の脚の球節《蹄の上の後部で，けづめの毛の生える部分》に他の脚の蹄鉄が当たることを指していた。ferule（《体罰として子供の手の平を打つ物差し状の》鞭，木べら）も同じ語源と考えられる。ラテン語 ferula は「鞭」を意味し，また鞭の材料の「オオウイキョウ」という意味にも使われた。
〈suffer 参照〉

interjection [ìntərdʒékʃən] 不意の叫び，感嘆，間投詞
→ subject

interlocuter [ìntərlάkjətər] 対話者，発問者，ミンストレル・ショーの司会者
→ refrain

interloper [ìntərlóupər] 他人のことに立ち入る人，出しゃばり屋，もぐり商人
→ subjugate

interlude [íntərlùːd] 合間，幕間，間奏曲
→ tennis

interminable [intə́ːrmənəbl] 果てしない，限りない，長々と続く
→ determine

international [ìntərnǽʃənl] 国家間の，国際的な；インターナショナル
→ under

interrogation [intèrəgéiʃən] 質問，尋問，疑問符
→ quaint

interrupt [ìntərʌ́pt] 仕事の邪魔をする，中断する；割込み
→ bank

interstice [intə́ːrstis] すき間，割れ目，裂け目
→ tank

interval [íntərvl] 間隔，隔たり，休憩時間
→ villain

interview [íntərvjùː] 会見，インタビュー；面談する
　→ improvised
intestate [intésteit] 遺言を残さない，遺言で処分されない；無遺言死亡者
　→ test
intestine [intéstin] 腸
　→ pylorus
intimidate [intímidèit] 怖がらせる，おびえさせる，脅迫する
　→ meticulous
intoxicate [intáksikèit] 酔わせる，熱狂させる，酔っ払う
　ギリシア語 toxon は「弓」を意味する言葉である。ちなみに，英国の人文学者アスカム (Roger Ascham, 1515-68) は 1545年に *Toxophilus*：『弓術論』（〔原義〕弓を愛する人）という本を書いている。またギリシア人は toxikon を，毒矢を作るために矢を浸す「毒」の意味で用いた。このギリシア語が toxin（毒素），toxic（毒物に起因する，有毒な），antitoxin（抗毒素）などの語源である。後期ラテン語 intoxicare, intoxicat- は「毒を盛る，毒する」という意味に用いられた。だが今日まさに "Name your poison."（飲み物は何にするの）と言うように，poison を「強い酒」の意味で使うが，intoxicate は比喩的な用法から徐々に，酒を飲み過ぎたために生じる不快な一時的症状に限定して使われるようになった。ただ，医学用語 autointoxication（自家中毒）は，毒という強い意味を保っている。
　intoxicate の類義語 inebriate（酔わせる；酔った）は，ラテン語 inebriare, inebriat-（酔わせる）から直接派生した言葉であり，このラテン語動詞は，bria（コップ）から ebrius（酔った）を経て派生した。sober（酔っていない，節度のある）は in his cups（一杯機嫌で，酔っている）の反対を意味し，so（…から離れて，…なしで）と bria（コップ）からなるラテン語 sobrius（酔っていない）が語源である。
　poison（毒）そのものは，元来毒のない「飲み物」とか「ひと飲み」のことだったが，死をもたらす飲み物という中世の慣例と共に，命に関わる意味を帯びるようになった。古フランス語 poison の語源は，potare, potat-（飲む）から派生したラテン語の名詞 potio, potion-（ひと飲み）である。またこのラテン語 potare, potat- は，potion（《水薬・毒などの》一服），potable（飲料に適した；飲料），potation（飲むこと，ひと飲み）の語源でもある。飲むのに使われる pot（つぼ，かめ）も同語源ではないかと考える説がある。
　《諺の "One man's meat is another man's poison."（甲の薬は乙の毒：〔原義〕甲の食べ物は乙の毒）のもじりである》"One man's potion is another man's poison."（甲の薬は乙の毒）の方が語源的に意味がぴったりし，また薬物を扱う人のいましめになっている。〈tocsin については touch 参照〉〈drink 参照〉
intrench [intréntʃ] 塹壕を掘る，塹壕を掘って身を守る
　→ retrench
intrepid [intrépid] 大胆な，不敵な，恐れを知らない
　→ terse
intricate [íntrikət] 入り込んだ，複雑な，はっきりしない
　→ intrigue
intrigue [intríːg] 陰謀；陰謀を企てる，好奇心をそそる
　娼婦デリラは，怪力サムソンの力の秘密である髪の毛を剃らせて彼を無力にしてしまった。しかし，多くの女性たちは，自分の髪の毛で男性たちを誘惑し，悩ませる。intricate（入り込んだ，複雑な）の語源は，ギリシア語 thrix（髪）からラテン語 tricae（毛，毛髪の束）を経て派生したラテン語 intricare, intricat-（乱す，もつれさせる）であるとの説がある。誘惑するための「策略」を意味する intrigue は，同じラテン語からイタリア語 intrigare（陰謀を企てる），フランス語 intriguer（困らせる，陰謀を企てる）を経て借入された。そのようなもつれや罠から抜け出す (*extricate*) ことは，なかなか骨の折れることである。
introduction [ìntrədákʃən] 紹介，導入，序論
　→ duke
inure [injúər] 慣れさせる，効力を生じる，役立つ

→ manoeuvre

invade [invéid] 侵入する，なだれ込む，襲う
→ wade

invalid [ínvələd] 病弱者；病弱な [invǽləd] 根拠の薄い，無効な
→ infirmary

invective [invéktiv] 悪口，悪口雑言；悪口の
→ vehicle

inveigh [invéi] 痛烈に非難する，激しく責める
→ vehicle

inveigle [invéigl] 巧みに誘い込む，つり込む，巧みにだましとる

だれかをうまくだますためには，その人に心理的な目隠しをせねばならない。そのことはこの語が明確に示す通りである。inveigle は古くは envegle で，古フランス語 aveugler（見えなくする）からアングロフランス語 enveogler を経て借入された。語源はラテン語 oculus（目）だが，その間には失われた段階がある。後期ラテン語 aboculus に由来するのではないかと考えられるが，この語は，「盲目である」という意味に使われた alba oculus（白い目：white eye）か，あるいは ab oculis（目のない，視力のない：eyeless）から変化したと考えられる。ab oculis の oculis は oculus（目）の変化形である。〈monk 参照〉

inverse [ìnvə́ːrs] 逆の；逆，逆数
→ advertise

invert [invə́ːrt] 逆さまにする；[ínvəːrt] 転倒したもの；転化した
→ advertise

invest [invést] 投資する，備わっている，金を使う

若者が一財産をつくりに外へ出ていく前に，パリッとした服を調達するというのは昔からよく行われることである。この慣例から，本来は「着せる」という意味を持つ invest の古くからの比喩的な用法，例えば，13世紀のイタリア語 investire（授ける）が生まれた。それは，「利益を期待して何かにお金を投資する」ということである。investment がこの「投資」と「着せること」の両方の意味を保持しているのに対して，investiture は実際に聖職や官職を表す衣服や記章の「授与」のことである。vestment（式服，法衣）は vestiment とも綴り，双方とも英語では正式な綴りである。この二通りの綴りは，古フランス語 vestement の -e- が脱落したものと，ラテン語 vestis（衣服）から動詞 vestire, vestit-（着せる）を経て派生したため，別の古フランス語形 vestiment の -i- が残ったものがあるためである。このラテン語 vestis の同族語はギリシア語 hesthes を経てサンスクリット語 vastra（衣服）までさかのぼることができる。vest（チョッキ，胴飾り）は初め，東洋の男性が着るゆったりした外衣や，一時は西洋の女性が着る同様の衣服に使われた。

しかし，この vest は，*vestal* virgins（ウェスタ女神に仕えた巫女，純潔な女性）とは無関係である。この女性たちは，ラテン語 Vesta（ヴェスタ女神，かまどの女神）の従者のことだった。Vesta のギリシア語形は Hestia（ヘスティア）で，小文字の hestia の意味は「かまど」や「家族」である。昔の「短い蠟軸マッチ」を意味する vesta は，ローマの神殿でウェスタ女神の聖なる火の番をする4人（後に6人）の巫女のウェスターリス（ラテン語 vestalis〔*vestal* virgins〕）の義務に由来する。

vest（人に力を授ける）は，力という衣で人をくるむことである。このことから vested interests（既得権，既得権者）という言い方がある。この vest と vesta（家，家庭），そしてその指小語 vestibule（玄関，ポーチ）〈同項参照〉には何らかの語源的関連があると見る説があるが，他の語源説も考えられる。

investigate [invéstəgèit] 調べる，調査する，研究する

逃亡奴隷や獲物などを追跡する者は，逃走経路を調べる（investigate）ものである。この語は in（…の中に，…の上に）と，vestigium（足跡，痕跡）から派生した動詞 vestigare, vestigat-（足跡を追う）とからなる言葉である。このラテン語 vestigium からフランス語 vestige（足跡）を経て英語 vestige（跡，形跡）が派生した。ラテン語 vestigium は「痕跡，痕跡器官」という意味で英語でも使われている。それは，かつてはより大きくて十分に役割を果たしていた部分の跡を意味する退化器官

(*vestigial* organ) のことで，例えば，人間の虫垂（vermiform appendix）や，かつては窪みで管状器官を支えていた突起物の痕跡などがある。

英国の小説家バトラー（Samuel Butler, 1835-1902）は，その風刺小説 *Erewhon*：『エレフォン』(1872年) で，生物器官とは異なる機械的痕跡（vestigia）《例えば第25章で，煙草パイプの火皿の底にある小さな突起部》に言及している。wh を 1 文字と見なしてタイトルを逆に読むと *Nowhere* と「どこにもない所」となり，「ユートピア」を意味する綴り変えになっている。〈Utopia 参照〉

investiture [invéstətʃər] 授与，着せること，衣装
  → invest
investment [invéstmənt] 投資，賦与，着せること
  → invest
inveterate [invétərət] 根深い，頑固な，慢性の
  → mutton
invidious [invídiəs] しゃくにさわる，不公平な
  → improvised
invincible [invínsəbl] 征服できない，不屈の，打ち負かせない
  → victoria
invisible [invízəbl] 見えない，隠れた；目に見えない物
  → improvised
involve [inválv] 巻き込む，必然的に含む，巻き込まれる
  → volume
iodine [áiədàin] ヨウ素，ヨード，ヨードチンキ

私たちはこの言葉によって消毒薬のことを考えるが，ギリシア人は花のことを考えた。iodine は，ion（すみれ）からギリシア語 iodes（スミレのような）を経て派生した。ヨードの気体の色からこのギリシア語 iodes にちなんで名づけられたのである。なお，物理学用語の ion（イオン）は，ギリシア語 ienai（行く）の現在分詞 ion から命名された。《英国の物理・化学者ファラデー（Michael Faraday, 1791-1867）が電解実験において電極に向かって「行く」ものを発見して名づけた。》

  → element
ion [áiən] イオン
  → iodine
iota [aióutə] イオタ，微小，ごく少量
  → jot
Iowa [áiəwə] アイオワ，アイオワ族
  → States
irascible [irǽsəbl] 怒りっぽい，短気な，怒った
  → ire
ire [áiər]《文語・詩語》怒り，憤怒；怒らせる

ire はラテン語 ira（激怒，憤怒）が語源であるが，Irish（アイルランド人）は語源的に「怒る民族」という意味ではなく，Ireland の Ir- の語源は Eire（エール；アイルランド共和国のゲール語名）であると考えられる。〈Hibernia 参照〉

英語 irate（怒った，腹立ちまぎれの）はラテン語 ira（激怒，憤怒）から形容詞 iratus（短気な）を経て派生した。また，irascible（怒りっぽい，怒った）はラテン語 ira から起動形動詞 irasci（怒る）を経て派生した。

Ireland [áiərlənd] アイルランド
  → Hibernia
iridium [irídiəm] イリジウム
  → element
iris [áiəris] 虹彩，アイリス，虹
  → flower
Irish [áiəriʃ] アイルランドの；アイルランド人
  → Hibernia
iron [áiərn] 鉄；鉄の；アイロンをかける

石器時代のざらざらした用具から鉄を使うようになった人々にとっては，鉄製の道具や武器が実に滑らかに思えたにちがいない。印欧語根 eis- は，例えば，滑らかな表面を滑る時のように「滑る」という意味である。iron は，この語根からゲルマン諸語に共通の is- を経て分出したのではないかとする説がある。この説に従えば，ice（氷）の語源であるアングロサクソン語 is（氷）や，ドイツ語 Eis（氷）などは同根語であり，アングロサクソン語 isen, iren（鉄，道具，足かせ）から変化した iron も，古高地ドイツ語 isarn から変化したドイツ語 Eisen（鉄）も同じ語根から分出した言葉である。すなわち，鉄（iron）

irony [áiərəni] 反語，皮肉，皮肉な事態
→ braggadochio

irrefragable [iréfrəgəbl] 論駁できない，否定し得ない，不可侵の
→ discuss

irrelevant [irélǝvǝnt] 無関係の，筋違いの，関連性のない
→ relief

弁護士たちはしばしば証言を「無関係で，不適切で，実態がない」（"irrelevant, incompetent, and immaterial"）として，それを削除するようにと動議を出すことがある。接頭辞の ir-, in-, im- は，もちろんすべて in-（否）が，後に続く文字に同化して変化したものである。

relevant（関連がある）は，ラテン語 relevare（上げる）の現在分詞 relevans, relevant-（持ち上げること）が語源である。ラテン語 relevare は re-（再び）と levare（上がる，上げる）からなる言葉で，relevant の意味は「関連がある」「適切である」である。ちなみに Levant（レバント地方《地中海東岸，特にシリア，レバノン，イスラエルの地域》）は「太陽が昇ってくる場所」のことである。〈orient 参照〉

competent は，cum（…と一緒に）の結合形 com- と，petere, petit-（飛んでいく，探し求める）とからなるラテン語 competere（一緒に追求する）の現在分詞 competens, competent- が語源であり，ラテン語 petere はギリシア語 petesthai（飛ぶ）にさかのぼる。compete（競争する）は「一緒に追求する」が原義である。ここから competitor（競争する人，出場選手）という語が生じた。しかし，ラテン語 competere の現在分詞はまた「要求する，資格がある」という意味にも使われ，ここから competent に「適切な」という意味が派生したと考えられる。

material は，ラテン語 materia（物質，基礎的物質）から派生した形容詞 materialis（物質の，有形の）が語源であり，サンスクリット語 ma-（測る，生み出す）と印欧語の動作主を表す接尾辞 -tar にまでさかのぼる。なお，ラテン語 mater（母：mother——英語 mater〔おふくろ〕 ——）は，サンスクリット語 ma- と同根語である。

Ishtar [íʃtɑːr] イシュタル《シリア，アッシリアの愛・戦争・豊穣の女神》
→ Aphrodite

isinglass [áiznglæs] アイシングラス《魚類の浮き袋から取るゼリー》，雲母

この語の語源は「チョウザメの浮き袋」を意味するオランダ語 huysenblas である。昔のオランダ人漁師たちは，それが虹色で一部光を通すことを知っていて，同じ性質を持った一種の石，雲母を見つけた時，その名に使った。比喩は多くの意味を生み出すものである。-b- が -g- に変わったのは，ガラス（glass）越しに物が見えるからである。

なお，mica（雲母，きらら）は，ラテン語 mica（くず，ほんの少し）が語源であり，砕けやすいのでそう名づけられた。ギリシア語 micron（小さな粒，微量，少し）と同語源であると考えられる。〈remorse 参照〉

Islam [islɑ́ːm] イスラム，全イスラム教徒，イスラム世界

イスラム教世界を意味するこの呼び名は人々の献身をよく表している。islam はアラビア語 aslama（〔神に〕降伏する）の動名詞である。イスラム教徒たちは広く世界を征服していったけれども，彼ら（Moslem, Mussulman）は神に降伏したのであり，いったんそのような降伏をすると彼らは平安になるのである。アラビア語 muslim は同じ動詞 aslama の現在分詞である。アラブ人の挨拶 salaam（額手礼，敬礼）はアラビア語 salam（平和，平安）に由来する。同じ挨拶をユダヤ人も使い，ヘブライ語では shalōm である。

island [áilənd] 島，島に似た物；島にする

ラテン語 insula（島）から古フランス語 isle を経て借入された小さい言葉 isle（小島，島）は，大きな影響力を持ってきた。第一に，この語と語源的関係のない island を変化させた。island は，かつては iland で，アングロサクソン語 iegland にさかのぼる。ieg は「ジメジメした土地，島」という意味である。land は余分の言葉であるが，ieg の基本的意味が人々の心から消えるにつれてつけ加えられた。

第二に isle は，次にまったく異なる分野に入り，aisle（通路，側廊）の綴りを変えた。この語は，ラテン語 ala（翼）が「建物の翼，側廊」という意味に使われるようになり，フランス語 aile（翼，翼棟）を経て借入されて変化したものである。

元のラテン語 insula（島）は，peninsula（半島）に残っている。半島はほとんど島に近い。pen-, pene- はラテン語 paene（ほとんど）が語源である。ただ，ラテン語でいう島は，陽光がさんさんと注ぐこぢんまりとした島（bright little, tight little isle）のことである《たとえば，ディケンズ（Charles Dickens, 1812-70）は Somebody's Luggage：『誰かの荷物』（1862年）で英国を"a tight little island, a bright little island"と表現している》。

島（island）こそ isolationist（孤立主義者）の安住の地で，島とは他の物から隔離し，遮断された所である。「遮断する」は英語で insulate と言うが，この語は insule（島）から派生したラテン語 insulare, insulat-（孤立させる）が語源である。isolate（孤立させる，分離する）も，このラテン語が語源で，イタリア語 isolare，フランス語 isoler を経て借入された。

薬のインシュリン（insulin）は，トロント大学のバンティング（Frederick Grant Banting, 1891-1941）博士によって1922年に初めて分離された（isolated）。insulin は「島」（island）から分泌されることからそのように名付けられた。インシュリンを分泌する膵臓の小さい腺（細胞群）は，発見者のドイツ解剖学者ランゲルハンス（Paul Langerhans, 1847-88）にちなんでランゲルハンス島（the islands of Langerhans, the islet of Langerhans）と呼ばれる。人体の「島」（island）とは，異なる組織を持つ物質によって完全に取り囲まれた細胞群または小さい組織のことである。大脳の中心葉は「ライル島」（the Island of Reil）と言う。Reil は発見者であるドイツの解剖学者ライル（Johann Christian Reil, 1759-1813）にちなむ言葉である。

同じ発音の言葉に rile（苛立たせる）があるが，このことに苛立ってはいけない。rile は roil（かき混ぜて液体を濁らせる）の変化形である。この語が比喩的に「かきたてる，混乱させる，悩ませる」という意味に使われるようになった。語源は不明であるが，このような行いはよくあることである。一説では roil を古フランス語 rouil（泥さび）に関連づけている。この古フランス語は，ラテン語 rubigo（さび）から後期ラテン語的な rubiculare（さびる，さびさせる）を経て変化したものである。

また，古語 broil（けんかする）から roil へと短縮されたとする説がある。この broil はフランス語 brouiller（一緒に混ぜる）から借入された。このフランス語 brouiller からは，in（中に）の意味を持つ em- がついた embrouiller（もつれさせる）から英語 embroil（巻き込む，混乱させる）と，イタリア語・英語 imbroglio（もつれ，込み入った事情）が派生した。

料理の broil（焼く，焼ける）は初め，「焦がす」を意味した。古い語形は brule で，フランス語 bruler（燃える，燃やす）から，古フランス語 brusler までさかのぼることができるが，語源は不明である。

さて，もし何にも苛立つ（rile）ようなことがないなら，安楽な生活（the life of Riley：ライリーみたいな生活）を送ることができる。ちなみにこの Riley は，ライリーがアイルランド人によくある姓だからといってアイルランド人紳士ではなく，「家長」を意味するジプシー語 rye が語源で，この慣用句の意味はジプシーの家長たちの気楽な生活様式に由来し，rye が民間語源によって人名に変えられた。この rye は英国の旅行家・小説家ボロー（George Borrow, 1803-81）の The Romany Rye：the Gypsy Gentleman：『ジプシー紳士』（1857年）によって一般的になった。

なお，ジプシー語 rye（家長）はサンスクリット語 raj, raya（支配者，王）までさかのぼる。このサンスクリット語から rajah（国王，支配者）が派生した。maharajah（マーハラージャ，大王）はヒンディー語 maha（偉大な）と raj からなる言葉である。女性形は maharanee（マーハラージャの夫人，マーハラージャの位を持つ女性）である。

米国のジャーナリスト・批評家メンケン（Henry Louis Mencken, 1880-1956）は，筆者にこう書いてきた。"the life of Reilly"（贅沢で安楽な暮らし）は，英国より米国でより普及している表現であるが，作

詩家ローラー（Charlie Lawlor, 1852-1925）と作曲家ブレイク（James W. Blake, 1862-1935）のコンビが，流行歌"The Best In the House Is None Too Good For Reilly"（「最上の家でもライリーにとってはおんぼろさ」）を書いた1898年以後に一般的になった，と。この二人は流行歌"The Sidewalks of New York"：「ニューヨークの歩道」（1894年）の作者で，この歌のリフレイン"East Side, West Side, All Around the Town"（イーストサイド，ウェストサイド，オールアラウンドザタウン）はなつかしい。

音楽出版社マークス（Edward B. Marks）社は，1899年に"Everything at Reilly's must be done in Irish style."（ライリーの家では万事アイルランド流）という歌を出版した。この歌詞の広まりを，1871年から1885年まで続いた人気のコンビ「ハリガンとハート」（Harrigan 'n Hart：Edward "Ned" Harrigan, 1844-1911, Tony Hart, 1855-91）の芝居で使われたことに帰したがっている。それは，警察の仕事や政治を経て成功するまでのアイルランド人の上昇指向を描いた軽喜劇《*The Mulligan Shows*：『マリガン団ショー』と呼ばれるシリーズ》だった。

isolate [áisəlèit] 孤立させる，隔離する，分離する
→ island

isolationist [àisəléiʃənist] 孤立〔不干渉〕主義者
→ island

isotope [áisətòup] アイソトープ，同位体
→ element

issue [íʃuː] 発行する，出る；発行
この語は初め，何であれ「出てきたもの，結果」，特に「子孫」を意味した。ex-（外へ）と ire（行く）からなるラテン語 exire, exit-（出る，出てくる，立ち去る）が語源で，古フランス語 issir を経て借入された。したがって exit（出口；立ち去

る）は二重語である。

"This way to the *egress*"（お帰りはこちら）と，バーナムサーカス（Barnum's）の呼び込みは，つけたしの出し物余興が混雑した時に叫んだものである。この egress は，ラテン語 e-〔ex〕（外へ）と gradi, gress-（歩む）からなる言葉である。この gradi, gress- からは，grade（等級；等級に分ける）をはじめ progress（進行；前進する）まで多くの語が派生した。gradual（徐々の，ゆるやかな）はラテン語 gradualis（1歩1歩，少しずつ）が語源である。graduated（目盛りをした，卒業した）は，温度計や文学士のような，「度合いや学位（*degrees*）によって区別された」を意味する。degree（《階段や梯子の》1段）そのものは，原義が「1段下」で，degrade（地位を下げる，堕落する）と二重語である。digress（脱線する）の原義は「脇へそれる」で，transgress（越える，法律を犯す）は，適切な境界を「横切る」が原義である。aggression（攻撃，侵害）の原義は，自分のものではないものへ「踏み出すこと」である。これらの言葉の語根は，サンスクリット語 gridhra（貪欲な：*greedy*）を経て，印欧語根 gardh-（強く望む，願望する）にさかのぼることができる。その意味が「…に向かって進む」へと変化したのである。また，progress（進歩）はもちろん「人類の幾時代も経た前進」のことである。〈congress 参照〉

-ist [-ist] …をする人，…に巧みな人，…に関係している人
→ spinster

item [áitəm] 項目，1項目；同じく
→ obituary

itinerary [aitínərèri] 旅程，旅日記；旅行の
→ obituary

-ize [àiz] …になる，…化する，…にする
→ homo-

J

jabber [dʒǽbər] 早口にぺちゃくちゃしゃべる；早口のおしゃべり
→ chatter, gibberish

jacinth [dʒéisnθ] ヒヤシンス石
→ carnelian

Jack and Jill [dʒǽk ənd dʒíl] 若い男女
→ tag

Jack Ketch [dʒǽk kétʃ] 絞首刑執行人
→ Appendix VI

Jack Tar [dʒǽk táːr] 水兵
→ Appendix VI

jackanapes [dʒǽkənèips] 生意気な人，気取り屋，サル

　思い上がった気取り屋を意味するこの語は，1450年に海上で謀殺されたサフォーク公ウィリアム・ド・ラ・ポール (William de la Pole, 1st Duke of Suffolk, 1396-1450) のあだ名である。彼の紋章の図柄は，飼い馴らしたサルにはかせる鎖つきの足かせだった。

　この語の後半部分は，おそらく「ナポリの」(of *Naples*) の意味である。この都市から来た他の輸入品にも，同じような表現が見られる。一方，15世紀初頭にサルがイタリアから英国にもたらされたという記録があり，ape（サル）という語とも結びつけられている。

　jack（男）は普通名詞で，しばしば他の語に添えて使われた。例えば，jackrabbit（野ウサギ），jackass（間抜け），jack-of-all-trades（何でも屋），jumping-jack（踊り人形），jackboot（長靴），jackdaw（コクマルガラス《鳴き声がうるさく，人語をまねたり，光るものを盗むとされる》），jack-in-the-box（仕掛け花火），jackstraw（わら人形：1381年の民衆蜂起〔ワット・タイラーの乱〕を指揮した一人 Jack Straw《おそらく John Rackstraw》いう人物にちなむ），jacktar（船乗り），jackknife（ジャックナイフ），jack-o'-lantern（カボチャちょうちん，鬼火）などがある。

　ブルーアー (Ebenezer Brewer, 1810-97) は，Jack Adams（とんま）から yellowjack（黄熱病，【海事】検疫旗）に至る74語を挙げたうえで，Jack は，けなした意味合いで使われるのが常だが，Tom の方には親しみが込められている，と述べている《*Brewer's Dictionary of Phrase and Fable*：『ブルーワー英語古事成語大辞典』1870年》。近年の俗語，ハイジャック (hijack) は，jack（巻き上げ装置）に由来する。

jactation [dʒæktéiʃən] 自慢，ほら，【病理学】輾転(てんてん)反側
→ wasp

jactitation [dʒæktətéiʃən] 詐称，自慢，ほら吹き
→ wasp

jade [dʒéid] ひすい
→ carnelian

jail [dʒéil] 刑務所，監禁
→ cabal

janitor [dʒǽnətər] 門番
→ month の項の January

January [dʒǽnjuèri] 1月
→ month

jar [dʒáːr] きしる，一致しない；つぼ
　ajar という語があるが，これには「半開きの」という意味の他に，「人と不和だ」の意味もある〈ajar 参照〉。後者は「一致しない」を意味する at jar に由来する。「不和」を意味する jar という語は，耳ざわりな音の擬声語で，元は charr（ピーピー）や chirr（チリッチリッ）であった。

　物を入れる jar（つぼ，びん）は，アラビア語 jarrah（陶製のつぼ）から，スペイン語 jarro を経て借用された。

jargon [dʒáːrɡən] 専門用語，わけのわからない言葉
→ slang

jasper [dʒǽspər] へき玉
→ carnelian

jaw [dʒɔ́ː] あご
→ pylorus

jazz [dʒǽz] ジャズ

モダンダンスを学ぶ人たちの中には、この語が「大急ぎ」を意味するアフリカの言葉で、クレオール語から英語に入った、という人もいる。

けれども、1910年ごろ、ミシシッピ州ミシシッピ川沿いの町ヴィックスバーグ（Vicksburg）で、「アレグザンダーのラグタイムバンド（Alexander's Ragtime Band）を聴きにおいで」と呼び掛ける歌によって、世界に名を馳せた人物に起源を求める方がもっともらしい。このアレグザンダー（Alexander）の名はチャールズ（Charles）だが、略して Chas、発音は [tʃǽz] だった。皆が興奮してくると、「その調子、ヂャズ（Jazz）！」と叫んだところから、ジャズ音楽が生まれたというのである。

さらに、別の起源を挙げる人もいる。アラビア語 jazib（魅惑するもの）やヒンディー語 jazba（熱望──英語 jazzbo〔色男、ジャズ狂〕が派生──）や、アフリカ人の言葉 jaiza（遠くで鳴る太鼓の音）が、その例である。

jeep [dʒíːp] ジープ

この自動車は名前も生産もアメリカ的である。第二次世界大戦の初期に、政府は *General Purpose* car（多目的車）の製造を命じた。頭文字 G.P.（ジーピー）では子供っぽい指小語のように響くが、jeep（ジープ）ならば4輪駆動の万能車にぴったりと思われた。そしてこの言葉は急速に米語に入り込み、自動車自体もまた急速に広まったのである。

jejune [dʒidʒúːn] 貧弱な、幼稚な、栄養のない

この語に子供っぽさという意味合いを感じる人がいるのは、フランス語 jeune（若い──ラテン語 juvenis〔若い〕が語源──）の影響によるものである。しかしこの語は、実際にはラテン語 jejunus（断食した──フランス語 jeûne〔断食〕が派生──）が語源である。この語は、栄養のない食物や、精神的に飽き足りない事柄についても使われる。

jejunum（空腸）は、十二指腸に続く小腸の2番目の部分で、1398年に *OED* に初出として引用された "is alwaye voyde of mete and drynke"（常に飲食物を欠く）の記述のように、いつも空の状態にあるように見える。

夜間の断食（*fast*）を破る（*break*）のが、英語の breakfast（朝食）である。dinner（正餐）も元来同じことを意味した。すなわち dinner は今では夜のことが多いが、元はだいたい正午ごろ、貴族が断食を破った食事、すなわちその日一番大きな食事であった。というのも、dinner はフランス語 dîner（晩餐を食べる──英語 dine〔食事をする〕の語源──）から、後期ラテン語 disjunare を経て、同 disjejunare（断食をやめる──dis-〔離れて〕+jejunium〔断食〕──）にさかのぼるからである。なおこの後期ラテン語が語源のフランス語 déjeuner は、今も「朝食」である。どの時間の食事であっても、目的はただ一つ！

jelly [dʒéli] ゼリー
→ aspic

jeopardy [dʒépərdi] 危険にさらされていること

ローマ人は引き分け試合になると、後期ラテン語で jocus partitus（分けられたゲーム）と呼び、賭け金を分けあった。それがフランス語に入り、jeu parti（引き分け試合）となり、やがて勝負が五分五分の対戦相手にも使われるようになった。その結果は不確かであり、賭金あるいは生命は危険にさらされるというものであった。英語 jeopardy は、このフランス語の借入である。〈jeopardize については homo- 参照〉

jerboa [dʒərbóuə] トビネズミ
→ muscle

jeremiad [dʒèrəmáiəd] 悲嘆、恨み言
→ Appendix VI

jerk [dʒə́ːrk] 急にグイと引くこと；グイと動かす、干し肉にする
→ barley

jerked (beef) [dʒə́ːrkt (bíːf)] 乾燥牛肉
→ barley

jersey [dʒə́ːrzi] ジャージー
→ cloth

Jerusalem artichoke

[dʒərúːsələm áːrtitʃðuk] キクイモ
→ artichoke

jesse [dʒési] キリストの系図の樹
これは教会用語で，大きな枝分かれした燭台を表したり，Jesse（エッサイ）からその息子 David（ダヴィデ）を経て Jesus（イエス・キリスト）に至る，繁茂する樹木に象徴される教会の窓に描かれた系図を表したりする。『イザヤ書』（11：1-10）には「エッサイの根株から新芽が生え…その日，エッサイの根は，国々の民の旗（ensign）として立つ」とある。ついでながら，これが ensign（国旗）の古い用例である。〈同項参照〉

jest [dʒést] 冗談；ふざける
→ joke

jet [dʒét] 噴出；ほとばしる
→ subject

jetsam [dʒétsəm] 投げ荷
→ subject

jettison [dʒétisn] 投げ荷；放棄する
→ subject

jewel [dʒúːəl] 宝石
→ carnelian

Jezebel [dʒézəbèl] イゼベル，恥知らずな女
フェニキアの都市テュロス〔ツロ〕（Tyre）の王の娘でイスラエル王アハブ（Ahab）の妻であるこの女性の名前は，恐ろしい性悪女の代名詞となった。『列王紀下』第9章には，エリヤ（Elijah）の予言通り，犬に食われるさまが描かれている。

jingo [dʒíŋgou] 熱狂的愛国主義者
→ chauvinism

jingoism [dʒíŋgoìzm] 盲目的愛国主義，主戦論
→ chauvinism

jitterbug [dʒítərbÀg] ジルバ，ジルバを踊る人
この言葉の後半部分の bug は，「虫」と「熱中」の二重の意味から〈insect 参照〉，きまって「狂信者」「マニア」を指すようになった。ちなみに，"He has bees in his bonnet." "He has a *bug* in his cap." "He's *bugs*." はいずれも「彼は，何かに取り憑かれている」の意味である。一方，この語の前半は，19世紀に盛んに行われた押韻俗語（rhyming slang）と頭韻転換（spoonerism）〈同項参照〉が起源である。すなわち，gin and *bitters*（ジンのビター割り）の中毒になった男が震えながら，「jitters をくれ」と言ったことから，この語が生まれた。この語が jitterbugs（ジルバを踊る人）に取り入れられたのは，この新しい踊りの愛好者の急に相手を引き寄せたりする動きが，酔っている人のしぐさそっくりに見えたからである。

jobation [dʒoubéiʃən] 長ったらしい小言
→ Appendix VI

jockey [dʒáki] 騎手；出し抜く
→ barnard

jocular [dʒákjələr] こっけいな，おどけた
→ carnelian

John Bull [dʒán búl] ジョン・ブル，典型的英国人
→ Yankee

Johnny cake [dʒáni kèik] とうもろこしパン
→ jury

join [dʒɔ́in] つなぐ，参加する
→ subjugate

joint [dʒɔ́int] 関節；共同の
→ subjugate

jointure [dʒɔ́intʃər] 寡婦資産
→ subjugate

joke [dʒóuk] 冗談；からかう
この語は，ラテン語 jocus（遊び）が語源で，イタリア語 gioco を経て借入されたものである。jocus は，神々の中でも悪ふざけの名手であるユピテル（Jupiter, Jov-——英語 Jove——）から派生したラテン語形容詞 jovius（ユピテルの——英語 jovial〔陽気な〕の語源——）に由来する。なお Jupiter はギリシア語 Zeus と同族語で，Zeus（ゼウス）と pater（父）との合成語である。一方，Zeus の属格 dios は，サンスクリット語 div-（輝く，遊ぶ）と同族関係にあり，同じ語根からラテン語 divus（輝くような；神），さらに英語 divine（神の）が派生した。なお，ヘブライ語 Jehovah との関連には疑問がある。
また上記 jocus から派生したラテン語 joculator（道化師）から古フランス語 jogleur を経て，フランス語 jongleur（吟遊詩人）が派生するが，この語はそのままの形で英語に借入され，「吟遊詩人」「旅芸

人」を指した。彼らはまた juggler（手品師——ラテン語 joculator が語源——）でもあった。〈carnelian, witch-hazel 参照〉
jest（冗談；ふざける）は、ラテン語 gerere, gest-（遂行する）が語源で、元来どんな行為をも表した。しかし、異形 geste が "Merrie Gestes of ..."（…の愉快な冒険談）のような題名に使われたことから、jest はユーモラスな意味合いに限られるようになった。gesture（身ぶり）は同語源である。ついでながら、digest（消化する；要約）は、ラテン語 digerere, digest-（分ける、整理する——digerere cibum〔食物を消化する〕という用法があった——）が語源である。

jolly [dʒáli] 陽気な、すてきな；非常に
→ Yule

Jonah [dʒóunə] ヨナ、不幸をもたらす人；不幸をもたらす

不幸をもたらす者を表すこの語は、動詞としても使われるようになり、"Don't you jonah me!"（縁起の悪いことを言うな）のように使われる。『ヨナ書』によると、預言者ヨナ（Jonah）はニネヴェ（Nineveh）の悪業を責めるよう神に命じられたが、逃げ出してタルシシ（Tarshish）への船に乗った。船が嵐に見舞われた時、おびえた水夫たちはヨナの逃避のことを聞き知り、彼を海中に投じた。すると、海は静かになった。よく知られているように、ヨナはその後三日三晩、クジラの腹の中で過ごし、それから神の使命を果たしに出かけた。

jongleur [dʒáŋɡlər] 吟遊詩人、旅芸人
→ joke

jonquil [dʒáŋkwil] キズイセン
→ junket

Jordan almond [dʒɔ́ːrdn ɑ́ːmənd] ヨルダン種アーモンド
→ almond

jot [dʒát] わずか；書き留める

この語は、ギリシャ語アルファベットの中で最も小さい文字 I, ι（イオタ：iota, jota）の異形、短縮形である。そこで、jot down は「簡単に書き留める」を意味する。iota は、ときにラケダイモン人の文字と呼ばれる。ギリシャのこの地域（ラコニア：Laconia）の住人は多弁を嫌ったからである。〈laconic 参照〉

journal [dʒɔ́ːrnl] 日記、新聞
→ jury

journey [dʒɔ́ːrni] 旅行、旅程
→ jury

journeyman [dʒɔ́ːrnimən]《年季を終えた》一人前の職人、有能な労働者
→ jury

jovial [dʒóuviəl] 陽気な、気持ちの良い
→ joke, saturnine

joy [dʒɔ́i] 喜び、喜びの種；喜ぶ

この語の満ちあふれる感じは、若人（the young）〈同項参照〉と結びつけられる。しかし、joy 自体はラテン語 gaudia（喜び：*rejoicing*）が語源で、フランス語 joie（喜び——イタリア語 gioia——）を経て借入された。rejoice（狂喜する）も同じ道をたどった言葉で、後期ラテン語 re-（再び）＋gaudire（喜ぶ）から古フランス語 rejoir, rejoiss- を経て借入された。何かを楽しむ（enjoy）ということは、「喜び」（joy）を「手に入れる（en-）」ことである。jewel（宝石）は、古フランス語 joel からラテン語 gaudiellum（喜ばしいもの）を経て gaudia（喜び）にさかのぼるとする説がある。〈carnelian 参照〉

jubilation [dʒùːbəléiʃən] 歓喜、祝賀
→ jubilee

jubilee [dʒúːbəliː] 記念祭、祝典、歓喜

英語 jubilation（歓喜）はラテン語 jubilare, jubilat-（叫ぶ、歓呼する）が語源である。ラテン語訳聖書の『詩篇』第100篇では "Jubilate Deo ..."（神に向かって喜びの声をあげよ）のように使われている。一方 jubilee（五十年祭、記念祭）はヘブライ語 jobel（雄ヒツジ、ヒツジの角）からギリシア語 iobelos を経て後期ラテン語で jubilaeus annus（喜びの年）のように使われるようになった言葉である。ヒツジの角は記念祭を告げる角笛として使われた。ヘブライ語 yobel の yo- が後期ラテン語では ju- になったのは詩篇での jubilate（歓呼せよ）の影響を受けたものである。

ひと区切りの7年間が7度過ぎた年は、喜びの時、「安息の年」（*sabbatical* year——ヘブライ語 shabath〔休息する〕からの shabbath〔安息日〕を経て派生——）とされた。これは50年目に当たるため、jubilee と五十年祭が一致するのである。

ユダヤでは田畑は休閑地となり，奴隷は解放しなければならなかったことから，jubileeは米国黒人の間で「大きな喜び」を表す言葉となった。

judge [dʒʌ́dʒ] 裁判官，審査員
→ verdict

judicial [dʒuːdíʃəl] 裁判の，裁判による
→ just

judicious [dʒuːdíʃəs] 判断力の確かな，思慮深い
→ just

juggler [dʒʌ́glər] 手品師，ぺてん師
→ joke

jugular [dʒʌ́gjələr] 頸部の；頸静脈
→ pylorus

juke (box) [dʒúːk (bɑ̀ks)] ジューク・ボックス

英国では途絶えてしまったエリザベス1世（在位 1558–1603）時代の言葉が，アメリカ合衆国南部の山中にたくさん生き残っている。jouk（さっと身をかわす）はその一例で，禁酒時代に酒が売られていた場所を指すのに使われ，やがて安い飲み屋一般を指すようになった。自動蓄音機がそうした店に広まり人気を博するようになると，それは juke box と呼ばれるようになった。

Julian (calendar) [dʒúːljən (kǽləndər)] ユリウス・ローマ暦
→ Appendix VI

July [dʒulái] 7月
→ month

jump [dʒʌ́mp] 跳ぶ；跳躍
→ plunge, gyp

jumper [dʒʌ́mpər] ジャンパー
→ gyp

junction [dʒʌ́ŋkʃən] 連結，ジャンクション
→ yokel

June [dʒúːn] 6月
→ month

junior [dʒúːnjər] 年下の；年少者
→ pigeon

junk [dʒʌ́ŋk] がらくた，ジャンク《中国の平底帆船》
→ yeoman

Junker [júŋkər] ユンカー，ドイツの青年貴族
→ yeoman

junket [dʒʌ́ŋkət] 凝乳《牛乳を凝固させた甘いデザート》，ピクニック

このデザートは最初イグサで編んだ小さな籠（ラテン語 juncus〔イグサ〕）に入れて用意されたので，こう呼ばれた。また，ラテン語 juncus の指小語から派生したフランス語 jonquille を経て借入され，その葉の形にちなんで英語 jonquil（キズイセン）が生じた。他方，junket の「ピクニック」という意味は，座るためにイグサを広げる習慣からきたものである。戸外のスタジアムの石の座席では，イグサで編んだ小さいクッションが今日も使われている。

Jupiter [dʒúːpətər] ジュピター〔ユピテル〕
→ joke

jurisdiction [dʒùərisdíkʃən] 司法権，支配権，権力の範囲
→ jury

jurisprudence [dʒùərisprúːdns] 法学，法体系，法制
→ improvised

jury [dʒúəri] 陪審，審査員団；応急の

古フランス語 jurée（誓われた，誓った）から借入されたこの語は，この宣誓した人々を表す言葉で，ラテン語 jus, jur-（法），jurare, jurat-（誓う）にさかのぼる。jurisdiction（司法権）は，ラテン語 juris（法の）と dictio, diction-（陳述，討議）からなる言葉が語源である。

しかしながら，*jury*-mast（応急マスト）や *jury*-leg（木の義足）に見かける jury という語は，「その日限りの」を意味していると思われ，ラテン語 dies（日）の形容詞 diurnus（1日の）から後期ラテン語 diurnal-，古フランス語 jornal, jurnal, journal（日々の）を経て借入されたと考えられる。journey（旅行）は，元来1日の行程のことであり，*journey*man（一人前の職人）は元来「日雇い職人」であり，journal（新聞，雑誌）は「日誌」を表した。

ところで journal（日誌，新聞）という語は，初めは形容詞であったが，1500年ごろ，「勘定，記録，目録」などを表す後続の名詞が脱落してしまった。そして16世紀末までには，この語の二重語 diurnal が「日ごとの」を意味し，正式の形容詞とし

てjournalに取って代わった。diurnalは「日中聖務日課書（昼間の聖務を書いたリスト）」のことで，1550年ごろ使われるようになった。なお，Johnny cake（《パンケーキ状に焼いた》とうもろこしパン）は，*journey* cakeがいつのまにか変化したものである。

　ledger（原簿，元帳）は，元々出生，結婚などの記録用に，教会の特定の場所に置かれた帳簿で，中英語liggen（置かれている），leggen（置く）に由来する。中高地ドイツ語legge（層）も同語源で，ここから英語ledge（突き出た棚，岩棚）が派生した。〈just参照〉

just [dʒʌ́st] 公正な，正しい；ちょうど
　この語には二つの古い言葉が融合していると考えられる一例である。just（公正な）は，ラテン語jus（法，正義）からの形容詞justus（正当な）が語源で，英語justice（正義）も同語源である。一方，「ちょうど（just）10時だ」と言う場合のjust は，一説ではラテン語juxta（そばに接して）から古フランス語jouxteを経たフランス語jouste（すぐ近くに，隣に）の借入である。ラテン語juxtaとponere, posit-（置く）の合成語が，英語juxtaposition（並置）の語源である。

　なお，ラテン語jus（法）からは，二つの語幹の流れがある。一方は，英語jurisprudence（法体系）やjury（陪審）などに見られるjur-，他方は，ラテン語judicare, judicat-（裁く）に見られるので，jus-dicere（判決を下す）からのjud-である。後者は，英語adjudicate（裁く），judicial（裁判の），judicious（判断力の確かな——-ous〔…に満ちた〕はラテン語接尾辞-osus〔…でいっぱいの〕から派生——）の語源である。

justice [dʒʌ́stis] 正義，公正，裁判
　→ just, emblem

juvenile [dʒúːvənàil] 若い，少年少女向きの；青少年
　→ youth

juxtaposition [dʒʌ̀kstəpəzíʃən] 並置
　→ just

K

kail [kéil] ケール，チリメンキャベツ
→ alcohol

Kaiser [káizər] カイゼル，皇帝
→ shed

kaleidoscope [kəláidəskòup] 万華鏡，絶えず変化するもの

　trapezoid（不等辺四辺形，台形）は，flying *trapeze*（空中ブランコ）と同じように，その形により名づけられた語で，ギリシア語 eidos（形），-oidos（の形をした）と，trapeza（テーブル——tetra〔4〕+peza〔足〕——）の指小形 trapezion（——trapeze〔空中ブランコ〕の語源）とからなっている。また，しばしば使われる接尾語 -oid は，「…のような形をした」の意味で，spheroid（回転楕円体）や anthropoid（類人猿——ギリシア語 anthropos〔人間〕——）等に見られる。

　語尾 -scope はギリシア語 skopos（監視人，標的，目標，範囲）が語源で，英語 scope（範囲）の語源である。〈dismal 参照〉

　接頭辞 kal- はギリシア語 kalos（美しい），kallos（美，美しいもの）が語源で，楽しさを感じさせてくれる。〈calibre 参照〉

　これらすべてが一緒になって，英語 kaleidoscope という美しい語が出来上がっているのである。

Kampf [ká:mpf]（ドイツ語）戦闘，闘争
→ camp

kangaroo [kæŋgərú:] カンガルー

　クック（James Cook, 1728-79）船長が1770年にオーストラリアのクイーンズランドに来た時，当然のことながら，跳びはねる奇妙な動物について尋ねた。そしてクック船長は現地人の返答から，その動物を kangaroo（カンガルー）と呼んだわけだが，その動物は現地語ではそのように呼ばれていたわけではなかった。現地語では，英語でも使われているが，小さいカンガルーを wallaby（ワラビー）と言い，大きい種類を wallaroo（ワラルー——元々は驚きの表現だったらしい——）と言った。クック船長が使った言葉 kangaroo は誤解によるもので，「あなたの言われることがわかりません」という意味の現地語が訛ったもの，と言われている。

Kansas [kǽnzəs] カンザス
→ States

karma [ká:rmə] カルマ，業，前世の因縁
→ ceremony

keg [kég] 小樽

　この語は，初めは「木の切り株」を意味したのではないかと考えられる。アングロサクソン語では kaak であった。形が似ているため，樽（オランダ語 kaak）や籠を表すのにも使われ，やがて，犯罪者を公衆の目にさらす踏み台，特にスカンジナビアでは「さらし台」（pillory）〈ducking-stool 参照〉の意味で使われた。この語は古英語 cag に一方の意味，すなわち「樽」の意味を留めており，英語 keg はこの古英語から変化したものである。

ken [kén] 理解，知力の範囲，視界
→ king

kennel [kénl] 犬小屋，（古語）溝
→ canon

Kentucky [kəntʎki] ケンタッキー
→ States

kerchief [ká:rtʃif] スカーフ
→ handkerchief

kernel [ká:rnl] 仁《果実の核の中の部分》，中核
→ corn

kerplunk [kərplʎŋk] ドスンと落ちる；ドスンという音
→ plunge

ketchup [kétʃəp] ケチャップ

　この語は，時に catsup と綴られ，sup は「少しずつ飲む，すする」という意味で

使われている。しかし，猫がなめるように飲むミルクとは何の関係もない。マレー語で kechap，中国語で ketsiap，日本語で kitjap のように発音され，起源は東洋の言葉であり，魚醬のような一種のソースを意味していた。英語で最もなじみ深いのは tomato *ketchup*（トマトケチャップ）である。

kettle [kétl] やかん

この語はラテン語 catinus（食器）の指小語 catillus（小鉢）から後期ラテン語を経て，ゲルマン諸語に借入された。"a pretty *kettle* of fish"（てんやわんや，困った状況）という皮肉な表現は，a pretty *kittle* [*kiddle*]（漁網をしかけた堰）の訛ったものである。この語は，古フランス語では quidel（フランス語では guideau [【漁業】長袋網]）であり，魚を導き入れることを意味し，英語 guide（導く）と同語源である。

kewpie (doll) [kjú:pi (dɑ̀l)] キューピー [人形]

→ pupil

khaki [kǽki] カーキ色の；カーキ色の服地

→ cloth

kickshaw [kíkʃɑ̀:] 無用な飾り，くだらないもの，おもちゃ

おそらく Pshaw!（ふん！，ばかな！）に影響されたと思われる（ドイツ語 Geck [おしゃれ，ばか者] から Geckchoserie [くだらないもの] となったように）が，この語はフランス語 quelques choses（何か，あること）に由来するものである。英国の劇作家・詩人ドライデン（John Dryden, 1631-1700）は，*The Kind Keeper*：『やさしい番人』（1679年）の中でこの変遷の二つの段階を示している。

> Limberham："Some foolish French *quelquechose*, I warrant you."
> （何か，ばかげたフランスものさ，請け合うよ）
>
> Brainsick："*Quelquechose*! O ignorance in supreme perfection! He means a *keckshose*!"
> （「もの」だって？　何も知らないんだな。ばか者って言ってるのさ！）

語尾が複数語尾と考えられたために，kickshaw（つまらぬこと）に変えられたわけである。

kid [kíd] 子ヤギ，子ヤギの皮，子供

元々「子ヤギ」を表すこの語は，やがてその皮革を表すようになった（例えば *kid* gloves [キッドの手袋]）。この kid は，古北欧語 kith に由来し，今日スカンディヴィア諸語では kid である。

英語 kith and kin（親戚知己一同）の kith は，アングロサクソン語 cyththu（親戚一同）から変化したものであり，この語はアングロサクソン語 cunnan（知る）の過去分詞 cuth と同語源である〈uncouth 参照〉。kin はゲルマン諸語に共通で，アングロサクソン語 cynn（自分と同種，家族：kind）から変化したもので，ドイツ語 Kind（子供）と同系語であり，ラテン語 genus（一族）と同族語の関係にある。kid が「子供」という俗語的意味に使われるようになったのは，ドイツ語 Kind（子供）の影響によるものであり，そこから動詞 to *kid*（子供扱いする）が生じた。〈kin, kind については racy 参照〉

kidnap [kídnæp] 誘拐する

→ knick-knack, kid

kidney [kídni] 腎臓

腎臓が時に belly-egg と呼ばれるのは，この内臓の形と位置による。中英語では kidneer, kidnere と綴られ，neer や nere だけでも腎臓（kidney）の意味に使われたが，中英語 ey（卵）の影響で，kidenei と綴られることもあった。最初の音節 kid- は，アングロサクソン語 cwid（腹，子宮）から quid を経て訛った語形である。そこでフォールスタフ（Falstaff）が "Think of that, a man of my *kidney*, that am as subject to heat as butter ; a man of continual dissolution and thaw."（「考えてもごらん，この私の体つきを。バターみたいに熱に弱いときている。四六時中とろけている人間でな」）(*Merry Wives of Windsor*：『ウィンザーの陽気な女房たち』III, v, 116) と言う時，（今日の）暑い天気を考えてみればよくわかる！）彼は自分が太っていることを指して言ったのである。しかし，シェイクスピアからさらに意味が拡大されて，of his *kidney* という句は of his sort（同じ気質の）という意味を表すようになった。

kin [kín] 親族，同類

→ racy
kind [káind] 種類
　→ racy
kine [káin] 雌牛，畜牛
　→ cow
king [kíŋ] 国王
　王の「神権」はこの言葉の語源的意味にむりやりに込められたものであり，語源であるアングロサクソン語 cyning は単に「部族（cyn）の長子」を意味する言葉であった。しかし，早い時期に，ゴート語 kunnan やアングロサクソン語 cunnan（知る）から派生したかのようなアングロサクソン語 kuning なども見られる。英語の cunning（巧妙な）や ken（知識の範囲）はこのアングロサクソン語 cunnan と同語源である。知恵が備わっていることが王たる所以であるというわけである。スコットランド生まれの思想家・歴史家カーライル（Thomas Carlyle, 1795-1881）は何度かこちらの語源説を強調している（*On Heroes and Hero-Worship*：『英雄と英雄崇拝』〔1841年〕VI, *Sartor Resartus*：『衣裳哲学』〔1833-34年〕III, 7)。

kirk [ká:rk]《スコットランドの》教会
　→ church
　古いドイツの諺に「子供（Kinde）と台所（Küche）と教会（Kirche）は，女の関心事」というのがある。

kleptomaniac [klèptəméiniæk] 盗癖のある〔人〕
　→ mania

knack [næk] こつ，癖
　→ knick-knack

knapsack [næpsæk] リュックサック，ナップザック
　兵士の装備で最も大切な物は食料であり，戦闘中でもしばしば兵士はそれをパクッとかじっては飲み込む（*snap* down）といったことをしなければならない。だからこそ，兵士が食料を詰めておくための袋（sack）はナップザック（knapsack）なのである。英語 knap（かむ，パクつく）は低地ドイツ語 knappen（かむ）が語源である。
　ナップザックは時に枕としても使われたが，関係はそこまでで，アングロサクソン語 hnappian（うたた寝する）が語源の nap（昼寝，仮眠）とは語源的関係はな

い。けれども，このアングロサクソン語と上記の低地ドイツ語 knappen（かむ）は同系語ではないかとする説もある。一瞬でも休息の機会があると，パチンと目を閉じるというように両方とも基本的には素早い動作を意味しているというわけである。
〈knick-knack 参照〉

knave [néiv] 悪党
　→ lady, knick-knack

knee [ní:] ひざ
　→ gastronomy

kneel [ní:l] ひざまずく
　→ gastronomy

knick-knack [níknæk] 装飾用小物
　この反復語〈scurry 参照〉は，knack（巧みな技，こつ）を基にして造られたもので，この knack は短く鋭いパチンという音（snap）に似た言葉である。knack はその後，「策略」「技巧」「おもちゃ」を意味するようになり，やがて策をめぐらす際の「巧妙さ」を意味した。"That's a snap!"（そんなこと朝飯前だ！）というようなことである。
　knack は多産な家系に属する言葉であるが，その中の多くが現在では廃語となってしまっている。とはいえ，kn-, gn-, n- という語頭音はゲルマン諸語に共通に見出だされ，ラテン語やギリシア語につながり，はるかかなたの印欧諸語にさかのぼることができる。その中核的な意味は「かむこと」「壊すこと」あるいは「膨れたもの——例えば，こぶ，ノック（*knock*）する拳（*knuckle*），頭——」である。
　さて「食べる」と「知る」の概念は絡み合っている。中英語 gnawen（かじる：*gnaw*），アングロサクソン語 cnawan（知っている：*know*），ラテン語 gnoscere（知っている——英語 cognition〔認識〕や ignorant〔無知な〕の語源——），ギリシア語 gignoskein（知る），サンスクリット語 jna-（知る）などは同根語である。
　吸収という概念は，食物にも知識にも共通しており，英語 ruminant（反芻動物，瞑想する人）や ruminate（食べ物を反芻する，思い巡らす）はラテン語 rumen（反芻動物の第一胃）から派生した言葉である。シェイクスピアは，熟考するという意味で "Chew upon this."（このことをよく考えてくれ）（*Julius Caesar*：『ジュ

リアス・シーザー』I, ii, 171）とブルータスに言わせている。

digest（消化する）〈同項参照〉にも、同じような二重の用法がある。消化（digestion）とは良い物のみを吸収することであるので、digest（要約）とは、食物の比喩では、外皮や殻を取り去った身の部分である。〈strike 参照〉

knack をはじめとするこの複雑な語群の概念がどのようなものであるか、以下のリストからその一部が理解できる。knab は、nab（丘や岩の突出部、岬）の古い綴りで、スコットランドや北イングランド方言として使われている。knabble は、nibble（少しずつかじる）の古形である。knag は、「木の隆起したこぶ」（knot）を意味する言葉である。knap（《方言》丘の頂——アングロサクソン語 cnaep〔頂上〕——）は、また「ポキンと折る」「ぱくっと食いつく、かみ切る」（オランダ語 knappen）をも意味するが、この語から knapsack（ナップザック）〈同項参照〉が派生した。knar も「木の節」（knot of wood）を意味する言葉であり、この語から knarled を経て、より一般的な gnarled（節だらけの）が派生した。しかし、gnarl（《廃語》うなる）は gnar（《犬が》怒ってうなる）の指小形で、古くは knarre, knar であった。

ところで、gn- と sn- で始まる語は近い関係にある。gnaw（かじる）は古い knaw から変化したものであり、ギリシア語 gnathos（あご）と同族語である。gnash（歯ぎしりする）はデンマーク語では knaske である。これらに近い言葉に snap（ピシッと打つ）、snip（チョキンとはさみで切る）、snarl（《犬などが》歯をむき出してうなる）、snatch（ひったくる）、snob（紳士気取りの俗物）、snub（鼻であしらう）などがある。

また、初めは単に「少年」の意味であった knave が「ならず者」へと変化したのは、knavery（ごまかし）に見られるような kn- という音の影響であろうと考えられる。knight（騎士）が同じ運命を免れたのは、歴史用語になったからである。だが、ドイツ語形 Knecht は「召使い」を意味するようになった。

knicker（男の子が遊ぶビー玉）は、オランダ語 knikken（打つ）から来ているが、この knikken（アングロサクソン語 cnucian〔打つ〕）自体は、この類の多くの語と同様に擬音語である。〈knickers 参照；knit, knot, knout については knot 参照〉

knob（ノブ、こぶ）は、かつては knop で、さらに古くは knoppe（芽、つぼみ）であった。その別形 knosp（つぼみ形装飾、《ガラス器などの装飾的な》握り）はドイツ語 knospe（芽、つぼみ）の借入で、建築用語として使われる。

knoll（小山、塚）はアングロサクソン語 cnoll（丘の頂上）から変化したもので、ゲール語 cnoc（塚）の指小語のウェールズ語 cnol を経て借入された。

knub（小さな塊り、こぶ）は、knob（こぶ、ノブ）の異形である。動詞としては、「拳骨（the knuckles）で打つ」を意味した。knuckle（指関節）は古形 knockel から変化したもので、たたく（knock）時にこれを使う。

knur は nur とも綴り、木の「こぶ、節」（knot）のことである。knurl は「木目にある節」のことで、nurl はコインなどの縁に「ギザギザ模様をつける」ことである。knick-knack は、nick-nack と綴ることもある。

語頭に k- のない形もよく見られる。nab（《口語》ひったくる）には二つの語源が考えられる。一つはアイスランド語 nabbi（こぶ、ノブ：knob）で、他方はデンマーク語 nappe（捕まえる）である。kidnap（誘拐する）は、後者から造語された〈kid 参照〉。nape（うなじ）は、中英語では nap（突出部、こぶ）である。なお、同じ綴りの nap（まどろむ；昼寝）は、アングロサクソン語 hnappian（まどろむ）が語源である。nap（《ビロードなどの》けば）はアングロサクソン語 hnoppa（布地のけば）であり、nap（《トランプ》ナップ、ナポレオンで5回勝利宣言をする）は語源が異なり、トランプの Napoleon（ナポレオン）を短くしたものである。

nib（ペン先）は、アングロサクソン語 neb（くちばし）が語源で、snap（パチンと音をさせる）と同語源である。同じ nib には「突つく、少しかじる」という意味も

あり、その反復形が nibble（少しずつかじる）である。

　snap（パチンと音をさせる）と snip（チョキンとはさみで切る）は、knip（はさむ、かむ）から変化した nip（つねる）と同語源である。このことはまた語頭の s- がしばしば強調のために接頭辞的につけられていることに気づかせてくれる。plash（はねる）と splash（飛び散る）, mash（すりつぶす）と smash（粉砕する）, quash（押しつぶす）と squash（鎮圧する）, crunch（ポリポリかむ）と scrunch（バリバリ砕く）という具合である。scratch（引っ掻く）とドイツ語 kratzen（引っ掻く）やフランス語 gratter（《皮膚を》掻く）にも同じ対応が見られる。英語 grate（おろし金でおろす）はこのフランス語から借入された。ディケンズ（Charles Dickens, 1812-70）の *Martin Chuzzlewit*：『マーティン・チャズルウイット』(1843-44年) の中で、ガンプ看護師（Mrs. Gamp）は crowd（群がる）のことを scroud（押しかける）と言っている。

　knip（《牛が》草を食む）は、後に nip（はさむ）となり、一説ではその反復形から nipple（乳首）が派生した。また nobble（気絶させる）は、nob（頭；頭への一撃）から派生した言葉である。ただし、俗語 nob（金持ち、名士）やこの語から派生した nobby（立派な、あかぬけした）は nobleman（貴族）の短縮形である。

　nod（うなずく）は、古高地ドイツ語 hnoton（振る）が語源と考えられる。その反復形で俗語の noddle（頭）は、noodle（間抜け、頭）に転訛した。

　"in the *nick* of time"（きわどい時に、折よく）のような句で使われる nick（刻み目；切り込みを入れる）は、オランダ語 knik（うなずき：*nod*）やドイツ語 knicken（ペキッと折れる）や古オランダ語 nocke（小さい切れ目）と同系語であり、英語 notch（《矢の》V字形の刻み目）や nock（弓筈、矢筈）という意味にも使われる。この nock は、初めは長い弓の「弓筈」を表し、notch が「矢筈」を表していた。この語をラテン語 nux, nuc-（クルミ、堅果：*nut*）に結びつける説がある。

　なお、Nick（悪魔）は、the Old Nick（悪魔）の省略形でもあった。一方、St. Nick (Nikolaus) は、サンタクロース (Santa Claus) となった聖人であり、旅人の保護者でもある。〈nickel 参照〉

　niche（ニッチ）は元々、貝型の壁のくぼみ「壁がん」を意味し、ラテン語 nidus（巣）から nidicare（巣を作る）, 後期ラテン語 nidiculare（巣ごもりする、体をうずめる）を経て派生したイタリア語 nicchia（すみ、くぼみ）から借入されたとする説がある。しかし、ラテン語 mytilus（ムラサキ貝：mussel）からイタリア語 nicchio（貝殻、貝）を経て借入されたと考えるのが最もよさそうである。

　notch（V字形の刻み目）は、古くは otch と綴られ、冠詞 an と otch であったのが a notch になったと考えられる〈auction 参照〉。しかし、この語は nock（弓筈）が弱音化してできた可能性が高い。さらに、ab（離れて）と secare（切り離す）からなるラテン語 absecare（切り取る）から、古フランス語 oschier（切る）, osche（V字形の切れ目）を経て借入されたとする説もある。英語の形容詞 secant（分割する、分ける）はラテン語 secare の現在分詞 secans, secant- から派生した。

　私たちには、自分たちがかじる (gnaw) 物を無視する (ignore) ことはできない。自分たちが食べる物が私たちそのものだから。そしてそれはまさに思考の糧でもある。

knickers [níkərz] ニッカーズ
　knicker ないし nicker は、粘土を焼いて作った「ビー玉」である。昔のニューヨークでは、それを作る人をオランダ語で knickerbacker（ビー玉を焼く人：knicker baker）と言った。Smith（鍛冶屋）, Baker（パン屋）など他の多くの例と同じように、これが固有名詞となったのである。具体的にはアーヴィング（Washington Irving, 1783-1859）が *History of New York*：『ニューヨークの歴史』(1809年) を書いた時に用いた変名 Diedrich Knickerbocker にちなむものである。クルックシャンク（George Cruikshank, 1792-1878）によるこの本の挿絵では、オランダ移民が膝下ですぼまった、ゆるい半ズボン姿で表された。以後、この服装は knickerbockers ないし knickers

と呼ばれるようになった。〈knick-knack 参照〉

knight [náit] 騎士
→ lady, errant, knick-knack

knit [nít] 編む
→ knot

knob [náb] こぶ, ノブ
→ knick-knack

knock [nák] ノック；ノックする, たたく
→ knick-knack

knoll [nóul] 小山
→ knick-knack

knot [nát] 結び目, 木の節；結ぶ

これはゲルマン諸語に共通な語で, アングロサクソン語では cnotta（結び目, 節, こぶ）, 古北欧語では knutr（結び目）や knöttr（ボール）である。アングロサクソン語 cnyttan（結ぶ, 縛る）から変化した英語 knit（編む）は同系語である。

船が1時間に進む距離は測程索によって測られたが, 測程索には1海里を120等分した結び目（knots）が作られていた。そこで, 1時間の120の1, すなわち30秒間でこの結び目と結び目の距離を進む速度を1ノットとした。そして, 30秒間で出て行く結び目の数で, ノット数を測った。

Gordian knot（ゴルディオスの結び目）は, ゴルディオス（Gordius）が結んだ結び目のことである。ゴルディオスは一農夫からプリュギア王となり, ユピテル神殿に自分の戦車を奉納して神殿に結びつけた。大変巧みに結びつけたので, どんなに解こうとしても失敗に終わった。この結び目（knot）を解く者は全アジアの支配者になるとの予言があった。そしてアレクサンダー大王（Alexander the Great, 356-323B.C.）がその結びを刀で両断し, 解いた。

knout（鞭）は, スウェーデン語 knut か, またはタタール語 knout（結び目：knot）が語源と考えられるが, 結び目のついた革ひもの鞭である。〈knick-knack 参照〉

knout [náut] 革の鞭
→ knot

know [nóu] 知っている
→ quaint, knick-knack

knuckle [nʌ́kl] 指関節, こぶし
→ knick-knack

kobold [kóubɔːld] 小鬼
→ incinerator

kohinoor [kóuənùər] コイヌール《英国王室王冠を飾る大きなダイヤモンド》, 高価な大型ダイヤモンド

このダイヤモンドは, ペルシア語 kuh-i-nur（光の山）からその名を得た。

kohl [kóul] コール墨
→ alcohol

kohl-rabi [kòulrάːbi] かぶキャベツ, コールラビ
→ alcohol

kopeck [kóupek] コペイカ《ロシアの通貨単位》
→ sterling

krypton [kríptɑn] クリプトン《希ガス元素》
→ element

Ku Klux Klan [kúː klʌ́ks klǽn] クークラックスクラン, 3K団
→ circus

Kuomintang [kwóumìntǽŋ] 中国国民党

私は子供のころ, 中国人街での tong（秘密結社）の闘争についての怖い話を聞き, 現在ならば漫画本がその役を果たしてくれるのと同じような例えようもないスリルを感じたものだった。しかし, 中国語 tang は, 単に「団体, 政党」を意味するだけである。kuo は「国家主義者, 民族主義者」, min は「人民」を表し, Kuo-mintang は「国民党」のことである。

L

labor [léibər] 労働，骨折り；働く
　→ lotion
laboratory [lǽbərətɔ̀:ri] 実験室
　→ lotion
labyrinth [lǽbərinθ] 迷宮，迷路，紛糾
　→ Europe
lace [léis] ひも，レース；締める
　→ delight
lackadaisical [lækədéizikl] 活気のない，気乗りしない
　→ alas
laconic [ləkánik] 口数の少ない，ぶっきらぼうな
　スパルタ人は極端に口数が少なかった。ある時アテネの使節が，自国の条件をスパルタ人に拒否されたため，「今度あなた方の国へ来た時には，徹底的に破壊することになるだろう」と言明した。これに対するスパルタ人の返答は，ただの 1 語「もしも」(If) であった。スパルタを首都とする地域がラコニア (Laconia) であるところから，laconic という言葉が生まれたのである。
lacquer [lǽkər] ラッカー
　→ litmus
la crosse [ləkrɔ́(:)s] ラクロス
　これは，時には片方のチームが何百人という大勢で，インディアンたちがよくやったゲームである。フランス人がチームの人数を減らしてルールを体系づけ，ゲームに名前をつけた。そして，使われるラケットが司教杖 (*crozier*'s staff) に似ていると考えられたことから jeu de la crosse（司教杖のゲーム）となった。古フランス語 crossier は「司教杖 (*crosse*) の奉持者」という意味である。しかし，インディアンたちはそんな新しいルールにはおかまいなしだった。例えば，1763 年 6 月 4 日，北米インディアンのオタワ族の酋長ポンティアック (Pontiac, 1720?-69) はミシリマキナック (Michillimackinac) の砦の外でゲームを開催した。白人たちがそれを眺めていた。ボールが柵を越えて飛んでいった時，インディアンたちはそれを追いかけて白人たちの間へ乱入し，トマホーク（斧）を取り出して白人たちを虐殺した。ラクロスはいつでも激しいゲームだったのである。

lacteal [lǽktiəl] 乳状の
　→ delight
lacteous [lǽktiəs] 乳白色の
　→ delight
lactic [lǽktik] 乳から得られる
　→ delight
lad [lǽd] 少年，若者
　→ alas
lade [léid] 荷を積む，《責任などを》負わせる，苦しめる
　→ board
lady [léidi] 貴婦人，女主人，婦人
　貴婦人は台所仕事を免れているように見えるかもしれないが，農場経営者の妻であった時代の lady は，今日，農夫の妻ならばだれでもそうであるように，奉公人全員のためのパンを焼くという大変な仕事をかかえていた。実際，その仕事からこの語が造られた。語源は，hlaf（パン）と dig-（捏ねる）からなる古英語 hlaefdige（女主人）である。dough（ねり粉，パン生地）は同じ起源で，アングロサクソン語では dag（練り粉），古北欧語では deig である。英語 dairy（酪農場）は，アングロサクソン語 dig-（捏ねる）から，daege（パンを作る者），中英語 dey（女召使い，酪農場で働く女），deyerie（酪農場―― -erie〔場所〕――）を経て成立した言葉である。
　一方，lord（君主，統治者，貴族）も本来，「パンの守り手」(loaf-ward) のことである。hlaf（パン）と weard（番人）からなる古英語 hlafweard（家長，家令〔*steward*〕）が語源で，hlaford を経て成立した。英語 ward（保護）や warden

(番人) も古英語 weard が語源である。reward (報酬；報いる) も同語源で, 古フランス語 reguarder (注視する [*regard*], 注意を払う, 報いる) を経て借入された。ちなみに, 使用人を表す古英語は hlafaeta で, 原義は「パン食らい」(loaf-eater) である。

　steward (執事) は, stig (豚小屋：*sty*) と weard (番人) からなるアングロサクソン語 stigweard (豚番) が語源である。

　なお, knight (騎士) は, アングロサクソン語 cniht (若者) が語源である。それが「召使い」となり, その後「貴族の従者」を意味するようになった。knave (下男, 悪党, トランプのジャック) の語源はアングロサクソン語 cnafa (男の子) で, やがて軽蔑の言葉になった。ドイツ語では Knabe (男の子, 少年) である。

　lady-bug (テントウムシ：lady-bird ([原義] マリアのコガネムシ) や Lady-Day (聖母マリアのお告げの日), その他, lady を組み合わせた語には, アングロサクソン語 hlaefdige にすでにあった「聖母マリア」の意味が今日にも引き継がれている。

laggard [lǽgərd] のろま
　→ coward
lair [léər]《野獣の》巣, ねぐら
　→ litter
lamb [lǽm] 子ヒツジ
　→ mutton
lambert [lǽmbərt]【光学】ランベルト《輝度の cgs 単位》
　→ Appendix VI
lame [léim] 足の不自由な
　→ lumber, bazooka
lamp [lǽmp] ランプ, 灯火

　lamp と lantern (手さげランプ, ちょうちん) は, かつて同じ語であった。動詞 lampein (輝く) からギリシア語名詞 lampas (トーチ) や lampter (光, トーチ, ちょうちん) が派生した。lamp は前者が語源であり, lantern は後者のギリシア語 lampter から派生した。

　初期のランプは油に芯が浮いている鉢だった。やがてローマ人は保護用の覆いとしての角 (今はガラス) の入れ物の中に芯が出ているタイプの物を開発した。そのようなランプを表すのにローマ人はラテン語 lux, luc- (光) から派生した名詞 lucerna (ランプ, 明かり) を使った。そしてこのラテン語の影響で, ギリシア語 lampter (光, トーチ, ちょうちん) からラテン語 lanterna (ちょうちん) が派生し, 英語 lantern となったのである。

　英語 lucent (光る) はラテン語 lux (光) の動詞 lucere (光る) からその現在分詞 lucens, lucent- を経て派生した言葉であり, 英語 lucid (明晰な, 明るい) はラテン語 lucidus (明るい, 明白な) が語源である。そして *lucernal* microscope (ランプ光源顕微鏡) のようにのみ使われる英語 lucernal は上記のラテン語 lucerna (ランプ, 明かり) から派生した〈atlas 参照〉。民間語源では, シェイクスピアの *A Midsummer Night's Dream*：『真夏の夜の夢』(V, i, 233, 237) に見られる "This *lanthorn* does the horned moon present." (このランタンは, 角型の月を表している) のように, その綴りを角 (horn) の入れ物から導き出している。

lampoon [læmpúːn] 風刺文；風刺文で攻撃する

　古フランス語 lamper (ガブガブ飲む) は, 擬音語起源の laper (ピチャピチャ飲む, 食べる——アングロサクソン語 lapian [舌でピチャピチャ飲む：*lap*]——) がラテン語 lambere (なめる) の影響を受けて鼻音化したものである。古フランス語 lamper の命令形 lampons (飲もうじゃないか) は, 古い酒宴の歌のリフレーンだった。そのような歌につきものの歌詞から, 自然に, lampoon という語が生じたのである。

　ところで, lap (衣服の折りひだ, 座った時の腰からひざまでの部分) は, ゲルマン諸語に共通で, アングロサクソン語では lappa, 古北欧語では leppr (ぼろきれ) であり, 指小語 lappet (《衣服の》たれ, たれひだ) や lapel (《上着の》襟の折り返し), そして動詞 lap (布で包む) や overlap (部分的に重なる) が派生した。さらに「取り巻く, 囲む」という一般的意味から, 競走路の lap (ラップ, 1周) のように使われるようになった。なお, 同じ綴りを持つ lapidary (宝石細工人) は, lapis, lapid- (石—— *lapis* lazuli [ラピスラズリ, 青金石] として英語にも使われ

ている——)からラテン語 lapidarius (石工)を経て派生した。dilapidated (荒れ果てた)は, di-(dis-：バラバラに)と lapidare, lalpidat-(石で打つ)からなるラテン語 dilapidare, dilapidat-(浪費する：〔原義〕石を投げつけてバラバラにする)が語源である。

また, lapse (ちょっとした誤り, 時の経過)は, labi, laps-(滑る)から派生したラテン語 lapsus (沈下, 堕落——*lapsus* linguae〔舌の滑り, 失言〕も, ここから派生——)が語源である。〈luncheon 参照〉

lance [lǽns] 槍(ｲﾘ)
→ launch

land [lǽnd] 陸, 国；上陸する
→ lawn

landau [lǽndɔ:] ランドー型馬車, ランドー型自動車
→ Appendix VI

Landgrave [lǽndgrèiv]【ドイツ史】ラントグラーフ, ドイツ中部の君主の称号
→ grave

landlubber [lǽndlʌ̀bər]《略式》新米船員, おか者
→ luncheon

lantern [lǽntərn] 手さげランプ, 角灯, カンテラ
→ lamp

lanthanum [lǽnθənəm]【化学】ランタン
→ element

lap [lǽp] ひざ, 1周；ペロペロなめる
→ lampoon, luncheon

lapel [ləpél] 襟の折り返し
→ lampoon

lapidary [lǽpədèri] 宝石細工人
→ lampoon

lapis lazuli [lǽpis lǽzəli:] ラピスラズリ, 青金石
→ lampoon
ultramarine (群青色)は, 海の色にちなんでそのように呼ばれたのではない。この語はラテン語 ultra (…を超えた)と marinus (海の)からなる言葉であり, lapis lazuli (ラピスラズリ, 青金石)が海の彼方のペルシアから輸入されていたことにちなむ言葉である。

ラテン語 ultra は, 英語 ultraism (過激主義)の語源であり, 原義は「物事の表面を超えたところに」「理解の枠を超えた」である。英語 marine (海の)はラテン語 mare (海)から派生した形容詞 marinus (海の)が語源で, maritime (海辺の, 海事の)は, ラテン語 maritimus (海岸の)が語源である。さらに *marinated* herring (マリネード漬けにしたニシン, ニシンのマリネ)の marinated は, ラテン語 mare (海)から派生した動詞 marinare, marinat-(塩漬けにする)から借入された。口語的成句 "Tell that to the *Marines*!" (そんなこと, だれも信じないぞ！, うそをつけ！)は, Marines が船員 (sailor)からは, 何でも鵜飲みにする未熟な「水夫, 水兵」と思われていたことから生まれたとされる。

よく似た綴りの marital (夫の, 結婚の)は異なる起源の言葉で, ラテン語 mas, mar-(男性の；男：*male*)から派生した言葉で, その指小語 masculus (男性の, 雄雄しい)が masculine (男性らしい)の語源である。marry (…と結婚する)は, 同じラテン語 mas, mar- から名詞 maritus (夫), 形容詞 maritalis (男の, 結婚の), 動詞 maritare (結婚させる), 同義のフランス語 marier を経て借入された。ただし, この語はゲルマン諸語に共通な merry (陽気な)とまったく関係がない。merry はゲルマン語 murjo-(短い)から古英語 myrige (楽しい：〔原義〕時間を短くする)を経て成立した言葉で, 英語 mirth (陽気, 浮かれ騒ぎ)も同語源である。

lapse [lǽps] ちょっとした誤り, 時の経過
→ lampoon

lapsus linguae [lǽpsəs líŋwi:] 舌の滑り, 失言
→ lampoon

Laputan [ləpjú:tən] ラピュータ島の住民；ラピュータ島の, 空想的な
→ Appendix VI

larboard [lá:rbərd] 左舷
→ board
この語には, 二つの語源説がある。その一つは, 舵手は常に舵 (steer)の側 (*starboard*：右舷)に立ったので, 左舷には人がいなかった。このことから中英語 lere (空の)が lar- の語源であるとするも

のである。実際に leereboard という古形は存在するが、当時、だれもその綴り方がわからなかった。また、もう一つはオランダ語 laager（より低い）が「左」を意味する言葉としても使われることから lar- はこの laager の短縮形であるとする説である。語源学者はしばしば大変極端に走る（go *overboard*）ものである。

lariat [lǽriət] 輪縄,《家畜を捕らえる》投げ輪
→ lasso

lark [láːrk] ヒバリ, 浮かれ騒ぎ
→ rote, skylark

larva [láːrvə] 幼虫
　この語はラテン語 larva（幽霊, 仮面, 幼虫）から直接借入された。幽霊とはふつう隠れた人間のことだと人々が考えるようになって、この語は「仮面」を意味するようになり、やがて博物学で幼虫の段階の昆虫を意味するようになった。最終的な本当の姿を覆い隠しているところから、このように呼ばれるのである。スウェーデンの博物学者リンネ（Carl von Linné, 1707-78）がこの専門的な語義を広めた。

lass [lǽs] 若い娘
→ alas

lassitude [lǽsit(j)ùːd] だるさ, 脱力感
→ alas, let, last

lasso [lǽsou] 投げ輪；投げ輪で捕らえる
→ delight
　lariat（《家畜を捕らえる》輪縄）は, re（再び）と atar（結ぶ）からなるスペイン語 reatar（縛りなおす）から逆成によって派生した名詞 reata（投げ輪）を経て借入された英語 reata, riata（投げ輪）と二重語である。スペイン語 atar は、ラテン語 apere, apt-（つなぐ, 固定する）の強意語 aptare, aptat-（正確に合わす, 適応する）から変化したものである。英語 apt（…しがちな, 適切な）、aptitude（性向, 傾向）、inept（的はずれの, 不器用な——ラテン語 in〔否〕+aptus〔適切〕——）は、このラテン語から派生した。
　英語 lasso よりなじみのある上記 lariat は、スペイン語 la reata（綱）から借入されたもので、冠詞と名詞が結合したものである。カウボーイが輪縄（lasso）の扱いに不器用な（inept）ことはめったにない。〈copulate 参照〉

last [lǽst] 最後の；靴型；続く
　靴屋の手許にいつもある last（靴型）は、古英語 laest（長靴）から laeste（靴屋の靴型）を経て成立した。古英語 last（足跡）は同系語で、より古いゲルマン語根 lais-（跡をたどる）に由来する。ラテン語 lira（溝, あぜ）は同族語である。〈delirium 参照〉
　試合の最強者で最後に残った者を意味する the *last*（最上のもの）は、古英語 laet（疲れた, 遅い）の最上級 latost から latst を経て成立した。英語 late（遅い）も古英語 laet が語源である。この語の前原始ゲルマン語根は lad-（遅い）で、ラテン語 lassus（疲れた——古くは ladtus——）は同族語である。英語 lassitude（疲労, 倦怠）はこのラテン語から派生した。〈let 参照〉
　英語 let（…させる, …することを許す）は、最初「疲労のために放棄する」あるいは「あきて手放す」ことを意味していたと考えられる。同族語に英語 relaxed（ゆるんだ）の語源であるラテン語 laxus（ゆるんだ）がある〈talc 参照〉。last の二重語 latest（最新の）は、やや後になって（*later*）新たに造り直された言葉である。
　動詞 last（続く, 持ちこたえる）は古英語 laestan が語源で、最初「…の後に従う」を意味し、やがて「続く」、さらに「持ちこたえる」を意味するようになった。

latch [lǽtʃ] 掛けがね
→ delight

late [léit] 遅れた, 最近の, 遅く
→ last

later [léitər] もっと遅い；後で
→ last

latest [léitist] 最新の, いちばん遅く
→ last

lateral [lǽtərəl] 側面の, 横の, 左右の
→ collar

latex [léiteks] ラテックス, 乳濁液
　この語の語源であるラテン語 latex（流体）は、英語 liquid（液体）〈world 参照〉の語源であるラテン語 liquere, liqui-（流動する）やラテン語 lac（乳汁, にじみ出るゴム質）〈litmus 参照〉などと同系語であると考えられる。ラテン語 latex はルネッサンス期の医学で「体液」、特に血液の液状部分を指す言葉として使わ

れた。その後，植物の茎の切り口から滲出する液について使われ，1909年以降は，ブラジルゴムノキ（siphonia elastica）から出る分泌液を指すようになった。英語caoutchouc（カウチューク，天然ゴム）は latex に相当する現地語 cahuchu がフランス語を経て借入されたものである。

lather [lǽðər] 石鹸の泡；泡立つ
→ absolute

latitude [lǽtət(j)ùːd] 緯度
→ collar

latrine [lətríːn]《兵舎や野営地などで地面を掘って作った簡単な》便所
→ lotion

laudable [lɔ́ːdəbl] 賞賛に値する
→ laudanum

laudanum [lɔ́ːdənəm] アヘンチンキ
　この語は，ledon（樹脂）から派生したギリシア語 ladanon（乳香樹から採れる天然樹脂）が語源である。ラテン語 labdanum, ladanum（樹脂）を経て，この物質の効果が称賛に値した（*laudable*）ことから民間語源説によって，ラテン語 laus, laud-（称賛）と結びついて語形が変化した。

lauds [lɔ́ːdz]【キリスト教】賛歌
→ bull

laugh [lǽf] 笑う；笑い
　笑い（*laughter*）は人間の特性だとみなす人もいるように，laugh は広く分布している。直接的には古英語 hleahhan（笑う）から変化したものであるが，ゲルマン語根 hlah-, hlag-, klak-, 前原始ゲルマン語根 klok- は擬音語の可能性が高い。アングロサクソン語 cloccian（《めんどりが》コッコッと鳴く）から clock を経て派生した cluck（コッコッと鳴く），chuckle（クスクス笑う），cackle（クワックワッと鳴く）などは同語源である。〈cliché 参照〉
　ギリシア語 klossein（コッコッと鳴く：*cluck*）やギリシア語 glossa（舌），その変化形 glotta は同族語で，このギリシア語 glossa は英語 glottis（声門），epiglottis（喉頭蓋），接頭辞 glosso-（舌の，言語の）などの語源でもある〈glossary 参照〉。これらも基本的には擬音語である。
　英語 glut（満腹させる；食傷）や gulp（飲み込む）も同様に擬音語に由来する言葉である。元々 glut は「ひと飲み」を意味したが，やがて「ひと飲みで食べられる量」を表した。ラテン語には同じ語根からの glutire（飲み込む）があり，その名詞形から英語 glutton（大食家）が生じた。ただ，よく似た綴りの gluten（グルテン）は，ラテン語 gluten（糊：*glue*）から直接借入された言葉で，glue はその異形である後期ラテン語 glus, glut-〈clam 参照〉から派生した。

launch [lɔ́ːntʃ] 進水させる，始める；ランチ
　ケルト語起源ではないかと考えられるラテン語 lancea（長く軽い槍）は，「投げ槍」を示す言葉としてすべてのゲルマン諸語に広まり，英語では lance（槍）となった。この語は動詞としても，to *lance* a wound（傷を切開する）のように使われる。英語 launch は，同じラテン語から古フランス語 lance，その動詞形 lancier，古北部フランス語 lanchier を経て借入され，初めは「突く」，ついで「駆り立てる」，さらに「飛び出す」を意味するようになった。
　一方，「小型の高速船」を意味する launch（ランチ）は，マレー語 lanchar（速い）から派生した lancharan（高速船）が語源で，ポルトガル語 lanchara（小型船），スペイン語 lancha（小型船）を経て英語に借入された。水面に下ろされる（*launched*）ランチ（launch）は，このように launching（進水）とは語源が異なる言葉である。

laundress [lɔ́ːndrəs] 洗濯女
→ lotion

lava [láːvə] 溶岩
→ lotion

lavaliere [lævəliər] ラヴァリエール《首から下げたペンダント》，《首から下げる》小型マイク
→ Appendix VI

lavatory [lǽvətɔ̀ːri] 化粧室，便所
→ lotion

lavender [lǽvəndər] ラベンダー
→ lotion

lavish [lǽviʃ] 気前のよい，惜しまず与える
→ lotion

-law [-lɔ́ː]（mother-in-law〔義母〕のよう

に使われる）

　この語には，この語が連想させるような法律上の関係はまったくない。法律上の(legal)〈legible 参照〉関わりやもつれを表す言葉にはラテン語 lex, leg-（契約，規定，法令）に由来するものが多いが，-law はこのラテン語から古フランス語 loi（法律）を経て借入された言葉ではなく，れっきとしたサクソン語であり，アングロサクソン語では lage（決まったこと），ゴート語では liuga（結婚）で，lie（横たわる）の語源であるアングロサクソン語 licgan（横たわる）や同 leger（横たわること，ベッド），legerteam（婚姻）などと同系語である。同族語のギリシア語 lektron には「ベッド」と「結婚」の意味がある。

lawn [lɔ:n] 芝生，薄地の平織り綿布またはリンネル布
　→ cloth
　くつろいだり (lounge)，ローンテニス (*lawn* tennis) ができる芝地を意味するこの語は，ガリア地方の古ケルト語から古フランス語 launde，フランス語 lande（荒野）を経て laund（ヒース，湿地）として借入された。これはゲルマン諸語に共通に存在する land（陸地，土地）と同系語であり，二重語であるとも言えるほど互いに近い言葉である。
　なお，キリストの脇腹を槍で突いた兵士は "dreaming luske, a drowsie gangrill"（夢を見ているような無精者，眠そうな浮浪者）《コトグレーブ (Randle Cotgrave, ?-1634?) の *A Dictionarie of the French and English Tongues*：『仏英辞典』(1611年) の longis の項》へと堕落した。このローマの百卒長の名は Longinus または Longius と伝えられ，この名が初期近代英語 lungis を経て lounge（くつろぐ）となったとする説がある。

lax [læks] ゆるんだ，下痢を起こしている；下痢
　→ talc

laxative [læksətiv] 下痢性の；下剤，下痢剤
　→ luscious

lay [léi] 横たえる，置く
　→ fell

lay [léi]《詩語》短い抒情詩，レイ，物語詩
　→ rote

layette [leiét] 新生児用品一式
　この語は，lying in（お産の床につく）と何ら語源的関係がなく，古フランス語 laie（箱）に由来するものであり，その指小語であるフランス語 layette（小物入れ，赤ん坊の産着）から借入された。しかし，今日では大きなものも見られる。

lazar [léizər] 病気のこじき，ハンセン病患者
　→ Appendix VI

lazy [léizi] 怠惰な，無精な，だるい
　→ immunity

-le [-l]「小さい」「反復」を意味する傾向がある接尾辞
　→ swivel

lead [léd] 鉛，[li:d] 導く，先導
　→ element, livelihood

leaf [li:f] 木の葉
　→ furlough

league [li:g] 同盟，連盟
　→ legible

leap [li:p] 跳ぶ；跳躍
　→ lobster

least [li:st] 最も小さい，最も少ない
　→ little

leather-stocking [léðərstɑ̀kiŋ] 皮脚絆
　→ Appendix VI

leave [li:v] 去る，残す；許可
　→ furlough

leaven [lévn] 酵母，影響力；発酵させる
　→ yeast

Lebensraum [léibnzrɔ̀um]《ナチスの主張した》国家の生活圏，《一般に》生活圏
　→ rummage

lecherous [létʃərəs] 好色な，淫乱な，色情を起こさせる
　→ licorice

ledge [lédʒ]《壁面から突き出た》棚，岩棚，鉱脈
　→ jury

ledger [lédʒər] 会計帳簿，平石，《足場の》布丸太
　→ jury

leek [li:k] リーキ，ニラネギ
　→ onion

left [léft] 左の，左側の；左
　左翼思想の持ち主 (leftist) も，左翼か

らの暴力行為を予想する右翼思想の対抗勢力の人々（*rightist* opponents）も，left（左の）という語がアングロサクソン語lyft（弱い，価値のない）が語源であると知ったならば，さぞ驚くに違いない。このアングロサクソン語は，普通右手に比べ弱い左手を意味した。right（右の）は，アングロサクソン語 riht, reht（真っすぐな，正しい）が語源であり，ラテン語 rectus（真っすぐな）と同族語である。〈royal, dexterity 参照〉

　公式の集まりでは，名誉ある席は主人の右側である。そこで，1789年のフランス国民議会では，貴族が議長の右手に座を占め，第三階級（the third *estate*）〈estate 参照〉には左手の席を残しておいた。それからやがて，儀式で占める位置が政治的意味を帯びるようになった。生来保守的な貴族は右派，中央に位置する穏健な中道派，そして過激論者は左派，というわけである。ちなみに会議場は，円形劇場のように造られていた。スコットランド生まれの思想家・歴史家カーライル（Thomas Carlyle, 1795–1881）は *The French Revolution*：『フランス革命』（1837年）の中で，極左（the extreme *Left*）について述べている。

　一方，"Don't get *left*."（遅れをとるな）という警告はもちろん過激思想と何の関係もない。この left は，leave（取り残す）の過去分詞であり，「あなたを置き去りにさせるな」ということである。〈furlough 参照〉

　なお，leftism（左翼主義），leftist（急進派），*left* wing（左翼）という言葉は，いずれもロシア革命後の1920年ごろ使われるようになった。wing は軍隊用語（《本隊に対し左右の》翼部隊）の借用である。〈wing については vogue 参照〉

legal [líːgl] 法律上の，合法な
　→ legible
legate [légit] 教皇特使，使節，国使上の人物
　→ legible
legation [ligéiʃən] 使節団，公使一行
　→ legible
legato [ləgáːtou] 滑らかに，レガート奏法で
　→ legible
legend [lédʒənd] 伝説，言い伝え，伝説上の人物
　→ legible
legerdemain [lèdʒərdəméin] 手品，ごまかし
　→ yeast
legible [lédʒəbl]《筆跡や印刷が》読みやすい，読み取れる

　legible（読みやすい）と eligible（適格の，資格のある）の綴りの混同を注意してくれる教師でも，この二つの語が同じ起源を持つことは教えてくれないとか，そのこと自体を知らないことがある。実は，両方ともラテン語 legere, lect-（選ぶ，拾い集める）から派生した。適切に文字を「選ぶ能力がある」から，ラテン語 legere に「読む」の意味が派生した。「読み取れる」（legible）ということは，「意味がわかる」ということである。eligible も elected も，e-, ex（…から外へ）と legere, lect- からなるラテン語 eligere, elect-（選択する）が語源で，その原義は「選ばれる」とか「選ばれた」である。legend（伝説）は，ラテン語 legere, lect-（選ぶ，拾い集める）の動詞状形容詞 legenda が語源で，「読まれるべきもの」が原義である。この語は，16世紀までは「聖者伝」を意味したが，宗教改革やそれに伴うカトリック教への反抗により，「本当は作りものであるが，歴史として語られたもの」を意味するようになった。

　英語の中で，このラテン語 legere, lect-（選ぶ，拾い集める）ほど枝分かれした意味に使われている例も珍しい。legion（部隊，《古代ローマの》軍団）は軍役に選ばれた兵士の一団であり，やがて一般的に「多数，大群」を意味するようになった。また，legation（公使一行，使節団）や legates（使節）の原義は「選ばれた男たち」である。さらに，選ばれたものは強制力を持つようになることが多いことから，legal（法律上の，合法な）が派生した。loyal（忠実な）は，ラテン語 legalis（合法の）から古フランス語 leiel, loial, フランス語 loyal を経て借入された言葉で，legal の二重語である。royal（国王の）〈同項参照〉と regal（堂々たる）も，同じようにしてラテン語 regalis（王の）から派生した二重語である。collection（収集）は「選び出して集めること」が原義

で、col- はラテン語 com（一緒に）が語幹に同化して変化したものである。

intelligence（知力）は、多くのものの中から選んだり識別したりできるということである。この語は inter（…の間で）と legere（選ぶ）からなるラテン語 intellegere（認識する、理解する）から intelligere, intellect- となり、その現在分詞 intelligens, intelligent- を経て派生した。intellectual（知的な、知性の）は、その過去分詞形から派生した。intelligentsia（知識階級）は、ロシア語からの借入であり、最初はロシア帝政（ツァー体制）に反対する人々を指した。そのような人たちは、恐らく質実剛健を旨とした初期のローマ人と同じように、ラテン語 eligere, elegare（選び出す）の現在分詞 elegans, elegant- を非難の意味を込めて「選り好みする、気難しい」の意味に用いたことであろう。しかし、ローマ人の没落に伴い、そのような選り好みが、趣のある洗練されたものとして是認されるようになった。英語 elegance（優雅、上品）や elegant（優雅な、上品な）はこのような意味の変化を経た言葉である。〈college 参照〉

diligent（勤勉な）の意味も一連の変遷を経ている。多数の中から一つのものを選ぶというのは、恐らくそれを好んでのことであり、何かを楽しむということはそのことに積極的になるということでもある。ラテン語 diligere, dilect-（愛する、好む）は、dis（…から離して）と legere（選ぶ）からなる言葉で、その現在分詞 diligens, diligent- から派生した diligent は、やがて「絶えず心を傾ける、勤勉な」を意味するようになった。なお、delectable（非常においしい、愉快な）は別の経路で借入された言葉である。〈delight 参照〉

ラテン語 legere（拾い集める）とラテン語 ligare（結ぶ、縛る）は意味的に強い結びつきがある。選んだものは持ち続けたいものであり、縛りつけておきたいと思うものである。the League of Nation（国際連盟）の league（同盟、連盟）は後者のラテン語 ligare からイタリア語 legare（結ぶ）を経て派生した。ligament（靱帯）、ligature（ひも、帯）、ligation（【医学】結紮(ケッサツ)、【生化学】連結反応）〈上記 legation 参照〉は、同ラテン語から直接派生した。音楽用語 legato（レガートで；レガート奏法）は、イタリア語を経て借入された。さらに、同じラテン語 ligare（結ぶ）から英語 alloy（合金；合金にする）と ally（同盟する；同盟国）の二重語が派生した。前者は ad（…へ）と ligare からなるラテン語 alligare（固く縛る）が語源で、古フランス語 allier の異形 aloier（合金にする）、フランス語 aloyer〈loyal 参照〉を経て借入され、後者はフランス語 allier（…と結びつける、同盟させる）を経て借入された。alliance（同盟、提携）も同語源である。

liege（君主、家臣）は、ねじれた歴史を持つ。liege lord（《封建時代の》君主、領主）と言えば、ちょうど洗礼式で「自由に」自分の信仰を選ぶ時のように、「自由に」選んだ主人のことであった。しかし、自由と言っても実際上は自分の君主に仕えるように縛られていた。liege は古フランス語 lige（主君に対して忠誠な）の借入であるが、ドイツ語 ledig（自由な）と同語源である。つまり、古高地ゲルマン語 ledig（自由な）から派生した後期ラテン語 ligius（自由人の）が一般にラテン語 ligare（結ぶ、縛りつける）と関連づけられるようになった。この古フランス語 lige（主従の誓いで結ばれた）から派生した ligeance（家臣の地位）は中英語 legaunce として借入され、今日の allegiance（忠誠）が派生した。

allege（《十分な証拠なしに》断言する、言い立てる）は一層複雑に入り組んだ言葉である。この語は ad（…へ）と legare（読む、指名する）からなるラテン語 allegare, allegat-（派遣する、述べる）からフランス語 alléguer（口実にする、申し立てる）を経て借入された。しかしこの語は、前記のドイツ語 ledig（自由な）から後期ラテン語と考えられる exledigare（法に従って罪を晴らす）を経て派生した古フランス語 eslegier（解放する）と混同され、また、ad（…へ）と levis（軽い）からなる後期ラテン語 alleviare（軽減する）から派生した古フランス語 alegier とも結びつけられた。やがて、この古フランス語 alegier が、ゲルマン共通語から派生した lecgan（置く）を経て成立したアングロサクソン語 alecgan（横に置く、あき

らめる）と結びつけられ，英語 allay（和らげる，静める）が派生する。

本項の見出し語 legible の語根の巡り巡った子孫の例としてあと二つ挙げてみよう。legislator（立法者）はラテン語 legis（法の）と，ラテン語 ferre, tuli, lat-（もたらす）から派生した -lator（もたらす者）とからなる言葉である。*leguminous* plants（マメ科の植物）の leguminous もラテン語 legere（選ぶ，拾い集める）から派生した言葉である。legume（マメ科植物）は，莢（さや）の中で育ち，最も一般的で手軽に摘める野菜である。

ところで，soy（醬油，大豆）は shi（豆）と yu（油）からなる中国語 shi-yu の日本語形 sho-yu を経て借入された。《*OED* によれば》1696年以来調味料（sauce）という意味に使われてきたが，最も便利な豆である「大豆」の意味は1880年以降のことにすぎない。なおオランダ語を経て借入された *soya* sauce の方は，1679年にさかのぼる。

legion [líːdʒən] 軍団，部隊，大群，【ローマ史】軍団
　→ legible

legislator [lédʒislèitər] 立法者，立法府
　→ legible

legume [légjuːm] マメ科植物，《野菜としての》マメ，豆果
　→ legible

leguminous [ligjúːmənəs] マメ科の，マメの，マメのような
　→ legible

leisure [líːʒər] 余暇，自由時間
　→ immunity

length [léŋkθ] 長さ，丈
　→ lent

lengthen [léŋkθn] 長くする，伸ばす
　→ lent

lenient [líːniənt] 寛大な，情け深い
　→ lent

Leninism [léninìzm] レーニン主義
　→ Appendix VI

lens [lénz] レンズ，水晶体
　→ lent

lent [lént] lend の過去・過去分詞形，《通常 Lent》四旬節，受難節
　　lent と Lent は，非常に異なる二つの同音異語である。

loan（貸し出し，借金，ローン）の語源は古英語 laen（貸し出し）で，この古英語の動詞形は原形 laenan，過去形 lend，過去分詞形 lent である。現代英語の原形 lend（貸す）は，中英語において，古英語の過去形から -d を借りてできたもので，それがそのまま定着した。印欧語根は leiq-（疲れて放り出す，後に残す，貸し出す）で，ギリシア語 leipein（残す，置いていく）はこの語根から分出したものである。

Lent（四旬節）は，印欧語根 del-（長い）から dlongho-（遅い，長い）を経て分出した。英語 dolichocephalic（【人類学】長頭の；長頭人）は，この印欧語根からギリシア語 dolikhos（長い：*long*）を経て成立した。-cephalic はギリシア語 kephale（頭）が語源で，このギリシア語は英語 cephalic（頭部の）や結合形 cephalo- の語源でもある。人類の文明は頭化（cephalization），すなわち，重要器官の頭部集中傾向を生み出した。

英語 long（長い）は，同じ印欧語根から分出した古英語 long, lang（長い）が語源で，ラテン語 longus（長い）と同族語である。しかし，long の動詞は lengthen，名詞は length である。音楽の演奏指示で使われる英語 lentamente（レンタメンテで，遅く）はラテン語 lentus（遅々とした）からイタリア語を経て派生した。lenten（肉抜きの〔食事〕，質素な，四旬節の〔Lenten〕）は，古高地ドイツ語 lanzig（春）から古英語 lencten（春）を経て成立した。これは日が長く（*long*）なる季節である。Lenten は，元々名詞であり「春」を意味した。宗教的な意味で使われるようになったのは，英語においてのみである。-ten は，別に説得力のある語源説があるが，原始ゲルマン語根 tino-（日）に由来するとする説がある。その場合，サンスクリット語 dina（日，日が長くなる季節）は同族語である。いずれにせよ，Lenten が短縮されて Lent になった。そしてこれが日常語になってしまうと，元々の Lenten は，Lent から作られた形容詞と見なされるようになるのである。

なお，ラテン語 lens, lent-（レンズマメ，ヒラマメ）が，今ではその形から英語ではガラスのレンズ（lens）の意味で使わ

れている。英語 lentil（ヒラマメ，レンズマメ）は，このラテン語 lens, lent- の指小語である後期ラテン語 lenticula が語源で，古フランス語 lentille を経て借入された。

また，英語 lentitude（緩慢さ）はラテン語 lentus（緩慢な，遅々とした）から派生し，英語 lenient（寛大な），lenify（《古語》和らげる，緩和する），lenitude（鎮静剤，緩和剤）は，別のラテン語 lenis（柔らかい，穏やかな）から派生した。たとえ貸した（*lent*）物を取り戻すのに長く（*long*）かかろうとも，寛大な（*lenient*）人たちが世の中にはいるものである。

もし何かが手許に届くのに長く（long）かかりそうな時，人はそれを待ち焦がれる（long）ものである。そのような時初めは，Me longs.（待ち焦がれている，遅すぎる）という構文が使われた〈so-long 参照〉。では！（So long!）

ラテン語 indulgere, indult-（…に対して長く耐える，慈悲に富む）はサンスクリット語 dirgha（長い）と同根語で，印欧語根 dlongho-, dlgha-（遅い，長い）にさかのぼるとする説がある。英語 indulgent（寛大な，甘い）はこのラテン語に由来する言葉である。人はまことすべての辞書編纂者には寛大でなければならない。

lentil [léntl] レンズマメ，ヒラマメ
→ lent

leonine [líːənàin] ライオンのような
→ chameleon

leprechaun [léprəkɔ̀ːn]【アイルランド伝説】レプラコーン《黄金を隠し持つと言われるいたずら好きの小妖精（ノーム）》

しなびた醜い老人の姿をしたこのアイルランドの小鬼は妖精の靴屋で，その名を仕事から取ったと言われてきた。すなわち，エルス語《アイルランド・ゲール語》leith（片方）と brog（靴）からなる語というわけである。英語 brogan（ブロガン，作業靴）や brogue（ブローグ，短靴）は，このエルス語 brog が語源である。ただ，brogue（地方訛り）の方は，アイルランド語 barrog（《筋肉の》痙攣）から brogue（短靴）に影響されて派生したのではないかと考えられる。しかし，いつも片方の靴ばかりを修繕しているこの小妖精は，どうみても，lu（小さい）と，corp（身体）の指小語 corpān とからなる古アイルランド語 luchorpan が語源であると考えられる。この古アイルランド語 corp はまた，ラテン語 corpus, corpor-（身体）から変化した古フランス語 cors を経て借入された中英語 cors と同根語であり，したがって，corporal（身体の，肉体の），corporeal（身体上の），corps（軍団，兵団，集団），corpse（死体，死骸）などとも同族語である。英語 corpulent（太った，肥満の）は，corpus（身体）から派生したラテン語形容詞 corpulentus（太った）が語源であり，英語 corpuscle（血球，微粒子）は，corpus に指小辞がついたラテン語 corpusculum（小さい体，小体）が語源である。corset（コルセット）は上記の古フランス語 cors に指小辞がついて生まれた言葉が借入されたものであり，corslet（胴鎧，コルスレット）は cors に二重の指小辞がついた言葉の借入で，アイルランド人はそれに似たものをレプラコーンに着せている。

なお，古アイルランド語 broc（靴）は，原始ゲルマン語 brok（脚カバー）と近い関係にある同族語である。〈breech 参照〉

less [lés] より小さい，より少ない
→ little

lessen [lésn] 少なく〔小さく〕する
→ little

lesson [lésn] 学課，教訓
→ little

let [lét] …させる，貸す；妨害

「妨げる；妨害」を意味する let はアングロサクソン語 lettan が語源で，「妨げる」とか「遅らす」（to make *late*）を意味した。同系語 late（遅い）は，アングロサクソン語 laet（遅い）が語源で，ドイツ語 lass（疲れた）やラテン語 lassus（疲れた，休止の——英語 lassitude〔倦怠，疲労〕の語源——）は同根語である。一方，let（許す）はアングロサクソン語 laet（遅い）の動詞形 laetan（許す）が語源である。前者は without *let* or hindrance（何の障害もない）とか，テニス（tennis）〈同項参照〉の *let* ball（レットボール《ネットに触れて入ったサーブなど》——しばしば誤って net ball と言われる——）に生き残っている。後者の支配的な意味「許

す」は，前者の反意語である。英語には，一つの言葉が同時に反意語として使われるものがいくつかある。fast（固定して動かない，速い）〔unbending〕〈同項参照〉がその例である。

lethal [líːθl] 致命的な，決定的な
→ lethargy

lethargy [léθərdʒi] 病的な眠気，昏睡状態，無気力，無感覚

これもまた，一編の物語を発展させた言葉である。ギリシア語 lethe（忘却）は，lanthanein（気づかれずにいる）の派生語であり，英語 lethargy はこのギリシア語の形容詞 lethargos（忘れっぽい）から派生した。死者の国を流れる川の一つが Lethe（レテ：〔原義〕忘却）で，死者の霊は地上の日々を忘れるためにそこで沐浴するのである。

なお，ギリシア神話の Styx, Styg-（ステュクス，三途の川：*Styx*）は，ギリシア語 stygein（嫌う），stygos（嫌悪）から派生した。カロン（Charon：冥界の川の渡し守）はこの川を渡って死者たちをエーリュシオンの野（皆が希望したことはもちろんである）またはタルタロス（冥界の一番底，地獄）へ運ばねばならない。このことから *Stygian* crossing（ステュクスを渡ること）は「あの世へ行くこと」を意味するようになった。英語 lethal（致命的）は，ラテン語 letum（死）から形容詞 lethalis（致命的な）を経て派生したが，この形容詞は同族語であるギリシア語 lethe（忘却）の影響を受けたものではないかと考えられる。〈amulet 参照〉

ハデス（Hades）の国（冥界）にはその他3本の川があり，それらは，アケロン（Acheron：悲しみの川），コキュトス（Cocytus：むせび泣きの川），プレゲトン（Phlegethon：火の川）である。Phlegethon はギリシア語 phlegein（焼く）から派生した。そして，熱で焼かれるとジットリした体液が出るもので，この動詞からギリシア語 phlegma（火，熱）が派生し，さらに英語 phlegm（粘液質）になった。〈complexion 参照〉

letter [létər] 文字，手紙，文学
→ obliterate

levant [ləvǽnt] 東方の国
→ yeast

leven [líːvn]《詩語》稲光
→ yeast

lever [lévər] テコ；テコで動かす
→ yeast

leviathan [ləváiəθn] レビヤタン〔リヴァイアサン〕《巨大な怪物で悪の象徴》，全体主義国家，巨大なもの

ヘブライ語の詩（例えば『詩編』104）に見られるこの語は，lavah（からみつく）から派生したのではないかと考えられるヘブライ語 livyathan（ヘビ，竜，海獣）が語源である。英国の哲学者ホッブズ（Thomas Hobbes, 1588-1679）の *Leviathan*：『リヴァイアサン』（1651年）の中で政治共同体・国家（commonwealth）の象徴として使われて以来，聖書では「海獣」であったこの語はしばしば巨船の名として用いられてきた。ホッブズはまた *Behemoth*：『ベヘモス』（1680年）という英国内乱（ピューリタン革命）の研究も著したが，この本は発禁処分の憂き目に遭った。behemoth は，エジプト語 p-ehe-mau（水牛）から，ヘブライ語 b'hemah（獣）の複数形 b'hemoth を経て成立した可能性が高い。ミルトン（John Milton, 1608-74）が *Paradise Lost*：『失楽園』（1667年）で「大地から生まれし最大のもの」（VII, 471）と呼んでいるようにベヘモスはレビヤタンよりも大きな獣として扱われている。

一方，陸上では，詩人シェリー（Percy Bysshe Shelley, 1792-1822）の妻で，小説家のメアリ（Mary Wollstonecraft Shelley, 1797-1851）による小説 *Frankenstein, or the Modern Prometheus*：『フランケンシュタイン』（1818年）の人造人間が思い浮かぶ。この怪物は造り主を殺してしまうのである。ただ，フランケンシュタインは，若い科学者ではなく，造られた方の怪物と間違われることが多いので気をつけなければならない。〈人造人間一般については robot 参照〉

levigate [lévəgèit] 粉末状にする，塗りつぶす
→ yeast

levirate [lévərət] レビラート婚，逆縁婚《死者の兄弟がその未亡人と結婚する》
→ yeast

levitation [lèvətéiʃn]《心霊術などによ

る》空中浮揚
→ yeast

Levitical [ləvítikl] レビ人の祭式の，聖書のレビ記に関する
→ yeast

levity [lévəti] 軽率，気まぐれ
→ yeast

lewd [lú:d] みだらな，わいせつな
→ uncouth

libel [láibl] 誹毀(^(?))文書，誹謗；中傷する
→ liberty

liberal [líbərəl] 気前のよい，寛大な，自由主義の
→ liberty

liberate [líbəreit] 解放する
→ liberty

libertine [líbərtì:n] 道楽者，自由思想家；ふしだらな
→ liberty

liberty [líbərti] 自由，解放

　ラテン語 liber, liber-（自由な，拘束されない）から名詞 libertas（自由，解放——liberty〔自由〕の語源——）と形容詞 liberalis（自由な身の，高貴な）が派生した。かくして，*liberal* arts（人文科学，一般教養科目——ラテン語 artes liberales〔自由七科〕——）は，自由人にふさわしい学問ということになる。

　一方，ラテン語 liber, libr- は元々「樹皮」を意味した言葉で，やがて「本」を表すようになった〈Bible 参照〉。そしてその形容詞 librarius（書物の）から，フランス語 libraire（本屋），librarie（書店，出版社）を経て英語 librarian（司書）や library（図書館，蔵書）が派生した。

　英語 libel（誹毀文書，中傷）は，ラテン語 liber（本）の指小語 libellus（小冊子）が語源である。英国のパンフレットは，エリザベス朝以降，口さがない攻撃に満ちていたので，「小冊子」そのものよりも内容の「誹謗」を指すようになっていった。

　英語 libertine（道楽者，自由思想家）はラテン語 libertinus（奴隷から解放された者）から派生した言葉であるが，自由（liberty）は中傷（libel）を許すものではない。フランス語 libertin, libertine（淫蕩者；放縦な）は，17世紀から18世紀にかけては道徳よりも政治や宗教において自由な発言をする「自由思想家」であった。

　しかし，よく似た綴りのラテン語 libra は「天秤，秤」を意味し，Libra（《十二宮の》天秤宮，てんびん座）はこのラテン語がそのまま使われたものである。またラテン語 libra は度量衡の単位にも使われ，12オンスすなわち 1 ポンドは 1 *lb* と短縮される。

　libration（秤動，振動）は，天文学では月などが地球から見ると上下左右に揺れているように見える，天秤のような揺れを指す。liberate は「解放する」の意味だが，deliberate（慎重な，配慮のある）はラテン語 de（下へ）と libra（天秤）からなる deliberare, deliberat-（秤にかける）が語源である。

libido [libí:dou] リビドー，性的衝動，性欲
→ furlough

Libra [lí:brə] 天秤宮，てんびん座
→ liberty

library [láibrèri] 図書館，蔵書
→ liberty

licence, license [láisəns] 許可，免許証，免除
→ immunity

licentious [laisénʃəs] 放縦な，みだらな，不道徳な
→ immunity

lich-gate [lítʃgèit]《教会墓地の》屋根付き門
→ like

lichen [láikn]【植物学】地衣類，【医学】苔せん
→ licorice

lick [lík] なめる，なめて食べる，《口語》やっつける
→ delight, licorice

licorice, liquorice [líkəriʃ] カンゾウ，甘草

　この植物名は，その甘い根に由来し，glykys（甘い）と rhiza（根）からなるギリシア語 glykyrrhiza（カンゾウ）が語源である。英語 glucose（ブドウ糖）や glycerin（グリセリン）は同語の構成要素の前者から，rhizome（根茎）を始め，植物学で多くの術語に使われている結合形 rhizo-（根）は後者から派生した。

　よく似た綴りを持つ lickerish〔liquorish〕（美食を好む，貪欲な，好色な）はフランク語 likkon（なめる：*lick*）が語源で，古くは lickerous であり，フランス語 lécher（なめる：*lick*）を経て派生した lecherous（好色な）と二重語である。lick はゲルマン諸語に共通で，アングロサクソン語では liccian（なめる）であり，ラテン語 lingere, linct-（なめる），ギリシア語 leikhein（なめる），サンスクリット語 lih（なめる）などは同族語である。〈delight 参照〉

 lichen plant（地衣植物）は，なめる（*lick*）ように地をはっていくことから名づけられた。electuary（舐剤，練り薬）は，粉薬を蜂蜜でペースト状にしてなめて摂取するようにしたもので，ギリシア語 e-〔ek〕（…から外へ）と leikhein（なめる）とからの造語である。私としては，甘草風味のキャンディー（licorice）の方がよいのだが。

lie [lái] 横たわる，位置する；うそ；うそをつく
 → fell

lief [líːf] 喜んで，いとしい
 → furlough

liege [líːdʒ] 君主
 → legible

lieutenant [luːténənt] 陸軍中尉，海軍大尉，副官
 この語は，ラテン語 tenere, tent-（占める，保つ——英語 tenacious〔固守する，断固とした〕が派生——）から locum tenens（場所を占める；代理牧師），フランス語 lieu tenant を経て借入された。lieutenant は，このように上官・上司（captain）の代わりに行動する地位の人を指す。〈achieve 参照〉

 数学で言う locus（軌跡）はラテン語 locus, locum と同じく「場所，位置」の意味で使われる。location（位置，場所）もこのラテン語から派生した。

 lieutenant と類義の vice（代理，副…）は，ラテン語 vicem, vice（ために，代わりに）から借入された言葉であり，vice-roy（国王代理——古フランス語 roy〔王〕——）や vice president（副大統領）などに使われる。viscount（伯爵の代理，子爵）は，ラテン語 vicem（ために，代わりに）が早い時期に vis または vi に変化したために生まれた言葉であり，vicar（教区牧師，司教代理）は同ラテン語 vicem から形容詞 vicarious（代理人；代理の——vicarius〔代理の〕の語源——），フランス語 vicaire（助任司祭）を経て借入された。

 一方，道具の vise, vice（万力，ビス）は，ラテン語 vitis（ブドウのつる——巻きひげが螺旋状である——）からフランス語 vis（ねじ，螺旋）を経て借入された。万力の「あご部」はボルトで動く。

 また，vice（悪徳）は，ラテン語 vitium（欠陥，悪徳）からフランス語 vice（悪，悪徳）を経て借入された。さらに，同ラテン語から形容詞 vitiosus（欠点が多い，邪悪な）を経て vicious（悪意のある）が，動詞 vitiare, vitiat-（悪化させる）を経て vitiate（損なう，汚す）が派生した。

life [láif] 生命，生活，生き物
 この語は，当然ながらごく一般的な言葉であり，オランダ語では lijf（身体，肉体），ドイツ語では Leib（身体）である。またサンスクリット語 lepa（にかわ）や lip-（塗りつける，固着させる）が同族語であることから，精神は身体に付着していると考えられていたことがわかる。さらに，印欧語根 lip-, leip- には「粘着する」とか「続ける」という意味があり，"Stick to it!"（やり通せ！，あきらめるな！）にその双方の意味を見ることができる。

 また，life と，アングロサクソン語 lifan, laefan（とどまる：to be *left*）が語源の leave（残す，置いて行く）は同系語である。だれかに「夢中になる」（stuck on）ときは上記のいろいろな考えが絡み合っている！

 なお，上記のサンスクリット語 lip-（塗りつける）やラテン語 linere（塗る，香油を塗る）〈clam 参照〉は，英語 lime（石灰，鳥もち——bird*lime*〔鳥もち〕のように使われる——）やその強調語 slime（ネバネバしたもの，《川底などの》ネバ土），そして slimy（ネバネバした）も同族語である。カタツムリやナメクジのような動物を *slimy* animal（粘液性動物）と言う。slime はアングロサクソン語では slim で，ラテン語 limus（泥，汚れ）と同族語である。lime と slime の関係に似

た例には mash（どろどろにする）に対する smash（粉砕する）がある。〈knick-knack 参照〉

さらに，フランス語 limaçon（カタツムリ）は，英語では軍事作戦の名前リマソンとか，数学用語でカタツムリの殻の形の曲線の名として使われる。また，英語 limaceous（カタツムリのような）も同語源である。ところで，ナメクジの通った道は銀色に見えるが，実際はヌルヌルの粘液（slime）である。〈snail については thief 参照〉

ligament [lígəmənt] 靱帯，ひも
→ legible

ligation [laigéiʃən] 結紮（けっさつ），連結反応
→ legible

ligature [lígətʃùər] ひも，包帯，きずな
→ legible

light [láit] 光；軽い；降りる
→ pylorus

like [láik] …に似た；好む

この語には紆余曲折がある。語源は，古英語 lic（身体）であり，この古英語は方言 lich（形，身体，死体）や，建築用語 lich-gate にその名残をとどめている。lich-gate は，墓地へ続くアーチに覆われた「屋根付き門」のことで，ここで遺体を降ろし牧師を待ったのである。フクロウは不吉にホーホーと鳴きたてることから，しばしば lich-owl と言われ，凶事の預言者とされた。

この古英語 lic（身体）から，アングロサクソン語 gelic（…の形をした：〔原義〕一緒に形作られた）が派生した。この合成語を形成する接頭辞 ga-, ge- は，ラテン語 com（共に）と同族語であり，やがてこの gelic が接頭辞を失い，英語 like（…に似た，ふさわしい）が生まれるのである。この com は，ラテン語 conformis（…に似た，合う，適当な——英語 conform〔適合させる，同じにする〕の語源——）を形成するが，gelic と conformis には同じ意味の移転が見られる。

動詞 like は，古くは it *likes* me（それは私にふさわしい）のように使われて「ふさわしい」の意味であった。それが，if you *like*（もしあなたにふさわしいならば，あなたの意に添うならば）のように使われ，I *like* you very much.（僕は君がとても好きだ）のような現在の意味へと発展した。

この語はさらにアングロサクソン語 -lic, -lice（…に似た形の，…と同じように）のように形容詞と副詞を作るためにも使われ，時には childlike（子供らしい）のように -like そのものが接尾辞として使われた。さらに，アングロサクソン語 -lic, -lice のどちらの語形も，英語の接尾辞 -ly となった。副詞は普通，形容詞に -ly を加えて作られるので，kindly（親切な）から kindlily（親切に）が派生し，また statelily（堂々と），sillily（愚かにも）のような接尾辞が二重になった語形も出てきたが，現在では避けるようになっている。時には godly（《古語》信心深い）と godlike（神のような）のように，二つの語形が発達したが，-like の語の方がより基本的な意味を持つ。likely は「…に似た」「…にふさわしい」を経て「見たところ感じがよい」をも意味するようになり，a *likely* lass（感じのよい娘さん）のように使われる。

lilliputian [lìlipjúːʃən] リリパット人，小人（こびと）；非常に小さな

スウィフト（Jonathan Swift, 1667-1745）の *Gulliver's Travels*：『ガリバー旅行記』（1726年）の中で，ガリバーは奇妙な国々へいくつかの旅をしている。実際には，当時の英国の状況への風刺であるが，今では純粋に冒険とファンタジー物語として読まれている。同物語には四つの旅があり，その第一は小人国リリパット（Lilliput），すなわち身長が15センチにも満たない小人国への旅である。第二は巨人国ブロブディングナグ（Brobdingnag）への旅で，ここでは小さい人でさえ私たちの教会の尖塔よりも高くそびえる。第三は科学者だけが住む空中（"up in the air"）の浮島ラピュータ（Laputa）への旅，第四は人間に似た獣ヤフー（Yahoos）が仕える高貴な馬フーイナム（Houyhnhnms）の国である。これらの国の中では，最初の国が最もよく知られており，アニメ映画『ガリバー旅行記』（1939年）にはリリパット（Lilliput：小人国）しか出てこない。そしてこの言葉から，小さいものを表す英語 lilliputian が派生した。

lime [láim] 石灰，鳥もち

→ clam, life

limelight [láimlàit] 石灰光，ライムライト，舞台照明

to be in the *limelight* とは，今で言えば，「スポットライトを浴びている」ことである。劇場の一点を照らす照明は今日ではいろいろな電気仕掛けによって作り出されるが，以前は石灰片（a piece of *lime*）を酸水素炎で熱して強い光を出していた。

limen [láimən]【心理学】閾(いき)《刺激の有無や変化に対して反応が出現したり移行したりする境界点》

ラテン語 limen, limin-（敷居）は，ドイツの哲学者ヘルバルト（Johann Friedrich Herbart, 1776-1841）の *Psychology*：『心理学』（1824年）の中では，「刺激が知覚されなくなる限界」の意味で使われている。現代の心理学では，潜在意識現象（*subliminal* phenomena——ラテン語 sub〔下に〕——）を考えることが多い。しかし，ラテン語 limen は英語ではもっと以前から他の語の中に現れていた。eliminate（除去する，削除する——ラテン語 e-,〔ex：外へ，越えて〕——）は「ドアの外へ放り出す，追放する」から「排除する」という意味になった。生理学から代数学に至るまで，いくつかの分野で使われている。*preliminary* activity（予備的活動——ラテン語 pre〔前の〕——）は，主たる活動に至るまでに行う活動のことである。postliminy（【国際法】《人や財産の》戦前回復権——ラテン語 post〔後の〕——）は，戦争中に奪われた人や物件が戦後，以前の状態に戻されることを意味する言葉である。

ところで，ラテン語 limen は，ドアの上縁，上の横木（*lintel*）を意味する言葉でもあり，そこから英語 sublime（崇高な，荘厳な：〔原義〕高く持ち上げられた——ラテン語 sub〔下に，下から上へ〕——）が派生した。sublimation（昇華）は，化学や心理学の分野で使われる言葉で，この語の原義は「何かがより高い状態へ持ち上げられること」である。

limit（境界）はラテン語 limes, limit-（境，限界）が語源で，limen（【心理学】閾）と同語源である。このように見ると，これらの言葉は派生関係のほんの出発点（threshold）についたばかりという感じを与える。なお，threshold（敷居，出発点，【心理学】閾）の方は，アングロサクソン語 therscan（踏みつける）—thresh, thrash（《踏みつけて》脱穀する）—から派生した。第二要素 -old の語源は不明であるが，wald, wold（森，木）と同じではないかと考えられ，原義は「踏む木」ではないかと解釈されることが多い。

limit [límit] 境界，限界
→ limen

limn [lím] 描く，描写する，くっきりと輪郭を描く

この語は，サクソン語的伝統とロマンス語的伝統との折衷から生じた。アングロサクソン語 lim（手足：*limb*）は，liming として「ぬりつけること，描くこと」を意味した。しかし，この語はラテン語 lumen, lumin-（光）から古フランス語 luminer（照らす）を経て借入された古形 lumine（照らす）に融合した。同語源の英語 illuminate（照らす，照明する）は「写本を彩飾する」という意味にも使われた。

類義語 illustrate（説明する，挿絵を入れる）や illustration（例証，挿絵）は，フランスの詩人デュ・ベレー（Joachim du Bellay, 1522-60）の *Defence and Illustration of the French Language*：『フランス語の擁護と顕揚』（1549年）におけるように，元々何かに「光・輝き（lustre, luster）を加える〔こと〕」を意味した。illustrious（著名な，輝かしい）は，ラテン語 illustris（明るい）から illustre として借入され，illustrous を経て成立した。ラテン語 illustrare（照らす，輝かせる）は，in（…の上に）と lustrare, lustrat-（明るくする）とからなり，ラテン語 lux（光）と同系語である。

limousine [líməzìːn]《仕切り付き》大型箱型自動車，リムジンバス
→ sedan

limpid [límpid] 澄んだ，明快な，静穏な

この語は，明らかに古いラテン語 limpa（澄んだ水）に由来するが，奇妙な意味の広がりを持ってきた。古代の人々は，水辺にはニンフたち（*nymphs*）が住んでいると考えていたことから，ギリシア語・ラテン語 nymphe（花嫁，ニンフ）〈*nuptials* 参照〉との連想で，ラテン語 limpa は lymph（清水，リンパ液）となった。英

lymph は今も「リンパ液，体液」の意味で使われている。しかし，古典ラテン語においてさえ，この連想はより密であり，ギリシア語 nymphian（気が狂っている）からラテン語 lymphaticus（狂った，常軌を逸した）が生まれ，英語 lymphatic（狂った）として借入された。しかしこの語はまた，リンパ腺 (*lymphatic* glands) からのリンパ液（lymph）の分泌にも関係する言葉でもある。

ところで limp（足を引きずって歩く）と *limp* fingers（しなやかな指）の limp とは，語源的関連はあるものの，その系図は失われてしまっている。形容詞の方は limber（柔軟な）の短縮形かもしれず，さらに limber の方はラテン語 lenis, lent-（緩慢な）と同語源の可能性がある。〈lent 参照〉

line [láin] 線，輪郭；線を引く
→ obliterate

lineage [líniidʒ] 血統，家系，種族
→ obliterate

lineament [líniəmənt] 目鼻立ち，外形
→ obliterate

linear [líniər] 線の，直線的な
→ obliterate

linen [línən] リンネル，亜麻布；リネンの
→ cloth

linguistics [liŋgwístiks] 言語学
→ tongue

liniment [línəmənt] 塗り薬
→ police

linoleum [linóuliəm] リノリウム
1863年，ウォルトン（Frederick Walton）なる英国人が，バーラップ（粗目の麻布：burlap）と亜麻仁油（linseed oil）とが，撚りの強い綾織りに柄を固定するよい下地となることを発見した。そこで，ラテン語 linum（亜麻）と oleum（油）とからそれを linoleum と名づけ，特許を取得した。

lion [láiən] ライオン
→ chameleon

liquid [líkwid] 液体；液体の，透明な
→ world

liquidate [líkwidèit] 弁済する，清算する
→ world

liquor [líkər] 蒸留酒，酒
→ world

liquorice [líkəriʃ] カンゾウ，甘草
→ licorice

lisle [láil] ライル糸，ライル糸レース製品
→ cloth

Lister (Listerine) [lístər (lístəriːn)] リスター，リステリン《口腔洗浄液》
→ litmus

litany [lítəni]【教会】連禱《先唱者の唱える祈りに会衆が唱和する形式》，長く退屈な話

この語は，元の語を二重にしたものと言える。まず，ギリシア語 lite（祈り）から litanos（嘆願者）が派生し，さらに litaneuein（祈る）を経て名詞 litaneia（祈り）が派生し，それがラテン語を経て英語 litany として借入された。会衆が行進しながら唱和したりする祈りのことである。

literal [lítərəl] 文字の，文字通りの；誤植
→ obliterate

literate [lítərət] 読み書きのできる；学問のある人
→ obliterate

literati [lìtəráːti] 学者，知識階級
→ obliterate

literature [lítərətʃər] 文学，《特定の分野の》文献
→ obliterate

lithium [líθiəm] リチウム《元素記号 Li，原子番号 3》
→ carnelian, element

lithography [liθágrəfi] 石版印刷，リソグラフィ
→ carnelian, element

litmus [lítməs] リトマス

酸性・アルカリ性の検査をするリトマス試験紙（*litmus* paper）は，元は lakmose であった。lak（ラック，ラク貝が分泌した樹脂状物質：lac《ワニスの原料》）と moes（パルプ）からなるオランダ語 lakmoes（リトマス）から借入された言葉である。このオランダ語 lak は，サンスクリット語 ranj-（染める）の過去分詞 rakta, 名詞 laksha（動物性染料）からペルシア語 lacca（赤い樹脂）を経て借入されたもので，英語 lacquer（ラッカー）は同語源

である。
　英語に借入されたオランダ語 lakmoes は，やがて古英語 lytyn（染める）の影響を受けて litmus となった。この古英語 lytyn と接尾辞 -ster（する人，作る人，扱う人）とから古い英語 litster（染色屋）が派生し，さらに固有名詞 Lister が，そして英国の外科医リスター（Sir Joseph Lister, 1827-1912）考案の消毒殺菌方法にちなんで Listerine（【商標】リステリン《米国のうがい液》）が造語された。〈alkali 参照〉

litter [lítər] 輿（こし），散らかった物，一腹の子；散らかす
　昔クレオパトラが乗ったような女王の輿（litter）は，精巧かつ豪華なものであった。この語は，印欧語根 legh-（横たわる）から分出したギリシア語 lekhos（寝いす）を経て派生した lektron（ベッド）が語源で，ラテン語 lectus（ベッド），後期ラテン語 lectaria, 古フランス語 litiere を経て借入された。
　中世には，たいていの人がそれほど豪華でない物で満足していた。例えば，藁（straw）を敷いたものでも十分とされたことから，litter は「ベッド用に敷かれた物」，さらに無頓着さから「撒き散らされた物」「ごみ，がらくた」を意味するようになったのである。
　一方，litter（一腹の子）は，上記 litter（ごみ）の語形に影響されはしたが，liggja（横たわる）から leggja（横たえる）を経て派生したアイスランド語 lattr（繁殖場，飼育所）からの借入である。この語はまたアングロサクソン語 leger（ベッド，寝いす）と同系語であり，このアングロサクソン語から中英語 layere, leir（横たわる場所，野営地）を経て英語 lair（ねぐら）が派生した。

little [lítl] 小さい，幼い，ほとんど…ない；少量
　この語は，古サクソン語 luttel（小さい）から古英語 lytel（小さい，取るにたらない）を経て成立したもので，古語 lout（お辞儀をする）の語源である古英語 lutan（頭を下げる，屈服する）と同系語である。身分が低く不器用な「無骨者」を意味する lout は，この動詞が語源である可能性が高く，lewd（身持ちの悪い）の影響を受けている。〈uncouth 参照〉
　less（より少ない，より小さい）や二重比較形 lesser（より劣った）は別語源である。こちらは原始ゲルマン語根 laiso-（小さい）に比較級形成接尾辞 -iz がついたもので，最上級 least（最も小さい）も同語源である。頻度はより低い（less）が，littler, littlest もそれぞれ同義で使われる。動詞 lessen（少なくする，少なくなる）も less と同語源である。
　なお，lesson（レッスン，授業）は，ラテン語 legere, lec-（選ぶ，読む）から派生した lectio, lection-（読むこと）が語源で，古フランス語 lecon を経て借入されたものである。〈legible 参照〉
　だれかに説教する（to *lesson*）とは，「教訓を読む」（to "read" a *lesson*）ことであった。このことから説教するということは，「訓戒する」ということになるのだが，それはまたその人の自尊心を軽んずる（to *lessen* his pride）ということにもなりうる。これは心すべき教訓（lesson）である。

Little Red Riding Hood
[lítl réd ráidiŋ húd] 赤頭巾ちゃん《童話の主人公の少女》
　→ tag

livelihood [láivlihùd] 生計，暮らし
　偽り（falsehood）の衣（hood）をまとって，真実がもたらすものから隠れることは可能であろう。しかし，livelihood（生計）には避難所という概念はない。この語は，アングロサクソン語 liflad（生涯：life-course）から lifelode を経て訛った言葉である。このアングロサクソン語の -lad は，lead（先導，リード）や lode（鉱脈）と同語源であり，さらに lodestar（道標となる星，北極星）や lodestone（天然磁石，人を強くひきつけるもの）をもたらした。一方，同じく古い言葉に，古英語 lyvelyhede（活気）が語源の livelihood（《廃語》活気，生気）があり，この語の -hood が上記のアングロサクソン語の -lad の意味をもって今日まで残ることになった。falsehood（偽り）は，ラテン語 fallere, fals-（騙す）と，アングロサクソン語 hād（状態）が語源の -hood からなる言葉である。
　上記の lead（導く）そのものは，アン

グロサクソン語 lithan（旅する）からその原因動詞形 laedan（導く）を経て成立した。また，このアングロサクソン語から英語 laden（荷を積んだ）も派生した。これはさらに原始ゲルマン語 laida（道路，旅）にさかのぼることができ，英語 load（荷；荷を積む）はこの原始ゲルマン語から派生した言葉である。

　金属の lead（鉛）は，古英語 lead（鉛）が語源であり，中高地ドイツ語では lot（錘：plummet）である。〈plunge 参照〉

loaf [lóuf] パン一塊；ぶらつく
　　→ lady

loafer [lóufər] のらくら者，怠け者，ローファー《モカシン風のつっかけ靴》
　この語は，古くは従者（servant）〈lady 参照〉を意味したと考えられる。しかしアメリカでは，laufen（走る）から派生したドイツ語 Laufer（走者）が気楽に解釈され，その影響で今日の意味に使われることになったのではないかと思われる。〈scamp 参照〉

　同様に，presently も最初は「直ちに」，すなわち，at the *present* instant（この瞬間に）の意味であったが，今では「やがて」を意味し，大して急がないことを意味する表現である。present（居る；現在の）は，prae, pre（前に）と esse（ある）からなるラテン語 praeesse, preesse（前にいる，人の前にいる）の現在分詞 praesens, praesent-（前にいる，手元にある）が語源である。その現在分詞から派生した反復動詞 praesentare, praesentat-（差し出す）から，英語 presentation（提出）や Christmas *present*（クリスマスのプレゼント）が派生した。

　一方，presentiment（予感）は，ラテン語 prae, pre（前に）と, sentire, sens-（感じる）から派生した後期ラテン語 sentimentum（感じ）とからなる言葉で，英語の sensitive（敏感な）は同語源である。〈ascend 参照〉

loam [lóum] ローム，肥沃な黒い土；ロームを塗る
　　→ clam

lobster [lábstər] ロブスター，ウミザリガニ
　このすばらしい魚族ともいうべき生き物は，実際に跳ねたり跳んだりするもので，言わば lopster とか leapster であると言える。leap はアングロサクソン語 hleapan（跳ぶ，走る）が語源である。lop-（lope〔ピョンと跳ぶ〕）は，古英語 loppe（クモ，ノミ〔flea〕）が語源である。なお，flea（ノミ）はアングロサクソン語 fleogan（飛ぶ：*fly*）から fleah（ノミ）を経て成立した。印欧語根 plu-, plou-（泳ぐ，ノミ）から分出した言葉であり，サンスクリット語 pulaka（昆虫），ラテン語 pulex, pulic-（ノミ），古英語 hleapestre（踊り子）は同根語である。

　しかし，甲殻類である lobster はもっと直接的には，本来は海であれ陸であれ，跳ねる生き物を意味するラテン語 locusta（*locust*〔イナゴ，バッタ〕）が語源である。このラテン語は訛って lopusta となり，古英語 loppestre（ロブスター）として借入された。よく似た意味のサンスクリット語根に langh-（跳ぶ）があり，この語根はアングロサクソン語 leax（鮭）やドイツ語 Lachs（鮭）と同族語である。鮭は産卵のために上流へと跳ねる（leap）ように上っていく魚である。

　ところで leap（跳ぶ）は，ゲルマン諸語に共通に存在する言葉で，ゴート語では hlaupan（跳ぶ），ドイツ語では laufen（走る），古フランス語では aloper，中英語では lopen（走る——英語 lope〔大股で走る，ピョンピョン跳ねる〕——）である。英語 gantlet, gauntlet（鞭打ちの刑《二列に並んだ人の間を，罪人を走らせ皆で鞭打った》）は，gat（細い水路）と lop（ピョンピョン跳んでいく）からなる言葉である〈subjugate 参照〉。初めは「密漁者」（sea poacher）を意味した interloper（侵入者，もぐり商人）もここから生じた。

　なお，poach（密漁・密猟する，侵入する）は，古くは potch で，poche（小袋：*pouch*）から派生したフランス語 pocher（隠す，着服する：to *pocket*）から借入された。「落とし卵にする」（to *poach* an egg）は，ゆでている間に白身の袋（*pouch*）に包むことである。上記フランス語 poche（小袋）のノルマンフランス語形は poque であり，その指小語 pokete から英語 pocket（ポケット）が派生した。皮膚の窪み（*pocket*）を指す pock（あばた）や，その複数形で，small *pox*（天然

痘) に見られる pox も同様である。A *pox* on you!（疱瘡にでもかかってしまえ！，こんちくしょう！）という古い表現もある。

　最下甲板（*orlop* deck）の orlop の原義は「船倉の覆い」で，オランダ語 overloopen（あふれる）から借入した overlop を短くした語である。lapwing（タゲリ《チドリ科の鳥》）は，翼を重ねる（*overlap*）こともあるだろうが〈lap については lampoon 参照〉，この語は民間語源によれば，アングロサクソン語 hleapan（跳ぶ：to *leap*）と wincican（揺れる）からなる言葉が訛ったものであるとされる。古英語 wincian は wink（瞬きする）の語源であり（童謡に出てくる3人の釣り人 "Winken, Blinken and Nod" の Winken と Blinken は小さな目であり，Nod は小さな頭である），元々打撃をかわすために「わきへよける」ことを意味した wince（ひるむ，たじろぐ）や，さらにアングロサクソン語 wince（滑車，回る物）からの winch（巻き揚げる）などは同系語である。なお，antelope（レイヨウ〔羚羊〕，アンテロープ）は，これらと語源的関係はないと考えられるが，その起源は不明である。また，cantaloup（カンタロープ《メロンの一種》）〈同項参照〉も語源的関係はない。

　leap year（うるう年）は，2月29日の後は，曜日が前年より2日跳ぶことからこのように呼ばれる。もしあなたの奥さんの誕生日が7月4日であれば，1970年には土曜，1971年には日曜である。ところが，うるう年の1972年には火曜へ跳んで（leap）しまうのである。〈fowl 参照〉

locate [lóukeit] 突き止める，置く，設ける
　　→ lieutenant, permit
location [loukéiʃən] 位置，場所，ロケ
　　→ lieutenant, permit
loco [lóukou] 気の狂った；ロコ病《米国・カナダ西部にみられる牛・ヒツジ・馬の病気》，ロコ草中毒症
　　→ yokel
locomotion [lòukəmóuʃən] 運動，移動
　　→ mute
locomotive [lòukəmóutiv] 機関車
　　→ mute

locus [lóukəs] 場所，軌跡
　　→ lieutenant
locust [lóukəst] イナゴ，バッタ
　　→ lobster
lodestar [lóudstà:r] 道しるべの星，北極星
　　→ livelihood
lodestone [lóudstòun] 天然磁石，人を引きつけるもの〔人〕
　　→ livelihood
lodge [ládʒ] 番小屋，山小屋；泊まる
　　→ logistics
loft [lɔ́(:)ft] 屋根裏，ロフト，ハト小屋
　　→ attic
lofty [lɔ́(:)fti] 非常に高い，高遠な
　　→ attic
log [lɔ́(:)g] 丸太，測程器，航海日誌
　　この語の起源は，初めては類義語であった clog（おもり木；動きを妨げる）と同様，擬音語である。かさばって扱いにくく，ぎこちない動きを連想させる。lug（長い棒；グイと引く）も同様である。

　船の速度は，15-17世紀にかけて，測定装置をつけた木材を浮かせて決められ，この装置が log（測程器）と呼ばれた。また，速度の記録は *log*-book（航海日誌）に記された。やがて *log*-book は，log（航海日誌）と短縮され，さらにどんな旅行日誌も log と言われるようになった。

loganberry [lóugənbèri] ローガンベリー《キイチゴの一種》
　　→ Appendix VI
loge [lóuʒ]《劇場の》ます席，特別席，売店
　　→ logistics
loggerhead [lɔ́(:)gərhèd] 鉄球棒，アオウミガメ，間抜け
　　人の脚（leg）や馬の脚につけて動きを鈍らせるためのおもり木（log〈同項参照〉や clog）は，logger とも呼ばれた。この木塊（木片：*block* of wood）から，比喩によって blockhead（でくのぼう）という言葉が生まれ，それはまた，loggerhead とも言われた。しかし，loggerhead は文字通りの意味でも使われた。すなわち，一方の端に大きな球のついた長い鉄棒のことで，その球は熱してタールを溶かしたり，敵に押しつけたりするのに使われた。さらにまた，ワニガメやカミツキガメ

(snap turtle) などの頭の大きい動物も loggerheads と呼ばれた。この最後の二つの意味から, to be at *loggerheads* (激しく争っている, 仲たがいをしている) という表現も生まれたのである。

logic [ládʒik] 論理学, 論理, ロジック
→ logistics

logistics [loudʒístiks] 兵站学, 兵站業務, ロジスティックス, 計算法

logistics (兵站学) と logistics (計算法) は, まったく異なる2語が同綴異語になったものである。「算術」の意味でのlogistics は, legein (言う) からギリシア語 logos (言葉) を経て派生した多くの言葉の一つである。ギリシア語 logos は, 「言葉」から「議論」へとその意味を変え, 英語 logic (論理) が派生した。「秩序だった知識」という意味の接尾辞 -ology, -logy は, acology (治療理論) や apology (弁明) などスコットランド生まれの思想家カーライル (Thomas Carlyle, 1795-1881) がメイドにまで教え込まれていると不平をもらしたほど多くの ologies (学問) があり, さらに zoology (動物学) や zymology (発酵学) に至るまで非常に一般的である。

一方, logistics (兵站学) は軍事活動から生まれた言葉で, フランス語 loger (宿営させる) から logistique (兵站術) を経て借入された。英語 lodge (番小屋；泊まる) や劇場の loge (ます席) も同語源である。

logrolling [lɔ́(:)ɡròuliŋ] 丸太ころがし, 取り引き, なれあい

アメリカの開拓時代のことであるが, 新しい家族が入植地にやってくると, 前からいた人々は決まった日に, 新参者の家を建てるために丸太ころがし (*rolling down logs*) を一緒に行った。その後,「魚心あれば水心」(You scratch my back and I'll scratch yours.) の原則に従って, 現在の意味を持つようになった。

lone [lóun] ただ一人の, 孤立した, 寂しい
→ alone

lonely [lóunli] 孤独な, 人里離れた
→ alone

lonesome [lóunsəm] 寂しい, 人里離れた, 一人だけの

→ awry

long [lɔ́(:)ŋ] 長い；長く；待ちこがれる
→ lent

looney [lú:ni] 狂人；狂気の, ばかな
→ pants

lope [lóup] 大股でゆっくりと歩く, ピョンピョンと跳ねる
→ subjugate

loquacious [loukwéiʃəs] おしゃべりな, 騒がしい
→ necromancy, agnostic

lord [lɔ́:rd] 君主, 貴族, 神
→ lady

lot [lát] くじ引き, 運命, たくさんのこと〔物〕
→ ballot, deal

Lothario [louθέəriòu] 放蕩者, 女たらし

この語は, 使用頻度が高いにもかかわらず, シェイクスピアの戯曲に由来するものではない。英国の劇作家マシンジャー (Philip Massinger, 1583-1640) とフィールド (Nathan Field, 1587-1619?) が, 悲劇 *The Fatal Dowry*:『運命の結納』(1632年) を書き, その作品を劇作家・詩人ロウ (Nicholas Rowe, 1674-1718) が1703年に改作し, *The Fair Penitent*:『美しき悔悟者』を上演した。

この作品は, 1世紀のあいだ大変人気があり, この悲劇中でのロザリオ (Lothario) をモデルにして英国の小説家リチャードソン (Samuel Richardson, 1689-1761) は *Clarissa Harlowe*:『クラリッサ』(1747-48年) で女たらしの貴族ラブレース (Lovelace) を描いた。なお, ルソー (Jean Jacques Rousseau, 1712-78) に *Nouvelle Héloïse*:『新エロイーズ』(1761年) のテーマを思いつかせたのはこの小説である。上記ロウ (Rowe) の登場人物「高貴, 華麗, 陽気なロザリオ」(v. i) から, Lothario は「女たらしの代名詞」になった。

lotion [lóuʃən] 外用水薬, 化粧水

古代ローマの風呂は大きくて人気があり, マッサージ師は軟膏 (unguent) とローション (lotion) をよく使った。

unguent は, ラテン語 ungere, unct- (軟膏を塗る) の現在分詞 unguens, unguent- が語源である。lotion は, ラテン語 lavare, lot- (洗う: *lotion*) から名

詞 lotio, lotion-（洗うこと）を経て借入された。この語はギリシア語 louein（洗う）を経て印欧語根 lu-, lou-（洗う）にさかのぼることができる。この語根に由来する deluge（洗い流す，氾濫させる）の原義は「ある場所へ洗い流す」であり，川が土を運び一か所へ洗い流すと，堆積物（*alluvial* deposit）ができる。lotus（ハス）は何ともすばらしい水生植物である《ただ語源は異なり，セム語が起源と考えられる》。

ラテン語で lavator は「水浴する人」で，lavatorium は「体を洗う（英語 lave）ための器または部屋」を意味した。英語 lavatory（洗面所，化粧室）はこのラテン語から派生したものであり，ラテン語 lavatrina からイタリア語 latrina（浴場，便所）を経て借入された英語 latrine（《臨時の堀込み》便所）も同語源である。

ところで，laboratory（実験室，研究室）は，もちろん働く（*labor*）場所のことで，labor はラテン語 rabos（力）から派生した labos, labor-（労働，努力）が語源であり，サンスクリット語 labh-（手に入れる，成し遂げる），rabh-（つかむ）は同族語である。

香りのよい lavender（ラベンダー）は，ラテン語 lavare, lot-（洗う）から派生した後期ラテン語 lavendula が語源で，フランス語 lavande（ラベンダー）から中英語 lavendre として借入された。洗濯の際に使われたことからこの名を得た。昔から，洗いたてのリネンの上には，香りをよくするためにこの花が置かれたのである。英語 laundress（洗濯女）は，後期ラテン語 lavanderia（洗濯物）から古フランス語 lavandière（洗濯する女）となり，女性を示す接尾辞 -ess がついた launderess を経て成立した。

lava（溶岩流）は，元は豪雨の後，山から流れ落ちる水を指していた。lavish（気前のよい，惜しみなく与える）は，古英語 lafian（注ぐ）に由来すると思われるが，上で述べてきた他の流れ，すなわちラテン語 lavare, lot-（洗う）と混じり合っている。ギッシング（George Gissing, 1857-1903）は貧しい三文文士だった，いわゆる「グラブ街（Grub Street《ロンドンのミルトン街の旧名》）時代」に，大英博物館の手洗い（lavatory）を余りにも頻繁に利用したので，博物館側は「時よたまの手洗いに限る」（For casual *ablutions* only）と掲示を出した。ablution の ab- は，ラテン語 ab（…から離れて）が語源で，この言葉の原義は「洗い落とすこと」である。〈absolute 参照〉

anoint（聖別する）は，元は「軟膏（unguent）を塗る」という意味であり，ラテン語 inungere, inunct-（油を塗る――in〔…に〕＋ungere〔塗油する〕――）から，古フランス語 enoindre, enoint を経て借入された。英語 ointment（軟膏）も，（接頭辞 en- をはずし）同じ道をたどって借入されたものである。ラテン語からもっと直接的に派生した言葉に extreme *unction*（終油の秘跡）がある。

lottery [látəri] 宝くじ，福引き
→ ballot

lotus [lóutəs] ハス，スイレン
→ lotion

Louisiana [luìːziǽnə] ルイジアナ
→ States

lounge [láundʒ] ぶらつく；待合室，ラウンジ
→ lawn

lout [láut] 無骨者，無作法なやつ，ばか者
→ little

louvre [lúːvər] よろい窓，ルーバー
→ vulpine

love [lʌ́v] 愛，恋人；愛している
→ furlough

lowbrow [lóubràu] 教養の低い〔人〕，低俗趣味の〔人〕
→ effrontery

loyal [lɔ́iəl] 王の，王室の，気高い
→ legible

lozenge [lɔ́zindʒ] 菱形〔紋〕，菱形の物，《菱形に作られた》トローチなど

この語は，墓石に刻まれた言葉に由来し，ラテン語 lapis（石）と laus, laud-（賞讃）とから大昔に造語されたかばん語（合成語）ではないかと考えられる。というのも墓石は，菱形（*lozenge* shape）であったからである。プロヴァンス語では lauza（墓石，石板）で，ここから古フランス語 lauze（菱形の屋根茸き用スレート）を経て，フランス語 losange（菱形）

となった。このフランス語は紋章のデザインに使われてきたが、やがて未亡人や未婚女性の馬車の飾りに菱形の紋章がつけられたことから *lozenge* coach（菱形紋の馬車）という言葉が生まれた。さらに，元は菱形だった薬用ドロップなどが lozenge と呼ばれるようになった。これらがその原義を今日に保つのに役立っている。

lucent [lúːsnt] 輝ける，透明な，澄んだ
→ lamp

lucid [lúːsid] 輝く，明快な，明晰な
→ lamp

lucifer [lúːsifər] 明けの明星，金星
→ atlas

Lucifer [lúːsifər] 魔王，サタン
→ Prometheus

lug [lʌg] 引っ張る，力まかせに引く，無理に連れ去る
→ log
lug は，俗語で「ずうたいの大きな間抜け」の意味にも使われる。

lumbago [lʌmbéigou] 腰痛〔症〕
→ humble

lumbar [lʌ́mbər] 腰部〔の〕，腰椎〔の〕
→ humble

lumber [lʌ́mbər] 材木，がらくた，厄介者

私たちは，ぎこちない不器用な人のことを *lumbering* gait（鈍重な足取りのやつ）と言ったりする。この lumbering はアングロサクソン語 lama（足の不自由な：*lame*），中英語 lome（不自由な），lomeren（ぎこちない歩き方をする）を経て派生した。

しかし，lumberyard（材木置場）にはもっと長い物語がある。カエサル（Gaius Julius Caesar, 101-44B.C.）はランゴバルド族（Langobardi：長いひげを伸ばした部族〔Longbeards〕）のことを語っているが，これはロンバルディア（Lombardy）に住むロンバルディア人（イタリア語 Lombardi）のことであった。16世紀の英国では，彼らは金貸し業者として知られていた。ロンバード（Lombard）街は彼らに由来するが，日記で有名なピープス（Samuel Pepys, 1633-1703）は Lumber St. と綴っている。また，金貸し業者が取った質草を置く物置は Lombard-room と呼ばれたが，そこにある物は主に不要に

なった家庭用品であったことから lumber（がらくた，不用品）と言われるようになり，lumber は英国では今もその意味に使われる。アメリカの開拓時代には，農業用に開墾された土地に伐採された樹木がそこいらじゅうに散らばっていた。これらは，後には有効に利用されたのであるが，捨てられた厄介物（lumber）であった。

timber はゲルマン諸語に共通で，最初は「家（ドイツ語 Zimmer〔部屋〕）」を意味し，やがて建築用の「木材」を指すようになった。ゴート語 timrjan は「建てる」という意味である。ギリシア語 demein（建てる）は同族語で，その名詞形 domos（家）は，ラテン語，フランス語を経て借入されて domain（地所，版図）や demesne（【法律】占有地，所有地）が派生した。〈dome 参照〉

luminous [lúːmənəs] 光を発する，明るい，頭の切れる
→ meteor

lump [lʌmp] 塊り，こぶ
→ clam, luncheon

lunatic [lúːnətik] 精神異常の，ばかげた；狂人
→ pants

luncheon [lʌ́ntʃən] 昼食，昼食会

lunch（昼食）は元々 lump（塊り）の変形で，特にパンの塊り（*lump*）や厚切りを意味する言葉であった。bunch（房，束）と bump（こぶ，《道路の》隆起），hunch（肉の隆起；背を丸くする）と hump（《人の背中の》こぶ，《ラクダの》背こぶ）の関係も同じである。luncheon（間食，軽食）は，18世紀の手紙に "a huge *lunshin* of bread"（パンの大きな塊り）と書かれているが，lunchion とも綴られた。おそらく lunching すなわち「ランチをとること」「軽い食事をすること」という意味だったと考えられる。

しかし，他の説もある。lunch が最初に使われたのは，スペイン語 lonja（昼食：noon meal）の訳語としてであって，このスペイン語が起源と考えることもできる。そして「パンの大きな塊り」（a large *lump* of bread）から，「食事」へと変化した luncheon の語義はさておいても，語形の方は間違いなく nuncheon（昼食：*noon* meal）というずっと古い言葉の影響

を受けている。nuncheon というのは，スペイン語 siesta（昼寝）のように，昼（*noon*）の暑さを避けて日陰で休息し，軽い食事をする "noon shun"〔原義〕昼の逃避）だとする楽しい説もある。しかし，nuncheon は，中英語 noneschench（昼のひと飲み：a *noon* draught）から変化したもので，-schench はアングロサクソン語 scencan（注ぐ）にさかのぼる。同アングロサクソン語から派生した skinker（エールを注ぐ人）もある。シェイクスピアの *Henry IV, Part 1*：『ヘンリー四世　第1部』(II, iv, 26) では，underskinker（見習い給仕）という語が使われている。その動詞 skink（注ぐ）はアングロサクソン語 scanc（脚，太もも）から sceanc を経て派生した。英語 shank（すね，すねの骨）はこの scanc が語源で，shank-bone（すねの骨）は，樽の栓口に差し込む中空の管として使われた。

ところで，luncheon の語形の由来となった nuncheon は，最初は午後の食事を意味した。というのは，noon はラテン語 *nona* hora（9番目の時間）が語源で，それは午後3時のことであった。siesta（シエスタ，昼寝）はスペイン語の借用で，ラテン語 *sexta* hora（6番目の時間）が語源であり，それは正午の12時（*noon*）のことであった。

同様に，昼公演（*matinee*）は，フランス語 matin（朝）から matinée（午前中）を経て借入された。最初は午前の公演だったが，上演時間が変わってからも呼び方が元のまま残ったのである。教会の matins（朝の祈り）は，ラテン語 matutinae vigiliae（朝の見張り）に由来する。Matuta（曙の女神）やその派生語 matutinal（朝の，早朝の）はラテン語 maturus（早い，熟した――英語 mature〔熟した〕の語源――）から派生した。〈breviary 参照〉

　lump（塊り）は，ゲルマン諸語に共通で，ゲルマン語根 lup-, lub-（遅い，重い――landlubber〔新米水夫，おか者〕が派生――）から，さらに lap-（垂れる――lap〔ひざ〕の語源――）にさかのぼると考えられる。〈lampoon 参照〉

　bump（衝突，こぶ）は，ドスンという鈍い衝突の音を真似た擬音語だが，やがてその結果生じた物，「こぶ」を意味するようになった。bunch（房，隆起）は，最初「背こぶ」（*hump* back）の意味で使われた。低地ドイツ語 Humpel（小山）と同系語であり，「ラクダのこぶ」（camel's *hump*）のことで，hump の方はより古い *crump*-backed（曲がった背中をした）に取って代わったものである。crumpet（クランペット，ねじれパン）は，アングロサクソン語 crump（ねじれた）から派生した。"cow with the *crumpled* horn"（ねじれた角の雌牛）《伝承童謡 'House that Jack built'：「ジャックが建てた家」の一節》，all *crumpled* up（しわくちゃになった，すっかり参って）のように使われる crumpled も同語源である。そしてここから英語 crump（強打），put a *crimp* in it（それを邪魔する）のように使う crimp（《口語》妨害；ひだをつける），そして cramp（けいれん）の三重語が生まれた。

　bunch-backed（せむしの）は，その後17世紀までに hulch-, huck-, huckle-, hutch- と変化し，最終的に hunch-backed に取って代わられた。humped（うつむいた）は，意気消沈した人のラクダの表情のようにしょんぼりした姿に由来する表現である。to have a *hunch*（予感がする）は背中を丸める（to have your back up）ことで，幸運を祈ることである。人の曲がった背中をさすることは運がよいと考えられた。街のあくたれたちは今も喧嘩の前に同じことをする。

lung [lʌ́ŋ] 肺，肺臓
→ pylorus

lurch [lə́ːrtʃ]《船・車が》急に傾く，よろめく；よろめき
→ talc

lure [l(j)úər] 魅惑，おとり；おびき寄せる
→ entice

lurk [lə́ːrk] 潜む，忍んでいく，こそこそ歩く
→ talc

luscious [lʌ́ʃəs] おいしい，甘い，快い
　これは，回り道をして成長した言葉である。中英語に delicious（とてもおいしい）の頭音節を消失した licious という語があった〈delight 参照〉。今日も話し言葉では時々 delicious を 'licious と短く言う

ことがある。しかし，同じ意味を表す言葉に英語 lush（みずみずしい，汁気の多い）もあり，この語の呪縛で licious の意味と音は luscious へと動いていった。

　lush（みずみずしい，汁気の多い）自体は lash（ゆるい，水を多く含んでいる）の異形で，ラテン語 laxus（ゆるんだ）からの古フランス語 lasche を経た言葉である。英語 laxative（下剤，通じ薬）も同じラテン語から派生した〈talc 参照〉。おいしい物（what's *luscious*）の後にはしばしば通じを促す物（what's *laxative*）を摂る必要がある。

lush [lʌʃ] みずみずしい，汁気の多い
　→ luscious

lustre [lʌ́stər] 光沢，光彩
　→ limn

lutecium [luːtíːʃəm] ルテチウム
　→ element

-ly [-li] 「…らしい」を意味する接尾辞
　→ like

lyceum [laisíːəm] 講堂，リュケイオン，アリストテレス学派
　→ Platonic

lynch [líntʃ] リンチ，私刑
　この語は，Lynch law または Lynch's law（リンチ，私刑）の短縮形である。起源ははっきりしないが，いくつかの説がある。ヴァージニア州治安判事ウィリアム・リンチ（Captain William Lynch, 1742-1820）が1776年に自分でこのような処刑をしたと言われる。また，同じく治安判事だったチャールズ・リンチ（Charles Lynch）も同じようなことをしたために1780年ごろ告訴されたことから語源説の根拠となっている。二人ともヴァージニア州の出身であるが，サウス・カロライナ州も1770年ごろ「世直し団員」（Regulators）がよく集会を開いた Lynch's Creek（リンチ・クリーク）もこの語源説の一つになっている。この語 lynch（リンチ）は，もう純粋に歴史として過去のものとなってよい時期である。

lysol [láisɔ(ː)l] リゾール，消毒剤
　この語は元々，ギリシア語 lysis（ゆるめること）と接尾辞 -ol（油）とから商品名として造語された。このギリシア語とラテン語 laxus（ゆるんだ──英語 lax〔ゆるんだ〕の語源──）〈talc 参照〉は同族語である。同語源の英語 lysis（コーニスの上の台座，消散）は建築学や医学の専門用語として使われる。-lysis は科学用語の連結形で，electrolysis（電気分解，電気分解療法）は電気（*electricity*）によってバラバラにしたり，分解したりすることである。

M

macabre [məkáːbrə] ぞっとする，気味の悪い，死を思わせる

ほとんどの場合 dance *macabre*（死の舞踏）として使われるこの語は，*OED* にあるように，古フランス語 Maccabé（《セレウコス朝の圧政〔168-137B.C.〕からユダヤ人を解放した愛国者一門の》マカバイ家〔Maccabees〕の踊り）から macabré（死の）を経て借入されたとの説がある。その場合，一族を指導したユダ・マカバイ（Judas Maccabeus, 200?-160? B.C.）の勝利を喜ぶ踊り《聖書外典『Ⅰマカバイ記』》ではなく，彼のはるか後の子孫のヘロデ大王家に由来すると考える方が，この語の表す気味の悪さをより強く感じさせるものがある。

ヘロディア（Herodias, 14?B.C.-40?A.D.）は，叔父のヘロデとすでに結婚していたことはご存知の通りだが，彼女の義兄弟である別のヘロデ（Herodes Antipas, 4B.C.-40A.D.《ヘロデ大王の子》）は自分の妻を退けて，このヘロディアを妻とした。そのことに洗礼者ヨハネは猛反対した。そこで，ヘロディアの娘サロメ（Salome《前夫ヘロデとの子》）が義父ヘロデの誕生日に踊りを披露した。喜んだヘロデが，望むものを何なりと遣わそうと約束した時，サロメは母親にそそのかされ「洗礼者ヨハネの首を大皿に乗せてここへ」（『マルコ福音書』6，『マタイ福音書』14）と言ったのである。

macabre はヘブライ語起源であることから，接頭辞 m'-（…に関する）と qabar（埋葬する）からなるという説もある。それでもなお，サロメの七つのヴェールの舞踊の結末には背筋を凍らせる（macabre）ものがある。

しかし元に返って，聖書外典の『Ⅱマカバイ記』におけるマカバイ家の七兄弟殉教の場面が，中世の聖史劇で舞踊（chorea Machabaeorum）として，盛んに上演されたことから，これを macabre の起源とする説が穏当なようである。なおアラビア語 maqbarah は「墓地」を意味する。

macadamize [məkǽdəmàiz] マカダム工法によって舗装する

→ Appendix Ⅵ

macaroni [mæ̀kəróuni] マカロニ，しゃれ者

イタリアの maccherone（マカロニ：*maccaroni*）は，粗挽き粉に卵，チーズ等を混ぜ合わせて作る。*macaronic* verse（雅俗混交の戯詩）と言うと，現代語とラテン語の混交体で書かれるか，ラテン語の語尾を持つ自国語で書かれた詩を指す。この形式と名前を初めて使ったのは，1517年，メルリヌス・コッカイオス（Merlinus Coccaius）と呼ばれたイタリアの詩人フォレンゴ（Teofilo Folengo, 1491-1544）であった。18世紀後半，英国のハイカラ連中がマカロニ・クラブ（*Macaroni* Club）を結成し，自国の料理を軽蔑する風潮をかきたてた。ヤンキー・ドゥードゥル・ダンディ（Yankee Doodle Dandy）の歌で，帽子の羽根飾りを macaroni（ハイカラ）と言っているのはここから来ている。

なじみ深い spaghetti（スパゲッティ）は，イタリア語 spago（ひも）の指小語である。スパゲッティより細い vermicelli（バーミセリ）は，ラテン語 vermis（虫）に指小辞をつけた語である。このラテン語 vermis を，染料にする小さなコチニールカイガラムシ（cochineal）という意味に使って vermilion（朱，朱色顔料）という語もできた。

macaroni も，すりつぶしたアーモンドやココナッツを入れて焼いた菓子 macaroon（マカロン）も，イタリア語 maccare（粉にする）から派生した言葉と考えられ，このイタリア語はギリシア語 makaria（《祝福用の》大麦のスープ）と同語源の可能性が考えられる。

macaroon [mækərúːn] マカロン
→ macaroni

Machiavellian [mækiəvéliən] マキャヴェリ流の，権謀術数主義の；マキャヴェリ主義者
　目的達成のためならば，冷笑的に抜け目なくあらゆる手段を講じようとする人を意味するこの語は，有名な *The Prince*：『君主論』(1513年) の中でそのような政治思想を説いたマキャヴェリ (Niccolò di Bernardo dei Machiavelli, 1469-1527) に由来する。彼の時代から現代に至るまで，多くの人々がその思想を応用しようとしてきた。

mackinaw [mǽkənɔ̀ː] マキノー船，平底船，マキノー《格子じまの厚手のウール》
→ Appendix VI

mackintosh [mǽkintɑ̀ʃ] 防水外套
→ Appendix VI，リンゴの品種名の McIntosh も Appendix VI 参照

macrobian [mækroubiən] 長命な；長寿者
　ギリシア語起源の英語の接頭辞 macro-（長い，大きい）のついた言葉は数多くある。macrocosm（大宇宙——ギリシア語 kosmos〔秩序〕〈police 参照〉——）は秩序だった宇宙全体を指し，microcosm（小宇宙），すなわち，宇宙の縮図としての人間と対比されることがある。また，macrometer（測距器）や，microscope（顕微鏡）〈microphone 参照〉に対する macroscopic（肉眼で見える，巨視的な）がある。ところで，microphone は，ギリシア語・英語の接頭辞 mega-（大きい）を用いた megaphone（メガフォン，拡声器）と対照される言葉である。mega- を持つ言葉には，ギリシア語 lithos（石）と合成された megalithic（巨石時代の）や，megavolt（メガボルト，100万ボルト）などの例がある。なお，変化形 megalo- も同様に使われ，ギリシア語 sauros（トカゲ）〈dinosaur 参照〉と合成された megalosaur（メガロサウルス）などがある。
　さて，macrobian（長寿の）における -bian は，英語 biology（生物学）に見られるギリシア語 bios（生命）から派生したものである。どうぞ，皆さんも長寿をまっとうされますように！ (May you be macrobian!)

macrocosm [mǽkrəkɑ̀zm] 大宇宙，総合的体系，拡大モデル
→ macrobian

madame [mədǽm] 夫人，奥様
→ damsel

mademoiselle [mædəmwəzél] お嬢さん
→ damsel

made [méid] make の過去・過去分詞形
→ ache

madras [mədrǽs] マドラス木綿
→ cloth

maelstrom [méilstrəm] 大渦巻，大混乱
→ immolate

magazine [mǽgəzìːn] 雑誌，倉庫
　この語は powder *magazine*（火薬庫）に見られるように「倉庫」を意味した。アラビア語 khazana（蓄える）から派生した makhzan（貯蔵庫）の複数形 makhāzin が語源で，古スペイン語 magacen，フランス語 magasin を経て借入された。18世紀には情報の貯蔵庫としての書物の題名によく使われ，同世紀の半ばまでには，「定期刊行物」を意味するようになり，徐々に専らこの意味に使われるようになった。
　アラビア語からの借入語には，英語 the に相当する定冠詞 al を留めているものが多い。magazine の場合も，スペイン語では almacén（倉庫）や同義のポルトガル語では armazem である。

magistrate [mǽdʒəstrèit] 行政官，知事，治安判事
→ month の項の May

magnate [mǽgneit] 有力者，権力者，大物
→ tycoon, month の項の May

magnesium [mægníːziəm] マグネシウム
→ element, Appendix VI

magnet [mǽgnit] 磁石，引きつけるもの
→ element, Appendix VI

magnetic [mægnétik] 磁気の，人を引きつける
→ element, Appendix VI

magnolia [mægnóuliə] モクレン，うすい桃色がかった白色
→ Appendix VI

magpie [mǽgpài] カササギ，おしゃべりな人，がらくた収集家

→ pie

maharajah [mὰːhərάːdʒə] マーハ ラージャ, 大王《インド王族の尊称》
→ island

mail [méil] 郵便〔物〕, 鎖かたびら, 納付金
　この1語には, 少なくとも四つの起源がある。第一は, blackmail（ゆすり）に見られるものである。この語は本来, 保護を名目に山賊が強要した金銭や貢物のことで, 古英語 mael（話し方, 契約）が語源の mail（税金, 年貢）である。white rent（白地代）は銀貨で払われたのに対し, blackmail（黒地代）は, 特にスコットランドとイングランドの国境地帯において, 掠奪しないという契約で労役や家畜で支払われた。
　第二の mail は, coat of *mail*（鎖かたびら）のように使われるもので, ラテン語 macula（しみ, 斑点, 網の目——英語 immaculate〔しみ一つない〕が派生——）からフランス語 maille（網目）を経て借入された。
　第三の mail（郵便物）は, 古高地ドイツ語 malaha（革袋）から古フランス語 male（旅行用トランク——フランス語 malle——）を経て借入され, 最初は「郵便配達人のカバン」を意味していた。17世紀には a *mail* of letters（手紙の袋, 郵便袋）と言ったが, 徐々に mail 1 語で郵便物全体を表すようになった。
　第四は, 古い英語 mail（並木の遊歩道）で, ラテン語 malleus（木槌）からフランス語 mail（《素朴なゴルフの一種ペルメル球戯の》槌）を経て借入された。今日では The Mall（ペルメル街：Pall Mall——トラファルガー・スクエアの西端から西のセント・ジェームズ・パレスまでの直線道路で, 17世紀には The Mail と呼ばれた——）となって残っている。かつてはロンドンのセント・ジェームズ公園の遊歩道のことであり, そこではペルメル球技がよく行われた。
　ところで mall は, pall-mall（ペルメル球技《木球を木槌で打って鉄環をくぐらせる》）とも呼ばれた遊戯の名前でもあった。英語の指小語 mallet（《polo や criquet などの》打球槌）は mall とも言われ, maul（大木槌；打って傷つける）も同語源である。なお, この pall-mall は, 古高地ドイツ語 balla（球：*ball*）から変化した palla と, ラテン語 malleus（大槌）から変化した maglio（小槌：*mallet*）とからなるイタリア語 pallamaglio（ペルメル競技）から借入され, 17世紀の英国の発音は [pêlmêl] であった。その後, 競技の呼び名が競技の行われた通りへ, 次いでロンドンの街路名として使われるようになった〈ニューヨーク市の Bowling Green も同例〉。そして, 人気の遊戯とロンドンのクラブ界の中心地となったその街路との愉快な混同から, everything *pell-mell*（すべてごちゃまぜ）というような「乱雑な；混乱」の意味まで生じた。ただし, この語 pell-mell は pitter-patter（バラバラッと落ちる）や helter-skelter（慌てふためいて）などと同じく, pell-mell は韻を踏んだ繰り返しであり, フランス語 meler（混ぜ合わせる）を語源とする説もある。
　確かに *mail* にはいろいろな意味が混じり合ってしまっている。

Maine [méin] メイン
→ States

majesty [mǽdʒesti] 威厳, 陛下
→ month の項の May

major [méidʒər] 大きい方の, 主要な；専攻する
→ month の項の May

majority [mədʒɔ́(ː)rəti] 大多数, 過半数
→ month の項の May

make [méik] 作る, 引き起こす, させる
→ ache

mal- [mǽl-] 悪い〔く〕, 不完全な〔に〕, …でない
　ラテン語 male（悪い——フランス語 mal——）は, 接頭辞として英語に入った。maladjustment（不適応）, maladroit（不器用な）, malcontent（不満な）などの語ではその意味が明らかであり, malady（病気）, malign（有害な, 悪意のある）のような語にも mal- が見られる。
　malady（病気）は, ギリシア語 kakos ekhon（病気：〔原義〕悪く保たれた）を翻訳した後期ラテン語 male habens からフランス語 maladie（病気）を経て借入された。また英語 cachexy（カヘキシー《慢性疾患と関連して起こる衰弱》）は, 同じ

kakos（悪い）と，ekhein（持つ）から派生したギリシア語 hexis（状態）とからなる言葉である。

　malign（有害な）や malignant（敵意のある，悪性の）は，反意語 benign（良性の）と同じように造語された。すなわち，benign はラテン語 bene（良く）と，gignere, genere（産む，生じる）から派生した genus（種類，性質）とからなる言葉である。

malapropism [mǽləprɑpìzm] マラプロピズム，言葉のこっけいな誤用
　→ Appendix VI

male [méil] 男の；男，雄
　→ marshal

malediction [mæ̀lədíkʃən] 呪い，悪口，中傷
　→ verdict

malfeasance [mælfíːzəns] 悪事，不正行為，背任行為
　→ defeat

malign [məláin] 有害な，悪意ある；中傷する
　→ mal-

malignant [məlígnənt] 悪意ある，悪性の
　→ mal-

mallet [mǽlit] 木槌
　→ mail

mamma [máːmə] かあちゃん，哺乳類の乳房
　→ abbot, brassiere

mammal [mǽml] 哺乳動物
　→ abbot, brassiere

manage [mǽnidʒ] 経営する，うまく処理する，どうにか成し遂げる
　→ chichevache

-mancy [-mæ̀nsi] …の占い
　→ 種々の占いについては，necromancy 参照

mandate [mǽndeit] 命令；統治委任する
　→ command

manganese [mǽŋɡəniːz] マンガン
　→ element の項 magnesium

mania [méiniə] 熱狂，マニア
　→ necromancy

　この語は，神がかりになった人から転じて，狂気一般，特に熱狂的欲求を表すようになった。また，ギリシア語 dipsa（渇き）からの接頭辞 dipso- と結合した dipsomania（飲酒狂，アルコール中毒）や，ギリシア語 kleptes（泥棒）と結合した kleptomaniac（窃盗狂）などが派生した。

manilla [mənílə] マニラ麻，マニラ紙
　→ Appendix VI

manipulation [mənìpjəléiʃən] 巧みな操作，あやつり相場
　→ manoeuvre

manna [mǽnə] マナ，天恵

　イスラエルの民は，主が天から与え給うた食物を見た時，それが何かわからず「これは何か？」と言った（『出エジプト記』16：15）。アラム語 man hu は，「それは何か？」を意味し，初期の英語訳聖書は元の言葉を留めていたことから，これが訛って manna となった。ところで，豊饒・再生の象徴であるギョリュウ（tamarisk）の樹液はギリシア語で manna であるが，この語はアラビア語 mann からヘブライ語 man を経て借入されたもので，英語 manna はこのギリシア語の影響を受けている。

manner [mǽnər] 方法，行儀，風習
　→ manoeuvre

manoeuvre [mənúːvə] 作戦的行動，曲芸飛行；策動する

　軍事作戦（military manoeuvres）には作戦行動がいろいろある。この manoeuvre は，ラテン語 manu operari（手によって仕事をする）から後期ラテン語 manoperare，フランス語 manoeuvre（操作，取扱い）を経て借入され，手を使ってする作業から転じて，広く一般的な作戦へと意味が拡大した。この語はもっと早い時期に手仕事の典型である農作業の意味で使われていたが，同じ言葉から，耕作一般から手で混ぜ合わせて肥料を施すことを意味する manure（肥料；肥料を施す）が派生した。ちなみに語尾 -ure は inure（鍛える）にも見られ，この語は in（…の中へ）と，ラテン語 opera（仕事）から古フランス語 uevre を経て借入された古英語 ure（仕事）からなる。

　manipulation（巧みな操作，ごまかし）は，manus（手）と plere, plet-（満たす）からなるラテン語 manipulus（ひとつかみ，中束）から派生した〈foil 参照〉。動詞 manipulate（操る）は名詞から逆成

された。
　何かを行う方法を意味する manner（方法，態度，扱い方）は，後期ラテン語 manuarius（手の）から，フランス語 manière（方法，様式）を経て借入された。manual（手引書）も *manual* labor（手仕事）における manual（手を使う）も，同語源である。
　emancipate（開放する）は少し回り道をした語で，その起源は親が息子を支配し，家長だけが財産を取得できた時代にまでさかのぼる。manu（手で）と capere, capt-（取る）からなるラテン語 manceps, mancip-（財産取得者，買手）から，動詞 emancipare, emancipat-（息子を父から解放する——e-〔ex：…から外へ〕——）を経て派生した。原義は「所有者から取得する」である。
　英語 capture（捕らえる）や captivate（心を奪う）は，ラテン語 capere, capt-（取る）から派生した。captive（虜，人質）と caitiff（《古・詩語》卑劣な人，臆病者）は二重語で，ラテン語 capere, capt-（取る）から captivus（捕虜）を経て派生した。しかし，captain（首領，キャプテン）の語源はまったく別である。〈achieve 参照〉
　forceps（ピンセット）は最初，鍛冶屋が熱い金属をつかみ上げる時の「やっとこ」を意味し，formus（熱い）と capere（つかむ）とからなる派生したラテン語 forceps（はさみ道具）が語源である。
　in（…の中へ）と capere, capt- からなるラテン語 incipere, incept-（始める）は，英語 undertake（取りかかる）や begin（始める）と類義であったが，このラテン語から英語 incipient（初期の）や inceptive（初めの）が派生した。〈recipient などについては recipe 参照〉

mansard (roof) [mǽnsɑːrd (rùːf)] マンサード屋根《通例四方が二重勾配の屋根》
→ Appendix VI

mansion [mǽnʃən] 邸宅，館，マンション
→ remnant

mantel [mǽntl] マントルピース，炉棚
　この語は mantle（マント，覆い）〈同項参照〉の変形である。

mantis [mǽntis] カマキリ

→ necromancy

mantle [mǽntl] マント，外套，覆い；覆う
　マントを表すなんらかの古いラテン語があった可能性が高く，スペイン語 manto（マント）にその名残が見られる。しかし，ラテン語には，mantelum, mantellum（マント，覆い）という指小語しか存在しない。この指小語が古英語 mantel として借入され，mantle へと変化した。またこのラテン語は，ロマンス諸語を経て，古フランス語 mantel から12世紀に英語 mantel として再借入された。そしてこの mantel は「マント」の他に，兵士が城壁を攻撃する際などに身を護るために使う「木の避難小屋」も意味した。今日，フランス語 manteau（マントルピース）はこの第二の意味を留めていて，英語 mantelshelf（マントルピース上面，炉棚）や mantelpiece（マントルピース）などの mantel- もこの意味を保っている。mantelet, mantlet（短いマント，弾除け）は mantel の指小語である。
　17世紀には古フランス語 mantel から変化したフランス語 manteau（ゆるい外套，マント）が英語としても使われるようになった。さらに，北イタリアの都市マントバ（Mantova）との連想から mantua（【歴史】マンチュア《17-18世紀流行の女性用の前開き上着》）という語が現れ，*mantua* gown（マンチュア・ガウン）とか *mantua* silk（マンチュア・シルク）のように使われた。なお，Mantuan（マントバの）は，Mantua（マントバ）生まれのローマの詩人「ウェルギリウス（Virgil：Publius Vergilius Maro, 70-19B.C.）に関わる」を示す言葉としても使われる。
　動詞 mantle は，A blush *mantled* her face.（彼女は顔中を赤らめた）の例に見られるように，一般に「覆う，隠す」という意味にも使われる。

mantua [mǽntʃuə] マンチュア《17-18世紀流行の女性用の前開き上着》
→ mantle

manual [mǽnjuəl] 小冊子，マニュアル；手動の
→ manoeuvre

manufacture [mæ̀njəfǽktʃər] 製造；製造する

→ mastiff

manure [mən(j)úər] 肥料；肥料を施す
→ manoeuvre

manuscript [mǽnjəskrìpt] 写本，手書き，原稿
→ shrine

map [mǽp] 地図；地図を作る，精密に地図に示す

cartoon（漫画）は，イタリア語 carta（紙：*card*）の増大辞形 cartone（厚紙）からフランス語 carton（厚紙：*carton*〔カートン，紙箱〕）を経て借入された。初めはカード（厚紙）に描かれたものだった。同じように map（地図）は，ラテン語 mappa（布ぎれ）が語源で，布に描いたものだった。mop（モップ）は map と二重語で，ぼろ布で作られた。

なお15世紀の mappe（モップ：*mop*）は一般に女中に多かった名前 Mabel（メーベル）から変化した mapple の省略形だとする説もある。17世紀の mob には「ネグリジェ」の意味があり，そこから「売春婦」の意味にも使われた。さらに18世紀の mob-cap（布製帽子，室内用婦人帽）もあるが，共にラテン語 mappa（布ぎれ）が語源である。〈mob 参照〉

marabou [mǽrəbùː] ハゲコウ《コウノトリ科ハゲコウ属の鳥》，ハゲコウの羽毛
→ maravedi

marathon [mǽrəθən] マラソン〔競技〕，耐久競争，長時間続く仕事

この競技は，アテネからおよそ24マイル離れた都市マラトン（Marathon）にちなんでつけられた名前で，約24マイル（42.195キロメートル）の競争であるが，漠然と長距離レースを指す言葉としても使われる。紀元前490年にギリシアがマラトンでペルシアを破った時，フェイディッピデス（Pheidippides）が勝利の知らせをアテネに持ち帰ったが，全速力で走り続けたため，報告を終えるや否や息絶えた。英国の詩人ブラウニング（Robert Browning, 1812-89）は，この話を "Pheidippides"：「フェイディッピデス」（1879年）で歌っている。

maravedi [mæ̀rəvéidi] マラベーディ金貨〔銅貨〕《中世スペインで用いられた》

このスペイン硬貨は，金貨は約3ドル50セント，銅貨は約3分の1セントに当た

り，スコットランドの詩人スコット（Sir Walter Scott, 1771-1832）は *Ivanhoe*：『アイバンホー』（1819年）（第33章）で，劇作家ギルバート（Sir William Schwenck Gilbert, 1836-1911）は *Iolanthe*：『イオランテ』（1882年）でこの硬貨に触れている。この呼び名はコルドバ（Cordova）を支配し，その硬貨を鋳造していたアラブ人のムラービト朝（1056-1147：Almoravides）にちなんで名づけられた。Almoravides はアラビア語 murābit（隠者）から派生した al Murabitin（隠者たち）に由来する。ちなみに上流婦人がよく身につけた marabou（ハゲコウの見事な羽毛）も同源語で，アラブ人はこの鳥をその外観と孤独な独居習性から隠者の鳥と呼んだ。

marcel [maːrsél] マルセルウェーブ〔をかける〕
→ Appendix VI

March [máːrtʃ] 3月
→ month

mare [méər] 雌馬
→ marshal

marge [máːrdʒ]（古・詩語）縁，端
→ mark

margin [máːrdʒin] 縁，限界，儲け
→ mark

marigold [mǽrəgòuld] マリーゴールド
→ primrose

marinated (herring) [mǽrəneitid (hériŋ)] マリネにした〔ニシン〕
→ lapis lazuli

marine [məríːn] 海の；船舶
→ lapis lazuli

marital [mǽrətl] 婚姻の，夫の，夫婦の
→ lapis lazuli

maritime [mǽrətàim] 海事の，海運上の，海の
→ lapis lazuli

mark [máːrk] しるし；採点する，注目する

この語は古英語では mearc であり，原義は「境界」で，ついで「境界標識」，やがて一般に「標識」，そして「しるし，刻印」を意味するようになった。この古英語は，ラテン語 margo, margin-（縁，縁取り，境界）と同族語である。英語 margin（縁，余白，マージン）はこのラテン語が語源で，今日もその原義を留めている。

margin は17世紀に一時あまり使われず、より装飾的な語尾がついた margent（《古・詩語》縁, 端）が使われた〈hold 参照〉。そして marge（《古・詩語》縁, 端）という変化形も生まれた。

maroon [mərúːn] マルーン《西インド諸島に住む黒人》, 栗色, えび茶

西インド諸島の逃亡奴隷は, スペイン語で cimarron（野生の）と呼ばれた。フランス語は, おそらくこれを ces marrons（ces〔これら〕は指示代名詞複数形）と誤ってとり, marron（脱走した, 不法な）と短縮した。逃亡奴隷は無人島をさまよい歩いていたので, 英語 maroon はそのような島に置き去りにされた人たちを指した。ちなみに色を表す maroon（栗色）は, 語源が異なり, イタリア語 marrone（栗の実）からフランス語 marron（栗, 焼き栗）を経て借入された言葉である。

marron [mǽrən] マロン, 大きな甘栗
→ castanet, maroon

marry [méri] 結婚する
→ lapis lazuli

marsh [máːrʃ] 沼, 沼地, 湿地
→ primrose

marshal [máːrʃl] 陸軍元帥, 軍最高司令官, 連邦保安官

この語は, marah（馬）と scalh（従者）とからなる古高地ドイツ語 marahscalh（馬丁）からフランス語 maréchal（元帥）を経て借入されたもので, この男の地位はずいぶんと上昇したものである。古高地ドイツ語 marah の女性形は meriha で, アングロサクソン語ではそれぞれ mearh, mere であり, 後者から英語 mare（雌馬）が派生した。

ところがゲルマンの王たちは, marshall を王室の執事あるいは家老と考えた。その肩書を後期ラテン語に訳した comes stabuli（馬頭, 城代伯）が借入されて, 英語 constable（治安官, 城守）となるのである。

ところで, 中世においては, 悪夢にはいくつかの原因があるとされた。よく知られているのが, 眠っている人をおぞましい目にあわせる夢魔（nightmare）である。アングロサクソン語 mare は「悪霊」で, この語の同族語はサンスクリット語 mara（破壊者）から mar-（打ち壊す）にまでさかのぼることができる。シェイクスピアの *King Lear*：『リア王』（III, iv）に "the nightmare and her nine foals"（夢魔と, 子分の9匹の子馬）という表現がある。

女性はとりわけ, 夢魔のインキュバス（incubus）に悩まされたが, それは共寝したがる男の悪鬼のことであった。incubus の語源はラテン語 incubare, incubat-（ある物に横たわる）で, このラテン語からは, incubate（卵を抱く）, incubation（孵化, 病気の潜伏）, incubator（孵化器）などが派生した。暗黒時代とされた中世にはインキュバスに関する法律もあった。だが今では incubus は広く「《心の》重荷」という意味に使われる。

他方, 男性はサッキュバス（succubus：《睡眠中の男と情交するとされる》魔女）に苦しめられた。succubus は, suc-（sub-：…の下に）と, cubare（横になる）の変化形 cumbere とからなるラテン語 succuba（下に横たわる者, 売春婦）が語源で, 英語 succumb（屈する）も同語源である。インキュバスもサッキュバスも, 当時はフロイト（Sigmund Freud, 1856-1939）よりも恐ろしい存在だったと考えられる。

ところで, 魔法使い（witch）は元来, 男よりも女の方が多かったと言われる。witch は, 初めは両性に使われたが, 女の魔法使いの数が勝っていたことから, もっぱら女性を指すようになった。というのも, feminine（女性の）は, ラテン語 fide（信仰）から変化したイタリア語 fe（信仰）とラテン minus（より少ない）とからなると解釈され, 女性は神への信仰が欠けると考えられたからである。しかし実際, feminine の語源は, fellare（乳を飲ませる）から派生したラテン語 femina（女）であり, ラテン語 filius（息子――filial〔子の〕の語源――）とも同系語である。masculine（男性の, 男らしい）は, ラテン語 mas（男）の指小語 masculus（男の）が語源であり, またこの masculus から古フランス語 masle, フランス語 mâle（男の）を経て, 英語 male（男, 男性）が借入された。ちなみに neuter（中性；中性の）は, ne（…でない）と uter（どちらか）からなるラテン語 neuter（どちらの性でもない, 中性の）の

借入である。neutral（中立の）も同語源である。

martial [mɑ́ːrʃl] 戦争の，勇敢な，火星の
→ month の項の March

martinet [màːrtənét] 厳格な人〔軍人〕
→ month の項の March

martyr [mɑ́ːrtər] 殉教者，犠牲者；殉教者として殺す

　魔法を使うと疑われた者には，火や水による試罪法が適用された。火や水に投げ込んでも，生きていれば悪魔に護られている証拠となり，死罪にされた。死ねば無実の証拠となったのである。同様に，殉教者（martyr）の死は主の栄光の証拠となった。martyr の語源はギリシア語 martys, martyr-（証人）である。

Marxist [mɑ́ːrkist] マルクス主義者〔の〕
→ Appendix VI

Maryland [mérələnd] メリーランド
→ States

masculine [mǽskjələn] 男の；男性
→ lapis lazuli, marshal

mash [mǽʃ] 麦芽汁，マッシュ；どろどろにつぶす
→ knick-knack

　mash は醸造に関する用語で，ドイツ語 Maisch（圧搾ブドウ汁，原汁）や英語 mix（混ぜる）と同根語である。

masochist [mǽsəkist] マゾヒスト，被虐性愛者
→ sadist

mass [mǽs] 塊り，集合体，ミサ

　この語は，ヘブライ語 matzah（ねり粉の塊り）から，ギリシア語 maza（大麦のパン），ラテン語 massa（こねた粉，塊り），フランス語 masse（大きな塊り）を経て借入された。ペルシアにおけるミトラ（Mithra）の聖餐で用いる丸く平たいパンは mizd で，エジプトにおけるオシリス（Osiris）の儀式のパンは mest であった。こうした儀式的意味が，mass の宗教儀式「ミサ」に影響を及ぼしたと考えられる。

　ところで mass は一般にミサの終わりの言葉 Ite, *missa* est（立ち去れ，儀式は終われり）のラテン語 missa から，アングロサクソン語 maesse として借入された言葉であると考えられている。しかし，ミサ（mass）がなぜ，それが終わったことを告げる言葉に由来するのか不明である。〈mess, zymurgy 参照〉

Massachusetts [mæsətʃúːsəts] マサチューセッツ
→ States

master [mǽstər] 主人，先生；征服する
→ mystery, month の項の May

mastery [mǽstəri] 統御，精通
→ mystery

masticate [mǽstikèit] よくかむ，どろどろにする

　この語の語源をみると，最初にチューインガムをかむことが流行したのは地下鉄でなかったことがわかる。この語はギリシア語 mastikhe（マスティック，乳香樹脂：*mastic*）から後期ラテン語 masticare, masticat-（かむ，マスティックをかむ）を経て借入された。樹脂は今では主にニスを作るために用いられるが，ギリシアやトルコではチューインガムとして使われていたからである。〈whip 参照〉

mastiff [mǽstif] マスチフ犬《英国産の大型犬》

　この語の原義は《しつけのために》「たたかれるもの」ではなかったかと考えられる。ラテン語 mansuescere, mansuet-（手に慣れる，馴らす——犬の場合，軽くたたいたり撫でたりする手を指すのであろう——）から，後期ラテン語 mansuetinus（飼い馴らされた），古フランス語 mastin（家僕，番犬）を経て借入された。現在の語形 mastiff は，ラテン語 miscere, mixt-（混ぜる）から後期ラテン語 mixtivus（混ざった）を経て変化した古フランス語 mestif（雑種犬）の影響を受けている。〈ache 参照〉

　また，上記ラテン語 mansuescere（手に慣れる）は manu-（手）から派生した起動動詞であるが，その起動語幹を形成する動詞 suescere, suet-（慣れる）は，ラテン語 desuescere, desuet-（使われなくなる，忘れる）やラテン語 consuescere, consuet-（習熟する）にも見られる。後者のラテン語名詞から古い英語 consuetude（慣習，慣例）が派生したが，次第に使われなくなり，今日ではほとんど廃語状態（*desuetude*）となっている。ところで，英語 manufacture（製造）は，ラテン語 manu-（手）と facere, fact-（作る）

〈affect, manoeuvre 参照〉とからなる後期ラテン語 manufactura（手仕事）が語源である。

そしてラテン語 suescere, suet-（慣れる）は，アングロサクソン語 sidu（習慣）やギリシア語 ethos（習慣，性格）と同族語で，さらにサンスクリット語 svadha（意志，習慣）にまでさかのぼることができる。実際，人類学者は，倫理（ethics――ギリシア語 ethos から派生――）は習慣（custom―― con- と suescere からなる consuescere〔習熟する〕より派生したラテン語 consuetudo〔習慣〕が語源――）によって決まると言っている。

mastodon [mǽstədàn]【古生物】マストドン
→ indenture

mastoid [mǽstɔid]【解剖学】乳頭状の，乳様突起部の；乳様突起

耳の後ろの側頭骨の突起を指すこの言葉は耳とは関係がなく，ギリシア語 mastos（乳房）から派生し，原義は「乳房の形をした」である。*mastoid* process（【解剖学】乳様突起）とは，頭蓋骨にある乳頭状の骨である。また，mastodynia は乳房の病気，「乳房痛」のことであり，mastoiditis は側頭骨の「【医学】乳様突起炎」である。

masurium [məsúriəm]【化学】マスリウム《テクネチウムの旧名》
→ element

mat [mǽt] マット，敷物，紙型；…に台紙をつける；つや消しの
→ volume

床敷用の mat（マット）は，ラテン語 matta（マット）から直接古英語 matt として借入された。

match [mǽtʃ] 試合；匹敵する，調和する
→ ache

material [mətíəriəl] 材料，資料；物質的な
→ irrelevant, matter

materiel [mətiəriél] 設備，資材，軍需品
→ irrelevant, matter

mathematics [mæ̀θəmǽtiks] 数学，数学的処理

こつこつと苦しんで勉強する生徒の多くは，数学（mathematics）をマスターするには素質が必要であると考えるものである。ギリシア語 manthanein（学ぶ）から mathematikos（好学の，学びに向いている）を経て借入されたこの語自体が，数学を学ぶ者にその必要を警告しているのである。そして，初期の学問が主にナイル川の氾濫後などの測量や暦の計算に関するものであったことから〈scholar 参照〉，その語義が今日のように限定されたのである。

matinee [mǽtənéi] マチネ《演劇・音楽などの昼興行》
→ luncheon

matins [mǽtnz] 朝の祈り，朝課
→ bull

matriculate [mətríkjəlèit] 大学に入学を許可する，大学に入学する；大学入学者
→ volume

matrimony [mǽtrimòuni] 結婚生活，婚姻，【トランプ】マトリモニ
→ morganatic

matrix [méitriks] 母体，鋳型，マトリックス
→ volume

matter [mǽtər] 事柄，困難，膿；重要である

この語は，ラテン語 materia（物を作る素材，物質）からフランス語 matière（材料，物質）を経て英語に借入されたが，さらに，ラテン語 mater（母，源）にさかのぼると考えられる。matter（腫れや傷の膿）も同語源である。また同じく，物を作る素材を意味する material の語源は同ラテン語の形容詞 materialis（物質の）である。母なる源は必要不可欠であることから，*material* witness（重要な証人），It *matters* very much to me.（それは私にとって，極めて重大だ）というような表現も生まれた。ただ，動詞 matter は，It doesn't *matter*.（それは重要でない）のように，否定文で使われることが多い。

19世紀初頭，同語源のフランス語 matériel（物資，設備）はそのまま英国の軍隊用語に借入され，今日も personnel（兵員，人員）に対する言葉として「設備，軍需品」の意味で使われている。

mattress [mǽtrəs] マットレス，【土木】沈床

東洋では寝床が床の上に敷かれた。特に寝具が置かれる所は，アラビア語では taraha（投げる）から派生した matrah（〔原

義〕物を投げ降ろす場所）である。英語 mattress は，このアラビア語 matrah から古フランス語 materas（マットレス）を経て借入された。寝台のマットレスより豪華な sofa（ソファー）は，アラビア語 suffah（じゅうたんに覆われた壇，クッション）から直接借入された。

mature [mətúər] 熟した，熟慮した；成熟させる〔する〕
→ luncheon

matutinal [mætʃutáinl] 朝の，早朝の
→ luncheon

matzah, matzoh [máːtsə] マツォー《パン種なしで焼いたパン》
→ mass, zymurgy

maudlin [mɔ́ːdlin] 感傷的な，涙もろい
　マグダラのマリア（Mary Magdalen）がイエスの足許にひれ伏し泣いて悔いたことから，その Magdalen（マグダリン）の名は悔悛した（女性の）罪びと一般を指して使われる。また，マグダラのマリアは泣いている姿で描かれることから，その名が訛って英語 maudlin が派生し，今日の意味に使われるようになった。

maul [mɔ́ːl] 大木槌
→ mail

mausoleum [mɔ̀ːsəlíːəm] 壮大な墓，霊廟，陰気な感じのする部屋
　エジプト人は，極めて手のこんだ墓ピラミッドを造ったことで有名である。実際，ファラオ（Pharaoh）にとって，自分の墓を建造することは大きな仕事であった。ところが，紀元前4世紀のヘレニズム時代に繁栄した小アジアの都市ハリカルナッソスで，女王アルテミシア（Artemisia, 在位 352–350 B.C.）が亡夫マウソロス王（Mausolus, 在位 353–352B.C.）のために壮麗な墓廟を建造したことから，その後，見事な墓はすべてこの王の名で呼ばれるようになった。ちなみに，この墓廟は世界の七不思議の一つとされたが，築後約1800年を経た1375年に地震で倒壊した。

maverick [mǽvərik] 所有者の焼印のない子牛，一匹狼；無所属の
　1840年ごろ，テキサスの牧場主サミュエル・マヴェリック（Samuel A. Maverick, 1803–70）は自分の所有であることを示すために子牛に焼印を押す必要などなかった。子牛は島で放牧されていたからである。そのことに由来するこの語は，「焼き印を押していない子牛」から，広く「独自路線を行く政治家，特に無所属の議員」を指すようになった。

maxim [mǽksim] 金言，処世訓，行動原理
　これはラテン語 maxima propositio（最大の命題，公理）の短縮形である。〈maxim gun については Appendix VI 参照〉

May [méi] 5月
→ month

mayonnaise [méiənèiz] マヨネーズ
→ Appendix VI

mazda [mǽzdə] アフラ・マズダ《ゾロアスター教の光の神》，マツダ《白熱電球の商標》
　人々は白熱電球による照明の改善を大いに喜び，その白熱電球を古代ペルシアのゾロアスター教の聖典アヴェスタ（Avesta）における善と光の最高神（Mazda, Ormuzd：マズダ，オルマズド）にちなんで命名した。

mazurka [məzə́ːrkə] マズルカ《ポーランドの3拍子の軽快なダンス》
→ Appendix VI

mead [míːd] 蜂蜜酒，牧草地
→ drink

meal [míːl] 食事，一食分，《穀物の》挽き割り
→ immolate
　皆が楽しむ meal（食事）は，アングロサクソン語 mael（寸法，定時）が語源である。つまり，指定された時刻に食事をすることからこう呼ばれるようになった。

mealy-mouthed [míːlimáuðd] 遠回しに言う，口先だけの
　不愉快な特徴を表すこの言葉は，かつては反対に良い意味を持っていた。古くは meal-mouthed で，原義は honey-mouthed（蜂蜜の口をした）であった。蜂蜜（honey）を意味する語は，ラテン語 mel, ギリシア語 meli, ゴート語 milith など印欧諸語に広く分布している。また，アングロサクソン語 meledeaw（甘露汁，糖液：honey-dew）に由来する mildew（うどん粉病，白カビ）にも見られる。
　ところで，mildew の原義 honey-dew は今ではメロンの名「ハネデューメロン」（*honey-dew* melon）にその名を留めてい

る。しかし英国の詩人コールリッジ (Samuel Taylor Coleridge, 1772-1834) は, "Kubla Khan"「クブラカーン」(1816年) の最後を次のような詩句でしめくくった。

For he on honey-dew hath fed,
And drunk the milk of Paradise.
(甘露を食し, 楽園の乳を飲みし人なれば)

honey-dew (糖蜜) を意味した mildew が, 腐食を示す「うどん粉病」の意味になるのは, 部分的にはそのカビの外見や, 民衆の婉曲語法による。悪い妖精も善いやつだと言えば, 容赦してもらえる場合があるからである。

honey は特に古い語ではなく, 古英語 hunig (蜂蜜——ドイツ語 Honig——) がゴート語 milith (蜂蜜) に取って代わったものである。一方, bee (ミツバチ) はゲルマン諸語に共通で, アングロサクソン語では beo だった。スウィフト (Jonathan Swift, 1667-1745) は *Battle of the Books*:『書物合戦』(1704年) で「ハチ (bee) はわれわれに蜜 (honey) と蠟 (wax) を与え,「こうして人類に甘さと明かりという二つの高貴なものを提供する」と言っている。これをさらに発展させたのが英国の批評家アーノルド (Matthew Arnold, 1822-88) であり, *Culture and Anarchy*:『教養と無秩序』(1869年) で, sweetness (甘さ) と light (明知) を芸術家の貢献の象徴としてとらえている。

mean [míːn] 意味する;中間の, 劣った;方法;意地の悪い

この語には同綴異語がいくつもある。まず, 語の一部に同じ綴りを持つものから始めよう。demean (《文語》振る舞う, 品格を下げる) や demeanor (態度, 品行) は, ラテン語 de (下へ) と, minari (脅す) から派生したフランス語 mener (導く) とからなるフランス語 démener (動き回る) から借入された。人を脅したら相手が思う通りに動いた, という考えがここには働いているようで, 家畜を追う時に使われた言葉である。同じフランス語 mener に接頭辞 a- 〔ad〕(…へ) がついて, amenable (従順な) が派生した。類義語 tractable (扱いやすい) も同様に, 原義は「導きやすい」である。〈distraction 参照〉

しかし, 似た綴りの amenity (快適さ, 楽しみ) は, a- (…がない) と moenia (城壁, 守備, 職務) とからなる amoenus (楽しい;〔原義〕脅かされない) から派生したラテン語 amoenitas, amoenitat- (楽しさ, 静けさ) が語源で, フランス語 aménité (愛想のよさ) を経て借入された。また, demean とよく似た綴りの demesne (保有, 私有地) は domain (領地, 領域) と二重語で, ラテン語 dominium (支配, 所有) から古フランス語 demeine を経て中英語 demein として借入された。〈dome 参照〉

さて, mean は「中間」(*medium*) の他に,「ほどほどの価値の, 中庸の」(*medium*), それゆえ「並の」の意味で使われるが, ラテン語 medius (中間の) から後期ラテン語 medianus を経て借入された median (中央の) と二重語である。また, median は印欧語の語根 medhyo- (真中の) までさかのぼることができ, 同じ印欧語根から分出した言葉に, 英語 mid (中間の, 中央の) や middle (中間の) の語源のアングロサクソン語 midd (中間の) がある。

mean (共通の, 一般の) はゲルマン諸語に共通で, 古英語 gemaene (共有の, 一般的な) が語源であり, ラテン語 communis (共通の) と同族語である。〈immunity 参照〉

mean (意味する:have *meaning*) は印欧諸語に共通であり, アングロサクソン語 maenan (…について告げる), 古高ドイツ語 gimunt- (…する気がある), アングロサクソン語 gemynd (心〔*mind*〕, 記憶), ラテン語 mens, ment- (心—— *mental*〔精神の〕などの語源——), サンスクリット語 manas (心), Minnesinger (恋愛詩を歌う吟遊詩人) に見られるドイツ語 Minne (愛), 古北欧語 minni (記憶), ギリシア語 mnemon (記憶している, 心に留めている〔*mindful*〕 —— mnemonic〔記憶を助ける〕の語源——) などは同根語である〈amnesty 参照〉。ギリシア神話では, 記憶 (*memory*) の女神ムネモシュネ (*Mnemosyne*) は, 学芸の女神ミューズたち (Muses) の母である。

meander [miǽndər] 曲がりくねる;蛇

行，そぞろ歩き

小アジアにマイアンドロス川（Maiandros：《英語》Meander）と呼ばれる川があり，オウィディウス（Publius Ovidius Naso, 43B.C.-17?A.D.）が次のように描いた。「清らかなマイアンドロス（Meander）の流れは，プリュギアの野でたわむれる。前に後ろにといろいろと向きを変え，自らの流れにぶつかり，続いて来ることになる流れを目の当たりにする。ある時は源を目指し，ある時は大海原を目指し，ついにはさ迷う流れを疲れさす」。このような描写を読むと，私たちのとりとめのない（meandering）話などはしれたものである。

measure [méʒər] 測る；寸法，測定器具
→ taxi

Mecca [mékə] メッカ，聖地
→ hegira

meddle [médl] 干渉する，ちょっかいを出す，いじくる
→ immunity

median [míːdiən] 中央の，中間の；中央値
→ immunity

mediate [míːdièit] 調停をする，和解させる；仲介の
→ immunity

medicine [médəsn] 医学，医薬
→ doctor

medium [míːdiəm] 中間，手段，霊媒
medium とは，人と精神界を仲立ちする人，すなわち「霊媒，巫女」とか，Her success is less than medium.（彼女の成功は平均以下だ）の「中位」のように使われる。〈immunity 参照〉

meerschaum [míəʃəm] 海泡石，海泡石のパイプ，ミアシャム
煙草のパイプに使われる「軽い粘土」を指すこの語は，ドイツ語 Meerschaum（海の泡）からの借入語で，ドイツ語 Meer（海）は英語 mere（《古・詩語》湖，海），ドイツ語 Schaum（泡）は英語 scum（浮きかす，泡）に対応する。珍しい言葉なので，一つの物語が出来上がった。クンマー（Kummer）というドイツ人がそのようなパイプを作ったところ，フランスでは pipes de Kummer（クンマーのパイプ）と呼ばれた。これがフランス人には pipe d'écume de mer（海の泡のパイプ，海泡石のパイプ）のように聞こえ，それが再びドイツ語に翻訳されたというのである。実際には，フランス語もドイツ語も古いペルシア語 kaf-i-daryâ（海の泡）の翻訳である。

megalithic [mègəlíθik] 巨石の，巨石文化の，巨大な
→ macrobian

megaphone [mégəfòun] メガホン，拡声器；メガホンで話す
→ microphone

melancholic [mèlənkálik] 憂うつな，うつ病の；うつ病患者
→ complexion, element の項の bismuth

melancholy [mélənkàli] 憂うつ，メランコリー；憂うつな
→ complexion, element の項の bismuth

Melanchthon [məlǽŋkθən] メランヒトン（Philipp Melanchthon, 1497-1560：ドイツの宗教改革者）
→ complexion, element の項の bismuth

Melba (toast) [mélbə (tòust)] メルバ・トースト《カリカリに焼いた薄いトースト》
→ Appendix VI

mellifluous [məlífluəs] 甘美な，流暢な
→ amalgam

mellow [mélou] 熟した，柔らかい；熟する
→ amalgam

melon [mélən] メロン
→ peach

melt [mélt] 溶ける，次第になくなる，溶かす
→ omelette

memory [méməri] 記憶，思い出，記念
ラテン語形容詞 memor（記憶している）から派生した名詞 memoria（記憶，回想）が，英語 memory，フランス語 mémoire（記憶），そして英語 memoir（伝記）の語源となった。〈amnesty 参照〉

menagerie [mənǽdʒəri] 動物の群，《サーカスなどの》動物園
→ chichevache

Mendelian [mendíːliən] メンデル〔の法

則〕の；メンデルの法則の支持者
　→ Appendix VI
mental [méntl] 精神の，知力の
　→ mean, vehicle
menthol [ménθɔ(:)l] メントール，ハッカ脳
　→ fee
mentor [méntɔ:r][M-]【ギリシア神話】メントル，[m-]助言者
　オデュッセウス（Odysseus）〈同項参照〉の友人メントル（Mentor）は，この人物に不相応とも言える栄誉を得ている。というのは，知恵の女神パラス・アテナ（Pallas Athene）がメントルの姿を借りて，オデュッセウスの息子テレマコス（Telemachus）の助言者となったからである。
menu [ménju:] メニュー，献立表，料理
　→ meticulous
mercenary [mə́:rsənèri] 金銭ずくの；金銭ずくで働く人，傭兵
　→ soldier
mercer [mə́:rsər] 呉服商，服地屋
　→ soldier
mercerize [mə́:rsəràiz] マーセル加工する，《木綿などを》苛性処理をする
　→ soldier
merchant [mə́:rtʃənt] 商人，卸売商；売買する
　→ soldier
mercurial [mərkjúəriəl] 水銀の，活発な；水銀剤
　→ saturnine
mercury [mə́:rkjəri] 水銀，水銀剤
　→ element, hermetically, Appendix VI
mercy [mə́:rsi] 慈悲，幸運，赦免の処分
　この語は，ラテン語 merces, merced-（賃金，報酬）が語源である〈soldier 参照〉。しかし，教会ラテン語では「人助けをしたにもかかわらずこの世で報われなかった人々に対する天国での報酬」を意味した。ここから The Lord have *mercy* on my soul!（主がわが魂に報酬をたれたまわんことを！）のような英語が生まれ，やがて転じて，来世で神の恩寵を得ることになるこの世での行為，すなわち「慈悲」の意味で使われるようになるのである。
mere [míər] ほんの，単なる；湖
　→ primrose
　形容詞 mere は，It's a *mere* trifle.（それはまったく取るに足らぬこと）の表現のように，元は強意語で，ラテン語 merus（純粋な，混じり気のない）から派生した。
　同じく，*quite* so（まったくその通り）の quite（まったく）も強意語であり，quit（やめる）と二重語で，ラテン語 quietus（役務から解放された，平穏な──英語 quittance〔免除〕が派生──）が語源である。
　very（非常に）はほとんど力のない言葉になってしまった。I'm *very* glad to meet you.（お会いできてとてもうれしい）は，I'm glad to meet you.（お会いできてうれしい）よりも，しばしば誠意に欠ける表現となることがある。very は，ラテン語 verus（真実の）から後期ラテン語 verax, verac-（うそを言わない，誠実な──英語 veracious〔常に真実を語る，誠実な〕が派生──），古フランス語 verai を経て中英語 verrai として借入され，原義は「偽りなく，真実に」であった。ver-ily（本当に）も同語源である。古い英語 veriloquous の意味は「多弁な」ではなく，「本当のことを言う」である。
meretricious [mèrətríʃəs] けばけばしい，不誠実な，見せかけだけの
　→ soldier
meridian [mərídiən] 子午線，正午，頂点
　→ posthumous
　meridian の意味は「正午」から，太陽が天空で最も高く昇った「最高点」，やがて地球を取り巻く「子午線」になった。
meringue [məráŋ] メレンゲ《あわ立てた卵白に砂糖などを入れて固めたもの》
　→ Appendix VI
merit [mérət] 長所，手柄；…に値する
　→ soldier
merry [méri] 陽気な，お祭り気分
　→ lapis lazuli
　"God rest you *merry*, gentlemen."（諸君，楽しい休みになりますように；愉快にやってくれたまえ）などの表現にもかかわらず，産業や都市が急速に発達するまでを懐かしむ表現 *Merry* England（楽しきイングランド）における形容詞 merry は，アングロサクソン語 maere（有名な，素

晴しい）が語源である。*merry* Andrew（おどけ者，道化師）は，ヘンリー8世（Henry VIII, 在位 1509-47）の侍医の有名な（merry）アンドリュー・ボード（Andrew Borde, 1490?-1549）の奇行に由来すると考えられる。

mesa [méisə]【地質学】メーサ《頂上が平らで周囲が崖になった岩石丘》
　→ mess

meshuga [məʃúgə] 正気でない，異常な
　→ cider

meso- [mésou-] 中央の，適度の，中間の
　→ mess

Mesopotamia [mèsəpətéimiə] メソポタミア
　→ mess

mess [més] 乱雑，会食；散らかす
　　この語は最初「食卓に出された食べ物」を意味し，a *mess* of fish（魚一皿），a *mess* of pottage（ポタージュ一杯，【聖書】一椀のあつもの《高価なものを犠牲にした物質的快楽》）や，*mess* hall（大食堂）とか officers' *mess*（将校会食室）のように使われた。ところが mess は，ラテン語 mensa（テーブル）からスペイン語 mesa（テーブル──英語 mesa〔メーサ《頂上が平らで周囲が崖の岩石丘》〕の語源──）を経て借入されたのでも，ギリシア語 mesos（真ん中の）が語源でもない。実は，ラテン語 mittere, miss-（送る，置く）から古フランス語 mettre, mes-（送る，置く──英語 message〔伝言〕の語源──），mes（一皿の料理）を経て借入された言葉である。その他同語源の言葉には mission（使節団，特命），admit（入れる，《比喩的》認める：〔原義〕…へ送る），dismiss（解雇する，解散する──ラテン語 dis〔離れて〕──），commit（仕事を任せる：〔原義〕《安全のために》集める），commissary（代理人），commission（委任，委任状，手数料）〈同項参照〉，premise〔premiss〕（前提──ラテン語 propositio, praemissa〔前提〕が語源──），permit（許可する：〔原義〕…を通して送る）などがある。

　　なお，上記ギリシア語 mesos（真ん中の）が語源の英語の接頭辞 meso-〔mes-〕（中央，中間）を持つ言葉には，mesozoic（中生代の）や Mesopotamia（メソポタ

ミア）などがある。また -potamia はギリシア語 potamos（川）が語源で，hippopotamus（カバ）の -potamus も同語源である。

　　食後に，いろいろな物がしばしば散乱しているところから，mess のもう一つの意味「散らかす；乱雑」が派生した。muss（めちゃくちゃにする；混乱）は，mess のアメリカ英語であるが，19世紀半ばに復活した古い英語の異形と考えられる。muss は1590年ごろ小物を地面に撒いて取り合いをする「物拾いゲーム」だったからである。任務（mission）をやりそこなう（make a *mess*）ことのないように。

message [mésidʒ] 伝言，教訓；メッセージを送る
　→ mess, pass, trespass

messenger [mésəndʒər] 使者，配達人；メッセンジャーを送る
　→ mess, pass, trespass

Messiah [məsáiə] 救世主，メシア
　→ criss-cross

metabolism [mətǽbəlìzm] 代謝，【動物学】変態
　→ parlor

metal [métl] 金属，金属製品；金属をかぶせる
　　この語は，ギリシア語 metallan（探す，探査する）から派生した metallon（鉱山）からほとんどそのまま借入された。そのギリシア語の語源ははっきりしないが，ギリシア語や英語の多くの言葉で使われている接頭辞 meta-（…の横に，…の向こうに，…の後に，…を越えて）を，動詞につけた言葉の可能性が高い。metamorphosis（変身──ギリシア語 morphoun〔形作る〕──），metaphor（隠喩──ギリシア語 pherein〔運ぶ〕──）がその例である。また，metaphysics（形而上学）は，アリストテレス（Aristotle, 384-322B.C.）の自然学（physics）を扱った諸巻の後にくる13巻の書を指した。それがあたかも「物質的なものを超えた」(beyond the physical) を意味するかのように変化したのは，その主題からいっても当然なことであった。

metaphysics [mètəfíziks] 形而上学，抽象的論議，神秘的知識
　→ metal

metathesis [mətǽθəsis] 字位転換
→ Spoonerism

meteor [míːtiər] 流星，大気現象，隕石
この語の語源は，meteoros（揚げられた，高い）から派生したギリシア語 meteora（大気現象）であり，それは meta-（…を超えて）〈metal 参照〉と，aeirein（持ち上げる）から派生した eora（空中を舞うこと）とからなる言葉である。aerial（空気の）も同語源である。〈debonair 参照〉

中世の博物学は，大気現象を四つのタイプに分類した。第一は aerial *meteors* で「風」，第二は aqueous *meteors*〈duke 参照〉で「雨・雪・露」，第三は luminous *meteors*（ラテン語 lumen, lumini-〔光，ろうそく〕やラテン語 lux, luc-〔光，昼光〕〈lamp 参照〉と同系語）で「虹や《太陽や月の》傘など」，そして第四は igneous *meteors* は「稲光，流星」である。

ところでラテン語 ignis（火——ignite〔点火する〕の語源——）から派生した igneous は「火のような」の意味であり，後期ラテン語 ignis fatuus は「狐火，鬼火」の意味であった。今日私たちは第四の igneous *meteors* の意味に限って meteor を使い，地上に落ちた破片を meteorites（隕石）と言っている。

meteorite [míːtiəràit] 隕石
→ meteor

meticulous [mətíkjələs] 細心な，非常に注意深い，正確な
間違えることを恐れるあまり自分の仕事の細かいところまで気になる人は，meticulous（きちょうめんな）と言われる。この語源のラテン語 meticulosus（小心な）は，metus（恐れ）に指小辞 -ul がつき，さらに語尾 -osus（…に満ちた）がついたもので，原義は「小さい恐れがいっぱいの」である。

類義語 timid（臆病な）や timidity（臆病）は，ラテン語 timere（恐れる）から timor（恐怖）を経て派生した形容詞 timidus（恐れる，臆病な）が語源である。timorous（《文語》きわめて臆病な）は，ラテン語 timor（恐れ，心配）から実際にはその存在が定かではない後期ラテン語 timorosus が語源ではないかと考えられている。なおラテン語 timor は，同族語のサンスクリット語 tamas（暗闇）から tam-（息がつまる，窒息させる）にまでさかのぼることができる。息がつけないというのは恐怖の徴候の一つである。だれかを心配させたり恐れさせたりすることは intimidate（こわがらせる，威嚇する）と言う。サンスクリット語 tamas（暗闇）は，ラテン語 tenebrae（暗闇）と同族語であり，形容詞 tenebrosus（暗い）を経て英語 tenebrous（暗い）が派生した。ちなみに英語 dim（薄暗い）も，サンスクリット語 tam-（息がつまる）と同族語と考えられる。

ところで diminish（減らす）は，ラテン語 minuta（小さい物——フランス語 menu〔小さな部分，献立，メニュー〕の語源——）から派生した古語 minish（小さくする）と，強意的な意味を持つラテン語 di-〔dis-〕（離れて）が語源の di- とからなる。また minuet（メヌエット，小さなステップの踊り）はラテン語 minuere, minut-（小さくする）から派生した。ラテン語形容詞 parvus（小さい）の比較級 minor や minus から，minor（小さい方の；短調）や *minus* sign（マイナス記号）が直接借入された。minute（微小な，詳細な）は最初，時間や空間の小さい単位を表す minute（分，瞬間）とまったく同じに発音されていた。ちなみにフランス語からの借入語 menu（メニュー）の意味は，一人前の食事の小ささからでなく，食事の詳細が個々に列挙されたことに由来するものと考えられる。

metropolis [mətrápəlis] 主要都市，大都市，中心地
→ police

mew [mjúː] ニャー；ニャーニャー鳴く
→ mute

mewl [mjúːl] 赤ん坊の泣き声；弱々しく泣く
→ mute

mews [mjúːz] 厩（きゅう）
→ mute

miaow [mi(ː)áu] ニャオ；ニャオと鳴く
→ mute

miaul [miául] ニャオ；ニャオと鳴く
→ mute

mho [móu]【電気学】モー《電気伝導度の単位》

→ Appendix VI
mica [máikə] 雲母(ｳﾝﾓ), きらら
→ isinglass
Michigan [míʃigən] ミシガン
→ States
microbe [máikroub] 微生物, 病原菌
→ microphone
microcosm [máikroukɑ̀zm] 小宇宙, 人間, ミクロコスモス
→ macrobian
microphone [máikrəfòun] マイクロフォン
　ギリシア語のアルファベットでは，"o"の文字が別々の記号で2度現れる。*omikron*（O：オミクロン）と *omega*（Ω：オメガ）である。それぞれ「小さい o」と「大きい o」を表し，ちょうど童話に出てくる Big Klaus（大クラウス）と Little Klaus（小クラウス）のようなものである。megaphone（拡声器）の原義が「大きな声」であるのに対して，新しい語 microphone（マイクロフォン）の原義は「小さい声」であり，それはその小さい声を大きくするものである。microphone はかつて1890年ごろは，小さい音を聞き取ることから micro-audiphone（補聴器）のことだった。また，Magnavox【商標】マグナヴォックス——ギリシア語ではなく，ラテン語 magna〔大きい〕と vox, voc-〔声〕からなる造語——）という特許を得た音響機器もあった。〈entice 参照〉

　また，ギリシア語起源の micro-（微細な）と meter（尺度）とからなる micrometer（マイクロメーター）は，小さい物を測定するのに使われる。microbe は「微生物」のことで，-be は biology（生物学）〈logistics 参照〉の語源でもあるギリシア語 bios（生命）が変化したものである。この他にも多数の派生語がある。

　ギリシア語アルファベットの最初の文字は alpha（α），最後の文字は omega（Ω）である。したがって from alpha to omega は「初めから終わりまで」「何から何まで」を意味する。マイクロフォン（microphone）ならまさしく何から何まで（from soup to nuts：原義「スープからデザートまで」）拾ってしまう。

mid [míd] 中間の, 中央の, 中ごろの
→ mean

Midas [máidəs]【ギリシア神話】ミダス《手に触れる物すべてを黄金と化する力を与えられたフリュギアの王》, 大金持ち
→ schlemihl
middle [mídl] 真ん中の, 中間の；中心部
→ mean
mid-Victorian [mídviktɔ́:riən] ヴィクトリア朝中期の, 上品ぶった；ヴィクトリア朝中期の人
→ victoria
midwife [mídwàif] 助産婦, 産婆役；産婆役をする
　この語は meedwife と綴ることがあり，あたかもその女性が報酬（meed）のためにその役割をしているかのごとくである。しかし，この語はまさに困った時に女性が自然にできる手助けを表している。midwife は *with-wife* が原義で，mid- はドイツ語 mit（…と一緒に，…と共に）と同系語である。midwife は，アングロサクソン語 midwyrhta（共に仕事をする者，助手：*with-wright*）から変化した女性形であるとする説がある。

　ローマ人も同じように感じたらしく，ラテン語 obstetrix（産婆）は obstitere, obstet-（側に立つ）に女性形語尾をつけた言葉である。このラテン語から派生したより正式な英語 obstetrician（産科医）も，midwife（産婆）と同義なのである。

migrate [máigreit] 移住する, 移動する, 移し変える
→ immunity
mildew [míld(j)u:] 白カビ, うどん粉病；カビを生やす
→ mealy-mouthed
mile [máil] マイル, かなりの距離
　この語は，ラテン語 mille（1000〔歩〕）の複数形 milia からアングロサクソン語 mīl として直接借入された。ローマ・マイルは1618ヤード，今日のマイルは1760ヤード（約1609メートル）である。これを1歩に換算しても，ローマ人の1歩が片方の足を動かしてまたその同じ足を動かすまでの長さ（複歩）であると知らなければ，"There were giants in those days."（当時は巨人がいた，当時は大物がいたものだ）という表現も，なるほどと思えるに違いない。

　ちなみにラテン語 mille と annus（年）

からなる millennium（千年期）は，世界が終末を迎えることになると考えられた時である。また，millepede（【動物】ヤスデ——ラテン語 pes, ped-〔足〕〈pedagogue 参照〉——）の原義は「1000の脚」である。million（100万）や milliard（10億）も，ラテン語 mille から派生した。

mill [míl] 製粉所，工場，製粉機，ミル
→ immolate, dollar

millennium [miléniəm] 千年間，千年王国
→ mile

millepede [míləpìːd]【動物学】ヤスデ
→ mile

milliner [mílinər] 婦人帽製造・販売業者
16世紀の英国では，美しい装飾品の多くがミラノから輸入されていた。特にボンネット，リボン，手袋がそうであった。Milaner（ミラノ人）は，そのような装身具を扱う商人であり，やがて帽子の製造人を指すようになった。英語 milliner（婦人帽製造・販売人）はこの Milaner から派生した。

million [míljən] 100万；100万の，多数の
→ mile, number

millrace [mílrèis] 水車を回す水路，水車用導水路
→ racy

mind [máind] 心，精神；注意を払う
→ immunity, mean

mingle [míŋgl] 混ぜる，混ざる，交際する
→ mongrel

miniature [míniətʃər] ミニチュア，細密画，小画像
この語は，あたかもラテン語 minor, minus（より小さい）と同語源であるかのように，小さな絵を想起させる。しかし，元来大きさと無関係のイタリア語 miniare, miniat-（鉛丹〔*minium*〕で色をつける）から派生した言葉であり，その発音が意味を変えたと言える。

minister [mínəstər] 大臣，《プロテスタント教会の》聖職者
→ month の項の May, mystery

Minnesinger [mínəsìŋər]《中世ドイツの》吟遊詩人
→ mean

Minnesota [mìnəsóutə] ミネソタ
→ States

minority [mənɔ́(ː)rəti] 少数，少数派，少数者
→ month の項の May

Minotaur [mínətɔ̀ːr]【ギリシア神話】ミノタウロス
→ Europe

mint [mínt] ハッカ，貨幣鋳造所
→ calamity, fee

minuet [mìnjuét] メヌエット；メヌエットを踊る
→ meticulous

minute [mínət] 分；[main(j)úːt] 微小な
→ meticulous

mirror [mírər] 鏡，手本；映す
→ emir

mirth [mə́ːrθ] 歓喜，浮かれ騒ぎ
→ lapis lazuli

mischief [místʃif] いたずら，害
→ abuse

miscreant [mískriənt] 悪党，不信心者；邪悪な
言葉が造られる時にはしばしば造語者たちの自己顕示，少なくとも自己描写が働くものである。自分と意見の合わない者は，明らかにひどいやつということになる。miscreant は，mis（離れた，それた）と credere, credit-（信じる——credit〔信用；信じる〕の語源——）からなるラテン語形 miscredere（信じない）から同義の古フランス語 mescreire，その現在分詞 mescreant を経て借入された。一方，アングロサクソン語 mis-（間違って）は，接頭辞 mis- や miss（はずす，しそこなう）へと変化した。これらが，古フランス語 mes を経て借入されたラテン語 minus（より少なく）が語源であると混同された。こうして，miscreant は，Unbeliever と同じように，最初は異教徒のサラセン人を指したが，その後「悪党」一般に使われるようになった。〈agnostic 参照〉

miser [máizər] 守銭奴，けちん坊，利己的な人
この語は，たくさんお金を持っていながら不幸な人と考えるのが適切である。ラテン語 miser（不幸な——英語 miserable〔みじめな，不幸な〕の語源——）の借入であり，miser が今日の意味を持つようになったのは，ラテン語 mica（小片，少量）

から古フランス語 miche を経て中英語 miche（小さいパン）として借入されて変化した中英語 micher（極めて貧しいふりをする金持ち）を結びつけたからであろう。パンを一切れではなく、パンくずを与える人が miser というわけである。

miserable [mízərəbl] みじめな、粗末な、不愉快な
→ miser

miss [mís] …しそこなう；…嬢
→ miscreant

独身女性の姓につける Miss は mistress（女主人）の略語であり、この語は、ラテン語形容詞の比較形 maior の古い原級形 magis から派生した magister（長官、指導者）が語源で、古フランス語 maistre, maitre（主人、先生──英語 *master*〔主人〕, *mister*〔ミスター〕──）の女性形 maistresse から借入された。なお、ラテン語 magis は古典ラテン語では magnus に変わった。英語 magistrate（《司法権を持つ》行政長官）も同語源である〈month の項の May 参照〉。また、ラテン語 maior（より上位の）からは、英語 major（大きい方の、主要な）と mayor（市長）の両方が派生した。

missile [mísl] ミサイル、飛び道具
→ compromise, mess

mission [míʃən] 使節〔団〕、伝道〔団〕、特別任務
→ compromise, mess

missionary [míʃənèri] 伝道師、宣伝者；伝道の
→ compromise, mess

missive [mísiv] 手紙、信書、公文書
→ compromise, mess

Mississippi [mìsəsípi] ミシシッピ
→ States

Missouri [məzúəri] ミズーリ
→ States

mist [míst] 霧、かすみ；かすませる
→ mistletoe

mister [místər] …氏、…さん
→ mystery

mistletoe [mísltòu] ヤドリギ

なぜヤドリギとクリスマスが結びつけられるのだろうか。ホワイト・クリスマスについて語る時、太陽は当然隠れていることに注目しなければならない。まず、北欧神話の太陽神バルドル（Balder）は、ヤドリギ（mistletoe）の枝によって殺された。-toe はアングロサクソン語 tan（小枝）から変化したものであるが、-n が落ちたのは、後にそれが children（子供たち）や oxen（雄牛）などの語尾のように複数を表す接尾辞と考えられ、不要とされたためである。

次に、アングロサクソン語 mistel（バジル、ヤドリギ）は、mist（薄暗さ──現在は「霧」、ドイツ語 Mist は「《家畜の》糞尿」の意味に使われている──）の指小語である。語根はゲルマン語 migh（撒き散らす）で、細かい雨または尿に使われる言葉であったが、もちろん pessi*mist*（厭世家、悲観主義者）〈同項参照〉とは直接の関係はない。植物名 mistletoe（ヤドリギ）は、この木が鳥の糞、おそらくは果実ベリーに含まれる糊（bird-lime）から生えたという伝説によって名付けられた可能性がある。古オランダ語 mistel は「鳥もち」（bird-lime）を意味するからである。

mistress [místrəs] 女主人、女教師、情婦
→ mystery

misuse [mìsjúːs] 誤用、悪用；悪用する
→ abuse, urn

mix [míks] 混ぜる、混ざる
→ ache

mixo- [miksɑ(ə)-] 混合した
→ ache

mixture [míkstʃər] 混合、混合物、交錯
→ ache

mnemonic [nimánik] 記憶の；記憶の助けとなるもの

例えば、グレゴリオ暦の各月の日数を覚えるための歌の一節、2月の覚え方に "Except February, which, in fine / Has 28, in Leap Year, 29."（例外は2月、平年28日、閏年だけ29日）がある。〈amnesty 参照〉

mob [máb] 暴徒、群衆；襲う

17世紀後半に、略語を使って話すことが流行した。ちょうど今日私たちが新しいプロジェクトをその頭文字で言うのと同じである。mob はラテン語 mobile vulgus（気まぐれな群衆）の略語であった。〈chum 参照〉

ラテン語 vulgus は最初「民衆、庶民」（common people）の意味で使われた。今

日でも common fraction（常分数）を vulgar fraction と言うように「普通の」という意味に使われる。しかし間もなく，おそらく教養があると自認する人々が，vulgar に「粗野な」という現在の意味を与えたのである。また，the House of Commons（下院，庶民院）で投票しない貴族たちが，common（共通の）〈community 参照〉の意味を低下させた。4世紀に聖ヒエロニムスが訳したウルガタ聖書（*Vulgate* bible）《ラテン語聖書》の Vulgate は，ラテン語 vulgare, vulgat-（広くいきわたらせる）から派生した言葉で，一般民衆に理解できるように書かれた聖書であった。〈map 参照〉

mock [mák] ばかにする；あざけり；にせの

この語は，後期ラテン語 muccare（鼻をぬぐう――軽蔑を表すとされた動作――）からイタリア語 moccare を経て借入された。この後期ラテン語動詞 muccare は，ラテン語 mucus（鼻汁，粘液――英語 mucus〔粘液〕――）から後期ラテン語 muccus を経て成立した。mucus から派生したラテン語形容詞 mucosus（粘液の）は，英語形容詞として *mucous* membrane（粘膜）のように使われる。ギリシア語 mykter（鼻）や myxa（粘液）〈ache 参照〉は同族語である。英語 muck（肥やし）も同族語で，原始ゲルマン語 meuk（柔らかい）から中英語 muk（汚泥，堆肥）を経て成立した。muckraker（醜聞を暴く人）は比喩的用法で，原義は「泥の中を突っつき回す人」である。

ところで，libertine *rake*（ふしだらな放蕩者）の rake は，rakehellion（放蕩者）や同義の rakehell の略語であるが，中英語 rakel（向こう見ずな：*reckless*）からの民間語源によって生まれたのではないかと考えられる。また，reckless の -less は古高地ドイツ語 -los（…なしの）に対応し，reck（気にかける）は，アングロサクソン語では reccan（考える）で，reckon（数える，考える）の変形である。この reckon は，racu（勘定，説明）から派生したアングロサクソン語 gerecenian（数える，考える，説明する）が語源である。そしてアングロサクソン語 racu はゲルマン諸語に共通で，庭仕事に使う rake（くま手）と同系語であり，その基本的な意味は「積むこと，集めること」である。醜聞を暴く人（muckraker）をばかにする（mock）と，仕返し（reckoning）が来ることがある。

mode [móud] 方法，形態，流行
→ accommodate

model [mádl] 模型，模範，モデル
→ accommodate

moderate [mádərət] 適度の，節度ある；和らげる
→ accommodate

modest [mádəst] 控えめな，適度の，まあまあの
→ accommodate

modulate [mádʒəlèit] 調節する，詠唱する，調子を変える
→ accommodate

mohair [móuhèər] モヘア，モヘア織
→ cloth

moire [mwáːr] 波紋織，モアール
→ moiré

moiré [mwɑːréi] 波紋のある；波紋，モアレ

この語はフランス語 moiré（波状模様のある）からの借用であるが，このフランス語は元々英語 mohair（モヘア織――古くは mocayare――）からの借入である〈cloth 参照〉。この mohair がフランス語 mouaire，さらに moire となり「波紋がある」ように見えるモヘア織（*mohair*）を指した。そしてこのフランス語から動詞 moirer（モアレ加工する）が生じ，その過去分詞 moiré（モアレ加工された）が波形・雲形模様のある素材の名前となったのである。

moist [mɔ́ist] 湿った，しっとりした，涙ぐんだ

この語には，一杯ひっかけることへの誘いが込められている。ラテン語 mustum（ブドウのしぼり汁，新しいワイン）から musteus（新しいワインのような，水分が多い――英語 *musty*〔かび臭い〕の原義は「水分が多い」――），古フランス語 moiste（液体の，湿っぽい）を経て借入された。この語には，しかし，中世の人々が関心を持った熱，冷，乾，湿の四要素の混ざり具合という考え方が影響して，これらの要素が混じりあった（ラテン語 mixtus：mixed）ものを指すと考えられ，このラテン語 mixtus から古フランス語 moiste を経て英語 moist となったという説もある．

molar [móulər] かみ砕く；大臼歯
　→ immolate
molasses [məlǽsiz] モラセス，糖液
　→ amalgam
mollify [máləfài] なだめる，静める，和らげる
　→ omelette
molybdenum [məlíbdənəm] モリブデン
　→ element
moment [móumənt] 瞬間，重要性，モーメント
　→ mute
momentum [mouméntəm] 勢い，運動量，契機
　→ mute
monarch [mánərk] 君主，王者
　→ monk
monastery [mánəstèri] 修道院，修道僧
　→ monk
Monday [mʌ́ndei] 月曜日
　→ week
monetary [mánətèri] 貨幣の，金銭上の，金融の
　→ fee
money [mʌ́ni] 金，財産
　→ fee
monger [mʌ́ŋgər] 商人，…屋；売り歩く

　この語の意味は昔から変化せず，古くから軽蔑の意味合いを持っていた．もっとも，古い時代には貴族は商人をすべて軽蔑していたのではあったが．monger は，ラテン語 mango（商人）からアングロサクソン語 mangian（商う）として借入された．英語では rumor-*monger*（うわさを広める者，流言屋）や war-*monger*（主戦派，戦争屋）など複合語で使われている．

mongrel [mʌ́ŋgrəl] 雑種；雑種の

　人々の間に（*among* persons）いることは，大勢の人と混じり合うことである．まさに among（…の間に）は，アングロサクソン語 mengan（混ぜ合わす：to *mingle*）から mang（混合）を経て派生した．ちなみに前置詞 among はアングロサクソン語の前置詞句 on gemang（混ざって）に相当する．mingle（混ぜ合わす）は，アングロサクソン語 mengan の反復形である中英語 mengelen から変化したものである．そして混じり合い（*mingling*）から生じるのが mongrel であるが，この語はアングロサクソン語 mang（混合）に二重の指小辞 -er と -el がついて派生したもので，浪費する（waste）人である．wastrel（浪費家）と同じように軽蔑的意味を持つ．〈waste については waist 参照〉

monitory [mánətɔ̀:ri] 警告の，戒めの
　→ fee
monk [mʌ́ŋk] 修道士

　修道院（*monasteries*）が修道士を集める以前，彼らについて強調されたことは，隠者（anchorite）と同じように離れて住むということであった．語源もそれを表していて，monastery は，monos（一人で）から monazein（一人で住む）を経て派生したギリシア語 monasterion（独居所）が語源で，monk は同じく monos（一人で）から派生したギリシア語 monakhos（独り暮らしの）が語源である．

　また anchoret, anchorite は，古くは anachorete で，ana（後ろへ）と khorein（行く）からなるギリシア語動詞 anakhorein（退く）の名詞 anakhoretes（隠者）が語源で，フランス語を経て借入された．隠者は，孤独な場所へと戻って行ったのである．現在の綴りでギリシア語の -a- が落ちて anchoret（隠者）となるのは，英語 anchor（錨）の影響によるものであり，また第１音節 an- が民間語源で英語 an, ane, one（ただ一人の）と考えられたからでもある．

　しかし，船を係留するための anchor（錨）は anchoret と同語源ではなく，印欧語根 ank-（曲げる）から分出したギリシア語 ankos（曲がり）を経て派生した ankyra（錨）が語源で，ラテン語 ancora を経て借入された．だが，[k] に近い発音になるギリシア語 kh の影響でこのラテン語が anchora とも綴られたことが影響し，-h- がつけ加えられて anchor となった．

　angle（釣り針）も同じ印欧語根 ank- に由来する．物の名前がそれを使う行為へと意味が移転して，動詞 angle（魚釣りをする）が生まれた．この angle は，アン

グロサクソン語 anga, onga（刺すこと，突き棒）の指小語 angel（釣り針）から変化したもので，ギリシア語 ankos（曲がり）から変化したラテン語 uncus（釣り針）と同族語である。〈Anglo-Saxon 参照，angel については evangelist 参照〉

ところで，ギリシア語 monos（一つ；一人で）は接頭辞 mono- として多くの言葉を英語にもたらした。例えば，monarch（専制君主——ギリシア語 arkhein〔支配する〕，arkhon〔支配者〕——），monopoly（独占，専売——ギリシア語 polein〔売る〕——），monocle（片眼鏡——ocular〔眼球の〕，oculist〔眼科医〕の語源のラテン語 oculus〔目〕——），monogamy（一夫一婦制——ギリシア語 gametes は「夫」，gamete は「妻」，gamos は「結婚」で，英語 gamic〔有性の〕，gamete〔配偶子，生殖細胞〕，bigamy〔重婚〕，polygamy〔一夫多妻〕などの語源——），monotheism（一神教，一神論——ギリシア語 theos〔神〕，atheism〔無神論〕や polytheism〔多神論〕の語源——）などがある。mono-（一つの）の例ばかり挙げると，単調（*monotonous*——ギリシア語 tonos〔緊張，音の調子〕——）で，退屈になりがちである。

曲がった鉤に似た記号を指す gammadion（ガンマ文字組み合わせの飾り模様《卍，ᒋなど》）は，ヘブライ語 gamal（ラクダ：*camel*）〈dromedary 参照〉を経たギリシア語 gamma（Γ）の形に似せて作られた図形で，その名前もそのギリシア語にちなむ。この図形は15世紀には fylfot と呼ばれ，あまねく見られるシンボル swastika（かぎ十字）の別名だった。swastika は，su（良い）と as（在る：to be）からなる svasti（幸福）を経て派生したサンスクリット語 svastika（まんじ；縁起の良い）から借入された。

なお，俗語 gams（脚）は，フランス語 gambe, jambe（脚）から借入された紋章の gamb（《獣の》脚，すね）を経たものである。ベーコン用豚肉 gammon（ガモン）は，ギリシア語 kampe（湾曲，関節）から，後期ラテン語 camba, gamba（脚，豚腿肉）を経て成立した古フランス語 gambon（フランス語 jambon〔豚腿肉，ハム：*ham*〕）からの借入である。

また *gammon* and spinach（でたらめでくだらない），gammon（たわごと），back*gammon*（バックギャモン，西洋双六）などにおける gammon は，アングロサクソン語 gamen（遊び，楽しみ〔*game*〕，からかい〔making *game* of...〕）が語源で，ゲルマン諸語に共通であり，ga-（共に）と man（人）からなるゴート語 gaman（参加）にさかのぼる。

なお game の「くじけない，倒れるまで屈しない」という意味は，闘鶏の際の *game*-fowl（シャモ，軍鶏）の負けじ魂から出たものである。だが，a *game* leg（不自由な脚）の game は古くは gammy で，古フランス語 gambi（曲がった）から借入されたものであり，後期ラテン語 gamba（脚）の変化形の一つである。

gambol（ふざける；跳ね回り）も，後期ラテン語 gamba（脚）から，イタリア語 gambata（足で蹴ること），フランス語 gambade（跳ね回ること）を経て借入された。gamble（賭事をする；賭け）は，この gambol とアングロサクソン語 gamen（遊び）とが結びついたものではないかと考えられる。

チェスの用語 gambit（ギャンビット——優位に立つために捨て駒をする序盤の作戦——）も，後期ラテン語 gamba（脚），イタリア語 gambetto（小さな脚），古フランス語 gambet を経て借入された。viola da gamba（ヴィオラダガンバ，バロック時代の低音弦楽器）は，両脚にはさんで演奏する大きい楽器である。

くれぐれも，修道士（monk）とは賭事をしたり（gamble），ふざけたり（gambol）しないように！〈pretzel 参照〉

monkey [mʌ́ŋki] サル，いたずら小僧；遊び回る

ape（サル）はゲルマン諸語に共通であり，アングロサクソン語 apa は，この動物がヨーロッパに入った時の呼び名であった可能性が高い。しかし，中世の動物寓話では，いろいろな動物に名前がついている。そのうち最も有名なのが Romance of Renart〔Renard, Reynard〕the Fox と題し，『狐物語』と訳されているものである。Renart や Renard（ルナール）は Reynard とも綴り，古高地ドイツ語

Reginhart (regin〔助言〕と hart〔強い〕からなる名前：〔原義〕忠告において強い) の変化形である。この寓話では，サルのマルティン (Martin the Ape) の息子の名がモニク (Moneke) である。この名は古高ドイツ語の固有名詞に由来すると考えられるが，語源不詳のイタリア語 monna (雌ザル) の指小形とも考えられる。そして，この寓話の人気が高かったことから，息子の名前が生き残り，サルそのものを指す monkey となったとする説がある。

monkey-wrench [mʌ́ŋkirèntʃ] モンキーレンチ，自在スパナ
→ buck

mono- [mánə-] 単独の，一つの
→ monk

monocle [mánəkl] 片眼鏡
→ monk

monogamy [mənágəmi] 一夫一婦制
→ monk

monopoly [mənápəli] 独占，専売
→ monk

monotheism [mánəθiìzm] 一神教
→ monk

monotonous [mənátənəs] 単調な
→ monk

monster [mánstər] 怪物，巨大なもの，極悪非道な人

この語は，ラテン語 monere, monit- (警告する，思い出させる) から派生した monstrum (警告，怪物) が，フランス語 monstre (怪物，巨大で異様なもの) を経て借入されたもので，元来，神の予兆や警告を意味した。しかし，不格好な生き物が神からの教訓だと解釈されたために，何であれ驚くべきもの，とりわけ並はずれて不均衡で奇怪な (*monstrous*) ものへと，その意味は移っていった。ところが，この語は，ラテン語 monstrare (示す) の影響を受け，語源的にも関連づけられるようになった。このラテン語からの派生語に demonstrate (論証する) や monstrance (聖体顕示台〔器〕) などがある。後者は現在分詞 monstrans, monstrant- から後期ラテン語 monstrantia, 古フランス語 monstrance〔聖体顕示台〕を経て借入された。

muster (召集する，徴用する) も，ラテン語 monstrare (示す) が語源で，古フランス語 mostrer, moustrer (フランス語はよりラテン語形に近い montrer〔示す〕〈insult 参照〉が復活) を経て借入されたが，最初は「示す，見せる」を，やがて「(軍勢を) 誇示するために召集する」を意味するようになった。かくして，サーカスの見世物ショーで monsters を見ることができるのは，当然である。

monstrance [mánstrəns] 聖体顕示台
→ monster

Montana [mantǽnə] モンタナ
→ States

month [mʌ́nθ] 《暦の》月

この語はゲルマン諸語に共通で，アングロサクソン語では monath である。またアングロサクソン語 mona が語源の moon (月) とは同語源で，ギリシア語 mene (月) は同族語である。なお，このギリシア語と同族のラテン語 mensis (暦月) から menstrual (月経の) が派生した。

January (1月) は1年の入り口であり，ラテン語 janua (扉) から派生した。ローマの門の守護神 Janus (ヤヌス) には二つの顔があり，一つは前を，もう一つは後ろを向いていた。janitor (管理人，用務員) は元来「扉の番人」のことである。January は最終的には印欧語根 ya- (行く) にさかのぼることができる。

February (2月) は清めの祭りを行う月である。ラテン語 februa (浄化) の同系語 fumus (煙) は，英語 fume (煙；いらだつ) の語源である。to *fume* in anger (怒ってプンプンする) とは煙でいぶされたように理性が鈍ることであると言える。また，fumatory (燻蒸消毒)，fumigate (燻蒸消毒する)，fumade (燻製ニシン——fair maid とも言う——)，fumarole (火山の噴気孔)，fumidity (蒸気のたちこめた状態)，perfume (芳香，香水) なども同語源である。

なお，perfume の per- はラテン語 per (…を通って) が語源で，fume は，ギリシア語 thymos (噴煙，生気) や，一説では theos (神——theism〔有神論〕や enthusiasm〔熱狂：〔原義〕体に神がいる〕などが派生——) と同族語である。fume はさらにサンスクリット語 dhuma (煙) にさかのぼることができ，英語 dust (塵) も同根語である。Dust thou art, to dust returnest ...（「汝は塵なれば，塵に帰るべきなり」『創世記』3 : 19)。

ちなみに，この清めの期間，ローマ人女性は Juno Februa（清めのユーノー）に犠牲を捧げた。

March（3月）は好い天候の始まる時期であり，軍事作戦の再開が可能になる月でもある。そこで，Mars' month（軍神マルスの月）というわけである。ラテン語 Mars, Mart-（マルス，軍神）からは，英語 martial（戦争の，勇ましい），名前 Martin（マーティン：〔原義〕マルスに捧げた），martinet（厳格な軍人）などが派生した。martinet はルイ14世（在位1643-1715）時代の将校マルティネ（Jean Martinet）の名から派生したのではないかとも考えられる。また March（3月）は，ローマ暦では1年の最初の月であった。

April（4月）は花開く月である。aperire, apert-（開ける――英語 aperture〔開き口，隙間〕の語源――）から派生したラテン語 Aprilis（4月）が語源である。appear（現れる）は同語源で，ad（…へ）と parere, parit-（見える，着る）からなるラテン語 apparere, apparit-（現れる：*appear*）が語源であり，このラテン語からは apparition（幽霊，出現），apparel（衣服），apparent（明白な）などが派生した。そしてこの月が愛の女神 Aphrodite（アフロディテ）〈同項参照〉に捧げられていたことから，April にはギリシア語 aphros（泡）の影響も考えられる。ただし apparel は，衣服を合わせるという考えに由来する可能性がある。その場合，ā-（…へ）と pareil（同じような）からなる古フランス語 apareiller（そろえる）を経たものか，あるいは，ad-（…へ）と，par（等しい）の指小語 pariculum からなる後期ラテン語と想定される appariculare（等しくする，合わせる）を経た言葉と考えられる。〈auction 参照〉

May（5月）は，他と比べてより偉大なる神（ラテン語 deus *maius*），すなわちユピテル（Jupiter）の月である。ラテン語 magnus（偉大な）の比較級 maior（より偉大な）から英語 majority（大多数）が派生した。major（大きい方の，主要な）や majesty（威厳，陛下）も同語源

である。また maior の二重語 magis（より大きな，よりいっそう）から派生したラテン語 magister（長官）からは magistrate（行政官）や，古フランス語 maistre を経た master（主人，先生）が派生した。同様にラテン語 minus（より少ない）から，minority（少数）や minister（主の僕，大臣）が派生した。〈meticulous, miss 参照〉

June（6月）はローマ人の有名な氏族ユニウス（Junius）の月である。国家の兵士として取られた若人たち（ラテン語 juniores）の月とする説もある。

July（7月）は，帝政開始前の最後のローマの支配者カエサル（Julius Caesar, 100-44 B.C.）にちなんで，アントニウス（Marcus Antonius〔英語 Marc Antony〕, 83?-30 B.C.）が名づけた。〈shed 参照〉

August（8月）は初代ローマ皇帝アウグストゥス（Augustus Caesar, 在位 27B.C.-14A.D.）の月である。養父カエサル（Julius Caesar）の月よりも日数が少ないことを嫌い，2月から1日借りて，8月を31日にした。

September（9月）は，ローマ暦で7番目の月である（ラテン語 septem〔7〕）。

October（10月）は，ローマ暦で8番目の月である（ラテン語 octo〔8〕）。

November（11月）は，ローマ暦で9番目の月である（ラテン語 novem〔9〕）。

December（12月）は，ローマ暦で10番目の月である（ラテン語 decem〔10〕）。

紀元前46年に定められたユリウス・ローマ暦（Roman Calendar）の1年は365.25日で，その遅れを取り戻す閏年（leap year）を置いた。しかしこの暦の1年は，地球が太陽を回るのに要する時間より11分長かった。そのため1581年には，3月21日が春分（vernal *equinox*〈同項参照〉）の10日後にやってくるほど遅れていた。そこで1582年に教皇グレゴリウス13世（Gregorius XIII, 在位 1572-85）が，10月4日の翌日を10月15日とし，さらにユリウス・ローマ暦による旧暦も変更して―00年であっても400で割り切れない年は閏年から除外した。ちなみに1月1日を年の始めとするグレゴリオ暦（新暦）は，英国では1752年まで採用されなかった。

mooch [múːtʃ] うろつく，くすねる；ぶら

つく人

　この語は漫画映画 *Minnie the Moocher*：『ミニー・ザ・ムーチャー』(1932年) で復活したが，少なくとも15世紀までさかのぼることができる。フランス語 moucher (…に向かってはなをかむ)〈mock 参照〉から借入された mooch の当初の意味は「貧しいふりをする」で，やがて乞食の振る舞いから「うろつく，ぶらつく」，さらに「さぼる」の意味で使われてきた。古フランス語 muchier (隠す――古い英語 miche, mitch〔潜む，悪戯を目論む〕の語源――) と同語源の可能性も高い。そして多分こちらの意味が，無言劇が演じられた時のハムレットの言葉 "Marry, this is *miching* mallecho; it means mischief." (「まったく，これこそがこそこそ働く悪事，つまり悪だくみだ」*Hamlet*：『ハムレット』III, ii, 147) に残ったものと思われる。

mood [múːd] 気分，気持ち，雰囲気
→ wormwood

moonstone [múːnstòun] ムーンストーン，月長石
→ carnelian

moot [múːt] 民会；未決の；議題にのる
　問題によっては，難なく答えの出るものと出ないものとがある。*moot* question (論争の余地のある問題) の場合には，答えを出すために町民会を開かねばならなくなる。この語は，古サクソン語 motian (会合する) からアングロサクソン語 mot, gemot (集会) を経て成立した言葉で，ここからアングロサクソン語 metan, さらに英語 meet (会う) が派生した。
　歴史の授業で昔のサクソン人の witenagemot (賢人会議) について習うことがあるが，wit (知力，ウイット) はアングロサクソン語 witan (知る) から witt (分別) を経て成立した。同根語はゴート語 witan (見る)，ラテン語 videre (見る)，サンスクリット語 vid- (認識する) など広範囲にわたっている。そこで one's mother *wit* (生得の知恵，常識) などと言われる。

mop [máp] モップ，ふくこと；ぬぐう
→ map

moral [mɔ́(ː)rəl] 道徳の，道徳的な；教訓
→ remorse

morale [mərǽl] 士気，意気込み
→ remorse

morbid [mɔ́ːrbid] 病的な，憂うつな，病気の
→ remorse

morbific [mɔːrbífik] 病原性の
→ remorse

morbus [mɔ́ːrbəs] 病気
→ remorse

mordant [mɔ́ːrdənt] 辛辣な，腐食性の；媒染剤
→ remorse

more [mɔ́ːr] より多くの；もっと
→ remorse

morganatic [mɔ̀ːrgənǽtik] 貴賤相婚の
　封建時代の王族や貴族の男性は，結婚の翌朝自分の妻に特別の贈り物，地所や時には木陰のある城などを贈るのが習わしであった。けれども，結婚相手が自分よりずっと下層の身分であると，その女性との子供は，父の位階も財産も相続できず，また妻も結婚の翌朝の贈り物以外は所有できない習わしであった。二人は matrimonium ad morganaticum (朝の贈り物による結婚) をしたことになり，これが morganatic (貴賤相婚の) の語源となった。ラテン語 matrimonium (結婚――matrimony〔結婚〕の語源――) は mater, matr- (母：mother) から派生した言葉である〈volume 参照〉。そして morganaticum (《結婚式の後の》朝の贈り物，朝に属するもの) は後期ラテン語で，古高地ドイツ語 morgan (朝――ドイツ語 Morgen――) と geba (贈り物) とから派生した。またこの古高地ドイツ語 morgan から古英語 morgen (朝) を経て，morn (《詩語》朝)，morning (朝) が成立した。

morgue [mɔ́ːrg] 死体安置所，陰気な場所，《口語》横柄
→ remorse

Mormon [mɔ́ːrmən] モルモン教徒，預言者モルモン；モルモン教徒の
→ atone

morn [mɔ́ːrn] 《詩語》朝
→ morganatic

morning [mɔ́ːrniŋ] 朝，午前；朝の
→ morganatic

Morocco [mərákou] モロッコ，モロッコ皮

→ cloth

moron [mɔ́ːrɑn] 軽度知的障害者，ばか
→ remorse
　moron は専門用語としての使用を投票で決められたおそらく唯一の語であろう。しかし，フランスの物理学者アンドレ・アンペール（André Ampère, 1775-1836）にちなむ ampere（アンペア）が，1881年パリで開催された国際電気学会で採用されたという例もある。

morose [məróus] 気難しい，むっつりした，陰気な
→ remorse

morphine [mɔ́ːrfiːn] モルヒネ
→ remorse

morphology [mɔːrfɑ́lədʒi]【言語学】形態論，【生物学】形態学，【地質学】地形学
→ remorse

morris chair [mɔ́(ː)ris tʃèər] モリス式安楽いす
→ Appendix VI

morris dance [mɔ́(ː)ris dæns] モリス・ダンス
→ Appendix VI

morsel [mɔ́ːrsl] 一口分，一片；少量ずつに分ける
→ remorse

mortal [mɔ́ːrtl] 死を免れない，人間の；人間
→ remorse

mortgage [mɔ́ːrgidʒ] 抵当，住宅ローン；抵当に入れる
　落ちぶれた貴族の長子のような相続人が借金しようとすると，本人が財産を相続した時，すなわち父親が死んだ時に返済する誓約書に署名しなければならない。これが mortgage（抵当）であり，「死んでいる（仮定の）誓約，死亡時抵当」（death pledge）と言われた。〈ラテン語 mors, mort- については remorse 参照〉
　gage（担保）はフランス語からの借入であるが，ゲルマン語起源で，ゴート語 wadi（誓約）や，wedding（結婚式）の語源であるアングロサクソン語 wedd（誓約）と同系語である。なお wedding とは婚約（*plighted* troth）〈salary 参照〉のことであった。〈greengage 参照〉
　pledge（誓う）は，アングロサクソン語 pleon（危険を冒す）と同系語のゲルマン語動詞から，後期ラテン語 plevier（約束する），古フランス語 plegier（約束する，誓う）を経て借入された。ドイツ語では動詞 pflegen（面倒を見る）から Pflicht（誓われた [*pledged*] こと，義務）が派生したが，英語では古英語 pliht（危険）から plight（誓い）が派生した。
　ところで，目も当てられないありさまであることを in a sorry *plight* と言う。この plight（苦境）は，とことん参ってしまっている（folded）とか，よれよれに疲れ果てている（worn at the folds）という意味で，ラテン語 plicare, plicat-（たたむ——implicate〔関係づける〕の語源——）か，あるいは plectere, plect-（編む）から，古フランス語 pleit（ひだ），フランス語 plit（状態）を経て借入された。英語 plait（編み下げ，弁髪），pleat（ひだ，プリーツ）は同語源で，古い意味を保っている。〈plagiarism 参照〉

Moslem〔**Muslim**〕[mázləm] イスラム教徒〔の〕
→ Islam

moss [mɔ́(ː)s] コケ；コケで覆う
→ alkali

mother [mʌ́ðər] 母，源；母になる
→ woman

motion [móuʃən] 運動，動作；身振りで合図する
→ mute

motive [móutiv] 動機，モチーフ；原動力となる
→ mute

motor [móutər] モーター，発動機；動力を起こす
→ mute

moult [móult] 羽毛が生え換わる，脱皮する；生え換わり
→ mute

mountebank [máuntəbæŋk] ペテン師，大道薬売り；いかさまをする
→ bank, somersault

mouse [máus] ハツカネズミ，マウス；ネズミを捕まえる
→ muscle

moustache [mʌ́stæʃ] 口ひげ，ひげ
→ whip

move [múːv] 動かす，動く；動き
→ mute

movement [múːvmənt] 動くこと，動作，運動
→ mute

Mozart [móutsɑːrt] モーツァルト
(Wolfgang Amadeus Mozart, 1756-91)
→ complexion

muck [mʌk] ごみ，泥，堆肥
→ mock

muckraker [mʌ́krèikər] 醜聞を暴く人
→ mock

mucous [mjúːkəs] 粘液の，粘液を分泌する
→ mock

mucus [mjúːkəs] 粘液
→ mock

muff [mʌf] マフ，へま；しくじる
→ camouflage

muffle [mʌfl] くるむ，《音を》消す
→ camouflage

mufti [mʌ́fti] 平服，私服
　19世紀初頭の英国の舞台では，部屋着と房つき帽子をかぶった勤務時間外の将校が登場する芝居が多く上演された。この衣装がイスラム教のムフティー（アラビア語 mufti：宗法解釈官）の服装と似ていたことから，勤務時間に制服を着る人が「私服を着ている」場合は，to be in *mufti* と言われるようになった。

mugwump [mʌ́gwʌmp] マグワンプ，党を離れ独自の行動を取る人，大立者
　この語は，北米インディアンのアルゴンキン語 mugquomp（酋長，首長）からの借用で，1884年の大統領選で共和党公認候補者となったジェームズ・ブレーン (James G. Blaine, 1830-93) が，共和党員でありながら不支持を表明した人たちを指すのに使った。その意味は，近年，議会でなされた定義が多分最も妥当なものであろう。それは，片側に mug（ごろつき）を他方の側に wump（頼りない人）を置いて形勢を見ている (to sit on the political fence：政治的塀に座っている) 人物，すなわち日和見的態度をとる人である。その定義者はプリンストン大学の学長ドッズ (Harold W. Dodds, 1889-1980) と言われている。

mulatto [mjuːlǽtou] ムラート；白人と黒人の，ムラートの
→ mule

mule [mjúːl] ラバ，愚かな人
　この語は最初，雄ロバと雌馬の仔を指し，ギリシア語 myklos（ロバ）と同族語のラテン語 mulus（ラバ）が語源である。ちなみに，雌ロバと雄馬の子 hinny（ケッテイ）は，ラテン語 hinnus（ラバ）が語源であり，ギリシア語では ginnos である。この語はギリシア語 gyne（女性）と同族語ではないかと考えられる。やがて，スペイン語・ポルトガル語 mulo（ラバ）から派生した mulato（若いラバ）が，どんな交配種や混血児にも使われるようになり，英語 mulatto（ムラート，白人と黒人の混血児）として借入された。しかし，この語並びにラテン語 mulier（女，妻）を，アッシリアの黒い(?)女神ミリッタ (Mylitta《豊穣の女神》) と関係づける説もある。英語 mulier（《廃語》妻，【英国の古法】嫡子）や muliebrity（女らしさ）は，ラテン語 mulier（女，妻）が語源である。

multifarious [mʌ̀ltəféəriəs] 種々の，雑多の
→ infantry

mum [mʌm] 黙って；しっ！；沈黙
→ mute

mumble [mʌ́mbl] ぶつぶつ言う，もぐもぐかむ；もぐもぐ
→ mute

mumblety-peg [mʌ́mbltipèg] ナイフ投げ
→ mute

mumbo-jumbo [mʌ́mboudʒʌ́mbou] マンボージャンボー《西アフリカの部族の守護神》，無意味な迷信の呪文，超能力を持つと信じられた者
　スコットランド人のアフリカ探検家パーク (Mungo Park, 1771-1806) は *Travels in the Interior of Africa*：『アフリカ奥地への旅』(1799年) の中で，やかましい妻を黙らせる風習について描いている〈その「文明化された」方法については，ducking-stool 参照〉。南アフリカのカフィル人 (Kaffirs) が霊魂を呼び出すと，その霊は恐ろしげに唸りながら，おしゃべり女を捕まえて，打ったのである。パークはこの化け物を Mandingo（マンディンゴ）と呼んでいるが，広く使われている言葉は mumbo-jumbo である。

mummy [mʌ́mi] ミイラ，やせこけた人
→ mute

munch [mʌ́ntʃ] むしゃむしゃ食べる
→ cram

Munchausen [mʌ́ntʃauzn] ミュンヒハウゼン，大ほら吹き；奇想天外な
　ミュンヒハウゼン男爵（Baron Munchausen, 1720-97）が本当にほら吹きだったかどうかはわからない。しかし，ドイツ人の冒険家ラスペ（Rudolph Erich Raspe, 1737-94）がいたことは確かである。ラスペは大陸で窃盗を働き，逃れてきた英国で，食べていくために果てしない大ぼら冒険談（travelliars）の一つ *Narrative of the Marvellous Travels of Baron Munchausen*：『ミュンヒハウゼン男爵の驚くべき旅行記』(1785年) を書いた。

mundane [mʌndéin] 日常の，世界の；つまらないこと
→ vague

municipal [mjuːnísəpl] 地方自治の，内政の，一地方だけの
→ immunity

munition [mjuːníʃən] 軍需品，必要品；軍需品の
→ avalanche

murder [mə́ːrdər] 殺人；殺す
　昔の死はたいてい，非業の死であった。そして murder は単に「死」を意味した。この語はゲルマン諸語に共通で，アングロサクソン語では morthor（殺人）が語源であり，ドイツ語 Mord（殺人）やラテン語 mors, mort-（死ぬこと，殺人）は同根語である。〈remorse 参照〉

muscle [mʌ́sl] 筋肉，能力；強引に進む
　ひじを曲げて力こぶをつくり（make a *muscle*），次に弛めてごらんなさい。想像力豊かな人には，まるで小さなネズミがはい回っているように見えることがある。ローマ人にもそう見えたようで，muscle の語源は，ラテン語 mus（ネズミ──mouse〔ネズミ〕は同根語──）の指小語 musculum（小ネズミ，筋肉）である。muscle はフランス語から借入され，ずっと昔は muxle とか mussel と綴られた。貝の「ムラサキイガイ」も形が小ネズミに似ていることから，mussel と言うようになった。ちなみに，跳躍に適応するように発達した後脚を持つアフリカのゲッシ動物 jerboa（トビネズミ）の呼び名は，アラビア語 yarbu‘（腰の筋肉）に由来する。

muse [mjúːz] 物思いにふける，見つめる，考え込む
→ amuse

musk [mʌ́sk] ジャコウ
→ salary

muss [mʌ́s] 大騒ぎ；めちゃくちゃにする
→ mess

mussel [mʌ́sl] ムラサキイガイ
→ muscle

Mussolini [mùːsəlíːni(ː)] ムッソリーニ（mussolino〔モスリン売り〕に由来）
→ cloth の項の muslin

mustang [mʌ́stæŋ] ムスタング，下士官出身の海軍士官
→ bronco

muster [mʌ́stər] 召集する，奮い起こす，集まる
→ monster

mutable [mjúːtəbl] 変わりやすい，無常の
→ immunity

mutation [mjuːtéiʃən] 変化，突然変異
→ mute

mute [mjúːt] 無言の，唖者の；黙音
　これは由来経路を逆走した言葉で，ラテン語 mutus（無言の：*mute*）の指小語である後期ラテン語 mutettus から中英語 muet として借入されたが，やがて元のラテン語が想起されてこの中英語 muet は mute へと変化した。語根のラテン語 mu- は，低いさざめきを表す自然の音であり，同根の中英語 momme（低い音，沈黙）は，今は mum（しっ！；沈黙）として Keep *mum*!（黙って！），*Mum's* the word!（内緒だよ！）などと使われる。中英語 momme の反復動詞 momelen から mumble（ぶつぶつ言う）が派生した。
　よく似た綴りの mummy（ミイラ）は，エジプト語 mum（蠟）からアラビア語 mūmiyah（防腐処置をした遺体，ミイラ），フランス語 momie（ミイラ）を経て借入された。
　子供の遊びの mumbely-peg, mumblety-peg（ジャックナイフ投げ）は，かつては mumble-the-peg で，投げそこなった子供が地面に打ち込まれた木釘（peg）

を歯で引き抜く（*mumbling*）という罰則に由来する言葉である。

ところで，語頭に強勢のある同音が来たために関係のない語と混同することがある。例えば mutilate（切断する）は，ギリシア語 mytilos（角をなくした）から，ラテン語 mutilus（不具の），mutilare, mutilat（変える）を経て派生した言葉である。これに対して mutation（変化，突然変異）はラテン語 mutare, mutat-（動かす，変わる）が語源である。変えられないものが immutable（不変の）で，合意により変わるものがラテン語 mutuus（相互の）から派生した mutual（相互の）である。この語は印欧語根 moi-（変える，変わる）にさかのぼることができ，同根の mov-（動く，動かす）からは，ラテン語 movere, mot-（動かす）を経て，move（動かす），motive（動機），motor（発動機：the *moving* force），motion（動き——*movement*〔動き〕と二重語——）が，またラテン語 momentum（動かす力，重要性，瞬間）を経て同じく二重語の moment（瞬間，重要性）などが派生した。ちなみに moment は古くは「動き（*movement*）の原因，動因」を意味したが，やがてまばたきのような「一瞬の小さな動き」の意味で用いられるようになると，ラテン語から直接 momentum（運動量，はずみ）を借入した。合成語には，commotion（激動——ラテン語 com〔共に〕——），promotion（昇進，助長——ラテン語 pro〔前へ〕——），locomotion（運動，移動——ラテン語 loco〔ある場所から，ある場所へ〕——），locomotive（機関車），emotion（感情，感動——ラテン語 e-〔ex：外へ〕——）などがある。なお emotion は，最初「移動」の意味であったが，やがて俗語表現 Give out!（感情を出して！）とか Emote!（大げさに演技して！）などと同じく「われを忘れた動揺，感情を揺さぶり出すこと」の意味になった。さらに，後期ラテン語の女性形形容詞 movita（動いている）から，古フランス語 meute（猟犬の群れ）を経た古い英語 mute（猟犬の群れ，猟犬の吠え声），さらに mutine（《廃語》反乱を起こす），mutinous（暴動の，反抗的な），mutiny（暴動）などが派生した。

上記ラテン語 mutare（変わる）からは，フランス語 muer（羽毛が生え換わる，脱皮する）を経て mew（羽毛が生え換わる）が借入された。また mew は，換毛の時期に（at *moulting* time）タカを入れる「鷹かご」の意味にも使われるようになった。moult（羽毛が生え換わる）も同ラテン語 mutare から派生した言葉であるが，ゲルマン語を経てアングロサクソン語 mouten として借入されたものである。鷹かごはふつう馬小屋の近くに置かれたので，mews は「馬小屋」を意味するようになった。

ところで to mew（ニャーニャー鳴く）はネコの鳴き声の擬音語で，miaow（ミャーオ）もそうである。子ネコの泣き声はもう少し心地よく，miaul（ミャアミャア）となり，mewl（赤ん坊の泣き声；弱々しく泣く）が派生した。例えば，七幕からなる人生の舞台で第一幕に登場する赤ん坊が，"*mewling* and puking in the nurse's arms."（「乳母の腕に抱かれてミャアミャアピィピィ泣いたりもどしたり」*As You Like It*：『お気に召すまま』 II, vii, 145）と描かれている。願わくば，終幕の老境で第二の赤ん坊となることなく，せめて去勢鶏を詰め込んだ太鼓腹の状態が保たれますように。

mutilate [mjúːtəlèit] 切断する，台なしにする
　→ mute

mutinous [mjúːtənəs] 暴動の，反抗的な
　→ mute

mutiny [mjúːtəni] 暴動，反逆；暴動を起こす
　→ mute

mutual [mjúːtʃuəl] 相互の，共通の；《オープン型》投資信託
　→ mute

mutton [mʌ́tn] マトン，羊肉
　スコット（Sir Walter Scott, 1771-1832）の最も人気のある小説 *Ivanhoe*：『アイヴァンホー』（1819年）の中で，道化師ワンバ（Wamba）が豚飼いガース（Gurth）に語源を掘り起こしてみせる場面がある。家畜が生きていて世話が必要な間は，サクソン語で calf（子牛），sheep（ヒツジ），cow（雌牛），pig（豚），swine（豚）などと言ったが，料理されてイング

ランドを征服したノルマン人の御前に出されると，ノルマンフランス語 veal（子牛肉），pork（豚肉），mutton（羊肉），beef（牛肉）になった，と言うのである。しかし，ワンバがもう少し昔を振り返っていたら，いくつかの言葉は共通の印欧語に属することを発見していただろう。これらの動物はずっと昔に家畜化され，呼び名も古いものだったからである。

まず veal は，ラテン語 vitulus（子牛）の指小語 vitellus が語源で，古フランス語 vedel, viel を経て借入された。ラテン語 vitulus 自体は，一般に考えられがちな vita（生命——vital〔命の〕, vitality〔生命力〕〈vitamin 参照〉の語源——）の指小語ではない。すなわち「生き生きした幼いもの」を意味するのではなく，反対にラテン語 vetus（古い，老いた）と同語源であり，veteran（古参兵；ベテランの）や，inveterate（根深い——ラテン語 inveterare, inveterat-〔古くする，変わらずにある〕から派生——）はこのラテン語から派生した。さらに，これらは印欧語根 ve-（年）にさかのぼることができ，veal の原義は「満1年の子牛」であったと考えられる。〈calf 参照〉

次に pork はラテン語 porcus（豚）が語源で，フランス語 porc（豚）からの直接の借入で，porcine（豚のような）や porcupine（ヤマアラシ）も同語源である。ちなみに porcupine はラテン語 porcus と spina（とげ——spine〔とげ，背骨〕の語源——）からなる言葉である。

また lamb はゲルマン諸語に共通で，アングロサクソン語でも lamb である。sheep（ヒツジ），ram（雄ヒツジ），ewe（雌ヒツジ）もゲルマン諸語に共通で，アングロサクソン語はそれぞれ sceap, ramm, eowu で，ちなみに ewe はサンスクリット語では avi である。

そして pig（中英語 pigge）は，最初は「子豚」を意味した。swine はゲルマン諸語で共通で，元々 sow（雌豚）から派生した形容詞 sowine（雌豚のような）であり，アングロサクソン語では sugu である。ラテン語 sus（豚）は同族語である。

beef は，ラテン語 bos, bov-（牛）から古フランス語 beuf（フランス語 boeuf〔牛〕）を経て借入されたが，サンスクリット語では go- である。その同族語のアングロサクソン語 cu は cow（雌牛）〈同項参照〉の語源である。

mutton は，古フランス語 mouton の借入であるが，ケルト語起源である。

有名な中世フランスの笑劇 *Maitre Pierre Pathelin*：『パトラン先生』（1485年ごろにリヨンで出版）は，おそらくパリの弁護士助手〔法曹関係者〕の一人による作であり，ここから格言となる表現が生まれた。*revenons à nos moutons*：let's get back to our *muttons*（本題に戻ろうではないか）がそれである。ある仕立て屋が，代金を支払ったのにヒツジを渡さない羊飼いを法廷に引き出した。ところが羊飼いは，その仕立て屋から洋服をだまし取った弁護士を雇っていた。弁護士を見て混乱した仕立て屋は，盗まれたヒツジのことを話しているかと思うと，盗まれた洋服のことを話している始末である。裁判官は絶えず Revenons à nos moutons!（訴えの本筋である盗まれたヒツジの件に戻ろう）と叫び立てるが，ついに業を煮やして，立ち去れ，二度と現れるな，と羊飼いに命じる。弁護士は羊飼いに，仕立て屋からどんなに非難されようとも，「メエメエ！」（Baa! Baa!）とだけ答えるようにと忠告しておいたからだ。ヒツジとかかわって暮らす者はヒツジと同じく潔白，無実であることを訴えるためだった。さて弁護士が羊飼いに費用を請求すると，羊飼いはただ「メエメエ！」と答えるだけだった。私たちも本題に戻ろう（Let get back to our *muttons*.）。

muzzle [mʌ́zl] 鼻づら，鼻；口輪をはめる

→ amuse, breech, remorse

myriad [mírɪəd] 無数，1万；無数の
→ myrmidon

myrmidon [məː*r*mədàn] ミュルミドン人，用心棒

ギリシア神話のミュルミドン人（Myrmidones）は，アキレウスに従ってトロイ戦争に参加したテッサリアの人であった（*Iliad*：『イリアス』11, 684）。彼らが忠実で従順だったことから，myrmidon は，どんな命令でもためらうことなくやり遂げる者を意味するようになった。オウィディウス（Publius

Ovidius Naso, 43 B.C.-17? A.D.）は，この語がギリシア語 myrmax（アリ）と近い関係にあるのではないかと言っているが，ギリシア語 myrioi（1万；無数の）から派生した myrias, myriad-（数えられない；1万——myriad〔無数，1万〕の語源——）とも関連があるのではないかとも考えられる。古代の人々には「無数」が「1万」を意味したからといって驚くに値しない。私たちは夜空に「無数の」星を見ると言うが，晴れた夜に裸眼で見える星の数は全部合わせても高々1000個程度である。

mystery [místəri] 謎，神秘，同業者組合
この語の歴史は三重に混じり合っているが，謎（mystery）はない。

まず，探偵が刑事のように腕をふるう「推理もの，ミステリー」を意味する mystery は，myein（口や目を閉じる）から派生したギリシア語 mysterion（秘儀）が語源である。

第二の mystery は，キリストの生涯を題材にして当初は下級聖職者によって演じられ，後にギルド（同業組合）の徒弟が演じた中世の「聖史劇」のことで，minister（従者）から派生したラテン語 ministerium（聖職）が語源である。ちなみにギルドは，技術の熟達（mastery）を求めたことから，mystery（職人同業者組合）とも呼ばれていた。

"Every manuary trade is called a *mystery*."（あらゆる手による仕事は秘伝である）という金言がある。この mystery が第三のもので，第二の「同業組合」の意味と混じり合っているが，magister（かしら，指導者）から派生したラテン語 magisterium（指導の任，教師の職）に由来する言葉である。-a- から -i- への音の変化は，master から mister（…さん）に，mai(s)tresse から mistress（女主人）に，maestral から mistral（ミストラル《南仏に吹く北風》：the *master* wind〔支配的な風〕）への変化においても見られる。

上で見たように，magis（より多く）から派生したラテン語 magister（かしら）と，minus（より少なく）から派生したラテン語 minister（従者）とが，mystery において合体しているのである。〈month の項の May 参照〉

myxo- [míksou-] 粘液の
　→ ache

myxoma [miksóumə] 粘液腫
　→ ache

N

nab [nǽb] ひっつかむ, ひったくる
→ knick-knack
nacre [néikər] 真珠層, 真珠貝
→ carnelian
nadir [néidiər] 天底, どん底
→ azimuth
nag [nǽg] うるさく小言を言う
→ pylorus
nail [néil] つめ
→ pylorus
nainsook [néinsùk] ネインスック, インド産綿布
→ cloth
naive [nɑːíːv] 単純な, 無邪気な
→ neighbor
naked [néikid] はぎ取られた, 裸の
時に言葉は迷子になる。この語はその一つで, 何も身につけていないことに気づき, こっそりと姿を消したのである。そして基本動詞は消失, 過去分詞のみが残っている。アングロサクソン語 nacod (裸の——-od は過去分詞接尾辞——), オランダ語 naakt, ドイツ語 nackt, ゴート語 nagaths, ロシア語 nagoi, 古フランス語 nocht, ラテン語 nudus (裸の), サンスクリット語 nagna (裸の) は同根語である。英語 nude (裸の) はこのラテン語 nudus より派生した。
namby-pamby [nǽmbipǽmbi] 感傷的な〔詩文, 人〕
→ niminy-piminy
nankeen [nǽnkíːn] 南京木綿
→ cloth
nap [nǽp] うたた寝, けば;昼寝をする
→ knick-knack
nape [néip] 首筋, えりあし, うなじ
→ auction, knick-knack
napery [néipəri] テーブルかけ, 家庭用リンネル製品
→ auction, knick-knack
napkin [nǽpkin] テーブルナプキン, お

むつ
→ auction, knick-knack
narcissism [nɑ́ːrsəsìzm] ナルシシズム, 自己愛
→ nuptials
narcissus [nɑːrsísəs] 【ギリシア神話】ナルキッソス, スイセン
→ nuptials
narcotic [nɑːrkátik] 麻酔薬, 催眠薬
→ nuptials
nasal [néizl] 鼻の, 鼻音の;鼻音
→ nasturtium
nasturtium [nəstə́ːrʃəm] キンレンカ, ノウゼンハレン, 明るいオレンジ色
この花の葉をかじってみると名前が納得できる。これはラテン語の nasus (鼻:nose) と tortium (ゆがませるもの) とからなる言葉である。なお nose はアングロサクソン語 nosu, nasu が語源で, ラテン語 nasus (鼻:nasal が派生) やサンスクリット語 nasa (鼻孔:nostrils) は同族語である。nostrils は nose-thrills (鼻を貫く溝) である。〈torch 参照〉
columbine (オダマキ) は, ラテン語 columba (ハト) の指小語が語源である。〈nuptials 参照〉
pink (ナデシコ) はその色が先ではなく, 花の名前が先である。動詞 pink (刺す, 突く) は, 針仕事やフェンシングでの「突く」(prick) または「端に切れ目を入れる」が原義で, 語源はアングロサクソン語 pycan (つつく) である。ラテン語 picus (キツツキ:*woodpecker*) から変化した古フランス語 piquer (刺す:*pick*〔突く〕) も同根語である。したがって, pick, peck (突く), pink は三重語である。花の名 pink (ナデシコ) は切れ込んだ花弁から名づけられた。pink にはまた切断によってできた「先端, 尖った点」の意味があり, the *pink* of perfection (完全の極致) のように「頂点」という意味が

ある。〈pink 参照〉

nation [néiʃən] 国民，国，民族
　この言葉はラテン語 nasci, nat-（生まれる）〈neighbor 参照〉より派生したもので，nation は元々，生まれが一緒の人々のグループを指した。この語の初期の用法では「血統」とか「種族」の意味が顕著で，後世になるにしたがって政治的結合の意が強くなってきた。

native [néitiv] 生まれつきの，土着の；原住民
　→ neighbor

natron [néitrɑn] ナトロン，天然炭酸ナトリウム，ソーダ石
　→ element の項の nitrogen

nature [néitʃər] 自然，性質，本性
　この語は，ラテン語 nasci, nat-（生まれる）の未来分詞 natura からフランス語 nature（生まれ）を経て借入された〈neighbor 参照〉。元々「出生，生まれ」を意味したこの言葉は「人の生まれつきの性格」「本性」を指すようになり，さらに拡大して「事物の基本的な性質」を意味するようになった。それはすなわち，根本的なものとして斟酌しなければならないもので，多分に不変的なものである。例えば，芸術家は自分の扱う素材の性質（*nature*）を知っておかねばならない。そして同様な意味で，It's human *nature*!（それが人間の性(さが)だよ！）と言ったりもする。こうした語義すべてをラテン語が既に獲得していた。そしてあるものが持つ基本的で普遍的な性質という意味から，「人間に与えられた限界」としての「自然」，さらに，宇宙の物質的側面としての「自然」，野原，海，空のさまざまな「自然の美」（*natural* beauties）などの意味にまで広がった。

naughty [nɔ́ːti] わんぱくな，いたずらな，行儀の悪い
　→ nausea

nausea [nɔ́ːziə] 吐き気，船酔い，嫌悪
　この語は現在では幅広い意味を持つが，極めて古い言葉で，naus（船）から派生したギリシア語 nausia が語源である。元は「船酔い」に限られていた。ギリシア語 naus, naut-（船）から派生した英語に nautical（航海術の）や nautilus（オウムガイ）がある。オウムガイは，この貝が帆を揚げて泳ぐように見えるところからギリシア語で nautilos（船乗り）と呼ばれた。
　よく似た発音ではあるが naughty（いたずらな，わんぱくな）の語源はもちろん別である。この語はゲルマン語起源の ne（否：not）と aught（何でも：anything）からなるもので，まさに「価値ゼロ」（worth *naught*）が原義である。また，aught は a（一つ）と whit（〔古語〕被造物，微小：〔原義〕物，生き物）からなり，whit は wight（生き物，人間）と二重語である。
　なお，ギリシア語 naus（船）のラテン形は navis（船）であり，これより navy（海軍），navigate（操縦する），naval（海軍の）などが派生した。教会の nave（ネーブ，身廊(しんろう)，一般会衆席）はラテン語 navis（船）から後期ラテン語 navem を経て借入されたもので，これは教会がしばしば船に見立てられたことによる。語根 na- は《印欧語根 nau-（船，舟）にさかのぼることが出来るが，》印欧語根 sna-（泳ぐ）にさかのぼるとする説があり，その場合はサンスクリット語 sna-（沐浴する），snu-（流れる）と英語 snake（ヘビ）は同根語ではないかと考えられる。サンスクリット語 naga も同根で「ヘビ」である。キプリング（Rudyard Kipling, 1865-1936）の短編物語 *Moti Guj—Mutineer*：『反逆者モーティ・グージュ』（1891年）その他の物語には Kala Nag（黒ヘビ）が登場する。
　ところで，教会の中心部を表す nave（ネーブ，身廊）は，nave（車輪の中心，こしき，ハブ）やその指小辞 navel（身体の中心，ヘソ）の影響を受けている。こちらはゲルマン諸語に共通で，アングロサクソン語では nafu, nafa である。この語の同族語はサンスクリット語 nabhi（ヘソ〔*navel*〕，中心），さらに，nabh-（ほころびる：to burst）にさかのぼることができるが，生まれて間もない乳児のヘソは，突起であり「ほころび」である。
　この burst（破裂する，ほころび）も同様に古いゲルマン語である。アングロサクソン語では berstan（破る），アイスランド語では bresta（破る）である。語幹 brast- はかつて burst の過去形として使われていたが，この語はアングロサクソン語

berstan の過去形 brak の強調形であり、この brak からアングロサクソン語 brecan を経て英語 break（壊す，壊れる）が派生した。break はアングロサクソン語 breost（男の胸）から変化した英語 breast（大胆に当たる）と同系語であるとする説がある。チョーサー（Geoffrey Chaucer, 1343?–1400）は bresten を burst（破裂する）という意味に使っている。

　空の旅行は，近年では navigation（航海）との類比で，ラテン語の avis（鳥）を用いて avigation（航空）と呼ばれている。さしずめ pilot（パイロット）は鳥人ということになる。

nautical [nɔ́:tikl] 航海の，船員の
　→ nausea
nautilus [nɔ́:tələs] オウムガイ
　→ nausea
naval [néivl] 海軍の
　→ nausea
nave [néiv]《教会堂の》身廊，一般会衆席，車輪の中心
　→ nausea
navel [néivl] ヘソ，中心部
　→ nausea
navigate [nǽvigèit] 操舵；操縦する，誘導する
　→ nausea
navy [néivi] 海軍
　→ nausea
Nazi [ná:tsi] ナチ党員，ドイツ国家社会主義者
　→ Dora
Nebraska [nəbrǽskə] ネブラスカ
　→ States
nebular [nébjlər] 星雲〔状〕の
　→ cloud
nebulous [nébjələs] 漠然とした，雲のような
　→ cloud
necromancy [nékrəmænsi] 降霊術，魔術

　降霊主義者は自分の仕事をこの言葉で表すことを容認しないであろう。しかし，黒霊術（*black* art, *black* magic）という用語は，後期ラテン語から借入されたこの言葉が negro（黒）と mantia（占い）からなると考えられていたことを示している。実際はギリシア語 nekros（死人）と manteia（予言，占い）とからなる言葉であり，このギリシア語 manteia から mantis（占い師，預言者）や mania（狂気）を経て英語 mantis（カマキリ）や mania（…狂，熱狂を喚起するもの）が借入された。カマキリは，前足が，人間が祈る時に両手を組み合わせる姿とそっくりなところからこの名を得た。necropolis（共同墓地）は元々「死者の都市」〈police 参照〉の意で，cemetery（共同墓地）の改まった表現である。cemetery 自体は「最後の休息についた」という意味の婉曲表現で，koiman（眠らせる）から派生したギリシア語の koimeterion（眠る場所，宿舎：dormitory）が語源である。necromancy は死者の霊を呼び出して行う降霊による占いである。

　占いの人気は，多種多様な占いの一部をあげて見るだけでわかる。例えば，theomancy（神託占い），bibliomancy（聖書占い《聖書を無作為に開いて出た所で吉凶を占う》），psychomancy（霊媒占い《死者との降霊による占い》），crystallomancy（水晶占い《水晶に写る幻による占い》），sciomancy（影占い《死者の影との交信による占い》），aeromancy（空気占い《空中に現れる影による占い》），chaomancy（雲占い《雲の形による占い》），meteoromancy（気象占い《雨，虹，雷，流星による占い》），austromancy（風占い《風向きによる占い》），hieromancy（聖物占い《犠牲獣の内臓による占い》），anthropomancy（死者占い《死者の内臓による占い》），ichthyomancy（魚占い《魚の頭や内臓による占い》），pyromancy（火占い《火の燃える様子による占い》），sideromancy（鉄板占い《灼熱した鉄板の上に置いた藁（½）などの燃え方で占う》──ギリシア語 sideros〔鉄〕に由来する言葉で，ラテン語 sidus, sider-〔星〕が語源ではない──），capnomancy（煙占い《祭壇の煙による占い》），myomancy（ネズミ占い《ネズミの動きによる占い》），ornithomancy（鳥占い《鳥の飛び方，叫び声による占い》），alectryomancy（雄鶏占い《雄鶏の穀物のついばみ方による占い》），botanomancy（薬草占い），hydromancy（水占い《水の動き，干満，水に現れた影による占い》），

pegomancy（泉占い《泉でのアブクの立ち方による占い》）, rhabdomancy（杖占い《地中の金鉱, 水脈などを杖で占う》）, crithomancy（麦占い《犠牲獣にふりかけたねり粉による占い》）, aleuromancy（粉占い《犠牲獣にふりかけた粉による占い》）, halomancy（塩占い――ギリシア語 hals, halo-〔塩〕が語源で, halogen〔ハロゲン元素〕は「塩を生み出す」が原義――）〈racy 参照〉, cleromancy（くじ占い《豆, 小石, サイコロ, 骨を投げて占う》）, belomancy（矢占い《矢の飛び方による占い》）, axinomancy（斧占い《灼熱した斧の頭による占い》）, coscinomancy（ふるい占い《さすまたで支えたふるいの傾き方による占い》）, dactyliomancy（指輪占い《指輪をぶら下げて占う》）, geomancy（土占い《一握りの砂をこぼした形, または紙の上に勝手に打った点による占い》）, lithomancy（宝石占い《宝石や磁鉄鉱による占い》）, pessomancy（小石占い《小石を投げ上げる占い》）, psephomancy（小石占い《種々の印刻をした小石を入れた壺から福引のように引いて占う》）, catoptromancy（鏡占い）, tephromancy（灰占い《灰に字を書く, または灰の舞い上がり方による占い》）, foliomancy（葉っぱ占い《ティーポットの茶の葉のつくる模様による占い》――ラテン語 folium〔葉〕が語源で, これより foliage〔繁茂した葉群, 葉〕, folio〔二つ折りフォリオ版〕が派生――）, oneiromancy（夢占い――ギリシア語 oneiros〔夢〕が語源――）, chiromancy（手相占い）, onychomancy（つめ占い《つめを日の光に照らして占う》）, dactylomancy（指占い《指輪による占い》――ギリシア語 dactylos〔指〕より――《なお, *OED* は誤記としている》）, arithmancy（数字占い）, stichomancy（詩句占い《手元の本をパッと開いて出てきた句で占う》――ラテン語 sortes Virgilianae〔ウェルギリウスによる運命。例えば『アエネイス』などの本を無造作に開いたり, 開いていたページの一部を任意に指で押さえ, そこに書かれていることで運命を読むというもの〕はその一例――）, onomancy（名前占い《名前のアルファベットによる占い》）, gastromancy（腹占い《腹の音や徴候による占い》――腹話術〔ventriloquism〕を伴うことがある。gastro- の語源はギリシア語 gaster, gastro-〔腹〕。これより gastric〔胃に関する〕が派生；ventriloquism はラテン語 ventri-〔腹〕+ loqui〔語る〕が語源で, ラテン語 loqui より loquacious〔おしゃべりな〕が派生――）, gyromancy（円占い《円の中をグルグル回り, めまいで倒れこんだ場所によって占う》）, ceromancy（ろうそく占い《溶けたろうそくを水中に垂らしてできる形による占い》）, などなどである。

necropolis [nəkrɑ́pəlis] 埋葬地, 共同墓地
　→ ambrosia, necromancy

nectar [néktər] ネクタール《神々の飲み物》
　→ ambrosia

nectarine [nèktərí:n] ネクタリン, ズバイモモ
　→ ambrosia

needle's eye [ní:dlz ái] 針の穴
　→ Prometheus

nefarious [niféəriəs] 極悪な, 無法な, よこしまな

　言語に絶する事柄は, 私たちの筆舌の力を超えるほど良い場合と悪い場合とがある。ただし, その賭け率は悪 2 に対して善 1 である。ineffable（言うに言われぬ）は in（否定辞）+ ef-（ex：外へ）と fari（語る）との合成によるラテン語 ineffabilis（言うに言われぬ）が語源であるが, この語は良い事柄について用いられる。同じくラテン語 fari（語る）から派生した fas, far-（語られたこと）は「神託, 神によって語られたこと」, それ故「正義にかなうこと」という意味に用いられた。そこで否定のラテン語 nefas は「正しくないこと, 悪いこと」を意味した。英語 nefarious（極悪な）は, ラテン語 nefarius（不信心の――ne〔否定辞〕+ fari〔語る〕+-osus〔…で満ちた〕――）が語源で, 原義は「口に出してはならぬことに満ちた」である。そして第三の類義語として本来の英語 unspeakable（言葉に表せない, 口にするのも恐ろしい）〈同項参照〉がある。なお, unutterable（言いようのない）〈同項参照〉は, 倫理的関心を除いた専門分野で用いられるのが普通である。

したがって，上記の賭け率で言えば中立である。〈infantry 参照〉

negative [négətiv] 否定の，消極的な；否定
→ runagate

neglect [niglékt] 無視する，怠る；無視，怠慢
→ sacrifice

negligent [néglidʒənt] 怠慢な，不注意な，無関心な
→ sacrifice

neighbor [néibər] 近所の人，隣人

昔，隣に住んでいる男は農夫であった。neighbor は古英語 nēahge-būr（近くの農夫：*nigh boor*）が語源で，boor（田舎者）は「農夫」の意であったが，都会的洗練と対比して軽蔑を表す「無作法者」を意味する言葉ともなった。反対に都会的な洗練を urbanity（都会風，上品）というが，この語の語源はラテン語 urbs（都市）から派生した urbanus（都会人）である。ついでながら rusticity（田舎らしさ，質素，粗野）はラテン語 rus, rur-（田舎，田野）から派生した rusticus（田舎の）が語源であり，英語 rural（田園の），rusticate（田舎に住む，《大学生を》停学処分にする）も同語源である。

同じく野蛮さを表す言葉 savage（獰猛な，野蛮な）は，フランス語 sauvage（野生の）から借入されたが，語源はラテン語の silva（森，荒地）から派生した silvanus（森の）であり，英語 sylvan（森の精）は同語源である。Pennsylvania（ペンシルヴァニア州）は，「ペン（William Penn, 1644-1718《クエーカー教徒の指導者でペンシルヴァニアの開拓者》）の森」が原義である。

また，savage の反対の意味を表す naive（単純な，無邪気な）は，native（出生地の，生まれつきの）と二重語であり，フランス語 naif（生来の，天真爛漫な：*naive*）から借入された。語源は nasci, nat-（生まれる）から派生したラテン語 nativus（生まれながらの）で，英語 natal（出生の）も同語源である。naive は，嘲笑的に大都市生まれの人々の訛り（provincialism of the *natives* of a large city）という意味にも使われるようになった。

さて boor（田舎者）はオランダ語では boer（農夫，自営農民）であり，the *Boer* War（ボーア戦争，1899-1902）の名はこれに由来する。bond（奴隷，農奴）は元々「農夫，自由土地保有者」の意味であった。古北欧語 būa（住む，耕作する）から būandi（戸主），bōndi を経てアングロサクソン語では bōnda（戸主，自由民，平民，夫）となった言葉で，ドイツ語 Bauer（農夫）と同系語である。ところが，この言葉は，ゲルマン共通語に由来するアングロサクソン語 bindan（縛る）から bind（縛る）を経て派生した band（ひも）の変化形 bond（きずな）と絡まり，元は「戸主，夫」を意味した bondman を「奴隷身分」（*bondage*）に変えた。また，このゲルマン共通語からオランダ語 bond（南アフリカ連合，同盟組織）やドイツ語 Bund（約束，同盟）が派生した。

churlish（無作法な，育ちの卑しい）は，古英語 ceorl, carl（小農民，平民の男）から churl（無作法な男，身分の低い男）を経て派生した。私たちの言葉の造語者は必ずしも民主的だったわけではない。

オランダ語 boer（ドイツ語 Bauer〔農夫〕）から，オランダ語 bouerij（農場）が派生し，さらに英語 bowerie（百姓風），Bowery（オランダ移民農場《アメリカ開拓初期，ニューヨークに作られた農場》；あずまやのある，木陰の多い，木の葉の茂った）が派生した。ニューヨークの the Bowery（バワリー街）は，田舎から出てきた男が痛い目に遭って歌う"I'll never go there any more!"（もうあそこには行かないぞ！）という歌詞にあるように，安飲食店，安興行場，安旅館がひしめく歓楽街であるが，元は農場で，後に農場道路となったところであった。これらの言葉は英語 bower（小屋）と同語源で，古英語 bur（小屋，住まい）にさかのぼり，印欧祖語 bhur-（住む）から bhurom（住居）を経て分出したものである。英語 bower は今日では普通の用法が失われ，詩語として「あずまや」（arbour）の意となった。

ところでこの arbour は arbor とも綴られ，*Arbor* Day（植樹祭）の arbor（《低木と区別して》高木）から変化したかのように考えられるが，直接には関係がない。この arbor はフランス語 arbre（木）から

借入された言葉で，語源はラテン語 arbor（木）であり，arbor（あずまや）はスペリングがこのラテン語から直接生まれたかのような変化をとげたことになる。さて arbour（あずまや）は，古くは erber, herber であり，語源はラテン語 herba（乾し草）で，英語 herb（ハーブ）と二重語である。arbour（あずまや）は本来，薬草園を指していたが，たいていそれは樹木の下に作られていたので，「樹木」自体を指すようになり，さらに，harbour（避難所）の影響を受けた可能性があり，「《木かげの》避難所」（*bowery* retreat）を指すに至ったのである。この bowery は英語 bower（木陰）から派生したもので，発音は似ているが前記ドイツ語の Bauer（農夫）から派生したものではない。

Nemesis [néməsis] ネメシス《復讐の女神》，天罰応報

　ギリシア人は特定の物を指す言葉を有していたばかりではなく，通常言葉に対応した神を有していた。Nemesis は復讐の女神であった。本来は罰ばかりではなく褒賞をも配分する女神であった。ただ人間なるものは本質的に，ほとんどが悪い方の分け前にふさわしい存在であった。この女神は他の古い神々の多くの場合と同様，名前通りその観念を単に擬人化したものである。ギリシア語 nemesis（しかるべき運命，正義の怒り）は nemein（ふさわしいものを量りわける）から派生した。

neodymium [nìːoudímiəm] ネオジミウム《元素名》
→ element の項 lanthanum

neologism [niːáləd ʒìzm] 新語，造語癖
→ neophyte

neon [níːɑn] ネオン《元素名》
→ element

neophyte [níːəfàit] 新改宗者，修練士，新受洗者

　新約聖書のドゥエー（Douai）訳《1582年，カトリック教徒のためにラテン語訳聖書ウルガタから英訳されたもの》に登場したこの言葉は，当時かなりの抵抗を引き起こし，19世紀になって初めて広く用いられるようになった。だがこの言葉はギリシア語聖書に neophytos（信仰に入って間もない人）（『I テモテ書』3 : 6）とあり，欽定訳聖書（King James Version, 1611年）では novice（新改宗者）と訳されている。文字通りには「新しく植えられた」という意味で，ギリシア語 neo（新しい）と phyteuein（植えつける —— phyton〔フィトン《植物の構成単位》，植物〕の語源 ——）とからなる言葉である。neo- は英語では接頭辞としてしばしば用いられ，neologism（新語，新語を用いる癖）や neoplatonism（新プラトン主義）などがある。

　英語 phyt-, phyto- は植物に関係する術語の合成にしばしば用いられる。本項の見出し語 neophyte はもちろん比喩的用法で，「神の庭に新しく植えられたもの」が転じて「新参者，初心者」として使われるようになった。

nepenthe [nipénθi]《詩語》ネペンテス《悲しみや苦しみを忘れさせると古代ギリシア人が考えた薬で，たぶんアヘンのこと》，悲しみ〔苦痛〕を忘れさせるもの
→ respite

nepotism [népətìzm] 身内びいき
→ simony

nest [nést] 巣，避難所，巣窟

　この語は完全な同形語としていくつかのゲルマン諸語に現れる。ラテン語 nidus（巣）は同族語である。このラテン語は英語でも nidus（《昆虫・クモなどの》巣，産卵場所，【植物学】芽胞巣）として用いられるとともに，例えば nidification（営巣，巣造り）のように科学用語の構成要素としても用いられている。古くは，aquarium（水族館）などに見られるラテン語の語尾 -arium（…に関連する場所）から変化した -ary をつけた nidiary も用いられた。nizd-（座る場所）から派生したサンスクリット語 nidha-（安息所）は同族語である。この語は印欧語根 ni-（下に）と sed-（座る）からなるもので，この造語はまさに鳥がその中でする行動に由来するものである。印欧語根 ni- はゲルマン諸語でも共通で，*nether* millstone（地獄の石臼）の nether（地下の，地獄の）は，古高地ドイツ語 nideri から古英語 nithera（下の，より低い）を経て派生した。

　一方，印欧語根 sed- はゲルマン諸語にも共通に見られ，ドイツ語 sitten（座る）や，英語 sit（座る）〈strategy 参照〉の語源であるアングロサクソン語 sittan は同

根語である。ラテン語では sedere（座る）で、印欧語根が直接現れる。sedentary（いつも座っている、定住性の）はこのラテン語から派生した。〈subsidy 参照〉

nest-box（入れ子になった箱）は、大きな箱から始まってその中に次第に小さな箱が順次、巣（nest）にぴったりとおさまるように入った細工物である。nest-egg（抱き卵、種銭（たねせん））は本来、その巣に卵を産ませるために置く模造の卵であるが、預金をさらに増やしてもらうための種銭、あるいは非常時にそなえた貯金を指す言葉として使われている。

nest-egg [néstèg] 抱き卵、種銭
→ nest
nether [néðər] 地下の、地獄の
→ nest
neuralgia [n(j)ùərǽldʒə] 神経痛
→ nostalgia
neuter [n(j)úːtər] 中性の；中性、中立
→ marshal
neutral [n(j)úːtrl] 中立の、公平無私の
→ marshal
Nevada [nəvǽdə] ネバダ
→ sierra, States
New Hampshire [n(j)ùː hǽmpʃər] ニューハンプシャー
→ States
New Jersey [n(j)ùː dʒə́ːrzi] ニュージャージー
→ States
New Mexico [n(j)ùː méksikou] ニューメキシコ
→ States
New York [n(j)úː jɔ́ːrk] ニューヨーク
→ States
newt [n(j)úːt] イモリ、《俗語》ばか、間抜け
→ auction
nexus [néksəs] きずな、関係、関連性

この語は、ラテン語 nectere、nex-（結ぶ）の名詞形 nexus（結び目）から直接借入された。このラテン語から派生した connect（つなぐ）は複数の物を一緒に結びつけることであり、名詞形の綴りとしては長らく connexion の方が connection より好まれ、現在でも2語は互換的に用いられる。annex（併合する）は何かに他のものを結びつけることであり、名詞形は annexation（付加、併合）である。

なお、これらの言葉と、ラテン語 nex、nec-（殺害、流血）と混同してはならない。こちらからは強調の接頭辞 per-（…を通じて、徹底して）と一緒になってラテン語 pernicies（破滅、破壊）が派生した。英語 pernicious（ひどく有害な、致命的な）はこのラテン語の形容詞 perniciosus（破壊的な、有害な）が語源である。なお、この語はギリシア語 nekros（死体――ラテン語 necare, necat-〔殺す〕――）と同族語であり、このギリシア語から necromancy（降霊術）〈同項参照〉が派生した。〈ambrosia 参照〉

nibble [níbl] 少しずつかじる、そっと突つく
→ browse, knick-knack
nibs [níbs] お偉方、いばり屋
→ snob

ペンの nib（ペンの二つに割れた先端）は、アングロサクソン語 nebb（くちばし）が語源で、古くは neb（くちばし）であった。snip（小片）や snap（くちばしをパチンと鳴らす）は同系語である。〈knick-knack 参照〉

nice [náis] 立派な、親切な

この語は元来「無知なる」の意味で、ne（否）と scire（知る）からなるラテン語 nescius（知らない、不能な）が語源である。古フランス語 nice（ばか正直な）を経て借入された。そしてこのラテン語 scire の現在分詞 sciens, scient-（知っている）から英語 science（科学、科学的知識）などが派生した。

nice の意味の移転については中英語 nesh（繊細な）との混同があったとの説がある。しかし、この変遷については心理的に自然な流れがあると考えられる。寡黙な人には無知な人もいれば内気な人もいる。そこでラテン語 nescius は両方の意味を持ち、特に女性の振る舞いで「内気な、…したがらない、喜びをなかなか表さない」を意味するようになり、「気難しい、厳格な」、さらに「目の肥えた、繊細な判断のできる、微細な区別ができる」を経て、このようなセンスの持ち主が「ナイスな」人物となるのである。女性に好意を抱いた場合、この言葉はその意味が拡大して、すべて喜ばしくて感じの良いものに適

用されることになる。〈dainty 参照〉

niche [nítʃ] 壁龕（へきがん），最適の地位
→ knick-knack

nick [ník] 刻み目
→ knick-knack

nickel [níkl] ニッケル，5セント白銅貨
　ちょっとした幸運に出会うと，人は，小鬼（goblins），地下の精（gnomes），小妖精（elves），いたずら妖精（pixies）などに感謝を捧げ，不運にあうと非難を浴びせたものである。同じく鉱夫たちはピカピカ光る鉱石を見つけると幸運と考えたが，それが銅を含んでいないと知らされると，最もおせっかいな小鬼（goblins）の一人，ニコラス（Nicholas）のせいにし，その鉱石を nickel（ニッケル）と呼んだ。合衆国では1ダイム（dime《1ドルの10分の1》）の半分（5セント）の硬貨は，主成分がこの金属だったので，ニッケルという名前がついた。この金属名はドイツ語 Kupfernickel（copper-nickel：白銅）の略語である。
　なお，ドイツ語 Nickel は Niklaus から派生した。Niklaus は英語では Nicholas であり，この人物は Saint Nicholas（聖ニコラス）とか Santa Claus（サンタクロース）など，よりめでたい姿でも登場する。一方ダイム（dime）はもっと散文的で，ラテン語 decima pars（10分の1）が語源である。〈dollar, element 参照〉

nickname [níknèim] 愛称，あだ名
→ auction

nicotine [níkətìːn] ニコチン
　英米人は，ヨーロッパへのタバコ（tobacco）の渡来といえば，英国の軍人・探検家・政治家であるローリー卿（Sir Walter Raleigh, 1552?-1618）の召使いの話を思い出す。この召使いは主人がタバコを吸っているのを見て火事だと思い，バケツで水を浴びせかけた。
　フランス人にとってタバコ渡来の記憶はいっそう強烈である。それは nicotine が1560年にフランスにタバコを輸入したジャック・ニコ（Jacques Nicot, 1530-1600）の名前に由来することからもわかる。この植物の名前さえも彼の名にちなんで Nicotiana（ニコチアナ種《ナス科タバコ属の総称》）と名づけられた。
　tobacco（タバコ）はスペイン語 tobaco（大きな管）が語源である。新大陸の原住民がタバコを吸うのに用いていた管（パイプ，キセル），ないしはタバコの葉を大きな葉巻のように巻いたもので，入れ物の名前が中身の名前となったことになる。元々はブラジル原住民の言葉だった可能性がある。
　cigar〔segar〕（葉巻）は，スペイン語 cigarro（葉巻）が語源であり，cigarette（巻タバコ）はフランス語の指小語である。これらはアメリカ・インディアンのものではなく，語源は不明である。葉巻がバッタの体の形に似ていることからスペイン語 cigarron（バッタ）に由来するとの説がある。

nidification [nìdəfəkéiʃən] 巣作り，営巣
→ nest

nidus [náidəs] 産卵場所，病巣，巣
→ nest

nigh [nái] 近い，接近して
→ neighbor

night [náit] 夜，日暮れ
→ week

nightmare [náitmèər] 悪夢，うなされること
→ marshal

nihilist [náiəlist] ニヒリスト，虚無主義者
→ annihilate

nil [níl] 零，ゼロ，無
→ annihilate

nimbus [nímbəs] 雨〔雪〕雲，後光，雰囲気
→ cloud

niminy-piminy [nímənipímənì] 気取った，すました
　反復語〈scurry, patter 参照〉によるこの言葉は，namby-pamby（いやに感傷的な）よりやや心を動かされた状態を表す擬態語である。namby-pamby は，1700年ころ「すべての世代，すべての人々に向けて」("to all ages and characters") いくつかの女々しい詩を書いた英国の詩人アンブロウズ・フィリップス（Ambrose Philips, 1674-1749）の名を，詩人ケアリー（Henry Carey, 1687?-1743）がもじって作り出した言葉である。ポープ（Alexander Pope, 1688-1744）もガーディアン紙でこのフィ

リップスについて，極めて巧みな皮肉を浴びせている．
nincompoop [nínkəmpù:p] ばか, 間抜け

この語は，ラテン語 non compos mentis（冷静な精神を持たない）が短縮，転訛したものとの説があるが，おそらくは誤解である．この語の古形は nickumpoop であり，前半部は tomfool（道化，大ばか者）と同類の意味を持つ Nicodemus（ニコデモ——エルサレム最高評議会のメンバーでありながら，陰ながらイエスに帰依した人物——）（ヨハネ書，3:1-21, 5:50-52, 19:39）に由来し，後半部はオランダ語 poep（愚か者——これから英語の俗語 poop〔でくのぼう〕が派生——）に由来すると考えられる．poop は Nicodemus の別の短縮形と結合して poopnoddy（愚か者）を造っている．ニコデモは『ヨハネ書』にもあるように少々単純な男だったようである．

一般に同じ意味で用いられている ninny（ばか者，間抜け）も人名 Innocent（イノセント）の短縮形と考えられている．innocent（無垢なる人）はだまされることが多いからである．スペイン語 niño やイタリア語 nino も，世間ずれのしていない子供を指すが，こちらはなだめたり気持ちを落ち着かせる声と関係しているようである．その例をイタリア語 ninna（子守歌）やこの語から派生した ninnare（子守歌で寝かしつける）に見ることができる．同様の例にはギリシア語 nanna（おばさん），nannas（おじさん），ラテン語 nonna, nunna（お母さん），nonnus（お父さん）などがあり，これらは英語 mama, mamma（お母さん）や dadda, daddy（お父さん）に似ている．ラテン語 nonnus は「修道士，神父」（Father）という意味にも用いられ，その女性形 nunna から英語 nun（尼僧）が派生した．

ところで見出し語と類義の cretin（ばか，間抜け）は Christian のスイス方言に由来するものと思われる．この名前を持った個人がいたか，キリストの教えをこの世に適用する人物が唯物論者の目にはこの名前にふさわしいと映ったとことによると考えられる．

nine [náin] 9
→ number

ninepins [náinpìnz] 九柱戯
tenpins [ténpìnz] 十柱戯

tenpins, ninepins で使われたピンは，元来動物の骨，特にすねの骨で，これを立ててボールを転がしてぶつけた．14世紀になって木製の物が取り入れられた．イングランド王エドワード4世（Edward IV, 在位 1327-77）の法令（statute, 1332年）には「木の九柱または雄牛や馬の9本のすね骨にボール（ball）を投げること」（"casting a bowle"——bowling〔ボウリング〕の由来——）を禁じたものがある．このゲームはサイコロ（dice）と並んで極めて古いもので，初めは文字通り骨を転がした．現在でも "shaky on his *pins*"（脚がふらふらする）との表現がある．

17世紀には ninepins の代わりに skittles という名前も当てられるようになった．この語は現在も九柱戯ゲームの変種に用いられる．skittle は shuttle（杼(ひ)）と二重語で，古くは shittle で，アングロサクソン語 scytel（投げ槍などの飛び道具）が語源である．

このアングロサクソン語はまたデンマーク語 skyttel（杼: *shuttle*）や古北欧語 skuttil（銛(もり)）は同系語で，さらに，中英語 scheoten を経て英語 shoot（射る）となったアングロサクソン語 sceotan（射る，急襲する）とも同語源である．"All beer and *skittles*"（飲んだり遊んだりばかりの生活，おもしろおかしい生活）は，何らもめごとも心配もない呑気な時間を指す．

ninny [níni] ばか，間抜け，とんま
→ nincompoop
nip [níp] つねる，はさむ
→ knick-knack
nipple [nípl] 乳首，乳頭
→ knick-knack
nisei [ní:sei] 二世

第2次世界大戦では，nisei（二世——第一代の日本人から合衆国で生まれた子供——）の合衆国への忠誠ということが関心を呼んだ．彼らの親たちは合衆国に移住してきた第一代 issei（一世）である．二世の子供たちは sansei（三世）である．日本語 sei は「世代」，is-(ichi), ni-, san- は「1」「2」「3」である．

nitrogen [náitrədʒən] 窒素
→ element, racy

nob [náb] 頭；なぐる
→ knick-knack

nod [nád] うなずく
→ knick-knack

node [nóud] 結び目，こぶ
→ noose

nodose [nóudous] 節のある，こぶのある
→ noose

nodule [nádʒuːl] 小さな節，根粒
→ noose

noetic [nouétik] 心の，知力の
→ anaesthetic

nog [nág] 木栓，エッグノッグ《飲物》，ノッグ《強いビールの一種》
→ nugget

noggin [nágin] 小型ジョッキ，少量
→ nugget

nomocracy [noumákrəsi] 法治〔主義〕政治
→ number

non sequitur [nàn sékwətər] 無理な推論，不合理な結論
→ refrain

nonce-word [nánswə̀ːrd]《その場限りで用いる》臨時語

これは特別の目的に合うように造られた言葉（word created *for the nanes*）のことである。for the nonce は，古くは for then anes で，*for the nanes* を経て成立した表現である。古い表現 for then anes の then は冠詞 the のアングロサクソン語の与格 than が置き換えられたもので，この表現は「その１度だけに」(for that once) という意味になり，この綴りのわかち書きを誤り，for the nanes ができたのである。英国の詩人・劇作家ジョンソン (Ben Jonson, 1572?‐1637) は，*Epicoene, or The Silent Woman*：『エピシーニ，無口な女』(1609年) の中で A wife is a scurvy clogdogdo. (女房は役立たずの生悪犬なり) と言っているが，この描写的な語は今まで他にだれも用いたことがない。

ホッジソン (C. Hodgson) は1861年に，まるで魔法のように姿を変えることを aladdinize と表現したが，これは『千一夜物語』におけるアラジンと魔法のランプからの造語である。こうした言葉は *OED* における「おでき」(carbuncle) のような物であると言える。

noncombatant [nànkəmbǽtnt] 非戦闘員
→ debate

nondescript [nàndiskrípt] えたいの知れない〔人・物〕，漠然とした
→ shrine

none [nʌ́n] カトリック教の九時課
→ bull

nones [nóunz]【古代ローマ】《3，4，7,10月の》7日，《その他の月の》5日
→ bull

nonentity [nənéntəti] 取るに足りない物，架空の物
→ authentic

noon [núːn] 正午；正午の
→ luncheon

noose [núːs]《引けば締まるようにした》輪なわ，投げなわ，絞首刑

ラテン語 nodus (結び目) は英語に学術用語の nodus (結節) として借入されている。このラテン語 nodus の指小形 nodulus (小さい結び目，小結節) から英語の学術用語 nodule (小結節，根粒) が派生した。より一般的な英語としては node (結び目：knot) があり，nodose (結節性の) や nodosity (多節，こぶ) がある。ラテン語 nodus はまた，プロヴァンス語，古フランス語 nous 経由で英語 noose (輪なわ) として借入されている。これは時に running *noose* (引くと締まる輪なわ) と呼ばれる〈lasso 参照〉。しかし，この語 noose については他説もあり，ひも解きにくい (It's a *knotty* field.)。〈knot 参照〉

norm [nɔ́ːrm] 標準，基準

ラテン語 norma は「大工の曲尺（定規）」のことで，そこから「模範，規準」という意味が生まれた。南半球に Norma (じょうぎ座) という星座がある。「規則，標準」という意味は既にラテン語 norma にあり，それが norm として英語に借入され，この語から極めて多くの言葉が育ってきた。例えば，normal (標準の，正常な)，normality (正常，規定度)，abnormality (変則，異常──ラテン語 ab 〔…から離れて，…から〕──)，normalcy (正常，常態) などである。米国第29代大

統領ハーディング（Warren G. Harding, 在任 1921-23）が「アメリカが現在必要としているのは英雄叙事詩ではなく癒しである。特効薬ではなく常態（normalcy）である」と1920年の大統領選の演説で言ったが，多くの人々はこの normalcy は彼の造語であると考えている。しかし，この語は少なくとも1857年に用いられた記録がある。OED はまた私の生まれた年（1893年）に "the mathematical *normalcy* of the female mind"（女性心理の数理的常態）なる用例を収録している。Normal School（《古語》師範学校）とは，規準に適合した学校ではなく，授業の基準や方法を教える学校である。

normal [nɔ́ːrml] 標準の，正常な
→ norm

normalcy [nɔ́ːrmlsi] 正常，常態
→ norm

normality [nɔːrmǽləti] 正常，規定度
→ norm

north [nɔ́ːrθ] 北
→ east

North Carolina [nɔ́ːrθ kærəláinə] ノース・カロライナ
→ States

North Dakota [nɔ́ːrθ dəkóutə] ノース・ダコタ
→ States

nostalgia [nɑstǽldʒə] 郷愁，ノスタルジア，ホームシック
　心には常に二つの相反する叫びがある。その一つは詩人が歌ってきたもので「僕は次の列車で出かけたい／行先がどこであろうと」("I want to take the next train out, / No matter where it's going.") といったもので，もう一つは，子供が単刀直入に口にする言葉 "I wanna go home."（お家に帰りたいよう！）である。nostalgia は後者を文字通り表したものである。語源はギリシア語 nostos（帰郷）と algos（苦痛）とからなる言葉で，よく似た造語に neuralgia（神経痛：神経＋痛）などがある。オデュッセウスはノスタルジアに苦しんだ最初の人であると言える。

nostril [nɑ́strl] 鼻孔
　神は私たちの鼻に２本の通路を開けた（*drilled*）。nostril は，アングロサクソン語 nos-thirl（thirl〔穴〕が語源で，オランダ語 drillen（貫く，キリで穴を開ける）と同系語である。兵士の訓練を drill（ドリル）と呼ぶのは（穴を開ける，痛めつける：to bore）の駄じゃれである。ドリルはすべてきりきり回して穴を開ける。

nostrum [nɑ́strəm] 秘伝薬，売薬，妙案
　合衆国のインディアンの呪医は，古くからの伝承に従っている。中世では万能薬や免罪符（心身の万能薬）の売人は，民衆を惹きつけるのにアクロバットや操り人形を見せた。しかし，それぞれの売人が自分たちだけの特効薬を持っていた。それこそ新聞などの特ダネで意図的に用いる we と同じく「われわれだけの」ものであり，他はだれも知らないものであった。そこで，ラテン語 noster, nostra, nostrum（われわれの）から英語 nostrum が派生したのである。

notch [nɑ́tʃ] V字型切り込み，矢筈(筈)
→ knick-knack

noumenon [núːmənɑ̀n] 本体，物自体，実在
→ focus

nourish [nɔ́ːriʃ] 養う，育てる，助長する
→ tribulation

November [nouvémbər] 11月
→ month

noxious [nɑ́kʃəs] 有害な，不健全な
→ nuisance

nubile [n(j)úːbəl] 結婚適齢期の，年ごろの
→ nuptials

nucleus [n(j)úːkliəs] 中心，核心，細胞核
→ plant

nude [n(j)úːd] 裸の
→ naked

nugget [nʌ́git] 塊り，天然の金塊
　言葉にはしばしばまことに不思議な遍歴をするものがある。nugget はおそらく，nog（くぎ，切り株）の異形 nug（固まり）の指小語だったと思われる。ところがこの nog は noggin（小さなジョッキ）という語を生み出し，さらにその容れ物の名前から中身を表すことになり，nog なる飲み物（一種のビール）や egg-nogg（一種の卵酒）の名前となった。
　一方 nugget には nigget や niggot などの綴りがある（例えば，英国の翻訳家ノース〔Thomas North, 1535-1603?〕の『プ

ルターク英雄伝』の翻訳に見られる《in niggot of gold（金塊で）》》ことから，ningot（an ingot）を経て，ingot（鋳塊）にさかのぼるとする説もある。ingot は単に溶かして鋳型に流し込んだ金属の塊りであり，in（中に）とアングロサクソン語 geotan（注ぐ）からなる言葉である。ningot が不定冠詞 an の -n を盗んだ〈auction 参照〉のと同様に，英語からフランス語に入った ingot は，定冠詞 le の l- を加えて lingot（地金，鋳塊）となっている。

nuisance [n(j)úːsəns] 迷惑になること〔人〕，妨害

　この語は今でもやっかいな存在を表すが，かなりその力を失っている。語源はラテン語 necare, necat-（殺す）である。英語 necation（殺人）は killing の臨時語（nonce word）である。ラテン語 necare から後期ラテン語 nocere, nox-（害する）を経て noxa（害）が派生し，さらに英語 noxious（有害な），obnoxious（不快な），innocuous（無害な）が派生した。後期ラテン語 nocere（害する）の現在分詞 nocens, nocent- から英語 innocent（無垢な）が派生し，また古フランス語 nuire, nuis- を経て英語の名詞 nuisance が生まれたのである。〈nexus 参照〉

　綴りも語源も innocuous（無毒な）と inoculate（予防接種をする）とは無関係である。後者はラテン語 inoculare, inoculat-（接木する，植えつける）が語源である。このラテン語は in（…の中に）と oculus（目）からなる言葉で，芽の様子が目と似ているところからラテン語 oculus は「芽」を意味するようになった。ラテン語 inoculare, inoculat- の原義は「芽を植物に挿入する」である。後に医学の方で病気の「芽（病原菌やウィルス）を植えつけてその人を軽い症状にかからせ，病気に対する免疫性を与える方法」を意味するに至った。

null [nʌl] 無効な，空の；零
　→ anniversary

number [nʌ́mbər] 数，数字
　この語はラテン語 numerus（数）からフランス語 nombre を経て英語に借入された。同語源のラテン語動詞 numerare, numerat-（数える）から英語の動詞 enumerate（数えあげる）が派生し，形容詞 numeral（数字の），numerical（数に関する），numerous（たくさんの）なども同語源である。

　ラテン語 numerus（数）は印欧語根 nem-（割り当てる）から分出したもので，ギリシア語 nemein（用いるように分配する）や nomos（《割り当てられた》牧草地，放牧地）は同根語であり，元来「分割」の意味であったのが「使われるようになった物，使い慣れた物」，さらに「法律」となった。英語 nomocracy（法治政治）〈democracy 参照〉に見られる通りである。ギリシア語 nomisma（度量衡，流通貨幣）から英語 numismatics（貨幣学，貨幣収集）が派生した。

one [wʌ́n] 1
　この語はゲルマン諸語に共通であり，アングロサクソン語では an，これから a, an（冠詞）が派生した。once（1度）も同系語である。

two [túː] 2
　アングロサクソン語 twa から変化したもので，古くはアングロサクソン語の男性形 twain が用いられた。結合形 twi- は「2，2倍，二重」という意味の合成語を造る。twice（2度，2回）も同語源である。

three [θríː] 3
　この語は印欧語全般に広く分布している。アングロサクソン語 thri，ラテン語 tres, tria，ギリシア語 treis, tria，サンスクリット語 tri などがその例である。英語 thrice（3度）も同根語である。

four [fɔ́ːr] 4
　この語も印欧語《語根 kwetwer-》に広く分布している。アングロサクソン語 feower，ラテン語 quattuor，サンスクリット語 catur は同根語である。fortnight（2週間）〈remnant 参照〉や forty（40）〈twenty 参照〉では -u- が脱落する。

five [fáiv] 5
　この語も印欧語に共通の語根を持ち，同根語にはそれぞれ同義のアングロサクソン語 fif，古高地ドイツ語 finf，ラテン語 quinque（古くは pinque），ギリシア語 pente（pentagon〔五角形〕の

語源），サンスクリット語 panca などがある。飲物 punch（ポンチ，パンチ）はこのサンスクリット語に由来する言葉で，本来は五つの材料を使った飲み物であった。〈drink 参照〉

six [síks] 6
　この語は古くからの形をよく今日に維持している。アングロサクソン語 siex, sex, ラテン語 sex, ギリシア語 hex (hexagon〔六角形〕の語源)，サンスクリット語 shash などは同根語である。

seven [sévn] 7
　この語も印欧諸語すべてに出てくるものであり，アングロサクソン語 seofan, ラテン語 septem, ギリシア語 hepta (heptagon〔七角形〕の語源)，サンスクリット語 sapta は同根語である。

eight [éit] 8
　この英語は，印欧語から分出した他の言語の同根語と比べて少し大きく変化している。アングロサクソン語 eahta, オランダ語 acht, ラテン語 octo, ギリシア語 okto, サンスクリット語 ashta などが同根語である。

nine [náin] 9
　この語もまた印欧語起源であり，それぞれ同義のアングロサクソン語 nigon, ラテン語 novem, ギリシア語 ennea, サンスクリット語 nava は同根語である。

ten [tén] 10
　この語にも印欧語からの規則的な音韻変化が見られる。アングロサクソン語 tien, ラテン語 decem, のギリシア語 deka (decalogue〔十戒〕の語源)，サンスクリット語 dasha は同根語である。

eleven [ilévn] 11
　この語はゲルマン諸語に共通である。アングロサクソン語で endlufon であるが，第1音節は one（1）の一形態であり，第2音節は left（残された）と同語根の言葉で，「10のあとに残った1」が原義である。

twelve [twélv] 12
　「10のあとに2余り」（*two left* after ten）の意。〈eleven 参照〉

thirteen [θə́ːrtíːn] 13
　この語はアングロサクソン語 thriteen の字位変換によってできた。thri- は three の語源であり，-tyne, -tene は ten の変化形であるので，この語の原義は「3と10」である。fourteen（14）から nineteen（19）まですべて同様である。

twenty [twénti] 20
　アングロサクソン語 twain（2：*two*）と，ten（10）の変化形の一つであるアングロサクソン語 -tig とが結合したもので，「10の2倍」（*ten two* times）の意味である。

hundred [hʌ́ndrəd] 100
　100を意味するゲルマン語根は hund-であり，ラテン語 centum, ギリシア語 hekaton, サンスクリット語 shatam は同根語である。hundred は，これに -red（勘定）がつけ加わったものである。この -red はラテン語 ratio（計算）と同根語でもあり，このラテン語は「計算する，描く」，さらに「理解する，推論する」と意味が移転した。英語 ratio（比，割合）や rational（理性的，合理的）はこのラテン語 ratio から派生した。〈rat 参照〉

thousand [θáuznd] 1000
　この語は印欧諸語共通で，アングロサクソン語 thusend の原義は「多数」である。前半部はおそらく印欧語根 teu-（ふくれる）からゲルマン語根 tus-（ふくれる；力）を経て分出したもので，サンスクリット語 tavas（力強い）と同族語で，後半部は hundred（100）と同系語である。すなわち，このアングロサクソン語は「強力な100」がその原義であり，ラテン語 mille（1000）の訳として用いられた。ラテン語 mille は，ギリシア語 myrias（多数，10000）の場合と同様，おそらく数えきれない数を表すのに用いられたものと思われる。〈myrmidon 参照〉

million [míljən] 100万
　この語はラテン語 mille（1000）から形成された増大形で，イタリア語 millione が造られ，フランス語経由で英語に入った。

billion [bíljən] 10億
　million（100万）の二乗を表すのに16世紀フランス語でラテン語の bi-（2）

numeral [n(j)úːmərl] 数字
→ number

numerical [n(j)uːmérikl] 数に関する
→ number

numerous [n(j)úːmərəs] たくさんの
→ number, supercilious

numismatics [n(j)ùːməzmǽtiks] 貨幣学，貨幣収集
→ number

nun [nʌ́n] 修道女
→ nincompoop

nuptials [nʌ́ptʃlz] 婚礼，結婚式
　私たちはこの語を複数形で用いるが，古代の人々も同様であった。語源はラテン語の形容詞 nuptialis（結婚の）であり，このラテン語は動詞 nubere, nupt-（結婚する）から nuptiae（結婚《女性名詞複数形》）を経て派生した。英語 nubile（年ごろの）は同語源のラテン語 nubilis（結婚適齢の）から派生した。これらのラテン語はギリシア語の nymphe（花嫁）と同族語であり，このギリシア語から英語 nymphs（河や森の永遠の花嫁，ニンフ）が派生した。英語の専門用語として使われる結合形 nymph-（小陰唇）は同語源である。

　ギリシアの半神たちの名前は，その語が元々持っている意味を擬人化して作られている。Echo（エコー，こだま）がその一例である。エコーはナルキッソス（Narcissus）に恋したがかなえられず，やせ細り，ついに声だけが残ることになったという。ギリシア語 ekho は元々「音」で，こ こからこの物語が出来上がった。この Echo から echoism（擬音），echolalia（反響言語《人の言葉をおうむ返しに繰り返す行動》）などの複合語が派生する。

　一方ナルキッソス（Narcissus）は，池をのぞき，そこに写る自分の影に恋をし，喜びでうっとりとして池に落ちて溺れてしまう。しかし，神々が哀れんで，ナルキッソス（ラテン語 narcissus：スイセン）に変えてやったという。ギリシア語 narkissos（スイセン）は narke（麻痺）から派生した言葉である。この花は人を麻痺させる力があると考えられていた。つまり「麻痺・催眠の」効果（*narcotic* effect）を持っていたのである。narcotic はギリシア語 narkosis, narkot-（麻痺）から派生した。このように narcotic はこの花の性質に由来し，narcissism（自己愛，ナルシシズム）はこの花をめぐって育った物語に由来する言葉である。

　ところでラテン語 nubere（結婚する，めあわせる）は，ラテン語 nubes（雲，ヴェール）に由来し，結婚の儀式で，花嫁がヴェールをかぶることを意味した。ローマ時代のサフラン色からキリスト教の白色へと変わったが，この風習は何代にもわたって続いてきている。〈bridal 参照〉

nur, knur [nə́ːr] こぶ，木球

nurl, knurl [nə́ːrl] こぶ，節
→ knick-knack

nutmeg [nʌ́tmèg] ニクズク，ナツメグ
→ salary

nutrition [n(j)uːtríʃən] 栄養物を与えること，栄養作用
→ tribulation

nymph [nímf] ニンフ
→ nuptials

O

obelisk [ábəlìsk] オベリスク，方尖塔，剣標（†）
　ニューヨークのセントラルパークにあるオベリスクは，「クレオパトラの針」と呼ばれている。それは，先の尖った巨大な石柱を比喩的にかわいらしく表現したものである。obelisk はギリシア語 obeliskos（小さな焼き串）にさかのぼるが，これは obelos（焼き串，先の尖った柱）の指小形で，元来は肉の焼き串を意味するにすぎなかった。英語 obelus は，今日では剣標を指す。オベリスクは本来エジプトで《太陽神ラーのシンボルとして》建立された石柱である。

obelus [ábləs] 疑句標《古写本上の疑わしい語句に付す符号（−，÷）》，剣標（†）
　→ obelisk

obese [oubíːs] 肥満の，太りすぎの
　→ indenture

obituary [əbítʃuèri] 死亡記事，過去帳；死亡の
　ローマ人は他の民族と同じように，不快な事柄に直接言及することを注意深く避けた。例えば，人が亡くなった時，私たちが「西に行った」(gone west) と言うように，ローマ人は「祖先の影に会いに行く」という言い方をした。obituary の語源は後期ラテン語 obituarius（死の）で，これは，ob（…に対して，…に向かって）と ire, it-（行く，来る）からなるラテン語 obire, obit-（没する，死ぬ）に形容詞語尾がついたものである。itinerary（旅程）は，「人のたどる道筋」が原義で，語源は上記の ire, it- から派生したラテン語 iter, itiner-（道，旅程）である。
　なお reiterate（何度も繰り返す）とは，ある所を何度も行ったり来たりすることであるが，この語はラテン語の代名詞 is（それ，この）と副詞語尾 -tem の合成語 item（同様に――英語 item〔同一物，品目，項目〕の語源――）やラテン語 iterum（再

び）にさかのぼる。判事が「途中ではあるが」（"on the way"）と言って他の所見の最中に行う評言を，obiter dictum（付随的意見）と言う。

object [ábdʒikt] 物，対象；[əbdʒékt] 反対する
　→ subject

objection [əbdʒékʃən] 反対，不服，反対の理由，難点
　→ subject

objective [əbdʒéktiv] 目的，目的格；客観的な
　→ subject

oblation [əbléiʃən]《聖餐式の》奉献，供え物，寄付
　→ suffer

obligation [àbligéiʃən] 義務，恩義，負債
　→ behold

obligatory [əblígətɔ̀ːri] 義務的な，強制的な，必修の
　→ behold

oblige [əbláidʒ] 義務づける，余儀なく…させる，親切にする
　→ behold

oblique [əblíːk] 傾いた，斜めの，遠回しの
　→ onion

obliterate [əblítərèit] 消す，破壊する，取り除く
　この語は字義通りには，「文字を拭き去る」ことである。語源は，ob（…から離れて）と，linere, lit-（塗る，しるしをつける）より派生した litera, littera（文字：*letter*）とからなるラテン語 oblitterare, oblitterat-（消す）である。「文字」（*letter*）が「塗る」より派生したというのは，羊皮紙の上に刻まれるのではなく，塗りつけられたことによる。英語 literal（文字通りの）はラテン語 litera（文字）が語源である。literati（知識階級，文学

者），literate（読み書きできる，学識ある），literature（文学，文献）などの語源としてはラテン語動詞 literare, literat-（書く）を想定することが可能である。

　英語 line（線）は，文字（letters）が1列（line）に記されることから，上記のラテン語 linere, lit-（塗る，しるしをつける）の影響を受けた可能性がある。しかし，直接には，線（line）を引く際の糸ないしはひもに由来する。語源は，ラテン語 linea（ひも）から linum（亜麻）を経てギリシア語 linon（亜麻――英語 linen〔リネン〕の語源――）にさかのぼる。〈cloth 参照〉

　lineage（血統，家系）は，ラテン語 linea（ひも）から派生した後期ラテン語 lineaticum が語源で，フランス語 lignage（家系）を経て，中英語 linage として借入された。linear（線状の）は linea（ひも）から派生したラテン語形容詞 linearis（線状の）が語源であり，名詞化語尾をつけた lineament（顔立ち，外形）は同じ linea（ひも）から動詞 lineare, lineat-（真っすぐにする）を経て派生したラテン語 lineamentum（線，筋）が語源である。〈oubliette 参照〉

oblivion [əblíviən] 忘却，無意識状態，大赦
→ oubliette

obloquy [ábləkwi] 不名誉，恥辱，悪口
→ agnostic

obnoxious [abnákʃəs] 不快な，いやな，非難を免れない
→ nuisance

　ob- の語源はラテン語 ob で，「前に，道をふさいで」から「《危険などに》さらされた」という意味にも使われるようになった。

obscene [absíːn] わいせつな，卑猥な，ぞっとする

　私たちは卑猥なことを "filth"（汚物）という言い方をするが，ローマ人たちも同じであった。obscene はラテン語 ob〔obs〕（…の上に）と caenum（泥，汚物）からなるラテン語 obscaenus（不吉な，汚い，卑猥な）が語源である。そのような比喩も根強く続いている。

obscurity [əbskjúərəti] 暗さ，不明瞭，無名

→ chiaroscuro

obsession [əbséʃən] 取りつかれていること，強迫観念，妄念
→ hospital

obsidian [əbsídiən] 黒曜石
→ hospital

obsidional [əbsáidiənl] 包囲攻撃の
→ hospital

obstacle [ábstəkl] 邪魔，障害
→ tank

obstetrician [àbstətríʃən] 産科医
→ midwife

obstetrics [əbstétriks] 産科学，助産学
→ tank

obstinate [ábstənət] 頑固な，強情な，しつこい
→ season

obstruct [əbstrʌ́kt] ふさぐ，妨害する，さえぎる
→ destroy

obviate [ábvièit] 除去する，回避する，不要にする
→ vacuum

obvious [ábviəs] 明らかな，見てすぐわかる，見えすいた

　この語源は，ob（…に対して）と via（道）からなるラテン語 obvius（途中で会った，手近な）で，原義は「道で出会った」である〈trifle 参照〉。obviate（《危険・困難などを》事前に除去する）は，元々は道の途中で出くわすことを表し，そこから目的地に到達する前に邪魔物を道から取り除くことを意味するようになった。〈prevent, vacuum 参照〉

occasion [əkéiʒən] 時，出来事，機会
→ cheat

occident [áksidənt] 西洋，欧米，西方
→ cheat

October [ɑktóubər] 10月；10月の
→ month

ocular [ákjələr] 視覚上の，目による；接眼鏡
→ inveigle

oculist [ákjəlist] 眼科医，検眼士
→ inveigle

odd [ád] 奇妙な，半端な，奇数の

　この語の発展の歴史はそれこそ変わって（odd）いる。それは元々古高地ドイツ語 ort（点，角）だったが，odde として古英

語に入ってきたころには，すでに三角形の「余った点，頂点」(*odd* point of a triangle)の意味を獲得していた。そこから比喩的に，*odd* man すなわち「(三人の)グループ内での残りの一人」「キャスティングボートを握っている人」のような用法が生まれた。このような三との結びつきから，さらにその意味は偶数間の他の数字，すなわち「奇数」へと広がった。ただし，これは英語だけのことである。

なお，上記の古高地ドイツ語 ort は英語 orts (食べ残し) の語源ではない。こちらは古い否定辞 or- に etan (食べる) がついた古英語 ortys (食べなかった部分) が語源である。

ode [óud] オード，頌歌
→ paragraph

odontology [ðudɑntálədʒi] 歯科学，歯科医術
→ indenture

Odysseus [oudísiəs] オデュッセウス《ラテン語名：ウリクセス，英語名：ユリシーズ》

この名前は完全な自己開示と自己描写を唱導する現代の小説家ジョイス (James Joyce, 1882-1941) にとって，ある種のシンボル的意味を持つものである。それは，オデュッセウスがシチリア島に住んでいた一つ目の巨人キュクロプス族のポリュペモスに自分の身元を隠そうとした時，自分の名前は No-Man (だれでもない〔ギリシア語 Outis〕《*Odysseus* の語呂合わせ》)(*Odyssey*：『オデュッセイア』ix, 366) だと言ったことに由来する。すなわち，自己の一部を隠そうとすれば，必然的に自己のうちの神的なもの，すなわち自己の内なるゼウス的なものが抜け落ちてしまい，だれでもないもの (no man) が残るだけだ，というのがジョイスの主張である。

oecumenical [èkjəménikl] 全般的な，普遍的な，キリスト教会の
→ homo-

of [əv] …の，…から，…について

of は，古英語 aef (…の，…から離れて) が語源の極めて一般的な語である。この古英語は「…から，…より」を意味する古高地ドイツ語 ab，サンスクリット語 apa，ギリシア語 apo，ラテン語 ab などと同根語である。おそらく元々は擬音語で，英語 huff (ハーハーと呼吸する) や間投詞の Hup!（《馬に》はい！どう！，《犬に》お座り！)に近いものである。英語 off は of の強調形で，Be off! (出て行け！)のように使う。

このように of は，元々「…から離れて」(away) を意味した。その後，ラテン語 ab, de, ex「…から」を翻訳するのに使われた。さらにまたフランス語 de (…から) の翻訳語として用いられた。ところでこのフランス語はさらに「…に属する」という意味をも発展させた。これはちょうど英語の *from* New York (ニューヨーク出身の) と *of* New York (ニューヨークの) の両方を兼ねたことになる。de は，やがて古い属格 (所有格) に代わるロマンス語に共通の前置詞となった。そして英語の of (…の) もこれと同じ道をたどった。

huff (ハーハーと呼吸する) は，人が息切れした時のように，すばやく吐いたり吸ったりする呼吸を表す言葉である。pouf!（プーッ) や puff (プッと吹く) もまた擬声語で，プッと吐き出す息を表す。こうして in a huff (プンプンして) と言えば，特に怒りで息ができない状態を意味する。"I'll *huff* and *puff*, and blow your house down!" (フウフウ吹いてお前の家を吹き倒してやろう) とは，*Three Little Pigs*：『三匹の子豚』のオオカミのセリフである。

off [ɔ́(ː)f] 離れて，切れて；…からそれて
→ of

offend [əfénd] 感情を害する，不快感を与える，罪を犯す
→ fence

offensive [əfénsiv] いやな，不快な；攻撃
→ fence

offer [ɔ́(ː)fər] 提供する，提案する；申し出
→ suffer

office [ɑ́fəs] 事務所，官職，役所
→ defeat

offspring [ɔ́(ː)fsprìŋ] 子，子孫，成果
→ attack

ogre [óugər] 人食い鬼，鬼のような人
→ Appendix VI

Ohio [ouháiou] オハイオ
→ States

ohm [óum] オーム《電気抵抗の単位》
→ Appendix VI

-oid [-ɔid] …のような物，…状の物
→ kaleidoscope

oil [ɔil] 油，石油；油を差す
現在使われている油（oil）の原料は多様であるが，この語は，最初の原料がオリーブの木であったことを示している。oil は，ギリシア語 elaia（オリーブの木）より派生した elaion（オリーブ油）が語源で，ラテン語 oleum を経て，アングロサクソン語 ele として借入され，同語源の古フランス語 oile の影響を受けた。

ointment [ɔ́intmənt] 軟膏（なんこう）
→ lotion

O.K. [óukéi] はい；よろしい
この記号にはおそらく他のどの言葉にも増して多くの起源説がある。最も好まれているのは，チョクトー・インディアン（Choktaw Indians）の okeh（その通り）である。次に好まれているのが，綴りを間違えたとするもので，All Correct（すべて良し）を示すのに箱に O.K. と誤って記されたことによるというものである。この説は，ドイツ生まれの米国の毛皮商人で資本家のジョン・ジェイコブ・アスター（John Jacob Astor, 1763-1848）と米国の第7代大統領アンドリュー・ジャクソン（Andrew Jackson, 在任 1829-37）に帰せられてきた《メンケン（H. L. Mencken, 1880-1956）著 The American Langueage, Supplement one, pp. 206-07》。また，受け取ったすべての荷物に自分の頭文字を記していた初期の鉄道職員，オバダイア・ケリー（Obadiah Kelly）という人物の頭文字に由来するという説もある。この他さらに1ダース以上も説があるが，中英語 hoacky, horkey, すなわち，収穫物の最後の荷に由来するという説もある。It's O.K. with me!（私はそれで結構！）

Oklahoma [òukləhóumə] オクラホマ
→ States

old [óuld] 年取った，古い，…歳の
→ world

Old Bailey [óuld béili] オールドベイリー通り《英国中央刑事裁判所の通称》
→ villain

oldster [óuldstər] 老人，年配者
→ young, youngster

oleomargarine [òuliòumá:rdʒərən] マーガリン
19世紀の半ばにこの代用製品（Ersatz product――Ersatz はドイツ語で「代用」という意味――）が最初に売り出された時には，バタリン（butterine）と呼ばれた。oleomargarine は，製造会社が1875年ころに，油脂の加熱の過程でできるビーズのような滴に目をつけて，ラテン語 oleum（油：oil）〈同項参照〉とギリシア語 margaron（小さな真珠）からもっと楽しい名前を造語し，それが生き残ることになった。なお oleomargarine の -g- は，最初 go（行く）や get it（それを手に入れる）の -g- と同じように発音された。

ersatz（代用品）は第1次世界大戦で軍隊用語として英語でも使われた。例えば，Ersatzbataillon は，救援〔補充〕大隊（battalion）のことだった。英国人がドイツ語を借用したのであるが，フランスで休暇を過ごす時には，"ersatz sweetheart"（代用の恋人）を欲しがる人がいる。

なお1944年，マーガリン製造会社の全米協会は，-g- を柔らかく [dʒ] と発音することを投票で決めた。

omelette [ámələt] オムレツ
これは実際にはパンケーキ風卵焼きのことである。この語の語源はラテン語 lamina（薄い皿，板）にまでさかのぼる。このラテン語は科学用語 lamina（薄片）として直接英語に取り入れられたが，laminable（薄板に延ばしうる）や laminated（薄層状の）などの語源でもある。なお，ラテン語 lamina の指小形から英語 lamella（《骨・組織・細胞などの》薄板）や lametta（《金・銀・銅の》薄片，線）が派生したが，古フランス語では la lamette として比喩的に「あわ立て卵焼き」という意味になり，フランス語 l'amelette と変化し，英語でも同じような移転が起こって〈auction 参照〉，omelette（オムレツ）となった。

オムレツを楽しむフランス人は，omelette の語源は，ギリシア語 oon（卵）と meli（蜂蜜）からなる omelia であると考えている。ただ，フランス語 oeufs melés（いり卵）が語源であるとする，もっと散文的な語源学者もいる。

上記の英語 lamella（《骨・組織・細胞

などの》薄板）と同語源の言葉に，これより古い語 amel（薄い板）がある。この言葉はフランス語の en（ラテン語 in〔…の中に〕）と一緒になって，enamel（エナメル）の語源となった。英語 enamel は，古フランス語 esmail（フランス語 émail〔エナメル，七宝〕）に対応し，古ドイツ語 smalt（エナメル，七宝）やギリシア語 meldein（煮て柔らかくする），ラテン語 mollis（柔らかい——英語 mollify〔和らげる〕——）は同根語である。そしてこれらはまたエナメルの製造法に関係のある言葉 melt（溶ける，溶解する）や smelt（溶解する，《鉱石を溶解して》精錬する）と同根語でもある。

omen [óumən] 前兆，兆し，予言
→ auction

ominous [ámənəs] 不吉な，縁起の悪い，前ぶれの
→ auction

omnivorous [ɑmnívərəs] 何でも食べる，雑食性の，何にでも興味を持つ
→ sarcophagus

once [wʌ́ns] 1度，1回，かつて
→ number

one [wʌ́n] 1；一つの；もの
→ number

onion [ʌ́njən] タマネギ，タマネギの鱗茎
ユーモアのつもりで，"In *union* there is strength"（団結に力あり）という格言を "In *onion* there is strength"（タマネギに力あり）と言い換えた人たちは，実際に onion（タマネギ）の中に union（団結）のあることを十中八九知らなかった。onion は unus（一つの）から派生したラテン語 unio, union-（単一，統一：*unity*）が語源である。英語 one はラテン語 unus と同族語で，ここに見られる語頭母音の対応が，unio と onion の間にも見られる。数多くの鱗茎がただ一つの球を作っていることというのがその発想である。同じように層をなすことから「大粒の真珠」はラテン語で unio と呼ばれた。onion はどんなに皮を剥いてもその芯に達しない物のシンボルとして用いられてきた。

ちなみに，scallion（エシャロット，青ネギ，リーキ）は，ラテン語 Ascalon（パレスチナの海岸の町）由来の *Ascalon* onion のことである。leek（リーキ《西洋ネギ》）はゲルマン諸語に共通で，アングロサクソン語では leac（リーキ，タマネギ，ニンニク——古英語 leactun〔菜園〕の語源——）である。garlic（ニンニク）はアングロサクソン語 garleac が語源で，原義は「槍状リーキ」である。

英語 unique（唯一の）は，unus から派生したラテン語形容詞 unicus（単一の）が語源で，フランス語 unique を経て借入された。語尾 -ique（…のような，…に属する）はフランス語から英語に入り，上品さと高級感を暗示することがある。例えば，即物的な physic（《古語》薬，下剤）に対する physique（容姿，理想的体格）のように。これらの双方とも，ギリシア語動詞 phyein（生み出す）から名詞 physis（生まれ，自然），女性形形容詞 physike を経て派生した。technique（技術，技巧）もまたフランス語からの借入である。この語と technical（専門の，技術上の）は，ギリシア語 tekhne（技術：art）の形容詞 tekhnikos が語源である。なお，art は，元々は自然に対立するものとして人工的な物すべてを指した。そして，それを作る際の技を意味するようになった。語源であるラテン語 ars, art-（技，熟練）の原義は「ぴったり合わせること」である。

romantic（伝奇物語的な，非現実的な）は，しばらくの間フランス語形 romantique と生存を競い合ったが，結局は romantic が残った。この語は，元々は romance（騎士物語，空想小説，ロマンス）と同様，「ローマ人の言葉」，すなわち「《地方の》ラテン語」を指し，そこからその言語によって語られた物語，あるいはその精神を指すようになった。

一方，oblique（斜めの，はすの）は元々そういう語尾を持っていた。語源は，ob（…に対して，…に向かって）と語幹 liqu-, lic-（曲がっている）からなるラテン語 obliquus（斜めの，傾いた）である。

only [óunli] 唯一の，ただ…だけ，ほんの
→ alone

onyx [ániks] シマメノウ，オニキス
→ carnelian

opiate [óupiət] アヘン剤，鎮静剤；[oupiéit] 麻酔をかける
→ remorse

opium [óupiəm] アヘン，麻痺させるもの
→ remorse

opportune [àpərt(j)ú:n] 適切な，時宜を得た，好都合の
→ port

opportunity [àpərt(j)ú:nəti] 機会，好機，幸運
→ port

optic [áptik] 目の，視力に関する，光学の
→ pessimist

optician [aptíʃən] 眼鏡商，眼鏡技師，光学機器商
→ pessimist

optimist [áptəmist] 楽天家，楽天主義者
→ pessimist

option [ápʃən] 選択，選択の自由，オプション
→ pessimist

opulent [ápjələnt] 富裕な，ぜいたくな，表現豊かな
→ pessimist

oracle [ɔ́(:)rəkl] 神託，神官，神託所
→ inexorable

oral [ɔ́:rəl] 口頭の，口承の，口の
→ inexorable

orange [ɔ́(:)rindʒ] オレンジ，オレンジ色
→ peach

oration [ərέiʃən] 演説，式辞，話法
→ inexorable, win

orator [ɔ́(:)rətər] 演説者，雄弁家
→ inexorable

oratorio [ɔ̀(:)rətɔ́:riòu] オラトリオ，聖譚(せいたん)曲
→ inexorable

oratory [ɔ́(:)rətɔ̀:ri] 雄弁，美辞麗句，小礼拝堂
→ inexorable

orchestra [ɔ́:rkəstrə] オーケストラ，管弦楽団

ダンス音楽を演奏するオーケストラが，その言葉の起源の意味に最も近いと言える。この語はギリシア語 orkheisthai（踊る）から派生した。初期ギリシアの劇場では，合唱隊によるまだ宗教的な所作をまじえた舞が，orkhestra（オルケストラ）と呼ばれる広い円形の場所で演じられていた。ローマ時代より，ここに座席が設けられた。近代劇場の英語 orchestra（貴賓席）はこれに由来する。しかしなお，座席の正面部分は演奏者用の場所として残された。orchestra のその部分の名称が次第にそこを使用する人々を指すのに用いられ，さらに音楽に合わせて踊る人々に代わって，その楽団を意味するようになった。ただし，今でもなお劇場舞台前の「一等席」という意味にも使われる。

orchid [ɔ́:rkəd] ラン，ランの花，淡紫色
→ test

ordain [ɔ:rdéin] 定める，命じる，聖職位を授ける
→ augment, orient

ordeal [ɔ:rdí:l] 厳しい試練，苦難，神判
→ augment, orient

order [ɔ́:rdər] 順序，命令；命じる
→ augment, orient

ordinance [ɔ́:rdənəns] 法令，布告，儀式
→ augment, orient

ordinary [ɔ́:rdənèri] 通常の，ありふれた；普通の状態
→ augment, orient

ordination [ɔ̀:rdənéiʃən] 聖職任式，配置，規定
→ augment, orient

ordnance [ɔ́:rdnəns] 大砲，武器，軍需品部
→ augment

ordonnance [ɔ́:rdnəns] 配列，構成，法令
→ augment

Oregon [ɔ́(:)rigən] オレゴン
→ States

organ [ɔ́:rgn] パイプオルガン，器官，機関

多様な意味を持つこの言葉は，ギリシア語 ergon（仕事）から派生した organon（道具）が語源で，ラテン語 organa（道具，楽器）を経て借入された。オルガン（organ）は元々ふいごで奏でる楽器であった。energy（エネルギー），organization（組織），erg（エルグ《仕事の単位》）などは同語源である。organism（有機体，生物）は諸器官（organs）がひとまとまりとなって機能する集まりである。

organism [ɔ́:rgənìzm] 有機体，生物，有機的組織
→ organ

organization [ɔ̀:rgənəzéiʃən] 組織化, 組織, 団体
→ organ

orient [ɔ́:riənt] 東洋；東方の；正しい方向に置く

船乗りは北極星を基準に舵を切る。イスラム教徒はメッカの方に向かう。東に行き (*orient* ourselves) たければ, 私たちは日の出の方向を向く。orient (東洋) は, ラテン語 oriri (昇る, 生じる) の現在分詞 oriens, orient- が語源である。英語 origin (起源) や original (最初の；原型) は, ラテン語 origo, origin- (由来, 祖, 出生) にさかのぼり, orient と同根語である。

上記のラテン語 oriri (昇る, 生じる) とよく似た言葉に ordiri (始める, クモの巣を張り始める) がある。この語からはラテン語 ordo, ordin- (隊列, 順序, 指令) が派生し, 英語 order (秩序, 命令), ordination (聖職叙任式, 配置), さらに primordial (原始の, 根源的な) が派生した。なおこの prim- はラテン語 primus (最初の) が語源で, これが英語 prime (首位の, 主な) につながる。

orifice [ɔ́(:)rəfis] 《管などの》開口部, 口
→ defeat

origin [ɔ́(:)ridʒin] 起源, 始まり, 生まれ
→ orient

original [ərídʒənl] 最初の, 独創的な；原型
→ orient

orison [ɔ́(:)rəsn]《古語》祈禱
→ win

ornament [ɔ́:rnəmənt] 装飾, 装身具；飾る
→ augment

ornate [ɔ́:rnéit] 飾り立てた, 華麗な, 美辞麗句を並べた
→ augment

ornithology [ɔ̀:rnəθɑ́lədʒi] 鳥類学
→ tavern

orotund [ɔ́(:)rətʌ̀nd] 朗々と響く, おおげさな, 気取った
→ rote

orthodox [ɔ́:rθədɑ̀ks] 正統の, 正統派の, 伝統的な
→ paradox

orthopedic [ɔ̀:rθəpí:dik] 整形外科の
→ paradox, pedagogue

orts [ɔ́:ts] 残飯, くず, かす
→ odd

oscillate [ɑ́səlèit] 振動させる, 揺れる, ぐらつく

ローマも含めて世界の多くの場所で, 祭りの日には, 小さな人形や操り人形, マリなどが吊り下げられ, そよ風に揺れた。これらはローマで oscillum (吊り下げ人形, ブランコ) と呼ばれた。ここからラテン語 oscillare, oscillat- (前後に揺れる) が派生し, さらに英語の oscillate となった。

この語は, ラテン語 os, or- (口) から派生した語と区別しなければならない 〈inexorable 参照〉。このラテン語から派生した反復動詞形 oscitare, oscitat- (大きく口を開ける) は, 英語 oscitant (あくびのでる, 眠そうな) の語源である。また指小形は osculum (かわいい口) で, ここから動詞 osculare, osculat- (キスする) が派生し, 英語 osculation (キス) となった。あるローマ教皇が, かわいい少女を osculable (接吻を受けるに値する) と表現したことがあるが, この語が使われたのは 1 回限り (nonce-word) である。こういうことはもっと起こって欲しいものである。

osculation [ɑ̀skjəléiʃən] キス
→ oscillate

osmium [ɑ́zmiəm]【化学】オスミウム《金属元素》
→ element

osmosis [ɑzmóusəs]【物理学】浸透, 知識などのゆっくりした普及
→ element の項 osmium

osseous [ɑ́siəs] 骨の, 骨のある
→ ostracize

ossify [ɑ́səfài] 骨化する, 硬化する
→ ostracize

osteopath [ɑ́stiəpæ̀θ] 整骨医
→ ostracize

上記 osseous の, -ous はラテン語 -osus (…でいっぱいの) が語源であり, -fy はラテン語 facere (作る, 為す) から同義の後期ラテン語 ficare を経て変化したものである。また, -path はギリシア語 path- (こうむる, 感じる) から借入されたもので, それは pathos (苦しみ, 病気) が語源である。このギリシア語 pathos から,

英語 pathos（哀感，パトス），pathetic（哀れな），sympathetic（思いやりのある，同情的な），antipathy（嫌悪，反感）などが派生した。sym- はギリシア語 sym-, syn-（…と一緒に），anti- はラテン語 anti-（…に対する）が語源である。

ostensible [ɑsténsəbl] 見せかけの，表向きの
→ usher

ostentation [àstentéiʃən] 見せびらかし，誇示
→ usher

ostler [áslər] 旅館の馬丁，点検整備員
→ hospital

ostracize [ástrəsàiz] 追放する，のけ者にする，【古代ギリシア】陶片追放する
　きらわれている人を周りの人々が，殻に閉じこもったカキ（oyster）のように孤立させようと決めた時，英語では ostracize（のけ者にする）という言葉を使う。これは古代アテネでの投票に由来するもので，投票にはタイルや陶器，貝殻片にしるしをつけた。語源はギリシア語 ostrakon（陶器，貝殻）で，ギリシア語 ostreon（カキ：*oyster*）や osteon（骨）は同根語である。このギリシア語 osteon からは，英語 osseous（骨のある），osteopath（整骨医），ossify（骨化する，硬化する）など，多くの言葉が派生している。また，このギリシア語はサンスクリット語 as-（投げる）と同族語であるとの説がある。骨は食べた後，投げ捨てられたからであろう。

otter [átər] カワウソ
　この語は古代の博物誌の知識のあいまいさを示す好例である。ラテン語 hydra（水ヘビ），リトアニア語 udra（カワウソ），アングロサクソン語 oter（カワウソ）は同根語である。このラテン語は hydor, hydr-（水）から派生したギリシア語 hydra（水ヘビ）にさかのぼるが，特にアルゴリスのレルネの沼地を支配していた多頭の水ヘビを指した。これは九つの頭を持ち，一つを切るとその後に二つの頭が生え出てくる怪物で，ヘラクレスによって退治された。この神話から，英語 *hydra*-headed（頭の多い，支部を多く持つ，根絶しがたい）が造られた。なお hydra は water（水）と同族語である。〈drink, wash 参照〉

　ところで，hybrid（雑種，混成物）の起源はまったく異なるもので，一説によればギリシア語 hybris（不自然な暴力，傲慢）からラテン語 hybrida, hibrida（混血児）を経て借入された言葉である。そのような子供が生まれるには不自然な力が働くと思われた。この語は最初，飼い慣らされた雌豚とイノシシとの合いの子を意味したが，その後，すべての雑種交配された品種に使われるようになった。

ottoman [átəmən]《背もたれや肘掛のない》長いす，絹織り物の一つ；オスマントルコ人の（Ottoman）
　18世紀の終わりころ，東洋的なものに対する西洋の熱狂とともに，東洋風の奢侈やハーレムでの安逸や長いすでくつろぐ悦びといった概念が生じた。そして，アラブ世界を支配したトルコ王朝の創始者オスマン1世（Othman I, 1258-1324）は，東洋の贅沢な好みを西洋にもたらした人物として描かれ，彼の名前は ottoman という語形で快適な長いすの名として残ることになった。

oubliette [ùːbliét] 地下牢，秘密の土牢
　この楽しい小地下牢は，天井にある落とし戸からしか入れず，ここから囚人にわずかのパンが投げ与えられた。それは，フランス語 oublier（忘れる）から派生した指小形名詞 oubliette（〔原義〕忘れ去られた者）を婉曲的におどけて用いた言葉である。なおフランス語 oublier は，後期ラテン語 oblitare を経てラテン語 oblivisci, oblit-（忘れる）にさかのぼる。英語 obliterate（《文字・しるしなどを》消す）や oblivion（忘却，忘れがち）は，これらのラテン語から派生した。なお，だれにも見つからずにちょっとした期間を過ごす楽しい滞在場所を，私たちは hideaway（隠れ場所，穴場的レストランなど）と呼んでいる。

ouija [wíːdʒə] ウィージャ《*ouija* board：「コックリさん」に似た降霊術で使われる占い用の板》
　すべてに答えを与えてくれることで有名なこの占い板は，まさにその名が暗示しているように，曖昧な答えを示すのが専門である。それが理解できたと確信させるものは，その人の霊力のみであり，これは聞き手がゲルマン語的背景を持とうがロマンス

語的背景を持とうが同じである。というのは、ouijaはフランス語のoui（yes）とドイツ語のja（yes）の結合で、その原義は"Yes, yes"だからである。この占い板を使えば、ゲルマン語系とロマンス語系とを合わせた27言語においては、"no!"という答えはありえないと言える。

ounce [áuns] オンス《重量・液量の単位》
→ uncle

out [áut] 外へ，現れて，はずれて，なくなって，すっかり
→ unutterable

outlandish [àutlǽndiʃ] 異国風の，奇妙な，へんぴな
→ uncouth

outrage [áutrèidʒ] 暴力，不法行為；憤慨させる

outrage（暴力）には憤慨させられるが、この語はrage（激怒）と語源的関係はない。その語尾-ageは、language（言葉）、wreckage（難破）、dotage（もうろく）などに見られる名詞化語尾で、形容詞の中性形から抽象名詞を作るラテン語の接尾辞-aticumが古フランス語-ageとなった。語幹のoutr-はラテン語ultra（はるかかなたに、向こう側に）が語源で、フランス語outre（…を超えて）を経たものである。つまりoutrageとは、礼儀正しさや忍耐を超えるもののことである。

一方rage（激怒）は、ラテン語rabies（狂気）が語源で、後期ラテン語rabia、フランス語rage（激怒）を経て借入された。英語rabiesは「狂犬病」という意味に使われている。なおこのラテン語の動詞形はrabere、rabid-（気が狂う）で、英語rabid（狂犬病にかかった、狂信的な）はこれより派生した。rave（《狂人のように》夢中でしゃべる、どなりちらす）もこのラテン語に由来する可能性がある。ただこちらは、フランス語rêver（夢見る）を経て借入された。ちなみに英語reverie（空想、夢想）はこのフランス語から派生した言葉である。

ovary [óuvəri] 卵巣，子房
→ pseudo-

ovation [ouvéiʃən] 熱烈な歓迎，大かっさい

ローマの将軍は凱旋すると、歓呼の声で迎えられた。ovationはラテン語ovare, ovat-（叫ぶ）を経て派生した言葉であるが、このラテン語は古くはouareで、ギリシア語auein（大声で呼ばわる——元来は擬音語——）に由来し、サンスクリット語va-（吹く）と同族語である。

凱旋式（ラテン語triumphus：英語 *triumph*）は、その将軍に対し元老院の投票によって承認されたが、民衆の歓声を追認する場合もあった。凱旋式では雄牛が犠牲に捧げられ、共同食事に供された。そこまで認められない小凱旋式（ラテン語ovatio, ovation-：英語 *ovation*）では、ヒツジが犠牲に捧げられた。ここからovationがラテン語ovis（ヒツジ）に由来するのではないかという説も生まれた。

over [óuvər] …の上に，…を超えて；上方に
→ overture

overboard [óuvərbɔ̀ːrd] 船外に，船から水中に
→ board

overdo [òuvərdú] やりすぎる，使いすぎる
→ overture

overflow [òuvərflóu] 氾濫する，あふれ出る；流出
→ affluent

overt [ouvə́ːrt] 明白な，隠しだてのない，顕在的な
→ overture

overture [óuvərtʃùər] 予備交渉，打診，序曲

これは、物事が終わる（*over*）時ではなく、物事の最初に来るものである。over（…の上に、…を超えて）は、ゲルマン諸語に共通で、アングロサクソン語ではofer、ドイツ語ではoberとかüberである。これらはまたギリシア語hyper、ラテン語superと同族語である。前者は例えばhyperbole（誇張、誇張法——ギリシア語ballein〔投げる〕との合成語——）に見られるように、英語ではhyper-を持つ合成語が多くある。後者もまた接頭辞super-としてしばしば英語に現れる。例えば、supersede（…に取って代わる、更迭する——ラテン語sedere〔座る〕との合成語——）などである。〈subsidy 参照〉

さて、overtureは、古フランス語ovrir（開く——フランス語ouvrir——）からの

形容詞 overt（開いた）から比較的遅くに派生した名詞 overture（開口部）の借入で、元々はラテン語 aperire, apert-（開く）が語源である。英語 aperture（穴、すき間）もこのラテン語が語源で、aperture と overture は二重語である。

ラテン語 aperire（開く）は、早くにラテン語 operire（閉じる）と混同された。そしてこのラテン語と接頭辞 co-（一緒に）とが結合してフランス語 couvrir（覆う）、couvert（覆われた；テーブルクロスと食器、住居）が派生し、英語に借入されて couvert（一人分の食器）や *cover charge*（カバーチャージ、ナイトクラブなどの席料）が生まれた。covert（密かな、隠された）は overt（公然の、あからさまの）の反意語である。

ところで、ラテン語 aperire（開く）はおそらく ab（離れて）と perire（覆う：*cover*）から、ラテン語 operire は ob（…上に）と perire（覆う）からなる言葉である。この語幹を形成するラテン語 perire と同系語にラテン語 parare（盛装する、飾る、準備する）がある。ちなみに英語 prepare は pre, prae（前もって）と parare からなるラテン語 preparare（準備する、修理する）が語源である。なお、このラテン語 parare, parat- の持つ「備える」(*prepare* for) という意味から、「防ぐ、避ける」の意味を含む多くの英語が派生した。parry（一撃をかわす、受け流す）、イタリア語やポルトガル語の接頭辞 para- を経て派生した parasol（パラソル、日傘）、parapet（欄干、胸壁）、rampart（城壁、塁壁）、parachute（落下傘、パラシュート）などがその一例である。

parasol の -sol はラテン語 sol（太陽、日）が語源であり、solar（太陽の）もこれに由来する〈trophy 参照〉。parapet の -pet はイタリア語 petto（胸）が語源で、胸の高さの防壁を意味した。rampart の古い綴りは rempart で、re-en-par、すなわち「再び防壁を建てる」が原義で、動詞は「防備を強化する」という意味になった。さらに parachute は「墜落を防ぐ」ためのものであり、-chute はフランス語 chute（落下）である。しかし paratroop（落下傘兵）は、軍隊（troop）を防ぐものではなく、飛行機からパラシュートに

よって攻撃する軍隊のことである。フランス語 parapluie（雨傘）は雨を防ぐものであるが、英語では umbrella（雨傘）に取って代わられた。この語は、ラテン語 umbra（陰）が語源のイタリア語 ombra から派生した指小語 ombrella（傘）の借入語である。

parade（パレード）は、ラテン語 parare, parat-（準備する）の過去分詞「用意ができている、待っている、展示している」から、スペイン語 parada（停止）を経て借入されたが、「見事に制御されている馬のショー」が原義である。

なお、上記のギリシア語 hyper-（…の上に）の反意語は hypo-（…の下に）である。この語からも多くの英語が派生している。hypocrite（偽善者）は、元々はあいづちを打つだけの二流俳優のことだった。hypochondriac（心気症患者）の -chondriac はギリシア語 khondros（軟骨、《特に》胸の軟骨）が語源で、この語の原義は「軟骨の下にある」である。つまり、肋軟骨の下の柔らかい部分、すなわち憂うつの座である肝臓に影響された本性を持つ人のことだった。〈complexion 参照〉

前記のラテン語起源の super-（…の上に）、supra-（…を超えて）、さらにフランス語を経た sur-（例えば surtax〔付加税〕）の反意語は、sub-（…の下に）である。この語からも多くの英語が派生している。例えば、「海の下の」を意味する submarine などである。もちろん英語 under〈同項参照〉の合成語も多い。例えば、undermine（…の下を掘る、むしばむ）などである。しかし、このへんで止めないと度を超す（*overdo*）ことになりそうである。

oviparous [ouvípərəs] 卵生の、卵を生む
→ shed

owl [ául] フクロウ、真面目くさった人
→ yokel

Oxford [ɔ́ksfərd] オックスフォード
→ Bosphorus

oxygen [ɔ́ksidʒən] 酸素
→ element, racy

oyster [ɔ́istər] カキ、口の固い人
カキは大昔より非常に好まれた食べ物であった。ギリシア語では ostreon、ラテン語では ostreum で、ラテン語 os（骨）の同根語の可能性がある〈ostracize 参照〉。

Merry Wives of Windsor：『ウィンザーの陽気な女房たち』(II, ii, 2) に，ピストル (Pistol) がガーターの酒場でフォールスタッフ (Falstaff) に次のように言う場面がある．
　　the world's mine oyster,
　　Which I with sword will open.
　　(世界はおれのカキ．剣で開けてみせるさ)
"the oyster" は「賞」，「獲得するに値する物」，あるいは「欲しい物」の意味で使われることがある．それはカキがだれの物か判定するように求められたサルが，中身を食べた上で，争っている二人に殻を与えた寓話に由来する．*Don Juan*：『ドン・ジュアン』(1818年) でバイロン (George Gordon Noel Byron, 1788-1824) は，「カキも恋の媚薬」(... oysters are amatory food;) (第2歌170連) と言ったが，それより前にシェリダン (Richard Brinsley Sheridan, 1751-1816) は *The Critic*：『批評家』(1779年) ですでに「カキの恋は成就しないもの」(An *oyster* may be crossed in love.) と述べている．しかし，子供たちの早口ことば，A noisy noise annoys an oyster! (騒がしいおしゃべりはカキをかき乱す) が本当と思ってはいけない．

ozone [óuzoun] オゾン，気分を引き立てるもの
　　海岸の新鮮で爽快な空気はオゾンに満ちている．しかし，この成分の名前は1840年に，ギリシア語 ozein (においがする) の現在分詞の ozon と接尾辞 -one から造られたフランス語 ozone に由来する．-one (ギリシア語 -one〔…の娘〕が語源) は，広くさまざまな化学用語の語尾として使われる．acetone (アセトン《試薬・溶剤として使われる無色揮発性の液体》) がその一例である．

P

pabulum [pǽbjələm] 食べ物，糧(ぞ)，《比喩》心の糧，《論文，議論などの》基礎資料
→ abbot

pace [péis] 歩調，歩幅；ゆっくり歩く
→ pass

pachyderm [pǽkidə: rm] 厚皮動物《カバ，ゾウ，サイなど》，《比喩》鈍感な人
→ propaganda

pacific [pəsífik] 平和な，安泰な，平和を好む
→ pay

pacify [pǽsəfài] 静める，なだめる
→ defeat, propaganda

pact [pǽkt] 約束，契約，条約
→ defeat, propaganda

paddock [pǽdək]《馬小屋近くの》小放牧場，追い込み場，パドック
→ parquet

paean [pí:ən]《アポロン神に捧げた》感謝の歌，賛歌，絶賛
→ pawn

pagan [péign] 異教徒，多神教徒；異教徒の

キリスト教はローマ帝国の辺境地域よりも諸都市に，より急速に広まった。pagan の語源は，pangere, pegi, pact-（固定する，確定する）から pagus（《ガリアやゲルマニアなどの》地方，村）を経て派生した後期ラテン語 paganus（村人，異教徒）である。都市と田舎ははっきりと分けられていた。ギボン（Edward Gibbon, 1737-94）の *The History of the Decline and Fall of the Roman Empire*：『ローマ帝国衰亡史』（1776-88年）によると，田舎の住人は非キリスト教徒（*pagan*）であることが普通だった。

よく似たことが heathen（異教徒，無宗教者）についても言える。heathen は heath（ヒース，荒野）から派生した言葉で，原義は「ヒースの住人」である。〈neighbor 参照〉

しかし，heathen についてのこの説明は正しいが，後の研究によって，pagan については別の説明が考えられるようになっている。ラテン語 paganus は，皇帝の下の milites（戦士たち）に対する「民間人」を意味する言葉として使われた。キリスト教徒たちは自分たちを「主の戦士」と呼んだ。したがって非キリスト教徒はすべて pagans ということになる。

都会人が田舎者を嘲笑するのは昔も今も同じである。例えば，bumpkin（野暮な田舎者）や，伝統的に農夫の名前に多いルベン（Reuben《ヤコブとレアの長子に由来》）から派生した rube（《俗語》田舎者，ばか，間抜け）などがあり，*The American Thesaurus of Slang*：『アメリカ・スラング辞典』によると，他にも92の同様の言葉が確認できる。しかし，今日農夫は，都会の住人も田舎では不器用であることを知っている。dude-ranch（観光牧場）は，やわな都会人やその同類の族(やから)のためのものである。〈police 参照〉

page [péidʒ]《印刷物の》ページ
→ propaganda

pain [péin] 苦痛，苦悩；痛む
→ chary

paint [péint] ペンキ，塗料；ペンキで塗る
→ arsenic

painter [péintər] 画家，ピューマ，もやい綱

painter には同音異語が3語ある。その第一の painter（ピューマ，クーガーの別名）は，panther（ピューマ，クーガー）が訛ったものである。その場合，語源は pan-（すべて）と ther（動物）からなるギリシア語 panther（ヒョウなどネコ科の動物：〔原義〕あらゆる野獣の特徴を帯びるもの）であるとする語源説がある。ギリシア語 ther はラテン語 fera（野獣）とな

る〈treacle 参照〉。しかし，panther はサンスクリット語 pundarika（トラ）に由来する可能性の方が高い。

　第二の painter（《船をつないだり，引くための》もやい綱）は，おそらくは，サンスクリット語 pac-（拡げる）から派生した pankti（行，線）に最終的にさかのぼることができる。しかし，この painter は第一の painter にさかのぼるとも言える。すなわちこの言葉は上記と同語源のギリシア語形容詞 pantheros（どんな野獣も捕らえる）から古フランス語 pantiere（罠）を経て古英語 panter（《引けば締まるように作った》綱の輪，罠）としては英語に借入されたからである。

　第三の painter（画家）は，ラテン語 pingere, pict-（《画で》示す，描く，彩色する）からフランス語 peindre（塗る，絵を描く——過去分詞 peint——）を経て借入された。

　このように3種類の painter の存在から，"The painter painted a painter."（絵描きがピューマを綱で引っ張った）という文も可能となる。なお，picture（絵）や depict（描く）もラテン語 pingere, pict- が語源で，de- は「下に」を意味する接頭辞である。

pal [pǽl] 仲良し，友達；仲間になる
→ wig

palace [pǽləs] 宮殿，《英》《主教・高官などの》公邸，官邸

　palace はローマ皇帝の住居のような物を指す。語源はローマの七つの丘の一つパラティウムの丘（mons Palatinus: Palatine Hill）に由来するラテン語 palatium（宮殿）で，フランス語 palais を経て借入された。パラティウムの丘はローマの初代皇帝アウグストゥス（Augustus Caesar, 在位 27B.C.-14A.D.）が豪邸を建てた所である。ラテン語 palatinus（パラティウムの，宮殿の）は，羊飼いと家畜の守護神 Pales（パレス）に由来するとの説もあるが，その丘がかつて柵がめぐらされていたので，ラテン語 palus（棒杭，囲い）から派生したとする説もある。この palus は英語 pale（杭，囲い），paling（杭をめぐらすこと），impale（《やり，ピンなどで》突き刺す）などの語源である。beyond the *pale* の原義は「柵の外に」であるが，「仲間ではない」から「軌道を逸した」という意味に使われる。

　宮廷（*palace*）の侍従をイタリア語で paladino と言ったが，フランス語を経て英語 paladin（聖騎士）となり，特にシャルルマーニュの十二勇士を指した。

　ところで，パラティウムの丘はパラス・アテナ（*Pallas* Athena）とは関係がない。Pallas はギリシア語 pallein（《武器などを》振り回す）から派生したと考えられてきた。槍を携えているアテナ女神像をギリシア語で Palladion と言い，ラテン語化した Palladium が借入されて palladium（守護，守護神）となった。

　パルテノン神殿（Parthenon）は処女神アテナ女神のために建てられた。ギリシア語 parthenon は「乙女の部屋」で，parthenos（乙女）が語源である。生物学では単為生殖のことを parthenogenesis と言う。〈racy 参照〉

　英語 Palladian は「パラス・アテナの，学問の」あるいは「パラディオ式の」《イタリア人建築家アンドレア・パラディオ（Andrea Palladio, 1508-80）に由来する古典主義建築様式》を意味する。

　なお，pole には語源が異なる二つの同音異語がある。その一つは pole（棒）である。この語はラテン語 palus（棒杭）からアングロサクソン語 pāl（杭，棒）として借入されたもので，pale（杭，柵）と二重語である。他方は北極とか南極を意味する pole で，語源はギリシア語 polos（軸）で，フランス語 pôle（極）を経て借入された。

　ちなみに pale（青白い）や pallid（《病弱・疲労などで》青白い，生気のない）は，ラテン語 pallere（青ざめる）やその形容詞 pallidus（青ざめた）が語源であり，立派な邸宅や宮殿（palace）にはふさわしくない pallor（青白さ，蒼白）も同語源である。

paladin [pǽlədin] シャルルマーニュに仕えた十二勇士，聖騎士，義俠的な戦士
→ palace

pale [péil] 青白い，青ざめた，《物の色が》淡い
→ palace

palimpsest [pǽlimpsèst] パリンプセスト《書いたものを消して，また書けるよう

にした羊皮紙》
→ dromedary

palindrome [pǽlindròum] 回文《前後どちらから読んでも同じ語〔句〕》
→ dromedary

paling [péiliŋ] 杭をめぐらすこと，《集合的に》杭，柵
→ palace

pall [pɔ́:l] 棺衣，(米)死体の入った棺
→ palliate

palladium [pəléidiəm]【化学】パラディウム，パラス・アテナ像，守護神
→ element, palace

palliate [pǽlièit] 一時的に和らげる，言い繕う

　最も簡単な変装は隠すべき物を覆うマント (cloak) である。マントはラテン語では pallium (覆い，ギリシア風マント——英語 pall〔棺衣，ひつぎ〕の語源——) で，これから後期ラテン語 palliare, palliat- (覆い隠す，外套を着せる：to cloak) が派生し，palliate として借入された。比喩的に cloak は立腹を和らげる (*palliate*) ための「口実」の意味で使われる。古い英語で cloke は cloak の異形である。

　ところで cloak, cloke (マント，外套) は，後期ラテン語 clocca (鐘) が語源で，古フランス語 cloque を経て英語に借入された。これは初期の外套が釣鐘の形に似ていたことによる。clock (時計) も cloak と同語源である。これは初期の時計が鐘だったことによる。ただし，4世紀までは教会の水時計 (water-*clocks*) は鐘を鳴らすのではなくシンバルを打った。後期ラテン語 clocca (鐘) はゲルマン語起源と考えられ，アングロサクソン語では clucge, ドイツ語では Glocke (鐘) である。

　ストッキングの clock (縫い飾り) もまた鐘形をしていたことから名づけられた。stocking (ストッキング，靴下) は，足を棒 (*stick*) のように差し入れる (foot is *stuck*) 物から生まれた言葉で，stocks (足かせのついたさらし台) も同語源である。

pallid [pǽlid] 青白い，《色が》淡い，《演技などが》退屈な
→ palace

pallor [pǽlər] 青白さ，蒼白
→ palace

pall-mall [pǽlmǽl]【歴史】ペルメル《17世紀に流行した鉄環に木球をくぐらせる遊び》，ペルメル競技場
→ mail

palm [pά:m] 手のひら，たなごころ，ヤシの木

　palm は，ギリシア語 palame (たなごころ，手) からラテン語 palma (手のひら) を経て借入された。それはまたアングロサクソン語 folm (手のひら，手) と同族語である。このアングロサクソン語は fumble (《不器用に》手探りする) の語源でもあるが，この fumble は，アングロサクソン語 thuma (親指) が語源の thumb (親指) から派生した古語 thumble (親指で扱う，不器用に扱う) の影響を受けている。英語 thumb (親指) は古ペルシア語 tuma (太った) やラテン語 tumere (腫れる)，tumultus (不安，騒動) と同族語であり，このラテン語は英語 tumor (腫瘍，できもの) や tumult (騒動，大騒ぎ) の語源である。

　palm off (《にせものを》ごまかしてつかませる) は手品の手際のよい早わざから生まれた表現である。*palm* (ヤシ，シュロ) は葉が手のひらの形に似ていることに由来する言葉で，palmetto (パルメットヤシ) は小型のヤシの木のことである。palmyra (オウギヤシ，パルミラヤシ) はポルトガル語 palmeira (ヤシの木) から借入された。この語も，ラテン語 palma (手のひら) が語源で，シリア中部にあった古代都市パルミラ (Palmyra) に由来するものではない。また，palmistry (手相占い) は palm と mystery (神秘)〈同項参照〉からなると考えられる。

　ところで Palmer (パーマー) とは，英国の劇作家・俳優ヘイウッド (John Heywood, 1497?-1575?) 作の1543年ころの幕間劇 *The Four P's*：『4人のP』の4人，すなわち，palmer (聖地巡礼者)，pardoner (免罪符売り)，potecary (薬剤師)，そして pedler (行商人) の中の一人である。彼らはだれがいちばん大ぼらを吹けるかを競争した時に，パーマーが，我慢強くない女に会ったことがない，と言って優勝する。そのパーマー (palmer) の原義は，聖地巡礼に行ったしるしとしての「ヤシの枝を持っている人物」である。

palmer [pάːmər]《中世におけるパレスティナへの》聖地巡礼者
→ chichevache, palm

palooka [pəlúːkə] ヘボ選手〔ボクサー〕, 間抜け, チンピラ
→ wig

palpable [pǽlpəbl] 明白な, 触知できる
→ palpitate

palpitate [pǽlpiteit] 動悸がする,《恐怖などで》震える

　動詞 palp (触れる), palpate (さわってみる), palpitate (動悸がする) のうち, 最初の2語はラテン語 palpare, palpat- (触れる) が語源である。医者が触診する場合は palpate が使われる。このラテン語動詞の反復形 palpitare, palpitat- は「すばやく触れる, 速く前後に動く」という意味で, このラテン語から英語 papitate (動悸がする) や palpitation (《まぶたの》震え, 瞬き,《心臓の》動悸) が派生した。palebra は解剖学で「眼瞼(がんけん), まぶた」を指す。palpus は動物学で「口肢, 触肢」を意味する。そして触れてはっきり感じることができれば, Hamlet:『ハムレット』(V, ii) にあるように, a *palpable* hit (十分な手応え) と言う。

pamper [pǽmpər]《しばしばけなして》甘やかす, 好きなようにさせる

　この語は今日では精神的な面でも使われるが, 語源的には身体に使われた言葉で,「満腹にする」という意味であった。口語的・方言的ドイツ語では pampen (腹いっぱい詰め込む) である。英語 pap (パン粥)〈abbot 参照〉や, pasci, past- (食う, 楽しむ) から派生したラテン語 pabulum (飼料, 食物:*pabulum*) と同根語である。pamper と意味の近いイタリア語に pamberato (栄養の十分な, 太った) がある。このイタリア語は pane (パン, 食べ物) と bere (飲む) が縮まって1語となった言葉である。

　また, pamper はラテン語 pampinus (巻きひげ) が語源であるとする説がある。ミルトン (John Milton, 1608-74) は *Paradise Lost*:『失楽園』(V, 214) で, 果物の木について *pampered* boughs (伸びすぎて巻いた枝) という表現を使っている。温室育ちの果物も *pampered* fruit (甘やかされた果物) と言ってよいであろう。

　pamper は pamp (《古語》満腹にする) の反復形である可能性もある。この pamp には pimp-, pamp-, pomp- などの母音交替による語の存在が考えられ, いずれも「ふくれる」という意味を包含している。したがって pimple (ニキビ) の原義は「小さなふくらみ」であり, しばしば "pamping" (満腹になるまで食べる) の結果, 生じるものである。儀式などについていう pomp (華やかさ) もこの言葉の影響を受けたとする説がある〈pontiff 参照〉。なお pump (ポンプ, 吸水器——フランス語 pompe——) は揚水機の音をまねた擬音語起源である。

pamphlet [pǽmflət] 小冊子, パンフレット

　brochure (小冊子) は針糸で縫い合わせたものであり, フランス語 brocher (糸針で縫う) から派生した brochure (錦模様, 仮綴本) の借入語である。英語 brocade (ブロケード, 錦織) は同語源のスペイン語 brocado (紋織り) からの借入で,「縫い合わせた布」である〈cloth 参照〉。pamphlet も似たような派生をした言葉で, 語源はフランス語 par un filet (糸で〔とめられた〕) である。〈より確かな語源説については pan 参照〉

pan [pǽn] 平鍋, 皿, 牧羊神パーン (Pan)

　台所で使う pan と, ギリシア神話のヤギの足をした牧羊神 Pan (パーン) とは, アメリカの詩人・小説家モーリー (Christopher Morley, 1890-1957) が求め続けた神聖な自動皿洗い機信仰 (dishpantheism)《*The Haunted Bookshop*:『亡霊書店』(1919年) に出てくる dishpan (皿洗い機) と pantheism (汎神論) のもじり》にもかかわらず, 関係は認められない。

　pan (鍋, 皿) はアングロサクソン語では panne で, 古高地ドイツ語では pfanna である。この語にはラテン語 patina (魚鍋, 深皿) が後期ラテン語 panna を経て借入されたとする説があり, この場合フランス語 patine (《銅器・ブロンズに生じる》緑青) から借入された英語 patina (緑青, 青さび) と同語源である。

しかし，pan（皿）はラテン語 panis（パン）から派生したとする説があり，その場合，内容から容器へと意味が転化した例と考えられる。「パンかご」は pannier と言い，pantry（食料貯蔵室）は「鍋（pan）を置いておく所」ではなく「パンを置いておく所」が原義である。フランス語で「パン」は pain と言う。

古代ローマでは，腹をすかした大衆に政府が「パンとサーカスを」(panem et circenses: bread and circuses）を提供したが，この政策は sop（機嫌をとるための物）と言うことができる。この sop は，アングロサクソン語 sopp（液体に浸したパン）が語源で，英語 sup（夕食〔軽食：*supper*〕を供する）や soup（スープ）と同系語である。

これで pan の話が終わりというわけではない。つまり，皿の上の料理を平らげ（to scrape the *pan*）ていないのである。もちろん，私たちは同じ pan を持つ *pancake*（パンケーキ）も *pan*dowdy（パンダウディ《糖蜜入りのアップルパイ》）もまだ食べていない。

東南アジアでビンロウの種子をキンマの葉で包んでかむ，東洋のチューインガムとも言うべきものも pan（パン）と言う。この pan はサンスクリット語 parna（羽毛，葉）からヒンディー語 pan を経て英語に借入された。

pandy（《スコットランドやアイルランドの学校で罰として》ステッキで手のひらを打つ）は，訛って paddy とか paddy-whack と言うことがある。この言葉はラテン語 pandere, pass-（差し出す，伸ばす――expand〔広げる，拡張する〕や expansive〔膨張力のある，発展的な〕が派生――）が語源である。

植物学における panicle（円錐花序）はブドウのような房状になっている花のつき方を指す。この語はラテン語 panis（パン）の同系語 panus（キビの穂）の指小形 panicula（円錐花序）の借入である。

pancreas（すい臓）は，pan-（すべて）と kreas（肉）からなるギリシア語 pankreas が後期ラテン語を経て借入された。sweetbread（子牛や子ヒツジのすい臓）のことで，おいしい食べ物である。

panic は牧羊神 Pan（パーン）から派生した言葉で，初めは形容詞として使われたが，名詞として「恐慌，パニック」を意味するようになった〈congress 参照〉。自然神のパーン（Pan）は，ギリシア語 pan, pant-（すべての）と結びつけられる。しかし，Pan はサンスクリット語 pu-（浄化する）から派生した pavana（風，浄化の風）に由来する可能性も考えられる。

ギリシア語 pas, pan-, pant-（すべて；すべての）は英語の多くの言葉に使われている。その一つに banjo（バンジョー）がある。この楽器名は，ギリシア語 pandoura（三弦琴）が bandore（バンドーラ，弦楽器）となり，黒人の発音に影響されて転訛したものである。この楽器は東方からギリシアに入ったものであり，楽器名の語源は不明である。しかし，この楽器は人類最初の女性パンドラ（Pandora）と結びつけられることがある。Pandora は，ギリシア語 pan-（すべて；すべての）と，doron（贈り物）とから造られた形容詞 pandoros（すべてを贈る，すべてを贈られた）が語源である。鍛冶の神へパイストスが彼女を造った後，他の神々の前に連れて来た。神々は彼女にあらゆる祝福を詰めた箱を与えた。その箱を彼女が不注意にも開けたところ，すべてが逃げ去り，ただ一つ底で心地よく眠っていた「希望」だけが残った，とされる。

pamphlet（パンフレット）も回り回って上記の pan-（すべての）と philos からなる pamphilos「すべてに愛される」が語源であるとする説がある。12世紀に *Pamphilus, seu de Amore*：『パンフィルス，すなわち愛について』という人気小作品があり，それが一般に pamphilet というニックネームで呼ばれた。そしてこの pamphilet がすべての小冊子を意味する言葉として使われるようになったとするものである。Pan-American（《北米・中米・南米を含めた》汎アメリカ主義の）とか Pan-Germanic（汎ゲルマン主義の）などの Pan- は明らかに同じものである。pan- で始まる他の言葉は以下の項で別途扱う。

pan- [pæn], **pant-** [pænt], **panto-** [pæntou] すべての

上記の結合形はすべてギリシア語 pas, pan-, pant-（すべての）が語源である。

pan- がいちばん一般的な使い方で，Pan-American とか panathletic（すべての種類の運動競技にわたる）のように使われる．pant- は母音の前，そして panto- は子音の前に来た時の結合形で，科学的術語を形成することが多い．

なお pantechnicon（〔原義〕すべての技術にかかわる）〈onion 参照〉は19世紀のロンドンで，「芸術品陳列販売場」を意味する用語だったが，それが「貯蔵庫」，そして panthechnicon-van の短縮形として「家具運搬車」(moving-van) という意味に使われるようになった．

なお van（ヴァン，幌つき車，有蓋貨物車）は，caravan（商隊）の短縮形で，ペルシア語 karwan（安全のために共に旅をする隊商）から「幌馬車」という意味に使われるようになった．pantopragmatic（〔原義〕すべてに干渉する）は，どこにでもいる「お節介やき」を意味するユーモラスな言葉である．

pancreas [pǽŋkriəs] すい臓
→ pan

pandemonium [pæ̀ndəmóuniəm] 伏魔殿，地獄，悪の巣
　この語は，ミルトン（John Milton, 1608-74）が *Paradise Lost*：『失楽園』(1667年）で「地獄の都」(I, 756) という意味で造った．やがて自然に移転が起こり，「阿鼻叫喚」を意味するようになった．〈pan- 参照〉

pander [pǽndər] 売春の仲介者，ポン引き，人の弱みにつけ込む人
　この語は，ギリシア人名のパンドロス（Pandaros）が動作主を表す接尾辞 -er の影響を受けて変化したものである．ボッカチオ（Giovanni Boccaccio, 1313-75）や，より詳しくはチョーサー（Geoffrey Chaucer, 1343?-1400）の *Troilus and Criseyde*：『トロイラスとクレシダ』(1385年）に語られている物語では，パンドロスはクレシダ（Cressida）の叔父である．彼はクレシダと彼女を愛するトロイの王子トロイラス（Troilus）との仲を取り持った．この話から意味が劣化して pander は人の欲望・弱みに「つけこむ」という意味に使われるようになった．

Pandora [pændɔ́:rə]《楽器》バンドーラ，【ギリシア神話】パンドラ《ゼウスがヘパイストスに造らせて地上に送った最初の女性》
→ pan

pane [péin] 窓ガラス〔の1枚〕，鏡板，市松模様の一目
　この語はラテン語 pan-（すべて；すべての），あるいは元のギリシア語 pas, pan-〈pan 参照〉からではなく，ラテン語 pannum（布，布片）からフランス語 pan（布の端）を経て借入された．ラテン語 pannum の指小形 panellum は英語 panel（パネル，羽目板）の語源である．pane, panel ともに本来は窓を覆うなど，いろいろな目的で使われる広げた布切れを意味したことから window *pane*（窓ガラス）という表現が生まれたのである．また2語とも「1枚，1片」一般を意味する言葉として使われていたことから，panel は「壁板」とか炭鉱の「1区画」という意味にも使われるようになった．

　また，panel は「羊皮紙」の意味にも使われた．それをシェリフ（sheriff：（英）州長官）が名簿を書くのに使ったことから jury *panel*（陪審員名簿，陪審団），to empanel〔impanel〕a jury（陪審員名簿に載せる，陪審員名簿から選ぶ）などの表現が生まれた．

　panel には「鞍」とか「鞍敷き」という意味がある．これは「1枚の布」という原義から，馬の背中が擦れて傷つかないように「鞍の下に敷く布」の意味に，さらに鞍の裏張りの「詰め物」，そして「鞍」そのものを意味するようになった．このように *paneled* wall（鏡板をはめた壁）や window *pane*（窓ガラス）は布から生まれたのである．

panegyric [pæ̀nədʒírik] 称賛,《練り上げられた》賛辞；称賛の
　公には人をほめなければならない．どうしても人の悪口を言わなければならない時は内々で（in private）言うべきである．この in private をほとんどの人が behind his back（かげで）と解釈しているが，本当の意味は to him alone（彼だけに）とか for his betterment（彼のために）である．

　人を称賛するという公的行為は，panegyric（称賛，賛辞，頌徳文）によって永続的なものとなった．それは単に「全群衆

panel [pǽnl] パネル, 羽目板,【絵画】画板
→ pane

panic [pǽnik] 恐慌；突然の；恐怖を起こさせる
　知らないものに対する漠然とした恐れをギリシア人は，森・野原・牧羊の神パーン (Pan)〈同項参照〉の仕業と考えた。米国金融市場ウォール街でさえ，風評や人の殺到がパニック (panic) の最初の兆候であった。

panjandrum [pændʒǽndrəm] 大将，御大，お偉方
　1775年にアイルランドの老俳優マクリン (Charles Macklin, 1690-1797) は何でも1度聞いたら繰り返せると豪語した。すると俳優・戯曲作家フット (Samuel Foote, 1720-77) はマクリンを試そうとして早速，"And there were present the Picninnies, and the Joblillies, and the Garyulies, and the Grand *Panjandrum* himself, with the little round button at top." ("The Great Panjandrum"：「大御所」〔1775年〕) とナンセンスなことをペラペラと言った。マクリンがこれをうまく繰り返せたかどうかの記録はない。しかし，Panjandrum はその後，自分は何においても抜きん出ていると考えている男を茶化した称号として，繰り返し使われることとなった。〈pan 参照〉

pannier [pǽniər] パンかご,《牛馬などの背中の両側につける》荷かご,《人が背負う》背負いかご
→ pan

panoply [pǽnəpli]《騎士などの》鎧かぶとの一揃い,《正式》完全装備, 盛装
　今日では主に比喩的に華麗な完全装備という意味に用いられるが，本来兵士の鎧かぶとの一揃いのことである。語源は，pan (すべての) と，hopla (武器) からなるギリシア語 panoplia (完全装備) で，重装歩兵 (ギリシア語 hoplites, 英語 hoplite) の武具一式を指した。〈pan 参照〉

pansy [pǽnzi] パンジー, 三色スミレ
　この語は，古くは pensy とか pensee と綴られた。ラテン語 pendere, pens- (重さを量る) の反復形 pensare (熟考する)〈aggravate 参照〉から，フランス語動詞 penser (考える), 名詞 pensée (考え) を経て借入された。なお, *Hamlet*：『ハムレット』(IV, v) でオフィーリアが "There is pansies, that's for thoughts." (これはパンジー，物思わせる花) と歌っている。

pant [pǽnt] あえぐ, 息を切らす；あえぎ
　悪夢 (nightmare) で目が覚めたことがあるでしょう。暗闇を突き抜けるほど目が飛び出し，心臓は激しく動悸がし, 息は速く深くあえいでいる (your breath heaving in quick *pant*)。そうでなければ幸運で, そうであれば, pant (息切れする) の意味がよくわかるはずである。pant はギリシア語 phantasia (心象, 幻影, 悪夢) が語源で, 後期ラテン語 phantasiare (悪夢に圧迫される, 悪夢を見る) から, フランス語 pantoisier (息を切らす) を経て借入された。〈focus 参照〉
　コールリッジは幻想詩 "Kubla Khan"：「クブラカーン」(1816年) で, 次のように歌っている。

　And from this chasm, with ceaseless turmoil seething
　As if this earth in fast thick *pants* were breathing
　A mighty fountain momently was forced.

　そしてこの深淵から, 終わりなき混迷が渦巻き
　この地球が絶え間のない深い息遣いであえいでいるかのように,
　巨大な泉が刻々と押し出された。
〈pants 参照〉

pantaloon [pæ̀ntəlúːn] パンタロン《19世紀の男性用の細くピッタリしたズボン, 今は女性用》,【演劇】パンタローネ《古いイタリア即興仮面劇の老いぼれ道化役》,《パントマイムの》老いぼれ道化役
→ pants

pantechnicon [pæntéknikən] 家具運搬車, 家具倉庫,《古語》芸術品陳列〔販売〕場
→ pan-

panther [pǽnθər] ヒョウ, ピューマ
→ painter

pantopragmatic [pæntoupræɡmǽtik] 何にでも干渉する，お節介な
→ pan-

pantry [pǽntri] 食料貯蔵室，食器室，パントリー
→ pan

pants [pǽn*ts*]《口語》ズボン，パンツ，スラックス

pants は pantaloons（19世紀ころのズボン——pantalettes〔パンタレット《19世紀に婦人や女児が用いた裾飾りのついたゆるく長いパンツ》〕はその指小形——）の省略形である。pantaloons は中世イタリアの仮面劇（commedia dell' arte）の登場人物パンタローネ（イタリア語 pantalone，英語 pantaloon）の衣装の一部を指した。なおパンタローネはベネチアの守護聖人の一人サン・パンタレオーネ（San Pantaleone——ギリシア語 panta（すべての）と leone（ライオン）からなる——）に由来するとされる。ところで劇中でパンタレオーネは道化師のからかいの的になる老人だったことから pantaloon をスラング looney（狂人，間抜け，ばか）と関係づける人もいる。なお，looney そのものは lunatic（狂人，変人；気のふれた——ラテン語 luna〔月〕から派生——）の短縮形である。*Who's Looney Now?*：『ばかだねえ』(1936年) という短編喜劇映画もあった。

ちなみに pants の指小形に panties（《婦人・子供用の》パンティ）があり，この語形成をまねて，scant（わずかな）と panties とから scanties（スキャンティ《女性用の小さいパンティ》）が生まれた。

papa [pάːpə]《米略式》おとうちゃん
→ abbot

papacy [péipəsi] ローマ教皇職〔位，権威〕
→ abbot

papal [péipl] ローマ教皇の
→ abbot

paper [péipər] 紙，壁紙
→ bible

papoose [pæpúːs]《北米インディアンの》赤ん坊，幼児
→ abbot

par [pάːr] 同等，同位，等価
→ gossip, zipper

para [pǽrə] パラ《トルコの旧通貨単位》，パラゴム《南米原産》
→ para-

para- [pǽrə-]《接頭辞》近所，以上，不正

para には三つの同音異語があり，para- には少なくとも三つの接頭辞がある。〈periscope 参照〉

まず para は，トルコでは1セントの10分の1ほどの価値しかない小さなコインを指した。また para は北ボルネオでは小さな重さの単位であり，インドでは容積の単位である。さらにブラジルのアマゾン川沿いの港の名前 Para（パラ）から para rubber（パラゴム）とか para nut（パラナッツ，ブラジルナッツ）という言葉が生まれた。

接頭辞としての第一の para- は，ギリシア語起源で「…の外」「…を超えた」「…のそば」などの意味がある。parallel（平行した）は para- とギリシア語 allelos（互いに）からなる言葉である。paranoia（偏執狂，妄想狂）は para- とギリシア語 noos〔nous〕(理性) からなる言葉で，「理性を失った」が原義である。さらに何百もの科学用語に para- は使われている。

第二の para- はラテン語 parare（準備する）が語源のイタリア語・ポルトガル語 parare（防護する）の影響を受けたもので「…に対する保護」という意味に使われる。parasol（パラソル）はその一例である。〈overture 参照〉

第三の para- は普通 par- の形で用いられ，ラテン語接頭辞 per-（…にそって，…に関して）から古フランス語 par-（…のそば，…を通して）を経たものである。例えば，paramour（愛人，情人）は par- と amour（愛）からなり，paramount（最高の，主要な）は同じく par- と古フランス語 amont（…の上）からなる言葉である。なお，この amont はラテン語 ad monten（山へ：to the *mount*）が語源である。

ところで，paraffin（パラフィン）にはまた別の para- が潜んでいる。この語は1830年にドイツの化学者ライヘンバッハ（Karl von Reichenbach, 1788-1869）が造語したもので，ラテン語 parum（とぼしい）と affinis（境を接した，関係した：

having *affinity*）とからなる。この類の化合物は科学的に他の物質との親和力が少なく，化合物を作りにくい性質がある。英語 affinity（《構造上の》類似性，密接な関係）は，ラテン語 ad（…へ）と finis（境，端）からなる。〈finite その他については finance 参照〉

parable [pǽrəbl] 例え話，寓話
→ parlor

parabola [pərǽbələ]【数学】放物線，パラボラ
→ parlor

parachute [pǽrəʃùːt] 落下傘，パラシュート
→ overture

parade [pəréid] パレード
→ overture

paradise [pǽrədàis] 楽園，天国，極楽
失われた楽園（lost *paradise*）とは，全人類の最初の人間が追放された庭だった。そのことが綴りに影響を与え，para- は，ギリシア語 para（…を超えて，…のそばに）ないしはラテン語 parare（備える）と同語源のポルトガル語 para-（…に対抗して）を経て「防護する，締め出す」を意味すると考えられるようになった〈overture 参照〉。しかし，実際は古ペルシア語 pairidaeza からギリシア語を経て派生したものである。この古ペルシア語 pairidaeza は，ギリシア語 peri-（…の周りに）と同族語のペルシア語 pairi（…の周りに）と，diz-（形作る）から変化した dez（堆積）とからなる。そしてここから近代ペルシア語 *firdaus*（庭）と同じく「壁で取り囲まれた庭」という意味になった。古ペルシア語の語幹 diz-（形作る）は，英語 dough（練り粉，パン生地）の語源のアングロサクソン語 dig-（練る，こねる）と同族語である。〈lady 参照〉

paradox [pǽrədàks] 逆説，パラドクス
doxy（《古・俗語》ふしだらな女，情婦）とは陽気な小娘のことだった。これは古いオランダ語 docke（人形）が語源である。しかし，ギリシア語 doxa は「意見，通念」を意味した。orthodox（正統，正統派）は，ギリシア語 orthos（真っすぐな，正しい）と doxa からなる言葉である。orthopedic（整形外科の）の原義は「足を真っすぐにすること」である。

一方，正統派からはずれるものを hetero-dox（異教の，異説の）と言うが，これは heteros（二つのうちの一つの，異なった）と doxa から造られたギリシア語 hetero-doxos（別の意見の）が語源である。またギリシア語 heteros と genos（種類）から heterogeneous（混ざった，混成の）が造られた。paradox の para- は「…に反対の，…を超えて」という意味で，原義は「通念に反する」である。これらのことから "My doxy is orthodoxy."（私の教説〔女〕こそまともなのだ）と述べた男《William Warburton（1698-1779）司教が言ったとされる》はプライドとしゃれの持主である。ちなみに，"heterodoxy is another man's doxy"（他人の教説〔女〕はいかがわしい）なる句が続いたとされる。なお doxy（教義，意見）はギリシア語 doxa（意見）が語源である。〈dogma 参照〉

paraffin [pǽrəfin]【化学】パラフィン
→ para

paragon [pǽrəgàn] 模範，手本，鏡
この語が意味するような「模範」にはなりにくいものであるが，同じくその跡をたどるのも難しい。少なくとも三つの説がある。その一つは，スペイン語表現 para con migo（私と比べると）や para con él（彼と比べると）などの前置詞句 para con とする説である。これをたどっていくと三つのラテン語の前置詞に行き着く。英語 toward が to と ward からできているように，スペイン語 para はラテン語 pro（前へ）と ad（…へ）とからなり，スペイン語 con はラテン語 cum（…と一緒に）が語源である。しかし，この説を嫌って，akone（砥石）から派生したギリシア語 parakonan（研〔ｯ〕いで鋭くする）から来たとする説を支持する人もいる。私自身の選択は演劇に関するもので，paragon はギリシア語 para（…を超えて）と agon（競争，劇的葛藤）〈agony 参照〉とからなる言葉と考える。かくして paragon は「争いの埒外」で，比較を超えていることを示す。

paragraph [pǽrəgrǽf]《文章の》段落，小記事；段落に分ける
初期の文書は単語，文，段落の間に間隔を空けずに書かれた。思考に区切りが生じ

ると，その行の最初の語の下にしるしがつけられ，これが paragraph（段落標）と呼ばれた。語源はギリシア語 paragraphos（傍らに書かれたもの）で, para（…の傍らに）と, graphein（書く）から派生した graphos（書かれたもの）との合成語である。区切りがつけられた時，この用語は「区切られたもの」そのもの，すなわち「段落」の意味に移転した。

comma（コンマ）と period（終止符，ピリオド）は, paragraph とは反対に，内容から記号への道をたどった。comma は元々，文中の小さな節のことで, koptein（たたき切る）から派生したギリシア語 komma（刻印，文の短い節）が語源である。それよりも長い節は period と呼ばれていた。これは peri（…の周りで）と hodos（道）からなるギリシア語 periodos（一周，一巡）が語源で，「思考の筋道」とか「思考の一巡り」の意味で使われた。その後これらの用語は節や文章を区切るしるしに適用された。

ところで ode（頌詩，頌歌）は, aeidein（歌う）から派生した aoide（歌）が短縮された2音節のギリシア語 o-de が語源である。その歌は，ギリシア劇の合唱隊（コロス）が舞台上を舞いながら進んでいく際に歌われ，通常三つの部分からなっていた。すなわち，コロスの半分が旋回しながら歌う strophe（ストロペ，合唱歌の前半部——ギリシア語 strephein〔転回する〕から派生した strophos〔転回〕が語源——），ついで残りの半分が対称的に旋回しながら歌うストロペと同じ韻律の antistrophe（アンティストロペ，合唱歌の後半部——anti〔…に対して〕——），その後で両者がそろって歌う epode（エポード，合唱歌の終結部——epi-〔…の後で〕——）である。

catastrophe（悲劇の大詰め，破局）とは劇において，そして現在では人生においても，あらゆる出来事が主人公に不利に転回する局面のことである。この接頭辞 cata はギリシア語 kata（下へ，…に対する）を意味する。例えば, kata と pallein（強く投げつける）とから合成されたギリシア語 katapeltes（投石器，投矢器）から，ラテン語 catapulta を経て catapult（石弓，【航空機】カタパルト《艦載機発射機》）が借入された。kata（下へ）と legein（読む，数える）との合成語 katalegein（数え上げる）から派生したギリシア語 katalogos（数え上げること，記載）が, catalogue（カタログ，要覧）の語源である。catarrh（カタル，《特に》鼻カタル）は，ギリシア語 katarrhein（流れ下る）から派生した。catastrophe は《劇や人生において》いわば一段落（paragraph）となるものである。

parallel [pǽrəlèl] 平行した，平行の

ジョンソン博士（Samuel Johnson, 1709-84）はロンドンの街を歩いていて通りを掃除している女に出くわした。彼女は博士が通れるようにと掃除の手を止めようとはしなかった。博士は近づいて行って，大きな声で「お前さん，あんたは parallelogram（平行四辺形）だね」と怒鳴った。女はあ然として掃除の手を止めた。博士は何気ないふりで歩いて行った。parallelepiped（平行六面体）と女を呼ばなかったのは博士の幸運であったと私は常々考えてきた。最後の2音節，すなわち -piped だけが聞こえて「酔っ払い」と怒鳴られたと思い，女がホウキで博士を殴り飛ばしていたかもしれないからである。

さて，同一平面上で交わらないように並んでいる二つの直線は parallel（平行）である。この語は para（…に並んで，…に対して）と allelon（相互に）とからなるギリシア語 parallelos（並列の）が語源である。ギリシア語 gramme（線）をつけ加えれば, parallelogram（平行四辺形）ができる。一方，平行六面体の parallelepiped は古くは parallelepipedon だった。その語の後半 -epipedon はギリシア語 epi（…の上に）と pedon（地面）とが結合したもので，この立体が平行四辺形を底面としていることを示している〈pedagogue 参照〉。ジョンソン博士のその女に対する言葉は，女のホウキの下から地面を奪った（knocked the ground from under her broom《knock the ground from under one's feet〔足場を失わせる〕のもじり》）と言える。〈para- 参照〉

paramount [pǽrəmàunt] 最高の，主要な，すぐれた

→ para-

paramour [pǽrəmùər]《文語》情人，愛

人
→ para-

paranoia [pærənóiə]【精神医学】偏執病, パラノイア, 被害妄想
→ para-

parapet [pǽrəpit] 手すり, 欄干, 胸壁
→ overture

paraphernalia [pæ̀rəfərnéiliə] 道具類一式, 【法律】《夫が与えた》妻の身の回り品, 手回り品

　昔, 女性が結婚する時, 両親からもらう持参金(実際には結婚相手の元へ持参するものだった)の他に, 新婦の物となる何らかの贈り物を新郎から受け取ることがよくあった。この贈り物が paraphernalia であった。この語は後期ラテン語 paraphernalis の中性複数形から借入されたもので, 語源は para (…を超えて, 以外に)と, pherein (持参する)から派生した pherna (持参金)とからなるギリシア語 parapherna (持参金以外の贈り物)である。ちなみにギリシア語 pherein はラテン語 ferre (運ぶ)と同族語である〈suffer 参照〉。しかしながら, 家ではすべての所有物を共同所有, すなわち夫の物として扱うという普通に見られる傾向から, この言葉は単に「所持品」や「身の回り品」を意味するものとなった。

paraphrase [pǽrəfrèiz]《やさしい》言い換え;言い換える, パラフレーズする
→ periscope

parasite [pǽrəsàit] 寄生動物, 寄生植物, ヤドリギ

　古代ギリシアでは貧乏人は, 一定の供犠が終わった後に供宴に参加することが許された。彼らはギリシア語で parasitos (傍らで食べる者, 他人の食卓で食べる者——para〔…のそばで〕+sitos〔食べ物〕——)と呼ばれ, ラテン語 parasitus を経て英語 parasite が成立した。ラテン語 parasitus はローマ時代に「お世辞を言って食事にありつく者」「夕食にありつくために歌う者」「太鼓持ち」を指すようになった。生き物, 特に昆虫の世界では, この語は他の昆虫を食べて生きているものを指す。これに対し, アリマキ(アブラムシ)を飼うアリのように, 相互に利益をもたらす関係は, symbiosis (共生——ギリシア語 sym, syn〔…と一緒に〕+bios〔生活, 生命〕——)

と呼ばれる。

parasol [pǽrəsɔ̀(ː)l] 日傘, パラソル
→ overture

paratroop [pǽrətrùːp] 落下傘兵
→ overture

parboil [páːrbɔ̀il] 半ゆでにする, 湯通しする, 暑い目に遭わせる
→ periscope

parchment [páːrtʃmənt] 羊皮紙, 羊皮紙の文書・証書・写本

　parchment は, フランス語 per chemin (道を通って)とよく似ているが, ある目的地に到達するための通行証のことではない。小アジアのミュシアの都市ペルガモン (Pergamum) 産の羊皮紙を指す後期ラテン語 pergamena charta (〔原義〕ペルガモン産の紙)から普通名詞化した pergamentum が語源で, フランス語 parchemin (羊皮紙)を経て借入された。

pardon [páːrdn] 許すこと, 恩赦;大目に見る
→ periscope

paregoric [pæ̀rəgɔ́(ː)rik] 鎮静剤, 小児用の下痢止め;鎮痛剤の

　今日病気の子供に与えられているこの薬は, かつては全市民(成人男性)の物であった。小さな都市国家のギリシア人は, アゴラ (agora : 市場)で会合を行ったので, ここから agora は「集会」を意味するようになった。そこでなされたほとんどの演説は(今日でもラジオやテレビを通じて行われているのと似て)市民の士気を喚起するためのものであった。その結果ギリシア語 paregorein (公衆に説く, 鎮める)から形容詞 paregorikos (元気づける, 鎮静の)が派生した。私たちがこの paregoric を「鎮痛シロップ」の意味に使っているのは当然と言える。今日スピーチを聞く私たちは昔のギリシア市民ほど賢明であるというわけではないが。

pariah [pəráiə] パリア《南部インドなどの下層民》, 社会ののけ者, 浮浪者

　中世ヨーロッパでは, ハンセン病患者は歩く時, 近づいてくる公衆に知らせるために2本の棒を打ち合わせなければならなかった。今日パリア (pariah) は, 太鼓をたたく必要はないが, 語源は, parai (大太鼓)から派生したインドのタミル語 paraiyan (太鼓をたたく者)である。祭

りで太鼓をたたくのはインドの低いカーストの人の仕事であった。白人に仕えた召使いのほとんどがこのカースト出身であり，最下層民，すなわちパリアであった。

parity [pǽrəti] 等価，等量，平衡
→ peep

park [páːrk] 公園，広場；駐車させる
→ parquet

parlance [páːrləns] 話ぶり，口調，語法
→ parlor

parley [páːrli] 討議，商議；交渉する
→ parlor

parliament [páːrləmənt] 議会，国会，下院
→ parlor

parlor [páːrlər] 客間，居間，パーラー
部屋の名前にはその機能に由来するものがよくある。boudoir（婦人の私室）〈同項参照〉もそうで，婦人がふくれつらをしたり，すねたりするための部屋のことである。salon（客間，サロン）も，元は主たる居住空間のことだった。フランス語からの借入語ではあるがゲルマン語起源の言葉で，ゴート語 saljan（居住する）が語源である。この語の二重語が，船にあるような saloon（社交室，大ラウンジ）で，そうした部屋以外では水（生命の水）は出さない。

さて parlor（客間，居間）は，動詞 parler（話す）から派生した古フランス語 parlour（フランス語 parloir〔《修道院・病院・刑務所などの》面会室〕）を経て借入された言葉で，本来は「談話室」である。後期ラテン語 parlatorium（会議室）に対応する。

この parlor はより広く枝分かれしている。フランス語 parler（話す）は後期ラテン語 parabolare（例え話〔*parables*〕を作る）から変化したものである。この後期ラテン語は，ギリシア語 paraballein（傍らに投げる，比較する）から派生した名詞 parabole（傍らに投げること，比較）からラテン語 parabola（比較，例え話）を経て成立した。そしてギリシア語 paraballein の狭い意味が数学の parabola（放物線）に引き継がれ，比喩的な意味が聖書の parables（寓話，例え話）に生きている。また，parley（協議，討論），parlance（話し振り，語法）や the House of Parliament（議会）なども同語源である。parliament はフランス語の parlement（国会，《革命前の》高等法院——後期ラテン語 parliamentum——）から借入された。

parole（仮釈放，捕虜誓言）は，元は parole d'honneur（捕虜宣誓《脱走しない，または解放後も一定期間戦線に立たない，という誓い：word of honor》）として使われたもので，上記のラテン語 parabola（比較，例え話）から後期ラテン語 paraula（言葉，語）を経て借入された。この後期ラテン語 paraula は，平俗的な用法（in common *parlance*）で，ラテン語 verbum（言葉，語）に代わって用いられるようになった。『ヨハネ福音書』の冒頭で「はじめに言葉（verbum）ありき」と verbum が宗教的用語として使われたためである。

しかし，*parlous* deed は《フランス語 parler（話す）から連想される》「話の種になる行為」ではない。perilous（危険な，冒険的な）の古い発音から生まれたものでその意味は「危険な行為」である。名詞 peril（危険）はラテン語 periculum（試み，危険）が語源である。これらに見られる per- はラテン語 experiri, expert-（試してみる）の語幹と同じもので，このラテン語から英語 experiment（実験，試み）が派生した。実験には危険を伴うことがよくあった。そしてこのラテン語動詞の現在分詞 experiens, experient- から experience（経験）が派生し，過去分詞からは expert（熟練者，達人）が派生した。談話室（parlor）では多くの人々が達人（expert）を装うものである。

ところで，大砲に当たるものは古代人にとっては投石機（ballista）だったが，この語はギリシア語 ballein（投げる）から派生したものであり，このギリシア語からさらに多くの言葉が派生している。embolism（うるう日，うるう月，【医学】塞栓症，【カトリック】挿入祈禱——em- はギリシア語 en〔…の中へ〕の結合形——）や，hyperbole（【修辞学】誇張〔法〕——hyper- はギリシア語 hyper〔…を超えて〕が語源——），metabolism（【生物・生理学】代謝——meta〔他の場所に，…の後に〕と ballein〔投げる〕とからなるギリ

シア語 metabole〔変化，変更〕が語源――），problem（問題，難問――pro- はギリシア語 pro〔前に〕が語源：〔原義〕前に投げる，提案する――），symbol（象徴）〈同項参照〉なども同語源である。〈emblem 参照〉

parlous [pá:rləs]《古語》危険な，抜け目がない
→ parlor

parole [pəróul] 仮釈放，捕虜誓言
→ parlor

Parnassian [pɑ:rnǽsiən] パルナッソス山の，詩の；《フランス》高踏派の詩人
→ dauphin

parquet [pɑ:rkéi] 寄せ木細工の床，《米語》劇場の1階席；寄せ木張りにする
　この語は，元々は公園（*park*）の小さな一部分のことであった。その後，中庭あるいは劇場（これには木の床張りがしてあった）の一部分を意味するようになり，さらに，床張りそのものを意味するようになった。フランス語 parc（公園：*park*）の指小形 parquet から借入されたもので，フランス語 parc は最初，野獣を飼っておくための囲い地，猟園のことであった。parc はさらに「囲い地，囲い」という意味の古英語 pearroc や中高地ドイツ語 pferrich にさかのぼる。paddock（《馬小屋近くの》小放牧地，パドック）は，古英語 pearroc から古形 parrock を経て成立した。

parrot [pǽrət] オウム，意味もわからず他人の言葉を繰り返す人；オウムのように繰り返す
　parrot は，Pierrot（ピエロ――フランス語 pierrot〔ピエロ，スズメ〕――）や stormy *petrel*（ウミツバメ）と同じく人名 Peter（ピーター――フランス語 Pierre――）に由来するとする説がある。parrot は，使徒ペトロがよくしゃべったこと，《海上を歩行するように飛ぶ》stormy *petrel* はペトロが水の上を歩いたこと（『マタイ福音書』14:29）との連想による。Peter そのものはギリシア語 petros（岩〔petra〕）のかけら，石――ラテン語 petrus――）が語源である。カトリック教会の設立は，イエスがペトロに手を置いて言った「『この岩の上に』私の教会を建てる」（『マタイ福音書』16:18）が実現したものであるとするのは，語呂合わせ（pun）である。
　同じラテン語 petrus（岩）が petrify（石化する，びっくり仰天させる）や petroleum（石油――ラテン語 petri-〔石〕と oleum〔油〕からなる――）にも見られる。なお，ラテン語 petrus やシリア語 Putras は buttress（控え壁，支え）と語源的関係があるとする説がある。〈butt 参照〉
　peter out（疲れ果てる）は，最初はアメリカ合衆国の鉱山用語であった。この語は，炭鉱夫の失望の表現としてフランス語の擬音語 pet（プッ，屁）から派生した péter（放屁する）に由来するとする説がある。しかし，鉱脈が先細りした（*petered*），すなわち「石になった」という事実に由来するとする方がより説得力がある。
　ところで英語 pet（ペット，愛玩動物）は，おそらくフランス語 petit（小さい）の短縮形であろうと考えられる〈pit 参照〉。to be *in a pet*（すねている）は，to take the *pet*（《理由もなく》怒る，すねる），すなわち「かわいがられないとすねる」（to sulk at not being *petted*）という表現より古いものだった。狭量な人（a *petty* person）はすぐにすねる（to be *pettish*）ものだ。
　なお，in *petto*（《教皇の》胸中に，ひそかに《教皇が枢機卿をあらかじめ知らせずに枢機卿会議で任命することについていう》）という表現はラテン語 pecus, pector-（胸）が語源で，イタリア語を経た言葉である。英語 pectoral（胸の，胸筋の，胸病の）は同語源であるが，*petting* party（《米俗語》ひとしきり続くペッティング）とは何の関係もない。

parry [pǽri] 受け流す，《フェンシングなどで》かわす；かわし
→ overture

parson [pá:rsn] 教区牧師，《口語》聖職者，《特にプロテスタント教会の》牧師
　この語は person（人，人間）〈同項参照〉と二重語であり，11世紀に教区関係の責任者（*person*）に限定されるようになった。person と parson は，かつて clerk（事務員）と clark などがそうであったように，ある時期同じように発音されていた。

parthenogenesis [pà:rθənoudʒénəsis]【生物学】単為生殖, 処女生殖
→ palace

Parthian (shot) [pá:rθiən (ʃát)] 最後の一矢, 捨てぜりふ
→ Pyrrhic

paschal [pǽskl]《ユダヤ教》過ぎ越しの祭りの,《キリスト教》復活祭の
→ abbot, Easter

pasquinade [pæskwinéid] 風刺, 皮肉; 風刺で攻撃する

1501年, 古代の遺物の発掘が一般的になる前, 一説によるとローマのパスキン (Pasquin: イタリア名 Pasquino) なる理髪店の近くで, 手足のない彫像が掘り出され, ナポリ出身のカラッファ枢機卿 (Carlo Caraffa, 1517-61) が公邸の一角で公開した。枢機卿はこの像を毎年聖マルコの祝日 (4月25日) に祭る行事を始めたが, しばらくすると宗教的あるいは政治的な風刺を込めた匿名の詩文がその胴体像に貼りつけられるようになった。理髪店の名前から, あるいはパスキーノ (Pasquino) という名のローマ人の像であるということで, その像は, Pasquino と名付けられたという。いずれにせよ,「パスキーノに捧げられた」それらの詩文は風刺に富み (*pasquined*), 一つ一つの「風刺文, 風刺詩」が pasquinade (イタリア語 pasquinata 〔風刺〕より) と呼ばれるようになった。〈graffito 参照〉

pass [pǽs] 道, 歩み; 通る, 死ぬ

この語は同じ語源から二つのルートで英語に入って来た。第一は, ラテン語 passus (歩み, 歩調: *pace*) がフランス語 pas (歩み) を経て英語 pass (歩み, 道) となったルートである。第二は同じラテン語 passus から後期ラテン語 passare (進む, 通過する) が派生し, ここからフランス語 passer (通過する), 名詞 passe (通過, 水路) を経て, 英語の名詞 pass (道, 渡し) として借入されたルートである。名詞 pass は部分的にはこのフランス語の名詞から, また部分的にはフランス語の動詞から借入された英語の動詞 pass (通り過ぎる, 超える) の影響を受けたもので, 意味もまた互いに絡み合っている。

一般に第一の pass (歩み) は, 初期には「詩の一節」をも意味した。今ではこの意味での使用は廃れ, その異形 pace (歩調, テンポ) の方がより一般的に使用されている。そして, pass は, 例えば a narrow *pass* (狭い道) というように「通過すべき道」という意味で生き残った。より大きい道 (a larger *pass*) は passage (通路) である。〈trespass 参照〉

第二のルートからは, 例えばサッカーで forward *pass* (フォワードパス) というように「ボールをパスする」という意味の pass が生まれた。それはまた物が通過または到達する状態をも意味する。例えば, It came to *pass*. (実現した, …ということになった)《欽定訳聖書等に頻出》とか, He found himself in a sorry *pass*. (彼は自分が哀れな状態にあることに気づいた) のように使われる。ここからトランプの手品におけるような「《奇術師の》素早いすり替え」という意味も生まれた。また permission to *pass* (通過の許可) は短縮されて pass が「許可」を意味するようになった。こうして passport (旅券, パスポート) や password (合言葉, パスワード) が生まれた。

動詞の pass は, ある場所から他の場所への移動を意味する基本語である。この語源からは他にも多くの派生語が生まれた。ただ, ラテン語 pati, pass- (苦しむ, 被る) から花開いた passion (情念, 情熱) と混同してはならない。このラテン語 pati と同語源の impassible (無感覚な, 純感な) は「感覚のない」「感情を示さない」という意味で, passive (消極的な, 活動的でない) ということになる。一方 pass と同語源の impassable は「通過できない」という意味である。passenger (乗客) は古フランス語 passager (通行人, 旅行者) から変化したもので, messenger (使者) の場合と同様に, 中英語で -n- がつけ加えられた。なお messenger はラテン語 mittere, miss- (送る) から後期ラテン語 missaticum (伝言) を経て派生した。そして, 同じラテン語から mission (使節団), missioner (教区宣教師), missionary (伝道師, 宣教師) が派生した〈compromise 参照〉。また scavenger (腐肉を食べる動物, クズ拾い) も passenger の場合と同様に -n- が後に加えられた。この語は scavage (ロンドンにおける外国人商人

への税）から中英語 scavager（外国人商人からの税徴収人）を経て生まれた。同じ人間が街路管理人でもあった。scavage はゲルマン語起源の古ノルマンフランス語 escauwer（調べる）から借入された言葉で，英語 show（見せる）と同系語である。

なお，passive（受動的な）については，exact（正確な）を参照。受身形（passive）については諸所（passim——pandere, pass-〔広げる，散らかす〕が語源——）で言及している。ただし私たちの pass はここで終わり（past）とする。

ところで，past は規則変化動詞 pass（通る）の過去時制（*past* tense）passed の異形であるが，この past と，paste（糊，《製菓用の》練り粉）や pastry（ペーストリー《パイ，タルトなどの焼き菓子類》——古くは pasty——）とはもちろん語源的関係はない。paste は，ギリシア語 pastos（水を振りかけられた）の名詞 pasta（大麦の粥）から，ラテン語 pasta（糊，練り粉）を経て派生した。paste は今でも菓子類（pastry）を作るための「こね生地」である。それはまた接着剤として使用される小麦粉と水を混合した糊の意味にも用いられる。また paste には「鉛ガラス」を指すことがあり，さらに鉛ガラスから作られるような人造ダイアモンドを含む「人造宝石」の意味にも用いられる。

passage [pǽsidʒ] 通行〔権〕，通路，旅行，一節
　→ pass, trespass

passenger [pǽsəndʒər] 乗客，旅客
　→ pass, trespass

passive [pǽsiv] 受動的な，活動的でない，活気のない
　→ exact

Passover [pǽsòuvər] 過ぎ越しの祭り
　→ Easter

passport [pǽspɔ̀ːrt] 旅券，パスポート
　→ pass

password [pǽswə̀ːrd] 合言葉，パスワード
　→ pass

paste [péist] 糊，練り粉
　→ pass

pastern [pǽstərn] あくと，繋《有蹄類のひづめとくるぶしの間》
　→ pester, abbot

pasteurize [pǽst(ʃ)əràiz] 低温殺菌を行う
　→ Appendix VI

pastor [pǽstər] 牧者，牧師
　→ congress

pastoral [pǽstərl] 田園生活の，田舎の；田園詩
　→ congress

pastry [péistri] 練り粉，ペーストリー《パイ，タルトなど，焼き菓子類》
　→ pass

pasture [pǽstʃər] 牧草地，放牧地
　→ pester, abbot

pathetic [pəθétik] 哀れな，ひどい；感傷
　→ apathy, osteopath

pathology [pəθálədʒi] 病理学，病理，病状
　→ apathy, osteopath

pathos [péiθɑs] 悲哀，ペーソス，パトス
　→ apathy, osteopath

patient [péiʃənt] 忍耐強い，耐えられる；患者
　→ exact

patina [pətíːnə] 青さび，緑青
　→ pan

patois [pǽtwɑː] お国訛り，方言，《特定集団の》隠語
　→ slang

patrician [pətríʃən] 血統貴族，パトリカ；貴族の
　→ pattern

patriot [péitriət] 愛国者，志士；愛国的な
　→ zipper

patron [péitrən] 後援者，支援者，パトロン
　→ pattern

patronize [péitrənàiz] 保護する，後援する
　→ pattern

patronizing [péitrənàiziŋ] 後援する，上位者ぶった，恩着せがましい
　→ pattern

patten [pǽtn] パテン《木底あるいは鉄枠をつけた泥よけ用の昔のオーバーシューズ》，木靴
　→ blatherskite

patter [pǽtər] パラパラと降る，早口にしゃべる；呪文

　pitter-patter（パタパタ，パタパタ）は反復語である。これは，miminy-piminy（ばか丁寧な，上品過ぎる）や tittle-tattle（雑談，噂話），shilly-shally（優柔不断，ためらい——ためらいがちな人がよく使う Shall I? から——）や，その他多くの反復語があり，繰り返しを好む傾向を例証している〈scurry 参照〉。しかし，patter そのものは，pat（軽くたたく）の反復形であり，本来はそのような行為によって出る音を模倣した言葉である。

　他方，セールスマンの意味のないおしゃべりを意味する patter（早口のおしゃべり）には，別の起源がある。これはラテン語 pater（父）が語源で，pater-noster（われらが父）の短縮形である。これは「主の祈り」(the Lord's Prayer) の最初の言葉であり，パーマー (Abram Smythe Palmer) の *Folk-Etymology*：『民間語源』(1882年) によれば，宗教改革以前の時代にはよく行われていた祈りの早口の暗唱やそのようなつぶやきの口調から生じたものである。米国の詩人ロングフェロー (Henry Wadsworth Longfellow, 1807-82) はこれら二つの意味を結合して，"Midnight Mass for the Dying Year"：「暮れ行く年の真夜中のミサ」(1839年) で下記のように歌っている。

　　The hooded clouds, like friars,
　　Tell their beads in drops of rain,
　　And *patter* their doleful prayers.
　　頭巾のように垂れこめた雲が，修道士の如く，
　　雨滴の数珠をつまぐり，
　　パラパラと陰鬱な祈りを早口に呟く。

pattern [pǽtərn] 模範，原型，型紙

　父は一家や一族の規範であった。ちょうどその原型 (*pattern*) が，自らに似せて人間を作った天なる父 (Father in heaven) であるように。この語はこうした信仰が背後にあることを示している。pattern は，pater, patr-（父）から派生したラテン語 patronus（保護者［*patron*］，規範）が語源である。ここからラテン語 pater にまた都市国家の「建国の祖」，さらに「長，頭」や「貴族」(*patrician*) という意味が生まれた。pattern はこのように patron（パトロン，保護者）の二重語である。価値ある物事を「後援する」(*patronize*) のは結構なことだが，そのような忠言はあまり傾聴してもらえないことから，「恩着せがましい」(*patronizing*) ものになってしまう。気をつけたいものである。

pause [pɔ́ːz] 休止，ポーズ；小休止する
　→ pose

pavilion [pəvíljən]《博覧会などの》展示館，《公園などの》休憩所，パビリオン

　風の強い日にテントを張り始めたが，そのテントがまるで巨大な蝶の羽のように勢いよく広がって飛んでしまった経験がおありだろうか。pavilion はラテン語 papilio, papilion-（蝶）が語源で，古フランス語 pavillon（テント）を経て，同義の中英語 pavilon として借入され，そこからテントに似たいろいろな物を指すようになった。例えば，《金持ちなどがかつて乗った》天蓋つきの担ぎかごや庭園のあずま屋などがそうである。この語は，また，天蓋の下にいるヴァロワ朝フランス王フィリップ6世（在位1328-50）を刻印したパビヨン金貨（1329年発行）を指す。さらに今日では病院などの棟続きの別棟，分館を意味するハイカラな言葉としても用いられている。

pawn [pɔ́ːn]【チェス】ポーン《将棋の歩に相当》，質抵当物；質に入れる

　借金などの担保としての pawn は，ラテン語 pannus（布片，衣服）が語源で，フランス語 pan（ガウンの裾）を経て借入された〈pane 参照〉。衣類は担保とする (*pawn*) のに最も一般的な物だった。ゲルマン諸語では語尾に -d や -t がつくようになり，オランダ語 pand（誓約，担保）やドイツ語 Pfand（担保）などが派生した。アングロサクソン語で担保は pending, pening, penig（コイン《おそらく元は織物を貨幣の代わりに使用》）で，これが penny（ペニー《英国の旧通貨：12分の1シリング，240分の1ポンド》）やその複数形 pence の語源である。

　一方，チェスの駒の pawn（ポーン）は peon（《中南米の》日雇い労働者，《インドやスリランカの》歩兵）と二重語で，語源は後期ラテン語 pedo, pedon-（歩兵）である〈pedagogue 参照〉。pioneer（開拓者）は，同じ後期ラテン語から古フラン

ス語 peonier（歩兵）を経て借入された。pioneer とは元来，塹壕を掘るために先頭に立って行進した歩兵のことだった。ここからだれであれ本隊に先立って行く者を意味するようになった。

ところで peony（シャクヤク）と上記の peon（歩兵）とは語源的関係がない。peony の異形 paeony は，この語の起源がラテン語 paeonia（シャクヤク：〔原義〕薬効のある）であることを示している。この植物は薬効を持つと考えられており，このラテン語は，治療の神アポロへの賛辞 Apollo Paian（アポロ・パイアン）に由来する。元来ギリシア神話でパイアン（Paian, Paieon, Paion：ラテン名 Paean）は神々の医者とされており，語源はサンスクリット語 pan-（賞賛する）ではないかと考えられる。ギリシア語 paian, ラテン語 paean はアポロを称える賛歌をも指すようになり，これが同義の英語 paean に借入された。〈flower 参照〉

pay [péi] 支払う，支給する，ピッチを塗る

人をなだめる一つの方法は何がしかのお金を与えることである。pay とはまさになだめる (*pacify*) ことであり，ラテン語 pax, pac-（平安）より派生した動詞 pacare, pacat-（なだめる）から，フランス語 payer（支払う）を経て借入された。pacifist（平和主義者），pacific（平和な）も同語源である。〈propaganda 参照〉

しかし，船乗りたちが，"there's the devil to pay"（後のたたりが怖い，後で大変なことになる）というように使う pay は異なる言葉である。この表現は "and no pitch hot."（ところが熱いピッチ〔タール〕がない）と続く。ここでの to pay は「ピッチ（タール）を塗る」である。この語はラテン語 pix（ピッチ）から派生した動詞 picare, picat-（《船底・継ぎ目に》ピッチを塗る）が語源で，スペイン語 pegar（くっつける）や古北部フランス語 peier（古フランス語 poier）を経て借入された。ラテン語 pix はフランス語では poix（ピッチ）である。上記の船乗り用語 "devil" は，水漏れを防ぐのが困難な継ぎ目，あるいは嫌いな人間にタールを塗り，鳥の羽毛で覆うという一種のリンチに影響を受けたものと考えられる。

ところで，「張る，投げる」の pitch は，特に古い言葉ではなく，三叉の干し草用フォーク（*pitch*fork）のようなもので「突き刺す」が原義であったことから，pick（突き刺す：to *peck*）の異形ではないかと考えられる。pick（突き刺す，ついばむ）は，ドイツ語 picken（刺す，穴を開ける）と同系語のアングロサクソン語 pycan（突く，突つく）と，同族語であるラテン語 picus（キツツキ：wood*pecker*）からイタリア語 piccare（《古語》槍で突く）を経たフランス語 piquer（突く，刺す）とが融合した言葉である。

なお，tar（タール，水兵）は古いゲルマン語で，アングロサクソン語では teru（タール）であり，アングロサクソン語 treow（木：*tree*），ギリシア語 drys（オークの木），サンスクリット語 dru（樹木）と同根語である。また，古フランス語 drui を経て派生した druid（ドルイド，ドルイド僧）や true（真実の）とも同根語である可能性が高い。「誠実であることは報われる」(It *pays* to be *true*.)

pea [píː] エンドウ，豆粒大の物

"*Pease* porridge hot, *pease* porridge cold"（お豆の熱いお粥，お豆の冷たいお粥）で始まる古い童謡（マザーグース）がある。pea（エンドウ）はギリシア語 pisos, pison（エンドウ）が語源で，ラテン語 pisum, pisa を経て，アングロサクソン語 pise として借入された。古フランス語 peis（エンドウ——フランス語 pois ——）に語尾 -s が見えるが，外国語を知らないイギリス人たちは，sweet *pease*（スウィートピー：sweet*pea*) の pease を複数形と考えた。そして，*pease* soup（エンドウ・スープ）を *pea* soup に変えてしまった。

ただし，pea-jacket（ピージャケット《水兵などが着る厚手ウールの外套》）の pea はオランダ語 pye（きめの粗いウール）に由来する。

peace [píːs] 平和，和解，静けさ

→ propaganda

peach [píːtʃ] モモ，（口語）きれいな少女；桃色の

このおいしい果物を見て，感じて，味わうと，"She's a *peach*!"（彼女はすてきだね！）という表現がよく理解できる。この

語は東洋からもたらされた。語源はラテン語 Persicum (pomum)（ペルシアリンゴ）で，後期ラテン語 persica（モモ），古フランス語 pesche（フランス語 pêche）を経て借入された。エデンの園の禁断の果実がリンゴとされたという理由からだけではなく，そもそも最初は，あらゆる果物がリンゴ（apple）と呼ばれた。ギリシア人たちは果物の総称語として melon を用いたが元来これは「リンゴ」である。後に kitron（シトロン：citron）が加わったが，これはレモン（lemon）やライム（lime）を含む果実の総称である。

ローマ人は果物を表すのに二つの言葉を持っていた。ギリシア語 melon からの malum（リンゴ）と，ラテン語 pasco（草を食わせる）と同語根とされる pomum（果実——フランス語 pomme〔リンゴ〕——）である。アングロサクソン人には apple（リンゴ）と berry（ベリー《イチゴの類など》）があった。マルメロ（quince《洋梨形の芳香のある果実》）は，アングロサクソン語では cod*apple*（コドのリンゴ：クレタ島キュドニア産のリンゴ）で，後に god*apple*（神のリンゴ）と呼ばれた。これは potato（ジャガイモ）が今もフランス語で pomme de terre（〔原義〕大地のリンゴ），ドイツ語で Erdapfel（大地のリンゴ）と言うのと似ている。パイナップル（pineapple）は，元来その語が示す通り，松（pine）の球果（apple），つまり，マツカサのことであった。その外観から18世紀にこの語は私たちが今食べたり飲んだりしている果物の名前に転用された。

orange は，サンスクリット語 nāranga から，アラビア語 naranj，スペイン語 naranja，フランス語 orange を経て借入された〈語頭の n- の脱落については auction 参照〉。後期ラテン語でこの果物は arangia と呼ばれていたが，後にラテン語 aurum（黄金——フランス語 or——）との連想から aurangia（黄金の果物）と変化し，orange が生まれたとする説がある。いずれにせよ，orange の古い意味は「黄金の果物」であった。

なお，サンスクリット語 nāranga は，naga（ヘビ，コブラ）と ranga（明るい色）からなる言葉である。インド生まれの英国の小説家キプリング（Rudyard Kipling, 1865-1936）はマングースのリキ・ディキ・タビの物語（*Jungle Book*：『ジャングル・ブック』1894年）において宿敵コブラの名前としてナーガ（Naga）を用いている。ちなみに，この nāranga にはヘスペリデス（夕べの娘たち）の竜に守られた黄金のリンゴを連想させるものがある。

banana（バナナ）はギニア起源と考えられるスペイン語から借入されたが，アラビア語 banana（指先）が起源であるとも考えられる。banān はその複数形で，手と足の指の双方を意味する。

cherry（サクランボ）は，黒海南岸にあった王国ポントスのケラソス（Kerasus）に由来するギリシア語 kerasion（melon）（ケラソス産の果物）が語源で，ラテン語 cerasum，ノルマンフランス語 cherise を経て借入された。語尾の -s は pea（エンドウ）〈同項参照〉の場合と同じように脱落した。地名以外の由来としてサクランボの木の樹皮が角のように滑らかなことから，ギリシア語 keras（角）が語源の可能性もある。その場合，この地名 Kerasus がサクランボに由来するとも考えられる。

pear（洋ナシ）はラテン語 pirum（ペア，西洋梨科の果物）が語源で，古フランス語 piere を経て借入された。

grape（ブドウ）は，フランス語 grappe（束，房）が語源で，grappe de raisins（ブドウの房）から独立した。raisin は今日では「干しブドウ，レーズン」の意味にしか使われないが，ラテン語 racemus（ブドウの房，ブドウの実）が語源で，後期ラテン語 racemum, racimum を経て借入された。

greengage（グリーンゲージ，セイヨウスモモ）は18世紀に英国でその栽培を奨励した植物学者ウィリアム・ゲイジ卿（Sir William Gage, 1651-1727）にちなむ果物名である。

damson（ドメスチカスモモ，暗紫色）とは，ダマスカス（Damascus）のスモモのことである〈cloth 参照〉。quince（マルメロ）は quine（マルメロ）の複数形であり，クレタ島の西北部の港キュドニア（Cydonia）から，ギリシア語 kydonion (melon)（キュドニア産の〔果実〕），ラテン語 cydoneum, cotoneum, 古フランス語 coin を経て，中英語 quoyne として借入された。しかし，ギリシア語 kydonion は，この果物を意味するペルシア語 kudu- に melon がついた kudomalon が転訛した可能性も考えられる。

cantaloupe（カンタロープ，マスクメロン）はローマ近郊の教皇領地カンタルーポ（Cantalupo）に由来する言葉である。この種のメロンがこの地へアルメニアからもたらされた。

fruit（果物）は，ラテン語 frui, fruct-（楽しむ）から派生した。英語 fruition（達成，成果）は同語源である。同語根のラテン語に frux, frug-（実り，利益——複数形 fruges〔果物：*fruits*〕——）がある。英語 frugal（倹約する，質素な）はこの frux から派生した形容詞 frugalis（家政の上手な，経済的な）が語源である。

berry はゲルマン諸語に共通で，アングロサクソン語では berie, 古北欧語では ber であり，ラテン語起源の juniper（ネズ《ヒノキ科ビャクシン属の針葉樹》）における -per の同族語である。〈propaganda の項の plum；pommel の項の pomegranate；apricot 参照〉

pear [péər] 洋ナシ，洋ナシの木
　→ peach

pearl [pə́:rl] 真珠；真珠の；真珠で飾る
　この語の起源に関してはいくつかの説がある。最もそれらしいのはその形に由来する説で，ラテン語 pirum（洋ナシ：*pear*）〈peach 参照〉から後期ラテン語 perum となり，その指小形 perula（小さな物入れ袋）から英語 pearl が派生したというものである。また，carnelian（紅玉髄）〈同項参照〉の項にもあるように，真珠が取れる二枚貝とハムを作る腿肉の形が似ていることから，ラテン語 perna（脚の腿，ハム）が「二枚貝，ムラサキガイ」という意味に使われるようになり，さらに綴りも変化して pearl になったとする説がある。さらに，ラテン語 pila（ボール）の指小形 pilula（小球）から，異形 pirula が生まれ，英語 pearl になったという説もある。この場合，英語 pill（丸薬，ピル）は同語源である。「説教をして仲間を賢明にしようとする者は，常に哲学的丸薬 (philosophic *pill*) に金箔をかぶせるのがよい」《William S. Gilbert (1836-1911) の "The Yeoman of the Guard"：「衛兵」(1885年) に出てくる歌詞の一節》。いずれにしても真珠（pearl）は二枚貝から生まれるものである。

peasant [péznt] 小作人，田舎者，《昔のヨーロッパの》小作農
　→ hold

peat [pí:t] 泥炭，ピート，《古語》いとしい女
　フランス人は，彼らの言葉 petit（小さい）はケルト語根 pit-（先の尖った，小さい）へとさかのぼることができると考える。このケルト語根 pit- は，英語 pick（突く）〈同項参照〉やイタリア語から直接借入された piccolo（【音楽】ピッコロ；《楽器が》小型の）の語幹 pic- と同根である。フランス語 petit は英語でも古くから使われていた言葉で，やがて petty（小さい，狭量な）へと変化して生き残っている。このケルト語根，あるいはさらに古い印欧語根から分出した後期ラテン語 petia, pecia（小片，一口）から，英語 piece（断片，破片，一片）が派生した。

　さて peat（ピート）は最初，まず燃料用に切り分けられた「ピートのかけら，泥炭塊」に用いられ，後に，「泥炭」すなわち「育ち腐って層をなす植物」そのものに用いられるようになったもので，この語の語源は上記の後期ラテン語 petia, pecia と同族のケルト語と考えられる。〈alkali 参照〉

peccadillo [pèkədílou] ちょっとした過ち，微罪
　→ impeccable

peck [pék] ペック《体積の単位》，《英》約8リットル，《米》約8.8リットル；くちばしで突つく，ついばむ
　→ pay, nasturtium
　体積の単位としてのペック（peck）は「ついばむ」という意味の peck と密接に結びついていると考えられる。フランス語 picotin（馬に与えるカラスムギ1回分の単位《パリでは2リットル半》）や picoter（《鳥が果実などを》ついばむ）も peck と同語源である。peck は，初めは馬に与えるカラスムギの意味で用いられた。だがもちろんスズメがついばみに来た。口語表現

"Keep your *pecker* up."「元気を出せ，負けてはいけないよ」は，抜け目のない鳥の突つきに対する構えに由来する表現である．

pectoral [péktərəl] 胸の，胸病の，主観的な
→ parrot

peculate [pékjəlèit]《公金や受託金を》使い込む，横領する
→ fee

peculiar [pikjú:ljər] 独特の，特有の，特異な
→ fee

pecuniary [pikjú:nièri] 金銭〔上〕の，罰金〔刑〕の
→ fee

pedagogue [pédəgɑ̀g]《規律にうるさい》教師，先生，教育者，衒(げ)学者

　今日の教師は，自分の生徒の奴隷であるとは言えない．しかし，pedagogue は本来は奴隷で，幼い主人を学校へ連れていくのが務めであった．語源はギリシア語 paidagogos で，pais, paid-（子供）と，agein（導く）の名詞 agogos（導く人）とからなる言葉である．demagogue の第一要素はギリシア語 demos（人民）が語源であり，この語の原義は「民衆を導く〔人〕」で，しばしば悪い方へ導くという意味に使われた．同じギリシア語 demos から派生した言葉に democracy（民主主義）〈同項参照〉がある．

　agitator（扇動者）は，上記のギリシア語 agein からラテン語 agere, agit-（かき回す，扇動する，導く）を経て派生した．synagogue（シナゴーグ，ユダヤ教会堂——ギリシア語 syn〔一緒に〕——）は人々が（今日ではユダヤ人のみが）一緒に導かれて行く所である．イタリア語 pedagogo（《主に古代ギリシア・ローマの》子供を教育する人）と同語源のスラング的イタリア語 pedante（学校教師，規則一点張りの人）は英語 pedant（衒学者，空論家，《古語》教師）となった．pedagogue と pedant は 2 語とも，自分が教えてもらったにもかかわらずその先生をあなどる素人の嘲笑を表している．このような諷刺を含んだ言葉にバーナード・ショー (George Bernard Shaw, 1856-1950) の "Those that can, do; those that cannot teach."（できる人はする；できない人は教える）がある．

　ラテン語で「足」を意味する言葉が pes, ped-（ギリシア語 pedon〔地面〕は同語根）であることから混乱が生じることがある．医学用語はギリシア語を使うことが多いので，例えば，上記のギリシア語 pais, paid-（子供）が語源の pediatrician（小児科医）や pediatry（小児科，小児科学）が男児（ただし，このギリシア語は文法でも演劇でも男児は女児を含む）を扱う分野である．これに対し，podiatry（足病学——ギリシア語 pous, pod-〔足〕が語源——）は四肢（*pedal* extremities——pedal はラテン語 pes, ped〔足〕が語源——）を扱う分野である．podagra（足部通風——agra はギリシア語で「罠」——）は痛風（gout）を意味する医学用語である．chiropodist（足治療医）は，初め《うおのめ，そこまめ，あかぎれの処理など》手や足を扱う人のことであった．chiro- はギリシア語 kheir（手）が語源である．chiromancy は手による占い（手相占い）のことである〈necromancy 参照〉．chirurgeon（《古語》外科医）は kheir（手）と ergon（仕事）とからなるギリシア語 kheirourgos（手仕事の；外科医）が語源で，古くから英語として使われていたが，chirurgeon が転訛した古フランス語 surigien を経て英語に借入された発音しやすい二重語 surgeon（外科医）に次第にとって代わられた．

　antipodes（対蹠地《地球上で正反対側にある二つの地点》）は，人が立った時に，およそ8000マイル離れた所で足の裏をその人の足の裏に向けている人がいる地点という意味であった．ギリシア語 pous, pod-（足）の指小形 podion は，「基部，台座」を指すようになり，ラテン語 podium（高台）を経て，英語 podium（《交響楽団の》指揮台）となった（自宅で執筆している時に限ってオーケストラはすばらしい演奏をするものである）．複数形 podia は劇場における「皇帝の席」という意味に使われるようになり，古フランス語 puie（バルコニー）を経て中英語 puwe として借入され，pew（《教会の》信徒席）となった．

　ラテン語 pes, ped-（足）は数多くの言葉と結合し，いろいろな合成語を作りだし

ている。pedometer（万歩計）や pedestrian（歩行者）などがその一例である。ラテン語 in（…の中に）と ped- からなる英語 impede（妨げる）の原義は「何かの中に足を捕らえる」で，「邪魔する，抵抗する」という意味に使われるようになった。ラテン語 expedire, expedit- は「《罠から》足を再び出す，自由にする」という意味であり，このラテン語から英語 expedite（はかどらせる，促進する）や expedient（好都合な，得策な）が派生した。expedient の原義は「歩みを助ける」である。*expeditionary* force（派遣軍）の expeditionary（遠征の，探険の）も同語源である。

なお，pedlar, peddler（行商人）は徒歩で動き回る人のことだが，アングロサクソン語 ped（かご）から派生した言葉で，「かごを運ぶ男」が原義である。

さらにいろいろな言葉と言葉の関連を指摘することができる。ギリシア語 podagra（英語 podagra〔痛風〕の語源）の -agra（罠，捕らえること）は，pedagogue（教師，教育者）の構成要素となっている -agogue と同語源で，ギリシア語 agein（連れて来る，導く）から派生した。ギリシア語 pous, pod-（足）や peza（くるぶし）はおそらくギリシア語 pedilon（サンダル），pedias, pediad-（平らな），pedion（地面，平らな面）と同語源である。英語 pedion（水晶の平らな面）はこのギリシア語 pedion が語源である。また，ギリシア語 pedion から同 pedon（オールの水かき）やその複数形 peda（《船の》舵）が派生した。そしてこのギリシア語からイタリア語 pedota（操舵手）が派生し，さらにイタリア語 pilota を経て英語 pilot（パイロット）となった。パイロットは教育者（pedagogue）とは別な分野でのガイド（指導者）である。

pedigree [pédigri:] 家系図，血統，立派な家柄

系図樹（家系図：family tree）は，自分の下に広がるルーツの広がりから描くのではなく，逆さまに自分から祖先に広がる樹にすればわかりやすい。先祖をたどる作業は，普通三叉（またまた）熊手あるいは鳥の足のように分かれた線を次々とたどる作業といえる。pedigree の語源は，《ラテン語 pes, ped-（足）から変化した》pié（フランス語 pied）と de（…の）と grue（ツル）とからなる古フランス語 pié de grue（ツルの足）である。15世紀のイングランドでは pee-de-grew と綴られ，pedegru を経て今日の綴りとなった。血統書つき（*pedigreed*）の馬や犬を自慢する人が多い。〈pedagogue 参照〉

pedometer [pidámətər] 万歩計
→ ambulance, pedagogue

peduncle [pidʌ́ŋkl]【植物学】花柄（かへい），【解剖学】《脳の》脚，【医学】《腫瘍の》茎
→ uncle

peep [pí:p] のぞき見する，ピーピー鳴く
→ pipe

peep と peek（そっとのぞく；のぞき見）の語源は明らかではない。しかし，これらの言葉は，初めは「ひょいと現れる，ちょこんと頭を下げたり上げたりし続ける」を意味したもので，おそらくは鳥の動きを表したのではないかと考えられる。

類義語 peer（透かしてじっと見る，凝視する）は，古くは pire で，その意味は単に「見る」であった。それが，見れば見えるようになるだろうという希望の影響で，今日的な「現れる，出て来る」という意味になるのである。そして，この言葉はラテン語 apparere（現れる，明らかになる）が語源の appear（見えてくる，現れる）から語頭音消失によって生まれたと考えられるようになった。〈month の項の April 参照〉

同音異語の peer（貴族）はラテン語 par（等しい）が語源で，古フランス語 per を経て英語に借入された。特に宮廷で同じ位の人を意味する言葉であった。a jury of one's *peers*（同僚たちの評決，同僚たちの評判）という表現がある。peerage（貴族階級，貴族の地位）も同語源である。disparage（みくびる，さげすむ）も，フランス語 parage（家系，生まれ，身分）から派生したが，やはりラテン語 par（等しい）が語源である。dis- はラテン語 dis（…から離れて）が語源で，disparage は本来「身分不相応な結婚をする」という意味で，よく世間であるように，邪魔者として「無視したり，みくびった扱いをしたりする」という意味になり，当然のごとく「中傷する」という意味に使われる

ようになった。ラテン語 par（等しい）からはまたフランス語 parité（完全な同一性，平等）を経て英語 parity（等価，同等，平衡，類似）や disparity（格差，不釣り合い）が派生した。
　ところで，disparate（全く異なる，共通点のない）は，dis（…から離れた）と paratus（整然とした，用意ができた）からなるラテン語 disparatus（分かれた，離れた）が語源である。また，apparatus（器具一式，装置）はラテン語 ad（…へ，…に対して）の同化形 ap- と同じ paratus からなる言葉で，「特定の目的のために用意された物」が原義である。〈overture 参照〉

Peeping Tom [píːpiŋ tám] のぞき見する者，のぞき魔
→ boycott

peer [píər] 貴族，同僚；じっと見る
→ peep

peerage [píəridʒ] 貴族階級，貴族社会，貴族の地位
→ peep

pelican [pélikn] ペリカン
→ penguin

pellet [pélit] 小球，石つぶて；石つぶてを投げる
→ pelt

pell-mell [pélmél] 乱雑な，めちゃめちゃな
→ mail

pelt [pélt] 投げつける；連打，生皮
→ camouflage
　pelt は遠回りをした言葉であると言える。まず pelt（生皮）の語源はラテン語 pellis（獣皮，毛皮，皮革）で，古フランス語 pel（フランス語 peau〔皮膚，皮〕），pelletier（毛皮商人），pelletrie（毛皮）を経て英語に借入されて peltry（毛皮）となり，逆成によって成立した。ドイツ語 Pelz（《衣服などに使われる柔毛などのある》毛皮）はラテン語 pellis から中高地ドイツ語 pelliz を経て成立した。
　一方 pelt（連打する，《小石などを》投げつける）は，おそらくはラテン語 pellere, puls-（追い立てる，駆り立てる）が語源で，このラテン語の反復形である後期ラテン語 pulsare, pulsat-（英語 pulsation〔脈拍，動悸〕の語源）から派生した

のではないかと考えられている。また同じラテン語から派生した英語に impel（《内から》駆り立てる），impulse（衝撃，推進力，衝動），pellet（石つぶて）などがある。〈Bursa, push 参照〉
　上記のラテン語 pellere, puls-（追い立てる，駆り立てる）からは他にもいろいろな合成語が派生した。propel（推進する）や propulsive（推進力；推進力がある）などの pro- はラテン語 pro（前へ）が語源である。repel（撃退する，追い払う）や repulsive（嫌悪や反感を抱かせる）の re- はラテン語 re（後ろへ）が語源である。expel（《強大な力で》放出する，追い出す）の ex- はラテン語 ex（外へ）が語源である。compel（強要する）の com- は強意を意味するラテン語 com が語源である。pulse は私たちの体内で打っている「脈拍」のことであり，pulsate は「脈拍を打つ」という意味である。
　英語にはまったく別の pulse（豆，豆類）がある。これは「ポタージュ・スープ」を意味する言葉でもあり〈legible 参照〉，ギリシア語 poltos（ポタージュ，粥（かゆ））からラテン語 puls, pult-（《肉・豆類の》濃い粥）を経て借入された。そのような豆は（すりつぶして）腫れを直すための湿布薬として使われたが，ラテン語 puls の複数形 pultes が単数形と誤解されて poultice（湿布；湿布する）が派生した。

pen [pén] ペン，ペン先；ペンで書く
　昔は羽柄を尖らし，先を割った物がペンとして使われた。pen はラテン語 pinna（翼，羽）が語源で，ラテン語 penna（羽，ペン），イタリア語 penna, 古フランス語 penne を経て古英語 pen として借入された。この言葉が今日のペンにも用いられるようになったのはごく自然なことであった。英語 pinna（【解剖学】耳翼，耳介）は俗に耳と呼ぶ部分であり，耳の上部の広い翼のような器官のことである。pinnate（【植物学】《葉が》羽状の）は，特に羽のようになった葉の部分を指す。pinnacle（《教会などの》尖塔）はラテン語 pinna（翼）の後期ラテン語指小形 pinnaculum（先鋒，頂上）が語源で，大きな建物の上にそびえる塔とか城壁の角などに設けられた小塔の上の小さな翼のような突起，小尖塔の

ことで，一般に「頂点」とか「最高峰」という意味にも用いられるようになった。

　pinion（鳥の翼の先端部）は，ラテン語 penna（羽）の増大形 pennon が変化した古フランス語 pignon〔pennon〕から借入された。pinion は動詞として「《飛べないように》羽交を切る」という意味に使われ，さらに「両腕を縛る」「束縛する」という意味に使われるようになった。同じような意味の変化には，seed（種）が，種なしレーズン（*seeded* raisin）の「種を抜き取る」という意味に使われた例や，種を入れた黒パン（*seeded* rye bread）に見られるように「種を入れる」というように使われる例がある。

　かぶとや帽子の羽飾り（plume）として使われた羽を意味するラテン語 pennon は，英語で「槍旗，幟(のぼり)」の意味に使われるようになった。そして，この意味の pennon と pendant（垂れ飾り）が混じり合って pennant（三角形の長旗，ペナント）が生まれた。pendant はラテン語 pendere（垂れる，ぶら下がる）が語源で，古フランス語 pendre（ぶら下がる），フランス語 pendant（ぶら下がった）を経て成立した〈aggravate 参照〉。pennant は，特にアメリカでは，栄誉を讃えて与えられる「旗」を意味する言葉として使われている。

　ところで，pencil（鉛筆）は pen と語源がまったく異なる。この語は，ラテン語 penis（尻尾──penis〔男性性器〕の語源──）の指小形 penicillum（小さな尾，画筆）が語源で，古フランス語 pincel（フランス語 pinceau〔筆，絵巻〕）を経て借入された。初めは画家が使う小さな筆を意味し，かわいい尻尾に似ていた。

　ちなみに *penicillium*（青カビ──上記ラテン語 penicillum が語源──）の種類は多いが，基本的には小さい筆（pencils）のような物が枝別れした菌類を指す。薬品 penicillin（ペニシリン）はその基本物質がこのような青カビから抽出されることからつけられた名前である。

penal [píːnl] 刑罰の，刑に相当する
　→ chary
penalty [pénəlti] 刑罰，罰金，因果応報
　→ chary
penance [pénəns] 罪の償い，苦行，改悛
　→ chary
pencil [pénsl] 鉛筆，ペンシル
　→ pen
pendant [péndənt] ペンダント，たれ下がった物
　→ adipose, aggravate, pen
pendulum [péndʒələm] 振り子，動揺する人
　→ aggravate
penguin [péŋgwin] ペンギン

　鳥の名は鳥そのものよりも遠くに旅するものである。albatross（アホウドリ）〈同項参照〉は，本来私たちが今日ペリカン（pelican）と呼ぶ鳥を指す言葉であったが，やがて黒いグンカンドリ（frigatebird）を意味する言葉となった。今日私たちが知っているような白い鳥を意味するようになるのは，さらに後のことである。penguin は，ウェールズ語 pen gwyn（white head：白い頭）が語源である。何か他の鳥を意味していた言葉が，本来の意味が失われてしまった後に，意味の移転によって，黒い頭をしたペンギンを指す言葉となったと考えられる。ちなみに16世紀には penguin はオオウミガラス《大西洋北部にいた翼の退化した海鳥。19世紀に絶滅》を指す言葉であった。

　pelican はギリシア語 pelekys（斧）から派生した pelekan が語源で，元来「キツツキ」であった。くちばしの強さからつけられた名前である。航空関係では pelican は地上勤務だけを課された航空将校を指す言葉としても使われる。

　grouse（雷鳥）は，かつては猟鳥のノガン類（bustard）を指す言葉で，grewys と綴られていた。ラテン語 grus（ツル）が語源で，同義のフランス語 grue を経て借入された。

penicillin [pènəsílin] ペニシリン
　→ pen
peninsula [pənínsələ] 半島
　→ island
penitent [pénitənt] 改悛した；罪を悔いる人，告解者
　→ chary
penitentiary [pèniténʃəri] 刑務所，聴罪師；悔悟の
　→ chary
　penitentiary の語尾はラテン語 -arium

(場所) が語源である。〈cellar 参照〉

pennant [pénənt] 三角形の長旗,《特に野球の》優勝旗, ペナント
→ pen

pennon [pénən] 槍旗, 幟
→ pen

Pennsylvania [pènsəlvéinjə] ペンシルヴァニア
→ neighbor, States

penny [péni] ペニー, 1セント銅貨
→ dollar, pawn

pension [pénʃən] 年金, 恩給, 扶助料
→ adipose, aggravate

pensive [pénsiv] 考え込んだ, 物思わしげな
→ adipose, aggravate

pentagon [péntəgàn] 五角形
→ number

penthouse [pénthàus] ペントハウス《ビルの最上階のテラスつき高級住宅》
都市にそびえ立つ高層アパートビル最上階のペントハウス (*penthouse*) でそよ風を楽しむというのは, 暑さにうだりながら図書館で調べ物をしている身からすると, 実に優雅なものである。しかし, penthouse は, 語源的には appendix (付録, 盲腸) と同じで, 特に優雅な意味があるわけではないことは, 本書を読むペントハウスの友人にもわかるはずである。すなわち, ちょうど盲腸 (*appendix*── ad 〔…へ〕と pendere, pens- 〔ぶら下がる〕からなるラテン語 appendix 〔付属物〕が語源──) が小腸にぶら下がっている小さな器官であるのと同じように, ペントハウスは昔の家々にまるで家本体にぶら下がっているような差し掛け屋根のことであった。それは出っ張った小屋をなすもので, 風雨から家畜を守るための覆いであった。

昔の教会にもよく似た傾斜した付属の appendicium と呼ばれる構造物があったが, これが, ラテン語 pendere (ぶら下がる) から派生したフランス語 pente (傾斜) の影響で後期ラテン語 appenticium, 古フランス語 apentis となった。一方, 昔は冠詞 the, a, an が名詞にくっつけて書かれた〈auction 参照〉関係もあって, かつて thappentice とも綴られた。そして冠詞が分離して書かれるようになって pentice とか pentis となり, 家の一部となっていることから屋上部分の建物をさらに penthouse と呼ぶようになるのである。-house がつくようになったのは crayfish (ザリガニ) の例によく似ている。cray- はドイツ語 Krebs (カニ: *crab*) と同語源で, 古高地ドイツ語 krebez から古フランス語 crevisse を経て中英語 crevise, crevis となり, この種のカニが水の中にいることから, 民間語源説によって crayfish となったのである。

ところで crab (カニ) は, 低地ドイツ語 krabben (かぎづめで引っ掻く) と同系語である。*crab* apple (酸味の強い小粒のリンゴ) の crab は, スカンディナヴィア語 scrab (野生のリンゴ) からの借入であると考えられるが, 特に唇をすぼめさせるほどの酸っぱいリンゴを表す言葉である。なおこの *scrab* は英語 scrub (低木林)〈同項参照〉のことではないかと考えられる。

crabbed person (つむじ曲がり) は, 第一にはカニの横歩き, 第二には酸っぱいリンゴから導かれた比喩的表現で, スラング crabby (つむじ曲がりの, 意地の悪い) とか old *crab* (つむじ曲がりのやつ) も同じ語源である。なお *crab* nut (カラパナッツ) や *crab* oil (カラパオイル) などは南米の carap tree (センダン科カラバ属の各種の木) の carapa が訛ったものである。

ペントハウス (penthouse) のようないい所にいると, 意地悪な人 (crab) にはならないはずである。

penult [pí:nʌlt] 語尾から2番目の音節, 終わりから2番目のもの
penult は同義の penultimate の短縮形で, ラテン語 paene (ほとんど) と ultimare, ultimat- (終わりになる──英語 ultimatum 〔最後の言葉, 最後通牒〕や ultimate 〔究極の〕の語源──) からなる言葉である。このラテン語動詞 ultimare は形容詞 ulterior (より離れた, 向こう側の) の最上級 ultimus (最終の) から派生した。ラテン語 ulterior から直接借入された英語には *ulterior* motives (隠れた動機) がある〈utmost については unutterable 参照〉。〈island 参照〉

語尾から3番目の音節のことを antepenult と言う。ante- はラテン語 ante

(…の前) が語源である。スラング ante (賭け金) はトランプなどで，実際にゲームが始まるまでに約束してのけておく金額のことであり，to *ante* up は「賭け金を支払う」という意味である。ギリシア語でアクセントは語尾からの第三音節 (antepenult) より前に来ることはない。アクセントの例には Pe-ne-ló-pei-a (オデュッセウスの貞淑な妻ペネロペ)，La-o-có-on (木馬引き入れに反対したトロイの神官ラオコーン)，O-dys-seús (トロイ落城後，世界をさすらった英雄オデュッセウス) などがある。

peon [píːən] 《インド・スリランカで》歩兵，《中南米で》日雇い労働者
→ pawn

peony [píːəni] ボタン，シャクヤク，暗い赤
→ pawn

pepsin [pépsin] 【生化学】ペプシン《胃液中のタンパク質分解酵素》
→ dysentery

peptic [péptik] ペプシンの，消化〔性〕の
→ dysentery

per- [pər-] …を通して，完全に，非常に
→ perish

perambulate [pəræmbjəlèit] 巡回する，歩き回る
→ ambulance

perambulator [pəræmbjəlèitər] 巡視者，乳母車
→ ambulance

percussion [pərkʌ́ʃən] 震動，音響，打楽器
→ discuss

peregrination [pèrəgri(ː)néiʃən] 《詩語》《外国への》旅行，遍歴
→ acorn, belfry

peremptory [pərémptəri] 有無を言わせぬ，【法律】決定的な
→ prompt

perennial [pəréniəl] 四季を通じての，永久の，【植物学】多年性の
→ anniversary

perfect [pə́ːrfikt] 完全な
→ defeat

perfume [pə́ːrfjuːm] 香水，香料，芳香
→ month の項の February

perhaps [pərhǽps] あるいは，ことによると
→ emporium

peri [píəri] 《ペルシア民話の》美しい妖精，妖精のような美女
→ wig

peri- [péri-] 周りの，周囲の
→ periscope

peril [pérəl] 危険，危難，危険なもの
→ parlor

perilous [pérələs] 危険な，冒険的な
→ parlor

period [píəriəd] 期間，《学校の》時限，《試合の》一区切り，周期
→ paragraph

peripatetic [pèripətétik] 歩き回る，渡り歩く，【哲学】逍遥学派の
→ Platonic

periphrasis [pərífrəsis] 【修辞学】長たらしい語句，遠回しの言い方，迂言法
→ periscope

periphrastic [pèrifrǽstik] 遠回しの，冗長な，迂言的な
→ periscope

periscope [périskòup] 潜望鏡，展望鏡

ギリシア語 peri- は「周囲の」を意味する接頭辞で，英語では多くの科学用語に使われるとともに，数多くの一般語にも使われている。periscope (潜望鏡) は，グルリと周りを見るための装置である〈scope については dismal 参照〉。periphrasis (修辞学) 迂言法，冗長な〔遠回しな〕表現) とか periphrastic (遠回しな，冗長な) は，もって回った言い方について用いる。一方，ギリシア語の接頭辞 par- や para-〈同項参照〉は，本来「…のそばに，…と並んで」を意味したが，意味の拡大によって「超えて」を意味するようになった。この接頭辞と，ギリシア語 phrazein (言う，断言する——phrase〔句，言い回し〕の語源——) とから paraphrasis (言い換え) や paraphrase (わかりやすく言い換える，パラフレーズする) が派生した。

また，ラテン語 per- (徹底的な，まったくの) はフランス語を経て英語 par- となり，parboil (半ゆでにする，湯がく：〔原義〕しっかりと湯がく) が派生した。この語の今日の意味は par- が part (一部

の）と混同されたことから生まれたものである。

　pardon（許すこと，【法律】恩赦）は上記のラテン語 per- と donare, donat-（与える）から造られた後期ラテン語 perdonare（完全に与える，許す）が語源である。同じラテン語 donare, donat- が語源の英語に donation（寄付，寄贈，寄贈品）がある。〈anecdote 参照〉

perish [périʃ] 死ぬ，非業の死を遂げる，《国などが》滅びる

　ラテン語の前置詞 per（回って，…に沿って，…を越えて，…を貫いて）は，接頭辞として「通して」とか強調的に「どこまでも」「完全に」という意味に使われた。perish は後者の意味の接頭辞 per- とラテン語 ire, it-（行く）からなるラテン語 perire, perit-（滅びる，死ぬ）が語源で，フランス語 perir, periss- を経て借入された。その原義は「完全に行く」である。"Perish the thought!" は，「よしてくれ」とか「とんでもない」という意味である。

periwig [périwìg]《17-18世紀に流行した男性用》かつら

　→ wig

permeate [pə́ːrmièit] しみ通る，浸透する，行きわたる

　→ immunity

permit [pərmít] 許す，許可する；許可証

　→ mess

　類義の allow（許す，…させておく）は二つの道が合流したものである。語源は al-〔ad〕（…へ）と laudere, laudat-（ほめる）からなるラテン語 allaudare，ないしはラテン語 al-〔ad〕（…へ）と locare, locat-（置く，配置する）からなる後期ラテン語 allocare, allocat-（課する，与える）で，古フランス語 alouer を経て英語に借入された。そのせいで借入当初には「ほめる」から「承認する」「本物として認める」「許す」という意味があった一方で，「ある人に権利として与える」(to *allocate*)，「認める」という意味があり，これらの二つの意味が次第に同じものになったのである。英語の locate（配属する）や location（置くこと，場所，位置）はラテン語 locare, locat-（置く，配置する）から派生した。

permutation [pə̀ːrmjutéiʃən]【数学】順列，交換，入れ替え

　→ immunity

pernicious [pərníʃəs] 有害な，悪質な

　→ nexus

perplex [pərpléks] 困らせる，当惑させる

　この語は，16世紀以降の英語では主に動詞として使われるようになった。それ以前は形容詞として使われていたが，perplexed という語形もあった。語源はラテン語 perplexus（錯乱した，不明瞭な）で，それは per（完全に，…を通して）と plectere, plex-（編む，織る）からなる。〈complexion 参照〉

persecute [pə́ːrsəkjùːt]《特に異教徒などを》迫害する

　→ pursue

persiflage [pə́ːrsəflɑ̀ːʒ] 軽口，からかい，冗談

　若者が女の子に会うと，気取ったひやかし（airy *persiflage*）をしたり口笛を吹いたりすることがある。このようなひやかしは，口笛を吹くことと実は同じであることが語源を見るとよくわかる。persiflage はフランス語 persifler（茶化す）から借入されたものであるが，このフランス語は強意を表す per と，ラテン語 sibilare（口笛を吹く）から派生した同義の siffler とからなる。英語 sibilant（シューシューいう，【音声学】歯擦音の）はラテン語 sibilare から派生した。

person [pə́ːrsn] 人，人物，人格

　だれかのことを「なかなかの人格者」(quite a *personage*) と言う時，その人のことを元は「ほら吹き」であったと考えることはない。person の語源はラテン語 persona で，劇中の登場人物を意味する言葉であり，今日でもドラマの登場人物のリストを英語で dramatis *personae* と言う。古代においては劇場が広く，登場人物の表情の変化を見せることができなかった。そこでメガフォンのようなマウスピースつきの仮面を用いたが，その「仮面」を persona と呼んだ。この語はラテン語 per（…を通して）と sonare（音を出す）から造られたとする説がある。やがてこの語が役者そのものを意味するようになり，ついには，「あの映画ではクローデット

(Claudette Colbert, 1903-1996) がクラーク・ゲーブル (Clark Gable, 1901-1960) と結婚する」と言うのと同じように，作品中の登場人物がその人物を演じる実在の人物と同一視されるようになるのである。そして person がクローデットはもちろん，一般の「人，人物」を意味する言葉として使われるようになった。parson (教区牧師)〈同項参照〉も person，すなわち「人」で，同じ語源である。

perspire [pərspáiər] 汗をかく，発汗する
→ inspiration

persuade [pərswéid] 説き伏せる，説得する
→ victoria

persuasion [pərswéiʒən] 説得，説得力
→ victoria

perturbed [pərtə́:rbd] かき乱された，不安な
→ trouble

peruke [pərú:k]《17-18世紀の男性用》かつら
→ wig

peruse [pərú:z] 熟読する，《一般に》読む，丹念に調べる

この語は当初，構成要素の持つ力をすべて持っていた。すなわちラテン語起源の per (完全に) と use (使う) からなり，use はラテン語 uti, us- (使用する——usury〔高利貸し〕〈同項参照〉の語源——) から，後期ラテン語 usare, usat-, フランス語 user (用いる，消費する) を経て借入された。フランス語 user には今日も「使い尽くす」「すり切れさせる」という意味があるが，英語でも借入当初はその意味に使われた。したがって，peruse の借入当初は「完全に使い尽くす」という意味があった。しかし，この動詞は次第にその力を失い，比喩的に財産などを「最後まで調べる」という意味に使われるようになった。そして，「通り抜ける」「終わる」という意味に使われるようになったが，今日ではほとんど「本を最後まで読み切る」という意味にのみ使われるようになっている。名詞は perusal (熟読) である。

pervert [pərvə́:rt] 道を誤らせる，悪用する，誤解〔曲解〕する
→ conversion

pessimist [pésəmist] 悲観論者，ペシミスト

ラテン語 malus (悪い) の最上級 pessimus から英語の名詞 pessimist や pessimism (悲観主義) が造語された。同じく optimist (楽観主義者) はラテン語 bonus (良い) の最上級 optimus から造語された。

ラテン語 malus の比較級は peior, pejor で，英語 impair (《力・価値・質・量・健康などを》減ずる，損なう，傷つける) は，im- (中へ：in) と peiorare, pejorare (悪化させる) とからなる後期ラテン語 impeiorare (より悪くする) が語源である。

ところで，ラテン語 optimus (最上の，最良の) はラテン語 ops (力，富——英語 opulent〔裕福な，華やかな〕の語源——) と同根語である。力と富とはしばしば相伴うものである。ちなみにラテン語 ops はサンスクリット語 apnas (財産) と同族語である。

英語 optic (眼の，視力の) や optician (眼鏡商) などは語形がよく似ているが，語源はギリシア語 opsis (視覚，視力) で，形容詞 optikos を経て英語に借入された。同じく autopsy (【検死】解剖) の aut- はギリシア語起源の auto- で「自身」を意味し，この語の原義は「自分で見ること」である。

optative (【文法】願望を表す)，option (選択)，adopt (《意見・方針を》採用する——ad- はラテン語 ad〔…へ〕——) などは，ラテン語 optare (望む，選ぶ) が語源である。ペシミスト (pessimist) も豊かさ (opulence) を身につける (adopt) ことができれば，ものの見方を変えることもありうる。

pester [péstər]《要求などで》悩ませる，困らせる

この語は，フランス語に empester (ペストを蔓延させる，汚染する) があることから，当然のように pest (疫病，ペスト) と結びつけられ，やがて「疫病にかからせる，苦しめる」を意味するようになった。しかし，実際はまったく異なっていて，これは発音が語源説を変えてしまった典型的な例である。pester は pasture (牧場) と同語源で，pasture や pastor (牧者，牧

師）〈congress 参照〉はラテン語 pascere, past-（飼育する，放牧する）から派生した。動物を放牧場に連れ出すと，例えば馬の場合は，ひづめとけづめ突起（くるぶし）との間 pastern（つなぎ）を縄でくくってつないだ。この「足かせ縄」が後期ラテン語で pastorium であり，イタリア語 pastora, pastoja, pastoia を経て古フランス語 pasture（フランス語 pâture〔飼料〕）が派生した。そしてイタリア語 impastojare（足かせをかける，妨げる），同義のフランス語 empestrer, empetrer が派生し，「困らせる」という意味が生まれ，これが英語 pester へと引き継がれるのである。だから，うるさくせがまれる人 (*pestered* person) は，つながれた馬のような気がするものである。

pestiferous [pestífərəs] 伝染病を運ぶ，有害な，危険な
    → suffer

pet [pét] 愛玩動物，ペット
    → parrot

peter out [pí:tər aut]《口語》疲れ果てる，バテる
    → parrot

petrel [pétrəl] ウミツバメ科の各種の海鳥，《特に》ヒメウミツバメ (storm *petrel*)
    → parrot

petrify [pétrəfài] 石化する，石のように硬くなる
    → parrot

petroleum [pətróuliəm] 石油，ガソリン
    → parrot

petticoat [pétikòut] ペティコート，《複数形》小児服，婦人服
    → peat, pit

pettifogger [pétifàgər] 屁理屈をこねる，いんちき弁護士
    → peat, pit

petty [péti] 小さい，わずかな，微々たる
    → peat, pit

phaeton [féiətn]《昔の》2頭立て4輪馬車
    → focus

phagocyte [fǽgəsàit]【生理学】食細胞《白血球など》
    → sarcophagus

phantom [fǽntəm] まぼろし，幽霊，幻影
    → focus

pharmacy [fá:rməsi] 薬剤術，薬学，薬屋
    → treacle

phase [féiz]《変化・発達の》段階，状態，形勢
    → focus

phenomenon [finámənàn] 現象，事象
    → focus

phil- [fil-] …愛
    → philander

philander [filǽndər] 戯れに恋をする，女に言い寄る

この語が女たちの愛情をもてあそぶことを意味するようになったのは，元来名詞として「男(♂)を愛する者」を指したという事実に由来するのではないかと考えられる。語源は philein（愛する）から派生した philos（愛しい）と aner, andr-（男）からなるギリシア語形容詞 philandros（夫を愛する，男(♂)を愛する）である。したがって, philander は philanthrope や philanthropist（博愛主義者，慈善家）と二重語の関係にあると言える。この philander は, Philander（フィランダー：イタリア名 Filandro）が，イタリアの詩人アリオスト (Lodvico Ariosto, 1474-1533) の作品 *Orland Furioso*：『狂えるオルランド』(1516年) に見られるように，中世のロマンス（恋愛物語）において女の愛をもてあそぶ男の名として使われたところから，今日の特殊な意味を持つようになった。

　phil- とか philo- は，多くの言葉を造りだしている。Philadelphia（フィラデルフィア《ペンシルヴァニア州の都市，独立宣言の地》）の -adelphia はギリシア語 adelphos（兄弟）が語源であり，この都市名の意味は「兄弟愛の町」となる。philology（歴史言語学，文献学）の原義は「言葉に対する愛」で, philosophy（哲学）の原義は「愛知」である。philtre, philter（媚薬）の語源は, philein（愛する）と道具を表す接尾辞 -tron からなるギリシア語 philtron（愛の呪文）である。また, phil- が接尾辞として使われた例には, Anglophile（親英派の人）などがある。

andro-（人）とその双子というべき anthropo-（人）も豊かな合成語を作る。〈sarcophagus 参照〉

ある種の動物，例えば小さなワラビー（wallaby）などはフィランダー（philander）と呼ばれている。これは，フィランダー（Philander de Bruyn）というオランダの自然学者が1700年ごろヨツメオポッサム属の各種の有袋動物をそう呼んだことによる。

philandering（戯れの恋をする）も Philander という名前が頻繁に使われるようになったことによる。前記アリオストの *Orlando Furioso*：『狂えるオルランド』（1516年，1532年）ではフィランドロ（Filandro）はガブリーナに愛され，滅んでしまう。

Philander とその恋人 Phyllis（フィリス）という名は，17世紀のイギリスのバラッドに登場する。また，英国の劇作家フレッチャー（John Fletcher, 1579-1625）とボーモント（Francis Baumont, 1584-1616）の *Laws of Candy*：『カンディアの法』（1647年）においてはエロータ（Erota）に片思いの Philander が登場する。イギリスの王政復古期の喜劇作家コングリーヴ（William Congreve, 1670-1729）の *The Way of the World*：『世の習い』（1700年）やアイルランド生まれの文人スティール（Sir Richard Steele, 1672-1729）が刊行した雑誌タトラー（*The Tatler*, 1709-11）にも夫や恋人を指す呼び名として Philander が使われている。Philander は今日では名前として使われなくなったが，この名前を持つ者が行った行動は今も健在である。

drosophila は「ショウジョウバエ」のことで，しばしば遺伝学実験に用いられる。droso- はギリシア語 drosos（露）が語源なので，このハエは実は「露を愛する者」だと言える。科学用語 drosometer（露量計）は，降りた露を量る装置である。

philippic [fɪlípɪk] 痛烈な攻撃演説，罵倒演説
→ tribulation

男性名 Philip（フィリップ）はギリシア語 philippos（馬を愛する者）が語源である。馬との友情は勇者のしるしであり，父マケドニア王フィリッポス2世（Philipus II, 在位 359-336 B.C.）から贈られた軍馬ブケファロス（Bucephalus：〔原義〕雄牛の頭をした）とアレクサンドロス大王との友愛の話がその一例である。なお to appeal from Philip drunk to Philip sober（再考を求める，醒めての上のご分別をと願う）は，このフィリッポス王の下した判決に不服な女性が訴えたせりふに由来すると一般に信じられている。

Philippines [fíləpìːnz] フィリピン
→ States

philo- [fílə-] …愛
→ philander

philter, philtre [fíltər] 媚薬
→ philander

語源であるギリシア語 philtron（媚薬）の -tron は，「物，道具」を意味する接尾辞である。

phlegmatic [flegmǽtik] 粘液質の，鈍重な，冷静な
→ complexion

phlox [flάks] クサキョウチクトウ属（フロックス属）植物の総称
→ flower

phosphorescent [fàsfərésnt] 燐光を発する，燐光性の
→ affluent

phosphorus [fάsfərəs]【化学】燐；燐の
→ element, focus

photogenic [fòutoudʒénik]《人などが》写真写りのよい，【生物学】発光性の
→ photosynthesis

photograph [fóutəgrǽf] 写真；写真に撮る
→ focus

photosynthesis [fòutəsínθəsis] 光合成

近代科学はギリシア語やラテン語の語幹から多くの言葉を造りだした。例えば，ギリシア語 phos, phot-（光）〈focus 参照〉は，英語 photo- となって photo-electric（光電子の，光電効果の）のように多くの術語の第一要素として使われている。synthesis（統合，組み立て）は，syn（一緒に）と tithenai（置く）からなるギリシア語 synthesis（一緒に置くこと，構成）が語源である〈spoonerism 参照，analysis は psychoanalysis 参照〉。photo- と，この synthesis を結合した photosynthesis は，特に植物が光の働きによって二酸化炭

素と空気中の水を炭水化物に変える時の「光合成」のような化合過程の名前として使われている。

photogenic（写真写りがよい）は一風変わった歴史を持っている。1840年ごろから1870年ごろまでは photographic（《銀板》写真の）の代わりに使われていた。photogenic は photo- と -genic（生みだす）からなる言葉で，技術的用語として「光を生みだす，光によって引き起こされる」という意味に使われていた〈racy 参照〉。近年になってハリウッドのスカウトたちが，多分 eugenic（優生学的にすぐれた――ギリシア語 eu〔よく，すばらしい〕――）の連想から，photogenic を「写真によく写る」（photograph well）と使うようになり，広く好まれる言葉となった。

phrase [fréiz]【文法】句，熟語，慣用句
　→ periscope
　　phrazein（言う，断言する）から派生したギリシア語 phrasis（言葉，表現）が語源である。

phthisic [tízik] 肺結核の，結核患者のような；肺結核患者
　　ギリシア語 phthiein（破壊する）とギリシア語 zoon（動物）〈plant 参照〉が一緒になって英語 phthisozoics（害獣を殺す術）というめったに使うことのない言葉が生まれた。同 phthiein の自動詞的用法「衰弱する，消耗する」から派生したギリシア語名詞 phthisis（消耗）がそのまま「消耗性の疾患，肺結核」として英語に借入された。不幸なことに，phthisis は phthisozoic より頻繁に使われる。発音は [fθíːsis] とか [θáisis] である。さて，phthisic（【病理学】肺結核の）は今日ではあまり用いられないが，同語源で中英語に借入されて [tisik] と発音され，tisik と綴られた。やがて，古代ギリシア語に相当する綴りが回復したが，発音は中英語のまま残った。

physic [fízik]《古語》薬，《特に》下剤，医術
　　→ onion

physique [fizíːk] 体格，体形
　　→ onion

physician [fizíʃən] 内科医，医師
　　→ doctor

phyt-, phyto- [fait-, fáitou-]《連結形》植物
　　→ neophyte

piano [piǽnou] ピアノ，ピアノを弾くこと，ピアノ曲
　　→ saxophone

piazza [piǽtsə]《特にイタリアの都市の》広場
　　→ platypus

piccolo [píkəlou] ピッコロ《高音横笛》
　　→ peat
　　イタリア語 piccolo（小さい）の借入。

pick [pík] 念入りに選ぶ，突く，つつく
　　→ pay, nasturtium, pink

Pickwickian [pikwíkiən] ピックウィック流の，素朴で情深い，奇妙な
　　チャールズ・ディケンズ（Charles Dickens, 1812-70）が弱冠25歳の時の作品 *Pickwick Papers*：『ピックウィック・ペーパーズ』（1836-37）で，司会者（the Chairman）がブロットン氏（Mr. Blotton）に，ピックウィック氏に対して使われた "humbug" は普通の意味の「ほら吹き，ペテン師」と考えるべきかどうかを尋ねる場面がある。ブロットン氏は答えて「ピックウィック会員が使う意味で」（in the *Pickwickian* sense）使ったのだと言う。この表現は，以来，不作法な発言から「辛らつさ」を取り除くために使われてきた。

　　ディケンズは彼の造り出した多くの人物に実在の名前を当てはめた。Pickwick はイングランド南西部のウィルトシャー（Wilts）にある村の名前である。他には15-16世紀に流行した道徳寓意劇の伝統にしたがって登場人物に合うように命名されている例がある。ディケンズの作品に登場するヨークシャーの学校名ドゥーザボーイズホール（Dotheboys Hall）とか，ストライヴァー（Stryver）などがその一例である。ドゥーザボーイズ（Dotheboys：do the boys《口語》少年たちを服役させる）は生徒を虐待する非道な校長のいる学校であり，ストライヴァー（Stryver：striver〔張り合う〕）は自己中心的で誇り高く，抜け目ない弁護士である。

picture [píktʃər] 絵，写真；描く
　　→ arsenic, painter

pie [pái] パイ，カササギ，混乱
　　pie にはいろいろな意味があるが，その

ほとんどは magpie（カササギ）に由来するもので，語源はラテン語 pica（カササギ）である。mag- は女性名 Margaret の短縮形で，magpie はミソサザイのことを Jenny wren と言うのとよく似ている。カササギが，がらくたとか残り物をいろいろと集める習性があることはよく知られているところから，ラテン語名 pica から医学用語の英語 pica（異食〔異味〕症）が派生した。これはチョークのような，およそ食べようのない物をかじってみたいという倒錯した欲求を表す。

これとは逆に口に合う用法もある。家庭で作る時もきっとおいしいと思うが，食べ物のパイ（pie）である。この語もやはり，同じようにいろいろな物をごたまぜにするカササギの習性から生まれた。この言葉から演繹的に活字についても使われるようになり，*pied* type（ごちゃまぜになった活字）という言葉が生まれ，pie だけで「混乱」を意味するようになった。

Pied Piper（ハーメルンの笛吹き男：the *Pied Piper* of Harmeln）は，まだら服を着ている。この pied（まだらの）も magpie と関係づけることができる。ただ，カササギは白と黒とが混ざっているが，どのような色でも 2 色の縞模様になったもの，例えば宮廷の道化の赤と黄色の縞模様の服も pied と言う。

piebald（《白と黒の》まだらの動物，まだら馬）は，はげている（bald）こととは関係がなくて，カササギ（pie）のように「白や縞ぶちのはいった（balled）」動物のことである。

ところで bald（はげの）はウェールズ語 bal（白い眉をした）から派生した言葉で，古くは balled であった。エリザベス朝時代の人々はすっかりはげた男を pilgarlic（*peeled* garlic：皮をむいたニンニク）と呼んだ。ニンニクはハンセン病の治療薬と考えられたことから「はげ頭の人」と関係づけられたのである。

ちなみに *piepowder* court は，昔イングランドにおいて定期市や市場で開かれたもので，浮浪者やスリや，その他の小さなもめ事を扱った「簡易裁判所」であった。piepowder は，古フランス語 piepoudrous（ほこりまみれの足――フランス語 pied poudreux――）からの借入である

が，当時の「旅人」や「行商人」を表すのにピッタリの言葉であった〈humble 参照〉。また pie（パイ《イギリス領インドの旧通貨単位》）は，サンスクリット語 pada（4 分の 1）からヒンディー語 paisa（アンナ：anna《インド・パキスタン・ビルマの旧貨幣》の 4 分の 1），pa'i（パイス：pice《インド・パキスタンの旧通貨単位》）を経て成立した。

piebald [páibɔ̀ːld]《白と黒の》まだらの動物《特に馬》
→ pie

piece [píːs] 断片，破片
→ peat, pit

piepowder [páipàudər]《中世の》旅行者，行商人
→ pie

piety [páiəti] 敬虔，敬神，孝行心
→ pittance

pig [píg] 豚
→ mutton

pigeon [pídʒən] ハト，イエバト，若い娘
この語の原義は「若鳥」であるが，-geon は英語 junior（年少の）のように，フランス語 jeune（若い）の影響を受けたわけではない。今日の綴りはフランス語 pigeon（ハト）の影響を受けたものである。語源はラテン語の擬音語 pipire（ピーピー鳴く：to *peep*）〈同項参照〉から派生した後期ラテン語 pipionem（ピーピー鳴く鳥）で，古フランス語 pyjoun（ヒナ鳥，《特に》子バト）を経て中英語 pyjon として借入された。

pigeon からはいくつかの複合語が生まれている。pigeon-hearted（臆病な）と pigeon-livered（おとなしい，気が弱い）は，両方ともハトの様子に由来するものである。pigeon pair は「男女の双子」とか「一家族の男と女ふたりっ子」を意味する言葉で，一かえりのヒナに雄雌があることに由来するものである。pigeon-breasted（鳩胸をした）は，ハトのような胸をした人に用いる。

ハトはいくつもひっついて並んだ巣穴で飼育することから，pigeonhole（小仕切り，書類整理棚）という言葉が生まれた。動詞としては「《書類などを》分類整理する，後回しにする」という意味である。

pigeon-breasted [pídʒənbréstid] 鳩胸を

pigeon-hearted [pídʒənhá:rtid] 気の弱い, 臆病な
→ pigeon

pigeonhole [pídʒənhòul] ハトの巣の出入り穴, 書類整理棚；分類整理する
→ pigeon

pigeon-livered [pídʒənlívərd] おとなしい, 気の弱い
→ pigeon

pigment [pígmənt] 顔料, 絵の具；着色する
→ arsenic

pigmy [pígmi] ピグミー族の一員《中央アフリカの背の低い人種》
→ pygmy

pile [páil] 《特に平たい物の》積み重ね, 杭, 柔らかい細い毛, 痔核

　この語にはいろいろな意味があるが, それはいくつかの異なった語源に由来する。*pile*-driver（杭打ち機）の pile はラテン語 pilum（投げ槍）からアングロサクソン語 pil（投げ矢）として借入されたもので,「先の尖った杭」という意味である。

　私たちを悩ませる pile（痔核）は, ラテン語 pila（小さな球）が語源である。「積み重ねた（*piled*）物」を意味する pile は, ラテン語 pila（柱, 支柱）が語源である。英語 pillar（柱, 標柱）はこのラテン語から, 後期ラテン語 pilare, 古フランス語 piler を経て借入された。他にいくつかの pile があるが, あまり一般的ではない。〈pile, velvet については cloth 参照〉

pilgarlic [pilgá:rlik] はげ頭〔の人〕
→ pie

pilgrim [pílgrim] 巡礼者
→ belfry, saunter

pill [píl] 丸薬, ピル
→ pearl

pillage [pílidʒ]《戦争での》略奪〔品〕, ぶんどり〔品〕, 戦利品
→ caterpillar

pillar [pílər] 支柱, 柱, 標柱
→ pile

pilosis [páilousis]【医学】発毛異常
→ wig

pimpernel [pímpərnèl] ルリハコベ
　pimpernel は花の名前として知られているが, より多くの人には, 1905年に出版された冒険小説 *The Scarlet Pimpernel*:『紅はこべ』と, その本を元に制作された映画のタイトルとしてよく知られている。ハンガリー生まれの小説家・劇作家オルツィー男爵夫人（Emma Magdalena Rosalia Maria Josefa Barbara, Baroness Orczy, 1865-1947）が書いたこの作品の主人公のニックネームでもある。

　pimpernel は「二回羽状の」（*bipinnate*）複葉になっているところからこの名を得た。語源は, bi-（二倍の）と penna（羽, 翼——英語 pinnate, pennate〔《葉が》羽状の〕が派生——）とから造られたラテン語 bipennis（二つの翼を持った）の指小辞形 bipinnula で, さらにその指小辞形 bipinella の異化形である後期ラテン語 pipinella を経て借入されたものである。〈pen, scarlet 参照〉

pimple [pímpl] にきび, 吹き出物
→ pamper

pin [pín] ピン, 止め針；ピンで留める
→ attack

pinafore [pínəfɔ̀:r]《胸当てのついた》エプロン, エプロンドレス

　ギルバート（William Gilbert, 1836-1911）とサリヴァン（Arthur Sullivan, 1842-1900）のオペレッタ *H. M. S. Pinafore*:『軍艦ピナフォア』（1878年）には英国海軍（Queen's Navy）を辛らつに風刺したくだりがある。そのために作曲者サリヴァンがヴィクトリア女王にナイト爵位を授与されたにもかかわらず, 原作者ギルバートは女王が崩御するまで王室からナイト爵位を授与されなかった。

　しかし, ヴィクトリア時代（Victorian）〈同項参照〉のきちんとした服装を尊ぶ風潮はその百年前から始まっていた。1775年に少公女フォーントルロイが「ドレスを汚してはいけません。さあ, ドレスの前にこれをピンでつけなさい」（"Don't spot your dress! Here's something to *pin afore* it."）と注意されるのを想像すると, pinafore の語源がみてとれる。

pinchbeck [píntʃbèk] 金色銅《銅と亜鉛の合金》, にせもの；まがいものの
→ Appendix VI

pine [páin] 思い焦がれる；松
→ chary

pine（松）はラテン語 pinus（松）が語源で，アングロサクソン語 pin として借入された。pineapple は本来，松の実（松かさ）のことであったが，それが一般に同じような形をした果実である「パイナップル」を意味するようになった。*pineal gland*（《脳の》松果体）も同じ発想から生まれた用語である。〈peach 参照〉

pinion [pínjən] 鳥の翼の先端部，風切り羽；翼の先端を切り取る
　→ pen

pink [píŋk] ピンク色，サケの稚魚，船尾の細く尖った船（pinkie），ズアオアトリ（chaffinch）《ユーラシア・北アフリカに生息するアトリ科アトリ属の小鳥》；刺す，《皮革などに》穴を開ける

　pink には語源の異なるいくつかの同音異語がある。この語はズアオアトリの鳴き声を表す擬音語とか，水滴が落ちる擬音語 pink pank（ピン・パン）として使われることがある。オランダ語 pinken（目を閉じる，瞬きをする）はこれと同語源ではないかと考えられる。そして「半分閉じた目」という意味から英語 pink には「小さい」という意味が派生し，それが pinkie, pinkey（《米語・スコットランド方言》小指）に今日も生きている。

　pink は小魚，特に「サケの稚魚」も意味する。ドイツ語 Pinke は「ヒメハヤ《欧州・アジア産のコイ科の小魚》」である。この語はピンクがかった魚の色に由来する可能性がある。なお，pink（ピンク色）はおそらく pink（ナデシコ，セキチク）に由来するものである。ただ，「ナデシコ」を意味する pink は花の色には関係なく品種を意味する言葉となっている。この pink は *pink eye*（小さくかわいい目）に由来すると考えられる。その根拠として，フランス語 oeillet（小さな目）が「ナデシコ」，特に「カーネーション」を意味することがあげられる。

　「船尾の細く尖った船」を意味する pink, pinkie, pinky は，オランダ語 pinke（帆掛け船，特に船尾の尖った漁船）や類義のイタリア語 pinco に由来するものである。

　「刺す，突く」を意味する動詞 pink は，原始ゲルマン語 picken（突く；to *pick*）が低地ドイツ語で鼻音化して pinken（つ

いばむ）を経て英語化したものである。また，原始ゲルマン語 picken（突く）は，フランス語では piquer（チクリと刺す）となり，英語 pique（感情を害する），piqué（ピケ《うね織りにした織物》），piquant（きびきびとした，ピリッとする）などが派生した。そしてこの pink が「《衣類に》小さな穴を開ける」という意味にも用いられ，さらに「飾る」という意味が派生した。ナデシコを意味する pink は「ヘリをギザギザにする」という意味に使われ，この pink から生まれたとする説もある。しかし，この意味は19世紀に初めて使われたのに対して，ナデシコの花を表す言葉としては16世紀という早い時期にすでに使われていた。ナデシコを指す pink は実際，非常に人気のあった言葉で，時には「花」を意味する一般語としても使われた。the *pink* of courtesy（儀礼の華，礼儀作法の極致），the *pink* of perfection（完全の極致）といった比喩的表現もある。〈nasturtium 参照〉

　ところで，この動詞の動作者を表す pinker は「《名声・感情・良心などを》鋭く中傷する人」とか「ピンキング・ミシン（*pinking* machine）で布のヘリ取りをする人」という意味である。しかしこの語によく似ている Pinkster は「聖霊降臨節」（Whitsuntide）の祝宴のことで，ギリシア語 pentekoste（聖霊降臨祭：*Pentecost*）が訛ったものであり，その原義は「五十番目の日」である。また Pinkerton（私立探偵）は，元は *Pinkerton man* で，ピンカートン（Allan Pinkerton, 1819-84）が1850年にアメリカで設立した探偵社の探偵が一般名詞化したものである。

Pinkerton [píŋkərtn] 私立探偵
　→ pink

pinna [pínə]【動物学】羽，ひれ〔状の物〕，【植物学】《複葉の》羽片，【解剖学】耳翼
　→ pen

pinnacle [pínəkl] 小尖塔，頂上，頂点
　→ pen

pinnate [píneit]【植物学】羽状の，【動物学】翼〔ひれ〕のある
　→ pen

pioneer [pàiəníər] 開拓者，先駆者，草分け

→ pawn
pious [páiəs] 敬虔な, 信心深い, 宗教的な
→ pittance, supercilious
pip [píp] 《リンゴなどの》種子, 種
→ pit
pipe [páip] 管, 導管, パイプ
　　pipe の起源は, ラテン語 pipiare（さえずる, すすり泣く）や, フランス語 pépier（《小鳥が》ピーピー鳴く）, 英語 peep（ピーピー鳴く）, ドイツ語 Pfeifer（笛吹き——英語 fife〔《鼓笛隊の》横笛〕が派生——）と同じように, 擬音語で「ピーピーさえずる音」（piping sound）を指した。名詞 pipe（管, パイプ）はこうした音を発する管楽器の形から一般化された言葉であり, さらに, タバコを吸う時のパイプ（pipe）をも意味するようになった。
pippin [pípin] ピピン種のリンゴ, 種子
→ pit
piquant [pí:kənt] きびきびした, ピリッと辛い, 辛辣な
→ pink
pique [pí:k] 立腹, 不機嫌；感情を害する
→ pink
piqué [pi:kéi] ピケ《うね織りにした織物》
→ pink
　　piquant は現在分詞であり, piqué は過去分詞である。
pirate [páiərət] 海賊；海賊を働く
→ private
pit [pít] 穴,《モモなどの》種, 核
→ pot
　　pit（種）は, pippin（《リンゴ, ブドウなどの》種子）の短縮形 pip が訛ったものである。16世紀まで pippin は「種」一般を意味する言葉であったが, その後「実生のリンゴ」を意味するようになり, 当然ながら質の良い種が使われたことから, 俗語で "It's a pippin!"（そいつは上等だ）という表現が生まれた。pippin はケルト語起源のフランス語 petit（小さな；小片）が語源の可能性があり, フランス語 pépin（《果実の》種——スペイン語 pepita——）を経て借入された。その場合イタリア語 pezza（小片）, フランス語 pièce（断片）, 英語 piece（断片）も同じ語源である。さらに, petty（小さい, つまらない）が派生し, 当初男性が胴衣のダブレットの下に着た「胴着」を指した petty coat から, petticoat（ペティコート,《複数形で》小児服, 婦人服）, petty と fogger（金儲け主義者）から pettifogger（屁理屈をこねる；いんちき弁護士）などが合成された。なお, この fogger は, 15世紀から16世紀にかけてアウグスブルクを中心に勢力を持った豪商・政商 *Fugger* 家（フッガー）が語源で, オランダ語 focker（独占者）の影響を受けた言葉である。なお, オランダ語 focken の意味は「ごまかす」である。

pitch [pítʃ] 投げる, 放る,【音楽】調律する
→ pay
pithecanthrope [piθikǽnθroup] ピテカントロプス, 猿人
　　この原人の名はギリシア語形では pithecanthropos, ラテン語形では pithecanthropus である。この語は, 太古の生物のうち,「ミッシングリンク」の生物につけた名前であるが, 近年に合成された。第三紀（約6500万年前から170万年前）に生存していたと考えられた類人猿とヒトをつなぐ進化途中にあると考えられる動物の名前として, ギリシア語 pithekos（猿）とギリシア語 anthropos（人間）から1868年にドイツの生物学者ヘッケル（Ernst Haeckel, 1834-1919）によって造語された。
　　この猿人を, 初めて2本足で立った羽毛のない動物という意味で, pithecanthropus erectus（ピテカントロプス・エレクトゥス：直立猿人）と呼ぶ自然学者がいる。この言葉から博識ぶった冗談 *pithecanthropic* mummery（猿人的無言劇）という表現が生まれたが, これは「（口語）ごまかし, いんちき」（monkey business）のことである。
pittance [pítns] わずかな手当て,《修道院などへの》寄進, 施し
　　この言葉の語源については, たぶん敬虔な（pious）人々によるものと考えられるが, ながらく, ポアティエ（*Poitiers*——ラテン語形 Pictavensium——）伯が発行した小額硬貨ピクタ（picta）と関係づけようとする試みがあった。この picta が古フランス語 pite（小額銅貨, 小銭）を経て pittance となったというのである。しかし pittance は, 実際は, ラテン語

pietas（敬虔——英語 piety〔敬虔，信心〕の語源——）から派生した後期ラテン語 pietantia（修道院の割当て食事）が語源で，古イタリア語 pietanza，フランス語 pitance を経て借入された。pittance は借入当初は「寄進」という意味に使われたが，今日の意味は寄進が一般的に少額だったことから生まれたものである。

ところで piety（献身）と pity（同情——フランス語 pitié——）は二重語である。前者は自分の内にある気持ちを表す言葉であり，後者はその同じ気持ちが他人に向けられた時に使う。

なお，pious（敬虔な）は piety の形容詞形である。語源はラテン語 pius（敬虔な，信心深い）で，後期ラテン語 piosus，フランス語 pieux（信心深い）を経て英語に借入された。ピウス（Pius）という名の教皇が数多くいる。

pitter-patter [pítərpætər] パラパラ〔パタパタ〕と《雨が降る音・人の駆ける音など》
→ patter

pituitary [pit(j)úːətèri] 下垂体；下垂体性の
→ garble

pity [píti] 同情，残念なこと，惜しいこと；気の毒に思う
→ pittance

place [pléis] 場所，所；置く
→ platypus

plagiarism [pléidʒərìzm] 盗用，盗作，盗用した物

この言葉は，初めは plagiary の語形で存在し，盗作者とその行為の両方を意味した。ミルトン（John Milton, 1608-74）は「借りたのに，より良くならない時は盗作（plagiarie）である」（*Eikonoklastes*：『偶像打破者』1649年）という意味のことを言っている。しかし，今日では文学的所有権について使うこの言葉を，古代ローマ人は人について使った。plaga（網，罠）から plagium（誘拐すること，自由人を奴隷として売ること）を経て派生したラテン語 plagiare, plagiat-（自由人を盗む，誘拐する）が語源である。ラテン語 plaga は印欧語根 plek-（編む）から分出した言葉で，同根語にはギリシア語 plekein（よりあわせる），ロシア語 plesti（編む），ラテン語 plectere, plex-（編む）や plicare, plicat-（巻く，たたむ）などがある。英語 implicate（《犯罪などに》巻き添えにする，連座させる）の原義は「編み込む」である。〈complexion 参照〉

plain [pléin] 明白な，質素な
→ plan, saxophone

plan [plǽn] 計画，案；計画する

plan は，フランス語 plan（平たい）から借入された plane（平面）〈saxophone 参照〉に影響されてはいるが，初めは「基礎案，下図」（ground-*plan*）という意味で，その前にフランス語 plant（《建物の》平面図，基礎計画）〈plant 参照〉から借入されていた。語源はラテン語 planta（足底）である。そしてこのような借入の経過から plan は「計画，概要，図面」の意味に使われるようになった。

plain sailing（順調な進行，とんとん拍子に運ぶこと）は，地球が球面ではなく，平面（plane）で描かれた平面海図（*plane* plan）を用いて航海することであった。plane（平面の，平らな）は，17世紀に plain（平らな，明白な）を当時の流行に従ってラテン語風に綴り直したものであり，特に数学において使われた。あなたの計画があまり狂う（gang agley）ことがありませんように！

plane [pléin] 平面；平らな；飛行機
→ plant, saxophone

planet [plǽnit] 惑星，遊星

惑星は，規則正しく太陽の周りを回っていることが知られるまでは，天界をさ迷う星と考えられていた。この語はそのことをよく表している。ギリシア語 planan（道に迷わせる）は，受動形で「さ迷う」という意味で，名詞形は plane（徘徊），planetes（徘徊者）である。そこでそれらの星は *planetes* asteres（さ迷う星）と呼ばれたのである。そしてラテン語は planetae を「さ迷う星」（stellae errantes）すなわち「惑星」の意味に使うようになった〈disaster, errand 参照〉。そしてこれより，いつものルート，すなわち，後期ラテン語，フランス語を経て英語 planets として借入されたのである。

planetarium（プラネタリウム，星座投影機）〈cell 参照〉は，元来ヴィーナス（金星），マルス（火星），ネプチューン

（海王星），その他の神々を鎮めて太陽系の軌道上に配した「惑星体系（*planetary system*）の模型を見せる場所」のことである。

plangent [plǽndʒənt]《波などが》激しく打ち寄せる，物悲しげな
→ saxophone

plank [plǽŋk] 厚板，板材，頼みとなる物；ドサリと上に置く
→ plunge

plant [plǽnt] 植物，草木；植える

plant は足の裏から育った言葉で，語源はラテン語 planta（足底）である。種とか苗木を植える（to *plant*）時，まず地中に押し込み，土をかぶせ，農夫が足で踏みしめた。このラテン語から派生したフランス語動詞 planter（植える）は，比喩的に「設立する」という意味に使われたことから「製造工場」（manufacturing *plant*）などの意味が生まれた。

一方，plant（植物）に対する animal（動物）は animus（息）から派生したラテン語 animal（生きているもの）が語源で，「息をするもの」を意味する言葉である。同族語であるギリシア語 anemos（風）からは，anemone（アネモネ：wind-flower）が派生した。

ところで，ラテン語 animus（息）から直接借入された英語 animus（憎しみ，意図）は，中傷や悪意を含んだ息をあらわにするものである。また，これより強い表現としては，同語源のラテン語 animosus（勇気のある，激しい）から借入された英語 animosity（強い憎しみ，憎悪）がある。

さて，生命の核ともいうべき nucleus（細胞核，核）はラテン語 nux, nuc-（ナッツ，堅果の仁）の指小形 nucleus（《果実の》種）から借入された。protoplasm（原形質，細胞質）は生命の基本物質であり，proto- は pro（…の前に）から派生したギリシア語 protos（第一の）と，plassein（型に入れて造る——plastic〔成形的な，プラスチックの〕の語源——）から派生したギリシア語 plasma（型，鋳型で造られた物）との造語である。ちなみに proto- と，ギリシア語 zoon（動物）の複数形 zoa とから英語 protozoa（原生動物）も造語された。そしてこの zoon から

は zoology（動物学）が造られた。また，blood *plasma*（血漿）の plasma はギリシア語 plasma が近年になってそのまま英語として使われたものである。

botany（植物学，植物の生態）は，ギリシア語 boskein（《家畜に》牧草を食べさせる）と同根のギリシア語 botane（牧草）が語源である。なお，このギリシア語 boskein と後期ラテン語 boscum（森）を結びつける説がある。この後期ラテン語はイタリア語 bosco を経て，中英語 busky（茂った：*bushy*）として借入され，bosky（樹木の茂った）が成立した。〈flower, organism, vegetable 参照〉

plantain（【植物】オオバコ）は，その葉が足の裏（ラテン語 planta）に似ているところから名づけられたものである。一方，バナナのような実をつける「プランテーン」の plantain は，西インド諸島の土語 balatana が訛ったスペイン語 platano, plantano を経て借入された。従ってこの plantain は，ラテン語 platanus（プラタナス：*plane* tree）とは関係がない。

ちなみに，東方原産のプラタナス（*plane* tree）はギリシア語 platys（広い）から派生した platanos が語源であり，広い葉をつける。〈vessel 参照〉

plant は俗語で「計略，罠」という意味に使われるが，「植えられた物」，すなわち，「あるところに隠された物」が原義である。

plaque [plǽk] 飾り板，《壁にはめ込む》記念銘，バッジ
→ plunge

plash [plǽʃ] ザブザブ〔バシャバシャ，ピチャピチャ〕という音
→ knick-knack

plasma [plǽzmə]【解剖学】血漿，【物理学】プラズマ
→ plant

plastic [plǽstik] プラスチックの，【生物学】成形的な
→ plant

plate [pléit]《浅い》皿，貴金属の延棒
→ element の項の platinum, plot

plateau [plætóu] 高原，台地
→ funny-bone

platform [plǽtfɔːrm]《駅の》乗降場，プラットフォーム

platinum [plǽtinəm] 白金, プラチナ
→ element

Platonic [plətánik] プラトン哲学の, 純精神的恋愛の, 観念的な

　初期のギリシア哲学者たちは, 学舎というべきものを持たなかった。プラトンはアテネの公園で教えた〈academy 参照〉。アリストテレスは逍遙しながら教えたことから逍遙哲学者 (*peripatetic* philosopher) と呼ばれた《ちなみにこの学派は逍遙学派 (Peripateticism) と呼ばれる》。peripatetic は, peri (周りの) と patein (歩く) から造られたギリシア語 peripatetes (歩き回る人) の形容詞 peripatetikos (歩き回ることを好む) が語源である。なお, ギリシア語 patos (通路) とゲルマン語起源の英語 path (道) は同族語である。

　アリストテレスは, アポロ・リュケイオス (Apollo Lykeios) の神殿に隣接したリュケイオン (小さい森――ギリシア語 Lykeion, ラテン語や英語 Lyceum――) を歩くことをいちばん好んだ。この Lykeion が英語 lyceum (《主に米語》文化会館, 講堂) の語源である。Lykeios はギリシア語 lykos (オオカミ) から派生したと推測され, 意味は「オオカミ殺し」ではないかと考えられている。またギリシア語 lykos がフランス語では loup (オオカミ) となり, その女性形 louve (雌オオカミ) から有名な美術館ルーブル (le Louvre) の名が派生した。このルーブルは, 元は王宮であり, 原義は「オオカミの野の城」である。

　ちなみにストア派の祖とされるキプロスのゼノン (Zenon, 335?-263?B.C.) はアテネのアゴラにある回廊 (ギリシア語 stoa) で教えたので, 彼の思想は stoic (ストア学派の) と呼ばれるようになった。なおプラトンの教えの連想からラテン語 amor Platonicus という表現が生まれたが, 英語訳は Platonic love (精神的愛) である。〈idea 参照〉

platypus [plǽtipəs] カモノハシ
→ vessel

　ギリシア語 platys (広い) から plateia hodos (広い道) という表現が生まれ, さらにラテン語 platea (道路, 街路) が派生し, 後期ラテン語 plattia, フランス語 place を経て, 英語 place (場所, 広場) が借入された。同じ後期ラテン語からスペイン語 plaza を経て英語 plaza (広場, 《特に都市の》辻, 市場) が, またイタリア語 piazza を経て英語 piazza (広小路, 回廊) が派生した。place, plaza, piazza の3語はそれぞれ経てきた立地の文化的相違をよく感じさせる。

plausible [plɔ́:zəbl] もっともらしい, まことしやかな
→ explode

plaza [plǽzə] 《特にスペインの都市の》広場
→ platypus

pleat [plí:t] ひだ, プリーツ
→ mortgage

pledge [pledʒ] 誓約, 言質; 誓う
→ mortgage

plenitude [plénət(j)ù:d] 十分, 完全, 充実
→ police, foil

plenty [plénti] たくさん, 豊富
→ police

　plenty は, plenus (いっぱいの) から派生したラテン語 plenitas, plenitat- (いっぱい) から直接借入された。〈foil 参照〉

plethora [pléθərə] 多血症, 過多, 過剰
→ police, foil

plexus [pléksəs] 網状構造, もつれ,【解剖学】《神経・血管・繊維などの》叢(そう)
→ complexion

pliable [pláiəbl] 曲げやすい, 柔軟な, 従順な
→ complexion

pliant [pláiənt] 順応性がある, 適応できる
→ complexion

plight [pláit] 《通例悪い》状態, 苦境, 窮状, 《古語》誓い; 誓う
→ mortgage

plop [pláp] ドブン〔ポチャン〕と落とす〔落ちる〕
→ plunge

plot [plát] 小区画, 陰謀, 《小説などの》筋

　この語にはもつれがある。「小地面, 小区画」の plot は, ラテン語 pila (球, まり, ボール) の指小形の後期ラテン語

pilotta が語源で，古フランス語 pelote（土の塊り）を経て借入された。この語はギリシア語 platys（平たい，幅広の）が語源の古フランス語 plat, plate（平たい——英語 plate 〔《浅い》皿，金属板〕，スペイン語 plata 〔金属板，貴金属〕が派生——）の影響を受け，かつて plat とも綴られた。そして上記古フランス語 plat, plate から形成された platform（プラットホーム：〔原義〕平たい形）は plotform とも綴られた。〈vessel 参照〉

「陰謀」の plot は，元は complot（共謀，共同謀議）であった。この例に見られるように語頭の音節が脱落する例が英語には多く見られ，いろいろと二重語を造り出している。fence（囲い，柵，《木製の》垣根）と defence（防衛，守備）はその一例で，語源はラテン語 defendere, defens-（防ぐ，遠ざける）である。sport（運動，スポーツ）と disport（楽しませる）は，ラテン語 dis-（離れて）と portare（運ぶ——英語 porter〔運搬人〕が派生——）とから派生した古フランス語 desporter（離す，娯楽を求める）が語源である〈port 参照〉。strain（引っ張る，緊張させる）と distrain（差し押さえる）は，上記の dis- と stringere（引っ張る）から造られたラテン語 distringere, district-（引き離す，拷問する）が語源で，古フランス語 distraindre, estraindre を経て借入された。ただし premere, press-（押さえる，圧迫する）から派生したラテン語 exprimere, express-（押し出す，搾り出す）が語源の古フランス語 espreindre, espreign- を経て英語に借入された sprain（《足首などを》くじく；ねん挫）の影響も受けている。なお英語 express（表現する；明白な；急行）はラテン語 exprimere, express- が語源で，原義は「押し出す」(to *press* out) であり，この意味は strain（引っ張る，緊張させる）が引き受けることになった。

story（物語）と history（歴史）は，ギリシア語動詞 eidenai（知る）と同じく印欧語根 vid-（見る）から分出した histon, histor-（博学な，物知りの）を経て派生したギリシア語 historia（探求によって得た知識）が語源で，ラテン語 historia（研究，物語）を経て借入された。このラテン語 historia はラテン語 histrio, histrion-（役者）と同族語ではないかと考えられる。英語 histrio, histrion（俳優）は，16世紀から17世紀にかけてよく使われたが，今日ではめったに使われなくなり，使われる場合は侮蔑的意味を持つ。histrionics は「芝居がかったしぐさ，演技」という意味に用いられる。

ところで上記の complot（共謀，共同謀議）は，古フランス語 complote（群衆）から借入されたとか，古フランス語 pelote（土の塊り）が語源であるとする説がある。しかし，この語は complicare, complicat-（折りたたむ，陰謀をくわだてる）から派生したラテン語 complicitum（混乱した，もつれた）の短縮形 complictum が語源である可能性が高い。このラテン語は，他の人と組んで「陰謀をはかる」(*plot*) という意味に使われた。このラテン語は英語 accomplice（共犯者）や complicate（込み入らせる，悪化させる），complex（複合体）の語源でもある。陰謀（plots）は通例入り組んだもの (complex) である。

ploughshare [pláuʃèər] すきの刃
→ shed

pluck [plʌk] 引き抜く，むしり取る；度胸

　動詞としての pluck は，ラテン語 pilus（毛髪）から，後期ラテン語形を経てゲルマン諸語に借入され，ヨーロッパ中に広まった。イタリア語では piluccare（引き抜く）であり，英語 depilatory（脱毛効果のある；除毛剤）も同じ語源である。

　農場作業でも使われたことから，pluck は「羽先をむしり取ること」，さらに鳥や動物の「臓物」の意味に使われるようになった。農夫たちは屠殺した動物の体内に手を入れて，内臓を引き抜いて取り出したからである。

　ところで民間生理学では身体のいろいろな部分がいろいろな情動と関係づけられることがある。欽定訳聖書の『Ⅰヨハネ書』(3：17) には *bowels* of compassion（憐れみの心）という表現がある。内臓と情動の結びつきを裏づける文にはもっと強力な表現，His *bowels* were loosed with fear.（恐怖のために下してしまった：〔原義〕腸が緩む）がある。特に18世紀の賞金稼ぎ

のボクシングで使われたスラングでは内臓 (pluck) は胆力の座と考えられるようになり，徐々に通常の意味として「勇気，胆力」を意味するようになった。今日，力強いものにあこがれる時にはすぐに民間生理学でいう内臓に立ち返り，That guy's got guts!（あいつにはガッツがある）と叫ぶのである。

ちなみに guts は複数形で pluck と類義の「内臓，はらわた」を指し，アングロサクソン語でも複数形 guttas である。本来は液の流れ出る「導管」と考えられており，アングロサクソン語 geotan（注ぐ）から派生した。

plum [plʌ́m] セイヨウスモモ，プラム
→ propaganda

plumb [plʌ́m]【建築】下げ振り，重り，錘直
→ plunge

plumbo- [plʌ́mbə-] 鉛の，鉛製の
→ plunge

plume [plúːm] 羽毛，羽，羽飾り
→ fleece

plummet [plʌ́mət]《釣糸の》重り；まっすぐに落ちる，飛び込む
→ plunge

plump [plʌ́mp] 丸々太った；ドスンと落ちる
→ plunge

plunder [plʌ́ndər] 略奪する，ぶん取る

これはドイツ語から直接借入された数少ない言葉の一つで，1640年ごろ使われ始めた。ドイツ語の名詞 Plunder は「ぼろ切れ」という意味で，中低地ドイツ語の動詞 plunderen は，「ぼろ切れにいたるまですべて運び去る」という意味であった。この原義はまさに，今日の英語 plunder の意味そのものである。

plunge [plʌ́ndʒ] 突っ込む，投げ込む

この語とともに私たちは一群の擬音語へと突っ込むことになる。語源はラテン語 plumbum（鉛）と考えられ，それは鉛を水に投げ入れた時に出る音に由来する。その音は英語では plunk（ドボン，ドスン）で，しばしば kerplunk で表される。より軽い音の場合は plop（ポチャン）である。なお plumbo- は鉛化合物を表す結合形で，鉛の元素記号は Pb である。

bump（バタン，ドスン），dump（ドサッ，ドシン），thump（ドシン，バサッ），rump-a-tum-tump（ランタンタン）などは同類の擬音語である。シェイクスピアの *Hamlet*：『ハムレット』(I，I，65) では「ちょうど，夜が死んだようになる今時分に」("*jump* at this dead hour") 亡霊を登場させている《この jump（ちょうど，ぴったり）は，動詞 jump（跳ぶ，一致する）とつながる副詞で，擬音語であった》。

plump（ドシン）は，動きが突然中断される音である。この意味から形容詞としての plump は「《短くて》ぶっきらぼうな」，ついで矢じりなどについて「とがっていない，丸い」，さらに「広い」の意味に用いられ，そこから pleasantly *plump*（ふくよかな，ぽっちゃりした）という表現が生まれた。

英語 plummet（重り；飛び込む）は，古フランス語 plomb（鉛）の指小形 plombet, plomet（《水深を測るためにひもの端につけた》鉛の球）から借入された。ただし，plummet は plumb-line（垂球糸，測鉛線《下げ振り糸の先に結びつけて石工たちが使った》）より古くから使われていた。plumb（深さを測る）は後期ラテン語 plumbicare（鉛の重りをつけて沈める，水深を測る）から直接借入された。plunge は，同じ後期ラテン語が古フランス語 plonquer, plongier, plunjer を経て借入された。

plank（《口語》ドサリと上に置く——plunk とも言う——）は擬音語の可能性があるが，少なくとも板（plank），すなわちテーブルの上に置くという発想に影響されていると言える。テーブルの天板を意味する plank は，ギリシア語 plax, plak-（平たい表面，《木や大理石の》平板）が語源で，ラテン語，フランス語を経て中英語 planke として借入された。英語 plaque（額，飾り板）も同語源で，板を切ったり落としたりした時の音を表す擬音語だったのではないかと考えられる。

plural [plúərəl] 複数〔形〕の；複数
→ foil

plurality [pluərǽləti] 多数，大多数，過半数
→ foil

plus [plʌ́s] …を加えて〔加えた〕；プラス

の；プラス
→ foil

plush [plʌʃ] フラシ天《ビロードの一種》
→ cloth, remnant

plutocracy [plu:tákrəsi] 金権政治，富豪階級，財閥
→ democracy, emblem

pluvial [plú:viəl] 大雨の，雨の多い；多雨期
→ fleet

P.M. [pí:ém] 午後の
→ posthumous

pneumatic [n(j)u(:)mǽtik] 気体の，空気の入った；空気タイヤ

この語は *pneumatic* tire（空気タイヤ）や *pneumatic* pump（気圧ポンプ）のように使われ，「空気が詰まった」とか「空気によって動く」という意味であり，またまれではあるが宗教的に「霊的な」という意味もある。ギリシア語 pneuma（空気，霊）が語源で，このギリシア語から派生した結合形 pneumat- や pneumato- は主として科学用語に使われる。

pneo- はあまり使われないが，語源は同根のギリシア語 pneein, pnein（吹く）で，合成語の例には pneodynamics（呼吸力学）や pneogastric（呼吸管の）などがある。

pneumono- とかその短縮形 pneumo- は同じように使われるが，もっぱら医学用語であることが多い。どちらもギリシア語 pneumon（肺）が語源で，英語 pneumonia（肺炎）も同語源である。

ところで，dipnoan（肺魚類の魚──ギリシア語 di-〔2重の〕+pnoē〔呼吸〕が語源──）は，泥魚（mudfish）のように肺とえらの両方を持つ魚類のことである。

pneumonia [n(j)u:móuniə] 肺炎
→ pneumatic

poach [póutʃ] 密猟〔密漁〕する
→ lobster

pock [pák] 痘瘡，あばた，ポック
→ lobster

pocket [pákət] ポケット，所持金；隠す
→ lobster

poetaster [póuətæstər] ヘボ詩人，三文詩人
→ spinster

poinsettia [pɔinsétiə] ポインセチア

→ Appendix VI

point [pɔ́int] 先端，点；指し示す
→ pungent

poison [pɔ́izn] 毒；毒する；有毒な
→ intoxicate

pole [póul] 棒，柱，極
→ palace

polecat [póulkæt] ニオイネコ，スカンク，《古語》いかがわしいやつ

スカンクの名前としてのこの語の起源についてはいろいろな説がある。その一つが，pole- は Polish（ポーランド人）に由来するとするものである。しかし，なぜポーランド人なのかは不明である。また一つの説は pool-cat, すなわち pool- はケルト語 poll（穴）に由来するもので，原義は「穴に隠れるネコ」ということになる。ただ問題は，スカンクは穴に隠れない。三番目の説は私たちの鼻が教えるもので，pul-cat に由来するとする説である。pul- は古フランス語 pulent（くさい）が語源である。この古フランス語は，アングロサクソン語 ful（不潔な──foul〔不潔な，汚い〕の語源──）や，ラテン語 puter, putr-（くさい──英語 putrid〔腐敗した，悪臭を放つ〕の語源──）と同根語である。くさい時にあげる叫び Pyew!（ヒャー！）と似ている擬音語的なサンスクリット語 puy-（悪臭を放つ）に由来するとの説もある。ただ，私がこの話を見つけた本では，この項の横にインクで "No" と書き込みがあった。図書館の本に書き込みなどしてはなりませんぞ。

これらの説よりもっと有力なのが polecat の pole- は，フランス語 poule（雌鶏）の語源である古フランス語 pole に由来するとするものである。このフランス語は英語 poult（ヒナ）や poultry（家禽，鶏肉）の語源である。すなわち，農場ではニワトリなどがスカンクの犠牲になるところからその名が生まれたとするのである。poult は pullet（《卵を産み始めた》若メンドリ）と二重語で，ラテン語 pulla（雌鶏）や pullus（若い動物）が語源である。〈curfew, poltroon 参照〉

police [pəlí:s] 警察，警察官；取り締まる

police はギリシア語 polis, polit-（ポリス，都市国家）から派生した politeia（市民，政府；都市に関わる）が語源で，

「ある場所の秩序のための規則」を意味した。このギリシア語 polit- から politics（政治）を始め，それに付随する一連の言葉が派生した。

ところで，田舎風に対して都会風を際立たせる場合に civil tongue（ていねいな言葉遣い）や urbanity（都市風，洗練されていること）を使うことがある。civil はラテン語 civis（市民）が語源で，同じラテン語から英語 civilian（公民，一般国民）などが派生した。〈neighbor 参照〉

police と politeness（上品さ）や polish（磨く，上品にする）が同語源ではないかと期待する向きがあるが，まったくの当て外れというものである。politeness や polish は，pro（…の前に）から変化した po- と，linere（塗る）の変化形 lire とからなると考えられるラテン語 polire, polit-（滑らかにする，磨く）が語源で，フランス語 polir, poliss-（磨く）を経て借入された。英語 liniment（塗布剤《打撲傷・ねん挫用》）はこのラテン語 linere が語源である。

ところで，ギリシア語 polis, polit-（ポリス，都市国家：*polis*）を持つ言葉に，metropolis（主要都市，厳密には司教座教会のある地方都市）や cosmopolitan（国際人；全世界的な）などがある。metro- は，ラテン語 mater（母）と同族語のギリシア語 meter, metro-（母）が語源である。cosmo- はギリシア語 kosmein（配置する，秩序を与える）の名詞 kosmos（飾り，宇宙，秩序──cosmos〔宇宙，コスモス〕，cosmic〔宇宙の，広大無辺な〕や cosmetics〔化粧品〕が派生──）が語源である。

ギリシア語 polis（ポリス，都市国家）は，pra-（満たす）から pari（いっぱいの）を経て派生したサンスクリット語 puri（町）と同族語である。またサンスクリット語 par-（満たす）とギリシア語やラテン語の語根 ple-（満たす──英語 plenitude〔充分〕，plenty〔たくさん，十分〕，plethora〔過剰，【医学】多血症〕派生──）も同族語で，これがギリシア語 pol-（満ちた，多くの）を経て polis となったとする説がある。いずれにせよ，ギリシア語 polis の原義は「群衆」であり，後にコミュニティーに組織された群衆を意味するようになった。〈foil 参照〉

かくして，群集のいる所では，大昔から警察が必要であったことがわかる。〈pagan, gas 参照〉

polish [páliʃ] 磨く，上品にする；つや出し
→ police

polite [pəláit] 上品な，洗練された
→ police

polka [póulkə] ポルカ《二人組み舞踏》，その曲
→ Appendix VI

poll [póul]《選挙などの》投票，世論調査，《複数形》投票所；刈り込む

この語は，ゲルマン語起源で「頭」を意味し，オランダ語 polle は「頭のてっぺん」という意味である。英語では *poll*-tax（人頭税）などの言葉が生まれた。poll の「投票集計」という意味は，投票所（*polls*）で「頭」を数えることに由来する。poll にはまた頭髪・生け垣・木などの先端を「刈る」という意味もある。この意味から pollard（坊主に刈り込んだ樹木，角を落としたシカ）が派生した。

ただしオウムやインコの名としてよくつけられる Pretty Poll（可愛いポル）の Poll は，女子名 Mary（メアリ）から愛称 Molly（モリー）が生まれ，その語呂合わせの変化形から生まれた Polly のことである。また Polly はオウムに覚えさせる決まり文句 "Polly wants a cracker!"（ポリーはクラッカーがほしいよ）に使われる。

poleaxe（まさかり，《昔海戦で用いた》先端に鉤のついた斧）に見られるように，pole（棒，さお）〈同項参照〉と poll（頭）が混ざり合っている例がある。poleaxe は，かつては pollax と綴られていた。頭部（poll）に斧（axe）がついた武器であるが，それはまた柄（pole）についた斧でもあった。

Pollyanna [pàliǽnə] 底抜けの楽天家

この言葉は米国の作家ポーター（Eleanor H. Porter, 1868-1920）の小説 *Pollyanna*：『ポリアンナ』（1913年）の主人公 Pollyanna から一般化した。彼女は明るい子供（"glad child"）で，常に物事のいちばん良いところだけを見る少女である。

polonium [pəlóuniəm]【化学】ポロニウム
→ element

poltroon [pɑltrúːn] ひどい怠け者，卑怯者；卑劣な

この語については三つの語源説がある。poltroon は，かつては「無気力な，怠惰な」という意味があった。明らかに，思春期の若者は怠惰であるので，第一の語源説はラテン語 pullus（動物の子——英語 pullet〔《卵を産み始めた》若いメンドリ〕の語源——）から派生した後期ラテン語指小形 pullitrus が，イタリア語 poltro（未調教の子馬），フランス語を経て借入されたとするものである。

第二の説は，怠け者はなかなか寝床を離れないことから，ドイツ語 Polster（寝いす，クッション）からイタリア語 polstro, poltro（寝台）を経て借入されたとするものである。仕事を要領よく逃れる怠け者は，当然のごとく「卑怯者」と呼ばれるものである。また，英語 bolster（長枕）はドイツ語 Polster と同語源である。

第三の説は，はるかに直接的で，ラテン語 pollice truncus（親指が欠損した）が語源であるとするものである。昔は兵士を集めるのに，一軒一軒を回り，元気な体つきの男を見つけては彼らを徴兵した。徴兵逃れのよい方法は親指が欠損しているのを見せることであった。未だ啓蒙されていなかった時代に，ヘルニアや扁平足の人なども数のうちには入らなかった。上記のラテン語から派生した poltroon は当初「兵役を逃れるために親指を切断した卑怯者」に使われた。なお，英語 truncate（短くする）は，truncus（幹：*trunk*）から派生したラテン語 truncare, truncat-（切断する）が語源である。

poly- [pɑli-]【結合形】多数の，多量の，重合の
→ foil

polygamy [pəlígəmi] 複婚，一夫多妻
→ monk

polymorphous [pɑlimɔ́ːrfəs] 多様な形〔性質〕を持つ
→ remorse

polytheism [pɑ́liθiizm] 多神教
→ monk

pomade [pouméid] ポマード，髪油
→ pommel

pomegranate [pɑ́məgrænət] ザクロ，ザクロ色，暗赤色
→ pommel

pommel [pʌ́ml]《鞍の》前橋(まえばし)，《剣の》つか頭；げんこつで打つ

乗馬用などの鞍についている取っ手のようなものを意味するこの語は，その形から名づけられたもので，ラテン語 pomum（果実，リンゴ）の指小形から古フランス語 pomel（丸い取っ手）を経て借入された。動詞 pommel, pummel（つか頭で打つ，《げんこつで》したたかに殴る）の原義は「取っ手のような形をした武器で打ちつける」である。

ところで，pomegranate（ザクロ）の語源はラテン語 pomum granatum であり，granatum は「多くの種のある」なので，この果物の原義は「種の多いリンゴ〔果実〕」である。英語 grenade（手榴弾，催涙弾）はフランス語 pomegrenade（ザクロ）の短縮形 grenade（ザクロ）から借入されたもので，grenadier（【歴史】手榴弾兵，《英国》近衛歩兵第一連隊の兵）も同語源である。

アップルソースが原料ではないかと考えられた匂いの良い皮膚用軟膏は，イタリア語で pomata であり，pomade（ポマード，髪油）の語源となった。そしてこの pomade が医学用語として再びラテン語化され pomatum（軟膏）となった。

potato（ポテト，ジャガイモ）はハイチ語 batata からスペイン語 patata を経て借入されたが，フランス語では pomme de terre で，その原義は「大地のリンゴ〔果実〕」で，ドイツ語は Erdapfel であり，原義はやはり「大地のリンゴ〔果実〕」である。

飲み物の grenadine（グレナディン）はザクロのシロップで，フランス語 grenade（ザクロ）から派生した。織物の grenadine（グレナディン《絹・人絹・毛の薄い沙織り模様の織物》）は，穀粒（*grains*）のような布目のある生地であり，語源はラテン語 granatum（ザクロ；種のある）で，英語 grain（穀物）や granary（穀倉）と同語源である。

指輪についている garnet（ガーネット）はザクロの果肉の色に由来する呼び名であ

る。garnet の語源はラテン語 granatum (ザクロ) であり，古くは granat だったが，grenat となり，字位転換により今日の綴りとなった。この宝石はもちろんポマード (pomade) のようにアップルソースからはできないし，決して「つまらないもの」(apple sauce) ではない。

pomp [pámp] 華やかさ，華麗
→ pontiff

pompadour [pámpədɔ̀:r] 前髪をなで上げた女性の髪型，男性のオールバック
→ Appendix VI

pond [pánd] 池，泉水，いけす
→ pound

ponder [pándər] 熟考する
→ aggravate

ponderous [pándərəs] 重々しい，どっしりした
→ aggravate

pongee [pandʒí:] ポンジー，絹紬(けんちゅう)《柞蚕(さくさん)の糸で織った絹織物》
→ cloth

poniard [pánjərd] 短剣；《懐剣で》刺す
→ pygmy

pontiff [pántəf] 《ユダヤの》大祭司，司教，《古代ローマの》大神官

この語には早くから民間語源説がつきまとっている。pontiff の語源は pons, pont- (橋) と facere, feci, fact- (作る) からなるラテン語 pontifex, pontific- (高位の神官：〔原義〕橋の建設者──この神官は当初5人で構成されていた──) である。ドイツの歴史学者モムゼン (Theodor Mommsen, 1817-1903) は *History of Rome*: 『ローマの歴史』(1854-56年) で，「5人の橋建設者 (*pontifices*) は，ティベル川に橋を架ける作業や取り壊す作業を指揮する職務からその名を得たが，政治的に重要だったのと同様に宗教的にも神聖な職務とされた」(I, 178) と述べている。また，ミルトン (John Milton, 1608-74) は *Paradise Lost*: 『失楽園』(X, 313) で，ロングフェロー (Henry Wadsworth Longfellow, 1807-82) は *The Golden Legend*: 『黄金伝説』(V) (1851年) ですでに同じ発想に立って詩作している。

また，ラテン語 pons, pont- はギリシア語 patos (通路) からサンスクリット語 patha (道：*path*) にまでさかのぼることができるとし，ローマ人が偉大な道路建設者であったことを思い出させる説もある。中世の聖職者についてもローマ時代の pontiff と同じようなことが言え，彼らは巡礼者が聖堂に向かう道路の建設者であった。

このようなことを述べた後では意外な感があるが，ラテン語 pontifex は，元は pompifex で，pempein (送る) から派生したギリシア語 pompe (宗教的行列) が，オスク語 ponte (奉納物)，同義のウンブリア語 pontis を経て成立した。したがって pontifex は元来「宗教儀式を指揮する人」である。なお，pomp (華麗，虚飾) は同語源である。-m- から -n- への変化はよくあることで，その一例には固有名詞 Pompeius (ポンペイウス) から変化した Pontius (ポンティウス) がある。Pontius と言えば，イエスの処刑を許可したポンテオ・ピラト (Pontius Pilatus──英語名 Pilate または Pilot──) を思い起こす。彼は，「真理 (truth) に導いてくれる水先案内人 (pilot：《廃語》pilate) を求めた人物」と揶揄される《『ヨハネ福音書』18:37-8 参照》。もちろんその真理への橋を私たちはまだ完成していない。それは，強い信仰に基礎を置かなければならない橋のはずで，したがって，聖職者とか司祭 (pontifex) だけが築きうる橋なのであろう。truth (真理，真実) は，trēow (木〔*tree*〕，誠実，信仰) からアングロサクソン語 getrīewe (真理，真実) を経て成立した言葉である。しかし，問題は私たちが井戸の底に真理があると告げられても，だれもが見るのはそこに映った自分の影に過ぎないということである。

pontifical [pantífikl] 司教の，尊大な
→ pontiff

pope [póup] ローマ法王
→ abbot

poplin [páplin] ポプリン《うね織りの柔らかな布地》
→ cloth

porcine [pɔ́:rsain] 豚の，豚に似た
→ mutton

porcupine [pɔ́:rkjəpàin] ヤマアラシ
→ mutton

pork [pɔ́ːrk] 豚肉, 《古語》豚 (hog, swine)

→ aard-vark, mutton

port [pɔ́ːrt] 港, 避難所, 城門；運ぶ

都市の入口となる港や門は人々が大いに関心を持つ道であり, 多くの言葉がラテン語 portus（港, 避難所）から派生している。英語 port（港, 避難所）はこのラテン語が語源で, アングロサクソン語 port として借入された。スコットランド方言の英語 port（門, 城門）は, 同語源のラテン語 porta（戸, 門）からの借入で, また porthole（【海軍】舷窓, 【空軍】機窓, 【機械】蒸気口）, sally-port（【築城】出撃口, 非常門）, portcullis（《城門の》落し格子）にもその意味をとどめている。なお, portcullis の -cullis は, ラテン語 colare, colat（漏る, 濾す）が語源で, フランス語 couler（流れる）, その形容詞 coulisse（滑る, 変化する）を経て成立した。

port wine（ポートワイン）の port は, ポルトガル語 o porto（港）が語源である。都市への入り口は物資の供給路であることから, ラテン語動詞 portare, portat-（運ぶ）が生まれ, 同義のフランス語 porter を経て, Port arms!（《号令》控え銃(ジュウ)!）のように使う英語 port（運ぶ, 控え銃にする）が派生した。porter（ポーター《焦がした麦芽を使った黒ビール》）は *porter's* ale（荷役夫のビール）が短縮されたもので, ロンドンの荷役夫（*porters*）が好んで飲んだことに由来する。porterhouse（黒ビール酒場, ステーキ屋）は, かつては荷役夫がよく行く居酒屋とか安料理店のことで, ale-house（ビアホール）と同じようにして生まれた言葉である。*porterhouse* steak は牛の腰部のショートロインの肩寄りの上質ステーキで, T字形の骨付きの大き目のものである。19世紀のニューヨークにあったそれを専門としてよく知られた居酒屋（*porter-house*）に由来する名である。portly（肥満した, 恰幅のいい）や deportment（態度, 品行）, river *portage*（連水陸送《二つの水路の間で船・貨物を陸上運送すること》）も同語源である。

ラテン語 portus の同族語にアングロサクソン語起源の英語 ford（浅瀬, 渡し場）がある。もちろん自動車のフォード（Ford）はその製造業者ヘンリー・フォード（Henry *Ford*, 1863-1947）にちなむものである。〈Bosphorus 参照〉

積荷が無事に港に着くことは好都合な（*opportune*）ことであり, それは商売の好機（*opportunity*）を与えてくれる。語源は ob（…に向かって）と portus（港）からなるラテン語 opportunus（好都合な：〔原義〕港への風向きがよい）である。逆に積荷が港にしかるべき時に着かないと都合の悪い（*inopportune*）ことになる。かつてはこのような不首尾を importune とか importunate と言った。そしてその意味は「時期を失した」から「厄介な」「事が切迫した」とか,「《要求などが》しつこい」というように変化した。語源はラテン語 importunus（不適当な：〔原義〕港に向かって風が吹かない）で, フランス語 importun（わずらわしい）を経て借入された。

import（輸入する）とか export（輸出する）は, 港や国に「運び込む」とか, 反対に「運び出す」という意味であった。運び込む値打ちがある物は important（大切な）であり, それは重みのある物, 価値のある物である。名詞 import（趣旨, 重要性）にもやはり同じ原義を読み取ることができる。ちなみに Portunus はローマ人の海港の守り神であった。

portcullis [pɔːrtkʌ́lis] 《城門の》落とし格子, 吊るす門

→ cataract, port

porter [pɔ́ːrtər] ポーター, 赤帽, 《ホテルの》ボーイ

→ port, plot

porterhouse [pɔ́ːrtərhàus] ポーターハウス《米国の黒ビール酒場, ステーキ屋》, 上質のビフテキ

→ port, plot

pose [póuz] 《モデルが》姿勢をとる, ポーズをとる；気取った態度

ポーズをとる（*pose*）ということは立ち止まる（*pause*）ということである。pose と pause（休止する）は共にラテン語 pausa（休息）が語源で, 前者は後期ラテン語 pausare（止まる, 休む）, フランス語 poser（置く）を経て借入され, 後者は同後期ラテン語から英語に借入された。

英語 poser（難問）とは相手をはたと止まらせる（*pause*）ような質問や考えのことである。compose（心を落ち着ける，組み立てる：〔原義〕一緒に留まる〔to *pause* together〕），propose（申し込む：〔原義〕…を得るために止まる〔to *pause* in behalf of ...〕）や expose（さらす，暴く，陳列する）も同じ語源であり，「立ち止まる」（pause）ことを求める。

ところで，compound（混ぜ合わせる），propound（提議する），expound（明細に説く）は，ラテン語 ponere, posit-（置く）が語源である。しかし，何か物を置く時，当然「立ち止まる」ことから，中世に意味も混同された。かくして expose は，だれにも見えるように「外に置く」という意味になった。proposal（提案）はラテン語 pausare（止まる）から派生した言葉である。しかし，composition（組み立て，落ち着き），exposition（公開），proposition（提案）には pausare と ponere の二つのラテン語動詞が融合している。ポーズ（*pose*）をとる時，そのための位置（*position*）にじっと止まる（*pause*）ものである。

imposition（課税，押しつけ）は，ラテン語 imponere, imposit-（上に置く，課す，だます）が語源である。司教による「按手」とか，詐欺師の「ペテン，人をかつぐこと（putting one over on someone）」の意味が生まれた。あるいは以前には「特別に課される罰，罰課題」という意味に使われた。この三つのうち，二つは避けたいものである。〈posthumous 参照〉

position [pəzíʃən] 位置，場所，所在地
→ pose

posology [pəsálədʒi]【医学】薬量学
→ dose

posse [pási]《保安官が臨時に召集する》民警団，《臨時に組織された》警官隊，捜索隊

犯人が逃亡すると，捕獲するために当該行政地区（county）の警察は総力を挙げて動員される。posse の語源であるラテン語 posse comitatus（伯爵領の力：the force of the county）がこのことをよく物語っている。また西部劇映画を見るとよくわかる。ラテン語 posse, pot-（できる，能力がある——英語 potent〔強い，人を心服させる〕が派生——）は，ラテン語 potis（力強い）と esse（ある）からなる言葉である〈husband 参照〉。possible（可能な，ありうる）も同語源で，原義は「（何かに）なる力を持つ」である。

possess [pəzés] 所有する，《感情や考えなどが人を》支配する
→ subsidy

possible [pásəbl] 可能な
→ posse

post [póust]《木・金属製の》柱，標柱，地位，持ち場
→ posthumous

posthumous [pástʃəməs] 死後の，死後生まれた，死後出版の

庭いじりが好きな人は腐植土（humus）をよく買う。posthumous の語源はラテン語 post（後ろに，後に）の最上級 postumus（最後に，遺された）で，後期ラテン語で -h- が加えられ，posthumus となった。あたかも土（ラテン語 humus）に埋められた後の時を意味すると解釈されたためである。ただし，作品に使う時はまさに「最後の最後の」ものという意味で，上記の最上級が生きている。

post は，英語ではしばしば接頭辞として使われる。*post*meridian（午後の）は P.M.（午後——ラテン語 post meridiem の略——）のことで，meridian は medius（中：*mid*）と dies（日）からなるラテン語 medidies（正午）が語源で，meridies, meridianum を経て派生した言葉である。

兵士の「持ち場，部署」を意味する post は，ラテン語 ponere, posit-（置く）の過去分詞中性形 positum（配置）が語源で，後期ラテン語 postum（部署）を経て借入された〈pose 参照〉。したがって position（位置，《社会的な》立場）も同語源である。

deponent（【法律】《宣誓》供述人，証人）はラテン語 deponere, deposit-（下に置く，据える）の現在分詞 deponens, deponent- が語源である。《deponent の用法は宣誓供述書の上に手を置いて誓ったことに由来する。》post（柱）も同じ語源の言葉で，原義は「地に据えられた物」である。postman（郵便配達人）は，街道上に馬と共に配置され，リレーでバトンを

引き継ぐように書信を運ぶ人のことであった。post は，彼らが待機する「駅」から「運ぶ荷物」「郵便物」に意味が移転した。

postliminy [pòustlímənì]【国際法】財産回復《戦時中敵国に奪われていた人や物が，自国の統治者に戻った時に権利義務を回復すること》
→ limen

postman [póus*t*mən] 郵便集配人
→ posthumous

postscript [póustskrìpt]《手紙の》追伸，《本・論文などの》あとがき
→ shrine

pot [pát] ポット，壺，《深い》鍋
　この語は後期ラテン語 pottus から後期アングロサクソン語 potte（壺）として借入された。この後期ラテン語 pottus の語源はラテン語 potare, potat-（大いに酒を飲む，痛飲する——英語 potation〔飲酒，深酒〕や potion〔《水薬・毒薬・霊薬の》一服〕の語源——）であるとする説がある。このことから，He's fond of the bottle.（彼は酒が好きである）における bottle（びん）が「酒」の換喩であるように，pot は「入れられた物」から換喩によって「容れ物」へと変化したことがわかる。〈intoxicate 参照〉
　ところで，gone to pot（破滅してしまった，落ちぶれた）という表現の pot には「酔った」(inebriate) という意味はない。この語は pit（穴）と同語源で，アングロサクソン語 pyt（穴）から put を経て成立した。pit は特に the *pit* of hell（地獄）という表現で使われる。スコットランドの詩人ダグラス (Gawin Douglas, 1474?–1522) は，「アエネイス」の英語訳(1513年)で，Deip in the soroufull grisle hellis *pot*（悲しくも恐ろしい地獄の穴深く）(IV, v, 128) というように pot を使っている。potboiler（《口語》金儲けのためのお粗末な作品）は，ある意味で「堕落した」(gone to *pot*) 作品のことである。〈intoxicate 参照〉

potable [póutəbl] 飲用に適した；飲み物，酒
→ intoxicate

potash [pátæʃ] あく，灰汁，カリ《肥料などの原料になる炭酸カリウムの通称》
→ element の項 potassium

potassium [pətǽsiəm] カリウム
→ element

potation [poutéiʃən] 飲むこと，アルコール飲料，《通例複数形で》飲酒
→ pot, intoxicate

potato [pətéitou] ジャガイモ
→ pommel

potboiler [pátbɔ̀ilər] 金儲けのためのお粗末な作品，その作家・画家
→ catchpenny, pot

potent [póutənt]《薬が》よく効く，強い，人を信服させる
→ husband

potentate [póutənteit] 有力者，主権者，君主
→ husband

potential [pəténʃəl] 可能性がある，潜在的な；可能性
→ husband
　この語はラテン語 posse（できる，能力のある）の現在分詞 potens, potent- から派生した後期ラテン語 potentialis（力を持っている）が語源で，原義は「力を持ちつつあるもの」である。

potion [póuʃən]《薬液・毒などの》一服
→ intoxicate

Potters' Field [pátərz fí:ld]《貧困者・身元不明者などの》共同墓地，無縁墓地
→ acre

potwalloper [pátwɑ̀ləpər]【歴史】戸主選挙権保有者《1832年選挙法改正以前，自宅のかまど・鍋で食事を作ることで，独立の戸主と認められ，選挙権を有した》，《俗語》皿洗い
→ wallop

pouch [páutʃ] 小物入れ，《婦人の持つ》ポーチ，弾丸入れ
→ lobster

poultice [póultəs] 湿布〔薬〕
→ pelt

poultry [póultri]《食用の》家禽
→ polecat

pound [páund] ポンド
→ dollar
　同音の pound（《迷い牛・馬などを入れる》囲い，収容所）は pond（池，いけす）と二重語の関係にあり，古いゲルマン語が語源である。

powder [páudər] 粉，粉末，粉おしろい

この語はラテン語 pulvis, pulver-（ほこり——pulverize〔微粉状にする〕の語源——）が語源で, 古フランス語 puldre, poldre, poudre（粉）を経て借入された。今では古語となった *piepowder* court（簡易裁判所《昔イングランドなどで起こる行商人〔*piepowder*〕と地元の商人との間のいざこざを裁いた》）の -powder も同じ語源である。〈pie 参照〉

power [páuər] 能力, 力, 権力

ラテン語 posse, pot-（できる）〈posse, husband 参照〉が後期ラテン語では potere になった。この後期ラテン語がロマンス語で変化して podeir となり, 古フランス語 poeir を経て古英語 poeir, pouer として借入され, 今日の power となるのである。フランス語では動詞から名詞としても使われたことから, 初期の英語では「何かができる能力」という意味に使われたが, 今日ではその意味はいろいろな方向に広がっている。例えば, 数学では「累乗」で, numbers raised to the second *power*（2乗された数）のように用いる。また, horse-*power*（馬力《仕事率の単位》）や powers（能天使《九天使中の第6位》）などもその一例である。

pox [páks] 疱瘡（ほうそう）, 水疱瘡, 梅毒
→ lobster

pragmatist [prǽgmətist] プラグマティスト, 実務派
→ empiric

praise [préiz] ほめること, 賞賛；ほめる
→ surprise

praline [prɑ́:li:n] プラリネ《木の実などが入ったキャンディで米国南部産が有名》, チョコレートキャンディ
→ Appendix VI

pram [prǽm]（口語）乳母車, 牛乳配達用の手押し車
→ ambulance

praseodymium [prèizioudímiəm] プラセオジム
→ element の項 lanthanum

pray [préi] 祈る, 懇願する
→ precarious

pray と同音の prey（猛禽）は, ラテン語 praeda（捕獲物, 略奪物——predatory〔略奪で生きている, 捕食性の〕が派生——）が語源で, 古フランス語 preie を経て借入された。このラテン語は動詞 prehendere（捕らえる）が縮まって派生したものと考えられる。〈surrender 参照〉

prayer [préər] 祈り, 祈禱, 祈りの言葉
→ precarious

preach [prí:tʃ] 説教する, 伝道する；説法
→ verdict

precarious [prikέəriəs] 当てにならない, 不安定な

人に腹を立てると, 呪いの言葉（*imprecations*）を浴びせかけることがある。この imprecation は, in（…に敵対して）の同化形 im- と動詞 precari, precat-（祈る：*pray*）とからなるラテン語 imprecari, imprecat-（呪う）の名詞形 imprecatio, imprecation-（呪詛）が語源である。しかし, 状況のなりゆきに自信が持てないような場合は, 祈り（*prayer*）に没頭しがちである。そのような状況が precarious（当てにならない）であり, この語の -ous はラテン語の接尾辞 -osus（…でいっぱいの）で, 原義は「祈り三昧の」(precari＋-osus)である。ただし, precious（貴重な）〈carnelian 参照〉は, よく似た語形の言葉であるが, precarious とは関係がない。

deprecatory（弁解の, 不賛成の）は *deprecatory* tone（弁解口調）のように使われる。この言葉の原義は非難されるような何かが起こることを「祈りによって鎮める」(to *pray* down) である。

prayer（祈り）そのものは, prex, prec-（祈り）から派生したラテン語動詞 precari（祈る）から古フランス語 preiere（祈りによって得られる〔もの〕）を経て英語に借入された。

ちなみに大学で使われる Prexy（《俗語》大学総長, 学長）は, もちろん, President の短縮されたもので, 原義は「前に座る者」である。〈subsidy 参照〉

precept [prí:sept] 指針, 教訓,《技術操作の》指示
→ disciple

precinct [prí:siŋkt] 警察管区, 選挙区, 校区

この語は prae（前で）と cingere, cinct-（《帯などで》巻く, 囲む）からなるラテン語 praecingere, praecinct-（前に帯を締

める，取り囲む）が語源で，実際にひもで周囲を測ったことからこのような意味になった。

　俗語表現に That's a cinch!（そんなことは朝飯前だ）なる言い回しがある。この cinch（《サドルを締める》鞍帯）も同じ語源の言葉で，スペイン語 cincha（鞍を留める腹帯）から借入された。腹帯が締められて固定されるとしっかりして確実な（cinched）感じがする。

　ところで，shingles（【医学】帯状疱疹）は，ラテン語 cingere, cinct-（帯を締める）から派生した指小形名詞 cingulum（腹帯）が語源で，古フランス語 cengle から借入された。身体に帯状の発疹ができることから名づけられたのである。

　なお，shingle（屋根板，シングル，板葺き屋根）は，ラテン語 scindere, scidi, sciss-（破り裂く）から派生した指小形名詞 scindula（屋根板）が語源で，中英語 shindle として借入された。この語はまた，女性の髪型を表す言葉としても使われ，短く刈った「《後部頭髪の》シングルカット」を意味する。英語 scission（切断，分割，分離，分裂）や scissors（ハサミ）なども同じ語源である。〈shed 参照〉

precious [préʃəs] 貴重な，高価な
→ carnelian

preclude [priklú:d]《前もって》排除する，妨げる
→ close

precocious [prikóuʃəs] 早熟の，ませた
→ apricot

predatory [prédətɔ̀:ri]《野性動物が》肉食性の，略奪の，利己的な
→ pray

predetermination [prìditə̀:rmənéiʃən] あらかじめ決めること，予定されたこと
→ determine

predicament [pridíkəmənt] 困難な状況，苦境，窮地
→ verdict

predicate [prédikət]【文法】述部，述語；断定する
→ verdict

predict [pridíkt] 予言する，予報する
→ verdict

predilection [prèdəlékʃən] 偏愛，ひいき
→ sacrifice

preempt [priémpt] 先買権によって取得する，先取りする，占有する
→ quaint, ransom, drink

preen [prí:n]《羽毛を》くちばしで整える，着飾る
→ propaganda

prefect [prí:fekt]《古代ローマの》長官，《フランスなどの》知事，監督生
→ defeat
pre- は「前に」を意味し，原義は「命令すべく任命された〔者〕」である。

prefer [prifə́:r] …の方を好む，…の方を選ぶ
→ suffer

prefix [prí:fiks]【文法】接頭辞，名前の前につける尊称；前に付ける
→ fix

prehensile [prihénsl]【動物学】《足・尾などが》物をつかむことができる，理解力のある，貪欲な
→ surrender

prelate [prélət] 高位聖職者
→ suffer

preliminary [prilímənèri] 予備の；予備行為
→ limen

premise, premiss [prémis]【論理学】《三段論法の》前提，家屋敷
→ mess

premium [prí:miəm] 賞金，プレミアム，保険料
→ quaint

prepare [pripéər] 準備する，用意する
→ overture

preponderance [pripándərəns] 重さ〔重要性，力など〕でまさること，優勢，圧倒的多数
→ aggravate

preposterous [pripástərəs] ばかげた，途方もない，前後転倒の，不合理な
　この言葉は prae（前に）と posterus（続く，あとからの）からなるラテン語 praeposterus（逆の，不合理な）が語源である。馬の前に馬車をつなぐごとく「逆さの，あべこべの」が原義で，正しい順序が狂ったものに使われる。しかし，自動車が普及した今日では不自然と思えるものすべてについて使われる言葉となっている。修辞学用語 hysteron proteron（倒置，倒置

法) もまったく同じ意味で, hysteron (よりあとの) と proteron (より前の) からなるギリシア語が英語として用いられたものである。セールスマンの儲け話があまりにうまいので, まだ儲けてもいない金を使っている自分の姿を思い描き始めるとすれば, 彼の話は「途方もない」と「前後転倒の」の両方の意味で preposterous である。

prerogative [prirágətiv] 特権, 特典, 優先権
→ quaint

presbyter [prézbətər] 《初期キリスト教の》長老,《長老教会の》長老,《監督教会の》司祭
→ priest

Presbyterian [prèzbitíəriən] 長老派の; 長老派教会会員
→ priest

prescribe [priskráib] 命令する, 規定する,《薬・治療法などを》処方する
→ prescription

prescription [priskrípʃən] 規定, 指示, 処方箋
prae- (前に) と scribere, script- (書く)〈shrine 参照〉からなるラテン語 praescriptio, praescription- (予め書き留めること) が語源で, かつては「表紙」とか「序文」を指していた。さらに, 医者などが書き留める指示について使われ,「規定」「処方箋」という意味が派生した。

present [préznt] 贈り物; 居る, 現在の
→ loafer

presentation [prìːzəntéiʃən] 贈呈, 提案, プレゼンテーション
→ loafer

presentiment [prizéntəmənt]《不吉な》予感, 虫の知らせ
→ loafer, ascend

presently [prézəntli]《文頭・文尾で》間もなく, やがて
→ loafer

preserve [prizə́ːrv] 保つ, 保護する, 保存する
→ family

preside [prizáid] 議長を務める, 統轄する
→ subsidy

press [prés] 圧する, 押す, アイロンをあてる
→ command, plot

prestidigitator [prèstidídʒitèitər] 手品師, 奇術師
→ prestige

prestige [prestíːʒ] 名声, 威信, 威光
科学者たちは手品師 (*prestidigitator*) にあまり威信 (*prestige*) を認めないかもしれない。しかし, 科学者たちも特に厳密 (*strict*) とは言い切れない。prestige は, 元は「魔法使いとか手品師の技」を意味し, やがて「眩惑させる力」とか「魅惑する力」, さらに一般に賞賛を込めて「威信」という意味に使われるようになった。この語は, prae (前で) と stringere, strict- (縛る, 引く) からなるラテン語動詞 praestringere, praestrict- (前をひもで締める, 目隠しをする,《眼を》くらませる) の名詞 praestrigiae, praestigiae (手品師の技, ごまかし) を経て派生したラテン語 praestigium (幻想, 錯覚, ペテン) が語源である。

このような語源から古い英語では prestigiator が「手品師」を意味した。ところでこの語はさらに, 彼らの技の影響を受けてイタリア語 presto (すぐに, 速く ── 英語 presto〔通例手品師の掛け声〕それ, 変われ, オー:change-o として借入 ──) を経たフランス語 preste (素早い, 敏速な) と, digitus (指 ── 英語 digit〔数学〕桁〕の語源 ──) から派生したラテン語 digitator (手で巧みに扱う人, ごまかし屋) とから prestidigitator (奇術師) をもたらした。原義は「指で物を消す人」である。時には「空き巣ねらい」を意味することもあった。

さて, 聖書に "*strait* is the gate, and narrow is the way, which leadeth unto life"(命に通じる門はなんと狭く, その道も狭いことか)(『マタイ福音書』7:14) という言葉がある。この strait (海峡,《古語》狭い場所) と strict (厳しい, 厳格な) とは共にラテン語動詞 stringere, strict- (引く, 縛る) の形容詞 strictus (狭い) が語源で, 二重語である。

このラテン語動詞 stringere, strict- には, 他にも多くの派生語がある。英語 strain (《ロープなどをピンと》引っ張る, 締めつける) は, ラテン語 stringere から

古フランス語 estraindre を経て中英語 streynen として借入され，stranen を経て成立した言葉である。

constrict（締めつける）と constrain（強いる）も二重語である。con- はラテン語 cum（…と一緒に）の変化形 con で，これらの原義は「一緒にきつく縛る」である。また restrict（制限する，限定する）と restrain（抑止する，制限する）も二重語で，原義は「縛って引き止める」である。

distrain（《動産を》差し押さえる）の語源はラテン語 distringere, district-（引き離す，拷問する——di- はラテン語 dis〔…から離れて〕から変化——）である。distress（苦しめる，悩ます）は，同ラテン語の過去分詞 districtus から古フランス語 destrece を経て借入された。借入当時この言葉は不法行為の賠償として物を「差し押さえる」ことを意味したが，そのような措置がもたらす「辛い気持ち」を意味するようになった。同じく過去分詞 districtus から名詞化されたラテン語 districtus（地域）が語源の district（《行政などの目的で区分された》地区，区域）は，中世では封建領主の権限の下で，分割されていた領地のことであった。stringent（厳格な，厳しい，【経済】《金融市場などが》切迫した）は，ラテン語 stringere（引く，縛る）の現在分詞 stringens, stringent- が語源である。

上記の言葉よりも早くアングロサクソン語に達していた同族語がある。例えば，英語 string（糸）は，アングロサクソン語 streng（弓やハープの弦，ロープ，コード）が語源であり，ラテン語 stringere と同族語でもある。ドイツ語 streng（厳しい）や，アングロサクソン語 strong（厳しい，強い）が語源の strong（強い）も同ラテン語と同族語である。〈strike 参照〉

なお，strain（口調，調子，話しぶり）とか，noble *strain*（高貴な血筋）などの意味に使う strain（血統，家系の素質・特徴）などは，アングロサクソン語 strienan（生む，得る）から派生した名詞 streon（増加，富），中英語 streen を経て成立した言葉である。

straight（真っすぐな）は，基本的にはよく似た意味を持つ strait（狭い場所）とは少し異なった経路によって成立した。アングロサクソン語 streccan（伸ばす：to *stretch*）から中英語動詞 strecchen の過去分詞 streicht, streght（ピンと張った）を経て成立した。

cord（ひも，より糸）は chord とも綴り，ギリシア語 khorde（腸，腸で作った弦）が語源である。しかし「和音」を意味する chord は，ギリシア語 khorde に対応するラテン語 corda（ハープの弦）が語源で，フランス語 accorder（和解させる，調和させる）を経て借入された accord（一致〔調和〕する）が，語頭音消失形の cord となり，後にギリシア語らしく見せるために h が挿入された。この言葉はまたラテン語 cor, cord-（心）の影響も受けている。cordial（心からの）はこのラテン語 cor, cord- が語源であり，concord（《事物間の》調和，和合），discord（不一致，不和），accordion（【音楽】アコーディオン）なども同語源である。したがって，concord の例に見られるように，何本かの弦を同時につま弾いて出す和音と何人かの心臓がまるで一つの心臓のように鼓動するといった意味合いが融合していることがわかる。

「より糸」「より合わせる」を意味する英語 twine はアングロサクソン語 twin（2本の〔より合わさった〕糸）が語源で，英語 twin（双子），twain（2，1組），twice（2度，2倍に）も同語源である。いずれもアングロサクソン語 twa（2：*two*）が語源である。twist（より合わせる：〔原義〕2本のひもからなるもの）という概念が twine や entwine（からませる）には支配的である。

presto [préstou]【手品】さあ，【音楽】速く
　→ prestige, hocus-pocus

presume [priz(j)úːm] 推定する，仮定する，見なす
　→ prompt

presumptuous [prizʌ́mptʃuəs] 生意気な，でしゃばりな，おこがましい
　→ prompt

pretend [priténd] ふりをする，装う，あえて…しようとする，口実とする
　→ tennis

pretentious [preténʃəs] もったいぶった，

うぬぼれた
→ tennis

pretext [príːtekst] 口実, 弁解
→ text

pretzel [prétsl] プレッツェル《棒状または結んでB字形にした塩味クラッカー》

　ドイツ語から借入されたこの語は、後期ラテン語 bracellus（腕輪, ブレスレット）が語源ではないかと考えられる。より楽しい語源説としてはラテン語 pretiola（小さな褒美）に由来するとするものがある。これは16世紀ごろ、お祈りの文句を覚えたよい子たちに修道士が与えた一種のお菓子であった。結んだB字は信仰深い修道士の組んだ腕を表しているとも考えられる。

　修道士（monk）というと別の話がある。antimony（アンチモン）は後期ラテン語で antimonium であった。この後期ラテン語から変化したフランス語 antimoine（アンチモン）には、anti-（反抗して）と moine（修道士）からなるという民間語源説がある。そこで後期ラテン語 antimonium は「修道士に反抗する」「修道士のわざわい」という意味だったと解釈された。アンチモンの名前の由来には次の話があるというのである。ある男が、穀物にアンチモンを混ぜて食べさせると豚がよく肥えるということを発見した。そこで彼が苦行中のやせた修道士にアンチモンを混ぜた穀物を食べさせたが、死んでしまった。

　antimony については、この元素の名前を意味するアラビア語 al-ithmid に由来するとする説があるが、これは疑わしい。しかし、このアラビア語は訛ってギリシア語 stimmis, stimmid-（アンチモン）やラテン語 stibium（アンチモン）となり、これから元素記号 Sb が生まれた。

　また、antimony は通常他の元素との化合物として存在することから、antimonos（単独嫌い）が語源であるとする説がある。語源説にはこのようにいろいろなものがプレッツェルのようにより合わさっていることが多い。〈element 参照〉

prevaricate [priværikèit] 言葉を濁す, ごまかす

　crook は「曲がったもの」だけでなく、まともな道から外れてさ迷う「悪党」も意味する。同じく、prevaricate は、prae（前に）と、varus（曲がった, 不格好な）から派生した動詞 varicare（股を広げて歩く）とからなるラテン語 praevaricari, praevaricat-（ねじれた歩き方をする, 背信行為をする）が語源である。文字通りの意味から比喩的な用法が派生した。

　varicose（異常に拡張した,【医学】静脈瘤の）も同じ語源である。この言葉は varus（曲がった）から派生したラテン語 varix, varic-（曲がってふくれた血管,【医学】静脈瘤）が語源である。たとえ足が曲がって（crooked）いようと少なくとも気にしない（to keep a straight face：〔原義〕真っすぐな顔を保つ）ようにすべきである。

prevent [privént] 防ぐ, 引き止める

　この語は prae（前に）と venire, vent-（来る）からなるラテン語 praevenire, paevent-（追い越す, 妨げる）が語源で、原義は「前に来る」である。親切な人は先に来て気持ちのよい準備をしてくれるものである。だから英国国教会の祈禱書（*Common Prayer Book*）には"Prevent us, O Lord, in all our doings." 「われわれを護りたまえ, 主よ, すべての行いにおいて」と prevent を用いた嘆願がある。しかし、もっと世俗的な生活の場では、先に来た者が値打ちのある物を何でも独占しがちで、遅れて来た者は欲しい物を確保しようとしても「妨げられて」（*prevented*）しまうものである。

　circumvent（迂回する, 出し抜く）はラテン語 circumvenire, circumvent-（包囲する——ラテン語 circum〔周りに〕——）が語源で、prevent と同じように「敵を包囲する」「出し抜く」と意味が変化した。

　event（《特に重大事の》発生, 出来事——e- はラテン語 ex〔外へ〕が語源——）は、単に「生じること」（thing that *eventuates*）とか「出て来たもの, 結果」を意味し、道徳的には中立の言葉である。

　convention（《政治・宗教上の》代表者大会, しきたり——com- はラテン語 cum〔…と一緒に〕が語源——）は、単に「集まり」が原義であったが、「この点について合意しようではないか」ということでやがて「《意見の》一致」という意味を持つようになった。さらに「一般に合意されたこと, 申し合わせ」と「慣用, 慣例」とい

う意味にも使われるようになり，conventionalism（慣例主義）や conventionality（慣例［因襲］尊重）なども派生した。
　convent（《特に》女子修道院）の原義は「集まる場所」である．教会ラテン語に由来するこの語は，中英語では covent（フランス語では couvent）で，地名としてロンドンのコヴェント・ガーデン（*Covent* Garden）に残っている．
　convenient（便利な，都合のよい）の -venient は，ラテン語 venire, vent- の現在分詞 veniens, venient- が語源で，原義「一緒になる」から，それゆえに「同意する」「ふさわしい」「便利な」と，もっと楽しい道を進んだ．invention（発明――in- は「…に向かって」という意味――）の原義は「こちらに向かって来たもの，見つけたもの」であった．〈speed 参照〉

prey [préi] えじき，犠牲，食い物
　→ pray

price [práis] 価格，物価
　→ surprise

prick [prík] チクリと刺す，突く
　→ attack

pride [práid] 自尊心，誇り
　→ prude

priest [prí:st]《祭儀を執り行う》聖職者，司祭，長老
　ギリシア語 presbys（年を取った）の比較級 presbyteros（年長の）は，共同体の「長老」に用いられ，さらに初期キリスト教会の「長老」を意味するようになった．そしてラテン語 presbyter（聖職者）を経て古英語 preost として借入され，今日の語形 priest になった．しかし，宗教改革の時代に presbyter（《長老派教会の》長老）や Presbyterian（長老［教会］派の信徒）という用法が直接借入された．長老教会とは presbyter が最高の地位を占める教派である．Prester John（プレスター・ジョン《中世の伝説上の東方キリスト教国の国王》）の Prester も同語源で，ラテン語 presbyter から古フランス語 prestre を経て借入された．

prig [príg] 堅苦しい人，うぬぼれ屋，気取り屋
　この語は，元来は隠語的なものであり，鍋などを修繕するために突いて穴を開ける prick（突く）が語源ではないかと考えられている．はじめは，16世紀に「鋳掛け屋，よろず修繕屋」に用いられ，さらに「住所不定の泥棒，こそ泥」という意味に用いられるようになった．しかし，間もなく宗教的な意味がより強調されるようになり，ラテン語 precare（祈る）から，後期ラテン語 pregare を経て英語に借入されたという説が生まれた〈precarious 参照〉．このことからさらに宗教に熱心な雰囲気をただよわせる人たち，信仰において規範にこだわる人々（precisians）などを意味する言葉として用いられた．1684年のある宗教小冊子では，世俗的な PR... IG... s は *pr*oud and *ig*norant ones（傲慢で無知の輩）で，彼らが教会の分裂の原因であると，言葉遊びをしている．

prime [práim] 最重要な，第1の；一時課；用意をさせる
　この語はラテン語 primus（最初の）からフランス語を経て英語に借入された．primer [prímər]（入門書）は最初の読本，すなわち学問分野の初歩手引書のことである．ところが，英語 primer [práimər] は，そのような読本を「整えて仕上げる者」のことで，今日では「《銃に詰める》点火薬，雷管」（the *priming of a gun*）という意味によく用いられる．この priming のもとの動詞 prime は，古くは proin で，prein を経て成立した言葉であり，prune（刈り込む，剪定する）と同語源とする説がある〈propaganda, orient 参照〉．実際は「入門書」も「点火薬」も共に最初に使うもので，prime には「あらかじめ教えておく」と「火薬を詰めておく」の二つの意味が絡み合っている．
　英語 primitive（原始の，初期の）は，ラテン語形容詞 primus（最初の）から派生した．prime は順序として「第一番目」を意味するので，*prime* ribs of beef（上肋肉）のように質の上でも「第一等の」を意味するようになった．〈sirloin, bull 参照〉

primordial [praimɔ́:rdiəl]【生物学】原始の，原生の
　→ orient

primrose [prímrouz] サクラソウ〔の花〕；華やかな
　この花は，雪の中から芽を出すことから prime（最初の）と rose（バラ）からなる

言葉であるかのように思える。例えば，英国の詩人ワーズワース（William Wordsworth, 1770-1850）はソネット集 "*The River Duddon*"：「ダドン川」で "And, gazing, saw that *Rose*, which from the *prime* / Derives its name."（そして失恋した乙女がじっと見つめていると，「春」〔prime〕という言葉からその名を得ているバラ色の花〔サクラソウ〕が見えた。）と謳っている。

しかし，この花を rose と関連づけるのは民間語源によるものであって，primrose は，イタリア語 primavera（春の初穂）の指小形 primaverola がフランス語 primverole を経て借入されて primerole となり，primerols を経て成立した言葉である。ちなみにイタリア語 Vera は「春の女神」で，ラテン語 viridis（緑の――古フランス語 verd――）が語源である。

なお rose（バラ）はギリシア語 rhodon（バラ）からラテン語 rosa を経て借入された言葉で，英語 rhododendron（ロドデンドロン《シャクナゲ属の各種の花木》）の原義は「バラの木」で，この花木は東洋原産であると考えられる。

primrose と同じように，rosemary（ローズマリー，マンネンロウ）も Rose（ローズ）や Mary（メアリー）とは関係がない。語源は後期ラテン語 rosemarinus で，rose- はラテン語 ros（露，水滴），-marinus は mare（海）からのラテン語形容詞 marinus（海の）なので，原義は「海のしずく」である。海岸に自生したことからこの植物は名づけられた。ところが第二要素がラテン語 mas, mari-（男性）と間違って解釈され，さらに maritus（夫）と関係づけられたので，ローズマリーは長いこと結婚式で身につけられた。

また，marigold（マリゴールド《キク科マンジュギク属一年草》）は，その発音から当然のごとく，「処女マリアの金色の花」（*golden* flower of the Virgin *Mary*）と解釈された。しかし，実際は mear（沼沢地：*marsh*）と gealla（黄色胆汁：*gall*）からなるアングロサクソン語 merscgealla（リンドウ《リンドウ属の草木の総称》）から民間語源説によって変化したものである。英語 marsh（沼沢地）や mere（《古・詩語》湖，《廃語》海）は，

ラテン語 mare（海）と同族語である。

print [prínt] 印刷する，活字にする，《名前などを》ブロック体で書く
    → command
　この語の原義は，footprint（足跡）に見られるように「押さえられて凹んだしるし」である。今日も使われる *printed word*（活字になった言葉，印刷物）にその意味が残っている。

prior [práiər] 前の，先の，事前の
    → ransom

priority [praiɔ́(ː)rəti] 前〔先〕であること，緊急事項
    → ransom

prison [prízn] 刑務所，監獄，拘置所
    → surprise

prisoner's-base [príznərzbéis]「陣取り」に似た子供のゲーム
    → baseball

privacy [práivəsi] プライバシー，秘密
    → private

private [práivət] 私の，個人に関する〔に属する〕，私的な
　この語は privus（単一の，独自の）からのラテン語動詞 privare, privat-（《人からある物を》奪う：to *deprive*）の過去分詞 privatus（奪われた）が語源で，初めは「公職を持たない」とか《兵士が》位を持たない，兵卒の」という意味に使われた。英語 privation（喪失，《特に日用品の》欠乏，不自由）とか，フランス語 privé（私有の）から借入された privy（私用〔私有〕の）も同語源である。

　ところで潅木の privet（イボタノキ）は，古くは prim（若緑：*prime*）であったが，この生垣がプライバシー（*privacy*）を保つために使われたことから綴りも変わったのである。

　17世紀にイギリス政府は，私兵（a *private* man of war）の所有者に "letters of marque"（他国〔敵国〕船拿捕免許状）を発行して敵国の商船を攻撃する認可を与え，volunteer（志願者）の語尾との類似によってそのような船を privateer（私掠船）と呼んだ。この語はまたその乗組員を意味する言葉としても使われた。

　privateer の類義語 pirate（海賊）は，ギリシア語 peiran（企てる，攻撃する）からの名詞 peirates（企画者，海賊）から

ラテン語 pirata（海賊）を経て英語に借入された。

privileged class（特権階級）のように使う privilege（特権）は，ラテン語 privus（単一の，個々の，特別の）と lex, leg-（法）からなる言葉である。〈legible 参照〉

privation [praivéiʃən] 喪失，《特に日用品の》欠乏，不自由
→ private

privet [prívit]【植物学】イボタノキ《生垣に多い潅木》
→ private

privilege [prívəlidʒ]《官職・地位などに伴う》特権，特典
→ private

privy [prívi] 内々関知している，私用の
→ private

prize [práiz] 賞，賞品，懸賞金
→ surprise

pro-Ally [prouəlái] 親連合国〔の〕
→ compromise

物事については pros and cons（賛否両論）を語り，妥協に至る。〈ally については legible 参照〉

problem [prábləm] 問題，困ったこと，難問

学校において problems を使う場合，先生が生徒や学生に投げ掛ける「問題，課題」であるが，実生活においては前進を阻む「困ったこと，悩みの種」である。いずれにしても努力して切り抜けなければならない。この言葉の語源は pro（前に）と ballein（投げる）から造られたギリシア語 problema（前に投げられた物）である。〈かつていろいろな問題（*problems*）が議論された parlor 参照〉

proceed [prəsí:d] 前進する，進む，向かう
→ ancester

process [práses] 進行，過程，経過
→ ancester

proclivity [prouklívəti] 性癖，気質，傾向
→ climate

procrustean (bed) [proukrástiən (béd)] プロクルステスの，無理に画一化しようとする；画一的方法

アテネとスパルタの間で，ちょうど旅人が１泊したいと思う所に，物事を基準に合わせたいという強い願望を持つ巨人プロクルステス（*Procrustes*）が住んでいた。彼は旅人に寝床を提供したが，旅人の背丈が小さいとベッドに合わせて旅人を引き延ばし，背丈が大きすぎるとベッドからはみ出た部分を切り取った。この故事から，何であれ新しい状況を，前もって考えていたことに無理やりに合わせようとすることを procrustean と言う。

proctor [práktər]【法律】代訴人，《オックスフォード大学，ケンブリッジ大学の》学生監，試験監督官
→ accurate

procure [prəkjúər] 獲得する，《必需品》を調達する
→ accurate

production [prədákʃən] 生産，製造
→ duke

profane [prəféin] 不敬な，神を汚す，世俗的な

この語はラテン語 pro（前に，外に）と fanum（寺院）からなり，原義は「寺院の外にある」で，そこにあるものは当然のことながら非宗教的であった。神殿はまず歓喜と関係づけられた。英語 fane（神殿）は fanatic（熱狂的な，狂信的な）〈同項参照〉と同じくラテン語 fanum が語源の言葉である。また，この fanum はより古いラテン語 fasnom（神聖な場所）から変化したもので，英語 festival（祝祭，祭）や festive（祝祭の，お祝いの）の語源であるラテン語 festum（祝祭）と同系語である。さらにラテン語 fanum は fair（縁日，定期市）の語源であるラテン語 feriae（祝日）とも同系語である。

ただし，*fair* maidens（美しい乙女たち）のように使われる fair はゲルマン諸語に共通に存在する言葉であり，ゴート語では fagrs（ふさわしい，よい健康状態で）である。fair は，最初「美しい」という意味で，それから foul に対立する言葉として使われた。その際の foul は「醜い」という意味であった。その後 fair も foul も比喩的に *fair* play（フェアプレー，正々堂々の行動）とか *foul* play（反則行為，卑怯な仕打ち）のように使われるようになった。また，色の黒い女性は陰険であるとか，さらには邪悪（foul）であると考えられたことから，これに対する fair は光

の意味を帯びて「色白の，金髪の」という意味でも使われるようになった。

　同じ fair は，古英語 faegre（美しく）から，同系語であるドイツ語 fegen（浄化する，清掃する）の影響を受けて，比喩的に動詞として「掃除する，美しくする」という意味に使われるようになった。そしてこの使い方から古い英語 feague, feake（磨き上げる）を経て，今日スラング的に使われる英語 fake（だます，見せかける）が派生した。しかし，faker（ペテン師）をよく似た発音の fakir, faquir（《イスラム教・ヒンドゥー教などの》行者，托鉢僧）と混同してはならない。こちらはアラビア語 faqir（貧しい）が語源で，意味の移転によって「乞食」から，さらに宗教的な「托鉢僧」を意味するようになったのである。彼らは決して profane（世俗的）ではない。

proffer [práfər] 申し出る，提供する
　→ suffer

proficient [prəfíʃənt] 熟達した，堪能な，上手な
　→ prophet

profile [próufail] 横顔，プロフィール
　私たちはこの語が，横から見た姿を意味すると考えるが，元は糸で周りをなぞって描いたかのような「輪郭画」を意味していた。ラテン語 pro（前へ）と，filum（糸）から派生した動詞 filare（紡ぐ）とからなる言葉が語源である。

profit [práfət] 利益，得；利益を得る
　→ prophet

profound [prəfáund]《人が》深みのある，造詣深い，《学問などが》深遠な
　→ futile

profuse [prəfjúːs] 豊富な，大まかな，気前がよい
　→ futile

progenitor [proudʒénətər]《直系の》先祖，《政治・学問などの分野での》創始者，先輩，《動植物の》原種
　→ racy

prognosis [pragnóusəs] 予知，予測，【医学】予後《治療後の経過予想》
　→ prophet

prognosticate [pragnástikèit]《前兆によって》予知する，予言する，徴候を示す
　→ prophet

progress [prágres] 前進，進行，進歩
　→ issue

prohibit [prouhíbət] 禁じる，妨げる，予防する
　→ forbid

project [prádʒekt] 計画，企画，設計
　→ subject

proletarian [pròulətéəriən] プロレタリア〔の〕；無産階級の〔人〕
　→ world

proletariat [pròulətéəriət] プロレタリアート，無産階級
　→ world

proliferate [prəlífərèit]《分芽・細胞分裂などで》増殖〔繁殖〕する，急激に増す
　→ world

prolific [prəlífik] 多産の，多作の
　→ world

prolix [prəlíks] 冗長な，くどい
　→ world

Promethean [prəmíːθiən] プロメテウスのような，きわめて独創的な
　→ Atlas, Prometheus

Prometheus [prəmíːθjuːs]【ギリシア神話】プロメテウス
　よく知られたギリシア神話によると，プロメテウスは火の秘密を人間に教えたことから，岩山に縛られてオオワシに内臓を食べられるという罰を神々から受ける。彼は神で不死だったのでその内臓は永遠に再生し，その苦しみは終わることなく続くのである。

　Prometheus はギリシア語 promethes（前もって考える）から派生した名前で，「先見の明のある者」という意味であるとされる。しかし，この Prometheus はサンスクリット語 promantha（火起こし錐（きり））のギリシア語的訛りであり，上記の神話は，木の棒を台木に激しくもみ合わせて，乾いた木の葉や木屑に火を起こす道具の由来をわかりやすくするために作られた話であると考えられる。ちなみに悪魔の名前の一つに Lucifer（ルシファー）がある。これはラテン語 luci-（光）と ferre（運ぶ，もたらす）からなるもので，この名の原義は「光をもたらす者」である。

　いにしえのいろいろなものについて多くの話が織り上げられている。例えば，新約聖書に「金持ちが神の国に入るよりも，ラ

クダが針の穴を通る方がまだ易しい」(『マタイ福音書』, 19：24) というくだりがあり, 次のように説明されている。東エルサレムの城壁の小さな裏門はその形から"The Needle's Eye"(針の穴)と呼ばれ, 実際, ラクダは膝をつかなければ入れなかった。ただし, アラム語版ではラクダではなく「ロープ, 縄」となっているので, このすばらしいたとえ話は崩れてしまう。事実はどうであれ, 民話は成長し続けるものである。

promiscuous [prəmískjuəs] ふしだらな, 乱雑な, ごたまぜの
→ ache, immunity

promise [práməs] 約束, 契約；約束する
→ compromise

promotion [prəmóuʃən] 昇進, 進級, 助長
→ mute

prompt [prámpt] 迅速な, 機敏な

　この語は pro-(前に)と emere, empt-(買う)からなるラテン語が語源であるが, この emere の原義は「取る」であった。しかし, 社会が次第に秩序だったものになって物を得る手段としての売買が確立するにつれて, 「買う」の意味が加わった。このラテン語からは多くの言葉が派生している 〈quaint, ransom 参照〉。

　例えば exemplary (模範的な, 称賛に値する)は, 他の人が真似るべき例として「取り出されるもの」である。「取る」のになれた人の態度や調子をいう peremptory (有無を言わせぬ, 断固たる)の語源はラテン語 peremptorius (破壊的な, 決定的な)で, per-(完全に)は強意の接頭辞であるので, この語の原義は「徹底的に取る」ということになる。

　英語 sumptuous (高価な, 豪華な, ぜいたくな)は, ラテン語 sumere, sumpt-(取る, 使用する, 食べる)から sumptus (費用, 支出)を経て派生したラテン語 sumptuosus (高価な, ぜいたくな)が語源である。このラテン語 sumere は, sub (下に)と emere (取る)からなり, 元来は「自分の翼の下に取り入れる」「責任を引き受ける」という意味に用いられた。そして例えば, ローマの円形競技場で行う競技団を管理するような人たちの贅沢ぶりから今日の意味が派生した。

　assume (想定する)や assumption (仮定, 仮説)もラテン語 sumere から派生した。ラテン語 as- は, ad (…へ)の同化形で, この原義は「自分自身に取り込む」である。以下同様にラテン語 sumere, sumpt-(取る)は, ラテン語接頭辞を伴って, 多くの英語の語源となっている。

　consume (食べ尽くす, 消耗する)や consumption (消費, 消耗)の接頭辞 con- は, ラテン語 com-, con-(一緒に, すっかり)が語源で原義は「使い尽くす」である。consumption の「結核」の意味は, この病気が体力を徹底的に消耗することに由来する。コンソメ (consommé)は, 肉を長く煮てすべての栄養分を取り出したスープで, フランス語から直接借入された。

　presumptuous (押しの強い, 生意気な)の接頭辞 pre- は, ラテン語 prae-(前に)が語源で, 原義は「だれよりも先に取る」である。presume (思い込む)は「前もって決めてしまう」が原義である。resume (再開する)は「活動を再び行う」が原義で, さらに「やり直す」という意味も生まれた。résumé (レジュメ, 摘要, 履歴書)は, フランス語 résumé (要約)から直接借入された言葉で, 意味は「過去にさかのぼって, 提示すべき要点を書いた物」である。

　このようにラテン語 sumere, sumpt-(受け入れる)が非常に広く使われるようになったことから, さらにもう一つの接頭辞 sub-(下に)がこの動詞につくようになった。subsume (包含する)の原義は「…の下に取る」で, 「他のグループの中に含める」などの意味に用いられる。ただし, sum (合計, 和), summit (頂上)〈azimuth 参照〉, consummate (完成 (完了)する；完成した), consummation (成就, 完了)などは, ラテン語 summus (最上の, 最高の)が語源であり, 同語源ではない。

　ここで再びラテン語の単純動詞 emere, empt-(取る)に話を戻すと, 接頭辞 pro-(前へ)がついて派生したラテン語 promere, prompt-(前に取り出す, 引き出す)から, 英語 prompt (迅速な, 機敏な)が派生した。当初「刺激する, 駆りたてる」という意味の動詞として用いられ

た。それがちょうどいい時に「すぐに出てくる，移る」という意味から「機敏な」という意味になり，さらに劇場における *prompt*book（プロンプタ用の台本）のように用いられるようになった。それは役者がしかるべき時に登場しない場合や台詞を忘れた時に，登場をうながしたり，台詞をつけたりする（*prompt*）ことから生まれた言葉である。

死すべきものは終局の消耗（*consumption*），すなわち，死を免れ（*exempt*）えない。

propaganda [prɑ̀pəgǽndə]《主義・信念の》宣伝，宣伝活動，プロパガンダ

私たちは常に宣伝（*propaganda*）の源をつきとめなければならない。propagandaはpro（前に）とpagare, pact-（縛る，固定する，植える――古形 pacere, pangere――）とからなるラテン語 propagare, propagat-（増やす，育成する）の動詞状形容詞 propagandum（植えられるべき，増殖されるべき〔もの〕）が語源である。はじめ挿し木や取り木にする枝ついて用いられたが，後に propaganda は，1622年にローマ教皇庁によって布教（*propagation*）の目的で設立された布教聖省 Congregatio de *propaganda* fide（信仰の布教のための集まり）を指した。ちなみに同語源のラテン語名詞 propago は「挿し木，取り木」（*grafting* shoot）〈graft 参照〉という意味である。

また接頭辞のつかない上記ラテン語 pagare（縛る）から名詞 pagina（ページ）が派生し，これが英語 page（ページ）や pagination（丁付け，ページを示す数字）の語源となった。なお，宮廷に仕える *page*（小姓）は後期ラテン語 pagius から借入された言葉で，ギリシア語 pathikos（受難者）にさかのぼるとする説がある。この場合，英語 pathic（稚児）と同じ語源となる。

プロパガンダはおおよそ平和的なものとは言えないことがあるが，peace（平和）や pact（約束，協定），appease（なだめる，《怒りや悲しみを》和らげる），そして pacify（静める，なだめる），さらに compact（ぎっしり詰まった，《文体などが》簡潔な）や impact（衝撃）なども同語源で，同族語はサンスクリット語 pak-（縛

る）にさかのぼり，いずれにも「縛る」という意味合いが潜んでいる。ちなみに pachyderm（【動物学】厚皮動物《カバ，ゾウなど》）の pachy- は，サンスクリット語 pak-（縛る）と同族語のギリシア語 pakhys（厚い）と derma（皮膚）とからなる言葉である。このギリシア語 derma とギリシア語 epi（上に，…に加えて）から英語 epidermis（表皮）が造られた。

英語 pay（借りを返済する）はまた上記ラテン語 pagare, pact-（縛る）と同系のラテン語 pacare（平和にする，静める）が語源で，後期ラテン語 pacare（支払う：*pay*〈同項参照〉），古フランス語を経て借入された。

ラテン語 propago, propagin-（苗，挿し木）は，また別の経路，すなわちイタリア語 propaggine（取り木）から，vigne〔vine〕（ブドウの木）の影響を受けた可能性がある古フランス語 provigner（ブドウづるを取り木する）を経て progner（苗とかひこばえを植える）となった。この作業は当然ひこばえなど余分な小枝を切り取るという作業を伴う。そして，この語が中英語 proin, proine として借入され，英語 prune（剪定する）となったのではないかと考える説もある。英国の詩人・劇作家ガスコイン（George Gascoigne, 1535?-77）は風刺詩 "The Steele Glas"：「鉄の鏡」（1576年）で imps（小僧，《古語》若枝）〈graft 参照〉は "grow crookt bycause they be not proynd"（458行）（剪定しなければひねくれる）と言っている。

鳥が羽毛を抜いてする prune（くちばしで繕う）は preen（《羽毛を》くちばしで繕う）と同じ語源の言葉であり，この意味から preen は，婦人が「着飾る，得意になる」という意味を持つようになる。しかし，この意味での preen は，per（…を通して，完全に）と，ラテン語 ungere, unct-（塗油する）の変化形 oindre とからなる古フランス語 peroindre が語源で，中英語 proinen として借入されて変化したとの説もある。英語 unguent（軟膏），anointing（塗油），unction（【カトリック・ギリシア正教】終油の秘跡），unctuous（滑らかな，調子がよすぎる）は，同じラテン語 ungere, unct-（塗油する）が語源である。英語の語尾 -ous はラテ

語 -osus（…に満ちた）が語源であり，unctuous の原義は「塗油の油がいっぱいの」であり，やがて「油っぽい，お世辞いっぱいの」という意味になった。

anoint（軟膏を塗る）は in（中に，…の上に）と ungere, unct-（油を注ぐ）からなるラテン語 inungere, inunct-（塗りこむ）が語源で，古フランス語 enoindre を経て借入された。

さて果実の prune（プルーン）は，prune（剪定する）とは関係がない。今日私たちは prune と plum（セイヨウスモモ，プラム）を混同しがちである。prune は通常「干しスモモ」のことであるが，小さな紫色のスモモを指す。この prune から「暗紫色」の意味や，毛織物の prunella（プルーネラ）が派生した。prune と plum は二重語で，語源はギリシア語 proumnon（スモモ）である。

「親指を突っ込んで，プラムならぬプロパガンダをほじくり出せ」（Stick in your thumb and pull out *propaganda*.）《民間伝承童謡マザーグースの「ジャック・ホーナー君」（"Little Jack Horner"）の一節のもじり》。〈curfew 参照〉

propel [prəpél] 推進する
 ➡ pelt

propensity [prəpénsəti] 傾向，性癖
 ➡ aggravate

prophet [práfət] 預言者，神意を告げる人

この語は pro-（前もって）と，phanai（話す）から派生した phetes（話す人）とからなるギリシア語 prophetes（預言者）が語源で，原義は「時が来る前に話す人」である。同語源の prophecy（予言）は，ギリシア語 propheteia（予言の力，予言）から後期ラテン語 prophetia, 古フランス語 prophecie を経て借入された。動詞 prophesy（予言する）は古フランス語の動詞 prophesier から借入された。また，ギリシア語 prophetes は「発言する者」が原義であるとも考えられ「解釈者，預言者」，すなわち，「神意を解釈する者」の意味に使われた。

うまく市場の予感が当たった（*prophetic*）時に得られるような「利益」の profit は，pro-（前方に）と facere, fact-（作る）からなるラテン語 proficere, profect-（前進する，成し遂げる）が語源で，古フランス語 profit を経て借入された。proficient（熟達した，上手な）は同ラテン語 proficere の現在分詞 proficiens, proficient- が語源である。〈defeat 参照〉

prognosis（予知，【医学】予後）は，pro-（前もって）と gignoskein（知る）から造られたギリシア語 prognosis（予知）の借入である〈quaint, science 参照〉。また prognosticate（《前兆によって》予知する）は同語源の後期ラテン語動詞 prognosticare, prognosticat-（予知する，予言する）が語源である。

prophylactic [pròufəlǽktik]【医学】予防の，避妊の；予防の薬

ラテン語接頭辞 pro- は，con（…に対して）と反対で「前に向かって，前もって，…の代わりに，…側の」を意味する。ギリシア語接頭辞 pro- は「前もって」という意味であった。この接頭辞 pro- と phylassein（見張る，警戒する）とから造られたギリシア語形容詞 prophylaktikos が語源の英語 prophylactic の原義は「前もって警戒する」である。この語は16世紀から特に「病気に対する予防の」という意味に使われてきた。ただし，*lactic* acid（乳酸）〈delight 参照〉の lactic（乳の）とはまったく関係がない。

propose [prəpóuz] 申し出る，申し込む
 ➡ pose

proposition [pràpəzíʃən] 提案，提議
 ➡ pose

propound [prəpáund]《理論・問題など》を提議する，提出する
 ➡ pose

proscribe [prouskráib] 法律の保護を奪う，追放する
 ➡ shrine

prosecute [prásəkjù:t] 起訴する，訴追する
 ➡ pursue

prostitute [prástit(j)ù:t] 娼婦
 ➡ tank

protagonist [proutǽgənist]《演劇の》主役，《主義・運動の》主唱者
 ➡ agony

protean [próutiən] 変幻自在な，多方面な，いくつもの役をこなす

→ remorse

protein [próuti:n] タンパク質
→ remorse

protest [próutest] 抗議，反対；主張する
→ test

proto- [próutou-] 第一の，主要な，最初の

ギリシア語 protos（最初の）は頻繁に使われる英語の結合形 prot-, proto- の語源である．例えば，protoplasm（【生物学】原形質，細胞質——ギリシア語 plasma〔母型，鋳型〕——）〈plant 参照〉は原初の生命物質であり，protozoa（原生動物——ギリシア語 zoa〔動物〕——）は原初の生命体である．proton（【物理学】陽子，プロトン）は，ギリシア語 protos（最初の）の中性形 proton をそのまま英語をはじめ万国共通に，物質を構成する最小単位のプラスの電気量をもつ素粒子を指すのに用いる．

protocol（外交礼儀，典礼，議定書）は，ギリシア語 protos（最初の）と kolla（糊——colloid〔コロイド〕〈remorse 参照〉の語源——）からなるギリシア語 protokollon が語源で，パピルスの巻物を入れた箱に糊で貼り付けられた内容説明ないし要約が書かれた1枚の紙のことであった．それがやがて特に「会議での合意事項の要点の記録」という意味に使われ，さらに「記録の最初の下書き」という意味に使われるようになった．

protoactinium [pròutəæktíniəm] プロトアクチニウム《プロタクチニウム (protactiniun) の旧名》
→ element

protocol [próutəkàl] 外交儀礼，典礼，議定書
→ proto-, plant, remorse

proton [próutɑn] 陽子，プロトン
→ proto-, plant, remorse

protoplasm [próutəplæzm]【生物学】原形質
→ proto-, plant, remorse

protozoa [pròutəzóuə]【生物学】原生動物
→ proto-, plant, remorse

proud [práud] 誇り高い，自尊心のある
→ prude

proverb [právərb] ことわざ，教訓，語りぐさ

英語の文で最も大切な語 (*word*) は動詞 (*verb*) である．それが証拠に verb（動詞，述語）の語源であるラテン語 verbum は word を意味する言葉であった．この言葉を使ったラテン語の金言に Verbum sapienti satis est.（A word to the wise is sufficient.：賢明な者には一語で十分である）がある．

proverb の pro- は「…の代わりに」という意味で，この語の原義は「言葉の代わり」，すなわち，字義通りではなくイメージとか，比喩的表現，旧約聖書の *Proverbs*：『箴言』(㋕) (1:6) で言う「それらの隠れた意味」(their "dark sayings") という意味であった．

聖書における箴言が人々によく知れわたったことから，「箴言」(*proverbs*) はだれもが口にするところとなり，proverb は「ことわざ」とか「陳腐な言葉」という意味を持つようになった．今日では言葉の意味も半分ぐらい原義に返り，よく使われるが，特に軽蔑的意味を持たない．

provide [prəváid] 供給する，提供する
→ improvised

provident [právidənt] 先見の明のある，用心深い
→ improvised

provoke [prəvóuk] 怒らせる，引き起こす，駆り立てる
→ entice

prowess [práuəs] 勇気，武勇，すぐれた能力
→ prude

proxy [práksi] 代理〔権〕，委任状，代理人
→ accurate

prude [prú:d] 貞淑ぶる女，すまし屋，気取り屋

この語はフランス語 prudefemme（素敵な女性）の短縮語であり，フランス語 prude は preux（《古語》勇ましい）の女性形であるが，フランス語には preux d'homme（勇敢な男）や prud'homme（誠実な人，調停判事）もあり，後者は英語に「分別のある人，人士」の意味で借入された．英語 proud（誇り高い，自尊心のある）も同じ語源であり，この語は pro（前に）と esse（ある）からなるラテン語動

詞 prodesse（有益な，価値がある）から，後期ラテン語 prodis（有益な，有利な）を経てアングロサクソン語 prūd（傲慢な）として借入された。秀でた男は武勇（*prowess*）を見せ，秀でた女性は思慮深く遠慮がちなものである。prude（貞淑ぶる女）は，元来そのような女性を表す言葉であった。pride（自尊心，誇り）はアングロサクソン語 prūd から pryto（傲慢，誇り，自尊心）を経て成立した。〈improvised 参照〉

prudent [prúːdənt] 用心深い，分別のある，賢明な
　　→ improvised

prune [prúːn]《余分な枝を》おろす，刈り込む；プルーン
　　→ propaganda

prussic [prʌ́sik] 紺青の，【化学】青酸の
　　→ Appendix VI

psalm [sáːm] 賛美歌，聖詩
　　この語は音楽の演奏に由来する。すなわち，psallein（《楽器を》かき鳴らす）から派生したギリシア語 psalmos（ハープをかき鳴らすこと，ハープに合わせて歌うこと）が語源で，アングロサクソン語 sealm（詩篇）として借入された。このようにかき鳴らした楽器が，ギリシア語で psalterion であり，英語 psaltery（プサルテリウム《zither〔チター〕に似た古代の楽器》）や，かつては「歌と共に用いられたハープ」から転じて「その歌を集めたもの」を意味するようになった psalter（《礼拝用》詩編集──the Psalter：『詩篇』──）の語源である。
　　psalmody（聖詩詠唱，賛美歌集）は，ギリシア語 psalmos と ode（歌）からなる言葉で「聖なる音楽の歌い方」という意味であった。英語 ode（頌詩，【古代ギリシア劇】合唱歌）や tragedy（悲劇）もギリシア語 ode から派生した。〈buck 参照〉

pseudo- [s(j)úːdou-] 偽りの，仮の，疑似の
　　この結合形は母音の前では pseud- となることがある。語源はギリシア語 pseudos（うそ，誤り）で，見かけとは異なる事物に用いられる。この結合形を持つ言葉は英語に数百もあるが，その一例が pseudapostle（偽キリスト教伝道者，《主義などの》偽主唱者）である。apostle（使者──the Apostle〔使徒〕──）は stellein（送る）から派生したギリシア語 apostolos（使者）が語源で，「主の到来の知らせを持って遣わされた人」という意味の言葉であった。pseudovary（【動物学】胎生卵巣，《アリマキのメスなどの》単為生殖腺）の -ovary（卵の──ovary〔解剖学〕卵巣〕──）は，ラテン語 ovum（卵──ギリシア語 oon──）から派生した。pseudonym（偽名，《特に》ペンネーム）は，pseudo- とギリシア語 onoma（名）から造られた。anonymous（無名の，匿名の）はギリシア語の否定辞 an- と onoma からなる言葉である。

pseudonym [s(j)úːdənim] 偽名，匿名，ペンネーム
　　→ pseudo-

psilo- [sáilou-] ただそれだけの，裸の，滑らかな
　　この結合形はギリシア語 psilos（裸の，単なる）の借入である。psilopaedic の -paedic はギリシア語 pais, paid-（子供）が語源で，この言葉は「羽毛もなく裸でかえったヒナ」のことである〈pedagogue 参照〉。psilosopher は「ただの哲学者」，すなわち考えが浅い人に対する軽蔑語である。
　　なお，そのような人物の考えは，飼い葉と同じくらい青いかもしれないが，silo（サイロ《穀物・まぐさなどの貯蔵用の塔状の建物》）と psilo- とは発音が似ているだけで，語源的にはなんの関係もない。この語はギリシア語 siros（穀物貯蔵用の穴）からラテン語 sirus（地下穀物倉庫）を経て派生した。同じ語源の言葉に ensilage（エンシレージ《生牧草をサイロに貯蔵する方法》，その牧草）がある。

psilosopher [sáilɑsəfər] ただの哲学者，考えの浅い人
　　→ psilo-

psychoanalysis, psychanalysis
[sàikouənǽləsis] 精神分析〔学〕
　　後者の綴りはめったに用いられないがより賢明なものと言える。-o- は何の意味もなく，音の流れを邪魔するだけである。
　　神話のプシュケ（Psyche：魂）はクピド（Cupid）に愛された。クピドは暗闇でしか彼女を訪れなかった。そこで正体を知りたいという好奇心にかられたプシュケは

ロウソクでクピドの顔を照らそうとする。その時，蠟が一滴クピドに落ち，彼は目を覚まし去ってしまう。クピドの愛を取り戻そうとしたプシュケはクピドの母ウェヌス (Venus)〈win 参照〉の奴隷になった。この物語は精神分析的には欲動・欲求不満のシンボルに満ちている。

また，Cupid の語源はラテン語 cupido（欲望）で，cupidity（どん欲，欲望）はこのラテン語から派生した。Psyche は psykhein（息をする）から派生したギリシア語 psykhe（息，命，魂）の擬人化である。

analysis（分析）はギリシア語 ana- と，lyein（解く，バラバラにする）から派生した lysis（解くこと）とからなる言葉である。ギリシア語の接頭辞 an-, ana- は「徹底的に，元に，後ろへ，再び」を意味する。なお，ギリシア語の接頭辞 a-（否定辞）は母音の前では an- となる。

同じ綴りが Shakespeariana（シェイクスピア文学〔文献〕）とか Johnsoniana（ジョンソン博士文献，ジョンソン博士語録）などの -ana のように接尾辞としても用いられる。この接尾辞は，-ism が ism（主義，学説）と独立した言葉としても用いられるように，ana は単独で「語録」や「逸話集」を指す。

同じく ana- も独立した言葉として，医者の処方箋で「それぞれ同量に」という意味に用いられる。この言葉は接頭辞としても使われるギリシア語の前置詞 ana の副詞的用法「再び」に由来する。このように ana- はいくつかの解釈ができる接頭辞であり，このことが psychoanalysis の意味そのものの解釈にある種の複雑さを与えている。この語は1896年ごろフロイト博士 (Sigmund Freud, 1856-1939) によって，彼が催眠術 (hypnosis——ギリシア語 hypnos〔眠り〕が語源——) から離れて，新たに行った心理治療方法の名前として造語したものである。

anagram（字なぞ，アナグラム《語句の綴り換え；William Shakespeare から I am a weakish speller.〔私は綴りに弱いところがある〕を作るような字なぞ遊び》）は，ana-（後ろへ）とギリシア語 gramma（文字）からなる言葉である。アナグラムの有名なものには次の例がある。《キリストの処刑を許可したとされる》ピラトがイエスに Quid est veritas?（What is truth?：真理とは何か）とたずねる（『ヨハネ福音書』18：38）。これに対する答はない。ところがイエスの答は Vir est qui adest.（It is the man before you.：それはそなたの前にいる男だ）であったとアナグラムで想定するのである。ピラトを心理分析してみるのも面白い。

pterodactyl [tèrədǽktil]【古生物】翼手竜《翼竜の一種》
→ vogue

ptomaine [tóumein]【化学】死〔体〕毒, プトマイン《タンパク質が腐敗して生じる激烈な毒素》
今日でも極めて危険であるが，かつてプトマイン中毒はほぼ確実な死を意味した。人は肉体が死に陥ってゆくのをただ見守ることしかできなかった。この語がそれを物語っている。すなわち piptein（落ちる）から派生したギリシア語 ptoma（死体）が語源で，間違って造られたイタリア語 ptomaina を経て英語に借入された。

pucker [pʌ́kər] ひだをつける，シワをよせる，唇をすぼめる
この語は poke（袋）の反復形で，pocket（ポケット）や pouch（ポーチ）と同語源である。唇をすぼめると小さな袋やポケットのような形になるものである。〈lobster 参照〉

pudding [púdiŋ] プディング
pudding は sausage（ソーセージ）〈salary 参照〉とその起こりがとてもよく似ている。語源はフランス語 boudin（ブーダン《豚の血と脂で作った腸詰》）で，この語は初め，「腸」を意味したが，やがて腸の中に詰めものをした「ブラックプディング」(black-pudding：blood pudding《血を含む豚肉の黒ずんだソーセージ》) を意味するようになった。-g は今日でも captain（キャプテン，長）〈achieve 参照〉が capting となる方言に見られるのと同じ変化によるものである。ちなみにピープス (Samuel Pepys, 1633-1703) は *Diary*：『日記』(July 16, 1667) で，woolen（羊毛の）ではなく "*wooling* knit stockings"（羊毛で編んだ靴下）という表現を使っている。

Puerto Rico [pwèərtə rí:kou] プエルト

リコ
→ States

puff [pÁf] プッと吹くこと〔音〕
→ buff, of

pugilist [pjúːdʒilist] 拳闘家，ボクサー
→ pygmy

pugnacious [pʌgnéiʃəs] けんか好きな，けんかっぱやい
→ pygmy

pullet [púlit]《卵を産み始めた》若いメンドリ
→ polecat

pulley [púli] ベルト車，滑車，プーリ
　動力装置を表すこの語は発音から pull (引く) を連想させるが，実際はギリシア語 polos (小馬) から，ラテン語 pullus (動物の子，子馬) を経て派生した〈buck 参照〉との説があり，動物名が労働のための道具名として使われた例の一つである。似たような用法を多くの言語において見ることができる。例えば，ペルシア語では bakrah (牛，物干し掛け) から bakarah (滑車，プーリ：*pulley*) が派生した。〈poltroon 参照〉

pulsation [pʌlséiʃən] 脈拍，動悸
→ pelt

pulse [pÁls] 脈，脈拍，動悸，豆類
→ pelt

pulverize [pÁlvəràiz] 粉々にする，砕く，《液体を》霧状にする
→ powder

pummel [pÁml]《鞍の》前橋，《剣の》つか頭，《げんこつで》したたかに殴る
→ pommel

pump [pÁmp] 吸水器，ポンプ
→ pamper

punch [pÁntʃ] 穴開け器，ポンチ《酒に水，砂糖，レモン，香料を入れた飲み物》
→ drink

punctilio [pʌŋktíliòu] 微細な点，細目，堅苦しさ
→ pungent

punctual [pÁŋktʃuəl] 時間・期限を固く守る
→ pungent

punctuate [pÁŋktʃuèit] 句読点をつける
→ pungent

puncture [pÁŋktʃər] 刺す，穴を開ける；パンク
→ pungent

pungent [pÁndʒənt] 舌や鼻を刺激する，鋭い，辛辣な
　punctuate (句読点をつける) や puncture (刺す；パンク) は，ラテン語 pungere, punct- (突く，突いて穴を開ける) が語源である。point (先端，点，主眼点) も，ラテン語 punctum (突くこと，点) が語源で，イタリア語 punto，フランス語 point を経て英語に借入された。
　たやすく良心が刺されるように痛んだり，極度に礼儀の細かい点を気に留める人は，その細目（*punctilio*）に固執する。この語は，イタリア語 punto の指小形 puntiglio (片意地) が語源である。また同語源の punctual (時間・期限を固く守る，規則的な) は *Hamlet*：『ハムレット』(I, i, 65) における幽霊のように，ぴったりその時間に ("jump" upon the *point*) 現れるような人に使われる。この項の見出し語 pungent はラテン語 pungere, punct- (突く) の現在分詞 pungens, pungent- が語源で，鼻を刺すような悪臭を形容するのに用いられる。

Punic faith [pjúːnik féiθ] 背信
→ Dutch

puny [pjúːni] 小さくて弱い，発育の悪い，取るに足らない
　弟はしばしば Bud と呼ばれることがある。というのは，小さいお兄ちゃんが brother (弟) と発音しようとして "budder" と発音してしまうことが多いからである。ところが二番目に生まれたことから，最初に生まれた兄と比べると，いつまでたっても弟は「小さなやつ，小さな相棒」(little fellow) である。
　puny にも同じような意味の変化が見られる。語源はラテン語 post natus (後に生まれた者) で，フランス語 puisné (弟，妹──〔原義〕後から生まれた──) を経て英語に借入された。

pupil [pjúːpl] 生徒，瞳孔，【法律】被後見人
　小学生 (*pupil*) がだれかの目をジッとのぞきこむと，何が見えるか。その小学生の姿！これは冗談ではなく，目の pupil (瞳孔) は，瞳孔に映った小さな顔に由来する。ラテン語 pupus (少年) や pupa (少女) は幼児があげる声から生まれた擬

音語であった〈abbot 参照〉。pupil はこれらの指小形 pupillus, pupilla が語源で，フランス語 pupille（【法律】後見人のついている孤児，瞳孔）を経て英語に借入されて，「男児，女児」の双方を意味する言葉となった。フランス語におけるもう一つの指小形 poupette（かわい子ちゃん，おもちゃ）から借入されたのが puppet（指人形，人形）である。puppy（子犬，犬の子）も同じく poupette から借入された言葉で，原義は「おもちゃ」であり，やがて貴婦人が抱いて歩くことを好んだ「小さな犬」を意味するようになった。a young *pup*（《口語》青二才）という時の pup は，「子犬」の pup ではなくラテン語 pupus（少年）に近い意味に使われていることになろう。

なお，キューピー人形《R. C. O'Neill (1874-1944) がデザイン》の kewpie は，ギリシア語 kore（女の子，人形，瞳孔）から造語されたのではないかと考えられる。

puppet [pʌ́pit] 指人形，操り人形；操り人形の
→ pupil

puppy [pʌ́pi]《特に１歳以下の》子犬，犬の子
→ pupil

purchase [pə́ːrtʃəs] 買う，仕入れる，買収する

人が何かを熱烈に欲しがる時は，まさにそれを追い求める（chase）ものである。purchase の原義は「…を求めて追いかける」である。pur- はラテン語 per（極めて，徹底的に），あるいはフランス語 pour（…を求めて，…に向かって——ラテン語 pro〔…を求めて，…に向かって〕が語源——）から変化した接頭辞と考えられる。-chase は chase（追う）で，ラテン語 capere, capt-（捕らえる）の反復形 captare から後期ラテン語 captiare，古フランス語 chasser を経て英語に借入された。そこで purchase は「追い求める」「獲得する」「慣習にのっとって手に入れる」のように意味の変化をとげた。なお英語 catch（捕らえる）は，上記古フランス語 chasser のフランス北部方言（ピカルディー）の cachier を経て借入された言葉で，catch，chase（追う），capture（獲得

する）は三重語である。〈manoeuvre 参照〉

さて chase（追う）が古フランス語 chasser から借入されたのに対して，chase（彫金を施す）は，古フランス語 enchasser（聖骨容器に入れる）からの英語 enchase の語頭音消失形である。なお古フランス語 enchasser は en（…の中に，…の上に）と，ラテン語 capere（取る，捕らえる）から派生した capsa（箱，聖遺物入れ）よりの古フランス語 châsse（聖骨容器）とから造られた。chassis（《自動車などの》車台，シャーシー）は同じラテン語 capsa（箱）が語源で古フランス語 châsse（枠），フランス語 châssis を経て借入された。

上記の二つの動詞 chase の過去，過去分詞 chased と chaste（純潔な，貞節な）は，発音は同じだが語源が違う。chaste はラテン語 castus（貞潔な，敬虔な）が語源である。一般に「…でありたい」との祈願より懲罰に重点が置かれるようになることは，このラテン語 castus を語源として三つの動詞が派生した事実を見れば明らかである。いずれも「清浄にする」ことが強調されるにしたがい，「懲罰を加える」ことになるのである。すなわち，castus が語源の英語 chaste（純潔な，貞節な）から直接 chasten（和らげる，きたえる，懲らしめる）が，castus のラテン語動詞 castigare, castigat-（矯正する，罰する）から古フランス語 chastier を経て英語 chastise（叱責する，懲らす）が，さらにこのラテン語動詞から直接，最も激しい言葉 castigate（酷評する，折檻する）が派生している。

なお，英語 castrate（去勢する）の語源はラテン語 castrare, castrat-（浄化する）であるが，このラテン語も castus（貞潔な，敬虔な）から派生した可能性が高い。〈casement, discuss 参照〉

pure [pjúər] 純粋な，混じりけのない，きれいな
→ curfew

puritan [pjúərətən] 清教徒，ピューリタン

この語は後期ラテン語 puritani（浄化しようとする者）が語源である。元来は軽蔑語で，ギリシア語の katharoi (*cathar-*

tic-giver：下剤を与える者《異端のカタリ派の信者〔ギリシア語 Katharoi, 英語 Cathar〕を念頭に置いている》）を意味する言葉に相当していた。そしてこの言葉は，体制となった英国国教会のよりいっそうの浄化（*purification*）を要求する人たちを指した。ところが pure（純粋な）〈curfew 参照〉との連想からほまれのある言葉として受け入れられ，Puritans（清教徒）という言葉が派生した。

purge [pə́ːrdʒ] 清める，粛清する，追放する
→ curfew

purse [pə́ːrs] 財布，金入れ
→ budget, Bursa

pursue [pərs(j)úː] 追跡する，追う
　だれかを長いこと追い回すということはその人を「うるさく悩まし」「迫害する」（*persecute*）ことに近い。そんな気がするのも当たらずとも遠からずで，pursue と persecute とは二重語である。語源は per（…を通して）と sequi, secut-（続く，追跡する）〈set 参照〉からなるラテン語 persequi, persecut-（どこまでも追う）である。persecute はラテン語から直接借入されたが，pursue は後期ラテン語 persequere, 古フランス語 porsieure, porsievre を経て借入された。フランス語では poursuivre（追いかける）で，pour と suivre（続く，ついて回る）からなるが，この pour の意味は「徹底的に」であって「…を求めて」ではない。

　sequel（続き，結末）はラテン語動詞 sequi, secut-（続く，追跡する）から派生した言葉であり，sequence（連続，因果的連鎖）は同じ sequi の現在分詞 sequens, sequent- が語源である。

　prosecute（起訴する，求刑する）はラテン語 prosequi, prosecut-（随伴する，追跡する）が語源である。現在では prosecute は法律用語としてのみ使われ，「《国》のために追求する」を意味するが，pro- はラテン語 pro（…の前に）が語源で，初めは単に「前方へ進む」という意味であった。

　consequence（結果，成り行き）や consecutive（連続した，引き続く）は，com（一緒に）の変化形 con と sequi（続く）とからなるラテン語 consequi, con-

sequt-（同行する，あるものから結果として生じる）が語源である。consequential（結果として起こる，重大な）の「重大な」という意味は，一連のものとして「他のものを後に続かせる何か」を指すのに用いられる。このように言葉は次から次へとつながっていく。

pursy [pə́ːrsi] 息切れする，太った
→ Bursa

purulent [pjúərələnt] 化膿性の，化膿の
→ sorcerer

pus [pʌ́s] うみ，膿汁
→ sorcerer

push [púʃ] 押す，突く
　brush（はけ，ブラシ）や furnish（必要な物を備える）のように語尾 -sh を持つ多くの英語は，フランス語の語尾 -ss- から変化したものである。

　push はラテン語 pellere, puls-（駆り立てる）の反復形 pulsare, pulsat- が語源で，フランス語 pousser（押す，押しやる）を経て借入された。pulse（脈）もラテン語 pellere の過去分詞 pulsus から派生した〈pelt 参照〉。

pussyfoot [púsifùt]《ネコのように》忍び足で歩く，日和見的な態度をとる
　ネコ科の動物はつめを引っ込めて，肉球でひそかに歩くことができる。pussyfoot は，したがって思いもかけぬ時につめが飛び出すといった意味を込めて「ひっそりと歩く」の意味で使われる。アメリカの禁酒運動家ジョンソン（William Eugene Johnson, 1862-1945）が違法者の追跡や手入れをネコが獲物を襲うような仕方で行ったことから，この言葉が彼のニックネームとなり，「禁酒主義者」を意味する言葉としても使われた。

pustular [pʌ́stʃələr] 膿庖（のうほう）〔性〕の
→ sorcerer

pustule [pʌ́stʃuːl]【医学】膿庖，【植・動物学】いぼ
→ sorcerer

putative [pjúːtətiv] 推定の，推定される
→ curfew

putrefy [pjúːtrəfài] 腐らせる，腐る
→ curfew

putrescent [pjuːtrésənt] 腐りかかった，腐敗性の
→ curfew

putrid [pjúːtrid] 腐敗した
→ curfew, polecat

putty [pʌ́ti] パテ
　この言葉はフランス語 pot（壺）から potée（壺1杯分）を経て借入された。パテとは、初め壺の中で灰になるまで焼かれた金属粉であり、容器にちなむ名であった。このような金属粉はガラスを磨くのに使われた。今日のパテはガラスを枠にしっかりと止めるために用いられる。〈pot 参照〉

pygmy, pigmy [pígmi] ピグミー
　ギリシア人はピグミーを人の握りこぶしほどの大きさと考えたようである。この語は pygme（握りこぶし、ひじから手首までの長さ）から派生したギリシア語 pygmaios（小人のような、並外れて小さい）が語源である。このギリシア語 pygme はラテン語 pugnus（握りこぶし）の語源であるが、凶暴さと関係がある。ローマ人はこぶしを、寸法を測る単位よりも振り回すのに用いたからである。彼らは全世界に対してこぶしを振り回した。英語 pugnacious（けんか好きな、けんか早い）や pugilist（拳闘家）は、pugnus から派生したラテン語 pugnare, pugnat-（闘う）が語源である。poniard（短剣、懐剣〔で刺す〕）はラテン語 pugnus からフランス語 poing（こぶし）, poignard（短刀）を経て借入された。impugn（非難する）は pugnare（闘う）から派生したラテン語 impugnare, impugnat-（襲撃する、敵視する）が語源である。このことはなぜピグミーが苦しい運命をたどるのかを暗示する。

pylorus [pailɔ́ːrəs]【解剖学】幽門
　身体の各部分はその形や機能を意味する言葉で呼ばれることが多い。例えば耳の鼓膜を drum（ドラム）と言ったり、管状器官を canal と言ったりする。
　しかし、temple（こめかみ）〈同項参照〉は、temple（神殿、聖堂、寺院）との関係はなく、ラテン語 tempus（時）から派生した後期ラテン語指小形 tempula が語源である。こめかみの脈拍によって身体の「脈」(time) を取ったことからこのように呼ばれるようになった。temporal（《空間に対して》時間の、一時の）, temporary（一時の、はかない）, contemporary（同時代の、その当時の）などは同じ語源である。temple（こめかみ）はまたラテン語 tempus が持つ「都合のよい、時期を得た」という意味にも影響されていると考えられる。こめかみとは敵を打ちつけるのに都合のよいスポットだからである。
　胃 (stomach) から腸 (intestine) に向かって開いた「幽門」(pylorus) は、その位置に由来する名前である。語源のギリシア語 pyloros（門番）は、pyle（門）と ouros（見張り）からなる言葉である。
　Arcturus（【天文学】アルクトゥルス《うしかい座、古くはおおくま座を指したこともあった》) は、arktos（クマ）とこの ouros（見張り）からなるギリシア語 Arktouros が語源である。〈arctic 参照〉
　intestines（腸）は、ラテン語 intus（…の内の）から派生した後期ラテン語 intestina が語源である。それは単に「内部」を意味する言葉であった。
　arm（腕）はギリシア語 harmos（結合、関節）と同根で、印欧語根 ar-（つなぐ）にさかのぼる。また art（技術、芸術）も同根語である。arms（武器）は、いわば腕を使う技術から生まれたと言える。
　artery（動脈）は、ギリシア語 arteria（気管）が語源である。死後は動脈には血がないことが認められたことから、動脈は空気（*air*）を運ぶ器官と考えられた。air と artery が同語源とする説がある。
　belly（腹、腹部）は、アングロサクソン語 belig（袋、ふいご: *bellows*）が語源で、同系統のゴート語 balgs は「ブドウ酒を入れる皮袋」という意味である。シェイクスピアは "the fair round *belly*, with good capon lined"（良質の去勢鶏をいっぱい詰め込んだ見事に真ん丸い腹）(*As You Like It*:『お気に召すまま』II, 7, 154）と言っている。
　bowel（腸、はらわた）は、ラテン語 botulus（ソーセージ）の指小形 botelus（内臓）が語源で、古フランス語 bouel から借入された。他の多くの身体部分の名前が機能に由来するのとは反対に、この言葉は製品に由来する。ソーセージは腸の内面（*bowel*-lining）に詰められるからである。
　clavicle（鎖骨）は collarbone（えり首の骨）とも言うが、claudere, claus-（錠

を下ろす）から派生したラテン語 clavis（鍵）の指小形 clavicula が語源で，原義は「胸を閉じ込める骨」である。同じラテン語 claudere, claus- から派生した英語に inclose, enclose（囲む，囲う），enclosure（囲いをすること，《共有地の》囲い込み），claustrophobia（閉所恐怖症）などがある。claustrophobia〈drink 参照〉は，囲われてしまうこと（*enclosure*）に対する恐怖を意味する言葉である。

duodenum（十二指腸）は，その長さに由来する名前で，ラテン語 duodenum digitorum（指12本の〔幅〕）が語源である。elbow（ひじ）はアングロサクソン語 el（腕の長さ）と bow（曲がり）からなる言葉である。finger（指）は《ゲルマン諸語に共通で，最終的に five（5）と同根語とする説が有力であるが》中英語 feng（えじき，獲物）から派生したとする説がある。その場合，原義は「捕まえる物」で，アングロサクソン語 fangan（捕まえる）が語源で，fang（牙，大歯）も同語源ということになる。

hand（手）は，ゲルマン諸語に共通に存在する言葉である。

instep（足の甲）は，古くは instoop と綴ったこともあり，原義は「内に曲がる」ではないかと考えられる。foot（足）は印欧語に一般的な言葉で，アングロサクソン語では fot，ギリシア語では pous, pod-〈pedagogue 参照〉，サンスクリット語では pāda である。

jaws（あご）については，chaws（《廃語》あご）と言ったこともあり，かむという機能を持つ部分で，chaw（《方言》かむもの，かむこと）や chew（かむ）と語源的にも関係があると考えられる。アングロサクソン語 céowan（かむ）が語源の chew（かむ）は「かみタバコの一かみ」（the *chaw* of tabacco）のように使う chaw と同じ語源である。

jugular vein（頸静脈）の jugular（頸部の）は，ラテン語 jugum（くびき）の指小形 jugulum（鎖骨，首）が語源である。頸部はくびきでつなぐように頭と身体をつないでいた。

lung（肺）は，ゲルマン語 linght から中英語 lunge を経て成立した。同じゲルマン語から派生した言葉にドイツ語 licht（軽い）や英語 light（軽い）があるので，lung は目方が軽いことからつけられた名前であることがわかる。今日でも食用として屠殺された動物の肺臓について語る時は lights を使う。

nail（つめ）は，古北欧語 nagl（指のつめ）からアングロサクソン語 naegel を経て成立した。英語 nag（うるさく小言を言う）は同語源であるとする説があり，この nag の原義は「言葉で引っ掻く」と言える。英語 gnaw（かじる）は，同系語のアングロサクソン語 gnagan（かじる）が語源である。

stomach（胃，腹）は，stoma（口：*stoma*）から派生したギリシア語 stomakhos（のど，食道，胃）が語源で，ラテン語 stomachus（胃，咽喉，好み，趣味），古フランス語 estomac を経て借入された。英語で I cannot *stomach* it.（私はそれを飲み込めない，私はそれが嫌いだ）という表現があるのはラテン語からの意味である。stoma- は専門用語でしばしば使われる結合形である。

thyroid（甲状腺）は，thyreos（楯）から派生したギリシア語 thyreoeides（楯のような形の）が語源である。tonsil（扁桃）はラテン語 tonsilla（先の尖った杭）が語源である。

uvula（口蓋垂，のどびこ）は，ラテン語 uva（ブドウ）から派生した後期ラテン語の指小形 uvula（ブドウの房）が語源である。

vertebrae（脊椎）は，ラテン語 vertere, vers-（回す）から派生した言葉で，原義は「回すもの」である。〈advertise 参照〉

wrist（手首）の語源はアングロサクソン語 wraestan（回す）で，この原義も「回すもの」である。本来は hand-*wrist* とか foot-*wrist* という言葉が存在したが，後者は今日では ankle, ancle（足首）が使われるようになっている。この言葉の語源はアングロサクソン語 ancleow で，さかのぼればサンスクリット語 anga（手足）と同族語であり，第二要素は claw（かぎづめ）の語源でもある。

wrest（ねじる，もぎ取る）の語源もアングロサクソン語 wraestan（回す）である。ここらで一休みする（rest）ことにし

よう．

pyre [páiər] 火葬用の薪
　この語は，pyr（火）から派生したギリシア語 pyra（炉）が語源で，元来は「炉の火」のことであった〈curfew 参照〉。empyrean（最高天《火と光の世界で，後に神の住居と信じられた》，天空）は，en（中に）と pyr（火）からなるギリシア語 empyros（火の）が語源である。pyrex（【商標】パイレックス《耐熱ガラス》）はガラスの一種で火に耐えるガラスの種類である。ギリシア語 pyr（火）とラテン語 rex（王）とから造られたと考えられる。ただし，pyrexia は《ギリシア語 pyressein（発熱する）が語源の》医学用語で「発熱，熱病」の意味に使われる。

pyromaniac [pàirəméiniæk] 放火魔
　→ curfew

Pyrrhic (victory) [pírik (víktəri)] ピュロスの勝利《非常な犠牲を払って得た勝利》
"Another such victory, and we are lost."（今度同じような勝利をすると，われわれは敗北だ）―この言葉は紀元前281年にギリシアのエピルスの王ピュロス（Pyrrus, 318?-272B.C.）がローマを破ったが多大の犠牲を払った時に叫んだとされることから生まれた表現である。今日ではすべての戦争の結果がそのようなものであると言える。よく似た表現に Parthian arrow, Parthian shot（最後の一矢，捨てぜりふ）がある。この表現はカスピ海の南東地方にあった王国パルティア（Parthia）の兵士たちが，逃げながら馬上から後ろ向きに矢を射たことに由来する表現である。

pyrrhonism [pfərrənìzm] ピュロニズム《一切の判断を中止するピュロンの懐疑論》，極端な懐疑説
　→ Appendix VI

pyx [píks]【教会】聖体容器，《造幣局の》硬貨検査箱
　→ box

Q

quack [kwǽk]《アヒルなどが》ガーガー鳴く,ギャーギャーむだ口をきく
→ aboveboard

quadrant [kwάdrənt]【数学】四分円,四分儀
→ sext, square

quaint [kwéint] 風変わりで面白い,古風で趣がある

　長らく知られている物は少し古いと思われがちである。また同時に,その物がさっぱりしている場合は「整然とした,きれいな」という解釈がされる。quaint はまさにそういう意味の言葉で,強調的意味を持つ cum〔con, co-〕(一緒に)と gnoscere (知る)からなるラテン語 cognoscere, cognit-(よく知っている)の過去分詞 cognitum (よく知られた)が語源で,古フランス語 coint を経て中英語 queint, coynt として借入された。ラテン語 gnoscere はまた英語 know (知る,知っている)と同族語である。
　しかし, quaint (きれいな)の意味は,フランス語から借入される過程でラテン語 comere, compt-(飾る,美しくする)から形容詞として使われるようになったラテン語 comptus (好ましい,愛らしい,小ぎれいな)の影響を受けている。このラテン語 comptus は,co- (一緒に)と動詞 emere, empt-(取る,買う)からなる言葉である。caveat *emptor*【商業】買い主の危険負担,買い手注意)のように使われる emptor (【法律】買い手)は,過去分詞 emptus から派生した。
　acquaint (知らせる,熟知させる,告げる)や acquaintance (《体験・研究によって得た》知識,心得,面識,知り合い)の ac- は ad (…へ)が語源である。スコットランドの国民詩人バーンズ (Robert Burns, 1759-96) は;

John Anderson, my jo, John,
When we were first *acquent* ...
ジョン・アンダーソン,私の愛しのジョン
私たちが初めて知りあった時…
と歌っている。
　cognition (認識,認知)や,to take *cognizance* of ... (…に気づく)のように使われる cognizance (認識,《事実の》認知)も同じ語源である。
　preempt (先買権によって獲得する,私物化する)や premium (《競争などの》賞,賞金,賞品,特別賞与,奨励金)は,ラテン語 pre, prae (…の前に)と前記のラテン語 emere, empt-(取る,買う)とからなる言葉で,「《人より》前に取る」が原義である。comb (くし)や unkempt (くしを入れない,もじゃもじゃの)は,前記のラテン語 comere, compt-(飾る,美しくする)が語源であるとする説がある。しかし,comb はアングロサクソン語 camb (雄鳥のとさか)が語源であるとする説の方がもっともらしい。《unkempt は comb と同語源のアングロサクソン語 cemban (くしを入れる)から変化した中英語 kemben の過去分詞 kempt に否定辞 un- がついたものである。》このアングロサクソン語は,印欧語根 jambh- (大口を開ける)から分出したサンスクリット語 gambha (あご,歯)やギリシア語 gomphos (歯,くし), gamphe (あご)と同族語である。
　example (例)は, ex (外へ)と emere, empt-(取る)からなるラテン語 exemplum (大きな全体から取り出されたもの)が語源である。sample は同じラテン語が古フランス語 essample となり,語頭音節消失によって中英語 sample として借入された。example と sample はこのように二重語である。preempt (先買権によって獲得する)は preemption (先買権,優先買収権)から逆成によって生まれた。元来は,王が他の人々に先んじて取得

したり，買い取ることができる権利のことであった。

preempt とよく似た意味の言葉に prerogative (《英国の》国王大権，《一般に》特権，特典) がある。国王の特権にはいろいろあるが，初夜権 (ius primae noctis: the right of the first night) がその一例である。この語は prae (…の前に) と rogare, rogat- (求める) からなるラテン語 praerogativus (《クジによって》優先投票権を与えられた) が語源である。このラテン語は，ローマ時代 prerogativa centuria (優先投票権を与えられた百人隊) とか prerogativus tribus (優先投票権が与えられた部族) のように使われた。

rogation (【キリスト教】《祈願日の》祈禱，【ローマ法】《人民の議決を求める》法律草案) の原義は「尋ねる」「求める」である。英語 interrogation (質問，尋問，審問) の inter- はラテン語 inter (…の間に，互いに，時々) が語源で，ラテン語動詞 interrogare, interrogat- (尋ねる，告訴する) の原義は「しばしば尋ねる」である。

また，ad (…へ，…に対して) と rogare, rogat- (求める) からなるラテン語 adrogare, adrogat- (添える) を語源として，特殊な法律用語 adrogate (《自立した人物を法に従って》養子にする) が派生した。一方これが不正に行われる場合には同ラテン語から派生した arrogate (《権利を》横領する，不法に自分のものとする) を用いる。arrogant (横柄な，傲慢な) は同ラテン語の現在分詞 arrogans, arrogant- が語源である。abrogate (《法・慣習を》廃止〔廃棄〕する) の ab- はラテン語 ab (…から離れて) が語源である。surrogate (【英国国教】監督代理，【精神分析】代理) は「代理 (substitute) として務めるように求められた人」という意味で，sur- の語源はラテン語 sub (…の下に) である。substitute (代理人) の語源はラテン語 substituere, substitut- (ある者をある者の代わりに立てる，すり替える，随従させる) で，英語 statute (【法律】制定法，法令) は，ラテン語 statuere, statut- (立てる，指名する) が語源である。<tank, prompt 参照>

quarantine [kwɔ́(:)rənti:n] 《伝染病地かからの旅行者・貨物に対する》隔離，交通遮断，検疫，検疫期間

この語は，ラテン語 quadraginta (40) から quaranta を経て派生したイタリア語 quarantina (40日) が直接英語に借入されたものである。あらゆる点から考えて，断食や懺悔（ざんげ）を行う四旬節 (Lent) の期間 (聖灰の水曜日から復活祭までの40日間) に由来する可能性が高い。その四旬節を表す言葉は今日では Quadragesima に代わった。この言葉の原義は「40番目」である。その後 quarantine は，夫を亡くした妻が家督を相続人に引き渡すまで亡夫の家に泊まる40日間を意味する言葉として使われるようになった。そして最終的に，伝染病に汚染された港からの船や伝染病を運んできた船が，上陸を許されるまでの40日間を意味する言葉として使われるようになる。ちなみにラテン語 quadraginta (40) は quattuor (4) から quater (4度，4回) を経て派生した quadrus (4倍) と，ラテン語 decem (10) から dakanta (10番目) を経て派生した -ginta とからなる言葉である。

quarry [kwɔ́(:)ri] 狩猟動物，狙う

レトリーバー犬 (retriever) は，猟をする主人のために取って来た獲物に誇りを感じるようである。しかし，サーカスで訓練されている様子を見ると，犬が欲しがるのは褒美としてのちょっとした餌である。「あれを取って来い，褒美はこれだ」というわけである。その褒美を意味する言葉は，褒美を得るために犬が取ってくる物を意味するようになった。quarry の語源説としては三つの道筋が考えられる。いずれもこの報酬からはあまり逸れないものである。

この語はまず，犬に投げられた内臓としての「心臓」を意味するラテン語 cor, cord- から，後期ラテン語 corata (《動物の》臓物)，古フランス語 curée, corée を経て成立したと説明されている。しかし，古くは quirre であり，ラテン語 curare (掃除する，内臓を抜く——cure〔治療する〕の語源——) から古フランス語 cuirée を経て成立した可能性がある。12世紀の終わりごろの最も早い語源説では，古フランス語 cuirée はラテン語 corium (皮) が語源で，古フランス語 cuir (なめし皮，獣皮)

を経て借入されたと説明された。これは殺された野獣の内臓の，犬の餌となる部分がその野獣の皮に広げられたことによるものである。しかし，犬にとっては間違いなくそんな語源説はどうでもいいことであった。

quarter [kwɔ́:rtər] 4分の1，地域，宿舎

　アメリカの貨幣クォーター（quarter）は，4分の1ドルという意味である。ラテン語 quattuor（4）から quartus（第4番目）を経て派生したラテン語 quartarius（第4部分）が語源で，フランス語 quartier を経て借入された。quart は「4分の1ガロン（gallon）」という意味である。その gallon は後期ラテン語 galleta（入れ物，大杯）が語源で，中英語に借入された。

　quarter の他の意味はその後に発展したものである。英語 quarter（地域）は街を東西南北の4地区に分け，フランス語で quartiers と呼んだが，それが英語に借入された。quarter（【軍隊】宿舎，宿営）は，軍隊が街のそれぞれの地区に分かれて分宿したことから生まれた。同じく軍隊用語で quarter は「寛大，慈悲，《降伏者の》助命」という意味に使われることがある。この意味の quarter は古英語では quartern（監獄，牢屋，捕虜収容所）で，「宿舎」と意味的に関係する可能性がある。「宿舎を与えない」あるいは「捕虜収容所に入れない」（to give no *quarter*）ということは，すなわち「殺す」に等しかった。この意味の quarter は，英語 incarcerate（《文語》投獄する）の語源であるラテン語 carcer（牢屋，捕虜収容所）か，あるいは cweart（嘆き）と ern（家）からなるアングロサクソン語 cweartern（監獄）と同語源の可能性がある。原義はどの強制収容所にも見られる「嘆き叫ぶ家」である。

quash [kwɑ́ʃ] 《反乱などを》鎮める，鎮圧する，【法律】《判決などを》破棄する
　→ knick-knack
　quash はラテン語 quatere, quass-（振る）の反復形 quassare（激しく振る）が語源である。〈discuss 参照〉

quean [kwí:n] はすっぱな女，あばずれ，あつかましい女
　→ banshee

queen [kwí:n] 女王，王妃，《特に》美人コンテストの優勝者，情婦
　→ banshee

quest [kwést] 探求，探索，追求
　→ exquisite

question [kwéstʃən] 質問，疑問，疑い；質問する
　→ exquisite

queue [kjú:] 弁髪，お下げ，《順番を待つ乗り物の》列
　→ cue

quiescent [kwaiésnt] 静止した，穏やかな《気持ち》，無症状の
　→ coy, acquit

quiet [kwáiət] 静かな，穏やかな
　→ coy, acquit

quince [kwíns] 【植物】マルメロ
　→ peach

quintessence [kwintésəns] 精，精髄，真髄，【古代哲学】第5元素

　1934年にカナダのオンタリオ州でフランス系のディオンヌ夫婦に五つ子（*quintuplets*）が生まれ，世界中の話題になった。quintuplet は，quintus（5）から派生したラテン語 quintuplus（五つの）が語源であり，三つ子（triplets）の triplet はラテン語 triplus（三倍の）が語源である。

　最も高度に蒸留された香水を，まるで5回も蒸留されたかのように quintessence と呼ぶ。しかし，この言葉が最初は宇宙を構成する第5番目の要素（*essence*, element）という意味に使われた。最初の四つの元素は土，空気，火，水で，この第5要素はピタゴラス学派によって加えられたものである。最も希薄にして最も広く存在するエーテル（ether）のことで，天体を構成する物質と考えられた。

quintuplet [kwintʌ́plət] 五つ子
　→ quintessence

quire [kwáiər] 《紙の》一帖，《製本する時の》一折り
　→ exquisite

quisling [kwízliŋ] 裏切り者，売国奴

　この語はノルウェーのファシスト政治家クウィスリング（Major Vidkun Quisling, 1887-1945）に由来する。彼はノルウェーのナチ党を率い，1940年の春にドイツ軍がノルウェーに侵攻した時，ノルウェー首相となった。以来，この言葉は

「《クウィスリングのような》裏切り者」という意味で瞬く間に普通語として使われるようになり，ドイツと日本以外ではだれもが知る言葉となった。

quit [kwít] 止める，手放す
→ acquit

quite [kwáit] まったく，すっかり
→ mere

quixotic [kwiksátik] ドン・キホーテ的な，騎士気取りの，空想的な，非現実的な　この語は，セルバンテス (Miguel de Cervantes Saavedra, 1547-1616) が書いた小説 *The History of Don Quixote de la Mancha*：『ラ・マンチャの男，ドン・キホーテの物語』の主人公ドン・キホーテに由来する。セルバンテスは1605年に第一部（正編）を，1615年に第二部（続編）を発表したが，その空想的で理想主義的な主人公ドン・キホーテの名前 Quixote から英語 quixotic が生まれた。Quixote そのものは今日では quijote と綴られるようになったスペイン語 quixote（《馬の》尻の上部，《鎧の》もも当て）を風刺的な意味を込めて名前として使ったものである。語源はラテン語 coxa（尻）であるが，英語 cuisse（《鎧の》もも当て）はこのラテン語が語源である。このことから，この物語の主人公は Sir Thighpiece（モモアテ卿）の名前の意味ということになる。

quoin [kɔ́in]《壁・建物の》外角；《部屋の》隅
→ coin

quorum [kwɔ́:rəm]《議事進行・議決に要する》定足数，【英国史】特定治安判事，《一般に》治安判事

　この語はラテン語 qui（だれ）の複数属格形 quorum が語源である。かつて，最高権力者集団としての委員会が，特に治安判事会のメンバーを任命する時に使った決まり文句 quorum vos ... unum esse volumus (of whom we desire that you be one：われら汝を同会の一員とすべし) から今も使われている。二人を任命する時は unum (1) の代わりにラテン語 duos (2) などを使う。

　初めはこのようにして任命された人物一人ひとりを指す言葉であったが，その役割を果たす同僚全体を指す言葉として使われるようになり，やがて17世紀の初期に，全体が有効に機能するのに必要な数を意味するようになった。

R

rabid [rǽbid] 狂犬病にかかった，過激な，狂信的な
→ outrage

rabies [réibi:z] 狂犬病
→ outrage

racketeer [rækətíər] ゆすり，暴力団員；ゆする

動作主を表す接尾辞 -er が -eer と綴られる場合，profiteer（暴利をむさぼる者）のように普通は悪評を含む言葉となる。-ster も同様である〈spinster 参照〉。

17世紀英国の治安の悪い通りでは，スリは狙った人の注意を他に集中させるために騒ぎ（racket）を起こしたものだった。1697年に爆竹など，人を混乱させる物を投げることを禁じる法令が可決された。racket が持つ「不正な」という意味合いもこれに由来する。

racy [réisi] きびきびした，活気のある，独特の風味がある，レースに適した

この語は，その生まれ（race）に特徴づけられた固有の意味合いを含んでいる。その race には三つの起源がある。一つは「競走」を意味する race で，ゲルマン諸語に共通なこの語は，アングロサクソン語 raes（速い流れ）が語源であり，サンスクリット語 rish-（流れる）は同族語である。この意味は millrace（水車を回す水流）に残っている。二つ目の race（一族，人種，血統──イタリア語 razza〔人種，民族〕──）は，古高地ドイツ語 reiza（一画，線）が語源で，直系の子孫を指す。この語は三つ目の race（根）の影響も受けていると思われる。その三つ目の race はラテン語 radix, radic-（根）の対格 radicem から古フランス語 rais を経て借入された。シェイクスピアの *Winter's Tale*：『冬物語』(IV, iii, 50) では "race of ginger"（ショウガの根）という表現がある。英語 radical（根本的な）は同語源である。〈rascal 参照〉

同じように generous（気前の良い）も出自に特徴的な精神を表す言葉である。この語はラテン語 genus, gener-（種属〔*kin*〕, 民族──英語 genus【生物学】属）の語源──）から派生した generosus（高貴な：〔原義〕部族〔*gens, genus*〕, 固有の精神にあふれた）が語源であり，古フランス語 genereux を経て借入された。英語 kin（血族──ゴート語 kuni〔家族，部族〕──）や kind（種類；親切な）はラテン語 gens と同義語である。元来 kind の発音は [kind] であり，ハムレットの次の台詞は語呂合わせである。"A little more than *kin* and less than *kind*."（親族より少し身近だが，心情はほど遠い）(I, ii)。kind は元来，自分の血族（kin）にふさわしい固有の態度を示す言葉であった。

ところで，上記の言葉は印欧祖語 gen-（父親となる）にさかのぼることができ，この語根からは，サンスクリット語 jan-（父親となる），ギリシア語 genos（種族）を経てきわめて豊富な語彙の一族が生じた。また同語源のギリシア語 gignesthai（生まれる）を経てラテン語 gignere, genit-（生じる），generare, generat-（生む）が派生し，このラテン語から派生した general は，本来は種族・部族全体を意味したが，やがてその「代表者，指導者」の意味に使われた。イタリア語では最上級 generalissimo が「大元帥」となる。英語 genius（天才）はラテン語 genius（部族の霊，守護霊）が語源である。gentle（やさしい），gentile（異邦の）は元来「同じ種族に属する」の意であったが，gentile はウルガタ聖書では問題とされる種族，すなわち自分の種族ではない「異教徒」の意味となった。また，これとは別の経路で，フランス語 gentil（生まれの高貴な）から英語 genteel（上品ぶった）や jaunty（陽気な）が派生した。degenerate（その種族

〔水準〕から落ちる，堕落する），regenerate（再び水準に達する，再生する），indigenous（ある土地に育った，原産の——indi- は古ラテン語 endo〔中の〕を経てギリシア語 endon〔中の〕へとさかのぼる——），progenitor（祖先：〔原義〕一族を生み出す人，一門の創設者），heterogeneous（異種の：〔原義〕他の部族〔genus〕の），homogeneous（同種の：〔原義〕同じ部族〔genus〕の）なども同語源である。

hydrogen（水素）は「水を発生させる（generate）もの」である〈drink 参照〉。oxygen（酸素）はギリシア語 oxys（酸味のある）から，そして nitrogen（窒素）はギリシア語 nitron（炭酸ソーダ）からの造語である。なお，このギリシア語 nitron（英語 nitre〔硝石〕の語源）はさらにヘブライ語 nether（ソーダ石）にさかのぼる。ちなみに congenial（愛想よく）の con- はラテン語 con, com（共に）に由来し，同種の鳥（birds of a feather）のように「気の合った」の意である。〈cyanide 参照〉

radar [réidɑ:r] レーダー，電波探知機
この語は，その装置が有する機能を説明する言葉の頭文字から造られた。すなわち *ra*dio（無線）*d*etecting（検波）*a*nd（および）*r*ange-finding（距離計測）からの造語である。〈Dora 参照〉

radical [rǽdikl] 根本的な，過激な；急進論者
→ rascal

radish [rǽdiʃ] ハツカダイコン，ラディッシュ
→ rascal

radium [réidiəm] ラジウム
→ element, X-ray

radius [réidiəs] 半径，範囲，輻射線
→ element の項 radium, X-ray

radon [réidɑn] ラドン
→ element

ragamuffin [rǽgəmʌ̀fin] 浮浪児
→ tatterdemalion

rage [réidʒ] 激怒，猛威；激怒する
→ outrage

raglan [rǽglən] ラグラン型のコート
→ Appendix VI

raisin [réizn] 干しブドウ，レーズン
→ peach

rajah [rɑ́:dʒə] 国王，支配者
→ island

rake [réik] 熊手；集める；放浪者
→ mock

ram [rǽm] 雄羊
→ mutton

rampart [rǽmpɑ:rt] 城壁，防御物
→ overture

ranch [rǽntʃ] 牧場
→ harangue

rank [rǽŋk] 列，階級；位置づける
→ harangue

rankle [rǽŋkl] 心を苦しめる，うずく
何かが心を苦しめる（*rankle*）時，途方もない怪物が悩みの原因だと考えることがある。この語は元々化膿する時の痛みを意味する名詞で，古フランス語 raoncle から draoncle，さらに後期ラテン語 dracunculus（潰瘍）にさかのぼる。この後期ラテン語は文字通りには「小さな竜」（little *dragon*）で，ラテン語 draco, dracon-（竜）の指小語であり，ギリシア語 drakon（竜）が語源である。古代ギリシアにドラコ（Draco——ギリシア語名 Drakon——）なるアルコンがおり，紀元前621年に非常に厳格な掟を発布した。この人物から怪物（竜）との連想で draconic（過酷な）という形容詞ができた。

ギリシア語 drakon（竜：*dragon*）は動詞 drakein（見る）から派生した言葉であり，この怪物は古代人の酒や麻薬による幻覚（pink elephant）の一種に由来するものであろうと考えられる。dragoon（竜騎兵）は，この兵士が携帯していた兵器 dragoon, dragon（竜騎銃）に由来するが，この銃が火を噴くことにも基づくものである。*dragon* arum（サトイモ科の植物）から *dragon*wort（ハーブの一種）に至るまで，dragon は植物，昆虫，魚の名にしばしば使われる。

なお，dragoman は近東の「通訳」あるいは「ガイド」を指すが，古アラビア語 targuman（通訳）を経て同義のカルデア語 targēm にさかのぼる。ここからアラム語訳聖書は Targum（タルグム）と呼ばれる。なお恐怖映画の題名 *Dracula*（ドラキュラ）は，後期ラテン語 dracunculus, draculus（小さな竜：little *dragon*）を暗

示するものである。
　上記の古フランス語 draoncle の d- が落ちて rankle（心を苦しめる）ができたとする説に対して、この語が古フランス語 raoncle からラテン語 ranunculus（小さなカエル、おたまじゃくし——rana〔カエル〕の指小語——）にさかのぼると主張する語源学者もいる。このラテン語は植物の名前《【植物】ラナンキュラス〔キンポウゲ科ウマノアシガタ属〕》にもあり、物乞いをする時にその植物で自分の腕や顔をこすってつくる哀れそうな擦り傷、つまり rankle（傷）をつくるのに使ったのではないかと考えられている。

ransom [rǽnsəm] 身の代金；身請けする
　ransom と redemption（買戻し、贖罪）は二重語で、前者は物質的な、後者は精神的な意味を持つ。ラテン語 emere, empt-（買う）に re（再び）をつけて redimere, redempt-（買い戻す）が成立し、このラテン語から redeemed（あがなわれた）や redemption（身請け、贖罪）が派生した。一方 ransom はラテン語 redemptio, redemption-（あがない）が古フランス語 raenson、中英語 raunson を経て成立した。〈preempt については quaint 参照〉
　なおこれと関連して、優先権を表すのに、時代が変わり一般に priority が用いられるが、この語はラテン語 pri, pre（先の）の比較級 prior（より前の——このまま英語 prior〔前の、先の〕として借入——）から後期ラテン語 prioritas（優先すること、優先条件）を経て借入された。〈prompt 参照〉

rap [rǽp] トントンとたたくこと、非難；ごつんとたたく、うっとりさせる
　この語は「トントントン」（rat-a-tat-tat）という音を表し、擬音語である。動詞 rap（トンとたたく——中英語 rappen ——）はこの名詞から来ている。しかし "don't care (give) a *rap*"（知ったことか）の rap は18世紀アイルランドの偽造硬貨を指している。ドイツでもにせ金は Rappe と呼ばれ、これは Rabe「（旧ドイツ帝国の国権を象徴するワシではなく）カラス」に由来する。don't care a *fig*（全然気にするな）と言う時、fig はおいしい果物ではなくイタリア語 fico（指をパチンと鳴らすこと）のことである。果方はラテン語 ficus（イチジク）が語源で、プロバンス語 figa を経て借入された言葉である。

　rapt（夢見心地の、うっとりした）は、中英語 hrapen（すばやく行動する——rap〔うっとりさせる、《廃語》ひったくる〕の語源——）から変化した rapen とラテン語 rapere, rapt-（すばやくひったくる、引き裂く——英語 rapid〔速い〕の語源——）との混交した語である。このラテン語から英語 rape（強奪する）や rapture（有頂天）が派生したが、後者は「美しさの魔力に捕らわれること」が元の意味だった。

rape (turnip) [réip (tə́ːrnəp)] セイヨウアブラナ
　→ alcohol

rape [réip] 犯す；強奪
　→ rap

rapid [rǽpid] すばやい；急流
　→ rap

rapier [réipiər]《フェンシング用の》細身の両刃の剣、レピアー
　→ rascal

rapture [rǽptʃər] 有頂天、歓喜；うっとりさせる
　この語はラテン語 rapere, rapt-（ひったくる、引き裂く）が語源の形容詞 rapt（さらわれた）から派生したもので、天国へさらわれてゆく（死ぬ）という意味にしばしば用いられることから、喜びに心を奪われることを意味するようになった。あまり喜ばしくない派生語に rape（強奪する；レイプ）や rapine（《文語・詩語》強奪）がある。良い意味にも悪い意味にも使われる ravish（うっとりさせる、奪う）は、上記のラテン語 rapere からフランス語 ravir, raviss-（うっとりさせる、心を強奪する）を経て借入された言葉で、a *ravishing* beauty（うっとりさせる美しさ）のような用法がある。また、同語源のラテン語 rapina（強奪：*rapine*）は、フランス語 ravir の二重語 raviner（強奪する、破壊する：to *ravage*）を経て英語に借入され、raven（略奪する、《古》《野生動物が》獲物を狩る——ただし「烏」の raven はゲルマン共通語で、古英語 hraefn〔渡りガラス〕が語源——）となった。この古い動詞 raven は形容詞 ravenous（捕

食性の）に残っている。盗賊どもの暴力的な襲撃は、荒々しい洪水の激流にも当てはまる。そこで両岸が激流にけずられて絶壁となった山峡が、ravine と呼ばれる。こういうわけでグランドキャニオンのような風景に rapture（有頂天）になるのもあながち理由のないことではない。〈rap 参照〉

rarefaction [rèərəfǽkʃən] 希薄化, 希薄状態
→ defeat

rascal [rǽskl] 悪漢, がき；下品な
　この語は元来の強烈さをいくぶん失ってしまっている。と言うのはかつては「社会のくず」を意味した言葉で、古フランス語 rascaille（くず、賎民）から借入された。語源は後期ラテン語 rasciare（そぎ落す）を経てラテン語 radere, ras-（そぎ落とす）にさかのぼるのではないかと考えられる。raze（完全に破壊する、取り去る、(古語)削る）、razor（かみそり）、erase（消し去る：〔原義〕削り去る）はこのラテン語から派生した。なお、このラテン語は古高地ドイツ語 raspon（こする：to *rasp*) や hrespan（かき集める）と語源的関係はない。ちなみに、この古高地ドイツ語から派生した英語に rasp（やすりをかける）や raspberry（キイチゴ）があり、rapier（《フェンシング用の》細身の両刃の剣）も同語源ではないかと考えられる。一方上記のラテン語 radere, ras-（そぎおとす）からはまた rash（発疹(ﾎｯｼﾝ)、吹き出物）が派生した。
　ただし、同じ綴りの rash（強情な、わがままな）は、原始ゲルマン語に由来する言葉で、サンスクリット語 ric-（攻撃する）は同族語であり、印欧語根 ri-（立ち上がる）にさかのぼると考えられる。また、古い英語 rash（引っ張る、引きちぎる）はラテン語 exradicare, eradicare（根〔radix〕から引き抜く）から古フランス語 érachier を経て借入された。ラテン語 radix, radic-（根）の語根から派生した言葉に radix（【数学】根）や radical（【数学】根の、【政治】急進論者——物事の根〔*roots*〕に迫ろうとする者——）、そして radish（食用に適した根、ハツカダイコン）などがある。悪漢（*rascal*）はしばしば危い目（a close shave）に遭うものである。

rash [rǽʃ] 発疹
→ rascal

rasp [rǽsp] こする
→ rascal

raspberry [rǽzbèri] キイチゴ, あざけり
→ rascal

rat [rǽt] ネズミ, 裏切り者, かもじ《ヘアピース》
　この動物は未開人と共に東から移動してきた。その名はゲルマン語に由来するもので、後期ラテン語に借入されて ratus となったが、直接的にはアングロサクソン語 raet, この指小語としての中英語 raton, そして英語 rat（十分に成長した大きさのネズミ）となった。ネズミは沈んでゆく船を見捨てるという話があり、シェイクスピアは *The Tempest*：『嵐』(I, ii, 147-8) の中で、プロスペロとミランダが置き去りにされた船について、プロスペロに "the very rats / Instinctively have quit it"〔ネズミでさえ本能的に逃げ去った〕と言わせている。この話から、rat は大義を捨てたり裏切ったりする者にも当てはめられ、「悪漢、不埒なやつ」の意にもなる。また語呂合わせにより、特にアイルランドで1921-22年にイングランドとの《アイルランドの自治領化と北アイルランドの大英帝国所属を定めた》条約の批准（*rat*ification) に賛成をした者を指すのに用いられた。なお ratify（批准する）は、ラテン語 ratus（受け入れられた）と facere（為す）とからなる後期ラテン語 ratificare, ratificat-（有効にする）が語源で、フランス語 ratifier を経て借入された。このラテン語 ratus は reri, rat-（考える、判断する）の過去分詞であり、そこから pro *rata*（比例した）、rate（同意に達した量、割合、さらに「速度」など)、ration（割当量）が派生した。〈number 参照〉
　ところで、動詞 rate（しかりつける、がみがみと小言を言う）は、中英語 arate（非難する、責める）の語頭音消失によって生じた。berate（ひどくしかりつける）の be- は強意を表す接頭辞である。しかし behead（打ち首にする）では欠如や否定を示す接頭辞、bemoan（嘆き悲しむ）や befoul（中傷する）では他の語から他動詞を造る接頭辞となっている。また be- は嘲

笑を表す接頭辞としても使われ，befool（ばかにする），bedeck（ごてごてと飾られる）〈deck 参照〉，bedizened（飾り立てられた）〈distaff 参照〉などが生まれた．

さて上記の中英語 arate（非難する，責める）は，古フランス語 areter（チョーサーは，もし自分の詩の中に間違いを見つけたとしたら，"*aret* it to Adam Scrivener"〔写字生アダムのせいにせよ〕と言っている）を経てラテン語 reputare, reputat-（計算・吟味する）にさかのぼる．このラテン語は reputation（名声）の語源である．なお repute（評する）は impute（《罪や失敗を》…のせいにする）と同じ意味にも用いられた．〈character 参照〉

女性が髪をふくらませるために使う「かもじ」は，その色や形がネズミのようであることや，それに対するあざけりから rat と呼ばれている．感嘆詞の Rat!（まさか！）は Rot!（くだらない！）の婉曲な表現である．それぞれ drat（Drat it!：それを呪う！いまいましいったら！）および drot の短縮形である．drot は God rot it!（神がそれを腐らせますように！）の語頭音節消失である．そして rot（朽ちる）はゲルマン諸語に共通で，アングロサクソン語では rotian（腐らせる）である．船が見捨てられるもう一つの理由がここにある．

rate [réit] 割合，速度；評価する，しかる
　→ rat

ratify [rǽtəfài] 批准する，承認する
　→ rat

ratio [réiʃou] 比率，歩合
　→ number

rational [rǽʃənl] 理性の，合理的な，推理の
　→ number

ratskeller [rάːtskelər] 市庁舎地下食堂，地下ビアホール
　→ read

rave [réiv] うわごとを言う，荒れ狂う
　→ outrage

ray [réi] 光線
　→ X-ray

raze [réiz] 倒壊させる，こすり落とす
　→ graze, rascal

razor [réizər] かみそり
　→ graze, rascal

read [ríːd] 読む，朗読する，読み取る
　"three r's"（三つの r）は，読み書きの能力から私たちを1歩前進させてくれる．reading（読み），'riting（書き），'rithmetic（計算）がそれである．〈'rithmetic については algebra 参照〉

read（読む）はゲルマン諸語に共通で，アングロサクソン語では raedan（読む）である．この語の原義は「見分ける，判読する」であり，ここから「なぞ；なぞを解く」（*riddle*――Riddle me this!：このなぞを解いてみて！――）を意味するようになり，さらに「相談，助言」を意味するようになった．古英語 rede（助言，相談）やドイツ語 Rat（評議会）は同語源であり，このドイツ語から Rathaus（市役所，市庁舎），Ratskeller（市庁舎地階食堂，地下ビアホール）が派生した．私たちが読む（*read*）ことの多くがなぞ（*riddle*）のままになるのは，あながち酒のせいばかりではない．

writing（書くこと）という語は事実上英語に限られている．元来，アングロサクソン語 writan（木の皮に引っかいて刻む）はゲルマン諸語に共通だったが，「書く：*write*」を意味する言葉となると，ほとんどの言語がラテン語の書記者（*scribe*）に助けを求めた．ドイツ語 schreiben（書く）やフランス語 écrire（書く）も，ラテン語 scribere（書く）が語源である〈shrine 参照〉．なお，このラテン語も，最初は「表面にしるしをつける」よりは「彫り込む」の意味であった．

ready [rédi] 用意ができている，喜んで…する，即座の
　→ turmeric

realm [rélm] 王国，領域，分野
　この語は元来「王国」を意味したが，後に「《任意の》地域，領域」を指すようになった．ラテン語 rex, reg-（王）から形容詞 regalis（王に属する：*regal*）〈royal 参照〉，後期ラテン語の名詞 regalimen, 古フランス語 reaume を経て借入されたと考えられるが，同じ語源からもっと回り道をした可能性がある．すなわち realm は古くは reame と綴ったことがあることから，同じラテン語から後期ラテン語 regi-

men（支配），古フランス語 reemme を経て借入されたとする説である。その場合，古フランス語形に real（王にふさわしい：*regal*）があり，借入された古い英語 reeme, reaume の綴りと発音に影響を与え，realm に変えてしまったと考えられる。〈regimen 参照〉

ream [rí:m] 連《紙の数量単位》
　製紙法は，アラブ人と共にモロッコからスペインを通ってヨーロッパに入ってきた。紙の束はアラビア語で rizmah と言い，これがスペイン語 resma, 古フランス語 rayme を経て，英語 ream となった。

rebate [rí:beit] 割引，払い戻し；割り引く
　→ bazooka

rebel [rébl] 反逆者；反逆の；謀反を起こす
　→ avulsion

rebuff [ribʌ́f] 拒絶，挫折；拒絶する
　→ buff

rebus [rí:bəs] 判じ物，判じ絵
　rebus は，言葉を物に託して表す遊びである。この語の原義は「物に託して」で，語源はラテン語 res（物）の複数奪格形 rebus である。中世の謝肉祭ではパリの法学生が「今起こっていることについて」(de rebus quas geruntur) という風刺文を書いた。そして迫害を免れるため，彼らはそれを絵に託した。この習慣が後に，穏健な形の遊びとなったのである。

recalcitrant [rikǽlsitrənt] 反抗的な，強情な；強情者
　急に背を丸めて跳ね上がり，後足で蹴る野生馬は反抗的（*recalcitrant*）である。この語はラテン語 re（後方へ）と，calx, calc-（かかと）から派生した calcitrare（蹴る）とからなる言葉である。しかし，強情な人（intractable）も手に負えない（*recalcitrant*）ものである。こちらはラテン語 in（否定辞）と，trahere, tract-（引く）から反復形 tractare（扱う）を経て派生した形容詞 tractabilis（御しやすい）とからなる。なお，ラテン語 calx, calc- には「石灰」を意味する同音異語がある。〈calculate 参照〉
　tract（広がり）の意は，動詞 trahere, tract-（引く）から派生したラテン語 tractus（延長）が語源で，元来時間の広がりとして用いられた。tract（小冊子）は tractate（論文）の短縮形で，ラテン語 trahere の反復形 tractare, tractat-（取り扱う，処理する）からの名詞 tractatus「《演説または著作により》扱われたもの」が語源である。なお track（通った跡）は同義の古フランス語 trac から借入された言葉であり《起源はゲルマン語で，英語 trek（牛が車を引く，旅をする）と同語源であるが，意味の発達においては》ラテン語 trahere, tract-（引きずる）の影響も受けていると考えられる。元来は，何かが引きずられた時にできた跡のことである。

　contract（同意，契約――ラテン語 con, com〔共に〕――）の原義は「互いに引かれ接近したもの」，detract（減じる――ラテン語 de〔…から〕――）の原義は「…から引く」，subtract（引く，控除する――ラテン語 sub〔下へ〕――）の原義は「差し引く」，distract（そらす――ラテン語 dis〔…から離して〕――）の原義は「引き離す」である。これ以上続けると読者も反抗的（*recalcitrant*）になるであろう。

recede [risí:d] 後退する，手を引く，低下する
　→ ancestor

receipt [risí:t] 領収書，受領；受領の署名をする
　→ recipe

receive [risí:v] 受け取る，こうむる，受け入れる
　→ recipe

reception [risépʃən] 受け入れ，歓迎，宴会
　→ recipe

recipe [résəpi] 調理法，レシピ，秘訣
　この語はラテン語 recipere, recept-（受け取る：to *receive*）の命令形 recipe（服用せよ）が直接借入されたもので，医者が処方箋の冒頭に書いた言葉であった。ラテン語 recipere は re（再び）と capere, capt-（取る）〈manoeuvre 参照〉とからなる。

　receipt（領収書）は recipe と二重語で，古フランス語 receite から中英語 receite として借入された。今日の綴りは，学者がラテン語 recipere, recept- の -p- を復活させ，挿入したものである。同じラテン語

capere, capt- から派生した言葉に，conceit（うぬぼれ：〔原義〕一緒につかむこと，思いつき）や，その二重語concept（概念），deceit（偽り——ラテン語de〔…から〕——）およびその二重語deception（欺瞞）がある。conception（構想）やreception（受け入れ）も同語源である。動詞receive（受け取る），deceive（欺く），conceive（心に抱く）はいずれもラテン語から古フランス語receivre, deceivre, conceivreを経て借入された。

reckless [rékləs] 向こう見ずな，気にかけない
→ mock

reckon [rékn] 数える，評価する，憶測する
→ mock

recline [rikláin] もたれる，横たわる，もたせかける
→ climate

recluse [réklu:s] 修道者，世捨て人；孤独な
→ close

recognition [rèkəgníʃən] 承認，認識，表彰
→ scourge

recognize [rékəgnàiz] 識別する，認める，表彰する
→ scourge

recommend [rèkəménd] 推薦する，奨励する
→ command

recondite [rékəndàit] 深遠な，難解な，目に見えない

この語の語源は難解（*recondite*）で，ラテン語condere, condit-（建設する，保存する，隠す）の時からすでにいくつかの経路が絡みあってきた。このラテン語は接頭辞con, com（共に）と単純動詞dare, dat-（与える）〈date参照〉からなり，「組み合わせる，寄せ集める」が原義である。しかし，物事を組み合わせるにはさまざまなやり方がある。

このラテン語condere, condit-は都市に適用され，「建設する，創設する」を意味した。この用法は英語には入ってこなかったものの，歴史の分野ではローマ紀元（a. u. c.）を表す記号として今日に残っている。例えば，1000 a.u.c.（ローマ紀元1000年）のa.u.c.はab urbe *condita*のことで，「都市（ローマ）の建設から1000年」という意味である。ローマは伝説によると紀元前753年に建設された。

ところで「寄せ集める」ことは，「蓄える」ことでもあり，「保存する」ことになる。食物との関連で，ラテン語condere, condit- は，保存処理すなわち「漬け物にする」を意味するようになった。この意味は15世紀に動詞condite（漬け物にする）として借入されたが，今日では廃語になり，名詞condiment（香辛料，薬味）が残っている。

物を蓄えたりしまっておくという場合，それを守ったり，隠したりすることにもなる。そこでラテン語condere, condit- は「隠す」を意味するようにもなり，過去分詞conditusは「秘密の」を意味するようになって，これにラテン語接頭辞re-（後ろ）がついて，英語recondite（深遠な）が派生した。同様に，ab, abs（離れて）とcon, com（一緒に）とdare, dat-（置く）とからなるラテン語abscondere, abscondit-（離して集めておく）は「見えなくする，消える」，さらに「ある場所から離れる」を意味するようになり，これが英語のabscond（姿をくらます，逃亡する）となった。〈askance参照〉

reconnoitre [rìːkənɔ́itər] 偵察する，調査する
→ scourge

record [rékərd] 記録；[rikɔ́ːrd] 記録する，録音する

記録（*records*）を残す原始的な方法は，もちろん記憶するとか暗記することであった。この語はre（再び）とcor, cord-（心臓，心）とからなるラテン語recordari（心に留める，思い出す）が語源で，古フランス語recorderを経て借入され，「記憶する」から「暗唱する，語る」という意味に，さらに「書き留める」，特に何らかの永久的な形で記録に留めるという意味に使われるようになった。phonograph *record*（蓄音機，レコード）はそういった記録形態の一種である。そしてこの語は，ランナーが記録（*record*）を破ったというように，「書き留められる（に値する）物事」を指すようにもなるのである。

to keep *tally*（記録をつける）のように

使われる tally（書きつけた〔刻みつけた〕記録）の由来は、二重の刻み目をつけた棒を縦に半分に割って、取り引きする二人がおのおの同じ record（記し、記録）を勘定書として持つようにした古い割り符制度にある。この tally はラテン語 talea（切断した棒）が語源であるが、特に動詞 tally（計算記録を作る）は、ラテン語 talis（このように似た）、talio（同害報復）の影響も受けた後期ラテン語 talliare（二つの等しい部分に切る）から古フランス語 tallier（フランス語 tailler〔切る、刻む〕）を経て借入された。同様に、同種のものでの償い（「目には目を」）の発想が、retaliate（報復する）の中にある。この語は re（返す）と talis（似た）とからなる後期ラテン語 retaliare, retaliat-（報復する）が語源である。また後期ラテン語 taliare（切る）からはフランス語を経て英語の tailor（仕立屋）も派生した。なお、tale（話、〔原義〕数）も同根語と考えられる。

　　retaliate と retail（小売りする）とは二重語で、後者は前者よりずっと後にフランス語 retailler（割る、切り分ける）を経て借入され、少量の品目を扱う場合に、貸し借りの証拠を割り符（tally）によって残したことに由来する。大量の物を卸しで（in the gross）さばく業者は、古フランス語では grossier（卸売り屋——後期ラテン語 grossus〔大きな、粗い；fine に対する言葉〕——）で、英語に借入されて grocer となった。そして英国の Grocers〔1344年設立〕という会社が香辛料その他の輸入農産物を扱う卸売り業を営んでいたことから、この語はあらゆる食料を扱う商売人に対する丁寧であたり障りのない語として使われることになったのである。

recount [rikáunt] 詳しく話す、物語る、数え直す
　　→ calculate

recreation [rèkriéiʃən] 元気回復、気晴らし、レクリエーション
　　→ inn

rectify [réktəfài] 改正する、直す、整流する
　　→ royal

rectitude [réktit(j)ùːd] 正直、正確さ
　　→ royal

recto [réktou]《本の》右側のページ、表ページ
　　→ conversion

rectum [réktəm] 直腸
　　→ royal

red [réd] 赤い；赤色、赤字
　　この色は古くから血と関連づけられてきた。英国の百科事典編纂者チェンバーズ（Ephraim Chambers, 1680-1740）による Encyclopedia：『百科事典』（1728年）の記載によれば、13世紀ころの英語で「赤い復讐」（red revenge）は血や暴力を連想させた。17世紀ころまでには「赤い旗」（red flag）が戦闘の合図とされている。国旗においては、今日でも赤は民衆の血の色を表すと説明される。この流れから、フランス革命のジャコバン党の bonnet rouge（赤い帽子：red cap）や、19世紀中ごろイタリア統一運動の志士ガリバルディ（Giuseppe Garibaldi, 1807-82）の信奉者が着ていた「赤シャツ」を通して、とりわけ革命と結びつけられる。「革命の、過激な」という用語 red が広く定着したのは当然ながら20世紀のロシア革命後である。過激主義を語るだけで行動しない連中は、比喩的に「薄赤い」という意味で parlor pinks（サロン的進歩派、口先だけの左翼かぶれ）と呼ばれる。〈left 参照〉

　　red は、ゲルマン諸語に共通で、アングロサクソン語では read であり、これはラテン語 ruber（血色のよい：ruddy）、rufus（赤味を帯びた）、rubigo（さび）と同族語である。

　　orange（オレンジ色）はサンスクリット語 nāranga（オレンジの木）が語源で、長い歴史を持つ言葉である〈peach, yellow 参照, green については grass 参照〉。blue（青色）もゲルマン諸語に共通で、《フランク語から古フランス語を経て中英語に借入されたこの語は》アングロサクソン語 blaw と同系語であり、ラテン語 flavus（黄色）と同族語である。色の混同はこの一例にとどまらない。indigo（藍色）は16世紀のスペイン語 indico から直接借入されたが、意味は「インドの」（Indian）で「インド風に青く染められた布」であった。violet（スミレ色）はフランス語 violette から借入された言葉で、古フランス語 viole（スミレ：viola）の指小語で

あり，ギリシア語 ion（スミレ）と同族語である。〈iodine 参照，pink については nasturtium 参照〉

　blue blood（青い血の，貴族出身の）は，スペインのカスティリアの貴族が自分たちにムーア人やユダヤ人の「黒い」血（"darker" blood）が混ざっていないことを意味した sangre azul（青い血）の翻訳である。なお sanguinary（血みどろの，残忍な）は，スペイン語 sangre（血）と同源である。〈complexion 参照〉

　to see *red*（激怒する）は，暴力の連想と，スペインの闘牛で牛を興奮させるために *red* cape（赤いケープ）を振る習慣に何がしかの関係があると考えられる。と言っても牛は色を識別できないのだが。

　red tape（お役所風）は，18世紀イギリスのお役所仕事の遅延を指すのに用いられた。急送公文書（dispatch）〈同項参照〉の箱を縛った赤いひも（*red* tape）が，ゆっくりと儀式ばってほどかれたことに由来する表現である。

redeem [ridíːm] 買い戻す，身請けする，あがなう
　→ ransom

redemption [ridémpʃən] 買い戻し，身請け，贖罪
　→ ransom

redingote [rédiŋɡòut] レディンゴート《ダブルのフロック風の長いオーバーコート，前あき婦人コート》

　この言葉は英仏海峡を往復した。英語の riding-coat（乗馬用上着）を19世紀にフランス人が借入し，フランス訛りに合わせて綴りが変化した。それを英国人がフランス風スタイルのコートの名前として持ち帰ったのである。

reduction [ridʌ́kʃən] 縮減，割引，分解
　→ duke

reduplicated words
　[ridjúːplikèitid wɔ́ːrdz] 反復語
　chit-chat（ペチャクチャ），ding-dong（ガラーンガラーン）など。
　→ scurry

refection [rifékʃən] 元気回復，軽い食事
　→ defeat

refer [rifə́ːr] 言及する，参照する，委託する
　→ suffer

refine [rifáin] 精製する，上品にする，純粋になる
　→ finance

reflect [riflékt] 反射する，反映する，熟考する
　→ accent

reformation [rèfərméiʃən] 矯正，改善，改革
　→ formula
　re- はラテン語 re-（元へ）が語源。

refraction [rifrǽkʃən] 屈折
　→ discuss

refractory [rifrǽktəri] 扱いにくい，難治の，溶けにくい
　→ refrain, discuss

refrain [rifréin] 控える，慎む；折り返し
　喜歌劇 *H.M.S.Pinafore*：『軍艦ピナフォー』（W. S. Gilbert, 1836-1911 & A. Sullivan, 1842-1900）（1878年作）で，艦長が「ずぶとい水兵め，しつこく求愛するのはひかえろ」（"Refrain, audacious tar, your *suit* from pressing."）と命じる場面がある。しかし，彼はどんな面倒を引き起こしてしまったかを知るよしもなかった。《娘の駆け落ちなど次々事件が起る。》〈audacious, tar, Appendix VI の Jack Tar 参照〉

　衣服の suit（スーツ）は，ラテン語 sequi, secut-（従う）から後期ラテン語 sequere, sequit-，フランス語 suite（随行員，一続き）を経て借入された。ラテン語 non sequitur（結果はそうならない）は，英語では論理的誤謬を立証する時に用いられる。execute（執行する，〔原義〕徹底的にやり通す）はラテン語 ex-（徹底して）と sequi, secut-（従う）とからなる言葉である。立法府の指示に最後まで従い，これを実行するのが行政府（the *executive* branch of the government）と考えられている。

　次のやりとりでは execution の「できばえ」と「死刑」の意味の取り違えが笑いを誘う。

　"What do you think of his *execution*?"（彼の execution についてどう思うかね）

　"I favor it."（賛成だね）

　質問者はプロジェクト，例えば演奏などの「できばえ」を念頭においているのに対

し、応答者はそのできばえを嘆く人が演奏者の「処刑」を思い浮かべている。

　もし物事の続きがうまくいけば、それは「適合している、合っている、一続き」(*suit*) ということになる。そこで suit は衣服の「スーツ」、トランプの「組札」、ホテルの部屋などの「スウィート」(*suite room*——ここではフランス語形が使われる——) というように用いられる。〈set 参照〉

　上記の後期ラテン語 sequere, sequit- からアングロフランス語 suer (フランス語 suivre〔ついて行く〕) を経て sue (訴える) が派生し、主に法律用語として使われている。同語源の suitor は法廷の「原告」を意味するとともに、上記のようにずぶとい水兵 (audacious tar) と歌われたラルフのように御婦人の手を求める「求婚者」を意味する言葉でもある。〈同語源の他の語については pursue 参照〉

　なお、refrain (《詩・歌の》繰り返し文句、リフレーン) は曲を折り返し歌うもので、この語は re- (後方へ) と frangere, fract- (つきくだく、心を動かす) とからなる後期ラテン語 refrangere, refract- (バラバラにする、屈折する) が語源で、古フランス語 refraindre, フランス語 refrain (リフレーン) を経て借入された。refraction (屈折) や refractory (扱いにくい) はこの後期ラテン語からもっと直接的に派生した。〈discuss 参照〉

　一方 refrain (差し控える) は上記のずぶとい水兵に求められているものであり、re- (後方へ) と frenum (くつわ、手綱) とからなるラテン語 refrenare, refrenat- (手綱を引く、阻止する、抑制する) が語源で、古フランス語 refrener から借入された。この語はラテン語 frendere (歯ぎしりをする) と同語源の可能性が考えられるが、抑制されると歯ぎしりするのは無理からぬことである。

　ついでながら1901年に殺人罪で死刑を宣告された者たちが、初めて電気椅子 (electric chair) に座らされた時、execution (死刑) に似せて electrocution (電気椅子での処刑) という語が造られた。この語は、しかし、circumlocution (逃げ口上——ラテン語 circum〔回り〕——) 〈agnostic 参照〉とか interlocutor (バラエティショー〔minstrel show〕で左右の道化役と掛け合いをする主役——ラテン語 inter〔中間の〕——) とは直接には関係がない。この掛け合いのリーダーは、現在は emcee (M.C. すなわち Master of Ceremonies〔司会者〕) と呼ばれている。彼の突っこみの相手の役者は最近の演劇用語では stooge (ぼけ役) で、おそらく stodge (のろま——stodgy〔退屈な〕——) から変化したもので、これは古い動詞 stodge (重い足取りで歩く、ぬかるみにはまる) から変化したものである。

refreshment [rifréʃmənt] 元気回復、休養、清涼剤
　→ inn

refuge [réfjuːdʒ] 避難、保護、避難所
　→ devil

refugee [rèfjudʒíː] 避難民、亡命者
　→ devil

refund [rifʌ́nd] 払い戻す、返済する；払い戻し
　→ futile

regal [ríːgl] 威厳ある、豪華な、王〔女王〕の
　→ royal

regale [rigéil] 楽しませる、盛大にもてなす
　→ royal

regalia [rigéiliə] 王の象徴、礼服、勲章
　→ royal

regenerate [ridʒénərèit] 改心させる、よみがえらせる、再生する
　→ racy

regent [ríːdʒənt] 摂政、理事；摂政職にある
　→ alert, royal

regicide [rédʒəsàid] 国王殺し、国王殺害者
　→ shed

regimen [rédʒəmən] 養生計画、たゆまぬ厳しい訓練、統治

　この語が意味する一連の行為・処置法は、ラテン語 regere, rect- (支配する、指揮する) に由来する〈alert 参照〉。すなわち、ラテン語 regalis (王の、国王にふさわしい：*regal*) から、後期ラテン語形 regalimen を経て英語に借入されたとも考えられるが、英語 realm (領域、王国) にも密接に関連している。realm はラテン語

regimen（統治）から変化した言葉で，古くは reame であったが，ラテン語 regalis から借入された中英語 real（王の：*royal*）の影響で -l- が挿入された。

　　regimen も realm も最初は「統治，支配」を意味したが，その後 regimen は「一連の処置」，特に健康のための行動，特に規則（処置法）の意味へと変化した。〈realm 参照〉

regiment [rédʒəmənt] 連隊，大群；連隊に編成する
　　→ royal

rehabilitate [rì:həbílitèit] 修復する，機能回復訓練をする
　　→ ability
　　re- はラテン語 re- が語源。

rehearse [rihə́:rs] 下稽古する，予行演習をする，詳しく話す
　　→ hearse

reimburse [rì:imbə́:rs] 返済する，弁済する，賠償金を払う
　　→ Bursa

reiterate [ri:ítərèit] 何度も繰り返して言う，念を押す
　　→ obituary

reject [ridʒékt] 拒絶する，捨てる；不合格品
　　→ subject

rejoice [ridʒɔ́is] 喜ぶ，喜ばせる
　　→ joy

relax [riléks] ゆるめる，くつろぐ，和らぐ
　　→ talc

relevant [réləvənt] 関連がある，適切な
　　→ irrelevant

relief [rilí:f] 浮き彫り，除去，安堵，《任務の》交替

　　この語はラテン語 levis（軽い）から派生した動詞 relevare（軽くする，浮き上がらせる，開放する）より，古フランス語 relief（浮き彫り）を経て借入された。文字通りの意味は彫刻の high *relief*（高浮き彫り）や bas〔low〕*relief*（浅浮き彫り）に残っている。窮地などから浮かび上がったり，重い責務から解放されたりした人は「ほっとした」（*relieved*）気持ちになるものである。ここから relief（交替，息抜き）が生じ，"For this *relief*, much thanks."（この交替はまことにありがたい）（*Hamlet*：『ハムレット』I, i）との番兵の台詞となる。上記のラテン語 relevare の現在分詞 relevans, relevant-（助けになる）ゆえに「意義のある」から，英語 relevant（関連がある，適切な）や irrelevant（〔無能でも些細なことでもないが〕的外れな）が派生した。

religious [rilídʒəs] 宗教の，信心深い；修道士
　　→ sacrifice

remain [riméin] とどまる，残っている
　　→ remnant

remand [riménd] 再拘留する，送還する；再拘留
　　→ command

remnant [rémnənt] 残り，端切れ，名残り

　　この語は時間に追われるようになって，最近影をひそめたゆったりした気分を今にとどめている。re-（後方へ）と，manus（手）と同根と想定される manere, mans-（とどまる，保つ〔to hold〕）とからなるラテン語 remanere, remans-（とどまる〔to *remain*〕，とどめる〔to hold back〕）から古フランス語 remanoir（とどまる）の現在分詞 remanant を経て借入された remnant の短縮形である。英語 manual（手の）はラテン語 manus（手）〈manoeuvre 参照〉からの派生語である。mansion（大邸宅）はラテン語 manere, mans-（とどまる，保つ）から派生した言葉で，最初は兵士たちが進軍中に一晩とどまる場所だった。フランス語では短縮されて maison（家）となっている。

　　なお，よく似た短縮を経て成立した言葉に enmity（敵意），fortnight（2週間），plush（フラシ天《ビロードの一種》），dirge（葬送歌〔曲〕）などがある。enmity は in（否定辞）と amicus（親しい，友——*amity*〔友情〕——）とからなるラテン語 inimitia（憎悪，敵対）が語源で，古フランス語 enemistié を経て enimity として借入され，後に enmity となった。英語 amical（友好的な），amicable（好意的な），inimical（敵意のある）などは同語源である。fortnight（2週間）は fourteen night から fortennight を経て生まれた短縮形であり，plush（フラシ天）は，ラテン語 pilus（毛髪）〈wig 参照〉から

後期ラテン語 piluccare（毛を奪う），古いフランス語形 peluche から pluche を経て借入された。さらに，dirge（哀歌）は dirige の短縮形である。これは朝夕の祈りにおけるラテン語による交誦，*Dirige, Domine, Deus meus, in conspectu Tuo viam meam*（導き給え，わが神，主よ，わが生をあなたの御守りのうちに）の冒頭の語に由来する。なお類義語 requiem（鎮魂曲）は，同じミサの入祭唱（聖餐式前に歌う歌）*Requiem aeternam dona eis, Domine*（主よ，永遠の安息を彼らに与え給え）に由来する言葉である。

今日では libary（library〔図書館〕の視覚方言），Febuary（February〔2月〕の視覚方言）と綴られることがあるが，一方 atheletic（athletic〔運動競技の〕の視覚方言），slippery *ellum*（slippery elm〔アカニレ〕の視覚方言）などは，1文字を加える方が通りやすい。百年もすればこれらの方が正しい形となり，それをめぐって言語学者たちがあれこれと推測をたくましくすることであろう。

remorse [rimɔ́:rs] 激しい後悔，悔恨，自責の念

カンタベリーの修道士ダン・マイケル（Dan Michel of Northgate）という人物は1340年ころ，フランスの教訓劇の翻訳に *Ayenbite (Againbite) of Inwit*——すなわち remorse of conscience——：『良心の呵責』という題名をつけた。conscience（良心）は，con-（com：共に）と scientia（知識——*science*〔科学〕の語源——）とからなるラテン語 conscientia（自覚，良心）が語源で，in と wit（知識）からなる inwit（良心）に符合する。

一方 remorse（呵責）は，ラテン語 re-（再び）と，mordere, mors-（かむ：bite）から派生した名詞 morsus（かむこと）とからなる remorsus（かみ返し，呵責）が語源で，英語ではこの remorse（〔原義〕心の中をかじり続けるもの）が againbite に代わって普及した。mordant（辛辣な）も同じラテン語 mordere（かむ）から変化したフランス語 mordre（かむ）の現在分詞から借入された。音楽用語 mordent（モルデント，漣音《主要音から下2度の音を経て主要音に返る装飾音》）は同じラテン語からイタリア語を経て借入された。

また，同じ語源から派生した楽しい語に morsel（おいしいもの，一口分）がある。この語は，古フランス語 mors（かむこと）の指小形 morcel の借入であり，現代フランス語 morceau（一口分の食物）に対応する。なお，古フランス語 mors（かむこと）はラテン語 mors, mort-（死）にさかのぼる可能性があり，このラテン語からは英語 mortal（死を免れない），immortal（不死の），そしてフランス語から借入された immortelle（永久花《ドライフラワーで形と色が変わらないムギワラギクなど》）が派生した。さらにラテン語 mori, mortu-（死ぬ）と同根の名詞 morbus（病気）が英語に借入され cholera *morbus*（急性瀉下(げ)症）のように使われている。ラテン語形容詞 morbidus（衰弱した）から，英語 morbid（病的な），また morbific（病原性の——ラテン語 facere〔作る，引き起こす〕から派生した接尾辞 -icus〔…を起こす〕との合成——）が派生した。

ただ，morgue（死体公示所）はラテン語 mors（死）とは無関係と思われる。元来，この語は新入りの（生きている）囚人を警察が決して忘れないように検査する部屋だった。オック語《中世フランスの南部地方で話されたロマンス語》morgo（誇り）から，フランス語 morgue（横柄な態度——英語ではマシュー・アーノルド〔Matthew Arnold, 1822-88〕が1863年12月2日に母親に宛てた手紙でこの意味で使っている——）を経て，その意味の敷衍(えん)で「顔」を指すようになり，これが借入された可能性が高い。

ラテン語 mors（死）と morsus（かむこと）と mos, mor-（慣習）とは「食い込むもの」という意味で，元々語源的に結びついていた可能性がある。このラテン語 mos, mor-（慣習）を元にキケロ（Marcus Tullius Cicero, 106-43B.C.）は，ギリシア語 ethikos（倫理的：*ethical*）を moralis（道徳的）という造語で訳したが，これが英語 moral（道徳的；道徳）の語源である。なお，フランス語では morale は「道徳」を，moral は「士気」を意味し，英語 morale（士気）はこの2語の取り違えによる借入である。語源は同じで，特に徳目のうちの勇気を意味する言

葉であった。また同語源の morose（気難しい）は元来，慣習や礼儀にうるさい人にあてはまる「厳格な」を意味したが，これの行き過ぎが「交際ぎらいの，陰気な，不機嫌な」を意味するようになった。本来 immoral な行為とは，人々が慣れていないことを表すに過ぎなかった。〈uncouth 参照〉

なお，これらの語彙はおそらくギリシア語 moros（愚かな）とは無関係であろう。こちらは16, 17世紀に，今でも復活させたい英語 morology（愚かな話）をもたらした。そして後年 moron（魯鈍）なる語が造られ，1910年にアメリカ精神薄弱研究協会（American Association for the Study of the Feeble-Minded）で採用された。ちなみに Moron は，モリエール（Molière, 1622-73）の *La Princesse d'Elide*：『エリードの王女』（1664年）に登場する道化の名である。この道化の名は次の滑稽な無名詩を生み出した。

See the happy *moron*,
He doesn't give a damn.
I wish I were a *moron*.
My God! Perhaps I am!

のんきな間抜けを見てごらん，
彼は何にも気にしない。
おれも間抜けだったらなあ。
待てよ，おれもそうかもね！

なお，米国では大学 2 年生を sophomore と呼ぶ。それは半分愚かで半分知恵者ということで，ギリシア語 soph-（知恵）と moros（愚かな）との合成語であるとされる。〈sophisticated 参照〉

ところで，よく似た語形のギリシア語 morphe（形）は，英語では結合形としてしばしば用いられる。例えば，morphology（形態論）や amorphous（定形を持たない）などである。また，polymorphous（多くの形をとる）はアメーバやギリシア神話の海の老人プロテウス（Proteus——変幻自在な姿をとる海神——）に用いられる。この Proteus から英語 protean（変幻自在な）が造られた。

protean と発音の似た protein（タンパク質）は，ドイツ語 Proteinstoffe（第一の物質）からギリシア語 protos（第一の）にさかのぼる。このギリシア語 protos からは多くの英語が造成された。例えば protocol（外交儀礼，条約議定書）は，後期ギリシア語 protocollon（表紙貼り返し——写本に要約を加えて貼りつけられたチラシで，ギリシア語 kolla〔にかわ〕との合成語——）が語源である。この kolla からは英語 collagen（コラーゲン），collenchyma（厚角組織），colletic（膠着性の；接合剤）など他の科学用語が派生した。collodion（【化学】コロジオン《すり傷や写真のフィルムに塗る液》）はギリシア語 collodes（にかわ状の）から派生した。また colloid（コロイド），collotype（コロタイプ版）や，物をカンバスの上に貼りつけてゆくモダンアートのコラージュ（collage）も同語源である。〈plant 参照〉

長い間，にかわは魚膠（ぎょこう）（fishglue）が主流であり，ギリシア語 ikhthyokolla（魚＋にかわ）がそのまま英語 ichthyocolla として用いられた。にかわは浮き袋から採られたので，オランダ語 huisenblas（チョウザメの浮き袋——blas, blad- は英語 *bladder*〔浮き袋〕に対応——）が訛った isinglass（アイシングラス）〈同項参照〉も ichthyocolla と呼ばれた。ichthy-, ichthyo-（魚の）は英語の連結形で，ichthyology（魚類学），ichtyolatry（魚神崇拝——例えば旧約聖書のダゴン〔Dagon〕《ペリシテ人，後にフェニキア人が崇拝した半人半漁の主神》崇拝——），ichthyophagist（魚食人種）などを造る〈sarcophagus 参照〉。ギリシア語 ikhthys（魚）はさらに，*I*esus *Kh*ristos *Th*eou *Hy*os, *S*oter「イエス・キリスト，神の子，救い主」の頭文字で綴られるところから，キリスト教徒のシンボルとなった。

ところで，オウィディウス（Ovidius, 43B.C.-17?A.D.）は眠りと夢の神を Morpheus（モルペウス）と呼んだが，これが morphine（モルヒネ）の語源となった。しかし後悔（remorse）に苦しむ人は簡単には，と言おうか，心安らかには眠れない。ギリシア語 opos（野菜ジュース）には指小語 opion がある。これがケシの汁を意味する言葉として用いられて opium（アヘン）になり，さらに opiate（鎮静剤）が派生した。

ローマの円形競技場に入場するとすぐに，剣闘士たちは皇帝席に向かって"Te

morituri salutamus"（われら死に赴かんとする者，汝に敬意を表す：We who are to die salute thee.）と叫んだ。ここでは英語とラテン語が好対照をなしている。英語のような分析的言語では概念をいくつかの部分に分けるのに対し，ラテン語のような総合言語では一つの概念のさまざまな要素を一つのユニットに組み立てる。ラテン語の 1 語 morituri に英語では who are about to die の 5 語を当てることになる。

なお類音の more（より多くの）はゲルマン諸語に共通で，古英語で ma である。だがとりあえずここまで（no *more*）。

remunerate [rimjúːnərèit] 報酬を与える，報いる，補償する
　　→ immunity

render [réndər] 与える，報いる，表す
　　→ surrender
　　rent（使用料）も render（与える）と同じ語源で，後期ラテン語 rendita（返礼として与えられる物），古フランス語 rente を経て借入された。一方 rend（何かをずたずたに引きちぎる）は古英語 rendan（引き裂く）が語源で，同系語は古フリジア語に見られるが，他のゲルマン諸語には見当たらない。

rendition [rendíʃən] 解釈，演奏，上演
　　→ surrender

renegade [rénəgèid] 裏切り者；裏切りの；背教者となる
　　→ runagate

renovated [rénəvèitid]（俗説）離婚者
　　→ grass

repair [ripéər] 修理する，償う，赴く
　　→ zipper

reparation [rèpəréiʃən] 賠償，補償；慰謝料
　　→ zipper

repast [ripǽst] 食事，食事時間
　　この語は元来食事と食事の間に食べる軽食を指していた。ラテン語 re-（再び）と pascere, past-（飼料を与える）〈pester, abbot 参照〉からなる後期ラテン語 repascere（再び食べること）が語源で古フランス語 repaistre（食事をする）から repast（食事）を経て借入された。

repatriation [riːpèitriéiʃən] 本国送還
　　→ zipper

repel [ripél] 追い払う，拒絶する，反発する
　　→ pelt

repent [ripént] 後悔する，悔い改める
　　→ chary

replete [riplíːt] 飽食した，満腹した，満ちた
　　→ foil

replica [réplikə] 複写，複製品，レプリカ
　　→ complexion

reply [riplái] 返事をする，答える；返事
　　→ complexion

reprehensible [rèprihénsəbl] 非難すべき，非難に値する
　　→ surprise

repress [riprés] 抑制する，抑圧する，鎮圧する
　　→ command

reprimand [réprəmænd] 叱責；[rèprəmænd] 懲戒する，叱責する
　　→ command

reprisal [ripráizl] 報復，強奪，報復行為
　　→ surprise

reputation [rèpjətéiʃən] 評判，うわさ，名声
　　→ character

requiem [rékwiəm] 鎮魂曲，ミサ曲，哀歌
　　→ remnant

resent [rizént] 憤慨する，腹をたてる，ひどく嫌う
　　この語は最初，現在の react（反応する，反発する）に近い意味を持っていた。ラテン語 re-（元へ）と sentire, sens-（感じる——英語 sense〔感覚，五感の一つ〕，sensation〔感覚〕の語源——）からなる言葉で，フランス語 ressentir（強く感じる）から借入された。人間は悪いことを記憶する傾向を本性的に持つもので「感じる」でも特に「不快に感じる」を意味するようになった。同じことが retaliate（報復する）にも言える〈record 参照〉。昔の伝道師はよく *resenting* God's favours（神の恩寵に対して感謝の気持ちを抱くこと）について語った。昔の祈りで，*prevent* us in all our doings（われわれのすべての行いを導きたまえ）と神に祈ったのと同じである。〈loafer, prevent 参照〉

resentment [rizéntmənt] 憤り，憤慨

→ ascend, resent

reside [rizáid] 住む, 駐在する, 存在する
→ subsidy

resign [rizáin] 辞職する, 断念する, 委託する

この語は, re-(元へ)とsignare, signat-(署名封印する——signature〔署名〕やassignation〔指定, 任命：a *signing to*〕が派生——)からなるラテン語の動詞resignare, resignat-(封をとく, 手放す)が語源で, 英語での最初の意味は「放棄する, あきらめる」だったが, 宗教的には「神へ自らを委ねる」という意味にも使われ, ここから「運命を甘受した人」(the person that is *resigned* to his fate) という表現も生まれた。resignationには今も「放棄」と「甘受」のどちらの意味にも使われている。

resignation [rèzignéiʃən] 辞任, 放棄, 甘受
→ resign

resilient [rizíliənt] 弾力のある, 立ち直りの早い, 快活な
→ somersault

resist [rizíst] 抵抗する, 耐える, 我慢する
→ tank

respect [rispékt] 尊敬する；尊敬, 点
→ auction, scourge, respite

respiration [rèspəréiʃən] 呼吸, 一息
→ inspiration

respite [réspət] 一時的中断,《苦痛からの》小休止；猶予を与える

ポー (Edgar Allan Poe, 1809-49) の "The Raven":「鴉」(1845年)の中で, 悲しみに沈んだ恋人 (lover) が「ひとときの安息と悲しみの忘れ薬」("*respite* and *nepenthe*") を求めて涙した時, 彼をつき動かした感情は恋人に対する敬慕 (*respect*) よりもずっと強いものだった。しかしながら, respite と respect は二重語で, ラテン語 respicere, respect-(振り向く, 再び見る)が語源である。人は注目に値するものを繰り返して見ることから, respect (尊敬) や respectful (敬意を表する——時折若干の畏れを伴う——) が派生した。一方ラテン語 respect- から古フランス語 respit (フランス語 répit〔猶予, 休息〕) を経て英語 respite に至るにもう少しの遠回りがあった。最初の意味は「物事のさらなる吟味のために充てられた時間」だったが, 後に何であれ「猶予」, そして特に望ましくない物事の延期を意味するようになるのである。

nepenthe (忘れ草, ネペンテス) は『オデュッセイアー』(iv, 221) に出てくる薬草で, ギリシア語 ne-(否定辞) と penthos (悲しみ) とからなる言葉である。〈repent 参照〉

respond [rispánd] 答える, 反応する, 応答する
→ spouse

rest [rést] 休息；休む, 休ませる
→ tank

restaurant [réstərənt] レストラン, 料理店, 食堂
→ inn

restitution [rèstət(j)úːʃən] 損害賠償, 補償, 復権
→ tank

restoration [rèstəréiʃən] 返還, 復活, 修復
→ inn

restore [ristóːr] 戻す, 回復する, 復帰させる
→ inn

restrain [ristréin] 抑制する, やめさせる, 制限する
→ prestige

restrict [ristríkt] 制限する, 限定する
→ prestige

result [rizʌ́lt] 結果；結果として生じる, 帰着する
→ somersault

resume [riz(j)úːm] 再び始める, 回復する, 要約する
→ prompt

résumé [rézəmèi] レジュメ, 要約, 履歴書
→ prompt

resurrect [rèzərékt] 復活させる, 再び用いる, 掘り起こす

この語は, sub-(下に) と regere (支配する) とからなるラテン語 surgere, surrect-(上に立つ, 立ち上がる) と re-(再び) とから派生したラテン語 resurgere, resurrect-(再び立ち上がる) が語源である。同じラテン語 surgere から古フランス

語 sourdre（生じる，現れる）を経て英語 source（源）が派生した。resurge（よみがえる）と resurrect とは二重語である。18世紀から19世紀初頭にかけて，人間の構造を理解しようとする医者たちの努力が保守派たちの反対にあっていたころ，*resurrection* man（死体盗掘者）とは，解剖学研究に使うための死体を墓から掘り起こす人のことであった。ディケンズ（Charles Dickens, 1812-70）はそうした人物の一人，《昼は銀行に勤める》ジェレミー・クランチャー（Jeremy Cruncher）を *A Tale of Two Cities*：『二都物語』（1859年）に登場させている。このような男は当然ながら，機略縦横（*resourceful*）でなければならず，落ちても次々と立ち上がる方法をいっぱい持っていた。

resurrection [rèzərékʃən] 復活，再生，死体発掘
→ sorcerer

retail [ríːtèil] 小売り；小売りで；小売りする
→ record

retaliate [ritǽlièit] 報復する，復讐する
→ resent, record

retire [ritáiər] 退職する，引き下がる，床につく
→ tire

retort [ritɔ́ːrt] 言い返す，逆襲する；しっぺ返し
→ torch

retract [ritrǽkt] 引っ込める，撤回する，取り消す
→ distraction

retrench [ritréntʃ] 切り詰める，削除する，節約する

職杖（*truncheon*）といえば大きな棍棒を思い浮かべるが，この語 truncheon はラテン語 truncus（幹：*trunk*）からフランス語 tronc（幹），そしてその指小語 troncon（輪切りにしたもの）を経て借入された〈poltroon 参照〉。これと同語根のラテン語 truncare（切る）から後期ラテン語 trincare，古フランス語 trenchier（切る），trencheoir（まないた）を経て英語 trencher（肉を切る木皿）が派生した。trencherman（大食家）は，元は切り分けた肉を給仕する料理人だったが，その後，食べる人自身を指すようになった。trenchant（《指摘などが》鋭い《発言》：a cutting remark）はフランス語現在分詞 trenchant からの借入である。なお trench（掘削）も同語源で，元来森の中を切り開いた小道を指したが，後に掘って作った狭い溝を指すようになった。今日の foxhole（【軍隊】たこつぼ壕）は，かつては trench と呼ばれた。人が自分の立場を固守しようとすると，「塹壕を掘って身を守るように，地位に身を隠す」（intrench in a position）ものである。なお retrench は原義の「切る」にさかのぼり「《費用などを》切り詰める」ことである。さらに同じ語源から古フランス語 troncher, troncer（棍棒〔*truncheon*〕を使う）を経て，ちょっとよそいきの英語 trounce（ひどく殴る，折檻する）が借入された可能性が高い。

retribution [rètrəbjúːʃən] 報い，懲罰，天罰
→ tribulation

revamp [rivǽmp] 改良する，繕ろう
→ vamp

reveal [rivíːl] 明らかにする，示す，啓示する
→ cloth の項 voile

réveillé [révəli] 起床らっぱ
→ avulsion

revel [révl] 大いに楽しむ；お祭り騒ぎ，酒宴
→ avulsion

revelation [rèvəléiʃən] 暴露，新発見，啓示
→ avulsion

revelly [révəli] 起床ラッパ
→ avulsion

revenge [rivéndʒ] 復讐する，恨みを晴らす；復讐
→ vengeance

reverie [révəri] 空想，夢想，幻想曲
→ outrage

revert [rivə́ːrt] 戻る，再発する；元の宗教に戻った人
→ conversion

review [rivjúː] 再検討，批評；批評する
→ improvised

revise [riváiz] 改訂する，復習する；校訂
→ improvised

revive [riváiv] 生き返る，復活する，生き

返らせる
→ victoria

revivify [rivívəfài] 生き返らせる，還元する
→ victoria

revolution [rèvəl(j)úːʃən] 革命，公転，回転
→ volume

revolve [riválv] 回転させる，回転する，展開する
→ volume

revolver [riválvər] リボルバー《回転式連発拳銃》
→ volume

revue [rivjúː] 時事風刺劇，レビュー
→ improvised

revulsion [riválʃən] 激変，反感，嫌悪
→ avulsion

reward [riwɔ́ːrd] 報酬，謝礼金；報いる
→ lady

rhenium [ríːniəm]【化学】レニウム
→ element

rhinestone [ráinstòun] ライン石，模造の宝石
　これはドイツのライン（Rhine）川で採れる石で，フランス語では caillou du Rhin（Rhine の小石）である。なお［ríːn］と発音する rhine（《方言》水路）は，アングロサクソン語では ryne, 古英語では rune で，現代英語では run（排水路，水路，走路；走る）である。上質のロシア麻は rhine, rine の名で知られているが，これはドイツ語 rein Hanf（純粋な麻）だった。ギリシア語 rhis, rhin-（鼻）は，英語に rhinal（鼻腔の）を始め，接頭辞 rhino- のついた多くの科学用語をもたらした。例えば rhinoceros（サイ）はギリシア語 rhino-（鼻）と keras（角）とからなる言葉である。1660年ころから rhino は「金銭」を意味する俗語となり，rhinocerical は「金持ちの」を意味してきたが，これはおそらく大きく丸々したサイを連想したものと考えられる。つまり，たっぷり備えがあるということである。

rhino [ráinou] サイ，金銭
→ rhinestone

rhinoceros [rainásərəs] サイ
→ rhinestone

rhizo- [ráizou-]《連結形》根の

→ licorice

Rhode Island [ròudáilənd] ロードアイランド
→ States

rhodium [róudiəm]【化学】ロジウム
→ element

rhododendron [ròudədéndrən] シャクナゲ
→ primrose

rhymester [ráimstər] へぼ詩人
→ spinster

riddle [rídl] なぞ；なぞを解く，なぞをかける
→ read

ride [ráid] 乗る，乗って行く；旅行
→ deride, riding

ridiculous [ridíkjələs] ばかげた，こっけいな，途方もない
→ deride

riding [ráidiŋ] 乗馬，乗車，区
　馬の背に乗る（to *ride* on horseback）にせよ，また船が停泊する（to *ride* at anchor）にせよ，ride はゲルマン諸語に共通で，アングロサクソン語では rīdan（揺れる，浮かぶ）である。ところで，国が地方に行政区を設けるにあたって，ローマ人が都市を4区（quarters——Latin *Quarter*〔カルチェラタン〕〈同項参照〉はこれに由来する——）に分割したのに対し，イングランド人は自分たちの田園地方を3区（thirds）に分割した。この行政区域をアングロサクソン語で thrithing（第3区，3分の1区）と言い，後に訛って triding と言った。なおちなみに，10世帯の集まりを指すのにアングロサクソン語 teotha（第10の，10分の1の——英語 tithe〔10分の1税〕は同語源——）から派生した tithing（10戸組）が用いられた。さて，上記の3分割区行政区域の名 Norththriding, Souththriding 等は縮約され Northriding, Southriding となり，-th- が North や South の -th と考えられて，Riding がその地区を指す言葉と考えられるようになった。

right [ráit] 右の，正しい；権利
→ left

rigmarole [rígməròul] くだらない長話，手のこんだ手続き
　この語には，はっきりとは区別しがたい

二つの語源説が絡み合っている。一つは古英語時代の ragman-roll の転訛であるとする説である。ragman は、封建領土の忠誠一覧（課税台帳）を作る役人のことだったと考えられる。その ragman が1296年イングランド王エドワード1世（Edward I, 在位 1272-1307）の ragman-roll（ラグマン誓約状《イングランド王エドワード1世に忠誠を誓ったスコットランド貴族の誓約状で、羊皮紙の巻物》）に用いられた。ところが現在ではこの語は ragman（くず拾い、古着屋）と誤解されることが多い。

他方、どういうわけかはわからないが、ragman は「悪魔、邪神」に対する昔の呼び名とも理解されていたのではないかと考えられる。14世紀の *Piers Plowman*：『農夫ピアズ』（C. xix, 122）にこの用法がある。この意味から「臆病者、卑怯者」を指す言葉としても使われ、ragr（臆病な）と mannr（男）とからなるアイスランド語 rogs-mannr からの借入とも考えられた。この古北欧語 ragr の原義は「めめしい」で、これは古英語 baedling（めめしい男）の短縮形とされる英語 bad（悪い）と似ている。この bad は bantling（小僧、がき）と同語源でもある。〈ただし他の説もあり、bank 参照〉

このように二つのはっきりしない語源説が交錯して、rigmarole は「長ったらしくくだらないもの――ちょうど悪魔があなたの舌を動かしている時のような話――」を意味するようになった。

rile [ráil] 怒らせる、いらだたせる
→ island

Riley (the life of) [ráili (...)] 気楽で贅沢な暮らし
→ island

ring [ríŋ] 輪、指輪；取り囲む
→ harangue

rip [ríp] 裂く、裂ける；裂け目
→ zipper

riparian [raipéəriən] 川岸の、水辺の；河岸所有者
→ world

risibility [rìzəbíləti] 笑い性、笑い
→ deride

rival [ráivl] 競争相手、好敵手；競争する
流れをはさんで対岸に住んでいる人々は（ナイル川のように毎年に洪水で流れが変われば、同じ側の岸辺の人々でさえ）、対抗者（*rivals*）になりがちである。すなわち、この語はラテン語 rivus（流れ、川）の形容詞 rivalis（小川の）が語源である。一方、英語 river（川）はラテン語 ripa（岸、海岸）から古フランス語 riviere（フランス語 rivière〔川〕）を経て借入された。rivet（鋲）はフランス語 rive（流れの土手、岸）と同語源であるとする説がある。（エジプトの洪水後の調査でやるように）境界を固定する物である。このフランス語 rive はラテン語 ripa（岸、海岸）が語源で、英語 riparian（水辺の）も同語源である。〈world 参照〉

derive（派生する）も rival と同語源で、ラテン語 derivare, derivat-（誘導する――derivation〔由来、起源〕の語源――）からフランス語 dériver（流れから水を引き出す）を経て借入された。arrive（到着する――ラテン語 ad〔…へ〕+ ripa〔岸、海岸〕――）は、もちろん「岸に着く」が原義であり、そこは少なくとも船乗りの目的地である。回り道の旅をするという点では、語源探索に対抗するもの（*rivals*）は少ない。

river [rívər] 川、流れ
→ rival

rivet [rívət] リベット、鋲；リベットでとめる
→ rival

roam [róum] 歩き回る、放浪する；散策
すべての道はローマ（*Rome*）に通じる（すべての旅人はローマに行き着く）。イギリスの貴族の子弟がヨーロッパ大陸巡遊旅行（Grand Tour）でローマを目指すようになるずっと以前、キリスト教徒が聖地（Holy Land）への巡礼をしていたころ、オリエントの富裕な旅人たちもこの永遠の都を目指した。その後この都は宗教上の支配力が多くの敬虔な信者たちを引きつけた。イタリア語 romeo（Juliet はさておき）、スペイン語 romero, 古フランス語 romier はすべてローマへの巡礼者を意味する言葉で、ここから英語 roam（放浪する）が派生した（この語源説は *OED* の学者たちには否定されるが、彼らに代案があるわけではない）。

rob [ráb] 奪う、強奪する、襲う
→ bereave

robin [rábin] コマドリ，円形上申書
　この語は古高地ドイツ語 Hrodeberht (名声輝かしい) が語源の男子名 Robert の古フランス語における指小形 Robin の借入で，dicky (よだれ掛け，《婦人服の》前飾り) や jack (皮製の袖なし上着，若者) のようにさまざまな連想が広がる言葉である。round *robin* (円形署名嘆願書) は英国海軍に起源がある。不満を持つ乗組員たちが陳情書を書けば，艦長は最初に署名した者を反逆者として絞首刑にする権利があった。1612年，横帆2本マストのキャサリン号がジブラルタルに停泊していた時，その水兵たちは，コマドリの小像の台を使って中央の円とし(?)，名前をまわりに(舵輪のように)書くという着想を得た。こうして round *robin* なる言葉が生まれた。

robot [róubɑt] ロボット
　この語はチェコの作家・劇作家チャペック (Karel Čapek, 1890-1938) の戯曲 *R. U.R.* (*Rossum's Universal Robots*):『機械人間』(1921年) を通して英語に入ってきた。チェコ語 robota (強制労働) が語源で，さかのぼるとロシア語 rab (奴隷) から古スラヴ語 rob (奴隷) に至る。

rodent [róudənt] げっ歯類の動物《ウサギ，リスなど》
　→ graze
　この語はラテン語 rodere, ros- (かじる) の現在分詞 rodens-, rodent- から派生した〈bed 参照〉。英語 corrode (腐蝕する) や corrosion (腐蝕) は，この rodere, ros- と cor- (com: すっかり) とからなるラテン語 corrodere-, corros- (かじって破る) が語源であり，erosion (侵食) の e- は強調を意味するラテン語 ex (外へ) が語源である。ただし，rodeo (ロデオ) はラテン語 rotare, rotat- (回る——英語 rotation 〔回転〕の語源——) 〈rote 参照〉からメキシコのスペイン語 rodear (ぐるぐる回る，囲む) を経て派生した言葉で，最初の意味は「畜牛のかり集め」(round-up of cattle) だった。

rodeo [róudiòu] ロデオ
　→ rodent

rodomontade [ràdəmɑntéid] 自慢話；ほら吹きの；豪語する
　→ Appendix VI

rogation [rougéiʃən]《祈願節の》連禱，法案
　→ quaint

roil [rɔ́il] 濁らせる，いらだたせる，乱れる
　→ island

roll [róul] 転がる，転がす；巻いた物
　→ calculate, rote

Roman (calendar)
[róumən (kǽləndər)] ローマ暦
　→ month

romance [roumǽns] 恋愛，空想小説；作り話をする
　→ onion

romantic [roumǽntik] 空想小説的な，非現実的な；空想家
　→ onion

rondeau [rándou] ロンドー体の詩
　→ rote

rondel [rándl] ロンドー体の詩の一種
　→ rote

room [rúːm] 部屋，空間，余地
　→ rummage

roorback [rúərbæk] 中傷，誹謗
　この語 (*roorbach* と綴られることもある) は「事実に反する報道やうわさ」という意味で，今日ではあまり使われないが，再び普及してもよさそうである。合衆国大統領選挙候補者だったポーク (James K. Polk, 1795-1849, 在任 1845-49) を中傷した本 *Travels of Baron Roorbach*:『ルアバック男爵の旅』(1844年) に由来する。

rooster [rúːstər] 雄鶏，うぬぼれの強い人
　→ coquette

roquefort [róukfəːrt] ロクフォールチーズ
　→ Appendix VI

rosary [róuzəri] ロザリオ，数珠
　ラテン語の rosarium (バラ園) は比喩的に「信仰の書」を指した。神に捧げるバラ園という意味である。その後「祈禱書」に，そして祈禱を数える「数珠」という意味に使われるようになった。〈bead 参照, anthology に関しては Athens 参照〉
　thesaurus (分類語彙辞典，専門用語辞典，シソーラス) は，ギリシア語 thesauros (宝物〔庫〕: treasure 〈同項参照〉)

rose [róuz] バラ, バラ色；赤くなる
→ primrose

rosemary [róuzmèri] ローズマリー
→ primrose

Rosetta Stone [rouzétəstòun] ロゼッタストーン
→ hieroglyphics

rostrum [rástrəm] 説教壇, 船嘴(せんし), 【生物学】口吻

　「演壇」を表すこの語は, rodere, rost-(かじる)から派生したラテン語 rostrum (くちばし)が語源である。演説者たちの「ムッソリーニ(Mussolini)あご」とは関係がない《このファシストは, 頑強そうなあごを突き出し, 居丈高に演説をしたので有名だった》。古代の船の船首はくちばしをかたどった装飾で長くなっていた。そして古代ローマの公共広場(Roman Forum)の演壇は, アンティアテスの海戦(紀元前338年)で拿捕(だほ)した船の船嘴(せんし)で飾られていた。

rot [rát] 腐る, 衰退する；腐敗
→ rat

Rotary (Club) [róutəri (klʌb)] ロータリークラブ

　この組織は主に実業家の集まりで, 共同体や国際社会の向上を目指し, 第1回はシカゴで1905年に開かれた。名称はこの会合が会員たちの家庭で持ち回り(rotation)で行われたことから生まれた。〈rote参照〉

rotation [routéiʃən] 回転, 自転, 交替
→ rodent, rote

rote [róut] 機械的手順, 古いバイオリンの一種

　「機械的に覚える」(to learn by *rote*)ということは, 今日工場で働く人たちの作業のように, 音楽に合わせて覚えることと一時は考えられていた。rote には古高地ドイツ語 hrota から古フランス語 rote を経て借入されたものがあり, それが古い楽器の名前で, ハープの一種やバイオリンの一種を指したからである。しかし「機械的手順」の rote はまったく違った起源の言葉で, ラテン語 rumpere, rupt-(破る, 押し開く——via *rupta*〔押し開かれた道, 例えば, 森を切り開いた道〕——)が語源で, 古フランス語 rote, route (道)を経て借入された。同じラテン語から eruption (爆発), corruption (頽廃：〔原義〕完全に壊れた——cor- はラテン語 cum〔強調の接頭辞〕——), rumpus (騒音)なども派生した。〈bank参照〉

　ところで, 軍隊が打ち破られる(後期ラテン語 rupta)と, 潰走(rout)することになる。またラテン語 rumpere, rupt-(破る, 押し開く)から古フランス語 rompre (砕く), 古フランス語 rote, route (道)を経て英語 route (道筋)が派生し, また同じ古フランス語 rote の指小語 rotine から routine (踏み固められた小道, 決まった手順)が派生した。route の別の綴りに rut (わだち)があるが, 多くの道路は最初は単なる荷馬車の通った跡だった。こうして二重語ならぬ四重語ができあがった。route (道筋), rout (潰走), rote (機械的手順), rut (わだち)の四つである。

　「車輪」は道(route)を転がっていく(roll)もので, ラテン語で rota という。この語の形容詞 rotundus (丸い)から英語 rotund (円形の)や round (丸い；回転)が派生した。orotund (朗々と響く)はラテン語 ore rotundo (丸い口で)の転訛である。またラテン語 rota の指小語 rotula (小さな輪)が借入されて「膝蓋骨」を意味するようになった。英語 rotation (輪番)や Rotary (ロータリークラブ)も同語源である。roué (〔古語〕放蕩者, 道楽者)の原義は「車裂きの刑に処せられた者」である。オルレアン公(Duke of Orleans)の摂政時代(1715-23)に, お付きの者たちの中の放蕩者はこのように処罰すべきだとしてこの名がつけられた。

　roll (転がる)や roulette (ルーレット)は古フランス語 rouler, roler を経て, 後期ラテン語 rotulare (回転する), さらに上記のラテン語 rotula (小さな車輪)にさかのぼる。詩形の round (輪唱), rondeau (ロンド体：二種の脚韻とリフレインからなる詩型), roundel (ロンド体の一変形), roundelay (短い折り返しのある詩)も同語源であり, いずれも車輪のように回転して戻ってくる物語詩を指している。なお roundelay は古フランス語 rondelet (小さな rondel 〔ロンド体の一種〕)が, アングロサクソン語

lāc（娯楽：ゴート語 laiks〔踊り〕）が語源の lay（歌）の影響を受けた語である。英語 lark（浮かれ騒ぎ——ヒバリではない！）はこのアングロサクソン語 lāc が語源である。〈crowd 参照〉

rotula [rátʃələ] 膝蓋骨
　→ rote

rotund [routʌ́nd] 丸い、円形の、朗々とした
　→ rote

roué [ruːéi] 道楽者、放蕩者
　→ rote

round [ráund] 丸い；円、回転、輪唱
　→ rote

roundel [ráundl] ロンドー体の一変形
　→ rote

roundelay [ráundəlèi] 短い折り返しのある詩《ロンドー体の一変形》
　→ rote

rout [ráut] 潰走、暴動；徹底的に打ち破る
　→ rote

route [rúːt] 道、方法；経路を定める
　→ rote

routine [ruːtíːn] 決まってすること、いつもの手順；日常の
　→ rote

rove [róuv] うろつく、流浪する；徘徊
　→ bereave

rover [róuvər] 流浪者、放浪者
　→ bereave

royal [rɔ́iəl] 国王の、王室の、王者の風格がある

　この語はラテン語 rex, reg-（王）や形容詞 regalis（王の）が古フランス語に入ってそれぞれ roi（王）、roial（王の）となり、この形容詞 roial がノルマン人を経て借入されて英語 royal（王の、王にふさわしい）や royalty（王権、王族、印税）が派生した。後者は国王によって認められた管轄権、特に鉱産物に関して用いられ、後にそのような権利のおかげで獲得される金銭、さらに書籍などの売り上げのうち「印税」を指すようになるのである。
　上記のラテン語から派生した単語群が英語に直接借入されている。形容詞 regalis（王の）から派生した同義の regal（王の）、動詞 regere, rect-（指揮支配する）の現在分詞 regens, regent- から派生した regent（摂政）、過去分詞 rect-（支配される、正しく導かれる）から派生した rectitude（正直、正確さ）、rector（教区牧師、院長）、rectify（直す、直流にする）、erect（直立した）などがその例である。これらの語の意味は、王がなすことは正しいとされたことに由来する。ちなみに「正しい角度」は直角（*right* angle）であり、かつて「正しい線」とは直線（*right* line）のことであった。また、解剖学で rectus（直筋）は真っすぐな繊維を持つさまざまな筋肉を指し、大腸の末端の真っすぐな部分は rectum（直腸）である。regalia（王位の象徴）は「王の衣装、式服」が、regale（楽しませる）は「王にふさわしい流儀でもてなす」が原義である。ただし、regale は英語 gala（祝祭）からアングロサクソン語 gal（陽気な：*gay*）、ゴート語 gailjan（元気づける）にさかのぼるとする説がある。ラテン語名詞 regimen（指導、支配者）も、同じラテン語動詞 regere から派生した言葉で、そのまま英語 regimen（養生計画、管理）として使われている。元来この語は「治めて支配する行為」を意味したが、後に「支配の制度」、あるいは「手続き」へと広がった。同様に後期ラテン語 regimentum から借入された regiment は、元来「統治、統治法」を意味し、後にその支配を確実にする「連隊」へと意味が広がった。com-（共に）と regere（正しく導く）とからなるラテン語 corrigere, correct-（一斉に直す、正す）が correct（訂正する、正す）の語源である。「手に負えないやつ」（*incorrigible*）を「矯正する」（*correct*）ことは難しい。de-（下へ分離して）と regere（正しく導く）からなるラテン語 dirigere, direct-（真っすぐにする、整える）は、direct（道を教える、指揮する）や direction（指導、方向）の語源である。同語源の directory（法令集）は規則を集めたものであるが、後に「人名録」の意味も加わった。フランス語 directoire（【フランス史】五執政官政府）は、1795年から1799年の革命を指揮した一団の人々を指し、この語はその時代に人気のあったドレスの型の名となった。〈alert 参照〉

royalty [rɔ́iəlti] 王権、王族、印税
　→ royal

rubber [rʌ́bər] ゴム，ゴム製品，消しゴム

rub（こする）はゲルマン諸語に共通だが，その起源は不明である。カリブ海地方土着の言葉で caoutchouc（天然ゴム）と呼ばれる物が輸入された時に，英国の化学者プリーストリー（Joseph Priestley, 1733-1804――1774年に酸素を発見――）は，それが鉛筆の跡をこすり落とす（*rub out*）ことに気がついた。そこで，この便利な言葉 rubber（ゴム，消しゴム）が誕生した。

rubidium [ru(:)bídiəm]【化学】ルビジウム
→ element

rubric [rúːbrik]《印刷物の》朱書き，規程，典礼規程

「紅玉」（ruby）はその色から名づけられた。さかのぼると古フランス語 rubi を経て，後期ラテン語 rubinus，ラテン語 ruber（赤）に至る。教会の書物の余白にいろいろな指示が書かれて，印刷されるようになった時，それが赤色だったので，その「色」が移転して「朱書き」そのものになり，今では rubric は「朱書き，典礼規程」を意味する言葉となった。

ruby [rúːbi] ルビー，紅玉；真紅の
→ rubric

rum [rʌ́m] ラム酒
→ drink

ruminant [rú(ː)mənənt] 反芻動物；(形)反芻する，考え込む
→ knick-knack

ruminate [rúːmənèit] 反芻する，思い巡らす，沈思する
→ knick-knack

rummage [rʌ́midʒ] くまなく捜す，捜し出す；捜索

元来，ときには今でもそうだが，room（部屋）は「空間」という意味だった。これはゲルマン諸語に共通で，ゴート語では rum（空間），ドイツ語では Raum（場所，空間）で，Lebensraum（生活空間）である。一方，この語は古フランス語では rum または run で，そこから英語 run（船尾湾曲部）が借入された。この船尾湾曲部の船倉に積み込まれる物が rummage（雑品，がらくた）である。船荷が埠頭（ふとう）に山積みされる時の混乱状態から，今日 *rummage* around（かき回して捜す）や *rummage* sale（がらくた市）ができた。

さて run（走る）は，まれにしか用いられなかったアングロサクソン語 rinnan, yrnan（走る）が語源である。しかし，他のゲルマン諸語では普通に使われたことから古北欧語 rinna, renna（走る）から来た可能性が高い。北の寒さの中では人々は速く動き続けなければならないことに由来する。

rumor [rúːmər] うわさ，風評；うわさされる
→ drink

rumpus [rʌ́mpəs] 騒音，大騒ぎ，激論
→ rote

run [rʌ́n] 走る，流れる；船尾湾曲部
→ rummage

runagate [rʌ́nəgèit] 浮浪者，逃亡者

この「役立たず」に対する蔑称には二通りの話が絡んでいる。この語は明らかに run（走る）と agate（道路上に，途中で：on the way）からなる言葉と思われる。agate は今でも「道草，不適切な振舞い」の意味に用いられ，a-（上に）＋gate（小道，通り，振る舞い）が語源とされる。この意味の gate は gait の綴りの方がよく使われ，古北欧語 gata（路）からの借入である。一方「開口部，扉」を指す gate は，アングロサクソン語 geat, gaet（開口部，門，扉）から，古北欧語 gat（開口部）にさかのぼる。いずれもゲルマン諸語に共通である。

しかしながら実際は，上記の意味内容から考えて runagate は renegade（裏切り者，背教者）の転訛である。renegade を最初に使ったのはスペイン人のキリスト教徒で，イスラム教徒の捕虜になり，征服者の宗教に改宗した者たちのことを指した。これは re-（再び）と，neg-（否定辞）に動詞化語尾がついたラテン語 negare, negat-（拒否する）とにさかのぼると考えられる。negative（否定的）は同語源である。

rupture [rʌ́ptʃər] 破裂，決裂；裂く
→ bank

rural [rúərəl] 田舎の，田園の，農業の
→ neighbor

Russia [rʌ́ʃə] ロシア，ロシア帝国

→ Viking
rustic [rʌ́stik] 田舎の，田園の，粗野な
→ neighbor
rusticate [rʌ́stikèit] 田舎に住む，田舎に行かせる，田舎風にする
→ neighbor

rut [rʌ́t] わだち，決まったやり方
→ rote
ruthenium [ru:θíniəm]【化学】ルテニウム
→ element

S

sabbatical [səbǽtikl] 安息日の, 休日の
ヘブライ語 shabath (休む) が語源で, 後期ラテン語 sabbaticus, フランス語 sabbat (安息, 安息日) を経て借入された。〈jubilee 参照〉

sabotage [sǽbətɑ̀ːʒ] サボタージュ, 妨害行為；妨害する
　この語は, トルコ語 shabata (ガロッシュ《半長のゴム製オーバーシューズ》) からフランス語 sabot (靴) を経て派生した。しかし sabotage は機械に自在スパナを投げこむ (throw a wrench：妨害する) 代わりに, 靴を投げるという意味ではない。昔なつかしい田舎風の靴を意味し, 粗悪な道具や下手な職人を指す俗語となった。そこからフランス語 saboter は「ぞんざいな仕事をする」となり, 労働組合の活動が活発になるにつれて, 故意にまずい仕事をするという意味を帯びてきた。ただ, 現在の用法は小作農たちが領主の収穫物を踏みつぶしたことに由来するとする説もある。
　savate (サバテ《手足を使うフランス式ボクシング》) は, sabot の二重語で,「古い靴」だったのが, 今ではフランス語や英語である種のボクシングで許されているキックの意味で使われている。

sack [sǽk] 大袋, 略奪, サック酒
　→ drink

sacrament [sǽkrəmənt] 秘跡, 聖餐, 神聖な物
　→ sacrifice

sacred [séikrid] 神聖な, 厳粛な, 祭った
　→ sacrifice

sacrifice [sǽkrəfàis] いけにえ, 犠牲；犠牲にする
　この語は元来,「あきらめる」ことではなく,「神聖な物にする」ことであった。ラテン語 sacer (神聖な) と facere (作る) からなる言葉で, sacred (神聖な) や sacrament (神聖な誓い——ラテン語 sa-cramentum〔誓い, 神聖な義務〕——) は同語源である。解剖学用語 sacrum (仙骨) はラテン語 os sacrum (神聖な骨) が語源で, 背骨の基部にある骨のことである。
　「神聖化された」とは,「神々に捧げられた」ということで, 人間の側から見るとあきらめた物ということになる。そこで, 野球でいう犠打 (*sacrifice* hit) のように, ある物を得るためにもう一方を放棄するという意味になった。
　sacrilegious person (神聖を汚す人) とは神聖な (*sacred*) 物を盗む人のことで, ラテン語 sacer (神聖な) と legere, lect- (集める, 読む, 盗む) からなる言葉である。ラテン語 legere, lect- は接頭辞がつくと -ligere, -lect- となるが, その合成語は非常に豊かな派生語を生み出している。〈legible 参照〉
　例えば, いろいろな物の中から選ぶ人は, それらの物をとても喜び (*delight* —— de- はラテン語 di- (dis-：分離を示す接頭辞) が語源——), 選び出した物を「非常に楽しい」(*delectable*)〈delight 参照〉と思うもので, そういう人はまた物事に気を配り続けるものである。そこで「勤勉な」(*diligent*) 人となる。反対の場合は「怠慢な」(*negligent*) 人となり, それらの物を「無視する」(*neglect* —— neg- はラテン語 nec-《否定辞》が語源——) ものである。さらに, いったん楽しいと感じるとそれ以降はそれらを「偏愛」(*pre-dilection* —— pre- はラテン語 pre〔前に〕が語源——) する。そして繰り返し繰り返しそれに戻って来るようになる。ラテン語 religens (注意深い, 没頭した——ラテン語 re-〔再び〕——) はそのことを表す言葉で, この態度は名詞 religio, religion- (献身, 良心, 不安, 勤行, 拘束力——英語 religion〔宗教〕の語源——) に語尾 -osus (…に満ちた) をつけたラテン語

religiosus（献身的な心配りに満ちた）で表され，ここから英語 religious（敬虔な，宗教的な）が派生した。このように，読み書きができる者，学識ある者（the literate）と信心深い者（the *religious*）とは同じ発想「集める，選ぶ，読む」から生まれた！

sacrilegious [sækrəlídʒəs] 神聖を汚す
　→ sacrifice

sacristan [sǽkrəstn] 聖具保管係，寺男
　→ sext

sacrum [sǽkrəm] 仙骨
　→ sacrifice

sad [sǽd] 悲しい，哀れを誘う，嘆かわしい
　→ satisfy

sadist [séidist] 加虐趣味者，サディスト
　サド侯爵（Marquis de Sade, 1740-1814）は Marquis（侯爵）を自称したが，実際は Count（伯爵——フランス語 Comte——）だった。苦痛を与えることに対する過剰な喜びで彩られた何冊かの本を書いた軍人であり作家であったが，彼自身もそのような一生を送ったと考えられている。そして，彼の名から sadism（加虐趣味）や sadist（加虐趣味者）が派生した。saddest（最も悲しい）は，語源は異なるがその犠牲者を描写する言葉であると言える。
　逆の倒錯として，苦痛を与えられることに過剰な喜びを持つことは被虐趣味（masochism）と呼ばれる。masochist（被虐趣味者）はオーストリアの作家マゾッホ（Leopold von Sacher-Masoch, 1835-95）に由来するもので，彼の著作がそれを描写している。加虐的な（sadistic）人と被虐的な（masochistic）人とは良い夫婦になることもあろう。伝承童謡マザーグースのジャック（Jack Spratt）とその妻ジル（Jill）のように。《ジャックは脂身を食べられなかったやせ男，ジルは赤身が嫌いな太っちょで，割れ鍋に綴じ蓋の夫婦の例》

saffron [sǽfrən] サフラン，濃黄色；サフラン色の
　→ salary

saga [sάːɡə] サガ《北欧中世英雄伝説》，大河小説
　→ acre

sagacious [səɡéiʃəs] 聡明な，機敏な，利口な
　この語と sage（賢明な）は，起源は異なるがほとんど同じ意味を持つ。sage は，ラテン語 sapere（賢明である）から派生した後期ラテン語 sapius, sabius（賢い）が語源で，フランス語 sage（思慮・分別のある）を経て借入された。英語 sapient（知恵のある）も同じラテン語から派生した言葉である。sagacious は，sagire（鋭く見抜く）から派生したラテン語 sagax, sagac-（機敏な，賢い）が語源である。
　同様に，trifle（些細な）〈同項参照〉と trivial（つまらない）も語源が異なり，また scullery（食器部屋）と scullion（皿洗い男）〈同項参照〉も同様である。

sage [séidʒ] 賢明な；賢人，【植物】セージ
　→ flower, sagacious

St. Vitus dance [sèint váitəs dǽns] 舞踏病
　→ guy

salaam [səlάːm]《イスラム教国の》挨拶；額手（ぬかで）礼を行う
　→ Islam, so-long

salad [sǽləd] サラダ，サラダ菜
　→ alcohol

salary [sǽləri] 給料，俸給；給料を受ける
　to earn one's *salt*（自分の食い扶持を稼ぐ）という表現は，冷凍保存が始まる以前，すなわち，塩（*salt*）が肉の腐敗を防ぐ主要な方法であった時代には，深い意味を持っていた。ラテン語 salarium は今日私たちが「給料」（*salary*）と呼んでいるもののことだったが，それは比喩的な意味で，元は「塩銭」《塩を買うための給金》だった。
　塩（salt——ラテン語 sal は同族語——）で漬けた物はラテン語で salsa と言い，この語が英語 sauce（ソース）や saucy（生意気な，《口語》気のきいた）の語源となった。英語 sausage（ソーセージ）は，同じ salsa から派生した後期ラテン語 salsicia（ソーセージ：〔原義〕塩で味つけされた物）が語源で，古フランス語 saussiche（ソーセージ）を経て中英語 sausige として借入された。saucer（茶碗の受け皿，ソーサー）は，ラテン語 salsarium

（ソース用の皿）が語源で，フランス語 saucière（ソース入れ）を経て借入された。

同じく大切な調味料 spice（香辛料）は，ラテン語 specere, spect-（見る，注視する）から派生したラテン語 species（外見，種〔kind, *species*〕，香料）が語源で，古フランス語 espice（フランス語 épice〔香辛料〕）を経て借入された。specific（明確な，特有の），specimen（見本，標本），especial（特別な，特殊な——ラテン語 specialis〔種の，特殊の〕から古フランス語 especial を経て借入——），その語頭音消失形 special（特別の）なども同語源である〈speculate 参照〉。

昔の店には4種類（"kinds"）の香辛料があった。すなわち, cinnamon（シナモン，肉桂皮），clove（クローヴ，丁香），nutmeg（ナツメグ，ニクズク），saffron（サフラン）である。cinnamon はヘブライ語 qinnamon（肉桂皮）が語源である。clove はフランス語では clou で，ラテン語 clavus（釘）が語源で，チョウジの花のつぼみの形に由来する言葉である。nutmeg は，後期ラテン語 muscus（ジャコウ：*musk*）から nux muscata（ジャコウの香りのクルミ）が造語され，古フランス語の nux muge を経て借入されたのではないかと考えられる。saffron はアラビア語 za'farān（サフラン）が語源である。

spicy（香ばしい，気の利いた）や saucy（ソースがたっぷりかかった，生意気な）は着想や態度についても使われる。それぞれの後者の意味は，比喩表現 Attic salt（上品で鋭い機知：〔原義〕アテネの塩）に影響されたものである。この Attic salt は acetum Italicum すなわち Italian vinegar（あまりさえない横柄な感じの機知：〔原義〕イタリアのヴィネガー）に対する表現である。

心付けなどの臨時給与を emolument と言うことがあるが，この語はラテン語 emolere（粉を引く）から派生したもので，古代の「粉屋のもうけ」のことであった。wages（賃金，報酬）は「保証」のことで，元来は「《払うという》宣言」のことだった。to wage war（戦争を宣言〔遂行〕する）という表現がある。wage（賃金，労賃）の原義は「誓約」である。この wage は古フランス語 wage から借入されたが，ゴート語 wadi（誓約）にさかのぼることができ，後期ラテン語 vadium（誓約）や英語の wed（結婚する）も同根語である。wed は最初，「結婚することを誓う」という意味だった。

salient [séiliənt] 顕著な，突き出た；《要塞・城壁の》突出部
→ somersault

sally [sǽli] 突撃，突出；反撃する
→ somersault

salon [səlán] 店，サロン，客間
→ parlor

saloon [səlúːn] 酒場，広い場所，社交室
→ parlor

salt [sɔ́ːlt] 塩；塩の；塩をかける
→ salary

saltation [sæltéiʃən] 踊り，跳躍，激変
→ somersault

saltatory [sǽltətɔ̀ːri] 跳躍に適した，跳躍の
→ somersault

saltpetre [sɔ́ːltpíːtər] 硝石，チリ硝石
→ somersault

salutary [sǽljətèri] 有益な，健康回復に良い
→ salver

salute [səlúːt] 挨拶する，会釈する；敬礼
→ salver

salvation [sælvéiʃən] 魂の救済，保護，救う人
→ salver

salve [sǽv] 軟膏，心の傷を直すもの；癒す
→ salver

salver [sǽlvər] 盆《円形の金属製，召使いが食物・手紙などを載せて差し出す》

この語は，料理をテーブルまで運ぶ大盛り皿のことだが，中世においては食べることがいかに危険であったかを示している。どの食事にも毒が入っている可能性があった。それで，1品1品の料理の1人分が毒見人（スペイン語 salva——これから salver が派生——）用に別の皿に盛られた。ラテン語 salvare, salvat-（救う）が語源で，英語 save（救う）や salvation（救済）も同語源である。同系のラテン語名詞 salus, salut-（健康）からは salute（挨拶

する：〔原義〕健康を祈る）や salutary（有益な）が派生している。毒見役が死ぬことで，食事をするはずだった者たちを救う（save）のである。そしてこの語の意味は毒見役の人間からその皿へと移った。salve（軟膏）は同様に人を救う（save）助けとなるものである。

samaritan [səmǽrətn] よきサマリア人，困っている人に親切な人，サマリア語
→ Appendix VI

samarium [səmé∂riəm] 【化学】サマリウム
→ element の項 europium

samovar [sǽməvɑ̀:r] サモワール《お茶用湯沸かし器》
これは，自動湯沸かし器である。英語 same（同じ）と同族語のロシア語 samo-（自分の，それ自体）と varit'（沸騰する）からなる言葉である。

sample [sǽmpl] 見本，標本；…の見本をとる
→ quaint

Samson [sǽmsn] サムソン，怪力の男
→ Achilles tendon

sandblind [sǽndblàind]《古語》かすみ目の，半盲の
この語に関する間違いのおかげでいくつか言葉が生まれた。blind（盲目の）はゲルマン系諸語に共通する言葉であり，sand- は，ラテン語 semi-（半分の）の同族語であるアングロサクソン語 sam-（半分の）が語源である。ところがこの sand が通俗語源説によってより身近な sand（砂）であると考えられるようになると，シェイクスピア（William Shakespeare, 1564-1616）が gravel-blind（《文語》ほとんど全盲の——gravel〔砂利〕——）だの stone-blind（全盲の，《俗語》泥酔して）だのを使い出した《Merchant of Venice：『ヴェニスの商人』II, ii》。また，throwing sand in one's eyes（砂を目の中に投げ入れる，真実を見る目を曇らせる）などと言う。子供たちが夜眠る時に，彼らを眠りの国（Land of Nod）へと運ぶのは sandman（《子供の目に砂をまいて眠くさせる》眠りの妖精，睡魔）である。

sandwich [sǽndwitʃ] サンドイッチ，サンドイッチ状の物；はさむ
第4代サンドイッチ伯爵（Earl of Sandwich）のジョン・モンタギュー（John Montague, 1718-92）はたいへんな賭事好きだった。彼をギャンブルのテーブルから引き離すことは，食事のためでさえできなかった。ある時彼が24時間休憩なしで頑張っていると，肉が運ばれてきたが，肉は2枚のトーストにしたパンにはさんであった。こうして1762年8月6日の午前5時に，今日もっとも普通の食べ物であるサンドイッチの原型が登場したのである。

しかしながら，名前がつくはるか以前からこの習慣は盛んに行われていた。ユダヤ教の過ぎ越しの祭りの食事の一部で記録に残る最も古い例は，ユダヤ教のラビのヒレル（Hillel, 60?B.C.-9A.D.?）が，苦い薬草をパン種を使っていないパンに挟んで食べたというものである。そのことからその固く苦いサンドイッチは，人間が人生の困難に打ち勝つことの象徴となった。

sangrail [sæŋgréil] 聖杯
sangrail とは holy grail（聖なる杯）のことである。ラテン語 sacer（神聖な）〈sacrifice 参照〉と crater（混酒器）〈crater 参照〉とからなる後期ラテン語 sanctus gradalis（聖なるカップ）が語源で，古フランス語 saint graal を経て借入された。伝えによると聖杯（Holy Grail）は，過ぎ越しの礼拝の際に，祝いの子羊（paschal lamb）を載せた皿で〈Easter 参照〉，その子羊をキリストと使徒たちは最後の晩餐で分かち合ったという。また別の伝説では，キリストが新しい契約の血であると言った葡萄酒を，使徒たちが飲んだ杯だという。さらにアリマタヤのヨセフ（Joseph of Arimathaea）がその杯を所持していて，十字架で磔刑（はりつけ）になったイエスの血をその中に受けた杯であるとする話もつけ加わっている。その関係で sangrail は sangreal と綴ることがあるが，それは古いフランス語 sang real（聖なる血，真の血）の影響を受けたものである。

ところがこの sangrail（聖杯）は行方不明となったため，円卓の騎士たちの捜し求めるところとなった。そして心が純粋な者，すなわち「恐れや汚点を持たない」（sans peur et sans reproche）者のみが成就することができるとされた——その騎士の一人，ガラハッド卿（Sir Galahad）が

成し遂げたように。米国の詩人ローウェル (James Russell Lowell, 1819-91) は *The Vision of Sir Launfal*:『ローンファル卿の夢』(1848年) の中でより象徴的な意味を持たせ，聖杯 (sangrail) はローンファル卿の個人の思想や行動の純潔そのものとなっている。sangrail はさらに「キリストの血」を意味する言葉でもあることから，古くは sang royal (王の血) と言ったこともあり，これは15世紀ころのフランス語 sang roial から借入された。ちなみに，Galahad はしばしば「欠陥なき人物」という意味に用いられる。

sanguine [sǽŋgwin] 快活な，多血質の；血紅色
→ complexion

Sanskrit [sǽnskrit] サンスクリット語；サンスクリット語の

主に話し言葉として用いられる各地方固有の言語 (vernaculars) とは対照的に，Sanskrit (サンスクリット語) は印欧語族の最も古い書き言葉であり，規則正しく，かつ洗練されていたようである。Sanskrit はサンスクリット語 samskrta (完璧な) が語源で，ギリシア語 syn-, sym- (同時に) や英語 same と同族語の sam- (一緒に) と，kr- (する，作る──英語 create〔創造する〕と同族語──) から派生した krta- (作られた) とからなる言葉である。サンスクリット語以外のインド古代・中世の日常語はプラークリット語 (Prakrit) と呼ばれるが，この語はサンスクリット語 prākrta (洗練されていない，厳密でない) が語源である。

sap [sǽp] 樹液，お人好し，坑道

賢者には一語あれば十分である。だからこそ英語には40万語以上もあるのだと言える。ラテン語の句 verbum sap は，verbum sapientibus satis est (賢者には一語で十分だ，多言無用) の短縮形である 〈word 参照〉。ラテン語 sapere (味わう) は，「学ぶ」という意味にもなるが，この現在分詞が sapiens で，英語 homo sapiens (霊長類の最高位，人類) として使われている。

英語 sapid (風味のある) や insipid (味のない) も同語源である。前者はラテン語 sapere (味がある) の形容詞 sapidus (風味のある) が語源であり，後者はラテン語 in- (否) と sapidus からなる後期ラテン語 insipidus (味のない) が語源である。

sap (樹液，体液) はゲルマン系諸語に共通に見られるが，この語もラテン語 sapere (味わう) の名詞 sapa (沸騰させて煮つめた汁) から借入されたのではないかと考えられる。英語 sap は，樹液を含んでいる茎がそうであることから「柔らかな」を意味するようになった。そして sapskull (ばか) や saphead (間抜け) のように使われ，短縮されて sap (お人好し) となった。同語源の形容詞 sappy は「液汁の多い」と「《俗語》のろまな」のどちらの意味にも用いられる。

なお，sapper (最下級の工兵) は「爆破坑道 (sap) を掘る兵隊」のことだが，彼らは，「鋤」(フランス語 sappe) を使った。この sap は古くは zappe で，イタリア語 zappa (鍬，鋤) から借入された。また，樹液 (sap) を行きわたらせ始める木が sapling (若木，苗木) である。

sapid [sǽpid] 味の良い，感じの良い，人をひきつける
→ sap

sapling [sǽpliŋ] 苗木，青二才，若者
→ sap

sapper [sǽpə] 工兵，工作兵
→ sap

sappy [sǽpi] 樹液の多い，血気盛んな，のろまな
→ sap

sapphire [sǽfaiər] サファイア，るり色；サファイア色の
→ carnelian

Saracen [sǽrəsn] サラセン人，アラビア人；サラセン人の
→ sirocco

この名称の語源は推測の域を出ない。聖ヒエロニムス (St. Jerome, 347?-420?：ラテン名 Eusebius Hieronymus) は，旧約聖書に登場する族長アブラハム (Abraham) の妻サラ (Sara) に由来すると言っている。

sarcophagus [sɑːrkɑ́fəgəs] 石棺

古代ギリシア人は遺体を一種の石灰岩の棺 (coffin) あるいは石窟 (pit) に入れて埋葬した。この石が遺体を食べ尽くすと考えられ，この棺を sarcophagus と呼ん

だ。ギリシア語 sarx, sark-（肉）と phagein（食べる）からなる言葉である。私たちはもうこの石を使わないが，言葉は使い続けている。語根の phag-（食べる）は他の語でも使われている。phagocyte（食細胞），anthropophagi（食人族），pygophagous（ハム〔尻〕食い人《スコットランド人の別称》）〈calibre 参照〉，geophagy（土食《未開種族や最貧困地域では，栄養の偏りや不足を補うために土食が行われている》）などがその例である。

phagocyte の -cyte はギリシア語 kytos（入れ物）が語源で，英語では「細胞」を表す連結形に使われる。anthropophagi の anthropo- はギリシア語 anthropos（人，人類）が語源で，英語 anthropology（人類学），anthropomorphic（人の姿をした），anthropoid（類人の）などの構成要素でもある。geophagy の geo-の語源であるギリシア語 ge, geo-（地）は，geography（地理学：〔原義〕土地についての書き物）の geo- と同じものである。

ギリシア語 phagein（食べる）の意味に対応するラテン語 vorare, vorat-（飲み込む，むさぼり食う）も同じように，数多くの英語の構成要素となっている。voracious（大食の），devour（むさぼり食う），omnivorous（雑食性の），herbivorous（草食性の），carnivorous（肉食性の）などがその例である。omnivorous の omni- はラテン語 omnis（すべての）が語源で，英語 omnibus（すべての人のために；バス）や，この英語の -bus が独立した bus（バス）などが派生した。herbivorous の herbi- はラテン語 herba（草――英語 herb〔草，ハーブ〕――）が語源である。

carnivorous の carni- はラテン語 carnis（肉）が語源で，英語 carnal（肉欲の）や，このラテン語に増大辞がついて派生したイタリア語 carnaggio（悪魔の肉祭り，大虐殺）から借入された carnage（殺戮），carnation（カーネーション：〔原義〕肉の色の花）の語源である。carnation は花の冠〔花かずら〕に使われたことから，後に「即位」を意味する coronation の影響を受けて，coronation と綴られたことがあった。スペンサー（Edmund Spenser, 1552?-99）は，The Shephear-des Calendar:『羊飼いの暦』（1579年）の4月の牧歌の中で次のように歌っている：

Bring coronations, and sops in wine, Worne of Paramoures ;

持ち来たれ，恋人たちの冠，カーネーションと，クローブピンクを

incarnation（受肉，顕現）もラテン語 carnis（肉）が語源で，「主」（Lord）が人の姿をとって人類の元へ来られたことを意味している。〈carnival 参照〉

さて，sarcophagus に話を戻す。この語は17世紀まで「人食い人種」という意味にも使われていた。sarcasm（皮肉）は，文字通りには「肉を裂く」を意味するギリシア語 sarkazein（肉を裂く，辛辣に話す）から派生した sarkasmos（あざけり，痛烈な皮肉）が語源である。しかし，類義語 mordant（皮肉な）は，ラテン語 mordere, mors-（かむ）から，フランス語 mordre（かむ），その形容詞 mordant（かみつく）を経て借入された言葉であり，英語 morsel（《食べ物の》ひと口）〈remorse 参照〉も同語源である。しかし mausoleum（霊廟）〈同項参照〉との関係はない。morsel は，英語 bit（《食べ物の》小片），すなわち a piece bitten off（かみ切られた一片）に近い意味の言葉である。

sard [sáːrd] 紅玉髄
→ carnelian

sardine [saːrdíːn] イワシ，サーディン，種々の小魚，紅玉髄
→ Appendix VI

sardonic [saːrdánik] 冷笑的な，嘲弄的な，あざけりの

冷笑的に（*sardonically*）ニヤッとしたい衝動におそわれたら，ご用心！それはラテン語 herba sardonia（サルディニア〔Sardinia〕の草）に由来するもので，それには毒があり，その毒による断末魔の死の苦しみの時には口がねじれて歯をむき出すように顔が歪んだという。

sardonyx [saːrdániks] 紅縞めのう，サードニックス
→ carnelian

sark [sáːrk] シャツ，肌着
→ berserk

sash [sǽʃ] サッシュ，飾り帯，窓枠
→ casement

sassafras [sǽsəfræs]【植物】ササフラス，その根皮《薬用・菓子類用の香料》

　穏やかそうに見えるこの木は，文字通りには石を砕く物（stonebreaker）なのである。すなわち，古代人はこれを膀胱の結石を砕く〔溶かす〕ための薬として使った。古くは sassifragia で，saxum（石）と frangere, fract-（砕く）からなるラテン語 saxifraga（〔原義〕石を砕く）が語源である。この薬草はラテン語で saxifraga herba（石砕き草）と呼ばれた。sassafras はスペイン語経由で借入され，現在はアメリカ産の樹木の名前として使われているが，先住民がつけていた名前に影響された可能性が高い。なお英語には，よりラテン語に近い saxifrage（【植物】ユキノシタ）もある。この名称は，同植物が岩の裂け目から，あたかも岩を突き破ったように生えることからきているとする説もある。また，紫シモツケソウ（goat's beard）とも呼ばれる salsify（【植物】バラモンジン《ゴボウのような根は食用で，貝のカキの味がする；若葉はサラダ用》）は，イタリア語 sassefrica から借入されたもので，ラテン語 saxum（石）と fricare（こする）からなる言葉である。なお，ラテン語 frangere, fract-（壊す）は fraction（破片）などの語源であり〈discuss 参照〉，ラテン語 fricare, frict-（こする）は friction（摩擦）の語源である。〈afraid 参照〉

Satan [séitn] 悪魔，魔王

　この語はヘブライ語の動詞 satan（陰謀を企てる）から派生した名詞 satan（敵対，敵対者）が語源で，その強調形 satana が，ギリシア語を経て初期の英語 Satanas（サタン，悪魔）として借入された。旧約聖書では，神に敵対する人間（human adversaries）のことを言っている。誘惑者としての堕天使を指す時には常に The Adversary である。ラテン語訳聖書ウルガタ（ラテン語 Vulgata, 英語 *Vulgate*）では通常 diabolus（悪魔）〈devil 参照〉と訳されている。しかし新約聖書のギリシア語では主に Satanas が使われており，これがウルガタ聖書やウィクリフ（Wyclif, 1330?-84）訳の英語聖書でも使われている。Satan は今では最も邪悪な悪魔，すなわち「大悪魔」を意味する言葉である。

satchel [sǽtʃl]《教科書などを入れる》学生カバン，小型カバン

　元来小さな袋（*sack*）だった。ラテン語 saccus（《特に金や穀物の》袋）〈drink 参照〉に指小形 saccellus（小さな袋）があり，古フランス語 sachel を経て，英語 satchel になった。

sate [séit] 十二分に満足する
→ satisfy

satiate [séiʃièit] 十二分に満足する；飽きた，満ち足りた
→ satisfy

satire [sǽtaiər] 風刺，皮肉，風刺文
→ satisfy

satisfaction [sæ̀tisfǽkʃən] 満足，満足させるもの，達成
→ defeat

satisfy [sǽtisfài] 満たす，満足させる，納得させる

　この語の語源は単純だが，これと関連する語は複雑である。satis（十分な）と facere, fact-（する，作る）からなるラテン語 satisfacere, satisfact-（満足させる）が語源で，古フランス語 satisfier を経て借入された。英語 satiate（堪能させる）は，十二分に持っていて満ち足りた気持ちになることである。

　しかし，十分に満たされると飽きた（*sated*）気持ちになり，少し物悲しく（*sad*）なるものである。sad はゲルマン諸語に共通に見られる語で，アングロサクソン語では saed（満腹の，飽いた: *sated*）である。sate（飽かせる）は，古くは sade で，ラテン語 sat, satis（十分に）の影響で変化した。

　satire（皮肉，風刺）は，現在では攻撃の一種であるが，元はいろいろな詩を集めた詩集を表し，比喩的に発展してきた言葉である。ラテン語 satis（十分に）の俗語 sat（十分に）から派生した形容詞 satur（十分な，豊かな）が satura lanx（種々の果物でいっぱいの皿・器）のように使われたが，これがいろいろな主題の詩をつなぎ合わせた文学作品に適用され，さらに，satura と省略されて「風刺詩」という意味に使われるようになり，satire（さまざまな詩を集めたもの，風刺詩）として借入された。同じラテン語 sat（十分に）から satur（十分な）を経て，さらに動詞

saturare, saturat-（満たさせる）が派生し，英語に saturate（飽和させる）として借入された。「飽和点」(*saturation point*) に達するということは，満足させる (satisfy) というよりも，飽きさせる (sate) ということである。

saturate [sǽtʃəreit] 完全に浸される，いっぱいにする，飽和させる
→ satisfy

Saturday [sǽtərdei] 土曜日
→ week

Saturn [sǽtərn] サトゥルヌス，土星，サターン
→ season

Saturnian [sætə́ːrniən] 農神の，土星の
→ season

saturnine [sǽtərnain] 陰気な，むっつりした，鉛の

占星術では，惑星の「気」が人体に流れ込むと考えられ，そこから英語 saturnine（陰気な：〔原義〕土星の），jovial（陽気な：〔原義〕木星の），mercurial（気紛れな：〔原義〕水星の）などが生まれた。この mercurial な性格は，水銀（quick-silver）の絶え間なく流動する性質の影響を受けている。

sauce [sɔːs] ソース，刺激；ソースをかける
→ salary

saucer [sɔ́ːsər] 受け皿，小皿，小皿状の物
→ salary

saucy [sɔ́ːsi] 生意気な，気の利いた，しゃれた
→ salary

saunter [sɔ́ːntər] 散歩する，ぶらつく；ゆっくりした足どり

人生の喜びとは，努力するところにあると言われている。一つの目標は，次の目標に向かう中間点となるにすぎず，本当に価値ある目標にはいまだだれも到達していないからである。そこで疑問を持つ人間もいるだろう，何を急ぐのか，と。これがどうやら巡礼者（pilgrims）の態度だったようだ。と言うのも，彼らが聖地（Holy Land）へと旅する速さは，現在われわれが使っている単語，すなわち，フランス語の「聖地」を意味する Sainte terre から借入された saunter（ぶらつく，のんびり散歩する）によく表れている。

pilgrim は，per（経て，回って）と ager（土地，地方，辺境）からなるラテン語 pereger（旅人；故郷を離れている）から派生した名詞 peregrinus（外国人）が，スペイン語 peregrino, イタリア語 pellegrino, 古フランス語 pelegrin, pelerin を経て中英語 pelegrim として借入された。ラテン語 ager は agriculture（農耕）の agri-（農業の）の語源でもあり，英語 acre（エーカー）と同族語である。

巡礼者たちは，馬に乗ることもあったが，その場合でも急いでいないことが，チョーサー（Geoffrey Chaucer, 1343?-1400）の *Canterbury Tales*：『カンタベリー物語』(1387?-1400) から推測される。このような旅人たちの足どりから，Canterbury gallop（カンタベリー風駆け足）が生まれ，短縮して canter（馬の緩い駆け足）が派生した。

ただ，カンタベリー参りの巡礼者が語った物語は cant（口先だけのお説教）と関係がない。この語はラテン語 canere, cant-（歌う）の反復動詞 cantare から派生したもので，このラテン語は英語 chant（詠唱）や incantation（呪文）〈incentive 参照〉などの語源であり，乞食の哀れっぽい嘆願をも意味するようになった。実際に，今日学費を稼ぐためと称して雑誌などの予約購読の勧誘をする若者のように，巡礼者のふりをする乞食もあった。説教師にカント（Andrew Cant, 1663年没）という人物がいて，彼の広く知られた不人気ぶりがこの語 cant に否定的な意味を持たせるのに一役買った可能性がある。

sausage [sɔ́(ː)sidʒ] ソーセージ，腸詰め，ソーセージ状の物
→ salary

savage [sǽvidʒ] 獰猛な，未開の；残忍な人
→ neighbor

savate [səvǽt] フランス式ボクシング
→ sabotage

save [séiv] 救う，貯金する；…を除いて
→ salver

saw-buck [sɔ́ːbʌ̀k] 木(˘)挽き台
→ buck

saxophone [sǽksəfòun] サクソフォーン
テレミン（theremin：ただ手を近づけ

たり遠ざけたりするだけで音が出る一種の電子楽器《1928年に特許を取得したロシアの Leon Theremin にちなむ》》など、発明者にちなんで名づけられた電気仕掛けのものは別として、ほとんどの楽器ははるか昔に発明され、次第に改良されてきたものである。例えば piano は、イタリア語 piano e forte (弱いと強い) から借入された pianoforte を短縮したもので、1664年ころヴェニスのジョヴァンニ・スピネッティ (Giovanni Spinetti) という人物によって発明されたスピネット (spinet: チェンバロの一種《16-18世紀にヨーロッパの家庭で愛用された》》) とハープシコード (チェンバロ) から発達した。しかし、サクソルン (saxhorn) は、トランペットのような楽器のグループの一つで、19世紀にベルギーのサックス (Charles Joseph Sax, 1791-1865) によって発明され、その息子 (Antoine Joseph Adolphe, 1814-94) によって改良された。このグループの一つに、オーケストラにはめったに使われないが、バンドで人気のある楽器にサクソフォーン (saxophone) がある。

piano (ピアノ) は、ラテン語 planus (平らな、明瞭な) が語源で、plane (平面) とその二重語の plain (明白な、平易な) も同語源である。explain (説明する) や、その名詞 explanation (説明) の原義は「平らにする、明瞭にする」である。

plain (《古語・方言》嘆く、悲しむ、かこつ) は、complain (不平を言う、ぼやく) の -plain と同じもので、ラテン語 plangere [plag-], plact- (打つ、《胸を》たたく、嘆く) からフランス語 plaindre (憐れむ) を経て借入された。com- は、ラテン語 cum (一緒に、…と共に) が語源で、強意的意味に使われた接頭辞である。plangent (《波が岸に》打ち寄せる) はラテン語 plangere の現在分詞 plangens, plangent- が語源である。

pianoforte の -forte は、英語 forte (強み、長所) と同じもので、ラテン語 fortis (強い) が語源である。同語源の言葉には他に fort (要塞), fortify (防備を強化する―― -fy はラテン語 facere, -ficare [為す、作る] から――), fortitude (不屈の精神), fortalice (小要砦、要塞――古フランス語 fortelece から――) などがある。なお、fortalice は、fortress (要塞) と二重語の関係にあり、後者が一般に使われるようになって、前者は古語となった。

saxophone の接尾辞 -phone は、「有声の、音を出す」の意味である。〈focus 参照〉

ちなみに *plain* sailing (順調な進行、とんとん拍子に運ぶこと) は最初、見通しのよい進行を指していたのではなくて、「平面航海法」すなわち、平面の海図 (*plane* chart) によって航行することを意味していた。この海図では、航路は地球が球体ではなく平面 (plane) であるかのように記されていた。

scab [skǽb] かさぶた、疥癬(かいせん); かさぶたを生じる
→ shave

scabies [skéibi:z]【医学】疥癬
→ shave

scale [skéil] 目盛り、天秤、うろこ、登る
→ echelon

scallion [skǽljən] 春タマネギ、エシャロット
→ onion

scalp [skǽlp] 頭皮、戦利品; 頭皮をはぐ
→ tuft

scamp [skǽmp] ならず者、わんぱく坊主;《仕事などを》ぞんざいにする

かつて loafer (怠け者) は「田舎を走り回る者」であったが、そのペースは最近落ちてしまったことになる。語源は land (田舎) と laufen (走る) からなるドイツ語 Landlaufer だったのではないかと思われるからである。

scamp (ならず者) もまた街道を逃げていった。この語は *scamper* off (《まじめな戦闘訓練や野良仕事を放って》あわてて逃げ去る) からの逆成である。scamper (素早く走り去る) は古フランス語 escamper (逃げる) からの借入で、ラテン語 ex (外へ) と campus (平地、練兵場、試合場) から造られた。〈camp, loafer 参照〉

scan [skǽn] 細かく調べる、韻律に合う; 綿密な調査
→ echelon

scandal [skǽndl] スキャンダル、恥ずべきこと、物議

スキャンダルは、以前は自分で引き起こ

したことではなくて，他人に陥れられたことに使われていた（今でも当事者はそう言うだろうが！）。これはギリシア語 skandalon（罠）が語源である。罠にかかった方から見ると「障害物」であり，そこから現在の意味である「社会的成功を妨げる物」になった。〈echelon, slander 参照〉

scandium [skǽndiəm]【化学】スカンジウム
→ element

scanties [skǽntiz] スキャンティ
→ pants

scapegoat [skéipgòut] 贖罪のヤギ，他人の罪を負わされる者，身代わり
この語は旧約聖書『レビ記』(16:10)における贖罪のヤギ（*escape goat*）のことで，人類の罪を負わせられて荒野に放たれる。このヤギは欽定訳聖書を改定した改訳聖書（*Revised Version*）ではヘブライ語の固有名詞 Azazel（アザゼル《本来は，荒野に住む悪霊で，この霊に向けてイスラエル人の罪を負ったヤギが贖罪の日に送られた》）が使われ，余白に "dismissal"（送り出されたもの）とある。これはラテン語訳のウルガタ聖書（*Vulgate*）では, caper emissarius（野に送り出される雄ヤギ）と翻訳され，ティンダル（William Tindale, 1492?-1536）によって scapegoat と訳された。同じような習慣は世界各地で見られる。キリストは，無論，神聖なる身代わり（*scapegoat*）であり，その身に全世界の罪を引き受けたのであった。

scare [skéər] おびえさせる，おびえる；恐怖
→ harum-scarum

scarf [skɑ́ːrf] スカーフ，結びネクタイ；スカーフで覆う
最初は首から下げられた財布のことで，古フランス語では escarpe, escrepe（《巡礼者の》ずだ袋）だった。そのうちに，この財布は単なる飾りとなり，重要性は袋の部分からそれを吊るす帯状のひもに移った。古フランス語 escrepe から借入された英語 scrip（ずだ袋）は，シェイクスピア（William Shakespeare, 1564-1616）のころには「札入れ」を意味する言葉として使われた。ゲルマン語起源で，古北欧語では skreppa（合財袋）である。-p から -f への推移は，Appendix II にあげた「グリ

ムの法則」による。
なおこれらの言葉は，イタリア語 scarpa（斜面）とは無関係と考えられる。このイタリア語からはフランス語 escarpe（壁，堀の斜面），英語 scarp（外堀内側の傾斜面）や escarpment（急斜面，崖）が派生した。
ちなみに「仮株券，借用証書」の scrip は，subscription（回数券，会員券，通貨として使われる受領証）の短縮形である。
〈shrine 参照〉

scarlet [skɑ́ːrlət] 緋色の；緋色，深紅色
この語は，元々色のことではなく，布のことだった。豪華な布で，青，緑，茶などの色があったが，最も多かったのが「赤みがかった深紫色」("royal purple") で，布を表したこの語は色を表すようになるのである。この語は時にはこの色をした物にも適用される。the Scarlet Lancers（赤槍騎兵隊）《「クイーンズ第16槍騎兵連隊」の軍服の緋色にちなんだニックネーム》，scarlet pimpernel（ベニハコベ），scarlet woman（多情な女性《比喩的に》），scarlet fever（猩紅（しょうこう）熱）などがその例である。

scarlet そのものは古フランス語 escarlate の語頭音消失によるもので，ペルシア語 siqalat, suqlat（豪華な布）から十字軍によってもたらされた可能性が高い。この言葉はまた初期の英語に ciclatoun（贅沢な《通例金色の》布地）としても借入された。

scavenger [skǽvindʒər] 腐肉を食べる動物，ごみ箱をあさる人；通りを掃除する
→ pass

scene [síːn] 場面，現場，光景
→ shed

sceptic [sképtik] 懐疑的な，宗教の教義を疑う；懐疑論者
→ scourge

scheme [skíːm] 計画，陰謀；たくらむ
→ hectic

schism [sízm] 分裂，分離，宗派分立罪
→ shed

schismatic [sizmǽtik] 分裂の，宗派分立の；教会分離論者
→ shed

schizophrenia [skìtsəfríːniə] 精神分裂症，統合失調症

→ shed

schlemihl [ʃləmíːl] どじなやつ

この語は，不器用だったり，愚かだったりする人に使われるが，ドイツの詩人シャミッソー (Adelbert von Chamisso, 1781-1838) 作 *The Wonderful Story of Peter Schlemihl*：『ペーター・シュレミールの不思議な物語』(1814年) の主人公の名前からとられたものである。シュレミールは影を持たない男で，実は，自分の影をフォルトゥナトゥス (Fortunatus) という決して空にならない財布と引き替えに，悪魔に売ってしまっていた。しかし，彼はこの取り引きから，ミダス王 (Midas) と同様，得をすることはなかった。ミダスは，触れる物すべてが金に変わるようにという願いを叶えられた王で，そのため食べることも飲むこともできなくなり，結局いきすぎた貪欲の象徴となった。また，パーンとアポロが音楽の競技をした時，審判となったミダスはパーンに勝利を与えた。怒ったアポロがミダスに愚か者の象徴としてロバ (ass) の耳をつけた。ミダスも昔の一種のシュレミールであった。

scholar [skálər] 学者，学識者，奨学生

この語の語源を考えると，学者たちは決まって，ニコッとするものである。scholar は，ギリシア語 skhole (余暇〔leisure〕—— school〔学校〕の語源——) の動詞 skholazein (余暇を持つ) が語源である。同 skhole は，いろいろと議論をする時間と，そして学問的，すなわち世俗から離れた関心事の議論も意味していた。古代ユダヤ人も同様に，世界にとって巣と女性の成熟は不可欠なものであるが，幾何学や暦の計算は学問の砂糖菓子である，と言っている。

これとは逆の過程をたどって，「人の余暇 (leisure) を奪うこと」から商売 (business —— busy〔忙しい〕から成立——) を意味する negotiations (交渉，商談) が生まれた。動詞 negotiate (《話し合って》取り決める，交渉する) の語源は，nec (…でない) と otium (暇，休息) からなるラテン語 negotiari, negotiat- (取り引きする) である。〈leisure については immunity 参照〉

クジラは群れ (schools) になって移動するが，この school は学習とは関係なく，オランダ語 school (群れ，クジラの群れ——アングロサクソン語 scolu〔群れ〕に対応——) から借入された。なおこの語は英語 shoal (魚群) と同語源で，アングロサクソン語 sceald (浅い) から shald を経て生まれた shoal (浅瀬) と絡み合っている。多数の魚がたいてい浅い (*shallow*) ところにいるからである。shallow そのものも，shoal の二重語として後に生まれたと考えられる。もっとも，学者 (scholar) が浅薄 (shallow) であってはならないことは言うまでもない。

school [skúːl] 学校，群れ；教育する
→ scholar

sciagraphy [saiǽgrəfi] 陰影をつける画法，陰影法
→ science

sciamachy [saiǽməki] 模擬戦闘
→ science

science [sáiəns] 科学

この語は，ラテン語の scire, scit- (知る) の現在分詞 sciens, scient- から scientia (知識) を経て派生した。科学にとって不可欠な cognition (認識) は，ラテン語 com (共に) の結合形 cog- と (g)noscere, (g)not- (知る) からなり，原義は「知識をひとまとめにすること」である。recognition (認識，再認) の re- はラテン語 re (再び) が語源で，その原義は「認識したものを自分の中に再び集めること」ということになる。cognizance (認知，認識範囲) は，ラテン語 cognoscere, cognit- (知る，認識する) から古フランス語の動詞 conoistre, 名詞 conusance を経て中英語 conisaunce として借入され，再びラテン語化されて -g- が挿入された。また cognoscenti (鑑定家) は，同じラテン語がイタリア語 conoscente (通暁する人) を経由して借入された。〈quaint 参照〉

本当は物事をあまり知らない人を sciolist (えせ学者，知ったかぶり) と言う。この語はラテン語 scire (知る) の形容詞 scius (知っている) の後期ラテン語指小形 sciolus (なまかじりの人) を経て派生した。

なお，sciophyte (陰生植物) や sciagraphy (陰影をつける画法), sciamachy (仮想敵との戦い) に見られる接頭辞の

scio- や scia- の語源は，ギリシア語 skia (影) と考えられる。sciamachy の -machy はギリシア語 makhia (戦い) が語源である。また，ギリシア語 skia (影，雲) は，英語 sky (空) と同族語である。〈shed 参照〉

ちなみに，scientist (科学者) は，ケンブリッジの哲学者・科学史家ヒューエル (William Whewell, 1794-1866) が1840年に造った言葉である。

scintilla [sintílə] 少量，わずか
→ scintillate

scintillate [síntəlèit] 火花を発する，きらめく，ひらめかせる

tinsel (金銀糸) は，字位転換 (metathesis)と語頭母音消失 (aphesis)〈Appendix I 参照〉を経た語である。すなわち tinsel は，古フランス語 estinceller (火花のような輝きで飾りつけられる) から派生したフランス語 étincelle (火花，火の粉，《宝石などの》きらめき) の語頭母音消失語で，「光る品物」「輝きをつけてある品物」という概念から，「目立つ」，さらに「派手で安っぽい」という意味になった。そしてこの古フランス語 estinceller は，ラテン語 scintilla (火花) から動詞 scintillare, scintillat- (火花のように光る)，そして字位転換によって生まれた後期ラテン語 stincillare を経た言葉である。ラテン語 scintilla は，直接，scintilla (火花，微量，かすかな痕跡) として英語に借入されて，There isn't a *scintilla* of evidence against him. (彼に不利な証拠は，ほんの少しの痕跡もない) というように使う。またラテン語動詞 scintillare, scintillat- も英語に借入され，scintillate (火花を発する，《才気・機知が》きらめく) となった。この言葉の -c- は発音されないので，「夜遅くまで罪にふける」(sin till late) という意味かどうかは，だれにもわからない。だが，あなたが「きらめいている」(scintillate) ことはだれの目にも明らかです。

sciolist [sáiəlist] えせ学者
→ science

scion [sáiən] 若枝，接ぎ穂，子
→ graft

scissiparous [sísipərəs] 分裂によって繁殖する
→ shed

scissors [sízərz] ハサミ；ハサミで切る，切り抜く
→ shed, precinct

sconce [skáns] 張り出し燭台，ろうそく受け，装飾のついた電灯
→ askance

scone [skóun] スコーン，薄焼きパン
→ bun

scope [skóup] 範囲，機会，観察する器械
→ dismal

score [skɔ́ːr] 得点，刻み目；得点する

"What's the score?" (今何点だ；経過はどうなっている) というのは，場合によって答えが変わる質問である。しかし，元々 score は常に「20」を指した。羊飼いが自分のヒツジの総数を数えるのに手と足の指を使い〈tally 参照〉，20頭ごとに棒に刻み目 (*score*) をつけてはまた1から数えたことに由来する。score は shear (《ヒツジなど》の毛を刈る) と同系語である。こういうわけで，数える (figure) とスコアをつける (keep *score*) は同じであると言える。

scotch [skátʃ] 終わらせる；浅傷
→ hopscotch

scour [skáuər] こすって磨く，駆けめぐる；すり磨くこと
→ hussar, scourge

scourge [skɔ́ːrdʒ] 鞭打つ，罰する；鞭

強く摩擦すると皮膚をはがしてしまうことがある。scourge は元来 "take the hide off" (皮をはぎ取る) という意味である。この語は corium (皮) から派生したラテン語 excoriare, excoriat- (皮をはぐ，苦しめる) が語源で，古フランス語 escorgier を経て借入された。英語 excoriate (皮膚をすりむく) は二重語である。英語 corium (【解剖学】《表皮の下にある》真皮) と core (芯，果心) は生物の世界ではつながりがあるが語源的には関係がない。後者はラテン語 cor, cord- (心臓，心) からフランス語 cœur (心臓) を経て中英語に借入された可能性が高い。cordial (心からの) は同語源である。〈prestige 参照〉

scour (すり磨く，ごしごし洗う) は，ラテン語 ex (…から外へ)+curare (心配する，看病する：to *cure*) が語源の古フランス語 escurer から借入された言葉で，

元は「清浄にする，下剤をかける」という意味に使われたが，やがて最も一般的な浄化の仕方のみを意味するようになった。これと同音異語による to scour the countryside という表現は，何かを探す時のように「地方をくまなく回る」ことである。しかし，この意味はより古くは「突進，猛進」で，古北欧語 skur（嵐）から借入された。これが中英語 discoure（発見する：to *discover*）の影響を受けたと考えられ，かつては「偵察する」（to reconnoitre）とか「探して歩き回る」（to scout）という意味に使われた。

ところで，斥候たち（scouts）は夜に出かけるのに対し，偵察（reconnaissance）は昼間に行われたようである。というのは，scout は，ラテン語 auscultare, auscultat-（傾聴する）から古フランス語動詞 escouter となり，その名詞 escoute（傾聴すること）から借入され，最初は人ではなく，聞き耳を立てる行動を意味した。英語 auscultation（聴診）は同じ語源である。この語の aus- はラテン語 auris（耳）が語源で，このラテン語は英語 aural（耳の，聴覚の）の語源でもある。なお，《申し出・意見などを》はねつける」(to *scout* an idea）という意味の scout は，古北欧語 skuta（あざける，なじる）から借入された言葉で，ラテン語 excutere（振り払う）が語源のイタリア語 scuotere（揺り動かす）の影響を受けたのではないかと考えられる。

一方，reconnoitre（偵察する：to scout）は，re（再び）と cognoscere, cognit-（知る）からなるラテン語 recognoscere, recognit-（調べる）が語源で，古フランス語 reconnoitre を経て借入された。フランス語では reconnaitre（再認する，偵察する）である。recognizance（【法律】誓約書，誓約保証金），recognition（認知），そして reconnaissance（偵察）などは同語源である。recognize（見覚えがある，悟る）も同語源であり，16世紀から17世紀ごろには recognosce と綴られた。

spy（スパイ，密偵）も，最初は「見張り人」ではなく「見張ること」を意味した。後者の意味では今日 espial（偵察，監視）を使う。spy は古フランス語 espier から借入された espye（偵察）の短縮

形である。この古フランス語はイタリア語 spiare（見る，見張る），古高地ドイツ語 spehon（見る）やラテン語 specere, spect-（見る，観察する）などと同根語であり，inspect（調べる）や disrespect（無礼）はこのラテン語から派生した〈auction, speculate 参照〉。さらに，これらは sceptic, skeptic（懐疑主義者；懐疑的な）の語源であるギリシア語 skeptesthai（見る）と同族語であり，sceptic とは，決して満足せずに見続けている人のことである。よく似た意味の cynic（皮肉屋，すね者）はよく知られているように，犬（ギリシア語 kyon, kyn-）と関係づけられている。〈canary 参照〉

scout [skáut] 偵察兵；偵察に出る，はねつける
　→ scourge, shout

scratch [skrǽtʃ] 引っかく，傷をつける；引っかき傷
　→ knick-knack

scrawl [skrɔ́ːl] ぞんざいに書いた文字；なぐり書きする，落書きする

　紙に「かなくぎ流の字を書く」(to make hentracks：〔原義〕ニワトリの足跡をつける）という表現があるが，この発想は scrawl（なぐり書き）という語の中にある。最初は crawl（這う）の強調形だった。名詞としては「小さなカニ（crab）」に使われていた。古フランス語では escrouelle（淡水に住むエビ）である。一時この語は sprawl（手足を投げ出す）の同義語として使われ，その後比喩的に「まとまりのない」(sprawly）筆跡を意味するようになった。〈penthouse 参照〉

scribble [skríbl] 走り書き，なぐり書きした物；なぐり書きする
　→ shrine

scribe [skráib] 写本筆記者，書記，律法学者
　→ shrine

scrimmage [skrímidʒ] 乱闘，練習試合；小競り合いをする
　→ skirmish

scrip [skríp] 受取証，軍票，ずだ袋
　→ scarf

script [skrípt] 手書き，書体；脚本を書く
　→ shrine

scroll [skróul] 巻物，渦巻き模様；スク

ロールする
→ volume

scrub [skrʌ́b] ごしごし磨く；ごしごし磨くこと，雑木林

　この語は，*scrub* oak（ヒイラギガシ《乾燥地に多いナラ属の低木性の樹木の総称》）や樹木限界線付近に育つ *scrub* trees（低木の雑木林）にあるように，shrub（低木）の異形で，ゲルマン諸語に共通に分布し，アングロサクソン語では scrybb（低木）である。動詞 scrub（ごしごし磨く）は，ごしごし磨く目的でこの種の低木の小枝を使用したことに由来する。

　ホウキ（broom）も最初は植物の名前《エニシダ》で，brush（ブラシ）も生け垣や樹木を刈り込んだ時に切り取られた下生え（under*brush*）のことだった。broom の語源であるアングロサクソン語 brom（エニシダ）には braemel という指小形があり，これが後に braemble となって，*bramble* bush（キイチゴの茂み）が生まれた。ちなみに，伝承童謡（マザーグース）にキイチゴの茂みに飛び込んで，引っかき出された目玉を入れ直すために（"to scratch them in again"）別の茂みに飛び込んだ「とても賢い男」の歌がある。

scrunch [skrʌ́nʃ] ポリポリかむ，バリバリという音を立てる；砕ける音
→ knick-knack

scruple [skrúːpl] 良心のとがめ；ためらう，気がとがめる

　この語は最初「人の靴の中に落ちた小さくて尖った石」のことで，ラテン語 scrupus（石）の指小形 scrupulum（尖った小石）が語源である。このラテン語の同族語はサンスクリット kshur-（切る）にまでさかのぼることができ，ギリシア語 skyros（石の小さなかけら）も同族語である。シェイクスピアの *The Merchant of Venice*：『ヴェニスの商人』の中（IV, i）でシャイロックが使ったように，石は時に小さな分銅代わりに使われることもあり，この両方の使い方から「注意を払わなければならない物」を意味する言葉ともなった。このようにして，同語源の scrupulous は「細かな項目に気をつかう」という意味になるのである。

scrupulous [skrúːpjələs] 良心的な，誠実な，綿密な
→ scruple

scrutiny [skrúːtəni] 綿密な調査，監視，再検査
→ inscrutable

scuffle [skʌ́fl] 格闘する，あわてふためいて立ち去る；格闘
→ drivel

scull [skʌ́l] 櫓，スカル，オール；スカルで漕ぐ
→ scullery

scullery [skʌ́ləri] 食器洗い場，食器部屋
→ scullion

scullion [skʌ́ljən] 皿洗いの男，台所の下働き，げす

　食器洗い場で働く皿洗いの男を意味するこの語は，scullery（食器洗い場）とは異なった経路でここにたどり着いた。scullery は，ラテン語 scutella（小さな浅い酒盃）から古フランス語 escuelles（皿）を経て借入された古英語 sculls（皿）を経て成立したとする説がある。また一説では，皿を洗う所ではなく，「洗面所」で，英語 swill（洗い流す）の語源である古英語 swillan（洗う），ないしは squillan（洗う——デンマーク語 skylle——）から派生した swillery, squylerey を経て成立したとされる。ただし，古英語では皿（dish）には，上記の古フランス語 escuelles から借入された sculls が使われていた。

　一方 scullion（皿洗い男）は，ラテン語 scopa（ほうき）からフランス語 escouillon（掃く人，掃除人）を経て借入された。ところで skillet（料理なべ）は，古くは skullet で，ラテン語 scutella（小さな浅い酒盃——ラテン語 scutum〔楯〕の指小形〈equable 参照〉——）から古フランス語 escuelle（皿）の指小形 escuellette を経て借入された。皿を割らないように！

　scull（スカル，オール）は14世紀ころに，おそらく水掻きの部分が皿のような形をしているところから古フランス語 escuelle（皿）より派生したと考えられる。同じ理由から skull（頭蓋骨）が生まれた可能性が高い。頭蓋骨を指すアングロサクソン語は heafodpanne（headpan〔頭蓋骨〕の語源）だった。なお，escouillon（掃除人）はフランス語 souiller（汚す：soil に影響された可能性がある。〈dirt 参照〉

scum [skʌm] あく，皮膜；かすが浮かぶ
→ shed

scurf [skə́ːrf] フケ，うろこ状にはげ落ちる物
→ shave

scurvy [skə́ːrvi] 壊血病；卑しい，下劣な
→ shave

scurrilous [skə́ːrələs] 口の悪い，下品な
→ scurry

scurry [skə́ːri] あわてて走る，渦巻く；小走り

英語には反復語 (reduplicated word) が多くある。英国の雑誌編纂者ホイートリー (Henry B. Wheatley, 1838-1917) はそういった言葉を集めた反復語辞書を編集した。彼は同種の言葉には主な種類が三つあると言っている。(1) 繰り返しの前半部の語の最初の文字を変えて後半部を作るもの：namby-pamby (めめしい)，hodge-podge (寄せ集め)，hanky-panky (ごまかし)，hocus-pocus (まじない)。ただ，tiny (ごく小さい) は，teeny-weeny (ちっちゃい) となる。このグループの半数近くが h- で始まる言葉である。また，そのうちいくつかは下に述べる第三のグループに属するものもある。(2) 母音が変化するもの。これらの約4分の3が -i- を -o- に変えるものである。例えば sing-song (一本調子)。(3) 決して多くはないが，一文字加えるもの。例えば arsey-varsey (あべこべの) などである。

反復語の種類にはあと二つのタイプがある。(4) 両方が実在の単語からなるもの：rag-tag (寄せ集め)，clap-trap (はったりの)，big-wig (大物)。そして，(5) 擬音語からなるもの：boo-hoo (わあわあ)，bow-wow (ワンワン)，clickety-clack (ガタンゴトン)，ding-dong (ゴーンゴーン)，flip-flap (パタパタ)。

これらの反復語のほとんどで，後半の部分が中心形となっている：bibble-babble (むだ話── babble〔たわごと〕──)，criss-cross (十文字の── cross〔十字〕──)，dilly-dally (時間をむだにする── dally〔むだにする〕──)，pitter-patter (パタパタと音をたてる── patter〔パタパタと音をたてる〕──)〈patter 参照〉。一方，わずかながら，前半の部が重要であるものがある：handy-pandy (当てっこ《どちらの手にコインや小石を持っているか当て合う子供の遊戯》── handy〔上手な〕──)，rowdy-dowdy (騒がしい，野卑な── rowdy〔騒々しい〕──)，royster-doyster (どんちゃん騒ぎをする── royster〔浮かれ騒ぐ〕──)。

ごくまれに反復語の前の部分の方が元の反復語よりも重要になり，それ単独で生き残ることがある。hurry (急ぐ) はそういった語で，hurry-whurry の異形として生まれた。この反復語は擬音語 whurr (ヒューンと飛ぶ) から生まれたもので，hurry は whurr から hurr を経て生まれたものと考えられる。そういうわけで，hurry の意味はすばやく動くものの音から生まれたものである。そして，hurry は今度は自分で反復語 hurry-scurry (あたふたと) を形成した。そしてさらに反復部分の scurry (あわてて走る) が独立するのである。なお，scurrilous (口の悪い) は，ラテン語 scurra (道化者) から派生した言葉である。道化者の振る舞いや言葉はしばしば粗野なものだった。

scutellum, scutulum [skjuːtéləm]【動植物】小盾板，小板，胚板
→ equable

scutum [skjúːtəm] 長方形の盾，《カメなどの》鱗甲
→ equable

scuttle [skʌ́tl] 船底に穴をあけて船を沈める；石炭入れ，丸窓

この語は，今では船に穴をあけることを意味するが，最初は穴を閉じることを意味した。これはオランダ語 schutten (閉じる) から借入された言葉で，古フランス語 escoutille (甲板の昇降口──同系語であるアングロサクソン語 scyttel は「横木，かんぬき」──) にさかのぼることができる。この語は，まず「覆い」という意味に用いられ，やがて覆いをする「穴」，そして，「昇降口」(hatchway) に意味が移転した。甲板の昇降口は，荒れた海ではしばしば海水が入ったことから，そこから現在の意味へと移転が起こったのである。

なお，同じ綴りの scuttle (《室内用の》石炭入れ) は，ラテン語 scutella (小さな浅い酒盃) からアングロサクソン語 scutel (皿) を経て成立した。〈scullion 参照〉

se- [se-]《接頭辞》…なしで，離れて

→ separate

seal [síːl] 印, アザラシ；印を押す
→ sign

season [síːzn] 季節, 時期；味つけする

　ここで, 語源とはたいてい推測の域を越えないことを告白するのは時宜 (*season*) を得ている。ある説に対し, よりもっともらしい説をだれも提示できなかった場合, その説が有効となる。とは言うものの, ときおり, 努力はすべて動きがとれなくなり,「語源不明」としなければならないことがある。season がその一例である。通例, ラテン語 serere, sat- (種を蒔く——ラテン語 sat〔十分な〕〈satisfy 参照〉は同根語——), 後期ラテン語 satio, sation- (種蒔き時期), フランス語 saison (季節) を経て借入されたとされる。しかし, season の最も古い用法では, すでに植える時期だけでなく, 全般的に「時節」を意味する言葉として使われている。そこでラテン語 statio, station- (じっと立っていること, 歩哨に立つこと) の異化による後期ラテン語 sation- にさかのぼるべきとする説がある《太陽が季節ごとに12宮の決まったところ (*station*) に留まるという考えによる》。事実イタリア語 stagione (季節) は同じ後期ラテン語から変化したものである。そういうわけで season の語源については, 好きな本を読んで好きな方を選ぶとよい (You reads your volume and you takes your choice.《You pays your money and you takes your choice.〔運を天にまかせて好きなように〕のもじり》)。

　ところで,《民間語源説であるが, 》ラテン語 serere, sat- (種を蒔く) にもっと明確に関係があるとされるのが, 神々が争い始める前の黄金時代 (*Saturnian* period) の支配者で, ジュピター (Jupiter)〈jovial 参照〉の父であり農耕の神である Saturn (サトゥルヌス) である。

　ラテン語 statio, station- (立つこと) の動詞 stare, stat- (立つ) は, ギリシア語 statos (置かれた, 立っている——動詞 histanai〔立てる〕からの形容詞——) と同族語で, 多くの英単語をもたらした。status (地位), state (状態, 国家), static (静的な), statue (像：〔原義〕立っているもの), stature (身長, 名声：〔原義〕one's standing：人の地位) がその例で, さらに, ラテン語 stare の起動形 statuere, statut- (立ち上がる, 制定する) から派生した statute (法令) などがある。statist (国家統制主義者, 《古語》政治家) は, イタリア語 stato (状態, 国：*state*) から statista (政治家) を経て借入された。このイタリア語は, 18世紀ごろのドイツ語を経て借入されて, 名詞 statistics (統計) となったが, 最初は, 国家 (*state*) の必需品の供給などの研究を意味していた。

　ある人物を特徴づける物は地所 (*estate*) で, estate は最初, その人の状況や状態を意味した。

　ギリシア語 statos (置かれた, 立っている) が語源の -stat は, 安定させたりバランスを取らせるような装置を指す結合形で, thermostat (サーモスタット, 温度自動調整器) のように使われる。ちなみに thermo- はギリシア語 thermos (熱) が語源で, thermometer (温度計) や thermos bottle (魔法瓶の商標名) などに見られる。

　constitute (構成する, 制定する), constituent (《形》構成する；構成要素), institution (設立, 制度, 組織) などの -stitut- は, ラテン語 statuere, statut- (立てる) から派生した結合形である。constituent はラテン語動詞の現在分詞 constituens, constituent- から派生した。destitute (極貧の) は, de- (…から離れて) と statuere からなるラテン語 destituere, destitute- (わきに置く, 置き去る) から派生した。あらゆる物がある人物から離れてなくなってしまっていることを意味する言葉であった。またこれらと密接な語源関係にあるのが, destine (運命にある), destiny (運命), destination (目的地) や obstinate (頑固な) などである。前の三語は, ラテン語 destinare, destinat- (固定する, 決定する) から派生した言葉で, de- (下へ) が強調の意味に使われた接頭辞である。obstinate はラテン語 obstinare, obstinat- (反対する, 固執する) から派生したもので, ob- はラテン語 ob (…に逆らって) が語源である。良い目標 (*destination*) は常に時宜を得ている (in *season*) ものである。〈stationery, tank 参照〉

secant [síːkænt] 割線,《三角関数の》セカント；切る
→ knick-knack

secede [sisíːd] 脱退する,分離する
→ ancestor

secluded [siklúːdid] 人目につかない,人里離れた,世間と交わらない
→ close

secret [síːkrət] 秘密の；秘密,謎
→ secretary

secretary [sékrətèri] 秘書,書記,長官
private *secretary*（私的秘書）と言う時,この語の原義にさかのぼっている。secretary の語源であるラテン語 secretarius（秘書,書記）は,secretum（秘密：*secret*）から派生した。このラテン語はさらに,動詞 secernere, secret-（ふるい分ける）の過去分詞から派生したもので,secretion（隠匿,【生理学】分泌）は同源である。〈garble 参照〉

secretion [sikríːʃən] 分泌,分泌物,隠匿
→ secretary

sect [sékt] 分派,学派,セクト
→ set

section [sékʃən] 切断された部分,部門；分ける
→ set

secure [sikjúər] 安全な,確保された；確保する
→ accurate

sedan [sidǽn] セダン《運転席と後部座席に仕切りがない乗り物》
17世紀の初めに人気のあった旅の仕方の一つに,2本の棒に取りつけた箱型椅子かごを人が前後で担ぐという乗り物でする旅があった。1634年にダンカム卿（Sir Sanders Duncombe）という人物がロンドンでこのような乗り物の専売権を確保し,その乗り物を *sedan* chairs と呼んだ。この sedan はラテン語 sedere（座る）から派生したイタリア語ではなかったかと考えられている。その場合,アングロサクソン語 sittan（sit〔座る〕の語源）は同族語である。

自動車製造業者は,ドアが（両側に）一つずつあって,仕切りのない内部に入れるようになった車を指すのにこの語を借りた。同様に, limousine（リムジン《運転席と後部座席に仕切りがある》）もセダン型で大型高級車であるが,かつては覆いのある馬車のことだった。この語は,フランス中部のリムーザン（Limousin）地方の人々が被った頭巾に由来する。〈taxi 参照〉

sedate [sidéit] 平静な,落ち着いた；鎮静剤を与える
→ subsidy

sedentary [sédəntèri] いつも座っている,座業の,定住性の
→ subsidy

sediment [sédəmənt] 沈殿物,おり,堆積物
→ subsidy

sedition [sidíʃən] 扇動,治安を乱すこと
→ separate

seduce [sid(j)úːs] そそのかす,誘惑する,魅惑する
→ separate

seersucker [síərsÀkər] サッカー《薄織りリンネル生地》
→ cloth

segment [ségmənt] 部分,線分；分ける
→ sext

segregate [ségrəgèit] 分離される,隔離する,差別される
→ absolute

selenite [sélənàit] 透明石膏
→ carnelian

selenium [səlíːniəm] セレン,セレニウム
→ element

seltzer [séltsər] セルツァー炭酸水,炭酸水
→ drink

semen [síːmən] 精液
→ semi-

semi- [sémi-] 半…,いくぶん…, 2回
この接頭辞の語源であるラテン語接頭辞 semi-（半…,半分の）には,古高地ドイツ語 sami-,サンスクリット sami-,ギリシア語 hemi-（hemisphere〔半球〕）,古英語 san- など広く同族語がある。〈sandblind 参照〉

semi- の類義語に demi-（半分の）があるが,こちらはラテン語 dis, di-（分かれて：〔原義〕2回）と medium（中間――英語 *medium*〔中間〕――）〈同項参照〉とからなる後期ラテン語 dimedium（半

分）が語源である。ラテン語 di- は，ギリシア語 dis, di-（2倍），ラテン語 bis, bi-（2度：英語 biennial〔2年に1度の〕）と同根である。

　semi- を使った最初の英語は semicircular（半円形の）で，造語は1450年ころのことである。それ以降，この接頭辞を持つ合成語は増え続け，音楽用語で semidemisemiquaver（64分音符）までできるようになった。できることなら一度それを演奏してみてはいかが。

　なお，seminary（寄宿学校，神学校）は語源的な関係はない。これはラテン語 seminarium（苗床）が語源で，ラテン語 semen, semin-（種：*seed*）から派生した。したがって，英語 semen（精液）や seminal（種子の）は同語源である。seminary は，最初は文字通り「種子の畑」であった。それが比喩的に若者の育てられるところ，あるいは芸術や科学がはぐくまれるところとなった。動詞 disseminate（普及させる）の原義は「種を蒔く」である。

semiannual [sèmiǽnjuəl] 半年ごとの，半年生の，半年続く
　→ anniversary

seminal [sémənl] 種子の，精液の，発生の
　→ semi-

seminary [sémənèri] 専門学校，寄宿学校，神学校
　→ semi-

semper (fidelis, paratus)
　[sémpər (fidéiləs, paréitəs)] 常に〔忠実な，準備ができている〕
　→ sempiternal

sempiternal [sèmpitə́ːrnl]（古語）永遠の
　この語は，ラテン語 aevum（年齢，永遠）から aeviternus（永遠に続く）を経て派生した aeternalis（永遠に）に，ラテン語 semper（常に）をつけ加えたもので，エベレストに雪が降り積もるようなことを意味する言葉である。この semper は，今もいくつかのラテン語の句に使われている。sic semper tyrannis（専制者に対しては常にかくのごとく）は，ヴァージニア州で1779年にパトリック・ヘンリー（Patrick Henry, 1736-99）の最もよく知られた演説の中で使われたことから標語となったのではないかと考えられている。この標語は悲しむべきことに，リンカン大統領の死の際に誤用された。semper paratus（常に準備ができている）は，米国沿岸警備隊の標語であり，semper fidelis（常に忠実な）は米国海兵隊の標語である。これら標語中の他方のラテン語から派生した英語には tyrant（暴君），fidelity（忠誠），apparatus（装置）などがある。apparatus はラテン語 ap-（ad：…に）と，parare, parat-（用意する）の過去分詞 parat- とからなる言葉である。ラテン語 parare からは，英語 prepare（準備する）が派生した。pre- はラテン語 prae, pre（前に）が語源である。〈zipper 参照〉

sempstress [sémpstris] お針子，女裁縫師
　→ spinster

sensation [senséiʃən] 感覚，感じ，物議
　→ ascend, resent

sense [séns] 感覚，認識力；感じる
　→ ascend, resent

sensible [sénsəbl] 分別のある，気づいている，よくわかる
　→ ascend, resent

sensitive [sénsətiv] 敏感な，敏感に反応する，機密に属する
　→ ascend, resent

sensual [sénʃuəl] 快楽趣味の，好色な，官能的な
　→ ascend, resent

sensuous [sénʃuəs] 感性に訴える，感覚を喜ばせる，感性の鋭い
　→ ascend, resent

sentence [séntəns] 文，判決；判決を宣告する
　→ ascend, resent

sententious [senténʃəs] 簡潔で要を得た，格言好きの，もったいぶった
　→ ascend, resent

sentiment [séntəmənt] 心情，意見，感傷
　→ ascend, resent

sentinel [séntənl] 番人，歩哨；見張る
　この語は，古フランス語 sentinelle（番小屋，哨舎）から借用されたとする説があるが，その場合，あたかもイタリア語 sentina（夜営地の臨時の便所）に由来するかのようである。哨舎は便所とよく似て

いた。しかし，元来は陸軍でなく海軍の用語である。と言うのはイタリア語 sentina には「便所」と，船の汚水が集まって溜まる「船倉」との両方の意味があった。そして，後期ラテン語 sentinator は，その船倉から水をポンプで汲み出す人を意味する言葉だった。こうして sentinel は船倉の水をたえず見張っている男を意味するようになり，さらに「見張りの男」となったのである。

sentry（歩哨，見張り）は同語源であるが，フランス語 sentier（小道）が語源と想像されて転訛した。このフランス語はラテン語 semita（小道）から古フランス語 sente を経て派生した。

sentry [séntri] 歩哨，哨兵，見張り
→ sentinel

separate [sépərèit] 引き離す，分離する；離れた

ラテン語 se は再帰代名詞で「独自に，独りで」を意味する言葉だった。それが前置詞 se〔sed〕（なしに，離れて）を意味するようになり，さらに多くの言葉を形成する接頭辞となった。英語にも se- を持つ言葉が多い。secure（安全な）〈accurate 参照〉，secede（分離する）〈ancestor 参照〉，segregate（分離する）〈absolute 参照〉，secluded（人里離れた）〈close 参照〉などがその例である。

seduce（誘惑する）は，se- と ducere, duct-〔duke 参照〕からなるラテン語 seducere, seduct-（遠ざける，堕落させる）が語源で，seductive（魅惑的な）や seduction（誘惑）も同語源である。sedition（騒乱，反乱）は，上記のラテン語 se とラテン語 ire, it-（行く）〈obituary 参照〉が語源で「離れて行くこと」が原義である。同様に separate（分ける，分離する）は，se とラテン語 parare, parat-（正装する，配置する）が語源で，原義は「離れて配置する」である。〈overture 参照〉

September [septémbər] 9月
→ month

septic [séptik] 敗血症の；腐敗させる
→ creosote

sequel [síːkwəl] 続き，結果，続編
→ pursue, set

sequence [síːkwəns] 連続，連続するもの，数列
→ pursue, set

sequin [síːkwin] スパンコール《衣服などに装飾として縫いつける丸い小金属板》

この語は，zecca（造幣局）から派生したイタリア語 zecchino（ゼッキーノ金貨《16世紀のベニスで鋳造された》，小さな硬貨）から借入されたが，さらに古くはアラビア語 sikka，すなわち貨幣の打ち抜き型（die）にさかのぼる。

"the *die* is cast"（さいは投げられた）は，カエサルがルビコン川を渡る時に発した言葉として有名になったが，この比喩は二つの源に由来する可能性が高い。一つは古く，数字を打った立方体のさいころ（*die*：複数形 *dice*）で，軽く投げ上げて出た目で人の運命が決まるとされたものである。もう一つは鋳型（*die*：複数形 *dies*）で，そこに流し込まれたものが固まるとその模様が定着する。《cast には「投げる」と「鋳造する」という意味がこめられている。》どちらの場合（case）〈同項参照〉も die は，ラテン語 datum（与えられた——data〔データ〕が派生——）が語源で，古フランス語 de を経て借入された。そしてその意味は「運命」から運命を決定する「さいころ」へと意味が移転した。

元々洋裁では，硬貨シークイン（sequin《上記のゼッキーノ金貨の英語名》）が小さな円形のスパンコール（スパングル：*spangle*）に使われている。spangle はおそらく中期オランダ語 spange（留め金，ピカピカ光る装飾品）の英語の指小形である。動詞 spangle は星条旗（star-*spangled* banner）に使われているように「光る斑点で飾る」ことである。星条旗よ永遠なれ！（Long may it wave!）

ところで，私たちに共通の運命とも言うべき die（死ぬ）は，スカンディナヴィアの古北欧語 deyja（死ぬ）から借入された言葉で，アングロサクソン語起源ではない。こちらでは steorfan という語が使われ，この語は starve（餓死する）〈同項参照〉の語源である。昔は餓死が非常に一般的な死に方であった。

また同音異語の動詞 dye（布を染める）は古英語 deag（色）から派生したが，その語源は知られていない。しかし，dye と

dieの綴りはどちらの意味にも長く互換的に使われた。染色を生活の糧にしている人は，We dye to live. と言う。《それはまたWe die to live.（生きるために死ぬ）とも聞き取れる。》

sequoia [sikwóiə] セコイア《米国西部産のスギ科の高木》
　樹齢の長い大きな木で，樹名はチェロキー・インディアン（Cherokee Indian）の言語学者セクオイア（George Guess Sequoiah, 1843没）にちなんで名づけられた。彼は自分の母語を書き記す音節文字表を発明した人物でもある。

seraglio [səræljou]《イスラム教国の》後宮，トルコ君主の宮城，《イスラム教徒の》妻妾
　トルコの宮殿の女性たちは，毎晩後宮に施錠されて閉じ込められた。もちろん，今日の都会人のほとんどが同じと言えなくもない。トルコ皇帝（Sultan）の宮殿にいた女性はsarayliと呼ばれたが，これはトルコ語saray（宮殿）から派生した言葉である。中世の西洋の宮殿は部屋に鍵をかけていなかったことから，イタリア人はこのトルコ語に，閉じこめられるという考えを組み合わせ，ラテン語sera（かんぬき）の後期ラテン語動詞serrare（錠をおろす）からserraglio（後宮）を造った。このイタリア語が英語に借入されてseraglio（後宮，ハーレム）となるのである。
　ラテン語sera（かんぬき）は，ラテン語serere, sert-（つなぐ）と同根語であり，このラテン語から英語series（つながったもの）が派生した。なお，ラテン語sera（かんぬき）とラテン語serra（のこぎり）とは関係がない。後者の動詞serrare, serrat-（のこぎりで切る）から英語serrate（ぎざぎざの）が派生した。英語serra（ノコギリエイ，のこぎり歯状の連山）も同語源であるが，私たちは「連山」の意味ではスペイン語sierra（連山）〈同項参照〉の方をよく用いる。ただし，*serried* ranks（密集隊伍の兵隊たち）は，後期ラテン語serrare（錠をおろす）から派生した。彼らは今日の戦闘で見られることはほとんどない。
　harem（ハーレム，イスラム教国の婦人部屋）は，アラビア語haram（禁じられた）が語源で，「聖域」さらに「聖域内の婦人たち」を意味するようになった。ペルシアやインドでは，家屋における女性たちの区域はzenanaと呼ばれる。ギリシア語gyne（女性）と同族語のペルシア語zan（女性）が語源である。〈banshee参照〉

serenade [sèrənéid] セレナーデ，小夜曲；セレナーデを歌う
　→ world

serendipity [sèrəndípəti] 掘り出し物を見つける才能，掘り出し上手
　予期以上の物を見つけ，幸運を呼び込む才能を意味するこの言葉は，英国の著述家ウォルポール（Horace Walpole, 1717-97）によって，ペルシアのおとぎ話 *The Three Princes of Serendip*：『セレンディープの三人の王子』（1754年）から造語された。Serendipはスリランカ（Ceylon）のかつての名称で，主人公サウル（Saul）は父親のロバを探すための旅に出て，この王国を見つけた。掘り出し物を見つける才能（serendipity）は，あらゆる芸術家にとって宝である。

serene [səríːn] 澄んだ，穏やかな；晴れた空
　→ world

series [síəri(ː)z] 連続，シリーズもの，級数
　→ seraglio

serrate [séreit] ぎざぎざの；ぎざぎざをつける
　→ seraglio

serried [sérid] 密集した，のこぎり歯状の
　→ seraglio

servant [sə́ːrvənt] 召使い，奉仕者，役に立つ者
　→ family

serve [sə́ːrv] 仕える，勤める；サーブ
　→ family

service [sə́ːrvəs] 業務，奉公；アフターサービスをする
　→ family

sesame [sésəmi] ゴマ，ゴマ油，開けゴマの呪文
　ゴマ（sesame）は東洋によく見られる穀粒で，アラビア語simsim（ゴマ）からギリシア語sesameを経て借入された。東方によく見られる「魔法の鍵」という意味は，*Thousand and One Nights*：『千一

夜物語』とか *Arabian Nights*：『アラビアンナイト』と呼ばれる物語集の中の"Ali Baba and the Forty Thieves"：「アリ・ババと40人の盗賊」に由来する。盗賊たちの洞窟はだれかが「開けゴマ」("Open Sesame!")と言った時だけ開くのである。この物語の語り手たちは，いつの日か電気がこの魔法を現実にするとは夢想だにしなかっただろう。

sesquicentennial [sèskwisenténiəl] 150年の，150年祭の
  → anniversary

sesquipedalian [sèskwipədéiliən] 長たらしい，多音節の；長たらしい語
  sesqui-（1倍半）は多くの言葉の接頭辞になっている。これは semis（半分）と -que（…と）とからなるラテン語 semisque の短縮形で，意味は「あと半分，1倍半」である。ラテン語 sesquipedalis（1フィート半の）は sesqui- と pes, ped-（足）〈pedagogue 参照〉からなる。ローマの詩人ホラティウス（Quintus Flaccus Horatius, 65-8B.C.）は，*Ars Poetica*：『詩論』（第97行）で，この語を「《語句などが》度外れに長い」という意味に用いた。英語 sesquipedalian はこのラテン語が語源で，度外れて長い言葉とか，そのような言葉を使う人という意味に使われるようになった。

session [séʃən] 開会，会期，集まり
  → subsidy

set [sét] 置く，沈む；一まとまり
  「ある場所に置く」という意味の動詞 set は，sit（座る）の原因動詞で，ゲルマン諸語に共通であり，語源は後者がアングロサクソン語 sittan（座る），前者は settan（座らせる）である〈fell 参照〉。一方，a full *set* of teeth（一揃いの歯）の set は，things *set* in order（秩序だてられた物）や things *set* together（一緒にまとめられた物）などの動詞 set とは別語で，suit（《トランプや衣服などの》一揃い）〈同項参照〉や suite（《ホテルなどの》スウィートルーム）と三重語である。すなわちラテン語動詞 sequi, secut-（従う，《時間的に》続く，ついて行く）から secuta（従っている）を経て派生した secta（従者，セクト）が語源で，イタリア語 setta（仲間）を経て借入された。sequel（続き，続

編），consecutive（連続した，引き続く――con- はラテン語 cum, con〔一緒に〕が語源――），sect（一つの意見に従うもの，分派，党派）なども同語源である。なおこの sect は，section（区分，セクション）の語源であるラテン語 secare, sect-（切る）の影響を受けている。そしてこの sect はギリシア語 skhizein（裂く）から skhisma（裂け目）を経て英語 schism（分裂，分派）が派生したのとよく似ている〈shed, pursue 参照〉。〈sext 参照〉

seven [sévn]《数の》7；7つの
  → number

sewer [súːər] 下水道，下水管；下水設備を施す
  succulent steak とは「肉汁の多いステーキ」のことで，succulent（汁の多い）はラテン語 sucus（液汁）から派生した言葉であり，このラテン語は，suck（吸う）の語源であるアングロサクソン語 sūcan（吸う）と同族語である。sewer（下水道，下水溝）は，後期ラテン語 exsuccus（汁を流し出す）の語頭音消失形から変化したと考えられてきた。しかし，本当の語源はラテン語 ex（外へ）と aqua（水）からなる後期ラテン語 exaquare（流し出す）で，古フランス語 sewiere（養魚池からあふれた水のための排水路）を経て借入されたと考えられる。下水道（*sewer*）を流れるものが sewage（下水）である。

sex [séks] 性；性の；性別を判定する
  → sext

sext [sékst] 6時課《聖務日課の正午の祈り》
  → bull

  sextant（六分儀）は，円周の「6分の1」，あるいはその大きさ，すなわち60度の扇形に目盛りをつけた角度や高度を測る器具である。特に海上において自分の位置を確かめるのに用いる。quadrant（四分儀）は円の4分の1の弧を持った道具で，ラテン語 quadrans, quadrant-（4分の1）が語源である。

  しかし，sexton（寺男）は，ラテン語 sacer, sacr-（聖なる）から派生した後期ラテン語 sacristanus（僧衣などを管理する聖職者）が語源であり，古フランス語 segrestein を経て借入された。この語は sacristan（《教会などの》聖具保管係）と

二重語で，sextry（《廃語》聖具保管係の住居）も同語源である。

　sex- は，sextus（第 6 番目の）からラテン語 sex（6；6 の：*six*）を経て派生した結合形である。しかし，男性と女性とを区別したり，その男女を結びつけたりする sex（性―― *sexual*〔性的な〕が派生――）は，ラテン語 sexus（性別）が語源である。ラテン語 secare, sect-（分ける）と同根語で，このラテン語はさらに，dissect（切り離す），insect（昆虫）〈同項参照〉，section（部分），そして古フランス語 secion を経由した英語 scion（接ぎ穂）や secant（割線）〈knink-knack 参照〉，sect（党派）〈set 参照〉，ラテン語 segmentum（錦織り）から借入され，古くは secamentum と綴られた segment（切片），vivisection（生体解剖）など，多くの言葉の語源である。ちなみに vivi- はラテン語 vivus（生きた）が語源で，*viva* voce（生の声〔*voice*〕で，口頭で；口頭試問），*vivi*parous（胎生の）〈viper 参照〉などに見られる。

sextant [sékstənt] 六分儀，円周の 6 分の 1
　→ sext

sexton [sékstən] 寺男
　→ sext

sextry [sékstri] 聖具保管室
　→ sext

shade [ʃéid] 陰，日よけ；陰にする
　→ shed

shadow [ʃǽdou] 影，暗がり；陰で暗くする
　→ shed

Shah [ʃάː] シャー《イラン国王》
　→ shed

shale [ʃéil] 頁岩（けつがん），泥板（でいばん）岩
　→ echelon

shallow [ʃǽlou] 浅い；浅瀬；浅くする
　→ scholar

shampoo [ʃæmpúː] 洗髪，シャンプー；シャンプーで洗う
　shampoo はヒンディー語 shampo（押す）から派生した言葉であり，本来はマッサージだったようで，やさしく指先で圧するのが正しいやり方だったということをこの語源が示している。

shank [ʃǽŋk] すね，すね状の物；クラブの柄で打つ
　→ luncheon

shanty [ʃǽnti] 小屋，掘っ立て小屋，舟歌
　→ incentive

share [ʃéər] 分け前；分ける，分担する
　→ shed

shark [ʃάːrk] サメ，高利貸；搾取する
　この魚の名前 shark は人間に由来する言葉で，通例《動物を比喩的に人間に当てはめる》の意味の移転とは逆である。ホオジロザメの学名 carcharodon carcharias などに影響を与えたラテン語 carcharus（サメ）があるが，ドイツ語 Schurke（やくざ者，どん欲なたかり屋）の影響を受けた shark がより古くから一般的に使われている。すなわち，ドイツ語 Schurke から借入された shark を水兵たちがこの魚を指す言葉として使った可能性が高い。このドイツ語は，「引っつかむ，引っかく」という発想をもとに，オランダ語 schurken（引っかく）から造語されたと考えられる。

　shark には二重語 shirk（ずるける，なまける）がある。後者は，はじめ「他人の世話になって生きる」を意味したが，そこから「仕事を回避する」となった。このような母音の変化は他にも見られる。pall-mall（ペルメル《鉄環に木球をくぐらせる遊び》）と pell-mell（てんやわんや）〈mail 参照〉，地名 Derby（ダービー《イングランド中部の都市》）と Darby（ダービー《米国のフィラデルフィアの西にある町》），clerk（事務員）と名前として残っている Clark（クラーク）などがその例である。clerk は，kleros（籤（くじ），籤によって分配された土地，相続分）から派生した教会ギリシア語 klerikos（聖職者に属する），後期ラテン語 clericus が，アングロサクソン語 cleric, clerc として借入され，キリスト教の著述家たちによって「聖職者」という意味に用いられた。それは『申命記』（18：2）にある "the Lord is their inheritance"（神《ご自身》が彼ら《祭司を出すレビ族》の世襲財産である）に由来する。《このレビ族が，「キリスト教徒」さらに「聖職者」に置き換えられたのである。》この clerk が，ビジネスで使われる「事務員，店員」を指すようになったのは，聖職者（*clergy* ―― clerk と同語源――）

たちの持っていた読み書きの能力を備えていることに由来する。ちなみに、フランスの哲学者バンダ (Julien Benda, 1867-1957) の本 *La Trahison des clercs*:『知識人の裏切り』(1927年) で裏切るのは、聖職者 (clergy) でも事務員 (clerks) でもなく、「学者たち」である。

ついでながら、フランス語 trahison (裏切り) は、英語では treason (反逆、裏切り) であるが、この英語は、trans (横切って) と dare, dat- (与える) からなるラテン語 tradere, tradit- (引き渡す、売り渡す) から派生した名詞 traditio, tradition- (引き渡し) が語源で、古フランス語 traïson を経て借入された。traitor (反逆者) は、同語源のラテン語 traditor (伝達者、反逆者) が語源である。tradition (伝統) は手渡されてきたもので、treason (反逆) と二重語である。〈college 参照〉

shave [ʃéiv] 剃る、ひげを剃る；ひげを剃ること

野蛮人 (barbarian) 〈同項参照〉でない限りどの男性も毎日行うこの習慣を表すこの言葉は、ゲルマン諸語に共通であり、古英語では sceafan, 古高地ドイツ語では scaban で、ラテン語 scabere (引っかく——英語 scabies〔疥癬(かいせん)〕の語源——) と同族語である。scab (かさぶた) は古英語では sceabb であり、scabies の語根に影響されたか、同語根から派生した可能性が高い。同系語である古いオランダ語 schabbe は、比喩的に「だらしない女、売春婦」という意味に用いられ、そこから scab (スト破り)、すなわち「下劣なやつ：scurvy fellow」が生まれ、この scab はアメリカ合衆国で労働争議の時に初めて使われた。なお、scurvy (卑しい、あさましい、フケだらけの) は、scurf (フケ、アカ) の形容詞で、古英語 sceorfan (かじる)、scearfian (ずたずたに切る) から派生したが、scurvy は shaving (ひげ剃り) のどの同根語よりも強い意味を持つ。

shear [ʃər] 刈る、ハサミを入れる；刈り込み
→ shed

shears [ʃərz] 大バサミ
→ shed

sheep [ʃíːp] ヒツジ、温良な人、羊皮
→ mutton

sherbet [ʃə́ːrbət] シャーベット、シャーベット水
→ drink

sherry [ʃéri] シェリー酒、白ブドウ酒
→ drink

shed [ʃéd] 流す、こぼす、脱ぎすてる；物置、小屋

アングロサクソン語、ラテン語、ギリシア語のどれもがこの語に絡んでいる。すなわち、shed はアングロサクソン語 sceadan (分ける、まき散らす、細かく分ける) が語源で、*shedding* blood (血を流すこと) や water*shed* (分水界、分水嶺) のように使われている。同じ語根から古英語 sceran (切る) を経て shear (刈る) や shears (大バサミ)、ploughshare (鋤の刃)、また share (一部、分けられた部分) などが派生した。そしてこのアングロサクソン語は、ギリシア語 skhizein (裂く、切る) やラテン語 scindere, sciss- (切り離す、分ける) と同族語である。このラテン語に影響されて、ラテン語 caedere, caes- (打つ、殺す) から複合語の後半部を形成する弱形 -cidere, -cis- が派生し、これを用いて例えばラテン語 homicidium (殺人) が作られ、これが homicide (殺人) の語源となった。なお、homi- はラテン語 homo (人) が語源である。さらにこれにならって近代になって造語された語に fratricide (兄弟〔姉妹〕殺し)、regicide (国王殺し)、suicide (自殺) などがある。fratri- は、ラテン語 frater, fratr- (兄弟) が語源で、fraternity (兄弟愛、同胞愛) の語源でもある。regi- はラテン語 rex, reg- (国王) が、sui- はラテン語 sui (自分自身の) が語源である。

なお、「切る」というのが一般的な殺し方であることからラテン語 caedere, caes- (打つ、殺す) は「切断する」という意味にも使われるようになり、後期ラテン語 cisorium (切る道具)、古フランス語 cisoires を経て scissors (ハサミ) が派生した。他に、incision (切り口、切開)、incisors (切歯、門歯：〔原義〕切り込む歯)、incisive (鋭利な) なども同語源である。英語 chisel (のみ、たがね) は、ラテン語 caedere, caes- (打つ、殺す) から、caesellum (切るための道具)、古フ

ランス語 chisel を経て借入された。フランス語では ciseau（のみ、たがね）である。英語 cement（セメント）も、ラテン語 caedimentum（切断）から caementum, cementum を経て借入された。最も古くは「石のかけら」のことだった。

　たくましい想像力によって caes-, すなわち caedere（切る）の過去分詞形と Julius *Caesar*（ユリウス・カエサル、〔英語名〕ジュリアス・シーザー）を結びつける説もある。*Caesarean* birth（帝王切開出産）は、すなわち、切開（*incision*）による出産である。

　アウグストゥス（Augustus）や他のユリウス家の後継者たちが Caesar の名を使った事実から Kaiser（カイザー、神聖ローマ帝国皇帝）、ロシア皇帝の称号 Czar, Tsar（ツァー）が派生した。ただし、ペルシア語 Shah《王、かつてのイラン皇帝の尊称》は、サンスクリット語 kshatra（支配）と同族語の古ペルシア語が語源であり、ローマの支配者への東洋的な軽蔑をはねつけるために Caesar をもじったわけではない。《Shah とよく似た発音の hiss〔シーッ〕は不満、非難、軽蔑などを表す。》

　上記のラテン語 scindere, sciss-（切り離す）は、また、科学用語 scissiparous（分裂によって繁殖する）の scissi- の語源である。-parious（生み出す）を持つ言葉には、viviparous（胎生の――ある種のヘビや、人間がそうである――）や oviparous（卵生の――普通のヘビやあらゆる鳥のように卵のまま産み出す――）がある。〈viper 参照〉

　分裂生殖（scissiparity）は、ギリシア語 skhizein（分裂する）を使って schizogenesis とも呼ばれる。結合形 schizo-（分裂した）のついた英語の複合語は数多くある。schizophrenia（精神分裂病《分裂した人格、あるいは二重の人格》）がその一例である。ギリシア語の名詞 skhisma（裂け目）から派生した英語には schism（《団体、特に教会の》分裂）や schismatic（分離の；教会分裂論者）がある。

　ところで、shed（小屋、物置）、すなわち「雨や陽射しをよけるための差掛け小屋あるいは片流れ屋根（lean-to――元は柱の上に屋根が乗っただけの、あるいは建物の単なる突出部――）」という意味の shed は、古英語 sceadu, scead（影、暗さ）から中英語 schade を経て成立した。そしてこの中英語 schade から shade（陰）が派生したのであり、「小屋」の shed は shade の異形と考えられる。そして shadow（影）は古英語 scead の斜格の sceadwe から派生した言葉である。shade の中英語における一語形に schudde があり、ドイツ語 Schuts（保護）と同系語である。しかし shutter（よろい戸）は、古英語 scyttan（閉じる：*shut*）から派生した。暑い時は着ている物を脱ぎ（shed）、小屋（*shed*）の下に行って、陰（*shade*）に入りたいと思うものである。

　shed（小屋）の語源を、さらにさかのぼるとサンスクリットの語根 sku-（覆う）にたどりつく。足を覆うものをアングロサクソン語で sceo（shoe〔靴〕の語源）、地球を覆うものをアングロサクソン語で scua（sky〔空：〔原義〕雲〕の語源）、舞台を覆うものをギリシア語で skene（英語 scene〔場面〕の語源）と呼ぶが、これらはすべて同族語である。そしてよどんだ覆いのことを古高地ドイツ語では scum と言い、これが古フランス語では escume, ドイツ語では Meerschaum（海泡石、《英語》meerschaum）〈同項参照〉に見られる Schaum（泡）となり、英語では scum（あく、皮膜）となった。動詞 skim（すくい取る）は、「《皮膜（*scum*）を》取り除く」ことである。これは、pit が「種（*pit*）を取り除く」、seed が「種（*seed*）を取り除く」という意味に使われるのと同じである。ただ、seed については、*seeded* raisin（種を取り除いた干しブドウ）や *seeded* rye bread（粒入りライ麦パン）のように正反対の意味がある。まさに広い領域をカバーする（cover）語である。〈overture 参照〉

shibboleth [ʃíbəliθ] 特有の慣習、合言葉
　ヨルダン川の東の山岳地方ギレアドのイスラエル人たちが、敵対するエフライム人たちを見つけ出そうとした時（『士師記』12：6）、エフライム人たちが発音できない音 sh に着目し、無作為に選んだ shibboleth を発音するように求めた。意味は「川」で、おそらく近くにヨルダン川があったので選ばれたと考えられる。ミルト

ン (John Milton, 1608-74) は shibboleth を *Samson Agonistes* を:『闘士サムソン』(第288行) で合言葉として使っている。

shilling [ʃílɪŋ] シリング, シリング銀貨
→ dollar

shilly-shally [ʃíliʃæli] ためらう；ためらい；ぐずぐずする
→ patter

shimmey, shimmy [ʃími] シミー《上半身を震わせて踊るジャズダンス》, シミーを踊る；シュミーズ

これらは, フランス語・英語 chemise (シュミーズ) の変化形であることは明らかで, 後期ラテン語 camisia (リネンのシャツ) からおそらくはゴール語にさかのぼる。「陽気に踊る」という意味の表現, "to shake a *shimmy*" が, shimmy (シミーを踊る) へと短縮され,「踊る」意味に使われるようになった。《このダンスは肩, 胸, ヒップをセクシーに振り, この語の故郷のゴール (Gaul) と同音ながら gall (無作法さ) を伴う。》無作法さは三つの部分に分かれるとは限らない (not all *gall* is divided into three parts)《カエサルの『ガリア戦記』冒頭 Gallia est omnis devisa in partes tres (ガリアは全体で三つの部分に分かれている) のもじり》。

shingle [ʃíŋgl] 屋根板, 小石, 砂利浜
→ precinct

shingles [ʃíŋglz] 帯状疱疹
→ precinct

ship [ʃíp] 船；…を送る, 船に乗る

水上のワゴンとも言うべき船は, 最も古くはくり抜いた丸木だった。ship はゲルマン諸語に共通に存在する言葉で, 古高地ドイツ語では scif, ドイツ語では Schiff で, 英語 ship とその二重語 skiff (小型軽装帆船), それらの船の責任者 skipper (船長) は同系語であり, これらはギリシア語 skaptein (くり抜く) と同族語である。〈shipshape 参照〉

shipshape [ʃípʃèip] 整然とした, きちんとした

この語は古くは shipshapen (整然とした, ぎっしりと詰まった) (*shaped*) であり, 船 (ship) の中の物があるべき姿のことを意味した。ただ, この語の使用は反復形に影響されたものである。〈knickknack 参照〉

第二要素の -shape は, ゲルマン語根 skap- (造る, 形作る) から分出した原始ゲルマン語 -scip が語源で, より一般的には -ship であり, hardship (苦難), horsemanship (馬術), lordship (統治権) などの -ship と同じものである。authorship (著述業) のように「ありさま」, professorship (教授の職) のように「地位」, craftsmanship (職人の技能) のように「…に伴う質, 特性」, scholarship (奨学金) のように「特典, 賞」などを意味する接尾辞として使われている。

ちなみに接尾辞 -hood は, 廃語 godhead (神格, 神性) や maidenhead (処女性) に見られるように, 古くは -head で, 今日はものの様子や状態に限って用いられる。これは古英語 -had から中英語 -hod を経て成立したものである。ゴート語 haiduz (態度, 習慣) を経たドイツ語 -heit (様態, 性状) と同系語で, likelihood (見込み), girlhood (少女時代), godhood (神性), maidenhood (娘時代) のように使われる。接尾辞 -ship の方は, 海を渡るものと関係はなく, -hood の方は頭にかぶる物とは無関係である。

shirk [ʃə́ːrk] 責任・義務を回避する, 責任逃れをする；怠け者
→ shark

shirt [ʃə́ːrt] ワイシャツ, シャツ；シャツで覆う
→ skirt

shoal [ʃóul] 浅瀬, 群れ；群がる
→ scholar

shoe [ʃúː] 靴, 蹄鉄；靴をはかせる
→ shed

shoot [ʃúːt] 撃つ, 射る；射撃
→ ninepins, shout

short [ʃɔ́ːrt] 短い；急に；短いもの
→ skirt

shoulder [ʃóuldər] 肩, 肩肉；肩で押す
→ bow

shout [ʃáut] 叫ぶ, 大声で言う；叫び

昔のイングランド人は敵をめがけて矢を放つ時, 嘲りの叫び声をあげたと考えられる。これが相手をばかにする鬨 (とき) の声の始まりである。中英語 scheoten (撃つ―― *shoot* は同根の可能性が高い――)〈ninepins 参照〉から scout（あざ笑う，鼻であしらう）が派生したのはこのことに由来する〈boy *scout* については scourge 参照〉。この嘲りの叫びはより大きな鬨の声（battle-cry）となり，そこからさらに他の大きな叫び声にも使われ，その意味が異形の shout（叫ぶ；叫び）に引き継がれた。

shove [ʃʌ́v] 押す，突く；ひと突き
　→ drivel

shovel [ʃʌ́vl] シャベル；シャベルですくう，シャベルを使う
　→ drivel

show [ʃóu] 見せる，見える；見せること
　この語は，原始ゲルマン語根 skau- にさかのぼり，西ゲルマン諸語に共通で，古英語では sceawian（見る）である。原義は「見る」であるが，後に「見張りをする，用心する」，そして「備えをする」となった。この意味は，同族語の中に残っている。すなわちこの原始ゲルマン語根 skau- は，ギリシア語 skeptesthai（気をつける，注意深く見る）の名詞 skopos（的，目標——英語 skeptic〔懐疑論者〕〈scourge 参照〉や scope〔範囲〕〈dismal 参照〉の語源——）と同族語の可能性が高い。また，s- がないがサンスクリット kavi（予言者）やラテン語 cavere（気をつける，用心する）と同族語であり，英語 caveat（警告）〈quaint 参照〉はこのラテン語から派生した。1200年ころ，show は原因・使役的意味を帯びて，現在の意味「見せる，展示する」へと移転した。

shrapnel [ʃrǽpnl] 榴散弾
　→ Appendix VI

shrine [ʃráin] 聖堂，神殿；安置する
　中世を通じて，書き物に関するあらゆることは聖職者（clergy）〈stationery 参照〉と関係していた。shrine は最初，例外なく高価な筆記用具や写本が保管される貴重品箱のことで，ラテン語 scribere, script-（書く）の名詞 scrinium（書類箱，文庫）からアングロサクソン語 scrin として借入された。この貴重品箱は厳重に管理され安全なことから，やがて殉教者や聖人の聖遺物用に使われた。現在の意味はそのことに由来する。
　ラテン語動詞 scribere, script- は，英語の合成語を多く生み出したが，そのほとんどは接頭辞によって意味が明確に限定されている。conscript（徴集兵：〔原義〕公務の名簿などに一緒に〔con-〕書かれた），prescription（規定，処方箋：〔原義〕予め〔pre-〕書かれたもの），describe（描写する：〔原義〕取り出して〔de-〕書く），manuscript（写本，原稿——ラテン語 manu-〔手によって〕——），scribe（書記），script（手書き），scribble（なぐり書き），ascribe（原因を…に〔ad-〕帰する），proscribe（法律で禁止する：〔原義〕《公に》向けて〔pro-〕書く），transcribe（書き写す：〔原義〕別の場所へ〔trans-〕書く），nondescript（得体の知れない：〔原義〕書き記すことが不可能な〔non-〕），postscript（追伸：〔原義〕後から〔post-〕書かれた），inscription（銘刻：〔原義〕中に〔in-〕書かれたもの），subscribtion（署名，予約購読：〔原義〕下に〔sub-〕書かれたもの）などがその例である。

shrink [ʃríŋk] 縮む，縮ませる；収縮
　→ shrive

shrive [ʃráiv] ざんげを聞く，ざんげをする
　ラテン語 scribere, script-（書く）〈write 参照〉は強力な動詞である。英語を除いてほとんどのゲルマン諸語で，土着の語を駆逐してしまった。英語では scribe（筆記者；《画線器で》線を引く）や script（手書き，筆記文字）などがあり，さらに shrine（神殿）〈同項参照〉のように予想もしないところに突然顔を出すことがある。中世の書き物で，一般の人々に最もなじみがあったのは判決文書，すなわち，課された処罰であった。そこで古高地ドイツ語の scriban（書く）は，古英語 scrifan（布告する，罪滅ぼしの苦行を課す）となり，「処罰」から「罰を支払ったことで認められた赦免」への移転を経て，英語 shrive（罪の許しを与える）にたどりつく。この語は，時に，コールリッジ（Samuel Taylor Coleridge, 1772-1834）の *The Rime of the Ancient Mariner*：『老水夫行』(vii) にあるように，shrieve と綴られる。
　ところで，よく似た綴りの shrivel（しなびる，しわがよる）は，shrive の指小語ではなく，スウェーデン語 skryvla（しわを寄せる）と同系語である。なおこのスウェーデン語は，同 skrynka（しわがよ

shrivel [ʃrívl] しなびる、だめになる、縮ませる
→ shrive

shrub [ʃrʌ́b] 低木、潅木
→ scrub

shuffle [ʃʌ́fl] 足をひきずって歩く、シャッフルする、ごまかす
→ drivel

shuffle-board [ʃʌ́flbɔ̀ːrd] 円盤突きゲーム
→ drivel

shut [ʃʌ́t] 閉める、閉じる；閉じた
→ shed

shutter [ʃʌ́tər] よろい戸、シャッター；よろい戸が閉まっている
→ shed

shuttle [ʃʌ́tl] 《織機の》杼(ひ)；左右に動く、往復運動させる
→ ninepins

Siamese (twins) [sàiəmíːz (twínz)] シャムの；シャム語、シャム双生児
　この語はもちろんタイ (Thailand) の旧名シャム (Siam) から派生したもので、「シャムの」という意味だが、1814年に男児チャング (Chang) とエング (Eng) が腰の部分でつながって生まれた時以来、特別の意味を持つに至った。この二人は60年生きて、彼らに続くこのタイプの双生児は皆この名で呼ばれるようになった。

sibilant [síbələnt] 歯擦音の、シューシューいう；歯擦音
→ persiflage

sibling [síbliŋ] 兄弟姉妹
→ gossip

sic [sík] 原文のまま
　この語は、ラテン語 sic (このように) がそのまま英語に借入されたもので、何か誤っていると思われることを、ただ印刷されている通りに採用していることを示すために括弧に入れて用いられる。すなわち、「誤りは原文のものである」、あるいは「この項目は奇妙であるが間違いのないものである」という意味である。〈sempiternal 参照〉

sick [sík] 病気の；吐くこと；吐く
→ sock

sickle [síkl] 小鎌、かま
→ sock

sideburns [sáidbə̀ːrnz] ほおひげ、もみあげ
　この種のほおひげは、南北戦争中、北軍側のバーンサイド将軍 (General Burnside, 1881年没) が特に好んだものである。これは burnsides (バーンサイドひげ) と呼ばれたが、このひげは頬の部分 (side) だけで、あごにはなかったところから、《sideboards, sidewhiskers (ほおひげ) に倣い》同将軍の名前の前後が入れ替わって sideburns となった。〈vandyke 参照〉

sidereal [saidíəriəl] 星の、恒星の、星座の
→ consider

siege [síːdʒ] 包囲攻撃、長く苦しい期間、執拗な努力、《廃語》権力の座
→ subsidy

sierra [siérə] 山脈
　この語はラテン語 serra (のこぎり) からスペイン語 sierra (のこぎり) を経て借入された。のこぎり状の連山がこの名を得ることが多い。Sierra Nevada (シエラネバダ山脈——最高峰4,418m——) の Nevada はスペイン語 nevada (雪に覆われた) が語源で、元来は高い山を表す普通名詞である。〈seraglio 参照〉

siesta [siéstə] シエスタ、昼寝、午睡(ごすい)
→ luncheon

sigil [sídʒil] 印、認め印、魔力を持つ印
→ sign

sign [sáin] 記号、印；署名する
→ resign, signature

signal [sígnl] 信号；信号の；合図する
→ resign, signature

signature [sígnətʃər] 署名、記号
→ resign
　ラテン語名詞 signum (印：*sign*) から動詞 signare, signat- (記号で示す、彫る) や形容詞 insignis (明示された、印づけられた——in- は強意の接頭辞——)、そして名詞 insigne (明示、標章、合図——複数形 insignia——) が派生した。このラテン語 insignia からフランス語 enseigne (看板、目印、軍旗) を経て英語 ensign が借入された。この語は初め「合言葉」、すなわち「合図」(*signal*——ラテン語 signalis 〔印のついた〕が語源——)、

次いで，宿屋に掲げられている「看板」（この意味での *sign* は *ensign* の語頭母音消失)，それから「軍旗」，さらにその旗を持つ士官，すなわち「陸軍旗手」を意味するようになった。〈jesse 参照〉

ラテン語 sigillum（小さな像，印，封）は signum の指小語であり，英語 sigil（印章）や，古フランス語 seel を経て借入された seal（印章）の語源である。文書に封をする際，その人の seal が用いられたので，*sealing* wax（封蠟）や動詞 seal（封印する，閉じる）が派生した。

ちなみに哺乳類の seal（アザラシ）は，ゲルマン諸語に共通する言葉で，古英語では seolh である。

silhouette [sìlu(:)ét] シルエット，輪郭；輪郭を見せる

ド・シルエット（Étienne de Silhouette, 1709-67）は，《ルイ15世（Louis XV, 在位 1715-74）の財務大臣で》フランスの最もケチな財務大臣だった。彼は自宅では完全な絵画を描かせる代わりに，輪郭のみの画像で間に合わせようとするほどだった。その狭量な倹約を嘲って，人々はこの黒い肖像画をシルエット（silhouette）と呼んだ。

silicon [sílikn] シリコン，珪素
→ element

silk [sílk] 絹，絹物，絹糸状の物
→ cloth

silly [síli] ばかな，愚かな，気絶して

多くの人が，経済学のような分野を科学と呼ぶことは愚か（silly）だと言ってきた。しかし，経済学の歴史の一側面は，silly という語に象徴されると言える。この語は古英語 saelig（恵まれた，運の良い）から中英語 seely を経て成立した言葉で，現在もイギリス諸島の地域によっては，元の意味で使われている。ドイツ語では selig（恵みを受けた）で，ドイツ人（ユダヤ人も）は，今でも死者について，例えば "My mother *selig*"（今は亡き母：[原義] 浄福の母）のように言う。

ノルマンのイングランド征服で，勝者ノルマン人は狩猟や娯楽以外にすることはなかった。彼らは「恵まれた」，つまり seely な人々だった。こうして次第にこの語は「怠惰な」を意味するようになった。コールリッジ（Samuel Taylor Coleridge, 1772-1834）は「老水夫行」（"The Rime of the Ancient Mariner"）（1798年）で，船の "the *silly* buckets on the deck"（甲板の無用の桶）(298) と歌っているが，これは，長い日照りで水がなく，無用になった桶のことである。しかし，民主主義の発達によって労働に尊厳が与えられ，産業の発達はすべての人に労働の機会を作った。そこで，「怠惰な」者は，少々「愚かな」(silly) 者にちがいないと考えられるようになった。つまり silly は foolish と類義になる。以前，愚かな者（the foolish）は，「神が触れ給うた者」("touched by God"——今日 touched は時に「少し愚かな」を意味する——）と考えられていたが，この touching は，元々人を silly にしたもの，すなわち「恵まれた [者]」にしたものとは異なる。

silo [sáilou] サイロ，地下ミサイル格納庫；サイロに貯蔵する
→ psilo-

silver [sílvər] 銀；銀の；銀めっきする

この語は，ゲルマン諸語に広く見られ，古英語では siolfor である。スラヴ語派の，例えばロシア語 serebro，ポーランド語 srebro などは同族語であるが，印欧祖語は不明である。ロマンス語系ではまったく異なる流れがあり，それは英語 argent（銀）〈同項参照〉に見られる。この金属の輝きから，多くの植物，魚などの名前をつけるのに使われている。
→ element

similar [símələr] よく似た，類似した；類似物
→ assimilate

simile [síməli(:)] 直喩，明喩
→ assimilate

simon pure [sáimən pjúər] 本物の，真正の；本物

この表現は，マザーグースの Simple Simon（おめでたサイモン）の無垢な正直さから来たのではなく，英国の女優・劇作家セントリヴァー（Susannah Centlivre, 1667?-1723）の喜劇 *A Bold Stroke for a Wife*：『妻のための大胆な一撃』（1717年）に登場するクエーカー教徒の名前に由来する。劇中でフェインウェル大佐は，クエーカー教徒サイモン・ピュア（Simon Pure）になりすましてラブ

リー嬢の愛を勝ち取る。本物の方は，紆余曲折の後，自分こそが正真正銘のサイモン・ピュアであることを証明するのである。そこで，何であれ「本物」のことを Simon Pure と言うようになった。

simony [sáiməni] 聖職売買，聖職売買罪
　この語は中世に広く行われた悪習，すなわち教会の地位を買うことを表す。この名前は，『使徒言行録』(8：18) においてサマリアの魔術師シモン (Simon Magus) が，使徒たちから祝福する力を持つ聖霊を買おうとしたことに由来する。
　教皇たちが，良い地位を自分の親類のために見つけてやる行為から，nepotism (身内びいき) という語もできた。ラテン語 nepos, nepot-(甥) からイタリア語 nepote (甥, 姪) を経て派生した言葉で，この甥とは私生児として生ませた教皇の息子の婉曲表現の可能性が高い。政治の世界では両方の慣行とも今日も続いている。

simple [símpl] 単純な，質素な；単純物
　→ complexion

simpleton [símpltn] ばか者，間抜け
　→ complexion

simplicity [simplísəti] 平易，質素，愚かさ
　→ complexion

simulate [símjəlèit] ふりをする，真似る，模擬実験をする
　→ assimilate

simultaneous [sàiməltéiniəs] 同時の，同時に起こる，連立の
　→ assimilate

sin [sín] 罪，過失；罪を犯す
　→ impeccable

sincere [sinsíər] 誠実な，まじめな，心からの
　この語の語源については4種類の説がある。(1) ギリシア語 syn (一緒に，全面的に) のラテン語形 sin と cernere (ふるい分ける) からなる言葉で，その意味は「完全にふるい分けられた」「分離された」「私心がない」であるとする説。(2) ラテン語 sine (…なしで) から派生した sin- と，語根不明の cera (英語 caries [腐食，カリエス] の語源か) からなるラテン語 sincerus (腐敗なしの，純粋な) が語源であるとする説。(3) と (4) はいずれもラテン語 sine (…なしで) と cera (蠟) からなるとする説で，そのうち (3) は原義が「純粋の蜜」，そこから「純粋なもの」となったとする説である。これは，スウィフト (Jonathan Swift, 1667-1745) や英国の批評家マシュー・アーノルド (Matthew Arnold, 1822-88) が，人に最も必要な二つのものが蜂の巣にあると言ったことを想起させる。その二つとは蜜と蠟，つまり，甘さと光である。(4) は，もっと実用的である。欠陥のある陶器は，蠟を使ってひび割れをふさぎ，それが目立たないようにりこまれた。「蠟なし」とは，したがって「完全な」「損傷のない」「純粋な」を意味した。この他の説はまったくの想像の域を出ない。
　ところで，sinecure (名誉職，《待遇のよい》閑職) は，ラテン語 sine (…なしで) と cura (世話，注意) からなるが，この語源が暗示するより婉曲的な意味を持つ。最初，教会を持たない牧師を意味した。このような牧師は魂の救済をすることなしに聖職禄 (beneficium sine cura : a benefice without cure of souls) を得ていた。

sine [sáin] サイン，正弦
　→ brassiere

sinecure [sáinikjùər] 閑職，名目だけの牧師職
　→ sincere

sinister [sínəstər] 悪意のある，不吉な，災いとなる
　→ dexterity

sinuous [sínjuəs] 曲がりくねった，しなやかな，遠回しの
　→ brassiere

sinus [sáinəs] 【解剖学】洞，湾曲，湾曲部
　→ brassiere

sir [sə́ːr] 《男性への呼びかけ・敬称》あなたさま，拝啓
　→ yeoman

sire [sáiər] 馬の雄親，陛下
　→ yeoman

siren [sáiərən] サイレン，【ギリシア神話】セイレン，魅惑的な美女
　今日，サイレン (sirens) が鳴るとそれは危険への警告であるが，起源は『オデュッセイアー』の第12巻にあり，危険そのものだった。すなわち，サイレンはギリ

シア神話のニンフ，セイレン（Seiren）に由来する。甘美な声を持った乙女たちで，妙なる声で歌って水夫たちを岩へと誘惑した。オデュッセウスは部下の水夫たちの耳に蠟を詰めさせ，水夫たちは彼をマストにくくりつけた。そのおかげで彼がセイレンたちの歌うのを聞き，かつ生きのびた唯一の人間になるのである。一説によると，セイレンは半身は女性，半身は鳥だという。〈answer 参照〉

sirloin [sə́ːrlɔin] サーロイン
牛の上部腰肉，すなわち最上等の部位を指すこの語は，フランス語 sur（上の）と，ラテン語 lumbus（脇，腰部）が語源の longe（腰部：*loin*）からなる。しかし，通俗語源説によって名誉ある部位が連想された。爵位を多く出したチャールズ2世（Charles II，在位1660-85）ではなく，より前のヘンリー8世（Henry VIII，在位1509-47）がこの肉にSirの爵位を与えたとの話がある。また，この連想から，背骨で切り離さない牛の両側腰肉（double *sirloin*）は baron（男爵）と呼ばれている。

sirocco [sərákou] シロッコ《北アフリカから南欧に吹く熱風》
サイロック（siroc）と呼ばれることもある地中海を横切って吹くこの熱風は，sharaqua（昇る）から変化したアラビア語 sharq（東）が語源で，風が吹いてくる方向を意味する言葉である。Saracen（サラセン人）〈同項参照〉も同様に原義は「東方」だろうと考えられている。

Sisyphean [sìsəfíːən] シシュポスの，無駄骨折りの
→ atlas

sit [sít] 座る，座らせる
→ strategy, nest

six [síks] 6；6つの
→ number

skate [skéit] スケート靴，ローラースケート，ガンギエイ；スケートをする
→ blatherskite

skeleton [skélətn] 骨格，骸骨，骨子
古代の戦闘においては，敵を切り刻むということが広く行われた。また中世においては罪人たちを引っぱって四つ裂きにするという刑が行われたことがあった。だが，解剖（anatomy）〈同項参照〉は知られていなかった。そこで，完全な骨格（skeleton）が見られるのは，例えば砂漠での死で，遺体が骨のみを残すまで乾燥した場合だけだった。この事実は，この語そのものにも残っている。skelton は，ギリシア語 skellein（乾燥させる）の形容詞 skeleton（干からびた）が語源である。実にこのことが，冗舌な話し手に対して "Dry up!"（だまれ！）と最初に叫んだ人の頭にあったのではないかと考えられる。

skeptic [sképtik] 懐疑論者，キリスト教不信仰者，懐疑派
→ scourge

skiff [skíf] 小船，短艇，小型快速モーターボート
→ ship

skillet [skílət] フライパン，長柄なべ
→ scullion

skim [skím] すくい取る，かすめて飛ぶ；すくい取られた物
→ shed

skin [skín] 皮膚，皮；皮を剝ぐ
この語は，古高地ドイツ語 schindan（皮を剝ぐ，皮をむく）から古北欧語 skinn を経て借入された。しかしこの動詞には，古くは「膜（skin）をつくる」と「皮（skin）を剝ぐ」との両方の意味があった。シェイクスピア（William Shakespeare, 1564-1616）は，*Hamlet*：『ハムレット』(III, iv, 147)で，ハムレットに "It will but *skin* and film the ulcerous place."（それは，汚れたところをうわべだけ覆うにすぎない）と言わせている。この意味で skin は skim（すくい取る）や scum（あく，皮膜）に近い言葉である〈shed 参照〉。「皮（skin）を剝ぐ」の意味からは，まず，「賭事で人の身ぐるみを剝ぐ」という意味が生まれ，それから「だまし取る」の意味が派生した。他の用法では，*skin*-deep（表面だけの），*skin*flint（非常なけち——火打ち石〔flint〕からでも皮〔skin〕を取ろうとするほどの倹約家——）などが見られる。

skipper [skípər] 船長，主将；船長を務める
→ ship

skirmish [skə́ːrmiʃ] 小競り合い，小論争；小競り合いをする
この語は，本来「小競り合い」という意

味があったのか，人物から移転して今日の意味が生まれたのかはっきりしない。イタリアのコンメディア・デラルテ（commedia dell'arte；即興仮面劇）の道化役スカラムッチア（Scaramuccia）は，カラ威張りの臆病者でいつもけんかを始める人物であり，その人物の行為を表すイタリア語 scaramuccia（小競り合い）からフランス語 escarmouche（小競り合い）を経て，scarmouch として英語に借入され，skirmish となったとする説がある。また，特にラグビーで使われる俗語 scrummage（スクラムを組む；スクラム，もみ合っている群集）の転訛によって，scrimmage（つかみ合い，乱闘）を経て skirmish となったとする説もある。

skirt [skə́:rt] スカート，郊外；周辺にある

男性が上着の下に着る衣服である shirt（シャツ）は，アングロサクソン語では scyrte（スカート，テュニック）で，形容詞 sceort（短い：*short*）から派生した。英語 short は，このアングロサクソン語が語源であるが，ラテン語 curtus（短い）から派生した後期ラテン語 excurtus の影響を受けた可能性が高い。〈cutlet 参照〉

英語 skirt（スカート）は，アングロサクソン語 scyrte と同系の古北欧語 skyrta が語源である。ヨーロッパの女性は19世紀ころまでズロース（drawers）を身につけなかった。「短い着物」であるシャツ（shirt）は次第に長くなり，ついには独立した衣服，すなわちスカート（skirt）へと発達するのである。そして16世紀ころから俗語で，意味が衣服から，それを着ている人，すなわち「女性」へと移転した。

skittles [skítlz] 九柱戯，遊び；《打者を》次々にアウトにする
→ ninepins

skull [skʌ́l] 頭蓋骨，かぶと
→ scullion

sky [skái] 空，空模様；空高く打ち上げる
→ shed, science

skylark [skáilɑ̀:rk] ヒバリ，ばか騒ぎ；ばか騒ぎする

鳥の lark（ヒバリ——古くは laverock——）は，ゲルマン諸語に共通な言葉で，アングロサクソン語では lawerce，ドイツ語では Lerche である。さえずりながら空高く舞い上がることから skylark となった。一方「お祭り騒ぎ」の lark は，1800年ころまでは lake（娯楽）で，アングロサクソン語 lac（競技，競争）から中英語 laik（遊び，競技）を経て成立した。ゴート語では laiks（踊り）である。水夫たちは，マストや帆を支える支索の上でのふざけ合いに，「空」を意味する sky をつけ加えた skylarking（船の綱具を上り下りして遊ぶ）という言葉を造った。いわばトリ違いである。

slack [slǽk] ゆるい；ゆるく；沈滞

この語はゲルマン諸語に共通で，古英語では slaec，古高地ドイツ語では slach である。元来，「活力が足りない」，「ゆるんだ」（*relaxed*）を意味した。s- のないラテン語 laxus（ゆるい）と同族語である〈slow, show 参照〉。動詞 slacken（ゆるめる）は slake（《怒りを》やわらげる）と二重語であり，基本的に「活力を失う」，「減らす」を意味するが，「人の飢えや渇きを減らす」という意味に最も頻繁に用いられる。

slake [sléik] 癒す，和らげる
→ slack

slander [slǽndər] 中傷，虚偽の宣伝；中傷する

この語は初め，聖書の中で「だれかのつまずきとなる」という意味で使われた。そこから「信用を傷つける」，さらに「中傷する」となるのである。scandal（醜聞）〈同項参照〉と二重語で，古くは sklawnder であり，ギリシア語 skandalon（罠）から後期ラテン語 scandalum（罠），古フランス語 esclandre, escandle を経て借入された。

slang [slǽŋ] 俗語，スラング；俗語を使う

この語はオランダ語 slang（ヘビ）から借入され，19世紀初期のころには「鎖」「足かせ」の意味で使われた。そこから「罪人」という意味に使われ，さらに意味が移転して彼らの話し方，つまり「俗語」（slang）となった。この回りくどい説明にとっては不運なことであるが，この語は「鎖」を意味するよりも先に「言葉」を指していた。*OED* には "origin unknown"（語源不祥）と記載されている。語源不詳の例にしばしば言えることであるが，いわ

ば言語における隕石のような物である。

同様に，argot（《盗賊などの》隠語）やpatois（隠語，お国訛り）の語源も英語では知られていない。一つの説は，patoisはpat（パタパタと軽くたたくこと）に関係があり，早口の話し方を模した〈patter参照〉とするものである。フランス人の語源説はいつもながらもっと創意に富んでいる。彼らはフランス語argot（隠語）は，同義のイタリア語gargoから変化したとか，ラテン語argutari（議論する）ないしはargutus（狡猾な）から変化したと主張している〈argue参照〉。このイタリア語gargoは，ギリシア語hiero-（神聖な）からgergo（隠語）を経た言葉である。lingua gerga（聖なる言葉）は，宗教的密儀を受けた人にのみ知らされている言葉のことである。一般的に使われるjargon（特定のグループ用語，専門語）はこれと同じ語源で，子音の軟化によって派生した。ただ，イギリス人は単純にjargonが小鳥のさえずる音を模倣したもので，garble（誤って伝える）やgurgle（ゴロゴロ声で言う）などと同じ擬音語根から派生したと考えている。

フランス人はまた，patois（お国訛り）はラテン語patrius sermo（お国言葉，方言）から古形patroisを経て派生したとも考える。方言こそ生き生きした俗語を造るものであり，俗語をslanguageと呼ぶことがある。

slap [slǽp] 平手打ち，非難；ピシャリと打つ
→ spank

slat [slǽt] 羽根板，細長の薄板；羽根板をつける
→ slate

slate [sléit] 粘板岩，石板；スレートで葺く

この語はフランス語を経て借入されたが，西ゲルマン語からロマンス諸語に取り入れられた可能性が高い。同じ語幹を持つフランク語slaitan（壊してあける，押し破る）は，アングロサクソン語の自動詞slitan（裂ける——英語slit〔細長く裂ける；細長い；裂け目〕の語源——）と同系語で，原因動詞形である。英語slice（薄切り）は，同系語の古高地ドイツ語slizan（細長く切る）から古フランス語esclice（裂片，破片）を経て借入された。アングロサクソン語の原因動詞slifan（裂く，割る）は，英語にsliver（細長い木切れ，裂片）をもたらした。

フランク語slaitan（壊してあける）はまた，古フランス語に入ってesclater（湧き出る，突発する）となり，フランス語éclat（破片，破裂すること，閃光）となる。英語では華々しく振る舞う人をperson behaving with *éclat*と言う。上記のesclaterから古フランス語の二つの名詞esclateやesclatができた。どちらも「裂けた一片」を意味し，英語slate（粘板岩）とslat（《木・金属などの》細長の薄板）はこれらから借入された言葉である。slateは容易に，平板に割れる石を意味するようになり，さらにその色である「濃い青味がかった灰色」や，このような石から作られた書くための板，「石板」を指す言葉ともなった。そして，clean *slate*（汚点のない経歴，白紙の状態）のように記録を指す時にも使う。

slave [sléiv] 奴隷，あくせく働く人；あくせく働く
→ free

sleazy [slíːzi] 薄っぺらな，安っぽい，みすぼらしい
→ cloth

この材料の薄っぺらさから，この形容詞の意味が生まれた。

sleeveless [slíːvləs] 袖のない，無益な，不首尾な

sleeveは，かつて衣類から独立した物で，ドイツ語Schleife（リボン《貴婦人が騎士に贈った愛や忠誠のしるしとしてのリボン》，厚意）から借入された。「不首尾に終わった使い」を *sleeveless* errandと言うが，これには四つの解釈がある。その一つは語源学的で無味乾燥な説で，アングロサクソン語theon（利益を得る，増やす）とless（無しの）とからなるthieveless（《態度が》冷たい，無関心な——泥棒〔thieve：盗む〕とは関係がない——）とかthewless（利益のない）の転訛だというものである。すなわちthow-thistleがsow-thistle（ユーラシア産キク科ノゲシ属の総称）に変わり，loveの三人称単数形lovesとlovethが交替するのと同じように，thievelessからsievelessへと変化し，sieveとsleeve

のよく似た発音から連想によって sleeveless へと発達した可能性が指摘されている。
　語源とは言えないが，意味の発達の仕方にはあと三つの説がある。(1) 伝令官の使い (herald's errand) を意味するという説。すなわち伝令官の官服 (herald's tabard) は，主人の紋章をつけたマントのことだが，袖がなかった (sleeveless)。この伝令官は，たいていは相手が飲みにくいような公的な要求をもって派遣された。(2) 骨折り損 (fool's errand) を意味するという説。おかかえ道化師の衣装は，片袖がなかった (sleeveless)。そして，王政復古時代の喜劇作家コングリーヴ (William Congreve, 1670-1729) が1693年に書いているように，万愚節 (April Fool's Day；4月1日) に，人を「何かの目的のない使い」("some errand that is to no purpose")《The Old Bachelor：年くった独身男》I, iv》に出す習慣があった。今日，水族館の電話番号を教えられ，「フィッシュ氏 (Mr. Fish) をお願いします」と言わせられるのと同じようなものである。(3) 不運な騎士の使いを意味するという説。貴婦人に厚意を寄せられた騎士は，彼女のリボン (sleeve) を腕につけて出立した。もし，騎士がリボンなし (sleeveless) に行く場合は，みじめな帰還をする運命にあると信じられていた。

sleight of hand [sláit əv hǽnd] 巧妙な早わざ，巧妙なごまかし
　→ yeast

sleuth [slú:θ] 怠惰な；刑事，探偵；追跡する
　　slow (遅い) はゲルマン諸語に共通な言葉で，古英語では slaw (鈍い，遅い) である。ヨーロッパを北へ向かって移動した数多くの語が s-〈show 参照〉を獲得した。このことから，slow はラテン語 laevus (左の) やギリシア語 laios (左の) と同族語と考えられる。左手は，ぎこちなさや不運に関係づけられた〈dexterity 参照〉。古英語 slaw (遅い，鈍い) の名詞形は slaewth で，この古英語は少し古い形の英語 sleuth (怠惰) の語源である。そして古英語 slaewth から中英語 slawth を経て sloth (怠惰) が成立した。
　これとは別に sleuth (《口語》刑事) がある。この方は古北欧語 sloth (足跡，跡) から中英語 sloth として借入されたもので，獲物を追うのに使われた犬は sleuth-hound (警察犬) と呼ばれた。これが短縮されて sleuth だけになり，現在の「刑事」の意味に使われるようになった。

slice [sláis] 薄切り，部分；薄く切る
　→ slate

slime [sláim] 軟泥，粘液；…を泥で覆う
　→ life

slip [slíp] 滑る；過失，造船台，スリップ，接木の切り枝
　語源の異なるいくつかの古い言葉がこの語に入り混じっている。珍しいものでは古英語 slip (粘液) があり，魚のようなヌルヌルする物を指す。これは cowslip (キバナノクリンザクラ：〔原義〕牛の糞) に残っている。そしてもっとよく知られたものには「接ぎ木の小枝や若枝」という意味での slip がある。この語は中低地ドイツ語 slippe (切片) が語源である。そこから他の小さな物を意味するようになり，例えば「紙片」(a *slip* of paper) や，「ひょろひょろの若者」(a *slip* of a lad) のように使われる。現代の用法で最も一般的なのは古高地ドイツ語 slipf (滑り，誤り) からの slip で，「過失」という意味に使われる。このようなことから，船が上陸や修理のために滑り込む slip (修理用船台)，網に用いる *slip* knot (引き結び《一方を引くとスルリと解ける》)，あるいは a *slip* of the pen (書き損じ)，the *slip* betwixt cup and lip (コップを口に持っていく間のしくじり，成功目前の失敗) のように使われるようになった。また他にもいろいろと滑る (*slip* over) 物を意味する言葉として使われた。かつては「シャツの衿ぐり」がそうだった。それから派生した女性が着る「スリップ」(slip)，「枕カバー」(pillow-slip)，そして「人をまく」(to give someone the *slip*) のように使われる。足を滑り込ませる (slip) 物が slipper (上靴，部屋ばき) である。

slipper [slípər] 部屋ばき，上靴；スリッパでひっぱたく
　→ slip

slit [slít] 細長い裂け目，スリット；細長く切る

snail 575

→ slate

sliver [slívər] 細長い木切れ，裂片；縦に長く裂く
→ slate

slogan [slóugn] スローガン，標語，キャッチフレーズ
→ bugle

slughorn [slʌ́ghɔːrn] ホルン，トランペット
→ bugle

sloth [slɔ́ːθ] 怠惰，ものぐさ，ナマケモノ
→ sleuth
動物のナマケモノは，その習性から名づけられたものである．

slow [slóu] 遅い；遅く；遅くなる
→ sleuth

sluice [slúːs] 放水路，水門から流れる水；《水を》流す
→ close

sly [slái] ずるい，こそこそした，いたずらな
→ yeast

smack [smǽk] 舌鼓を打つ；舌鼓，気味，小型帆船
→ clasp, smoke

small [smɔ́ːl] 小さい；小さく；小さな物
→ grit

smaragdus [smǽrægdʌs] エメラルド (smaragd)
→ carnelian

smash [smǽʃ] 粉砕する；粉砕
→ clasp, knick-knack

smell [smél] におう，においをかぐ；におい
この語の語源はまったくわからない．

smelt [smélt] キュウリウオ《アユやシシャモなど》；精錬する
この魚はありふれたものである．精錬については omlette 参照．

smock [smák] スモック，上っ張り
→ smoke

smoke [smóuk] 煙；いぶす，タバコを吸う
この語はゲルマン諸語に共通に存在し，アングロサクソン語では smoca（煙）で，ギリシア語 smykhein（ゆっくり燃やす，いぶす）と同族語である．「見つける，暴き出す」という意味での to *smoke* out は，中空になった木の根元で火を燃やし中の動物，あるいはミツバチをいぶし出す方法に影響されたものと考えられる．ただ，この意味での smoke は本来，smaeccan（味わう──ドイツ語 Schmack〔風味〕，英語 smack〔舌鼓，ピシャリと打つ〕は同語源──）から派生したアングロサクソン語 smeagan（調べる，熟考する）の影響を受けている．
「火のないところに煙は立たず」("Where there is *smoke* there may be fire.") という諺がある．しかし，煙が隠す役割を果たすこともある．近代における *smoke*-screen（【軍事】煙幕）に見られるのがその例であり，また往時の密輸（smuggling）を隠すのにも煙が使われた．煙の中では這うようにしか進めないものである．原始的なアングロサクソン人の家ではキッチンはそのまま寝室であり，寒い夜は煙が立ち込めて（*smoky*）おり，彼らも這うようにしていたことだろう．ちなみに smuggle はオランダ語 smokkelen（いかさまをする，密輸する）から借入された言葉で，アングロサクソン語 smugan（這う）とも関連づけられる．
這って入るように着るダブダブの衣類を smock（スモック）と言うが，この語は smuggle（密輸する）と同じく，アングロサクソン語 smugan（這う，忍び込む，滑り込む）から派生した smoc（ダブダブの衣類）が語源である．しかし，スモックはすべての人ではなく，上等の服を着るような人だけが着るものであった．ちなみに smock は smug（小ぎれいな）と同語源である．smug の意味は，当初「《身なりが》きちんとした」とか「さっぱりした身だしなみに満足した」だったが，やがて「独りよがりの，おつに澄ました」となった．

smug [smʌ́g] 独りよがりの，さっぱりした；ガリ勉学生
→ smoke

smuggle [smʌ́gl] 密輸する，こっそり持ち込む，密航する
→ smoke

snafu [snæfúː] 大混乱；混乱した；混乱させる
→ Dora

snail [snéil] カタツムリ，のろま，渦形カム
→ thief

snake [snéik] ヘビ，陰険な人；くねって歩く
→ nausea
　snake は，もっと直接的には古高地ゲルマン語 snahhan（這う）からアングロサクソン語 snaca（ヘビ，爬虫類）を経て成立した。

snap [snǽp] パチンと音をさせる，プツンと切る；ポキンと折れる音
→ knick-knack

snarl [sná:rl]《犬などが》歯をむいてうなる，ガミガミ言う；うなること
→ knick-knack

snatch [snǽtʃ] ひったくる，飛びつく；ひったくろうとすること
→ knick-knack

sneer [sníər] あざ笑う，嘲る；冷笑
　この語の起源は擬音語である。最初は動物について用いられ，「《馬が》鼻を鳴らす」(*snort*) とか「鼻をピクピクさせる」という意味に使われた。人間の場合，軽蔑のしるしとして受け取られる。

sneeze [sní:z] くしゃみ；くしゃみをする
　この語は誤植によって生まれた。元は中英語 fnese（くしゃみ）であったが，英語では fn- の綴りは次第に廃れ，語頭の f- は s- を長く書いた ʃ- と間違えられた。古英語 fneosan は「鼻を鳴らす」(to *snort*) という意味であった〈sneer 参照〉。この語はやがて中英語で fnese，そして nese，neeze と変化した。そして語頭の s- が現れた時，sneeze [sní:z] が正しいとされ，この語形が定着した。neeze と古北欧語 hnjosa（鼻を鳴らす）は同系語で，両者とも擬音語起源の可能性が高く，plash（ピチャピチャ）に対する splash（バシャ）や mash（つぶす）に対する smash（打ち壊す）〈knick-knack 参照〉のように，sneeze は neeze の強調形と考えられていた可能性がある。音の効果はばかにしてはいけない (not to be *sneezed* at)。

sniff [snff] クンクンかぐ，鼻で吸い込む；鼻で吸うこと
→ snuff

sniffle [snffl]《かぜなどで》鼻をすする，すすり泣く；鼻をすすること
→ snuff

snip [sníp] ハサミでチョキンと切る；チョキンと切ること，切れ端

→ knick-knack

snob [snáb] スノッブ，俗物，学問や知識を鼻にかける人
　スノッブ (snob) は，自分が実際は何者かがわかればそれほど自分が偉いとは思わなくなるだろう。この語は18世紀ごろ，靴屋の徒弟を意味する俗語として現れた。一方，19世紀ごろ，ケンブリッジの上級生は nob と呼ばれた。この語は nob, knob（《俗語》頭）に由来し，ここから「偉い」という意味が込められていた。これに対し，新入生は nib とか nibs と呼ばれた。his *nibs* とは「自分を偉いと思っている人」という意味であった。そして，学生に対して一般の町の人が snobs であった。英国の随筆家・評論家ド・クウィンシー (Thomas De Quincey, 1785-1858) は，snobs をストライキ中に「《正規の労働者の代わりに低賃金で雇われる》スト破り」(scabs) という意味に使っている。snob という語は当然のことながら snub（鼻であしらう）を連想させる。snub は最初「短く切る」という意味で，*snub* nose（しし鼻）という表現もある。
　またさらに別の語源説がある。17世紀ごろ，一般人がケンブリッジ大学に入ることを許された時，彼らは名前の横に sine nobilitate（貴族にあらず）と書き込まなければならなかった。この sine nob. から s.nob となり，snob となったというのである。当然の成り行きとして，彼らは王以上に王政主義者で，また貴族以上に横柄であった。そこから condescension of the *snobs*（スノッブの恩着せがましい行為）という用法が生まれた。
　大切なことは生まれがどうであるかではなく，スノッブにならないことである。
〈knick-knack 参照〉

snub [snʌ́b] 鼻であしらう，手厳しく非難する；冷遇
→ snob

snuff [snʌ́f] 鼻から吸う，かぐ，；かぎタバコ
　この語は基本的には擬音語で，sniff（クンクンかぐ）に近い。snuffle（クスンクスン鼻を鳴らす）や sniffle（鼻を繰り返してすする，すすり泣く）はこれらの反復形である。名詞 snuff は短く素早い一呼吸のことであった。そこから powdered

tobacco *snuffed* up（かいで吸う粉タバコ）や a pinch of *snuff*（ひとつまみのかぎタバコ）などの句が生まれ，さらに移転によってと思われるが「《ろうそくを消す時に使う》芯切り」，そして「ろうそくの芯の先の輝き」の用法が生まれた。こうして，比喩的に to snuff out（くたばる）という表現も出てきた。

so [sóu] そのように，そう；それで
　→ alone

soap [sóup] 石鹸；石鹸で洗う，おべっかを使う
　　清潔さは神聖さに次ぐものである。しかし，ラテン語 sapo（石鹸）は《ゲルマン語からの借入語で》，ラテン語 sapiens（賢明な）や sapientia（英知）の語幹 sap-（味わう，理解する）とは何の関係もない〈sap 参照〉。ローマ人や東方の人々は油薬（unguent）や香水（perfume）を使った。soap（石鹸）はゲルマン人がもたらしたもので，アングロサクソン語では sape（石鹸）である。soft*soap*（軟石鹸）は半液状の石鹸の一種である。動詞 soft-soap は，「滑らかな言葉を全身にすり込む」，すなわち「お世辞を言う」ことである。ソープオペラ（*soap* opera）は，昼間に主婦のために放送されるたいてい質の劣るラジオドラマである。番組提供が石鹸（soap）その他家庭用品の製造元によるものだったことからそう呼ばれるようになった。

soap opera [sóup ɑ̀pərə] メロドラマ
　→ soap

soak [sóuk] 浸す，浸る；浸すこと
　→ sock

sober [sóubər] 酔っていない，節度のある；まじめにする
　→ intoxicate

social [sóuʃl] 社会の，社交の，群生する
　→ sock

socialist [sóuʃəlist] 社会主義者，社会党員；社会主義の
　→ sock

society [səsáiəti] 社会，協会，…界
　→ sock

sociology [sòusiɑ́lədʒi] 社会学
　→ sock

sock [sák] 靴下，軽い靴，強打
　　だれかの後を追うとすれば，相手を敬っているか，追跡しているかである〈pursue 参照〉。敬意から追う人は，連れになり，仲間になる。ラテン語の名詞 socius（連れ，仲間）は動詞 sequi, secut-（追う）から派生した言葉で，socialis（仲間の，同盟の）はその形容詞である。このラテン語 socialis から，social（社交の，社会の），sociology（社会学）や，マルクス主義者（Marxian）たちを意味する socialist（社会主義者）やそれに関わる多くの用語が派生した。ラテン語名詞 societas（組合，結社，同盟）は，英語 society（社会）の語源である。associate（交際する，連想する）の as- はラテン語 ad（…に）の同化形であり，原義は「…に加わる，…に参加する」である。dissociate（分離する）はそのようなきずなを切ることで，dis- はラテン語 dis-（…から離れて）が語源である。

　　ラテン語 socius と soccus（ローマの喜劇役者の履いた軽い靴，喜劇）は，両方とも社交的な（social）出来事に関係するが，混同してはならない。ラテン語 soccus は，古英語 socc（上履き），さらに英語 sock（靴下）となった。ミルトン（John Milton, 1608-74）の牧歌詩 "L'Allegro"：「快活なる人」（1634年）における "If Jonson's learned *sock* be on"（もしジョンソン《劇作家 Ben Jonson, 1572-1637》の学者ぶったソックが舞台にかかっていたら）の *sock* は「喜劇」を指している。

　　sock は俗語では「殴る」を意味するが，この sock は一連の言葉の一つである。犬に「かかれ！（*Sick*'im!）」と命じる時，この動詞は飼い主の発音〔方言〕を真似たものである。つまり，*Seek* him!（捜せ！）の変化形である。この seek はゲルマン諸語に共通に存在する言葉であり，アングロサクソン語では secan（探す）である。もう一段強い表現が "*Sock*'im!"（一発食らわせろ！）で，次の段階が "*Soak*'im one!"（たたきのめせ！）となる。こんなことをされると気分が悪く（sick）なるが，この sick はゲルマン諸語に共通で，アングロサクソン語では seoc（病気）である。なお，sickle（小鎌）は secare（切る）から派生したラテン語 secula（鎌，草刈道具）の指小形とされる。

なお，soak（浸す：to steep）は，英語 suck（吸う）の古英語 sucan（吸う）の弱変化形 socian（吸い込む：to *suck* in）が語源である。ラテン語 sugere, suct-（吸う）はこれらと同族語で，英語 suction（吸引）の語源でもある。乳児のことを「小さな吸う者」という意味で suck の指小形 suckling を用いる。動詞 suckle（乳を飲む）はこの語から逆成によって派生した。

　sugar（砂糖）はラテン語 sugere（吸う）に影響された可能性があるが，アラビア語 sukkar（砂，砂糖）から，後期ラテン語 zuccarum，古フランス語 zuchre, sucre を経て借入された。

　上記の動詞 steep（液に浸す）は，原始ゲルマン語 staupom（水入れ）から古英語 steap（深い）を経て派生した。形容詞の steep（険しい）は，原始ゲルマン語 staup, stup から派生した古英語 steap（深い，高い）が語源である。この古英語の弱動詞に stupian（下げる，お辞儀をする）があり，これが英語 stoop（かがむ）の語源である。人はかがんで（stoop），靴下（sock）を履き，打撃（sock）をかわす。

Socratic irony [səkrǽtik áiərəni] ソクラテス式おとぼけ
→ braggadochio

soda [sóudə] ソーダ，ソーダ水，炭酸清涼飲料
→ drink, element の項の sodium

sodium [sóudiəm] ナトリウム，ソジウム
→ element

softsoap [sɔ́(ː)ft sóup] 軟石鹸《液状または半液状の石鹸》，お世辞；お世辞を言う
→ soap

soil [sɔ́il] 土，土地；汚す
→ dirt

sojourn [sóudʒəːrn] 滞在する；滞在，逗留

　この語は最初，「短期間滞在する」という意味であった。だが，滞在客が居残るにしたがって意味は広がった。これは，ラテン語 sub（以下の）または super（以上の）と diurnum（日当）からなる後期ラテン語 subdiurnare または superdiurnare が語源で，古フランス語 sujurner または sorjorner を経て借入された。いずれにしても，元は「短時間滞在する」を意味し

た。〈jury 参照〉

solace [sɑ́ləs] 慰め，慰めとなるもの；慰める
→ insolent

solar [sóulər] 太陽の，太陽光線を利用した，太陽の運航を基準にした
→ overture

solarium [souléəriəm] 日光浴室，サンルーム
→ cell

soldier [sóuldʒər] 軍人，兵士；兵役につく

　兵士（soldier）の姿は昔のイングランドではどこでもよく見かけられた。そのことはこの語に20以上の違った綴りがあることからもわかる。だが，兵士は傭兵（mercenary）でもあった。soldier は古フランス語 solde, soude（給料）から派生した言葉で，イタリア語 soldato は「兵士：〔原義〕金で雇われた」である。フランス語 sou（スー《中世・旧体制下の貨幣》）も同語源のイタリア語 soldo（金銭）から派生した。

　兵士は兵士でも傭兵（mercenary）と言う場合，彼らは普通の兵士より収入はよかったのではないかと考えられる。とにかく mercenary の方が同じ職業でもより高級感のある言葉で，ラテン語 merces, merced-（報酬，賃金）から派生した後期ラテン語 mercenarius（金で雇われた）が語源である。ラテン語 merces の基本的な意味は「取り引きされたもの」で，例えば黄金と引き換えに戦うことなどを意味した。ラテン語 merx, merc-（商品）も同語源で，英語 mercer は「反物商，呉服商」という意味である。ラテン語動詞 mercari, mercat-（取り引きする）の反復形 mercatare の現在分詞形 mercatans, mercatant- は，古フランス語 marcheant を経て英語 merchant（商人）となった。また，同語源のラテン語 mereri, merit-（稼ぐ，賃金のために働く）からは，一方で merit（働いて得たもの，手柄，長所）が派生し，また他方ではラテン語 meretrix, meretric-（報酬のために自分自身を与える女性，娼婦）を経て，英語 meretricious（俗悪な，けばけばしい）が派生した。最高のサービスは金銭では買えないのは当たり前のことである。ラテン語 mereri, merit- はまた，ラテン語 emere, empt- （買う）と同根語である。〈ransom 参照〉

ところで mercerize（《布を》マーセル法で処理する）は，英国の染色化学者マーサー（John Mercer, 1791-1866）が1850年に特許を得た，苛性ソーダで強度や染色性，光沢を良くする染色方法である。

今日の兵士が戦場でいかに勇敢で危険な任務に身を投げ出す覚悟でも，野戦に関して言えば，兵士の好きなスローガンは「進んでするな！」("Don't volunteer!")である。そこから to *soldier* on the job!（働くふりをして怠ける）という表現が生まれた。〈mercy 参照〉

solecism [sάləsìzm] 文法違反，不作法，不適切
→ insolent

soliloquy [səlíləkwi] 独り言，独白，モノローグ
→ agnostic

so-long [sòulɔ́(:)ŋ] さようなら

この別れの表現はイスラム教徒たちの間で交わされる挨拶 salaam（あなたに平和を）の転訛したものと考えられる。語源はアラビア語 salam（平和）である〈Islam 参照〉。しかし，フランス語に à bientôt（近いうちに会うまで）のような表現があることを考えると，so-long はまた "It will seem *so long* until we meet again."（また会うまでがたいそう長く感じられるでしょう）という考えに影響された可能性も考えられる。ある教授は，ある学生に期日前に評価を出すよう求められて，"You've waited so long, so long, *so-long*!"（長く待ったんだね，長かったね，ではまた）と言ったという。

solstice [sάlstəs]【天文学】至，至点，絶頂点
→ overture

solution [səlúːʃən] 解決策，解くこと，溶けること
→ absolute

solve [sάlv] 解く，解明する，解決する
→ absolute

somersault [sʌ́mərsɔ̀ːlt] とんぼ返り，宙返り；宙返りをする

この語は時には summerset と綴られ，また，summer（夏）は，古英語では sumor，中低地ドイツ語では somer（サンスクリット sama〔半年〕と同族語）であるが，とんぼ返りのジャンプ（spring）を指すこの語と，春（spring）に続く季節の summer（夏）との間には何の関係もない。somersault は，古フランス語 sombresaut の転訛であり，この古フランス語はラテン語 super（上の）と saltus（跳躍—— salire, salt-〔跳ぶ〕の反復動詞 saltare, saltat- から派生——）とからなる古フランス語 soubresault（上に跳ぶ）が語源である。〈insult 参照〉

なお，saltimbank（《古語》山師）は，イタリア語 saltimbanco（大道曲芸師）からフランス語 saltimbanque（辻芸人）を経て借入されたが，それに似た言葉に mountebank（ペテン師）がある。〈bank 参照〉

一方，踊りの saltarello（サルタレッロ《イタリアの活発な踊り》）や，ラテン語 saltus（跳躍）と gradere（前進する）とからなる英語 *saltigrade* spider（《跳躍に適した足を持つ》ハエトリグモ）や saltation（跳躍），saltatory（踊りの）は，saltpetre（硝石—— -petre はギリシア語 petr-〔岩〕が語源〈parrot 参照〉——）や salt（食卓塩）〈salary 参照〉とは関係がない。

ローマの「《サーカスで一頭の馬から他の馬に跳び乗る》曲馬師」は，ラテン語で desultor と言った。このラテン語の形容詞 desultorius（曲馬師の，跳ね回る，揺れる）から英語 desultory（とりとめのない，とっぴな）が派生した。

ラテン語 salire, salt-（跳ぶ）からフランス語 saillir（勢いよく出る，突き出る）を経て借入された sally（突撃，《古語》とっぴな行為）も，元来「跳躍」である。salient（顕著な，突出した）はこのラテン語の現在分詞 saliens, salient- が語源であるが，意味は上記のフランス語 saillir の影響を受けている。resilient（弾力のある）はラテン語 resilire, result-（跳ね返る）の現在分詞 resiliens, resilient- から直接借入された言葉で，re- はラテン語 re-（後ろへ；返る）が語源である。そして「跳ね返ってきたもの」，すなわち，その行為の結果が result（結果）である。

son [sʌ́n] 息子，義理の息子，子孫

son（息子）や daughter（娘）はだれも

が想像するように，印欧語族に広く分布している言葉である。son は基本的に印欧祖語 seuə-（生む——サンスクリット語 su-——）から sunu-（蒔かれたもの，産まれたもの）を経て分出した。男児は主(あるじ)となるべき運命にあるので，「生まれた」というだけで十分であった。

一方，daughter は究極的には印欧祖語 dhugh-（乳をしぼる——サンスクリット語 duh-——）から分出した言葉であり，同族語はサンスクリット語 duhitar にまでさかのぼることができる。「乳しぼり」がその原義で，英語 dugs（ヤギ・ヒツジなどの乳房）も同根語である。

sonant [sóunənt] 音の，有声の；有声音
　→ absurd

sonata [sənáːtə] ソナタ，奏鳴曲
　→ absurd

songstress [sɔ́(ː)ŋstrəs] 女性歌手，女性詩人
　→ spinster

sop [sáp] ソップ，甘言；びしょ濡れになる
　→ pan

sophism [sáfɪzm] 詭弁，こじつけ，謬論
　→ sophisticated

sophist [sáfɪst] ソフィスト，詭弁家，屁理屈屋
　→ sophisticated

sophisticated [səfístikèitid] 洗練された，教養人向きの，非常に複雑な

この語は，語源であるギリシア語 sophos（賢明な）や sophia（知恵）からかなり遠くに旅して来たと言える。動詞のギリシア語 sophizesthai（賢くなる）は，「やり遂げる」，「工夫する」，「方法を見つける」へとその意味が発展した。この変化は古代ギリシアのソフィストたち（Sophists：〔原義〕賢人たち）の影響で起こったものである。彼らは雄弁術，修辞法を教えたが，それはソクラテス（Socrates, 469-399B.C.）が訴えられたことでもわかるように，彼らは真理を発見するためではなく，議論に勝つための，はては「より劣った理屈をより優れたものに見せる」方法を教えた。このことから sophism は「賢く，巧みであるが，偽りの論法」「詭弁」を意味するようになった。そして sophism から，人を表す名詞 sophumer（まやかしの推論をする人）が派生し，後に sophomore（《 4 年制大学やハイスクールの》2 年生）となった。通俗語源説では，-more を moron（間抜け，ばか者）〈remorse 参照〉と結びつけている。今では sophism は，誤った議論について使われるが，誤ってはいてもまことしやかな論法は一般に sophistry（屁理屈）と呼ばれる。

動詞 sophisticate（世間慣れさせる，洗練させる）は後期ラテン語 sophisticare, sophisticat-（工夫する）から借入され，中世時代には錬金術師によって「《調合薬を》考案する」という意味に使われるようになった。このことから自然の，または純粋の状態から遠ざかったものについて使われた。例えば *unsophisticated* person（純真でうぶな人）から程遠い人を sophisticated（世故にたけた）と言う。ちなみに，sophisticate は英語ではまず不純混合物について使われ「品質を落とす」（adulterate）〈world 参照〉を意味し，sophisticated は「不純な」を意味した。今もこの意味が含意されている。

sophy は女性の名前 Sophy（ソフィー）として使われるほかに，英語の名詞 sophy は「賢者」，あるいは一般に「知恵」の意味で使われることがあった。しかし，もう一つの Sophy があって，これはイスマイル・サフィー 1 世（Ismail Safi, 在位 1502-24）によって建国されたペルシアの，特に1500年から1736年の王朝における支配者の称号である。これはアラビア語 safi-ud-din（宗教について純粋な）から短縮されたペルシア語 safi が変化したもので，イスラム教の禁欲主義的神秘主義者を意味する sufi と混同してはならない。こちらは suf（羊毛）から派生したアラビア語 sufi（羊毛の男），すなわち「羊毛の布を身に着けた《素朴で質素な生活をする》男」が原義である。一方，詭弁家（sophist）は人の目の前にウールをたらす，すなわち，人をだます（pull the wool over your eyes）者である。

sophistry [sáfəstri] 詭弁，詭弁を弄すること，詭弁法
　→ sophisticated

sophomore [sáfəmɔ̀ːr] 2 年生，2 年目の人，2 年生議員

→ remorse, sophisticated

sophy [sóufi] ペルシアのサファビー朝の支配者の称号，《古語》賢者，知恵
→ sophisticated

soporific [sὰpərífik] 眠くなるような，眠い；催眠剤
→ defeat

sorcerer [sɔ́:rsərər] 魔法使い，魔術師，妖術師

ラテン語 sors, sort- は，人の「宿命」「めぐり合わせ」「人生の分け前」を意味した。それは，一人一人のために用意された人生の特質のことだった。それが後期ラテン語 sorta, 古フランス語 sorte を経て次第に「種類」を意味する一般的な語になり，英語 sort はこの古フランス語から借入された。men of this *sort*（この種の男たち）とか this *sort* of material（この種の素材）のように使われる。out of *sorts*（気分がすぐれない）は，人が普段感じる種類の気分でないことを意味する。そしてこの名詞から動詞 sort（分類する，種類によって整理する）が派生した。この語は，ラテン語 ad（…に）と古フランス語 sorte（種類，種）からなるフランス語 assortir（分類する，組み合わせる）に影響されたものであり，このフランス語の語頭音節消失によって生まれたとも考えられる。英語 assort（分類する），assorted（各種取りそろえた）は，同じフランス語からの借入である。

人の運命を占いで分類しようと試みる人，すなわち占い師のことを後期ラテン語で sortiarius と言ったが，この語が古フランス語 sorcier を経て借入され，古い語形の sorcer（魔法使い，妖術家）となった。今日の sorcerer（魔法使い，妖術家）は，sorcery（魔法，魔術，妖術）からの派生，つまり部分的逆成によって生まれた。くじを引く行為を英語で sortition（抽選）と言うことがある。

フランス語に sortir（外へ出る）があり，この語は上記の後期ラテン語 sorta（宿命）と同語源とする説があるが，それよりスペイン語 surtir（わき出す）と同じように，ラテン語 surgere, surrect-（起こす，起き上がる）から後期ラテン語 surctire を経て借入された可能性が高い。英語 surge（押し寄せる），insurrection（反乱），resurrection（復活：〔原義〕再び起き上がること）は同語源である。ところでラテン語 surgere surrect-（起きる）は，sur, super（上へ）と urgere（押し進める——英語 urge〔駆り立てる〕や urgent〔緊急の〕の語源——）からなる言葉で，このラテン語からフランス語や英語の sortie（退出，出撃；出撃する）も派生した。〈resurrect 参照〉

人によっては運命は惨めな（sordid）ものかもしれないが，この sordid は語源が異なっている。複数形のみが存在するという珍しいラテン語 sordes（不潔）や，その動詞 sordere（不潔である）があって，さらにその形容詞 sordidus（不潔な）が英語 sordid の語源である。最初は「不潔な」を意味し，後に不潔なために「嫌悪感を起こさせる」，さらに「惨めな」「浅ましい」と意味が移転した。また sordid はかつて，腫れ物から出る「化膿性の」（purulent）滲出物（膿み）という意味に使われた。昔は膿みはまさに不潔な汚物だったのである。なお，purulent の語源であるラテン語 pus, pur-（膿み）は「化膿したもの」（*suppuration*）の中に分泌される液体である。この suppuration は sub（下の）と，pus（膿み）から派生したラテン語動詞 purare, purat-（膿みをつくる）とからなる。膿み（pus）がたまった小さな丸い盛り上がりを意味する英語 pustule（膿疱）は，ラテン語 pus の指小形 pustula（吹き出物）が語源である。したがって，pustulant（膿疱を生じる；化膿薬），pustular（膿疱性の），pustulate（膿疱が生じる），pustulous（膿疱の）は，膿疱（*pustules*）ができることを意味している。このラテン語 pus, pur- を purity（清浄）〈curfew 参照〉と語源的に関連づけるには，魔術師（sorcerer）を呼ばなければなるまい。

sordid [sɔ́:rdəd] 不潔な，浅ましい，くすんだ色の
→ sorcerer

sore [sɔ́:r] 痛い，悲しんだ；触れると痛いところ
→ sorry

sorrow [sárou] 悲しみ，後悔；悲しむ
→ sorry

sorry [sári] 気の毒で，後悔して；すみま

せん

申し訳ないことであるが (I'm *sorry*.)、意味のつながりは別として、この sorry は sorrow（悲しみ）と関係はなく、アングロサクソン語の形容詞 sar（痛い [*sore*]、悲しい）に形容詞の語尾を付加した sarig（悲しい）が語源である。一方、sorrow はゲルマン諸語に共通な言葉で、アングロサクソン語では sorg, sorh（悲しみ、不安）、オランダ語では zorg, ドイツ語では Sorge（心配）である。ドイツ人劇作家・小説家ズーデルマン (Hermann Sudermann, 1857-1927) による心理学的小説 *Frau Sorge*:『ゾルゲ婦人』(1887年) は英語には *Dame Care*:『心配夫人』と翻訳された。care（心配）は中世の家庭では絶えることのない「訪問客」だった。

sort [sɔ́ːrt] 種類；分類する
→ sorcerer

sortie [sɔ́ːrtiː(ː)] 出撃、単機作戦任務；出撃する
→ sorcerer

soteriology [sətìəriálədʒi] 救済論、救済
→ creosote

soul [sóul] 魂、精神、本質的部分

これはゲルマン共通語に由来する言葉で、古英語では sawol, sawl（魂、霊）である。究極的な語源は確定していない。

south [sáuθ] 南；南の；南へ
→ east

South Carolina [sáuθ kærəláinə] サウスカロライナ
→ States

South Dakota [sáuθ dəkóutə] サウスダコタ
→ States

soviet [sóuvièt] 評議会、ソビエト；ソビエト連邦の

この語は直接ロシア語 sovjet（議会、評議会）から借入されたものである。ラテン語 co-（一緒に）と同じような意味を持つ接頭辞 so-（一緒に）と、スラヴ語根 -vjet（話す——ロシア語 otvjet [返答]、privjet [挨拶] が派生——）とからなる言葉で、セルボ・クロアチア語では savjet である。ブルガリアの国民議会は sobranje で、so-（一緒に）と ber-（集まる）からなる言葉である。この ber- は英語 bear（運ぶ）、ラテン語 fere（運ぶ）、ギリシア語 pher-ein（運ぶ）、サンスクリット bhar-（運ぶ）と同族語である。ソビエト社会主義共和国連邦は、英語では the *Union of Socialist Soviet Republics*, the *USSR* となる。

sow [sáu] 雌豚
→ mutton

soy [sɔ́i] しょう油、大豆
→ legible

soya [sɔ́ijə] しょう油
→ legible

spaghetti [spəɡéti] スパゲッティ
→ macaroni

span [spǽn] 期間、全長；目測する
→ spoon

spangle [spǽŋɡl] スパンコール、ピカピカ光る物；ピカピカ光る
→ sequin

spaniel [spǽnjəl] スパニエル犬
→ Appendix VI

spank [spǽŋk] 平手でたたくこと；ピシャリと打つ、速く走る

この語は、slap（平手打ち）や smack（舌打ち、平手打ち）などと同類の、素早い一撃の音に由来する擬音語と考えられる〈clasp 参照〉。しかし、この素早い動きの意味は *spanking* breeze（心地よいそよ風）にまで引き継がれ、ここから帆船における spanker（後檣縦帆《最後部のマストに張る帆》）が派生した。そして「生き生きとした」「威勢のよい」の意味から、一般的に「派手な」という意味合いを込めて「良くできた」「すばらしい」の意味に用いられるようになった。デンマーク語 spanke（気取って歩く）は同系語である。〈bounce 参照〉

spar [spáːr] スパー《マストなどに使う円材》、ヘゲ石；スパーリングする
→ affluent

sparable [spǽrəbl] 頭のない小釘
→ affluent

spare [spéər] とっておく；予備品
→ affluent

spark [spáːrk] 火花、ひらめき；火花を散らす
→ attack

sparkle [spáːrkl] 火の粉、輝き；火花を発する
→ attack

sparse [spáːrs] まばらな、少ない、貧弱

な
→ affluent

speak [spíːk] 話す，演説をする，表す
→ unspeakable

spear [spíər] 槍，やす；槍のように突き進む
→ affluent

speck [spék] 小さなしみ，ちり；しみがつく
→ swivel

speckle [spékl] 斑点，色のついた小点；しみをつける
→ swivel

special [spéʃl] 特別の，特有の；特別の人
→ salary

species [spíːʃi(ː)z]【生物学】種，種類
→ salary

specific [spəsífik] はっきりした，特定の，特有の
→ salary

specimen [spésəmən] 標本，実例
→ salary

spectacle [spéktəkl] 見世物，壮観，見もの
→ speculate

spectator [spékteitər] 見物人，観客，目撃者
→ speculate

spectre [spéktər] 亡霊，恐ろしい物，不安材料
→ speculate

spectrum [spéktrəm] スペクトル，範囲，残像
→ speculate

speculate [spékjəlèit] 熟考する，推測する，投機する

　　spectacle（壮観，光景）は，ラテン語動詞 specere, spect-（見る）の反復形 spectare, spectat-（眼を注ぐ）から派生したラテン語 spectaculum（舞台，観客席，光景）が語源であり，spectator（見物人），spectre（出現，亡霊），spectrum（見られるもの，スペクトル）なども同じ語源である。〈salary, fee 参照〉

　　なお，ラテン語 specere, spect-（見る）から speculum（鏡）が派生し，これが英語 specular（鏡のような，反射する）の語源となった。また，同じラテン語動詞から派生した specula（監視塔）を経て specu-

lari, speculat-（遠くから見る，偵察する）が派生し，かなたに巻き上がる土煙や小さい物が実際は何であるかを「推測する」という意味で用いられるようになり，英語 speculate（推測する）が派生した。

speech [spíːtʃ] 話すこと，話す能力，演説
→ ache, unspeakable

speed [spíːd] 速さ，速度；急ぐ

　　この語は prevent（妨げる）〈同項参照〉と逆の方向に動いた。最初は「成功，幸運」を意味した言葉で，古高地ドイツ語 spuon（栄える）から spowan を経て古英語 sped, spaed（成功，繁栄）となった。旅立ちにあたって幸運を祈る古い別れの言葉に Godspeed!（道中の安全を祈る！）があった。しかし，多くの場合，成功するための最善の方策が「真っ先に最上の装備を持って到着せよ」("Get there firstest with the mostest")《南部連合軍の将軍 Thomas Jonathan "Stonewall" Jackson（1824-63）の戦闘モットーとされる》であったことからもわかる通り，この語は意味が変化し，その祈りの言葉も "Good speed"（良い速さで，速く）になった。英国の詩人ブラウニング（Robert Browning, 1812-89）は "How They Brought the Good News from Ghent to Aix"「ゲントからエクスまでいかにして良い知らせをもたらしたか」の詩で，急ぐ馬上の男たちに対して門番に "Good speed!" と叫ばせている。とは言うものの，その良い知らせとは何か，詩人ははっきりさせていないのだが。

spell [spél] 綴る；呪文，魔法
→ goodbye

spelling [spéliŋ] 綴り，スペル，語の綴り方
→ goodbye

spend [spénd] お金を使う，《時間を》過ごす，使い果たす
→ expend

sperm [spə́ːrm] 精液，精子

　　これは，seed（種）〈semi- 参照〉の類義語で，語源のギリシア語 sperma（種）は，動詞 sperein（播く）から派生した名詞である。

sphere [sfíər] 球，天体；取り囲む
→ trophy

sphinx [sfíŋks] スフィンクス，スフィン

クス像，謎の人物

スフィンクスは，人の頭と胸，獅子の身体を持つエジプト起源の怪物である。オイディプス (Oedipus) が難題を解くまで謎々でテーベの人々を悩ませたというスフィンクスの伝説は，その姿から生まれたと考えられる。そこから，sphinx は一見不可解な謎を秘めた人や物を指すようになった。

ちなみにスフィンクスの謎とは「朝は四つの足，昼は二つの足，夜は三つの足で行くものは何か」である。答えは「人間」。人間は人生のはじめのうちは這い，力を持った最盛期は立って歩き，晩年には杖を使うからである。

spice [spáis] スパイス，香辛料；香辛料を加える
　→ salary

spick [spík] スペイン系アメリカ人
　→ spoon

spider [spáidər] クモ，人を陥れる悪者，《なべなどを掛ける》五徳〔三脚台〕
　→ spinster

spike [spáik] 大クギ，靴底のクギ，穀物の穂；大クギを打ちつける
　→ spoon

spinach [spínitʃ] ホウレンソウ，その葉，不要な物
　→ Appendix VI

spinal [spáinl] 背骨の，とげの；脊髄麻酔
　→ Appendix VI の spinach

spindle [spíndl] 紡錘，軸；紡錘状にする
　→ swivel

spine [spáin] とげ，背骨，気骨
　→ mutton, spinach

spinet [spínət] スピネット《小型ハープシコード》，小さい縦型ピアノ
　→ saxophone

spinster [spínstər] 未婚女性，独身女性，紡ぎ女

この語が紡ぐ人 (one that *spins*) を指すことは明らかである。しかし，接尾辞については説明が必要である。元来，-ster は女性を意味する接尾辞で，かつては女性が営んだ仕事について使われた。その後，女性の職業を男性が取って代わり，その種の言葉も失われた。しかし，いくつかは名前として残っている。例えば，廃語の bakester (パン焼き女) は Baxter (バクスター) という名前として残っている。ちなみに Baker という名は，男性形の baker (パン焼き男) が固有名詞化したものである。男性もその仕事をするようになるにつれ，もう一つ女性形接尾辞を加えて，女性であることを示した言葉もある。たとえば，sempster (裁縫師：〔原義〕女裁縫師) から sempsteress を経て sempstress (女性裁縫師) が，また songster (歌手，詩人：〔原義〕歌い女) から songsteress を経て songstress (女性歌手，女流詩人) が成立した。

接尾辞 -ster は男性に適用されると，たいてい rhymester (へぼ詩人) や，punster (駄洒落のうまい人)，gangster (やくざ)，trickster (ペテン師) などのように，劣った良くない意味合いが加わる。この意味合いは，後期ラテン語の語尾 -aster (同族語はサンスクリット語の -as- と -tar の結合〔職業などの性質を示す〕にさかのぼる) ではより明確で，一例に poetaster (へぼ詩人) があり，直接英語に借入されている。なお minister (大臣：〔原義〕より小さい仕事に関わる者) や magistrate (行政官：〔原義〕より大きい仕事に関わる者) の接尾辞の同族語は，サンスクリット語の比較級接尾辞 -yans- と -tara の結合《非常に高い程度を示す》にまでさかのぼることができる。〈month の項の May 参照〉

糸紡ぎ (spinning) は，未婚女性がよく従事した職業で，17世紀ころ，spinster (紡ぎ女) は「独身」を意味する法律上の用語として女性の名前につけ加えられるようになり，そこから「老嬢」を意味する言葉となった。またアングロサクソン語 spinnan (紡ぐ) から名詞 spinthra, 古英語 spithra を経て，「紡ぐ昆虫」(*spinning* insect) の spider (クモ) が成立した。

接尾辞 -ist も，しばしば嘲りを意味する。例えば communist (共産主義者)，fascist (ファシズム支持者)，nudist (裸体主義者)，plagiarist (盗用する人——古くは plagiary〔剽窃者〕——)，さらに初めて使われたころの chemist (化学者，錬金術師) もそうであった。

spiral [spáiərəl] らせん状の；らせん；らせん形になる
　→ trophy

spire [spáiər] 尖塔，若芽；突き出る

spirit [spírət] 精神, 霊, 気力
→ trophy

spiritual [spíritʃuəl] 精神的な, 崇高な; 精神的なこと
→ trophy

spiritualist [spíritʃuəlist] 精神主義者, 唯心論者, 降霊術者
→ trophy

spirituous [spíritʃuəs] アルコール分の多い, 蒸留した
→ trophy

spit [spít] 串, 洋鋤, つば
→ hospital

spit にはいろいろな意味があって, 語源も別々である。細長く, 先の尖った棒で肉を焼く時などに使う spit（串）は, 古英語 spitu（焼き串）から直接変化したもので, 中オランダ語 spit（棒）は同系語である。そこから冷笑的に「剣」の意味にもなる。また, 水面に突き出た細長い陸地「岬」も同じである。

spit（洋鋤）は古英語 spittan（《鋤で》掘る）が語源である。名詞としては「鋤を差し込んだ深さ」, あるいは「鋤が掘りあげる土の量」「一鋤分」を指す。

spit（つば）には「生き写し」という意味も生まれ, "the very *spit* and image of"（最も微細なところまで正確に似た）のような決まり文句が作られ, これは転訛して "*spittin*' image" となった。

spital [spítl] 病院, 避難所
→ spit, hospital

spittle [spítl] つば, 唾液,《アワフキムシの出す》泡
→ spit, hospital

splash [splǽʃ]《水などを》はねかける; はね, ザブンという音
→ clasp, knick-knack

sponge [spʌ́ndʒ] 海綿動物, スポンジ; 洗う

"To throw up the *sponge*."（リングにスポンジを投げる）は「敗北を認める」ことである。プロボクシングでは, 介助役すなわちセコンドがラウンドとラウンドの間にボクサーを濡れたスポンジ（sponge）で拭ってやる。審判が試合終了を宣言するというルールができる以前は, ボクサーがひどく殴られ戦えなくなりかかっていると見た場合, セコンドがスポンジをリングに投げ込み, 味方のボクサーが負けであると合図することがあった。

sponge は, ギリシア語 sphongos, spongos（海綿, スポンジ）から異化によって生まれた。このギリシア語と同族語のラテン語 fungus は, 土から生える柔らかくてふわふわした（*spongy*）「キノコ」を意味するようになった。私たちも「カビ, キノコ, 菌類」を, このラテン語を借入して fungus と呼ぶ。

英語の法律用語に fungible（代替可能の）があるが, これはまったく違った語源を持つ。ラテン語 fungibilis（代え得る）から借入されたものであるが, 意味は動詞表現 fungi vice（代わりに執り行う）を借用したものである。ラテン語 fungi, funct-（実行する, 成し遂げる）から英語 function（機能）が派生した。function の原義は「あるものが果たすべきこと」だが, 口語では "I attended an important *function* the other night."（先日の夜, 重要な行事に出席した）のように「仕事, 作業」を意味するかのように使われる。生きるという仕事が終われば, 人は故人（the *defunct*）となる。とは言っても, 確信を持って言うが, 敗北宣言すること（throwing up the *sponge*!）で人生という「仕事」を終わるというわけではない。

spoon [spúːn] スプーン, スプーン状の物; スプーンですくう

この語はアングロサクソン語 spon（木の切れ端, 薄い小片: chip）が語源で, ゲルマン系諸語に共通に存在する。スプーンが浅く開けっぱなしであることから, spoony は18世紀ころに「ばか」という意味に用いられた。それから愚かなまでに「《女性に》べたべたする人」〈fond 参照〉という意味にも用いられ, さらに動詞の spoon は「いちゃつく」の意味にも用いられるようになった。

spoon の同根語が *spick* and *span* new（新調の）の省略形 *spick* and *span*（こざっぱりした）という句に見られる。spick はラテン語 spica（先端, 穀物の穂）が語源の spike（クギ, 穀物の穂）のことで, スウェーデン語では spik（クギ）である。span は《アングロサクソン語 spon と同語源の古北欧語 spann から変化した

ものの》「小片」(chip)を意味し，中英語 span-new (《衣服が》仕立ておろしの：new as a *chip*) から独立した。ちなみに，「期間，範囲，スパン」を意味する span はゲルマン諸語に共通に存在する言葉で，アングロサクソン語では spann (期間，範囲《手のひらをいっぱいに広げた時の親指の先と小指の先の間》) である。

spoonerism [spúːnərìzm] 語頭転換，頭字の置き換え

多くの人が興奮したりまごついたりした時，語頭の文字を置き換えてしまう。この常習者だったオックスフォード大学ニューコレッジの学長スプーナー師（Rev.W.A. Spooner, 1844-1930) の名前が，こうした言い間違いを指す言葉に残されることになった。時にはユーモアのためでもあった。"After a week-end the park is full of *weary benches*."（週末が終わると，公園はくたびれたベンチでいっぱいだ）と言うべきところを，*beery wenches*（ビール臭い女），"Is the dean busy?"（学部長はお忙しいですか）を "Is the *bean dizzy*?"（豆頭さんは目がくらんでいるのですか），"Pardon me, Madam, this pew is occupied. Allow me to show you to another seat."（失礼ながらマダム，このイスはふさがっております。ほかの席にご案内いたしましょう）と言うべきところを，"*M*ardon me, *P*adam, pi*e* is cup*ued*., Allow me to *s*ew you to another *sh*eet."（パダムさん，このパイは詰まっています。あなたを別のパイ生地に縫いこみましょう）と言ってしまうような例がある。

スプーナー師よりずっと以前に，このような置き換えに metathesis（字位転換）という術語があった。語源は meta（横切って）と tithenai（置く）からなるギリシア語 metatithenai（置き換える）である。theme（主題）も同じ語根から派生した言葉で，thesis（論題，論文）と theme は二重語である。hypothesis（仮説）は想定された論拠のことで，原義は「基底に置くこと」である。文字通り，ラテン語 sub (下に) の同化形 sup- と，動詞 ponere, posit-（置く）〈pose 参照〉から派生した英語 supposition（想定）のことである。

ところで，theory（学説）や theorem (定理) は，「深く吟味されたもの」で，ギリシア語 theasthai（見守る）から thearos, theoros（見物人）, theoria（観察すること）を経て theory が，やや後に成立した theorema（定理，公理）から theorem が借入された。theatre（劇場）も同じ語源で，その原義は「見物するところ」である。劇場はまた多くのスプーナリズム (Spoonerism) を耳にするところである。

sport [spɔ́ːrt] スポーツ，娯楽；遊ぶ
→ plot

spot [spát] 地点，斑点；斑点をつける
→ blot

spouse [spáus] 配偶者

この語にはどこか決定的なところがある。例えば皇帝の fiat (Let it be done!：なされるべし！) や，法王の imprimatur (Let it be printed!：印刷されるべし！) のように，ラテン語 spondere, spons-（話す，誓う）から古フランス語 spose を経て借入された言葉で，原義は「言われた！誓われた！」だからである。英語 espouse（娶る，結婚する）は同じラテン語からフランス語 épouser（結婚する）を経て借入された。また現在形語幹 spond- と，他の接頭辞とが一緒になって respond（返答する）や correspond（文通する：〔原義〕互いに話を返す）などが派生した。なお correspond (《廃語》秘密の交わりを持つ) から派生した，後の法律用語 correspondent (《離婚訴訟の》共同被告) は，不倫を犯した当の配偶者（spouse）にとって respondent (《離婚訴訟の》被告) になることを予感させる不吉な言葉である。despondent（落胆した）の原義は「質に入れる」(pledge away) ことである。そんなことがあった後は，普通気力が落ちるものである！文字通り，ラテン語 despondere animum（気力をなくす）から派生した。sponsor（スポンサーを務める，保証人となる）の原義は「弁護する，支持する」(to speak for ...) である。

sprain [spréin] 捻挫する；捻挫，その痛み
→ plot

spring [spríŋ] 春，ばね，泉；跳ねる
→ attack

sprinkle [spríŋkl] 振りかける，小雨がぱらつく；振りまくこと

→ attack

spruce [sprúːs] トウヒ，エゾマツ；しゃれた
　　→ Appendix VI

sputum [spjúːtəm] つば，唾液，たん
　　→ blot

spy [spái] スパイ；ひそかに見張る，詮索する
　　→ scourge

square [skwéər] 正方形，平方；正方形の

　ほとんどの人は，正方形（*square*）が四つの辺の長さと四つの内角のそれぞれが互いに相等しい四辺形であることを知っている。この語自体も，後期ラテン語 exquadra（4 からなる）から古フランス語 esquarre を経て借入されたもので，まさしくこのことを言っている。quadrant（四分円，象限（げんしょう），四分儀）はラテン語 quadrans, quadrant-（四分の一の部分：a *quarter* section）の借入であり，まさに四分の一（*quarter*）〈同項参照〉を表す言葉である。

　ところで，正方形の最も顕著な特徴は「直角」である。英語 square の最も初期の用法は「直角をしるす道具，直角定規」で，その道具の形から T-*square*（T 定規）とか，try-*square*（直角定規）と呼ばれた。幾何学で「同じ数を掛けること」，すなわち「平方，二乗」を意味する square の用法は，直角二等辺三角形の直角を作る二辺に沿うように正方形（*square*）を描いて面積を求める方法から生まれた。逆にその正方形の一辺の長さから平方根（*square* root）が求められる。

　square はまた態度についても「公明正大な」の意味で用いられる。ここから，to fight on the *square* は「真正面から相対して戦う」「正々堂々と戦う」ことである。さらに on the square は「公平に，正直に」を意味するようになった。

squash [skwáʃ] 押しつぶす，つぶれる；カボチャ
　　→ absquatulate, knick-knack

squat [skwát] しゃがむ；しゃがんだ，しゃがむこと
　　→ absquatulate

squid [sdwíd] イカ，イカ型の擬餌；イカを餌に釣りをする

この語は，ある一連の擬態語・擬音語の最後にたどりついたものである。

　すなわち，イカなどのすばやい動き，または音を模倣した swish（ヒュッ）は，swirt, squirt, squit と変化し，squid に到達した。今日，swirt は「噴出させる，下痢──squirt の方言──」，squit は「《俗語》下痢」，squirt は「噴出させる，吹きかける」のように使われている。

squire [skwáiər] 大地主，従者；《女性を》連れて行く
　　→ equable

squirrel [skwə́ːrəl] リス；大切に貯蔵する，《車などが》左右にぬうようにして走る

　この語はギリシア語 skiouros（リス）からラテン語 sciurus（リス），その指小形である後期ラテン語 scuriolus, さらに古フランス語 escureul を経て借入された。この動物名はギリシア語 skia（影）と oura（尻尾）とからなるもので，原義は「尻尾で影を作る動物」か，と推測しながらこの動物を思い浮かべるのは楽しいことである。

squirt [skwə́ːrt] 噴出させる，吹きかける；噴出すること
　　→ squid

stab [stǽb] 刺す，突き刺す；刺し傷
　　→ tank

stable [stéibl] 安定した，一定の；馬小屋
　　→ vestibule

staff [stǽf] 職員，さお；…の職員として働く
　　→ distaff

stage [stéidʒ] 舞台，段階；上演する
　　→ tank

stagnant [stǽgnənt] よどんだ，停滞した，鈍い
　　→ tank

stagnate [stǽgneit] よどむ，沈滞する；よどませる
　　→ tank

staid [stéid] まじめすぎる，落ち着いた，威風堂々とした
　　→ tank

stalactite [stəlǽktait] 鍾乳石，石灰岩

　この語は，ギリシア語名詞 stalagma（しずく）の動詞 stalassein, stalakt-（滴る）から派生した stalaktos（滴り，滴下）

が，近代ラテン語 stalactites（鍾乳石）を経て借入されたもので，洞窟内のしずくで垂れ下がるツララを指すようになった。そして，近代ラテン語 stalagmites（石筍）が stalagmite（石筍）として借入され，しずくが鍾乳石から地面に落ちてできた堆積物を指すようになった。ラテン語 stagnum（水たまり）は同根語と考えられ，英語 stagnate（よどむ）〈tank 参照〉はこのラテン語から派生した。

stalagmite [stəlǽgmait] 石筍
    → stalactite

stalk [stɔ́ːk] 大股に歩く；こっそり獲物を追うこと，茎
    → talc

stall [stɔ́ːl] 一仕切りの部屋，露店；馬屋に入れて置く
    → tank

stallion [stǽljən] 種馬
    → tank

stamen [stéimən] 雄ずい，雄しべ
    → tank

stammer [stǽmər] どもる，口ごもって言う；口ごもった話し方
    → tank

stamp [stǽmp] 切手，刻印；踏みつける
    → clam

stampede [stæmpíːd] 驚いてどっと集団暴走すること；集団で暴走する，殺到する
    → clam

stance [stǽns] 足の位置，構え，立場
    → state

stanch [stɔ́ːntʃ] 血を止める，抑える
    → tank

stanchion [stǽntʃən] 支柱，仕切棒；支柱で支える
    → tank

stand [stǽnd] 立っている，立たせる；台
    → state, tank

standard [stǽndərd] 基準，スタンダード；標準の
    → state, tank

stanza [stǽnzə] 節，連《詩の単位》，一区切り
    → state, tank

star [stɑ́ːr] 星，スター，星形
    → disaster
    star（恒星）は，さまよえる惑星（planet）〈同項参照〉と反対に，その位置にとどまっている光（the light that *stays* in its *sta*tion）という意味があるのではないかと考えられる。〈tank 参照〉

starboard [stɑ́ːrbərd] 右舷；右舷の；右舷にとる
    → board

starch [stɑ́ːrtʃ] 澱粉，糊；布に糊をつける
    → stark

stare [stéər] じっと見つめる，凝視する；凝視
    → stark

stark [stɑ́ːrk] 硬直した，正真正銘の；まったくの
    この語は中英語では「強い」という意味で普通に使われた。これより古い言葉にアングロサクソン語 staer（堅い，固定した──stare〔じっと見つめる〕の語源──）があり，それが次第に stark（硬直した，正真正銘の──starch〔糊〕は同語源──）と混同されるようになった。そこでアングロサクソン語 staerblind は *stark*-blind（まったく何も見えない）となった。
    この stark はしばしば強調的意味に使われ，*stark* mad（本当に狂って）などと言う。しかし，*stark* naked（素っ裸の）は，また別の混同による。これは古くは中英語 *start*-naked で，この start はアングロサクソン語 steort（尻尾）が語源である。したがって *stark* naked の原義は「尻尾までも裸の」である。

start [stɑ́ːrt] 出発する，始める；出発
    → commence

startle [stɑ́ːrtl] びっくりさせる，驚く；飛び上がるほどの驚き
    → commence

starve [stɑ́ːrv] 餓死する，餓死させる，切望する
    この語はアングロサクソン語 steorfan（死ぬ）が語源で，ドイツ語 sterben（死ぬ）は同系語である。昔は，to *starve* of hunger（飢えで死ぬ）という句が非常に一般的だったので，後半の2語は不必要と考えられるようになり脱落した。starvation（飢餓）はラテン語の接尾辞 -ation（…の動作，…が行われたことの結果）がアングロサクソン語幹に付加されている唯一の英語である。〈sequin 参照〉

state [stéit] 国家, 州
→ season
ラテン語 stare, stat-（立つ, とどまる）の現在分詞 stans, stant- は, stance（足の位置, 構え）や circumstance（周囲の状況——ラテン語 circum〔…の周囲に〕——）をもたらした。なお stand（立つ）は古英語 standan（立つ）が語源の同族語で, ゲルマン系諸語に共通なこの語の同族語はサンスクリット stha-（立つ）にまでさかのぼることができる。

stanza（詩の連）はラテン語の現在分詞 stans, stant- から派生した言葉で, ひとまとまりとなっている（*standing* as a unit）一群の行である。〈tank 参照〉

state（国家）は政治的かつ公式の意味合いで用いられるようになった。an apartment of *state*（宮殿などの豪華な部屋）と言えば, 祭典行事のみに使われる部屋のことであり, lie in *state* は皇帝などの遺体が公衆の前にしばらくの間安置されることである。こうして, 1650年ころ, 船長の部屋や旅行する王族や政府の代表者のためにとってある船室は, *stateroom*（客船・列車の特別室）と呼ばれた。

なお, 1835年ころのアメリカ合衆国の蒸気船では, 船室の名前は合衆国のさまざまな州（states）にちなんで名づけられた。

stateroom [stéitrùːm]《客船・列車の》個室・特別室
→ state

States (United we stand) [steits (ʤuːnáitid wiː stǽnd)] 合衆国〔我ら団結して立つ〕
→ state

Alabama [æ̀ləbǽmə] アラバマ
クリーク族同盟（Creek Confederacy）に属するインディアンの一部族の名前。Alibamu はチョクトー語（Choctaw）で「私はやぶを切り開く」という意味。

Alaska [əlǽskə] アラスカ
Al-ay-es-ka は, エスキモー語で「偉大なる国」という意味。

Arizona [æ̀rəzóunə] アリゾナ
スペイン語 Árida zona（乾燥した地帯）が語源ではないかとされる。しかし, インディオの言葉 ari zonac（小さな泉）の可能性が高い。

Arkansas [áːrkənsɔ̀ː] アーカンソー
クオポ（Quapaw）族を指すアルゴンキン・インディアン語。

California [kæ̀ləfɔ́ːrnjə] カリフォルニア
スペイン語の「地上の楽園」の名前で, 16世紀初期の騎士物語 *Las Sergas de Esplandian*：『エスプランディアンの偉業』の中に登場する。しかし, 民間語源説によれば, カタロニア地方の伝道師たちが1769年にこの土地を「炉のように熱い」（calor de forni）と呼んだことに由来すると言う。

Colorado [kɑ̀lərǽdou] コロラド
スペイン語で「赤い色の国」という意味。

Columbia, District of [kəlʌ́mbiə, dístrikt əv] コロンビア特別区
1791年に首都を設立した連邦委員会（the Federal Commissioners）によって, コロンブス（Christpher Columbus, 1451-1506）を記念して名づけられた。

Connecticut [kənétikət] コネチカット
インディアンの言葉 Quonecktacut は「松の川」または「長い川」。

Delaware [déləwèər] デラウェア
ヴァージニアの総督デラウェア卿（Lord De la Warr, 1577-1618）は, 1610年デラウェア湾（Delaware Bay）に入った。

Florida [flɔ́(ː)ridə] フロリダ
「花でいっぱいの」という意味のスペイン語。スペインの探検家ポンセ・デ・レオン（Ponce de León, 1460?-1521）によって1513年の花祭り（Feast of Flowers）, すなわち復活祭の日に名づけられたと言われている。

Georgia [ʤɔ́ːrʤə] ジョージア
英国のジョージ2世（George II, 在位 1727-60）にちなむ名前。ジョージ3世（George III, 在位 1760-1820）はこの土地を失った。

Hawaii [həwáiiː] ハワイ
土ръで *Owhyhe* と言う。1779年, この地で英国の航海家クック船長（Captain Cook, 1728-79）が殺害された。

Idaho [áidəhòu] アイダホ
インディアンの言葉 Eda ho（山上の

光)が語源。

Illinois [ìlənɔ́i] イリノイ
「人々の川」を意味するインディアンの言葉の可能性がある。

Indiana [ìndiǽnə] インディアナ
インディアンたちの国。

Iowa [áiəwə] アイオワ
スー族(Sioux tribe)の一部族の名前で，Alauez(眠そうな者たち)。スー族が自分たちを指す名前は Pahoja(灰色の雪)であった。

Kansas [kǽnzəs] カンザス
スー族の一部族の名前で，「南風の人々」が原義。

Kentucky [kəntʌ́ki] ケンタッキー
イロコイ語(Iroquois)で，Ken-tah-ten(あしたの土地)に由来。

Louisiana [luìːziǽnə] ルイジアナ
フランスのルイ14世(Louis XIV, 在位 1643-1715)にちなんで，フランス北米探検家デラサール(Robert de la Salle, 1643-87)によって名づけられた。彼は1682年，同王の名代でミシシッピ川を下った。

Maine [méin] メイン
英国のチャールズ1世(Charles I, 在位 1625-49)の王妃ヘンリエッタ・マリア(Queen Henrietta Maria, 1669 没)が所有していたフランス西部の地方メーヌ(Maine)にちなむ。

Maryland [mérələnd] メリーランド
上記チャールズ1世の王妃ヘンリエッタ・マリア(Henrietta Maria)〈Maine 参照〉にちなんで名づけられた。

Massachusetts [mǽsətʃúːsəts] マサチューセッツ
アルゴンキン語 Massadchu-es-et(大きな丘のところにある小さな場所)が語源。

Michigan [míʃign] ミシガン
インディアンの部族および場所の名で，michi gama(広大な水)が語源。

Minnesota [mìnəsóutə] ミネソタ
スー・インディアン(Sioux Indian)の言葉で，「空色の水」が原義。

Mississippi [mìsəsípi] ミシシッピ
インディアンの言葉 maesi sipu(魚の川)が語源。《mici sibi(大きな河)が語源であるとする説がある。》

Missouri [məzúəri] ミズーリ
スー族の一部族の名前に由来。《アルゴンキン・インディアン語で「大きなカヌーの人々」とか「土色の川」が原義であるとする説がある。》

Montana [mɑntǽnə] モンタナ
スペイン語で，「連峰」が原義。

Nebraska [nəbrǽskə] ネブラスカ
オマハ族(Omaha Indian)の言葉で，「広い川」が原義。

Nevada [nəvǽdə] ネバダ
スペイン語で，「雪に覆われた」が原義。

New Hampshire [n(j)ùː hǽmpʃər] ニューハンプシャー
英国の南部のハンプシャー州(Hampshire)に由来。

New Jersey [n(j)ùː dʒɝ́ːrzi] ニュージャージー
イギリス海峡のジャージー島(the Island of Jersey)にちなむ。アメリカのこの地方の統治権勅許状が，1664年にヨーク公(the Duke of York), 後のジェイムス2世(James II, 在位 1685-88)によってジョン・バークレー卿(Lord John Berkley, 1607-78)とジョージ・カートレット(Sir George Carteret, 1610?-80)に授与された。カートレット卿はジャージー島の行政官を務めていた。

New Mexico [n(j)ùː méksikòu] ニューメキシコ
アステカ族(Aztec)の言語で，mexitli は彼らの軍神の称号であった。

New York [n(j)ùː jɔ́ːrk] ニューヨーク
上記ヨーク公(the Duke of York)〈New Jersey 参照〉にちなむ名前で，彼は1664年に兄の英国王チャールズ2世(Charles II, 在位 1660-85)からその統治権勅許状を授与された。

North Carolina [nɔ́ːrθ kærəláinə] ノースカロライナ
英国王チャールズ1世(Charles I, 在位 1625-49——ラテン語 Carolus I: カロルス1世——)に由来する州名で，同王が1629年に統治権勅許状をロバート・ヒース卿(Sir Robert Heath, 1575-1649)に認めたことから Carolana と呼ばれた。1662-63年にチャールズ2世(Charles II, 在位 1660-85)が北半分に新しい統治権勅許状を認めてから，North Carolina と呼ばれるようになった。

North Dakota [nɔ́ːrθ dəkóutə] ノースダコタ
　Dakota はスー・インディアン（Sioux Indian）の言葉で,「同盟」が原義。

Ohio [ouháiou] オハイオ
　イロコイ・インディアン（Iroquois Indian）の言葉で,「偉大な」が原義。

Oklahoma [ðukləhóumə] オクラホマ
　チョクトー・インディアン（Choctaw Indian）の言葉で,「赤い人々」が原義。

Oregon [ɔ́(ː)rigən] オレゴン
　《この名称の語源はいくつも考えられる。》可能性の高い語源説としてはラテン語 origanum（野生のセージ）, スペイン語 oregones（大きな耳の）, ショショニー・インディアン（Shoshone Indian）の言葉 oyer-un-gen（豊かな場所）, スペイン語 aura agua（黄金の水）, アルゴンキン・インディアンの言葉 Wauregan（美しい水）などがある。

Pennsylvania [pènsəlvéinjə] ペンシルヴェニア
　ラテン語 Pennsylvania の意味は「ペンの森」（Penn's Woods）で, 英国のクエーカー教徒の指導者ウィリアム・ペン提督（Admiral William Penn, 1621-70）にちなんで名づけられた。彼の息子ウィリアム・ペン議員（Friend William Penn, 1644-1718）が1681年に統治権勅許状をチャールズ2世（Charles II, 在位 1660-85）から下された。

Philippines [fíləpìːnz] フィリピン
　スペイン語 islas Filipinas（フェリペ諸島）が語源で, メキシコからの入植者によって植民地化されて, スペイン王フェリペ2世（Felipe II, 在位 1556-98）にちなんで名づけられた。《1946年に独立国となる。》

Puerto Rico [pwèərtə ríkou] プエルトリコ《アメリカ合衆国の自治連邦区》
　スペイン語で「豊かな港」。

Rhode Island [ròud áilənd] ロードアイランド
　元々は Providence Plantation（摂理の大農園）と呼ばれていた。Isle of Rhodes の名称は, 植民地時代のニューイングランドで立法権と司法権を持っていた地方集会（the General Court）によって1644年に選ばれた。《Rhode は沖合いに浮かぶ島の形がエーゲ海のロードス島に似ていたことに由来するという説と, オランダ語 Roodt Eylandt（赤い島）が語源であるとする説とがある。》

South Carolina [sáuθ kærəláinə] サウスカロライナ
　→ North Carolina

South Dakota [sáuθ dəkóutə] サウスダコタ
　→ North Dakota

Tennessee [tènəsíː] テネシー
　1784年から1788年まではフランクリン（Benjamin Franklin, 1706-90）にちなんで Frankland（フランクランド）と呼ばれていた。今日の州名は, チェロキー・インディアン（Cherokee Indian）の言葉で, その中心の町と川の名前 Tennese に由来する。

Texas [téksəs] テキサス
　インディアンの言葉 Tejas（盟邦）から。

Utah [júːtɔː] ユタ
　インディアンの部族のユト族（the Utes）の名前から。《原義：山の人々？》

Vermont [vəːrmánt] ヴァーモント
　フランス語 Les Monts Verts（緑の山）が語源。

Virginia [vərdʒínjə] ヴァージニア
　英国の軍人, 探検家ウォルター・ローリー卿（Sir Walter Raleigh, 1552?-1618）によって, 1584年に "the virgin queen", すなわち, 英国女王エリザベス1世（Elizabeth I, 在位 1558-1603）にちなんで名づけられた。

Washington [wáʃiŋtən] ワシントン
　元々はコロンビア（Columbia）であったが, 特別区との混同を避けるために, 初代大統領ジョージ・ワシントン（George Washington, 在任 1789-97）にちなむ名前に変更された。

West Virginia [wést vərdʒínjə] ウェストヴァージニア
　→ Virginia

Wisconsin [wiskánsn] ウィスコンシン
　インディアンの言葉で「川の合流」という意味。綴りは国会で決定された。古い語形は Ouiscousin, Misconsing, Ouisconching だった。

Wyoming [waióumiŋ] ワイオミング

インディアンの言葉で「丘と谷」の意。ペンシルヴェニア（Pennsylvania）のワイオミング・ヴァレー（Wyoming Valley）にちなむ名前で，英国の詩人キャンベル（Thomas Campbell, 1777-1844）の詩"Gertrude of Wyoming":「ワイオミングのガートルード」を通して広く知られた。

static [stǽtik] 静的な，元気のない；【無電】空電
→ tank

station [stéiʃən] 駅，署；部署につく
→ season

stationery [stéiʃənèri] 文房具，事務用品，便せん

　私たちは stationary（静止した）と stationery（文房具）を区別するようにと教えられてきた。しかし，後者の方が英語ではより古くから使われているという以外，両者は元来同じ言葉である。特定の人たちが教会の近くに常設の売店を開くことを許されていて，聖職者用の品物を売っていた。彼らはラテン語 statio, station-（滞在所）から派生した stationers〈season 参照〉と呼ばれた。これは行商人に対する言葉であった。聖職者（clergy）だけが文字を書くことができ，その仕事の多くは書くことを伴っていたから，この stationery store（常駐店）は，次第に筆記用具を専門に扱うようになった。英国の大学町では書籍も売る免許を持っていたが，今ではタバコや棒つきキャンデーも売るようになっている。後に派生した stationary（静止した）は，文字通りの意味を保持している。

statistics [stətístiks] 統計，統計学
→ season

stature [stǽtʃər] 身長，資質，達成
→ tank, element の項の末尾

status [stéitəs] 地位，高い社会的地位，状態
→ tank, element の項の末尾

statute [stǽtʃuːt] 法令，成文法，規則
→ tank, element の項の末尾

stave [stéiv] おけ板，かんぬき；穴があく
→ distaff

steadfast [stédfæst] 忠実な，しっかりした，不動の
→ tank, bed

steal [stíːl] 盗む，こっそり動かす，窃盗を働く
→ talc

stealth [stélθ] ひそかなやり方，内密
→ talc

steed [stíːd] 馬，元気な馬，軍馬
→ tank, bed

steel [stíːl] 鋼鉄，武器；鋼の刃をつける
→ tank, bed

steep [stíːp] 険しい，法外な；浸すこと
→ sock

steer [stíər] 操縦する；指針，雄の子牛
→ stern

stellar [stélər] 星の，主要な，花形スターの
→ disaster

stellify [stélifài] 星に変える，スターにする，栄光を与える
→ disaster

stellio [stéliou] 星の模様を持つトカゲ，イモリ，大トカゲの一種，イモリ座《トカゲ座》
→ disaster

stentorian [stentɔ́ːriən] 声が大きい

　伝令官の役割は最も原初のころから，軍隊を前にして立ち，条件を敵に口述することであった。『イリアス』（V, 785）に，50人分の声を持つステントール（Stentor）という名の伝令官が登場する。そのことから stentorian（声が大きい）が派生した。今日では，ラジオは静かな小さい声でも（隣家のラジオは例外として）世界中で聞こえる。

step [stép] 階段，歩み；歩く
→ clam, tank, stoop

stereotype [stérioutàip] ステロ版，固定観念；定型化する
→ stern

sterile [stérəl] 子ができない，不毛の，効果のない
→ tank

sterling [stə́ːrliŋ] 英貨，純銀製品；英貨の

　英国での最初の貨幣製造者はオストマンニ（Ostomanni），すなわち，東方の国の住民と呼ばれた北部ドイツ出身の商人たち（Easterlings）だった。彼らはその鋳造硬貨の純度で名声を確立したが，この Easterlings が *sterling* silver penny（純銀硬貨）の語源である。しかし，sterling は，

アングロサクソン語 steorra（星：star）の指小形〈gossip 参照〉で，初期のノルマン人の硬貨に星の印がついていたからだという説もある。1英国ポンド（a pound *sterling*）は最初，16オンス分の英銀貨（*sterling* pennies）だった。crown（5シリングの英国銀貨）や angel（エンゼル金貨）は，その意匠から名づけられた。

ロシアの貨幣単位 kopeck（コペイカ，100分の1ルーブル）は，ロシア語 kopyo（槍）の指小形 kopejka が語源であり，ロシア皇帝が槍を持っている図柄の硬貨である。florin（英国フロリン白銅貨・金貨，オランダギルダー銀貨；フィレンツェのフロリン金貨）は，Florence（フィレンツェ）ないしは，イタリア語 fiora（花，《フィレンツェの市の紋章の》ユリ），すなわち，ラテン語 florem（花）にちなんで名づけられた。coin（硬貨）は coign（すみ，角）と二重語で，ラテン語 cuneus（くさび）から派生した。このラテン語はさらにギリシア語 conos（松ボックリ，円錐：*cone*）へとさかのぼることができる。〈coin, dollar 参照〉

stern [stə́ːrn] 厳格な，いかめしい；船尾

この語は，アングロサクソン語 styrne（厳しい，堅い）が語源であり，綴りは sturn となるべきだった。ドイツ語 starr（堅い）やギリシア語 stereos（硬い）は同根語である。このギリシア語を用いて英語 stereotype（固定観念）が造られた。stereotyped（ステロ版の，型にはまった）は，活字合金の堅い板から印刷した結果，「いつまでも変化のない」ことを意味するようになった。

英国の言語学者スキート（Walter Wiliam Skeat, 1835-1912）は，形容詞 stern（厳格な，いかめしい）の綴りを変化させたのは「船尾」の stern であると考えている。ちなみにこちらの stern は styra（操縦する：*steer*）から古北欧語 stjorn（操舵）を経て変化した言葉である。しかし，形容詞 stern は，古形 austern（厳格な：*austere*）との類推で生まれた綴りであるとする方に説得力がある。英語 austere は，auein（乾かす）から派生したギリシア語 austeros（舌を乾かす，苦い）から借入された。『ルカ福音書』（19：21）に "I dread thee, for thou art an *austerne* man." （あなたは厳しい方なので，恐ろしいのです）とある。乾燥した風は南から吹くので，これはラテン語 auster, austr-（南）に関係があるのではないかと考えられる。〈aurora 参照〉

接頭辞 stern-, sterno-（胸骨）や sternum（胸骨）は，ギリシア語 sternon（胸）が語源である。

stew [st(j)úː] とろとろ煮込む，とろ火でとろとろ煮える；シチュー料理

シチューは熱気よりも，熱湯に近いように思えるが，最初はアングロサクソン語 stofa（熱気風呂）と同じ意味だったと考えられる。しかし，実際は二つは結びついていて，熱気はしばしば蒸気を含んでいるものである。アングロサクソン語 stofa は，後期ラテン語 extufare, さらにギリシア語 typhos（蒸気）へとさかのぼる可能性が高い。英語 typhus（発疹チフス）や typhoid（腸チフス）は，ギリシア語 typhein（湯気を出す，煙を出す）から派生した。stove（ストーブ，暖炉）は上記のアングロサクソン語 stofa から派生した言葉であり，stew（シチュー―― -w は，-v や -f のように発音されていた――）と二重語である。stove もやはり「熱気風呂」を意味したが，後にそれを作る「かまど」（oven）になった。熱い蒸気を浴びることから，人が食べる stew（シチュー）が派生したのである。

昔の蒸気風呂の悪い評判から，「売春宿」を意味する stew が派生した。この stew も古フランス語 estuve（熱い風呂）から借入された可能性があるが，また，古フランス語 estui（フランス語 étui〔箱，容器〕）からの借入ではないかとも考えられる。

stew（生け簀），すなわち「調理するまで魚を新鮮に保つための桶」は，stow（場所）から派生したアングロサクソン語 stowigan（保つ，維持する）が語源である。よく似た綴りを持つ steward（給仕，執事）は，語源的には関係のない言葉である。〈lady 参照〉

steward [st(j)úːərd] 給仕，執事；給仕を務める

→ lady

stibium [stíbiəm] アンチモン

→ element の antimony

stick [stík] 棒状の物，一刺し；突き刺す
→ ache, attack

stigma [stígmə] 汚名，印，傷跡
→ attack

still [stil] 静止した；静寂；静まる
→ instil

stilus [stáiləs] 尖筆，レコードプレーヤーの針
→ style

stimulant [stímjələnt] 刺激剤，刺激させる物；刺激性の
→ stimulus

stimulate [stímjəlèit] 刺激する，元気づける，刺激となる
→ stimulus

stimulus [stímjələs] 刺激，激励，刺激物
→ style
ラテン語 stimulus (《動物などを追う》突き棒，刺激物) は，ルネッサンス期の医学書の中で，身体の活動性を刺激する物を意味した。このラテン語名詞から動詞 stimulare, stimulat- (刺激する，追い立てる)，そして現在分詞 stimulans, stimulant- が派生し，これらが英語 stimulate (刺激する) や stimulant (刺激剤) の語源となった。

sting [stíŋ] ハチなどの針，刺すこと；刺す
→ attack, humbug

stink [stíŋk] 悪臭，騒動；悪臭を放つ
→ tank

stipend [stáipend] 牧師などの給料，定期的な支払い，年金
→ stubble

stipple [stípl] 点刻；…を点刻する，…に点々をつける
→ stubble

stipulate [stípjəlèit] 明記する，要求する
今日，弁護士たちは，署名されて封印された書類を取り交わす。古代ローマでは合意に達した当事者たちは，1本のわら (ラテン語 stipula) をちぎり，口頭での合意の封印とした。そこで，このラテン語名詞から動詞 stipulari, stipulat- (合意に達する) が派生し，英語 stipulate (明記する) の語源となったとする説がある。このようにしてだれもが途方もない条件を飲む (swallow a camel's back) ことなく，自分の立場を守る (prove no man of straw) 努力をしたのである。
ラテン語 stipula (わら) は，stirps (茎) の指小形である可能性が高い。この名詞からラテン語の動詞 ex(s)tirpare, extirpat- (茎で引き抜く，根こそぎにする) が派生したが，これが英語 extirpate (根絶する) の語源である。17世紀ころ以来，まれではあるが，ラテン語 stirps (茎，根，家系，子孫) から派生した英語 stirp が「血統」あるいは「家系」の意味で使われている。ラテン語 stirps もそのまま「血統，一族」(複数形 stirpes) の意味で，今も法律や生物学で使われている。
エアシャー乳牛やゴールデンバンタム種トウモロコシのように新しく，優秀な種の品種改良は，eugenics (優生学) が19世紀中ころに取って代わるまでは，stirpiculture (優良種養殖，優種育成) と呼ばれた。〈eugenics については，evangelist, racy 参照〉

stitch [stítʃ] ひと縫い，一針の糸，ステッチ
→ ache, etiquette

stocking [stákiŋ] 長い靴下，ストッキング，靴下状の物
→ palliate

stocks [stáks] 在庫品，蓄積，さらし台
→ palliate

stodgy [stádʒi] 退屈な，こってりした，いっぱい詰まった
→ refrain

Stoic [stóuik] ストア学派の；ストア哲学者
→ Platonic

stolid [stáləd] ぼんやりした，無神経な，鈍感な
→ tank

stoma [stóumə]【解剖学】口，小穴，【動物学】気門，【植物学】気孔
→ pylorus

stomach [stʌ́mək] 胃，腹；消化する
→ pylorus

stone [stóun] 石，小石；石を投げつける
→ carnelian

stooge [stúːdʒ] 喜劇役者の引き立て役，手下；引き立て役を務める
→ refrain

stoop [stúːp] かがむ；かがむこと，玄関口の階段

→ sock

「玄関口の階段」のstoopはオランダ語stoep(《家の戸口などにある石の》踏み段, 歩道)から借入された。この語はゲルマン諸語に共通に存在し, 古英語staepan(歩む——英語step〔階段〕の語源——)は同系語である。

stop [stɑ́p] 止める, 止まる;停止
→ tank

store [stɔ́:r] 店, 蓄え;蓄える
→ attic, tank

storey [stɔ́:ri] 階, 同階の全室, 層
→ attic, plot, tank

story [stɔ́:ri] 話, 小説, 物語, 階
→ attic, plot, tank

stow [stóu] 詰め込む, 入れる余地がある
→ tank

straggle [strǽgl] それる, さ迷う, 散在する

古い英語strake(筋, 輪がね;動く, 広げる)は原始ゲルマン語根strak-(貫く, 強く押す)が語源と考えられる。このstrak-から西ゲルマン語strakjan(伸ばす), 古英語streccan(引っ張る, 広げる)を経てstretch(伸ばす, 広げる)が派生した。ところでstrakeは, 古英語strica(線, 印)や, それから派生した英語streak(筋, 縞)と絡み合い混同されて使われていたが, やがてstreakが優勢になった。一方その間に, 動詞strakeから反復形strackle(前後に伸ばす:to stretch back and forth)が発達した可能性が高く, それがstraggle(秩序なく行き来する, さ迷う)の形で今日に残ることになった。

また, 古い英語にstrackle-brainがあるが, これはscatterbrained(注意散漫な)と似た意味である。しかしこれはまたdistract(紛らす, そらす)の語頭音消失形stractの影響を受けた可能性が考えられる。〈distraciton参照〉

straight [stréit] 真っすぐな, 直立した;直線
→ prestige

strain [stréin] 引っ張る;緊張, 血統
→ prestige, plot

strait [stréit] 海峡, 苦境;狭い
→ prestige

strange [stréindʒ] 奇妙な, 見知らぬ, 不案内な
→ uncouth

strangle [strǽŋgl] 窒息させる, 締めつける, 窒息する

この語はstrangos(ねじれた)と同語源のギリシア語strangale(《牛馬用の》端綱)からラテン語strangulare, strangulat-(窒息させる), 古フランス語estranglerを経て借入され, フランス語がつけ加えたe-を失ったものである。strangulation(絞殺)は, 上記ラテン語の名詞形から借入された。このようにこの語の起源はより合わされた綱であり, 絞首刑は昔からそのような綱を使って行われた。

strangulation [strǽŋgjəléiʃən] 絞殺
→ strangle

strapping [strǽpiŋ] 革ひもで打つこと
→ bounce

strap(革ひも)はstrop(革砥でとぐ)の弱形で, その起源は擬音語である。後期ラテン語struppus, stroppus(革ひも, 革ひもの鞭:*strap*)を経て借入されたものと考えられる。

strategy [strǽtədʒi] 兵法, 戦略, 計略

伝えられるところによると, 中国の将軍が先発歩哨を敵の待ち伏せ(ambush)している可能性がある森林を抜けて行くよう送り出す時, 一人一人に石を持たせて, 木立の中へ投げ込むよう命じた。鳥が飛び立てば敵が潜んでいない証拠で, 軍隊は前進できるというわけである。歩哨は石を投げた。鳥が飛び立った。軍隊は進軍し, 待ち伏せの罠にかかった(ambushed)。というのは, 敵の将軍は森の中に部下を潜ませ, 一人一人に鳥を捕まえさせておいて, 近づいてくる部隊が石を投げてきたら放すよう命令していたのである。これらの計略の一つ一つを英語でstratagem(軍略)と言い, 将軍が部隊を勝利に導く全体的な計画をstrategy(戦略)という。語源はstratos(軍隊)とagein(導く)からなるギリシア語strategos(将軍)である。

ambush(待ち伏せ攻撃)は, 古フランス語embuscher(やぶ〔*bushes*〕の中に隠れる)から名詞embuscheを経て借入された。ambuscade(待ち伏せ)も同語源で, イタリア語あるいはスペイン語を経て, フランス語embuscade(待ち伏せ, 伏兵)から借入された。この場合スペイン

語とすれば，emboscar（やぶの中に隠れる）から emboscada（待ち伏せ，伏兵）を経て派生したことになる。ambush と同義的に使われた古い英語に emboss（《追われた動物が》森に隠れる）があった。これらの語の第一音節 em- が am- へと変化したのは，ambo（回りの）と agere（する，行う）からなるラテン語 ambages（回り道）が語源の英語 ambage（回り道）の影響である。

　古フランス語 embusche と関係ありそうな古いフランス語 bauche があるが，こちらは「仕事場」であり，これより派生したフランス語 débaucher（仕事場から誘惑する，堕落させる）から英語 debauch（堕落させる）が借入された。よく似た発音の英語 debouch（流れ出る）は，フランス語 de（から）と bouche（口）からなり，「広いところへ（森から平地へ）出る」がその原義である。

　ところで bush（やぶ）は，中英語になって初めて見られる言葉で，アングロサクソン語には見つからない。ドイツ語では Busch（やぶ，潅木）で，後期ラテン語 boscus からの借入と考えられる。この boscus はイタリア語 bosco（森）を経て借入されて，英語 bosky（樹木のこんもり茂った：*bushy*）や busky（《古・詩語》潅木の茂った）になった。

　insidious（油断のならない，狡猾な）は，in（…に対して）と sedere（座る）からなるラテン語 insidere（待ち伏せして座る：〔原義〕…に逆らって座る）から insidiae（罠，待ち伏せ；ambush）を経て派生した insidius（狡猾な，裏切りの）が語源で，フランス語を経て借入された。

　なお上記の insidious と，英語 sit（座る――ゲルマン系諸語に共通で，アングロサクソン語では sittan――）や，site（現場，位置），situation（位置，状態）は同根語である〈subsidy 参照〉。ただし，理論だけの戦略家（armchair *strategists*）を当てにしてはならない！

stratosphere [strǽtoʊsfɪər] 成層圏
　→ trophy

stratum [stréɪtəm] 地層，岩層，階層
　→ trophy

straw [strɔ́ː] 麦わら，ストロー；麦わら製の
　→ destroy

streak [stríːk] 筋，層；筋がつく
　→ straggle, strike

stretch [strétʃ] 伸ばす，広げる；広がり
　→ prestige, straggle

strew [strúː] ばらまく，まき散らす，散らばっている
　→ destroy

strict [stríkt] 厳しい，厳密な，完全な
　→ prestige

stricture [stríktʃər] 非難，批評，狭窄症
　→ strike

strigil [strídʒəl] あかすり道具
　→ strike

strike [stráik] 打つ，突き刺す；打つこと

　この語はゲルマン諸語に広く見られる強変化動詞で，strike は古英語 strican（打つ，さする，拭く）が語源である。過去・過去分詞形 struck は同 strican の過去形 strac を経て成立した。この古英語と同じゲルマン語根 strik- の弱形 strica（筋，線，印）が streak（筋，縞）〈straggle 参照〉や古い英語 strickle（ますかき《ますに盛った穀物をたいらにする棒》）の語源である。英語 stroke（一撃）は同じゲルマン語根の一つの変化形 straik- にさかのぼる。いずれも印欧語根 streigh-, strig-（打つ，押す，さする）にさかのぼることができる。

　この印欧語根からはまたラテン語 stringere, strict-（軽く触れる，なでる）が分出し，このラテン語動詞から strigilis（へら，あかすり道具――後期ラテン語 strigulum〔馬用金ぐし〕――）を経て英語 strigil（【古代ギリシア・ローマ】《浴場の》あかすり道具）が派生した。ラテン語 stringere, strict- は「縛る」も意味するが，これは同形異語であり，英語 stringent（厳しい，厳格な）はこのラテン語動詞の現在分詞 stringens, stringent- が語源である〈prestige 参照〉。同語源の stricture は，「締めつける」から医学の分野で「狭窄症」という意味に使われるとともに，ラテン語 stringere, strict-（軽く触れる）から派生した stricture は「通りがかりの一言」も意味する。ただし，後者は前者の影響を受けて常に「非難，酷評」の意味で使われる。

ラテン語 stringere, strict-（軽くなでる）は「枝から葉を払う」という意味にも使われるようになった。さらに to *strike* sail（帆を降ろす）, to *strike* the colors（旗を降ろす）などの発想に影響を及ぼした可能性が考えられる。

　OED に載っている動詞 strike の主要な88の意味は，明らかに三つの中心的な意味から派生している。その三つとは，(1)「前進する」，例えば to *strike* across the field（野を横切る），(2)「印をつける」，例えば to *strike* off the list（リストから除く），そして (3)「打つ」，例えば to *strike* a blow（一撃を食らわす）である。そして三つ目の意味から，一撃を食らわすかのような「激しい動きをする」という意味が派生した。また，A swimmer *strikes* out for the shore.（泳ぎ手が岸へ向かって泳ぐ），A batter *strikes* until he is *struck out*.（打者は三振するまで打つ）のように使われるようになった。

　また to *strike* work（ストライキをする）は省略されて strike と言うが，労働者の抗議行動のことで，比喩的に発達した表現である。俗語的な表現の to *knock off for a few days*（数日間仕事を中断する）は，strike と似た意味を持つ knock（たたく，強打する）から生まれた表現である。ちなみに knock は，アングロサクソン語 cnocian（たたく，打つ）が語源で，擬音語の可能性が高い。〈knickknack 参照〉

　同じく比喩的表現で to strike off は，例えば to *strike off* a sonnet（ソネットを即興で作る）のように「素早くものを産み出す」ことを意味することがある。また「何かの特徴を正確につかむ」，すなわち to *hit off* と同じ意味に使われることもある。この hit は古北欧語 hitta（遭遇する，出くわす：to *hit upon*）が語源であるが，ぶつかるように「遭遇する」（"meeting with"）という意味を発達させた。

　to *strike* it off（意気投合する）は，「だれかに気に入られる」（to make a hit）と同じである。to *strike* home は「深く打ち込む，急所をつく」という意味であるが，まさに Always *strike* home!（いつも急所を突くべし！）である。

strike-breaker [stráikbrèikər] スト破

→ whippersnapper

string [stríŋ] ひも；じゅずつなぎにする，一列になって動く
→ prestige

stringent [stríndʒənt] 厳格な，切迫した，金詰まりの
→ prestige

stroke [stróuk] 一撃；線を引く，なでる
→ strike

strong [strɔ́(ː)ŋ] 強い，丈夫な，強固な
→ prestige

strontium [stránʃiəm] ストロンチウム
→ element

strophe [stróufi] 《古代ギリシアの》舞踏隊の左方転回，《詩の》連，節
→ paragraph, apostrophe

struck [strʌ́k] strike の過去・過去分詞形；ストで閉鎖中の，ストの影響をこうむった，三振した（～out）
→ strike

structure [strʌ́ktʃər] 構造，建物；…を組み立てる
→ destroy

stub [stʌ́b] 《鉛筆・ろうそくなどの》使い残り，切り株；《切り株などに》ぶつける
→ stubble

stubble [stʌ́bl] 刈り株，刈り株に似た物，無精ひげ

　tip は古くは「点」を意味し，最初に英語として登場したのは tiptoe（つま先）という組み合わせだった。「軽く触れる」という意味の動詞としても使われた。もう少し強く触れることを tap（軽くたたく）と言った。どちらの語も擬音語と考えられる。tit for tat（しっぺ返し）という句は，かつては tip for tap だった。

　目先を変えて，tip（先端）より少し下の「茎・葉柄」を取り上げる。古い印欧語根に stip-（堅い）があり，ラテン語 stirps（茎）はこの印欧語根に由来する。この指小形 stipula（わら，《穀物などの》刈り取り後の茎，わら）から英語 stipulate（明記する，取り決める）〈同項参照〉が派生した。また，同じ印欧語に由来するラテン語 stipes（幹，枝）は英語に借入されて stipes（《昆虫の》蝶咬節）や stipe（葉柄，キノコ類の菌柄）などの動植物学用語として使われるようになった。同じく

ラテン語の指小形がそのまま使われた stipula（托葉）や stipella（小托葉）がある。

ところで、「乞食にはわら《のように価値のないもの》を」と言うが、上記のラテン語 stipes と同語源のラテン語 stips は「施し物」、さらに「少額」を意味する言葉である。この語と pendere, pens-（重さを量る）とが一緒になってラテン語 stipendium（俸給、賃金）が派生し、英語に借入されて stipend（《牧師などの》給料、定期的な支払い）となった。tip（チップ、心づけ）も同根語ではないかと考えることができる。

急な p.p.p.p（プップップップッ）という音は、急にチクリと刺す音を真似たものと考えることができる。同様に擬音語起源のオランダ語 stip（点）から stippen（《先の尖った物で》突く、印をつける）、その反復形 stippelen を経て英語 stipple（点刻する、斑点をつける）が派生した。

一方、何かが中絶される場合は [b] の音が用いられる。例えば、茎 (stip) や先端 (tip) が切られると、残るのは切り株 (stub) である。stub はギリシア語 stypos（切り株）と同族語である。古くは stump と stub は、例えば木が切り倒された時に残された物という同じ意味を持っていた。切り株につまずくところから to stub one's toe（つま先をぶつける）という表現が生まれた。

さらに stub は何にせよ短く太いもの、例えば「ずんぐりした人」(a *stub*) や、鉛筆の「使い残り」(*stub*) のように使う。stub の反復形のように見える stubble は「穀物の茎が刈り取られた後に残る短い末端（刈り株）」である。《語源は上記のラテン語 stipula（刈り取り後の茎）》

stump [stʌ́mp] 切り株
→ tank

stump [stʌ́mp] 切り株、演壇；刈り込む、遊説して回る、困らせる
→ stubble

古高地ドイツ語に stumpf（切られた、鈍くなった）がある。しかし、この語の詳しい歴史については語源学者たちも手を焼いている（*stumped*）。*stump*-speaker（選挙演説をして回る人）の起源はアメリカ合衆国で、まだ木が多かった時代に大きな木の切り株に立って演説したことに由来する。その後、soap-box orator（街頭演説家）と呼ばれるようになった。この意味で stump（政治的演説のための演台）が最初に記録されたのは1775年にさかのぼる。松林を歩いたことがある人は、切り倒された木々を想像してほしい。そして、農夫が切り株（*stumps*）だらけのその新しい畑を耕しているのを想像すると、なぜ米国で "I'm *stumped*!"（「困った！」）という表現が生まれたのかよくわかる。

stupendous [st(j)u(ː)péndəs] 並みはずれた、すばらしい、巨大な

ラテン語 stupere（動かない、無感覚である――動詞状形容詞 stupendus〔驚くべき〕――）は、「打って意識を失わせる」が原義である。この意味は、"You could have knocked me down with a feather!"（腰が抜けたよ！――羽根で触れても倒れるほど――）などと言うような誇張表現の中に使われているうちに迫力を失ったが、stupor（意識朦朧）には元来の力のなにがしかが残っている。打って人を黙らせるものが stupendous（とてつもない）であった。一方、「打たれて黙らされた人」は stupid（無感覚な、愚鈍な――ラテン語 stupidus〔呆然とした、愚鈍な〕が語源――）となり、いったんそうなると元に戻らないようである。

専門用語として使われる stupe（温湿布）や stupeous（密生したふさふさした毛；繊維に覆われた）は語源が異なり、ラテン語 stupa（粗麻糸、フランネル）から派生した。

stupid [st(j)úːpəd] 愚かな、退屈な、無感覚な
→ stupendous, tank

stupor [st(j)úːpər] 意識朦朧、麻痺状態、茫然自失
→ stupendous

sty [stái] 豚小屋、薄汚いところ、ものもらい

豚のための sty（小屋）はゲルマン諸語に共通で、アングロサクソン語では stig（囲い、小屋）である。steward（給仕）は、アングロサクソン語 stigweard（豚小屋〔*sty*〕の番人）が語源である〈lady 参照〉。アングロサクソン語 stig は動詞 stigan（上がる、膨れる）から派生したも

ので，高くなった囲いからそう名づけられた。〈目にできる sty については stymie 参照〉

Stygian [stídʒiən] 三途の川の，地獄の，暗い
→ lethargy

Styx [stíks] ステュクス，三途の川
→ lethargy

style [stáil] 様式，スタイル，文体

この語の用法はすべて，ラテン語 stilus にさかのぼる。このラテン語は初め「棒，杭」を指したが，ついで蠟版に字を刻みつけるための「尖筆」を意味した。この道具を巧みに扱う者は stilus exercitatus, すなわち「熟練したスタイル」(practiced *style*) の持ち主，下手な者は「粗野なスタイル」(stilus rudis) の持ち主と言われた。そこでラテン語 stilus は，「筆跡」を指すことになった。英語 style, stilus, そして誤った綴りの stylus は，専門用語として尖筆とか，先の尖った道具や物体の尖った部分について使われた。しかし，ローマの古典時代にもすでにこの語は「書き方」「やり方」「物事のあり方」，そして物事を行う時の「様式」を意味するようになっており，ここからさらに「なじんだ」とか「今のやり方」となり，例えば to be in *style*「流行に合っている：*stylish*」のような表現が生まれた。

ラテン語 stilus の印欧語根は sti-（刺す；針，突き棒）であると考えられ，同じ語根からギリシア語 stylos（柱，針，棒）が分出し，St. Symeon *Stylites*（柱頭行者聖シメオン，387-459）や普通語として使われる stylite（柱頭行者）のような言葉が派生した。柱頭行者とは信仰を証明するため柱の上で苦行を続けた修道士のことである。stylistic（文体の）は文学上の style（様式）を意味するが，stylitic は苦行者とか禁欲主義に関する言葉で，特に柱や杭の上にとどまって修行を積んだ人について使われる。stylo- はギリシア語 stylos（柱，針，棒）から派生した結合形で，例えば *stylo*mastoid（【解剖学】側頭骨の茎乳突の）や *styloid* process（茎状突起）のように科学用語によく使われる。

stimulus（刺激，行動へと駆り立てるもの）もおそらく，同じ語根から分出した言葉である。

stylistic [stailístik] 文体の，文体論の
→ style

stylite [stáilait]【キリスト教】柱頭行者，柱行者
→ style

stylitic [stáilítik] 柱頭行者の
→ style

stymie [stáimi] スタイミー，障害物；挫折させる

ゴルフをする人ならだれでも stymie（スタイミー）を知っていて，そんなこと，つまり，人の球が自分の球とホールの間に割り込んでホールへの見通しを悪くするようなことを避けたいと思っている。ゴルフは古い遊戯だから，これも視界がはっきりしないほど古い言葉の可能性がある。stymie は，特にスコットランド人が主に not see a *styme*（まったく見えない）のように使う styme（ちらりと見えること，ほんの小さな物）から派生し「目のよく見えない人」という意味の言葉であった。しかし，この意味での stymie は廃語となり，ゴルフ用語としてのみ使われている。

アングロサクソン語 styme（小さな物）は，動詞 stigan（上がる，膨れる）の名詞と考えられ，同じ動詞から派生したアングロサクソン語に stigend（ものもらい：styan）があり，その指小形は styany（目の上の小さな腫れ）である。この語は，sty-on-eye（目の上の sty〔豚小屋のように汚いもの〕）だと誤解され，現在の sty（ものもらい）となった。

suasion [swéiʒən] 説得，勧告
→ victoria

suave [swάːv] 温和な，丁寧な，口当たりのよい
→ victoria

sub- [sʌb-]《接頭辞》下，副，分割
→ overture

subject [sʌ́bdʒekt] 主題，科目，主語

この語は今日では，会話の「主題」(*subject*) と考察の「対象」(*object*) という両方の意味を持つ。だが，subject（主体，主語）と object（客体，目的語）は，論理学や文法用語では最初，対立する言葉であった。subject は，sub（下の）と jacere, jact-（投げる）からなるラテン語 subicere, subject-（下へ投げる，下に置く）から派生し，object は，ob-（…

の通り道に）と jacere, jact-（投げる）からなるラテン語 obicere, object-（対抗させて前に置く）から派生した。このラテン語動詞 jacere, jact- は最も豊かに英語の派生語を生み出した言葉の一つである。

objection（異議）は「通り道に邪魔になるような何かを投げ込む行為」であり、subjective は文法的な意味「主語に関する」から「第一人称に関して」、そして「自分自身に関して」「主観的な」と意味が移転した。objective は同様の用法から、「個人的な感情を排した」「客観的な」を意味する――しかし、目的語が受動態の主語になり、文字通りには、「通り道に横たわる物」をも意味し、「目標」とか「ゴール」という意味に使われるようになった。

ラテン語 jacere, jact-（投げる）に他の接頭辞がついて派生した言葉に、abject（みじめな）, adjective（形容詞）, dejected（のけ者にされた、落胆した）〈wasp 参照〉, eject（追い出す）, injection（注入、注射）, interjection（感嘆、間投詞：〔原義〕間に投げ入れられた物）, reject（拒絶する）, project（企画）, trajectory（弾道：〔原義〕横切って投げられた物の道）などがある。噴水の jet（噴出）は同じラテン語 jacere, ject-（投げる）からフランス語 jeter（投げる）を経て派生し、「投げ出すこと」から意味の移転によって物を噴き出す口、例えば gas jet（ガスの火口）のように使われるようになった。

jetsam（投げ荷、漂流物）は、海や湖、河川の岸に打ち上げられた物のことである。しかし、jetsam は、元来は jettison（投げ荷――危険に際して船を軽くするために船から積荷を投げ捨てる行為――）から変化した名詞だった。これは海に浮かんでいる（floating）品物、すなわち、flotsam（難破船の浮き荷、漂流貨物）に対する言葉である。

ところで float（浮く、浮かぶ）は、アングロサクソン語 flotian（浮く、浮かぶ）が語源であるが、fluctus（波）から派生したラテン語 fluctuare, fluctuat-（波打つ）が語源のフランス語 flotter（浮く、漂う）の影響を受けている。英語 fluctuate（揺れる、変動する）は、同じラテン語から派生した。〈affluent 参照〉

英語 conject（結論づける）や conjecture（推測）は、ラテン語 conicere, conject-（一緒に投げる）の反復形 conjectare から派生した言葉で、この語は最初、予言するために徴候や前兆を一緒に投げ込むことを意味した。そこでこのような手続きに対する信頼が衰えるにつれて単に「推測する」という意味になった。この問題（subject）についてはこれで十分だと思う。

subjective [səbdʒéktiv] 主観的な，主語の；主語
→ subject

subjugate [sʌ́bdʒəgèit] 支配する，征服する，手なずける

subjugation（征服）は sub（下の）と jugum（くびき）からなるラテン語 subjugare, subjugat-（くびきの下につなぐ、征服する）が語源で、昔の征服のしるし、すなわち、3本の槍を交差させて、その下を敵に腹這いで進ませることだった。この交差が、複数の牛を連結して働かせるためのくびき（yoke）の原型である。yoke は、家畜に用いる「くびき」と征服下の「隷従のしるし」の両義で、古くから広く使われている。例えばアングロサクソン語 geoc, ゴート語 juk, ラテン語 jugum, サンスクリット yuga- はすべて同根語で同義である。

ラテン語 jugum（くびき）の動詞形 jungere, junct-（つなぐ）から英語 junction（連結）や juncture（接続，継ぎ目）が派生した。そして同じラテン語の動詞からフランス語 joindre（結び合わせる）を経て、join（つなぐ）, joint（関節）, jointure（財産を夫婦として共有すること，寡婦資産）が派生した。他に conjunction（結合，《事件などの》関連，接続詞）や subjunctive（仮定法）もある。この二語を見ると、弁護士だけでなく、文法家も結びつき（*joining*）に関心を持っていることがわかる。なお、ラテン語 com（共に）が語源の con- は、*conjugal bliss*（結婚の幸せ）にも用いられている。

修辞的表現法の一つ zeugma（くびき語法《主として一つの動詞で二つ以上の名詞をあえて支配させること》）は、ギリシア語 zeugnynai（くびきにつなぐ）の名詞形 zeugma（くびきにつなぐこと）が語源である。

北ヨーロッパでは，くびきの下を腹這いで進むことは，両側に並んだ鞭打つ人の間を走ること（running the *gauntlet*：鞭打ちの刑を受けること）に席を譲った。ただし，これは服従のしるしというよりは，刑罰であった。なお，この語 gauntlet についてはフランス語 gant（手袋）の指小形 gantelet（《戦いで敵を殴り倒すための》皮手袋）が語源であるとする説がある。すなわちこのような皮手袋を使って人が殴られることに由来するという説である。しかし，この語は gantlet と綴られることもあり，よりもっともらしい説は gate（道）と lopp（走る）からなるスウェーデン語 gatelop が語源の中英語 gantlope が転訛したとするものである。英語 lope（大股で歩く）や elope（駆け落ちする――e-〔…から，…から離れて〕――）はスウェーデン語 lopp と同じ語源である。interloper（干渉する人）は最初，英国の用船契約会社間の特権の間を走る，すなわち，その特権を侵害する船のことだった。

騎士が相手に挑戦（defi）をたたきつける方法は，皮手袋で相手の横顔を張るとか，手袋を地面に投げつけるというものだった。ここから to throw down the *gauntlet*（挑戦する）という表現が生まれた。〈lobster 参照〉

conjunctivitis（結膜炎）の -itis は，tonsilitis（扁桃腺炎）や appendicitis（虫垂炎）などと同じように「腫れ」を意味する語尾で，conjunctivitis の炎症は結合膜（membrane *conjunctiva*），すなわち，まぶたと眼球をつなぐ部分に起こる腫れである。〈yokel 参照〉

subjunctive [səbdʒʌ́ŋktiv] 仮定法；仮定法の
→ subjugate

sublimation [sʌ̀bləméiʃən] 昇華，純化，極致
→ limen

sublime [səbláim] 荘厳な，卓越した；崇高
→ limen

subliminal [sʌ̀blímənl] 潜在意識の，潜在意識に印象づける
→ limen

submarine [sʌ́bməriːn] 潜水艦；海底の；潜水艦で攻撃する

→ overture

subscribe [səbskráib] 寄付する，予約購読する，予約金を払う
→ shrine

請願書や指令書に署名する時のように「下に書く」という文字通りの意味から，二つの用法が生まれた。「雑誌を予約購読する」(to *subscribe* to a magazine) と「民主主義の道義に賛同する」(to *subscribe* to the principles of democracy) というような用法である。より商業的な分野では，underwrite（保険を引き受ける）が同じ種類の変化をした。すなわち「何かの下に署名する」ことから「保証すること」の意味が派生した。〈under- 参照〉

subside [səbsáid] 平常の位置に戻る，平常の位置より下がる，黙る
→ subsidy

subsidy [sʌ́bsədi] 補助金，助成金，見返り金

subsidy は，sub（下に）と，sedere, sess-（座る，位置する）から変化した sidere, sess- とからなるラテン語 subsidium（援軍，予備，援助）が語源で，原義は「必要とされるまで近くに置いてある（*sitting*）もの」である。これは，最初ローマ軍の予備隊に適用され，彼らは行動するように司令を受けるまで背後でひざまずいて待機した。subside（沈殿する，沈下する）も同語源である。このラテン語の単純動詞 sedere, sess-（座る，位置する）の現在分詞 sedens, sedent- から sedentary（いつも座っている）が派生し，sediment（沈殿物：〔原義〕底にじっとしている部分）も同語源である。同じラテン語動詞の原因動詞 sedare, sedat-（静かにする，鎮める）から英語 sedate（落ち着いた，静かな：*settled*）が派生した。

session（会期，授業時間）の原義は単に「座ること」である。supersede の原義は「上に座る」で，そこから今日の「取って代わる」となった。昔の教室では，席は勉学の成績によって割り当てられていた。最優秀生が1番目である。もし，だれかをしのいだら直ちにその人に取って代わる（*supersede*）のである。

possess（所有する）は，possum（能力がある，権力がある）〈posse 参照〉と sedere, sess-（座る）とからなるラテン語

possidere, possess-（権力の座に座る，占有する，所有する）が語源である。また，preside（議長を務める）〈strategy 参照〉の pre- は，ラテン語 prae（前に）が語源で，空間的にも時間的にも「前」を意味する接頭辞である。王や裁判官は他の全出席者の前に座る。彼らの公務から，今日の意味へと移転した。

　siege（権力の座）は preside と関係が深い言葉である。この語はラテン語 sedes（座席）から後期ラテン語 sedicum，フランス語 siège（腰掛け，座席）を経て借入された。しかし，同じ綴りの siege（包囲）は，今日では廃語となっている assiege（《町や要塞を》包囲する）の語頭音節 as-（── ad〔…へ，…に対して〕の結合形──）の消失形で，原義は「…に対して座る」であると考えられる。似た意味の besiege（包囲する，攻めたてる）は，フランス語 siège から借入された segen に中英語 bi-（そばに，近くに）がついて派生した言葉で，原義は「そばに座り込む」である。それが町のそばであるか乙女のそばかは関係がない。

　assiduous（根気強い，勤勉な）の原義は「仕事に腰を落ち着ける（to *sit* at a job）」であり，名詞形は assiduity（勤勉）である。reside（居住する）の原義は「ゆったり座る（to *sit* back）」である。「とどまっている物」を意味する residuum（《燃焼や蒸発の》残留物）とか residue（残余，余剰──フランス語を経て借入──）の語源は，re-（後ろへ）と sedere（座る）からなる residere, resess-（座る，沈む，退く）を経て派生したラテン語 residuum（残余）である。

substance [sʌ́bstəns] 物質，実質，要旨
　→ tank

subsume [səbs(j)úːm] 包括する，組み込む
　→ prompt

subtle [sʌ́tl] かすかな，微妙な，器用な
　この語は，sub（下の）と，texere, text-（織る）から派生した texla, tela（織られた物）〈text 参照〉とからなるラテン語 subtilis が語源である。繊細な織地（delicate *texture*）を意味していたが，その織り混ぜ方が見分けられないほど繊細な，という意味に用いられるようになり，今日では「繊細な」という比喩的な意味にのみが生き残っている。
　subtle（微妙な）と subtlety（微妙）には，二重語の subtile（《主として液体が》薄い）とその名詞 subtility（希薄）があるが，後者の意味は同語源のいくつかの科学的用語の中に残っている。

subtract [səbtrǽkt] 引く，減じる，引き算をする
　→ distraction

succeed [səksíːd] 成功する，あとを継ぐ，続く
　→ ancestor

success [səksés] 成功，成就，成功した人
　→ ancestor

succubus [sʌ́kjəbəs]《睡眠中の男と性交するとされる》魔女，悪魔，売春婦
　→ marshal

succulent [sʌ́kjələnt] ジューシーな，多肉多汁の；多肉多汁植物
　→ sewer

succumb [səkʌ́m] 負ける，屈する，死ぬ
　→ marshal

such [sʌ́tʃ] そのような，とても…な；そのような物
　→ alone

suck [sʌ́k] 吸う，吸い込む；吸うこと
　→ sock, sewer

suckle [sʌ́kl] 乳を飲ませる，育てる，乳を飲む
　→ sock, sewer

suckling [sʌ́kliŋ] 乳児；乳離れしていない
　→ sock, sewer

suction [sʌ́kʃən] 吸引，飲酒，吸水管
　→ sock, sewer

sue [s(j)úː] 訴える，求める，訴訟を起こす
　→ refrain, suit

suffer [sʌ́fər] 苦しむ，こうむる，悩む
　『マルコ福音書』(10:14) に "*Suffer the little children to come unto me.*"（子供たちを私のところに来させなさい）とあるが，この語 suffer の二つの意味「許す」と「苦しむ」は名詞では sufferance（許容）と suffering（苦痛）のように別々の 2 語となっている。しかし，語源は一つで，ギリシア語 pherein（運ぶ，耐える：to *bear*）と同族語のラテン語 ferre, lat-（運ぶ，耐え忍ぶ── suf- はラテン語 sub〔下へ，下から上へ〕が語源──）から派

生した。同族語 bear も「運ぶ」と「支える」(to *bear* up), すなわち「耐える」(to endure)の両方を意味する言葉である。なお, endure（耐える）は強意の接頭辞 in- と durus（堅い, 厳しい）からなるラテン語 indurare, indurat-（堅くする, 厳しくする）からフランス語 endurer（耐える）を経て借入された。ラテン語 durus の物的な意味は durable（耐久力のある）に残っている。

なお, ラテン語 ferre, lat-（運ぶ, 耐える）は非常に多産な（*fertile*——*fertilize*〔肥沃にする, 受精させる〕——）言葉で, 語幹 fer- はほとんどの合成語の中に物的な意味合いを残している。例えば, conference（会議:〔原義〕集めること—— con- はラテン語 com, con〔共に〕が語源——）, defer（据え置く, 後回しにする:〔原義〕倒す, 屈伏させる—— de- はラテン語 de〔下へ〕が語源——）, infer（推察する）, prefer（好む—— pre- の語源はラテン語 pre〔前へ〕——）, proffer（申し出る—— pro- はラテン語 pro〔前方へ〕が語源——）, refer（言及する）, transfer（移動させる）, differ（異なる—— dif- はラテン語 dis〔離れて〕が語源——）, indifferent（無関心な）, interfere（妨げる:〔原義〕…と…との間に持って来る）〈同項参照〉, offer（差し出す:〔原義〕…の方へ持って来る—— of- はラテン語 ob〔…へ〕が語源——）などがあげられる。

しかし, coffer（貴重品箱）はギリシア語 kophinos（かご）から同義のラテン語 cophinus, フランス語 coffre（《ふた付きの》大箱）を経て借入された。また同じラテン語から古フランス語 cofin を経て借入されて英語 coffin（棺）が派生した。

ラテン語 ferre, lat-（運ぶ, 耐える）の過去分詞語幹 lat- からも他の多くの言葉が派生した。ラテン語文法における *ablative* case（奪格）は, ab（…から）と lat-（運ばれた）とからなる言葉で, 奪格は主に分離・起点を示すのに使われた。ablatitious（引っ込みの, 減少的な）, superlative（最高の:〔原義〕越えてもたらされた）, translation（翻訳:〔原義〕横切ってもたらされた）, oblation（奉納, 寄進:〔原義〕前方へもたらされたもの）なども同語源である。また, prelate（高位聖職者）の原義は「前へもたらされた人」で「優遇された人」, そして「地位の高い人, 聖職者」となった。行為が脇にそれる人は, *dilatory* person（ぐずぐずした人）である。同じ語源から古フランス語 delaier を経て英語 delay（遅らせる）が派生した。さらに, ラテン語 latus（運び去られた）が同じ綴りのラテン語 latus（広い）と関係づけられた可能性も考えられる。英語 dilate（広げる, 詳しく述べる）はラテン語 dilatare, dilatat-（広げる）が語源で, フランス語 dilater（膨らませる）から借入された。

接尾辞としての -fer（運ぶこと, 生み出すこと）もよく用いられ, しばしば, ラテン語 -osus（…で満たされた）が語源の -ous と共に用いられる。lucifer（明けの明星）〈atlas 参照〉, carboniferous（炭素を生じる）, vociferous（やかましい—— ラテン語 vox, voci-〔声〕が語源——）などがその例である。もうこのへんでおくとしよう, さもないとむしろ害になりそう（*pestiferous*）だから。

suffice [səfáis] 十分である, 満足させる
→ defeat

sufficient [səfíʃənt] 十分な; 十分
→ defeat

suffix [sʌ́fiks] 接尾辞; 接尾辞をつける
→ fix

sufi [súːfi] スーフィ教, スーフィ教徒
→ sophisticated

sugar [ʃúgər] 砂糖, 甘言; 砂糖をまぶす
→ candy, sock

suicide [súːəsàid] 自殺, 自殺者; 自殺する
→ shed

suit [súːt] 《米》適する, 似合う; スーツ
→ set, pursue

何かが自分に合うと, それを求めたり, 継いだりするもので, この語の語源はラテン語 sequi（継ぐ, 従う）である。何か物事を法的に追求するのは, 同語源の sue（訴訟を起こす）である。何かを徹底的に追い求めるのが pursue（追跡する, 追及する）で, 接頭辞 pur- は, ラテン語 per（貫いて, 徹底的に）が語源である。

suit [súːt] 《米》一続きの部屋
→ refrain

suite [swíːt] 一続きの部屋，一組，組曲
→ refrain

sulfanilamide [sʌ̀lfəníləmàid]【薬学】
スルファニルアミド《化膿性疾患の治療薬》
　この薬（$NH_2C_6H_3SO_2NH_2$）は，その成分から名づけられている。すなわち，この語は *sulf*uric（硫黄の），*anil*ine（アニリン），*am*monia（アンモニア）と語尾 *-ide*（化合物）からなる言葉である。

sulfur, sulphur [sʌ́lfər] 硫黄；イオウで処理する
→ element

sully [sʌ́li] 名声などに傷をつける，泥を塗る
→ dirt

sum [sʌ́m] 合計；合計する，要約する
→ azimuth

summer [sʌ́mər] 夏，盛り
→ somersault

summit [sʌ́mit] 頂上，首脳
→ azimuth

sumptuous [sʌ́mptʃuəs] 高価な，豪華な
→ prompt

sundae [sʌ́ndei] サンデー《シロップ・果物・ナッツなどを上にのせたアイスクリーム》
　このおいしい食べ物の語源については，米国の2州が張り合っている。イリノイ州のエヴァンストン（Evanston）では，安息日（Sabbath）に炭酸清涼飲料類が禁じられていた。そこで Sunday sodas（日曜炭酸清涼飲料）は，炭酸水を抜いたアイスクリームとシロップが出された。ウィスコンシン州ではアイスクリームにシロップをかけてほしいと注文する習慣が生まれ，値段が高かったので，店は日曜日（Sunday）のみ5セントで販売していた。いずれにせよ，その呼び名を変わったものにするとか，敬虔な人々が聖なる名前を使うことに反対したというような理由で，綴りは sundae と変更された。おいしく召し上がれ！

Sunday [sʌ́ndei] 日曜日
→ week

sunder [sʌ́ndər] 切断する，分ける
→ sundry

sundry [sʌ́ndri] 種々様々の，雑多な
　動詞 sunder（切断する）は，古英語 asundrian（バラバラにする）から同 sundrian（分ける）を経て成立した。この古英語の動詞は，形容詞 sunder（別々に，離れた，個人的な）から形成された。なおこの形容詞は，古英語 sundorspraec（私的な発言）のように複合語としてか，あるいは副詞句 on sunder, in sunder（ばらばらに）のように用いられ，この on sunder から onsunder, osunder を経て現代英語 asunder（二分されて，離れ離れに）となった。
　また，古高地ドイツ語 sunderig（分離したような）が短縮されて古英語 sundrig となり，それが英語 sundry（種々様々の）へと変化した。最初は「異なる種類の物」，あるいは「異なる人に属する物」という意味で使われたが，「独特の」という意味になり，そしていくつもの物があるという事実から，sundries（雑貨，雑件）のように用いられるようになった。

super- [súːpər-]（接頭辞）上位の，超過の
→ overture

supercilious [sùːpərsíliəs] ばかにした，傲慢な，横柄な
　注目に値しないことを示すジェスチャーとして，わずかに眉を上げる軽蔑（disdain）の表情を見たことはだれにもあるはずである。この語 disdain は，de（…から）と，dignus（値する）から派生したラテン語動詞 dignari（価値がある）とからなる後期ラテン語 dedignari（軽蔑する）が語源で，古フランス語 desdeign（軽蔑）を経て借入された。上記のラテン語 dignus から，英語 deign（《地位や対面にこだわらず》親切に…する），dignity（尊厳――ラテン語名詞 dignitas〔価値，威厳〕が語源――）や indignant（憤慨した）などが派生した。indignant は，価値を認めないような扱いを受けることによって起こる感情を表す言葉である。眉毛だらけ（full of eyebrow）の人は横柄な（supercilious）人で，尊大な（disdainful）人だというのはうまいイメージである。supercilious は，cilium（まぶた，まつげ――複数形 cilia：英語 *cilia*〔まつげ〕や ciliary〔まつげの〕の語源――）に接頭辞 super（上の）がついたラテン語 supercilium（眉毛）に，ラテン語 -osus

(…が一杯の) が語源の接尾辞 -ous がついた言葉で, 眉を吊り上げて軽蔑を表すような態度について言う言葉である. 接尾辞 -ous を持つ言葉には bellicose (好戦的な——ラテン語 bellum〔戦い〕から派生——), courageous (勇敢な), pious (敬虔な) などがある.

superintend [sùːpərinténd] 監督する, 管理する
→ tennis

superior [supíəriər] より優れている; 優れた人, 上役
→ azimuth

superlative [supə́ːrlətiv] 最上の; 最上級の語, 最高
→ suffer

supersede [sùːpərsíːd] 取って代わる, 後任となる
→ overture, subsidy

superstition [sùːpərstíʃən] 迷信, 盲信, 偶像崇拝
→ tank

supple [sʌ́pl] 素直な, 曲げやすい; 柔らかくなる
→ application

supplement [sʌ́pləmənt] 補足; 補う
→ application

suppliant [sʌ́pliənt] 嘆願, 哀願する人
→ application

supplication [sʌ̀plikéiʃən] 嘆願, 祈願
→ application

supply [səplái] 供給する, 補充する; 供給
→ application

supposition [sʌ̀pəzíʃən] 仮定, 仮説
→ Spoonerism

suppuration [sʌ̀pjuréiʃən] 化膿, 膿み
→ sorcerer

supra- [súːprə-]《接頭辞》上の, 超えた
→ overture

surd [sə́ːrd] 無理数, 無声音; 無理数の
→ absurd

surfeit [sə́ːrfət] 食傷; 食いすぎる, あきあきする
→ defeat

surge [sə́ːrdʒ] うねり, 殺到; 波となって打ち寄せる
→ sorcerer

surgeon [sə́ːrdʒən] 外科医, 軍医

→ pedagogue

surname [sə́ːrnèim] 姓, 名字; あだ名をつける

この語は綴り, 意味ともに変化してきた. 姓は中世を通じて貴族にしかなかったことから sirname と綴られたり, また, その人の sire (父親) の名前を意味するかのように sirename と綴られたりした. そしてこのようなことから, 苗字 (姓: family name) を意味するようになった.

しかし, 監督教会のニコルソン司教 (Bishop William Nicholson, 1591-1672) は, 1661年の *Exposition of the Catechism*:『教義問答解説論文』の中で, あらゆるキリスト教徒が二つの名を持つことについて述べている. 一つは生まれに関するもので, 家, 家族, 一族の名であり, これをもって社会に出る. もう一つは神の恩寵によるものであり, それが *surname* で, sur- はラテン語 sur (上に, 上方に) が語源であり, 意味は「人の上に加えられた名」だと言う. 司教の言う語源は正しいが, 定義は誤っている.

クリスチャン・ネームは洗礼名であり第一名でもあるが, ずっとほとんどすべての人が持っていた名前である. そして次第に, 職業, 例えば Baker (パン屋), 出生地, 例えば London (ロンドン), 父権, 例えば Johnson (ジョンの息子), McCoy (コイの息子), Aaronovich (アーロンの息子), Bronsky (ブロンの息子) などが surname としてつけ加えられた. そして, 19世紀になると, ヨーロッパの各地で一斉にこのような姓 (苗字) を持つことが法律で義務づけられるようになり, 地方行政府の書記官が人々に姓を割り当て, 役人に対する友情や財布の具合によって, Dun(g)-hill (糞の山) になったり, Rosegarden (バラの園) になったりすることもあった.

surprise [sərpráiz] 驚かす, 不意に襲う; 驚き

ラテン語 praehendere, praehens- (取る) の原義は「前で捕らえる」で, そこから「摑む」「捕らえる」「持つ」を意味するようになったが, この語から新しい合成語が数多く派生した.〈surrender 参照〉

このラテン語は後期ラテン語になって短縮されて prendere, prens- となり, フラ

ンス語 prendre, pris（取る）になった。この pris の女性形 prise（取られたもの）から英語 prize（戦利品）や「捕獲する、拿捕する」とか「こじあける」という意味の動詞 prize が借入された。

ただし、「報酬」の prize は price（価格、物価）と二重語である。この prize はラテン語 pretium（報酬、価値、代価）が語源で、古フランス語 pris を経て借入され、prize（戦利品）の影響を受けて綴りが変化した。prize（評価する）と英語 praise（ほめる）もまた二重語で、praise はラテン語 pretium から後期ラテン語 pretiare, preciare（評価する）、古フランス語 preisier を経て借入された。これらの二重語は prayer（祈り）と語源的関係があるのではないかとも考えられる。〈precarious 参照〉

ラテン語 praehendere, praehens- からは、prize ばかりでなく、過去分詞語幹 prehens-, prens- から名詞形 prensio, prension-（捕らえること、逮捕）を経て prison（刑務所）が派生した。apprentice（見習い工）は「学ぶために採用された若者」で、entrepreneur（請負人、起業家）は「何かを引き受ける人」文字通りには「《両手の間に》何かを取る人」である。後者は直接フランス語から借入された。英語 enterprise（事業、企て）は古フランス語の動詞形 entreprendre, entrepris- から派生した名詞 entreprise（事業、企て）の借入である。reprehensible（非難すべき）の原義は「取り返されるべき（物）」で、「目には目を」のように、それを取り返した時、reprisal（仕返し、報復）を果たしたことになる。

surprise の名詞形に、古くはラテン語 sub（下の）の結合形 sus- や sup- を用いた susprise や supprise があった。しかし、これらはどちらもラテン語 super, sur（上に）が語源の sur- を持つ surprise（不意打ち、驚き）に屈してしまった。動詞の surprise は、最初は「襲いかかる」「追いつく」「現場を捕まえる」という意味だった。そして最終的にそのような突然の surprisal（不意打ち、奇襲）の場面にふさわしい感情を示すようになり、astonish（驚かす）〈同項参照〉と同義になった。この変化は、*An American Dictionary of the English Language*（1828年）を編纂したアメリカ人辞書編纂者ノア・ウェブスター（Noah Webster, 1758–1843）の時代に起こった。伝えられるところによると、彼がメイドとキスをしている現場を彼の妻が押えた。ウェブスター夫人のたまわく「まあ、ノア、驚きましたわ」（"Why Noah, I'm surprised!"）。すると、居ずまいを正して「奥方、君は驚いたかもしれんが、私の方こそ不意を打たれたよ」（"You are astonished ; I am surprised!"）と応えたとされる。

surrender [səréndər] 引き渡す、降伏する；引き渡し

『マタイ福音書』（22 : 21）に *Render unto Caesar the things that are Caesar's*（皇帝の物は皇帝に返しなさい）とある。この render は、re（元へ）と dare（与える）からなるラテン語 reddere, reddit-（元に置く）からフランス語 rendre（返却する）を経て借入された言葉で、文字通りには「返す」ことを意味する。rendition（翻訳、解釈、演奏）は「《引用などの》一節を繰り返すこと」である。surrender（降伏する）の sur- の語源は、ラテン語 sub（下へ）とも super（上へ）とも考えられ、原義は「《何かの》下へ返す」とも「《何かを》あきらめる（give up）」とも考えられる。ただしフランス語 se rendre（自分自身を放棄する）が語源の可能性もある。

この render（返す——フランス語 rendre——）の -n- は、その反意語 prendre（取る）との類推を通して忍び込んだ。フランス語 prendre は、ラテン語 praehendere, praehens-（つかむ：〔原義〕前に持つ）が語源で、英語 prehensile（把握力がある）も同語源である。apprehend（理解する、感知する）は、ad（…へ）と praehendere からなるラテン語 apprehendere, apprehens-（捕まえる、捕らえる）が語源で、原義は「《自分のところに》先に取る」である。ここから「理解する」とか「予想する」（anticipate——ラテン語 ante〔先に〕＋capere〔取る〕——）、つまり、「何かの出来事のことに注意を払う」「心配する」「懸念する」（to be *apprehensive*）という意味になる。同様に、comprehend（理解する）「共に取る」は、「理解する」あるいは「包含する」ことを意味

する。後者の意味は，comprehensive（包括的な）に最もよく表れている。〈surprise 参照〉

surrogate [sə́ːrəgèit] 代理人；…の代わりをさせる；代わりの
→ qaint

surround [səráund] 囲む，包囲する；取り囲むもの

この語は abound（多い，たくさんいる）と同じくラテン語 undare, undat-（波立つ，湧き出る，流れる）が語源で，英語 undulate（波打った；波打つ《unda〔波〕から派生したラテン語形容詞 undulalus〔波打った〕から派生》）も同じ語源である。〈abundance 参照〉

surround は，super（上に）と undare（流れる）からなる後期ラテン語 superundare（溢れる，満ちている：to *abound*）が語源で，*surrounding* wave は「物体の全体を覆うように流れる波」のことだった。ミルトン（John Milton, 1608-74）が英語でこの語を使ったほとんど最初の人物で，7 回使ったが，常に「取り囲む波」の意味に使用したことからこの意味が残った。

surtax [sə́ːrtæks] 付加税；付加税を課す
→ overture

swarm [swɔ́ːrm] 昆虫の群れ，群集；群がる
→ answer

swastika [swǽstikə] まんじ，かぎ十字
→ monk

sway [swéi] 揺れる，揺り動かす；揺れ
→ victoria

swear [swéər] 誓う，断言する；ののしり
→ answer

sweet [swíːt] 甘い，やさしい；キャンデー

この語は，ゲルマン諸語に共通に存在し，swot, swad を経て成立した古英語 swete（甘い，純粋な，楽しい）が直接の語源で，同族語はサンスクリット語 svadus（甘い）にまでさかのぼることができる。svadvis を経て成立したラテン語 suavis（甘い，心地よい）は同族語である。英語 suave（温和な）や suasion（説得）はこのラテン語が語源であり，suasion の原義は「物事を甘い（心地よい）ものにすること」である〈victoria 参照〉。また，ギリシア語 hedys（甘い，心地よい）や hedesthai（喜ぶ）も同族語であり，ここからギリシア語 hedone（快楽）が派生し，英語 hedonism（快楽主義）が派生した。sweet は花の名前や，その他好ましい楽しい意味の多くの複合語を造るのに用いられている。世界中どこにでも甘党（*sweet* tooth）はいるものである。

sweetbread [swíːtbrèd] 《食用の》子牛・子羊の膵臓
→ inspiration

sweetheart [swíːthɑ̀ːrt] 恋人，すてきな人；恋をする
→ heart

swell [swél] 膨らむ，大きくする；増大

この語はゲルマン諸語に共通の動詞で，古英語では swellan, swollen である。この語の多様な意味は「大きさが増す」という基本的な意味から発している。名詞は18世紀には比喩的に使われていて，自尊心で慢心した人を指した。また，to cut a *swell*（最新流行の盛装をする）や to parade as a *swell*（紳士・しゃれ者・名士ぶって歩き回る）のような句にも使われた。そして，そのような振る舞いにごまかされた人たちから，ほめ言葉 "That's *swell*!"（すごい！）が生まれた。

swerve [swə́ːrv] それる，そらせる；それること
→ victoria

swift [swíft] 迅速な，即座の；迅速に
→ swivel

swine [swáin] 豚，卑劣なやつ
→ mutton

swivel [swívl] 自在軸受け，旋回装置，旋回させる

古い英語に swive（性交する）があったが，語源は古英語 swifan である。この古英語には「すばやく動く」と「動き回る，ぐるぐる回る」という意味があった。swift（すばやい）は前者の意味を引き継ぎ，swivel（回り継手，さるかん）は後者の意味を引き継いでいる。swivel は，元来は「動き回る物，ぐるぐる回る物」であり，現在では *swivel*-gun（旋回砲），*swivel*-chair（回転いす）などの複合語がある。

語尾の -el や -le は，機能を示すものと

考えられるが，反復辞とか指小辞とも考えられる。機能辞としては swivel（自在軸受け）や，spin（紡ぐ）から派生した spindle（紡錘）があり，指小辞としては dark（暗）から派生した darkle（薄暗くなる）がある。ちなみに dark は古英語 deorc（暗い）が語源であるが，他のゲルマン語には見られない。動詞としての dark は，次第に darken（暗くする）に取って代わられた。古くは副詞 darkling（暗がりに）があり，-ly が副詞語尾として -ling に代わった時に，darkling は動詞の分詞と受け取られ，逆成によって動詞 darkle（暗くなる）が派生したのである。ただし，duckling（子ガモ）のように -ling が指小辞として使われることもある。〈gossip 参照〉

また反復辞としての -le は，中英語 fonnen, fonned（愚かである）から派生した fondle（かわいがる）に見られる〈fond 参照〉。場合によってはこの語尾は，反復辞と指小辞の両方の働きをしている場合がある。例えば sparkle（きらめく）は，「たくさんの小さな光を発する」という意味である〈attack 参照〉。また，crackle（ひびができる，パチパチ音を立てる）は「《表面に》たくさんの小さな裂け目（crack）を作る」ことである。擬音語に由来し，crackling fire（パチパチと音を立てる火）のようにも使う〈crunch 参照〉。同様に speckle（皮膚のしみ）は，speck（斑点）から派生した。なお speck は同義のアングロサクソン語 specca が語源であるが，これも他のゲルマン語には見られない。〈drivel 参照〉

sybarite [síbəràit] 快楽主義者，遊蕩にふける人
→ Appendix VI

sycophant [síkəfənt] おべっか使い，ごまをする人

いい成績がとりたい時，リンゴを磨いて先生の机の上に置いたりする。そんな生徒を級友たちは apple-shiner（ごますり）と呼ぶ。もう少し意地悪な地方では bootlicker（へつらう人，靴をなめる人）という言葉を使う。ギリシア人たちもそういう時の呼び名を持っていて，fig-shower（イチジクを見せる人）という意味の表現を使った。sycophant（おべっか使い）は，sykon（イチジク）と phanein, phant-（見せる，示す）からなるギリシア語 sykophantes（密告者，告発者）が語源である〈focus 参照〉。これは，担当の役人に (1) 神聖な果樹園のイチジクが取られたとか (2) スミルナ（Smyrna）のイチジク商人が関税をごまかしたことを知らせる者，のことだった。しかし，英国の古典学者でギリシア語辞典編纂者リデル（Henry George Liddell, 1811-98）とスコット（Robert Scott, 1811-91）は，*Greek-English Lexicon*（1843年）の中で，それは単なる作り事（figment）であると言っている。同じような「おべっか使い」を意味する古い英語に lickspittle（つばをなめる人）があった。

sylph [sílf] 空気の精，ほっそりした優美な少女，シルフ《ハチスズメの一種》

この語はスイスの医者・錬金術師パラケルスス（Philippus Aureolus Paracelsus, 1493-1541）によって，16世紀に造語されたもので「純潔な人間を取り巻く空気の精」を指す。ギリシア語 nymphe（花嫁）が語源の nymph（ニンフ）とラテン語 sylvanus（森の）〈Pennsylvania 参照〉から造語されたと考えることができるが，チョウに変わる地虫を意味するギリシア語 silphe の影響も考えられる。

sylvan [sílvn] 森の，樹木の茂った；森の精
→ neighbor

この語の -y- は，ギリシア語 hyle（木，材料，物質）を真似たものである。このギリシア語は英語の複合語に使われ，例えば hylozoic（物活論の），hylophagous（《甲虫のように》木を食う）〈sarcophagus 参照〉，hylobate（テナガザル：〔原義〕森を歩くもの）などがある。

sym- [sim-], **syn-** [sin-]《接頭辞》共に，同時に
→ syndicalism

symbiosis [sìmbióusis] 共生，共存
→ parasite

symbol [símbl] 象徴，シンボル，記号

この語は，元来「証拠となる物」で，二つに割られた両方の部分を合わせることによって立証できた。それは米国の作家キャベル（James Branch Cabell, 1879-1958）の *The Cream of the Jest*：『無想の秘

密』（1917年）によく描かれている。こうして symbol は「印」となった。sym-（共に）と ballein（置く，投げる）を合わせた動詞 symballein より派生したギリシア語 symbolon（割符，証拠，協定）から借入された言葉で，語源にこの話が隠れていると言える。

symmetry [símətri] 対称，調和，相称
→ syndicalism

sympathetic [sìmpəθétik] 同情する，共感する，心地よい
→ osteopath

symphonic [simfánik] 交響曲の，交響的な，協和音の
→ syndicalism

symposium [simpóuziəm] 討論会，シンポジウム，《古代ギリシアの》酒宴
この話し合いのための集まりは，古代ギリシアのプラトンの *Symposium*：『饗宴』(384B.C. ごろ) の時代からほとんど変わっていない。しかし，元来，シンポジウムはもっと楽しい催しであった。語源はギリシア語 syn（一緒に）と，pinein（飲む）から派生した posis（飲むこと）からなるギリシア語 symposion（酒宴）であり，そのことをよく示している。*Symposium*：『饗宴』よりさらに陽気なのは，古代ローマの風刺作家ペトロニウス（Gaius Petronius, 紀元66年ころ没）の書いた *Satyricon*：『サテュリコン』(紀元1世紀ころ) の中でトリマルキオ（Trimalchio）《趣味の悪い派手好きの成り上がり者》が催した宴会である。〈intoxicate 参照〉

symptom [símptəm] 徴候，きざし，症状
→ syndicalism

syn- [sin-]《接頭辞》共に
→ syndicalism

synagogue [sínəɡɑ̀ɡ] シナゴーグ，ユダヤ教の礼拝堂，ユダヤ教徒の集会
→ pedagogue

syncopation [sìŋkəpéiʃən]【文法】中略，【音楽】シンコペーション，切分音
医学用語に syncope（失神，心臓麻痺）がある。これはギリシア語 syn（一緒に）と，koptein（切り落とす，取り除く）の kop- からなる言葉であり，「あらゆる身体機能を一挙に断つ」ことを意味する。しかし，ラテン語動詞 syncopare, syncopat- は「共に切る」「融合する」，すなわち over を o'er とするように，「語中の1文字あるいはそれ以上を削除することによって語を短縮する」という意味で文法用語として使われた。韻律学では「強勢を移動して通常無強勢音が起こるところに強勢を置いて始める」という意味になった。この用法は音楽にも見られ，syncopation（切分法）とは音符が小節の通常はアクセントのない部分で始まり，アクセントのある部分へと入っていくことである。ジャズに用いられる手法の一つでもある。〈jazz 参照〉

syncope [síŋkəpi] 語中音消失，中略，失神
→ syncopation

syndicalism [síndikəlìzm] サンジカリズム《ゼネストやサボタージュなど直接行動で議会制民主主義を廃し，政権を労働組合が握ろうとする運動》
ギリシア語の接頭辞 syn-（共に）は，英語の多くの語に見られる。この接頭辞は，m や p の前ではしばしば sym- となる。sympathy（共感），symmetry（対称：〔原義〕共に測ること），symphonic（交響曲の：〔原義〕共に響くこと），symptom（徴候）などがその例である。symptom は元来「病気」のことで，sympiptein（共に落ちる，偶然に起こる）からギリシア語 symptoma（不運）を経て借入された。ギリシア語 ptoma は「落下，不運，死体」という意味だった。〈ptomaine 参照〉
ギリシア語 syndikos は，syn（一緒に）と dike（裁判）からなる言葉で，裁判権を持つ行政長官を意味した。このギリシア語から後期ラテン語 syndicare, syndicat-（裁判する）が派生したが，この言葉は「判決を執行するために集まる」，さらには他の目的のために「集まる」を意味するようになり，今日の syndicate（企業連合，債権引受組合，新聞・雑誌用記事の配給会社）になった。syndicate はたいてい資本家集団であるが，フランスでは，chambre syndical（会議室）は労働組合運動の初期のころ，労働者が集まった場所に適用され，後に団体そのもの（労働組合）に使用されるようになった。そしてこのような運動の中から syndicalism（サンジカリズム）が派生するのである。

syndicate [síndikət] シンジケート，企業連合；シンジケートを組織する
→ syndicalism

synopsis [sinápsis] 概要，梗概，大意
物事を全体として見る時，すべてを合わせて見ることから，ギリシア語 syn-（一緒に）と opsis（視野）からなる synopsis という言葉が生まれた〈pessimist 参照〉。
synoptic Gospels（共観福音書）《四福音書のうち，マタイ，マルコ，ルカによる最初の3福音書》は，一緒にしてイエスの物語を一つのものとして見渡そうとするものである。

synoptic [sináptik] 概要の，大意の；共観福音書の一つ
→ synopsis

synthesis [sínθəsis] 統合，合成
→ photosynthesis

syphilis [sífəlis] 梅毒
隅に隠されていたこの病気は，近年になって明るみに出され，人々に注目されるようになったが，最初に広く知られたのは1530年のことである。イタリア人医師フラカストロ（Girolamo Fracastoro, 1478-1553）が，*Syphilis sive Morbus Gallicus*：『梅毒，すなわちガリアの病気』（1530年）を書き〈Dutch 参照〉，その中でこの名称は，羊飼いの名前とその羊飼いを襲ったこの病気の両方を表していた。この語そのものは，ギリシア語 sym-（共に）と philos（愛）からなるものである。

syrup [sə́:rəp] シロップ，糖蜜，シロップ剤
→ drink

system [sístəm] 制度，体系，システム
→ tank

systole [sístəli] 心臓収縮
→ diabetes

syzygy [sízidʒi] 朔望《二つの天体の黄経の差が0度または180度となること》
この語の最初の y にはギリシア語 syn（一緒に）が隠れている。-z- の前の -n- が消失したのである。すなわちこの syzygy は，syn（一緒に）と zeugnynai（くびきにつなぐ）からなるギリシア語 syzygia（共にくびきにつなぐこと）が語源で，天文学，解剖学，生物学，韻律学，数学，神学のいずれに使われようと，同じ基本的意味を持っている。
比喩的表現の zeugma（くびき語法）や鉱物の zeuxite（電気石〔の一種〕）も同じギリシア語動詞語幹から派生した。zeugma は，例えば《She was in a kimono and slipped on the top step. と言うべきところを》She slipped on a kimono and the top step.（彼女は，着物を踏んで最上段で滑った）というような言い回しである。zeuxite は，1814年にイギリス南西部の地方コーンウォルのヒュエルユニティ（Huel Unity）鉱山で発見された。鉱山学者トムソン（T. Thomson, 1773-1852）は，地名の"unity"（〔原義〕統一体）をギリシア語 zeuxis（くびきにつなぐこと）と翻訳し，その石を zeuxite と名づけたのである。

T

tabby (cat) [tǽbi (kǽt)] ぶちネコ，ネコ，意地の悪いおしゃべり女，ダビー織
→ cloth
　この語はアラブ起源の織物に由来するとする説もあるが，また Tibalt, Tybalt, Theobald（神＋勇敢な《俗語源》）の愛称 Tibbie が，中世動物物語詩の中のネコの名前となった影響もあると考えられる。カクストン（William Caxton, 1422?-91）訳の *Reynard the Fox*：『狐物語』（フランス語 renard〔キツネ〕に近い英語の人名を用いた）の第10章は "How the kynge sent Tybert the catte for the foxe"「キツネを召喚するために王様がいかにしてネコのティベルトをつかわしたか」という題がつけられている。またシェイクスピアの *Romeo and Juliet*：『ロメオとジュリエット』の第三幕で，ティボルト（Tybald）が「俺に対して何をしようというのだ」と言うと，マキューシオは「ネコの王め，貴様の持っている九つの命の一つだけいただこうというのだ」（"Good king of the cats, nothing but one of your nine lives."）と挑発している。

tabernacle [tǽbərnæ̀kl] 仮の住まい，《霊の仮宿としての》身体，幕屋
→ inn

table [téibl] テーブル，食事，一覧表
→ inn

tablet [tǽblət] 錠剤，銘板
→ inn

taboo, tabu [təbúː] タブー，忌み言葉
　この語は南太平洋諸島からの借入語で，トンガ語では tabu である。kapu, tambu, tapu の形を取ることもある。禁断の物とか秘密にしなければならない物があるという観念は，悪魔がさらっていかないように美しい子の額を灰で少し汚すというような慣習に今日でも残っている。また，見てはならない光景の話は，古代ギリシア神話のプシュケをはじめ，パンドラの箱，ゴディヴァ夫人，美女と野獣，青ひげの部屋に至るまで，多く残っている。名前を隠すことも広範に見られ，Tom-Tit Tot（トムティット　トット《英国昔話に登場する，名前を当てられると魔力を失う小人の妖精》）や Rumpelstiltschen（ルンペルシュティルツヒェン《ドイツの童話で Tom-Tit Tot に相当》）などの妖精物語の中に生き残っている。〈boycott, totem 参照〉

tabula rasa [tǽbjələ ráːzə] タブラ・ラサ，拭われた石板《特に経験論哲学で心の白紙状態》
→ inn

tack [tǽk] びょう，仮縫い，針路
→ tag

tact [tǽkt] 如才なさ，手触り
→ taste

tactics [tǽktiks] 戦術，策略
　この語は tassein, takt-（整える）から派生したギリシア語 ta taktika（軍隊の配列に関わること）が語源である。ラテン語 tangere, tact-（触れる）と同族語で，英語 tact（機転，如才なさ，手触り）はこのラテン語が語源である。〈taste 参照〉

tadpole [tǽdpòul] オタマジャクシ
→ toad

tag [tǽg]《服などの》たれ飾り，金具，鬼ごっこ
　rag, tag, and bobtail（ぼろ，さげ札，ウサギのしっぽ《the ...〔烏合の衆〕》）における tag は，「点」あるいは「とげ」を意味する古北欧語の語幹に由来する。ノルウェー語では tagg（びょう），フリースラント語では takc（とげ）である。ここからまた古フランス語 tache（留め金）から変化した古フランス語 taque（くぎ）の影響を受けて tack（びょう）が派生した。英語 tache（《古語》留め金）は attach（取りつける）の語頭音消失形で，attach と attack（攻撃する）〈同項参照〉は二重

語である。

tag（鬼ごっこ）は，究極的にはラテン語 tangere, tact-（触れる）が語源と考えられる〈taste 参照〉。その「鬼ごっこ」などにおいて Fen(s)!（タンマ！）と言って自分を守る言葉は，ラテン語 defendere, defens-（反撃する）の語頭音消失形 fend（防ぐ，避ける）から変化したものである。それに触れていると鬼に捕まらないとされるゲームで，柱やベースが用いられる以前は，鉄がその役を果たした。鉄は昔から魔女を遠ざけると信じられていた。鬼ごっこで追いかける鬼（"it"）は，英国リンカーンシャーでは Horney，すなわち「悪魔」と呼ばれた。

上記とよく似た民間信仰に由来するいろいろな物語がある。Little Red Riding Hood：『赤ずきんちゃん』は夜の神話だと言われる。フランス人は黄昏を「犬とオオカミの間の（entre chien et loup）時」と呼ぶ。昼は犬が飼い主と歩き回り，夜にはオオカミがうろつく。赤い外套（the Red cloak）は太陽であり，彼女は夜にオオカミによって食べられる。元になった物語では，猟師がオオカミの腹を切り裂き，彼女は再び無事に現れる。曙と誕生についての類似の伝説は多くの地方にある。赤い黒曜石を持つメラネシアの英雄は，「夜」の腹を切り裂いて「曙」を取り出す。ギリシア神話のクロノスとヘブライ神話のヨナの話の間にも類似点がある。

北欧の神話・詩歌集 Edda：『エッダ』には，マザーグースのジャックとジル（Jack and Jill）とたいへんよく似た物語《月に連れ去られたヒューキとビルの話》があるが，これは明らかに月の満ち欠けにつれての潮の干満に由来する。〈taboo, totem 参照〉

tailor [téilər] 仕立て屋，注文服店；《服を》仕立てる
　→ record

taint [téint] 不名誉，汚点；《悪などで》染める
　→ attain

talc [tǽlk]，**talcum** [tǽlkəm] 滑石，タルク，《つや出し用の》雲母
　アラブ人は talq（滑石）を雲母の代わりに用いた。これがスペイン語 talque を経てヨーロッパ諸言語に借入された。この名前を持つ物質はタルク油（talc oil）や滑石粉（タルカムパウダー：talcum powder）として，メークアップ用化粧下地に使われた。なおアラブ人はこの語をペルシア語 talk から借入した。

ところで talk（話す；話）は，tale（話，物語）〈tally 参照〉に反復辞 -k をつけたものと言える。tale はゲルマン諸語に共通で，アングロサクソン語では名詞 talu（話，数），動詞 tellan（順序よく並べる）である。この動詞が英語 tell（数える，告げる）の語源である。

同じ反復語尾を持つ言葉には他に，lurk（《息を殺し，顔をしかめて》潜む），stalk（忍び寄る，闊歩する），walk（歩く）〈同項参照〉などがある。lurk は lour, lower（顔をしかめる，こっそりと眺める）から派生した言葉で，lurch（こそこそうろつく；獲物捜し）と同語源である。ただし，海がうねる時の lurch（《船が》急に傾く，よろめく）は，ラテン語 laxus（解き放たれた——英語 lax〔ゆるい〕，relax〔くつろがせる〕の語源——）より派生した後期ラテン語形 laxiare（解き放つ）からフランス語 lacher（緩める）を経て借入された。stalk（忍び寄る，そっと後をつける）の語源はアングロサクソン語 stealcian（こっそりと歩く）で，これは steal（忍び寄る，こっそり盗む）や stealth（忍び歩き，盗み）の語源であるアングロサクソン語 stelan から派生した。walk（歩く）〈同項参照〉は wallow（転げ回る）と同語源である。

talesmen（補欠陪審員）は元来，仲間の貴族（peers）を裁く場合などに法廷列席者の中から指名される複数の陪審員を指した。この言葉は，ラテン語 tales de circumstantibus（周りに立っている人から《抽選で選ばれた》そのような人たち）の tales（そのような人たち）の借入である。なお，talisman（お守り，魔除け）は，アラビア語 tilasam からスペイン語 talisman を経て借入された。このアラビア語は，宗教的儀式の際の「奉納」「祈願成就」を表したギリシア語 telesma が語源で，これは telein（…を成し遂げる）から telos（目的，目標——teleology〔目的論〕の語源——）にさかのぼる。

ところで，目標は通常遠くにあるもので

ある。接頭辞 tel-, tele-（遠く離れた）は同系語で，telaesthesia（【心霊】遠隔透視）や，もっとなじみのある telepathy（【心霊】精神感応, テレパシー——ギリシア語 patheia〔感覚〕との合成語——），そして telson（《甲殻類，サソリなどの》尾節）に使われている。<focus 参照>

tale [téil] 話, 物語, うわさ
→ talc

talent [tǽlənt] 才能, 天分, 才能ある人々

この語は元々，ギリシア語 talanton（天秤, タラントン《貨幣・重さの単位》）が語源で，同じ意味のラテン語 talentum を経て中英語 talanta（金額）として借入された。しかし，この意味は単に過去のものとなってしまっている。今日の意味は，聖書の『マタイ福音書』（25:14-46）にある例え話に由来するものである。それによると，男が，自分の僕（しもべ）たちに「それぞれの能力に応じて，一人には5タラントン，もう一人には2タラントン，またもう一人には1タラントンを預けた」。この例え話から talent が「才能」という意味に使われるようになった。

talesman [téilzmən]【法律】補欠陪審員
→ talc

talisman [tǽləsmən] お守り, 魔除け
→ talc

talk [tɔ́:k] 話, 講演；話す
→ talc

tally [tǽli] 割り符, 計算書；計算する
→ record

tame [téim] 飼いならされた, 従順な；飼いならす
→ diamond

tamp [tǽmp]《道床などを》突き固める,《トントンと》突き固める
→ tattoo

tamper [tǽmpər] 不法に手を加える, 勝手に書き換える, 干渉する
→ tattoo

tandem [tǽndəm]《2頭の馬などが》縦に並んだ；二人乗り自転車

ふつう馬は横に並んで馬具につながれる。縦に並べて引き具につけられた2頭の馬を見ると，大学生はラテン語を使って冗談っぽく tandem（縦に：lengthwise）と呼んだ。このラテン語は，本来「ついに」(at length) という時間的な意味を持っていたが，縦の位置関係に歪曲して用いられたのである。

tangent [tǽndʒənt] 接線；《一点で》接した
→ taste

tango [tǽŋgou] タンゴ
→ taste

tank [tǽŋk] ため池,《水, 油, ガスなどの》タンク, 戦車

この語はかつて stank（水たまり）であった。ラテン語 stagnum（水たまり——流水〔running water〕に対するよどんだ水〔standing water〕——）が語源で，古フランス語 estang（フランス語では étang〔池〕）を経て借入された。tank は大きな水槽，特に水運びの荷馬車の水槽であった。現在の tank（戦車）はこの水槽に由来する。敵を欺くために，最初の戦車の車体のあちこちに for tanks（水槽用）とラベルが貼られたが，これが名前として定着したのである。ラテン語 stagnum（水たまり）は, stagnant（よどんでいる）や stagnate（よどむ）と同語源である。

ところで，stand（立つ）はラテン語 stare, stat-（立っている——現在分詞 stans, stant-——）と同族語であり，stay（とどまる）<season 参照>はこのラテン語から派生した言葉で，stanch（《血，涙などを》止める）や stanchion（柱, 支柱）は同語源である。ところが stay（支索，支柱）はゲルマン語根 stag-（堅い）にさかのぼる。一方「とどまる」の stay は, stanch（《血，涙などを》止める）と関係が深い言葉である。

stand（立つ）の同族語は，サンスクリット語 stha-（立つ, とどまる）にさかのぼることができ，印欧語根は sta- である。なお，このサンスクリット語 stha- には stap-（立たせる），star-（しっかりと立つ），stak-（固定する），stabh-（止まる）などの同根語があり，きわめて豊かな語彙の源の一つとなっている。これらは詳しく考察するにはあまりに多すぎるので，少数だけを挙げることにする。*OED* はこれらを一まとめにしないであろうが，そのほとんどにおいて語根との関係ははっきりしている。standard（標準），understand（理解する），withstand（《人，力，困難など

に》さからう)；stable（安定した），establish（確立する），stage（《劇場の》舞台），staid（落ち着いた），stamen（おしべ）；arrest（逮捕）；contrast（対比）；obstacle（障害）；obstetrics（産科）；rest（休む）；statue（像），armistice（休戦）；interstice（《特に狭い》割れ目）；destitute（極貧の）；prostitute（売春婦）；restitution（返還）；superstition（迷信）；circumstance（環境），constant（不断の），extant（実在の），distant（遠い），instantaneous（即時の），stanza（《詩学》連，スタンザ），substance（物質）；assist（援助する），resist（抵抗する），consist（《部分・要素から》なる）；stolid（なんの興味も示さない）；sterile（不妊の，不毛の）；stop（止める）；stupid（ばかな），static（静的な）；ecstasy（恍惚）；system（システム，組織）；step（歩み）；stab（《グサリと》刺す）；stump（切り株），stammer（どもる）；steadfast（断固とした），stood [stud]（柱，びょう）；steer（操縦する）；steel（鋼鉄，鋼）；stow（きちんとしまい込む，詰める）；story（物語）。

ところで stall（馬房）は畜舎（stable）の中の一仕切り（stand）である。stallion（種馬）は馬具をつけられないほど元気がよすぎるので，馬房（stall）につながれる馬である。

stink（悪臭を放つ）の過去形 stank は，stank（水たまり）とは別のアングロサクソン語 stincan, stanc, stonc（臭う，蒸気として立ち上がる）が語源で，ゴート語 stigkwan（《鼻を》つく）と同系語である。

tankard（タンカード《取っ手つき大ジョッキ，特に銀製で蓋つきの物》）は，tank より200年ばかり古く，tank とは別の語源で，ギリシア語 kantharos（大きな酒杯），ラテン語 cantharus の字位転換によって派生したのではないかと考えられる。古フランス語 tanquard を経て借入された。

tankard [tǽŋkərd] タンカード《取っ手つき大ジョッキ》
　➜ tank

tantalize [tǽntəlàiz]《見せびらかして》じらす，からかう
　➜ atlas

tantalum [tǽntələm]【化学】タンタル
　➜ element

tap [tǽp] 軽くたたく，コツコツたたく；コツコツたたく音
　➜ stubble, tattoo

tape [téip] テープ，磁気テープ；録音する
　➜ taper

taper [téipər] 先細りになること，小ろうそく；次第に細くなる

　パピルス（*papyrus*）の木髄がろうそくの芯に用いられたことから，《パピルスが語源の》paper（紙）が異化して taper が生まれた〈bible 参照〉。そして，ろうそくの芯が徐々に減っていくことから動詞 taper（次第に細くなる）が派生した。同音の tapir（【動物】バク）は中央アメリカ原住民のツーピー語（Tupi）tapira（バク）からの借入語である。同じ言語の tipi（おり，かす）と og（絞る）の合成語から tapioca（タピオカ《カッサバの根を乾燥させて作った食用澱粉》）が借入された。スペイン語 tapia は「泥壁」を意味し，英語でも用いられている。英語 tape（テープ）は taper（木髄の細長い芯）から派生したと考えられる。

tapioca [tæpióukə] タピオカ
　➜ taper

tapir [téipər]【動物】バク
　➜ taper

tar [táːr] タール，水兵；タールを塗る
　➜ pay

tarantella [tærəntélə] タランテラ《二人で踊る活発な南イタリアのダンス》
　➜ Appendix VI

tarantula [tərǽntʃələ] タランチュラ《毒グモ》
　➜ Appendix VI

target [táːrgət] 的，達成目標；攻撃目標にする

　この語は targe（盾）の指小形であり，全身を隠す楕円形の大盾に対して，小さな丸い盾を意味した。英語 targe は古高地ドイツ語 zarga（へり，境界）と同系語であるが，アラビア語 al darqah（《革や木の》盾）がフランス語を経て英語に借入されたようにも見える。このような盾は射撃練習の的として置かれたことから，広く「標

的」の意味で使われるようになった。とこ
ろで，政治家がある人物を権力の濫用を理
由に攻撃の的（target）にする時は，その
人物を自分自身の違法行為を隠すための盾
としても用いがちである。

tariff [tǽrif] 関税〔率〕，運賃表，メニュー

"Millions for defence, but not one cent for tribute!"（防衛には何百万ドルでも。しかし貢ぎ物（tribute）には1セントたりとも！）《ピンクニー（Charles Cotesworth Pinckney, 1746-1825）の言葉とする説がある》

アメリカは，自国の船を地中海の海賊に邪魔されずに通してもらうための支払いを拒んだ最初の国家になったが，長年，他の諸国民は支払いを続けていた。海賊船の多くの基地は北アフリカのタリファ（Tarifa）にあったので，海賊の恐喝に対する支払いを tariff と呼ぶようになったとする説がある。彼らは今なお tariff を恐喝に対する支払いだと考えている。ただし tariff が都市名タリファに由来するというのは俗語源である。本来の語源はアラビア語で 'arafa（知らせる）から派生した ta'rif（説明）で，英語 tariff の最初の意味は「通告，計算早見表」であり，今日では「税率明細書」となっている。

なお tribute（貢ぎ物）の語源はラテン語で tribuere, tribut-（与える，割り当てる）から tribus（種族，部族）にさかのぼる。〈tribulation 参照〉

tarpaulin [tɑːrpɔ́ːlən] 防水布，防水帽

これは最初「天幕」だった。アメリカへの最初の移民の一人ジョン・スミス（John Smith, 1580?-1631）船長はその意味で用いた。防水のために用いられた tar（タール）と，pavilion（大型テント）〈同項参照〉の中英語の俗語訛り palyoun（天蓋）の一語形 paulin との複合語である。

tart [tɑːrt] タルト，ふしだらな女
→ torch

tartan [tɑ́ːrtn] タータンチェック，ターン《一本マストの三角帆船》
→ tatterdemalion

tartar [tɑ́ːrtər] 歯石，酒石
→ tatterdemalion

task [tæsk] 仕事，任務；重い負担をかける
→ deck, taxi

taste [téist] 味見をする，味がわかる；味覚

この動詞は，最初「手で触れる」とか，手で触れて「試す」（test）〈同項参照〉の意味だった。それが特に舌と口蓋で触れることによって試すこととなった。語源はラテン語 tangere, tact-（触れる）の強意形としての後期ラテン語 taxare, taxt-（手で触れる）で，古フランス語 taster（フランス語 tâter〔触ってみる，手探りする〕）を経て借入された。

tact（気転，鋭い美的感覚）は同じラテン語から派生した名詞 tactus（接触，触覚）が語源であり，「感触，感覚」から，やがて「識別能力，違いを感じる力」へと意味が移転した。数学用語 tangent（正接，タンジェント）は，ラテン語 tangere（触れる）の現在分詞 tangens, tangent- が語源である。この動詞の一人称単数現在形は tango（私は触れる）である。ダンスの tango の語源は不詳であるが，私がご婦人の手に触れる（tango）とダンスが始まる。

taste（審美眼）は，しばしば「触れ得ないもの」（*intangibles*）を取り扱う。だが，taste（好み，嗜好）については論じ得ないというのはまことではない。確かにラテン語に de gustibus non disputandum (there is no argument about taste：好みに議論の余地なし，蓼食う虫も好き好き）という諺があるが…。なおこの諺には英語 gusto（好み，趣味）と dispute（論じる；論争）の語源が見られる。〈deck 参照〉

tatterdemalion [tætərdiméiliən] ぼろぼろの；ぼろを着た人

Did you ever catch a tartar?（あなたは始末に負えない相手に出会ったことがありますか）における tartar は，タタール人（Tatar：ダッタン人）のことで，東洋の一部族にすぎなかった。しかし13世紀初め，ジンギスカン（在位1206-1227）を首領とするタタール人が地獄の悪鬼のごとくにアジアと東ヨーロッパを席巻したため，ローマ人はラテン語 Tartarus（地獄――ギリシア語 Tartaros〔タルタロス〕――）をもじって Tatar を Tartar に変えた。なお，地獄と関連するハデス（Hades,

Ades——ギリシア語 Haides, Aides〔見えないもの，冥府の王〕が語源——）は，死者たちを治める神の名であり，また地下の世界全体，つまり祝福された人々が行くとされるエーリュシオン（Elysian Fields：極楽浄土）と，呪われた人々の行くタルタロス（Tartarus：地獄）とを指していた。

この東洋の大軍が，放浪のジプシー（"gypsies"）〈gyp 参照〉となり散り散りになってからは，Tartar はそうした放浪者を指すようになり，それが訛って風変わりな語尾を伴い tatterdemalion となった。なお，こうした語尾は rapscallion（いたずら者，おばかさん），curmudgeon（気難し屋），ragamuffin（ぼろを着た人，浮浪児）に見られる。

Tatar 自体は barbarian（野蛮人，異邦人）〈同項参照〉と成立がよく似た言葉で，異国語を話す人を意味する中国語 ta-ta が語源である。同じく Hottentot（ホッテントット）は南アフリカで使われたオランダ語の造語で，ヨーロッパ人にとって不規則で吃音的な現地語のありさまを表した。

化学における tartar（酒石）は，ギリシア語 tartaron から借入されたが，語源はおそらくアラビア語 durdi（酒石——ペルシア語 durd〔沈殿物，おり〕——）である。布地の tartan（《スコットランド高地人が着用した》格子縞の毛織物）は，後期ラテン語 tartarinum（タタール地方〔Tartary, Tatary〕を通じて輸入された布地）が古フランス語 tartarin を経て借入された。tarlatan（目の粗い薄地のモスリン《舞踏服用》）は古くは tarnatane だったが，やはり，tartan と同語源の可能性が考えられる。一方，tartan（タータン《スピードの出る地中海の 1 本マスト三角帆船》）はイタリア語 tartana の借入語で，その語源はアラビア語 tarīdah（追撃者）ではないかと考えられる。

なお，英語 tatter（ぼろ切れ；ずたずたに裂く）はもちろん tatterdemalion に影響を及ぼした（ジョン・スミス〔John Smith, 1580?-1631，アメリカへの最初の移民の一人〕船長は，タタール人を tatter-timallions と呼んでいる《The true travels, adventures and observations of Captaine J. Smith：『ジョン・スミス船長の旅行・冒険・観察記』1630年》）が，この語は北ゲルマン語系であり，アイスランド語では toturr（ぼろ切れ）である。

tattoo［tætúː］帰営ラッパ，ドンドンたたく音，入れ墨

この語には少なくとも二つの同音異語がある。一つは，就寝時間にドンドンと鳴る太鼓（tattoo）である。古くは taptoo で，tap（蛇口）と toe（閉じる）とから成るオランダ語 taptoe（蛇口を閉じること）から借入された。これは酒場が閉まる合図だった。この tap の変化形に tamp（トントンとたたく，突き固める——フランス語 tamponner〔ふさぐ，差し込む〕に対応——）や，tampion（《銃口・砲口などの》木栓）などがある。英語 tap（軽くたたく）も紛れもなく同系語であり，その起源は擬音語である。

他の一つは，色白の肌の人の場合，皮下に色素を注入することによって，また浅黒い肌の人の場合，傷跡をつけることによって描かれる図案 tattoo marks（入れ墨，タトゥー）である。これは南太平洋の島が起源であり，《ニュージーランド原住民の言語》マオリ語 ta（傷をつける）やタヒチ語 tatu（刺し傷をつける）は同語源である。

tamper は，上記の tamp（トントンとたたく）から派生したものと，temper（おせっかいをする：〔原義〕粘土を混ぜる）の変化形とがある。前者の場合は「トントンとたたく人」，特に「トントンたたいて装薬する人」「爆破のために穴に火薬を詰める人」の意味となり，後者の場合は「不法に手を加えて変える」という意味となる。なお temper（気質；抑制する）は，tempus, tempori-（時）から temperi（ちょうどよい時に）を経て派生したラテン語 temperare（正しく混和する，柔らげる，統制する）が語源で，古フランス語 temperer（混ぜる，柔らげる）を経てアングロサクソン語 temprian として借入された。to temper steel（適度の硬度に鋼鉄を鍛える）や a bad temper（不機嫌）のように，この語のすべての用法において，時そのものが持つ，柔らげたり調整したりするという考えが基本にある。to temper the wind to the shorn lamb（毛を刈りとられた仔羊には《神様も》吹く風を和らげ

る：〔諺〕弱者には不幸も軽い）——これは聖書の言葉のように見えて，実際は英国の小説家スターン（Laurence Sterne, 1713-68）の言葉《*Sentimental Journey*：『センチメンタルジャーニー』1768年》である。ここから distemper（【獣医学】ジステンパー）が派生するが，元来「調整されず」「節制もなく」「混合した」状態を意味する。この最後の意味から絵画における「ディステンパー《にかわや卵黄などを混ぜた絵の具》，水性塗料」の用法が生まれた。<complexion 参照>

taunt [tɔ́:nt] なじる，嘲る；嘲り
→ tit for tat

taut [tɔ́:t] ぴんと張った，緊張した，よく整備された
→ duke

tavern [tǽvərn] 居酒屋，宿屋
→ inn

tavern と Avernus（【ローマ神話】地獄への入り口，冥土）とは語源的関係はない。しかし地獄への転落は容易なことである。それはウェルギリウス（Vergilius, 70-19 B.C.）が，*Aeneid*：『アエネイス』(VI, 126) で，「トロイのアンキセスの息子《アイネイアス》よ，いと易し，アウェルヌスへの降り道は」と詠っている通りである。Avernus は，否定辞 a- と ornis（鳥）からなるギリシア語 aornos（鳥がいない）が語源で，ギリシア語 ornis は ornithology（鳥類学）の語源である。イタリア南部の州カンパニアの町クマエの近くの湖アウェルヌス（Avernus）から出る煙霧はその上を飛ぶ鳥をすべて殺すと伝えられ，その湖は地獄への入り口と考えられた。tavern もまた地獄への入り口と考えられてきた。

tawdry [tɔ́:dri] 派手で安っぽい，下品な；安ぴか物

イングランド，ケンブリッジシャー東部の町イーリー（Ely）の守護聖人オードリー（St. Audrey〔Etheldreda——アングロサクソン名 Aethelthryth——〕，630?-679）は，のどの腫瘍で死んだ。これを彼女は若いころにレースの首飾りをこよなく好んだことの罰だと受け止めた。「聖オードリーのレース」（St. Audrey's lace）とは，彼女の聖人祭日（10月17日）に売られたレースの首飾りのことだった。この語は転訛して tawdry となり，後にこの日ばかりでなく他の祭日で売られた他の品物をも含めて指すようになり，さらにそうした品物の一般的品質から現在の意味を持つに至った。

tax [tǽks] 税金，重い負担；課税する
→ taxi

taxi [tǽksi] タクシー；タクシーに乗せる

タクシーを呼ぶほとんどの人は，自分たちがどんなに遠回りしているかを考えたことなどない。この語は taximetercabriolet の短縮形である。cabriolet（キャブリオレ《たたみ込み幌つき1頭立て2輪馬車》*cab*）はフランス語 cabriole（《ヤギの》ジャンプ）の指小語からの借入で，この種の馬車が軽快にはずむように進むことからそう名づけられた。この語はスペイン語 cabra を経てラテン語 caper, capr-（ヤギ）にさかのぼる。同語源の英語には caper（跳ね回る），capricious（気まぐれな），イタリア語由来の音楽用語 capriccio（カプリッチオ，奇想曲），caprice（気まぐれ）などがあり，また Capri（カプリ島）も同語源である。<canary 参照>

tax（税金）はラテン語 taxare（負担させる，査定する）が語源で，初めは統治のために人々や財産等に要求された負担という意味に使われた。これはしばしば労働の形で課せられた。すなわちそれが task（仕事——フランス語 tâche〔仕事，務め〕——）であった。task と tax は音韻転換による二重語である。

-meter はもちろん measure（寸法，測定）を意味する。料金をはかる装置を装備した，ヤギのようにはねる小さな車は，いまや四文字語 taxi と名づけられている。<sedan, deck 参照>

tea [ti:] 茶，午後のお茶，お茶の集い
→ drink

teach [tí:tʃ] 教える

この語の最初の意味「見せる」は，依然として teach（教える）の基本であり，英語 token（しるし，証明するもの——古英語 tacen, tacn〔しるし〕が語源——）やドイツ語 zeigen（見せる）は同系語である。古い英語 tee（見せる）も近い言葉である<team 参照>。teach の語源である古英語 taeccean は印欧語根 deik-（見せる）から分出した言葉で，サンスクリット語

dis-（見せる）やラテン語 dicere, dict-（示す，言う——これより英語 indicate〔指し示す〕が派生——）と同族語である。〈verdict, destroy 参照〉

team [tíːm] チーム，組；チームを組む

英語 tee には語源が三つある。そのうち二つは使われなくなった。残りの一つは，古英語 tihan が語源の teon（引く，描く）から派生した tee（示す）〈teach 参照〉である。他の一つは15世紀に廃れた tee（引く）で，同じ語形 teon から変化したため紛らわしいが，より古くは古英語 teohan（引く）であり，この同系語はドイツ語 ziehen（引く）に残っている。しかし，この tee は team（チーム）に生き残っている。第三の tee（ティー；《ゲームを》始める）はカーリングやゴルフ用語で，より古い語形に teaz があるが，おそらくは文字 T に由来し，現在の X のように，出発点とか開始点を示すマークの名前として用いられたのであろう。

team の古いゲルマン語幹 teuh-, tug-（引く——英語 tugboat〔引き船〕の tug〔引く〕の語源——）とラテン語 duc-（導く）〈duke 参照〉とは同族語である。team の基本的意味は「導く」あるいは「生ずる」であり，「出産」，次いで「一腹の子」という意味に使われた。ここから「一連の馬」（a *team* of horses），twentymule *team*（トゥエンティミュールティーム《米国ボラックス社製の硼砂(ほう)》；消化剤などの原料》），ベースボールチーム（baseball *team*），チームプレイ（*team*-play）の精のように，任意の「密接に結びついたグループ」へと意味が拡張された。

tease [tíːz] いじめる，からかう，ねだる
　→ heckle

technical [téknikl] 工業技術の，技術的な，専門的な
　→ onion

technique [tekníːk] 技術，テクニック，技法
　→ onion

tee [tíː]【ゴルフ】ティー
　→ team

teetotal [tìːtóutl] 絶対禁酒の，まったくの，完全な

イングランド北西部ランカシャーの州都プレストンの絶対禁酒論者ディッキー・ターナー（Dicky Turner）なる人物は，1830年ころに自分がこの語を発明したと主張し，彼の墓石にもそう刻まれている。しかしその主張とは裏腹に，この語は彼よりも古い。禁酒運動中には，人は節制したり，完全（*total*）禁酒を約束したりする。そうした人々の多くは酒の代わりに tea（茶）を飲むことから，遊び心で造られた言葉が teetotaler（絶対禁酒者）である。一方英国の語源学者ウィークリー（Earnest Weekley, 1865-1954）は，この語形が teetotum（指で回す四角いコマ）遊びに影響された可能性を示唆している。teetotum は最初 totum と呼ばれ，一つの面に 1 字ずつそれぞれラテン語の，totum（全体）の T, aufere（取り去れ）の A, depone（下に置け）の D, nihil（無）の N が書かれた四角いコマを回す遊びだった。後にラテン語が英語に置き換えられ take-all（全部を取れ）の T, half（半分）の H, put down（下へ置け）の P, nothing（無）の N となった。T が出ると勝ちとされたことから，その遊びは teetotum と呼ばれるようになり（今日では Put and Take とも呼ばれる），これが teetotal の形成に寄与したのではないかと考えられる。

tegument [tégjəmənt]《動植物の》外皮，皮，覆い
　→ deck

tel- [tél-], **tele-** [télə-] 遠距離の
　→ talc

telaesthesia [tèləsθíːʒə]【心理学】遠隔透視
　→ talc

telegraph [téləgræf] 電信，電報；電報を打つ
　→ focus

teleology [tèliálədʒi] 目的論
　→ talc

telepathy [təlépəθi] テレパシー，精神感応
　→ talc

telephone [téləfòun] 電話，電話機；電話をかける
　→ focus

telescope [téləskòup] 望遠鏡；《望遠鏡の筒のように》入れ子式の
　→ dismal

tell [tél] 告げる，話す，命じる
→ talc

tellurium [telúəriəm]【化学】テルル
→ element

telson [télsən]【動物】《柄眼甲殻類・サソリ・昆虫の》尾節
→ talc

temper [témpər] 気質，かんしゃく；調節する
→ tattoo

temperature [témpərtʃər] 温度，体温
→ complexion

tempest [témpəst] 大嵐，大騒ぎ
→ complexion

temple [témpl] 神殿，寺院，こめかみ
　頭の temple（こめかみ）については pylorus 参照。
　temple（神殿）は，卜占官が手を伸ばして区切った空の弓形部分が起源である。卜占官はその部分に現れる前兆を観察しようとした。この語はラテン語 templum（聖域，神殿──サンスクリット語では temp- か？──）が語源で，ラテン語動詞語幹 tend-（伸ばす，広げる）と同根語である。そしてこのラテン語動詞語幹から tendency（傾向）や contend（戦う，争う）などが派生した〈tennis 参照〉。また，ラテン語 tenuis（薄い──ラテン語 tendere〔伸ばす，広げる〕から派生──），ドイツ語 dünn（薄い），dehnen（伸ばす），英語 thin（薄い）は同根語である。ラテン語 tenuis が身体の薄い部分 temple（こめかみ）に影響を与えた可能性も考えられる。
　contemplate（じっくり考える）は con- と templum（神域，神殿）からなるラテン語 contemplari, contemplat-（観察する，熟考する）にさかのぼる。古代ローマの卜占官は空のアーチ形部分（temple）を眺めながら，帝国の進むべき道を熟考したのである。

temporal [témpərəl] 時間の，現世の，世俗の
→ pylorus

temporary [témpərèri] 一時の，はかない，仮の
→ pylorus

temptation [temptéiʃən] 誘惑，誘惑するもの，心を引きつけるもの
→ tennis

ten [tén] 10の；《数の》10
→ number

tenacious [tənéiʃəs] しっかり握って離さない，頑強な，粘り強い
→ lieutenant

tenant [ténənt] 賃借人，テナント，居住者
→ abstain

tend [ténd] する傾向がある，しがちである，番をする
→ tennis

tendency [téndənsi] 傾向，性向，意図
→ temple, tennis

tendentious [tendénʃəs] 特定の立場に傾いた，偏向した
→ tennis

tender [téndər] 柔らかい，感じやすい；提出する；提出物
→ tennis

tendon [téndən]【解剖】腱
→ tennis

tendril [téndrəl]【植物】巻きひげ，つる
→ tennis

tenebrous [ténəbrəs] 陰気な，あいまいな
→ meticulous

tenement [ténəmənt] 借地，安アパート，保有財産
→ tennis

tenet [ténət] 主義，教義
→ tennis

Tennessee [tènəsíː] テネシー
→ States

tennis [ténəs] テニス，庭球
　この人気のあるゲームは，エリザベス時代にも好まれていた。シェイクスピア（William Shakespeare, 1564-1616）の Henry V：『ヘンリー五世』で，フランスの王太子が大樽いっぱいのテニスボールを送ることでヘンリーへの蔑みを表している（I, ii）ことが思い出される。tennis は，かつてサーバーが叫んだ合図に由来すると考えられ，ラテン語 tenere, tent-（捕まえる，保有する）から古フランス語を経て借入された中英語 tenetz!（取って見よ！──フランス語では tenez!──）が tennes を経て今日の言葉となったとされる。このラテン語動詞は英単語の形成にお

いて最も広がりを持つ例の一つで、一瞥するだけでも次のようなものがある。

ラテン語 tenere, tent-（捕まえる、到達する、主張する——接頭辞がつくと -tinere となる——）は、ラテン語 tendere（張る、伸ばす——現在分詞 tendens, tendent-, 過去分詞語幹 tent-, tens-——）と同根語であるが、この語はギリシア語 tenon（腱）やその動詞形 tenein（引っ張る、伸ばす）と同族語である。tendon（【解剖】腱）は、ギリシア語 tenon からラテン語 tendere に影響されて派生した。このようにラテン語 tenere と tendere は語彙形成の過程でしばしば混同される。ラテン語 tenere と同語源のラテン語 tenuis（薄い、細い）から tenuous（薄い、細い、弱い）が、同じくラテン語 tener（柔らかい）から、ラテン語 tendere の影響を受けたフランス語 tendre（柔らかい）を経て、tender（柔らかい、壊れやすい）が派生する。ただし、legal *tender*（弁済物、法定貨幣）の tender（提出物）は、attender（仕える人）の語頭音消失形である。

tenure（保有、終身在職権）の原義は「権利を保有すること」である。tenement（借地、安アパート）は、当初は保有するという事実を意味したが、ついで保有された土地や、任意の不動産、特に建物を指すこととなった。信念を保持すると tenet（教義、主義）になる。tenon（ほぞ）は継ぎ目を支えるための突起である。また、文書や演説全体を貫いている考えを tenor（趣旨、進路）と言う。また、tenor（テノール）は元々、主旋律（中世における canto firmo：定旋律）を外れることなく歌う声である。

tend（番をする、…へ向う）は、attend（身を伸ばす、世話をする）の語頭音消失形である。さらにこの tend から tendentious（特定の意見を持った、偏向的な）や tendril（【植物】巻きひげ、巻き毛）が派生した。

tense（ピンと張った、緊張した）や tension（緊張）は、tenterhook（張り枠のくぎ——tenter は布を伸ばすためのくぎでとめた枠——）に張った布のように、「引き伸ばされた」という意味を含んでいる。なお tenterhook は on tenterhooks（気をもんで、やきもきして）のように比喩的にも用いられるようになった。tent（テント）も避難所などとして張り巡らされた布である。tensor は「筋肉の張り、張筋」と高等数学における「重圧面、テンソル」の両方を意味する。そのような数学は多くの学生に緊張を強いたものである。

temptation（誘惑）の語源はラテン語 temptare, temptat-（捕む、試す）である。この動詞はラテン語 tendere（保持する、伸ばす）の強意形であり、ラテン語 tempus（時）の持つ「チャンス」という意味を連想したのか、-n- から -mp- へと変化した。

content（中身、目次）の語源はラテン語 continere, content-（まとめておく、包む）であるが、この語から continent（大陸；自制心のある）、self-contained（必要なものがすべて完備した、無口な）、contentment（満足）、contain（含む、我慢する）、さらにフランス語 continuer（続ける）を経て借入された continue（続ける、持続する）が派生する。

contention（争い、主張）や contentious（争いを好む、議論のある）の語源は、ラテン語 contendere, content-（一緒にくくりつなぐ、優劣を争う——これより contend〔争う〕が派生——）である。pretend（ふりをする）の原義は「前に伸ばす」であり、自分の弁護や主張を「提示する」ことだったが、後にその偽りの側面が強調されるようになった。pretentious（もったいぶった、見栄を張る）も同様である。

intentional（故意の）は、原義の「心をあるものへと向けて」から「意図的な」を意味するようになった。intend（意図する）、superintend（監督する）、intense（激しい）、intensify（強める）なども、ラテン語 tenere, tent-（保持する）や tendere, tent-〔tens-〕（伸ばす）から派生したほんの数例にすぎない。

しかし、tentative（試験的な）は、ラテン語 temptare（誘惑する、試す、手探りする——tempt〔誘惑する、誘う〕の語源——）から後期ラテン語 tentare（tentacle〔触手、触角〕の語源）を経て派生した。

また tense（動詞の時制）の語源はラテン語 tempus（時）で、古フランス語 tens

（時）を経て借入された。フランス語は temps（時，時制）である。

なお tennis（テニス）は，ラテン語 toenia（帯状のひも，バンド）が語源で，古フランス語 tenies（tenie の複数形）から派生したとする説もある。ボールがその上を行き交うひも（今ではネット）というわけで，後期ラテン語で tenieludium と呼ばれた。これは上記の古フランス語 tenie とラテン語 ludium（遊び，ゲーム）からなる言葉で，このラテン語は英語 interlude（幕間劇，間奏曲）の語源である。フィリップ・ヒッティ（Philip K. Hitti, 1886-1978）はその魅惑的な歴史書 *The Arabs*：『アラブ人』（1937年）の中で，tennis はむしろ Tinnis というエジプトの三角州にある都市に由来するとの説を出している。中世時代にその都市はリネンで有名で，そのリネンから最高のテニスボールが作られたという。

最後に，taunt（嘲る，なじる）はラテン語 tentare（試す，吟味する）が語源の中英語 tenten（試みる）から派生したもので，古フランス語 tancer（叱る，小言を言う）の影響が加わっている。〈ラテン語 tenere, tent- や tendere 他の派生語については attempt 参照〉

tenon [ténən]【建築】ほぞ
→ tennis

tenor [ténər] 趣旨，針路，テノール
→ tennis

tenpins [ténpìnz] 十柱戯《10本のピンを用いるボーリングに似たゲーム》
→ ninepins

tense [téns] ピンと張った，緊張した；時制
→ tennis

tension [ténʃən] 緊張，引っ張り
→ tennis

tensor [ténsər]【解剖】張筋，【数学】テンソル
→ tennis

tent [tént] テント，天幕
→ tennis

tentacle [téntəkl]【動物】触手，触角
→ tennis

tentative [téntətiv] 試験的な，仮の；試み
→ tennis

tenterhook [téntərhùk] 布張りくぎ
→ tennis

tenuous [ténjuəs] 薄い，細い，弱い
→ tennis

tenure [ténjər] 保有，保有権，終身在職権
→ tennis

terbium [tə́ːrbiəm] テルビウム
→ element

terce [tə́ːrs]【カトリック】三時課《午前9時の祈り》
→ tierce

tercel [tə́ːrsl] 雄のハヤブサ
→ tierce

tergiversation [tə̀ːrdʒivərséiʃən] 変節，言い抜け，ごまかし

今では問題をごまかすための回りくどい話について使われるこの語は，かつては大義を捨てることを意味した。語源は，tergum（後ろへ；背）と versare, versat-（回す）からなるラテン語 tergiversari, tergiversat-（背を向ける）である。科学用語として英語 tergum は「動物の背部，昆虫などの背板」を意味し，terg- は「背中」に関係する術語をつくる結合形である。同じようにラテン語 dorsum（背中）からの dors- も結合形で，英語 dorsal（背びれ，脊椎）のように使う。endorse（裏書する，是認する）は，古くは endoss（en〔上に〕と，ラテン語 dorsum から派生した dos〔背中〕とからなるフランス語の借入）であったが，ラテン語形が復活した。

term [tə́ːrm] 期間，学期，術語
→ determine

termagant [tə́ːrməgənt] 口やかましい女

「ガミガミ小言を言う女」の意味に使われるこの言葉は，初期の英国演劇において「わめくやくざもの」という意味だった。女性についてのみ使われるようになったのは，男たちの女についての偏見のせいである。さらに以前 Termagant は，中世の宗教劇でサラセン人が崇めているとされた偶像神の一つで，Mahound（悪魔——ムハンマド〔Muhammad, Mahomet, Mohammed〕に対するキリスト教徒たちの軽蔑が hound〔犬〕に込められていた——）に結びつけられていた。しかし，こ

の語はさらに以前からいろいろと化けてきており，古フランス語 Tervagant の転訛で，これは三叉路の辻 (trivia)〈trifle 参照〉に祭られた月の女神ディアナ (Diana) と結びつけられるイタリアの Trivigante (三通りに名を変える女神) にさかのぼる。さらに，この言葉が受け継がれる過程で，ギリシア語からのラテン語 Trismegistus (三重に偉大なる者《ヘルメス，メルクリウスの尊称》) が語源のイタリア語 Termigisto (ほら吹き──地震の神と雷神の子供──) が紛れ込んだ。中世初期の疑似科学的テキストの多くがヘルメス・トリスメギストゥス (Hermes Trismegistus：三重に偉大なるヘルメス《ヘレニズム時代のエジプトで崇拝された神》) の手に帰せられた。termagant が女性に限った意味になったのは，この神がまとっていた東洋の長いローブが西洋人の目には女性的に見えたせいであろうと考えられる。口やかましい女から抜け出す最善の方法は，こんな話を彼女に教えることではなく，逃げるが一番。

terminal [tə́ːrmənl] 終点の，末期の；終着駅
→ determine

termination [tə̀ːrmənéiʃən] 終結，結末，語尾
→ determine

terminology [tə̀ːrmənálədʒi] 術語，用語法
→ determine

terminus [tə́ːrmənəs] 終点，終着駅，境界線
→ determine

termite [tə́ːrmait] シロアリ
この生物は古代から知られており，名前はギリシア語 teirein (こする，穴をあける) からラテン語 terere, trit- (摩擦する)，後期ラテン語 termes (木喰い虫──古形 tarmes──) を経て成立した。後期ラテン語 termes の複数形は三音節語 termites だったが，フランス語でこれが二音節語 termite (シロアリ) の複数形と誤解され，そこから termite が生まれるのである。

なお，ラテン語 terere, trit- (摩擦する) から反復動詞 terebrare, terebrat- (穴をあける) が派生したが，これが tere- bra (【昆虫学】ハチなどの穿孔器)，terebration (穿孔，開頭術)，terebratula (テレブラチュラ属《カンブリア紀のシャミセン貝などの腕足類》) など，いくつかの科学用語の語源となった。またもう一つの反復形 triturare, triturat- (すり砕く，脱穀する──英語 attrition〔摩擦，磨滅〕がラテン語 ad〔…へ〕+trit- から派生──) は，英語 trituration (粉砕，咀嚼) の語源である。〈tribulation, terse 参照〉

terrestrial [təréstriəl] 地球上の，陸上の，現世の
→ terrier

terrible [térəbl] 猛烈な，ひどい，ひどく悪い
→ terse

terrier [tériər]【動物】テリア
テリアは字義通りには「地上の」(terrestrial) 出来事に関心を持つ犬であり，この語はラテン語 terra (土地，土) からフランス語 terre (地面) を経て派生した。アナグマ猟に使用され，獲物を穴から狩り出した。territory (領土，区域，なわばり) も同語源であるが，ラテン語 terrere, territ- (脅かす) の影響を受けたものと考えられる。侵入しないようにと警告される土地ということである〈terse 参照〉。tureen (食卓用のふたつきの深鉢──古形 tereen──) は，ラテン語 terra 由来のフランス語 terrine (土製の，陶製の) の借入で「陶製のつぼ」が原義である。

territory [térətɔ̀ːri] 領土，区域，なわばり
→ terrier

terror [térər] 恐怖，恐ろしいもの，厄介な人
→ terse

terse [tə́ːrs] 簡潔できびきびした
俗語表現，He gave me the brush-off. (彼は私を袖にした：〔原義〕彼は私をブラシで払い落とした) が，terse の中に保持されている。この語は元々「磨かれた」「拭き取られた」を意味し，ラテン語 tergere, ters- (拭き取る，清潔にする) が語源である。detergent (洗剤) は同語源で，原義は「拭き去るもの，ぬぐい去るもの」である。

しかし，deter (やめさせる，防ぐ) は，ラテン語 deterrere (脅かして追い払う)

が語源である。このラテン語動詞の語幹となった動詞 terrere, territ-(脅かす)から、ラテン語 terror(恐怖)を経て英語 terror(恐怖)が、またラテン語形容詞 terribilis(恐ろしい)を経て英語 terrible(恐ろしい)が派生した。terrify(恐れさせる)は terror と facere(作る)からなるラテン語 terrificare(恐れさせる)が語源である。このラテン語動詞は trepidare, trepidat-(おののく、狼狽する)と同根語であり、これから英語 trepidation(おののき)や intrepid(大胆不敵な——in- は否定辞——)が派生した。

拭く(to wipe)のに少し余分な力を加えると、こする(to rub)ことになるが、ラテン語 terere, trit-(摩擦する)の歴史はそれをよく示している。このラテン語が語源の英語 trite(陳腐な)は、物事があまりこすられると新鮮さが擦り切れることを表す。attrition(摩擦、摩滅)も同語源である。他にはラテン語 detrimentum(損害、不利)からの英語 detriment(損害、損失)、ラテン語 detritus(擦り減った)からの detritus(破片:〔原義〕こすられて残された物)がある。なお、このグループ中でただ1語が比較的優しい気分を帯びるに至った。contrite は最初「擦り合わされた」「傷つけられた」「くじかれた」という意味だったが、罪悪感によってくじかれた人々に適用され、「後悔している」「罪を深く悔いている」という意味になった。〈tribulation 参照〉

test [tést] 試験、試金石;試験する

テスト(*test*)には様々な方法がある。中世で最も重要だったのは、もちろん、何種かの金属を坩堝(るつぼ)に入れて、金を作ることに成功したかどうかをみるテストであった。test は、古フランス語 test(【冶金】《金銀試金に用いる》灰吹き皿——フランス語は tête〔頭、陶器の破片〕——)から中英語 teste(坩堝)として借入された。ちなみに頭骸骨は陶器の破片に似ていると言えよう。この中英語はラテン語 testa(レンガ、〔つぼ、かめなどの〕土器・陶器)にさかのぼることができる。このラテン語は印欧語根 ters-(乾かす)から tersa, tersta を経て分出したもので、ラテン語 terra(土地、陸地)は同根語である。アイルランド語 tir(土地)やラテン語 torrere, tost-(乾かす、焼く、燃え立たせる)なども同根語で、後者は torrid(焼けつくように暑い)や torrent(激流)〈同項参照〉の語源でもある。

しかし、attest(証明する——ラテン語 ad〔…へ〕——)、contest(競争;争う——ラテン語 con〔…に対抗して〕——)、protest(抗議;異議をとなえる——ラテン語 pro〔前へ〕——)は、testify(証言する)と同語源である。この英語 testify はラテン語 testis(証人——英語に直接借入、古くは「睾丸」を意味した——)と、facere(作る)から -ficare を経て成立した接尾辞 -fy とからなる。英語 testis(証人)は廃語となったが、testis(【解剖】睾丸)は残った。通例はラテン語 testis の指小形 testiculus(睾丸)の借入語 testicles(精巣、睾丸)を使う。古くから、誓いを立てる際に、男らしさの座に手を置くという昔の慣習が残っており、欽定訳聖書はそれを「ももの下に手を置く」(『創世記』24:9)と訳している。

detest(ひどく嫌う——ラテン語 de〔…から下へ〕——)の原義は、だれかに対抗して神々を証人として呼び降ろすことだった。後に、ある人を嫌悪することを示す言葉と解された。自分の遺志を伝える証人なしに死ぬ人は「遺言を残さないで死ぬ」(*intestate*)ことになる。その他 testator(遺言者)、testament(遺言、契約)も testify と同語源である。また、英語 testimony(証拠、証言)、testimonial(証明書、感謝状)の語源はラテン語形容詞 testimonialis(証人の、証拠として役立つ)である。ただし、testy(短気な、怒りっぽい)は、この項の最初に取り上げた test と同じく「頭」に関する言葉で、「強情な」(heady)とか「向こう見ずな」(headlong)という意味がある。

testicle(睾丸)に当たるギリシア語は orkhis, orkhi- である。奥方のお気に入りの花 orchid(ラン)は、そのジャガイモのような塊茎の形状の連想から、このギリシア語が誤用されたと言われる。また、去勢(castration)の専門用語である orchidectomy〔orchiotomy〕(【医学】睾丸切除)も同語源である。castration は、東洋で女性たちの貞節を守るために特に奴隷に施された手術で、ラテン語 castus(清

純な，純粋な）と同語源のラテン語 castrare, castrat-（去勢する）が語源である〈purchase 参照〉。人種を純粋に保とうとしてインドのカースト（caste）制度が発達した。caste は，ラテン語 castus（清純な，純粋な）を語源とするポルトガル語 casto（汚れのない，良い生まれの：*chaste*）の女性形 casta（《純血》人種）の借入語である。しかし，カースト制度が人種の純粋性を保つかどうか検証する（*test*）のは難しい！

testament [téstəmənt] 遺言，契約，聖書
→ test

testator [tésteitər] 遺言をした人
→ test

testimonial [tèstəmóuniəl] 証明書，推薦状，感謝状
→ test

testimony [téstəmòuni] 証拠，証明，証言
→ test

testify [téstəfài] 証言する，証明する
→ test

Texas [téksəs] テキサス
→ States

text [tékst] 本文，原文，テキスト

この語はラテン語 texere, text-（織る，編む）から派生した名詞 textum（織物）が語源で，この名詞は「織られた布地」や「網」を意味するようになった。さらに書物に適用されて，そこに書かれた「言葉」そのものを，さらに後期ラテン語では「福音書」を，その後，説教の主題となる聖句を意味するようになった。

語の意味を，その語をとりまく語句から突き止めようとすることを，文脈（*context*——ラテン語 con, com〔共に〕との合成——）から判断する，と言う。pretext（口実——ラテン語 pre〔前に〕との合成——）は最初は単に，カーテンのことだったが，その後，真実を隠すために前に置かれるものを意味するようになった。近代戦争の用語から比喩的に使われた「煙幕」（smoke screen）のようなものである。

texture（生地，きめ）とは特に，織物の素材，あるいは織物の質のことである。
〈subtle, toilet 参照〉

thallium [θǽliəm]【化学】タリウム
→ element

Thames [témz] テムズ川
to set the Thames on fire（テムズ川に火をつける，世間をあっと驚かす）
→ incinerator

thatch [θǽtʃ] 草葺き〔屋根〕；わら葺きにする
→ deck

theatre [θí:ətər] 劇場，演劇，舞台
→ Spoonerism

theism [θí:ìzm] 有神論，一神論
→ month の項 February

theistic [θi:ístik] 有神論の，一神教の
→ theology

theme [θí:m] 主題，テーマ，題材
→ Spoonerism

theology [θi(:)álədʒi] 神学，宗教学，神学体系

theology とは宗教についての学問（science）〈logistics 参照〉で，theo- はギリシア語 theos（神）が語源である。同じ語源の言葉に theistic（有神論の，一神教の）や，atheist（無神論者——a- はギリシア語の否定辞——）などがある。ラテン語で「神」は deus であり，英語 deist（理神論者）の語源である。なお，deist には atheist に対応する否定形はない。

アリストテレスは理論哲学を，数学（mathematics），自然学（physics），神学（theology）の三分野に分けた。ギリシア人（ストア派）は，神学を，神話的（mythical），自然的（natural），市民的（civil〔祭儀を扱う〕）という三種に分類したが，キリスト教の区分では，教会によって受け入れられて公認された教義神学（dogmatic theology），理性や自然と調和した自然神学（natural theology），人々の魂の要求に関わる牧会神学（pastoral theology）となった。

theorem [θí:ərəm] 定理，原理
→ Spoonerism

theory [θí:əri] 学説，理論，体系
→ Spoonerism

theremin [θérəmin] テレミン《初期の電子楽器》
→ saxophone

thermometer [θərmámətər] 温度計，寒暖計

→ season

thermostat [θə́ːrməstæt] サーモスタット，自動温度調節器
→ element の項の末尾, season

thesaurus [θisɔ́ːrəs] シソーラス，類語辞典，専門用語辞典
→ treasure

thesis [θíːsis] 主題，学位論文，弱音節
→ Spoonerism, decay

thespian [θéspiən] 悲劇の，演劇の；悲劇役者
ギリシアの伝承によると，最初の俳優は紀元前6世紀のギリシアの悲劇の祖とも言われるテスピス (Thespis) だった。彼は馬車で旅をして回って，古代の祭礼での宗教的合唱歌舞団に応答する主役 (protagonist)〈agony 参照〉を登用したとされる。

thief [θíːf] 泥棒，こそ泥
窃盗を表すこの語は，steal（こっそり盗む）や stealth（忍び）〈talc 参照〉などと同様，ゲルマン諸語に共通で，基本的に気づかれない行為と結びついていた。もちろん，a feeling steals over you（何かしらある気分が知らぬまに忍び込む）という表現は泥棒とは関係がない。thief は古英語 thiof が語源である。オランダ語では dief, 古高地ドイツ語では diup で，より古い語幹 teup-（しゃがむ）に由来し，リトアニア語 tupeti（しゃがむ）は同族語である。ここからまた，sneakthief（こそ泥，空き巣ねらい）が派生した。sneak の語源はアングロサクソン語 snican（這う）の可能性が考えられる。そのように這う snail（蝸牛，のろま）はアングロサクソン語 snaca（虫）の指小語 snaegel が語源であり，この snaca は英語 snake（ヘビ）〈同項参照〉の語源である。

thimble [θímbl] 指ぬき《裁縫用具，西洋のものはつばのない帽子状》
この語は thuma（親指：*thumb*）から派生したアングロサクソン語 thymel（親指用サック）が語源である。-le は，hand（手）から handle（取っ手）が派生したように，道具を示す語尾である〈palm 参照〉。thimble はかつて革製だった。同系語の古北欧語 thumall は「手袋の親指」という意味だった。thimblerig（指ぬき手品《三つの指ぬき状の杯を伏せ，その一つに豆あるいは小球を入れ，杯を移動させ客にどの杯に豆があるか賭けをさせる手品》，いかさま賭博）はよく知られたゲームであるが，-rig の原義は「装備する，整える」で，それから「だます，かつぐ」という意味になった。〈swivel 参照〉

なお，thimble の語尾 -le は，throat（のど）から派生した throttle（のどを絞める）に見られる動詞形成の -le である可能性もある。throat の語源はアングロサクソン語 throte で，この語の語根の意味は「膨れる」である。名詞 throttle（絞り弁）は throat の指小形のように見えるけれども，動詞 throttle（のどを絞める）より1世紀半後に現れた。〈assassin 参照〉

thin [θín] 薄い，細い，やせた
→ temple

thing [θíŋ] 物，事，物事
審議会と言えばそこで討議される話題は，ありとあらゆるもの（from soup to nuts：〔原義〕スープからデザートまで），例えば，ぽんくらから国王（cabbages to kings），アカネ《根から赤色染料が採れる》から醸造学（aal to zymurgy）にまでわたる。アングロサクソン語 thing は，昔ゲルマン人の社会で定期的に開かれた集会を意味し，次いでそうした集会で論じられる事柄に適用されるようになった。そこで thing は英語の中でも最も広い意味に使われる語の一つとなり，なんでもかんでも (any and every *thing*) 意味することとなった。

thirteen [θə̀ːrtíːn] 13
→ number

thither [θíðər] あちらへ，そちらへ
→ weather

thong [θɔ́(ː)ŋ]《物を縛ったり鞭にしたりする》革ひも
→ Bursa
thong はアングロサクソン語 thwang（革ひも）が語源であり，ドイツ語 zwingen（縛る）と同系語である。

thorium [θɔ́ːriəm]【化学】トリウム
→ element

thorough [θə́ːrou] 徹底的な，完全な，まったくの
→ dollar

thoroughfare [θə́ːroufèər] 道路，大通り，通り抜け
→ dollar

thousand [θáuznd] 千，1000
→ number

thrash [θrǽʃ] 打ちすえる，脱穀する；激しく打つこと
→ limen

thrasonical [θreisánikl] 自慢する，ほら吹きの
→ Appendix VI

three [θríː] 3
→ number

threshold [θréʃhould] 敷居，発端，【心理学】閾（いき）
→ limen

thrice [θráis] 三たび，3倍
→ number

throat [θróut] のど
→ thimble

throng [θrɔ́(ː)ŋ] 群衆，人だかり；群がるドイツ・ロマン主義運動の激動の時期は，Sturm und Drang（嵐と襲撃〔疾風怒濤〕）と呼ばれた。ドイツ語 Drang（群集，雑踏，衝動）は英語 throng に対応する同系語である。〈crowd 参照〉

throttle [θrátl] 絞り弁，スロットル；のどを絞める
→ thimble

through [θruː] …を通り抜けて，…を通って；初めから終わりまで
→ dollar

throw [θróu] 投げる，浴びせる；投げること
　この語は初め「捻じる，回転させる」を意味し，ゲルマン語根 thrae- に，より古くは tre-, ter- にさかのぼる。これはラテン語 ter-（こする，穴をあける）と同族語である〈termite 参照〉。その後，絹をより合わせて糸にすることに適用されるようになり，この過程での動作からか，あるいはより可能性が高いのは，物を投げる際の手首のひねりから，ボールを「投げる」とか，ある行為に非難を「浴びせかける」という，現在の意味になったと考えられる。

thug [θʌ́g]【インド史】絞殺強盗団，悪党，暴漢
　thug はヒンディー語 thaga（だます）から借入された言葉で，この語の含む暴力は，この語を使うときは，語源からまともに受け継がれてきたと言える。インドでは，1830年のイギリスによる鎮圧までは，殺人強盗（*thuggery*）は宗教的意味合いを持ち，良く組織化されていた。彼らの主な手口は，狙いを定めた相手と何食わぬ顔で一緒に行動し，あらかじめ決めていた時が来ると，その相手を窒息させ静かに殺すというようなものだった。本来はヒンディー語で p'hansigar（絞殺する人）と言ったが，やがて婉曲的な thag（詐欺）がとって代わった。彼らの生活はテイラー（Meadows Taylor, 1876年没）著 *Confessions of a Thug*：『ある暗殺者の告白』(1839年）に描かれている。

thulium [θ(j)úːliəm]【化学】ツリウム
→ element

thumb [θʌ́m] 親指
→ palm, thimble

thumping [θʌ́mpiŋ] 非常に大きい；大いに
→ bounce

thunder [θʌ́ndər] 雷，威嚇；雷が鳴る
→ torch

Thursday [θə́ːrzdei] 木曜日
→ week

thyroid [θáirɔid] 甲状腺
→ pylorus

thyrsus [θə́ːrsəs]【ギリシア神話】テュルソス《酒神ディオニュソス〔バッカス〕や，その信女たちの携えた杖》
→ torch

tiara [tiárə] ティアラ，宝石つきの頭飾り
→ tire

tibia [tíbiə]【解剖学】脛骨
→ bloomers

tick [tík] カチカチという音，掛け売り，ダニ
→ etiquette

ticket [tíkət] 切符，チケット
→ etiquette

ticket-scalper [tíkətskælpər] ダフ屋
→ tuft

tickle [tíkl] くすぐる，喜ばせる
→ cat-o'-nine-tails

tide [táid] 潮の干満，潮流，風潮
→ tidy

tidings [táidiŋz] 便り，ニュース，《古語》出来事
→ tidy

tidy [táidi] きちんとした，きれい好きな，

かなりの
　Time and *tide* wait for no man. (歳月人を待たず) という金言があるが, この tide の最初の意味は Yuletide (クリスマスの季節) や eventide (夕暮れ) における tide のように単純に time (時) だった。したがって, *time and tide* は, 例えば with all one's *might and main* (全力で) のように, 単なる重複であったと考えられる。tide から tidings (出来事) や tidy が派生し, tidy は timely (時を得た) からさらに,「適切な, 整然とした」という意味になった。low　tide (干潮) と high　tide (満潮) は, 元々は栄枯盛衰について言われていたが, 低地ドイツ語 tid やオランダ語 tijd において潮の干満に適用されるようになった。

tie [tái] 結ぶ, 結びつける；つながり
　→ duke

tier [tíər] 段, 列
　→ tire

tierce [tíərs]【トランプ】3 枚続き札,【音楽】3 度音程,【キリスト教】三時課
　ラテン語 tertius (第三の) は, 古フランス語で terce とか tierce になり, 英語に借入された。この語の指小形 tercel, tercelet, tiercel, tiercelet (三番目のかわいい子) は, ペットの雄のハヤブサを指したが, それは貴婦人やその騎士にとって, しばしば自分たちに続く第三番目の大切な存在であったことによるのではないかと考えられる。なお *tercel*-gentle (訓練された雄のハヤブサ) とも呼ばれた。
　ところで tierce は, 多くの事象に使用されるようになった。フェンシングにおける攻撃と受け流しの八つの型のうちの第三型, トランプにおける 3 枚の続き札, ワインの量を測る際の大樽の 3 分の 1 (42 ガロン), 音程や音階における 3 度, 紋章学における盾の 3 分割, カトリックの時禱の第三時課《午前 9 時》などがその例である。〈bull 参照〉

timber [tímbər] 材木, 樹木, 梁
　→ lumber

time [táim] 時, 時間, 時刻
　この語はゲルマン語根 ti- (伸ばす, 分ける) から分出したものであるが, かなり早い時期から単に「時」だけではなく「ふさわしい時」, さらに「好機, 幸運」という意味に使われた。毎日の時を表す初期の語は tide だった〈tidy 参照〉。しかし, やがて tide がずっと限定されて, 潮の干満について使われるようになり, time は元の一般的な意味に戻ることとなった。待てば海路の日和あり (All in good *time*)。

timid [tímid] 臆病な, 内気な, 自信のない
　→ meticulous

timocracy [taimákrəsi]《アリストテレス哲学で》金権政治,《プラトン哲学で》名誉支配制
　この語の意味は極めて早くから混乱していた。アリストテレスは,「価値」を意味する言葉としてギリシア語 time を用いたので, timocracy〈democracy 参照〉は価値あるものを持つ人々, すなわち「財産参政権」による政体を意味した。他方プラトンは, ギリシア語 time を価値, 評価, 名誉の同義語と解したから, 名誉愛に鼓吹された人々による政体を意味する言葉ともなった。
　ところで, 英語 timorous (臆病な) の語源は, ラテン語 timor (恐れ) であり, -ous はラテン語 -osus (…でいっぱいの) が語源である〈supercilious 参照〉。timoneer は, 英国の喜劇作家ギルバート (Sir William S. Gilbert, 1836-1911) の劇 *The Gondoliers*:『ゴンドラの舟人』(1889年) に使われるように,「舵取り」のことであり, ラテン語 temo, temon- (さお) が語源のフランス語 timon (舵棒, 舵) から派生した。英語でも timon は14世紀から16世紀にかけて「舵」という意味で用いられた。しかし Timon (紀元前 5 世紀末, アテネの半伝説的人物) は, シェイクスピアの劇 *Timon of Athens*:『アテネのタイモン』にみられるような人間嫌いだった。ここから, timon はそのような「人間嫌い」を意味する言葉としても使われるようになった。

timorous [tímərəs] 臆病な, 腰抜けの
　→ meticulous, timocracy

timothy [tíməθi]【植物】オオアワガエリ, チモシー《牧草》
　→ Appendix VI

tin [tín] スズ, ブリキ, 缶
　→ element

tincture [tíŋktʃər] 色合い, 気味, チンキ

→ attain

tinfoil [tínfɔ̀il] スズ箔，アルミホイル
→ foil

tinsel [tínsl] ピカピカ光る金属片，安ぴか物
→ scintillate

tint [tínt] 色合い，色調；色合いをつける
→ attain

tip [típ] 軽打，先端，チップ

　この語には意味がいくつかあり，その語源も曖昧な点が多いが，「軽打」という意味では tap（軽くたたく），「先端」という意味では top（頂き）に関係があるものと思われる。

　良いサービスに対して支払われるお金の「チップ」は，他の言語ではより特定的であり，例えばフランス語 pourboire（チップ）は飲物に対するものである。英語の tip は，ロンドンのコーヒーハウスでの18世紀初めの習慣からできたという説がある。その店には箱が置いてあって，急いでいる人はすぐさま注意を引くために，そこに小額硬貨を落とすようになっており，箱には To Insure Promptness（迅速さを確保するために）というラベルが貼られていた。そのイニシャルを取って T.I.P. となったという。〈stubble 参照〉

tirade [táireid] 長い弾劾演説，長広舌
→ tire

tire [táiər] 疲れさせる，うんざりさせる；頭飾り，タイヤ

　この語には意味がいくつもある。「疲れさせる」「衣服を着せる」「車輪を1周するたがやゴム（元々は車輪を縛っていた）」「（ハゲワシのように）えじきを引き裂く」「行列」などである。なお「行列」はスペンサー（Edmund Spenser, 1552?-99）だけの用法である（*The Faerie Queene*：『妖精の女王』(I, iv, 35)。以上のうち第一と第三の意味が今でも使われる。第二の意味は，劇場の *tiring* room（楽屋）や複合語 attire（盛装する）に生き残っている。attire はラテン語 ad（…へ）と古フランス語 tire, tiere（列）からなる語で，古フランス語 a tire は「整然とした」を意味し，古高地ドイツ語 ziari に由来する。ドイツ語 Zier（装飾）は同系語である。

　なお，古フランス語 tire, tiere（列）は，taj（《鳥の》冠毛，冠）から派生した

ペルシア語 tajwar（王冠をいただいた）がギリシア語に借入されて tiara（ペルシア王の被り物）となり，ラテン語を経て借入されたものとも考えられる。英語 tiara（ティアラ《宝石を散りばめた婦人用の頭飾り》）はこのギリシア語が語源である。ペルシア語 taj は今日ではイスラム教ダルウィーシュ（熱狂派の修道僧）がかぶる円錐形の帽子を指す。英語 tier（横列，《階段式観覧席などの》一段）と tire（《婦人の》頭飾り）とは二重語である。

　上記の語源説からわかる通り，tire（《婦人の》頭飾り）の元々の意味は「冠毛」で，その後「冠」，そこから女性が髪を飾る際にするような「飾り輪」となったようである。旧約聖書の「列王記下」(9：30) に Jezebel " tired her head."（イゼベルは髪を結い…）という文があるが，こうした用法から「飾る，美しく飾る，きちんとする」という意味が派生した。そしてここに含まれる「まわりを一周する」という観念から，tire（《自動車の》タイヤ）が再借入された。

　tire（獲物を引き裂く）と tire（疲れさせる）は語源が異なっている。前者はアングロサクソン語 tirigan（苦しめる）が語源で，後者はアングロサクソン語 teorian（失敗する，疲れる）が語源である。しかし，双方ともアングロサクソン語 teran（引き裂く）に由来すると考えられ，ここから「擦り減らす」という意味が派生した。

　幾重にもなった髪飾りの環の列に由来する tier（横並び，層）は，アングロサクソン語 teran（引き出す，生じる）と絡み合っている。このアングロサクソン語はフランス語で tirer（引き伸ばす——イタリア語 tirare——）となり，ここから tirade（長い小言，長い弾劾演説）が派生した。次のお説教（tirade）を垂れるのに備えてティアラ（tiara）を被って威儀を正し，退場しなさい（retire）。

tit for tat [tít fər tǽt] しっぺ返し，売り言葉に買い言葉
→ stubble

　フランス語に tant pour tant（それだけのものにはそれだけのお返しを）という句があるが，この句が英語 tit for tat の誕生を助けたことは疑いない。またそのフラン

ス語の短縮形が英語に借入されて taunt となり，当初は鋭く賢い返答を意味したが，「お返しをする」という意味と共に「嘲る，なじる」の意味を持つに至った。

titanic [taitǽnik] タイタン〔ティタン神〕の，巨大な
→ atlas

titanium [taitéiniəm]【化学】チタン
→ element

Titian [tíʃən] ティツィアーノ（1490?-1576）《イタリアの画家》；(t〜) 金褐色
→ Vandyke

titillate [títəlèit] くすぐる，快く刺激する
→ cat-o'-nine-tails

toad [tóud] ヒキガエル，ガマ，いやなやつ

この語の親戚関係で知られているものはほとんどない。ヒキガエルは長い間，有毒と考えられ，それゆえ避けられてきた。toad は古英語 tadige で，この語源はわからないが，英語 tadpole（オタマジャクシ）も同語から派生した。-pole は poll（頭）である可能性が高く，オタマジャクシは，初めは頭だけのように見えることに由来するものと考えられる。

中世の行商薬売りは，助手を引き連れていて，その助手にヒキガエル（toad），あるいはそれとおぼしきものを丸飲みさせ，自分の持つ治療の腕前を披露した。そうした助手は「ヒキガエル食い」（toad-eaters）と呼ばれ，やがて toad-eater は「おべっかつかい」を意味するに至り，toady（ごますり）と短縮されて今日も使われている。

toady [tóudi] ごますり
→ toad

toast [tóust] トースト，乾杯

きつね色に焼いたパン（toast ——《アルフレッド大王のように》黒焦げにしてはいけない——）は，ラテン語 torrere, tost-（あぶる，焦がす）〈torrent 参照〉から，古フランス語 toster を経て借入された。中世には，酒類にスパイスで味つけされた 1 片のトースト（toasted bread）を浸した。ここから，to drink a toast（乾杯する）という習慣ができたと考えられる。タトラー誌（The Tatler《ロンドンで1709年から1711年にかけて刊行された雑誌》）(No. 24, June 4, 1709) によれば，その用法が始まったのは，チャールズ 2 世時代の有名な美女がクロスバス（Cross Bath《バースの温泉の一つで，貴族がよく利用した》）で沐浴していた時である。ファンの一人は彼女が入っている温泉の水をグラスに 1 杯取って，彼女の健康のためにと仲間に言って乾杯した。そこにいたもう一人は，自分は「液体」ではなく，そこに浸したトースト（toast）すなわち，温泉につかっている美女が欲しいねと言った。ここから，心から栄誉を捧げたい人に男たちが乾杯する時「トースト」（乾杯：*toast*）と声をかけるようになった。しかし，toast は toss（グイと一息に飲む）に由来する可能性が高い。大酒飲みは toss-pot と呼ばれる。toper（飲んだくれ）も同様に動作に由来するもので，スペイン語 topar（強く打つ）に由来する。イタリア語 topa! は「グラスをカチンと合わせよ」である。現在の M.C.（Master of Ceremonies：司会者，進行係）は，より公式の言葉で今も toastmaster（乾杯の発声者，司会者）と呼ばれる。

tobacco [təbǽkou] タバコ
→ nicotine

toccata [təkáːtə] トッカータ《鍵盤楽器のための華麗でテンポが速い即興曲風の楽曲》
→ touch

tocsin [táksn] 警鐘，警報
→ touch

toilet [tɔ́ilət] 洗面所，トイレ；化粧する

これはフランス語 toile（布，織物）の指小形 toilette から借入された言葉で，語源はラテン語で，動詞 texere, text-（織る）から派生した名詞 tela（織った物，クモの網）である。したがって英語 text（テキスト，原文，本文）や texture（織り方，生地，きめ）は同語源である。また，in the *toils*（苦境にあって）の原義は，「網にかかった」である。フランス人が化粧で美しくなった自分に見とれる鏡の前に，布で覆われた小さなテーブルがあった。その布を表す言葉が次第にテーブルそのものを表す言葉に移転し，さらにそこで行われる身支度の過程全体を指すようになり，今日の toilet になった。

token [tóukn] しるし，形見，商品券

→ teach

tome [tóum] 大きくて重い本
→ anatomy

tongue [tʌ́ŋ] 舌, 言葉遣い, 言語

tongue（舌）は language（言語）の意味に用いられる。しかし最初は language そのものが「舌」を意味した。その語源はラテン語 lingua（舌）で, 古フランス語 lengue, フランス語 langue（舌）, langage（言葉, 言語活動）を経て英語に借入された。linguistics（言語学）も同じラテン語から派生した。ところで, tongue と language は語源的にも関係がある。すなわち, ラテン語 lingua は, 古くは dingua で, 印欧語根 dig-, dic-（話す）に近い言葉であり〈verdict 参照〉, tongue はこのラテン語と同族語の原始ゲルマン語 tungon にさかのぼる。

ところで tongue の綴りには衒学(衒)的誤りがある。古英語 tunge からは, lung（肺）のように tung という綴りが得られるはずだった。しかし硬音 [g] を e の前で保つためには, u を挿入して -gue とするのが一般的だった。ところが, 最後の e はすでに黙字だったことから, tonge, tunge, tounge, toong など１ダースほどの綴りが生まれた。その中で結局 tongue が人々の舌に生き残ることになったのである。

tonsil [tánsl] 扁桃腺
→ pylorus

tonsilitis [tànsəláitəs] 扁桃腺炎
→ subjugate

tonsillectome [tànsiléktoum] 扁桃腺摘出器
→ anatomy

tonsillectomy [tànsiléktəmi] 扁桃腺摘出〔術〕
→ anatomy

tooth [tú:θ] 歯, 好み, 猛威
→ indenture

toothsome [tú:θsəm] おいしい, 気持ちがいい
→ awry

top [táp] 頂上, 表面, こま

この語はゲルマン諸語に共通に存在し, アングロサクソン語では top, 古北欧語では toppr（髪の房）である。頭頂の毛の房（topknot）は, 諸大陸において原始人のお気に入りだったようである。中国の辮髪やインディアンのモヒカン刈り（例えば中国の辮髪やインディアンの頭皮剝ぎ〔scalping〕は勇士のしるし）などはその例である。scalp（獲物の頭皮）は最初「頭蓋骨」を意味し, scallop（ホタテガイ, ホタテガイの形に似た器）の短縮形であると言える。

top（こま）はオランダ語では top, ドイツ語では Topf で, 「深鍋, 廻転させるとブーンと音を立てる中空のもの」に由来する。しかしながら, sleep like a top（熟睡する）はこまの回転の終わりとは何の関係もなく, フランス語 taupe（ヤマネ, 冬眠ネズミ）に由来する。まことに適切な比喩である。

topaz [tóupæz] 黄玉, トパーズ
→ carnelian

toper [tóupər] 大酒飲み, 飲んだくれ
→ toast

topic [tápik] 話題, トピック, 主題
→ evangelist

topography [təpágrəfi] 地勢, 地形学
→ evangelist

torch [tɔ́:rtʃ] たいまつ, 光明

ねじった麻を棒の先に巻きつけて火をともすと, 不安定ではあるがけっこう長時間の照明となった。これがトーチ（torch）の始まりである。この語は, ラテン語 torquere, tort-（ねじる）より派生した後期ラテン語 torculum（小さなねじれ）が語源で, 古イタリア語 torchio, フランス語 torche（たいまつ, 一房のねじったわら）を経て借入された。同様に, 英語 torchon（ふきん）も, このフランス語 torche から torcher（拭う）を経て借入された。

ラテン語 torquere, tort-（ねじる）を語源とする言葉は多数ある。torture（拷問）はラテン語 tortura（ねじること, 拷問）からフランス語を経て借入された。一般に手足や体をねじることであった。tortuous（曲がりくねった, ひねくれた）や torsion（ねじれ）も同じラテン語 torquere, tort- から曲がることなく派生した。一方, tortoise（カメ）は, 回り道をした言葉で,《ラテン語 Tartarus（タルタロス, 地獄）から派生した後期ラテン語 tartaruca（地獄の生き物）が語源と考えられるが,》そのねじれた足の形から, 後に上

記の tortuous との同化によって生まれた可能性がある。extort（ゆすり取る，無理強いする——ラテン語 ex〔外に〕——）の原義は「人からねじり取る」である。distort（歪める——ラテン語 dis-〔離れて〕——）や contort（ねじ曲げる——ラテン語 con, com〔共に〕——）は，それぞれ異なった仕方でねじ曲げることを表すが，今では前者は意味などの曲解に用いられ，後者は顔の造作について用いられる。retort（言い返す；しっぺ返し）の原義は「ひねって返された言葉」である。retort（レトルト，蒸留器）は，後期ラテン語 retorta（〔物理的に〕首の反り返ったグラス）から派生した。英語 torment（苦痛；痛めつける——後期ラテン語 torquementum〔巻き上げ機〕から tormentum を経て成立——）は，元来は「戦闘用の投石器」であった。これは「ねじり力」（torsion）を利用する道具であり，ここから torment は，同じ原理で動く「拷問（torture）用の道具」を意味するようになり，さらにその道具が生む結果の「苦痛」を指すに至った。ちょうど torture が「拷問にかけること」から，その結果の「激しい苦痛」を指すのと同様である。

英語 tornado（トルネード，大竜巻）はスペイン語 tornar（回転させる）の過去分詞 tornado から派生したと考えられる。しかし，この語はラテン語 tonare（雷がとどろく）が語源のスペイン語 tronar（雷が鳴る）の派生語 tronada（嵐のような雷雨）の借入か，その影響を受けている可能性がある。このスペイン語の同族語にアングロサクソン語 Thor（雷神トール）があり，Thursday は Thor's Day（トールの日）である。英語 thunder（雷）はアングロサクソン語 thunor が語源であり，古北欧語では thorr（これより Thor が派生）である。これらの同族語はサンスクリット語の擬音語 tan-（鳴り響く）にまでさかのぼる。

法律用語 tort（不法行為）は，同じくラテン語 tortus（ねじれた）が語源である。また tart（タルト《果物やジャムの入った丸いパイ》）の語源は，食べ物を指すラテン語 torta（ねじパン）であり，タルトは元来こねたパン生地だった。しかし，torso（トルソ，胴）はねじれてはならず，ギリシア語 thyrsos（幹，杖，テュルソス）が語源のラテン語 thyrsus から派生した言葉である。なお「テュルソス」はディオニュソス神の激しい踊りを伴う祭儀に携えられた「霊杖」であり，thyrsus として英語に借入された。この thyrsus をもって torch（たいまつ）の項の火を消すとしよう。

toreador [tɔ́(ː)riədɔ̀ːr] トレアドール，騎馬闘牛士
 → Europe
 この語は，ラテン語 taurus（雄牛）が語源のスペイン語 toro（牛）から派生した torear（闘牛場で牛と闘う），その派生語 toreador（騎馬闘牛士）の借入である。

torment [tɔ́ːrment] 苦痛；痛めつける
 → torch

tornado [tɔːrnéidou] トルネード，大竜巻
 → torch

torrent [tɔ́ːrənt] 急流，激流，ほとばしり
 水の流れが膨れ上がり，うなり，沸き立ち突進するさまは，この語の起源を示唆している。語源は，ラテン語 torrere, torrid-（焼く，燃え立たせる）の現在分詞 torrens, torrent-（沸き立っている）であり，a very *torrent* of words（言葉の大いなるほとばしり）の用法もこれより生まれた。*torrid* zone（熱帯）の torrid はラテン語 torrere, torrid- の形容詞 torridus（灼熱の）が語源である。ただし，スコットランド語 burn は英語 burn（燃える）と同じ綴りであるが，ずっと穏やかな流れ（stream）を意味する。

torrid [tɔ́(ː)rəd] 焼けつくような，炎熱の，熱烈な
 → torrent

torsion [tɔ́ːrʃən] ねじれ，ねじり力
 → torch

tort [tɔ́ːrt] 不法行為
 → torch

tortoise [tɔ́ːrtəs]《特に淡水・陸上の》カメ
 → torch

tortuous [tɔ́ːrtʃuəs] 曲がりくねった，ひねくれた
 → torch

torture [tɔ́ːrtʃər] 苦痛を与えること，苦

痛；拷問にかける
→ torch

tory [tɔ́ːri] トーリー党，保守党，保守主義者

　保守主義者を意味するこの用語の原義は「捜し求める人，ハンター」で，toir（追跡する）から派生したアイルランド語tor-aighe（追跡者）が語源である。それは，17世紀のアイルランドで，イングランド人に土地や財産を奪われ，彼らから略奪することによって生計を立てていたアイルランド人を指した。またこのtoryは，アイルランドのカトリック教徒の王党主義者，イングランドの反排斥主義者の騎士党員（the Cavalier：チャールズ1世〔在位1625-49〕時代からの王党派），さらにカトリック教徒のジェームズ2世（在位1685-88）を王座から排斥することに反対したイングランド人に適用された。そして1689年には，英国の二大政党の一つで，王党派から発展した政党の名前となった。19世紀初めConservative（保守党員）という語がそれにとって代わったが，（Tを小文字に代えた）toryは，こちこちの保守主義者を意味する言葉として今日でも使われている。なお，1648年の反乱で反乱軍としてエジンバラへ進撃したスコットランド人はWhiggamores（〔原義〕馬を駆る者）と呼ばれ，短縮されたWhigが後にジェームズ2世排斥主義者を意味するようになった。これがもう一つの英国政党の名前となったが，liberal（自由主義の）という語がとって代わり，普通名詞にはなれなかった。〈liberty参照〉

total [tóutl] 全体の，完全な；総計
→ tout

totalitarian [toutǽlətéəriən] 全体主義の；全体主義者
→ tout

totem [tóutəm] トーテム《未開社会，特に北米インディアンが部族の神聖な象徴として礼拝し，かつ記章にする自然物，特に動物》

　この語は，アルゴンキン語aoutom（部族のしるし——-t-は所有格の最後尾の音——）が語源で，「われらの部族のお守り」という意味であった。totem-pole（トーテムポール）のてっぺんには通常は部族の先祖が飾られる。北米インディアンのトーテムは災厄ではなく勝利をもたらすと信じられていたので，南太平洋のtaboo（タブー）〈同項参照〉とは反対の意味を持つ。

　ギリシア人の各部族が始祖としてそれぞれの神を立てたように，トーテムは通常は動物で，各部族は自分たちがそれぞれの動物の子孫であると信じていた。つまり動物神が存在したのである。この信心の名残りは，人間に友情を示す動物の物語のうちに広範に見られる。例えば，*Arabian Nights*：『アラビアン・ナイト』の至るところや，*Puss In Boots*：『長靴をはいた猫』や，*The Frog Prince*：『蛙の王子』などに見られる通りである。

　さらにヘビは医術の父アスクレピオスに不死の薬草を教えて助けた（後にアスクレピオスは怒ったゼウスに雷によって殺されることになる）。また聖書を聖なる書物と信じない人々は，人間に知恵の木の実を食べるよう教えたヘビを同じように有益な動物（*animal*）と考えるものである。イスラム教徒は10の動物が天国へ入ることを認める。すなわち，ヨナを飲み込んだクジラ（『ヨナ書』2：1-11），ソロモン王のアリ（『箴言』6：6），息子イサクの代わりにアブラハムが犠牲として捧げた雄羊（『創世記』22：1-19），《シェバの女王》ベルキスのところに情報収集に行ったヤツガシラ（『コーラン』27），預言者サーリフのラクダ（『コーラン』7），バラアムのロバ（『民数記』22：22-35），モーゼの雄牛（『出エジプト』24：5-7），七人の眠る人々の犬（『コーラン』18），ノアのハト（『創世記』8：6-12），ムハンマドのロバ（『コーラン』17）である。

touch [tʌ́tʃ] 触れる，感動させる；感触

　ドアをノックする時の音はtoc, tocに似ている。この音からイタリア語toccare（触れる），スペイン語・ポルトガル語tocar（触れる），古フランス語tuchier（フランス語toucher〔触る，触れる〕）など一群の語が生まれ，この古フランス語が英語に借入されて，いろいろな意味を持つtouchが派生した。音楽用語toccata（トッカータ《鍵盤楽器のための即興曲風の楽曲》）も同語源である。一方tocsin（警鐘——プロバンス語tocasenhからのフランス語tocsinの借入——）は同じtoc＋ラテン語signum（合図〔*sign*〕，警

告，鐘）からなる言葉である。英語のスラング toco（体罰）がタッチ（touch）〈touched（少し気がふれて）については silly 参照〉を伴うことは確かである。〈win 参照〉

touchy [tʌ́tʃi] 神経質な，怒りっぽい，扱いにくい

この語は touch〈同項参照〉の綴りや意味の影響を受けているが，語源的には無関係である。touchy は古くは tetchy で，古フランス語 teche（独特の）から派生した entechié（条件づけられた，慣らされた）から借入された。このフランス語は，「悪い状態の」という意味合いをおび，フランス語 tache（瑕，汚点）が派生した。このフランス語の持つ意味は，英語においては，touch（触れる）の影響で薄れ，「感じやすさ」（sensitivity）が強調される言葉となっている。

tournament [túərnəmənt] トーナメント，勝ち抜き試合，《中世の騎士の》馬上試合
 → attorney

tourney [túərni] トーナメント；《中世の騎士が》馬上試合を行う
 → attorney

tousle [táuzl]《髪を》乱す，手荒く扱う；乱雑
 → heckle

tout [táut] うるさく勧誘する，《競馬の》予想屋をやる；予想屋

競馬場の tout（予想屋）は，フランス語 tout（すべて）によく似ているが，すべてを知っている人ではない。このフランス語は，ラテン語 totus, totalis（すべての）から派生し，英語 total（全体の）や totalitarian（全体主義の；全体主義者）と同語源である。一方，「予想屋」の tout は，アングロサクソン語 totian（のぞく，見張る）から中英語 tuten を経て成立し，最初は「スパイ」を意味した。予想屋はレースの前にすべての馬を偵察し，アドバイスを与え，賭け方などを勧めた。

tow [tóu] 綱で引っ張る；引き綱
 → duke, win

town [táun] 町，都会
 → villain

towser [táuzər] 大型犬，大柄でごつい人
 → heckle

toxic [táksik] 有毒な，中毒〔性〕の
 → intoxicate

toxin [táksn] 毒素
 → intoxicate

trace [tréis] 跡；たどる，追跡する
 → train

track [trǽk] 通った跡，小道；跡を追う
 → train

tract [trǽkt] 小冊子，広がり，土地
 → distraction

tractable [trǽktəbl] 扱いやすい，細工しやすい
 → mean

tractate [trǽkteit] 論文
 → distraction

tractor [trǽktər] トラクター，牽引機関車
 → distraction

tradition [trədíʃən] 伝統，伝説
 → shark

tragedy [trǽdʒədi] 悲劇，惨事
 → buck

trail [tréil] 跡，通った跡；ひきずる
 → train

train [tréin] 列車，行列，裾；訓練する

ラテン語 trahere, tract-（引く）からは一群の派生語が生まれた〈distraction 参照〉。例えば，英語 trace（たどる；形跡）は，ラテン語 tractus（引くこと，経過）からイタリア語 tracciare（線を引く），フランス語 tracer（線引きをする，《図形を》描く）を経て借入された。英語 track（わだち，通った跡）は，ゲルマン語起源の同族語で，古高地ドイツ語 trek（引くこと，引かれた線）にさかのぼる可能性があるが，もっと直接的には同じくゲルマン語起源のフランス語 trac（《獣の》足跡）から借入された可能性が高い。また trek（牛車の旅，旅の1日の行程）は，オランダ語 trekken（引く，一連の牛で旅する）から借入された。trail（跡，通った跡）は，ラテン語 trahere（引く）から派生した名詞 traha（そり）の後期ラテン語指小形 tragula（小型のそり）が語源で，古フランス語 traille（曳き舟）を経て借入された。このラテン語 traha から派生した異なる指小形である古フランス語 trahine を経て借入されたのが英語 train である。

train は最初，「延期，引きずっていくこ

と」を意味した．それがやがて，鳥の羽や衣服の「裾」のような何か引きずるもの，つながって動く一群の人々や乗り物，さらには鉄道の「列車」に適用された．また，比喩的に，洪水に付随して（*in its train*）火事が起こるようなことを意味するようになった．今では残念ながら廃語となってしまったが，砂糖などでまぶしたナツメヤシ，イチジク，レーズン，アーモンドなどに糸を通してつないだおやつも train と呼んだ．さらに，train が「次々と物を引き出してくる」という意味を持つところから，training（訓練）は，いろいろなやり方で次々と力や才能を引き出して熟達するようにする過程のことである．なお，「ぶらぶら歩き，ふしだらな女」を traipse（かつては trape とか trapes と綴った）と言うが，おそらくこの語も train と同語源である．

traipse [tréips] ふしだらな女，ぶらぶら歩き；だらだら歩く
→ train

traitor [tréitər] 反逆者，裏切り者
→ shark

trajectory [trədʒéktəri] 弾道，軌道
→ subject

trammel [trǽml] 網で捕らえる，拘束する；網

今では主に動詞として使用されるこの語は，最初，「網」を意味する名詞で，そこから絡めとったり妨げたりするものを指すようになった．一般的に，鳥を捕まえる罠とか魚を捕らえる網を意味する．語源はラテン語 ter, tri-（3度）と macula（点，網の目）からなる後期ラテン語 tremacula で，イタリア語 tramaglio（三重網）を経て借入された．網が3層の網の目からできていたという説があるが，魚を引きつけるために三つの「点」に明るい色の布が結びつけてあったというのがよりもっともらしい説である．ラテン語 macula は，英語 immaculate（汚点のない，純潔な）のうちに見られる．〈mail 参照〉

tramp [trǽmp] どしんどしん歩く，てくてく歩く；重い足音
→ cram

trample [trǽmpl] 踏みつける，踏みにじる
→ cram

trance [trǽns] 恍惚，失神状態，神がかりの状態

かつてこの語はずっと恐ろしい言葉だった．語源は，trans（越えて，横切って）と ire（行く）からなるラテン語 transire（越えて行く，渡る）で「生から死へ渡って行く」という意味に使われ，古フランス語 transe「命にかかわるほどの心配」を経て借入された．なお英語 transition（移行，推移），transitive（変わりやすい，他動詞の），transitory（一時的な）は同語源である．entrance（有頂天にさせる，うっとりさせる）は en-（in-：…の中に）と trance（夢うつつ，恍惚）からなる合成語で，ずっと楽しい意味となった．この語を名詞 entrance（入口，入場）と混同してはならない．こちらは，in(t)-（中へ）+ ire（行く）から派生したフランス語 entrer（中へ入る：*enter*）の名詞形を経て借入された．動詞 entrance（うっとりさせる）と同じように語義の向上を経た言葉がいくつかある．

enchant（うっとりさせる）は，ラテン語 in（…に向かって）と，canere, cant-（歌う）の反復形 cantare, cantat-（詠唱する）からなる言葉で，フランス語 enchanter（魔法にかける，魅惑する）を経て借入された．元々は incantation（呪文，まじない）と同様，悪意がこめられていた．charm（魅力，魔力，呪文）は，ラテン語 canere（歌う）から canmen を経て派生したラテン語 carmen（歌）が語源で，フランス語 charme（魅力，魅惑）を経て借入されたが，やはり元来は「呪文，まじない」を意味した．今日も悪霊を避けるための「お守り」という意味にも使われている．しかし，主として美しい女性の「なまめかしさ」を表す．

enthrall（魅了する）は，thrall（奴隷，農奴）から派生した言葉で，文字通りには「奴隷にする」を意味した．なお thrall は古北欧語 thraell（使い走りをする者）が語源で，古高地ドイツ語 dregil（召使い，走り使い）に対応し，アングロサクソン語 thraegan（走る）と同系語である．

bewitching creature（うっとりさせる人）は今では賛嘆されるが，昔は火あぶりにされることがあった．witch（魔女）はアングロサクソン語 wicca（女の魔法使

い）が語源で，ドイツ語 weihen（聖別する）の語源であるゴート語 weihs（神聖な）と同系語であり，ラテン語 victima（犠牲獣）と同族語である。後者はラテン語 vincere, vict-（征服する——victor〔勝利者〕, victim〔犠牲者〕, victory〔勝利〕の語源——）から派生した。なお，往年はモールス符号で・・・—（トン・トン・トン・ツー）とVサインを描いて勝利を願ったものである。

transcribe [trænskráib] 書き写す，複写する
→ shrine

transfer [trænsfə́:r] 移動させる，譲渡する；[trǽnsfə:r] 移転
→ suffer

transfusion [trænsfjú:ʒən] 注入，輸血
→ futile

transgress [trænsgrés] 越える，逸脱する，違反する
→ issue, trespass

transition [trænzíʃən] 移行，推移
→ trance

transitive [trǽnsətiv] 変わりやすい，他動詞の
→ trance

transitory [trǽnsətɔ̀:ri] 一時的な，はかない
→ trance

translation [trænsléiʃən] 翻訳，解釈，言い換え
→ suffer

transmutation [trænsmju:téiʃən] 変形，変質，変化
→ immunity

transpire [trænspáiər] 水分を発散する，《秘密などが》知れる
→ inspiration

trapeze [træpí:z] 空中ぶらんこ
→ kaleidoscope

trapezoid [trǽpəzɔ̀id] 台形，不等辺四辺形
→ kaleidoscope

treacle [trí:kl] 糖蜜，甘い言葉
　英語 deer（シカ）は，*King Lear*：『リア王』(III, iv, 144) に "rats, and mice, and such small *deer*"（ネズミやハツカネズミ，そしてそのような小動物）とあるように，元々は「野生動物」を意味し

た。この古い言葉は，広範囲にわたる同系語や同族語を持っており，古高地ドイツ語 tior が語源のドイツ語 Tier（動物），《*OED* は否定しているが》ラテン語 fera（野獣）やギリシア語 ther（猛獣，野生動物——指小形 therion〔狩りの獲物の動物〕——）などはその一例である。なお，ラテン語 fera（野獣）からは，ferocious（獰猛な）や，古フランス語 fers, fiers を経て fierce（荒々しい，獰猛な）などの英語が派生した。
　英語 treacle は，ギリシア語 theriaka pharmaka（野生動物の害に対する薬，解毒剤）が短縮されてラテン語 theriaca となり，古フランス語 triacle を経て借入された。そうした解毒剤はたいていシロップだったので，その語はシロップを意味するようになった。特に英語 treacle は，砂糖を作る過程で排出されるシロップを意味し，今では比喩的に「甘ったるくてベトベトする〔鼻につく〕物」という意味に使われることがある。英語 pharmacy（薬屋，薬剤術）などの語源である上記のギリシア語 pharmaka（薬）は pharmakon（薬，毒，魔法）の複数形で，動詞 pharein, pherein（運ぶ，助けをもたらす）が語源の可能性が高い。〈focus, beast 参照〉

treason [trí:zn] 反逆〔罪〕，裏切り，背信
→ shark

treasure [tréʒər] 財宝，貴重品；蓄える
　宝物や財宝は大事に保存しておきたいものである。treasure は，印欧語根 dha-（置く）から分出したギリシア語 thesauros（倉庫，宝庫）が語源で，ラテン語 thesaurus（宝物），イタリア語 tesoro, フランス語 trésor を経て借入された。英語の二重語 thesaurus（シソーラス《類義語・反意語などの分類語彙辞典》）は，英国の医師ロジェ (Peter Mark Roget, 1779-1869) の定評のある著作 *Thesaurus of English Words and Phrases* (1852年) 以来，一般に使われるようになった。ところで Treasury（大蔵省，財務省）はかつての treasurery（《国庫の》資金調達）の短縮形である。

tree [trí:] 木，樹木
→ pay

trek [trék] 牛車の旅，移住；ゆっくり旅

行する
→ train

tremble [trémbl] 震える, 揺れる；振動
→ delirium

tremendous [triméndəs] ものすごい, 恐ろしい
→ delirium

tremor [trémər] 振動, ゆらめき
→ delirium

trench [trént∫] 塹壕（ざんごう）, 溝；溝を掘る
→ retrench

trenchant [trént∫ənt] 痛烈な, 厳しい
→ retrench

trencher [trént∫ər] 木皿, 食卓で肉を切り分ける人, 塹壕を掘る人
→ retrench

trencherman [trént∫ərmən] 大食家, 食客
→ retrench

trepidation [trèpidéi∫ən] おののき, 手足の震え
→ terse

trespass [tréspəs] 不法侵入する, 侵害する；不法侵害

この語は, trans（…を越えて, …を横切って）と passare, passat-（過ぎる：pass）とからなる後期ラテン語 transpassare（越える）が語源で, 古フランス語 trepasser を経て借入された。なお, 後期ラテン語 passare はラテン語 pandere, pass-（伸ばす）からの名詞 passus（歩み）より派生した。passage（通行, 通路——フランス語でも同形同義——）は, 最初「通り過ぎること」という意味だったが, 後にまた「通ってきたところ」となった。すなわち, passageway（通路）の短縮形と言える。〈pass 参照〉

後期ラテン語 transpassare（越える）は, 言語が変わるとまた違った扱いを受けてきた。例えばフランス語 trépasser は「あの世へ渡る, 他界する」を意味するのに対して, 英語で trespass は「許された行動の限界を超える」という意味である。これは, カトリック的フランス人はあの世への関心が強く, ピューリタン的イギリス人は現世のことに関心が強いということの自然な帰結かもしれない。ちなみに, 元来「横切る, 越える」を意味した transgress〈issue 参照〉が trespass と同じように用

いられるに至ったのは, あたかも私たちがまことに罪に敏感な国民であったことを示すかのようである。

trial [tráiəl] 試み, 裁判, 試練
→ try
古フランス語 trier（試す）の名詞形 trial, triel の借入語。

triangle [tráiæŋgl] 三角形
→ tribulation

tribal [tráibl] 種族の, 部族の
→ tribulation

tribe [tráib] 種族, 部族, 仲間
→ tribulation

tribulation [trìbjəléi∫ən] 苦難, 苦しい試練, 深い悲しみ

ローマ人は穀物を重いローラーで粉に挽いた。そのローラーが, ウェルギリウス（Vergilius, 70-19B.C.）の *Georgics*：『農耕詩』(I, 164) で農機具の一つとしてあげられた tribulum《ただし原義は「脱穀用そり」》であるが, これはギリシア語 tribein（こする）と同族語のラテン語 terere, trit-（こする）を経て派生した指小形名詞である。粉々にされ押しつぶされることは, 初期キリスト教徒の試練や艱難（trials and *tribulations*）を表現するためのすぐれた比喩となった。文字通り「粉々にすること」を表す言葉としては trituration（粉砕, 摩砕, 粉薬）がある。attrition（摩擦）も同じ語源から派生した言葉である。

attrition とよく似た語形の nutrition（栄養）は別で, ラテン語 nutrire, nutrit-（養う）から派生した言葉である。nourish（養う, 育てる）は, 同ラテン語からフランス語 nourrir, nourris(s)-（《人に》食べ物を与える）を経て借入された。

trite（使い古された）は, 常時使用することによって擦り切れた状態を表す言葉である。〈terse 参照〉

diatribe（痛烈な非難）の語源はギリシア語 diatribe であり, 原義は「こすり尽くすこと」あるいは「擦り減らすこと」である。dia- は diaphanous（透明な）の dia- と同じくギリシア語 dia（…を通して, 完全に）が語源である〈focus 参照〉。ギリシア人はこの diatribe を「際限ない話で時間が使い果たされること」という意味に使った。そしてデモステネス（Demosthenes, 384?-322B.C.) によるマケドニア王ピリッポス (Philippos II, 在位 359-336B.C.) 攻撃演説 (Philippic) 以来, 激しい攻撃演説が頻繁に長々しく行われるところからこのギリシア語は普通名詞化し「激しい攻撃」を意味するに至った。

ところで, tribe (種族, 部族) の語源であるラテン語 tribus (古代ローマの最初の三部族, その政治上の区分) の語源は本当のところ疑問がある。しかし, ギリシア語に tribos (こすること) という語があるからといって多くの人が「肩をこすり合う」に由来するのでないことは確かであろう。このラテン語については, 接頭辞 tri- (三──triangle〔三角形〕はこの tri- と angulus〔角〕との合成語──) と, esse (ある, 存在する) の完了語根 fu- (ギリシア語 phyle〔血族〕と同根語) からなる言葉と考えられており, 初期ローマ人を構成した三部族の意味に使われた。英語 tribune (護民官, 人民の保護者) や tribunal (裁判所) は「平民の守護者」を指したラテン語 tribunus (部族の長) が語源である。tribute (貢物, 年貢) は部族 (tribe) に付託された, あるいは部族が支払うように課された金銭のことであった。tributary (属国, 支流) も同語源である。attribute (帰属させる), contribute (寄贈する), distribute (配分する), retribution (懲罰, 報い) も同語源で, それぞれラテン語 ad- (…へ), con- (…と共に), dis- (離れて), re- (後ろへ) が接頭辞となっている。報復や懲罰 (retribution) は実際, しばしば苦難や試練 (tribulation) をもたらす。〈termite 参照〉

tribunal [traibjú:nl] 裁判所
→ tribulation

tribune [tríbju:n] 護民官, 人民の保護者
→ tribulation

tributary [tríbjətèri] 属国, 支流
→ tribulation

tribute [tríbju:t] 貢物, 年貢
→ tribulation

trickster [tríkstər] 手品師, 詐欺師, トリックスター
→ spinster

trident [tráidnt] 三つ又の武器, 三つ又のほこ；三又の
→ indenture

trifle [tráifl] くだらない物, 少量；いい加減に扱う

trifle は, 古フランス語 trufe (ほら話) から中英語 trufle として借入され, 最初は「偽りの物語」を意味した。この語が現在の意味になったのは, 元々は語源的に関係のない trivial (つまらない, ありふれた) との連想による。trivial は tri (三) と via (道) からなるラテン語 trivium (三叉路) から派生した形容詞 trivialis (至るところにある, 卑俗な) が語源である。道が交差するところは昔からニュースがやり取りされる場所であり, ほとんどのニュースは重要でないゴシップであることから今日の意味となった。しかし, ブルーワー (Ebenezer Cobham Brewer, 1810-97) は, trivial は trit- (こすられた, 踏み固められた) から派生したという説を出している。〈tribulation 参照〉

trifle は, ラテン語 tuber (腫れ物, 結節) の複数形 tubera から古フランス語 trufe を経て借入された truffle (トリュフ《フランス松露》) とおそらく同じ語であった。なお tubercle (結節, 結核結節) もラテン語 tuber から派生した指小語であり, tuberculosis (結核) の語源である。さらにラテン語 tumere (腫れる) も同語根であり, このラテン語から英語 tumult (騒動), tumulus (土地の小隆起, 墳丘), tumescent (腫れ上がった), tumid (腫れ上がった,《文体など》誇張した), tumor (腫瘍) など, 多くの英語が派生した。

ラテン語 via (道) からは英語 via (…を経て) だけでなく, viaduct (高架橋) や, この世の道, あるいはあの世の道への備えを意味する viaticum (旅費手当て, 臨終の聖餐) が派生した。

triplet [tríplət] 三つ組み, 三つ子, 三連音符
→ quintessence

triskele [tríski:l], **triskelion** [triskélian] 又でつながる三脚の図, 三脚ともえ紋
→ fylfot

trite [tráit] 使い古された, ありふれた
→ terse

trituration [trìtʃəréiʃən] 粉砕, 摩砕, 粉薬
→ tribulation

triumph [tráiəmf] 勝利，大成功；勝利を得る
→ trumpet

trivial [tríviəl] 些細な，つまらない
→ trifle

trochaic [troukéiik]【韻律】強弱格の，長短格の；強弱格
→ troche

troche [tróuki], [tróuʃ] トローチ
　これは，一つの語源から二つの流れを経て借入されたため，発音はちがうが同じ綴りになった一例である〈apostrophe 参照〉。この菱形薬用ドロップ (troche) は，ギリシア語 trekhein (走る) から派生した trokhos (車輪) の指小語 trokhiskos (小球体，丸薬) が語源で，フランス語 trochisque (トローチ) を経て借入され，英国では1シラブル《[tróuʃ]》として発音される。一方同じ語源でもギリシア語形容詞 trokhaikos (軽快で速い) を経て借入された trochaic (長短格，強弱格) の流れからは，trochee は当然二音節語《[tróuki:]》である。また，trochilus (ツグミ) も同語源で，突ついては逃げる (hit and run) 鳥であるが，ワニの歯を掃除するという伝説がある。〈helicopter 参照〉

trochilus [trákələs] ツグミ
→ troche

trope [tróup] 言葉の比喩的用法，言葉のあや
→ trophy

trophy [tróufi] 記念品，戦利品，トロフィー
　trophy は，元々敵が退却した (turned back) 場所に立てられた記念碑で，ギリシア語 trepein (方向を変える) から，trope (回転，敗北)，tropaion (敵の背走の記念碑)，ラテン語 trophaeum (戦勝記念碑)，フランス語 trophée (戦利品) を経て借入された。兵士たちは討ちとった敵から奪った記念の品々を故国へ持ち帰ったことから，この語の意味が拡大した。
　英語 trope (【修辞学】言葉の比喩的用法，言葉のあや) は，言葉の本来の意味にひねりを加えるものである。*tropic* region (熱帯地方，回帰線地方) は，太陽が至 (solstice) から回帰する地域である。ちなみに solstice は，sol (太陽) と sistere (立つ) からなるラテン語 solstitium (夏至) が語源である。
　英語 heliotrope (ヘリオトロープ，向日性植物) は，ギリシア語 helios (太陽) と trope (回転) からなる言葉である。なおギリシア語 trepein (方向を変える) とギリシア語 trephein (養育する) とを混同してはならない。後者は，例えば trophoblast (トロホブラスト，栄養芽層) のように，英語では科学用語の結合形 troph- (「栄養」の意) として用いられる。atrophy (【医学】萎縮症) の a- はギリシア語の否定辞 a- が語源である。熱帯地方でキニーネが入手不可能だった第二次世界大戦時に特に，連合国側がマラリアの予防薬として用いた毒物 atropine (アトロピン) は，この薬を抽出する植物ベラドンナ属アトロパ (*atropa* belladonna) から名づけられた。なお atropa (光を避ける，陰地性── a- はラテン語 a- [ab：…から離れて] が語源──) は，ギリシア神話における運命の三女神の一人で，生命の糸を断ち切るアトロポス (Atropos) の影響を受けた可能性がある。この女神の名の原義は「変えるべからざる」である。
　航空機の操縦に興味のある人は大気圏 (atmosphere──ギリシア語 atmos [蒸気]──) の一領域の対流圏 (troposphere) に関心を払う。troposphere はギリシア語 trope (回転) が語源で，「対流による気流の変動がある領域」という意味である。対流圏の上には成層圏 (stratosphere) があるが，ラテン語 sternere, strat- (広げる，覆う) が語源であり，英語 stratum (層) はこのラテン語が語源である。成層圏は高度による気温の差がほとんどないので一つの層と見なすことができる。
　sphere (球，領域) はギリシア語 sphaira (球) からフランス語を経て借入された。よく似た発音のギリシア語 speira (とぐろ) は英語 spiral (らせん状の) や spire (渦巻き) の語源である。しかし，教会などの尖塔を意味する spire はその形状から用いられるようになった比較的新しい言葉で，spar (円材，スパー《帆柱，帆桁など》) や spear (槍，やす) 〈affluent 参照〉と同語源で，アングロサクソン語 spir (草の長く尖った葉身) にさかのぼる。

しかし，これらの言葉と似た綴りの aspire（熱望する，大志を抱く）は，ad-（…へ）と spirare, spirat-（息をする）からなるラテン語が語源で，元来 inspire（鼓舞する，霊感を与える）や inspiration（霊感）〈同項参照〉とほぼ同義の「…に息を吹きかける」という意味であった。さらに意味が「…に向かってため息をつく」から「…に届くことを求める」へと変化した。同語源のラテン語 spiritus（呼吸）から派生した spirit（精神，霊）は，元来は「命の気」，すなわち，私たちの身体に充満していると考えられていた生命原理を意味する言葉であり，spirit のさまざまな用法はここから派生した。例えば，人を支配する悪霊（evil *spirit*），交霊術者（*spiritualist*）によって呼び出される霊（*spirit*）などがある。ここからまた，中世の錬金術者が考えた四つの精（four *spirits*）のような，何かの本質あるいは精といった用法が派生した。four *spirits* とは，水銀，石黄（砒素），アモン神の塩（塩化アンモニウム），硫黄である。さらに，テレビン油（*spirits* of turpentine），酒精（alcoholic *spirits*），それによって盛んになる血気（animal *spirits*）などの用法も派生した。spiritual（精神的な）には霊妙な意味合いが強いのに対し，spirituous（アルコールを含む，《古語》意気盛んな）〈supercilious 参照〉は世俗的である。

tropic [trápik] 熱帯地方，回帰線
　　→ trophy
troposphere [tróupəsfìər] 対流圏
　　→ trophy
trouble [trʌ́bl] 心配，迷惑；悩ます
　　in *trouble* とは「かき回された」(all balled up) 状態のことである。この語は，ラテン語 turba（混乱，暴徒）から派生した動詞 turbare（かき混ぜる，混乱している）の反復形である後期ラテン語 turbulare が語源で，古フランス語 torbler を経て借入された。同語源の言葉には turbulent（荒れ狂う，騒然とした），turbine（タービン），disturb（かき乱す——dis- はラテン語起源で「分離」を表す接頭辞——）がある〈torch, butt 参照〉。また perturb（心をひどくかき乱す）の per- はラテン語 per（…を貫いて）が語源で，to be perturbed の原義は「完全にねじれること」である。ねじれてしまうと実に困った (in *trouble*) ことになるのである。

trounce [tráuns] ひどく殴る，打ち負かす
　　→ retrench
trousers [tráuzərz] ズボン
　　→ bloomers
trudgen [trʌ́dʒən] 抜き手《クロールの手の動きとカエル足の動きを使う泳法》
　　→ Appendix VI
true [trúː] 真実の，本物の，誠実な
　　→ pay
truffle [trʌ́fl] トリュフ
　　→ trifle
trump [trʌ́mp] 切り札，奥の手
　　→ trumpet
trumpery [trʌ́mpəri] 見かけ倒しの物，つまらない物，たわごと
　　→ trumpet
trumpet [trʌ́mpət] トランペット，ラッパ形の物
　　世の終わりを告げるラッパの音（trump——trumpet〔トランペット〕はこの指小形——）とカードのトランプ（trump：切り札）とは，めったに結びつきがない。前者は古高地ドイツ語 trumba が語源で，drum（ドラム，太鼓）や rhumba（ルンバ——キューバ発祥の踊り——）のような擬音語起源の言葉である。後者は，ギリシア語 thriambos（酒神バッカスへの讃歌と祝祭行進）からラテン語 triumphus（凱旋行進）を経て借入された triumph（勝利）の短縮形である。カード・ゲームはフランス語で triomphe と呼ばれた。イギリス人が正直なお人好しとしても，trumpery（見かけ倒しの物，安ぴか物）を，フランス語 trompe（狩猟ラッパ），tromper（ラッパを吹く，だます），tromperie（詐欺）の流れから借入しているのは興味深い。また，trump（《切り札を出して》人を負かす，奥の手を出す）から，*trump* up（《うそ・口実などを》でっちあげる）が生まれた。

truncate [trʌ́ŋkeit] 先端を切り取る，切り詰める
　　→ poltroon, branch
trunk [trʌ́ŋk] 幹，本体，トランク
　　→ poltroon, branch
truth [trúːθ] 真実，真理，誠実

→ pontiff

try [trái] 試みる、しようとする；試し

この語の形はロマンス語起源であることを示唆しているが、語源は不明である。一つの推測として、ラテン語 terere, trit（こする）〈tribulation 参照〉から派生した後期ラテン語 tritare（からざおで打つ、脱穀する）を語源とする説があり、また一つには「抜き取る、検査する」という意味でのフランス語 tirer（引き出す）を語源とする説がある。

英語における try の最初の用法は、事物を「区別する」という意味だった。ついで原鉱から金属を分離するように、「悪い物から良い物を分離する」、さらに、「火によって浄める」という意味になり、ついで、「探し出す」「精製する」（*try* out）、「物事の真実を発見する」となった。そしてここから「裁判（*trial*）にかける」まではほんの一歩で、この意味はイングランドにおいて1300年までに発達した。試験や試行（tests and *trials*）はしばしば骨の折れるものだから、「例え最初は成功しなくとも、飽かずに努力したまえ（*try*, *try* again）」のような句が生まれ、ついには「癇に障る」（*try* one's patience）のような用法が派生する。

Tsar [zá:r] ロシア皇帝、専制君主、親王
→ shed

T-square [tí:skwèər] T定規
→ square

tuberculosis [t(j)u(:)bə̀:rkjəlóusəs] 結核
→ tuberose

tuberose [t(j)ú:bərouz]【植物】月下香、オランダスイセン

この語はかつて三音節 [tú:bə rðuz] だったが、rose（バラ）との間違った連想から発音が変わり、二音節 [tú:brðuz] になった。語源は tuber（こぶ）と接尾辞 -osus（…でいっぱいの）からなるラテン語 tuberosus（突起でいっぱいの、でこぼこした）である。ちなみに、この -osus は 通常、courageous（勇気のある）〈supercilious 参照〉におけるように英語では -ous に変わるが、花の名前はラテン語 tuberosus の女性形 tuberosa から直接借入された。同語源の英語には tuberous（塊茎の）があり、tuber はラテン語の綴りのままで英語として、ジャガイモの「塊茎」やダリア（dahlia）の「球根」などを意味する。

ラテン語 tuberculum（小突起）は tuber の指小形であり、英語 tubercle（小結節、結核、小塊茎）の語源である。結核（*tuberculosis*）にかかっている人は、肺が結節でいっぱいになっている。〈primrose 参照〉

ところで dahlia（ダリア）は、リンネ（Carl von Linné, 1707-78）の弟子のスウェーデンの生物学者ダール（Anders Dahl, 1751-89）にちなんで名づけられた。

tuck [tÁk] 押し込む、挟み込む；タック
→ win

Tuesday [t(j)ú:zdei] 火曜日
→ week

tuffet [tÁfit]《髪、羽毛、糸などの》房、やぶ、低い腰かけ
→ tuft

tuft [tÁft]《毛髪・羽毛などの》房、茂み、小山；房をつける

この語は古フランス語 touffe（葉、羽、髪などの小さな束）から借入されたもので、語末の -t は、graff（接穂、若枝）から変化した graft（接ぎ木）や、draff（《ぶどう酒などの》おり）から変化した draft（樽だし）などの -t と同じように、英語になって付加された。

1880年ころまで、tuft はオックスフォード大学とケンブリッジ大学で爵位を有する学部生がかぶる帽子の金色の飾り房を指した。そこから *tuft* hunter（貴族や富豪に近づきたがる人、おべっか使い）という言葉が生まれた。いわばアメリカ・インディアンが武勇のしるしとして頭皮（scalps）を欲しがったのとちょっと似ている。ところで、株式市場などで利食いのために売る（to *scalp*）のはほとんど命がけとなることがある。この安く買って高く売るという行為から、ticket-*scalper*（ダフ屋）という言葉が生まれた。

「マザーグース」の歌で、大きなクモに驚くこわがりやの女の子リトル・ミス・マッフェット（Little Miss Muffet）は低い腰かけ（*tuffet*）に座ったが、この tuffet は tuft の指小形である。

「頭皮」の scalp は、アングロサクソン語 sceału（コップ——英語 scale〔てんび

んの皿〕の語源——）〈echelon 参照〉から派生した scallop（ホタテガイ，ホタテガイ形のボール）の短縮形であり，そこから頭蓋骨（skull）という意味になった。この意味の移転は旧約聖書『詩篇』（68：21）の翻訳 "But God shall wound the head of his enemies, / and the *hairy scalp* of such an one that goeth on still in his trespasses." （神は必ず御自分の敵の頭を打ち/咎のうちに歩み続ける者の/髪に覆われた頭を打たれる）から起こった。

tug [tʌ́g] ぐいと引く；努力
→ duke, team, win

tumor [t(j)úːmər] 腫瘍
→ palm, trifle

tumult [t(j)úːmʌlt] 騒動，混乱
→ palm, trifle

tungsten [tʌ́ŋstən]【化学】タングステン
→ element

turbine [tə́ːrbain] タービン
→ trouble

turbot [tə́ːrbət]《ヨーロッパ産の》大ヒラメ
→ butt

turbulence [tə́ːrbjələns(i)] 大荒れ，動乱，乱気流
→ butter

turbulent [tə́ːrbjələnt]《天候などが》荒れ狂う，かき乱された
→ trouble

tureen [təríːn] 食卓用のふた付き深鉢
→ terrier

turkey [tə́ːrki] 七面鳥，気取り屋

今日 turkey と呼ばれる鳥は新世界原産である。古代ギリシア人に meleagris（これは今日このアメリカ原産種の学名）として知られていたホロホロチョウ（guinea-fowl）が，トルコ（Turkey）を通じてヨーロッパへ連れて来られたので，turkey もしくは turkey-cock と呼ばれていた。アメリカ種はこの鳥の一種と考えられた。しかし，違いが発見された時，guinea-fowl（ホロホロチョウ——この名はアフリカのギニアからポルトガル人によってもたらされた——）という語が旧世界の鳥の名として残され，turkey は感謝祭の御馳走に出される鳥を指すことになった。

turmeric [tə́ːrmərik] ウコン，ターメリック

この東インドの植物（あるいは近似の植物）の根もしくは根から作られた粉末は，その語源に恥じない。英語に多い語形との類推により最後の文字が c に変わっているが，フランス語 terre merite（価値ある土）が語源である。適切に用いると，風味のよいカレー（curry）の主要成分となる。なお，curry（カレー料理）はタミル語 kari（ソース）が語源である。実際に，多くの料理で最も重要な要素はソースである。

同音異語で to *curry* a horse（馬をくしで手入れする）のように使われる curry は，古フランス語 correier（古くは conreder）を経て，con（共に）と redare（秩序づける）からなる後期ラテン語 conderare（装備する，武装する）にさかのぼるが，redare の語根 red- はゲルマン語起源である。array（整頓する）も同じように，ラテン語 ad（…の方へ，…のために）と red- からなる混成語である。なお，ready（用意のできた）はこの red- から，ゴート語 garaiths（《馬で出かける》準備ができている），アングロサクソン語 geraede（準備のできた）を経て成立した。

成句 to *curry* favor（ひいきを求める，へつらう）は俗語源によるものであり，元々は to *curry* favel（〔原義〕栗毛色の馬にブラシをかける）だった。favel は fallow（《馬の》栗毛色）と同語源で，ゲルマン語幹 falwo- から古フランス語 fauvel を経て借入された。favel は，特に中世の寓話において，抜け目ない偽善の典型の馬の名として用いられた。*fallow* land（休閑地）は土が鋤き返され，そのまま放置されている土地のことで，この馬の色に影響を受けたとされる。しかし本来は，アングロサクソン語 fealg（まぐわ，砕土用農具——中高地ドイツ語 valgen〔掘る〕——）が語源である

「淡黄褐色」の fawn は，*fawn*-color（子鹿色）の短縮形であり，ラテン語 fetus（産むこと，発育，子——〔誤って foetus とも綴られる〕——）が語源で，後期ラテン語 fetonem，古フランス語 faon, feon を経て借入された。初めは「動物の仔」一般を指したが，deer が動物一般から「シカ」を表すように変化したのにつれて，「子鹿」を意味するようになった。

fawn（じゃれつく）の語源は，アングロサクソン語 faegn（うれしい）から派生した faegnian の異形 fahnian（喜ぶ）で，英語 fain（喜んで，熱心な）と同語源である。これは，fetus（胎児，子）がラテン語 felix, felic-（豊穣な，幸福な——英語 felicity〔至福〕や felicitations〔祝辞〕の語源——）と同根語であるのとよく似ている。fawning（へつらう：currying favor）は，動物が尻尾を振り，愛する主人の手をなめる《犬が》じゃれつく様子からきている。幼獣はいつも愉快で遊び好きな生き物だからである。"Absent thee from *felicity* awhile."「至福の眠りにつく幸せをしばらく離れてくれたまえ。」*Hamlet*：『ハムレット』(V, ii)

turn [tə́ːrn] 回転させる，曲がる；回転

turn は古くから英語にあるが，ゲルマン語起源ではなくロマンス語起源である。名詞の turn（回転）は，ギリシア語 tornos（ろくろ）が語源で，ラテン語 tornus，古フランス語 tourn, torn を経て借入された。動詞は 7 世紀ころまでに，ラテン語 tornare（《ろくろで》回す）から古英語 tyrnan, turnian として借入された。私たちはよく twist and turn（《道などが》曲がりくねっている）のように twist（より合わせる）と turn（回す）を並べて使うが，語義は互いに関連がある。ラテン語 torquere（巻く）と tornare（回す）（共に印欧語根は tor-〔回す，ねじる〕）の関係と似ている。〈torch 参照〉

英語 twist（より合わせる）は，英語 twine（編む）と同根語である〈prestige 参照〉。しかし，語幹 twi- は二つの経路をたどった。同系語でもオランダ語 twisten（言い争う）やアイスランド語 tvistra（まき散らす）に対し，フラマン語 twisten は「より合わせる」である。すなわち，twist は最初「分割する」という意味だった。髪をいくつかの房に分けてから，髪をお下げに編む（entwine）。ここからこの語はすぐに「より合わせる」という意味で用いられ，さらに「しぼり出す」という一般的用法が派生した。また比喩的に，例えば言葉を元々の意味から「曲解する」といったような使い方がある。

OED は名詞 turn の 41 の異なる意味を，動詞には 80 の主な意味を挙げており，その中には 25 とか 26 の下位区分を持つものもいくつかある。それらはすべて回転運動という当初の意味から紡がれたものである。例えば "You gave me such a *turn!*" は，突然のショックから頭がグルグル回ることを意味する表現である。"clever *turn*"（上手な演技）の turn（仕掛け，技）は，投げを打とうとするレスラーの，文字通りの turn（回転）からきている。その他の特別な意味は同一の基本的意味の上をグルグル回って（*turn* upon）いる。

ところで野菜の neep（カブラ）は，ラテン語 napus（カブラ）語源で，古英語 naep として借入された。テンサイのように地面から引き抜くと，ちょうど回転していたように見えることから，この野菜には turnip（カブ）という語が最もよく用いられる。-nip は neep である。〈attorney 参照〉

turncoat [tə́ːrnkòut] 変節者，裏切り者，背教者

turntail（尻尾を巻いて逃げる者，臆病者）は，背中を向けて逃亡する者である。turncoat（変節者）は，簡単に同盟関係を変える人である。とりわけ，フランスとスペインの間に領地を持っていたあるザクセン公爵や，フランスとイタリアの間のサヴォイ（Savoy）の初期の公爵であるエマニュエル（Emmanuel）なる人物について，表側は一つの国の色で裏側はもう一つの国の色をしたコートを持っていて，何か陳情をしたい時には相手国の色を外側にして着ることがあったという話がある。

turnip [tə́ːrnəp] カブ
→ turn

1780年ころにスウェーデンからイングランドにもたらされた大きな変種は，Swedish turnip（スウェーデンカブ）と呼ばれた。それが今の swede（【植物】カブハボタン《食用，飼料用》）である。

turntail [tə́ːrntèil] しっぽを巻いて逃げる者，臆病者
→ turncoat

turtle [tə́ːrtl] ウミガメ，《広義》カメ

「*turtle* の声が里に聞こえるようになると」（「雅歌」2-12）季節は春である。それは，キジバト（*turtle*-dove）がクークーと鳴き交わす声である。この turtle は，ラテン語 turtur（キジバト——かつて

は英語として使われたことがある——）の指小形あるいは異化形で，アングロサクソン語では，男性形が turtla，女性形が turtle である。クークーと鳴く音からの擬音語である。英語 turturring はクークーと鳴く行為や声を表す言葉として用いられた。

　turtle は，dove（ハト）と同じく，親愛の情を表す言葉として人間についてもよく用いられる。ちなみにハトは，長らく貞節と献身の象徴であった。

　ところで，tortoise（《淡水・陸上の》カメ）もペアでいるところがよく見られ，また発音が類似しているところから，水夫たちは turtle と呼び，これが今日ではより一般的な名前となっている。この tortoise は後期ラテン語 tortuca からフランス語 tortue（カメ）を経て借入されたが，古くは tortose とか tortuce であった。原義は「曲がった脚」の可能性がある〈torch 参照〉が，おそらくどこかの土語に由来するのではないかと思われる。

　turtle は上記のように「キジバト」を意味したが，今日では dove という語をつけないと，最初に思いつくのは sea-turtle（ウミガメ）である。

　なお dove（ハト）には，この鳥の飛び方からして，dive（飛び込む）から変化したのではないかとする説がある。dove はゲルマン諸語に共通であるが，初期の英語やアングロサクソン語には見つからない。dive は古英語 dufan（ひょいとかがむ，水にもぐる）から，あるいは古英語 dyfan（ちょっと浸す）が語源であり，古英語 dyppan（浸す——英語 dip〔浸す〕や deep〔深い〕の語源——）と同系語である。これに触れると深入りしすぎるのでこの辺で。

　turtle の異形としてアメリカ方言 turkle があるが，この言葉はカメと同じように長くて頑丈な首をした七面鳥（turkey）が影響を与えたのではないかとする説がある。

tussle [tʌ́sl] 組打ち，乱闘；取っ組み合いをする
　→ heckle

tuxedo [tʌksí:dou] タキシード
　タキシードを着ると，実はオオカミ（女たらし：wolf）になる。この語は，ニューヨーク州オレンジ郡にいたデラウエア・インディアンのオオカミ族（Wolf Tribe）を軽蔑的に指すのに使われたアルゴンキン語 p'tuksit（丸い足の）に由来する。ニューヨークの近くのタキシード湖（*Tuxede* Lake）や，その畔の村タキシードパーク（*Tuxede* Park）は同部族にちなんで名づけられた。この地は19世紀の初め，貸し倒れの清算によりロリラード（Lorillard）家の所有となり，裕福な人々の行楽地となった。1880年代にタキシードクラブ（*Tuxedo* Club）が設立されたが，ここで《第4代ロリラード（Pierre Lorillard IV, 1833-1901）の息子》グリズウォルド（Griswold Lorillard）が最初に着てみせた燕尾のないディナージャケットが，tuxedo の名前の由来である。

twain [twéin] 2；二つの；二つに分かつ
　→ number

tweed [twí:d] ツイード
　→ cloth

tweedledum and tweedledee [twì:dl dʌ́m ən twì:dldí:] 似たりよったりの2人《英国の詩人バイロム（John Byrom, 1692-1763）の造語で，伝承童謡などに取り入れられた》
　→ crater

twelve [twélv] 12；12個の
　→ number

twenty [twénti] 20；20個の
　→ number

twice [twáis] 2度，2倍
　→ number, prestige

twig [twíg] 小枝，細脈
　→ branch

twill [twíl] 綾織り，綾織物
　→ cloth

twin [twín] 双子の一方，双子
　→ prestige

twine [twáin] より糸；より合わせる
　→ prestige

twist [twíst] よる，編んで作る
　→ turn

twitter [twítər] さえずる，しゃべりまくる；さえずり
　→ chatter

two [tú:] 2，二つ；2個の
　→ number, prestige

tycoon [taikú:n] 大君，将軍，大物「ビジネスの大立者」（magnate——ラ

テン語 magnus〔大きな〕が語源——）を指すこの語は，*Time*（タイム）誌によって広まったが，中国語 ta（大きい）と kiun（天子）からなる日本語 taikun（大君）が語源である。

　typhoon（台風）には二つの語源説がある。第一は，中国語 ta（大きい）と，feng（風）から変化した fung からなるとする説である。第二は，ギリシア語 typhon（つむじ風）からアラビア語 tufan（台風），ウルドゥ語を経て借入されたとする説である。この名前はギリシア神話で，風の父である巨人 Typhon（テュポン〔テュポエウス〕）に由来するが，彼は神々によってエトナ火山の下に埋められた〈atlas 参照〉。これら二つの語源が融合して現在の typhoon となるのである。台風（typhoon）はいろいろな物を一挙に吹き飛ばして混ぜてしまうものである。なお，風の神は，ローマ人の間では Aeolus（アエオロス）（*Aeneid*：『アエネイス』I, 52）だった。*Aeolian* harp（アエオロスの琴，《風が吹くと鳴る》風鳴琴）はこの神の名に由来する。

type [táip] 型，タイプ，典型
　広く用いられるこの語の語源はギリシア語 typtein（打つ）で，最初は「打たれたもの」を意味した。しかし，早くからギリシア語 typos は「打ち抜かれた物」「彫像」という意味に使われ，ここから，ある階級や集団のシンボルや共通の「タイプ」を意味する言葉となった。そして後になって，typewriter（タイプライター）や typography（活版印刷術——ギリシア語 graphein〔書く〕との複合語——）などで印刷された文字や活字に適用された。こうした新たな意味と共に初期の意味も持続したが，typical（典型的な）や typify（類型化する）などは初期の意味のみが見られる例である。

typhoon [taifúːn] 台風
　➡ tycoon

typhus [táifəs] 発疹チフス
　ギリシア語 typhos（煙，蒸気，虚栄，うぬぼれ）が語源のこの語は，後期ラテン語 typhus を経て初期の英語に借入され，「プライド」を意味した。そして17世紀には消えていたが18世紀末には再生し（あるいはギリシア語から新たに借入され），精神状態を曇らせる高熱を意味した。よりなじみのある *typhoid* fever（腸チフス）は単純に，「typhus（チフス）性の熱」という意味だった。それは長い間，発疹チフスの一種と考えられていた。しかし今ではこの病気はより正確に enteric fever（腸チフス：〔原義〕腸熱）とも呼ばれる。enteric（腸の）の語源は，ギリシア語 enteron（腸）から派生した enterikos（腸の，内部の）である。〈dysentery 参照〉

typical [típikl] 典型的な
　➡ type

tyrant [táiərənt] 暴君，専制君主，僭主
　➡ hold, sempiternal

tyre [táiər] タイヤ，強いスウィート・ワイン
　tyre は，この語を造る四文字より多くの意味を持つ。15世紀から16世紀には車輪の tire（金輪）と互換的に使われたが，イングランドでは自動車のタイヤ（tire）を表すのに tyre が復活した。この語はシリアのヘビの名前 tyre に由来する。なおそのヘビからは強い効能があるとされた液 tryacle（おそらく treacle〔《廃語》特効薬，解毒剤〕〈同項参照〉と混同）が抽出された。また，その爬虫類，すなわち鱗で覆われた毒蛇から，tyre は鱗状ができる「ハンセン病」を指した。
　もっと明るい話題では，フェニキアの都市テュロス（Tyre）で産出される布地やワインは tyre と呼ばれた。形容詞としては Tyrian dye（テュロス染め）のように用いられた。この高貴な紫は大変価値あるものとされたので，Tyrian だけで，その色を意味するようになった。tyrite（フェルグソン石の一種《放射性鉱物》）と呼ばれる鉱物があるが，この語源は北欧神話の戦いの神チュール（Tyr）である。疲れる（tire）前に tire 参照。

Tyrian [tírɪən] テュロス人の；テュロス紫
　➡ tyre

U

ubiquitous [ju(ː)bíkwitəs] 至るところにある，遍在する

　ラテン語 ibi は「そこに」，ubi は「どこに？」を意味した。前接語 -que は通常は「そして」を表すが，ubique においては強意的用法で，「まさにここにも，ここにも，そしてここにも」を表し，ここから「どこにでも」を意味することとなった。この語から派生した近代ラテン語の名詞 ubiquitas（偏在）は，英語 ubiquity（遍在）の語源となっている。同じく形容詞は ubiquitarius で，英語 ubiquitary（同時に遍在する）を生んだが，今日ではほとんど廃語になってしまった。そしてこれに代わって，英語接尾辞 -ous（ラテン語 -osus〔…でいっぱいの〕が語源）〈supercilious 参照〉により意味が強められて派生した言葉が ubiquitous である。

ugly [ʌ́gli] 醜い，不快な，卑劣な

　敬虔な人であれば，だれかを "ugly as sin"（罪のように不快）と呼ぶことも許されよう。しかし迷信深い人が "ugly as a goblin"（小鬼のように卑劣）と言う必要はない。後者は同じ意味の言葉を重ねたにすぎない。ugly の語源は ough（ゴブリン，小鬼：*goblin*）と lic（似た）からなるアングロサクソン語 oughlic（小鬼のような）であり，古北欧語 uggr（恐れ）や本能的な嫌悪から発する英語 ugh（ウッ，ワッ）と同語源である。

ulterior [ʌltíəriər] 隠された，向こうの，将来の
　　→ penult

ultimatum [ʌltəméitəm] 最終提案，最後通牒
　　→ penult

ultraism [ʌ́ltrəìzm] 過激主義，極端な意見
　　→ lapis lazuli

ultramarine [ʌ̀ltrəmərín] ウルトラマリン，群青色
　　→ lapis lazuli

ultraviolet [ʌ̀ltrəváiəlet] 紫外線の，紫外線を用いた；紫外線
　　→ under

umber [ʌ́mbər] アンバー《赤褐色顔料》，赤褐色；茶色の
　　→ umbrage

umbrage [ʌ́mbridʒ] 立腹，ひがみ，不愉快な気持ち

　言い伝えによると，樽の中で暮らし，真昼にランプをともして正直な人間を捜したことで有名な《シノペの》ディオゲネス（Diogenes, 400?–325B.C.）の前に，ある日アレキサンドロス大王が立って，何でも望む物をつかわそうと言った。するとこの賢者は明らかにその言葉を不快（*umbrage*）に思い，大王に，日向ぼっこの邪魔をしないようにと頼んだ。umbrage の語源のラテン語 umbra は「影」を指したが，さらに「疑惑の影」などの意味を持つ。umber（アンバー，赤褐色）も同語源である。詩人たちは *umbrageous* groves（鬱蒼とした森）といった表現を使う。

umbrella [ʌmbrélə] かさ，雨がさ，保護
　　→ overture

umpire [ʌ́mpaiər] 審判員，仲裁者；審判をする
　　→ auction

uncle [ʌ́ŋkl] おじ，《子供などに慕われる》年配の男性

　ラテン語 avus（祖先）は特に祖父を指した。そこから「祖父から4代さかのぼる世代」という意味でラテン語 quatavus（quattur〔四つ〕と結合）が派生した。この短縮形が atavus（高祖父の父）であり，さらに「遠い祖先」を意味する一般的な言葉となった。英語 atavism（隔世遺伝，先祖返り）はこのラテン語が語源である。

　ラテン語 avus の指小形 avunculus は，初めは「母の兄弟」という意味に使われた。これがプロヴァンス語 avoncle, aoncle，古フランス語 oncle を経て英語 uncle（おじ）となった。今では父母の兄弟や義理の兄弟をも意味するようになり，さらに拡大されて年配の男性や，俗語で「質屋」をも意味するようになった。最後の意味はラテン語 uncus（フック，鉤）に由来する可能性がある。質屋は鉤に品物を掛けたからである。だが，金銭を新たに得た時の婉曲的表現の方の可能性が高い。"I got it from my *uncle*."（その金はおじがくれたんだよ）という表現がある。〈Dutch, Uncle Sam 参照〉

ラテン語の指小辞 -unculus は，英語 homunculus（小人，一寸法師）のように今日でも使われる。なお，この語幹 hom- はラテン語 homo（人，男）が語源で，この形容詞形 humanus（人間の，人間らしい）は，英語 human（人間の，人間らしい）や humanity（人間性，人類）の語源である。また，carbuncle（【医学】よう《悪性の吹き出物》，【宝石】ざくろ石）の -uncle はラテン語 -unculus が語源の指小辞で，carb- はラテン語 carbo, carbon-（木炭）が語源である〈ajar 参照〉。ちなみに，ギリシア語 anthrax, anthrak-（木炭）からは，英語 anthrax が派生し，初め「赤いおでき」を意味したが，後にその種の発疹を伴う熱病「炭疽病」を指すようになった。一方英語 anthracite は，今でも堅い「無煙炭」を意味する。-uncle を持つ言葉としては，他にも，peduncle（花梗）などがある。この ped- はラテン語 pes, ped-（足）が語源である。

ラテン語 avunculus（母方のおじ）から，uncle（おじ）以上に直接派生した言葉に avuncular（おじらしい）がある。これはおじのような振る舞いを指し，特にオランダ人のおじさん（Dutch uncle：歯に衣を着せずにものを言う人）のお説教はこの語にふさわしい〈Dutch 参照〉。uncle そのものには指小辞が生き残っているにすぎない。

さて，よく似た綴りのラテン語 uncus（フック，鉤）の形容詞 uncinus（曲げられた）が語源の英語に，uncinate（鉤状の，鉤状構造を有する）があり，特に生物学で用いられる。

なお，ラテン語 uncia は，綴りは似ているが，1 ポンドもしくは 1 フィートの 12 分の 1 を意味し，同語からいくつかのなじみ深い英語が派生している。聖ヒエロニムス（Eusebius Hieronymus, 342?-420?）は，初期古典期の写本で大きくて丸みがあり分離した文字を unciales litterae（〔原義〕12 分の 1 型文字）と名づけたが，これから英語 uncial（アンシアル書体《ギリシア語・ラテン語の写本に用いられた丸みのある大文字写体》）が派生した。ラテン語 uncia は，アングロサクソン語 ynce, ince 経由で借入され，「1 フィートの 12 分の 1」表す英語 inch（インチ）となり，またより直接的に古フランス語 unce（オンス）を経て借入されて英語 ounce（オンス：《トロイ衡・金衡》1 ポンドの 12 分の 1）となった。なお同音異語の ounce（ユキヒョウ）は，後期ラテン語 luncia からラテン語 lynx（山ネコ）にさかのぼるが，この言葉はアジア起源で，この動物の呼び名はペルシア語 yuz に由来すると考えられる。

Uncle Sam［ʌ́ŋkl sǽm］アンクルサム，米国政府，米国民
　→ Yankee

uncouth［ʌnkúːθ］礼儀を知らない，粗野な，異様な

なじみのない事物をあざ笑い，軽蔑（もしくは恐怖）する傾向は，人類にもっとも深く根ざしているものの一つで，多くの語の意味を形成してきた。〈pagan, remorse 参照〉

こうして，未知のものは何でも無作法で，粗野で，異様だ（*uncouth*）と見なされた。uncouth の語源は，un（ない）と，cunnan（知る）の過去分詞 cuth（知られた）からなるアングロサクソン語 uncuth（未知の）である。同様に outlandish（風変わりな）は，アングロサクソン語 utland（*out land*：遠隔地）から派生した言葉で，最初は単に「外国の」という意味だった。strange（奇妙な，異常な）は，ラテン語 extra（外で）から派生した extraneus（外部の）が語源で，古フランス語 estrange を経て借入された。このラテン語から直接借入された extraneous（外来種の，異質の）には感情的含みはない。

まったく同じように，lewd（みだらな，わいせつな）は，おそらくラテン語 laicus

（聖職にたずさわっていない人）から借入されたと考えられるアングロサクソン語 laewede（俗人：*layman*）から変化した言葉で、英語での元々の意味は「無知な、無学な」であった。wanton（理不尽な、みだらな）の語源は、teon（引き出す、教育する）から派生した towen（訓練された）と wan（ない）とからなる中英語 wantowen で、原義は「教育を受けていない」である。ちなみに古い英語 wanhope は「絶望」という意味である〈win 参照〉。英語 wan（青ざめた、病弱な、かすかな）は、おそらくアングロサクソン語 wan（欠ける）と同語源の wann（色を欠く）が語源である。原義は「色がない（黒い）」で、「青白い」へと変化した。

unction [ʌ́ŋkʃən] 塗油《人に油を塗る宗教儀式》、精油、宗教的情熱
→ lotion, propaganda

unctuous [ʌ́ŋktʃuəs] 調子が良すぎる、油のような、可塑性の
→ lotion, propaganda

under [ʌ́ndər] …の下に、…を受けて
→ overture

under はゲルマン諸語に共通で、ドイツ語 unter、オランダ語 onder、古北欧語 undir などは同系語である。アングロサクソン語 under は「…の下に」と「…の間に」の両方を意味した。ラテン語 infra（下で、下方に）やラテン語 inter（…の間に）は同族語である。*infernal regions*（地獄）、ダンテの *Inferno*（『地獄篇』）、inferior（下級の、下位の）などはラテン語 infra から派生した。またラテン語 inter から派生した言葉には intercede（取りなす——ラテン語 cedere, cess〔行く〕——）、international（国際的な）、interest（興味——ラテン語 inter と esse〔ある：sum は一人称単数現在形〕との複合語 interesse〔関係がある、重要な〕が語源——）などがある。ラテン語からの直接の借入語 infra dig は infra dignitatem（品位を落として）の略である。光は infrared（赤外線）から ultraviolet（紫外線）までの広がりを持つ。

under- [ʌ́ndər-] 下の、下位の、不十分に、劣る

このよく用いられる英語の接頭辞は互いに関連しあった種々の意味を持つ。第一に、物理的に下の位置を意味する。*under*current（底流）、*under*mine（下を掘る、浸食する、むしばむ）などがその例で、今では比喩的にも用いられる。ここから、*under*-secretary（次官）のように下位を示し、さらに *under*fed（十分に食料を与えられない）、*under*dog（負け犬、敗北者）、*under*clothed（薄着の：〔原義〕肌着〔*under*clothes〕のままでいる）、*under*exposed（露出不足の）のように「劣った」あるいは「不十分な状態」を表すようになる。また、16世紀以後はいくつかの複合語で、*under*bid（《競争相手》より安く値をつける）や *under*sell（…より安値で売る）のように「…より少なく」を意味した。

あるいは、この接頭辞だけで "*under* one's charge"（…の管理下にある）を意味するかのように、二次的な意味が発展した場合もある。*under*take（引き受ける、着手する）がその例である。なお *under*taker（葬儀屋、請負人）の原義は「企てを試みる人」で、18世紀には演劇のプロデューサーを指したが、初期の商店〈stationery 参照〉と教会との連想から現在の意味「葬儀屋」が派生した。動詞 *under*take には葬儀と関係する意味はない。

同じ語でも、別の語が続いたり、前についたりすることによって、慣用のみで異なる意味に発展した語がある。*under*stand（理解する）と stand *under*（《告発などを》受ける、…に服する）、*over*take（追いつく、襲いかかる）と take *over*（引き継ぐ、接収する）、さらに *up*set（ひっくり返す、狼狽させる）と set *up*（立てる、設立する）、名詞 set*up*（機構、仕組み）などがその例である。通常は接頭辞がつくと文字通りの意味から離れていく。

undermine [ʌ̀ndərmáin] 下を掘る、むしばむ、傷つける
→ overture

underskinker [ʌ̀ndərskíŋkər] 酒場の見習い給仕
→ luncheon

understand [ʌ̀ndərstǽnd] 理解する、了解する
→ tank

undertaker [ʌ̀ndərtèikər] 葬儀屋、請負人

➜ under-
undulation [ʌ̀ndʒəléiʃən] うねり，波
➜ wash

uneasy [ʌníːzi] 不安な，窮屈な，不自然な
➜ ease

ungainly [ʌngéinli] 優美でない，扱いにくい
➜ again

unguent [ʌ́ŋgwənt] 軟膏
➜ lotion, propaganda

union [júːnjən] 結合，同盟
➜ onion

unique [juːníːk] 唯一の，比類のない
➜ onion

unity [júːnəti] 単一，一致
➜ onion

universe [júːnəvəːrs] 宇宙，全人類
➜ college

university [jùːnəvə́ːrsəti] 大学
➜ college

unkempt [ʌnkémpt] もじゃもじゃの，だらしのない
➜ quaint

unleavened [ʌnlévnd] パン種を入れない，新しさのない
➜ yeast

unless [ənlés] もし…しなければ，…でない限り

地味な接続詞にさえそれなりの歴史がある。この語の最初の部分は，誤った類推により un-（…でない）と変化したが，元々は *on less that* であり，「どんなにより小さな条件に基づいても (on any less basis)，後に続く行為が生じたであろう」という意味だった。すなわち，"I'll go unless I am sick."（病気でない限り行きます）は，「病気より小さいどんなことがあっても行きます」という意味である。

unsophisticated [ʌ̀nsəfístikeitid] 世ずれない，純粋な，単純な
➜ sophisticated

unspeakable [ʌnspíːkəbl] 言葉に表せない，ひどく悪い
➜ nefarious

speak（話す）はゲルマン諸語に共通で，アングロサクソン語では，より古い sprecan から派生した specan である。speech はその名詞であり，アングロサクソン語では，より古い spraec から派生した spaec である。

unutterable [ʌnʌ́tərəbl] 言いようのない，言語に絶した，まったくの
➜ nefarious

動詞 utter（発音する：to give *out* [sound]）は，outer（外の，より外にある）を意味する形容詞 utter（アングロサクソン語 ut〔外の：*out*〕の比較級 uttera が語源）から派生した。なお，最上級は utmost（最大の，最高度の）のうちに生き残っている。

Upanishad [uːpǽniʃæd] ウパニシャッド《古代インドの哲学書》

興味深いことに，神や人生の基本問題に関するサンスクリット語のこの論考の名前は，聖書の『詩篇』23篇「青草の原に休ませ」(lie down in green pastures) を思わせるし，またホイットマン (Walt Whitman, 1819-92) の「ぶらつきながら，魂を招け」(loaf, and invite your soul)《"Song of myself"：「私自身の歌」，*Leaves of Grass*：『草の葉』(1884年) では一人称で語られる》を暗示するかのようである。ウパニシャッドは，サンスクリット語 upa（近くに）と ni-shad（腰を下ろす，横になる）からなる言葉である。

uranium [juəréiniəm] ウラニウム，ウラン

ギリシア語 ouranos（ウラノス）は「天空」を指すとともに天空神（Ouranos——ラテン語 Uranus——）の名前でもあった。この神は大地の女神ガイア (Gaia) の夫で，天と地は夫婦である。ギリシア語 gaia は ge（大地）の詩語で，その ge は英語 geometry（幾何学）の語源である。〈sarcophagus 参照〉

ミューズの女神たちの中で天文学を司るのはウラニア (Urania) である。惑星には古典ギリシア・ローマの神々の名がつけられてきたが，1781年3月13日，ドイツ生まれの英国の天文学者ハーシェル (William Herschel, 1738-1822) が，望遠鏡によって発見した最初の惑星として書きとめたものは結局ウラノス（Uranus：天王星）と名づけられた。そして1789年にクラプロート (Martin Heinrich Klaproth, 1743-1817) が新元素を瀝青ウラン鉱で発見した時，それは uranium（ウラニウム）と名づけられた。ウラノスが当時最も遠い惑

星だったように，それは当時原子番号92を持った最後の元素であった．その後，天文学者たちは計算上，より遠くからの引力がこの惑星に働いていることを知り，計算と天体観測（*uranoscopy*）によって，1846年に海王星（Neptune）を，1930年に冥王星（Pluto）を発見した．
→ element

urbanity [ə:rbǽnəti] 都会風，優雅，洗練された言動
→ neighbor

urchin [ə́:rtʃən] 鼻たれ小僧，悪がき，【生物】ウニ
→ graft

urge [ə́:rdʒ] 駆り立てる，説得する；衝動
→ sorcerer

urgent [ə́:rdʒənt] 切迫した，しつこく求める
→ sorcerer

urine [júərin] 尿，小便
この語は元来，より広義に用いられた．語源はラテン語 urinare（濡らす，小水をする）で，異態動詞〔受動形〕urinari, urinat- は「濡れる，潜水する」の意味であった．ラテン語 urinator は18世紀まで英語でも用いられ，「潜水夫」を意味した．さらに長年にわたって英語 urinal（小便所，し瓶）は別に，錬金術における溶解用の小型ガラス瓶を指していた．しかし，普通の「尿」に関係する意味もまたラテン語においてすでに発展していた．

urn [ə́:rn]《脚・台座のある》つぼ，かめ，骨つぼ
この語は材料から，あるいはいつも中に入れていた物から名づけられたと考えられる．urere, ust-（焼く）から派生したラテン語 urna（かめ，つぼ）が語源で，原義は「焼かれた粘土，陶器類」である．しかし次第に，死者の灰を保存するための特定のタイプのつぼの名となっていった．ラテン語動詞 urere の過去分詞 ust- は，英語 combustible（可燃性の，興奮しやすい），combustion（燃焼，激動：〔原義〕一緒に燃やすこと）に残っている．
上記ラテン語 urere, ust-（燃やす）は，もっと有益な（useful）ラテン語 uti, us-（使う）と混同してはいけない．これは useful をはじめ，usual（いつもの，通常の），use（使う；使用），それに，usury（高利貸し，法外な高利）〈同項参照〉や同項で取り上げた言葉以外にも，abuse（乱用する；悪用），disabuse（誤り〔*misuse*〕に気づかせる，迷いを解く〔cease being *abused*〕），usage（使い方，慣行，語法）の語源である．
英語 usurp（《王座・権力などを》不法に奪う，強奪する）は，usus（使用：*use*）と rapere（ひったくる）から合成されたラテン語 usurpare（使用する，《合法的に》所有権を得る：〔原義〕使用のために，あるいは，使用することにより奪う）が語源で，フランス語 usurper（横領する，強奪する）を経て借入された．占有は九分の強み（預り物は自分の物）ということがある．

usage [jú:sidʒ] 使い方，慣行，語法
→ urn

use [jú:z] 使う；[jú:s] 使用，効用
→ usury

usher [ʌ́ʃər] 案内係，守衛；案内する
usher は元々は門衛だった．後に座席へ案内するためにドア近くに立つ人を意味するようになり，ここから現在の用法が派生した．ラテン語 ostium（戸，入口，河口）が語源で，後期ラテン語 ustium, フランス語 huis（《古語》ドア）から派生した huissier（《古語》門番）を経て借入され，英語の古形は huisher や husher であった．同語源の ostiary は今でも「門番，守門」を意味する教会用語である．オスティア街道（the *Ostian* Way）はティベリス川の河口（*ostium*）にある古代ローマの港へと通じていた．ラテン語 ostium はさらに，ラテン語 os, or-（口）〈inexorable 参照〉にさかのぼる．しかし，ギリシア語 osteon（骨）から派生したさまざまな語〈ostracize 参照〉と混同してはならない．
ところで，綴りや「示す」という意味でも関係があるように見える ostensible（表向きの，見せかけの）は，語源が異なり，ラテン語で ob-（行方に：〔原義〕…に向かって）と tendere, tent-（広げる）〈tennis 参照〉からなる言葉である．ちなみに，obvious（明らかな）〈同項参照〉の ob- も上記と同じ意味に発展したものである．したがって，この ostensible はベルギー北西部の港町・保養地オステンデ（Ostend）での《1888年にこの地で開催さ

れたのが世界最初とされるが，そのような《美人コンテストの》水着の美女たちのように，眺めるべく提供されたものを意味する。なお，英語 ostentation（見せびらかし，誇示）は，ラテン語 obstendere, ostendere（見せる）の反復形 ostentare, ostentat-（見せ続ける）から派生したものである。

usual [júːʒuəl] いつもの，通常の，ありふれた
　→ urn

usurp [ju(ː)sə́ːrp] 不法に奪う，強奪する
　→ urn

usury [júːʒəri] 高利貸し，不法な高利
　using（使うこと）と using up（使い果たすこと）の間には大きな意味の差はない。同じように，ラテン語 uti, us-（使う）から習慣的な使用を意味する use（使用，使いみち，効用）や utility（有用，実用性）が派生した。また，utensil（《家庭や台所の》用具，器具）は，現在分詞 utens からのラテン語形容詞 utensilis（使用に適した）を経て借入された。さらにラテン語 uti（使う）の未来分詞からの名詞 usura（使用，利益）が語源の usury は，使用によって生じた磨耗や破れに対する代金（profit）のことであった。
　utility（有用性）は futility（無益）と語源のうえで対立する言葉ではない〈futile 参照〉。また，英語 uterus（子宮）とも当然語源的関係はないだろう。この uterus は，ラテン語 uterus（子宮）からギリシア語 hystera（子宮——hysteria〔ヒステリー〕〈同項参照〉の語源——）にさかのぼる。また fertile（肥沃な）は，ferre（もたらす，運ぶ）から派生したラテン語形容詞 fertilis（肥沃な，実りのよい）が語源である。unfertile（実りのない）状態を sterile（不毛の）と言う。後者はラテン語 sterilis（不毛の）が語源で，ギリシア語 steiros（不妊の），ゴート語 stairo（うまずめ），サンスクリット語 stari（子を産まない牛）と同族語である。古代にあっては雄牛より雌牛の方がずっと重要だった。〈urn 参照〉

Utah [júːtɔː] ユタ
　→ States

uterus [júːtərəs] 子宮
　→ hysteria, usury

utility [juːtíləti] 有用，実用性
　→ usury

utmost [ʌ́tmðust] 最大の；最大限，極限
　→ unutterable

utopia [juːtóupiə] ユートピア，理想郷
　→ evangelist

utopian [juːtóupiən] ユートピアの，理想郷の
　→ evangelist

uvula [júːvjələ]【解剖学】口蓋垂，けんよう垂
　→ pylorus

V

vacant [véikənt] 空(ﾗﾝ)の, 空虚な
→ vessel
vacate [véikeit] …をあける, 立ち退く
→ vessel
vacation [veikéiʃən] 休暇, 立ち退き, 辞職
→ vessel
vaccinate [vǽksənèit] ワクチン接種をする
→ bachelor
vacuum [vǽkjuəm] 真空, 空白
→ vessel

　この語はラテン語 vacuus（空の）の中性形 vacuum が名詞化したものであるが, 後期ラテン語で一般に vocitum, voitum という語形に変化し, これが古フランス語 vuide, voide を経て借入されて void（空虚な, 無効の）となった。vacuum と void は二重語である。avoid（避ける）は古フランス語 esvuider（空にする）から借入された言葉で, 当初は「空にする」「無効にする」(to make *void*) を意味した。しかし, フランス語 eviter（避ける：*evade*〈wade 参照〉）と混同されて現在の意味に落ち着いた。形容詞 devoid（…が欠けている）は, 古フランス語 desvuidier（空にする）から借入された言葉で,「空の」という意味を今日まで引き継いでいる。英語 divide（分かつ, 分離する, 隔離する）は,《ラテン語 dividere（分ける）が語源である》古フランス語 desvuidier（空にする）から変化したフランス語 dévider（《巻いてあるものを》ほどく）の影響を受けたのではないかとも考えられる。〈widow, improvised 参照〉

　前記のフランス語 eviter（避ける, 回避する）は, ラテン語 e-（ex：外へ）と vitare, vitat-（逃げる）とからなるが, 英語では否定的形容詞 inevitable（《結果・死などが》避けられない）にのみ現れる。ラテン語 vitare（逃げる）は, ラテン語 via（道）から派生したラテン語 viare, viat-（行く）の強調形である可能性が高い。そしてここから英語 obviate（《危険・困難などを》事前に除去する, 予防する）が派生した。この語の原義は「途中で会う」であり, ここから「世話をする」「処理する」という意味が派生した。英語 obvious（明らかな）は, ラテン語形容詞 obvius（出迎える）が語源で, 原義は「邪魔になる物」で,「必ず見える物」へと意味の変化が起こった。deviate（それる）や devious（曲がりくねった）も同語源であり,「曲がりくねった」や「それる」という意味では, この項の解説のようでもある。

vade-mecum [véidimɪ:kəm] 必携, 便覧
→ wade
vagabond [vǽgəbànd] 放浪者
→ vague
vagary [véigəri] 突飛な行い, 酔狂
→ vague
vagrant [véigrənt] 放浪者, 浮浪者
→ vague
vagina [vədʒáinə] 膣
→ vanilla
vague [véig] あいまいな, 漠然とした, わずかな

　心がさまようと, 周りの物事はあいまい (*vague*) になるものである。事実, vague はラテン語 vagus（さまよっている）が語源である。このラテン語の動詞形 vagari, vagat-（さまよう）からは英語 vagary（突飛な行い）とか divagation（さまよい, 余談）が派生した。di- はラテン語 dis（…から離れて）が語源である。

　vagabond（浮浪者）は, ラテン語 vagabundus（放浪している）が語源である。このラテン語には vagamundus という語形もあり, その場合 -mundus はラテン語 mundus（世界）のことで, 英語 mundane（平凡な, 世俗的な）の語源で

ある。vagabond には wagabond という別形もあって、同族語 wander（さまよう）に影響された可能性が考えられる。wander は古高地ドイツ語にはないが、他のゲルマン諸語に共通に存在する言葉であり、アングロサクソン語では wandrian（さまよう）で、このアングロサクソン語は、英語 wend（行く、旅行する）の語源である古英語 wendan（曲がる）と同語源の反復動詞である。

vagrant（放浪者）は少し異なった道をたどった。その語源は、古フランス語 walcrer（歩く）〈walk 参照〉の現在分詞 waucrant〔walcrant〕で、北方語からアングロフランス語へと放浪して、中英語 vagaraunt として借入された。しかし、ここに取り上げた語群全体の相互関係は少しはっきりしない（*vague*）ところがある。

vain [véin] うぬぼれの強い、無益な、空虚な

vain（ラテン語 vanus〔空の、空虚な〕が語源）と、その名詞形 vanity（うぬぼれ、虚栄——ラテン語 vanitas, vanitat-〔空虚、虚栄〕が語源——）は同じ意味的発達を経た。vain が英語に借入された時、その意味は「空の」から、それゆえに「怠惰な」「無益な」へと既に移転していた。これらの意味を深めたものは旧約聖書の『コヘレト書』(1:2) における *Vanity of vanities, vanity of vanities ; all is vanity.*（なんという空しさ、なんという空しさ、すべては空しい）という伝道者コヘレトの叫びである。人に適用されると vain は、はっきりと「愚かな、ばかな」(foolish, stupid)〈silly 参照〉を意味する。しかし、無分別な人は一人よがりのうぬぼれへと陥るもので、ここから虚栄の市（*Vanity* Fair）がうぬぼれが強い（*vain*）人々で賑わうことになる。彼らを諭そうとしたり、ましてや彼らの数を減らそうとしても無駄な（in *vain*）ことである。

vair [véər] リスの毛皮、イタチ、テン
→ incinerator

valedictory [væ̀lədíktəri] 告別の、別れの；告別演説
→ verdict

valentine [vǽləntàin] バレンタインカード〔の贈り物〕、聖バレンタインの祝日に贈り物をする相手〔恋人〕

かつて、聖バレンタインの殉教の日、2月14日に「私の恋人バレンタインになりませんか」と言って、その年につき合う素敵な女性を陽気なやり方で選ぶ習慣があった。この楽しい習慣はすたれ、今ではきれいで楽しいカードを送るようになっている。その習慣は、鳥がつがう時期だったことから、同聖人の祝日であるかの日に結びつけられたと考えられる。しかし、この語 valentine は、古フランス語 galantine（恋人、色男、勇敢な人：*gallant*）から音韻推移によって派生した可能性が高い。英語 gallant（勇敢な、騎士的な）は同語源のフランス語 galant（《女性に好かれようとして》親切な）から借入された。フランス・ルネサンス期の代表的作家ラブレー（François Rabelais, 1494?-1553）は Viardiere le noble valentin（高貴な色男ヴィアルディエール）について語っているが、valentin を「しゃれ者、色男、情人」（*gallant*）の意味で使っている。

この gallant の語源については、不明な点はあるが、古高地ドイツ語 geil（浮気な）が語源の古フランス語 galer（楽しむ）と結びつけられた。その古高地ドイツ語 geil からはアングロサクソン語 gal（気まぐれ、色情、陽気さ）を経て英語 gala（お祭り）が派生している。また、gallant が galantine（ガランティーヌ《鶏肉・子牛肉などの骨を抜いて詰め物をし、香味を加えて煮た料理；冷やして食べる》）の影響を受けていると考えるのはまったく自然なことだった。というのもこの語は「魚用白ソース」を意味するようになっていたからである。《ラテン語 gelatus（凍った）が語源ではないかと考えられるが》ギリシア語 gala（ミルク）が語源とも考えられる古フランス語 galatine を経て借入された。〈delight 参照〉

valet [vǽlət] 近侍、従者
→ varlet

valid [vǽlid] 妥当な、有効な
→ infirmary

Valkyrie [vælkíəri], **Walkyrie** [wɑːlkíəri] ヴァルキューリー《オーディンの侍女である武装した乙女たちの一人》

Valkyriur〔Valkyries〕は、ウォーダン（Woden《アングロサクソンの主神》）、すなわちオーディン（Odin《北欧神話の

主神》——Wednesday〔水曜日〕〈week参照〉は Woden's Day〔ヴォーダンの日〕が原義——）の侍女である12人の乙女たちであった。彼女たちは戦闘で死んだ戦士たちをヴァルハラ（Valhalla《戦死した英雄たちが招かれて永久に住むとされるオーディンの殿堂》）へ連れて行った。この語 Valkyrie の語源は，valr（戦闘で殺害された）と，kjosa（選択する）の語幹 kur- から派生した kyrja（選択者）とからなる古北欧語 valkyrja である。英語形 Walkyrie は古くは waelcyrie で，-cyrie は，英語 choose（選ぶ）の語源であるアングロサクソン語 ceosan のゲルマン語根 cur- から派生した。Walkyrie は，かつてローマの復讐の女神フューリーズ（Furies）の翻訳語として用いられた。

valor [vǽlər] 勇気，武勇
　➜ infirmary

value [vǽlju:] 価値，値打ち，重要性
　➜ verdict

vamoose [væmú:s], **vamose** [vəmóus] 逃げる，高飛びする

この語はスペイン語 vamos（行こう：let's go）が語源で，ごく自然にメキシコ国境地帯から借入されたものである。〈vanish 参照〉

vamp [vǽmp] つま革，つぎ，妖婦；つぎ当てする

この語は，avant pied（足の前部）から変化した古フランス語 avanpié（靴の前部）を経て借入された中英語 vampey の短縮形である。そこから英語の動詞 vamp や revamp（ラテン語 re〔再び〕）は，いずれも「靴を修繕する」「つぎ当てする」という意味で，この意味は音楽にも適応され，「《伴奏・前奏などを》即興でつける」という意味にも使われている。van（幌付き荷馬車，有蓋貨物自動車，ヴァン）は，フランス語 avantgarde（【軍事】前衛，【芸術・思想】前衛）から借入された vanguard（【軍事】前衛，先鋒，【芸術・政治運動などの】指導者，前衛）の短縮形である。

スラング vamp（妖婦）は，マジャール語やロシア語，その他のスラヴ語で使われた vampir（魔女）から借入された vampire（吸血鬼《死体からよみがえって，夜間眠っている人の生き血を吸う》）の短縮形である。

なお，上記 vamp（つぎ当てする）とよく似た意味の cobble（不器用に修繕する）は，アングロサクソン語 caeppe（フード，ずきん）が語源の copp（てっぺん，頂上——cap〔帽子〕と同系語——）から cob（取っ手，ノブ，先の丸い形），その指小語 cobble（塊，石）を経て成立したとする説がある。そして，アングロサクソン語 caeppe は，さらに capitulare（頭飾り）から派生したのではないかと考えられる後期ラテン語 cappa（フード，マント）から借入された。〈achieve 参照〉

vampire [vǽmpaiər] 吸血鬼
　➜ vamp

van [vǽn] 前衛，先陣，ヴァン
　➜ vamp, pan-

vanadium [vənéidiəm] バナジウム
　➜ element

vandal [vǽndl] ヴァンダル族，野蛮人
　➜ Dutch

vandyke (beard) [vændáik (bíərd)] 《先を細くとがらした》ヴァンダイクひげ

フランドルの画家ヴァン・ダイク卿（Sir Anthony Van Dyck, 1599-1641）は，彼が描く人物たちに深く切り込んだ縁つきの襟の服装を着せた。そして彼の弟子たちもまた同じようにカットされたあごひげを生やしていた。短く先の尖ったあごひげファッションは，彼の名を取って，英語式に綴られた。イタリアの画家ティツィアーノ（Tiziano Vecellio, 1576年没）は「輝く黄金赤褐色」の髪を持つモデルを描いた。この色を私たちは赤にまで拡大し，また彼の名を英語化して，titian（赤褐色，金茶色）と呼んでいる。

full *beard*（ふさふさとしたあごひげ）の beard はゲルマン諸語に共通に存在する言葉で，ひげの名前を表すのに用いられるドイツ語 -bart や古北欧語 -barthr と同系語であり，ラテン語 barba（ひげ）〈barbarian 参照〉と同族語である。

ほんの少し下あごに生やすのは goatee（ヤギひげ）と呼ばれる。雄ヤギのひげに似ているからである。-ee は通常は受け身もしくは縮小的な意味の接尾辞で，同様の接尾辞を持つ言葉には，bootee〔bootie〕（ブーティ，婦人・子供用の短いブーツ），employee（被雇用者，従業員），divorcee

（離婚した女性），settee（《背付きの》長いす）などがある。

下唇の下の房のようなひげは imperial（皇帝ひげ）〈empire 参照〉であるが，これはナポレオン3世（1808-73, 在位1852-70）を飾ったことに由来する。両耳を越えてほおに沿った豊かなひげは burnsides（バーンサイズひげ《ほおひげと口ひげを続け，あごは剃っている》）と言われるが，南北戦争中に北軍のポトマック軍司令官であったバーンサイド（Ambrose Everett Burnside, 1824-81）に由来する。この種のひげの広がりは，その位置から sideburns と呼ばれることがある。〈moustache, whiskers については whip 参照〉

vanilla [vənílə] バニラ

今ではチョコレートの主なライバルであると言えるバニラは，イギリスでは当初チョコレート（chocolate）の香りをつけるために用いられた。メキシコ語 chocolatl から借入された chocolate は，cacao（カカオの木）から変化した言葉で，カカオの種子の粉末からペーストが作られた。cocoa（ココア）は cacao が訛ったものである。

cocoa（ココア，カカオの実）と cocoanut（ココナツ，ヤシの実）とは語源的には無関係である。cocoa- はポルトガル語では coco（お化け，醜い顔：〔原義〕骸骨）であり，その語源はラテン語 concha（骸骨，殻）である。英語 conch（ソデガイなどの巻貝《貝殻はカメオ細工・ほら貝に用いられる》）〈同項参照〉はこのラテン語が語源である。coconut, cocoanut は，殻の模様が醜い顔に似ているところからそう名づけられた。conch（骸骨）は [káŋk] と発音されることからスラング conk（頭を殴る）が派生した。ラテン語 concha には「小箱」という意味もあり，ここから「小舟」（*cock* boat 〔《本船付属の》小舟〕）という意味にも使われるようになり，陸の乗り物に転用されて，フランス語 coche（乗り合い馬車）が，そしてこのフランス語から英語 coach（客車，バス）〈同項参照〉が派生したとする説がある。

vanilla は，英語 vagina（【解剖学】腟，【植物】葉鞘）としても使われるラテン語 vagina（葉鞘，【医学】腟）が語源で，スペイン語 vaina（さや，《エンドウの》さや）の指小語 vainilla（さや，【植物】バニラ《ラン科のつる性多年草》），フランス語 vanille（【植物】バニラ，【料理】バニラ・エキス）を経て借入された。

vanish [vǽniʃ] 消える，消滅する

何かが薄い空気の中に消え去ると，空虚な空間（*vacuum*）が後に残される。英語 vacuum（空白，真空）はラテン語 vacuus（空の，空虚な）が語源であるが，同語源のラテン語 vacare, vacat-（空である）や，その現在分詞 vacans, vacant- から英語 vacant（空の，空虚な），vacate（空にする），vacation（休暇）が派生した。

ラテン語 vacuus（空虚な）の古形が vanus（空虚な）〈vain 参照〉で，ここから起動動詞 evanescere（消えうせる）が派生し，英語 evanescent（《蒸気のように》消えていく，つかの間の）や，古フランス語 esvanir, esvaniss-（消える）を経て英語 evanish（《文語・詩語》消滅する，死ぬ）や，よりなじみ深い語頭母音消失形 vanish が派生した。なお，英語 vamoose（さっと立ち去る）〈同項参照〉は，ラテン語 ire, it-（行く）からスペイン語不規則動詞 ir（行く——現在分詞形 yendo〔ラテン語 iendum〕，一人称単数現在形 voy——），vamos（行こう：let's go）を経て借入された。〈obituary 参照〉

vapid [vǽpid] 風味のない，活気のない
→ wade

variegated [véəriəgèitid]《花・葉など》色とりどりの，染め分けの，多様な
→ variety

variety [vəráiəti] 変化〔に富むこと〕，多様性

香り豊かな人生にはさまざまな感動（*varied* sensations）が必要である。動詞 vary（変わる，多様にする）はラテン語形容詞 varius（さまざまの）から派生した動詞 variare, variat-（変わる，多様にする）が語源で，variegated（色とりどりの，多彩な）は varius と，agere（行う，導く）の語幹 ag- とからなるラテン語 variegare, variegat-（多彩にする，多様にする）が語源である。天然痘の痕跡を英語で variola と言い，顔についたよく似た小窩（しょう）を英語で varioles と言う。variola

はラテン語 varius（さまざまの）から派生した後期ラテン語の指小形 variola（膿疱）が語源である。一方、スペイン語 viruela（天然痘）は、virus（毒）から派生したラテン語 virulentus（有害な）に影響された言葉であると考えられる。これらのラテン語は英語 virus（ウィルス）や virulent（毒性の強い）の語源でもある。

　人は日常の食事をさまざまに（in *various* ways）変える（*vary*）ものであるが、*vermiform* appendix（盲腸、虫垂）を《vermifuge（虫下し）》と言い間違えたり、酷使してはいけない。vermiform の vermi- はラテン語 vermis（虫）が語源であり、このラテン語は英語 vermin（害虫、害鳥、寄生虫）の語源である。

variole [véəriðul]【解剖学、動物学】小窩(しょうか)
　→ variety

various [véəriəs] さまざまな
　→ variety

varlet [váːrlət] 悪党、召使い
　封建時代の vassal（家臣、召使い）は元来、まだ一人前ではなく、だれかに仕える身として選ばれるであろうような、育ち盛りの若者のことであった。ケルト語起源の言葉で、アイルランド語 fas（成長）と同語源であり、英語 wax（大きくなる、増大する——to *wax* hale〔健康になる〕——）とは同族語である。英語 wassail（祝いの酒）〈同項参照〉はこの wax hale から派生した可能性がある。ただ、中英語 waes hael（健康であれ）を経て成立したとする説もある。

　古いケルト語起源の vassal の指小形 vassalet から vaslet を経て、英語 valet（《貴婦人の身の回りを世話する》従者）と varlet（《古語》悪漢、【歴史】騎士見習い）の二重語が派生した。これらは本来「従僕」（footman）を意味する言葉であり、valet は元々の意味を保持しているが、varlet はそうした者たちへの評判に由来する。

　wax には「成長する」と「蜜蠟」の二つの同音異語があるが、いずれも原始ゲルマン語起源である。bees*wax*（蜜蠟）の -wax は、ラテン語 viscum（鳥もち、ヤドリギ〔mistletoe〕）〈同項参照〉と同族語であるとも考えられる。そしてこのラテン語から英語の形容詞 viscid（ねばねばする）や viscous（粘着性の）が派生した。〈vegetable 参照〉

varsity [váːrsəti]《大学などの》代表チーム、大学
　→ college

vary [véəri] 変化する、変える
　→ variety

vas [vǽs]【解剖・生物学】〔脈〕管、導管
　→ vessel

vase [veis] 花瓶、つぼ
　→ vessel

vaseline [vǽsəliːn] ワセリン；ワセリンを塗る
　新しい物品や新しい製法が生まれると、それと共にしばしば新語が造語される。その多くは混種語であり、異なる言語の要素からなるものである。vaseline はその一例で、米国の化粧品・食品会社チーズブロー・ポンズの社長チーズブロー（Robert A. Chesebrough, 1837–1933）が1870年ころ、ドイツ語 Wasser（水）とギリシア語 elaion（オリーブ・オイル）から造語した。

vassal [vǽsl] 家臣、従属者、召使い
　→ varlet, bachelor

vast [vǽst] 広大な、莫大な
　→ waist

Vatican [vǽtikn] バチカン宮殿、ローマ教皇庁
　教皇の住居はローマのバチカン丘（*Vatican* Hill）にある。その丘の名は、しかし、異教時代の予言者の聖所があった場所に由来するものであり、ラテン語 vates（予言者）の形容詞形 vaticus が語源である。英語 vaticinate（予言する）や vaticide（予言者殺し）〈shed 参照〉は同語源である。

vaudeville [vɔ́ːdəvil] ヴォードビル、寄席演芸
　15世紀にノルマンディーの村ヴォードヴィル（Vau de Vire）の砧(きぬた)打ち職人オリビエ・バスラン（Olivier Basselin）なる人物は、風刺的な酒宴歌をいろいろと作った。そしてそれらは彼が住まい、歌った場所にちなんで Val de Vire とか Vaux de Vire と呼ばれた。val は「谷」を意味する言葉であり、vaux はその複数形なので、原義は「曲がりくねった道の谷」とい

うことになる。18世紀にはそうした歌曲が笑劇に挿入され，Vire から都市部（ville）にもたらされた。そしてその語が訛って（comédies avec）vaudevilles（ヴォードビル〔と喜劇〕）となった。19世紀には笑劇そのものが vaudevilles となり，フランスの喜劇作家スクリーブ（Augustin Eugene Scribe, 1791-1861）は何百となくそれらを書いた。アメリカ人はその語を借りて，イギリス人が variety（バラエティ）と呼ぶものの呼び名としたのである。

veal [víːl] 子牛の肉
→ mutton

vector [véktər] ベクトル，媒介動物
→ vehicle

vegetable [védʒətəbl] 野菜，植物
　これは英語にしっかりと定着しにくい言葉であった。シェイクスピアは *Pericles*：『ペリクレス』(III, ii, 36) で vegetive を用い，ベン・ジョンソン（Benjamin Jonson, 1572-1637）は *The Alchemist*：『錬金術師』(1610年) で vegetal (I, i, 40) を使っている。語源は，vegere, veget-（拍車をかける，刺激する）から vegetare, vegetat-（元気づける）を経て派生したラテン語形容詞 vegetablilis（活気づける，植物性の）で，フランス語 vegetable（生きることができる）を経て借入された。このラテン語 vegere, veget- はまた，ラテン語動詞 vigere（元気がある，繁栄する，開花する）とか形容詞 vigilis（目覚めている）と同語源であり，ここから vigorous（精力的な）とか，vigil（寝ずの番），vigilant（油断のない）が派生した。共通の印欧語根は wag-（生き生きとしている，強い）であり，この語根からゴート語 wakan（目覚める：*wake*）が分出した。wax（増大する）〈varlet 参照〉もまたここから派生した可能性が考えられる。
　vegetate（生い茂る）は，「植物（*vegetable*）のように成長する」「日光を浴びて成育する」などという意味である。vegetarian（菜食主義者）は，1895年に unitarian（ユニテリアン派の人）などにならって，中国人の一セクトを意味する言葉として用いられた。菜食主義者（vegetarian）には精力的な（vigorous）人もいればそうでない人もいる。〈plant 参照〉

vegetarian [vèdʒətéəriən] 菜食主義者
→ vegetable

vegetate [védʒətèit] 元気づける
→ vegetable

vehemence [víːməns] 激烈さ，熱情
→ vehicle

vehement [víːmənt] 熱情的な，激烈な
→ vehicle

vehicle [víːəkl] 乗り物，媒体
　「車」の意味に用いられる以前，この語は，別の物質を中に溶かして運ぶ液体のように，運ぶ物なら何でも意味した。語源は，ラテン語動詞 vehere, vexi, vect-（運ぶ：to carry）から派生した指小語 vehiculum（運搬手段）である。
　inveigh（激しく抗議する，ののしる）はラテン語 invehere（乗り込む，攻撃する）の受動不定形 invehi から借入された。in- はラテン語 in（…に対抗して）が語源で，「何かに対してわれを忘れる」(be carried away against ...) が原義である。古くは invey とか invehe だった。
　vehemence（激烈さ，猛烈さ）や vehement（激烈な，猛烈な）は，ラテン語動詞 vehere（運ぶ）の現在分詞 vehemens, vehement- から派生した，と考えるのが自然である。しかし，これらは語頭についてその語を打ち消すラテン語接頭辞 ve-, vehe- と，mens, ment-（知性，意識，精神――mental〔心の〕の語源――）とからなるという説もある。確かに，激烈な（*vehement*）人は精神のコントロールを欠きがちである。こうして vehemence は violence（暴力）につながる。
　violence はラテン語 violare, violat-（侵害する，暴行する）が語源であり，violation（違反，侵害）も同語源である。この語源はさらにラテン語 vis, vi-（力，権力，武力）にさかのぼる。しかし，この語は，ラテン語 videre, vis-（見る）と区別されるべきである。後者からは visual（視覚の，目に見える），evident（明白な），visage（顔，顔つき）が派生した〈improvised 参照〉。「ビザ，査証」を意味する visa や visé は，ラテン語 videre（見る）の過去分詞 vis-（見られた）から，「点検された」「承認された」という意味に使われた。前者はラテン語 carta visa（許可証）から，後者はフランス語 viser（査証する）の過去分詞からの借入語である。

ラテン語 vehere, vexi, vect-（運ぶ, もたらす）はまた, 英語 invective（毒舌, 罵倒）, convex（凸面）, *vector* analysis（ベクトル解析）の語源でもある。convex の原義は「集める」である。ラテン語 vehere の反復形 vexare, vexat-（ぐいと引き押しする, 揺さぶる）は, フランス語 vexer（機嫌を損ねる）を経て英語 vex（じらす, 怒らせる）となった。vexation（いらだたせること, 悩みの種）はこのラテン語から名詞 vexatio, vexation-（迫害, 辛苦）を経て借入された。

veil [véil] ベール, 口実
→ cloth

velours [vəlúərs] ベロア《ビロード状の布地》
→ cloth

velvet [vélvit] ビロード, ベルベット
→ cloth

venal [ví:nl] 金で動かされる, 腐敗した, 金銭ずくの
venal person とは「買収されやすい人」であり, venal はラテン語 venum（販売, 売りに出した商品）から派生した形容詞 venalis（賄賂のきく）が語源である。vend（売る）の語源は venum と dare, dat-（与える）〈date 参照〉からなるラテン語 vendere（売る）である。venal は, しかし, venia（許し, 恩赦）から派生したラテン語形容詞 venialis（寛大な）が語源の venial（《罪・過失などが》許しうる, 軽微な）と混同してはならない。

vend [vénd] 売る, 売却する
→ venal

venerable [vénərəbl] 尊敬すべき, 尊い
→ win

venerate [vénərèit] 尊ぶ, 敬慕する
→ win

venereal [vəníəriəl] 性交によって伝わる, 性病の
→ win

vengeance [véndʒəns] 復讐, 報復
vindicate oneself（自分の正当なことを立証する）は, *avenge* a wrong（不正に対して仕返しをする）と同じとは言えない。avenge（復讐する）は「正義の応報」(just retribution)〈tribulation 参照〉の意味をいくぶん含み得るが, 今日では revenge（報復）とほとんど互換的に用いることができる。しかし, ラテン語起源の接頭辞 a-（ad-：…に, …へ, …のために）や re-（後ろへ）がついただけで, この 3 語 vindicate, avenge, revenge は同語源であり, 英語 venge（復讐する）と同様にラテン語 vindicare, vindicat-（法律的に要求する, 護る, 罰する）が語源で, 古フランス語 vengier, フランス語 venger（復讐する）を経て借入された。形容詞 vengeful（復讐心のある, 執念深い）と vindictive（復讐心のある, 執念深い——古形は vindicative——）はそうした語源関係をより密接に示している。ラテン語 vindicare そのものは, vis（力）の対格形 vim と dicere, dict-（言う）とからなる「力・権力を持って話す」が原義のラテン語であり〈verdict 参照〉, ラテン語 vim は英語 vim（精力, 気力）の語源でもある。こうして主（Lord）は Vengeance is mine（私が報復し〔報いをする〕）（『申命記』32 : 35）と言われたが, 人間は神の言葉に, 「目には目を」という慣習を組み込んだ。

venial [ví:niəl] 許される, 軽微な
→ venal

venison [vénəsn] 鹿肉
→ win

vent [vént] 穴, 肛門
→ dollar

ventilate [véntəlèit] 空気を通す, 公然と議論にのせる
→ dollar

ventriloquism [ventríləkwìzm] 腹話術
→ necromancy

venture [véntʃər] 冒険的事業, ベンチャー
→ dollar

Venus [ví:nəs] ヴィーナス, 金星
→ win

veracious [vəréiʃəs] 正直な, 本当の
→ mere

verandah [vərǽndə] ベランダ
→ attic

verdict [və́:rdikt] 評決, 裁断
ピラトが知っていたように（『マルコ福音書』15 : 2-）, 真実はだれもただ一人で断定されるものではない。だからこそ, 今日では 12 人の審理結果に任されていて, 彼らが評決（*verdict*）を下すのである。こ

の語 verdict は，ラテン語 vere（真に，正しく，公正に）と，dicere, dict-（話す，言う）から派生した名詞 dictum（言葉）とからなる後期ラテン語 veredictum（公正に述べられたこと，評決）が語源で，古フランス語 verdit から古英語 verdit として借入された。ラテン語 dicere, dict-（話す，言う）からは英語 diction（言葉遣い）や dictionary（辞書）が派生している。dictate（口述する）は，ラテン語 dicere の反復動詞 dictare, dictat-（何を言うべきか告げる，命じる）が語源である。

古フランス語 verdit では後期ラテン語 veredictum の -e- も -c- も失っているが，-c- が英語 verdict で復活したのは，benediction（祝福――ラテン語 bene〔よく〕――），malediction（呪い，悪口――ラテン語 male〔悪く〕――），contradiction（矛盾――ラテン語 contra〔…に反対して〕――），などとの類似によるものである。これらはすべて後になって英語に借入された言葉であり，古フランス語経由のものではない。

ラテン語動詞 dicere, dict-（言う）や，その反復形 dictare, dictat-（命じる）と共に，3番目のラテン語動詞 dicare, dicat-（宣言する，神に奉納する）がある。これら三つのラテン語動詞は，英語を生み出す非常に豊かな源泉となったもので，接頭辞がつくことによっていくつかの意味の広がりが見られる。ラテン語 addicere, addict-（判決により伝える）は法律用語であり，英語 addict（中毒者）は，比喩的に，ある習慣に「束縛された」を意味するようになった。abdicate（放棄する）は，ab（…から）と dicare, dicat- とからなるラテン語 abdicare, abdicat-（放棄する）が語源である。dictaphone（ディクタフォン《口述録音機》）は，近年（1907年）の変則的な造語で，英語 dictate（口述する）と，telephone（電話）の -phone（話す）からなる言葉である〈focus 参照〉。さらに，dedicate（捧げる――ラテン語 de〔…に関して〕――），indicate（指す），adjudicate（…に判決を下す：to *judge*）もラテン語 dicare, dicat-（宣言する，奉じる）から派生した。judge（判定する）は，ラテン語 judicare, judicat-（法律を公布する）が

語源で，古フランス語 jugier を経て借入された。ju- はラテン語 jus, jur-（法律）が語源である。〈just 参照〉

valedictory（告別演説，別れの言葉）の vale- は，ラテン語動詞 valere（力がある，価値がある）から派生した命令形 vale（汝すこやかであれ，さようなら）が語源である。value（価値）は，ラテン語 valere から派生した古フランス語 valoir の過去分詞 valu, value（価値がある）が名詞化し，英語に借入された。

edict（布告，命令），predict（予言する），predicate（断定する；述語），preach（説教する，伝道する）などもラテン語 dicere, dict-（言う）が語源である。preach は，ラテン語 praedicare, praedicat-（《公衆の前で》宣言する，公表する）から，フランス語 prêcher（《宗教の教えを》述べ伝える）を経て借入された。

上記のラテン語 valere（力がある，価値がある）からはまた，イタリア語 valore（価値）を経て英語 valor（《文語・詩語》《特に戦場での》勇気，剛勇）が派生した。これは当初，すなわち14世紀から16世紀を通じて，位階の価値を意味していたが，15世紀までには「男らしさゆえの価値」，したがって「勇気」を意味するようになっていた。

predicament（苦境，種類，範疇）の語源は，アリストテレスのギリシア語 kategoria（カテゴリー：*category*）の翻訳語として用いられた後期ラテン語 praedicamentum である。ギリシア語 kategoria は，kat-, kata-, kath-（下に，…に反対して）〈paragraph 参照〉と agora（公的広場）からなるギリシア語 kategorein（…に反対して公に話す）から派生した。アリストテレスは10のカテゴリー，すなわちある主語について語り得るすべての仕方のことを語っている。ここから predicament は最初，「カテゴリー」すなわち「部類」(class)を，ついで「ある部類にあるものの状態」を，さらに意味の移転（slide）〈Appendix I 参照〉によって「不運な状態」を意味するようになった。

condition（状態，条件）は，ラテン語 condicere, condict-（共に述べる）から

派生した名詞 condictio, condicion-（合意，条項）が語源で，中英語 condicion として借入された。初めは何かの前提事項として求められる条件のことだった。すなわち，「君がこれをすれば，私があれをしよう」というようなことである。ここから「存在の条件」となり，ついで「存在の状態や仕方」となった。ラテン語 dicere（言う）の過去分詞はそのまま英語 dictum（《権威者・専門家の》公式見解）として用いられているが，このラテン語 dictum（言われたこと，陳述）はイタリア語 ditto（言われた，以前言われた）を経て英語 ditto（同上，同前）となった。しかし，「沈黙は金である」ということもあるので，この辺で。

verdigris [vá*r*dəgrìːs] 緑青
 → vernacular

verdure [vá*r*dʒə*r*] 緑，新緑の若さ
 → vernacular

verge [vá*r*dʒ] 縁，花壇のへり，権杖
 → conversion

vermicelli [vəː*r*mitʃéli] バーミチェリ《spaghetti より細いパスタ》
 → macaroni

vermiform [vá*r*məfɔ̀ː*r*m] 虫のような
 → variety

vermilion [və*r*míljən] 朱色
 → macaroni

vermin [vá*r*mən] 害虫
 → variety

Vermont [və*r*mánt] バーモント
 → States

vermouth [və*r*múːθ] ベルモット《白ワインにニガヨモギなどで風味をつけたもの》
 → wormwood, drink

vernacular [və*r*nǽkjələ*r*] 話し言葉の，日常口語の，その土地特有の
 歴史を見ると，被征服民の習慣や言語に征服民が否応なしに適応するようになることがよくある。サクソン人の農奴たちが，しばらくすると，ノルマン人の主人たちの言語に基本語を提供したのはその一例である。英語 vernacular は，ラテン語 verna（召使い，《特にある人の家に生まれた》奴隷）の形容詞 vernaculus（家で生まれた，土着の）から派生した。
 綴りは似ているが，vernal（春の）は

まったく別起源の言葉で，ver（春）から派生したラテン語 vernalis（春の，青春の，緑の季節の）が語源である。同じラテン語から viridis（緑の）を経て英語 verdure（青緑，新緑）が派生した。verdigris（緑青）は古フランス語 vert de Grece（ギリシアの緑）から借入された。なぜギリシアと関係づけられるのか知られていないが，ギリシアとの連想からしばしば verdigrease とも綴られた。

vernal [vá*r*nl] 春の〔ような〕，若々しい
 → vernacular, month

versatile [vá*r*sətl] 多才の，多目的に使用できる
 → conversion

verse [vá*r*s] 韻文，詩句
 → conversion

versed [vá*r*st] 熟達して，精通して
 → conversion

verso [vá*r*sou]《本の》左ページ，《メダルの》裏
 → conversion

versus [vá*r*səs] …対，…と比較して
 → advertise, conversion

vertebra [vá*r*təbrə] 脊椎，背骨《ラテン語「回転の軸」の意》
 → pylorus

vertex [vá*r*teks] 頂上，頂点
 → conversion

vertical [vá*r*tikl] 垂直の，縦断的な
 → conversion

vertiginous [və*r*tídʒənəs] 目まいがする，旋回する
 → conversion

vertigo [vá*r*tigòu] 目まい，空間識失調
 → conversion

very [véri] 非常に，大いに
 → mere

vesper [véspə*r*] 宵の明星，晩課〔の時刻〕
 → argosy

vespers [véspə*r*s] 晩課《聖務日課の第6で日没時の祈り》
 → bull

vessel [vésl] 容器，船，導管
 この語は意味のサイズを数度変えたと言える。ラテン語 vas（くぼんだ物，皿，つぼ）の指小語 vascellum（小さな器）が語源で，古フランス語 vesseal, veselle を経

て借入された。英語 vase（花瓶）はラテン語 vas から借入された。このラテン語は，英語 vas（複数形 vasa）として解剖学や生物学では「〔脈〕管」，すなわち，身体内部の中空器官について用いられている。一方 vessel は，今日では大きな船について用いられる。それはまた，今日も液体を保つための容器を指す言葉でもある。

上記ラテン語 vascellum（小さな器）の複数形 vascella は，フランス語では集合名詞となり，vaisselle（《総称的に》食器）と vaisseau（皿，船）が派生した。vaiselle は英語 plate（皿）に当たるが，plate はくぼんだ器ではなく，特に平たい器を意味する言葉である。語源はギリシア語 platys（広い）で，このギリシア語から派生した platypus（カモノハシ）は平らな足を持った動物という意味で，「くぼんだ」という意味はない。

ラテン語の語根 vas- は，vag-（さまよう）〈vague 参照〉や vac-（空である——ラテン語 vacuum〔空虚，空間〕——）に近く，vac- からは，古代人が Nature abhors a *vacuum*.（自然は真空を嫌う）といった vacuum（真空）だけでなく，ラテン語動詞 vacare, vacat-（空である）やその現在分詞 vacans, vacant-（空にする）から英語 vacant（空の，空虚な），vacate（空にする，あける），《しばらくの間自分の場所を》あけたままにする」が原義の vacation（休暇）などが派生した〈waif 参照〉。〈vassal については varlet 参照〉

比喩的に，weaker sex（女性）を weaker *vessel*（弱き器）（『Ⅰペトロ書』3:7）と言うこともある。もっと直接的には，この語 vessel は心と切り離した身体（入れ物：container——半ズボン〔breeches〕〈同項参照〉をはくかはかないかとは関係なく——）という意味に限定する言葉である。シェイクスピアは *Henry V*：『ヘンリー五世』(IV, iv, 71) で，"the empty *vessel* makes the greatest sound"（空の入れ物〔やから〕ほど大きな音をたてるものだ）と言っているが，このことを知っているのはシェイクスピアばかりではない。

vest [vést] チョッキ，肌着
→ invest

vesta [véstə] ウェスタ，短い蠟軸マッチ
→ invest

vestal [véstl] ウェスタの，処女の
→ invest

vestibule [véstəbjùːl] 玄関
玄関とは人が衣服（vestments）を脱ぎ捨てる場所であるという説がある。-bule は，ギリシア語 boulein（投げる）が語源であるからというわけである。しかし，この語はラテン語 vestibulum（入口，ポーチ）が語源で，このラテン語は ve（離れて——サンスクリット語 vi-〔離れて〕，dvi-〔二つ〕——）と，stabulum（住居，家畜小屋）とからなると考えられる。すなわち「住居から離れた控えの間」という意味である。英語 stable（厩舎）は，このラテン語 stabulum が語源である。

vestige [véstidʒ] 痕跡，名残り
→ investigate

vestigium [vestídʒiəm] 痕跡部
→ investigate

vestiment [véstimənt],
vestment [véstmənt] 衣服，法衣
→ invest

veteran [vétərən] 老練家，老兵
→ mutton

veterinary [vétərənèri] 獣医〔学〕の；獣医
この専門家が往診を求められたのは，最初，貴婦人のペットのプードルや籠に入れられたカナリアのためでなく，「馬医者」として農場で必要とされる動物の世話をするためだった。veterinary は，ラテン語 veterina animalia（荷物運搬用の動物，働くのに十分に年をとった動物）から派生した veterinarius（獣医）が語源である。〈mutton 参照〉

veto [víːtou] 拒否権，厳禁
古代ローマの護民官（tribune）〈tribulation 参照〉の職務は，平民の名において，平民のために設立されたもので，護民官には元老院の法案や行政長官の布告を無効にする権限が与えられた。護民官はこの機能を「Veto」（私は禁じる）と公式に述べることによって遂行した。この veto は，ラテン語 vetare（禁じる）の第一人称，単数を主語とする動詞の現在形である。

vex [véks] いらだたせる，じらす
→ vehicle

vexation [vekséiʃən] いらだたしさ，心痛
→ vehicle

via [váiə] …を経て，…経由で
→ duke, voyage

viaduct [váiədʌkt] 陸橋，高架橋
→ duke, voyage

viaticum [vaiǽtikəm] 旅費手当，【キリスト教】臨終の正餐
→ duke, voyage

vibration [vaibréiʃən] 振動，震え
→ whip

vicar [víkər] 教区牧師，副牧師
→ lieutenant

vicarious [vaikéəriəs] 人の身になって感じる，代理職の
→ lieutenant

vice [váis] 悪，悪徳，代理，ビス
→ lieutenant

vice-president [váisprézədənt] 副大統領
→ lieutenant

victim [víktim] 犠牲，被害者
→ trance, victoria

victor [víktər] 勝利者
→ trance, victoria

victoria [viktɔ́:riə] ヴィクトリア《二頭立て四輪馬車》，【植物】オオオニバス《南米産の巨大なスイレン》

　ラテン語 vincere, vici, vict-（征服する）は，英語 victor（勝利者）と victim（犠牲者）双方の語源であり，invincible（無敵の）も同語源である〈trance 参照〉。ラテン語名詞 victoria（勝利：*victory*）は，"Cry *victoria*!"（勝利の歓呼！）とか，名前，特に英国のヴィクトリア女王（Queen Victoria, 在位1837-1901）の名前として使われた。そしてヴィクトリア女王にちなんで馬車からプラム，服地，ハトに至るまでさまざまな物品が victoria と名づけられた。二頭立ての四輪馬車を，女王に因んでヴィクトリア（*victoria*）と呼んだのはフランス人である。Victorian（ヴィクトリア朝の）と言う時には，女王とその時代の特徴から，多少のうぬぼれ，保守主義，進歩信仰，その他の中産階級の属性が心に浮かんでくる。mid-*Victorian*（ヴィクトリア朝中期の）は，特に，強いうぬぼれや上品ぶった行為を想起させる。ただし，その時代には独自の矛盾があることに注意しなければならない。それはギルバート（William. S. Gilbert, 1836-1911）の喜歌劇によく表されている。

　to *convince* someone（確信させる，納得させる）ということは，その人の異議に打ち勝つことである。to *convict* him（彼に有罪を宣告する）は，しばらくの間 to *convince* him と同じように使用されたが，その人のために（in his behalf）議論に打ち勝つこと，すなわち「あやまちを悟らせる，罪を自覚させる」ことを意味するようになった。convict は，最初はラテン語 convincere, convict-（反駁する）の過去分詞に由来する形容詞「有罪を宣告された」だったが，やがて名詞として「有罪を宣告された者」という意になり，ついで動詞「有罪判決を下す」となった。

　convince（信じるように人を導く）は，persuade（行為するように人を導く）と誤用されることがある。後者は強意として用いられた per（…を通して）と suadere, suas-（あるものを好むようにある人を導く，…を口説く，…を甘くする）からなるラテン語 persuadere, persuas-（説得する）が語源である。persuasion（説得）はこのラテン語から派生した名詞である。suasion（説得，勧告）は，接頭辞のないラテン語動詞 suadere, suas- から派生した。このラテン語は英語 suave（温厚な）の語源であるラテン語 suavis（優しい，甘い：*sweet*）〈同項参照〉と同語源である。なお，よく似た発音の sway（揺れる，揺れ動く）は，低地ドイツ語 swajen から借入された言葉で，オランダ語では zwaaien（揺する，よろめく）である。またオランダ語 zwerven はより不規則に「動く」「よろめく」「わきへよける」を意味したが，これが英語 swerve（《急に》それる，迷う）の語源である。to fall under the *sway* of something（何かの支配下に入ること）は，支配されてあちこちへ動かされることを意味する。ここから imperial *sway*（堂々とした支配）という表現が生まれた。「ヴィクトリア！」（Victoria!）

　ラテン語 vita（生命）あるいは victor（征服者）と，ラテン語 victus（滋養物，生活必需品）との間に何らかの語源的関係がある可能性がある。英語 victual（食物，食品）はラテン語 victus（滋養物）から後期ラテン語 victualis，古フランス語

victaile, vitaile, vitale を経て借入された。初期の英語では vitaile, vitayle の他約60もの異なる綴りが記録されており，かなり遠回りをして今日の綴りは語源に近いものとなった。しかし，発音はかつての [vítl] が今日に残り，方言としては vittel や vittle も使われている。Victuals for victory!（勝利のために食料を！）のように victual はしばしば複数で用いられる。

英語 vital（生きている，きわめて重要な）や vitality（生命力）の語源であるラテン語 vita（生命）は，動詞 vivere, vit-（生きる）と同語源である。このラテン語動詞からは，また，vivid（生き生きした），vivacious（活発な，陽気な），vivarium（飼育器，飼養場），viva voce（口頭で；口頭試問）など，多くの英語が派生した。vivisection（生体解剖）のような複合語もある〈set 参照〉。英語 revive（生き返る，生き返らせる）や revivify（生き返らせる，復活させる）の re- はラテン語 re（後ろに，再び）が語源である。

フランス語と英語で用いられる vivandière（〈古語〉女の酒保商人）は後期ラテン語 vivanda, vivenda（生きるのに必要な事物）から派生し，また同フランス語を経て viands（食品）が派生した。ラテン語で vivat（彼〔それ〕が生きていますように）は，時に賞賛に用いられ，時に Vivat justitia, ruat coelum（天が滅びようとも正義がなされよ！）におけるようにトキの声（battle cry）として用いられる。

Victorian [viktɔ́:riən] ヴィクトリア女王〔時代〕の
→ victoria

victory [víktəri] 勝利
→ victoria

victual [vítl] 食料；食糧を供給する
→ victoria

Vienna [viénə] ウィーン
→ dollar

view [vjú:] 眺め，見解
→ improvised

vigia [vidʒíːə]【海事】危険な岩礁を海図上に示す記号
→ alert, vegetable

vigil [vídʒil] 寝ずの番，聖日前夜
→ alert, vegetable

vigilance [vídʒələns] 警戒
→ alert, vegetable

vigilant [vídʒələnt] 絶えず警戒している
→ alert, vegetable

vigor [vígər] 活動力，力強さ
→ alert, vegetable

vigorous [vígərəs] 精力旺盛な，力強い
→ alert, vegetable

Viking [váikiŋ] ヴァイキング

ヴァイキングの襲撃は，彼らの故郷ノルウェーの湾や入江から始まって遠く広範囲にわたった。そのことから Viking は古北欧語 vīk（湾）が語源であるとする説がある。また，彼らが一つ所に落ち着くことはめったになく，ローマ人がしたように多くの野営地を設けたことから，ラテン語 vicus（村，町，農村，同じ道にある村落）から借入されたアングロサクソン語 wīc（野営地）から派生したとする説もある。ラテン語 vicus からはまた，フランス語 voisinage（近所）を経て英語 vicinage（近所，近隣）が派生し，ラテン語 vicinitas（近所）を経て vicinity（近いこと，近接）が派生した。〈villain 参照〉

しかし，ヴァイキングは，中国における満州族（the Manchus）や，フランス（France）〈free 参照〉の由来となったゴールにおけるフランク族（the Franks）のように，東ヨーロッパでは征服者として数世紀にわたって留まった。フィン族はスウェーデンを Ruotsi と呼び，その住民を Rus と呼んだが，この言葉が Russia（ロシア）の語源である。

Viking という名前の最初の部分の由来が古北欧語 vīk であろうとアングロサクソン語 wīc であろうと，-ing は「…の男」を意味する古い男性形接尾辞であった。この -ing は darling（いとしい人，最愛の人）〈hireling 参照〉の -ing のように，指小的，もしくは軽蔑的な効果を持つ語尾として今も残っている。

village [vílidʒ] 村落
→ villain

villain [vílən] 悪党，悪漢，元凶

この語は，社会的態度が意味に影響したことを例証している。ラテン語 vicus（小村）の指小語ではないかと考えられるラテン語 villa（荘園，農場）が意味したものは，そこにある建物すべてを含めた農場のことだった。それが，イタリア語 villa

（マンション）に影響されて，「邸宅，別荘，屋敷」を意味するようになり，そうした建物の集合体がラテン語の形容詞 villaticum（田舎屋敷の）を経て英語では village（村落）と呼ばれるようになった。農場や田舎の生活をうたった歌はヴィラネル（villanelle：田園詩）と呼ばれ，フランス詩の定型の一つとなった。そして農場の住人を古フランス語やアングロフランス語で villein や villain と呼んだが，これら二つの綴りが英語でも保持されていて，前者は元々の意味を保ち，封建制度下の「自由土地保有農民」を意味する。後者は，田舎の無骨者に対する都市居住者の軽蔑を表現して「卑しい生まれの卑劣な人」という意味となり，ついで「生まれついての悪人」を意味するようになった。そしてさらに，この意味の villain から形容詞 villainous（不埒な，極悪の）や名詞 villainy（極悪，無頼）が派生した。villainy は19世紀まで通常 villany と綴られた。

フランス語では ville は「都市」を意味するようになった。その変化は，アングロサクソン語 tynan（囲いをする）から tūn（囲い地）を経て生まれた英語 town（町）の場合とよく似ている。「囲い地」が「家屋敷」を意味するようになり，ついで「大きな一団の家々」という意味になるのである。同系語であるオランダ語 tuin は「庭」，ドイツ語 Zaun は「生垣」（hedge）〈同項参照〉という意味である。「都市」を意味する ville は英語では多くの地名の接尾辞として用いられている。ナッシュヴィル（Nash*ville*），グローヴァーズ ヴィル（Glovers*ville*），ポッツ ヴィル（Potts*ville*）などがその一例である。グローヴァーズヴィルでは，中世の騎士などが用いた「長手袋」（gauntlets）やミトン（mitten：二股の手袋）などが特産であった。ポッツヴィルは，米国の作家セアー（Ernest Lawrence Thayer, 1863-1940）作の野球の詩 "Casey at the Bat"：「打席のケーシー」（1888年）で，強打者ケーシーが空振りした所である。〈agony 参照〉

ラテン語 vicus（小村）やギリシア語 oikos（家）はアングロサクソン語 wīc（野営地，入植地）と同族語である。英語 bailiwick（領域，得意分野）の原義は bailiff（《法の》執行吏，土地管理人）に

よって支配された入植地，あるいは地方のことであった。bailiff は後期ラテン語 baiulivus（要塞の責任者）が語源であり，同語源のラテン語 ballium（城壁，中庭）からロンドンの中央刑事裁判所オールドベイリー（Old Bailey：〔原義〕古い城壁）が派生した。なお，bail（治安，保釈，バケツ）〈同項参照〉は，ラテン語 baiulus（ポーター，運搬者）から動詞 baiulare（運ぶ，耐える）を経て派生した。

bailey（《城の》外壁，ベイリー，城の中庭）と同義の英語 ballium（《城の》外壁）は，ラテン語 vallum（壁，塁）が訛ったか，ラテン語 ballium（城壁，中庭）からこのラテン語に影響されて派生したと考えられる。interval（間隔）の inter- は，ラテン語 inter（…の間に）が語源で，この言葉の原義は「塁と塁の間の空間」である。

villanelle [vìlənél] ヴィラネル《農場や田舎の生活を歌った歌，フランス詩の定型の一つ》
→ villain

villein [vílən]【歴史】《中世の》農奴
→ villain

vim [vím] 精力，活気
→ vengeance

vindicate [víndikèit] 擁護する，弁護する
→ vengeance

vindictive [vindíktiv] 復讐心に燃えた，報復的な
→ vengeance

vine [váin] ブドウの木
→ propaganda

vinegar [vínigər] 酢
→ drink

vintage [víntidʒ] ワイン醸造〔期〕
→ drink

viol [váiəl] ヴィオル《16-17世紀の弦楽器；ヴァイオリンの前身》

この語は後期ラテン語 vitula（フィドル：*fiddle*）から古フランス語 viole を経て借入されたが，語根 vit- からさまざまな言葉が派生している。ゲルマン語起源の英語 fiddle（フィドル《ヴィオール属の弦楽器》，ヴァイオリン）は viol（ヴィオール《ヴァイオリンの前身》）と同族語であり，ラテン語 fides（リュートの弦，弦楽

器）も同根語である。violin（ヴァイオリン）は，イタリア語の指小形 violino から借入された。イタリア語の増大形は violone（ヴィオローネ，コントラバス《ヴァイオリン属楽器の最大のもの》）で，violone の指小形が violoncello，すなわちチェロ (cello) となった。viola da gamba（ヴィオラ・ダ・ガンバ《ヴィオール属の低音弦楽器》）は「大きなヴィオール」のことで，原義は「脚用のヴィオール」である。〈monk 参照〉

　以上の語やラテン語 viola (*violet flower*：スミレの花)〈red 参照〉は，ラテン語 violare, violat-（誤用する，暴力をふるう）とは何の関係もない。このラテン語は英語 violate（《法・約束などを》犯す，破る），inviolate（犯されていない，神聖な），violation（違反），violence（猛烈さ，暴力）などの語源である。

viola [vióulə] ヴィオラ，スミレ
→ viol

violate [váiəlèit] 違反する
→ vehicle, viol

violation [vàiəléiʃən] 違反
→ vehicle, viol

violence [váiələns] 暴力
→ vehicle, viol

violet [váiələt] スミレ
→ red

violin [vàiəlín] ヴァイオリン
→ viol

violoncello [vàiələntʃélou] チェロ
→ viol

viper [váipər] クサリヘビの類，たちの悪い人間

　このどこにでも見られるヘビは，卵によってではなく，生きた子を産むことによって繁殖することが以前より知られていた。その名はこの事実を示すものである。すなわち，viper は vivus（生きた）＋parere（現れる，産む）からなるラテン語 vivipera（ヘビ）の短縮形 vipera が語源であり，英語 viviparous（胎生の）も同語源である〈shed 参照〉。人間の胸で養われ，温められた viper が自分を育てた人をかむという寓話から，「悪意ある極めて有害な人」という意味にこの語を用いるようになった。

virago [virá:gou] がみがみ女

→ virtue

virescent [virésnt] 緑色がかった，【植物学】帯緑色の
→ virtue

virgin [və́:rdʒən] 処女
→ virtue

virginal [və́:rdʒənl] 処女の；ヴァージナル
→ virtue

Virginia [vərdʒínjə] ヴァージニア
→ States, virtue

virginium [vərdʒíniəm] ヴァージニウム
→ element

viridian [virídiən] 緑色アニリン染料
→ virtue

virile [vírl] 男らしい，男性的な
→ virtue

virtue [və́:rtʃu:] 徳，美徳，善

　今と違って昔は巨人（少なくとも英雄）がいた。サンスクリット語 vira（英雄），ギリシア語 heros（英雄〔*hero*〕，男），ラテン語 vir（英雄，男）は同族語とする説がある。英語 virile（成年男子の，男盛りの）はラテン語 vir の形容詞形 virilis（男らしい）が語源である。英語 virtue は，「男らしさ」を意味するラテン語 virtus, virtut-（勇気，価値）が，フランス語 vertu（美徳）を経て中英語 vertu として借入され成立した。英語 virtue の -i- はラテン語により近づけるために復活したものである。ルネッサンス期のイタリアでは，virtu は特に美術品の卓越性（*virtue*）について用いられた。この卓越性を所持した人が virtuoso（名人，巨匠）であった。

　よく似た綴りのラテン語 viridis（緑の；繁茂した）からは，virescent（緑色がかった），viridarium（古代ローマのヴィラや宮廷の緑の庭園），viridian（ビリジアン《青緑色顔料》）などが派生しているが，virtue に関係がある可能性が考えられる。virago（男のような女，がみがみ女）も同様である。しかし，virgin（処女——ラテン語 virgo, virgin-〔処女〕が語源——）とは語源的関係はないと考えられる。このラテン語からはまた，少女たちが演奏したという理由で名づけられた古楽器の virginal（ヴァージナル《小型ハープシコードの一種》）が派生した〈saxophone 参照〉。イギリスの処女王エリザベス1世

にちなんで名づけられた Virginia（ヴァージニア州）も同語源である。

virtuoso [vəːrtʃuóusou] 名手，名人，巨匠
→ virtue

virulent [vírələnt] 毒性の強い，悪性の
→ variety

virus [váiərəs] ウイルス
→ variety

visa [víːzə] ビザ，査証
→ vehicle

visage [vízidʒ] 顔，顔つき
→ improvised, vehicle

viscid [vísid] 粘着性の，粘性の
→ varlet

viscous [vískəs] 粘り気のある
→ varlet

viscount [váikàunt] 子爵
→ lieutenant

visé [víːzei] ビザ
→ vehicle

visible [vízəbl] 目に見える
→ improvised

vision [víʒən] 視力，洞察力，理想像
→ improvised

visit [vízət] 訪問；参観する
→ improvised

visual [víʒuəl] 視覚の，目に見える
→ improvised, vehicle

vital [váitl] 生命の，活気のある
→ mutton, victoria, vitamin

vitality [vaitǽləti] 生命力，活力
→ mutton, victoria, vitamin

vitamin, vitamine [váitəmin] ビタミン

　人類は何世紀もビタミン（vitamin）で生きながらえてきた。しかし，その存在はモリエール（Molière, 1622-73）の喜劇 *Bourgeois Gentilhomme*：『町人貴族』（1670年）の主人公で紳士気取りの金持ち商人ジュールダン（M. Jourdain）の日常の散文のように，《ずっとなくてはならぬ物だったにもかかわらず》発見されたばかりである。この語はポーランド生まれの米国の生化学者ファンク（Casimir Funk, 1884-1967）によって1910年に，ラテン語 vita（生）と，アンモニアを意味する amine とから造語された。ammonia は，古代エジプトの太陽神ジュピター・アンモン（Jupiter Ammon）の神殿にある井戸を意味するギリシア語 ammoniakon から造られたラテン語 sal ammoniacus（アンモンの塩）が語源である。〈ammonia 参照〉

vitiate [víʃièit] 質〔価値〕を低下させる
→ lieutenant

vitreous [vítriəs] ガラスのような
→ vitriol

vitrification [vìtrəfaikéiʃən] ガラス化
→ vitriol, defeat

vitrify [vítrəfài] ガラス化する
→ vitriol, defeat

vitriol [vítriəl] 硫酸，硫酸塩，《文語》辛辣な言葉

　この語の意味はいくども屈折した。ラテン語 vitrum（ガラス）の指小形 vitriolum が語源の vitriol は，数種類の金属の硫酸塩化合物を，特に粉末状で薬として用いられた物を意味した。それらの化合物はガラスのように見えた。ついで elixir of *vitriol*, spirits of *vitriol*, oil of *vitriol* という語句が液状の硫酸塩化合物や溶液，すなわち「錬金薬液」という意味に用いられ，最終的に，特に濃縮した硫酸に用いられるようになった。そして，次第に vitriol だけがこの意味で用いられるようになり，その酸の効能から極めて強力な感情や話し方を意味するようになって，ここから vitriolic（腐食性の，辛辣な）が派生した。英語 vitreous（ガラス状の）や vitrify（ガラス質〔状〕に変える）などは，もっと直接的にラテン語 vitrum（ガラス）から派生した言葉である。

viva voce [váivə vóusi] 口頭の
→ sext, victoria

vivacious [vivéiʃəs] 快活な
→ victoria

vivandière [vivàndjéər] 女の酒保商人
→ victoria

vivarium [vaivéəriəm] 動物飼育場，植物栽培場
→ victoria

vivify [vívəfài] 生命を与える
→ defeat

viviparous [vaivípərəs] 胎生の
→ viper, shed

vivisection [vìvəsékʃən] 生体解剖〔術〕
→ sext

vocable [vóukəbl]《意味に関係なく音または文字の構成としてみた》語
→ entice

vocabulary [voukæbjələri] 語彙
→ entice

vocal [vóukl] 声の
→ entice

vocation [voukéiʃən] 召命，天職
→ entice

vociferous [vousífərəs] 大声で叫ぶ，やかましい
→ suffer

vodka [vádkə] ウォツカ
→ drink

vogue [vóug] 流行，はやり，人気
　この語は，イタリア語 vogare（ボートを漕ぐ）から派生したフランス語 voguer（《文語》漕ぎ進む，浮かぶようにさまよう）から逆成によって生まれた。帆船の揺れ動く針路から，もしくは，よりありそうなこととして，オールの揺れ，もしくはひと漕ぎから「力」とか「影響力」を意味するようになった。スペイン語では boga（漕ぐこと）であり，スペイン語 en boga は「流行している，人気がある」(in the *vogue*) の意味である。この語はゲルマン語起源の可能性が高く，古高地ドイツ語 waga（波：*wave*）と同系語で，それは英語 wag（《尾などを》振る，振り動かす）とも同系語である。wag の語源であるアングロサクソン語 wagian（揺る）は弱変化動詞であるが，元来は強変化動詞 wegan（運ぶ，重さを量る）の過去分詞 wagen から派生し，これらから英語 weigh（重さを量る）や wagon（《英》*waggon*：ワゴン，四輪車）が派生した。「ひょうきん者」という意味の wag は，あちこちに揺れ動く無思慮な男という意味から，そういう男に必然的な評判から生まれたものであると考えられる。
　wag-halter は，絞首刑にされた悪人 (gallows-bird) のことで，絞首索で揺れ動く人のことである。この wag と同じ語根から，アングロサクソン語 wecg（金属片）を経て wedge（くさび）が派生した。その意味は，第一義的用法である「木を動かす」，つまり「木を割る」ことから生まれたものである。wing（鳥の翼）は，「振り動かすもの」(*wagger*) であり，スカンディナヴィア語起源の言葉で，アイスランド語では vaengr，ゴート語では wagijan（揺り動かす：to *wag*）である。アングロサクソン語では，wing に当たる語は fether で，これは英語 feather（羽）の語源であり，ドイツ語 Feder（羽毛）に対応する。また，この語は古いラテン語 petna（羽）から変化した penna（羽，羽毛）と同族語であり，このラテン語が英語 pennant（三角形の長旗）〈pen 参照〉の語源である。このラテン語はさらに，ギリシア語 pteron（羽毛），pteryg-（翼）と同族語であり，このギリシア語が英語 pterodactyl（翼手竜）の接続形 ptero- や pterygo- の語源である。pterodactyl とは，指が翼になった恐竜である。

voice [vɔ́is] 声
→ entice

void [vɔ́id] 空虚な，空(ｶﾗ)の，無効の；空虚，空間
→ vacuum

voile [vɔ́il] ボイル《木綿・羊毛・絹などの薄織物》
→ cloth

volatile [válətl] 揮発性の
→ volley

volcano [valkéinou] 火山
　ギリシアの神々の武具師は，シチリアにある火山 (*volcano*)，エトナ山の内部に鍛冶炉を持っていた。同火山は今日まで噴火しており，近年はますます荒れ狂っている。この武具師の名 Vulcan（【ローマ神話】ウルカヌス：Vulcanus）が volcano の語源である。1590年代には鍛冶屋は vulcanist と呼ばれていたが，この言葉は今では廃語になっており，今日 vulcanist は「火山学者」のことである。vulcanize（ゴムを硫化する）は，1825年ころ Vulcanus から直接的に造られた。

volition [voulíʃən] 意志行為，決断
→ volley

volley [váli] 一斉射撃，連発，ボレー
　空中を飛んで行く弾丸について用いられるこの語は，ラテン語 volare, volat-（飛ぶ）からフランス語 volée（飛ぶこと，飛び立つこと）を経て借入された。英語 volant（飛ぶ力のある）や volatile（揮発性の，移り気な，うきうきした）も同語源である。同ラテン語動詞の反復形は

volitare, volitat-（飛び回る）で，英語の形容詞 volitant（飛ぶ，動き回る）や動詞 volitate（ひらひらと飛び回る）はこの反復形から派生した．

私たちは欲しい物の方へ飛んで行こうとするから，ラテン語 volare（飛ぶ）と，ラテン語動詞 velle（望む，意志する）の第一人称・単数・現在形 volo や現在分詞 volens, volent- との間には何か語源的関係があるのではないかと考えられる．ラテン語 volare, volit- から英語 volition（意思作用，決意）が派生し，その名詞 voluntas, voluntat-（意思）から，英語 voluntary（自発的な，任意の）や volunteer（志願者，有志）が派生した．

選ばれるものには最善なものが多いように，望まれるものは「心地良い」（*voluptuous*）ものである．ラテン語動詞 optare, optat-（選ぶ）からラテン語 optimus（最上の）〈pessimist 参照〉が派生し，英語 voluptuous（なまめかしい）は，vol-（意図する）と opt-（選ぶ）からなるラテン語 voluptas, voluptat-（楽しみ，肉欲）が語源である．このラテン語から voluptuary（《官能的》快楽にふける人）など，さらにいろいろな言葉が派生した．

volt［vóult］【電気】ボルト《電圧の単位》
→ Appendix VI

voluble［váljəbl］多弁な
→ volume

volume［váljəm］本，巻物，容積

この語は，昔の本の形から生じた．本は昔，一本の，もしくは簡単に巻き戻して開くために二本の棒に巻かれた羊皮紙でできていた．今日でも正統派ユダヤ教の聖書はそうなっている．volume は，ラテン語 volvere, volut-（転がす，巻く）から派生した volumen（輪，巻き）が語源で，フランス語を経て借入された．

scroll（巻物）は，その材料に由来する言葉である．語源はラテン語 scrobis（穴，溝）で，それが羊皮紙を作るのに使われた「子宮膜」という意味に使われるようになり，古フランス語 écrou（リスト：scrow）から古英語 scrowle として借入された．

matriculate（大学に入学する）は，Alma *Mater*（慈母，母校）に由来するのではなくて，ラテン語 matrix, matric-（子宮，母地，《羊皮紙を作るのに用いられた》子宮膜）の指小形である後期ラテン語 matricula（成員のリスト）から派生した．英語 matrix（母胎，鋳型，【印刷】紙型，《印刷機の》抜き型）は，このラテン語 matrix が語源である．印刷における「活字の母型，紙型」という意味では mat と短縮される．mater（母）から派生したこのラテン語 matrix は，妊娠した動物，すなわち「母獣」を意味する言葉でもあった．

ラテン語 volvere, volut-（巻く）からは多くの英単語が派生した．例えば，voluble（多弁な），volute（渦巻形），involve（巻き込む），revolve（回転する），devolve（譲り渡す），弾倉が回転する revolver（リボルバー，回転式連発拳銃），revolution（【天文学】公転，革命：〔原義〕回って元に返る，丸めて除く），convolution（回旋，渦巻）などである．
〈walk 参照〉

voluntary［váləntèri］自発的な
→ volley

volunteer［vàləntíər］ボランティア，志願者
→ volley

voluptuous［vəlʌ́ptʃuəs］なまめかしい，官能的な
→ volley

volute［vəlúːt］渦巻形
→ volume

voracious［vɔːréiʃəs］大食の
→ sarcophagus

vortex［vɔ́ːrteks］渦
→ conversion

vorticist［vɔ́ːrtəsist］渦巻派《現代社会の渦を扱う1920年代英国の未来派の一派》
→ conversion

votary［vóutəri］修道僧，唱導者
→ vote

vote［vóut］投票，採決，決議

古代人は何かに身を委ねる（to *devote* themselves）時，あるいは，何かを神に献納する（to *devote* a thing to a god）時，そのことに関して誓いを立てた（made a *vow*）．devote は de-（…に関して）と vovere, vot-（誓う：to *vow*）からなるラテン語 devovere, devot-（捧げる）が語源である．vow（誓い）そのものはラテ

ン語 votum（誓約）から古フランス語 vou を経て派生した。したがって，vow（誓う；誓い）と vote（投票）は二重語である。vote とは決意とか決定を登録する行為のことである。

ところで，vow には avow（公言する，率直に認める）の語頭母音消失形としての用法がある。この avow には二重語 avouch（保障する）があり，この語には同じく語頭音消失形 vouch（保証する：to *vouch* for）がある。avouch はラテン語 advocare, advocat-（…へと呼ぶ，招く）から古フランス語 avochier, avouer を経て借入された言葉であり，このラテン語は英語 advocate（擁護する，弁護する；唱道者）の語源でもある。

vote は最初，「厳かな誓約」を意味したが，ついで「熱烈な望み」「自分の望みや意図を知らしめる公式の方法」と意味が移転し，やがて現代の意味が派生した。「《宗教的生活》に身を捧げる」(to *devote* oneself) ことは，信者（*votary*）となることである。

vouch [váutʃ] 保証する
　→ vote

vow [váu] 誓い
　→ vote

voyage [vɔ́iidʒ] 船旅, 航海
　　この語はラテン語 viaticum（路銀，旅のための食糧）が語源である。この viaticum は古代ローマの「公務旅行手当て」という意味に使われたが，特に冥界への旅の最善の備えという意味で，「臨終の聖餐」という意味にも使われた。英語でも同じ意味で用いられるが，特に，冥界への旅のための最善の備えとして，死に行く人に行われる聖体拝領を意味する言葉である。voyage は，このラテン語 viaticum がイタリア語 viaggio, 古フランス語 veiage, vayage を経て借入されたもので，その意味は「資金，備え」から「旅」そのものへと移転した。ラテン語 viaticum はラテン語 via（道）からの派生語であるが，後者の奪格形 via（…経由で）はそのまま英語としても用いられている。このラテン語 via はまた英語 viaduct（陸橋）〈duke 参照〉を構成する要素である。voyage は Bon Voyage!（良い旅を！）に見られるようにフランス語でもある。

vulcanize [vʌ́lkənàiz]《ゴムを》硫化する
　→ volcano

vulgar [vʌ́lgər] 下品な，一般大衆の
　→ immunity, mob
　　ラテン語 vulgare, vulgat-（公にする）からはまた，ラテン語 textus vulgatus（一般のテキスト）が生まれ，英語では縮められ the *Vulgate*（聖書のテキスト，ウルガタ聖書）となった。これは普通，405年に完成した聖ヒエロニムス（Eusebius Hieronymus, 342?-420?）のラテン語版聖書のことである。

Vulgate [vʌ́lgeit] ウルガタ聖書, 定本
　→ vulgar

vulpine [vʌ́lpain] キツネの，ずるい
　　ベン・ジョンソン（Ben Jonson, 1572-1637）の作品に *Volpone, or The Fox*：『ヴォルポーネ』（1605年）という喜劇がある。ヴォルポーネは主人公である貪欲で好色なヴェネツィアの老貴族の名であるが，それはまたキツネでもある。英語 vulpine の語源は，vulpes（キツネ：fox〈同項参照〉）から派生したラテン語 vulpinus（キツネのような，狡猾な）である。ラテン語 vulpes（キツネ）の子音を入れ換えるとラテン語 lupus（オオカミ：*wolf*）となる。英語には louvre という18世紀のダンスを意味する言葉があるが，この語はフランスのパリにある Louvre（元フランス王宮《今はルーブル美術館》）に由来するもので，Louvre の建物は「オオカミの野」から名づけられた。フランス語 louve は「オオカミ」を意味する女性形で，男性形は loup である。wolf（オオカミ）そのものの初期の綴りはいろいろである。そのうち，古英語 wulphes のような語形はラテン語 lupus（オオカミ）とラテン語 vulpes（キツネ）の両方との語源的関係を暗示するものである。

W

Waac [wǽk] WAAC (Women's Army Auxiliary Corps：陸軍婦人補助部隊《今は WAC》) の隊員

Wac [wǽk] WAC (陸軍婦人部隊) 隊員
→ Dora

wade [wéid]《水の中を》歩く，苦労して進む

　この語はゲルマン諸語に共通に存在するが，それは「陸地のいろいろな物を通って進む」という意味においてのみのことである。ラテン語 vadere, vas- (行く，進む) と同族語であり，同語源のラテン語 vadum が《川などの》浅瀬：ford」を意味したことから，13世紀までには「水の中を歩く，浅瀬を渡る」という意味に使われるようになっていた。文献学者バートン (William Burton, 1609-1657) は1658年《A Commentary on Antoninus his Itinerary》:『アントニヌスの旅程についての解説』に，地名語尾 -ford はそこが「水面を歩いて渡れる所」(the *vadosity* of the water) だから付けられるようになった，と言っている。ドイツ語 w は英語 v のように発音され，ラテン語 v は英語 w のように発音される。

　fade (色あせる，しぼむ，薄れる，衰える) のいくつかの意味は，ラテン語 vadere (行く，進む) の影響を受け，vade (《花などが》しぼむ，しおれる) と綴られた。英語 invade (侵入する) や evade (避ける) は同じラテン語 vadere から派生した。vade-mecum (常備携行品，必携，ハンドブック) の原義は「私と共に行け」である。なお，fade (《色が》あせる) そのものは，fade (無味乾燥な，色のない) から派生した古フランス語動詞 fader を経て借入された。この言葉はラテン語 vapidus (新鮮でない) にさかのぼることができ，このラテン語 vapidus は英語 vapid (《飲料などが》気の抜けた) の語源でもある。〈vacuum 参照〉

wafer [wéifər] ウエハース，聖餅
→ gopher

waffle [wáfl] ワッフル
→ gopher

waft [wá:ft] 漂わせる
→ waif

wag [wǽg] 振る；ひょうきん者
→ vogue

wage [wéidʒ]《戦争を》遂行する
　wages [wéidʒiz] 賃金，報い
→ salary

waggon, wagon [wǽgn] 荷馬車，無蓋貨車
→ vogue

waif [wéif] 浮浪児，野良犬

　この語は，初期の英語で，失われたり盗まれたりしたが所有者からの請求がないので荘園領主に引き渡された財産を意味した。ラテン語 vacuus (所有されていない，空の) が語源で，古フランス語 gaif を経て借入されたとする説がある。同様の例に，英語 waive (《権利・主張を》放棄する) があり，同語源のラテン語 vacuare (空にする) から派生した古フランス語 gaiver から借入されたとされる〈vessel 参照〉。しかし，waif や waive は「解き放たれてさまよったりバタバタしたりしている生き物」という意味のスカンディナヴィア語起源の言葉であると考える方がよりもっともらしい。その場合，これらは英語 wave (振る──アングロサクソン語 wafian〔振る〕が語源──) や weave (織る──アングロサクソン語 wefan〔左右に動く，織る〕が語源──) と同系語である。すなわち，waive は最初「法律の保護外に置く」「放棄する」を意味し，それは人を「浮浪者」(waif) にすることでもあった。waver (揺れる，動揺する) は，wave (振る) の反復動詞である。

　海の「波」という意味の wave は16世紀まで現れなかった。それ以前は，「波」は

アングロサクソン語 waeg（動き）が語源の中英語 wawe であった。この wave（波）は waft（《空中や水面を》軽やかに運ぶ，漂わせる；信号旗）や古いオランダ語 wahten（見張る：to watch）と同根語であるとか，アングロサクソン語 wacian（目を覚ましている）が語源の watch（見張る）も同根語であるとする説がある。

waft の最初の意味は「船を護送する」で，ついで「船から船へ指示の信号を送る」という意味になり，ここから現在の意味が生まれたと考えられる。

wain [wéin] 荷馬車

この語は waggon（ワゴン，4輪馬車）と二重語であり，語源はアングロサクソン語 waegn（馬車）である。〈vogue 参照〉

waist [wéist] ウエスト

ここには隆起（protrusions）と共に混乱（confusions）がある。waist は，今日の waste（浪費する）と同じく，古くは wast と綴られた。この2語は発音も同じである。しかし，この waist は，多くの人が望み，また例えば，英国国教会大執事チャールズ・スミス（Charles J. Smith, 1818-1872）が *Common Words with Curious Derivations*：『変わった派生を持つ普通語』（1865年）で言っているように "that part of the figure which *wastes* in the sense of diminishes"「体形がくびれる部分」に使われた waste（細くなる）という意味ではない。waist の原義はまさにその反対で，語源はアングロサクソン語 waest（増加，成長）であり，この語からアングロサクソン語動詞 waxan（育つ）が派生し，それが英語 wax（増大する）となった。〈varlet 参照〉

英語 waste（荒地，浪費）は別の起源を持ち，ゲルマン諸語に共通で，アングロサクソン語 weste（荒廃した，不耗の）にさかのぼることができ，ドイツ語 wüste（荒れ果てた），Wüste（荒地）と，同族語であり，また vastus（荒れ果てた，巨大な——英語 vast〔広大な，巨大な〕——）から派生したラテン語 vastare, vastat-（荒らす——英語 devastate〔荒廃させる〕の語源——）にもさかのぼることができる。現在の語形はアングロサクソン語から直接生まれたものというよりも，ラテン語経由のものと考えられる。waste がアングロサクソン語から直接変化したものであるとすると，今日の語形は weest となっていたであろう。waste については中英語では，ラテン語からフランス語を経て借入された wast と，アングロサクソン語を経た weste の二つの語形が存在したが，後者は英語では消滅し，ドイツ語ではゲルマン語起源の言葉が生き残った。

第1四折判の（Q_1）*Hamlet*：『ハムレット』(I, ii, 198) には "In the dead *vast* and middle of the night"（死んだようにものみな眠る真夜中に）とある。これ以外の初期の版では "waste" となっている。

waive [wéiv] 放棄する，延ばす
→ waif

wake [wéik] 目を覚ます
→ ache, vegetable

walk [wɔ́:k] 歩く

船乗りあるいは騎手の歩調はこの言葉に最も近いもので，最初は「転がる」を意味した。walk の語源はアングロサクソン語 wealcan（転がる）で，英語 wallow（《泥・砂・水中で》転げ回る）は同語源であり，ラテン語 valgus（曲がった，がに股の）や volvere, volut-（転がる）は同族語である。〈volume 参照〉

walk には次に「布を転がして圧する」，すなわち「《ウール地などの》目を密にする」という意味が派生した。すなわち「縮充する」（to full）ということである。walker の初期の意味は「洗い張り屋，縮充工」で，固有名詞 Walke は「洗い張り屋」であるとも「行商人」であるとも考えられる。パーシー（Thomas Percy, 1729-1811）の *Reliques of Ancient English Poetry*：『古謡拾遺集』(1765年) に "She cursed the weaver and the *walker*, / The cloth that they had wrought."（彼女は織工と洗い張り屋を呪った／彼らがこしらえた布を）の詩行がある。そして walk はこの「足を踏みつける」という意味から，徐々に現在の意味になるのである。

walkie-talkie [wɔ́:kitɔ́:ki] トランシーバー
→ whippersnapper

Walkyrie [wɑ:lkíərri] ヴァルキューリ《オーディンに仕える侍女たちの一人；戦死した英雄たちの霊をヴァルハラに導く》

Valkyrie〈同項参照〉の英語形。
wallop [wáləp] ひどく打つ，さんざんに打ち負かす

　馬をギャロップで走らせる（to *gallop*）ために，その馬を激しく打つ（to *wallop*）ことがある。wallop は gallop〈同項参照〉の原因動詞的な意味を持つ二重語である。wallop はまた，沸騰した水が「激しくあわ立つ」という意味にも用いられる。したがって potwalloper（戸主選挙権保有者，(俗語)皿洗い）は，本来は，「水を沸騰させる人」であり，「コック」であって，「皿洗い」ではない。

wallow [wálou] 転げ回る，のたうつ
　→ walk
walnut [wɔ́:lnʌt] クルミ
　→ Dutch
wan [wán] 青ざめた，弱々しい
　→ uncouth
wander [wándər] さまよう
　→ vague
wane [wéin] 欠ける
　→ win
want [wʌ́nt] 欲する
　→ win
wanton [wántn] 理由のない，浮気な
　→ uncouth，win
war [wɔ́:r] 戦争
　→ warrior，carouse
ward [wɔ́:rd] 保護，後見，病棟
　→ lady，warrior
warden [wɔ́:rdn] 管理人
　→ lady，warrior
warm [wɔ́:rm] 暖かい，温暖な，温かい

　これはゲルマン諸語に共通に存在する語であり，古英語では wearm である。またサンスクリット語 gharma, ghwarma（熱），ギリシア語 thermos（熱い）〈season 参照〉，ラテン語 formus（暖かい，熱い）などは同族語である。このラテン語 formus は英語には直接の子孫を持たないようであるが，form- で始まるラテン語語幹は他に三つある。

　ラテン語 forma（形）は極めて生産的である。まずこれを語源とする言葉として，form（形，形状），formal（正式の），formality（堅苦しさ，正式），uniform（制服）などが挙げられる。uni- は，ラテン語 unus（1）が語源で，uniform の原義は「一つの形の」であり，ここからグループや軍隊の全員が着る「制服」という意味になった。formulate（公式で表す，公式化する）は，ラテン語 forma の指小形 formula（規則，規範）から派生した動詞である。cruciform（十字架の形の）のように語尾 -form として使われることもある。

　二つ目にはラテン語 formica（アリ）から派生した言葉がある。例えば，アリによって分泌される液体から得られる *formic* acid（蟻酸）や *form*aldehyde（ホルムアルデヒド：*formic* alcohol dehydrodegenatum〔蟻酸アルデヒド〕の略），その他アリに関係する科学用語や formication（【医学】アリが体を這い回る感じ）などである。ただし，formication と fornication（密通，姦淫）を混同してはならない。後者の語源はラテン語 fornix, fornic-（丸天井，遊女屋）から派生した fornicare, fornicat-（放蕩の生活をする）が語源である。*fornicated* leaves（弓形状の葉）も同語源である。

　最後はラテン語 formido（恐怖）やその動詞 formidare, formidat-（恐れる）から派生した言葉である。英語 formidable（恐るべき，手ごわい）がその一例で，これは，事物が厄介で緊迫感を与えるようなものについて使われる。なお，Formosa（台湾）の語源はラテン語 forma（形）の形容詞形 formosus（形の良い）で，姿の良い島にして暖かい（warm）所である。〈formula 参照〉

warn [wɔ́:rn] 警告する
　→ garnish
warp [wɔ́:rp] ひずませる，歪める
　→ ballot，wasp
warped [wɔ́:rpd] 歪んだ
　→ ballot，wasp
warranty [wɔ́:rənti] 根拠，正当な理由，保証
　→ warrior
warren [wɔ́(:)rən] ウサギの繁殖地，ごみごみした場所

　この語は最初，猟の獲物を繁殖させ保護するために囲った土地を意味した。語源は古フランス語 warenne であるが，元々はゲルマン語である。〈warrior 参照〉

warrior [wɔ́:riər] 武人，勇士，戦士

北ヨーロッパの戦いでは，殴打・打撃と共にしばしば言葉もやり取りされた。war（戦争）はゲルマン諸語に共通に存在する言葉で，古高地ドイツ語 werra（争い，けんか）から中英語 werre を経て成立した。この古高地ドイツ語はフランス語では guerre となり，イタリア語とスペイン語では guerra となった。

w という文字は，ラテン語や初期ロマンス語にはなかったことから生まれた二重語がいくつもある。guard（見張る）と ward（後見，病棟），guardian（保護者）と warden（監督者——アングロサクソン語 weardian〔見守る，護る〕——），guile（狡猾さ）と wile（策略——アングロサクソン語 wīl〔策略〕——），guarantee（保証，担保）と warranty（根拠，認可，保証——weren〔保護する〕から派生した古高地ドイツ語 werento〔保証人〕——）などがその例である。

ところで，フランス語では guerre（戦い）から動詞 guerreier（戦争する）が派生し，ここから guerroyeur（戦争する人）が派生した。これが中英語に再借入されて warreyour となり，さらに英語 warrior（戦士）となるのである。〈garret 参照〉

wash［wáʃ］洗う，洗い浄める，浸食する，薄く塗る

「洗う」という行為はどこでも行われてきたことであり，wash はゴート語には見られないが，ゲルマン諸語に共通に存在し，百を超える古形がある。wash そのものの最古のゲルマン語形は waskan, watskan で，ゲルマン語根 wat-（水：*water*）と語源的関係が深い。water もゲルマン諸語に共通に存在し，アングロサクソン語は waeter，ドイツ語は Wasser である。〈drink 参照〉

water もまた広く使われている言葉で，印欧語根 wed-（水；濡れた）から分出した言葉である。ゲルマン語根 wat- の変化形の一つ waet- は，英語 wet（濡れた，湿っている）となった。また別の変化形 ud- からは，古プロシア語 undo やラテン語 unda（波），サンスクリット語 udan（波，水），ギリシア語 hydor（水）が分出した。英語 undulation（《正式》波のような動き）などはラテン語 unda から派生した。ギリシア語 hydor から派生した英語には hydraulic（水力の，水圧式の，油圧式の），hydrogen（水素）〈drink, racy 参照〉，hydra（ウミヘビ）などがある。otter（カワウソ）〈同項参照〉も同根語である。〈Washington については Appendix VII 参照〉

Washington［wáʃiŋtən］ワシントン
→ States

wasp［wásp］スズメバチ，怒りっぽい人

この生き物は，それが作る巣にちなんで名づけられている。語源の古英語 waesp, waefs は，印欧語根 webh-（織る：to *weave*）に由来するもので，英語 web（クモの巣）もこの語根から分出した。

よく似た語形の warp（《織物の》縦糸，ワープ）は，アングロサクソン語 weorpen（投げる）が語源で，横糸（*woof*）を投げて縦糸に通すことからこの語が生まれた。warped（歪んだ）は warp から派生したが，同様に，warped と同義のフランス語 déjeté（歪んだ）は，動詞 déjeter（投げおろす）から派生した。この語は別の意味を持つ英語 dejected（落胆した，しょげている）となったが，語源はラテン語 de（…から《下へ》）と jacere, jact-（投げる）からなるラテン語 deicere, deject-（投げつける，投げ捨てる）である。ラテン語 jacere の反復形 jactare, jactat-（力強く投げる，ののしる，自慢する）からは英語 jactation（自慢すること，自慢）が派生し，ラテン語 jactare ののまた反復形 jactitare, jactitat-（言いふらす）からは jactitation が派生した。この意味は，「自慢すること」とか，眠れぬ夜にするように「体を休みなく動かすこと，【医学】輾転［てんてん］反側」である〈subject 参照〉。ラテン語 jacere（投げる）から指小形名詞 jaculum（投げ槍）が，さらに動詞 jaculari, jaculat-（槍を投げる，射る）が派生したが，英語 ejaculation（射精）はこのラテン語動詞が語源である。

weft（《織物の》横糸）はアングロサクソン語 wefta（横糸）が語源であり，これも印欧語根 webh-（織る）から分出した。同義の woof（横糸）の語源は初期の中英語 oof（糸）であり，warp（縦糸）などの影響によって変化したものである。しかしまた中英語 owef もあり，この中英語は，o（上に）と wefan（織る：to *weave*）からなる言葉である。このように weft や warp には複数の語が織り合わされている（*interwoven*）。〈wax 参照〉

なお，waspish（意地の悪い）は，人に適用される場合，泣き面にハチのようなスズメバチ（wasp）の素早い一刺しに由来する。またスズメバチのとても細い腰（waist）から「くびれたウエスト」（*wasp*waisted）という意味にも使われる。

wassail [wǽsl] ワッセル酒，乾杯の挨拶，《古・文語》酒宴

この語は十二日節（Twelfth Night）の前夜祭とかクリスマス・イブに飲まれるスパイス入りエールを意味するが，ale（エール）とは語源的の関係がない。ale はゲルマン諸語に共通に存在する言葉であった。〈bridal 参照〉

だれかに酒をふるまう際にアングロサクソン人は，Wes heil（健康であれ）と言ったが，古北欧語 heil やアングロサクソン語 hal は，英語で hale（《特に老人が》かくしゃくとした）となった。アングロサクソン語 Wes heil の wes は wesan（ある：to be）の命令形で，このアングロサクソン語は英語 was や were の語源である。杯を受け取る際の答えは Drink hail!（健康のために）であった。〈varlet 参照〉

waste [wéist] 浪費する；浪費
→ waist

watch [wátʃ] 見張る；時計
→ ache

water [wɔ́:tər] 水
→ drink, wash

watershed [wɔ́:tərʃed] 分水嶺，分岐点
→ shed

watt [wát]【電気】ワット《電力の単位》
→ Appendix VI

wave [wéiv] さざなみ，小波；振る
→ waif

waver [wéivər] 揺れる，動揺する
→ waif

wax [wǽks] 蜜蠟；大きくなる

「増える，大きくなる」の意味での wax は，ゲルマン諸語に共通であり，広範囲に及び，印欧語 aug-（増やす）から aweks-, auks-, ゲルマン語根 waxs-, 古英語 weaxan（育つ）を経て成立した。サンスクリット語 uksh-（育つ），ギリシア語 auxein（増やす，成長させる），ラテン語 augere, auxi, auct-（増やす，成長させる）と同族語である。このラテン語 augere から英語 augment（増やす，増大させる）が派生した。〈auction 参照〉

ハチの巣中にできる wax（蜜蠟）〈wasp 参照〉は，ハチの巣の中で次第に増えることから，本来は wax（増える，大きくなる）と同じ言葉であった可能性が考えられる。しかし，印欧語根 weg-（織る）に由来する言葉ではないとしても，少なくともこの語根の影響を受けて，古英語 weax（蜜蠟）になったと考えられる。〈wasp, varlet 参照〉

wayward [wéiwərd] 強情な，気まぐれな
→ away

weak [wí:k] 弱い
→ wicked

wealth [wélθ] 富，裕福，資源

この語は，なんとも社会の商業的傾向をよく示している。最初の意味は「幸福」（*well*-being）であり，語源はアングロサクソン語 wela（富）で，weal（《古語》幸福）を経て成立した。well（上手に，よく）は同語源である。commonweal（公共の福祉）や commonwealth（《共通の利益で結ばれた》団体，社会）にも weal や wealth のこの意味を見ることができる。

よく似た語形に health がある。この語源はアングロサクソン語 hāl（安全な，無傷な）であって，ここから hale（《老人が》かくしゃくとした），heal（癒す）や，アングロサクソン語 halig（神聖な）を経て holy（神聖な）も派生した。whole（全体の）や wholesome（健康によい，健全な）も同じ語の別形であり，w- は15世紀ごろにつけ加えられた。英国人が支配者のために "in *health* and *wealth* long to live" と長寿を祈る時の in *health* and *wealth* は「健康と幸福のうちに」という意味である。しかし，幸福の尺度が金銭であり，貧乏な人も金銭で幸福が買えると考える傾向がだんだん強くなり，wealth が現在の意味に使われるようになった。

wean [wí:n] 離乳させる，引き離す
→ win

weather [wéðər] 天候，風雨，栄枯盛衰；風にさらす，干す，困難をしのぐ

当然のことであるが，この語は，広く多

くの言語で見られる（ただし，world と同様ゴート語では見られない）言葉である。古英語では weder であり，-d- が -th- になったのは15世紀のことである。

weather は印欧語根 we-（吹く）と dhro- からなる語に由来するものと考えられ，ロシア語 vedru は「晴天」という意味であり，リトアニア語 vydra は「嵐」という意味である。すなわち，熱風も寒風も意味する言葉であったと考えられる。世間の嵐は友人たちが協力してうまくしのぎ（*weather* well）たいものであるが，必ずしもそうはいかないことは同じ語根から英語 wither（しぼむ，ひるませる）が派生していることからもわかる。

よく似た綴りの接続詞 whether（…するかどうか）は最初，代名詞だった。それは英語 who（だれ）と either（二つのうちのいずれか）のような語尾との結合語である。who はアングロサクソン語 hwa が語源で，whether の語源はアングロサクソン語 hwaether（二者のうちのどちらか：one of two）である。同じように，whither（どちらへ）は who と hither のような語尾からなる言葉で，hither（こちらへ）そのものは he と there からできている。thither（あちらへ，そちらへ）は that と there からなる言葉である。

either（《二者のうち》どちらの…でも）はもっと込み入った言葉である。ay（なんでも）+gewhether（二つのそれぞれ）が aeghwaether となり，これがアングロサクソン語では aegther と縮められ，英語 either となった。ようするに「天気はどうであれ」（In any *weather*）ということである。

weave [wíːv] 織る
→ ballot, waif, wasp

web [wéb] クモの巣
→ ballot, waif, wasp

wed [wéd] 結婚する，結びつける
→ salary

wedge [wédʒ] くさび，分裂の原因
→ vogue

wedlock [wédlàk] 結婚している状態
Proverbial Observations：『金言集』（1742年）に "Wedlock is a padlock."（婚姻は監禁）とある。wedlock の後半の音節 lock は結婚式での "till death us depart"（死が我々を分かつまで）という誓いを暗示（固定する）するものであるが，wed（誓い）と lac（贈り物）からなるアングロサクソン語 wedlac（婚約の誓いを固めるために送られる贈り物）が語源である。だが独身者は中世の登記にはラテン語で solutus（放たれた，つながれていない）と表記されることがよくあった。

Wednesday [wénzdei] 水曜日
→ week

week [wíːk] 1週間，平日
この語はゲルマン諸語に共通に存在する言葉で，wīce（奉仕，義務）から派生したアングロサクソン語 wicu（週）が語源である。ドイツ語 Wechsel（交代，交換）は同系語で，ラテン語 vicem（…の代わりに）は同族語である。〈lieutenant 参照〉

Sunday（日曜日）—the day of the *sun*（太陽の日）。

Monday（月曜日）—the day of the *moon*（月の日）。

Tuesday（火曜日）—the day of *Tiw*（ティウの日）。Tiw はゲルマン人の戦争の神であり，ローマの Martis dies（マルスの日）の代わりとして使われるようになった。ちなみにフランス語では mardi である。Tiw はラテン語 deus（神）やギリシア語 Zeus と同族語である。

Wednesday（水曜日）—*Woden's* day（ウォーディンの日）。Woden は北欧の神々の王である。

Thursday（木曜日）—*Thor's* day（トールの日）。Thor は雷神（thunderer）〈torch 参照〉である。かつては同義語として Thunderday があった。

Friday（金曜日）—the day of *Friya* or *Frigga*（フリヤもしくはフリッガの日）。フリヤは北欧の愛の女神であり，フリッガはウォーディンの妻である。〈free 参照〉

Saturday（土曜日）—the day of *Saturn*（サターンの日）。サターンはローマの農業の神である。〈satisfy 参照〉

day（日）——ゲルマン諸語に共通に存在する語であり，アングロサクソン語では daeg である。最初は昼間の時間を意味した。24時間全体を表す言葉は night で，これは基本印欧語であった。アングロサクソン語は niht，ギリシア語は nykt-，サンスクリット語は nakta である。

ween [wíːn] 思う，期待する
→ win

weft [wéft] 横糸，織物
→ ballot, wasp

weigh [wéi] 重さを量る，よく考える
→ vogue

welcome [wélkəm] ようこそ；歓迎する

　この語は明らかに，フランス語 bien venu（歓迎される，良い時に来た）やラテン語 bene venias（歓迎）のように，well（よく）と come（来る）の複合語であると思われる。副詞 well と動詞 come の命令形もしくは過去分詞とからなるというわけである。come はゲルマン諸語に共通に存在する語で，アングロサクソン語では cuman である。「夏が来た」はかつて "Summer is *icumen* in." と言った。welcome の第二要素 -come をこのように考えるのは部分的に正しい。しかし単語全体は上のような考え方に影響されて変化したもので，語源は古英語 wilcuma である。この古英語は will（意思，望み）の語源 wil と cuma（客：*comer*）からなる。客として望ましい人はもちろん歓迎される。すなわち，well come であり welcome である。

well [wél] よく，うまく
→ wealth, will, welcome

wellington (boot) [wéliŋtən (bùːt)] ウェリントンブーツ
→ Appendix VI

welsh [wélʃ] 掛け金を払わずに逃げる，借金をごまかす
→ Dutch

wench [wéntʃ] 少女，田舎娘，売春婦

　merry *wench* は「陽気な田舎娘」という意味で，wench は全面的に女性を意味するが，かつては「弱虫」という意味で男女どちらにも使うことができた。それが次第に「弱い性」（weaker sex），すなわち「女性」という意味に限定されて来るのである。語源は，動詞 wincian（曲がる，揺れる）から派生したアングロサクソン語 wencel（子供）から古英語 wenchel を経て成立した。サンスクリット語 vanc-（曲げる，さまよう）は同族語である。最後の -el は指小語尾で，後に脱落した。thrush（ツグミ）も throstle（《文語》ツグミ，ウタツグミ，のど笛）の -le を取ったもので，果物 date（ナツメヤシ）〈同項参照〉や almond（アーモンド）〈同項参照〉も最後の -l を失った。

wend [wénd] 行く
→ vague

werewolf, werwolf [wéərwùlf] オオカミ人間
→ wormwood

　中世には，醜い，小人のような，あるいは奇形の子供が生まれると，妖精がするように，本当の子供を運び去り，その代わりにこの「ちび」を置いていったり，オオカミ男に変えたのだ，と考えられた。

west [wést] 西
→ east

West Virginia [wést vərdʒíniə] ウエスト・ヴァージニア
→ States

wet [wét] 濡れた
→ wet blanket, wash

wet blanket [wét blæŋkət] けちをつける人

　この用語は，火事になると，水の中に毛布を落として，それを炎の上に投げるという古い慣行に由来する。このことから，何であれ興をそぐ人（one that puts a *damper* on anything），特にその場の楽しみを破壊する人について比喩的に使われるようになった。

　wet はアングロサクソン語では waet であり，water と同語源である。damp（《物を》湿らす；じめじめした；湿気）の原義は「窒息させる」である。ピアノの弱音器 damper やストーブの空気調節器 damper は，この原義に由来するものである。名詞 damp の最初の意味は，炭坑におけるような有毒蒸気のことだった。「湿った」という意味はオランダ語 damp（蒸気）から来ている。ドイツ語では Dampf（蒸気）である。〈dump 参照，blanket については black 参照〉

whack [hwǽk] 強く打つ，負かす；強打
→ Dora

whacky [hwǽki] 風変わりな；ばか者
→ Dora

whatnot [hwʌ́tnɑ̀t] 飾り棚，いろいろな物

　"Mother left her topknot in the whatnot."（母親は重ね棚の中に蝶結びのリボ

ンを忘れた）という古い言い草は，今日の能率化されたスチーム暖房のアパートの住人にはほとんど意味がなく，そこには装飾的骨董品である重ね棚 (whatnot) のようなゆったりして便利な入れ物のためのスペースがない。この語は最初，例えば，threatened my life, my reputation, my fortune, my home, my happiness, *what not*? (私の生活，私の名声，私の財産，私の家庭，私の幸福，その他もろもろを脅かした)，のように列挙したものの最後につけ加えられた 2 語だった。それがつながって 1 語になり，変わった取り合わせや変人を意味するようになり，やがて，有閑の生涯において人が収集しそうな変な物を保管しておくための，1 組の棚について用いられるようになった。

wheat［*h*wíːt］コムギ
→ black

wheedle［*h*wíːdl］甘言で欺く，口車に乗せて手に入れる

挑発的な研究書 *Shakespeare's Imagery*：『シェークスピアのイメージ』(1935年) の中でスパージョン (Caroline Spurgeon, 1851–1925) は，劇中でおべっか使いを描こうとすると，じゃれつきなめる犬，例えばスパニエルや，溶けてやわらかくなるキャンデー，砂糖，砂糖菓子などが持ち出され，さらに，これらのイメージのどれもが連鎖を始めるのだ，と指摘している。例えばジュリアス・シーザーは，ひれ伏したメテルス・シンバー (Metellus Cimber) をいさめて，
"Be not fond,
To think that Caesar bears such rebel blood
That will be *thaw'd* from the true quality
With that which *melteth* fools, I mean, sweet words,
Low-crooked court'sies and base *spaniel-fawning*"（*Julius Caesar*, III, i, 39）
「バカはよせ
　シーザーに自分を抑えられないような血が流れていると考えるようなことは
　硬く普遍の本質を溶かせるなどと考えるのは
　愚か者を溶かすようなもので，つまり，甘言や
　平身低頭や，いやしいスパニエルの追従などで」と言う。
さらにハムレットはホレーショに，
"Why should the poor be flatter'd?
No, let the *candied tongue lick* absurd pomp,
And *crook* the pregnant hinges of the knee
Where thrift may follow *fawning*."
(*Hamlet*, III, ii, 64)
「貧乏人にお世辞など言うばかがいるものか，
　ばかな。砂糖漬けの舌には愚かなお偉方をなめさせ，
　自在蝶番のような膝を曲げさせる，
　ご利益がへつらってついてくるところでは」と言う。

こうした連想は深層で感じられるつながりを指しており，つまりそれは，その言語に根ざしている。wheedle の語源はドイツ語 wedeln (尻尾を振る) である。この語からドイツ語 anwedeln (…にじゃれつく，へつらう：to fawn on) が派生した。ギリシア語 sainein (尾を振る) もこれと同じ二つの意味を持つ。

fawn はずっと単純にアングロサクソン語 fahnian (喜ぶ，じゃれつく) が語源である。アングロサクソン語 faegnian (喜ぶ) は形容詞 faegen (喜ばしい) から派生した二重語であり，この形容詞は副詞 fain (喜んで) の語源である。

adulation (おせじ，賛美) にもまた二重の意味がある。語源はラテン語 adulari (へつらう，尻尾を振る) である。この連想はおそらく，食卓のそばで犬が尻尾を振って主人に食べ物をねだるという，大昔からの習性に由来する可能性が高い。

wheel［*h*wíːl］車輪，ハンドル，原動力

アメリカ・インディアンにはこの語に相当する語は存在しなかった。彼らにはその物自体がなかったからである。車輪は，最初の偉大な発明の一つである。一方，アメリカ・インディアンは zero (ゼロ) の観念を，アラビア人より私たちが学ぶ以前に発明したようである。〈cipher 参照〉

wheel の語頭音は，最初，喉音だった。ギリシア語 kyklos (円，輪：*cycle*) と同族語で，サンスクリット語では cakra

（円，輪）である。英語 wheel の語源は，原始ゲルマン語形 chwegula から派生した古英語 hweogol で，基本的意味は「回る」である。

同根のラテン語 colus は糸つむぎの「糸巻き棒」のことであり，ラテン語 colere, cult- は「土壌を耕す」で，英語 cultivate（耕す）の語源である〈colonel 参照〉。要するに，私たち人間が車輪を動かすのである "We are 'what makes the wheels go round'"。

whether [hwéðər]《…すべき》かどうか
→ weather

Whig [hwíg] ホイッグ党
→ tory

whim [hwím] 気まぐれな思いつき
→ whimsy

whimper [hwímpər] しくしく泣く，ぶつぶつ不平を言う
→ whip

whimsy [hwímzi] 気まぐれ，奇想
この語は whim（気まぐれな思いつき）と共に，反復語 whim-wham（《飾り，服装など》奇妙な物）〈scurry 参照〉から後になって造られたと考えられ，この語自体は，軽さとかひらひら飛び回ることを意味する擬音語である可能性が高い。同様の語に flim-flam（たわごと，でたらめ）があり，ここから flimsy（軽くて薄い，薄弱な）が派生した。古北欧語には hvima（目をさまよわせる）がある。しかし，気まぐれな（whimsical）人は視線を固定せがちである。

whine [hwáin] 哀れっぽく泣く，ぼそぼそ泣き言を言う
古英語には滅多に使われない hwinan（空中を飛ぶ矢のような音を出す）という語があった。whine は擬音語であり，より弱い whinny（《馬が》うれしそうにヒヒンといななく）もそうである。ちなみに Gulliver's Travels：『ガリバー旅行記』の最後の旅に出てくる人情のある馬はフーイヌム（Houyhnhnms《whinny からの造語》）と呼ばれる。

whinny [hwíni] うれしそうにいななく
→ whine

whip [hwíp] 鞭打つ，急に動かす
この語も，突然の動きを表す多くの擬音語の一つである。-h- は初期の語形には現れない。おそらく英語 vibration（振動，震え）の語源であるラテン語 vibrare, vibrat-（振動させる）と同族語であり，このラテン語の語幹 vib- も擬音語である。速度や突然の強打，強打する時に使われる鞭（whip）から，例えば政党のメンバーをその指導者に従うようにさせる party whip（【政治】院内幹事）などいろいろな意味が発展してきた。〈bounce 参照〉

他に擬音語としては whimper（哀れっぽく訴える──かつての whimp〔べそをかく〕の反復形──），whirr（ヒューと回る），whirl（ぐるぐる回す），whiz（ヒュー《矢・弾丸などが風を切る音》），whist（シッと言って静かにさせる），whistle（口笛を吹く），whisper（ささやく）などがある〈whine, scurry 参照〉。whist（ホイスト）というゲームは，ゲーム中に Whist（沈黙）！と言って静粛が保たれたことから名づけられた。

whisker（ほおひげ）は whisk（小さいほうき，はたき）から派生した言葉で，これもまた最初は h を持たず wisk であった。語源は古高地ドイツ語 wisc（干し草の小さい束，布巾）であり，ほうきとして使った干し草の小束を使う動作や布巾で拭く動作の素早い動きに由来する。whiskers（掃く物，ほうき）は，最初はユーモラスに，今日 moustache（口ひげ，ひげ）と呼ぶものについて用いられ，brushers（はけ）とも言った。そのユーモラスな言葉が正規の語となり，今ではほおに生えているひげ一般を意味するようになった。moustache は古くは mustachio で，イタリア語 mostaccio（顔面，鼻面）から借入されたが，後にフランス語 moustache（口ひげ）の影響を受けて現在の綴りに変化した。語源はさらに古く，mastax（あご）から派生したギリシア語 mystax（上あご，口ひげ）である。同語源のギリシア語 mastikhe は初期のチューインガムのことであった。〈masticate, vandyke 参照〉

whippersnapper [hwípərsnæpər] 生意気な小僧，思い上がったやつ
行為者，すなわちある行為をする人を意味する名詞を作るよくあるやり方は，例えば baker, teacher のように，その行為を意味する動詞に -r または -er をつけ加えるというものである。この接尾辞は，strike-

breaker（スト破り），merry-maker（浮かれ騒ぐ人），go-getter（手腕家，敏腕家）のように，複合語の第二要素につけることがある。また場合によっては，少年がcut-up（《口語》悪ふざけをする子，ちゃめっけのある子）と呼ばれる時のように，接尾辞がそうした表現から省略される。

　他方，今日のスラング messer-upper（へまなやつ）とか mower-downer（退屈な人物）のように双方に -er をつける場合があり，OED では jingling extension（調子よく響く拡張）と呼んでいる。これが決して単なる最近の慣行でないことは，whippersnapper（注意を引くために物音をたてるつまらないやつ）が1674年から存在しているということからわかる。

　滅多にないことであるが，行為者によって用いられる道具に同様の作り方がある。第二次世界大戦で用いられた walkie-talkie（携帯可能なトランシーバー）がその例である。

whippet [hwípət] ホイペット《グレイハウンドとテリアの交配による競争犬》
　　元は whip の指小形。
　　→ whip

whirl [hwə́:rl] ぐるぐる回る，目まいがする
　　→ whip

whirr [wə́:r] ヒューと飛ぶ，ぶんぶん音を立てて回る
　　→ scurry, whip

whisk [hwísk] シューと鳴る
　　→ whip

whiskers [hwískərz] ほおひげ
　　→ whip

whisky [hwíski] ウイスキー
　　→ drink

whisper [hwíspər] ささやく，さわさわ音を立てる
　　→ whip

whist [hwíst] シッ，静かに；ホイスト
　　→ whip

whistle [hwísl] 口笛を吹く，ヒューと音を立てる
　　→ whip

whit [hwít] ほんのわずか，微少
　　→ nausea

white [hwáit] 白い
　　→ black

whither [hwíðər] どこへ
　　→ weather

Whitsunday [hwítsʌ́ndei] 聖霊降臨祭
　　これは通常，イースター後の第七日曜日であり，新たに洗礼された人々（the newly baptized）がこの日に白い洗礼用衣服（white baptismal robe）を着用した。この語は単純に White Sunday（白い日曜日）が短縮化されたものである。だが，短縮化がその起源を隠し，結果としてこの語は Whitsun と day に分けられてきた。Whitsun ale（聖霊降臨祭の宴），Whitsun week（Whit week：聖霊降臨祭の週），Whitsun Sunday（聖霊降誕祭の日曜日）さえも存在する。スコットランド人はこの語を，宗教的な意味からまったく離れて，「ある期間の終わり」という意味で Whitsun Day のように使う。

　なお baptize（洗礼を施す）はギリシア語 baptein（ちょっと浸す）の反復形 baptizein（浸す）が直接の語源であるが，このことはあらゆる Baptist（洗礼施行者）が知っていることである。

whiz [hwíz] ヒューッと飛ぶ，さっさと片づける
　　→ whip

who [hú:] だれが
　　→ weather

whole [hóul] 全体の，すべての
　　この語の最初の意味は「害を受けていない，傷つけられていない」で，ここから「完全な」という意味になった。ゲルマン諸語に共通に存在する語であり，多くの同系語がある。そのうちの一つに hale（《老人が》かくしゃくとした）があり，元々の意味を保ちつつ生き残っている。w- は15世紀に，他の多くの語との類似からつけ加えられた。例えば hoard（《財宝の》秘蔵），hood（頭巾），hore（娼婦）にも w が加えられたが，このうち最後だけがそれを保持している。whore（娼婦）はアングロサクソン語では hor（姦通，密通：adultery）だった。whore の原始ゲルマン語根は choron- であり，古アイルランド語 cara（友人）やラテン語 carus（親愛な，大事な）は同族語である。そして後者からはラテン語 caritas, carita-（愛）を経て英語 charity（慈善，思いやり）が派生した。

whole と healthy（健康な）は同じ語源であるが、「健康な」という意味を持つ同語源の言葉はいろいろな言語において挨拶として用いられるようになった。hail（万歳）, wassail（乾杯）がその一例である。〈wassail 参照〉

　heal（治す、癒す）も whole と同語源である。アングロサクソン語では haelian（完全にする：to make whole）で、初期の動詞 whole は to make whole（全体にする）とか to heal（癒す）を意味した。

　なお、to hale someone to court（だれかを裁判所に引っ立てる）の hale（強く引く、引っ立てる）はフランス語 haler（《船などを綱で》引く）から借入された。後には同じフランス語から haul（引っぱる、車で運ぶ）が派生した。このフランス語 haler は古高地ドイツ語 halon, holon（ドイツ語 holon〔取ってくる、連れてくる〕）が語源である可能性が高い。〈wealth 参照〉

wholesome [hóulsəm] 健全な、健康によい
→ whole, wealth

whoop [húːp]《わーっ、うわっ、やった、などの》叫び声、ホーホー鳴く声
→ cough

whooping-cough [húːpiŋkɔ(ː)f]【医学】百日ぜき
→ cough

whop [hwáp] 強く打つ、こてんぱんにやっつける
→ bounce

whopper [hwápər] 打つ人、とてつもなくでかいもの、大ぼら
→ bounce

wick [wík]《ろうそく・ランプの》芯
→ wicked

wicked [wíkid] 邪悪な、いたずらな
　邪悪な人々は、強い悪人だと考えられがちだが、実際は罪への抵抗において弱い人たちのことである。事実 wicked はアングロサクソン語 wāc（弱い、柔らかい）から中英語 wikke（弱い）を経て成立した言葉で、wicked と weak（弱い）の二重語である。そうであれば、必要なのは罰でなく矯正であると言える。

　しかし、他にもいくつかの説がある。その一つはアングロサクソン語 wicca（魔法使い：wizard《ただし語源は wise〔賢明な〕+-ard〔強い〕》）の女性形 wicce（魔女：witch）が語源だとするものである。この説によると wicked は「魔法をかけられた」が原義である。また英国のベット（Henry Bett, 1876-1953）は、wicked は wick（ろうそくの芯：the *live* part of a candle）から派生したもので、wick と quick の二重語だという説を唱えた。その場合 wicked は「生き生きとした」で、ここから「気まぐれな」という意味になったということになる。quick はアングロサクソン語 cwic（生きている）が語源であり、*quick*silver（水銀、移り気）とか "touched to the *quick*"（胸にすごくこたえる）、すなわち「表皮を通して生きた肉に触れる」などの用法がある。このように quick は「生きている」から「生き生きした」を意味するようになった。しかし、wicked のように道徳的な意味合いは育たなかった。

widow [wídou] 未亡人
　結婚とは二人が一体になることであり、widow は自分が「空(から)」にされた女性であると考えることができる。語源の古英語 widewe は印欧語根 widh-（空っぽである）から分出した。同根のサンスクリット語 vidhava（未亡人）は vidh-（欠く）から派生した言葉であり、ラテン語 vidua（未亡人）も viduus（空の、死なれた）から派生した。英語 divide（分ける）の語源であるラテン語 dividere（分ける、離す）も同根語である可能性がある〈improvised 参照〉。英語 viduage（《女性の》やもめ暮らし）、vidual（やもめ暮らしの）、viduity（未亡人であること）などは、ラテン語 vidua（未亡人）から派生した。individual（個人）はもちろん、「分割し得ないもの」（that which cannot be *divided*）である。

　*widow*bird【鳥類】アトリ《科の総称》は、アフリカの生息地の影響で whidah-bird と呼ばれることがあるが、喪に服しているかのような黒い羽から名づけられた。ただし、黒い羽は雄だけに生えている！

Wien [víːn] ウィーン（Vienna）
→ dollar

wife [wáif] 妻、既婚女性、女

→ woman, husband

　元来 wife は woman（女性）と同じ意味であり，やがて fish*wife*（魚売り女，がみがみ女）におけるように低い階層や職業の女性について用いられた。そして，old *wives'* tale（おばあさんの話）におけるように，old と共によく用いられた。その後，今日私たちが my wife の代わりに my woman（時に the old woman）と言うように，8世紀から9世紀にかけての百姓たちが「わが家の女」という意味で my wife と言い始め，この語 wife は現在の意味になった。

wig [wíg] かつら，裁判官

　かつらを必要とする人と同じく，この語も頭頂部を失った。つまり，この語は periwig の語頭音節消失によって生まれた。peri は接頭辞と取り違えられた。これが接頭辞でないのはギルバート（Sir William S. Gilbert, 1836-1911）とサリヴァン（Sir Arthur Sullivan, 1842-1900）の合作による喜歌劇 *The Peer and the Peri*:『貴族と妖精』(1882年) の peri と似ている。この喜歌劇における peri は上半身が妖精の主人公（Strephon）の「上半身」であり，語源は「悪しき聖霊」が原義のペルシア語 pari, peri である。喜歌劇を多く作り出したこの二人は，*Pirates*:『海賊』(1879年)，*Patience*:『ペイシェンス』(1881年)，*Pinafore*:『ピナフォア』(1878年)など P で始まるタイトルで成功してから，この幸運の文字を放棄する前に，*Iolanthe, or the Peer and the Peri*:『アイオランシ：貴族と美女』というふうに，P を副題で2回重ねた。

　はげの人のための装飾品かつら periwig は，古くは perwike で，peruke（《17-18世紀の男性の》かつら）は二重語である。peruke は，ラテン語 pilus（毛髪）が語源のサルディニア語 pilucca，スペイン語 peluca（かつら），イタリア語 perrucca を経て借入された。英語 pilose（毛の多い）や pilosis（【医学】発毛異常）などに見られる pilo-（毛の）はラテン語 pilus（髪）が語源である。

　toupee（《男性用の》はげ隠しかつら）は，初めは「かつら（*periwig*）の頭頂の髪の房（topknot）」だったが，top（頂）

の語源は古北欧語 toppr（髪の房）で，アングロサクソン語 top（頂）として借入された。

　俗語 palooka（へぼ選手〔ボクサー〕，間抜け）にはなんだか toupee を思い出させるものがある。この俗語はコマ割り漫画の造語だが，おそらく語源は pal（仲間，おまえ）と lunatic（変人，愚人：*looney*）や loco（《俗語》狂人），あるいは方言"looka' here"（《怒りや抗議の前置きとして》いいかい）などが結合して短縮されたと考えられる。口語 pal は，トルコのジプシー語 pral, phral（仲間，兄弟）からイングランドのジプシー語を経て借入された。この語はサンスクリット語 bhrātri（兄弟），英語 brother（兄弟），ラテン語 frater（兄弟）の同族語である。〈shed 参照〉

wight [wáit]（古語）《不運な，みじめな》人間，《詩・文語》超自然的存在《亡霊，妖精など》

→ nausea

wild goose chase [wáild gúːs tʃèis] 成功の見込みのない《ばかげた，途方もない》追求・計画

　この語は最初（16世紀），今日，子供たちが「主人に続け」とか「リーダーに続け」，すなわち「大将ごっこ」などと呼ぶゲームの名だった。つまりこのゲームは，野生のガンの群れが飛ぶ時，リーダーに従うように，リーダーが取るどんな進路にも他の者たちがついて行く，よく馬の背に乗って行われた。この語は，このゲームではリーダーが，ついてくるのが難しくなるようにひらりひらりと身をかわし変化をつけて最も突飛な進路を取ったことから，突飛な進路について用いられるようになった。ついで，目指すものに追いつきそうもない追跡を意味する言葉として用いられた（ちょうど野生のガンが捉えられそうもないように）。

wile [wáil] 策略，たくらみ

→ warrior

will [wíl] 意志，遺言；…するつもりである

　この語はとても大きい広がりを持つ。古英語 willan（欲する，望む）が語源で，過去形は wolde だった。古高地ドイツ語では wellen, well で，これが英語 well

（よく，順調に）の語源である。私たちが望むことは，うまく（well）いくということで（少なくともそう信じたいものであるが），とにかく語源的には will と well は同じである。同族語のラテン語 velle, volui（欲する，決心する）からは英語 voluntary（自発的な）が派生した〈volley 参照〉。サンスクリット語 varati（望み）も同族語である。*OED* は will にほとんど26縦欄を費やしている。

willy-nilly [wíliniíli] 否応なしに，無計画に

　反復語〈patter, scurry 参照〉のほとんどは，重ねられる音節が楽しいか，強調のために形成されたと考えられるが，willy-nilly にはもっと基本的な理由がある。アングロサクソン語 willan（欲望する，望む）の will- はゲルマン諸語に共通な語幹であり，willan の否定形は nyllan だった。こうして，望むと望まざるとにかかわらず（whether he will or he won't），なさねばならないという場合，*will he, nill he*（willy-nilly）と言った。〈nil については annihilate 参照〉

　willy-nilly は will I, nill I や will ye, nill ye を意味する言葉でもあった。しかしこれは，willy-willy（ウィリウィリ，熱帯低気圧，乾燥地帯の旋風）として現地人に知られているオーストラリアの嵐と混同してはならない。

win [wín] 勝利を得る，勝つ

　初め win は単に「争う」を意味した。語源はアングロサクソン語 winnan（…をめぐって争う，戦う）である。ところが，戦いの話は通常，勝者（*winner*）によって，あるいは勝者について語られるから，「成功裏に争う」を意味するようになった。しかし，語源は共通ゲルマン語 wan（欲する，《欲するがゆえに》争う）へ，同族語はさらにサンスクリット語 van-（求める）にまでさかのぼることができる。ラテン語 venus, vener-（愛，愛欲）も同族語であり，これが Venus（愛と性の女神）となるのである。そしてこのラテン語から英語 venereal（性的快楽の）が派生した。特にセックスに帰せられる病気「性病」（*venereal* disease）という意味を持つ。英語 venerate（尊ぶ，崇拝する）や venerable（敬うべき，高徳の）は，ラテン語 venerare, venerat-（愛する，崇める）から派生した。

　venery（狩猟）は「ヴィーナスの歓びにふけること」も意味するが，この語はラテン語 venari（猟をする）から古フランス語 vener を経て派生した言葉であり，語義は「欲する」という基本的意味から派生した。ラテン語名詞 venatio, venation-（狩猟）は英語 venison（猟獣の肉，《特に》鹿肉）の語源であり，最初，猟で得られたどんな肉をも意味した。類似の語形の変化は，benediction（祝福）から benison（《古語》祝禱，祝福）へ，oration（演説，式辞）から orison（祈り）への変化にも見られる。

　アングロサクソン語 winnan の同語源のアングロサクソン語 wyn（歓喜）にはより長い道のりがある。この語からは winsome（魅力のある，人を引きつける）が派生したが，winsome は最初，「親切な，幸先のよい」（helping to *win*）を意味し，ついで「公正な」を意味した。前述の共通ゲルマン語 wan（欲する，《欲するがゆえに》争う）からは wana（使用）とか wanyan（慣れさせる）が派生した。そして二通りの経路で英語につながっている。直接的に，アングロサクソン語 won（…に慣れる）を経て中英語 wonen が派生し，その過去分詞 wont を経て，"It was his *wont* to rise early."（早起きは彼の習慣だった）のように使う英語 wont（習慣；…し慣れた，…しがちな）が派生した。一方古高地ドイツ語経由で古英語 wenian, wennan（慣れさせる）となり，ここから英語 wean（離乳させる，慣れさせる）が派生した。それは，赤ん坊に乳房（breast）でなくパン（bread）に慣れさせることだった。同じ共通ゲルマン語 wan（欲する，《欲するがゆえに》争う）はまた，アングロサクソン語 wēn（…を求めて努力する，期待する）となった。これが英語 ween（《古・詩語》信じる，期待する）の語源である。

　want（欲する）の語源は別である。この語の原義は「欲望する」でなくて「欠ける」で，さらに「必要とする」「欲望する」を意味するようになった。語源のアイスランド語 vant は，vanr（欠けている）の中性形である。この vanr からアングロサク

ソン語 wanian（減少する）が派生し，英語 wane（《月などが》欠ける）になった。
　アングロサクソン語 wan（欠けている）は接頭辞としても用いられる（オランダ語 wanhoop〔絶望：lack-hope〕）。英語 wanton（奔放な，気まぐれな）は，アングロサクソン語 wan（欠けている）と，teon（引く，育てる）の過去分詞 togen から派生した中英語 towen（ぐいと引く）とからなる wantowen から，中英語 wantouen〈uncouth 参照〉を経て成立した。中英語 towen から変化した tow（牽引する）と古英語 togen から変化した tug（ぐいと引く）は同語源の言葉であり，tug（ぐいと引く），tuck（押し込む，挟み込む）と touch（触れる，接近する）は三重語である。また上記のアングロサクソン語 togen はラテン語 ducere, duct-（引く）と同族語である。このラテン語から con-duct（指揮する）や education（教育）などが派生した。〈aqueduct 参照〉

wince [wíns] ひるむ，たじろぐ
→ lobster

winch [wíntʃ] ウインチ，巻き揚げ機
→ lobster

windfall [wíndfɔ̀ːl]《収穫前に風で落ちた》果物，意外な授かり物
　windfall と言えば，私たちは普通リンゴのことを考えるが，これは元々は木々に適用された言葉であった。古いイギリスの私有地の多くでは樹木を伐ることは貴族には許されておらず，伐採権は王に属していた。しかし嵐に吹かれて倒れた木々は王の所有から外された。ここから予期せぬ幸運が windfall となった。

window [wíndou] 窓，窓ガラス
　古い綴り windore や windor は，この語が wind-door（換気のための開口部）であることを示唆している。window は，もっと古くは「のぞき穴」（peep-hole）と見なされた。というのは窓を意味する言葉としては最初アングロサクソン語 eg-thyrl（目の穴：eyedrill）や eagduru（目の扉：eye-door）だったからである。しかし，window の語源は，実際は vindr（風）と auga（目）からなるアイスランド語 vindauga で，中英語 wind-oge として借入された。このように「外気」と「視野」という二つの意味が結合した言葉であ

る。

wine [wáin] ワイン，果実酒
→ drink

wing [wíŋ] 翼
→ vogue

wink [wíŋk] ウインクする，きらめく
→ lobster

winsome [wínsəm] 人を引きつける
→ win

winter [wíntər] 冬
　熱帯地方では1年は乾季と雨季に分割されるが，温帯の一つの季節も同様に名づけられている。winter は，印欧語 wed-, ud-（濡れた，水に関係する）の鼻音化した語形に由来し，雨季に相当する。〈wash 参照〉
　autumn はラテン語 autumnus（秋）が語源であり，このラテン語は古くは augere, auct-（増す）から派生した auctumnus（増加の時期）と考えられる。〈auction 参照，spring については attack 参照，summer については somersault 参照〉

Wisconsin [wiskánsn] ウィスコンシン
→ States

wiseacre [wáizèikər] 知ったかぶりをする人，学者
→ acre

wit [wít] 知力，賢明さ，機知
→ moot

witch [wítʃ] 魔女，醜い女
→ trance, wicked

witchhazel [wítʃhèizl] マンサク
　hazel（ハシバミ）は，ゲルマン諸語に共通に存在する言葉である。木々の茂みは魔女（witches）の呪文をくじく力を持つと考えられていたことから，witch- は民間語源的に付加された。しかし，この音節は古英語 wic（ろうそくの芯）の訛りである。これは quick（速い）の語源 wicken（生きている）から派生した。このように名づけられた理由は多分，地下水が流れている所の地上で，占い棒による水脈予測者がマンサクの小枝をかざすと，それがあたかも生きているかのように反応したからである。マンサクは占い棒に用いられた木である。〈trance 参照〉
　ところで divine（神聖な）の語源は divus, deus（神）から派生したラテン語

divinus（神々に属する）で，フランス語 deviner（予言する，神がするように予見する）から借入された。

wither [wíðər] しぼむ
→ weather

withstand [wiðstǽnd] 持ちこたえる
→ tank

wizard [wízərd] 魔法使い，天才
→ wicked

wold [wóuld] 広い原野，不毛の高原
→ gallop

woman [wúmən] 女，女性
この生き物は男の肋骨から生み出された（『創世記』2：22）。しかし，語源にはかなりの論争がある。英国の旅行記編集者パーチャス（Samuel Purchas, 1577-1626）は *Microcosmus*：『小宇宙』（1619年）で一つの理論を示し，女性は「生殖と妊娠のために建てられた家であり，ここからわれわれの言語は女を womb-man，すなわち woman と呼ぶ」と言っている。実際，サンスクリット語 vama は「乳房」と「女性」の両方を意味し，英語 womb（子宮）の遠い源である。ヘブライ語 racham は「女性」と「子宮」を意味する。英語 mother の語源である古英語 moder は「子宮」という意味にも使われた。

英語 quean（はすっぱ女，売春婦）は，今日では特に不名誉な女性を意味するが，この語は gynecology（婦人科学）の語源であるギリシア語 gyne（女）やラテン語 cunnus（女の陰部）と同族語である。このラテン語をホラティウス（Quintus Horatius Flaccus, 65-8B.C.）が「不貞女」『風刺詩』I, 3, 107）という意味に用いている。

また，いろいろな人が woman の最初の音節 wo- に自分たちの経験をかぶせている。例えば，英国の詩人ギャスコイン（George Gascoigne, 1525?-77）は *The Steele Glas*：『鉄の鏡』（1576年）で，「彼女たちは男にとってまったく悩みのたね（woe to man）である」と言い，woman は元は woe-man であると示唆している。

現実には，woman の語源はアングロサクソン語 wīf-mann（妻〔*wife*〕，女性）で，-f- が脱落したものである。古語 leman（恋人，情夫，情婦）は lief（愛しい）の古形 leof と man からなる古英語 leofman で，これも同様に f が落ちた例である。wifman から woman への変化に見られる -i- から -o- への変化は，I will の否定形 I will not から変化した I won't にも見られる。wīf-mann の wīf- の語源は一説ではアングロサクソン語 wefan（結合する，織る：*weave*）であり，多分，妻（wife）が夫に結びついていることではなく，家事の女性部門の通常の仕事に関係するものである。すなわち，パンを焼くことや織物を織ることに結びついているということである。織ることは woman に残り，パンを焼くことについては lady〈同項参照〉の中に残っている。〈wife 参照〉

wont [wɔ́:nt] 慣れた，しがちの；習慣
→ win

woodchuck [wúdtʃʌk] ウッドチャック《北米産のマーモット（marmot）；地中に穴を掘って巣を作る》
→ coquette
"How much wood would a *wejack*〔woodchuck〕chuck?"（どれだけの木をウッドチャックは投げるだろうか）という早口言葉があるが，そんな質問など本当はあろうはずがない。

woof [wúf] 糸，織物
→ wasp

word [wə́:rd] 語，約束，消息
「初めに言葉があった」"In the beginning was the *word*."（『創世記』1：1）と旧約聖書にある。サンスクリット語 vrata は「命令」や「法」を意味した。そしてこのサンスクリット語とラテン語 verbum（語）〈sap 参照〉やゲルマン諸語に広く見られる word は同族語である。

world [wə́:rld] 世界，世間の人々，宇宙
「世界」（*world*）はとても古い（old）と考えられがちである。しかし，人類に関する限り，それは人類と同じだけの古さ（man-old）を持つにすぎない。world は，古高地ドイツ語 wer（人：man）とアングロサクソン語 ald, eald（古い：old），あるいはアングロサクソン語 yldo（年齢）からなる言葉である。ゲルマン諸言語が分離する以前からこの二つは結合しており「人の年齢」「人の人生行路」「人間の経験の過程」などを意味した。これらの意味の連鎖が積み重なって，最終的には「人間がいる所」という意味となったのである。

old そのものは非常に古く，語源のアングロサクソン語 ald はゴート語 alan（成長する）と同系語であり，ラテン語 alere, alt-（養う）は同族語である。ラテン語 altus は「養われた」を意味し，それゆえ「背の高い」「高い」「深い」を意味した。そしてこのラテン語から altitude（高度，海抜）や alto（【音楽】中高音）が派生した。英語 exalt（《気分，身分などを》高める，賛美する）は，「傑出した」なども意味する強意の接頭辞 ex- と altus からなるラテン語 exaltare, exaltat-（高める）が語源である。アングロサクソン語 eald（年老いた）から派生した elder（年上の）は，older（年上の，より古い）の二重語である。同語源の ealdor（親，家長）からアングロサクソン語 ealdorman（首領）を経て alderman（市会議員）が派生した。

ラテン語 alere, alt-（養う）から育ったラテン語に alumnus（乳飲み子，秘蔵っ子，養い子——女性形は alumna——）があり，このラテン語は英語にそのまま借入されて「大学・学校の男子卒業生」という意味に使われている。pro-（前へ）と alere（養う）からラテン語 proles（子孫），さらに proletarius が派生し，ローマにおける「最下層の市民」に適用された。彼らは自分の財産を所有できず，子孫を増やすことによってのみ国家に仕えると見なされた。このラテン語 proletarius から英語 proletarian（プロレタリアの，無産階級の）や proletariat（無産階級）が派生した。旧ソビエト連邦においては彼らが国家であると考えられた。

prolific（多産の，多作の）は proles（子孫）と -ficare,（作る）からなる後期ラテン語 prolificus が語源で，-ficare はラテン語 facere（作る）が弱音化した語形である。proliferate（増殖する，繁殖する）は，ラテン語 proles（子孫）と ferre（もたらす）からなる言葉である。またラテン語 alere（養う）からは aliment（栄養）や *alimentary* canal（【解剖学】消化管）が派生した。〈alimony 参照〉

ラテン語 alere（養う：to nourish）の起動動詞は alescere（育つ）で，ラテン語 ad（…へ）と一緒になって，adolescere, adult-（成長する）が派生し，これが adolescent（育ちつつある）や adult（育った；大人）の語源となった。

しかし，adulterate（不義を犯した，にせの）の語源はまったく違っており，ad（…へ）と alter（他の，別の；何か違う物へ変化させる〔to *alter*〕）からなる言葉で，ここから「退廃させる」となった。ラテン語 com〔co-〕（共に）と一緒になって起動動詞 coalescere, coalit-（融合する）が派生し，英語 coalesce（合体する）や coalition（一体化，連合）の語源となった。

prolific（多産な）は，ラテン語 alere（養う）から派生した言葉であるのに対し，類義語 prolix（《まれ》冗長な）は，pro（前へ）と liquere（流れる：to be *liquid*, 液状の）からなる proliquere, prolix-（濾過する）から派生した形容詞 prolixus（長い）が語源である。

ところで liquor（アルコール飲料）は，上記ラテン語 liquere（流れる，液状の）の名詞 liquor（液体）が語源であり，liquid（液状の；流体）はその形容詞 liquidus（流水の）が語源である。流れる水はそれゆえに澄んでおり（clear），ここから liquidate（請求書を清算する：to clear off an account）が派生した。この語はサンスクリット語の語根 li-（溶ける，溶かす：to *liquefy*）にさかのぼることができる。このサンスクリット語は ri-（滴る，にじみ出る，蒸留する）と同語源である。そしてこの ri- はさらにラテン語 ripa（土手——後期ラテン語 riva——）や rivus（川，小川）とつながり，前者から英語 *riparian* right【法律】河岸所有権）が派生し，後者からフランス語 rivière（川）を経て英語 river（川）が派生した。

ただし，elixir（万能薬）は語源的関係がない。これはアラビア語 el, al（定冠詞）と iksir（賢者の石《卑金属を金や銀に変える力をもつと考えられ錬金術師が捜し求めた霊石》）からなる言葉である。アラビア語 iksir の語源はギリシア語 xerion（乾燥用の粉末）であり，xeros（乾いた）から派生した。このギリシア語はラテン語 serenus（晴朗な，静かな：*serene*〔原義〕澄んだ空の）やラテン語 sero（遅く，遅れて）と同族語であり，このラテン語からフランス語 soir（夕方）や英語 serenade

（セレナード，小夜曲）が派生するのである。これで私たちは世界（world）をかなり回ったことになる！

worm [wə́ːrm] 虫
→ wormwood

wormwood [wə́ːrmwùd] ヨモギ，ニガヨモギ，苦悩
「深く後悔して」（in sackcloth and ashes）という表現は wormwood と名づけられた草の苦さを暗示するものであり，その味がおそらくこの語をゆがめたと考えられる。wormwood はアングロサクソン語 wermod（ドイツ語 Wermuth〔ニガヨモギ〕）が語源である。このアングロサクソン語は，wer（人——古サクソン語 wer，ラテン語 vir〔男〕——）と mod（気分：*mood*）からなるが，その wer は，wer-wolf（オオカミ男，残忍な人）の wer- と同じものである。mood（気分）の原義は「勇気」「強さ」である。ヨモギは，かつては媚薬として用いられ，今でも飲料に混ぜられる。vermouth（ベルモット《白ブドウ酒にニガヨモギその他の香草を入れてつくられた代表的な食前酒》）は同語源である。

ところで，英語 worm（虫）は古英語 wyrm が語源で，この古英語は 8 世紀前半の叙事詩 *Beowulf*：『ベーオウルフ』におけるように，「ヘビ」あるいは「竜」という意味にも用いられた。ラテン語 vermis（虫）は同族語である。〈variety 参照〉

worship [wə́ːrʃəp] 崇拝，賛美；崇拝する
worship の -ship は，warship（軍艦）の -ship（船）とは何の関係もないし，私の名 Shipley の第 1 シラブル Ship- とも関係がない。私の名の場合は sheep lea（ヒツジの放牧地）の短縮形である。worship の第二要素 -ship〈shipshape 参照〉は，「状態」「状況」を意味する接尾辞で，第 1 要素はアングロサクソン語 weorth（価値）が語源である。この語は，最初は「高い価値」（high *worth*）を意味する名詞で，尊敬に値する人に対する呼びかけ Your *Worship*（閣下）という表現に保存されている。ここから「尊敬する」「崇拝する」という意味の動詞になった。価値について考える場合，通常金銭的意味が付随するものであるが，そこから How much is he *worth*?（彼の財産はどれくらいか）という問いかけが生まれた。しかし財産よりも価値がある（*worth*while）ものがある。

worsted [wústid] 梳毛糸，ウーステッド
→ cloth

worth [wə́ːrθ] 価値；値する
→ worship

wrap [rǽp] くるむ
→ develop

wrath [rǽθ] 激怒，復讐
→ awry

wreath [ríːθ] 花輪，花冠
→ awry, writhe

wreathe [ríːð] 花輪を作る
→ writhe

wrest [rést] もぎ取る，こじつける
→ pylorus

wriggle [rígl] 体をくねらせる
→ awry

wring [ríŋ] 絞る，苦労して得る
→ awry

wrist [ríst] 手首
→ pylorus

write [ráit] 書く
→ read

writhe [ráið] 身もだえする，のたくる
wr- で始まるすべての語（さらに言えば，w- で始まるほとんどの語）と同様，この語はロマンス語ではなく，ゲルマン諸語に共通で，古英語では writhan（ねじる）である。同じ動詞の弱形が英語 wreathe（輪に作る，花輪にする）になった。wreath（花輪，花冠）は最初，バンドや髪ひもや輪といった，何でもねじれた物を意味し，ついで特に貴族や優勝者の額にかぶせられる輪を意味するようになり，ここから「花冠」となった。もちろんこれは比喩的に雲，煙，雪，その他の渦巻という意味にも用いられる。〈awry 参照〉

wrong [rɔ́(ː)ŋ] 悪い，誤っている
→ awry

Wyoming [waióumiŋ] ワイオミング
→ States

XYZ

X ray [éks rei] エックス線，レントゲン線

ラテン語 radius は「車輪の輻」（スポーク）だった。人々が radiation（放射）について話し始めた時，光線（beams）が車軸から広がるスポークのように放たれるという考えを単純に光に適用していた。英語 ray（光，光線）は，ラテン語 radius から古フランス語 rai（スポーク，光の矢）を経て借入された。キュリー夫人（Marie Curie, 1867-1934）とその夫（Pierre Curie, 1859-1906）が分離した元素が radium と名づけられたのは，それが何ら質量を失わずに光（rays）を放射していると思われたからである。

円の半径を英語で radius と言うが，これはラテン語から直接派生した言葉である。ビュルツブルク大学教授レントゲン（W. C. Röntgen, 1845-1923）が，1895年にその性質を特定できない光線（ray）を発見した時，未知の項目を示すのに用いられた文字を代数学から借りて X ray と呼んだ。

xenon [zí:nɑn]【化学】キセノン
　→ element

この語はギリシア語 xenos（客人，見知らぬ人，外国人）が語源で，「空気中の見知らぬ物」がその原義である。自然博物界には xenia（【植物】キセニア《受粉した種子に他の花の花粉が与える影響》）から xenacanthine（《軟骨魚類》絶滅したサメの一種），xenurine（尾のないアルマジロの一種）に至るまで同じ言葉を持つ仲間が多くある。部族によっては xenogamy（部族外の者とだけの結婚）の慣行を持つものがある。あまりにも多くの人が先人たちの先駆的にして適切な仕方を忘れ，客人としての訪問者の意味を忘れてしまっており，xenophobia（外国人嫌い）から癒されなければならない。

xylophone [záiləfòun] シロホン，木琴

この楽器の音板は今日では，金属やプラスティックでできているものがあるが，この語の語源はギリシア語 xylon（木）+ phone（音）で，元の意味は「木の音」である。接頭辞 xylo- は多くの英語の科学用語で用いられている。例えば，xylochrome（樹木染料，木部色素），xylopolist（木製品販売者），xylene（【化学】キシレン《溶剤・染料用》），xylyl（【化学】キシリル《キシレンから誘導される1価の原子団》）などである。

yacht [ját] 大型ヨット，ヨット

この語はオランダ語 jagten（急ぐ，狩る）から派生した jagt（小型帆船）が借入されたもので，古くは jacht であった。このオランダ語 jagten は古高地ドイツ語 gahi（素早い，生き生きした）と同根語であるとする説があり，この場合は，英語 gay（陽気な）と同語源でもある。ドイツ語 gehen（歩く，行く）やアングロサクソン語 gan, gangan（行く），中英語 gon（行く）は同系語であり，これらから英語 go（行く）や gone（過ぎ去った）や gang（ギャング，連中）が成立した。ヨットは，海賊たち（*privateers*）〈private 参照〉が乗り組んで海賊行為を働いた速い船だった。最近では百万長者の息子たちが遊び友達（gang）を連れて，ヨット（yacht）で楽しい（gay）時を過ごす。

Yankee [jǽŋki] ヤンキー《《英略式》米国人，《米語》ニューイングランド人，《米南部》北部人，【米国史】主に南北戦争時代の北軍兵士》

ジョン・ブル（John Bull：英国人）は，1712年にスコットランドの医師であり作家であったアーバスノット（John Arbuthnot, 1667-1735）による一連の政治論説のタイトルの中で初めて使われた。そこではニコラス・フロッグ（Nicholas Frog）がオランダ人であり，ルイス・バブーン（Lewis Baboon）がフランス人で

ある。

　Yankee は，英語 John に対応するオランダ語 Jan（ヤン）の指小形 Janke（ヤンケ）が新世界で Yankee（ヤンキー──オランダ人移民によるイギリス人移民の呼び名・蔑称──）となった。そしてそれが独立戦争中のアメリカの流行歌「ヤンキー・ドゥードゥル」（"Yankee Doodle"：〔原義〕ヤンキーの間抜け）の中でのあだ名として理解された。しかし，オランダ人に対しフランドル人がつけたあだ名が Jan Kees（Johnny Cheese：間抜けのジョニー）だった。

　gringo（グリンゴ：外人）は，メキシコ人が米国人，すなわち英国人に与えた蔑称である。その語源は，"It's Greek to me."（私にはチンプンカンプンだ）におけるように使われたと考えられるスペイン語 griego（ギリシア語）が語源ではないかと考えられる。しかし一般には，メキシコ戦争時に兵士たちに人気のあったバーンズ（Robert Burns, 1759-96）の歌の最初の言葉 "green grow" が "gringo" になったと考えられている。

　　Green grow the rashes O
　　The happiest hours that ere I spent
　　Were spent among the lasses O.
　　　（イグサは緑に育ち，オー
　　　かつて私が過ごした最も幸せな時は
　　　娘さんたちと過ごした時，オー）

兵士の歌というのは時代が下ってもほとんど変わらないものである。

　合衆国の別称 Uncle Sam（アンクル・サム）の起源は知られていない。最も一般的な話は，革命後にニューヨーク州トロイの連邦精肉検査官 "Uncle Sam" Wilson（サム・ウィルスンおじ）なる実在の人物からこの語が広まったというものである。

yaw［jɔː］《船が》船首を左右に振る；船首揺れ，偏(<small>へん</small>)揺れ

　　→ gaga

ye［jiː］《二人称代名詞》なんじらは，あなたは

　この語は印欧語族における一人称複数代名詞の原初的な形であった。アングロサクソン語では ge，古高地ドイツ語では ir，ギリシア語は hym-，サンスクリット語は yuyam である。与格・対格形はアングロサクソン語では eow で，これが英語 you となった。ye の属格形はアングロサクソン語では eower，ドイツ語では eurer で，これが英語 your となるのである。

　こっけいな擬古体の看板 Ye Olde Curiosity Shoppe（骨董品店）などで見かける ye は，実際は the であり，［ð］と発音されるべきである。最初の文字は y でなくて「ソーン」《þ》と呼ばれる文字で，今日の th を表したアングロサクソン語の文字で，y より þ に似ていて上の部分を閉じた y とも言える。「高級」気取りと無知とが相伴うことはよくあることである。

yeast［jiːst］イースト，パン酵母，影響力

　ゲルマン諸語に共通に存在するこの言葉は，アングロサクソン語では gist で，同族語はサンスクリット語 yasyati（ゆでる，沸騰する）にまでさかのぼることができる。この語はしかし，その rising（上昇，パン種，イースト）という意味にもかかわらず，east（東）とは何の関係もない。イーストを入れないと種なしパン（unleavened bread）〈matzah 参照〉になる。この leaven（酵母，パン種）は，しかし，Levant（東部地中海地方）と同語源で，ラテン語 levamen（ふくらませるもの，軽減）が語源のフランス語 levain（酵母）から借入された。Levant はラテン語動詞 levare, levat-（上げる）の現在分詞 levans, levant- から派生した。英語 levitation（《心霊術などによる》空中浮揚）は，ラテン語動詞 levare（上げる）の反復形 levitare, levitat-（持ち上げる，揚げる）から派生した。英語 lever（てこ，レバー）も同ラテン語 levare からフランス語 lever（持ち上げる）を経て借入された。支点（fulcrum）さえ与えられれば，この道具で世界さえ持ち上げられるかもしれない。

　短音 -e- を持つラテン語形容詞 levis は「軽い」を意味する語で，長音 -e- を持つ lēvis の場合は「滑らかな」を意味する。英語 levigate（すりつぶす，粒子状にする，《古語》滑らかにする）は後者から派生した言葉であり，levity（軽率，気まぐれ）は前者から派生した。ただし，今日では物理的な「軽さ」の意味はすたれ，思考や目的の軽さの意味だけが残っている。また，詩語として使われる leven, levin は，似た語幹を持つが，lightning（電光

——light〔軽い〕と同じ綴りのlight〔光〕から派生——）を意味し，語源的には関係がないようである。それは旧約聖書のルツ（Ruth）とナオミ（Naomi）の話にあるような古代ユダヤ人社会の慣習であった levirate marriage（逆縁結婚《死者の兄弟がその未亡人と結婚すること》）の levirate の語幹とも関係がない。こちらの levirate はラテン語 levir（義理の兄弟）から派生した。さらにまた，伝統的にユダヤの神殿で僧侶の補佐役を務めたレヴィ（Levi）族の Levi を起源とする Levitical proceedings（レヴィ人の祭式）の Levitical とも関係がない。

　手先の早わざ，手品，奇術を slight of hand と言うが，しばしばフランス語 léger de main（手品：〔原義〕手の軽快さ）が英語で legerdemain として用いられる。この語はラテン語 levis（軽い）から後期ラテン語形 leviarius，フランス語 léger（軽い）を経て借入された。なお，slight of hand の slight（早わざ）は，sleight of hand とも綴るように，古くは sleight だった。語源は slaegr（ずるい，ひそかな：sly）から派生した古北欧語 slaegth（ずるさ）である。この sleight は yeast よりずっと効果的に物事をふわりと上げると思われる時がある。

yellow［jélou］黄色い，臆病な；黄色

　この語の語源はアングロサクソン語 gelow- である。ドイツ語 gelb（黄色い：yellow）や Geld（お金：gold）は同系語であり，ラテン語 helvus（淡黄色の）やギリシア語 khloros（黄緑色の）は同族語である。英語 chlorine（塩素）や chlorophyll（葉緑素）はこのギリシア語から派生した言葉で，後者は khloros（黄緑色の）と phyllon（葉）からなっている。

　黄色（yellow）と関係するものには興味深いものがある。黄色は中世では道化の色だった。道化は豊穣の象徴である棒，すなわち道化棒を持っていたが，黄色は，最初は愛の色だった。シェイクスピアの *Twelfth Night*：『十二夜』に登場する気取った執事マルヴォリオ（Malvolio）は，黄色のタイツをはくことで愛情を示していた。上記のギリシア語 khloros は khlon（若芽）から派生した言葉であり，ライト・イエローとライト・グリーンの両方を意味したが，徐々に黄色が色情に，緑が愛情に用いられるようになった。

　中世ドイツの売春婦はそのしるしとして黄色の衣服をまとった。ロシアでは "yellow ticket" は彼女たちの許可証だった。また，中高地ドイツ語 gel は両方を意味したが，ここからドイツ語 geil（色情的な）と gelb（黄色い）が派生した。

　英語 gull（《古語》黄色い）は「ひよっ子」を経て「間抜け」の意味で残っている。11月のロンドン市長の宴会では，道化が呼ばれて，カスタードを入れた巨大なボウル（大杯）の中へ飛び込むのが常だった。

　ところで，gooseberry（【植物】スグリ，グズベリー）は groser を経て成立した言葉であり，かつては grozell berry だった。語源は，ドイツ語 kraus（巻き毛の）から派生したフランス語 groseille（スグリの実）である。しかしこの訛りは，ガン（goose）と間抜けの連想を暗示している。そして，greenhorn（未熟者，間抜け）におけるように，ベリー（berry）の緑は愚者の未熟さを思わせる。かつてイギリス人が特に好んだデザートが，グズベリー・フール（gooseberry fool）と呼ばれるようになった。それはグズベリーを甘く煮てつぶし，泡立てたホイップクリームを混ぜたものだった。

　なお，道化棒での打撃は，しごきと通過儀礼（部族や社会の一員とするための儀礼）とに結びついており，豊穣に関する古いトーテム慣習にまでさかのぼることができる。〈cat-o'-nine-tails 参照〉

yeoman［jóumən］自作農，ヨーマン《独立自営農民》

　英国王室の護衛（the *yeoman* of the Guard）は儀式の時に立派な仕事をしたものと考えられる。と言うのも，すばらしい仕事ぶりをほめるのに "He did yeoman service." と言うからである。

　yeoman 自体，元々は young man（若者）で，小姓や召使いとして仕える若者のことであった〈young 参照〉。同じようにドイツ語 Junker（土地貴族）も Jung Herr（young Sir：若だんな）だった。ドイツ語 Herr（男性，…氏，…様，…殿）は，今ではラテン語 magister（かしら，長官）から派生した英語 master（主人）

〈mystery 参照〉の変化形 Mister と同じように使われる。

ところで英語 Mister は，かつてはより重要な称号だった。Herr の語源はドイツ語 hehr（貴い）である。Herr はドイツ語 Jung（若い）との連想にもかかわらず，貴族は，昔は家長であることが多かった。ドイツ語 hehr は英語 hoar（白髪の）と同系語である。それは，sir（先生）が sire（《詩語》父，祖父）の短縮形であり，その語源がラテン語 senior（年長の）で，フランス語 sieur を経て借入された言葉であって，都市の年長者（Elder）たちが行政官（magistrate）たちだったのと同じである。

Junker（土地貴族）はしたがって，英語の junk と語源的関係はない。後者には二つの同音異語がある。「船」を意味する junk（ジャンク《シナ海付近の通例3本マストの平底船》）の語源はポルトガル語 junco で，最初は中国の船を意味する言葉ではなく，ジャワ語 djong（船）からの借入語か，それともポルトガル語 junco（アシ，イグサ《帆はイグサから作られた》）から直接派生しているのかどちらかである〈junket 参照〉。junk-shop（中古品販売店）に見られる junk（《口語》がらくた）も元々は海から来ている。junk-shop 自体が船員のための生活用品店だった。この junk はおそらくポルトガル語 junco（アシ，イグサ）から借入されて，18世紀中ごろまで「使い古した船のケーブル」という意味に用いられていて，当時，古いケーブルの切れ端がパッチワークに用いられていた。この junk がやがてどんな古い物についても用いられるようになり，そこから現在の意味になった。

yodel［jóudl］ヨーデル
→ Yule

yoke［jóuk］くびき，絆
→ yokel, subjugate

yokel［jóukl］田舎者，田夫（ぷん）
"Ain't he the wise old *owl*!"（あいつはなかなか賢いね！）と歌にある。しかし目をパチクリさせて見るまじめくさったこの鳥フクロウ（owl）は，長年にわたって愚かさの象徴であった。yokel は印欧諸語に広く見られる言葉 yoke（くびき——アングロサクソン語 geoc〔くびき〕，ラテン語 jugum〔くびき〕，サンスクリット語 yuga-〔くびき〕——）と同根語であるとする説がある。しかしシェトランド語 yuggle（フクロウ），デンマーク語 ugle，アングロサクソン語 ule（フクロウ：*owl*）と同系語である可能性が高い。なお，ラテン語 jugum（くびき）は動詞 jungere, junct-（くびきをかける，結び合わす）と同語源の言葉で，このラテン語動詞から英語 junction（接合点）や conjunction（結合，【文法】接続詞）〈subjugate 参照〉が派生した。

ところで，英語のスラング goof（間抜け，あほう）は，古英語 gofish（愚かな）から古い英語 guff, goff を経て生まれた言葉で，イタリア語 gufo（フクロウ）から goffo（やぼな）を経て借入されたのではないかと考えられ，同族語はおそらくペルシア語 kuf（フクロウ）にさかのぼることができる。同様に，英語のスラング plumb *loco*（まったくいかれている，完全に狂って）は，ラテン語 ulucus（フクロウ）が語源のイタリア語 alocco（フクロウ）から派生した locco（愚か者）がまともなスペイン語 loco（愚かな，狂気じみた）を経て借入された。

you［júː］あなた，君
→ ye

young［jʌ́ŋ］若い
このゲルマン諸語に共通に存在する言葉は，印欧語根 juwnkus（若い；若者）までさかのぼることができる。ラテン語 juvencus（若い雄牛）は同じ語根から分出した〈youth 参照〉。《ところで若者がよくする》gaudeamus（ばか騒ぎ），すなわち *gaudy* night（大学記念祭の夜）は，パーティー，特に大学のお祭り騒ぎを意味する言葉となった。英語 gaudy（派手な）はラテン語 gaudere（喜ぶ）が語源である。gaudeamus の起源は次の中世の学生歌の最初の言葉である。Gaudeamus igitur / Juvenus dum sumus...（《青春は短い》それゆえに若い間に楽しもう…）。

Junker は Younker と綴られることがある〈yeoman 参照〉。若者（youngster）〈同項参照〉は軽薄（flippancy）で未成熟（immaturity）〈spinster 参照〉なものである。ニューヨーク州南東部のハドソン川に臨む村 Yonkers（ヨンカーズ）は，最

初 Yonkers Kill（若者の流れ：*Yunge Herr* creek）だった。

youngster [jʌ́ŋstər] 若者

軽蔑的語尾 -ster〈spinster 参照〉を持っているこの語は，本当はドイツ人の間の誇りの称号が訛ったものである。語源はドイツ語 jung（若い）と herr（主人）からなる Junker（土地貴族）である。なお youngster に相当する古くからある英語 youngling は今日では主として「動物の子」という意味に用いられている。また，youngster との類似により，口語 oldster（老人）が造語された。〈young 参照〉

your [júər] あなたの

→ ye

youth [júːθ] 若さ，元気，若者

この語は young（若い）〈同項参照〉同様，ゲルマン語に共通に存在する語であり，young はアングロサクソン語では geong（若い）で，youth は geogoth（若さ）である。オランダ語 jong（若い），jeugd（若さ，若者）やドイツ語 jung（若い），Jugend（若さ，若者）の場合と同じように，形容詞から名詞へ移行の際に鼻音 [ŋ] が抜け落ちた。鼻音 [ŋ] は英語 juvenile（若い）の語源であるラテン語 juvenis（若々しい：*youthful*）やラテン語名詞 juventus（青年）に元より入っていない。このラテン語の同族語は，サンスクリット語 yuvan（若い）にまでさかのぼることができる。

ラテン語 juvencus は「去勢牛，雄の子牛」を意味する。これに接頭辞 ad-（…へ）がついて派生したラテン語 adjuvare, adjut-（支持する，助ける）は，若い者は大人を助けるものであるという考えからその意味が生まれたと考えられる。英語 adjutant（助手，副官）は，この動詞の反復動詞形 adjutare（助力する）の現在分詞 adjutans, adjutant-から借入された。17世紀には adjuvant（補助役）が使われたが，今日では古くなっている。

ytterbium [itə́ːrbiəm]【化学】イッテルビウム

→ element の項 erbium

yttrium [ítriəm]【化学】イットリウム

→ element の項 erbium

Yule [júːl] クリスマス〔の季節〕

太陽が《十二宮を》一周して一年が終ることから，この語は wheel（車）に語源的な関係があるという説がある。しかし，Yule はその時期の祭りとより直接的に関係する言葉である。未開の人々はその時期に夜が後退しはじめ，永遠の暗闇の時期がまだ来ていないことに安心したのである。12月（December）と1月（January）は，かつて former Yule と after Yule と呼ばれた。Yule の語源はアングロサクソン語 gyllan（浮かれ騒ぐ）で，中英語では yollen（大声で叫ぶ）である。このアングロサクソン語 gyllan はドイツ語 jodeln（ヨーデルの唱法で歌う，歓呼する）と同系語であり，このドイツ語が英語 yodel（ヨーデル）の語源である。同根のアイスランド語 jol（クリスマスの季節：Yule）は jolly（楽しい）の語源であるが，古フランス語 jolif 経由で英語となったとする説がある。このようなわけで，Yule-tide（クリスマスの季節）に私たちは浮かれ騒ぐのである。ヴィクトリア女王（在位 1837-1901）の夫君アルバート公（Prince Albert, 1819-61）がクリスマスのお祝いに緑のクリスマスツリーの慣習を発展させたが，元来は丸太（*Yule* log）を燃やしたものだった。

しかし，快い見かけは，恐ろしい事実を隠すことがある。一見罪のないいたずらの陰にサタンが潜んでいることがあるもので，フランス語 jolie（きれいな，陽気な）の古形である古フランス語 jolif が古北欧語に由来するとする説には疑問があり，むしろラテン語 diabolus（悪魔：*devil*）〈同項参照〉から後期ラテン語 diabolivus（悪魔の）を経てフランス語になったとする説の方が可能性が高い。

zany [zéini] 道化師の補佐役，ひょうきん者

「主は愚か者に特に配慮する」という古い諺がある。この諺は，「飲んだくれは事故に遭わない」という諺と同じように，当てにならないものである。しかし，中世喜劇の道化師を意味する zany には語源的保証がある。この zany の語源はヘブライ語 Yohanan（ヨハネ：〔原義〕主は恵み深きかな）が語源で，イタリア語 Giovanni（ジョバンニ），そしてその変化形 Zanni が英語に借入されたものである。第1要素 Yo- は Jehovah（エホバ，ヤハウェ）の

ことであり，第二要素 -hanan は「慈悲を示す」という意味である。

zenana [zenάːnə]《インド・ペルシアの》婦人室，婦人室の女性
→ seraglio

zenith [zíːnəθ] 天頂，頂点
→ azimuth

zenophobia [zènəfóubiə] 外国人恐怖症，外国嫌い
→ Dutch
xenophobia の方がより一般的な綴りである。〈xenon 参照〉

zephyr [zéfər] 西風，和風
→ cipher

Zeppelin [zépəlin] ツェッペリン型飛行船
→ blimp

zero [zíərou] ゼロ，零
→ cipher

zest [zést] 熱意，妙味

何かが状況に zest（おもしろ味）を加えるという言い方がある。元々は何か，特に飲み物をピリッとして食欲をそそるものにする物が zest だった。と言うのも zest とは中に入れられたオレンジやレモンの皮の一片のことだったからである。語源はフランス語 zeste（《オレンジやレモンのような》果物の袋の皮）である。この語は物体からその効果を表すものとなった。

フランス語 zeste はナッツや果物の実をへだてているうすい区分膜組織を意味し，その語源は，ラテン語 scindere, sciss-（切る）から派生した scistus〔scitus〕（決定）ではないかとする説がある。〈shed 参照〉

zeugma [z(j)úːgmə] くびき語法《一つの形容詞や動詞で二つ（以上）の異種の名詞を無理に修飾または支配させること》
→ subjugate

zinc [zíŋk] 亜鉛
→ element

Zionist [záiənist] シオン主義者，シオニスト

あらゆる人には登るべき丘があり，自らの十字架を担う。しかしシオニストたちの丘はキリスト教徒の栄光への歩みより古くからあるものである。ヘブライ語 tsiyon は「丘」を意味する。しかしその語は特に，ダビデの都市が建設されたエルサレムの丘を意味するものであった。その丘はそれ以来ユダヤ教信仰の中心だと見なされている。パレスチナにユダヤ民族の祖国を再建するためのシオニズム（Zionism）運動は，ハンガリー生まれのオーストリアの著述家ヘルツル（Theodor Herzl, 1860-1904）により1896年に創設された。

zipper [zípər] ジッパー，チャック，ファスナー

締めるための便利な考案物の名として1930年代に造語されたこの語は，擬音的起源を持つ zip（ピュッ《という音》）から造語されたが，zip は布を切り裂く（ripping）音や，昆虫や銃弾の飛ぶ音を表している。zipper はすばやく動くが，rip（引き裂き）を防ぐために考えられたものである。rip は低地ドイツ語起源で，フリースラント語では rippe（引き裂く）であり，フラマン語では rippen（荒々しく引き抜く）である。この語は，riparian（川岸に住む人）〈world 参照〉と関係はないが，ジッパー（zipper）はしばしば修理（repair）が必要なことがある。この repair の語源は，ラテン語 parare（準備する）から派生した reparare, reparat-（修復する，返還する）が語源で，フランス語 réparer（修理する）を経て借入された。reparations（償い，賠償）も同語源である。〈overture 参照〉

しかし，ラテン語 par（等しい）が語源の英語 par（同等，等価）や peer（同等の者，貴族：the House of *Peers*）は pair（一対）と同語源の言葉であり，フランス語では pair（同輩，同僚）である。したがって，repair を「再び等しくする」と解釈することも可能である。〈peep 参照〉

なお，repair（《ある場所へ》赴く，行く）の語源は，ラテン語 re（後ろへ）と，ギリシア語 patris（祖先の）から派生したラテン語 patria（祖国）とからなる後期ラテン語 repatriare, repatriat-（祖国へ戻る）が語源で，古フランス語 repairier を経て借入された。expatriate（国外に追放する）や repatriation（復員，本国への送還）も同語源で，patriot（愛国者）はギリシア語 patriotes（同国人）が語源である。

zircon [zə́ːrkɑn]【鉱物】ジルコン
→ carnelian

zirconium [zəːrkóuniəm] ジルコニウム

→ element

zodiac [zóudiæk] 黄道帯，獣帯，十二宮

季節を通じて動く星座のこの環は，徐々に成長した。Taurus（おうし座）の語源はラテン語 taurus（雄牛）であるが，紀元前4000年ごろから紀元前1700年ごろにかけて古代アッカド人が考えた天を支配する牛（the heavenly Directing Bull）が耕す天の畦の溝のことであり，これが星座の最初のものであった。

やがて星座は六つになったが，すべて動物だったのでアリストテレス（Aristotle, 384–322B.C.）はそれを獣帯（the circle of the *Zodion*）と呼んだ。ギリシア語 zodion は「小さな動物」という意味で，動詞 zaein（生きる）から名詞 zon（生），形容詞 zoos（生きている）の中性形 zoon（動物）を経て派生した指小語である。Libra（天秤座）が無生物として最初に加わった星座である。

zoology [zouálədʒi] 動物学

→ plant

zymograph [záiməgræf]【生化学】酵素図《酵素の分子構成の表示》

→ graffito

zymurgy [záiməːrdʒi] 醸造学

この語は，ワイン作りの際のような，発酵させる過程もしくは技術を意味し，ギリシア語 zyme（酵母，発酵した練り粉）〈graffito 参照〉と，ergon（仕事──energy〔エネルギー〕の語源──）から造られた接尾辞 -ourgia, -ergia（働き）とからなる言葉である。このように結合形 zym-, zymo- は，例えば zymogen（【生化学】酵素原，チモーゲン）や zymosis（伝染病，発酵）のような，さまざまな複合語を造るのに用いられている。Azymite は聖体拝領の際，パン種を入れないパンを用いる人のことであり，ここからギリシア正教徒によって使われる「ローマ・カトリック教徒」を意味する言葉となった。ギリシア語 a- は否定を意味する接頭辞で，azyme（種を入れないパン）は過ぎ越しの祭りの期間中ユダヤ教徒によって用いられたパン種を入れないパンの一片であり，ユダヤ教徒はこれを matzah と呼んだ。複数形は matzoth で，語源はヘブライ語 matzah（押して乾かす）である。欽定訳聖書（King James Version）に "purge out therefore the old leaven, that ye may be a new lump, *as ye are unleavened*. For even Christ our passover is sacrificed for us:"（いつも新しい練り粉のままでいられるように，古いパン種をきれいに取り除きなさい。現に，あなたがたはパン種の入っていない者なのです。キリストが，私たちの過ぎ越しの子羊として屠られたからです）（『Ⅰコリント書』5:7）とあるが，この箇所はより古い英語訳（ウィクリフ訳）では "as ye are azymes" となっている。

Appendix

Appendix I	頻出用語の解説	694
Appendix II	音推移	696
Appendix III	言語の起源をめぐる理論	700
Appendix IV	本書で使われている主な言語名と解説	701
Appendix V	二重語	708
Appendix VI	固有名詞から生まれた言葉	722
Appendix VII	人名の語源と意味	740

* Appendix I-IV は，原典巻頭の Terms Often Used, Grimm's Law, Theories of the Origin of Language, Abbreviations に補足的解説を加えたものであり，Appendix V-VII は，原典巻末の Appendix I Doublets, Appendix II Words from Names, Appendix III Given Names, Their Sources and Meanings に補足的解説を加えたものである。

Appendix I　頻出用語の解説

*原典はアルファベット順であるが，本書では訳語の五十音順に並べ替えた。

異化（dissimilation）　類似の音が近くにある時，一方が類似性の少ない音に変化すること。例：ギリシア語 aggelos（天使）→ 英語 angel（天使）〈同化（assimilation）参照〉

異形（variant）　ある言葉の変形。方言など地域的特異性によるのが普通である。

意味の向上（melioration, elevation）　言葉の発達過程において意味が向上すること。例：bewitch（魅了する）←〔原義〕魔法をかける／fond（愛しい）←〔原義〕ばかな

意味の低下（pejoration, degeneration）　言葉の発達過程で意味が低下すること。例：villain（悪党）←〔原義〕田舎者／silly（ばかな）←〔原義〕祝福された

婉曲表現（euphemism）　不快なことを直接表現することを避けるために使われる語句。例：die（死ぬ）→ pass away／died（死んだ）→ gone west

かばん語，混成語，短縮語（portmanteau word）　二語が短縮されて一語になった言葉。telescope とも呼ばれる。例：breakfast＋lunch → brunch（ブランチ《昼食兼用の遅い朝食》）／chuckle（クスクス笑う）＋snort（《馬が》鼻を鳴らす）→ chortle（《得意げに》声高に笑う）

擬音語（onomatopoetic, echoic）　今日では onomatopoeia に代わってしばしば echoism, echoic という用語が使われる。音の模倣によって生まれた言葉のこと。例：bang（バーン），murmur（さらさらいう音，ブツブツ言う声）

起動形（inceptive）　ある動作や状態の最初の段階や始まりを示す動詞形。ラテン語 -escere，フランス語の -iss，英語の -ish など。例：adolescent（青年），ラテン語 adolescere〔成長する〕の現在分詞 adolescens, adolescent（〔原義〕成人になりつつある）から／vanish（消滅する），ラテン語 evaniscere（消え失せる）から／coalesce（合体する），ラテン語 coalescere（合体する）から

逆成（back-formation）　より複雑な本来の言葉から，その語の接辞を取ったらできると思われるような短い言葉を造ること，あるいはそのようにして造られた言葉。例：groveling（卑しい）→ grovel（はって進む）

強意語（intensive）　強意・強調を表す語。例：plash（ピチャピチャ）→ splash（《水や泥を》跳ね返す）。接頭辞 com-（一緒に）はラテン語ではしばしば「まったく」という意味に用いられた。この用法が今日まで残り，commence（開始する），commend（推奨する），conclude（締めくくる）などに生きている。

グリムの法則（Grimm's law）　印欧祖語起源の言葉における子音推移の法則。〈Appendix II の同項参照〉

原因動詞（causal）　ある言葉が意味する動作や状態をもたらす原因となる動作を意味する言葉で，使役動詞（causative verb）とも言う。例：to lie（横たわる）→ to lay（横たえる）／to fall（落ちる）→ to fell（落とす）

語頭音消失（aphesis）　語頭の強勢のない文字や音節が消失すること。例：withdrawing room → drawing room
　語頭音（節）消失によって生じた語を「語頭音消失語（aphetic word）」という。

字位転換（metathesis）　言葉の中で字の位置が転換すること。例：ラテン語 fimbriae（へり）→ 後期ラテン語 frimbria → 英語 fringe（へり）／古英語 thridda（第三の）→ 英語 third（第三の）

指小辞（diminutive）　本来の言葉よりも小さいことを意味する接尾辞又はそのような接尾辞が付いた言葉。イタリア語 -ini, フランス語 -ette, 英語 -kin, -ling などを持つ言葉。例：duck（アヒル）→ duckling（アヒルの子）／dear（かわいいもの）→ darling（最愛の人）

冗語（pleonasm）　しばしば一語の中に見られる不必要な繰り返し。例：darling には -l＋-ing のように指小辞の繰り返しが見られる。

常套的引喩（dead metaphor）　本来は比喩的表現であるが，頻繁に用いられるようになったために今日では比喩であることが意識されなくなった言葉および表現。今日の言葉の非常に多くがそのような「比喩の墓標」である。例：delirium（うわごと），pluck（引き抜く）〈本編のそれぞれの項参照〉

増大辞（augmentative）　元の言葉よりも大きいことを意味する接辞又はそのような接辞がついた言葉。イタリア語 -elli, -one, フランス語 -on など。例：tromba（トランペット）＋-one → trombone（トロンボーン）

同化（assimilation）　ある音が直後または直前の音の影響を受けて，その音に近い音に変化すること。例：ラテン語 ad（…に）＋ラテン語 simil-（似た）→ assimilation〈dissimilation 参照〉

同根語（cognate）　直接に関係はなくとも，同じ語根から分出した言葉〈Appendix IV 参照〉。ラテン語とギリシア語との関係やラテン語とゲルマン語との関係のように，印欧語族の異なる語派に属する言語を同族言語（cognate language）と呼び，ゲルマン語起源の father（父）とラテン語起源の paternal（父の）を同族語（cognate word）と呼ぶ。ドイツ語と英語は共に共通ゲルマン語（common Germanic）から発展した言語であり，この二言語も cognate languages であるが，本書では同語派内での二言語を同系言語と呼び，例えば，英語 father とドイツ語 Vater とを同系語と呼ぶ。イタリア語とフランス語は共にラテン語から派生した言語であり，同系言語である。cognate word を related word と呼ぶことがあるが，related word は cognate word よりもより直接的な語源関係を意味することが多く，本書では related word を「同語源の言葉」と訳すことが多い。

特殊化（slide）　言葉の発達過程で，全般的意味が特定化すること。極端を意味するようになるのが普通である。例：temper（気質，気分）→（かんしゃく，短気）／humor（気質，気性）→（気まぐれ，ユーモア）

二重語（doublet）　同語源ではあるが，異なった経路で発達したために語形や意味が分化した言葉〈Appendix V 参照〉。三重語（triplet）や四重語（quadruplet）も含めて二重語と呼ぶことがある。

反復形（frequentative）　単純動詞（simple verb）によって表される行為の反復や素早い動きを表す語形。例：start（動く）→ startle（《驚き・恐怖で》飛び上がらせる）

反復語（reduplicated word）　criss-cross のように文字や音節を重複させて造った派生語〈本編 scurry 参照〉。なお，反復（reduplication）には語または語根の一部を重複させるものがある。例：ギリシア語 paideuo（私は教育する）→ pepaideuka（私は教育した）

蔑称語（pejorative）　非難や軽蔑的意味を表す言葉および接辞。例：gang（《労働者・奴隷などの》一群，ギャング）→ gangster（暴力団）／racket（ゆすり）→ racketeer（テキ屋）／slug（なめくじ）→ sluggard（無精者）

幽霊語（ghost-word）　ミスプリントや他の間違いによって，実際には存在しないにもかかわらず，あたかも正しい言葉であるかのように使われるようになった言葉。例：tweel（綾織）→ tweed（ツイード《粗い感じの紡毛織物》）

臨時語（nonce-word）　その場限りの，ある特定の目的のために造られた言葉，あるいは新語として造られたが一般化しなかった言葉。例：manikin（マネキン）→ capkins（小さな帽子）

Appendix II　音推移

*原典のこの項は「グリムの法則」をごく簡単に紹介したものだが，本訳書ではその後の音推移を含めて解説する。

　英語の語源をたどる時，何段階かの規則的な音推移を理解していると変化の道筋をたどりやすい。本項ではそのうち，特に大切なグリムの法則，高地ドイツ語子音推移，英語に起こった大母音推移を取り上げる。

1. **グリムの法則**（Grimm's Law）
　第一次子音推移（First Sound Shift）とも呼ばれ，ゲルマン語派の諸言語と，ギリシア語，ラテン語などのインド・ヨーロッパ諸語との間に見られる特定の子音対応の規則性を示すものである。『グリムの童話』で知られるグリム兄弟の兄ヤーコプ（Jacob Ludwig Karl Grimm, 1785-1863）が発見したことからこの名で呼ばれている。

2. **高地ドイツ語子音推移**（High German Sound Shift）
　第二子音推移（Second Sound Shift）とも呼ばれ，5世紀から8世紀にかけて高地ゲルマン語に起こった規則的な子音推移で，この音推移をもって高地ドイツ語が成立したとされる。この子音推移を受けていない低地ドイツ語から変化した近代英語と，高地ドイツ語から変化した近代ドイツ語とを比較するとその規則性がよくわかる。

3. **英語の大母音推移**（Great Vowel Shift）
　14世紀の後半から17世紀のシェイクスピア時代にかけてその大部分が起こった規則的な母音推移のことである。大母音推移後の英語を近代英語と呼ぶ。

　以下の表は，これら3つの音推移の典型的なものを近代英語との関係で示したものである。

1．グリムの法則

　一つの印欧語根から分出したギリシア語またはラテン語が語源の英語と，ゲルマン語が語源の英語との間には以下のような対応がある。

喉音（gutturals）

［印欧語根］	［ギリシア語またはラテン語が語源］	［ゲルマン語が語源］
genə- (産む)	genus (《生物分類の》属)	kin (親族，一族)
gel- (冷たい)	gelid (氷のような)	cold (寒い，冷たい)

sker-（回す）	circle（円）	ring（輪：《古英語》hring）
ghel-（光る）	choler（胆汁，かんしゃく）	gall（胆汁，遺恨）
ghosti-（よそ者）	host（主人役）	guest（客）

歯音（dentals）

[印欧語根]	[ギリシア語またはラテン語が語源]	[ゲルマン語が語源]
dwo（2）	dual（2の，二重の）	two（2の，2）
deik-（示す）	dactyl（【動物】手足の指）	toe（《人の》足指）
trei-（3）	trivial（つまらない）	three（3の，3）
dhe-（置く）	theme（主題，題目，テーマ）	doom（運命，破滅）
dheu-（けむり）	fume（《特に有害な》煙霧）	dust（ほこり）

唇音（labials）

[印欧語根]	[ギリシア語またはラテン語が語源]	[ゲルマン語が語源]
pəter（父）	paternal（父系の）	fatherly（父親らしい）
pu-（くさる）	putrid（腐敗した）	foul（不潔な，きたない）
bher-（運ぶ，産む）	fertile（肥沃な，多産な）	bear（運ぶ，産む）
bhreg-（壊す）	fragile（壊れやすい，もろい）	break（壊す，破る）

　上記の同族語に関してグリムの法則が適用される。その規則的子音推移法則を簡単にまとめると下記のようになる。

(1) 印欧祖語の気息有声閉鎖音（aspirated voiced stop）gh, dh, bh は，ゲルマン語派では有声閉鎖音 g, d, b になる。

	[印欧語根]	[ギリシア語]	[ラテン語]	[英語]
喉音	gher-（囲む）	khoros（踊り） （chorus：コーラス）	hortus（庭） （horticulture：園芸）	garden（庭）
歯音	dhwer- （門，扉）	thyra（扉） （thyroid：甲状腺の）	foris（扉） （forest：森）	door（扉）
唇音	bhrater- （兄弟）	phrater（氏族の一員） （phratry：氏族）	frater（兄弟） （fraternity：同胞愛）	brother（兄弟）

(2) 印欧祖語の無声閉鎖音（voiceless stop）k, t, p は，ゲルマン語派では無声摩擦音 h[x], th[θ], f になる。

	[印欧語根]	[ギリシア語]	[ラテン語]	[英語]
喉音	kerd-（心臓）	kardia（心臓） （cardiac：心臓病の）	cor（心臓） （cordial：心からの）	heart（心）
歯音	trei-（3）	trias（3） （triad：三つ組）	tres（3） （trivial：些細な）	three（3）
唇音	pəter（父）	pater（父） （patriot：愛国）	pater（父） （patron：後援者）	father（父）

(3) 印欧祖語の有声閉鎖音（voiced stop）g, d, b は，ゲルマン語派では無声閉鎖音（voiceless stop）k, t, p になる。

	[印欧語根]	[ギリシア語]	[ラテン語]	[英語]
喉音	genə-（生む）	genos（部族） (genesis：起源)	genus（部族） (general：全体的な)	kind（種類）
歯音	dwo（2）	dis（2） (dilemma：ジレンマ)	duo（2） (double：2倍の)	two（2）
唇音	beu-（膨れる）	boubon（鼠けい部） (bubo：リンパ腺の腫れ)	bulla（球） (bowl：ボウル)	puff（膨らみ）

[注] 前表におけるギリシア語，ラテン語の下の（　　）内の単語は英語に現れた派生語である。

2．高地ドイツ語子音推移

　高地ドイツ語子音推移は，基本的には無声閉鎖音 p（唇音），t（歯音），k（喉音）において起こったもので，th（有声歯擦音）や d（有声歯音）については付随的に起こったものである。この子音推移の結果生まれた英語とドイツ語の相違の典型的なものを表にすると下記のようなものになる。

		語頭音	単語		語中・語尾音	単語		
P	英	p	pipe（パイプ）	path（小径）	p	deep（深い）	ship（船）	apple（リンゴ）
	独	pf	Pfeife	Pfad	f, pf	tief	Schiff	Apfel
T	英	t	timber（材木）	tide（潮）	t	that（あれ） eat（食べる）	heart（心）	sit（座る）
	独	ts	Zimmer（部屋）	Zeit（時）	s, ts	das　essen	Herz	sitzen
K	英	k	corn（穀物）	cold（寒い）	k	book（本）	yoke（くびき）	
	独	k	Korn	kalt	x	Buch	Joch	
TH	英	θ	thing（もの）	thank（感謝する）	ð	brother（兄弟） father（父）	mother（母）	
	独	d	Ding	Dank	d, t	Bruder　Vater	Mutter	
D	英	d	drink（飲む）	deep（深い）	d	word（言葉）	God（神）	
	独	t	trinken	tief	t	Wort	Gott	

[注]
1．ドイツ語 [pf] は [p] と [f] を同時に発音し，単音である。
2．ドイツ語の語尾-b は [p] と発音する。例：halb（half：半分）
3．ドイツ語の語尾-d は [t] と発音する。
4．ドイツ語では v は [f] と発音し，w は [v] と発音する。例：Vieh（家畜），Wasser（水）
5．英語 [k] とドイツ語 [x] の対応については語頭の場合，変化は起こらない。

6．ドイツ語 ch[x] は [k] を咽喉の奥で発音するような気音である。
7．上記の表以外の規則的な子音交替には英語 yesterday とドイツ語 gestern に見られるような [j] と [g] との交替，英語 was とドイツ語 war，英語 give とドイツ語 geben に見られるような [s] と [r]，[v] と [b] との交替などがある。

3．英語の大母音推移

英語の大母音推移は母音組織全体に及ぶものであったが，特に強勢のある長母音における変化は顕著であった。長母音の変化の過程を表で示すと下記のようになる。

古英語 (OE)	チョーサーの時代 (ME)	シェイクスピアの時代 (Early ModE)	後期近代英語 (Late ModE)
nama（名前）[náma]	name[ná:mə]	name[nɛ́:m]	name[néim]
grene（緑の）[gré:ne]	grene[gré:nə]	green[grí:n]	green[grí:n]
mete（食べ物）[méte]	mete[mɛ́:tə]	meat[mé:t]	meat（肉）[mí:t]
win（ワイン）[wí:n]	win, wyn[wí:n]	wine[wéin]	wine[wáin]
stan（石）[stá:n]	stoon[stɔ́:n]	stone[stó:n]	stone[stóun]
mona（月）[mó:na]	moone[mó:nə]	moon[mú:n]	moon[mú:n]
hus（家）[hú:s]	hus, hous[hú:s]	house[hǿus]	house[háus]

上の表を母音変化の過程を簡略化して示すと下記のようになる。

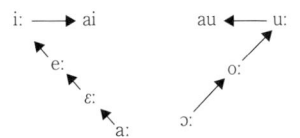

1．[á] → [a:] → [ɛ] → [ei]
2．[é:] → [e:] → [i:] → [i:]
3．[é] → [ɛ:] → [e:] → [i:]
4．[í:] → [i:] → [ei] → [ai]
5．[á] → [ɔ:] → [o:] → [ou]
6．[ó:] → [o:] → [u:] → [u:]
7．[ú:] → [u:] → [əu] → [au]

```
i: ──→ ai        au ←── u:
 ↑                        ↑
 e:                       o:
 ↑                        ↑
 ɛ:                       ɔ:
 ↑                        ↑
  ↖ a: ↗
```

矢印は推移の方向を示す

Appendix III　言語の起源をめぐる理論

　言語の起源に関して原始人は記録を何も残していない。言語は個人個人が感じた痛さ，恐れ，あるいは驚き，勝利，喜びの叫びから始まったと考えられる。しかし，それらはすぐに，他のさまざまな感情や欲求を伝えるための表現と共に，コミュニケーションのための社会的目的を持つようになった。言語の起源についてのいかなる理論もその複雑さを十分に説明しているものはない。言語科学者たちのいくつかの意見はその名前によって示されている。

1．**bow-bow 理論**：言葉の起こりは自然発生的な動物の鳴き声の模写であるとするもの。

　この理論を裏づけるものには，yes と言う代わりによく使われる uhhuh，「聞いたこともない」という意味を示す hnnn?，戸惑いを表す hmmm や軽蔑を表す hn! など，今日も使われる不明確な音がある。

2．**pooh-pooh 理論**：言葉の起源は感情的な叫びであるとするもの。

　この理論の根拠となるものには，Ah! とか Ow! などの感嘆詞，Ho! とか Hey! などの呼びかけ語がある。

3．**ding-dong 理論**：言葉は自然の音の模倣から始まったとするもの。

　この理論を支えるものとしては多くの擬音語・擬態語があり，現実の言葉として最も豊かな例がある。hum（《ハチなどが》ブンブンいう；ブンブン），thud（ドサッと落ちる；ドサッ），bump（ドンと突き当たる；ドン），boom（ドカーンと鳴る；ドカーン），buzz（ブザーを鳴らす；ガヤガヤ），murmur（サラサラいう；サラサラ），hiss（シーッと言う；シーッ）などがその例である。

Appendix IV　本書で使われている主な言語名と解説

*原典では，言語名とその省略記号の一覧表が掲載されているが，本訳書ではこれに代えて，各言語の簡単な解説を記載する。配列は言語名の五十音順，番号は次ページの系統図に対応している。

アイスランド語[15] Icelandic (Icel)
　ゲルマン語派の北ゲルマン語系の一言語で，9世紀から10世紀にかけて，西部ノルウェーからアイスランドにもたらされた。古アイスランド語 (Old Icelandic) は通常，古北欧語〈同項参照〉とも呼ばれる。

アイルランド語[21] Irish (Ir)
　ケルト語派の一言語であるゲール語で，特にアイルランドで話されているゲール語 (Irish Gaelic) のことである。古アイルランド語 (Old Irish: OIr) は7世紀から11世紀にアイルランドで用いられたローマン・アルファベットで書かれたゲール語 (Gaelic) で，ケルト語の中でも最も古い形をしている。今日アイルランド共和国では，アイルランド語と英語が公用語である。

アラビア語　Arabic (Arab)
　ヘブライ語と同じくセム語族 (Semitic) に属する言語で，イスラム教の聖典『コーラン』が書かれた言語である。

アングロサクソン語[4] Anglo-Saxon (AS)
　古英語の南部方言，特にアルフレッド大王が支配した王国ウェセックス (Wessex：ウエストサクソン) の方言。古英語の文法書や辞書は通常ウエストサクソン方言，すなわちアングロサクソン語に基づいており，同方言は古英語の標準方言というべきもので，今日では一般に古英語と呼ばれている。本書においては原典に従ってアングロサクソン語と古英語を分けた。

アングロフランス語　Anglo-French (AFr)
　ブリテン島のノルマン王朝で用いられたフランス語。アングロノルマン語とも呼ばれる。14世紀ごろまで特にイングランドの支配者層に用いられた。

イタリア語[27] Italian (It)
　ラテン語から派生したロマンス語の一言語で，主たるロマンス語の中で最もラテン語に近く，ラテン語直系の言語であるといえる。10世紀ごろからの記録が残っている。ダンテ (Dante Alighieri, 1265-1321) が標準イタリア語の創始者であるとされるが，彼はフィレンツェを中心とするトスカーナ地域の方言を使った。

インド・ヨーロッパ語族，印欧語族[1] Indo-European languages (IE)
　19世紀に発達した比較言語学で，ギリシア語，ケルト語，ラテン語，ゲルマン諸語，サンスクリット語などを含む諸言語に，顕著な共通点と相違に規則性が見いだされ，これら諸言語が，同じ先祖から分出したとする家系モデルが考えられた。そして，同じ言語家族に属するそれぞれの言語を同族言語 (cognate language)，その起源となった言語を祖語 (parent language)，インドからヨーロッパに広範囲に分布するこれらの諸言語を含む語族を印欧語族 (アーリア語族) と呼んだ。印欧祖語は少なくとも6000年以上前にさかのぼるとされ，移動による分化が始まったのは5000年前とされる。

　上記の諸言語は印欧語族の大きな分派に属する言語であり，それぞれの言語に代表される分派を語派と呼ぶ。そしてそれらの語派に存在する同じ語根 (Indo-European root) から分出したと考えられ語を同族語 (cognate word)〈Appendix I参照〉と呼ぶ。ただし，語根は実際に存在したものではなく，理論的に再構成されたものであり，同族語の最も基本的な構成要素としての語根は実在が実証された (attested) ものではない。再構成語にはアスタリスク(*)をつけるのが一般的であるが本書では原典にしたがってつけないこととした。

英語[7] English (Eng)

インド・ヨーロッパ語族系統図

英語語彙のほとんどはインド・ヨーロッパ語族[1]（印欧語族）に由来する。下記の略系図は印欧語族における諸言語の位置を示す。（番号は Appendix IV の言語解説に対応している。）

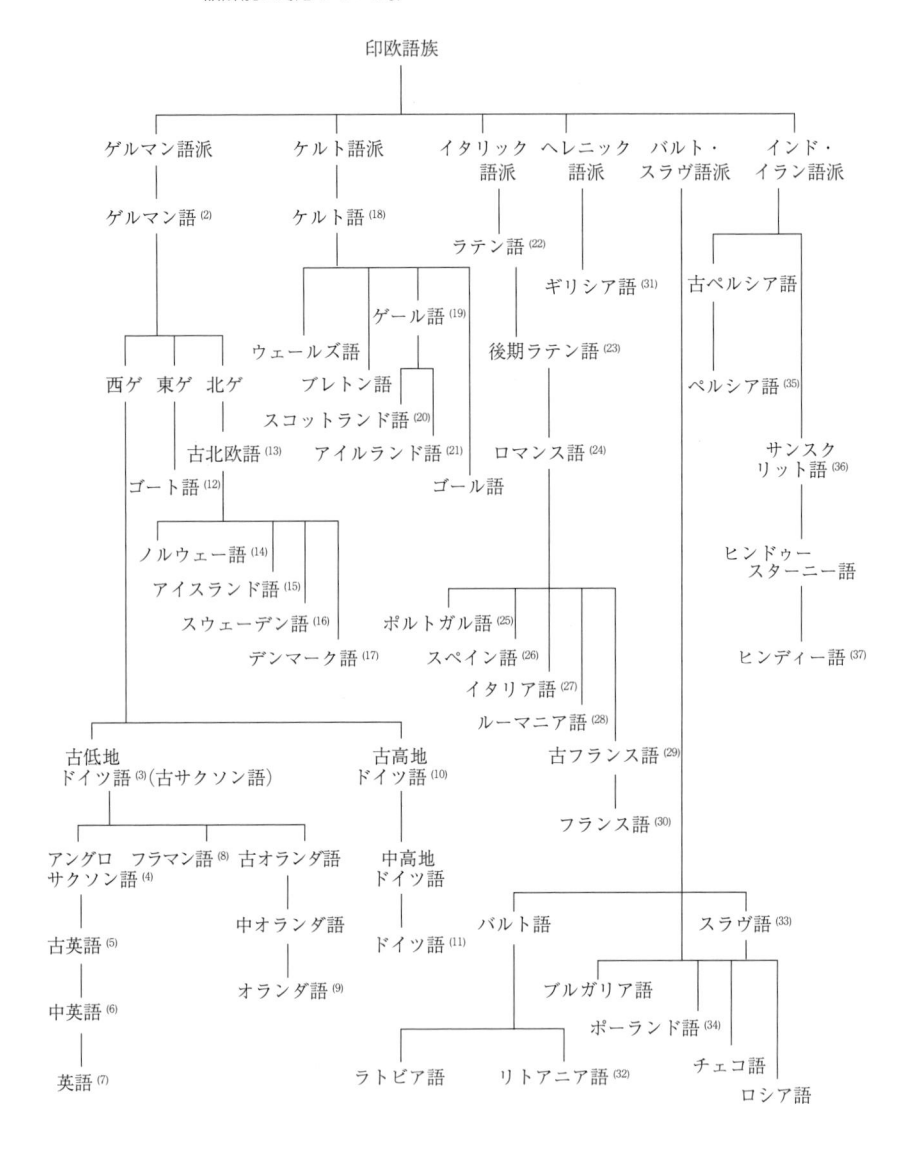

印欧語族
- ゲルマン語派
  - ゲルマン語[2]
    - 西ゲ
      - 古低地ドイツ語[3]（古サクソン語）
        - アングロサクソン語[4]
          - 古英語[5]
            - 中英語[6]
              - 英語[7]
        - フラマン語[8]
        - 古オランダ語
          - 中オランダ語
            - オランダ語[9]
      - 古高地ドイツ語[10]
        - 中高地ドイツ語
          - ドイツ語[11]
    - 東ゲ
      - ゴート語[12]
    - 北ゲ
      - 古北欧語[13]
        - ノルウェー語[14]
        - アイスランド語[15]
        - スウェーデン語[16]
        - デンマーク語[17]
- ケルト語派
  - ケルト語[18]
    - ウェールズ語
    - ゲール語[19]
      - ブレトン語
      - スコットランド語[20]
      - アイルランド語[21]
- イタリック語派
  - ラテン語[22]
    - 後期ラテン語[23]
      - ロマンス語[24]
        - ゴール語
        - ポルトガル語[25]
        - スペイン語[26]
        - イタリア語[27]
        - ルーマニア語[28]
        - 古フランス語[29]
          - フランス語[30]
- ヘレニック語派
  - ギリシア語[31]
- バルト・スラヴ語派
  - バルト語
    - ラトビア語
    - リトアニア語[32]
  - スラヴ語[33]
    - ブルガリア語
    - ポーランド語[34]
    - チェコ語
    - ロシア語
- インド・イラン語派
  - 古ペルシア語
    - ペルシア語[35]
  - サンスクリット語[36]
    - ヒンドゥースターニー語
      - ヒンディー語[37]

近代英語（Modern English：ModE），特に1500年以降の英語を指すが，通常チョーサー（Geoffrey Chaucer, 1343?-1400）までを中英語とし，それ以降の英語を「近代英語」と呼ぶことがある。

エジプト語 Egyptian（Egyp）

本書ではイスラム教徒征服以前の古エジプト語を指す。非印欧語族のハム・セム語族の一つとされる。3世紀ごろに成立したコプト語（Coptic）はギリシア語の影響を受けてエジプト語から派生した。エジプトでは今日アラビア語が使われている。

オランダ語[9] Dutch（Du）

低地ドイツ語（Low German）系の一言語。古オランダ語（Old Dutch：ODu）は低地フランク語に近いものである。

ギリシア語[31] Greek（Gr）

印欧語族のヘレニック語派（Hellenic）の中心言語。ギリシア人は最初紀元前2000年ごろに，ついで紀元前1200年ごろにバルカン半島を経て南下して来たとされる。そして紀元前8世紀中ごろから始まったギリシア人の植民活動により東は黒海沿岸から，西はイタリア，フランス南岸，スペイン東岸，南はアフリカ北岸に及ぶ地中海世界にギリシア語は広まった。中でもイオニア・アッティカ方言，アイオリス方言，ドーリス方言などが有名で，叙事詩，抒情詩，祝勝歌などがそれぞれの方言の遺産となっている。アテネ人を中心に用いられたアッティカ方言は，これらの遺産を取り入れ，紀元前5-4世紀にかけて，演劇，歴史，哲学の各分野で天才を輩出し見事な発達をとげた。この時代のアッティカ方言を古典ギリシア語と呼ぶ。そして古典ギリシア語は，この時期のアテネの政治・文化の優勢により，マケドニア王朝の公用語ともなった。

アレクサンドロス大王（在位336-323B.C.）東征後，ギリシア語はギリシア，マケドニアから近東地方全体の統治公用語となった。これは標準ギリシア語を基盤に各方言が加味されて成立してきたものでコイネー（Koine：共通語）と呼ばれ，ローマ帝国でもラテン語とならんで公用語となり，6世紀ごろまで勢力を保った。『七十人訳旧約聖書』（紀元前2世紀），『新約聖書』（1世紀後半）などはコイネーで書かれている。こうした流れは，古典ギリシア語を衰微させるものであったが，これに対して古典ギリシア語を生かそうとする運動，擬古主義が起こる。この影響を受けたギリシア語が4世紀から15世紀までのビザンチン帝国の公用語となり，ビザンチン・ギリシア語と呼ばれる。一方コイネーはビザンチン時代に分化し，現代ギリシア語諸方言の基となっていった。

ゲール語[19] Gaelic（Gael）

ゲール人（アイルランド／スコットランド高地／マン島のケルト人）が用いるケルト語派の一つ。アイルランド・ゲール語とスコットランド・ゲール語とマン島語（Manx）に分けられる。今日，それぞれの地域でゲール語復活運動がある。

ケルト語[18] Celtic（Celt）

ケルト語は印欧語族のケルト語派（Celtic）に属する言語のことで，アイルランド・ゲール語（Irish Gaelic），スコットランド・ゲール語（Scottish Gaelic），ウェールズ語（Welish），ブルターニュ語（Breton）などの総称である。

ゲルマン語[2] Teutonic（Teut），Germanic（Gmn）

ゲルマン諸語（ゲルマン語派）を意味する場合と，ゲルマン語派が諸言語に分化する前のゲルマン語（共通ゲルマン語〔Common Germanic〕，原始ゲルマン語〔Old Germanic, Primitive Germanic〕）を意味する場合がある。本書の原文ではTeutonic（チュートン語）と表記されているが，今日一般的な用語に従って「ゲルマン語」と訳した。

ゲルマン諸語は伝統的に，東ゲルマン語（East Germanic），北ゲルマン語（North Germanic），西ゲルマン語（West Germanic）に分けられてきた。原始ゲルマン語は，記録としては紀元前2世紀ごろからルーン文字で書かれたものがある。

後期ラテン語[23] Late Latin（LL）

ローマ帝国の最盛期が過ぎる2世紀の後半になると，古典ラテン語の求心力が次第に弱まり，平俗ラテン語の影響を受けたラテン語が書き言葉として使われるようになった。この種のラテン語を後期ラテン語と呼ぶ。後期ラテン語は次第に変化するが，ヒエロニムス（Eusebius Hieronymus, 347?-420?）が405年に完成して広く使われるようになったラテン語訳聖書『ウルガ

タ』(Vulgata)の影響で，600年ごろまでその体裁を保った。後期ラテン語の最大の特徴は語義にキリスト教的概念が持ち込まれたことである。平俗ラテン語は話し言葉で，その語彙には書物によってその存在が実証されないものが多い。

なお，後期ラテン語は476年に西ローマ帝国が滅びた後，6世紀の後半から地方の言語に影響されて口語としては次第にロマンス語へと変化していった。そして書き言葉としての後期ラテン語もその影響を受けていわゆる中世ラテン語といわれるものへ変化していく。中世ラテン語は13世紀ごろまで特に教会を中心に維持されたもので，教会ラテン語とも呼ばれるものである。本書では平俗ラテン語や中世ラテン語も含めて後期ラテン語と呼ぶ。

今日，ラテン語は話し言葉としては死語同然であるが，近代科学の発達と共にラテン語を使って多くの学術用語が造られた。このようにして新しく生まれたラテン語を近代ラテン語（Modern Latin：ModL）とか新ラテン語（Neo-Latin）と呼ぶ。

古英語[5] Old English (OE)

アングロサクソン人がブリテン島に渡来した5世紀の中ごろからノルマン人の征服後の11世紀末までの英語〈アングロサクソン語参照〉。古英語で書かれた代表的な作品に武勲詩 *Beowulf*：『ベーオウルフ』がある。

ゴート語[12] Gothic (Goth)

東ゲルマン語系の一言語で，スカンディナヴィア半島南東部が郷土とされるゴート人の言語である。ゴート人についての最古の記録は1世紀のもので，そのころはすでにヴィスワ川流域，すなわち今日のポーランドに移住していた。3世紀の初めごろには黒海の沿岸に達し，3世紀の中ごろには北西から黒海に流れ込むドニエストル川を挟んで東ゴート人と西ゴート人に別れていた。ゲルマン民族大移動は，375年にフン族に圧倒された西ゴート人がドナウ川を越えてローマ帝国領内に乱入したことに端を発したものである。

ゴート語で書かれた書物としての最大のものは西ゴート人のキリスト教司教ウルフィラ（Wulfila, 311?-382?）が341年ごろに訳した聖書のゴート語訳である。このゴート訳聖書はゲルマン語のまとまった記録としては最古のものである。断片ではあるがかなりの部分が今日に残っており，そのゴート語はゲルマン語派が各言語に分かれていく前の姿を一番よく残していると考えられている。

古高地ドイツ語[10] Old High German (OHG)

11世紀までバイエルン地方からアルプスにかけて話されていたドイツ語で，5世紀ごろから8世紀ごろにかけて起こったと考えられる子音推移を経て他のドイツ語と異なる古高地ドイツ語が成立した。古高地ドイツ語と呼ばれるのは12世紀ごろまでのことで，それ以降は中高地ドイツ語（Middle High German：MHG）と呼ばれる。この時期の高地ドイツ語で書かれた文学作品の傑作としては1200年から1205年ごろにバイエルンあるいはオーストリア地方の詩人によって書き上げられたとされる中世英雄叙事詩『ニーベルンゲンの歌』がある。

古低地ドイツ語[3] Old Low German (OLG)

サクソン語とも呼ばれる。サクソン人は紀元1世紀ごろに北部ドイツの北海沿岸地域に移住し，ジュート人，アングル人，フリースラント人と近い関係にあった。これらの部族のうち古サクソン人が特に多く，彼らの一部はアングル人，ジュート人たちとともにブリテン島に移住した。

古ノルマンフランス語 Old Norman French (ONFr)

パリ北方の都市アミアンを中心とする地域で話されていたピカルディ方言を基盤に発達したノルマンディー方言。古フランス語のこの北方方言はノルマン人のイングランド征服後，イングランドの支配者たちの政治，宗教，文学，商業上の公用語となり，アングロノルマン語（Anglo-Norman）と呼ばれるようになった。

古フランス語[29] Old French (OF)

9世紀から13世紀にかけてのフランス語で，パリを中心とする北部方言をオイル語と呼び，マルセーユを中心とする南部方言をオック語と呼ぶ。また，古フランス語以前をガロロマンス語（Gallo-Roman）と呼び，14世紀から16世紀までのフランス語を中フランス語（Middle French：MF）と呼ぶ。

古北欧語[13] Old Norse (ON)

古ノルド語とも呼ばれ，8世紀から14世

紀にかけてアイスランド，スカンディナヴィア半島，ユトランド半島で用いられた。言語史的には1350年ごろまでのスカンディナヴィア語を指す。文献のほとんどは12世紀にアイスランドで多く書かれたサガで，古アイスランド語とも呼ばれる。それは西スカンディナヴィア方言を母体とするものであった。英語には8世紀から11世紀にかけてブリテン島を襲ったヴァイキングによってもたらされた言葉が多い。それらの古北欧語はアングロサクソン語との類似性が高かったために英語に同化していった。

サクソン語 Saxon (S)

　大陸のサクソン人の言語で，低地ドイツ語の母体となった。ブリテン島に移住したサクソン人，アングル人，ジュート人は互いによく似た低地ドイツ語方言を話しており，アングロサクソン語〈同項参照〉と総称される。また，大陸に残ったサクソン人の言語は高地ドイツ語に近い方言へと変化していった。アングロサクソン語の母体となった大陸時代のサクソン語を古サクソン語と呼ぶ。

サンスクリット語[36] Sanskrit (Sansk)

　印欧語族のインド・イラン語派（インド・アーリア語派とも呼ばれる）の主要言語の一つである。紀元前1200年ごろからインドで文学語・宗教語として使われた。最古の仏教文献はパーリ《仏教の》規則・法規）というが，これが書かれた言語は古典サンスクリット語とほぼ同じである。
　サンスクリット語がギリシア語やラテン語と類似性が強いことが発見されて，印欧語族という概念が生まれた。また，19世紀の揺籃期の比較言語学では印欧語族の郷土がアジアではないかという説が有力で，印欧語族はすべてサンスクリット語にさかのぼることができると考えられた時期があった。本書の原典でも whence を使って，あるアングロサクソン語が最終的にはサンスクリット語にさかのぼることができる，というような記述があるのは19世紀の比較言語学の影響によるもので，今日的には，「同族語として一番古いものに，サンスクリット語……がある」と解釈できる。

スウェーデン語[16] Swedish (Sw)

　ゲルマン語派北欧語系の一言語。スウェーデンの国語で，フィンランドではフィン語と共に公用語である。11世紀の後半に共通スカンディナヴィア語からの分離が始まった。近代スウェーデン語は1526年に新約聖書のスウェーデン語訳が初めて出版されてからのスウェーデン語を指す。

スカンディナヴィア語 Scandinavian (Scand)

　デンマーク語，スウェーデン語，ノルウェー語，アイスランド語など北ゲルマン語系諸語の総称。ヴァイキングの活動が終息に近づいた11世紀ごろにそれぞれの言語に分化した。3世紀から9世紀にかけての記録はルーン文字で書かれている。

スコットランド語[20] Scottish (Sc)

　本書ではスコットランド・ゲール語 (Scottish Gaelic) を指す。スコットランドは5世紀ごろからアイルランドからの入植者が多かった関係で，古アイルランド語の特徴を残し，またブレトン語（ブリテン島のケルト語）の影響も受けている。

スペイン語[26] Spanish (Sp)

　平俗ラテン語を基盤に発展したロマンス語の一言語。最初の記録は10世紀にさかのぼることができる。イベリア半島のスペインには，最北西部のガリシア語，マドリードやトレドを中心に話されるカスティリャ語，バルセロナを中心に話されるカタルニャ語などがあるが，今日の標準スペイン語はカスティリャ語を基盤とするものである。

スラヴ語[33] Slavic, Slavonic (Slav)

　印欧語族のスラヴ語派 (Slavic) の総称。リトアニア語 (Lithuanian) やラトヴィア語 (Latvian) などのバルト語派 (Baltic languages) に非常に近い。9世紀ごろまでは未分化の状態にあったが，その後，東スラヴ語系（ロシア語，白ロシア語，ウクライナ語など），西スラヴ語系（チェコ語，スロヴァキア語，ポーランド語など），南スラヴ語系（スロヴェニア語，セルボ・クロアチア語，マケドニア語，ブルガリア語など）に分化していった。
　古スラヴ語 (Old Slavic) とは，マケドニアやブルガリアで話されていた方言に翻訳するためにギリシア文字から考案された文字で表記した分化以前のスラヴ語である。キリスト教を布教するための教会の公式言語としてスラヴ人地域に広く用いられたことから古教会スラヴ語とも呼ばれてい

る。その文字は，スラヴの使徒と呼ばれるキュリロス（Cyrillus, 827?-869）とメトディオス（Methodius, 825-885）の兄弟によって考案されたことからキリル文字と呼ばれ，今日，ロシア語やブルガリア語を表記する文字として使われている。

中英語⁽⁶⁾ Middle English (ME)
1100年ごろから1500年ごろにかけての英語のことで，古英語からフランス語の強い影響を受けて発達した。中英語と言っても，ノルマン人のイングランド征服から中英語の完成者と言われるチョーサーまでには時代的にも地域的にも大きな差がある。

中国語 Chinese (Chin)
東アジアの主要言語で，シナ・ティベット語族（Sino-Tibetan）に属する。

低地ドイツ語 Low German (LG)
古低地ドイツ語（Old Low German: OLG）とも呼ばれる古サクソン語（Old Saxon）から発展した北部ドイツ地方の口語ドイツ語。書物として残っているものはほとんどない。古低地ドイツ語が話されていた地域は，東西はライン川からエルベ川までの間，南北は北海からドイツ中部のハルツ山地（Harz Mountains）までである。中低地ドイツ語（Middle Low German: MLG）は，ハンザ同盟地域で口語として広く使われた。

デンマーク語⁽¹⁷⁾ Danish (Dan)
ゲルマン語派北欧語系の一言語。古北欧語は6世紀ごろまでは単一の言語であったが，7世紀ごろから東西の分化が進み，11世紀ごろには個別化がはっきりしたものとなった。デンマーク語はスウェーデン語と共に東部スカンディナヴィア語に属する言語である。

ドイツ語⁽¹¹⁾ German (G)
南部・中部ドイツで用いられていた古高地ドイツ語〈同項参照〉を基盤に発達した現代ドイツ標準語。現代ドイツ語の最も直接的な先祖である古高地ドイツ語には，かつての高地フランク方言，バイエルン方言，アレマン方言，ランゴバルト方言などが含まれる。

トルコ語 Turkish (Turk)
今日のトルコ人の言語で，アルタイ語族（Altaic）のテュルク語派（Turkic）の一言語である。

日本語 Japanese (Jap)
日本語がどの語族に属するかは十分に証明されているわけではないが，朝鮮語と関係が深く，満州語，モンゴル語，トルコ語などと共にアルタイ語族（Altaic）に属するのではないかと考えられる。

ノルウェー語⁽¹⁴⁾ Norwegian (Norw)
北ゲルマン語の西スカンディナヴィア方言から発展した言語で，特に，西部の渓谷地方の方言は保守性が強く古北欧語に一番近い関係で，古北欧語の発音も今日のノルウェー語の発音をモデルに再現されることが多い。また，ノルウェー人はスウェーデン語やデンマーク語を外国語だとは感じないし，スウェーデン人やデンマーク人もノルウェー語を外国語だとは感じないほど，北欧の3か国語は類似している。

ハンガリー語 Hungarian (Hung)
フィンランドからシベリア東部にかけて広がる語群フィン・ウゴル語族（Finno-Ugrian）の一派で，印欧語族には属さない。主としてマジャール人（Magyar）の言語である。

ヒンディー語⁽³⁷⁾ Hindi (Hind)
インド・イラン語派（Indo-Iranian），インド語系（Indic）の主要言語で，サンスクリット語にアラビア語やペルシア語の語彙を多く取り入れて成立したヒンドゥスターニー語が前身。今日のインド共和国の公用語。

フラマン語⁽⁸⁾ Flemish (Flem)
低地ドイツ語系の一言語。フランダース地方，すなわち，ベルギーの西部，オランダの南西部，フランスの北部を含む北海沿岸地域で使われている。低地ドイツ語系の言語には他にドイツの北部方言，ドイツ語の影響が強く見られるオランダ語などがあるが，ラテン語系のフランス語とゲルマン系のフラマン語はベルギーで接し，ベルギーでは「言語戦争」の様相を呈することがある。

フランス語⁽³⁰⁾ French (Fr)
パリ方言を基盤に発達した近代フランス語のことで，16世紀以降のフランス語を指す。

プロヴァンス語 Provençal (Prov)
古フランス語の南部方言オック語の一方言。アキテーヌのギヨーム9世（Guillaume IX；在位 1086-1126）に代表されるトゥルヴァドールたちが恋愛詩を書いた言

語として知られている。

ヘブライ語 Hebrew（Heb）
　パレスチナ地方で使われていたセム語族の一つで，旧約聖書がほぼ完成した紀元前3世紀ごろまでのヘブライ語を古典ヘブライ語と呼ぶ。話し言葉として19世紀から20世紀にかけて復活した現代ヘブライ語（Modern Hebrew）は，イスラエルの公用語となっている。

ペルシア語(35) Persian（Pers）
　印欧語族のインド・イラン語派の言語で，古ペルシア語はアケメネス朝ペルシアのダリウス1世（Darius I, 在位 522-486B.C.）の楔形文字の碑に見ることができ，中ペルシア語はゾロアスター教の伝承の中に見ることができる。
　今日のペルシア語はアラブの覇権，イスラム教化にともない，アラビア語の強い影響を受けている。それは近代英語におけるラテン語の影響によく似ており，文字もアラビア文字を使用している。

ポーランド語(34) Polish（Pol）
　印欧語族スラヴ語派の西スラヴ語系の言語で，チェコ語，スロヴァキア語などと近い関係にある。

ポルトガル語(25) Portuguese（Port）
　ポルトガルやブラジルで使われるロマンス語系の一言語。標準ポルトガル語はスペインのガリシア語を母体とするリスボン方言から発達した。

ラテン語(22) Latin（L）
　ラテン語は，印欧語族のイタリック語派（Italic）を代表する言語。ローマのティベル川の南にあったラティウムと呼ばれる小さな地域に発し，ローマ帝国の隆盛と共に同帝国の公用語として使われた。一般に西ローマ帝国の滅亡とされる476年後も中世はもちろん，近代に至るまでヨーロッパにおける知識層の共通文語として使われた。
　カエサル，キケロ，ウェルギリウス，ホラティウスなどが活躍した古代ローマ最盛期（紀元前1世紀から紀元後2世紀にかけて）の文語を古典ラテン語（Classical Latin: L）と呼ぶ。本書でラテン語と呼ぶのは基本的にこの古典ラテン語である。
　古典ラテン語は，ギリシアの文章表現を模範とし，さらにギリシア語からの多くの借入語や造語された翻訳語などを数多く含み，一般に話し言葉として使われていたラテン語とはかなりの違いがあった。文語としての古典ラテン語に対して，話し言葉としてのラテン語を平俗ラテン語（Vulgar Latin: VL）と呼ぶ。

リトアニア語(32) Lithuanian（Lith）
　印欧語族バルト語派の代表的な言語で，ラトヴィア語に一番近く，印欧語族の中で，今日も話されている最も古い言語である。

ルーマニア語(28) Rumanian（Rum）
　主としてルーマニアで使われている言語で，記録としては16世紀前半に初めて現れる。ルーマニアのダキア地方はローマ皇帝トラヤヌス（Trajanus；在位 98-117）に征服されて以来ローマ化が進み，3世紀にはゲルマン人，6世紀にはスラヴ人，9世紀にはマジャール人に侵略されながら，ラテン語を母体に発達した言語を維持した。他のロマンス諸語とは地域的にも離れており，スラヴ語やハンガリー語の強い影響を受けている。文語としてのルーマニア語の出現が16世紀と遅いのは，それまで古教会スラヴ語が教会や行政機関での公用語として使われていたためである。

ロマンス語(24) Romance, Romanic（Rom）
　ラテン語から発展した諸言語のことで，フランス語，イタリア語，スペイン語，ポルトガル語，ルーマニア語などが含まれる。ローマ帝国で広く使われた平俗ラテン語（Vulgar Latin）はいろいろな地方の言語の影響を受けて次第に変化していったが10世紀ごろになると今日のロマンス諸語の原型ができあがった。

Appendix V 二重語

*原典では単語のみのリストだが，本訳書では各々の語源や変化の過程を示した。

　二重語とは，同じ語源の言葉が異なった経路を経て英語になった一組の言葉（あるいはその組の一語）を意味する。下記はその例に数えられるもので，それらの語源や経路をたどろうと思えば，すべて *OED*（『オックスフォード英語大辞典』）で見ることができ，これらの二重語から，英語の豊かさと，言葉についてのさまざまな興味ある話を読み取ることができる。二重語には，語源は同じでありながら，その意味は互いに大いに異なるものがある。

（各組の後の * は本編中で取り扱ったことを示す）

abbreviate（略記する）― **abridge***（短縮する）
　ラテン語 abbreviare（短縮する）→
　　①過去分詞 abbreviat- → 英語 abbreivate
　　②古フランス語 abregier → 中英語 abregen → 英語 abridge
acute（先の尖った）― **cute**（かわいい）― **ague***（激しい熱，【病理】悪寒）
　ラテン語 acuere（尖らせる）→
　　①過去分詞 acut- → 英語 acute
　　② → 英語 cute
　　③ラテン語形容詞 acuta（鋭い）→ 古フランス語 ague → 英語 ague
adamant（剛直な）― **diamond***（ダイアモンド）
　ギリシア語 adamas, adamant-（無敵の）→
　　①ラテン語 adamas, adamant-（鋼鉄）→ 形容詞 adamanteus → 古フランス語 adamaunt → 英語 adamant
　　②後期ラテン語 diamas, diamante《ギリシア語 adamas と diaphanes（透明な）との混成》→ 古フランス語 diamant → 中英語 diamant → 英語 diamond
adjutant（助手の）― **aid**（手伝う）
　ラテン語 adjutare（助ける）→
　　①現在分詞 adjutans, adjutant- → 英語 adjutant
　　②古フランス語 aider → 英語 aid
aggravate（さらに悪化させる）― **aggrieve***（悲しませる）
　ラテン語 aggravare,（より重くする，より悪くする）→
　　①過去分詞 aggravat- → 英語 aggravate
　　②古フランス語 agrever → 英語 aggrieve
aim（狙いを定める）― **esteem**（尊重する）― **estimate**（評価する）
　ラテン語 aestimare（評価する，見積もる）→
　　①古フランス語 esmer → 中英語 aimen → 英語 aim
　　②古フランス語 estimer → 中英語 estemen → 英語 esteem
　　③過去分詞 aestimat- → 英語 estimate
allocate（割り当てる）― **allow**（許す）〈permit 参照〉
　後期ラテン語 allocare（置く）→
　　①過去分詞 allocat- → 英語 allocate

②古フランス語 alouer（承認する）《後期ラテン語 allocare と後期ラテン語 allaudare（ほめる）との混成》 → 中英語 allouen（許す） → 英語 allow
alloy（合金）― **ally***（同盟する）
　ラテン語 alligare（結び付ける） →
　　①古フランス語 aleier → フランス語 aloi（金の純度） → 英語 alloy
　　②古フランス語 alier → 中英語 alien → 英語 ally
an（一つの：不定冠詞）― **one**（一つの）
　古英語 an（一つ） →
　　①英語 a, an
　　②中英語 oon, on → 英語 one
antic（こっけいなしぐさ）― **antique**（古臭い）
　ラテン語 ante（前の方へ） →
　形容詞 antiquus（前にある，古い） →
　　①イタリア語 antico（大昔の，風変わりな） → 英語 antic
　　②フランス語 antique（古い時代の） → 英語 antique
appreciate（高く評価する）― **appraise**（値段をつける）― **apprize**（尊重する）
　ラテン語 appretiare（値段を決める，評価する） →
　　①過去分詞 appretiat- → 英語 appreciate
　　②古フランス語 apreisier → 英語 appraise
　　③古フランス語 aprisier → 英語 apprize
aptitude（適正）― **attitude***（態度）
　ラテン語 aptus（適合した） →
　　①後期ラテン語 aptitudo（適合） → フランス語 aptitude → 英語 aptitude
　　② aptitudo の対格形 aptitudinem → イタリア語 attitudine（適正，機敏） → フランス語 attitude → 英語 attitude
army（軍隊）― **armada***（艦隊）
　ラテン語 armare, armat-（武器を装備する） →
　　①フランス語 armée（武装した） → 英語 army
　　②スペイン語 armada（艦隊） → 英語 armada
asphodel（(詩語)スイセン）〈同項参照〉 ― **daffodil**（ラッパスイセン）
　ギリシア語 asphodelos（極楽に咲く不死の花，スイセン） →
　ラテン語 asphodelus →
　　①英語 asphodel
　　②古フランス語 asfodil, affrodile → オランダ語 de affodil → 英語 daffodil
assemble（集合させる）― **assimilate**（消化吸収する）〈同項参照〉
　ラテン語 assimulare, assimulat-（類似させる，集める） →
　　①古フランス語 assembler → 中英語 assemblen → 英語 assemble
　　②ラテン語 assimilare, assimilat-（類似させる） → 英語 assimilate
astound（仰天させる）― **astonish**（驚かす）― **stun**（呆然とさせる）
　後期ラテン語 extonare（雷で打つ） → 古フランス語 estoner →
　中英語 astonien →
　　①過去形 astun'd → 英語 astound
　　②英語 astonish
　　③中英語 stonen, stunen → 英語 stun
attach（貼り付ける）― **attack***（攻撃する）
　ラテン語 a-（…へ）＋ケルト語 tak（釘，かぎ） →
　　①古フランス語 attachier（ひっつける） → 中英語 attachen → 英語 attach
　　②イタリア語 attaccare（組み合わせる） → フランス語 attaquer（攻撃する） → 英語 attack

band（バンド）— **bond**（きずな）
　古北欧語 band（縛る物）　→
　　①中英語 band　→　英語 band
　　②中英語 bond　→　英語 bond
banjo（バンジョー）— **mandolin***（マンドリン）
　ギリシア語 pandoura（3弦リュート）　→
　ラテン語 pandura　→
　　①イタリア語 man'dola, pan'dora　→　フランス語 mandola　→　ポルトガル語 bandurra　→　スペイン語 ban'durria　→　英語 bandore　→　黒人英語 banjo
　　②イタリア語 mandolino　→　フランス語 mandoline　→　英語 mandoline
bark（バーク船）— **barge**（平底荷船）
　ラテン語 barca（小さな舟）　→
　　①イタリア語 barca　→　フランス語 barque　→　英語 bark
　　②古プロバンス語 barca　→　古フランス語 barge　→　英語 barge
beaker（ビーカー）— **pitcher**（ピッチャー）
　ギリシア語 bikos（ワインを入れる土器）　→
　後期ラテン語 bicarium　→
　　①古北欧語 bikarr　→　中英語 biker　→　英語 beaker
　　②後期ラテン語 piccarium　→　古フランス語 pichier　→　中英語 picher　→　英語 pitcher
beam（梁）— **boom***（【海事】帆桁）
　西ゲルマン語 bauma-z（木）　→
　　①古英語 beam　→　中英語 beem　→　英語 beam
　　②オランダ語 boom　→　英語 boom
belly（腹部）— **bellows***（ふいご）
　古英語 baelg, belig, belg　→
　　①中英語 bali, bely　→　英語 belly
　　②中英語 belowes　→　英語 bellows
benison（祝福の祈り）— **benediction***（祝福）
　ラテン語 benedictio, benediction-（祝福）　→
　　①古フランス語 beneison　→　中英語 benisoun　→　英語 benison
　　②中英語 benediccioun　→　英語 benediction
blame（非難する）— **blaspheme***（冒瀆する）
　ギリシア語 blasphemein（冒瀆する，悪口を言う）　→
　　①後期ラテン語 blastemare（見積もる）《ラテン語 aestimare（評価する）の影響》　→　フランス語 blasmer　→　中英語 blasmen　→　英語 blame
　　②後期ラテン語 blasphemare　→　古フランス語 blasfemer　→　中英語 blasfemen　→　英語 blaspheme
block（大きな塊）— **plug**（栓）
　《共通ゲルマン語は不詳》　→
　　①古高地ドイツ語 bloh　→　中オランダ語 bloc（木の塊り）　→　古フランス語 bloc　→　中英語 blokke　→　英語 block
　　②中低地ドイツ語 pluck　→　中オランダ語 plugge（栓）　→　英語 plug
book（本）— **buck**wheat（ソバ）— **beech***（ブナ）
　古英語 boc, bece（樺, 本）　→
　　①中英語 boke　→　英語 book
　　②古英語の方言から生まれた buck と wheat の結合
　　③中英語 beche　→　英語 beech
boulevard（広い並木道）— **bulwark**（堡塁）

中低地ドイツ語 bolwerk（堡塁の構造物）→
 ①フランス語 boulevard　→　英語 boulevard
 ②中英語 bulwerk　→　英語 bulwark

brother（兄弟）─ **friar**（托鉢修道士）
 印欧語根 bhrater-（兄弟）→
 ①古英語 brothor　→　英語 brother
 ②ラテン語 frater　→　古フランス語 frere, freire　→　中英語 frere　→　英語 friar

cadet＊（仕官候補生）─ **cad**（育ちの悪い男）
 ラテン語 caput, capit-（頭）→　後期ラテン語 capitellus →
 古プロバンス語 capdel（上官）→　ガスコーニュ方言 capdet →
 フランス語 cadet（士官学校の生徒）→
 ①英語 cadet
 ②　→　英語 cad

cadence（拍子）─ **chance**（偶然）〈cheat 参照〉
 ラテン語 cadere（落ちる）の現在分詞形 cadens, cadent- →
 後期ラテン語 cadentia（落下, サイコロの落下）→
 ①イタリア語 cadenza（抑揚）→　フランス語 cadence　→　英語 cadence
 ②古フランス語 cheance（出来事）→　中英語 cheaunce　→　英語 chance

cage（鳥かご）─ **cave**＊（洞窟）
 ラテン語 cavus（中空の）→
 ①ラテン語 cavea（中空, かご）→　後期ラテン語 cavja　→　フランス語 cage　→
  英語 cage
 ②ラテン語 cava《女性形》→　フランス語 cave　→　英語 cave

calumny（誹謗）─ **challenge**＊（挑戦）
 ラテン語 calumnia（策略, 見せかけ）→
 ①フランス語 calomnie（中傷, 誹謗）→　英語 calmuny
 ②アングロフランス語 chalenge（非難）→　中英語 calenge, chalange　→　英語
  challenge

cancel（取り消す）─ **chancel**＊（《教会堂の》内陣）
 ラテン語 cancer（格子）→
 指小形 cancelli（囲い）→
 ①動詞 cancellare（格子で囲む, X印で消す）→　フランス語 canceller（取り消す）
  →　英語 cancel
 ②古フランス語 chancel　→　中英語 chauncel　→　英語 chancel

cant（偽善的な説教）─ **chant**＊（詠唱）
 ラテン語 cantus（歌）→
 ①古北部フランス語 cant　→　英語 cant
 ②フランス語 chant　→　英語 chant

captain（首領）─ **chieftain**＊（《山賊などの》かしら）
 ラテン語 caput, capit-（頭）→
 後期ラテン語 capitaneus（かしら, 長）→
 ①古フランス語 capitaine　→　中英語 capitain　→　英語 captain
 ②古フランス語 chevetain　→　中英語 chevetein, cheftayn　→　英語 chieftain

cavalry（騎兵隊）─ **chivalry**＊（騎士道）
 ラテン語 caballus（駄馬, 騺馬(ź)）→　イタリア語 cavallo（馬）→
 イタリア語 cavalleria（騎士団, 騎兵隊）→
 ①フランス語 cavallerie（騎士道）→　英語 cavalry
 ②古フランス語 chevalerie　→　中英語 chivalrie　→　英語 chivalry

cell＊（《大組織の》基本組織）─ **hall**（ホール）

印欧語根 kel-（隠す）→
 ①ラテン語 cella（貯蔵室,《ミツバチの巣の》巣室）→　古フランス語 celle →
  中英語 celle　→　英語 cell
 ②古英語 heall, hall（館, 住居）→　中英語 halle　→　英語 hall

charge（負担させる, 請求する）— **cargo**（船荷）
 ラテン語 carrrus（荷馬車）→
 後期ラテン語 carricare（荷を積む）→
 ①古フランス語 chargier　→　中英語 chargen　→　英語 charge
 ②スペイン語 cargar（荷を積む）→　名詞 cargo（荷物）→　英語 cargo

chariot（《馬で引く》二輪戦車）— **cart**（荷馬車）〈car, carouse 参照〉
 古ケルト語 karros（荷馬車）→
 ①ラテン語 carrus（荷馬車）→　古フランス語 char の増大形 chariot　→　英語 chariot
 ②後期ラテン語 carreta（荷車）→　中英語 carte　→　英語 cart
  《cart の語源は古北欧語 kartr（二輪馬車）であるとする説がある》

chattel（【法律】動産）— **cattle**（畜牛）— **capital***（資本）
 ラテン語 caput, capit-（頭）→　形容詞 capitalis（頭に関する）→
 後期ラテン語 capitale（財産）→
 ①古フランス語 chatel　→　中英語 chatel　→　英語 chattel
 ②古ノルマンフランス語 catel　→　中英語 catel　→　英語 cattle
 ③中英語 capital　→　英語 capital

check（阻止する,【チェス】王手）— **shah***（イラン国王）
 ペルシア語 shah（王）→
 ①アラビア語 shah　→　スペイン語 jaque　→　古フランス語 eschac　→　eschec
  →　中英語 chek　→　英語 check
 ②英語 shah
  （原注：checkmate はペルシア語では shah mat で,「王は死んだ」の意味である）

costume（服装）— **custom***（慣習）
 ラテン語 consuetudo, consuetudin-（習慣, 風習）→
 ①イタリア語 costume（伝統的衣装）→　フランス語 costume　→　英語 costume
 ②古フランス語 custome　→　中英語 custume　→　英語 custom

crate（わく箱）— **hurdle**（ハードル）
 印欧語根 kert-（編む）→
 ①ラテン語 cratis（枝編み細工;《大きな門のかたわらの》小門）→　中英語 crate
  →　英語 crate
 ②古英語 hyrdel（ハードル, 枝を組み合わせた枠）→　英語 hurdle

daft（ばかな）— **deft**（器用な）
 古英語 daefte（おとなしい, やさしい）→
 ①中英語 dafte（おとなしい, 屈従的な）→　英語 daft
 ②中英語 defte（適した）→　英語 deft

dainty（上品な）— **dignity**（威厳）
 ラテン語 dignitas, dignitat-（偉大さ, 地位, 威厳）→
 ①古フランス語 daintie, deintie（楽しみ, 繊細さ）→　中英語 deintee　→　英語 dainty
 ②古フランス語 digneté　→　中英語 dignite　→　英語 dignity

danger（危険）— **dominion***（支配権）
 ラテン語 dominus（主人）→
 ①後期ラテン語 dominiarium（権力, 力）→　古フランス語 dang(i)er　→　中英語 daunger　→　英語 danger

②ラテン語 dominium（財産，所有権）→　後期ラテン語 dominio, dominion- →　古フランス語 dominion　→　中英語 dominioun　→　英語 dominion

dauphin（【歴史】《フランスの》王太子）― **dolphin**（イルカ）
　ギリシア語 delphis, dephin-（イルカ）→　ラテン語 delphinus　→
　後期ラテン語 dalphinus　→
　　①古フランス語 dauphin　→　中英語 dauphin　→　英語 dauphin
　　②古フランス語 daulphin　→　中英語 dolfin, dolphin　→　英語 dolphin

deck（デッキ）― **thatch**（わら葺き屋根）
　ゲルマン語 thakjan（覆う）→
　　①中オランダ語 decken（覆う）の名詞形 decke, dek　→　中英語 dekke　→　英語 deck
　　②古英語 theccan（覆う）→　中英語名詞 thacche　→　英語 thatch

defeat（負かす）― **defect**（欠陥）
　ラテン語 deficere（弱る，そむく）→
　　①後期ラテン語形 disfacere《deficere に対応》→　古フランス語 defaire, desfaire の過去分詞 defeit, defait　→　中英語 defeten　→　英語 defeat
　　②過去分詞 defect-　→　中英語 defect　→　英語 defect

depot（停車場）― **deposit**（預金）
　ラテン語 deponere, deposit-（置く）→
　ラテン語 depositum（何かを置く所，置かれた物）→
　　①古フランス語 depost　→　フランス語 dépôt　→　英語 depot
　　②英語 deposit

devilish（悪魔のような）― **diabolical***（邪悪な）
　ギリシア語 diaballein（攻撃する）→
　　①ギリシア語名詞 diabolos（中傷）→　後期ラテン語 diabolus　→　古英語 deofol, deoful　→　中英語 devel　→　英語 devilish
　　②ギリシア語形容詞 diabolikos（悪魔のような）→　後期ラテン語 diabolicus　→　古フランス語 diabolique　→　英語 diabolic　→　英語 diabolical

diaper（多彩に小柄模様にする）― **jasper**（碧玉）
　ギリシア語 iaspis（碧玉）→
　ラテン語 iaspis　→
　　①後期ラテン語 diasprum　→　古フランス語 diapre　→　中英語 diaper, diapery　→　英語 diaper
　　②古フランス語 jaspe, jaspre　→　中英語 iaspre　→　英語 jasper

disc（レコード）― **discus**（円盤）― **dish**（皿）― **dais**（演壇）― **desk***（机）
　ギリシア語 diskos（輪投げ用の輪の類）→
　ラテン語 discus（輪投げの輪，円盤）→
　　①英語 disc
　　②英語 discus
　　③古英語 disc（皿，大皿）→　中英語 disch　→　英語 dish
　　④後期ラテン語 discus（テーブル）→　古フランス語 deis, dois　→　中英語 deis, deys　→　英語 dais
　　⑤後期ラテン語 desca（テーブル，机）→　中英語 desk　→　英語 desk

ditto（同上）― **dictum**（公式見解，金言）
　ラテン語 dicere, dict-（話す，言う）→　ラテン語 dictum（言葉）→
　　①イタリア語 ditto（言われた）→　英語 ditto
　　②英語 dictum

employ（雇う）― **imply**（暗に意味する）― **implicate***（暗に示す）
　ラテン語 implicare（包む，含む）→

①古フランス語 emplier → フランス語 employer → 英語 employ《今日の意味は後期ラテン語 implicare（管理する）より》
　　　②古フランス語 emplier → 英語 imply
　　　③過去分詞 implicat- → 英語 implicate
ensign（軍旗）— **insignia**（記章）
　ラテン語 insigne（しるし，標章）→
　複数形 insignia →
　　　①古フランス語 enseigne → 中英語 ensigne → 英語 ensign
　　　②英語 insignia
etiquette（エチケット）— **ticket***（切符）
　オランダ語 stikken（縫う，縫い閉じる）→
　古フランス語 estiquier →
　　　①古フランス語名詞 estiquette（ラベル，札）→ フランス語 étiquette → 英語 etiquette
　　　②古フランス語 estiquet, estiquete → 英語 ticket
extraneous（外部からの）— **strange***（奇妙な）
　ラテン語 extraneus（外来の，妙な）→
　　　①英語 extraneous
　　　②古フランス語 estrange → 中英語 straunge → 英語 strange
fabric（織物）— **forge**（鍛冶場）
　ラテン語 faber（鍛冶屋）→
　ラテン語 fabrica（工場，手細工）→
　　　①古フランス語 fabrique → 中英語 fabrike → 英語 fabric
　　　②古フランス語 forge → 中英語 forge → 英語 forge
fact（事実）— **feat**（偉業）
　ラテン語 facere, fact-（行う，造る）→
　ラテン語名詞 factum（行為，事実）→
　　　①中英語 fact → 英語 fact
　　　②古フランス語 fait, fet → 中英語 fet, fait → 英語 feat
faculty（才能）— **facility**（容易さ）
　ラテン語 facilis（やさしい）→
　　　①ラテン語 facultas（能力，力）→ 古フランス語 faculté → 中英語 faculte → 英語 faculty
　　　②ラテン語 facilitas, facilitat-（易しさ，やる気）→ フランス語 facilité → 中英語 facilite → 英語 facility
fashion（ファッション）— **faction**（派閥）
　ラテン語 factio, faction-（行為，党派を作ること）→
　　　①古フランス語 façon, faceon（仕方，流儀）→ 中英語 fassoun → 英語 fashion
　　　②フランス語 faction（徒党，党派）→ 英語 faction
feeble（弱い）— **foible**（《愛嬌のある》弱点）
　ラテン語 flere, flet-（泣く，嘆く）→
　形容詞 flebilis（悲しい，嘆かわしい）→
　　　①古フランス語 feble → 中英語 feble → 英語 feeble
　　　②フランス語 foible（弱い）→ 英語 foible
flame（炎）〈flamingo 参照〉— **phlegm**（痰）
　ギリシア語 phlegma（炎，《熱が冷めた》べとべとした体液）→
　　　①古ラテン語 flagma（炎，火）→ ラテン語 flamma → 古フランス語 flame, flamme → 中英語 flamme → 英語 flame
　　　②後期ラテン語 phlegma → 古フランス語 fleume, flemm → 中英語 fleem,

fleume, fleme →   英語 phelgm
flask（フラスコ）― **fiasco**＊（完全な失敗）
　後期ラテン語 flasca（編んだ入れ物）　→
　　①古フランス語 flasque　→　英語 flask
　　②イタリア語 fiasco（瓶）　→　英語 fiasco
flour（小麦粉）― **flower**＊（花）
　ラテン語 flos, florem（花）　→　古フランス語 flour　→
　中英語 flour　→
　　①英語 flour
　　②英語 flower
fungus（菌類）― **sponge**＊（海綿）
　ギリシア語 spongos, sphongos（スポンジ）　→
　　①ラテン語 fungus（キノコ）　→　英語 fungus
　　②ギリシア語 spongia（スポンジ）　→　ラテン語 spongia　→　古英語 sponge　→
　　　英語 sponge
genteel（上品ぶった）― **gentle**（優しい）― **gentile**（異教徒の）― **jaunty**＊（陽気な）
　ラテン語 gens（氏族）　→　ラテン語 gentilis（同じ氏族に属する）　→
　古フランス語 gentil（家柄の良い）　→
　　①中英語 gentil, gentle　→　英語 gentil
　　　　　　　　　　　　　②英語 gentle
　　③フランス語 gentil　→　英語 genteel
　　　　　　　　　　　　　④英語 jaunty
glamour（魅惑的な）― **grammar**＊（文法）
　ギリシア語 gramma（文字）　→　grammatike（文法）　→　ラテン語 grammatical　→
　古フランス語 grammaire　→
　　①スコットランド方言 glaumour　→　英語 glamour《意味は同語源の gramrye（魔法，降霊術）の影響を受ける》
　　②中英語 grammere　→　英語 grammar
guarantee（保証）― **warranty**＊（保証，権限）
　古高地ドイツ語 werento（保証人）　→
　　①古フランス語 guarantie, garantie（保証，正当な理由）　→　英語 guarantee
　　②古北部フランス語 warantie　→　中英語 warantie　→　英語 warranty
hale（健全な）― **whole**＊（全体の）
　古英語 hal（完全な，健康な）　→
　　①中英語 hale　→　英語 hale
　　②中英語 hole, hol, hool　→　英語 whole
inch（インチ）― **ounce**＊（オンス）
　ラテン語 unica（12分の1の部分，1ポンドの12分の1）　→
　　①古英語 ynce　→　中英語 inche　→　英語 inch
　　②古フランス語 unce, ounce　→　中英語 unce, ounce　→　英語 ounce
isolation（孤立）― **insulation**＊（隔離）
　ラテン語 insulare, insulat-（遮断する）　→
　　①イタリア語 isolare, isolato　→　形容詞 isolato（遮断された）　→　フランス語 isolé　→　英語 isolated　→　動詞 isolate（遮断する）　→　名詞 isolation
　　②過去分詞 insulat-　→　英語 insulate（遮断する）　→　名詞 insulation
jay（カケス）― **gay**（同性愛の，快活な）
　後期ラテン語 gaius《カケスの鳴き声 gau とか gai を表す擬音語》　→
　　①古北部フランス語 iay, gay　→　英語 jay

②プロヴァンス語 gai, guai → フランス語 gai（陽気な）→ 英語 gay
kennel（溝）― **channel**（海峡）― **canal***（運河）
　ラテン語 canalis（水路，運河）→
　　①古北部フランス語 canel → 中英語 cannel → 英語 kennel
　　②古フランス語 chanel → 中英語 chanel, chanelle → 英語 channel
　　③フランス語 canal（管，溝）→ 英語 canal
kin（血縁）― **genus***（《分類上の》属）
　印欧語根 gen-（生む）→
　　①古英語 cynn（種，一族，家族）→ 中英語 kin, kun → 英語 kin
　　②ラテン語 genus（種類，子孫，起源）→ 英語 genus
lace（締めひも）― **lasso***（投げ輪）
　ラテン語 lacere（誘う，誘惑する）→
　　名詞 laqueus（罠，網）→
　　①古フランス語 laz, las → 中英語 las, lace → 英語 lace
　　②スペイン語 lazo → 英語 lasso
listen（聴く）― **lurk**（待ち伏せする）
　原始ゲルマン語 hlus-（聴く）→
　　①古英語 hlystan（聞く，傾聴する）→ 中英語 listnen → 英語 listen
　　②中英語 luren（待ち伏せする，潜む）→ 中英語 lurken → 英語 lurk
lobby（ロビー）― **lodge**（山小屋）
　古高地ドイツ語 laubja, louba（ポーチ，回廊）→
　　①後期ラテン語 laubia, lobia → 英語 lobby
　　②古フランス語 loge（あずまや）→ 中英語 loge, logge → 英語 lodge
locust（バッタ）― **lobster***（ロブスター）
　ラテン語 locusta（バッタ，ロブスターなどの甲殻類）→
　　①古フランス語 locuste → 中英語 locuste → 英語 locust
　　②古英語 lopustre, loppestre（ロブスター）→ 英語 lobster
maneuver（作戦行動）― **manure***（肥料をやる；肥料）
　後期ラテン語 manuoperare（手で仕事をする）→
　　名詞 manuopera（法律で定められた仕事）→
　　①古フランス語 manuevre → フランス語 manoeuvre → 英語 maneuver
　　②古フランス語 manouvrer → アングロフランス語 maynoverer（肥料をやる）→ 中英語 manouren → 英語 manure
monetary（通貨の）― **monitory***（警告の）
　ラテン語 monere, monit-（警告する，忠告する）→
　　①名詞 moneta（貨幣鋳造所，貨幣）→ 後期ラテン語 monetarius（貨幣鋳造所に属する）→ 英語 monetary
　　②形容詞 monitorius（警告の，忠告の）→ 英語 monitory
monster（怪物）― **muster***（召集する）
　ラテン語 monere（警告する，忠告する）→
　　①名詞 monstrum（警告，予兆）→ 古フランス語 monstre を経て中英語 monstre → 英語 monster
　　②動詞 monstrare（示す，指導する）→ 古フランス語 mustrer, monstrer → 中英語 mustren（見せる）→ 英語 muster
musket（マスケット銃）― **mosquito**（蚊）
　ラテン語 musca（ハエ）→
　　①イタリア語 mosca → 指小形 moschetto（小さなハエ，石弓の矢）→ 古ノルマンフランス語 mousquet, musket → 英語 musket
　　②スペイン語 mosca → 指小形 mosquito → 英語 mosquito

naïve（単純な）— **native***（生まれた時からの）
　ラテン語 nativus（生まれながらの）→
　　①フランス語 naïf → 女性形 naïve → 英語 naïve (naive)
　　②フランス語 natïf → 中英語 natif → 英語 native
onion（タマネギ）— **union***（結合）
　ラテン語 unus（一つの）→
　　①名詞 unio, union-（一個，結合）→ 古フランス語 oignon → 中英語 oinyon, unyon → 英語 onion
　　②後期ラテン語 unio, union-, 古フランス語 union → 中英語 unyon → 英語 union
paddock（小放牧地）— **park**（公園）
　西ゲルマン語 parrik（囲い）→
　　①古英語 pearroc（囲い）→ 中英語 parrock → 英語 paddock
　　②後期ラテン語 parricus（囲い）→ 古フランス語 parc → 中英語 parc → 英語 park
parable（寓話）— **parabola**（放物線）— **parole**（執行猶予）— **parley**（討議）— **palaver***（商談）
　ギリシア語 paraballein（横に投げる）→ 名詞 parabole（比較）→
　ラテン語 parabola（比較，たとえ話）→
　　①古フランス語 parabole, parable → 中英語 parable → 英語 parable
　　②近代ラテン語 parabola → 英語 parabola
　　③後期ラテン語 paraula（比較，たとえ話，話）→ フランス語 parole（言葉，誓言）→ 英語 parole
　　④後期ラテン語 parabolare（たとえ話で語る）→ 古フランス語 parler（話す）→ 名詞 parlee（話）→ 中英語 parlai → 英語 parley
　　⑤ポルトガル語 palavra（言葉，話）→ 英語 palaver
parson（教区牧師）— **person***（人）
　ラテン語 persona（仮面，役者）→
　古フランス語 persone →
　　①中英語 persone（人，教区牧師）→ 英語 parson
　　②中英語 persone, persoun（仮面，役者，人）→ 英語 person
particle（分子）— **parcel**（小包）
　ラテン語 pars, part-（部分）→
　指小形 particulas →
　　①中英語 partycle → 英語 particle
　　②後期ラテン語 particella → 古フランス語 parcelle → 中英語 percelle → 英語 parcel
patron（後援者）— **pattern***（模様）
　ラテン語 pater, patr-（父）→ ラテン語 patronus（保護者）→ 古フランス語 patron →
　中英語 patron（守護者，模範）→
　　①英語 patron
　　②英語 pattern
piazza（《イタリア都市の》広小路）— **place**（場）— **plaza***（スペイン都市などの）広場）
　ギリシア語 platys（広い）→ ギリシア語 plateia（広い通り）→ ラテン語 platea → 後期ラテン語 plattea →
　　①イタリア語 piazza → 英語 piazza
　　②古フランス語 place → 英語 place

③スペイン語 plaza → 英語 plaza
- **poignant**（痛切な）― **pungent**（辛らつな）
  - ラテン語 pungere（刺激する，突く）→
    - ①古フランス語 poindre（突く，刺す）→ 現在分詞 poignant → 中英語 poinaunt → 英語 poignant
    - ②現在分詞 pungens, pungent- → 英語 pungent
- **poison**（毒薬）― **potion***（《薬液の》一服）
  - ラテン語 potio, potion-（毒薬，媚薬）→
    - ①古フランス語 poison → 中英語 poisoun, poison → 英語 poison
    - ②古フランス語 pocion, potion → 中英語 pocioun → 英語 potion
- **poor**（貧しい）― **pauper**（乞食）
  - ラテン語 pauper（貧しい）→
    - ①古フランス語 povre, poure → 中英語 poure, povre → 英語 poor
    - ②英語 pauper
- **pope**（ローマ教皇）― **papa***（パパ）
  - ラテン語 papa（父）→
    - ①後期ラテン語 papa（司教，ローマ教皇）→ 古英語 papa → 中英語 pope → 英語 pope
    - ②イタリア語 pappa → フランス語 papa → 英語 papa
- **praise**（ほめる）― **price**（価格）
  - ラテン語 pretium（値段，価値）→
    - ①動詞 pretiare（評価する，値踏みする）→ 古フランス語 priesier → 中英語 preisen → 英語 praise
    - ②後期ラテン語 precium（値段，価値）→ 古フランス語 pris → 中英語 pris → 英語 price
- **quiet**（静かな）― **quit**（やめる）― **quite**（すっかり）― **coy***（内気な）
  - ラテン語 quies, quiet-（休養，平静）→
    - ①形容詞 quietus（静かな）→ 中英語 quiet, quiete → 英語 quiet
    - ②形容詞 quitus, quittus（自由な）→ 動詞 quitare, quittare（自由にする，開放する）→ 古フランス語 quiter → 中英語 quiten → 英語 quit
    - ②後期ラテン語 quitus（仕事から自由な）→ 古フランス語 quite, quitte → 英語 quite
    - ③形容詞 quietus（静かな）→ 古フランス語 quei, coi → 中英語 coi → 英語 coy
- **raid**（襲撃）― **road**（道路）
  - 古英語 rad（馬に乗ること，旅）→
    - ①中英語 rade → 英語 raid
    - ②中英語 rode → 英語 road
- **ransom**（身代金）― **redemption***（買い戻し）
  - ラテン語 redemptio, redemption-（買い戻し）→
    - ①古フランス語 ranson → 中英語 raunsoun, ransoun → 英語 ransom
    - ②古フランス語 rédemption → 中英語 redempcioun → 英語 redemption
- **ratio**（比率）― **ration**（割り当て）― **reason**（理由）
  - ラテン語 ratio, ration-（計算）→
    - ①英語 ratio
    - ②フランス語 ration → 英語 ration
    - ③古フランス語 raison, reson → 中英語 resoun → 英語 reason
- **respect**（尊敬する）― **respite***（《仕事などの》小休止）
  - ラテン語 respicere, respect-（振り向く，見回す）→

①中英語 respect → 英語 respect
②反復形動詞 respectare（熱心に振り返る，尊敬する）→ 古フランス語 respiter → 中英語 respiten → 英語 respite

restrain（抑制する）― **restrict***（制限する）
ラテン語 restringere（締め直す，締める）→
①古フランス語 restraindre → 中英語 restreynen → 英語 restrain
②過去分詞 restrict- → 英語 restrict

rover（放浪者）― **robber**（泥棒）
中オランダ語 roven（盗む）→
①中英語 rover（浮浪者）→ 英語 rover
②古フランス語 robber, rober（盗む）→ 中英語 robben → 英語 robber

saliva（唾液）― **slime**（ねば土，ぬめり）
印欧語根 slei-（ねばねばする）→
①ラテン語 saliva（唾液）→ 中英語 salive → 英語 saliva
②古英語 slim（ねばねばしたもの）→ 中英語 slim → 英語 slime
《saliva に関しては，印欧語根 sal-（灰色の，汚い）にさかのぼるとする説がある》

scandal（恥辱）― **slander***（中傷）
ギリシア語 skandalon（つまずき，不品行）→
後期ラテン語 scandalum →
①古フランス語 escandle → 中英語 scandle → 英語 scandal
②古フランス語 esclandre → 中英語 slaundre → 英語 slander

scourge（むち，天罰）― **excoriate***（皮をはぐ）
ラテン語 excoriare（皮をはぐ，苦める）→
①後期ラテン語 excorrigiare（むち打つ）→ 古フランス語 escorgier → 中英語 scorge, esourge → 英語 scourge
②過去分詞 excoriat-（皮をはぐ，苦しめる）→ 英語 excoriate

scout（斥候）― **auscultate***（聴診する）
ラテン語 auscultare（注意深く聞く）→
①後期ラテン語 ascultare → 古フランス語 escoute（聞き手，斥候）→ 中英語 scoutes → 英語 scout
②過去分詞 auscultat- → 英語 auscultate

secure（安全な）― **sure**（自信を持って）
ラテン語 securus（心配のない）→
①英語 secure
②古フランス語 sure, seure → 中英語 sure → 英語 sure

sergeant（軍曹）― **servant**（使用人）〈family 参照〉
ラテン語 servire（仕える）→
①現在分詞 serviens, servient- → 古フランス語 sergent → 中英語 sergeaunte → 英語 sergeant
②古フランス語 servir → 現在分詞 servant → 中英語 servaunt → 英語 servant

sovereign（主権者）― **soprano**（ソプラノ）
ラテン語 super（…の上に）→
①後期ラテン語 superanus（最高の；君主）→ 古フランス語 souverein → 中英語 soverein → 英語 sovereign
②イタリア語 sovrano（最高の）→ 英語 soprano

stack（干し草の山）― **stake**（杭）― **steak**（ステーキ）― **stock**（蓄え）
原始ゲルマン語 stakon（棒）→

　　　　①古北欧語 stakkr（干し草の山）　→　中英語 stak　→　英語 stack
　　　　②古英語 staca（ピン，杭）　→　中英語 stake　→　英語 stake
　　　　③古北欧語 steik（焼き串に刺されたもの）　→　中英語 steyke, steke　→　英語 steak
　　　　④古英語 stocc（棒，幹）　→　中英語 stocc　→　英語 stock
　　supervisor（管理者）── **surveyor**（測量者）
　　　ラテン語 super（…の上から）＋videre（見る）　→
　　　　①後期ラテン語 supervidere, supervis-（管理する）　→　後期ラテン語 supervisor　→　英語 supervisor
　　　　②古フランス語 surveeir, surveoir（調べる）　→　アングロフランス語 surveier　→　中英語 surveyen　→　英語 surveyor
　　tamper（干渉する）── **temper***（気性）
　　　ラテン語 temperare（しかるべき比率で混ぜる，和らげる）　→
　　　　①古フランス語 temprer　→　古英語 temprian　→　中英語 temprien, tempren　→　英語 tamper
　　　　②古英語 temprian　→　中英語 tempren　→　英語 temper
　　triumph（勝利）── **trump***（トランプ）
　　　ギリシア語 thriampos（ディオニュソスを讃える行列）　→　ラテン語 triumphus（凱旋，凱旋式）　→
　　　　古フランス語 triumphe　→
　　　　中英語 triumphe　→
　　　　　①英語 triumph　→
　　　　　　②英語 trump
　　tulip（チューリップ）── **turban**（ターバン）
　　　トルコ語 tülbend（ターバン）　→
　　　　①フランス語 tulipan, tulipe　→　オランダ語 tulipa　→　英語 tulip
　　　　②フランス語 turbant, turban　→　英語 turban
　　two（2の）── **deuce***（デュース）
　　　印欧祖語 dwo-（2の）　→
　　　　①ゲルマン語 twai　→　古英語 twa　→　中英語 two　→　英語 two
　　　　②ラテン語 duo, duos　→　古フランス語 deus　→　フランス語 deux　→　英語 deuce
　　utter（口に出す）── **outer**（外側の）
　　　古英語 ut（外へ）
　　　比較級 uttra（外側の）　→
　　　　①中英語 uttren, outren　→　英語 utter
　　　　②中英語 uttre, outre　→　英語 outer
　　valet（近侍）── **varlet***（従者）
　　　後期ラテン語 vassus（家臣）　→　後期ラテン語 vassellittus《指小形》　→
　　　古フランス語 vaslet, varlet, valet（若い貴族）　→
　　　　①中英語 valette　→　英語 valet
　　　　②中英語 varlet　→　英語 varlet
　　vast（広大な）── **waste***（荒廃させる）
　　　ラテン語 vastus（巨大な）　→
　　　　①フランス語 vaste　→　英語 vast
　　　　②古ノルマンフランス語 wast　→　中英語 wast, waste　→　英語 waste
　　veneer（ベニア）── **furnish**（家具を設備する）
　　　古高地ドイツ語 frumjan（備え付ける）　→
　　　フランス語 fournir　→

①ドイツ語 furnieren　→　フランス語 fineer　→　英語 veneer
　　②現在分詞 forniss-, furniss-　→　英語 fournish
verb（動詞）─ **word***（言葉）
　印欧祖語 wer-（話す）→
　　①ラテン語 verbum（言葉, 動詞）　→　古フランス語 verbe　→　中英語 verbe　→　英語 verb
　　②古英語 word　→　中英語 word　→　英語 word
whirl（旋回する）─ **warble**（さえずる）
　ゲルマン語 hwerban（自転する）→
　　①古北欧語 hvirfla（渦巻く）　→　中英語 whirlen　→　英語 whirl
　　②古ノルマンフランス語 werbler（渦巻く, さえずる）　→　中英語 werblen　→　英語 warble
yelp（かん高い声を上げる）─ **yap**（キャンキャン吠え立てる）
　古英語 gielpan, gilpan, gylpan（自慢する, 勝ち誇る）　→　中英語 yelpen　→
　　①英語 yelp　→
　　　　②英語 yap
zero（ゼロ）─ **cipher***（暗号）
　アラビア語 sifr（空, 空虚）→
　　①後期ラテン語 zephirum　→　イタリア語 zefiro, zero　→　フランス語 zéro　→　英語 zero
　　②スペイン語 cifra　→　古フランス語 cifre　→　中英語 cyphre　→　英語 cipher

Appendix VI　固有名詞から生まれた言葉

*原典では基になった固有名詞のみ掲げられているが，本訳書では解説・注を加えた。
(*印の語は本編参照)

多くの固有名詞がそのまま，あるいは一部が変化して，人とか場所に関連する物や行動を意味する普通名詞として使われている。なかには一時的な流行語となって消え去っていったものがある。例えば Lillian Russell（リリアン・ラッセル：半分に割ったロックメロンの種を取ってアイスクリームを詰めたもの）は，20世紀初頭の人気女優リリアン・ラッセル（Lillian Russell, 1861-1922）に由来する言葉であった。Fletcherize（《食べ物を》十分にかむ）は，一口の食べ物を32回かむことを提唱した栄養学者ホレイス・フレッチャー博士（Dr. Horace Fletcher, 1919年没）に由来する。Hooverize（食料などを節約する）は，第一次世界大戦中に合衆国政府の食糧庁長官だったクエーカー教徒フーバー（Herbert Hoover, 1874-1964, 第31代大統領〔1929-33〕）に由来する言葉である《彼は，食料不足のヨーロッパを援助するために国内での自主的配給制による食料の節約政策を実施した》。Oslerize（40歳以上の男性をすべて殺す，または殺すようにと強く主張する）はカナダの医学者オスラー（Sir William Osler, 1849-1919）に由来した。

しかしこれらに対して，もっと長期にわたって普通語彙として使われている例が多くある。由来と共に以下にあげた言葉は，その一例にすぎない。

Adonis* 美少年，好男子，伊達男，色男
　ギリシア神話の愛と美の女神アフロディテに愛された美少年アドニスに由来。

agaric ハラタケ科（特に）ハラタケ属のキノコ，アガリクス《〔原義〕アガリア産の》
　サルマティア《Sarmatia：黒海北方のヴィスワ川とヴォルガ川に挟まれた地域の古名》の町 Agaria に由来。

agate 瑪瑙（めのう）
　博物学者プリニウス（大）（Gaius Plinius Secundus, 23-79）によると，瑪瑙が発見されたとされるシチリアの川アカテス（Achates）に由来。〈本編の carnelian 参照〉

Alexandrine【詩学】アレキサンダー格の；アレキサンダー格の詩行
　アレキサンドロス大王について歌った中世フランスの詩の特徴に由来。

Alice blue 灰色がかったうすい青色
　セオドア・ルーズベルトの長女アリス（Alice Roosevelt Longworth, 1884-1980）にちなんでつけられた色の名前。多くの色とか花の名，特にバラやダリアなどの名は個人にちなんでつけられることが多い。

America アメリカ
　イタリアの探検家であり地図製作者アメリゴ・ヴェスプッチ（Amerigo Vespucci, 1452-1512）にちなんでつけられた地名。同じくアメリカ合衆国のあちこちにある地名コロンビア（Columbia）や，コロンバス（Columbus《オハイオ州の州都》），南米の国コロンビア（Colombia）などは，イタリアの探検家コロンブス（Christopher Columbus, 1451-1506）に由来するものである。

ammonia* アンモニア
　ammonia は，ラテン語 sal ammoniacus（アンモン神〔Ammon〕の塩）に由来。アモンは，本来はエジプトの神々の王で，ファラオの守り神とされた。ローマ人はジュピターと同一視し，ユピテル・アンモン（Jupiter Ammon）と呼んだ。

ampere【電気】アンペア《電流の強さの実用単位》
　この語はフランスの物理学者・数学者アンペール（André-Marie Ampère, 1775-1836）に由来。

Ananias《聖霊に》打たれて死んだアナニ

ア；うそつき
　新約聖書の『使徒行伝』(5：1-10) に登場するアナニア (Anania) に由来。彼は自分が教会に寄贈した土地を売って得た金の一部を隠匿し，ペテロに詰問されてうそをつき，神を偽った罰を受けて聖霊に打たれて死んだ。彼の妻サフィラも同じくペテロにうそをついて夫アナニアと同じ運命をたどった。アメリカ合衆国大統領セオドア・ルーズベルト (Theodore Roosevelt, 在任1901-09) は，政敵にしばしば members of the *Ananias* Club というレッテルを貼った。

Annie Oakley《俗語》無料券，フリーパス
　バッファロー・ビル・サーカス (Buffalo Bill's Circus) のライフル射撃の名手アニー・オークレー (Annie Oakley, 1860-1926) はトランプの札を的にすることがよくあった。そこで穴のあいたトランプと，当時のパンチを入れた無料入場券との連想から，彼女の名前がフリーパスという意味に使われるようになった。

aphrodisiac 情欲〔性欲〕を起こさせる；媚薬
　ギリシア神話の愛と美の女神アフロディテ (Aphrodite)〈同項参照〉に由来。〈erotic 参照〉

areopagus《一般に》最高法廷
　ギリシア語 areios pagos (軍神アレスの丘) が語源で，この丘に貴族中心のアレオパゴス評議会が置かれた。この評議会はアテネの最高法廷でもあった。

argosy*《財貨を満載した，特にラグーザやベニスの》大型商船，宝庫
　ダルマティア (Dalmatia《バルカン半島西部のアドリア海沿岸地方》) の都市ラグーザ (Ragusa《ドゥブロブニクのイタリア語名》) に由来。ここは東方と西方の中間点に位置していたことから貿易で富と力を蓄えた。

Argus-eyed 監視厳重な，油断のない
　ギリシア神話の百眼の半獣半人アルゴス (Argus) に由来。嫉妬深いヘラが夫ゼウスの愛したイオ (Io) を，油断のない百眼を持つアルゴスに見張らせる。しかし，アルゴスはゼウスの命を受けたヘルメスに殺される。ヘラは彼の目を取り出して孔雀の羽の飾りにした。

arras アラス織り《美しい絵模様のあるつづれ織り》
　この語はつづれ織りの主産地として知られたフランス北部の旧州アルトア (Artois) の町アラス (Arras) に由来。ハムレットがポローニアスを刺す時に隠れていたのはこのつづれ織りの壁掛けジュウタンである。

artesian well 自噴井戸《地下水圧を利用して自噴させる掘抜き井戸》，深堀井戸
　このような井戸が上記アルトア (Artois) で18世紀に初めて掘られた。

astrachan アストラカンの毛皮，アストラカン織り〔の布〕
　ヴォルガ川下流のアストラカン (Astrakhan) に由来。この地方産の子羊の巻毛の黒い毛皮は有名。

Atlantic 大西洋
　〈本編 atlas 参照〉

atlas 地図帳
　オリュンポスの神々と戦ったティタン神族 (巨人族) のアトラスに由来。神々と戦った罰として天球を支えるアトラスの姿は，昔の地図帳の口絵に用いられた。そして，メルカトル図法の完成者メルカトル (Gerardus Mercator, 1512-94) の死後，息子たちが父の仕事を受け継いで地図帳を完成し，それをアトラス (Atlas) と名づけた。

babbitt《口語》物欲に凝り固まった中流市民
　アメリカの作家シンクレア・ルイス (Sinclair Louis, 1885-1951) の小説 *Babbitt*：『バビット』(1922年) の主人公 George F. Babbitt に由来。彼はアメリカの都市における典型的な俗物実業家で，中流市民の浅薄な価値観に一時は抵抗するが，その抵抗を持続する勇気はなかった。

bacchanals バッカス祭，乱痴気騒ぎ
　ギリシア神話のワインと狂乱の神ディオニュソスの別名バッカス (Bacchus) に由来。ローマ神話ではバッカスが通り名となった。〈本編の Battersea 参照〉

bakelite ベークライト，フェノール樹脂
　ベルギー生まれの米国の化学者ベークランド (Leo Hendrik Baekeland, 1862-1944) に由来。

bartlett (pear) バートレット種の洋梨《大きくて汁の多い黄色の品種》
　米国マサチューセッツ州の栽培・販売者

バートレット（Enock Bartlett, 1779-1860）に由来。

battology 語句の退屈な反復
　語源はギリシア語 battologia で，ヘロドトス（Herodotus, 485?-425?B.C.）の『歴史』（IV, 153-157）に登場するバットス（Battos）という名の吃音者に由来。〈本編の abate 参照〉

bayonet 銃剣
　フランス南西部の港町バイヨンヌ（Bayonne）に由来。銃剣はこの地で初めて製造されたとも，初めて使われたとも言われる。

begonia ベゴニア
　フランスの植物学者で，サント・ドミンゴ（Santo Domingo）島のフランス総督だったミシェル・ベゴン（Michel Begon, 1638-1710）に由来。1775年ころにジャマイカからイギリスに持ち込まれた。

bellarmine ベラルミン《細首丸胴の大ジョッキ；あごひげの男の絵がついている》
　カトリック教会の枢機卿ベラルミーノ（Saint Robert Bellarmine, 1542-1621）に由来。彼はカトリックの理論的大黒柱としてプロテスタントに対抗した人物である。ベラルミンと呼ばれるジョッキは，オランダのプロテスタントたちが自分たちに反対する彼を戯画的に描いたデザインに由来する。〈本編の demijohn 参照〉

bergamask ベルガモ風ダンス（Bergamask dance）
　ベニスの一地方ベルガモ（Bergamo）の人々を真似して作られた踊りで，田舎風の作法や方言によって道化風に作られている。〈本 Appendix の末尾を参照〉

bison 野牛，バイソン《アメリカ野牛（American bison），ヨーロッパ野牛（European bison）》
　バルカン半島のトラキア地方のビストニア（Bistonia）から biston，ギリシア語 bison（野牛），ラテン語 bison を経て借入された。

blanket 毛布
　1340年に英国南西部の都市ブリストル（Bristol）で機織り機を設置して織物業を営んだトマス・ブランケット（Thomas Blanket）という人物が由来とされる。元来は，白い毛織物のことだったので，フランス語 blanc（白い）の影響を受けたという説がある〈本編の black 参照〉。

bloomers* ブルーマ《女性の体育用半ズボン，女児用パンツ》
　米国の女権拡張主義者アメリア・ブルーマ（Mrs. Amelia Bloomer, 1818-94）に由来。

bobby〔口語〕警官，巡査
　ピール卿（Sir Robert Peel, 1788-1850）が，ウェリントン内閣（1828-30）で内務大臣としてロンドン警視庁（スコットランドヤード）を設立したことから同氏の名前 Robert の愛称形 Bobby が，警官とか巡査という意味に使われた。彼の姓 Peel から peeler（〔古い俗語〕警官，お巡り）という言葉も生まれた。

bohemian 伝統にとらわれない，放浪的な，奔放な
　ジプシーの発祥の地と考えられた東ヨーロッパのボヘミア（Bohemia）地方に由来。フランスの作家ミュルジェール（Louis-Henri Murger, 1822-61）の作品 *Scènes de la vie de Bohème*：『ボヘミアン生活の情景』（1851年）によって一般化した。この作品はプッチーニ作のオペラ *La Bohème*：『ラ・ボエーム』の原作となった。

bowdlerize* 《著作物の》不穏当〔野卑〕な部分を削除修正する，勝手な変更を加える
　Family Shakespeare：『家族で読むシェイクスピア』（1818年）の編集者バウドラー（Thomas Bowdler, 1754-1825）に由来。〈本編の bowdlerize 参照〉

bowie《アメリカ開拓時代の》さや付き猟刀
　考案者とされる米国軍人ボウイ大佐（James Bowie, 1796-1836）に由来。

boycott* ボイコット〔する〕，不買同盟〔で苦しめる〕
　アイルランドで土地差配人を務め，不当な地代を要求したボイコット（Charles Cunningham Boycott, 1832-97）に由来。

braille ブライユ点字法；ブライユ点字にする
　フランスの教育家ブライユ（Louis Braille, 1809-52）に由来。彼は盲人であり，点字法を発明した。

brie ブリーチーズ（Brie cheese）《カマンベール（Camembert）に似た白カビの表面熟成チーズ》

フランス北東部の原産地ブリー（Brie）に由来。

Bright's disease ブライト病《蛋白尿と浮腫をともなう腎臓病》
英国の内科医で，腎臓学の父と称されるリチャード・ブライト（Dr. Richard Bright, 1789-1858）に由来。

bronze* 青銅，ブロンズ，青銅製品
イタリア南東部の港町ブルンディシウム，現代のブリンディジ（Brindisi）は青銅鏡の産地として有名で，この地名を語源とする説がある。〈本編の bronze 参照〉

brougham 一頭立て四輪箱馬車，ブルーアム型自動車《運転台に屋根がない初期の箱型自動車》
この種の馬車を考案した英国のブルーアム男爵（Henry Brougham, 1778-1868）に由来。彼は進取的な法律改革やロンドン大学の設立にも関与したことで有名。

Brownian movement【物理学】ブラウン運動《流体中の直径がミクロン程度の微粒子の不規則運動》
スコットランドの植物学者ブラウン（Robert Brown, 1773-1858）に由来。同氏は，花粉から出た粒子の水中における運動を顕微鏡で観察していて発見した。

brummagem* 安物，まがい物
にせ金や安物の装身具類が作られたバーミンガム（Birmingham）に由来。

bunsen (burner) ブンゼン，ブンゼンバーナー《化学実験用ガスバーナー》
ブンゼン灯の発明者，ドイツの化学者ブンゼン（R. W. Bunsen, 1811-99）に由来。

Caesarean 帝王切開；カエサルの，専制君主的な
「帝王切開」は，カエサル（Gaius Julius Caesar, 100-44B.C.）がこの方法によって生まれたと信じられていたことに由来。〈本編の shed 参照〉

camellia ツバキ
イエズス会の宣教師 G. J. Camellus（1706年没）に由来。フィリピンに滞在し，この花をロンドンに持ち帰った。

camembert カマンベール・チーズ
フランスの原産地であるノルマンディーの町カマンベール（Camembert）に由来。

cantaloup* カンタロープ《マスクメロンの一種》
ローマの近くにあった元教皇別荘地カンタルーポ（Cantalupo）に由来。ヨーロッパで初めてこの地でこの種のメロンが栽培された。

cardigan カーディガン
クリミア戦争（Crimean War, 1853-56）で騎兵将校として活躍したカーディガン伯爵（James Thomas Brudenell Cardigan, 1797-1868）が愛用したことに由来。

caryatid【建築】女性像柱，カリアティッド《アテネのアクロポリスにある神殿エレクテイオンの入り口にあるものが有名》
ラコニア地方のカリアエ（Caryae）でのアルテミスの女司祭を指す karyatis（——複数形 karyatides ——）が語源。

Cassandra 凶事の《世に認められない》予言者
ギリシア神話の女予言者カッサンドラ（Cassandra）に由来。彼女はトロイの王プリアモス（Priamus：英語名 Priam）の娘で，アポロに予言の能力を与えられたが，彼に身を任せなかったために，真実を予言したにもかかわらずだれにも信じられず，トロイの滅亡の予言も無視された。

cereal* 穀物，シリアル
ローマ神話の穀物と収穫の女神ケレス（Ceres）《ギリシア神話の Demeter（デメテル）に相当》に由来。

chalcedony【鉱物】玉髄《微晶質で灰色の石英の一種》
新約聖書『黙示録』（21：19）にある聖なる都エルサレムの城壁の土台石を飾る宝石の一つに用いられている。小アジアのカルケドン（Chalcedon）に由来する語とされるが，charcedonia という綴りもあり，その場合ギリシア語 Karkhedon（カルタゴ：Carthage）に由来するとも考えられる。〈本編の cell 参照〉

cherrystone clams【貝類】チェリストン《食用の二枚貝》
ヴァージニア州チェサピーク湾のチェリトン（Cheriton）に由来。

Chippendale チッペンデール風の家具《中国風・ゴシック風デザインの凝った装飾・彫刻がほどこされた家具》
このスタイルの家具を考案した英国の家具職人チッペンデール（Thomas Chippendale, 1718-79）に由来。

coach* 《国王用の》公式馬車，《昔の》四頭立て四輪大型馬車

725

この種の馬車が初めて作られたハンガリーの首都ブダペストの北西の町コチ(Kocs)に由来。ハンガリー語の形容詞Kocsi(コチの)からドイツ語Kutsche,フランス語cocheを経て借入された。

Colombia, Columbia コロンビア
〈本AppendixのAmerica参照〉

cologne オーデコロン(eau de cologne:〔原義〕ケルンの水)
ドイツの都市ケルンに由来。元はこの地で発売された芳香性化粧水の商品名。〈本編のcolonel参照〉

colophony【化学】コロホニー《松脂(resin)を蒸留して得られる琥珀色あるいは黒みのある残留樹脂,滑り止めなどに使う》
小アジア西部の古王国リュディア(Lydia)の海に近い町コロフォン(Colophon)に由来。コロフォン産の樹脂を博物学者プリニウスがラテン語colophoniaと名づけ,この語が英語に借入された。なお,この地名の語源はギリシア語kolophon(頂上,仕上げ)で,このギリシア語から英語colophon(奥付)が借入された。

colt【商標】コルト《式自動拳銃》
このタイプの拳銃を発明したアメリカ人コルト(Samuel Colt, 1814-62)に由来。

copper 銅
キプロス(Cyprus)に由来。昔からキプロスは良質な銅の産地として知られた。〈本編のcopse参照〉

coulomb【電気】クーロン《電気量・誘電束の実用単位;略C》
フランスの物理学者クーロン(Charles Augustin de Coulomb, 1736-1806)に由来。彼は二つの電荷の間に働く電気力の大きさに関するクーロンの法則の発見者である。

cravat ネクタイ《英では商用語,米では気取った言葉》,〔古語〕《男子用の》首巻き,三角巾《包帯用》
かつてクロアチアはオーストリア帝国の一部であったが,その地生まれの人をクロアチア語でHrvatと言った。この語がフランス語Cravate(クロアチア人),さらに彼らが身につけていた取り外しのできるえり飾りがcravateと呼ばれるようになり,英語に借入された。

cupidity どん欲,強欲,欲望
ローマ神話の愛と情欲の若き神キューピッド(Cupid:ラテン語Cupido)に由来。キューピッドはギリシア神話のエロス(Eros)に当たる。〈本編のerotic, pschoanalysis, anacampserote参照〉

currant《東部地中海とその沿岸地方〔Levant〕の》小粒の種なし干しブドウ,スグリの実
ギリシアの都市コリント(Corinth)に由来。アングロフランス語raysyns de Corauntz(コリントのレーズン)から中英語raysons of Coraunteとして借入され,やがて省略されて,currantとなった。

daguerreotype 銀板写真〔法〕,ダゲレオタイプ
フランスの写真の発明者ダゲール(Louis Jacques Mandé Daguerre, 1787-1851)に由来。

dances 踊り
このリストの最後を参照。

dauphin*〔フランス語dolphin〕【歴史】王太子《1349-1830年のフランス王太子の称号》
フランスの南東部の地方の旧州ドーフィネ(Dauphiné)に由来。イギリスのPrince of Wales(英国皇太子の称号)に対応する。

derby ダービー,大競馬
イギリス・ダービーを1780年に創設したダービー伯(Earl of Derby, 1752-1834)に由来。*derby* hat(山高帽)はこの競馬に来る人たちがかぶった帽子である。〈本編のby-law参照〉

diesel (engine) ディーゼル・エンジン
ドイツ人ディーゼル(Rudolf Diesel, 1858-1913)に由来。彼はクルップ商会で1893-97年にこの種のエンジンを開発した。

diddle だます,かたる,時間を消費する
英国の劇作家ケニー(James Kenney, 1780-1849)作の喜劇 *Raising the Wind*:『風を起こして』(1803年)に登場するかたり屋ジェレミー(Jeremy Diddler)に由来するとされている。彼は無一文の食客で,いつも小金を借りては返さない。

doily ドイリー《花瓶などに敷く小形のレース状の敷き紙,敷き布》
18世紀のロンドンのドイリー(Doyley)という布地商に由来。あるい

は，Wanderings among Words：『言葉の散策』（1936年）の著者ベッツ（H. Betts, 1876-1953）によれば，フィッシュヒルに荘園を所有し，3シリングの高価なテーブルクロスを王に献上した d'Oily 家に由来。

dollar* ドル
　昔，銀貨が鋳造されたドイツの都市ヨアヒムスタール（Joachimsthal）に由来。

dumdum bullet ダムダム弾《命中すると破裂して傷を広げる》
　インドのカルカッタの近くの町ダムダム（Dumdum）で，英国ベンガル砲兵隊が初めて使ったことに由来。

Duncan Phyfe【家具】ダンカンファイフ式の，フランス帝政時代風の
　スコットランド生まれの米国の家具製作者 Duncan Phyfe（1768-1854）に由来。

Dundreary (whiskers) 長いほおひげ
　英国の劇作家トム・テイラー（Tom Taylor, 1817-80）の喜劇 Our American Cousin：『われらのアメリカのいとこ』（1859年）の主人公ダンドリアリー卿（Lord Dundreary）に由来。彼は怠惰で愚かしい英国貴族である。大評判をとったこの劇はリンカン大統領が暗殺された時に上演されていたことでも記憶されている。

echo こだま，エコー
　ギリシア神話のニンフ，エコー（Echo）に由来。〈本編の nuptials 参照〉

epicurean 快楽趣味の，快楽主義の，食道楽の
　ギリシアの哲学者エピクロス（Epicurus, 342/341-271/270 B.C.）に由来。

ermine エゾイタチ，アーミン，アーミンの白い毛皮
　Armenia（アルメニア）に由来。ラテン語 Armenius（アルメニア・ネズミ）が語源である。この動物そのものがアルメニア産という訳ではなく，ローマ人が使ったこの種の毛皮がアルメニア産だったことからこの語が生まれた。

erotic エロティックな，性欲をかきたてる
　ローマ神話のキューピッド（Cupid）に対応するギリシア神話の愛の神エロス（Eros）に由来。〈本編の anacampserote 参照〉

euhemerism エウヘメロス説
　シチリアのギリシア人哲学者エウヘメロス（Euhemerus）に由来する言葉。彼は紀元前315年ごろに，神話の神々は偉大な人間を神格化したもので，神話は史実の記録であるという解釈を示した。

euphuism* 婉曲語法，美辞麗句
　英国の小説家リリー（John Lyly, 1554?-1606）の散文物語 Euphues：『ユーフュイーズ』に由来。これは Euphues : or the Anatomy of Wit：『ユーフュイーズ：知の解剖』（1579年）と Euphues and his England：『ユーフュイーズとイングランド』（1580年）からなり，その華麗な文体が有名。

Fabian 将軍ファビウス（Fabius）流の，持久策の，フェビアン協会の
　第二次ポエニ戦争（218-201B.C.）で活躍したローマの将軍ファビウス（Quintus Fabius Maximus, 275?-203B.C.）に由来。彼は持久戦でハンニバルを阻止したことから Cunctator（じらし屋）と呼ばれた。英国で1884年に暴力的な変革に反対する社会主義者たちが設立したフェビアン協会（Fabian Society）の名は，この将軍にちなむ。

Fahrenheit 華(カ)氏
　カ氏温度計の目盛りを考案したドイツの物理学者ファーレンハイト（Gabriel Daniel Fahrenheit, 1686-1736）に由来。

faience ファイアンス焼き《鮮やかな彩色を施した陶器》
　この種の陶器で有名なイタリア北部の都市ファエンツァ（Faenza）に由来。

Fallopian ファロピア管，らっぱ管，輸卵管
　骨や生殖器官の研究で知られたイタリアの解剖学者ファロピウス（Gabriel Fallopius：イタリア名 Gabriello Fallopio, 1523-62）に由来。

farad【電気】ファラド《電気容量の実用単位：記号 F，f》
　英国の物理・化学者ファラデー（Michael Faraday, 1791-1867）に由来。

Ferris (wheel) 大観覧車
　米国の技術者でその考案者フェリス（George Ferris, 1859-96）に由来。

fez トルコ帽《バケツ形の赤いフェルト帽》
　モロッコ北部のかつての諸王朝の首都フェス（Fez, Fes）に由来。

forsythia レンギョウ
　1800年ごろにこの花木を中国から持ち込

んだ英国の植物学者フォーサイス（William Forsyth, 1737-1804）に由来。

frankfurter フランクフルト・ソーセージ
ドイツ南部の都市フランクフルトに由来。〈本編の dollar 参照〉

frieze フリース《片面を起毛した厚地のコート用毛織物》,【建築】フリーズ《装飾のある小壁》
織物の名はかつての特産地オランダのフリースラント（Friesland）に由来，建築用語は小アジアのフリギア（Phrygia）に由来。〈本編の cloth 参照〉

galvanize 電気を通す，電流で刺激する，衝撃を与える
イタリアの電気生理学の創始者ガルバーニ（Luigi Galvani, 1737-98）に由来。

gamboges 黄だいだい色, 雌黄（しおう）《樹脂の一種，顔料，緩下剤》
特産地のカンボジア（Cambodia）に由来。

gardenia クチナシ
スコットランド生まれのアメリカ人博物学者ガーデン（Alexander Garden, 1730-91）にちなむ。彼はサウス・カロライナに移住し，ブルー・リッジ山脈で植物相の研究をした。

gargantuan* ガルガンチュアのような，巨大な，ものすごい
フランスの作家ラブレー（François Rabelais, 1494?-1553）の *Gargantua*：『ガルガンチュア物語』（1534年）に登場する鯨飲馬食の巨人ガルガンチュアに由来。

gasconade 自慢話，ほら
フランス南西部のガスコーニュ（Gascogne,〔英語〕Gascony）地方に由来。ガスコン気質は冒険好きでほら吹きだが友情に厚いと言われていた。

gauss【物理】ガウス《磁気誘導の電磁単位；記号 G》
ドイツの数学者ガウス（Karl F. Gauss, 1777-1855）に由来。彼は電磁気学など応用数学方面でも画期的な功績を残した。

gavotte ガヴォット《18世紀に流行した軽快なフランスの4拍子の舞踊；その舞曲》〈本 Appendix の末尾を参照〉

gibus オペラハット《平たくたたみ込めるシルクハット》
1850年ごろにこの帽子を製作したフランスの雑貨商ジビュス（M. Gibus）なる人物に由来。

Gilbertian ギルバート的喜歌劇風の，滑稽な，とんちんかんの
喜歌劇の王と称されたギルバート（William Schwenck Gilbert, 1836-1911）に由来。音楽家アーサー・サリヴァン（Arthur Sullivan, 1842-1900）と共作した『ミカド』や『ペンザンスの海賊』は特に有名である。

gladstone (bag) グラッドストン《真ん中で両側に開く旅行カバン》
英国の首相グラッドストン（William Ewart Gladstone, 1809-98）に由来。

Gobelin ゴブラン〔織り〕の, ゴブラン風の
15世紀染織工場を始めたフランスのゴブラン家（the Gobelin）に由来。17-18世紀にタペストリー製作で特に有名になり，この名はタペストリーの代名詞となった。

gongorism ゴンゴラ風の気取った装飾的で難解な文体
スペインの詩人ゴンゴラ（Luis de Gongora y Argote, 1561-1627）にちなむ言葉《euphuism と類義》。

Gordian knot ゴルディオスの結び目，複雑で難解な問題
小アジアの王国プリュギア（Phrygia）の農夫ゴルディオス（Gordius）に由来。プリュギアの都市ゴルディウム（Gordium）のジュピターの神殿に最初に車に乗って入る者が王になるべしという神託があり，彼は初めて神殿に入り王となった。彼の息子ミダス（Midas）は父が乗った戦車を神殿に奉納した。その戦車の轅（ながえ）は非常に複雑な結び目で神殿の柱に結び付けられていてだれも解けなかった。そして，その結び目を解いた者はアジアの支配者になるべしという別の神託があり，アレクサンドロス大王はその結び目を刀で切断してアジアの支配者になった。〈本編の knot 参照〉

gothite【鉱物】針鉄鉱
詩人であり科学者であったゲーテ（Johann Wolfgang von Goethe, 1749-1832）に由来。ロシアの物理学者レンツ（Heinrich Friedrich Emil Lenz, 1804-65）によって名づけられた。

greengage【植物】グリーンゲージ《西洋スモモの栽培品種の総称》
そのスモモをイギリスに移植した植物学

者ゲイジ（Sir William Gage, 1656?-1727）に由来。

Gregorian (calendar* / chant) グレゴリオ暦，グレゴリオ聖歌
　グレゴリオ暦はローマ教皇グレゴリウス13世（Gregorius XIII, 在位 1572-85）が1582年に施行。グレゴリオ聖歌は聖グレゴリウスⅠ世（Gregorius I, 在位 590-604）が典礼用に集大成したと伝えられる。

guillotine ギロチン，断頭台
　この装置を正式な処刑用具として採用するよう提案した18世紀フランスの医師・政治家ギヨタン（Joseph I. Guillotin, 1738-1814）に由来。この断頭台は初めマダム・ギヨチーヌ（Madame Guillotine）と呼ばれた。

hamburger ハンバーグステーキ，ハンバーガー
　ドイツのハンブルクに由来。〈本編の dollar 参照〉

havelock 軍帽などの日覆い《首筋を覆う》
　かつてはシーパーヒー（セポイ）の乱と呼ばれたインド大反乱（1857-59）で軍功をあげた英国の将軍ハヴロック（Sir Henry Havelock, 1795-1857）に由来。

Heaviside layer 【通信】ヘビサイド層《中長波の電波を反射する地上100km付近の電離圏》
　電離層〔電離圏〕の存在を予想した英国の物理学者ヘビサイド（Oliver Heaviside, 1850-1925）に由来。

hector 勇士，威張り屋；威張る
　トロイ戦争の英雄，トロイの王子で総大将ヘクトル（Hector）に由来。彼は勇敢で節度ある戦士であるが，誇り高く譲ることがない。〈本編の hectic 参照〉

helot ヘロット《被征服民からなる古代スパルタの隷属農民》，農奴，奴隷
　ドーリス人が征服したギリシア南部ラコニア（Laconia）地方の町ヘロス（Helos）に由来との説がある。この地方は後にスパルタが支配した。

henry 【電気】ヘンリー《電磁誘導係数の単位》
　アメリカの物理学者ヘンリー（Joseph Henry, 1797-1878）に由来。電磁石の改良による電磁誘導などの発見により，電磁気学の発展に寄与した。電信機，モーターや電流計も発明。

hermetically* 錬金術的に，密封して
　ギリシア神話の神の使いヘルメス（Hermes）に由来。錬金術で容器を密封する秘法を伝えたとされた。

hiddenite 【宝石】ヒデナイト《緑色のリチア輝石》
　アメリカの鉱物学者ヒデン（William E. Hidden, 1853-1918）に由来。

Hitlerism ヒットラー主義《ドイツ国家社会主義》
　ナチスの指導者ヒットラー（Adolph Hitler, 1889-1945）に由来。

Hobson's choice 提供されたものを取るか取らないかしか自由のない選択，えり好みのできない選択
　英国ケンブリッジの貸馬屋ホブソン（Thomas〔または Tobias〕Hobson, 1544-1631）に由来。彼は馬小屋の戸口に近い馬から貸して，客に選択を許さなかった。

hyacinth ヒヤシンス，ヒヤシンス石《jacinth とも綴る》
　ギリシア神話でアポロンに愛され，花に変えられたスパルタの王子ヒュアキントス（Hyacinthus）に由来。〈本編の flower, carnelian 参照〉

indigo 【化学】インジゴ《マメ科のインドアイなどから採る藍色染料》，藍色
　元来インド特産だったので，ラテン語 Indicum（インドの）がスペイン語 Indico を経て借入された。〈本編の red 参照〉

iris アイリス《アヤメ属各種の植物》，虹彩 〈本編の flower 参照〉

　iridium イリジウム〈本編の element の項の iridium 参照〉
　ギリシア語 iris（虹，イリス女神，アイリス）が語源。ギリシア神話でイリスは天地を結ぶ虹を司る女神で，神々の使者，特に，嫉妬深いヘラの忠実な使者であった。そこから虹彩，虹色の花や宝石などの名前としても使われた。

jacinth ヒアシンス
　→ 上記 hyacinth

Jack Ketch 《古語》絞首刑執行人
　ジェイムズ2世（在位1685-88）時代の絞首刑吏の John Ketch（1663?-86）に由来。王位継承の争いに敗れたチャールズ2世の庶子モンマス公（Monmouth, 1649-85）を処刑したことで有名。

Jack Tar 水兵，船乗り

tar は17世紀の早くから水夫を意味する言葉として使われていたが，tarpaulin（タール塗り防水布）あるいは水夫がかぶったタールを塗った布（tarred cloth）製の帽子に由来すると思われる。ディケンズ（Charles Dickens, 1812-70）が船乗りを Jack Tar と呼んだ。

jeremiad 悲嘆，恨みごと，悲話

旧約聖書の預言者エレミヤ（Jeremiah, 650?-586B.C.）が書いたとされる『哀歌』に由来。これはエルサレム陥落や捕囚のユダヤ民族の苦難などを痛ましく歌っている。なおエレミヤは，紀元前622年に始まったヨシヤ王（Josiah, 在位 640-609B.C.）の宗教改革が王の死後次第に堕落していくのを批判して，祖国と神殿の破滅という神の試練を予言していた。

jobation 長ったらしい小言

旧約聖書の「ヨブ記」の主人公ヨブ（Job）に由来。神が与えた災害と病気に苦しむヨブを3人の友人が慰めに来るが，その原因がヨブ自身にあるはずとし，悔い改めるよう長々と小言を言って苦しめる。

Jonah 不幸をもたらす人

旧約聖書の『ヨナ書』の預言者ヨナ（Jonah）に由来。ニネベの都市滅亡の予言を神に命じられたヨナは，船で逃げようとするが，神が嵐を起こしたため，船に乗っていた人々全員が生命の危機にさらされる。

joule【物理】ジュール《仕事・エネルギー・熱量の国際（SI）単位》

熱の仕事当量の発見など，熱力学の発展に重要な寄与をした英国の物理学者ジュール（James Prescott Joule, 1818-89）に由来。

jovial* 陽気な，楽しい，愉快な

ローマ神話の主神ジュピターの古名 Jovis（ヨビス）から派生した Jovialis（ジュピターの）が語源。占星術では，木星（Jupiter, Jove）の下に生まれた人は，陽気な性格を持ち，幸福になると考えられていた。なお，ヨビスはヘブライ語 jahveh（ヤハウェ）と関連づける説がある。〈本編の joke, saturnine 参照〉

Julian calendar ユリウス暦

カエサル（Gaius Julius Caesar, 100-44B.C.）が制定し，紀元前45年より実施された太陽暦。July（7月）は Julius Caesar に由来，August（8月）はローマ帝国初代皇帝アウグストゥス（Augustus Caesar, 在位 27B.C.-14A.D.）に由来。〈calendar については本編の dickey 参照〉

laconic* 簡潔な，ずばり言う，むだ口をきかない

スパルタを首都とするラケダイモニア（Lakedaimonia：ラテン語 Laconia〔ラコニア〕）の住民ラコン（Lakon）の形容詞 Lakonikos（——ラテン語 Laconicus——）が語源。住民は寡黙で寸鉄人を刺す話し方で知られていた。

lambert【光学】ランベルト《輝度の単位》

ドイツの哲学者・数学者・物理学者ランベルト（Johann H. Lambert, 1728-77）に由来。彼は地図作成，湿度測定，高温測定などの分野で貢献，中でも『測光学』（1760年）で光度測定の基礎を確立した。

landau ランドー《前後に向かい合って座れる四輪馬車で，折りたたみ式幌がついている》，ランドー型自動車

ドイツ南部のバヴァリア（Bavaria）地方の町ランダウ（Landau）に由来。この型の馬車がこの地で最初に造られた。

Laputan, Laputian 空想的な，バカげた

スウィフト（Jonathan Swift, 1667-1745）の *Gulliver's Travels*：『ガリバー旅行記』（1726年）に描かれた空飛ぶ島ラピュータ（Laputa）の住人たちに由来。彼らは空想的な計画に夢中になっている。

lavaliere《細い鎖で宝石を首から下げる》ペンダント，《ペンダントのように首から下げる》小形マイク

フランスの太陽王ルイ14世（在位 1643-1715）の愛妾ラ・バリエール公爵夫人（Duchesse de La Vallière, 1644-1710）に由来。

lazar 忌まわしい病気の物乞い

新約聖書『ルカ福音書』（16：19-31）でイエスのたとえ話に登場する物乞いラザロ（Lazarus）に由来。彼は死後天国に召された。

leather-stocking 北アメリカの辺境の住人

アメリカの作家クーパー（James Fenimore Cooper, 1789-1851）の5篇の小説の総称 *Leather-Stocking Tales*：『皮脚絆物語』（1823年から1841年）に由来。初期アメリカの辺境生活を描いたもので，最も知られているのは *The Last of the*

Mohicans』:『モヒカン族の最後』(1826年) である。

Leninism レーニン主義
　ソヴィエト連邦の最初の指導者レーニン (Nicolai Lenin〔本名 Vladimir Iliyich Ulyanov〕, 1870-1924) に由来。

Leyden jar ライデン瓶《蓄電器の一種》
　オランダの大学都市ライデンに由来。1746年にこの装置を工夫したミュッセンブルーク (Petrus van Musschenbroik, 1672-1761) はライデン大学の物理学教授であった。

lilliputian* リリパット人, 小人, 狭量な人；取るに足らない
　スウィフト (Jonathan Swift, 1667-1745) の *Gulliver's Travels*:『ガリバー旅行記』に描かれた小人国リリパット (Lilliput) の住人に由来。

limousine リムジン《運転席と客席との間にガラスの仕切りがある大型乗用車・バス》
　フランス中西部の旧州リムザン (Limousin) に由来。〈本編の sedan 参照〉

loganberry ローガンベリー《キイチゴ属の一品種》
　米国の法律家であり園芸家でもあったローガン (James H. Logan, 1841-1928) に由来。彼がラズベリーとブラックベリーを交配してこの品種を栽培した。

Lothario* 蕩児, 道楽者
　英国の劇作家であり詩人でもあったロウ (Nicholas Rowe, 1674-1718) の *The Fair Penitent*:『美しい悔悟者』(1703年) に登場する放蕩者ロサリオ (Lothario) に由来。

lyceum 講堂, 公会堂, 文化会館
　アリストテレスが哲学を教えたアテネ郊外の森リュケイオン (Lyceion) に由来。〈本編の Platonic 参照〉

lynch* リンチ《法的手続きを経ない民衆裁判による刑罰》
　ヴァージニア州のリンチ (James Lynch) なる人物にちなむ言葉か。

macadamize《道路を》マカダム工法によって舗装する
　この工法を開発したスコットランドの土木技術者マカダム (John Loudon McAdam, 1756-1836) に由来。ほぼ同じ大きさの砕石を一層ずつ固めて三層の不透水層を作る舗装法で, これは近代舗装の源流となった。

machiavellian* マキャヴェリ流の, 策謀政治の, 権謀術数の
　イタリア北部の都市フィレンツェの外交家・政治家マキャヴェリ (Niccolo Machiavelli, 1469-1527) に由来。

mackinaw マキノー《平底船》, マキノー《格子縞の厚手のウール, 毛布, コート》
　北米のヒューロン湖とミシガン湖の間のマキノー島 (Mackinaw Island) に由来。

mackintosh マッキントッシュ《ゴム引き防水布》, レインコート, 防水外套
　考案者であるスコットランドの化学者マッキントッシュ (Charles Mackintosh, 1766-1843) に由来。

magnet 磁石
　天然磁石の産地と伝えられるギリシア本土あるいは小アジアのマグネシア (Magnesia) に由来。ギリシア語では磁石を Magnetis lithos (マグネシアの石) と言った。magnetism (磁気) や magneto (マグネット発電機, マグネット点火装置) も同語源。

magnolia モクレン, コブシ, タイサンボク
　フランスの植物学者マニョル (Pierre Magnol, 1638-1715) に由来。

malapropism マラプロピズム《言葉の滑稽な誤用で, 気取りすぎ語法の一つ》, 滑稽に誤用された言葉
　アイルランド生まれの英国の劇作家シェリダン (Richard Brinsley Sheridan, 1751-1816) 作の *The Rivals*:『恋敵』(1775年) に登場する言葉の誤用で有名な老婦人マラプロップ夫人 (Mrs. Malaprop) に由来。ちなみに, Malaprop はフランス語 mal à propos (場違いに) を暗示する。

Malpighian tubes【動物】マルピーギ管《昆虫類などの老廃物排出器官》
　発見者であるイタリアの解剖学者マルピーギ (Marcello Malpighi, 1628-94) に由来。

manil(l)a《フィリピン諸島の特産物》マニラ麻, マニラ紙, マニラ葉巻
　フィリピンの首都マニラ (Manila) に由来。

mansard roof マンサード屋根《下部が急傾斜で上部がゆるやかな二重勾配屋根》, フランス屋根

フランスの建築家マンサール（François Mansard, 1598-1666）に由来．

marcel マルセルウエーブ《コテで頭髪につけた波形ウェーブ，1920年代に流行》
この方法の考案者であるフランスの理容師グラトー（Marcel Grateau, 1852-1936）に由来．

martinet《規則・命令に絶対服従を要求する》厳格な人，訓練の厳しい人，やかまし屋
フランスのルイ14世の下で新方式の軍事訓練法を考案した将軍マルティネ（Jean Martinet（1672没）に由来．〈本編 month の項の March 参照〉

Marxist マルクス主義者
経済学者・社会主義者マルクス（Karl Marx, 1818-83）に由来．

maudlin* 涙もろい，感傷的な；泣き上戸
新約聖書に登場するマグダラ（Magdala）のマリアに由来．ラテン語 Magdalena（マグダラの）が古フランス語 Madelaine を経て中英語 Maudlin として借入された．

mausoleum* 壮大な墓，霊廟
紀元前4世紀の小アジア南西部のエーゲ海に面するカリア（Caria）の王マウソロス（Mausolus）の廟に由来．彼の廟は世界七不思議に数えられた．

maxim (gun) マキシム式速射機関銃
自動機関銃を発明した米国生まれの英国の技術者マキシム（Sir Hiram Stevens Maxim, 1840-1916）に由来．

mayonnaise マヨネーズ
地中海スペイン沖バレアレス諸島のメノルカ島の港町マオン（Mahon）に由来．このドレッシングをフランス語で sauce mahonnaise（マホンのソース）と呼んだ．

mazurka マズルカ《ポーランドの軽快な代表的民俗舞踊，その舞曲》
〈本 Appendix の末尾を参照〉

McIntosh (apple)【園芸】旭（あさひ）《カナダのオンタリオ州で発見された濃紅色のリンゴ》
リンゴ栽培者マッキントッシュ（John McIntosh, 1777年生まれ）に由来．

Melba toast メルバトースト《カリカリに焼いた薄いトースト》
オーストラリアのソプラノ歌手メルバ（Nellie Melba〔本名 Helen Porter Mitchell〕, 1861-1931）に由来．Melba はメルボルン（Melbourne）にちなむ舞台名である．彼女のファンたちはトースト，ソース，アイスクリーム（peach Melba）などにその名を冠した．

Mendelian【生物】メンデル〔の法則〕の；メンデルの法則の支持者
オーストリアの植物学者メンデル（Gregor Johann Mendel, 1822-84）に由来．

mentor* 良き指導者，良き師
ギリシア叙事詩『オデュッセイア』で，オデュッセウスがトロイ戦争出陣の折，息子テレマコスの教育を託した友人メントル（Mentor）に由来．

Mercator projection メルカトル図法《正角円筒図法．経線と緯線が直交する直線となる投影図法で，一般に航海用海図に用いられる》
フランドル生まれの地理学者メルカトル（Gerardus Mercator, 1512-94）に由来．

mercerize*《繊維を》マーセル加工する《強度・染色性・光沢をよくするための処理法》，シルケット加工する
英国の染色化学者マーサー（John Mercer, 1791-1866）に由来．彼は1850年にこの加工法の特許を得た．〈本編の soldier 参照〉

mercurial 水銀の，機知に富む，快活な
mercury 水銀
ローマ神話のメルクリウス（Mercury）《神々の使者，商売・旅・雄弁・窃盗の守護神》に由来．〈本編の hermetically 参照〉

meringue メレンゲ《泡立てた卵白に砂糖を混ぜたもの，それを軽く焼いた菓子》
ドイツの町メーリンゲン（Mehringen）に由来する言葉ではないかと考えられる．

mesmerism メスメリズム，催眠術
一種の暗示療法の道を開いたオーストリアの医者メスメル（Friedrich Anton Mesmer, 1734-1815）に由来．

mho モー《電気伝導率の単位．ohm を逆に綴ったもので，記号は Ω を逆さにしたもの》〈本 Appendix の ohm 参照〉

milliner* 婦人帽製造〔販売〕人
イタリアのミラノ（Milano）に由来．

mnemonic 記憶の，記憶術の；記憶を助けるもの
ギリシア語根 mna-（覚えている）から

派生した形容詞 mnenonikos（記憶にかかわる）が語源。名詞 mnemosyne（記憶）は擬人化されて，ギリシア神話の女神モネモシュネ（Mnemosyne）となり，ゼウスとの間にムーサイ（Mousai：ミューズの女神たち）を生んだ。

morphine【薬学】モルヒネ, モルフィン《アヘンの主成分》
　ローマ神話の眠りの神の息子の一人として，オヴィディウスが創作した夢の神モルフェウス（Morpheus）に由来。この神は人間の姿をとって夢の中に現れるのが特技だった。〈本編の remorse 参照〉

morris chair モリス式安楽いす《背の傾斜が調節できる》
　英国の詩人・美術工芸家・社会運動家モリス（William Morris, 1834-96）がデザインしたことにちなむ。

morris dance モリスダンス《英国の民俗舞踏の一種；くるぶし飾りや腕輪などに鈴を付けてロビン・フッドなどに扮した男性が踊る》〈本 Appendix の末尾を参照〉

Morse code モールス符号
　この符号を案出して，アメリカにおける実用化を推進した画家・発明家モース（Samuel Finley Breese Morse, 1791-1872）に由来。彼はモールス電信機も考案した。

negus ニーガス酒《ブドウ酒に湯, 砂糖, レモン, ナツメグなどを加えたもの》
　ジョージ3世（George III, 在位1760-1820）の時代にこのブドウ酒を考案した英国人ニーガス（Francis Negus, 1732没）大佐に由来。

nicotine* ニコチン
　1560年にタバコをポルトガルからフランスに紹介したとされる同国の外交官ニコ（Jean Nicot, 1530?-1600）に由来。

Nestor ネストル, 賢明な老人, 長老
　『イリアス』に語られるネストル（Nestor）に由来。彼はペロポネソス半島のピュロス（Pylos）の王で，温和で弁舌さわやかな老知将として描かれる。

Occam's razor オッカムのかみそり《節減の原理》
　英国のスコラ哲学者オッカム（William of Occam, 1285?-1349）に由来。議論の上で「必要なしに多くのものを定立してはならない」という規則。

odyssey 長期の放浪冒険旅行, 知的探求
トロイ戦争後10年間世界をさすらった英雄オデュッセウス（Odysseus）の旅を歌った『オデュセイア』（*Odysseia*, 英語"*Odyssey*"）に由来。

ogre 人食い鬼, 鬼のような恐ろしい人
　ローマ神話のオルクス（Orcus：死・冥界の神《ギリシア神話のハデス〔Hades〕に当たるとされる》）が語源で，イタリア語 Orco（悪鬼, 怪物）を経て orgo, ogro となり，フランス語 ogre を経て英語でも使われるようになった。ogre はシャルル・ペロー（Charles Perrault, 1628-1703）の『童話集』（1697年）で最初に用いられたとされている。

ohm オーム《電気抵抗の単位；記号 Ω》
　ドイツの物理学者オーム（Georg Simon Ohm, 1789-1854）に由来。彼は「導体を電流が流れる場合，その両端における電位差は電気抵抗と電流の大きさに比例する」という「オームの法則」を発見した。

Olympian オリュンポス山の, 天上の, オリュンポスの神々の
　ギリシアの神々の住まいと信じられていたオリュンポス（Olympus）山に由来。

panama (hat) パナマ帽
　この日よけ帽の材料の集荷場であった中央アメリカのパナマ（Panama）に由来。

panic* パニック, 恐怖, 恐慌
　ギリシアの自然神パン（Pan）《牧人と家畜の神で, 二本の角と下半身はヤギの姿をしている》に由来。ギリシア語 pan（すべての）と関係づけられることもある。〈本編の pan 参照〉

parchment* 羊皮紙, 卒業証明書
　書写用に羊皮紙が初めて使われたとされる小アジア北西部ミュシアの都市ペルガモン（Pergamum）に由来。

Parthian glance 別れの一瞥（べつ），**Parthian shot** 最後の一矢, 捨てぜりふ
　カスピ海の南東にあった古代王国パルティア（Parthia）に由来。この国の騎兵は退却の時，後ろ向きに矢を射る戦法をとった。

pasteurize《牛乳・ビールなどを》低温殺菌する
　低温殺菌法を提案したフランスの化学者・微生物学者パストゥール（Louis Pasteur, 1822-95）に由来。

peach* モモ

Persia（ペルシア）のラテン語形容詞 Persicum が語源。この果物はラテン語で Persicum malum とか Persicum pomum（ペルシアのリンゴ）と呼ばれた。

peeler〔古俗語〕警官，おまわり〈本 Appendix の bobby 参照〉

peony シャクヤク，ボタン
　古いギリシア神話に登場する神々の医者パイオン（Paion, Paian）から造られたギリシア語 paionia（パイオンの薬草，シャクヤク）が語源。パイオン（パイアン）は後にアポロンの尊称となった。シャクヤクは薬として使われた。〈本編の pawn 参照〉

percheron ペルシュロン
　フランス北部のノルマンディーに接するペルシュ地方（le Perche）に由来。ここで産する大型で力の強い輓馬（ばん）を Percheron と呼んだ。

philippic* 激しい非難演説
　アテネの弁論家デモステネス（Demosthenes, 384-322B.C.）が行ったマケドニアのフィリッポス（Philippus II, 在位 359-336B.C.）に対する 3 回にわたる非難演説（ギリシア語 Philippikos）に由来。

pinchbeck 金色銅，にせもの，安物
　ロンドンの時計・玩具職人ピンチベック（Christopher Pinchbeck, 1670?-1732）に由来。彼は銅と亜鉛の合金で黄金そっくりの金色銅を発明した。pinch- は at a pinch（危急の時に）を連想させ，人込みなどで貴顕（きけん）の人が金時計などの代わりに身に着けたところから pinchbeck という言葉が流行した。

Platonic* プラトン哲学の，純精神的な，友愛的な
　古代ギリシアの哲学者プラトン（Plato, 427-347B.C.）に由来。

Plimsoll line〔mark〕【海事】プリムソル標，満載喫水線
　商船の航行の安全のために積載制限を課する「商船海運法」（1876年）の成立に尽力した英国の政治家プリムソル（Samuel Plimsoll, 1824-98）に由来。

poinsettia ポインセチア
　アメリカの初代駐メキシコ大使でサウス・カロライナ出身のポインセット（Joel Roberts Poinsett, 1779-1851）に由来。この花木は彼がメキシコから持ち帰った。

polka ポルカ

polonaise ポロネーズ
　〈本 Appendix の末尾を参照〉

pompadour ポンパドール
　フランス国王ルイ15世の愛妾ポンパドール夫人（La Marquise de Pompadour, 1721-64）に由来。彼女が好んだファッションを真似た髪型，ドレス，家具などにこの名前が冠せられた。例えば，女性の場合は前髪を高くなで上げ，男性の場合はオールバック（リーゼントスタイル）にするのが特徴であった。

praline プラリネ《アーモンドやクルミなどを入れた砂糖菓子》，チョコレートキャンデー
　フランスの元帥デュ・プレシ＝プララン（Marshall César du Plessis-Praslin, 1598-1675）に由来。彼の料理人が考案したことからこの名がつけられた。

Prince Albert フロックコート，長いダブルのコート
　ヴィクトリア女王の夫アルバート公（Prince Albert, 1819-61）が愛用し，流行させたコートに由来。

procrustean* 杓子定規な，無理に画一化する
　ギリシア神話の巨人プロクルステス（Procrustes）に由来。

protean 変幻自在な，多方面な能力のある，予測ができない
　ギリシア・ローマ神話のネプチューンの従者プロテウス（Proteus）に由来。彼は「海の老人」を呼ばれ，予言の力を持っていたがそれを使うことを拒否して，厄介な質問を避けるためにいろいろと姿を変えた。『アラビアン・ナイト』には，船乗りシンドバッドの背中に何日もしがみついて彼をこき使った「海の老人」が登場する。〈本編の remorse 参照〉

prussic (acid) 青酸，シアン化水素酸
　prussic は Prussia（プロシア）のフランス語形容詞 prussique が語源である。1704年にベルリン（当時プロシアの首都）で合成された顔料はフランス語で bleu de Prusse（英語 Prussian blue：紺青）と呼ばれ，これから分離された青酸はフランス語で acide prussique, 英語で prussic acid と呼ばれた。

Ptolemaic system【天文】プトレマイオス体系《天動説》
　2世紀のアレクサンドリアの天文学者・数学者・地理学者プトレマイオス (Claudius Ptolemaeus) に由来。彼は130年ごろ天体の運動の相互関係を天動説により説明した。この説はコペルニクス (Nicolaus Copernicus, 1473-1543), ケプラー (Johannes Kepler, 1571-1630) の時代まで受け容れられていた。地動説を Copernican system という。

Pullman プルマン式車両
　米国の発明家・実業家プルマン (George Mortimer Pullman, 1831-97) に由来。彼は鉄道車両に改良を加えて寝台車や食堂車などを開発した。

pyrrhic* victory ピュロスの勝利, 大き過ぎる犠牲を払って得た勝利
　古代ギリシア北西部, イオニア海に接する地域エペイロスの王ピュロス (Pyrrhus, 318-272B.C.) に由来。彼はイタリア南東部プーリアのアスクルム (Asculum) でローマ軍を破ったが, 多大な損失を被った。その時,「もう一度このような勝利を得れば, われわれは敗者だ」(One more such victory and we are lost!) と言った。

pyrrhonism【哲学】ピュロニズム, 極端な懐疑説
　懐疑主義の祖とされる古代ギリシアの哲学者ピュロン (Pyrrhon, 360?-270?B.C.) に由来。彼は, 一切の判断を中止し, 心の平静を保つべきであるとする懐疑論を唱えた。

quisling* 裏切り者, 売国奴
　ノルウェーの軍人クウィスリング (Vidkun Quisling, 1887-1945) に由来。彼は1939年にヒトラーと会見し, 1940年春のナチス・ドイツのノルウェー進攻の日に歓迎放送を行い, 傀儡(かいらい)政権を樹立した。

quixotic* ドンキホーテ的な, 空想的な
　セルバンテス (Miguel de Cervantes Saavedra, 1547-1616) の *Don Quixote*:『ドン・キホーテ』(1605年) に登場する主人公に由来。

raglan ラグランコート
　クリミア戦争時の英国の元帥ラグラン卿 (Fitzroy James Henry Somerset, 1st Baron Raglan, 1788-1855) に由来。彼は兵士たちのために肩と袖が縫い目なしに続くラグラン袖を考案した。コレラで死亡。

rhinestone* ライン石, ガラス製の模造ダイヤ
　ライン川 (the Rhine) に由来。フランス語 caillou de Rhin (ライン川の小石) からの翻訳借入語。

rodomontade 大言壮語
　イタリアの詩人ボイアルド (Matteo Maria Boiardo, 1441?-94) の "Orlando Innamorato":「恋せるオルランド」(1487年) およびアリオスト (Ludovico Ariosto, 1474-1533) の "Orlando Furioso":「怒れるオルランド」(1516年) に登場するアルジェリアのサラセンの勇士ロドモント (Rodomonte) に由来。彼は大言壮語の自慢屋である。

Roentgen ray X線
　ドイツの物理学者でX線の発見者レントゲン (Wilhelm Konrad Roentgen, 1845-1923) に由来。

roquefort ロクフォール《羊乳で作った香りの強い青かびチーズ》
　このチーズの産地, 南西フランスのロクフォール (Roquefort) に由来。

Rosetta Stone ロゼッタ石, 秘密を解く鍵
　ナイル川河口の町ロゼッタ (Rosetta) に由来。ナポレオンのエジプト遠征の時, 1799年にロゼッタ付近で発見された石碑片で, 表面には同文のエジプト神聖文字, 民衆文字, ギリシア文字が刻まれており, 古代エジプト文字解読の端緒となった。〈本編の hieroglyphics 参照〉

Rosicrucian バラ十字団《17世紀初頭ドイツに起こったオカルト的教義を信奉した精神運動, およびその秘密結社の会員》
　伝説上の創設者, 15世紀のドイツ人ローゼンクロイツ (Christian Rosenkreuz) に由来。この語は, 彼の姓の Rosen (バラ) と Kreuz (十字架) をラテン語に訳した rosa crucis (十字のバラ) から造られた。

Salic (law)【歴史】サリカ法典, サリカ法《女子の土地相続権を否認するフランク王国の法。後にフランス王国で女子の王位継承権を否認する法の根拠となった》
　ネーデルランド地方に進出したフランク・サリ支族に由来。その地方のサラ (Sala; 今のイッセル〔Yssel〕) 川にちなんで彼らはラテン語で Salii と呼ばれた。その形容詞が Salicus で, 彼らのラテン語

で記された法を Lex Salica と呼んだ。
Sally Lunn サリーラン《焼き立てにバターをつけて食べる茶菓子の一種》
　18世紀にイングランドの温泉保養地バース（Bath）でこの種の菓子を呼び売りしていた女性 Sally Lunn に由来するとされる。
Samaritan 憐れみ深い，親切な；困っている人に親切な人
　新約聖書『ルカ福音書』（10:30-37）で語られるイエスの例え話に登場するサマリア人（Samaritan）に由来。このサマリア人だけが，追いはぎに半殺しにされたユダヤの旅人を助ける。
sandwich* サンドイッチ
　第4代サンドイッチ伯爵（John Montagu, Earl of Sandwich, 1718-92）に由来。
sardine イワシ，紅玉髄
　この魚が大量に獲れたとされるサルディニア（Sardinia）に由来とする説がある。一方，sardine（紅玉髄）はリュディアの首都サルデス（Sardes）が由来とする説が有力であるが，サルディニア島由来説もある。
sardonic 冷笑的な
　サルディニア島の植物（herba Sardonica）に由来。〈本編の sardonic 参照〉
sardonyx サードニックス，紅縞（あかしま）瑪瑙（めのう）
　サルディニア（Sardinia：ギリシア語 Sardo）島に由来。〈本編の carnelian 参照〉
satire* 諷刺，風刺作品，皮肉
　ギリシア神話で，ヤギの足と馬の尾を持つ半神半人サチュロス（Satyr）に関連づける説があった。〈本編の satisfy 参照〉
saxophone* サクソフォーン
　この管楽器を考案したベルギーの楽器製作者サックス（Antoine Joseph Sax, 1814-94）に由来。
Scrooge 守銭奴
　欲深い意地悪な老人は，いつも人にいろいろと「不快なこと」（screws）を押しつけるものである。ディケンズ（Charles Dickens, 1812-70）は，フランスのバルザック（Honoré de Balzac, 1799-1850）と同じように，実際に出くわした風変わりな名前を書きとめておき，自分の物語にピッタリするものを用いて，人物造型を行った。彼の *Christmas Carol*：『クリスマス・キャロル』（1843年）におけるスクルージ（Scrooge）は screws を連想させる老人である。彼は賢明な同僚の亡霊に導かれて改心する。
Seidlitz セドリッツ，緩下剤
　緩下剤的薬効のある鉱泉水が湧くボヘミアのセドリッツ（Seidlitz）村に由来。その鉱泉水を Seidlitz water（セドリッツ水），同様の成分を持ち，水に溶かして発泡させて服用する粉薬を *Seidlitz* powder（セドリッツ散）と言う。
sequoia* セコイア《米国西部産のスギ科の常緑高木》
　アメリカ・インディアンのチェロキー族の学者セコイア（Sequoya〔Sequoyah, Sequoia〕, 1770?-1843）に由来。
shanghai《酒，麻薬，暴力などで》意識を失わせ船に無理やり連れ込んで水夫にする，誘拐する
　中国の港湾都市上海（Shanghai）に由来。
Sheraton《簡素で優美な》シェラトン式の〔家具〕
　英国の家具デザイナー，シェラトン（Thomas Sheraton, 1751-1806）に由来。
shrapnel 榴散（りゅうさん）弾，爆弾の破片
　1784年にこの榴散弾を発明した英国の大尉シュラプネル（Henry Shrapnel, 1761-1842）に由来。半島戦争（1808-1814）中にナポレオン軍に対して使用された。
silhouette* シルエット，影絵
　18世紀中期のフランスの政治家ド・シルエット（Étienne de Silhouette, 1709-67）に由来。
simony* 聖職売買〔罪〕
　新約聖書『使徒行伝』（8:18）で，聖霊の力を金で買い取ろうとしたサマリアの魔術師シモン（Simon）にちなむ。
sisyphean* シシュポスの，無駄骨折の
　ギリシア神話でコリントスを創建した狡猾なシシュポス（Sisyphus）王に由来。〈本編の atlas 参照〉
socratic ソクラテス哲学の，ソクラテス式の
　プラトンの対話篇によって伝えられるアテネの哲学者ソクラテス（Socrates, 470/469-399B.C.）に由来。〈本編の braggado-

chio 参照〉

solecism* 文法違反，無作法，不適切
　　小アジアの南東部キリキアに建てられたアテネの植民市ソロイ（Soloi）に由来。ここでは俗アッティカ方言が話された。

spaniel スパニエル犬，こびへつらう人
　　この種類の犬の原産地スペイン（フランス語 Espagne）に由来。古フランス語 espagneul（スペインの〔犬〕）より借入。

Spencer スペンサー《18世紀後半から19世紀初期の短い外套，襟つきのボレロ風女性用上着》
　　ジョージ 3 世（George III, 在位1760-1820）治世のスペンサー伯（2nd Earl Spencer, 1758-1834）に由来。

spinach ホウレンソウ
　　スペイン（Hispania：ヒスパニア）に由来。語源はラテン語 hispanicum olus（スペインのハーブ）で，Spanish（スペインの）と二重語である。ホウレンソウを食べると怪力を得る漫画の主人公ポパイ（Popeye）は船乗りとしてきっとカリブ海（Spanish Main）を航海したのであろう。しかし，ホウレンソウの種子の形から，spinach はラテン語 spina（《植物の》トゲ，トゲのような突起，背骨）が語源であるとする説がある。この場合，英語 spine（脊椎）や spinal（トゲの，脊柱の）と同語源である。spineless person（背骨のない人）は比喩的に「決断力のない人」という意味である。

spruce 小ぎれいな，着こなしのよい，しゃれた
　　プロシア（Prussia——異形 Spruce, Pruce——）に由来。この語は古くはプロシア風のしゃれた皮製の服（Spruce leather）を指し，そのような服装の人を形容する言葉としても使われた。

Stalinism スターリン主義
　　ソヴィエト政権を樹立したレーニンの後継者スターリン（Joseph Stalin, 1879-1953）に由来。

stentorian* 大声の，大音響を発する
　　『イリアス』に登場する50人に匹敵する声を持つ伝令ステントール（Stentor）に由来。

Steve Brodie スティーヴ・ブロディ，投身自殺
　　ニューヨークのブルックリン橋（Brooklyn Bridge）からイースト・リヴァー（East river）に飛び込んだが無傷だったとウソをついた19世紀末の新聞売りのブロディ（Steve Brodie）という少年に由来。"do a Brodie" は「失敗する，飛び降り自殺をする」という意味である。

sybarite シュバリス人，快楽主義者；贅沢な
　　イタリア南部にあった古代ギリシアの都市シュバリス（Sybaris）に由来。ここの住民は贅沢と柔弱で知られていた。

tabasco【商標】タバスコ〔ソース〕
　　メキシコ南東部の州タバスコ（Tabasco）に由来。

tangerine タンジェリン・オレンジ，ミカン色
　　モロッコ北部，ジブラルタル海峡に臨む港町タンジール（Tangier）に由来。この地方はこの種のミカンの原産地である。

tarantella タランテラ《南イタリアの活発な踊り，その舞曲》
　　tarantula タランチュラ《毒グモ：咬まれると舞踏病になると信じられていた》
　　イタリア南東部の港湾都市タラント（Taranto）に由来。〈本 Appendix の末尾を参照〉

thrasonical 自慢する，ほらを吹く
　　古代ローマの劇作家テレンティウス（Terentius, 193/183-159B.C.）の喜劇 *The Eunuch*：『宦官』（紀元前161年）に登場するほら吹きトラソ（Thraso）に由来。ギリシア語 thrasys（大胆な，向こう見ずな）から造られた名前。

timothy【植物】オオアワガエリ《イネ科の多年生牧草》
　　18世紀の米国のハンソン（Timothy Hanson）という名の農夫に由来。彼がこの良質の牧草を1720年ごろにニューヨークからカロライナへ移入したとされる。

titanic 巨大な，【化学】チタンの
　　ギリシア神話で，ゼウス神たちが戦った先住のティタン（Titan）神族に由来。〈本編の atlas 参照〉

tobacco タバコ
　　西インド諸島のアンティル諸島のタバゴ（Tabago）島にちなむとの説がある。〈本編の nicotine 参照〉

Trotskyite トロツキー主義者，トロツキスト

レーニンの信奉者で，世界革命を主唱したリーダーのトロツキー（Leon Trotsky, 1879-1940）に由来。

trudgen【水泳】トラジェン・ストローク《クロールの手の動きと平泳ぎの足を組み合わせた泳法》
この泳法を開発したと言われる英国の水泳選手トラジェン（John Trudgen, 1852-1902）に由来。オーストラリアン・クロール（現在のクロール泳法）が広がるまで競泳において主流であった。

Vandyke* ヴァンダイク風の；ヴァンダイク襟（*Vandyke* collar），ヴァンダイク髭（*Vandyke* beard）
英国王チャールズ1世の宮廷画家だったフランドル出身のヴァンダイク（Sir Anthony Van Dyck, 1599-1641）に由来。

vaudeville* ボードビル，寄席演芸，軽喜劇
ノルマンディー地方のヴィル渓谷（Vaux de Vire）に由来するとする説がある。この渓谷を題材にして作曲された風刺的俗謡があった。

venery 情欲にふけること，性交
ローマ神話の愛の女神ヴィーナス（Venus）に由来。〈本 Appendix の aphrodisiac, 本編の win 参照〉

Victoria* ヴィクトリア《二頭立て四輪馬車，幌つきの後部座席がある馬車》
大英帝国の最初の女帝ヴィクトリア女王（Queen Victoria, 在位 1837-1901）に由来。

volcano 火山
ローマ神話の鍛冶の神でウェヌス（ヴィーナス：Venus）の夫であるウルカヌス（ヴァルカン：Vulcan）に由来。〈本編の vocano 参照〉

volt ボルト《電位の実用単位：記号V》
イタリアの物理学者ヴォルタ（Alessandro Volta, 1745-1827）に由来。

vulcanize 加硫する，《ゴムタイヤなどを》修理する
ローマ神話の鍛冶の神ウルカヌス（Vulcanus）に由来。〈本編の volcano 参照〉

watt ワット《仕事率あるいは電力の単位：記号W》
スコットランドの発明家で蒸気機関を改良したワット（James Watt, 1736-1819）に由来。

Wedgwood ware ウエッジウッド陶器
英国の陶芸家・実業家ウエッジウッド（Josiah Wedgwood, 1730-95）に由来。

Wellington (boot) ウェリントン〔ブーツ〕《前面が膝上までのブーツ，膝までのゴム長靴》
ウェリントン公爵（Arthur Wellesley, 1st Duke of Wellington, 1769-1852）に由来。同公爵はナポレオン1世を破り，後に英国首相（在位1828-30）を務めた。

Winchester rifle【商標】ウインチェスター銃《連発式ライフル銃》
米国の銃製造者ウィンチェスター（Oliver F. Winchester, 1810-80）に由来。

wulfenite ウルフェナイト，黄鉛鉱
オーストリアの鉱物学者ウルフェン（F. X. von Wulfen, 1728-1805）に由来。

Xant(h)ippe クサンティッペ，がみがみ女，悪妻
ソクラテス（469-399 B.C.）の妻クサンティッペ（Xanthippe）に由来。

Zeppelin ツェッペリン飛行船，飛行船
この硬式飛行船の考案者であるドイツの将軍ツェッペリン（Ferdinand von Zeppelin, 1838-1917）に由来。〈本編の blimp 参照〉

ダンスはしばしばそのダンスの発祥の地の地名で呼ばれる。morris dance はムーア人（Moorish）にちなむ言葉であり，mazurka（マズルカ）はポーランドの「マズルカ地方の女性」を意味した。ポルカ（polka）やそのフランス語形ポロネーズ（Polonaise）は「ポーランドの女性」という意味である。
tarantella（タランテラ〔tarantula〕）はイタリア南東部の港湾都市タラント（Taranto）に由来。gavotte（ガヴォット《快活なフランス舞踊；その4/4拍子の舞曲》はプロヴァンス語 gavotte が語源であるが，これはフランスの南東部の町ガプ（Gap）にちなむ Gapotte（ガプの踊り）から変化したと考えられる。bergamask（ベルガモ風ダンス）はベルガモ（Bergamo：ベニスの支配下にあった町）起源の田舎風舞踊である。

植物学，生理学，医学などの科学分野においては物や作業（手術など）を表すの

に，発見したり記述した人の名前を使うことが多い。例えば Eustachian tube（エウスタキ管，耳管）や Eustachian valve（エウスタキオ弁，下大静脈弁）は，初めてこれらを記述したイタリアの解剖学者エウスタキオ（Bartolommeo Eustachio, 1520/24-74）にちなむ言葉である。

Appendix VII　人名の語源と意味

*語源について異説や異なった解釈がある場合，また，名前の由来について特に記すべきことがある場合は《　》内に付記した。英語の個人名の起源の言名名を（　）内に示した。《ヨーロッパ人の名前の語源・由来についてより詳しくは梅田修著『ヨーロッパ人名語源事典』（大修館書店）を参照されたい。》

　もともと名前の多くは場所を表すものだった。それらは「…に住んでいる，…の近くにいる人」と解釈できる。例えば，Bradley は「広い草地（のそば）に住んでいる人」を指した。《英米人の氏名は一般にフランクリン・デラノ・ルーズベルト（Franklin Delano Roosevelt）のように三つの名前からなる。そして，最初の名前（個人名）を forename, first name, あるいは Christian name あるいは given name と呼び，二番目の名前を middle name（ミドルネーム），三番目の名前（姓）を surname, last name, あるいは family name と呼ぶ。》

　今日では姓（家族名）が個人名となることが多い。それは特に母親の姓を長男に与えるという慣習によるものである。この場合，母親の姓がファーストネームとして与えられる場合もあれば，ミドルネームとして与えられ，後にファーストネームを使わずに，これを個人名とする場合もある。例えば Mary Addison という名の女性が Henry Jones という男性と結婚した場合，彼らの息子は Addison Jones と名づけられることがある。姓が個人名となった例として，アメリカの俳優バージェス・メレディス（〔Oliver〕Burgess Meredith, 1907-97），映画監督ナナリー・ジョンソン（Nunnally〔Hunter〕Johnson, 1897-1977），詩人ロビンソン・ジェファーズ（〔John〕Robinson Jeffers, 1887-1962），英国の劇作家バーナード・ショー（〔George〕Bernard Shaw, 1856-1950）などがある。英国の政治家チャーチル（Winston〔Leonard Spencer〕Churchill, 1874-1965）とアメリカの小説家チャーチル（Winston Churchill, 1871-1947）とを混同してはならない。

　女性名よりは男性名の方が，一般的な個人名は多い。これに対して女性名は男性名よりもはるかに自由に作りだされ，特に女優やモデルにあやかって新味のある名前が選ばれる傾向がある。そしてこのような傾向の好みから，次の三つに分類される女性名が生まれてきた。

　1）一般によく使われる名前からの変化形：
　　Paula：Paulette, Paulie, Paulina, Pauline, Pola, Polie, Polyna
　　Lilian：Lilias
　　Charlotte：Charlie, Charlcie, Charlice, Sharleen, Sharline
　　Mary：Mari

2）名前以外の起源：Alpha（アルファ，第一の者），Candy（お菓子），Sable（クロテン），Ginger（ショウガ）

3）創造的に作られた名前（数霊術などの影響によるものなど）：
Cyprienne（【数霊術】独立性，財力，友好；ラテン語起源で意味は，ヴィーナスの誕生地「キプロス島の」），Soba（【数霊術】開拓精神，知恵，活発；アラビア語起源で「シバの女王」），Aza（【数霊術】独創性，平和，自信；アラビア語起源で「慰め」），Malka（【数霊術】協調，調和，高貴；ヘブライ語起源で「女王」）

もちろん，今日ほとんどの名前は家族の伝統にしたがって選ばれたり，音調がいいとか，その他の理由で選ばれたりすることがあり，原義に関係なしに選ばれることが多い。

［男性名］

Aaron（ヘブライ語）高められた者
Abbott（ヘブライ語）父
Abdallah（ペルシア語）（アラビア語 Abdullah）神の子《または「神の下僕」》
Abelard（ゲルマン語）高貴な＋大胆な
Abiah, Abijah（ヘブライ語）神は父なり
Abner（ヘブライ語）わが父は光なり
Abraham（ヘブライ語）大勢の父
Abram（ヘブライ語）Abraham の短縮形
Absalom（ヘブライ語）父は平和なり，平和の父
Achilles（ギリシア語）寡黙な，勇敢な
Ackley, Ackerley（ゲルマン語）オーク＋草地
Adair（ケルト語）オークのそばの渡し
Adalbert（ゲルマン語）高貴な輝き
Adam（ヘブライ語）男
Addison（ヘブライ語＋ゲルマン語）アダムの子
Adelbert（ゲルマン語）Adalbert の変化形
Adelmo（ゲルマン語）より高貴な
Adelpho（ギリシア語）兄弟
Adolf, Adolfo, Adolph（ゲルマン語）高貴なオオカミ
Adon（ヘブライ語）主
Aeneas（ギリシア語）称賛に値する
Agar（ヘブライ語）よそ者
Ahern（ケルト語）馬の主

Aidan（ラテン語）援助者《または（ケルト語）火》
Ainsley, Ainslie（ケルト語）自分自身の草地
Alain, Alan（ケルト語）迅速な《または「岩」》〈Allan 参照〉
Alaric（ゲルマン語）支配者
Alastair（ギリシア語）人々の守護者〈Alexander 参照〉
Albert（ゲルマン語）Adalbert の短縮形
Albin（ラテン語）白い，美しい
Albion（ラテン語，ケルト語）白い崖
Alcott（ゲルマン語）古い小屋
Alden（ゲルマン語）古い町《または「なつかしい友」》
Aldo（ゲルマン語）経験豊かな
Alexander（ギリシア語）人々の守護者
Alexis（ギリシア語）Alexius（守護者）の変化形，または Alexander の短縮形
Alfonso Alphonse のイタリア語形
Alfred（ゲルマン語）エルフの王
Algernon（ケルト語）あごひげをはやした
Allain, Allan, Allen（ラテン語形 Allanus）岩〈Alain 参照〉
Allison（ゲルマン語）神聖な名声《または「高貴な息子」》
Alonso Alphonse の変化形
Aloysius（ゲルマン語）高名な戦士（Louis

のラテン語形)

Alepheus（ヘブライ語）後継者
Alphonse（ゲルマン語）戦闘に敏捷な
Alpin（ラテン語）白い〈Albin 参照〉
Altair（アラビア語）飛翔する鷲
Alton（ゲルマン語）古い村
Alva, Alvah（ラテン語）白い〈Albin 参照〉
Alvin（ゲルマン語）高貴な友《または「エルフの友」》
Amadeus（ラテン語）神を愛する人《または「神に愛された人」》
Ambler（ラテン語）穏やかな
Ambrose（ギリシア語）不死の
Amiel（ヘブライ語）主に献身する《または「わが民の神」》
Amos（ヘブライ語）重荷を担う者
Anastasius（ギリシア語）復活する者
Anatole（ギリシア語）日の出
Andre Andrew のフランス語形
Andrew（ギリシア語）男らしい
Angelo（ギリシア語）天使の；使者
Angus（ケルト語）非常に徳がある《または「選ばれた者」》
Anselm（ゲルマン語）神の戦士《または「神の兜」》
Anson（ゲルマン語）神の子
Anthony（ラテン語）花開く
Anton, Antonio Anthony の変化形
Archibald（ゲルマン語）非常に勇敢な
Arend, Arent（ゲルマン語）鷲の力
Argyle（ケルト語）白い粘土《または「アイルランド人の地」》
Ariel（ヘブライ語）神のライオン《または（ラテン語）空気の》
Aristide, Aristides（ギリシア語）最高者の子
Arkwright（ゲルマン語）箱大工
Armand（ゲルマン語）軍勢の指導者
Armin（ゲルマン語）戦士《Herman のラテン語形 Arminus の変化形》
Armitage（ゲルマン語）休戦《または（ギリシア語）Hermitage 隠者のいおり》

Armour（ラテン語）武器，甲冑
Armstrong（ゲルマン語）強い腕をした
Arno（ゲルマン語）鷲
Arnold（ゲルマン語）鷲の強さ
Arthur（ゲルマン語）トールの鷲《または（ケルト語起源のラテン語形 Artorius）クマ》
Arvad（ヘブライ語）治癒者《または「異郷生活者」》
Asher（ヘブライ語）幸運な，幸福な
Ashley（ゲルマン語）トネリコの草地
Athanasius（ギリシア語）不死の
Athol（ゲルマン語）高い生まれの《または（ケルト語）新しいアイルランド》
Atwater（ゲルマン語）川のそばの
Atwell（ゲルマン語）泉のそばの
Atwood（ゲルマン語）森のそばの
Aubrey（ゲルマン語）金髪の指導者《または「エルフの王」》
August, Augustine, Augustus（ラテン語）皇帝の，偉大な
Austin Augustine の短縮形
Averil, Averill, Avery（ゲルマン語）勇敢な，イノシシの戦い《イノシシは野牛と同じように恐れられていた》
Axel（ゲルマン語）天の褒美，《または「聖なる興奮状態」》
Aylmer（ゲルマン語）高貴な名声
Aylwin（ゲルマン語）高貴な友

Bailey（ケルト語）《法の》執行吏，土地管理人
Bainbridge（ケルト語＋ゲルマン語）短い橋《または「白い橋」》
Baldwin（ゲルマン語）王の友《または「勇敢な友」》
Balfour（ケルト語）牧草地
Bannin（ゲルマン語）布告する
Bannis（ギリシア語）ザクロ
Barbour（ゲルマン語）理髪師
Barclay Berkeley の変化形
Barnaba, Barnaby（ヘブライ語）慰めの子

Barnard（ゲルマン語）勇敢な熊
Barry Henry の変化形か（ケルト語）首尾のよい試み《または「金髪の」》
Barrymore（ケルト語）舞台芸人家族にちなむ名
Bartholomew（ヘブライ語）耕地生まれの
Barton（ゲルマン語）屋敷《〔原義〕大麦農地（barley＋-ton》》
Baruch（ヘブライ語）祝福された
Basil（ギリシア語）王の
Baxter（ゲルマン語）パン屋
Bayard（ゲルマン語）賢明な，大胆な《または（ゲルマン語）赤褐色の》
Beauford（フランス語）美しく強い
Beaumont（フランス語）美しい丘
Beauregard（フランス語）美しい光景
Bellamy（ラテン語）美しい友
Belmont（ラテン語）美しい丘
Ben（ヘブライ語）息子，（ケルト語）峰
Benedict（ラテン語）祝福された
Benjamin（ヘブライ語）右手の子（寵児）
Benito Benedict のイタリア語形
Berkeley（ゲルマン語）樺の森
Bertley（ゲルマン語）曲がりくねった草地《または（ゲルマン語）Berkeley の変化形》
Benvenuto（ラテン語）歓迎
Bernard Barnard の変化形
Berthold（ゲルマン語）聡明にして大胆な
Bertram（ゲルマン語）聡明な渡りガラス
Bertrand Bertram のフランス語形
Beverly（ゲルマン語）ビーバーのいる草地
Bevis（ゲルマン語）弓
Bill William の短縮形
Bion（ギリシア語）生き生きした
Bishop（ゲルマン語）監督者
Bjorn（ゲルマン語）クマ
Blair（ゲルマン語）戦士《または「平地」》
Blake（ゲルマン語）色黒の
Blakely（ゲルマン語）荒涼とした草地
Boaz（ヘブライ語）速い，強い
Bob Robert の短縮形
Boniface（ラテン語）幸運な
Booth（ゲルマン語）小屋，家

Boris（ロシア語）戦い
Bosworth（ゲルマン語）酪農場，囲われた農場
Boyd（ケルト語）金髪
Bradfield（ゲルマン語）広い畑
Bradley（ゲルマン語）広い草地
Bradshow（ゲルマン語）広い茂み
Bradstreet（ゲルマン語）広い道
Brendan（ゲルマン語）燃え上がる《または（ケルト語）王》
Bret, Brett（ゲルマン語）ブレトン人
Brian（ケルト語）強い《または「高い，高貴な」》
Brigham（ゲルマン語）橋のそばの町
Brock（ゲルマン語）タヌキのような
Broderick（ゲルマン語）王の天罰《または「高名な力」》
Brook, Brooks（ゲルマン語）小川
Bruce（ケルト語）支配者
Bruno（ゲルマン語）黒い，褐色の
Bryant Brian の変化形
Bud Brother の短縮形
Buck Huck, Hank, Henry の変化形《または（ゲルマン語）樺の地》
Burgess（ゲルマン語）自由人《〔原義〕城塞都市の住人》
Byron（ゲルマン語）見通しが明るい《または（ゲルマン語）牛小屋》
Burke（ゲルマン語）要塞

Cadwallader（ケルト語）戦略家
Caesar（ラテン語）支配者，毛深い
Caleb（ヘブライ語）犬のように忠実な
Calvin（ラテン語）頭の禿げた《宗教改革者カルヴァンにあやかる名前》
Cameron（ケルト語）曲がった鼻
Campbell（ケルト語）曲がった口
Canute Knut の変化形
Carew（ケルト語）城の堀《または「要塞の丘」》
Carl（ゲルマン語）男らしい
Carleton（ゲルマン語）田舎町
Carlisle, Carlyle（ケルト語）田舎の塔

Carrol, Carroll　Carl の変化形
Carter　(ケルト語) 運転手, 運搬人, 車大工
Carvel　(ゲルマン語) 歌《または「沼地の」》
Carver　(ゲルマン語) 彫刻家
Cary　(ゲルマン語) クルミ《または「大工」》
Casey　(ケルト語) 勇敢な《または「用心深い」》
Casimir　(スラヴ語) 平和王
Caspar, Casper　(ペルシア語) 騎士, 宝物保管係
Cecil　(ラテン語) 盲目
Cedric　(ゲルマン語) 将軍《または (ケルト語) いとしい》
Chad　Chadwick の短縮形
Chadwick　(ゲルマン語) 村の港
Chalmers　(ゲルマン語) 執事
Chandler　(ゲルマン語) ロウソク製造者
Champion　(ラテン語) 戦場における勝者
Charles　(ゲルマン語) 強い, 男らしい
Chauncey　(ゲルマン語) 大法官
Chester　(ラテン語) 野営地, 城砦
Christian　(ギリシア語) キリストの信奉者
Christopher　(ギリシア語) キリストを運ぶ者
Cicero　(ラテン語) エンドウ豆農夫
Clare, Clarence　(ラテン語) 高名な
Clark　(ゲルマン語) 学者《語源は (ギリシア語) 学僧》
Claude, Claudius　(ラテン語) 足の不自由な
Claus　(ギリシア語) 勝利の民
Clayton　(ゲルマン語) 粘土村
Clement　(ラテン語) 慈悲深い
Clifford　(ゲルマン語) 崖にある渡し
Clinton　(ゲルマン語) 丘の町
Clive　(ゲルマン語) 崖
Clyde　(ギリシア語) 強い
Colby　(ゲルマン語) 炭鉱の近く《炭鉱の町》
Cole　(ゲルマン語) (coalman：坑夫) の短縮形

Colin　(ギリシア語) 勝利《または (ケルト語) 若者, または Nicholas の短縮形》
Conan, Conant　(ケルト語) 知恵《または (ヘブライ語) Cohen (長老, 司祭) の変化形か》
Conrad　(ゲルマン語) 賢明な指導者
Constant, Constantine　(ラテン語) 不動の
Conway　(ケルト語) 賢明な《または「神聖な川」》
Cooper　(ゲルマン語) 樽屋
Corbet, Corbin　(ラテン語) ワタリガラス
Cordell　(ラテン語) ロープ屋
Corey　(ゲルマン語) 選ばれた
Corliss　(ゲルマン語) 善意のある　近年はアメリカの発明者にちなむ
Cornelius　(ラテン語) 冠をかぶった《ラテン語 cornu (角) から派生》
Cosmo　(ギリシア語) 秩序正しい
Cowan　(ゲルマン語) 石工《または (ケルト語) Cumming (曲がった) の変形か》
Craig　(ケルト語) 険しい岩山
Crispin　(ラテン語) 縮れ毛の
Cuthbert　(ゲルマン語) 高名な＋輝かしい
Cyrano　(ラテン語) 戦士《または「北アフリカのギリシアの植民地 Cyrene 出身の」》
Cyriack　(ギリシア語) 主のような
Cyril　(ゲルマン語) 輝き《または (ギリシア語) 主のような》
Cyrus　(ペルシア語) 太陽, 主

Dagovert　(ゲルマン語) 帯刀者, 輝かしい太陽
Dale　(ゲルマン語) 谷
Damon　(ギリシア語) 征服者
Daniel　(ヘブライ語) 神はわが裁き手
Darius　(ペルシア語) 支配者
Darwin　(ゲルマン語) 勇敢な友, 親愛なる友
Daryl　(ゲルマン語) 愛しい子
David　(ヘブライ語) 愛された, 開かれた
Dean　(ラテン語) Deacon (【カトリック】助祭) の短縮形《または (ゲルマン語) 谷》

Delmar（ラテン語）海の《（スペイン語）del mar》
Demetrius（ギリシア語）地の女神 Demeter に捧げられた《（ギリシア語 Demeter：de（地）＋meter（母）》
Denis, Dennis, Denys Dion のフランス語形
Derrick（ゲルマン語）支配者，民の力
Desmond（ラテン語）世界の強者
Devereux（フランス語）義務に忠実な《または「フランスの町 Evreux 出身の」》
Dewey（ラテン語）露のような《または（ケルト語）Dewi（ウェールズの海の神）》（通例，米西戦争のマニラの戦闘〔1898年〕で活躍したデューイ提督〔Admiral Dewey〕にちなむものと考えられている）
Dexter（ラテン語）右手；才気がある
Diccon, Dick Richard の短縮形
Dietrich（ゲルマン語）支配者《軍勢の指導者》
Dion（ギリシア語）Dionysus（歓楽の神ディオニュソス）の短縮形
Dominic, Dominick（ラテン語）主のもの，日曜日
Donald（ケルト語）誇り高い首領
Doran, Doremus（ギリシア語）贈り物；私たちは与える《または（ケルト語）異郷生活者》
Douglas（ケルト語）黒い《黒い流れ》
Doyle（ケルト語）黒い外国人
Duff（ケルト語）黒い
Duncan（ケルト語）黒い髪の戦士
Dunstan（ケルト語）黒い石
Durand, Durant（ラテン語）忍耐力がある
Duval（ラテン語）谷から
Dwight（ゲルマン語）賢明な奴《または「白い，金髪の」》

Earl（ゲルマン語）高貴な
Eben, Ebenezer（ヘブライ語）強い石
Edel, Edelbert（ゲルマン語）高貴で聡明な
Edgar（ゲルマン語）公正な守護者《または「豊かな＋槍」》
Edmond, Edmund（ゲルマン語）祝福された平和
Edward（ゲルマン語）富の守護者
Edwin（ゲルマン語）裕福な友
Egbert（ゲルマン語）刀＋輝く；高名な刀
Egmont（ゲルマン語）強力な守護者
Einar（ゲルマン語）戦闘を導く者
Elbert（ゲルマン語）高貴な＋聡明な（Edelbert の短縮形）
Eli, Ella, Elias, Elijah（ヘブライ語）主は神なり
Eliot, Elliott（ケルト語）猟師《または（ヘブライ語）Elias の指小形》
Ellis Elias の変化形
Elmar, Elmer（ゲルマン語）正しい《高貴な＋高名な》
Emanuel（ヘブライ語）神はわれわれと共にあり
Emerson（ゲルマン語）高貴な生まれの《または（ゲルマン語）Emery〔家＋強さ〕＋son〔息子〕》
Emery（ゲルマン語）戦闘の指導者《または（ゲルマン語）家＋強さ》
Emil（ラテン語）善に従う《または「熱心な」，Aemilius の短縮形》
Emmanuel（ヘブライ語）Emanuel の変化形
Emmet（ゲルマン語）勤勉な《または Emma（全体の，普遍的な）の変化形》
Ennis（ギリシア語）称賛に値する《または（ケルト語）選ばれた者》
Enoch（ヘブライ語）献身的な
Enrico Henry のイタリア語形
Ephriam（ヘブライ語）多産の
Erasmus（ラテン語）愛すべき
Eric（ゲルマン語）英雄的な《または「永遠の」「支配者」》
Ernest（ゲルマン語）熱心な
Errol（ラテン語）漂泊者《または（ゲルマン語）高貴な者，戦士》
Erwin（ゲルマン語）勝利の首領《「イノシシ＋友」》
Ethan（ヘブライ語）強さ，堅固な

Ethelbert（ゲルマン語）高貴な＋聡明な
Ettore　Hector のイタリア語形
Euclid（ギリシア語）名声の高い
Eugene（ギリシア語）生まれの良い
Eustage（ギリシア語）良くまとまった《良いブドウ》
Evan（ケルト語）若い戦士《または John のウェールズ的変化形》
Everard, Everest, Everett（ゲルマン語）常に豪胆な《イノシシのように強い》，(Everest は世界最高峰の山である)
Ezekiel（ヘブライ語）主はわが力なり
Ezra（ヘブライ語）援助者

Fabian（ラテン語）豆を栽培する農夫，《暗示的意味》遅らせる者
Fairfax（ゲルマン語）明るい髪の，金髪の
Federico　Frederick のイタリア語形
Felix（ラテン語）幸せな
Ferdinand（ゲルマン語）平和＋豪胆な
Fergus（ケルト語）猛烈な首領
Fielding（ゲルマン語）農夫
Fingal（ケルト語）白い外国人《ヴァイキング》
Finley（ケルト語）日光《または「金髪の勇者」》
Fiorello（ラテン語）可愛い花
Fisk（ゲルマン語）漁夫，堅信
Fitz（ラテン語――フランス語 fils［息子］――）…の息子
Fletcher（ゲルマン語）矢鍛冶
Florian（ラテン語）栄えている
Floyd（ケルト語）灰色の
Francis（ゲルマン語）自由な
Frank　Francis の短縮形
Franklin（ゲルマン語）自由農民
Fraser, Frasier, Frazer（ラテン語）縮れ毛の
Fred, Frederick（ゲルマン語）平和な支配者
Fremont（ゲルマン語）平和な守護者
Fritz（ゲルマン語）平和な支配者（Frederick の変化形か）

Gabriel（ヘブライ語）神の力
Gaillard, Gailliard（ゲルマン語）生き生きした者
Gamaliel（ヘブライ語）神の褒美
Gardiner, Gardner（ゲルマン語）庭の世話人
Garibaldi（ゲルマン語）槍＋勇敢な《イタリアの統一に貢献した軍事家ガリバルディ (1807-1882) にちなむ》
Garret（ゲルマン語）栄誉ある《または Gerald の短縮形》
Garrick（ゲルマン語）戦う王《または「槍＋支配」》
Garrison, Garry（ゲルマン語）保護《または「槍」》
Garry〈Garrison 参照〉または Garibaldi の短縮形
Garth（ゲルマン語）庭の番人
Garvey（ゲルマン語）槍の使い手
Gary（ゲルマン語）Garvey の変化形
Gavin（ケルト語）戦うタカ《または「白いタカ」》，鍛冶屋
Gawain（ケルト語）Gavin の変化形
Gaylord（ゲルマン語）生き生きした主人
Gaynor（ゲルマン語）生き生きした頭《または（ケルト語）白い膚の》
Geoffrey（ゲルマン語）平和で幸せな
George（ギリシア語）農夫
Gerald, Gerhard（ゲルマン語）大胆な槍の使い手
Gerhard, Gerhart（ゲルマン語）金の兵士《または「槍＋勇敢な」》
Gervais（ゲルマン語）好戦的な《Gerald の Ger-（槍）からの派生か》
Gideon（ヘブライ語）丘の《または「伐採者」；イスラエルの士師にちなむ》
Gifford（ゲルマン語）情け深い《または「丸ぽちゃの」，あだ名から》
Gil, Gilbert（ゲルマン語）聡明な下僕《または「誓約＋明るい」》
Giles（ギリシア語）盾《または「若いヤギ」；若いヤギの皮が盾に張られた》
Gilford（ゲルマン語）広い渡し《または

「黄色い花の渡し」》

Giordano（イタリア語）ヨルダン川（the River *Jordan*）〈同項参照〉

Giovanni（ヘブライ語）John のイタリア語的変化形

Glenn, Glynn（ケルト語）谷

Godfrey（ゲルマン語）神の平和

Godwin（ゲルマン語）神の友

Gordon（ケルト語）真っすぐな男《または「大きな要塞」》

Graham（ケルト語）厳しい顔の《または「砂利の多い所」》

Grant（フランス語）偉大な，高い

Grantland（ゲルマン語）譲渡された土地，大きな平野

Granville（フランス語）大都市，大きな町

Gratian（ラテン語）謝恩の，いとしい

Grattan（ゲルマン語）大きな囲い地

Grayson（ゲルマン語）Gray の息子《gray（灰色の）》

Gregg（ゲルマン語）増加《または Gregory の短縮形》

Gregory（ギリシア語）油断のない

Grenville　Granville の変化形

Griffith（ケルト語）忠実な《または「強い首領」》

Griswold（ゲルマン語）灰色の森

Grosvenor（ラテン語）偉大な猟師

Grover（ゲルマン語）森の住人，山番，猟師

Guido（ゲルマン語）指導者《英語 Guy のイタリア語形》

Gurth（ゲルマン語）《剣を》授けられた《または（ゲルマン語）囲い地》

Gus, Gustave（ゲルマン語）ガウト族の指導者《または（ゲルマン語）王の職杖》

Guy（ゲルマン語）イタリア語の名前 Guido（指導者）の短縮形

Haakon（ノルウェー語）槍の使い手《または「高貴な」》

Halbert（ゲルマン語）輝く石《または「輝く勇者」》

Haldane, Halden（ゲルマン語）谷の家

Hamilton（ゲルマン語）丘の町《または「奇妙な形の丘」》

Hamlet（ゲルマン語）村

Hamnet（ゲルマン語）輝く家《または「小さな村」》

Hank（ゲルマン語）Henry の短縮形

Hanley（ゲルマン語）広い草地《または「高い草地」》

Hans（ゲルマン語）Johannes や John の短縮形

Hardy（ゲルマン語）忍耐強い

Harold（ゲルマン語）将軍（Hereweald〔軍隊の指揮者〕）〈Walter 参照〉

Harper（ゲルマン語）ハープ奏者

Harrison　Henry の息子

Harry　Harold または Henry の変化形

Harvey（ゲルマン語）高貴な戦士《または「戦争＋熱心な」》

Havelock（ゲルマン語）保証人（インドにおける英国の将軍の名として知られる）

Hayden, Haydon（ゲルマン語）岩棚のある丘《または「生け垣に囲われた谷」》

Haywood（ゲルマン語）垣を巡らした森

Hector（ギリシア語）支え《または「不動の」》

Heinrich（ゲルマン語）Henry の変化形

Henry（ゲルマン語）家長

Herbert（ゲルマン語）軍隊＋輝かしい

Hercules (Heracles)（ギリシア語）ヘラの栄光，選ばれた者

Herman（ゲルマン語）戦士

Hezekiah（ヘブライ語）神の力

Heywood　Haywood の変化形

Hilary（ラテン語）楽しい

Hildebrand（ゲルマン語）戦いの刀

Hiram（ヘブライ語）高い，高められた

Hobart　Hubert の変化形

Holms（ゲルマン語）草地《または「沼地に囲まれた土地」「川に囲まれた平地」》

Homer（ギリシア語）人質《または「誓約」》

Horace, Horatio（ラテン語）鋭い目をし

Howard（ゲルマン語）城の守り《または「高貴な警戒者」》

Howell（ケルト語）王にふさわしい，高位の

Hubert（ゲルマン語）聡明な Hugh

Huck（ゲルマン語）Henry の変化形

Hugh, Hugo（ゲルマン語）高い

Humbert（ゲルマン語）巨大な＋輝かしい

Humphrey（ゲルマン語）家＋平和《または「平和な戦士」》

Iago Jacopo, Jacob のイタリア語形

Ian（ケルト語）John のスコットランド的変化形

Ichabod（ヘブライ語）無名の《または「栄光は去りし」》

Ignatius（ギリシア語）火のような

Immanuel（ヘブライ語）神の助けをもって《または「神はわれらと共に」》（Emanuel の変化形か）

Ingram（ゲルマン語）ワタリガラス《または「平和のワタリガラス」》

Ira（ヘブライ語）油断のない《または「成熟した」，または「油断のない」》

Irwin Erwin の変化形

Isaac（ヘブライ語）笑い

Isadore（ギリシア語）イシス（Isis）の贈り物

Isaiah（ヘブライ語）主の救い

Isidor Isadore の変化形

Israel（ヘブライ語）主において勝利を得た《または「神と張り合う者」》

Ivan John のロシア語形

Jacinto（ギリシア語）（王のように）紫を着た

Jack Jacob または John の変化形

Jacob（ヘブライ語）《策略・陰険な手段・力で》…に取って代わる者

Jacques Jacob のフランス語形〔the Jacobins（ジャコバン党）の由来〕

James Jacob の英語形

Jan John のオランダ語形

Jason（ギリシア語）治癒者

Jasper（ペルシア語）宝の守護者

Jay（ヘブライ語）Jacobus の短縮形；（ゲルマン語）生き生きした

Jeffrey Geoffrey の変化形

Jeremiah, Jeremy, Jerry（ヘブライ語）主によって高められた

Jerome（ギリシア語）神聖な

Jesse（ヘブライ語）裕福な《または「主は在る」》

Jim, Jimmy James の変化形

Joab（ヘブライ語）主は父なり

Joachim, Joaquin（ヘブライ語）主は裁きたまう《または「主は息子を与えたまえり」》

Job（ヘブライ語）虐げられた，忍耐強い

Joel（ヘブライ語）主は神なり

John（ヘブライ語）主は恵み深きかな

Jonah, Jonas（ヘブライ語）ハト

Jonathan（ヘブライ語）主の贈り物

Jordan（ヘブライ語）子孫，（フランス語）Jardin（庭）の変化形

Joseph（ヘブライ語）彼は増やす

Joshua（ヘブライ語）主は救いなり

Josiah（ヘブライ語）主は支えたまう

Joyce（ラテン語）楽しい

Juan John のスペイン語形

Judah, Jude（ヘブライ語）讃えられた

Jules, Julian, Julius（ラテン語）薄い髭をした

Justin（ラテン語）真っすぐな

Karl Carl のドイツ語形

Kaspar オランダ語形 Caspar のドイツ語形《英語形では Jaspar。イエスの誕生に立ち会った東方の一人》

Kay（ケルト語）歓喜

Kean, Keane, Keenan, Keene（ゲルマン語）鋭い《または（ケルト語）戦闘》

Keith（ケルト語）嵐のような《または「森」》

Kelvin, Kelwin（ゲルマン語）戦う友

〈Calvin 参照〉
Kemp（ゲルマン語）勝者
Kendall（ケルト語）谷の首領
Kenelm（ゲルマン語）王の兜
Kenneth（ケルト語）男前の
Kent（ケルト語）首領；（ゲルマン語）有名な
Kenyon（ケルト語）白髪の，金髪の
King（ゲルマン語）支配者
Kirk（ケルト語）神の家
Kit Christopher の短縮形
Knut（ゲルマン語）棍棒
Kurt（ゲルマン語）質実剛健《または Conrad の変化形》

Lambert（ゲルマン語）勇敢な子羊《または「領地＋輝かしい」》
Lancelot（ゲルマン語）戦士《または「下僕」》
Landers, Landis（ゲルマン語）平地の息子
Larry Laurence の短縮形
Latham（ゲルマン語）低い村《または「納屋」》
Laurence, Lawrence（ラテン語）勝利者
Lazarus（ヘブライ語）神の助け
Leander（ギリシア語）有名な《または「ライオン男」》
Lee, Leigh（ゲルマン語）草地
Lemuel（ヘブライ語）主に献身的な
Lennox（ケルト語）静かな流れ《または「ニレの木」》
Leo, Leon（ラテン語）ライオン
Leonard（ゲルマン語）ライオンのように勇敢な
Leonidas（ギリシア語）ライオンのような
Leopold（ゲルマン語）勇敢にして愛すべき《民・軍勢＋勇敢な》
Leroy（フランス語）王
Leslie（ゲルマン語）小さな谷間《または「モチノキの庭」》
Lester（ゲルマン語）草地の城砦（Leicester の変化形）《-cester は地名語尾 -caster, -chester と同じくラテン語 castra（要塞）からの変化形》
Levi（ヘブライ語）団結した
Lewis（ゲルマン語）有名な戦士《フランス語形 Louis の変化形》
Lincoln（ケルト語＋ラテン語）湖の植民地（通常 Abraham Lincoln にあやかる名前）
Lindley（ゲルマン語）シナノキのある草地
Lionel（ラテン語）子ライオン《lion の指小形》
Llewellyn（ケルト語）稲光
Lloyd（ケルト語）灰色の《Floyd の変化形》
Lockwood（ゲルマン語）囲いをされた森
Lorenz, Lorenzo Laurence のイタリア語的変化形
Louis Lewis のフランス語形
Lovel, Lovell, Lovett（ゲルマン語）若いオオカミ
Lowell（ゲルマン語）低い流れ・泉（アメリカの詩人の名前）
Loyall（ラテン語）忠実な
Lucian, Lucius（ラテン語）光
Ludlow（ゲルマン語）謙虚な男《または「支配者の丘」》
Ludwic（ゲルマン語）Lewis の変化形
Luke Lucius のギリシア語形
Luther（ゲルマン語）高名な戦士《フランス語 Louis の変化形》《または Lowell の変化形》
Lyddell, Lydell（ギリシア語）リュディア人
Lyle（ゲルマン語）little（かわいい）の変化形《またはゲルマン語起源のアングロノルマン語 de l'isle（島出身の）の変化形》
Lyman（ゲルマン語）男らしい
Lynn（ケルト語）湖

Maddock, Maddox（ケルト語）力《または「善意のある」》
Magnus（ラテン語）偉大な
Mahon（ケルト語）首領《または「クマ」》
Malcolm（ケルト語）聖コルンバに仕える者

Manuel（ヘブライ語）神はわれわれと共にあり
Marc（ヘブライ語）痛烈な
Marc, Marcius, Marcus（ラテン語）Marsに仕える者；勇武の
Mark（ラテン語）輝かしい〈Marc 参照〉
Marshall（ゲルマン語）指導者《または「馬を世話する者」》
Martin（ラテン語）勇武の《ローマ神話の豊穣と戦争の神マルス（Mars）より》
Marvin（ケルト語）高い丘《または「海の友」》
Mason（ゲルマン語）石工
Matthias, Matthew（ヘブライ語）主の贈り物
Maurice（ラテン語）黒い膚の〔ムーア人の〕
Maury（ギリシア語）薄暮《または Maurice の変化形》
Max, Maxim, Maximilian（ラテン語）最も偉大な《Maximilian は ローマの将軍 Maximus（最大の）と Aemilianus（並び立つ）の合名》
Maxwell（ゲルマン語）大きな泉，（ケルト語）美しい息子
Maynard（ゲルマン語）強力な
Meredith（ケルト語）海の守護者，《または「高名な支配者」》
Merle（ラテン語）ツグミ
Merlin（ケルト語）海のそばの丘，海のそばの要塞
Merrill（ギリシア語）かぐわしい《または（ケルト語）きらめく海》
Merton Martin の変化形
Mervin, Mervyn（ケルト語）海のワタリガラス《または「海の友」「海の丘」》
Meyer（ゲルマン語）酪農夫
Michael（ヘブライ語）誰が主のごとくであるか
Miles（ラテン語）兵士
Millard（ゲルマン語）粉ひき屋
Milton（ゲルマン語）水車のある町
Mitchell Michael のゲルマン語的変形

Monroe（ケルト語）ロウ川沿いの山（アイルランド語）赤い沼，河口
Montague（ラテン語起源フランス語）断崖の
Monte（ラテン語）山から
Morgan（ケルト語）海のそばの住人
Morris Maurice の英語形
Mortimer（ラテン語）海のそばのにがい土地《または「死海」（Dead Sea）》
Morton（ケルト語）大きな丘
Moses（エジプト語か）旧約聖書の話から「川から引き上げられた」と解釈されている。
Murray（ケルト語）大きな海，船乗り
Myron（ギリシア語）香（myrrh：ミルラ）を持った

Nahum（ヘブライ語）聖霊，助け主
Napoleon（ギリシア語）新都市のライオン
Nathan, Nathaniel（ヘブライ語）神の贈り物
Nehemiah（ヘブライ語）主は慰めたまえり
Neil（ケルト語）勝利者
Nelson（ケルト語＋ゲルマン語）Neil の息子
Nestor（ギリシア語）記憶する者《または「旅人」》
Neville（ラテン語）新都市
Newell（ラテン語）核，（ゲルマン語）新しい泉
Newton（ゲルマン語）新しい町（英国の科学者ニュートンにちなむ）
Nicholas（ギリシア語）征服者《勝利＋人民》
Nigel（ラテン語）黒い
Nimrod（ヘブライ語）火の棒，偉大な猟師
Noah（ヘブライ語）休息；平和な
Noel（フランス語）クリスマス
Norman（ゲルマン語）北方人

Oakley（ゲルマン語）オークのある草地
Obadiah（ヘブライ語）主に献身する
Octavius（ラテン語）第8番目

Ogden（ゲルマン語）オークの谷
Olaf（ゲルマン語）勝利者《または「先祖の聖遺物」》
Oliver（ラテン語）オリーヴの枝を持つ者
Omar, Omer（アラビア語）より良い，長命の《『創世記』（36：11）に登場する人物より》
Orin（ケルト語）白い；光
Orlando Roland のイタリア語形
Orrick（ゲルマン語）金のように輝く王《または「古いオークの木」》
Orsino, Orson（ラテン語）子グマ
Orton（ゲルマン語）多産の《または「海辺の定住地」》
Orville（フランス語）金のように輝く都市
Osborn（ゲルマン語）神聖なクマ
Oscar（ケルト語）躍動する戦士《または（ゲルマン語）神の槍》
Osmond, Osmund（ゲルマン語）神々が一番愛する者
Osric（ゲルマン語）神聖な力
Oswald（ゲルマン語）神聖な支配者
Otis（ギリシア語）聴覚の優れた《または（ゲルマン語）Otto の息子》
Otto（ゲルマン語）山《Edward の Ed-, すなわち古英語 ead（富，繁栄）と同系語とする説あり》
Owen（ケルト語）高貴な生まれの

Pablo Paul のスペイン語形
Paddy Patrick の短縮形
Paolo Paul のポルトガル語形
Patrick（ラテン語）貴族の
Paul（ラテン語）かわいい
Pedro Peter のスペイン語形
Percival（ケルト語）聖杯の守護者《または（ゲルマン語）谷を貫く》
Percy（ケルト語）鋭い目をした《または「生け垣を貫く」》
Perrin, Perry（ギリシア）Peter のゲルマン語的変化形
Peter（ギリシア語）岩
Phelan（ケルト語）狼

Philbert（ゲルマン語）特に優れた
Philip（ギリシア語）馬を愛する者（アレクサンドル大王の父や息子の名前として使われた）
Phineas（ゲルマン語）開けっ広げな顔の《または（ヘブライ語）神託》
Pierre Peter のフランス語形
Prentice, Prentiss（ゲルマン語）徒弟（apprentice の短縮形）
Primus（ラテン語）第一の
Putnam（ゲルマン語）Puttenham（沼地の町）の短縮形

Quentin, Quinn, Quintus（ラテン語）第五番目《または（ケルト語）Quinn：Conn〔王〕の息子》
Quiller（ゲルマン語）駆け出しの若者《または「書記者」》

Ralph Randolph の英語形
Randall Randolph のスコットランド形
Randolph（ゲルマン語）オオカミによって守られた
Raphael（ヘブライ語）主は癒したまえり
Raymond（ゲルマン語）賢明な守護者
Reginald（ゲルマン語）賢明な裁き主
Regulus（ラテン語）小さな王
Reinhold（ゲルマン語）賢明な裁き主
Renato（ラテン語）再生
Rene Renato のフランス語形
Reuben（ヘブライ語）息子よ，見よ！
Rex（ラテン語）王
Rexford（ゲルマン語）王の渡し場
Reynold Reginald の変化形
Rhys（ケルト語）首領《または「神に動かされた」》
Richard（ゲルマン語）勇敢な戦士
Ridgeley（ゲルマン語）尾根の草地
Robert, Robin（ゲルマン語）名声＋聡明な
Roderick（ゲルマン語）名声のある＋強力な
Rodney（ゲルマン語）忠言において名高い《地名に由来する名前だとする説があり，

その場合，-ey は「島」を意味し，この名の原義は「名高い島」となる》
Rodolph Randolph の変化形
Roger （ゲルマン語）有名な槍
Roland （ゲルマン語）国の栄光
Rolf Randolph の変化形
Romeo （ラテン語）ローマの義人
Ronald Reginald の変化形
Roscoe （ゲルマン語）速い軍馬《または「シカの森」》
Ross （ゲルマン語）軍馬《（ケルト語）岬》
Roy （ラテン語）王
Royal, Royall, Royce （ラテン語）王の
Rudolph Randolph の変化形
Rufus （ラテン語）赤
Rupert Robert の変化形
Russell （ラテン語）赤毛の子

Salvador, Salvatore （ラテン語）救世主
Samson （ヘブライ語）太陽のような
Samuel （ヘブライ語）主に聞き届けられた
Saul （ヘブライ語）主に求められた
Sawyer （ゲルマン語）木こり
Schuyler （ゲルマン語）学がある
Scott （ケルト語）北方人；入れ墨をした《または「スコットランド出身の」》
Sebastian （ギリシア語）尊厳の
Selig （ゲルマン語）祝福された
Sewell （ラテン語とゲルマン語）流出＋泉《または，（ゲルマン語）海＋力》
Seymour （フランス語）聖ムーア（St. Maur）
Shawn （ヘブライ語）John のアイルランド的変化形
Sheldon （ゲルマン語）楯を持つ者《または「険しい谷」》
Sherwood （ゲルマン語）森の中の草地
Shirley （ゲルマン語）伯爵の草地
Sidney （フランス語）St. Denis の変化形〈Denis 参照〉《または（ゲルマン語）広い草地》
Siegfried （ゲルマン語）平和＋征服者
Sigismund, Sigmund （ゲルマン語）勝利者

《または「守護者」》
Silas Silvanus の変化形
Silvanus （ラテン語）森の
Silvester （ラテン語）森林の住人
Simeon （ヘブライ語）傾聴する
Simon Simeon のギリシア語形
Sinclair （フランス語）St. Clair の変化形〈Clara 参照〉
Sitwell （ゲルマン語）一番好きな場所
Snowden （ゲルマン語）雪の丘
Solomon （ヘブライ語）平和な
Spencer （ゲルマン語）執事
Stacy （ラテン語）不動の
Stanislaus （ギリシア語）国の誉れ《または，スラヴ語 stan（支配権）と slav（栄光）》
Stanley Stanislaus の短縮形；（ゲルマン語）石の多い草地
Stanton （ゲルマン語）石の多い町
Stanwood （ゲルマン語）石の多い森
Stephen （ギリシア語）冠
Stering （ゲルマン語）小さい星；真実の
Stewart （ゲルマン語）執事
Stuart Stewart のフランス語形
Sumner （ラテン語）《法廷の》招集人
Sven （ゲルマン語）若者，牧夫
Sylvester Silvester の変化形

Talbot （ゲルマン語）猟師，ブラッドハウンド《耳の長い英国原産猟犬》
Taylor （ゲルマン語）仕立屋
Ted, Teddy Theodore の短縮形
Terence, Terry （ラテン語）愛情のこもった《または，（ラテン語）ろくろ師》
Thaddeus （ヘブライ語）称賛《または「心」》
Thatcher （ゲルマン語）屋根葺き
Thayer （ゲルマン語）動物（ドイツ語形 Thier）《Thatcher の変化形か》
Theobold （ゲルマン語）人々のために強い
Theodore （ギリシア語）神の贈り物
Theron （ギリシア語）動物《または「猟師」》

Thomas（ヘブライ語）双子
Thorne（ゲルマン語）イバラ
Thorpe（ゲルマン語）村
Thurston（ゲルマン語）トールの石
Timothy（ゲルマン語）主を尊ぶ者
Tobias（ヘブライ語）神の優しさ
Tom, Tommy　Thomas の短縮形
Tracy（ラテン語）指導者《または（ケルト語）好戦的な》
Travers（ラテン語）…の向こう側の
Tremont（ラテン語）三つの丘のある《（ケルト語）石の町》
Trent（ラテン語）三十《ブリトン語 tri-（横切って）と sant-（旅）からなる地名に由来するとする説があり，その場合は「しばしば洪水が起こるところ」が原義であると考えられる》
Trevor（ケルト語）賢明な《または「大きな定住地」》
Tristram（ケルト語）雷おやじ（この名は後に「猟師」を意味する言葉となり，フランス語 triste（悲しい）から悲しさを連想する名前となった）
Tybal, Tybalt　Theobald の変化形

Udolph（ゲルマン語）幸運な貴人，《または「オオカミ＋富」》
Ulric, Ulrich（ゲルマン語）高貴な主《または「オオカミの力」》
Ulysses（ギリシア語）怒りに満ちた
Uriah（ヘブライ語）神の光

Valentine（ラテン語）小さく強い者
Valery（ラテン語）有力な支配者
Vaughan, Vaughn（ケルト語）緑の国《または「小さくかわいい」》
Victor（ラテン語）征服者
Vincent（ラテン語）征服する
Virgil（ラテン語）栄える《または「杓杖」》
Vladimir（スラヴ語）王たちの栄光《または「高名な支配者」》

Walcott（ゲルマン語）石の小屋，《または「ケルト人の小屋」》
Waldemar（ゲルマン語）有名な力
Walden（ゲルマン語）強力な
Waldo　Waldemar の短縮形
Wallace（ケルト語）外国人
Walt, Walter（ゲルマン語）軍の指揮官〈Harold 参照〉
Ward（ゲルマン語）守護者
Waring（ゲルマン語）油断のない
Warner（ゲルマン人）守護者
Warren（ゲルマン語）動物用に囲われた土地
Warrick（ゲルマン語）戦う王
Washington（ゲルマン語）海沿いの町《または「Wassa 氏族の定住地」》Wash はイングランド東部の海岸沿いの湾のことである。この地名から awash（波に洗われた）という言葉が生まれた。（通常 George Washington にちなむ名前である）
Wayne（ゲルマン語）荷馬車
Webster（ゲルマン語）織り手
Wendell（ゲルマン語）漂泊者，旅人，行商人
Wesley, Westley（ゲルマン語）西の草地
Whitney（ゲルマン語）白い島
Wilbur（ゲルマン語）野生の豚
Wilfred（ゲルマン語）平和を愛する者
Willard（ゲルマン語）意志の強い
William（ゲルマン語）守護者
Willis（ゲルマン語）楯
Willoughby（ゲルマン語）柳の近くの村（1551 年没の英国の探検家の名）
Wilmar, Wilmer（ゲルマン語）名声＋決意
Winston（ゲルマン語）友好的な町《または「喜びの石」》
Winthrop（ゲルマン語）友好的な村
Wolverton（ゲルマン語）良き平和の町
Woodrow, Woddruff（ゲルマン語）森の住人
Wright（ゲルマン語）働き手
Wyndham（ゲルマン語）風の強い村
Wynne（ゲルマン語）獲物

Xavier （アラビア語）栄光に満ちた
Xerxes （ペルシア語）ライオンの王

Yardley （ゲルマン語）囲まれた草地
Yvain, Ywain （ケルト語）若い戦士《または John の変化形》

Zachary （ヘブライ語）主は覚えていたまえり
Zebediah （ヘブライ語）主は与えたまえり
Zeno, Zenos （ギリシア語）ゼウスの贈り物

[女性名]

Abby （ゲルマン語）美しい港《（ラテン語）修道院で働く，（ヘブライ語）Abbot の変化形》
Abigail （ヘブライ語）わが父は喜びなり《又は「父の喜び」》
Abra （エジプト語）魅惑的な
Acacia （ギリシア語）無邪気な《または「アカシア」》
Ada, Adah （ヘブライ語）装飾
Adelaide, Adele, Adelle （ゲルマン語）高貴な婦人
Adelina, Adeline （ゲルマン語）かわいく高貴
Adessa （ラテン語）彼女はここに《または（ギリシア語）Odesseus の変化形》
Adna （ヘブライ語）喜び《または「華麗な」》
Adonica （ラテン語）甘い《または男性名 Adonis の変化形》
Adora （ラテン語）飾られた《または（ギリシア語）贈り物，（ラテン語）いとしい》
Adosinda （ゲルマン語）強大な力の《または「高貴な」》
Adria, Adrienne （ギリシア語）最上の，《または（ラテン語）Adrian (Hadria 出身の) の女性形》
Agalia （ギリシア語）活動的な
Agatha, Agathe （ギリシア語）良い
Aglaia （ギリシア語）輝き《ギリシア神話の美の三女神の一人》
Agna, Agnes （ギリシア語）子ヒツジ
Ahola （ヘブライ語）テント《または（フィンランド語）森の空き地》
Aida （ラテン語）指導者，際だった

Aileen Helen の変化形
Aimee Amy のフランス語形
Alameda （インディアン語）森
Alane （ケルト語）快活な《（ゲルマン語）貴重な》
Alanna （ケルト語）むつまじい《（ゲルマン）Alane の変化形》
Alathea （ギリシア語）真理
Alberta, Albertine （ゲルマン語）気高く聡明な
Alcyon, Alcyone （ギリシア語）平和な《または「カワセミ」》
Alda （ゲルマン語）強力な《または「栄える」》
Aldabella, Aldabelle （ゲルマン語＋ラテン語）強力にして美しい
Alexandra, Alexia （ギリシア語）人々の守護者
Alfreda （ゲルマン語）エルフに指導された
Alice, Alicia （ゲルマン語）高貴な
Aline （ゲルマン語）高貴な生まれの
Alison, Alisoun Alice の変化形
Alistair, Aliste （ゲルマン語）横を向いた《ギリシア語起源の Alexander のゲール語的変化形とする説あり》
Allegra （ラテン語）生き生きした
Allison Alison の変化形
Alema （ラテン語）親切な
Almedha （ケルト語）形が良い
Almeria （アラビア語）王女
Almira, Almyrah （ラテン語）素晴らしい人《（アラビア語）Almeria の変化形》
Aloha （ハワイ語）愛
Alonza Alphonsa の短縮形

Aloys, Aloysia（ゲルマン語）有名な女戦士《Louise の変化形》
Alphonsa, Alphonsina, Alphonsine（ゲルマン語）戦いに熱心な
Altha, Althaia（ギリシア語）Althea の変化形
Althea（ギリシア語）癒しの（Alathea の変化形か）
Alvina（ラテン語）かわいく快活な子《（ゲルマン語）エルフ》
Alwin（ゲルマン語）エルフたちの友
Alys, Alysia, Alyson Alice などの変化形
Amabel, Amabelle（ラテン語）愛すべき, 美しい
Amanda（ラテン語）愛すべき
Amara（サンスクリット語）不死の
Amaranth, Amarantha（ギリシア語）永遠の花
Amaryllis（ギリシア語）きらめく；アマリリス
Ambrosia（ギリシア語）神饌(しんせん)；不死の
Amelia Emilia の変化形
Aminta（ギリシア語）女守護者
Amy（ラテン語）愛された〈Aimee 参照〉
Anastasia（ギリシア語）復活した
Anatola（ギリシア語）日の出
Andrea（ギリシア語）Andreas（男らしい）の女性形
Anemone（ギリシア語）香り, 風花
Angela（ギリシア語）使者；天使のような
Angelica, Angelina, Angeline, Angelique（ギリシア語）小さな天使
Anita かわいいアン（Little Ann のスペイン語形）
Ann, Anna, Anne, Annie Hannah のギリシア語形, フランス語形, 英語形
Annabel（ラテン語）美しいアン
Annette かわいいアン（Little Ann のフランス語形）
Antha, Anthea（ギリシア語）花
Antoinette, Antonia（ラテン語）優雅な《または「花のような」》
April（ラテン語）咲いている

Arabella（ラテン語）穏やかな避難場所《または「祈りをきき入れたもう」》
Araminta（ラテン語）警告の女神の祭壇
Arbutus（ラテン語）きれいな花
Ardel, Ardelia, Ardella, Ardelle（ラテン語）勤勉な
Arethusa（ギリシア語）貞節な《アルテミス（Artemis）の侍女のニンフ》
Argenta, Argyra（ラテン語）銀の
Ariandne（ギリシア語）甘い歌い手《ギリシア神話のアリアドネ》
Ariana（ラテン語＋ヘブライ語）美の女神グレイス（Grace）の祭壇《または（ケルト語）銀》
Arietta, Ariette（ラテン語）かわいい歌《（ギリシア語）Ariadne の変化形》
Arista（ギリシア語）最善の
Arleen, Arlene, Arline Eileen の変化形
Arnoldine（ゲルマン語）鷲のような強さ
Artemis, Artemisia（ギリシア語）完璧な娘
Aspasia（ギリシア語）歓迎
Astrid（ゲルマン語）愛の願い《または「美しい」》
Atalie（ヘブライ語）無邪気な《または「主は高貴なり」》
Audrey（ゲルマン語）高貴な援助者
Augusta（ラテン語）皇帝の
Aura（ギリシア語）《聖像の》光輪, 香り
Aurelia（ラテン語）金のような
Aurora（ラテン語）暁
Averil, Averill（ゲルマン語）大胆不敵な
Avis（ラテン語）鳥
Ayesha（ペルシア語）幸せな《または「かわいい」》
Azalea（ギリシア語）花《つつじ》

Babette, Barbara（ギリシア語）可愛い外国人
Bathilda（ゲルマン語）女戦士〈Hilda, Mathilda 参照〉
Bathsheba（ヘブライ語）誓いの娘
Batista（ギリシア語）洗礼された

Beata （ラテン語）祝福された
Beatrice, Beatrix （ラテン語）祝福する
Becky Rebecca の短縮形
Begonia 《サント・ドミンゴの総督 Michel Bégon に因んで名づけられた》花の名
Belinda （ラテン語）優雅な
Bella, Belle （ラテン語）美しい
Bernadette, Bernadine （ゲルマン語）子グマ
Berenice, Bernice （ギリシア語）勝利をもたらす者
Bertha, Berta, Bertina （ゲルマン語）聡明な
Beryl （ギリシア語）予見力のある
Bess, Bessi, Betsy, Bettina, Betty Eilsabeth の短縮形
Beulah （ヘブライ語）花嫁
Beverly （ゲルマン語）ビーバーのいる草地
Bianca Blanche のイタリア語形
Biddy Bridget の短縮形
Billee, Billie William の女性形
Blanche （ラテン語）白い，汚れのない
Blossom （ゲルマン語）咲いている花
Boadicea （ケルト語）勝利の《ローマ軍と戦ったブリトン族の英雄的な王女にちなむ》
Bonita （ラテン語）可愛く素晴らしい娘
Bonnibelle （ラテン語）素晴らしく美しい
Bonnie （ラテン語）可愛く素晴らしい娘
Brenda （ゲルマン語）焔をあげる剣
Bridget （ケルト語）火のような矢《アイルランド人の火の女神にちなむ》
Brunhilda （ゲルマン語）茶色い女戦士《または「甲冑をまとった女戦士」》

Calixta, Calixte （ギリシア語）非常に美しい《Callista の変化形》
Calla （ギリシア語）美しい
Callidora （ギリシア語）美しい贈り物
Calliope （ギリシア語）美しい声の《ギリシア・ローマ神話のミューズの一人，叙事詩の女神にちなむ》
Callista （ギリシア語）非常に美しい

Camilla, Camille, Camellia （ラテン語）巫女《デュマ（Alexandre Dumas, 1825-95）の La Dame aux camélias：『椿姫』の主人公（Camille）にちなむ》
Canace （ラテン語）風の娘，《Candace の変化形か》
Candace （ラテン語）熱烈な
Candida （ラテン語）輝く白さ
Canella （ラテン語）香る木
Cara （ラテン語）愛しい（Dear）
Carla （ゲルマン語）Carl（男らしい）の女性形
Carlotta （ゲルマン語）スペイン語 Carlos（男らしい）の女性愛称形
Carmel, Carmela （ヘブライ語）ブドウ畑
Carmen （ラテン語）魅力的な娘，歌
Carmencita （ラテン語）かわいく魅力的な娘
Carmine （ヘブライ語）ブドウ畑
Carol, Carola, Caroline, Carolyn, Carrie Carla の変化形
Cassandra （ギリシア語）愛を勝ち取る《ギリシア語 cassuein（計略を考える）+ aner, andr-（男）からなる名前で，原義は「男を惑わす」であると考えられる》
Cassia （ギリシア語）木
Catherine Katherine の変化形
Cecilia （ラテン語）盲目の
Celeste （ラテン語）神々しい
Celestina, Celestine （ラテン語）かわいく神々しい
Celia, Celine Celestine の短縮形
Chanda （サンスクリット語）悪を打ち破る霊《または「光」》
Charemon （ギリシア語）霊にとって大切な
Charicia, Charis, Charissa （ギリシア語）愛しい者
Charity （ギリシア語）愛
Charlene, Charlotta, Charlotte （ゲルマン語）かわいく強い娘《Charles の女性愛称形》
Charma, Cherry, Cheryl Charis から造語されたフランス語形

Chloe（ギリシア語）新鮮な
Chloris（ギリシア語）花と緑の女神
Christabel, Christabella, Christabelle（ギリシア語）洗礼を受けた美しい娘
Christine（ギリシア語）かわいいキリスト教徒
Cicely　Celia の変化形
Claire　Clara のフランス語形
Claribel（ラテン語）輝かしく美しい
Clarice, Clarissa（ラテン語）高名な
Claudette（ラテン語）かわいい片足の悪い娘《Claude の女性愛称形》
Claudia, Claudine（ラテン語）片足の悪い
Clemence, Clementina, Clementine（ギリシア語）慈悲深い
Cleonice（ギリシア語）栄光＋勝利
Cleopatra（ギリシア語）国の栄光《または「父の誉れ」》
Clio（ギリシア語）栄光ある歴史の女神で，ミューズの一人
Clorinda, Clorinde（ペルシア語）高名な《または Claire か Chloe の変化形》
Clotilde（ゲルマン語）戦闘において高名な
Colette（ギリシア語）かわいい勝者
Colleen（アイルランド語）かわいい乙女
Columbine（ラテン語）ハト
Constance, Constantia（ラテン語）不動の
Consuela, Consuelo（ラテン語）助言《(ラテン語) 慰めの：マリアは遺族を慰め，神にとりなす存在と考えられた》
Cora（ギリシア語）乙女
Coral（ギリシア語）サンゴ
Coralie, Coraline（ギリシア語）サンゴのような
Cordelia（ケルト語）海の宝石
Corinna, Corinne（ギリシア語）かわいい乙女《(ラテン語) 槍》
Cornelia（ラテン語）冠をかぶった
Cosetta, Cosette　Nicolette の短縮形
Crystal（ギリシア語）澄みきった
Cynthia（ギリシア語）月の女神
Cyrilla（ギリシア語）皇帝のような《または「貴婦人」》

Dagmar（ゲルマン語）日光＋栄光
Daisy（ゲルマン語）日光の目，ヒナギク
Dale（ゲルマン語）谷
Damita（ラテン語）可愛い貴婦人
Daphne（ギリシア語）月桂樹《アポロに追われて月桂樹になった妖精》
Dara（ヘブライ語）知恵の真珠
Darlene, Darline, Daryl（ゲルマン語）愛しい小さな娘
Dawn, Downa（ゲルマン語）日の出
Deborah（ヘブライ語）ミツバチ，勤勉さ
Deirdre（ケルト語）悲しみ
Delia（ギリシア語）純潔な
Delilah（ヘブライ語）優美な
Delinda（ゲルマン語）優しい
Dell, Della（ゲルマン語）谷（または Adelle の短縮形）
Delora, Deloris　Dolores の変化形
Demeter（ギリシア語）収穫の女神
Denise（ギリシア語）ディオニュソス（Dionysus）に献身する
Desiree（ラテン語）いとしい
Devi（ヒンドスターニー語）女神《(またはヘブライ語) David（いとしい）の変化形》
Diana, Diane（ラテン語）月の女神（別名 Cynthia）
Dianthe（ギリシア語）神聖な花
Dinah（ヘブライ語）潔白を証明された《ヘブライ語 din（判決）の女性形から》
Dolce（ラテン語）Dulcy 変化形
Dolly　かわいい人形（Dorothea の短縮形か）
Dolores（ラテン語）悲しさ（マリアの七つの悲しみにちなむ）
Dominica（ラテン語）主に属する
Donna（ラテン語）女主人
Donnabel, Donnabella（ラテン語）美しい貴婦人
Dora　Dorothea の短縮形
Dorcas（ギリシア語）ガゼル（gazelle）《ガゼル属の羚羊（アンテロープ）の総称》
Dorinda（ギリシア語）かわいい贈り物
Doris（ギリシア語）海の乙女《ギリシア神

話 Doris（海の精霊）にちなむ》
Dorle（ラテン語）金のように輝くかわいい娘
Dorothea, Dorothy（ギリシア語）神の贈り物
Douce（ラテン語）甘い
Drusilla（ギリシア語）露の目《または（ラテン語）非常に美しい》
Dulcibella, Dulcibelle（ラテン語）甘く美しい
Dulcinea, Dulcy（ラテン語）甘くかわいい娘

Edith（ゲルマン語）輝かしい贈り物《または「富＋戦い」》
Edna Adna の変化形
Edwina（ゲルマン語）富める友
Effie Euphemia の短縮形
Eileen Helen のアイルランド語形
Eireen Irene の変化形
Elaine Helen のケルト的変化形
Elberta（ゲルマン語）高い名声
Eleanor, Elinor Helen の変化形
Elfina（ゲルマン語）かわいく賢い娘
Elfrida（ゲルマン語）賢い＋平和な
Elisabeth Elizabeth の変化形
Elise Elizabeth の変化形
Eliza, Elizabeth（ヘブライ語）神はわが誓いなり
Ella（ラテン語）かわいい娘（または Helen の短縮形）
Ellen, Elline Helen の変化形
Eloise（ゲルマン語）神聖にして高名な
Elsa, Elsie（ゲルマン語）素晴らしいほほ笑み（または Alice や Elizabeth の変化形）
Emmylou Emma と Louse の複合形
Elvira（ラテン語）男らしさ《スペイン語的であり、西ゴート語起源とする説があるが、その意味は不明》
Emanuela（ヘブライ語）神はわれわれの内にあり
Emilia, Emily（ギリシア語）せっせと働く《またはラテン語 Aemilius の女性形的変形》

Emma（ゲルマン語）乳母, すべてを受け入れる
Ena（ギリシア語）純粋《（ケルト語）Eithna（エニェ）の変形、アイルランドでは聖母マリアの母 Anne と同一視される》
Enid（ケルト語）魂
Erica（ゲルマン語）英雄的な, 支配者
Erna（ゲルマン語）謙虚な
Ernestine（ゲルマン語）かわいく熱心な娘
Esmeralda, Esmerelda（スペイン語）非常に称賛された娘《または（ギリシア語）「エメラルド」》
Estelle（ラテン語）星, Stella の変化形
Esther（ペルシア語）星
Ethel（ゲルマン語）高貴な
Etta（ゲルマン語）家長《イタリア語系名前 Harietta の語尾 -etta から、または（ギリシア語）Margaret のアイルランド形 Mairead の変形》
Eudocia, Eudocie Eudosia の変化形
Eudora（ギリシア語）美しい贈り物
Eudosia, Eudoxia（ギリシア語）良く考えられた
Eugenia, Eugenie（ギリシア語）生まれの良い
Eulalie（ギリシア語）よいお告げ
Eunice（ギリシア語）公平な勝利者
Euphemia（ギリシア語）評判の良い
Euphrasia, Euphrasie（ギリシア語）喜び
Eustacia（ギリシア語）立派な《稔り豊かな》
Eva Eve の変化形
Evadne（ギリシア語）甘い歌い手《または「幸運」》
Evalina, Evaline かわいいエヴァ《Eve の変形》
Evanthe（ギリシア語）きれいな花
Eve（ヘブライ語）命
Evangeline（ギリシア語）良い知らせを伝えるかわいい娘
Evelina, Evelyn（ケルト語）かわいく楽しい娘, かわいいエヴァ《（ヘブライ語）

Eve の変化形》

Faith ラテン語 fide（信頼）の英語形
Franchette Frances の指小形
Fannie, Fanny Frances の変化形
Faustina（ラテン語）かわいく幸運な娘
Fawn, Fawnia（ゲルマン語）若いシカ
Fay（ラテン語）（Faith のスペイン語形，Fairy の英語形）
Fedora Theodora の変化形
Felice, Felicia（ラテン語）幸せな娘
Felipa Filippa の変化形
Fern（ゲルマン語）シダ（シダは誠実さの象徴である）
Fidelia（ラテン語）堅実な
Fifi, Fifine（ヘブライ語）加えること，増やすこと《Josephine（Joseph の女性愛称形）の愛称》
Filippa（ギリシア語）馬を愛する者
Flavia（ラテン語）亜麻色の髪をした
Flora（ラテン語）花
Florabel（ラテン語）美しい花
Florella（ラテン語）かわいい花
Florence（ラテン語）咲いている
Floretta（ラテン語）かわいい花
Florinda（ラテン語）咲いている
Frances, Francesca（ゲルマン語）自由
Francine（ゲルマン語）かわいい自由な娘
Freda Frieda の変化形
Frederica（ゲルマン語）平和な支配者
Freya（ゲルマン語）いとしい《北欧神話の豊饒の女神にちなむ》
Frieda（ゲルマン語）平和な
Fritzie Frederica の変化形か
Fulvia（ラテン語）金のような

Gabriella, Gabrielle（ヘブライ語）神は私の力
Gail Abigail の短縮形
Galatea（ギリシア語）ミルクのように白い《ギリシア神話でシチリアの沖に住んでいたとされる海のニンフ》
Gay（ゲルマン語）楽しい，生き生きした

Genevieve（ケルト語）海の泡《パリの守護聖人にちなむ》
Georgette, Georgia, Georgiana, Georgina（ギリシア語）農夫，野の娘
Gerda（ゲルマン語）帯をした《豊穣の神 Frey の妻：〔原義〕囲い地，要塞》
Gertrude（ゲルマン語）まことに勇敢な《または「強い槍」》
Gilberta, Gilbertine（ゲルマン語）聡明な仕える者《または「誓い+輝かしい」》
Gillian Julia の英語形
Gina（ラテン語）かわいい娘（銀のような）《または Georgina あるいは Regina の愛称形》
Gladys（ラテン語）足の不自由な《Claudia のケルト語的変化形》
Glen, Glenn, Glenna, Glenyss（ケルト語）峡谷
Gloria, Gloriana（ラテン語）名声
Godiva（ゲルマン語）神の贈り物
Golda, Goldie, Goldy（ゲルマン語）金のように輝かしい娘
Grace, Gratia（ラテン語）優雅，神への謝恩
Greta, Gretchen, Gretel Margaret のドイツ語短縮形
Grisel, Griselda（ゲルマン語）灰色の目をした娘《または「灰色+戦い」》
Guinevere（ケルト語）美しい《アーサー王の妃グウィネヴィアにちなむ》
Gunhild（ゲルマン語）勇敢な女戦士《ヴァルキューリーの一人》
Gussie, Gusty, Gustava Gustave の女性形
Gwendoline, Gwendolyn, Gwenna（ケルト語）白い眉をした

Hadassah（アッシリア語）星
Hagar（ヘブライ語）内気な娘《サラ（Sarah）の侍女にちなむ》
Haidee（ギリシア語）慎み深い
Halima（ギリシア語）海苔
Hannah（ヘブライ語）恵み
Harriet, Hattie（ゲルマン語）炉辺の長

《Henry の女性愛称形》
Hazel（ヘブライ語）主を見よ《（またはゲルマン語）hazel（ハシバミ；ハシバミ色の）》
Heather（ゲルマン語）ヒースの花
Hebe（ギリシア語）若さ
Hedda, Hedwig, Hedy（ゲルマン語）女主人の守り《または「争い」》
Helen（ギリシア語）暁の輝き
Helga（ゲルマン語）神聖な
Helma（ゲルマン語）舵, 案内
Heloise Eloise の変化形
Henrietta, Henriette（ゲルマン語）炉辺を守るかわいい娘〈Harriet 参照〉
Hephzibah（ヘブライ語）私の喜び
Herma（ゲルマン語）いとしい《または（ギリシア語）Hermes の変化形》
Hermione（ギリシア語）高貴な生まれの乙女《ギリシア神話の神々の使者 Hermes の変化形, ヘレンとメネラオスの娘》
Hermosa（ラテン語）美しい
Hester, Hetty Esther の変化形
Hilaria（ラテン語）喜々とした
Hilda Mathilda の短縮形
Hildegard, Hildegarde（ゲルマン語）戦闘における守護者
Hilga Helga の変化形
Holly（ゲルマン語）ヒイラギ（植物の名）
Honoria（ラテン語）誉れ高い
Hope（ゲルマン語）期待
Hortense, Hortensia（ラテン語）庭師《古代ローマの古い家名 Hortensius に由来》
Huldah（ヘブライ語）イタチ；陽気な
Hyacinth（ギリシア語）ヒヤシンス
Hypatia（ギリシア語）特に優れた娘

Ianthe（ギリシア語）スミレ
Ida（ギリシア語）幸せな《または（ゲルマン語）Adelaide の変化形》
Ilga Helga の変化形
Ilona, Ilone（ギリシア語）輝かしい《Helen のハンガリー語的変化形》
Imogen, Imogene（ギリシア語）愛によって生まれた《ケルト語 inghean（乙女）が起源とする説あり》
Ina（ラテン語）かわいい娘《Christina, Katrina, Dolina など, ラテン語化された愛称語尾 -ina から》
Inez（ギリシア語）乙女《女性名 Agnes（〔原義〕純な, 神聖な）の変化形とする説あり》
Inola（ラテン語）ベルのような（ベル〔鐘〕は5世紀にイタリアのノラ〔Nola〕の教会で初めて使われた）
Irene（ギリシア語）平和をもたらす者
Iris（ギリシア語）虹
Irita（ギリシア語）かわいいイリス《Iris の変化形》
Irma（ゲルマン語）高貴な娘《Emma と同語源》
Isabel Elizabeth のスペイン語形
Isadora（ギリシア語）公平な贈り物
Iseult, Isolde（ケルト語）美しい《アーサー王伝説で, コーンウォルの王と結婚したアイルランドの王女イゾルデにちなむ》
Ivy（ゲルマン語）ツタ

Jacobina（ヘブライ語）かわいい簒奪者《Jacob の女性愛称形》
Jacqueline Jacobina のフランス語形
Jamesina Jacobina の英語形
Jane, Janet, Janice John の女性変化形
Jemima（ヘブライ語）ハト《Job の娘の一人にちなむ》
Jennifer（ケルト語）美しい《Guinevere（グネヴィア）の変化形》
Jessamine, Jessamy Jasmine の変化形
Jessica, Jessie（ヘブライ語）裕福な
Jewel（ラテン語）喜び
Jill Julia の短縮形
Joan, Joanna John の女性変化形
Jocelyn（ラテン語）生き生きした
Joy（ラテン語）喜び
Joyce（ラテン語）喜々とした
Juana, Juanita John のスペイン語女性形

Kama（サンスクリット語）欲望，願望
Karen（ギリシア語）純粋な《Catherine の変化形》
Karla　Carla の変化形
Kate, Katherina, Katherine, Katheleen, Kathrine, Kathryn（ギリシア語）純粋な娘
Kay（ケルト語）歓喜
Kendra, Kenna（ゲルマン語）利口な《(ケルト語) Kenneth＋(ギリシア語) Alexandra》
Kitty　Katherine の変化形
Komala（サンスクリット語）魅惑的な

Ladorna（ラテン語）飾った
Lakshme（サンスクリット語）ほっそりした
Lala（スラヴ語）花
Lalage（ギリシア語）快活な
Laura, Laurel, Laurette（ラテン語）月桂樹（laurel——勝利のしるし——）
Laverne（ラテン語）春，緑
Lavinia（ラテン語）浄化された《ローマ神話ではラティーススの娘で，アエネアスの最後の妻》
Leah（ヘブライ語）不活発な
Leala（ゲルマン語）忠実な
Leatrice　Beatrice の変化形
Leda（ラテン語）細身の
Leila（アラビア語）黒く美しい
Lela　Leala か Leila の変化形
Lena　Helena の短縮形
Lenora, Lenore　Eleanore の短縮形
Leona（ラテン語）雌ライオン
Leslie（ゲルマン語）小さな谷間（Dell）
Letitia, Tettice, Letty（ラテン語）喜び（Gladness）
Libby　Elizabeth の変化形
Lida　Ludmilla の変化形
Lilian, Lillian, Lily（ラテン語）ユリ（純潔のしるし）《または Elizabeth の女性愛称形》
Lina　Carolina の短縮形

Linda　Belinda の短縮形
Linnet（ケルト語）形がよい
Lisa, Lisette, Lizette, Lizzie　Elizabeth の短縮形
Lois（ギリシア語）望まれた（Aloys の短縮形）
Lola（ラテン語）男らしい《または Laura のゲルマン語的変化形》
Lora, Lorette　Laura の変化形
Lorna（ケルト語）一人の《スコットランドの地名 Lorna より》
Lorraine（ラテン語）悲しい《または東部フランスの Lorraine（ロレーヌ）より》
Lotta, Lottie　Charlotte の短縮形
Lotus（ギリシア語）蓮の花
Louella　かわいいルイーズ（Louise）
Louisa, Louise（ゲルマン語）特にフランス語形　高名な戦士《ドイツ語名 Ludwig のフランス語女性形》
Lucasta（ラテン語）聡明で純粋な
Lucia, Lucile, Lucille, Lucinda（ラテン語）聡明な
Lucretia（ラテン語）幸運な娘
Lucy（ラテン語）聡明な
Ludmilla（スラヴ語）人々が愛する人
Lyda, Lydia（ギリシア語）リュディア出身の
Lynelle　Linnet の変化形
Lynn（ケルト語）湖

Mabel（ケルト語）楽しい（Amabel の短縮形か）
Madeleine, Madeline, Madelon　Magdalen の変化形
Madge　Margaret の短縮形
Mae　May の変化形
Mag, Maggie　Margaret の変化形
Magdalen, Magdalena, Magdalene（ヘブライ語）物見の塔
Magna（ラテン語）偉大な
Maisie　Mary のスコットランド形
Malvina（ケルト語）侍女《または「きれいな眉」》

Manly（ゲルマン語）男のような

Manuela（ヘブライ語）神はわれわれと共に《Emanuel のスペイン語女性形》

Marcella, Marcelle かわいいマーシア（Marcia）

Marcia（ラテン語）好戦的な

Margaret, Margarita, Margit, Margot, Marguerita, Marguerite（ギリシア語）真珠

Maria, Marie, Marietta, Mariette Mary の変化形

Marian, Marianna, Marianne Mary と Ann の合名

Marigold マリゴールドの花

Marilyn, Marion かわいいマリー

Marjorie Margaret の変化形

Marlene メアリーに似た

Marsha Marcia の変化形

Martha（ヘブライ語）悲しい

Mary, Marya（ヘブライ語）Miriam のギリシア語形から。ヘブライ語 Marah（激しい）からの可能性もある。聖書で使われたことから最も一般的な名前の一つになった。

Mathilda, Matilda（ゲルマン語）戦闘において強力な〈Bathilda 参照〉

Maud, Maude Magdalen の変化形

Maureen, Maury, Maurya Mary のケルト語的変化形

Maxine（ラテン語）かわいい偉大な娘《Max に女性愛称語尾 -ine がついたもの》

May（ラテン語）5月（花咲く季節）の月の名から

Maybelle Mabel の変化形であるとともに，春の美しさを意味する名でもある

Meg, Megan, Meggie Magna の変化形《または Margaret の愛称形》

Melanie（ギリシア語）黒い人《5世紀のローマの聖人にちなむ》

Melba（ラテン語）蜜のような娘《またはオーストラリアの Melbourne にちなむ。メルボルン出身のオペラ歌手 Dame Nellie Melba (1861-1931) にあやかってこの名が使われるようになった》

Melianthe（ギリシア語）甘い花

Melicent（ギリシア語）蜜のように甘い《または（ゲルマン語）Millicent（高貴な力）のフランス語的変化形》

Melinda（ギリシア語）蜜のような

Melissa（ギリシア語）ミツバチ

Melvina（ギリシア語）甘く可愛い娘

Merle, Merline, Merna（ラテン語）ツグミ（Merna は Myrna の変化形の可能性がある）

Meryl（ギリシア語）香《または Mary と Louise の合名》

Meta（ギリシア語）越えて《または Margareta の変化形》

Michaela（ヘブライ語）神聖な《Michael の女性形》

Mickey, Mickie Michaela の短縮形

Mignonne, Mignonette 優雅でかわいい娘

Mildred（ゲルマン語）優しい指導者

Milicent, Millie, Milly Melicent の変化形

Mimi（ゲルマン語）強い戦士《または Mary の幼児的愛称》

Mina（ラテン語）かわいい娘（または Wilhelmina の短縮形）

Minerva（ラテン語）知恵の女神

Minnie（ゲルマン語）愛しい（または Wilhelmina の短縮形）

Mira, Miranda（ラテン語）驚きに値する

Miriam（ヘブライ語）《権力に対する》反抗

Moira（ギリシア語）運命《または Mary のスコットランド的変化形》

Molly Mary の変化形

Mona, Monica（ギリシア語）ただ一人の《Monica は聖アウグスティヌスの母にちなむ》

Morna（ケルト語）いとしい

Muriel（ゲルマン語）香

Myna, Myrna（ギリシア語）悲しい《または（ケルト語）Morna の変化形》

Myrtle（ギリシア語）キンバイカ（美の象徴）

Nada, Nadine（スラヴ語）希望
Naidona（ギリシア語）神の家
Nan, Nancy, Nanette Ann の変化形
Nanine（ドイツ語）かわいい娘《Nan の愛称形》
Naomi（ヘブライ語）私の喜び
Narcissa, Narcisse（ギリシア語）麗人《ギリシア神話の Narcissus にちなむ》
Natalie, Nathalia, Nathalie（ラテン語）生まれしいとし子（Little one born——キリストの誕生日に生れた——）
Nell, Nellie, Nelly Helen の変化形
Nettie, Netty（ゲルマン語）素晴らしい
Nicole, Nicolette, Nicolle（ギリシア語）征服者《Nichola の変化形》
Nina, Ninette かわいい娘（スペイン語やフランス語の女性名の指小形語尾から）
Noel（フランス語）クリスマス
Nola（ケルト語）白い肩をした
Nora, Norah Honoria か Leonora の短縮形
Norine, Norita Nora の指小形
Norma（ラテン語）モデル
Nubia（ラテン語）雲
Nydia（ラテン語）雛鳥

Octavia（ラテン語）第八番目《Octavius の女性形》
Odelette, Odette（ギリシア語）かわいい歌《または（ゲルマン語）Odo〔Otto〕（富者）のフランス語的女性愛称形》
Olga（ゲルマン語）神聖な《Helga のロシア語的変化形》
Olive, Olivia（ラテン語）オリーヴの木（平和のしるし）
Opal（ギリシア語）宝石オパール（希望のしるし）
Ophelia（ギリシア語）援助者
Orabelle（ラテン語）敬虔な麗人
Ordella（ゲルマン語）賢明な指導者
Ouida Louise の愛称（小説家の造語名）

Pamela（ギリシア語）甘い娘

Pansy（ラテン語）思慮深い；三色スミレ
Panthea（ギリシア語）すべてに神あり
Patience（ラテン語）忍耐（徳）
Patricia（ラテン語）高貴な生まれの
Paula, Pauline（ラテン語）かわいい娘《Paul の女性形》
Pearl（ラテン語）真珠（健康の象徴）
Peggy Margaret の変化形
Penelope（ギリシア語）織り姫《オデュッセウスの貞節な妻にちなむ》
Peony（ギリシア語）ボタン，シャクヤク
Perdita（ラテン語）可愛い失われた娘《シェイクスピアの『冬物語』の主要人物にちなむ》
Perpetua（ラテン語）永遠の
Philippa（ギリシア語）Filippa の変化形
Philomel（ギリシア語）音楽を愛する者（ナイチンゲール）《ギリシア神話におけるアテネの王の娘 Philomela にちなむ》
Philomena（ギリシア語）かわいい愛しい人
Phoebe（ギリシア語）純な，明るい《ギリシア神話の月の女神にちなむ》
Phyllida, Phyllis（ギリシア語）春のように新鮮な《ギリシア神話の Phyllis は死後木に変身した》
Pilar（ラテン語）背が高い，強い《聖母マリアがスペインのサラゴサで柱の上に立って大ヤコブに顕れたことにちなむ》
Polly Molly の変化形
Poppy（ラテン語）ケシの花
Portia（ラテン語）安全への導き手《ラテン語 porcus（豚）からの派生か；シェイクスピアの『ヴェニスの商人』の Portia より》
Primrose（ラテン語）早咲きの；サクラソウの花
Priscilla（ラテン語）古い流行の《コリントスで聖パウロを助けた女性（『使徒』18：3）》
Prudence（ラテン語）思慮分別
Prunella（ラテン語）ウツボグサ
Psyche（ギリシア語）魂《ギリシア神話に

おける霊魂の化身》

Queena, Queenie（ゲルマン語）支配者《ヴィクトリア時代にヴィクトリア女王にあやかってつけられた》

Rachel（ヘブライ語）神の子羊《ヤコブの妻でヨセフの母（『創世記』28-35)》
Radha（ヒンドスターニー語）天国の花
Ragna, Rayna Regina の変化形
Reba, Rebecca, Rebekkah（ヘブライ語）美の誘惑
Regina, Reine（ラテン語）女王
Renata, Renee（ラテン語）復活した
Rhoda（ギリシア語）バラ
Rita Marguerita の短縮形
Roanna（ゲルマン語）高名な恵み《または Rose と Anna の合名か》
Roberta（ゲルマン語）高名な+聡明な《Robert の女性形》
Rolanda（ゲルマン語）国の誉れ《Roland の女性形》
Romanza（ラテン語）中世騎士物語《特にバラッド》
Rosabel（ラテン語）美しいバラ
Rosalie, Rosalind, Rosalinda, Rosalinde, Rosalyn（ラテン語）バラのようにきれいな〈Rose 参照〉
Rosamond, Rosamund（ゲルマン語）高名な護り
Rose（ゲルマン語）高名な（ゲルマン語 hros（高名な）は英語 hero（英雄）と関係づけられ，後にバラ（rose）と関係づけられるようになった）
Roselle, Rosetta（ラテン語）かわいいバラ〈Rose 参照〉
Rosemary（ラテン語）海のバラ（Rose-mary）；ローズマリーの花は思い出（remembrance）の象徴である。この名はまた Rose と Mary の合名であるとも考えられる。
Rosina, Rosita, Roslyn Rose の指小形
Rowena（ケルト語）白いスカート《スコットの『アイヴァンホー』でアイヴァンホーの妻となる女性；または（ゲルマン語）高名な+喜び》
Roxana Roxane（ペルシア語）暁《アレクサンダー大王の妻となった女性》
Ruby（ラテン語）赤
Ruth（ヘブライ語）慈悲《旧約聖書『ルツ記』に登場するモアブ出身の女性で，ナオミ（Naomi）の息子の嫁，ダビデの先祖》

Sabina（ラテン語）かわいく聖なる娘《サビニの女，初期のキリスト教の聖人》
Sada, Sadie, Sadja, Sadye, Sally Sarah の変化形
Salome（ヘブライ語）平和な
Sandra Alexsandra または Cassandra の短縮形
Sapphira（ヘブライ語）美しい；瑠璃色
Sara, Sarah（ヘブライ語）高貴な生まれ《族長アブラハムの妻，イサクの母》
Satya（サンスクリット語）真摯な
Selena, Selina（ギリシア語）月のような
Selma（ケルト語）きれいな
Serafina, Serafine, Seraphine（ヘブライ語）神の愛に燃える
Sharlene かわいいシャーリー
Sheila（ラテン語）Cecilia のケルト語的変化形
Shirley（ゲルマン語）カウンティーの草地（County meadow）
Sibyl（ギリシア語）巫女
Sidonia, Sidonie（フェニキア語）魅惑的な女（または Sydney の女性形か）
Sigrid（ゲルマン語）勝利する知恵《または「勝利+美しい」》
Silvia（ラテン語）森の女
Sonia, Sonya Sophronia の短縮形《または Sophia の短縮形》
Sophia, Sophie（ギリシア語）知恵
Sophronia（ギリシア語）賢明な思考
Stella（ラテン語）星
Stephanie（ギリシア語）冠がふさわしい
Susan, Susanne, Susette（ヘブライ語）ユ

リ
Sybil Sibyl の変化形
Sydney Sidney の女性変化形
Sylvia Silvia の変化形

Tabitha（ヘブライ語）ガゼル《ガゼル属のレイヨウの総称；イエスが死からよみがえらせた少女（『マルコ福音書』5：41）》
Tallulah（アメリカ・インディアンのチェロキー語）川の名《おそらくはカエルの鳴き声から》
Tamar（ヘブライ語）ヤシの木《ダビデの娘（『サムエル記下』14：17）》
Teresa, Terese Theresa の変化形
Thalia（ギリシア語）栄えている《ギリシア神話におけるタレイア，ミューズの一人で喜劇の神》
Thecla（ギリシア語）神の栄光《最初の女性殉教者とされる》
Thelma（ギリシア語）秘蔵っ子《または「願望」》
Theodora, Theodosia（ギリシア語）神の贈り物
Theresa, Therese（ギリシア語）収穫を生む《ノラの聖パウリヌスの妻》
Thora（ゲルマン語）戦いと雷の神トールに捧げられた
Thyra（ゲルマン語）テュールに捧げられた（テュールはトールの息子で，勝利の神である）
Tilda, Tildy, Tillie Matilda の変化形
Tina（ラテン語）かわいい娘《Christina の短縮形》
Tracy Theresa の短縮形
Trilby（ゲルマン語）井戸の近く
Trixine, Trixy Beatrix の短縮形
Truda, Trudy Gertrude の短縮形

Uda（ゲルマン語）強力な
Ulrica（ゲルマン語）高貴な女主人
Una（ラテン語）唯一の
Undine（ラテン語）小さな波
Ursula（ラテン語）子熊《ドイツ語 ursa（雌熊）の指小形》

Valence（ラテン語）健康な，力強い
Valerie（ラテン語）健康な，力強い《Valence の変化形》
Vanessa（ギリシア語）チョウチョ《または『ガリバー旅行記』における造語で，スウィフトの恋人 Esther Vanhomrigh の愛称 Essa から》
Vashni（ヘブライ語）強い《または（サンスクリット語）稲妻》
Vashti（ペルシア語）星《または「美しい」》
Vanya（ケルト語）Yvonne のロシア的愛称形（ロシア語男性名 Ivan の愛称としても使われる）
Venus（ラテン語）愛の女神
Vera（ラテン語）真理
Verna, Verne（ラテン語）春のような
Verona, Veronica（ラテン語）真理のイメージ（Berenice の変化形か）
Victoire, Victoria, Victorine（ラテン語）征服者
Vida（ラテン語）空《または（ヘブライ語 David の女性形 Davida の短縮形》
Villetta（ラテン語）村の
Viola, Violet（ラテン語）スミレ，謙虚さのしるし
Virginia（ラテン語）貞節な
Vita（ラテン語）命
Vivian, Vivienne（ラテン語）生き生きした《または（ケルト語）白い貴婦人》
Volante（ラテン語）高揚している

Walta（ゲルマン語）Walt の女性形
Wanda（ゲルマン語）女羊飼い
Weda Ouida の変化形
Wenda, Wendla（ゲルマン語）漂泊者
Wilhelmina（ゲルマン語）軍隊のかわいい守護者《Wilhelm の女性愛称形》
Winifred（ゲルマン語）平和をもたらす者

Xenia（ギリシア語）歓待

Yarmilla, Yarmille（ゲルマン語）強靱な《または（スラヴ語）商人》
Yolanda, Yolande（ゲルマン語）最もきれいな
Yseulte, Ysolde, Ysolt Iseult の変化形
Yvette（ゲルマン語）かわいいブドウの木
Yvonne（ケルト語）John の女性形変化形

Zadah, Zaidee（アラビア語）繁栄している
Zaneta（ヘブライ語）神の恵み《John の変化形》
Zara, Zarah（アラビア語）日の出；輝かしい
Zenobia（アラビア語）父の誇り《または（ギリシア語）ゼウスの力》
Zoe（ギリシア語）命
Zora, Zorina（スラヴ語）暁
Zuleika（アラビア語）輝かしくきれいな

［訳者紹介］

梅田　修（うめだ　おさむ）
1941年生まれ
京都学芸大学卒業，モンタナ州立大学（MSU）大学院（MEd）
流通科学大学教授名誉教授
専門：英語，英語学
主な著書：『英語の語彙事典』『英語の語源物語』『英語の語源事典』『ヨーロッパ人名語源事典』『人名で読み解くイスラーム文化』（いずれも大修館書店），『世界人名ものがたり』『地名で読むヨーロッパ』（いずれも講談社新書）など

眞方忠道（まがた　ただみち）
1938年生まれ
東京大学文学部哲学科卒業
同大学院博士課程満期退学
神戸大学名誉教授
専門：ギリシア哲学，西洋古典学
主な著書：『プラトンと共に』『人間観をたずねて』『はじめての選挙権』（共編）（いずれも南窓社），『ファンタジーの世界』（共編，九州大学出版会）
主な訳書：『ゼウスの正義』（共訳，岩波書店），ネコのサムソンシリーズ『教会ねずみ　ききいっぱつ』（すぐ書房），フェイマス・ファイブシリーズ『サーカス団の秘密』（実業之日本社）など

穴吹章子（あなぶき　あきこ）
1953年生まれ
神戸大学文学部卒業
同大学大学院文化学研究科博士課程満期退学
兵庫県立大学名誉教授
専門：英国ロマン派文学
主な著書：『想像と幻想の世界を求めて』（田村謙二編，大阪教育図書）など
主な訳書：『翻訳とグローバライゼイション』（共訳，大阪教育図書），『現代アイルランド女性作家短編集』（共訳，新水社）

シップリー 英語語源辞典
ⓒ UMEDA Osamu, MAGATA
　　Tadamichi, ANABUKI Akiko, 2009　　NDC833/viii, 768p/22cm

初版第1刷──2009年10月10日
　第3刷──2018年8月20日

著　者────ジョーゼフ T. シップリー
訳　者────梅田　修・眞方忠道・穴吹章子
発行者────鈴木一行
発行所────株式会社 大修館書店
　　　　　　〒113-8541　東京都文京区湯島2-1-1
　　　　　　電話03-3868-2651 販売部／03-3868-2292 編集部
　　　　　　振替00190-7-40504
　　　　　　[出版情報] https://www.taishukan.co.jp

装丁者────井之上聖子
印刷所────文唱堂印刷
製本所────ブロケード

ISBN978-4-469-04174-3　Printed in Japan
Ⓡ本書のコピー、スキャン、デジタル化等の無断複製は著作権法での例外を除き禁じられています。本書を代行業者等の第三者に依頼してスキャンやデジタル化することは、たとえ個人や家庭内での利用であっても著作権法上認められておりません。